Seit Jahrtausenden ist die Freude an Musik tief im Menschen verwurzelt. Die Musik gehört – neben der Religion – zu den ursprünglichsten geistigen Bedürfnissen des Menschen. Sogar in unserer technisierten Welt ist dieses Bedürfnis nach Musik nicht verkümmert. Auch wenn Goethes Wort »... eine Erscheinung wie Mozart bleibt immer ein Wunder, das nicht weiter zu erklären ist« ohne Zweifel immer noch gültig ist und das Empfinden musikalischer Schönheit nicht erlernt werden kann, bedarf die musikalische Form ebenso der Erklärung wie die musikalische Technik.

Dieser Atlas gibt einen Überblick über die Grundlagen der Musik; er erläutert ihre Regeln und Theorien und stellt ihre Geschichte dar.

Nach dem dtv-Atlas-System sind ausführliche Textseiten und dazugehörige Farbtafeln einander gegenübergestellt. Durch grafische Darstellungen und Notenbeispiele, insbesondere unter sinnvoller Verwendung von Farben zur Verdeutlichung von Zusammenhängen, wird versucht, musikalische Strukturen anschaulich zu machen.

Der systematische Teil enthält u. a. Instrumentenkunde, Musiklehre und die Gattungen und Formen. Der historische Teil beginnt mit den ältesten musikalischen Denkmälern der Vor- und Frühgeschichte und reicht über die antiken (auch außereuropäischen) Hochkulturen, die Renaissance, den Barock und die Klassik bis zur E- und U-Musik der Gegenwart.

Prof. Dr. Ulrich Michels, geb. 1938, studierte Musik, Musikwissenschaft und Germanistik. Er promovierte in Freiburg i. Br. und lehrt seit 1972 an der Staatlichen Hochschule für Musik und an der Universität Karlsruhe; als Pianist wirkt er seit 1976 im ›Karlsruher Klaviertrio‹.
Veröffentlichungen zur Musikwissenschaft, u. a. zur ›Ars nova‹ des Mittelalters, zu Monteverdis ›Lamento d'Arianna‹, Händels Opernschaffen und Alban Berg.

Gunther Vogel, geb. 1929, studierte an der Akademie der Bildenden Künste in Karlsruhe; nach seiner Tätigkeit als Kunsterzieher lebte er bis zu seinem Tod 1988 in Titisee-Neustadt als Maler und Zeichner.
Zahlreiche Gruppen- und Einzelausstellungen im In- und Ausland; 1985 Kunstpreis des Künstlerbundes Baden-Württemberg. Für den dtv entwarf er auch die Grafiken für den ›dtv-Atlas Baukunst‹.

In der Reihe ›dtv-Atlas‹ sind bisher erschienen:

Akupunktur, 3232
Anatomie, 3 Bände, 3017, 3018, 3019
Astronomie, 3267
Atomphysik, 3009
Baukunst, 2 Bände, 3020, 3021
Bibel, 3326
Biologie, 3 Bände, 3221, 3222, 3223
Chemie, 2 Bände, 3217, 3218
Deutsche Literatur, 3219
Deutsche Sprache, 3025
Englische Sprache, 3239
Ernährung, 3237
Erste Hilfe, 3238
Ethnologie, 3259
Informatik, 3230
Keramik und Porzellan, 3258
Mathematik, 2 Bände, 3007, 3008
Musik, 2 Bände, 3022, 3023
Namenkunde, 3266
Ökologie, 3228
Pathophysiologie, 3236
Philosophie, 3229
Physik, 2 Bände, 3226, 3227
Physiologie, 3182
Psychologie, 2 Bände, 3224, 3225
Recht, Band 1, 3324
Schulmathematik, 3099
Sexualität, 3235
Stadt, 3231
Weltgeschichte, 2 Bände, 3001, 3002

Weitere dtv-Atlanten sind in Vorbereitung

Ulrich Michels

dtv-Atlas Musik

Systematischer Teil
Musikgeschichte von den Anfängen bis zur Gegenwart

Mit 250 Abbildungsseiten in Farbe

Grafische Gestaltung der Abbildungen
Gunther Vogel

Deutscher Taschenbuch Verlag

Übersetzungen
Bulgarien: Lettera Publ. Nadja Furnadijeva, Plovdiv
Dänemark: Rosinante, Kopenhagen
Frankreich: Librairie Arthème Fayard, Paris
Griechenland: Nakas, Athen
Italien: Sperling & Kupfer, Mailand
Japan: Hakusuisha Ltd., Tokio
Kroatien: Golden Marketing, Zagreb
Niederlande: HBuitgevers, Baarn
Polen: Prószyński i S-ka, Warschau
Portugal: Gradiva Publicaçoẽs, Lissabon (in Vorb.)
Slowenien: DZS, Ljubljana
Spanien: Alianza Editorial, Madrid
Südkorea: Eumag Chunchu Publ. Co., Seoul
Taiwan: Hsiao-Ya Music Comp. Ltd., Taipeh (in Vorb.)
Tschechische Republik: The Lidové Noviny Publishing House, Prag
Ungarn: Athenaeum 2000 Kiadó, Budapest

Originalausgabe
Durchgesehene und aktualisierte Sonderausgabe des im dtv in zwei Bänden 1977 und 1985 erstmals erschienenen dtv-Atlas Musik
1. Auflage Mai 2001
2. durchgesehene und korrigierte Auflage Oktober 2005
Gemeinschaftliche Ausgabe:
Deutscher Taschenbuch Verlag GmbH & Co. KG, München
www.dtv.de
und
Bärenreiter-Verlag Karl Vötterle GmbH & Co. KG,
Kassel · Basel · London · New York · Prag
www.baerenreiter.com

Umschlagkonzept: Balk & Brumshagen
Umschlagfoto: © The Image Bank /Walter Bibikow
Satz: Druckerei C. H. Beck, Nördlingen
Druck: Appl, Wemding
Printed in Germany
ISBN 3-423-08597-5 (dtv)
ISBN 3-7618-1560-3 (Bärenreiter)

Vorwort

Der ›dtv-Atlas Musik‹ soll in das Wissensgebiet Musik einführen und auf knappem Raum einen Überblick über Grundlagen und Geschichte der Musik geben. Er versucht dabei, durch Notenbeispiele und grafische Darstellungen musikalische Strukturen und andere Einzelaspekte anschaulich zu machen.

Der Atlas gliedert sich in einen systematischen und einen historischen Teil. Die Geschichte nimmt den größten Raum ein, durchdringt aber auch die Systematik. Dies liegt an der Geschichtlichkeit der Musik: Fast alle ihre Erscheinungen haben ihren historischen Ort.

Die Epochengliederung im geschichtlichen Teil ist eine von vielen Ordnungsmöglichkeiten eines Stoffes, der sich in seiner vielseitigen Entwicklung scharf gezogenen Epochengrenzen ebenso widersetzt wie schlagwortartigen Epochenbezeichnungen.

Innerhalb der Epochen gliedert sich der Stoff vorwiegend nach Gattungen und möglichst chronologisch (also z. B. Bach vor Händel).

Das Gliederungsprinzip nach Gattungen, im 19. Jh. bereits teilweise problematisch, findet im 20. Jh. keine Anwendung mehr: zu vielfältig und frei sind hier die Überschneidungen und Neugebilde in Gehalt, Besetzung, Form usw. Die Chronologie der Komponisten wurde indessen auch im 20. Jh. beibehalten.

Der besseren Übersicht halber wurden nach Möglichkeit thematische Einheiten von je einer Tafel- und einer Textseite gebildet.

Nach den Einheiten zur Notation (Notenschrift, Partitur) folgt ein umfangreiches Verzeichnis der in den Noten vorkommenden Abkürzungen, Zeichen und Vortragsangaben, die dem Laien oft nicht genau bekannt sind.

Das Register am Ende des Bandes schlüsselt den Stoff nach Personen und Sachen auf, sodass der Atlas auch als Nachschlagewerk benutzt werden kann.

Mein Dank gilt Herrn Gunther Vogel (†1988) in Titisee-Neustadt, der die Tafelseiten in guter Zusammenarbeit mit dem Autor harmonisch und klar gestaltete.

Mein Dank gilt auch Herrn Ernst Abromeit in Tübingen für die Anfertigung der Notenbeispiele, dem Lektorat in Kassel (Dr. Ruth Blume) und insbesondere den Münchener Lektoren (Anna Coseriu, Elisabeth Guhl und Winfried Groth) für ihre fortlaufende und aktualisierende Betreuung des Atlas.

Karlsruhe, im Herbst 2005 — Ulrich Michels

Inhalt

19. Jahrhundert

20. Jahrhundert

Symbol- und Abkürzungsverzeichnis

Tonarten:

Kleinbuchstaben = Molltonarten
Großbuchstaben = Durtonarten
z. B.: a = a-Moll; A = A-Dur

Stufenbezeichnung:

römische Ziffern
z. B.: I., II., III., IV. Stufe

Funktionsbezeichnungen:

T	Dur-Tonika
t	Moll-Tonika
D	(Dur-)Dominante
S	(Dur-)Subdominante
Tp	Tonikaparallele
tP	Durparallele der Molltonika
Dp	Dominantparallele
Sp	Subdominantparallele

Ziffern rechts oben: Aufbau des Akkordes
Ziffern rechts unten: Basston

D^7	Dominantseptakkord
S^6	Subdominante mit Sexte (Sixte ajoutée)

Sonderzeichen:

+	Dur (vor Stufen oder Funktionsbezeichnung) z. B. $^{+}$I = I. Stufe Dur
°	Moll z. B. ^{o}I = I. Stufe Moll
<	erhöht, übermäßig
>	erniedrigt, vermindert
$\not{D}^7$	(durchstrichener Buchstabe) Grundton fehlt, also Dominantseptakkord ohne Grundton = verkürzter Dominantseptakkord
(D)	(Bezeichnung in runder Klammer) Zwischenfunktionen = Funktionen auf einem anderen Klang als die Tonika (hier: Zwischendominante)
ZwD	Zwischendominante
DD	Doppeldominante
[ ]	erwarteter, aber nicht erscheinender Klang (Ellipse)

Abkürzungen:
(vgl. auch den Lexikonteil S. 70–81)

A.	Alt
Abb.	Abbildung
acc., accomp.	accompagnato
ad lib.	ad libitum
ahd.	althochdeutsch
ak.	akustisch
allg.	allgemein
arab.	arabisch
Auff.	Aufführung
Aufn.	Aufnahme
B.	Bass
Bar.	Bariton
B. c.	Basso continuo
bed.	bedeutend
Begl.	Begleitung
Bes.	Besetzung
best.	bestimmt
betr.	betreffend
Bibl. Vat.	Vatikanische Bibliothek
Br.	Bratsche
BWV	Bach-Werke-Verzeichnis
byzant.	byzantinisch
C.	Cantus
Cemb.	Cembalo
Cenc.	Cencerro
c. f.	cantus firmus
Ct.	Contratenor
D.	Discant
dB	Dezibel
d. c.	da capo
Ed. Vat.	Editio Vaticana
E. H.	Englischhorn
elektr.	elektrisch
engl.	englisch
europ.	europäisch
ev.	evangelisch
evtl.	eventuell
EZ	Entstehungszeit
f.	folgende Seite
ff.	2 folgende Seiten
Fass.	Fassung
Fasz.	Faszikel
Fg.	Fagott
Fl.	Flöte
frz.	französisch
GA	Gesamtausgabe
Gb.	Generalbass
gedr.	gedruckt
Ges.	Gesellschaft
gew.	gewidmet
Git.	Gitarre
GMD	Generalmusikdirektor
G. P.	Generalpause
griech.	griechisch
gr.Tr.	große Trommel
Hdb.	Handbuch
hdg.	händig
Hfe.	Harfe
hg.	herausgegeben
hist.	historisch

Hr.	Horn
Hs., Hss.	Handschrift, Handschriften
Instr., instr.	Instrument, instrumental
ital.	italienisch
Jh.	Jahrhundert
Jtsd.	Jahrtausend
KaM	Kammermusik
kath.	katholisch
Kb.	Kontrabass
Kfg.	Kontrafagott
Kl., Klav.	Klavier
Klar.	Klarinette
klass.	klassisch
KM	Kirchenmusik
Komp.	Komponist
Kompos.	Komposition
Kons.	Konservatorium
Konz.	Konzert
Kor.	Kornett
Kp., kp.	Kontrapunkt, kontrapunktisch
Kpm.	Kapellmeister
KV	Köchel-Verzeichnis der Werke Mozarts
lat.	lateinisch
liturg.	liturgisch
MA., ma.	Mittelalter, mittelalterlich
MG., mg.	Musikgeschichte, musikgeschichtlich
mhd.	mittelhochdeutsch
min	Minute
Ms., Mss.	Manuskript, Manuskripte
Mth., mth.	Musiktheorie, musiktheoretisch
mus., musikal.	musikalisch
Mw., mw.	Musikwissenschaft, musikwissenschaftlich
N	Newton (1 N = 10^5 dyn)
Nb.	Notenbeispiel
ND	Neudruck
nhd.	neuhochdeutsch
nl.	niederländisch
Nr.	Nummer
Ob.	Oboe
op.	Opus
Orch.	Orchester
Org.	Orgel
orig.	original
Pa	Pascal (1 Pa = 1 N/m^2)
Perc.	Percussion
physik.	physikalisch
physiol.	physiologisch
Pikk.	Pikkoloflöte
Pk.	Pauke
Pos.	Posaune
protest.	protestantisch
psychol.	psychologisch
Reg.	Register
rev.	revidiert
Rez.	Rezitativ
roman.	romanisch
romant.	romantisch
russ.	russisch
S.	Sopran
S.	Seite
s.	siehe
sec	Sekunde
Sinf.	Sinfonie
sinf.	sinfonisch
Slg.	Sammlung
s. o.	siehe oben
sog.	so genannt
Son.	Sonate
span.	spanisch
St.	Stimme
st.	stimmig
Stb.	Staatsbibliothek
Str.	Streicher
T.	Takt
T.	Tenor
Tamb.	Tambourin
Ten.	Tenor
Tr.	Trommel
trad.	traditionell
Trp.	Trompete
t. s.	tasto solo
UA	Uraufführung
u. a.	und andere, unter anderem
u. Ä.	und Ähnliche
überm.	übermäßig
U-Musik	Unterhaltungsmusik
urspr.	ursprünglich
V.	Violine
Va.	Viola
Var.	Variation
Vc.	Violoncello
vgl.	vergleiche
Vo.	Violone
W	Watt
Werkverz.	Werkverzeichnis
wiss.	wissenschaftlich
WoO	Werk ohne Opuszahl
Z.	Zink
z. T.	zum Teil
zus.	zusammen

Hinweis für den Benutzer:
Die Jahreszahlen hinter den Werken geben die Entstehungszeiten an, und zwar *fortlaufend* mit Bindestrich, z. B. 1910–12 (1910 *bis* 1912), oder *unterbrochen* mit Schrägstrich, z. B. 1910/12 (1910 *und* 12). Differieren Entstehungszeit und Uraufführung stark, wurden beide Daten angegeben.

Der Begriff Musik geht zurück auf das griech. Wort *musiké* (*μουσική*, darin *musa*, Muse), worunter das griech. Altertum zunächst die musischen Künste *Dichtung, Musik und Tanz* als eine Einheit, dann die *Tonkunst* im Besonderen verstand. In der Geschichte der Musik sind deren Verbindungen zur Sprache und zum Tanz immer wieder neu gestaltet worden (Lied, Ballett, Oper usw.). Andererseits entwickelte sich in der Instrumentalmusik eine autonom-musikal. Erscheinung, sofern sie sich nicht – wie in der Programmmusik – eng an außermusikal. Vorgänge bindet.

Die Musik enthält zwei Elemente: das akustische Material und die geistige Idee. Beide stehen nicht wie Form und Inhalt nebeneinander, sondern verbinden sich in der Musik zu einer ganzheitl. Gestalt.

Das akustische Material erfährt, um Träger der geistigen Idee werden zu können, eine vormusikal. Zubereitung durch Auswahl und Ordnung: Aus der Vielfalt der natürl. Klänge wählt man Töne aus. Die Struktur des Tones, die Partialtonreihe, zeigt bereits eine Ordnung, die ihn zum geistigen Sinnträger prädestiniert. Im gleichen Sinne und zu einer allg. Vorverständigung ordnet man die Töne in Intervallen, in Tonsystemen, in Gebrauchstonleitern usw., wobei sie spezifische Qualitäten erhalten. Die Einbeziehung erweiterten akustischen Materials im 20. Jh. (z. B. Geräusche) führte zuweilen zu Informationsschwierigkeiten, weil ein gültiges System der Vorverständigung fehlte. – Der Ton bindet die Musik überdies an die Zeit, ihre Existenz an die Gegenwart. Aus Tondauer, Zeitmaß, Rhythmus usw. erwachsen weitere Ordnungsprinzipien und Kompositionsmöglichkeiten.

Die geistige Idee gestaltet das akustische Material zur Tonkunst. Mit dem Geistigen erhält Musik Geschichte. Dies gilt bes. für die mehrst. Musik des Abendlandes seit dem 12. Jh., weniger für gewisse volkstümliche Musikpraktiken (möglichst unverändert tradiertes Brauchtum) und für viele außereuropäische Musik.

Musikgeschichte ist dabei in gewisser Weise autonom: eine Geschichte der Kompositionstechnik, der Formen, der Stile, der Gattungen usw. Das Geistige in ihr bindet die Musik aber auch an den allgemeinen kultur- und geistesgeschichtl. Hintergrund. Musik erklingt als Ausdruck und Geste ihrer Zeit und ist nur als solche ganz zu verstehen.

Das Bewusstsein von der Geschichtlichkeit der Musik war nicht immer gleich stark. Bis ins 19. Jh. hinein wurde die jeweils gegenwärtige Musik in einem selbstverständl. Traditionszusammenhang zur vorangegangenen gestaltet. Erst die Romantik erfuhr die Geschichte in einem Prozess bewusster Aneignung.

Heute ist die historische Musik in doppelter Hinsicht aktuell:
Durch die im 19. Jh. einsetzende Musikgeschichtsforschung bietet sich die Musikgeschichte inzwischen als ein Arsenal bereitliegender Stoffe an. Editionen, Erläuterungen und Aufführungen sorgen für eine lebendige Anschauung dieses Stoffes. Im gegenwärtigen Erklingen erhält die historische Musik dabei einen neuen Sinngehalt: Sie wird zu einem Stück unserer Zeit. Die Offenheit historischer Musik gegenüber ist weniger erstaunlich als mancherlei Verschlossenheit gegenüber der zeitgenössischen. Der Raum der aktuellen, d. h. heute zum Klingen gebrachten Musik schließt, offenbar in einem neuen Verständnis des Menschen von sich und seiner Geschichte, die historische Musik mit ein. Sie beherrscht sogar weitgehend das heutige Musikleben, was in keinem anderen Jh. zu beobachten ist. Dies ist so lange fruchtbar, als die Aufführung historischer Musik nicht in steriler Nachahmung geschieht, sondern zu lebendiger, subjektiver Interpretation führt.

Ihre zweite Aktualität erhält die historische Musik durch die musikgeschichtl. Tradition, die auch in die Neue Musik des 20. Jh. einfließt, ohne dass über deren historischen Ort oder deren Richtung schon geurteilt werden könnte. Musikgeschichte ist selbst dort wirksam, wo sie dem Neuen nur als Folie oder Gegenpol dient.

Da der Sinn der Musik sich im Klang realisiert, ist die angemessenste Interpretation von Musik die klingende. Das Gesamterlebnis von sinnl. Wahrnehmung und geistigem Erfassen der Musik im Hörer steigert in seiner Komplexität dessen Emotion, Fantasie und Erlebniskraft.

Die theoret. Beschäftigung mit der Musik und ihrer Geschichte muss sich dagegen auf Einzelaspekte beschränken. Sie kann dabei Daten und Fakten, musikal. Formen, Stile usw. weitgehend objektiv darstellen. Darüber hinaus muss sie versuchen, den Sinngehalt der Musik und ihren Charakter anzusprechen.

So lässt sich die Gestalt einer Bachschen Fuge mit der entspr. Terminologie einigermaßen treffend beschreiben und erklären. Problematischer ist die Deutung ihres Gehaltes (z. B. »Abbild einer Weltordnung«) und ihrer spezifischen Ausstrahlung (z. B. »schmerzerfüllt«).

Auch hierbei geht es um eine (historisch begründete) Objektivität. Ihrem Wesen gemäß münden Deutungen und Charakterisierungen aber im Subjektiven. In der verbalen Interpretation von Musik ist das oft ein Grund, sie zu beschränken, um sie vor Fantastereien zu bewahren. Für den Musiker und Hörer aber liegt in der Subjektivität der Empfindung und Fantasie eine notwendige Bedingung, auch bekannte und historische Musik immer wieder neu zu erleben.

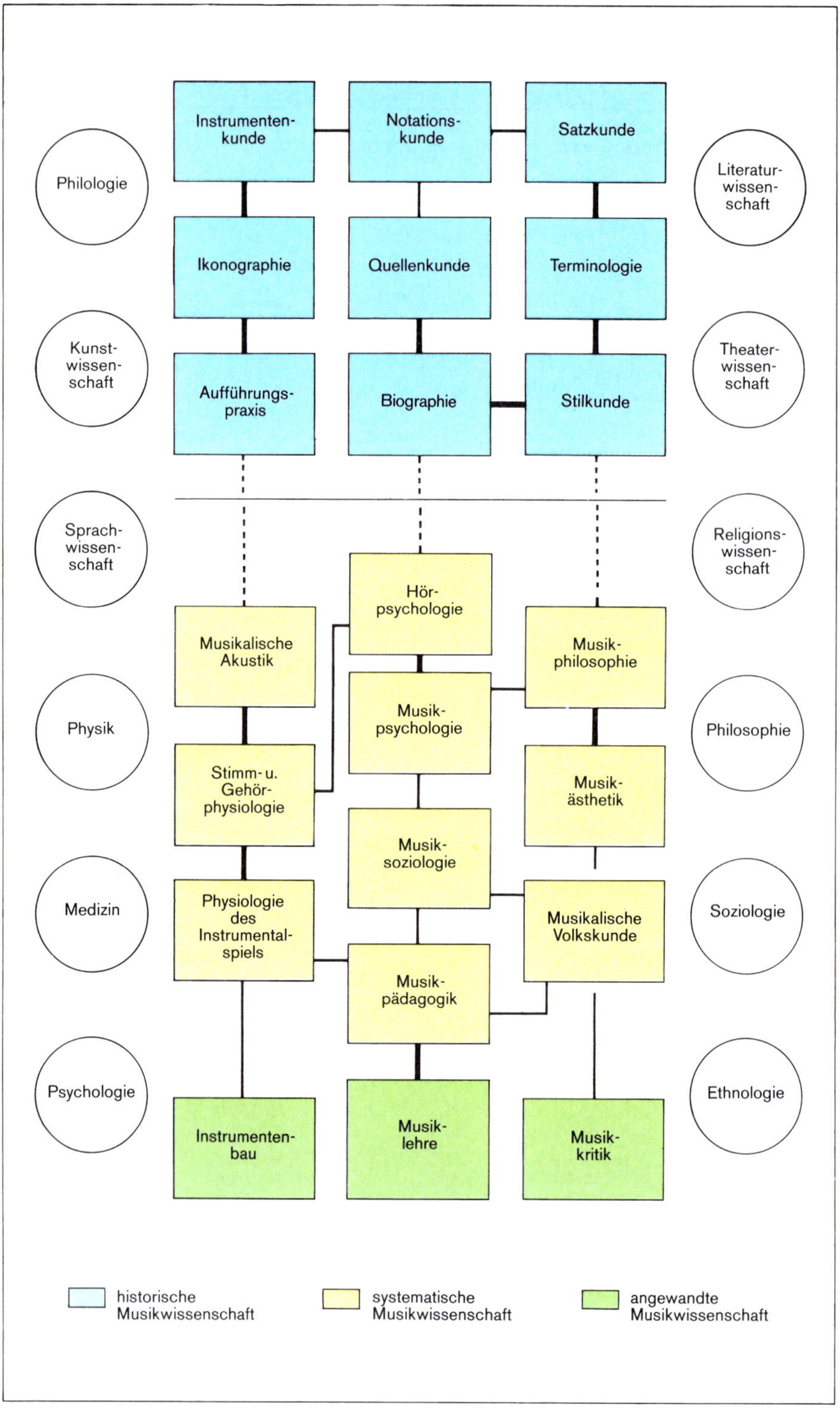

Teilgebiete und Hilfswissenschaften

Theoretische Beschäftigung mit der Musik lässt sich bis ins hohe Altertum verfolgen. Sie gehört in den Hochkulturen wesentlich zu dem, was die Musik aus einem tradierten Brauchtum (*usus*) zu einer bewusst gestalteten Kunst (*ars*) werden ließ. Theorie hat daher spezifisch teil an der Musik, insbesondere der abendländischen.
Alle theoretischen Fragen an die Musik und alles Wissen um sie lässt sich unter dem Oberbegriff **Musikwissenschaft** rubrizieren. Der allgemeinere Begriff der **Musiktheorie** (Gegensatz: Musik**praxis**) hat im vorigen Jh. eine Einengung erfahren, die dem urspr. griech. Begriff der *Theorie* als dem *»Zuschauen«* und *»Betrachten«* nicht ansteht: Sie bedeutet seither so viel wie *Harmonie-* und *Formenlehre*. Gleichzeitig tauchte der Begriff *Musikwissenschaft* auf. Vorbild waren die übrigen geistes- und kunstwissenschaftlichen Disziplinen.

Der wissenschaftliche Anspruch realisiert sich dabei bes. in der *Forschung*. Hier bildete sich der Bereich der **historischen Musikwissenschaft** (*Musikgeschichte:* FORKEL, FÉTIS, AMBROS, SPITTA), daneben die sog. **systematische Mw.** (HELMHOLTZ, STUMPF, SACHS, KURTH) mit Teilgebieten, die nicht primär historisch orientiert sind. Die Ergebnisse mw. Forschung werden gelehrt und genutzt, bes. im Bereich der **angewandten Mw.**

Die nebenstehende Aufgliederung nach mw. Teilgebieten soll einen Überblick geben und ist selbstverständlich nur eine von vielen Möglichkeiten:

- **Instrumentenkunde** beschäftigt sich mit den Musikinstrumenten (Bau, Spielweise, Geschichte);
- **Ikonographie** oder musikal. Bildkunde deutet Darstellungen der Malerei und Bildenden Kunst, z. B. von Instrumenten, Aufführungen usw.;
- **Aufführungspraxis** versucht ein Bild von der musikal. Wirklichkeit in der Geschichte zu gewinnen (Zusammenhang zwischen Notentext und klanglicher Erscheinung);
- **Notationskunde** erforscht die Aufzeichnungsweise von Musik;
- **Quellenkunde** erschließt Notentexte und sonstige Quellen zur Musikgeschichte;
- **Biografie** orientiert über Leben und Schaffen der Musiker; sie war ein Hauptgebiet der Mw. im 19. Jh.;
- **Satzkunde** analysiert die Struktur eines Werkes. Sie betreibt kompositionsgeschichtl. Forschung auf den Gebieten des Kontrapunktes, der Harmonik, der Melodik, der Rhythmik, der Form usw. (*»Musiktheorie«*);
- **Terminologie** interpretiert satzkundl., gattungsgeschichtl., stilkundl. und sonstige musikal. Begriffe; sie sucht zu deren sachl. Klärung sowie zu einer allg. Verständigung beim Sprechen über Musik beizutragen;
- **Stilkunde** untersucht gattungsgeschichtl. Merkmale, die über das Einzelwerk hinaus Gültigkeit haben und den musikal. Stil einer Gattung oder einer Epoche, eines Komponisten oder einer Schule manifestieren;
- **Musikalische Akustik** untersucht die physikal. Grundlagen der Musik, der Musikinstr., der Räume usw.;
- **Physiologie** beschäftigt sich mit Bau und Funktion des Gehörs und der Stimme;
- **Physiologie des Instrumentalspiels** setzt sich mit Körperbewegung und Spieltechnik auseinander (Instrumentalpädagogik);
- **Hörpsychologie** erforscht die psycholog. Vorgänge beim Hören sowie Fragen der musikal. Begabung und Erziehung;
- **Musikpsychologie** befasst sich mit der Wirkung der Musik und des musikal. Kunstwerkes auf den Menschen. Sie betrachtet Musik in ihrer Einzelstruktur wie als ganzheitliche Gestalt und berücksichtigt auch die Verfassung des Hörers;
- **Musiksoziologie** wendet soziolog. Fragestellungen auf die Musik als eine Kunst an, die in bes. Weise in der Gesellschaft lebendig ist, von ihr geprägt wird und diese wiederum prägt;
- **Musikpädagogik** gehört nur im theoret. Sinne zur Mw.; sie befasst sich mit Problemen der Musikerziehung, ihren Zielen und Methoden im privaten und schulischen Bereich;
- **Musikphilosophie** stellt an die Musik die Frage nach ihrem Wesen; sie ist darin völlig eigenständig, doch reflektiert sie systematisch Objekte und Sachverhalte, die überwiegend historisch bestimmt sind oder aus dem Bereich der systemat. Mw. stammen;
- **Musikästhetik** stellt die Frage nach dem Schönen in der Musik, nach Gehalt und Form usw.; sie ist ein Teilgebiet der allgemeinen Musikphilosophie;
- **Musikalische Volkskunde** oder **Musikethnologie** untersucht die im Brauchtum der Völker herrschende Musik, z. B. Volkslieder; Erforschung auch der Musik der Primitiven; die Musikethnologie gehörte zu der früheren sog. *vergleichenden Musikwissenschaft*, die das nichteuropäische Musikgut mit dem abendländisch-europäischen *verglich*: dies z. T. (nach der Aufklärung) aus Überzeugung von der Überlegenheit der Letzteren, z. T. auch aus Mangel an zutreffenden Termini für die musikal. Erscheinungen fremder Völker;
- **Instrumentenbau** restauriert alte, baut herkömmliche und entwickelt neue Musikinstrumente;
- **Musiklehre** vermittelt das theoretische Wissen um die Musik; sie umfasst die verschiedensten Teilgebiete;
- **Musikkritik** misst Aufführungspraxis und (neue) Werke an Qualitätsmaßstäben der Ästhetik, der Stilkunde usw.

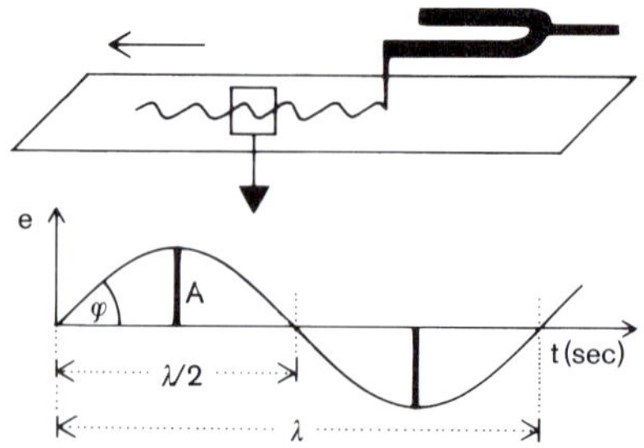

A **Harmonische Schwingung einer Stimmgabel**

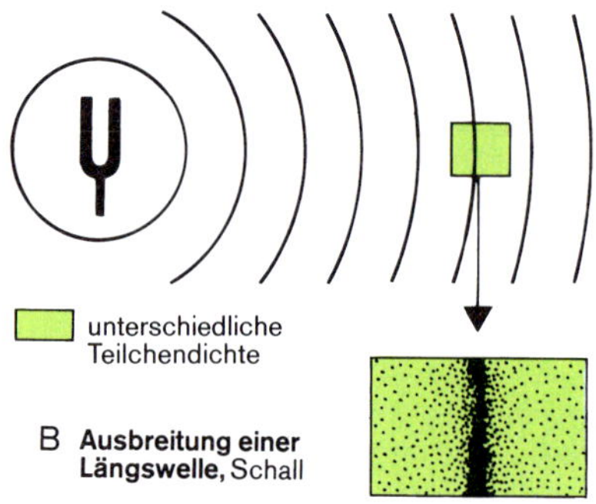

B **Ausbreitung einer Längswelle,** Schall

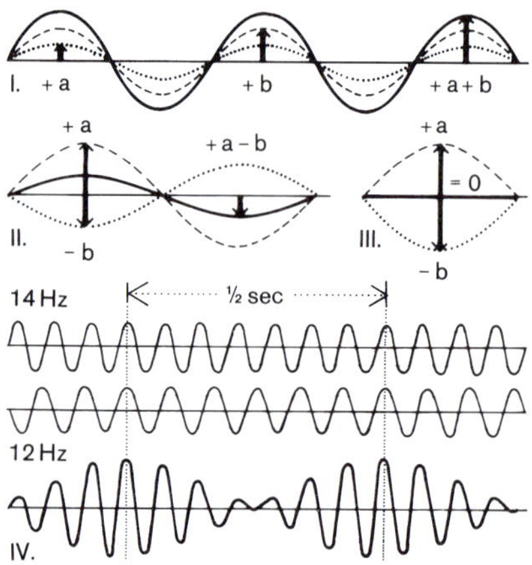

C **Überlagerung von Wellen**

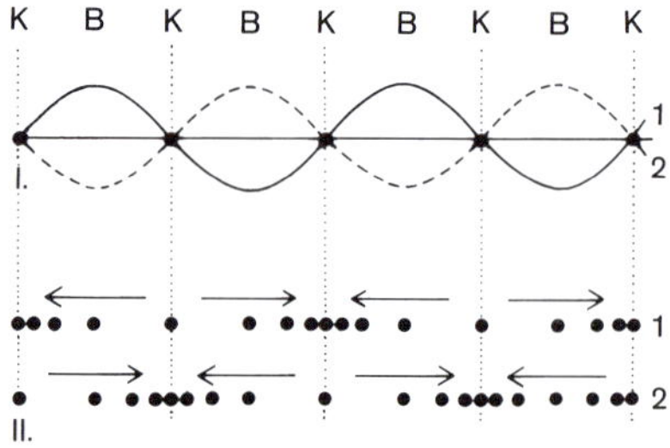

D **Stehende Quer- (I.) u. Längswelle (II.)**

I. Verstärkung +a+b
II. Schwächung +a−b
III. Auslöschung a=b
IV. Schwebungen 2 Hz

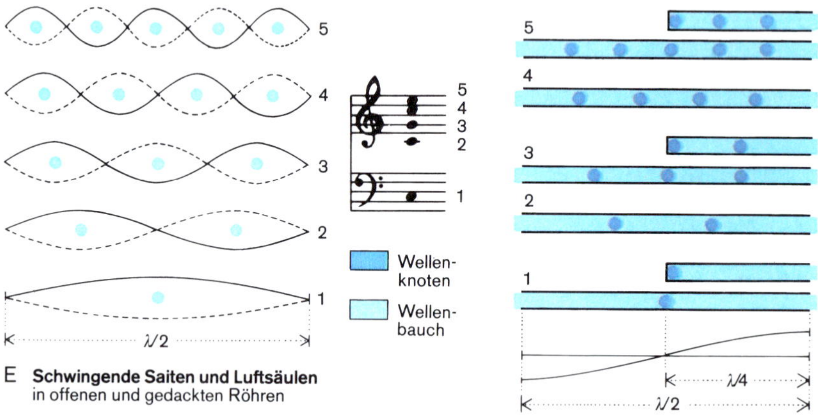

E **Schwingende Saiten und Luftsäulen**
in offenen und gedackten Röhren

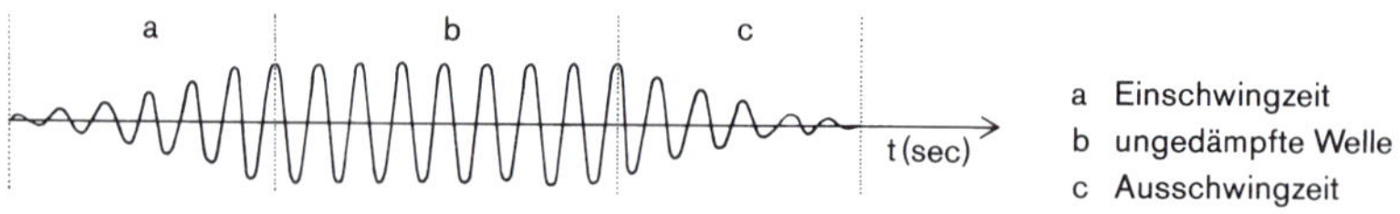

a Einschwingzeit
b ungedämpfte Welle
c Ausschwingzeit

F **Ein- und Ausschwingvorgang** bei gleicher Wellenlänge

Schwingungsvorgänge

Natürliche Grundlage der Musik ist der Schall, definiert als »mechanische Schwingungen und Wellen eines elastischen Mediums im Frequenzbereich des menschlichen Hörens (16–20 000 Hz)«. Unter diesem Bereich liegt der Infra-, darüber der Ultraschall. Die *physikalische Akustik* handelt vom Schall außerhalb des Ohres.

Schwingungen und Wellen

Schwingungen entstehen durch Hin- und Herbewegung von Teilchen (Luft, Wasser, feste Körper usw.). Geschieht diese Bewegung gleichmäßig, spricht man von einer *harmonischen* Schwingung (s. Stimmgabel-Aufzeichnung Abb. A). Dann sind:

- *Elongation* (e) die Auslenkung der Teilchen aus der Ruhelage,
- *Amplitude* (A) die größte Auslenkung,
- *Phase* der momentane Schwingungszustand entsprechend dem *Phasenwinkel* (φ),
- *Periode* oder *Schwingung* der Bewegungsablauf zwischen zwei gleichen Schwingungszuständen (= *Doppelschwingung*, d. h. Hin- und Herweg zusammen),
- *Frequenz* (f) die Anzahl der Schwingungen pro Sekunde,
- *Wellenlänge* (λ) der Abstand zwischen zwei Nachbarpunkten phasengleicher Schwingung.

Die Frequenz wird in *Hertz* (Hz) angegeben. Sie ist maßgeblich für die Tonhöhe, während die Amplitude die Lautstärke bestimmt. Nach Schwingbewegung und Ausbreitungsrichtung unterscheidet man

- *Quer- (Transversal-) Wellen* in festen Körpern, wobei die Schwingbewegung der Teilchen quer zur Ausbreitungsrichtung erfolgt (Abb. A), und
- *Längs- (Longitudinal-) Wellen* mit Schwingbewegung der Teilchen in Ausbreitungsrichtung (Abb. B).

Schallwellen sind Längswellen, wobei ein Erreger die (Luft-)Teilchen periodisch komprimiert und so die Welle als Dichte- bzw. Druckschwankung ausstrahlt (Abb. B).

Überlagerung von Wellen (*Interferenz*)

Eine Einzelwelle kommt in der Praxis so gut wie nie vor.

Überlagern sich Wellen gleicher Frequenz, so verstärken sie sich bei gleicher Phase. Die Amplitude der resultierenden Welle ist gleich der Summe der Ausgangsamplituden (Abb. C, I). Sie schwächen sich ab bei entgegengesetzter Phase (Abb. C, II) und löschen sich im Extremfall aus, nämlich bei einer Phasenverschiebung von 180° und gleicher Amplitude (Abb. C, III).

Überlagern sich Wellen mit verschiedener Frequenz und Amplitude, so entstehen komplizierte Wellenformen, die sich nach dem Fourierschen Satz analysieren lassen (vgl. S. 16, Abb. A).

Überlagern sich zwei Wellen mit geringem Frequenzunterschied, so entstehen *Schwebungen*. Die Amplitude der resultierenden Welle schwankt periodisch als (Amplituden-) *Vibrato*, was als An- und Abschwellen der Lautstärke z. B. beim Stimmen von Saiteninstrumenten hörbar wird (Abb. C, IV).

Stehende Quer- und Längswellen

entstehen durch Überlagerung gegenläufiger Wellen gleicher Länge und Amplitude (vor allem in Ton erzeugenden Körpern). Sie haben *Schwingungsknoten* (K), in denen Ruhe herrscht, und *Schwingungsbäuche* (B) mit maximaler Geschwindigkeit bzw. Schwingungsweite der Teilchen. Der Abstand von Knoten zu Knoten beträgt eine halbe Wellenlänge. Bei Längswellen wechseln an den Knoten Dichte und Druck am stärksten. Eine stehende Welle wechselt ständig zwischen zwei Extremzuständen (Abb. D, 1 und 2).

Ein- und Ausschwingvorgänge

Bei einer gedämpften Welle nimmt die Amplitude durch Reibungs- und Wärmeenergieverlust ab. Die Welle läuft aus. Die dazu benötigte Zeit heißt *Ausschwingzeit*. Umgekehrt entsteht durch Energiezufuhr eine *erzwungene* Welle. Die Zeit bis zum Erreichen der vollen Amplitude heißt *Einschwingzeit*. Ein- und Ausschwingzeit sind mitverantwortlich für die Klangfarben. Wellen mit gleich bleibender Amplitude sind *ungedämpft*, z. B. beim Dauerton (Abb. F).

Schwingende Saiten und Luftsäulen (Abb. E)

Die Frequenz der Saitenschwingung f_s hängt ab von der Saitenspannung *P*, der Dichte *r*, dem Querschnitt *Q* und der Länge *l* nach $f_s = (\frac{1}{2}\,l)\,\sqrt{P/(r \cdot Q)}$. Sie ist also umgekehrt proportional zur Saitenlänge. Schwingt eine Saite in der ganzen Länge *l*, so erklingt der tiefstmögliche Ton (Grundton), wobei $l = \lambda/2$ ist. Teilt man die Hälfte der Saite ab oder bildet man in der Saitenmitte einen Knoten (Flageolett durch leichten Fingeraufsatz), so wird $l = \lambda$; das Schwingungsverhältnis beträgt dann 2:1, die Frequenz verdoppelt sich, es erklingt die Oktave. Drittelt man die Saite, so erhält man $l = \frac{3}{2}\,\lambda$ und damit die Quinte (3:2), entsprechend weiterteilend die Quarte (4:3), die große Terz (5:4) usw. Die unterschiedlichen Schwingungszustände finden sich sogar gleichzeitig überlagert als Obertöne des Grundtons (s. S. 88).

Die gleichen Schwingungsverhältnisse gelten für schwingende Luftsäulen von der Länge *l* nach $f_l = c/2\,l$ bei offenen und $f_l = c/4\,l$ bei einseitig geschlossenen, sog. *gedackten* Röhren (also halbe Länge bei gleicher Tonhöhe), ohne Berücksichtigung des Radius und der Mündung; *c* ist dabei die (konstante) Schallgeschwindigkeit. Die stehende Welle in der offenen Röhre hat an beiden Enden einen Wellenbauch, in der gedackten Röhre am geschlossenen Ende stets einen Knoten (größte Dichte). Daraus ergibt sich für die beidseitig offene Röhre die Folge $l = \frac{1}{2}\,\lambda, \frac{2}{2}\,\lambda, \frac{3}{2}\,\lambda, \frac{4}{2}\,\lambda$, usw., für die gedackte die Folge $l = \frac{1}{4}\,\lambda, \frac{3}{4}\,\lambda, \frac{5}{4}\,\lambda$ usw., d. h. offene Röhren liefern alle Naturtöne, gedackte nur die ungradzahligen.

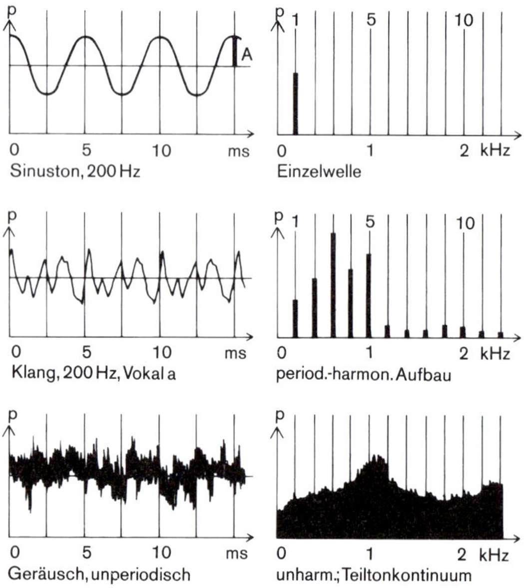

A **Oszillogramme (r.) und Teiltonspektren (l.)**

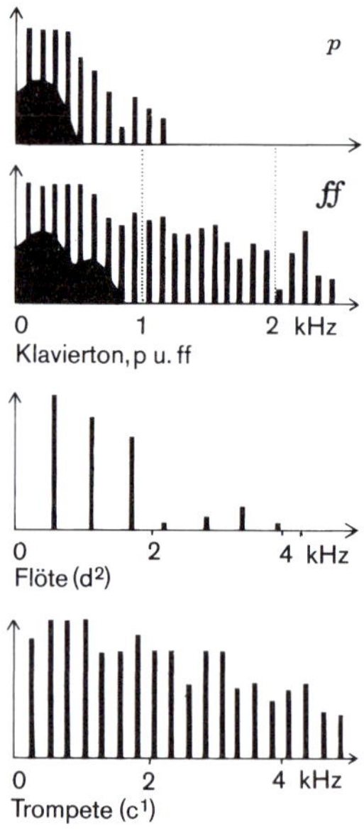

B **Instrumentalspektren**

Noten-name	temper. Stimmung	physikal. Stimmung
c^5	4186,03 Hz	~ 2^{12}
c^4	2093,02 Hz	~ 2^{11}
c^3	1046,51 Hz	~ 2^{10}
c^2	523,25 Hz	~ 2^9
c^1	261,63 Hz	~ 2^8
c	130,81 Hz	~ 2^7
C	65,41 Hz	~ 2^6
C_1	32,70 Hz	~ 2^5
C_2	16,35 Hz	~ 2^4
C_3	8,15 Hz	~ 2^3

	Cent	reine Stimmung	Verhältnis zu c^1	temperierte Stimmung
c^2	1200	528 Hz	2:1	523,25 Hz
h^1	1100	495 Hz	15:8	493,88 Hz
b^1	1000	475 Hz	9:5	466,16 Hz
a^1	900	440 Hz	5:3	440,00 Hz
as^1	800	422 Hz	8:5	415,31 Hz
g^1	700	396 Hz	3:2	392,00 Hz
fis^1	600	367 Hz	25:18	369,99 Hz
f^1	500	352 Hz	4:3	349,23 Hz
e^1	400	330 Hz	5:4	329,63 Hz
es^1	300	317 Hz	6:5	311,13 Hz
d^1	200	297 Hz	9:8	293,67 Hz
cis^1	100	275 Hz	25:24	277,18 Hz
c^1	0	264 Hz	1:1	261,63 Hz

C **Tonhöhen**

chromatische Tonleiter

Kammerton

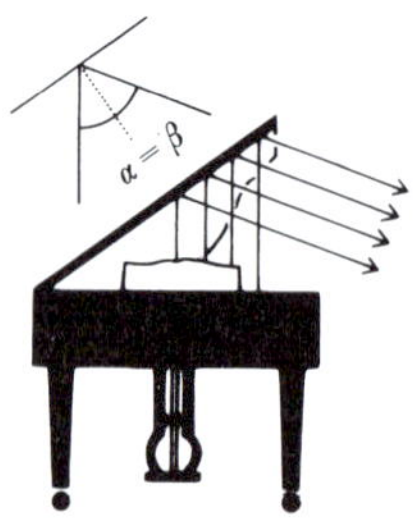

D **Schallreflexion**

Leistung Watt (bei ff)		Stärke W/m²	Druck Pa	Dämpfung dB	musikal. Dynamik
Geige	0,001 Watt	10^{-12}	2×10^{-5}	0	–
Flöte	0,013 Watt	10^{-10}	2×10^{-4}	20	*ppp*
Kb.	0,089 Watt	10^{-8}	2×10^{-3}	40	*p*
Tuba	0,28 Watt	10^{-6}	2×10^{-2}	60	*f*
Flügel	0,42 Watt	10^{-4}	2×10^{-1}	80	*ff*
Becken	15,00 Watt	10^{-2}	2	100	*fff*
Orch.	27,00 Watt	1	2×10^{1}	120	–

E **Schallgrößen**

Hörbereich bei ca. 2000 Hz

Klangfarben, Tonhöhen, Schall

Ton, Klang, Geräusch, Knall
Eine einzelne Sinusschwingung ergibt einen »reinen« **Ton** (nur elektronisch herstellbar). Der »natürliche« Ton ist physikalisch gesehen bereits ein **Klang;** er besteht aus einer Summe von *Sinustönen*, die als Teil- oder Partialtöne zu einem Ganzen verschmelzen. Dementsprechend zeigt das Oszillogramm des »reinen« Tones eine einfache Sinuskurve, das des »natürlichen« Tones aber eine komplizierte Überlagerungskurve.
Auftreten und Aufbau der Teiltonreihe ist naturbedingt (Reihe s. S. 88).
Man kann die Teiltöne aus der Überlagerungskurve errechnen oder experimentell erfassen und im *Klangspektrum* sichtbar machen. Dieses Spektrum gibt jeweils ihren Teiltonort auf der Frequenz-Ordinate (Tonhöhe) und die Größe ihrer Amplitude auf der Schalldruck-Abszisse (Lautstärke) an. Die Klangspektren in Abb. A zeigen für den *Sinuston* nur einen Teilton, für den *Klang* hingegen die ersten 12 Teiltöne.
Der tiefste Teilton (Grundton) bestimmt die Frequenz des (natürlichen) Tones (in Abb. A 200 Hz). Die Obertöne hingegen bilden je nach Zusammensetzung und durch erzeugerbedingte Resonanzverstärkung gewisser Obertonbereiche, sog. *Formanten*, die Klangfarbe. So unterscheidet sich die Klangfarbe des gesungenen Vokales a in Abb. A stark von den Tönen in Abb. B. Weiche Klänge (Flöte) zeigen ein obertonarmes Spektrum, grelle dagegen ein obertonreiches. Auch die Dynamik verändert das Teiltonspektrum (Klavierton in Abb. B).
Die Schwingungen selbst verlaufen bei Tönen und Klängen stets periodisch. Aber nicht nur Anzahl und Stärke der Teiltöne, sondern auch das Verhältnis ihrer Schwingungszahlen zueinander bestimmen die Art der Klangerscheinung. Das Verhältnis ist
- *harmonisch*, d. h. ausdrückbar in ganzzahligen Proportionen wie 1:2:3 usw., bei natürlichen *Tönen* bzw. *Klängen* und deren Kombination in *Zusammenklängen* (Akkorden); harmonisch schwingen Saiten, Pfeifen usw.;
- *unharmonisch*, d. h. ausdrückbar in Bruchproportionen wie 1:1, 1:2, 2 usw., bei *Ton-* und *Klanggemischen,* wie sie Glocken, Platten, Stäbe und andere dreidimensional schwingende Körper abstrahlen.

Beim **Geräusch** sind die Schwingungen *unperiodisch* und seine Teiltonfolge *unharmonisch*, zudem sehr dicht bis zum Teiltonkontinuum. Geräusche liegen höhenmäßig durch stark hervortretende Formantbereiche nur ungefähr fest. Das sog. »weiße Rauschen« erstreckt sich gleichmäßig über den ganzen Hörbereich (Abb. A).

Beim **Knall** handelt es sich um unperiodische, kurze Schwingungsimpulse. Die Klangfarbe dieser Impulse hängt von ihrer Dauer ab.

Tonhöhe
Die relativen Intervallverhältnisse werden an absolute Tonhöhen geknüpft. So wurde der **Kammerton a**^{1} auf 440 Hz bei 20 °C festgelegt (2. Intern. Stimmtonkonferenz, London 1939). Das *Cent-System* (Ellis, 1885) teilt den temperierten Halbtonschritt in 100, die Oktave in 1200 Cent ein, um nicht temperierte (vor allem außereuropäische) Tonabstände zu beschreiben (vgl. S. 89).
Die *reine Stimmung* folgt den natürlichen Intervallproportionen. Die *temperierte Stimmung* teilt die Oktave mathematisch in 12 Abstände von je $\sqrt[12]{2}$.

Schallgrößen (Abb. E)
Die Leistung einer Schallquelle (in Watt) ist außerordentlich gering. Zum Vergleich: Es müssten 200 Tubaspieler *ff* blasen, um eine Schallleistung zu erzeugen, die einer 60-Watt-Glühbirne entspricht. Dem steht eine außerordentliche Empfindlichkeit des Ohres gegenüber (vgl. S. 19). Die *Schallleistung* verteilt sich räumlich um die Schallquelle. Die *Schallstärke* oder *Intensität J* nimmt daher im Quadrat der Entfernung ab. Ihre Einheit berücksichtigt die durchsetzte Fläche (Watt/m^2; $J = (\frac{1}{2} c) \cdot A^2$).
Der *Schalldruck* entspricht dem Wechseldruck, den die Moleküle ausüben (Pa, auch gemessen in μbar). Er ist dem Quadrat der Amplituden proportional.
Schallleistung, -stärke und *-druck* differieren stark (Angaben in Zehnerpotenzen). Daher wählte man als Maß das logarithmische *Dezibel* (dB) für die Schallpegeldifferenz *D* zweier Schallstärken J_1 und J_2 ($D = 20 \log_{10} J_1/J_2$). Das Dezibel entspricht bei 1000 Hz dem Phon.

Resonanz
Da Systeme mit gleicher Eigenfrequenz wie auf sie treffende Schallwellen zum Mitschwingen angeregt werden (Resonanz), können geringe Schallleistungen durch Resonatoren wie Aliquotsaiten oder Hohlkörper (z. B. Violinkorpus) verstärkt und die Schallabgabe an die Luft begünstigt werden. Die *Schallgeschwindigkeit* ist medien- und temperaturbedingt. Sie beträgt bei 20 °C in Kork 500, Wasser 1480, Holz bis zu 5500, Eisen 5800 und Luft 340 (bei 0 °C 331,6) m/sec.

Schall im Raum
Schallwellen werden absorbiert oder reflektiert. Für die Reflexion gilt Einfall- gleich Ausfallwinkel. So lassen sich Schallwellen bündeln, in die gleiche Richtung schicken und dadurch scheinbar verstärken (Abb. D). Interferenz von Schallwellen bedingt im Raum unterschiedlich gute Hörplätze. Raumakustik ist wegen ihrer Kompliziertheit vielfach noch auf Experimente angewiesen. Auch Publikumsbesetzung spielt eine Rolle: Einer Person entspricht ca. ½ m^2 Schallabsorptionsfläche.

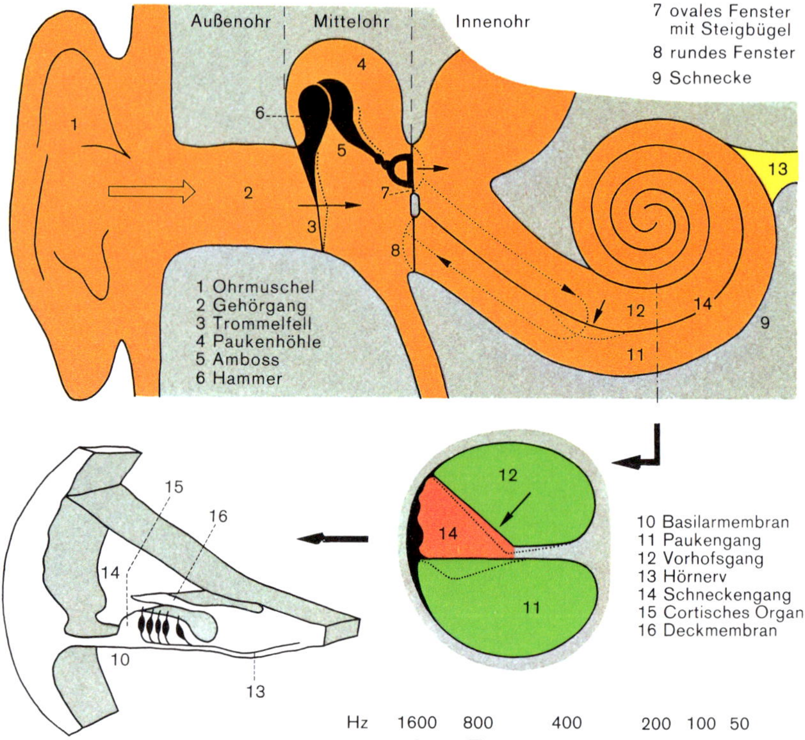

A **Das Ohr**

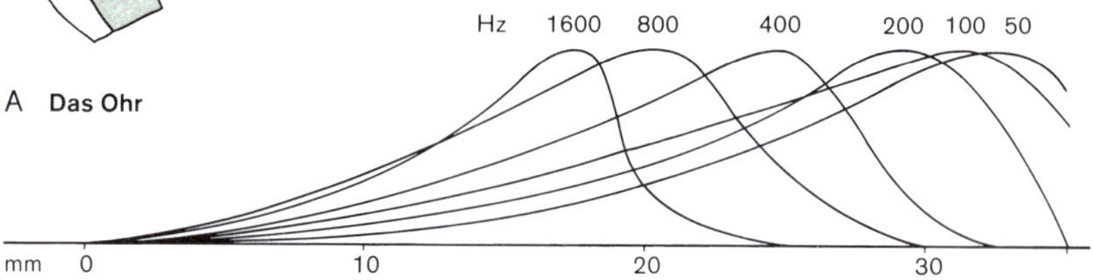

B **Ausbauchungen der Basilarmembran bei verschiedenen Frequenzen**

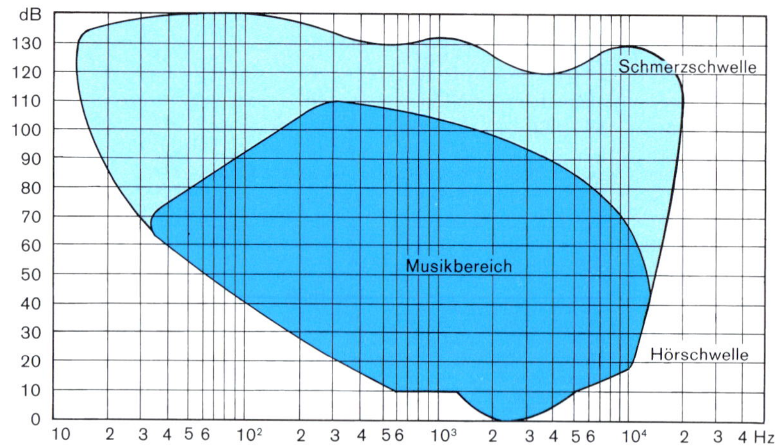

C **Hörfeld** (Frequenzen logarithmisch angeordnet)

Ohr und Hörbereich

Anatomie des Ohres
Das Ohr umfasst drei Großteile: Außen-, Mittel- und Innenohr (Abb. A).
Das Außenohr fängt Schall auf, wobei der Gehörgang als Resonator die Schallwellen 2- bis 3fach verstärkt.
Das Mittelohr überträgt den Schall weiter: Das Trommelfell vermittelt die Druckschwankungen an die Gehörknöchelchen in der luftgefüllten Paukenhöhle. Es reagiert noch auf Amplituden von 10^{-9} cm (1/10 des Durchmessers eines Wasserstoffatoms) bei einem ppp-Ton von 3000 Hz. Die Gehörknöchelchen *Hammer, Amboss* und *Steigbügel* dämpfen die Schwingungen im Verhältnis von 1,3:1 bei einer Kräftesteigerung von 1:20 und leiten sie ins ovale Fenster.
Das Innenohr besteht aus dem Vestibularapparat mit den drei Bogengängen des Gleichgewichtssinnes und der *Schnecke* (*Cochlea*) mit dem Gehörorgan. Die Schnecke enthält zwei mit Perilymphe gefüllte Gänge:
- den *Vorhofgang* (*scala vestibuli*), ausgehend vom ovalen Fenster, in dem der Steigbügel sitzt, und
- den *Paukengang* (*scala timpani*), ausgehend vom runden Fenster mit Membranverschluss zur Paukenhöhle.

Beide Gänge sind nur in der Schneckenspitze miteinander verbunden (*Helicotrema*), im Übrigen aber durch den dreiseitigen, mit Endolymphe gefüllten sog. *Schneckengang* getrennt. In diesem liegen auf der 35 mm langen, am ovalen Fenster 0,04, an der Schneckenspitze 0,49 mm breiten *Basilarmembran*, überdacht von einer Deckmembran, etwa 3500 Haarzellengruppen mit je einer inneren und 3 bis 4 äußeren Zellen nebeneinander: die Sinneszellen des *Cortischen Organs*.

Die Tonhöhenempfindung
Druckwellen in der Perilymphe des Vorhofganges bauchen den Schneckengang aus. Diese Ausbauchung läuft als stark gedämpfte Welle vom ovalen Fenster bis zur Schneckenspitze (ohne Reflexion). In der maximalen Ausbauchung werden die Sinneszellen des Cortischen Organs am stärksten erregt. Sie liegt bei hohen Tönen nahe am ovalen Fenster und umgekehrt. Die Tonhöhenempfindung hängt demnach vom Ort der maximal erregten Sinneszellen auf der insgesamt schwingenden Basilarmembran ab (Abb. B).
Der **Hörbereich** liegt zwischen 16 und 20 000 Hz (Abb. C). Er nimmt im Alter stark ab. Die räumliche Verteilung auf der Basilarmembran entspricht etwa dem Logarithmus der Frequenz, wobei der Mittelbereich weiter auseinander gezogen ist. Die Tonhöhenunterscheidung gelingt daher zwischen 1000 und 3000 Hz am besten (0,3% = 1/40 Ganzton).
Das Mittelohr überträgt nur Frequenzen bis 2000 Hz. Alle höheren werden durch die **Knochen** übertragen. Die Basilarmembran gerät in Schwingung durch Druckdifferenz zwischen den Skalen und Ausbuchten des beweglichen Verschlusses der *scala timpani* bei
- allseitiger Kompression der Schnecken-Knochenwand oder bei
- Relativverschiebung von Gehörknöchelchen und Schnecke durch Beschleunigung des Innenohres bei Schwingung der Schädelknochen.

Die Knochenleitung ist beim Hören der eigenen Stimme besonders deutlich zu empfinden. In der Perilymphe entstehen zusätzliche Schwingungen aus nichtlinearen, asymmetrischen Verzerrungen im Mittel- und Innenohr, die als subjektive oder Ohr-Partialtöne gehört werden. Ähnlich entstehen zusätzliche Schwingungen durch Überlagerung, sog. *Kombinationstöne*, und zwar als *Differenz-* und *Summationstöne* entsprechend der Schwingungszahldifferenz oder -summe der Grundtöne. Die Tonhöhe wird bestimmt durch die jeweils längste Schwingung.
Als Eigenmaß für die Tonhöhenempfindung dient das **Mel,** wobei definitionsgemäß 1000 mel = 1000 Hz bei 0,002 Pa (40 dB) sind.

Die Lautheitsempfindung
Das Ohr unterscheidet etwa 325 Lautstärkestufen. Die subjektive Lautstärke (*Lautheit*) wird in Phon gemessen. Definitionsgemäß ist bei 0 Phon der Normalton von 1000 Hz gerade nicht mehr hörbar. Es sind dann: der *Schalldruck* am Trommelfell $2 \cdot 10^{-5}$ Pa (= 0 dB), die *Schallleistung* 10^{-12} W/m, die *Schallamplitude* am Trommelfell 10^{-9} cm, an der Basilarmembran 10^{-10} cm, an den Schädelknochen $5 \cdot 10^{-10}$ cm. Den Phonwert L einer Schallquelle erhält man durch Vergleich mit dem gleich laut geschalteten Normalton der Schallstärke J nach $L = 10 \lg J/J_0$. Die Phonskala ist also dem Logarithmus der wirklichen Schallstärke proportional.
Schädlichkeitsgrenzen: kurze Belastung bei 90 phon, Dauerbelastung bei 75 phon. Schmerzschwelle: 130–140 phon.
Eigenmaß der Lautheitsempfindung ist das *Sone*: 1 sone = Lautheit des Normaltons bei 40 dB, 2 sone doppelt so laut etc. Das Lautheitsempfinden hängt auch von der Zeit ab. Die Einhörzeit bis zur vollen Lautstärke beträgt 0,2 sec, die Aufhörzeit 0,14 sec. Nach 2 min sinkt die Lautheit um 10 dB (*Adaption*) und bleibt dann nahezu konstant. Zuweilen löscht ein Hörvorgang einen anderen durch Adaption im Cortischen Organ und durch mechanische Schwingungsbeeinflussung in der Perilymphe aus (*Verdeckung*).

Übertragung zum Gehirn
30 000 Nervenfasern vermitteln durch elektrische Impulse (sog. *Aktionspotenziale*, bis 900 Hz je Faser) 1500 Tonhöhenunterschiede und 325 Stärkestufen, also ca. 340 000 Werte von den Orten auf der Basilarmembran über den Hörnerv zum Gehirn. Die Summe aller Impulsfrequenzen macht dabei die Lautheit aus.

Schwingungsverhältnis	1 : 2	2 : 3	3 : 4	4 : 5	8 : 9	8 : 15
Intervall	Oktave	Quinte	Quarte	gr. Terz	gr. Sek.	gr. Sept.

Proportionstheorie

Konsonanz
Dissonanz

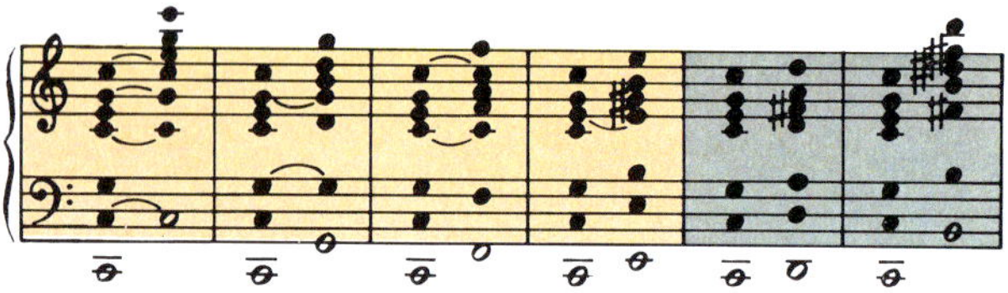

Klangverwandtschaftstheorie

A **Theorien zum Konsonanz- und Dissonanzempfinden**

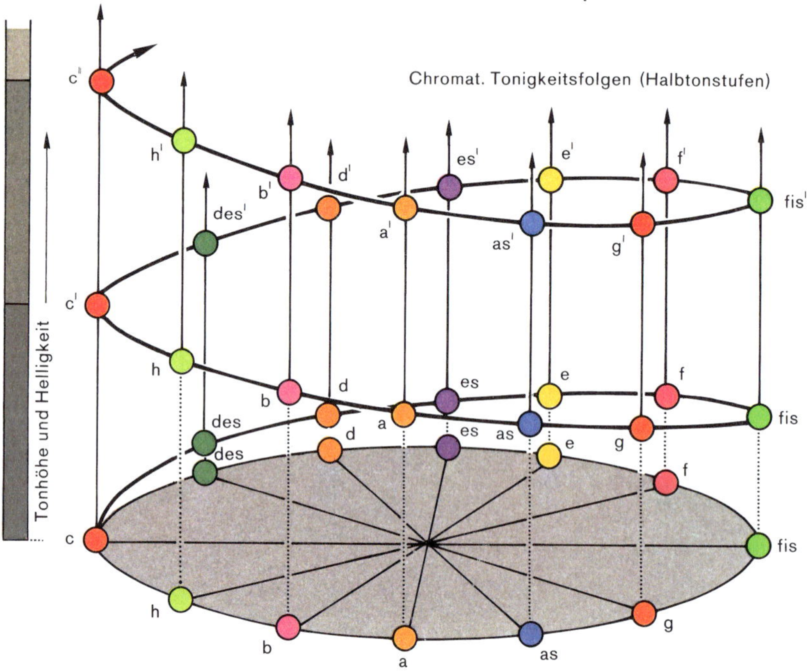

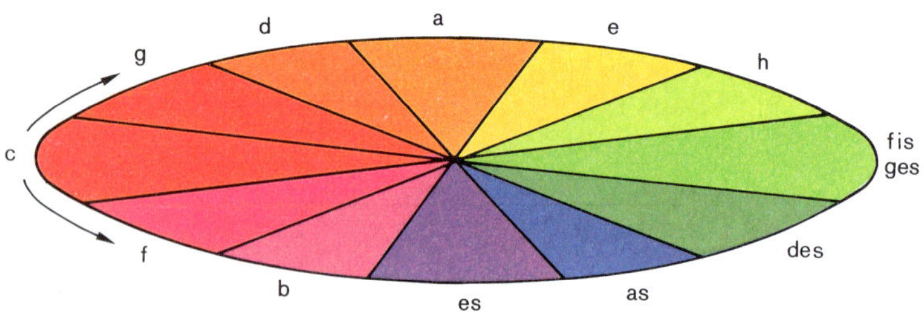

Ähnlichkeitsfolge der Tonigkeiten (Quintenzirkel)

B **Tonhöhe und Tonigkeit**

Konsonanztheorie und Tonqualitäten

Die **Hörpsychologie** (früher *Tonpsychologie*) beschäftigt sich einerseits mit Aufnahme und Bewertung der Informationen beim Hören, d. h. mit der Psychologie der Gehörerscheinungen, andererseits mit den Gehöranlagen.

Die Gehörerscheinungen

bilden empfindungsmäßig entsprechend ihrer akustischen Grundlage zwei Gruppen: Geräusch/Knall und Ton/Klang. Geräusche gelten als rauh, stoßhaft, Töne und Klänge als einheitlich, glatt.

Der Toncharakter

Die Frequenzskala wird nicht als Reihe gleichwertiger Qualitäten gehört, sondern vom Oktavenphänomen durchkreuzt. So wird eine gewisse Eigenheit von c^1 in c^2 (von d^1 in d^2 usw.) wieder erkannt und entsprechend benannt. Diese gewisse Toneigenart oktavverwandter Töne (»c-igkeit«, »d-igkeit«) bleibt trotz Höhenunterschied erhalten. Man unterscheidet daher im Toncharakter das lineare Moment der *Tonhöhe* oder *Helligkeit*, und das zyklische der *Oktavengleichheit* oder *Tonigkeit*.

Das Oktavenphänomen gilt als naturgegeben:

- Derselbe Ton wird physiologisch von Frauen und Männern verschieden erzeugt. Er erklingt trotz seiner Gleichheit im Oktavabstand.
- Die Oktave ist der erste Oberton über dem Grundton. Beide stehen im einfachsten Schwingungsverhältnis 2:1.

Ordnet man die Tonigkeiten nach ihrer Hörähnlichkeit, so ergibt sich der Quintenzirkel (wegen der natürlichen Quintverwandtschaft als zweiter Verwandtschaftsgrad nach der Oktave wie auch als Folge spezifisch abendländischer Hörgewohnheit). In Abb. B wurden der Tonigkeit die Farben des Farbkreises zugeordnet. Bei Halbtonanordnung in chromatischer Abfolge erscheinen die oktavgleichen Töne jeweils über ihrem Farbsegment, mit zunehmender Höhe (Helligkeit) eine Spirale bildend.

Bei sehr hohen und tiefen Frequenzen tritt die Wahrnehmung der Tonigkeit hinter der Helligkeit zurück. Hingegen werden andere tonpsychologische Dimensionen deutlich, nämlich *Volumen, Gewicht* und *Dichte*:

- Tiefe Töne gelten als groß, voluminös und bauchig, als schwer, plump und behäbig, als porös, stumpf und weich.
- Hohe Töne gelten als klein, schmal und schlank, als ätherisch, leicht und wendig, als spitz, fest und kantig.

Bei einfachen Sinustönen wird noch eine frequenzabhängige *Lautqualität* wahrgenommen: unter 130 Hz als stimmhafter Konsonant (m,n), von ca. c^1–c^5 als Vokal (in der Folge u,o,a,e,i), über 8200 Hz als stimmloser Konsonant (f,s).

Klang, Intervall, Akkord

Die Tonqualitäten lassen sich weitgehend auf den Klang übertragen. Es tritt jedoch noch ein raumhaftes Moment hinzu, das mit der Klangfarbe zusammenhängt. So klingt ein Tenor z. B. »näher« als ein Sopran bei gleichem Ton (analog etwa zu vorspringenden warmen Farben vor kalten in derselben Ebene).

Im **Intervall** wird Helligkeit zur Distanz oder Breite, Tonigkeit zur Intervallfarbe. Der Sonanzcharakter des Intervalls hängt ab von der Lage, da die Empfindung der Tondistanzen über das Frequenzband ungleichmäßig verteilt ist (*mel*-Skala). Entsprechendes gilt vom **Akkord** bzw. **Mehrklang**. Er besitzt Klangbreite infolge der Tonigkeiten der Einzeltöne, ferner Gefügequalitäten (Außen- und Binnenbreite), Fülle (enge und weite Lage) und spezifische Akkordhelligkeit (z. B. Dur: hell, Moll: dunkel). Die raumhaften Qualitäten der Töne und Klänge führten zur Annahme eines *tonpsychologischen Raumes* (KURTH).

Kon- und Dissonanz

Intervalle werden als wohlklingend (*konsonant* = zusammenklingend) oder spannungsvoll (*dissonant* = auseinander klingend) empfunden. Wichtigste Erklärungstheorien sind:

1. Die **Proportionstheorie** (nach PYTHAGORAS): Je einfacher das Schwingungsverhältnis zweier Töne, desto konsonanter ihr Intervall (Abb. A). Störend in dieser Theorie sind die komplizierten Schwingungsverhältnisse der temperierten Stimmung (z. B. der konsonanten Quinte von 293:439).
2. Die **Klangverwandtschaftstheorie** (HELMHOLTZ): Zwei Töne sind konsonant, wenn ein oder mehrere ihrer Obertöne (bis zum 8. Partialton) zusammenfallen. Der 7. Partialton muss, leider unbeachtet bleiben (Abb. A).
3. Die **Tonverschmelzungstheorie** (STUMPF): Zwei Töne sind umso konsonanter, je mehr (ungeschulte) Hörer sie als einen einzigen empfinden (Oktav: 75%, Quint: 50%, Quart: 33%, Terz: 25%). Kon- und Dissonanz ist demnach ein Quantitäts-, kein Qualitätsunterschied.
4. Die neuere **Ohrpartial- und Residualtontheorie:** Entscheidend sind die *Ohrpartial-* (REINECKE/WELLEK) und *Residualtöne* (SCHOUTEN), die bei koinzidierenden Obertönen in der Perilymphe entstehen. Die Theorie von HELMHOLTZ gewinnt dadurch neuartig Geltung.

Gehöranlagen

Außer dem physischen äußeren Gehör gibt es das psychische *innere Gehör*, das auf Vorstellung und Gedächtnis beruht und oft auch bei Ausfall des äußeren Gehörs funktioniert (BEETHOVEN, SMETANA u. a.). Das *absolute Gehör* beruht auf einem Dauergedächtnis für bestimmte Eigenarten von Tönen, Akkorden, Tonarten und vermag diese ohne Vergleichston wieder zu erkennen. Es ist Symptom, aber nicht Bedingung für Musikalität. Musikalisch wichtig dagegen ist das *relative Gehör*, das von einem Vergleichston ausgehend Intervalle abmisst.

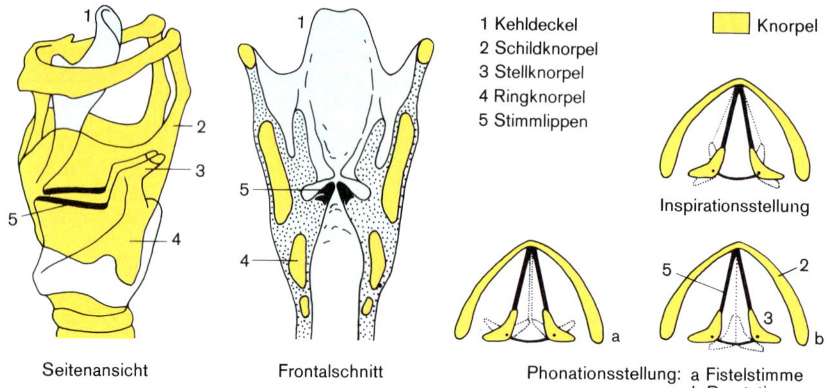

A **Kehlkopf und Stimmlippenstellungen** (Querschnitte)

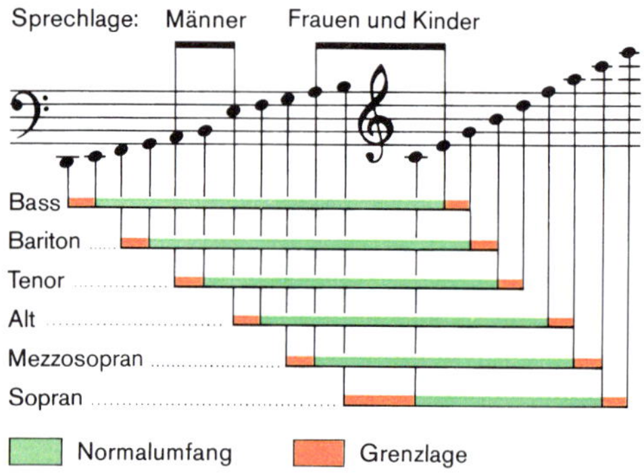

B **Stimmlagen**

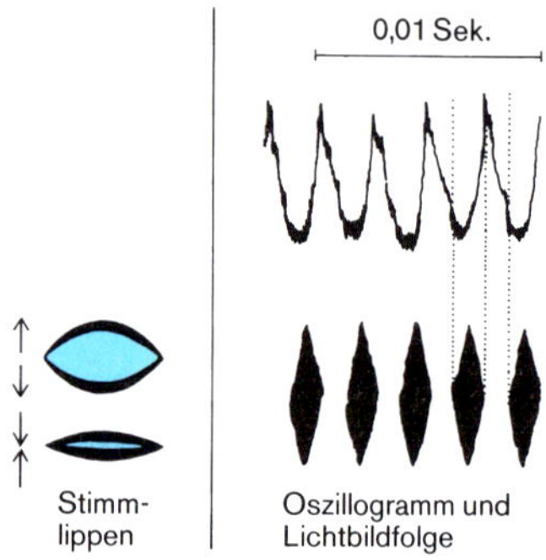

C **Tonerzeugung,** periodisches Öffnen und Schließen der Stimmlippen

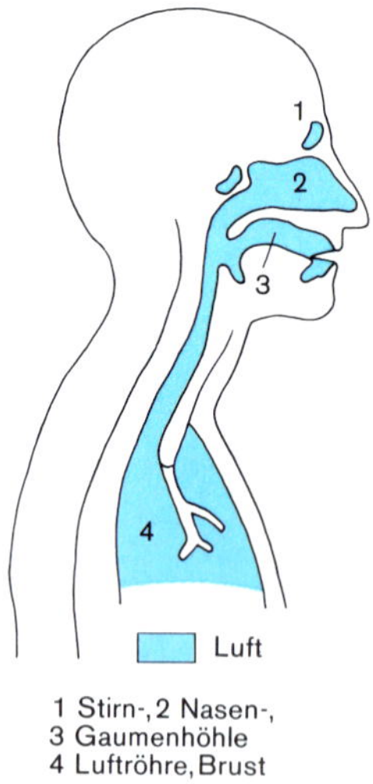

D **Resonanzräume**

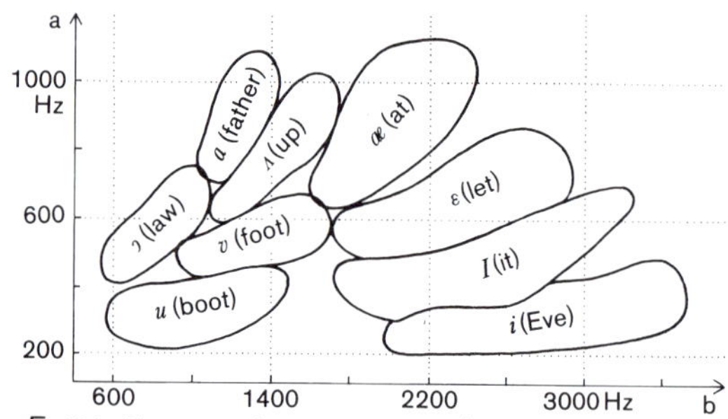

E **Vokalformanten in zwei Bereichen (a, b)**

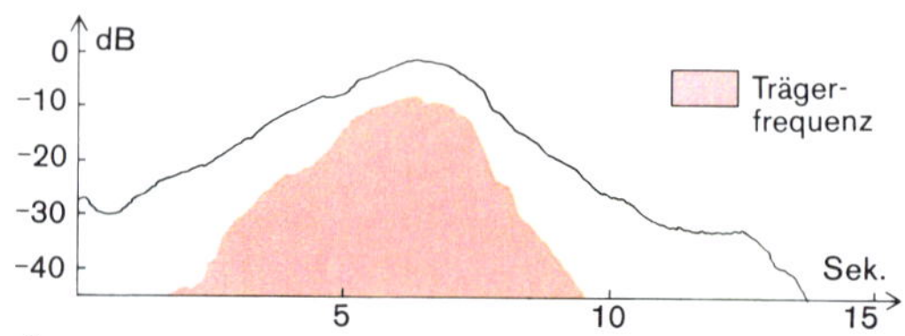

F **Schwellton** mit Trägerfrequenzanteil von 3000 Hz

Kehlkopf, Tonerzeugung und -umfang, Resonanz

An der Tongebung der menschlichen Stimme sind beteiligt:
- die Atemmuskulatur des Brustkorbs mit der Lunge als *Luftgeber,*
- die Stimmlippen im Kehlkopf als *Schwingungserzeuger,*
- die Hohlräume u. a. von Stirne, Nase, Mund, Luftröhre und Lunge als *Resonatoren.*

Die Lunge, ein schwammartiges Organ aus kleinen Bläschen, liegt zwischen den Rippen und dem Zwerchfell. Sie wird beim Einatmen von den Zwischenrippenmuskeln quer (*kostal*) und von den Zwerchfellmuskeln längs (*abdominal*) gedehnt. Entspannen derselben Muskeln führt zum Ausatmen. Der Luftinhalt der Lungen beträgt ca. 3,5–6,7 l. Davon werden beim normalen Atmen 0,5 l, bei tiefstem Atmen 2–6 l gewechselt, während 0,7 l als Residualluft ständig in der Lunge bleiben. Zum Singen ist die Beherrschung der Atemmuskulatur bis zu minimalster Druckänderung notwendig.

Im Kehlkopf mündet die Luftröhre in die elastischen *Stimmlippen,* die den Ton erzeugen. Der Kehlkopf besteht aus dem großen, beim Mann als Adamsapfel tastbaren *Schildknorpel,* dem beweglichen *Ringknorpel* mit den beiden *Stellknorpeln* und dem *Kehldeckel.* Die Stimmlippen spannen sich zwischen dem Schildknorpel und den dreh- und kippbaren Stellknorpeln. Eine Reihe von Muskeln, vor allem der Letzteren, sorgen für unterschiedliche Spannung und Stellung der Stimmlippen (Abb. A):
- weit geöffnet und entspannt bei ruhigem Atmen ohne Ton; die Stellknorpel stehen auseinander (Inspirationsstellung);
- geschlossen und stark gespannt mit Öffnung zwischen den Stellknorpeln bei hauchiger, hoher Fistelstimme;
- geschlossen mit Spannungswechsel bei Bruststimme, wobei die Stellknorpel aneinander rücken.

Die Stimmlippen selbst sind Bänder (»Stimmbänder«) mit einem Binnenmuskel, der Spannung und Form der Bandränder variiert: bei Bruststimme schwulstig und gut dichtend, bei Kopfstimme kantig und fest, sodass mehr Luft entweichen kann.

In Phonationsstellung sind die Stimmlippen geschlossen. Mit steigendem Luftdruck öffnen sie sich kurz und schließen sich nach Passieren eines Luftstoßes wieder. Dieser Vorgang geschieht periodisch und führt zur Tonbildung (obertonreiche Überlagerungskurve, Abb. C). Das Schließen der Bänder vollzieht sich durch Eigenelastizität, das Öffnen nach der myoelastischen Theorie automatisch, frequenzbestimmt durch verschiedene Längs- und Querspannung sowie durch den variablen Luftdruck, nach der neuromuskulären Theorie (HOUSSON, 1950) durch nervliche Steuerung. Bei schlagartigem Öffnen entsteht ein kurzer Knall (»Glottisschlag«).

Die Tonhöhe hängt von der Spannung und von der Länge der Stimmbänder ab. In der Pubertät wächst der Kehlkopf mit einer Stimmbandverlängerung, die bei Knaben die Tonhöhe um eine Oktave, bei Mädchen um 2 bis 3 Töne absinken lässt. Das Kehlkopfwachstum entfällt bei Kastraten, deren Stimme hell bleibt.

Die Resonanzräume (Abb. D) sind für die Klangfarbe der Stimme verantwortlich: unterhalb des Kehlkopfes Luftröhre und Lungenraum (wichtig für die tieferen Frequenzen), oberhalb Gaumen-, Nasen- und Stirnhöhle sowie der Schädel mit Schallabstrahlung durch die Knochen (wichtig für die höheren Frequenzen). Entsprechend erstreckt sich die Stimme bei einem Normalumfang von ca. 2 (in Ausnahmefällen bis zu 6) Oktaven über verschiedene Register (*Brust-, Mittel-, Kopfstimme*).

Die Sprechlage umfasst etwa eine Quinte und differiert bei Männern und Frauen bzw. Kindern um eine Oktave (Abb. B).

Die Eigenfrequenzen der Resonanzräume liegen weitgehend oberhalb von 1200 Hz. Sie allein klingen beim Flüstern, während bei stimmhaftem Sprechen und beim Singen Kehlkopftonhöhe und Eigenhöhe der Resonanzräume sich überlagern.

Von den Resonanzräumen ist die Mundhöhle mit willkürlicher Öffnung und Zungenstellung am wichtigsten, vor allem für die Bildung der Vokale, deren Formanten in zwei Obertonbereichen liegen (Abb. E).

Die Stimmqualität hängt von der Zahl der Obertöne ab (unter 9 stumpf, über 14 schrill). Sie erhöht sich bei guter Atemstütze. – Da die Stimme ein schwingfähiges System bildet, ist es möglich, einen Ton bei richtiger Luftdruckgebung ohne Energiesteigerung aufgrund des Resonanzprinzips stark anschwellen zu lassen. Die Frequenz von 3000 Hz als eine Art Trägerfrequenz hat an einem solchen Schwellton besonderen Anteil (Abb. F).

Über die äußere Tonhöheneinteilung führen Klangfarbe und Darstellungstyp in der Praxis zu den sog. **Stimmfächern,** die sich je nach Begabung auch überschneiden können. Man unterscheidet u. a.:
- **Bass:** Seriöser Bass (*Zauberflöte:* Sarastro), Charakterbass (*Così:* Alfonso), schwerer und leichter Bassbuffo (*Entführung:* Osmin)
- **Bariton:** Heldenbariton (*Meistersinger:* Sachs), Charakterbariton (*Fidelio:* Pizzarro), lyrischer Bariton (*Barbier:* Figaro)
- **Tenor:** Heldentenor (Tristan), lyrischer Tenor (*Zauberflöte:* Tamino), Tenorbuffo (*Entführung:* Pedrillo)
- **Dramatischer Alt:** (*Maskenball:* Ulrica)
- **Mezzosopran:** (Carmen)
- **Sopran:** dramatischer Sopran (*Tristan:* Isolde), lyrischer Sopran (*Freischütz:* Agathe), Koloratursopran (*Zauberflöte:* Königin der Nacht), Soubrette (*Freischütz:* Ännchen).

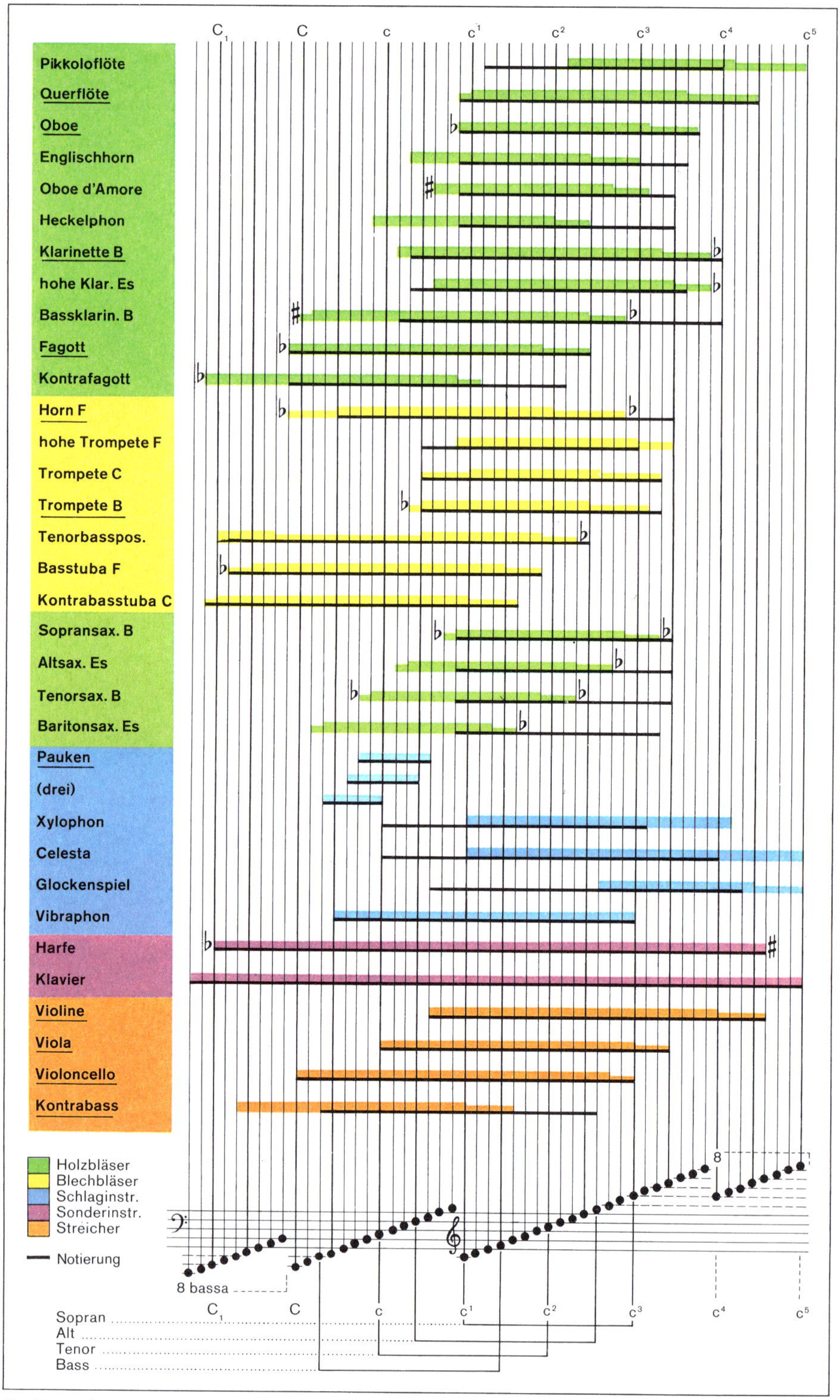

Orchesterinstrumente und ihre Spielbereiche

Musikinstrumente sind alle Schallerzeuger, die der Verwirklichung musikal. Ideen und Ordnungen dienen. Die mechan. Musikinstr. und ihre Spielweise sind dabei abhängig vom menschl. Körper und seinen beiden Grundmöglichkeiten, der *Gliederbewegung* und der *Atemgebung*. Dementsprechend erstreckt sich das Feld des für die Musik erzeugten Schalles vom *kurzen Schlag* bis zum *langen Ton*, d. h. von den reinen Rhythmus- bis zu den Melodieinstr. Die Letzteren orientieren sich im Klang und Ausdruck oft an der menschl. Stimme, die in Primitivkulturen, aber auch für lange Zeit in den Hochkulturen über alle Instrumente gestellt wurde. Eine selbstständige Instrumentalmusik kommt im Abendland erst im Barock zur Blüte.

Bei der Entstehung und dem Gebrauch von Musikinstrumenten spielten magische und kultische Bedürfnisse eine entscheidende Rolle. Der untastbare und unsichtbare Ton hat in seiner Flüchtigkeit etwas Immaterielles, das imstande ist, die Umwelt zu bezaubern, Geister und Götter zu beschwören. Erst in den Hochkulturen, und auch dort erst spät, tritt das Instrumentarium in den Dienst ästhetischen Ausdrucks.

Musikinstrumente hat es offenbar immer und überall gegeben. SACHS schließt nach der Form der Instr. auf drei Kulturkreise als Entstehungszentren: Ägypten-Mesopotamien, chines. Altertum und Zentralasien. Wanderwege der Instr. lassen sich vor allem im außereurop. Raum nur schwer nachweisen. Zum zeitlichen Auftreten der Musikinstr. s. S. 158.

Die abendländ. Musikinstrumente gehen nahezu alle auf die antiken Hochkulturen zurück. Der Zustrom erfolgte im frühen MA. aus dem Vorderen Orient über Byzanz (Balkan, Italien) und durch den Islam (über Sizilien und Spanien). Die Möglichkeiten der Vermittlung sind so zahlreich und vielschichtig, dass sie sich im Einzelnen nur schwer rekonstruieren lassen (Handel, Kriege, Kreuzzüge usw.).
Spezifisch abendländ. ist zwar nicht die Erfindung, aber die ausgedehnte Weiterentwicklung der **Streichinstrumente** (ab ca. 8/9. Jh.). Die Musikinstrumente zeigen sich im ganzen MA. relativ unverändert, erst in der Renaissance werden die Tiefe ausgebaut (*Bassinstrumente*) und ganze Instrumentalfamilien gebildet. Weitere Perfektion der Musikinstrumente bringt das Barock. Bemerkenswert bleibt, dass im Wesentlichen das alte Instrumentarium beibehalten, keine neuen Instrumente »erfunden« wurden. Allerdings ist der Weg von einer arab. Rebâb oder einer mittelalterlichen Streichlaute zu einer Violine STRADIVARIS sehr weit.
Die antiken Hochkulturen haben die unterschiedlichsten, z. T. wertenden **Gliederungen** vorgenommen.

Im **Mittelalter** standen die Saiteninstr. wegen ihrer Demonstrationsrolle in der Theorie (Intervallproportionen auf dem Monochord) an erster, die Schlaginstr. an letzter Stelle.

In der **Renaissance** führen die Blasinstr., im **Barock** übernehmen die mehrst. Akkordinstr. wie Laute und Cembalo die Führung. Soziologisch blieben bestimmte Instr. bestimmten Kreisen vorbehalten, so die Pauke und Trompete dem Ritterstand bzw. dem Adel, im Heer den Reitern (sogar im 19. Jh. noch der Kavallerie), Flöte und Trommel dem Volk (im Heer der Infanterie). – Das **18.** und **19. Jh.** brachten entscheidende technische Fortschritte auf dem Gebiet der Spielmechanik (Klappensysteme, Ventile). Führend wurden die Melodieinstr. – Das **20. Jh.** bringt eine Erweiterung des Schlagzeugs und als Neuerung die elektr Musikinstr.

Im 19. Jh. begann die systemat. **Sammlung** von Musikinstr. und mit ihnen die Erstellung von Katalogen, welche alle, auch die räumlich und zeitlich entlegensten Instrumente zu beschreiben, historisch zu entwickeln und systematisch zu ordnen suchten. Am überzeugendsten gelang dies nach MAHILLON (1884) HORNBOSTEL und SACHS (1914).
Das gliedernde Prinzip ist primär die Art der Tonerzeugung, sekundär Spielweise und Bau. Die mechanischen Musikinstr. bilden dabei vier Großgruppen, die im Folgenden modifiziert übernommen werden. Hinzu kommen die Elektrophone als fünfte Gruppe:

1. **Idiophone** (Selbstklinger): Schlaginstr. ohne Fell, Rasseln usw. (S. 26 ff.).
2. **Membranophone** (Fellklinger): Trommeln und Pauken (S. 32).
3. **Chordophone** (Saitenklinger): Instr. mit schwingenden Saiten (S. 34 ff.).
4. **Aerophone** (Luftklinger): Blasinstr., Orgeln, Harmonikas usw. (S. 46 ff.).
5. **Elektrophone** (»Stromklinger«): Instr. mit Spielapparat und Lautsprechern (S. 60 ff.).

Die (Orchester-)Praxis teilt die Musikinstr. nach ihrer Spielart in drei Gruppen:

- **Streichinstr.:** die gestrichenen Chordophone;
- **Blasinstr.:** die geblasenen Aerophone, wobei man nach dem urspr. Material *Holz-* und *Blechblasinstr.* unterscheidet;
- **Schlaginstr.:** (*Perkussionsinstr.*, *Schlagzeug*): die meisten Idiophone und Membranophone. Man unterscheidet Instr. von *bestimmter* und *unbestimmter Tonhöhe*.

Die nebenstehende Tabelle zeigt die **Normalumfänge** der wichtigsten Instrumente (bes. für das Orchester). Die Instrumente des klassischen Sinfonieorchesters sind unterstrichen. Neben dem Umfang (Farbe) sind der optimale Klangbereich (Verdickung) und die Notierung (schwarz) ablesbar. Letztere differiert bei den sog. *transponierenden* Instrumenten vom realen Klang (vgl. S. 46).

unmittelbares Schlagen		mittelbares Schlagen	
Gegenschlag	Aufschlag	Schütteln	Schrapen
1. Stäbe 2. Platten	1. Stäbe 2. Röhren 3. Platten 4. Gefäße	1. Rahmen 2. Gefäße 3. Reihen	1. Raspeln 2. Räder

Zupfen	Streichen	Blasen
1. Zunge 2. Lamellen	1. Stäbe 2. Säge 3. Gläser	1. Stäbe 2. Gefäße

A **Systematische Einteilung der Idiophone**

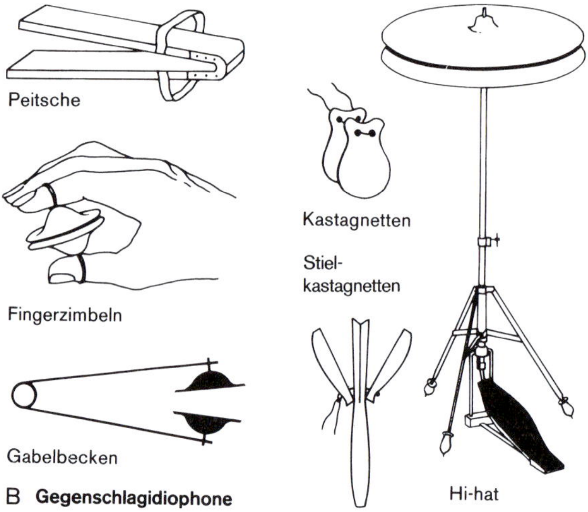

B **Gegenschlagidiophone**

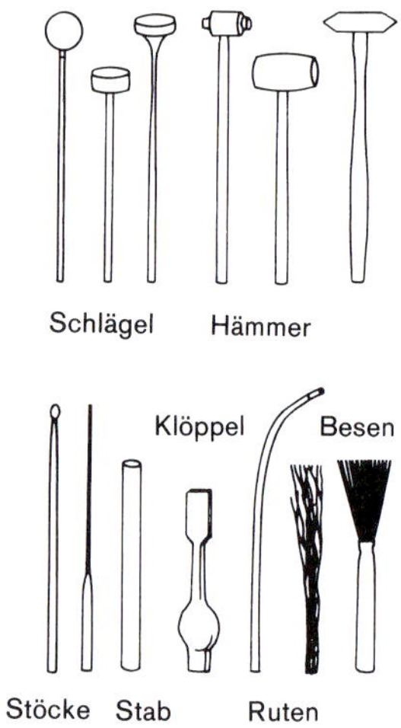

C **Schlaggeräte**

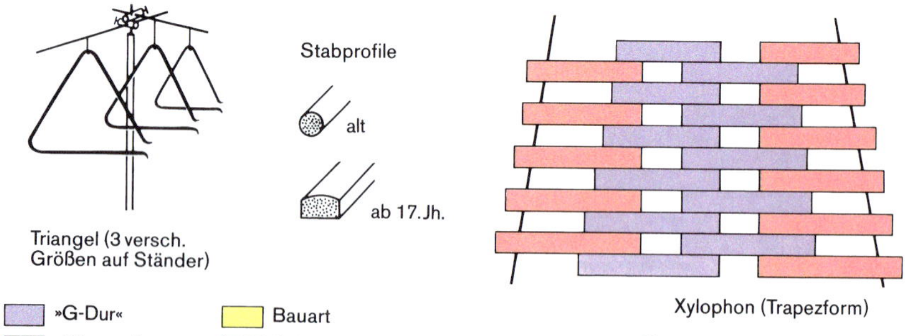

D **Aufschlagidiophone**

Idiophone (griech. *ídios,* eigen) sind Instrumente, die Töne oder Geräusche durch Eigenschwingung hervorbringen und nicht durch Schwingung einer Membran, einer Saite oder einer Luftsäule. Sie bestehen aus hartem Material wie Holz, Ton, Stein, Metall oder Glas, um direkte Schallabstrahlung zu ermöglichen.

In der Praxis gehören die Idiophone zur Gruppe des Schlagzeugs. Dort unterscheidet man Instrumente mit *bestimmter Tonhöhe,* die im Liniensystem notiert werden, und solche mit *unbestimmter Tonhöhe,* deren Rhythmus meist nur auf einer Linie wiedergegeben wird. Zuweilen lässt sich durch Bau und Anschlag bei letzteren Instrumenten der Geräuschanteil im Klang so zurückdrängen, dass auch hier bestimmbare Tonhöhen erzielt werden, z. B. bei Kuhglocken.

Die Systematik der Musikinstrumente gruppiert nach Art der Tonerzeugung bzw. der Spielweise *geschlagene, gezupfte, gestrichene* und *geblasene* Idiophone (Abb. A).

Die Hauptgruppe bilden die *geschlagenen* Idiophone. Dabei kann der Schlag *unmittelbar* geschehen, indem die Instrumente paarweise oder mit ihren Teilen *gegeneinander* geschlagen werden (nach dem Ur- und Vorbild des Händeklatschens), oder indem man mit einem Schlaggerät *auf* das Instrument schlägt (nach dem Vorbild des Handaufschlages auf Körperteile). Der entstehende Klang, meist von bestimmter Tonhöhe, ist kurz (*Perkussionsklang*).

Der Schlag kann auch *mittelbar* geschehen, indem Rasselkörper in oder am Instr. *geschüttelt* werden oder indem man das Instr. mit einem Stock oder dergl. *schrapt*. Der entstehende Klang, meist ein Geräusch, ist beliebig lang.

Für die weitere Klassifizierung der Idiophone sind deren Bau, Form und Material maßgeblich.

I. Unmittelbar geschlagene Idiophone

A. Gegenschlagidiophone (Abb. B)

1. Gegenschlagstäbe (Klappern)

Claves (*Rumbastäbchen*), zwei Hartholzstäbchen (aus Lateinamerika).

Gegenschlagblöcke (*Hyoshigi*), wie Gegenschlagstäbchen, nur dicker.

2. Gegenschlagplatten

a) aus Holz

Brettchenklapper (*Bones*), zwei Brettchen aus Hartholz oder Elfenbein, die mit den Händen zusammengeschlagen werden.

Peitsche (*Klappholz*), zwei Brettchen mit Scharnier und Halteriemen.

Kastagnetten, zwei Hartholzschalen, die durch Fingerbewegung in einer Hand gegeneinander oder gegen ein flaches Griffbrettchen zwischen ihnen geschlagen werden (**Stielkastagnetten**). Sie kamen im MA. aus Vorderasien und Ägypten nach Spanien, wo sie bei Tänzen als Rhythmusgeber dienten.

b) aus Metall

Beckenpaare, Tellerscheiben aus Bronze oder Messinglegierung, im Zentrum mit Lederschlaufe oder Stiel zum Greifen versehen. Becken kamen aus Vorderasien nach Europa (1. Jh. n. Chr.?) und drangen mit der Janitscharenmusik im 18. Jh. ins Orchester ein. Ab etwa 1920 entwickelte sich im Jazz und in der Tanzmusik die **Charlestonmaschine** und später das höhere **Hi-hat** (zum bequemen Einzelanschlag), beide mit Fußbetätigung. (Aufschlagbecken s. u.)

Zimbeln oder **Cymbales antiques** (»antike Becken«), kleine abgestimmte Becken (6–12 cm Ø), die mit ihren Rändern gegeneinander geschlagen werden, seit Berlioz im Orch. (als Anschlaginstr. s. u.).

Fingerzimbeln, arabische und spanische Kleinstbecken (4–5 cm Ø), die schon im Altertum bekannt waren **(Crotales).**

Gabelbecken, Kleinstbeckenpaare mit Stahldrahthalterung zum einfacheren Spiel, sonst wie Fingerzimbeln, bereits im Altertum verwendet.

B. Aufschlagidiophone

benötigen zur Tonerzeugung ein Anschlagsmittel oder Schlaggerät. Die Schlaggeräte werden wie folgt klassifiziert (Abb. C):

- **Schlägel** (oder Schlegel), mit Holzstielen zum Greifen und mit Anschlagsköpfen unterschiedlicher Form (Kugeln, Zylinder usw.) aus Schwamm, Filz, Holz, Kunststoff u. a., auch umwickelt oder gepolstert, sodass viele Anschlagsnuancen und Klangfarben möglich werden.
- **Hämmer,** wie Schlägel, jedoch Kopf in Hammerform und aus schwererem Material: Holz, Metall, Horn usw.
- **Stöcke,** konisch, mit und ohne Griff und meist mit Anschlagskopf, sowie **Stäbe,** zylindrisch, aus Holz oder Metall.
- **Ruten,** aus Peddigrohr oder Zweig.
- **Besen,** aus Stahldrähten oder Stahllamellen.
- **Klöppel,** mit Schlagstellenverdickung, aus Metall.

Jedes Schlaginstrument hat in der Praxis seine typischen Schlaggeräte.

Bei den Aufschlagidiophonen unterscheidet man nach der Form der schwingenden Teile Aufschlag*stäbe, -röhren, -platten* und *-gefäße.*

1. Aufschlagstäbe

Triangel, ein dreieckig gebogener Stahlstab, in einem Winkel offen, hängend, in versch. Größen für versch. Lautstärken, Anschlag mit Metallgriffeln unterschiedlicher Dicke (je nach Anschlagstempo und Lautstärke). In Europa seit dem MA. bekannt, gelangte im 18. Jh. mit der Janitscharenmusik ins Orchester.

Die meisten übrigen Aufschlagstäbe sind flach im Profil mit größerer Anschlagsfläche und genauerer Tongebung (Abb. D).

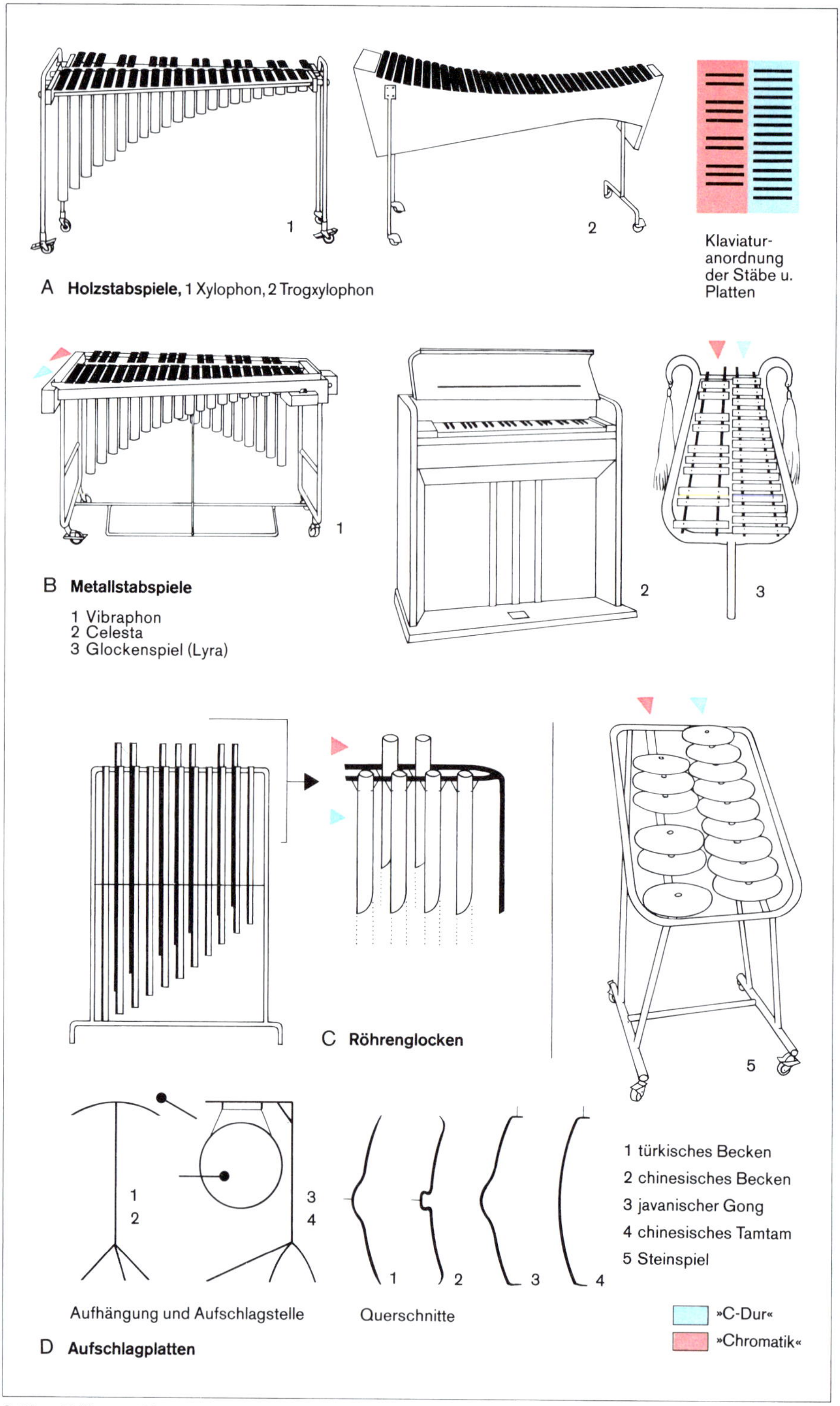

A **Holzstabspiele,** 1 Xylophon, 2 Trogxylophon

B **Metallstabspiele**

1 Vibraphon
2 Celesta
3 Glockenspiel (Lyra)

C **Röhrenglocken**

D **Aufschlagplatten**

Stäbe, Röhren, Platten

Holzstabspiele

Xylophon (*Holzklinger*), abgestimmte Stäbe aus Hartholz (Palisander). Bei der älteren Trapezanordnung bilden die Stäbe der beiden Mittelreihen eine G-Dur-Tonleiter, die Außenreihen die chromatischen Zwischentöne (S. 26, Abb. D). Heute meist Klaviaturanordnung. Früher wurden die Stäbe durch Stroh isoliert (»Strohfiedel«) und mit Holzklöppeln angeschlagen (»hülzern Gelächter«), Umfang: c^2–c^5, klingt eine Oktave höher als notiert. Beheimatet ist das Xylophon im südostasiat. Raum, wo es u. a. im Gamelan-Orch. verwendet wird. Es kam etwa im 15. Jh. nach Europa. Beim modernen **Orchesterxylophon** hängen unter den tonschwächeren Bass-Stäben Röhren als Resonatoren (Abb. A).

Trogxylophon, in versch. Lagen, hat einen Trog als Resonator für alle Klangstäbe. Diese liegen in diatonischer oder chromatischer Folge nebeneinander (gut für Glissandi, schwierig für Sprünge). Die Trogxylophone führte ORFF in sein Schulwerk ein.

Marimbaphon, eine Art Xylophon mit Resonatorröhren unter allen Stäben, im Aussehen ähnlich dem Vibraphon (Abb. B, 1). Das Marimbaphon wird im Gegensatz zum Xylophon nur mit weichen Schlägeln angeschlagen (milder Klang), Umfang: c–c^4. Beim Umfang c–c^5 spricht man von einer **Xylomarimba** (*Xylorimba,* Kombination von Xylophon c^2–c^5 und Marimba c–c^4).

Bassxylophon, mit großen Klangstäben und Resonatorröhren, Umfang G–c^1 (g^1).

Klaviaturxylophon, mit Klaviatur und Hammermechanik, seit dem 17/18. Jh. entwickelt, Umfang c^2–c^5.

Metallstabspiele verwenden flache Klangstäbe aus Stahl oder Bronze. Die Stäbe schwingen transversal (ähnlich Saiten) und werden in einem Schwingungsknoten an den Enden durchbohrt für die Befestigung. Die Länge bestimmt die Tonhöhe.

Glockenspiel, Metallstäbe an Stelle der früheren aus Glocken zusammengestellten Spiele, ab 18/19. Jh. in der Militärmusik als tragbare **Lyra** (Abb. B, 3), ab Ende des 19. Jh. auch im Orch. Das moderne Orchesterinstr. hat Klaviaturanordnung der Stäbe, Resonanzröhren bzw. -kasten und Pedaldämpfung, Umfang: g^2–e^5. Kleinere Glockenspiele im ORFF-Schulwerk.

Klaviaturglockenspiel, mit Klaviaturmechanik und Metallköpfen an den Anschlagshämmern, Umfang c^2–c^5 (MOZARTS *Zauberflöte*).

Celesta, ähnlich wie Klaviaturglockenspiel, jedoch weicher im Klang, Umfang c–c^5, gebaut von MUSTEL 1886 (TSCHAIKOWSKY, Abb. B, 2).

Metallophon, wie Xylophon, jedoch mit Stahlstäben, Umfang f–f^3, Resonanzröhren, Pedaldämpfung (äußerlich wie Abb. B, 1), mit Trog auch im ORFF-Schulwerk.

Vibraphon, wie Metallophon, jedoch mit rotierenden Scheiben zum Öffnen und Schließen der Resonanzröhren, wodurch ein im Tempo regulierbares Vibrato entsteht (Elektromotor), gebaut 1907 in den USA (Abb. B, 1).

Loo-Jon, Bassmetallophon, Umfang F–f, Platten über einem Hartholzkasten.

Campanelli giapponesi, Stahlstäbe über Kugelresonatoren (PUCCINI, *Madame Butterfly*).

2. Aufschlagröhren

Tubuscampanophon (*Tubaphon*), wie Xylophon, jedoch mit Stahl- oder Messingröhren (weicherer Klang), Umfang: c^3–c^5.

Röhrenglocken, hängende, abgestimmte Bronze- oder Messingröhren, Anschlagstelle am oberen Rand (Abb. C), Umfang: f–f^2, Pedaldämpfung, Glockenersatz im Orchester.

3. Aufschlagplatten

Platten gibt es in runder, gewölbter oder in quadratisch flacher Form. Urspr. asiat. Kultinstr. Akustisch komplizierte Schwingungsformen, Anschlagstelle stets im Schwingungsbauch (meist Plattenmitte).

Becken, Tellerscheiben aus Bronze- oder Messinglegierung, mit Buckel im Zentrum, der zum Aufhängen durchbohrt ist; daher Anschlag am Rand. Becken werden paarweise (S. 26) oder einzeln benutzt, Ø 39–50 cm. Unbest. Tonhöhe. Zur Verstärkung des Klirreffekts können Nieten lose in den Teller eingelassen (*Nietenbecken*) oder ein *Klirrkopf* oder *-ketten* auf das Becken gelegt werden.

Chinesische Becken haben, anders als türkische, leicht aufgebogene Ränder (Abb. D).

Tamtam, gehämmerte, runde, flache Metallscheiben, Ø bis 1 m, Rand nach innen gebogen, farbenreicher Ton ohne best. Tonhöhe, Aufhängung durch Schnur am Rand, ohne die im Ganzen schwingende Platte zu stören. Fernöstl. Herkunft, ab Ende 18. Jh. im Orch. (Abb. D, 4).

Gong, runde Metallplatte mit Buckel im Zentrum, Aufhängung am gebogenen Rand (wie Tamtam), exakte Tonhöhe, Umfang: G_1/C–g^2, Anschlag in der Mitte auf dem Buckel, Herkunft: vor allem Java (Gamelan-Orch.), ab Mitte 19. Jh. im Orch. (Abb. D, 3).

Plattenglocken, Aluminium-, Bronze- oder Stahlplatten, rechteckig oder quadratisch, an Schnüren aufgehängt, abgestimmt, Umfang: C–g^2, asiat. Herkunft, ab ca. 1900 im Orch. als Glockenersatz.

Stahlplatten, rund, Ø ca. 20 cm, wie **Amboss** mit Hammer angeschlagen, für Sondereffekte.

Steinspiele, abgestimmte Steinplatten, meist rund, klingen sehr hoch, Umfang: a^3–c^5, nach chines. Vorbild (ORFF).

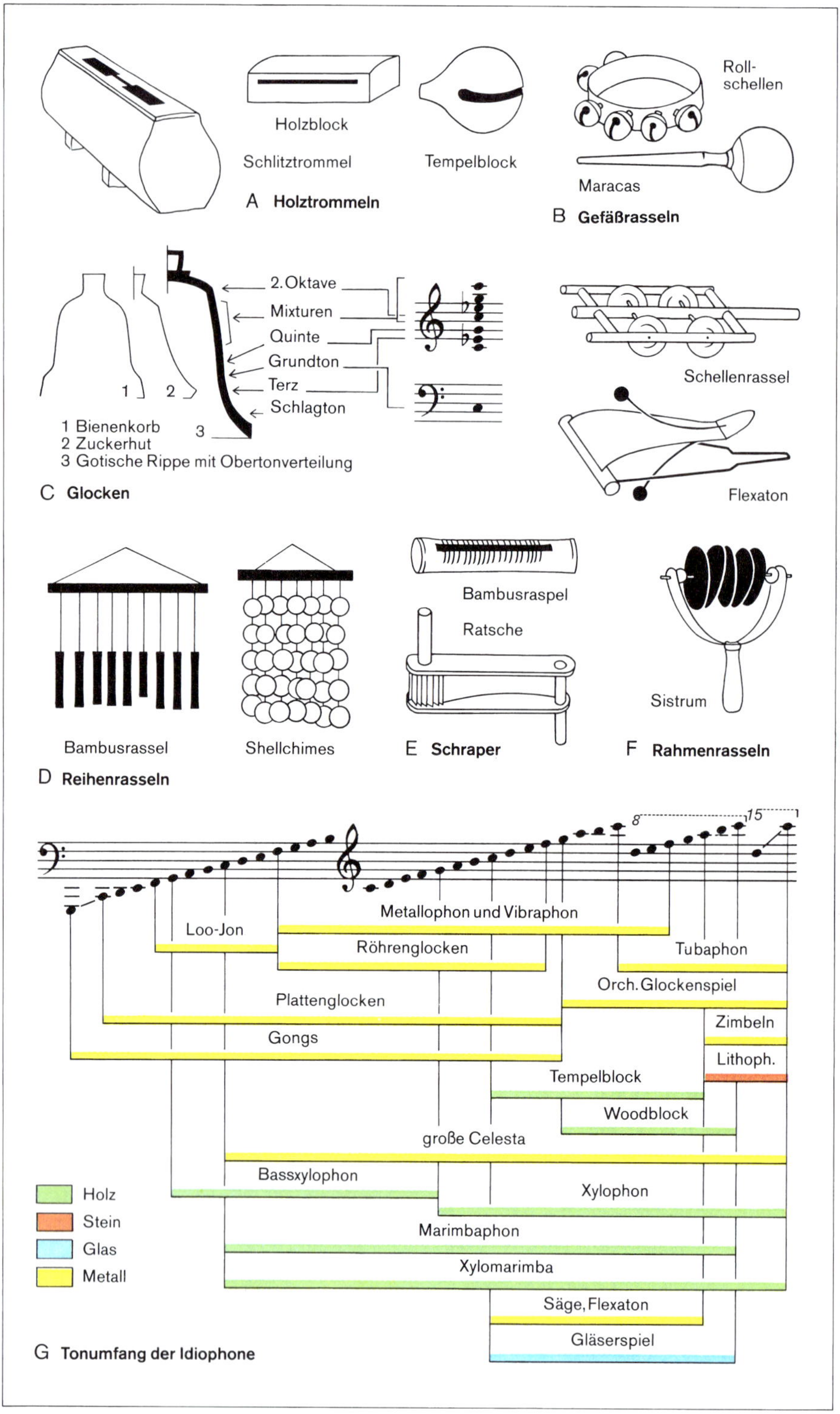

Holztrommeln, Glocken, Rasseln, Umfänge

4. Aufschlaggefäße aus Holz, Metall und Glas

Schlitztrommeln, ausgehöhlte Baumstümpfe mit Schlitzen (Anschlagstelle, Abb. A).

Holzblocktrommeln (*Woodblock*), rechteckige Hartholzblöcke, längsseits ausgehöhlt, hoher Geräuschanteil, Umfang ca. g^2–c^4 (Abb. A).

Tempelblock, kugelförmige Hartholztrommeln mit breitem Klangschlitz, Umfang ca. c^2–g^3, südostasiat. Herkunft (Abb. A).

Röhrenholztrommel, Holzröhre mit unterschiedlichen Höhlungen von den Enden zur Mitte (2 Schlagtöne).

Glocke, wird gegossen aus Glockenspeise (Bronze aus 78% Kupfer, 22% Zinn) oder aus Eisen, Stahl, Glas usw., Anschlag von innen durch Klöppel (»läuten«) oder von außen durch Hämmer (»schlagen«). Die dreidimensional schwingende Glocke hat einen physikalisch nicht messbaren Schlagton und einen unharmonisch spektralen Aufbau von Teilfrequenzen, die vom schwer zu berechnenden Querschnitt der Glockenrippe abhängen. Schon im Altertum sakral und profan verwendet, gelangte die Glocke über Byzanz ins Abendland (ab 6. Jh. als Kirchenglocke belegt). Die *Tulpenform* (»gotische Rippe«) verdrängte im 12. Jh. die ältere *Bienenkorb-* und *Zuckerhutform* (Abb. C). – Im Orch. verwendet man statt der schweren Glocken (c = 8000 kg!) Röhrenglocken u. a. m.

Schellen und **kleinere Glocken** werden meist aus Blech gehämmert, so **Herdenglocken, Almglocken (Cencerros), Cowbells, Schalenglöckchen (Handbells)** usw.

Glasglockenspiel, Gläserspiel, aus abgestimmten Trinkgläsern.

II. Mittelbar geschlagene Idiophone

Zur Tonerzeugung muss das ganze Instr. bewegt werden.

A. Schüttelidiophone (Rasseln)

1. Rahmenrasseln

Sistrum (*Isisklapper*), heute hufeisenförmiger Metallrahmen mit aufgehängten Metallplättchen (Abb. F). Im Isiskult der alten Ägypter verwendet (s. S. 164).

Schellenrassel (*Stabpendereta*), Metallplättchen in Bambusrahmen mit Stiel.

Cabaza, afrikan. Kürbisrassel mit Holzgriff, umzogen mit einem rasselnden Kettennetz aus Fruchtkörnern.

Flexaton, ledergepolsterte Holzklöppel schlagen beidseitig gegen eine Stahlzunge in Halterahmen, Tonhöhenveränderung durch Daumendruck gegen die Stahlzunge, liefert ein rasches Tremolo.

2. Gefäßrasseln

Rasselkörper in einem Gefäß (Abb. B).

- **Rollschellen,** metallene, geschlitzte Hohlkörper, aufgehängt an Lederriemen, Reifen oder am *Schellenbaum*.
- **Schellenreif,** Reifen mit Schellenbesatz.
- **Schellentrommel** (*Tamburin*), Schellenreif mit Fellbespannung (s. Membranophone, S. 32).
- **Zimbelstern,** drehbarer Reifen mit Glöckchen oder Schellenbesatz im Orgelprospekt.
- **Maracas,** Kalebasse mit Griffstiel (ohne Stiel: Rumbakugeln), auch aus Hartholz (Abb. B).
- **Schüttelrohre,** Bambus- oder Metallrohre.

3. Reihenrasseln

Die Schüttelkörper werden nebeneinander gereiht, auf Schnüre gezogen usw. (Abb. D).

- **Ketten** zum Rasseln und Rascheln.
- **Bambusstäbchen,** gereiht oder gebündelt.
- **Shellchimes,** hell klingende, flache Muschelscheiben, flächig gereiht.

4. Sonderinstrumente

Metallfolie, flach, rechteckig, aufgehängt, unterschiedlich dick als Donnerblech.

Bumbass, Kombination von **Schellenreif** mit Beckenscheiben auf einem bis 2 m hohen Stab und einer **Felltrommel** mit Schnarrsaite.

B. Schrapidiophone

- **Bambusraspel** (*Sapo cubana*), geriffelter Bambusstab, über den ein Holzgriffel ratscht (Abb. E).
- **Guiro** (*Kürbisraspel*), wie Bambusraspel, oft in Fischform mit Rückenflosse.
- **Reco-Reco,** Holzraspel chines. Herkunft.
- **Ratschen** oder **Schnarren**, meist Zahnräder, die an einer Holzzunge ratschen; Karnevalsinstrumente (Abb. E).

III. Zupfidiophone

Spieldose, auf einer rotierenden Walze befestigte Stifte reißen abgestimmte Kammzähne (Lamellen) an.

Maultrommel, der Metallrahmen wird mit den Zähnen gehalten, wobei der Mund als Resonator für die dünne, mit dem Finger gezupfte Stahlzunge dient. Altes Landsknechts- und Vulgärinstrument.

IV. Streichidiophone

Glasharmonika, Glasschalen rotieren auf einer Welle, werden dabei befeuchtet und von den Fingern oder durch eine Tangentenmechanik mit Klaviatur in Schwingung versetzt. Gebaut von FRANKLIN 1762 nach vorangegangenen Glasspielen mit stehenden Gläsern **(Glasharfen).** Die Glasharmonika war zur Zeit des empfindsamen Stils sehr beliebt, verschwand aber um 1830.

Singende Säge, wird als Stahlzunge zum Schwingen gebracht durch weiche Schlägel oder Streichbogen. Die Tonhöhe verändert sich durch Biegen des Sägeblattes.

V. Blasidiophone

sind selten. Man rechnet hierzu das »piano chanteur« (Paris 1878) mit angeblasenen Stahlstäben und Glasgefäßen, deren Boden durch Blasen in Schwingung versetzt wird.

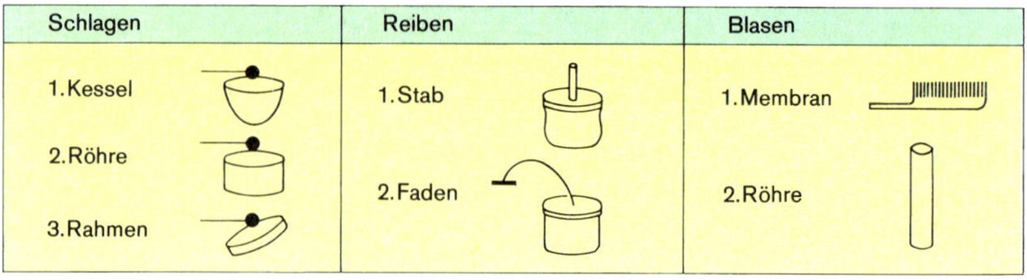

A **Systematik der Membranophone**

Spielweise Bauart

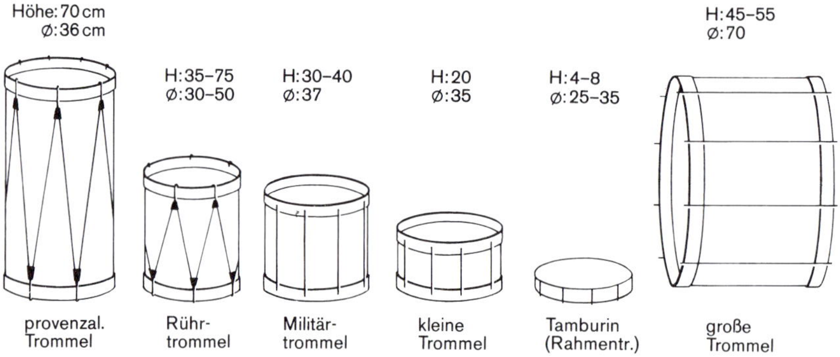

B **Röhrentrommeln und Tamburin**

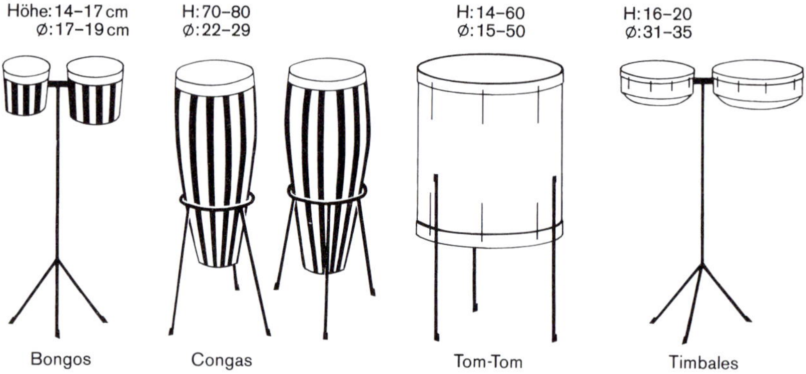

C **Handtrommeln**

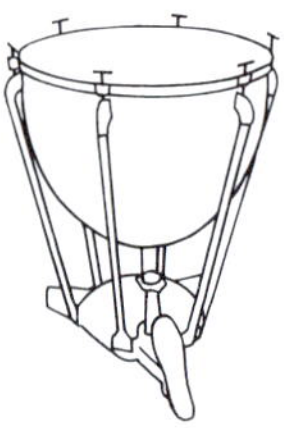

D **Pedalpauke**

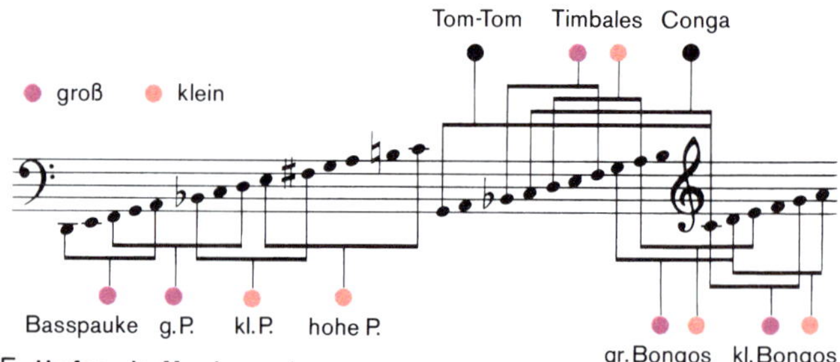

E **Umfang der Membranophone**

Systematik, Schlag- und Handtrommeln, Umfänge

Membranophone (griech. *membrana*, Haut) benutzen zur Tonerzeugung eine gespannte Membran aus Pergament, (Kalb-)Fell oder Kunststoff, die durch Schlagen (*Schlagtrommeln*), Reiben (*Reibtrommeln*) oder Luftstrom (*Mirlitons*) zum Schwingen gebracht wird.
Die größte Gruppe bilden die **Schlagtrommeln.** Es gibt sie mit drei unterschiedlichen Resonatoren: mit *Kesseln*, mit *Röhren* und mit *Rahmen*. Zur ersten Gruppe rechnen die **Pauken,** zur zweiten die **Röhren-** oder **Rührtrommeln,** auch *Schlagtrommeln* genannt (Anschlag mit einem Schlaggerät), ferner die **Handtrommeln** (Anschlag mit der Hand), die Kessel- und Röhrenform kombinieren. In die dritte Gruppe gehört das **Tamburin**, dessen Rahmen oft mit Schellen besetzt wird (*Schellentrommel*).
Die Tonhöhe der Schlagtrommel ist meist unbestimmt. Der Geräuschanteil wird z. T. durch *Schnarrsaiten* noch erhöht. Andererseits kann die Form des Resonators den Geräuschanteil dämmen, bes. die *Kesselform*, sodass bestimmbare Tonhöhen erreicht werden (Pauken, Bongos, Congas usw.).

Pauken (Kesseltrommeln)
sind membranüberspannte Kessel aus Kupfer oder Messing mit kleinem Schallloch im Zentrum. Normalgrößen:
- **Bass-** oder **D-Pauke** (D–A, Ø 75–80 cm),
- **große** oder **G-Pauke** (F–d, Ø 65–70 cm),
- **kleine** oder **C-Pauke** (B–fis, Ø 60–65 cm),
- **hohe** oder **A-Pauke** (e–c^1, Ø 55–60 cm).

Die Membran kann durch einen Eisenreifen mit 6 bis 8 Spannschrauben (zur Tonhöhenveränderung) eingeklemmt sein. Die Spannvorrichtung wurde im 19. Jh. verbessert: Steuerung durch einen Drehmechanismus zentral von Hand (**Hebelmaschinenpauke**) oder durch Drehung des ganzen Kessels (**Drehkesselpauke**). Moderner ist die **Pedalpauke** mit zentraler Fußsteuerung (Abb. D). Der Anschlag erfolgt gewöhnlich mit Schlägeln aus Filz, Flanell oder Schwamm.
Kleinere Handpauken kamen im MA. (11. Jh.) aus dem Orient nach Europa, größere erst später (15. Jh.). Die Pauke galt neben der Trompete als ritterliches Heer- und Hofinstrument. Im Orchester werden die Pauken meist paarweise verwendet (Dominante-Tonika, z. B. c und F).

Röhren- oder Rührtrommeln (Abb. B)
haben einen membranüberspannten *Wickelreifen*, der mit einem *Spannreifen* über die zylindrische Schallröhre aus Holz (*Zarge*) gespannt wird. Die Spannung wird durch eine zickzack geführte Leine mit den ledernen *Trommelschleifen* oder durch Schrauben (seit 1837) erreicht.
Die Einfelltrommel ist unten offen, bei der zweifelligen liegt oben das stärkere *Schlagfell*, unten das *Saitenfell*, über das ein oder mehrere Saiten gezogen sind, die auf der vibrierenden Membran ein schnarrendes Geräusch abgeben (*Schnarrsaiten*). Die Röhrentrommeln gibt es in versch. Ausführungen und Größen, u. a.:
Provenzalische Trommel, hat meist nur ein Fell und keine Schnarrsaiten. Sie wird umgehängt und mit einer Hand geschlagen, wozu der Spieler noch eine Pfeife bläst. Ihr originaler südfranz. Name ist *Tambourin*, nicht zu verwechseln mit der Rahmentrommel *Tamburin*.
Rührtrommel, die alte Landsknechtstrommel mit Schnarrsaiten, wird in tragbaren Größen hergestellt und mit Trommelstöcken angeschlagen.
Militärtrommel, eine Rührtrommel mit flacher Zarge, hoher Fellspannung (Schraubenmechanismus) und Schnarrsaiten, wodurch ihr typischer heller und trockener Klang entsteht. Ihr verwandt ist die **Rollier-** oder **Tenortrommel,** ohne Schnarrsaiten.
Kleine Trommel, entstand aus der Militärtrommel durch Verkürzung der Zargen auf ca. 10–20 cm, mit Schnarrsaiten, in der U-Musik und im Jazz (**Snare drum**) verwendet.
Große Trommel, meist so gehalten, dass sie beidseitig angeschlagen werden kann: mit einem lederbezogenen *Holzschlegel* für den betonten und einer *Rute* für den unbetonten Schlag. Im Stand kann auch die *Flemmingmaschine* mit Fußbetätigung zum Anschlag verwendet werden. Die große Trommel ist türk. Herkunft; sie gelangte mit Triangel und Becken durch die Janitscharenmusik Ende des 18. Jh. ins Orch.

Handtrommeln (Abb. C)
sind überall beheimatet, doch kommen die meisten aus Lateinamerika. Es sind durchweg Einfelltrommeln:
Bongos, mit konischer Holzzarge und Ziegenfell, stets paarweise (Quartabstand); das mexikan. Bongopaar ist etwas kleiner als das normale.
Congas (Tumbas) sind lateinamerikan. Nachfahren afrikan. Fasstrommeln; meist in drei Größen.
Timbales sind lateinamerikan. Handpauken mit Schallloch im Kessel, afrikan. Ursprungs, meist paarweise oder zu dritt angeordnet.
Tom-Toms, urspr. chines. Herkunft, haben unten offene Holzzargen, z. T. in ganzen Tonleitern. Mit Holzmembran statt Fell werden sie zu *Holzplattentrommeln*.

Reibtrommeln sind selten. Entweder reibt ein Stab über das Fell oder der Membran überspannte Topf wird an eine Saite gehängt und daran herumgeschleudert (*Waldteufel*). Ergebnis ist ein Heulton.
Blastrommeln (Mirlitons) erzeugen den Ton durch einen Luftstrom, so Membran umwickelte Kämme oder Röhren mit Anblasmembran (Kinder- oder Karnevalsinstr.).

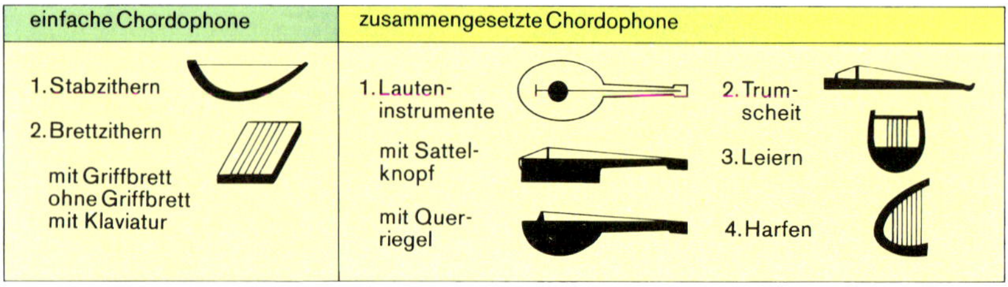

A **Systematik der Chordophone**

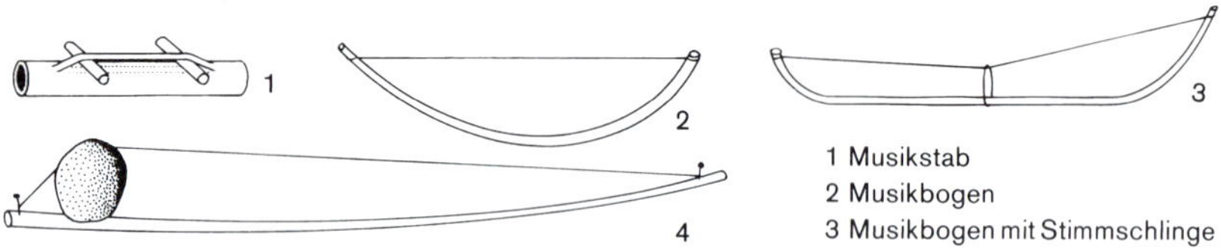

B **Stabzithern**

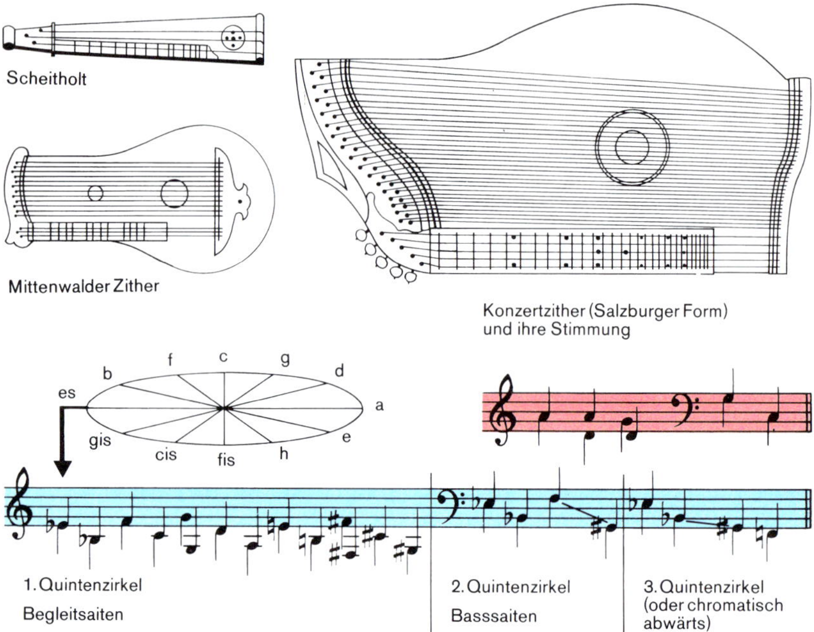

C **Brettzithern mit Griffbrett**

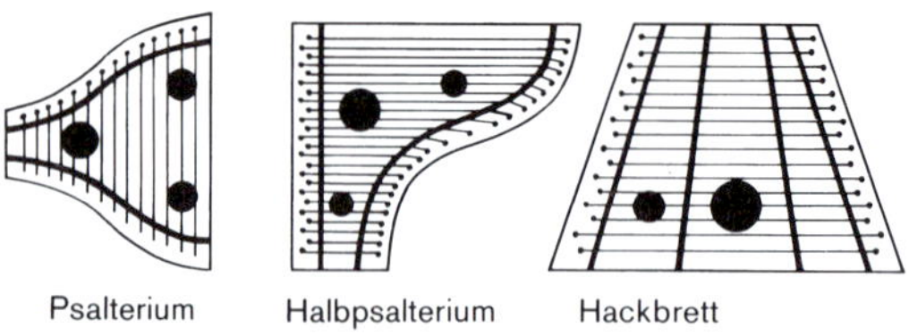

D **Brettzithern ohne Griffbrett**

Systematik, Stab- und Brettzithern

Chordophone (griech. *chordae*, Saite) benutzen zur Tonerzeugung schwingende Saiten. Die Saite besteht aus Pflanzenfasern (Primitivkulturen), Haar (Rosshaar, Asien), Seide (Ostasien), Tiersehnen und -därmen (Ursprung in Vorderasien und im Mittelmeerraum, seit dem 17. Jh. auch drahtumsponnen wegen größerer Elastizität), Metalldraht (Messing, seit dem 18. Jh. auch Eisen, seit dem 19. Jh. auch Stahl), Kunstfaser (Nylon u. a.). Spielarten der Chordophone sind

- *Zupfen*, mit Fingern (Laute; Streicher *pizz.*) oder mechan. (Cembalo);
- *Schlagen*, mit harten Stäbchen oder Plättchen (*Plektron*) oder mit Hämmerchen (Klavier);
- *Streichen*, mit Bogen (Violine) oder Rad (Radleier);
- *Mittönen* leerer Saiten (*Aliquotsaiten*, Viola d'Amore).

Klangstärke und -farbe eines Chordophons hängen vor allem vom Resonanzkörper ab, in dem Luft zum Schwingen gebracht wird. Man unterscheidet *einfache* und *zusammengesetzte* Chordophone (Abb. A).

Bei den *einfachen* Chordophonen, den **Zithern,** ist der Resonanzkörper für die Spielbarkeit des Instr. unwesentlich. Die *zusammengesetzen* Chordophone sind ohne Resonator nicht spielbar (z. B. **Lauteninstr.**). Die Saiten sind dabei typisch durch einen *Sattelknopf* in der Zarge (Streichinstr.) oder durch einen *Querriegel* auf der Decke (Zupfinstr.) befestigt.

Sonderformen sind das veraltete **Trumscheit** und die **Leiern** der Antike und des frühen MA. Verläuft bei all diesen Instr. die Saitenebene parallel zum Resonator, so steht sie bei den **Harfen** senkrecht auf diesem.

Stabzithern sind die einfachsten Formen der Zithern (griech. *kithara*, lat. *cithara*, althd. *zitherâ*). Die Saite wird zwischen die Enden eines Holzstabes gespannt.

Musikstab, ist gerade, die Saite läuft über Stege. Ein Resonator kann angehängt bzw. eingeklemmt werden wie die Schweinsblase beim **Bumbass** (Abb. B, 4). Einfachste Stabzither ist ein Bambusstäbchen, aus dem eine Faser als Saite herausgelöst wurde (Abb. B, 1). Mehrere solcher Stäbe ergeben eine Art Psalterium (*indisches Floßpsalterium*).

Musikbogen, ähnelt dem Schießbogen (Abb. B, 2). Die Tonhöhe ändert sich mit der Saiten- bzw. mit der Bogenspannung, auch mittels einer *Stimmschlinge* (Abb. B, 3) oder durch Flageolettgriffe. Der Musikbogen wird gezupft oder gestrichen. Als Resonatoren dienen die Mundhöhle, leere Kürbisse usw.

Brettzithern haben stets mehrere Saiten, die über ein Brett laufen. Das Brett kann gewölbt sein wie bei dem chines. **K'in** oder dem japan. **Koto** (*Wölbbrettzithern*) oder flach wie bei den europ. Zithern. Brettzithern gibt es mit Griffbrett, wie die Konzertzither, ohne Griffbrett, wie das Hackbrett, und mit Tastenmechanismus, wie beim Klavier.

Brettzithern mit Griffbrett

Die moderne **Konzertzither** hat einen flachen Resonanzkasten. Sie liegt auf dem Tisch oder den Knien des Spielers. Über ein Griffbrett mit 29 Bünden laufen 5 *Spielsaiten* zum Melodiespiel und über den Resonanzkasten zusätzlich 33 bis 42 *freie Saiten* zum meist akkordischen Begleiten (Stimmung s. Abb. C).

Die Zither entwickelte sich aus dem **Scheitholt**, das einen schmalen Resonanzkasten mit Griffbrett und Bünden besaß (*Schmalzither*, Abb. C). Seine 3 bis 5 Metallsaiten wurden mit einem Stöckchen abgeteilt. Ähnliche Schmalzithern sind das schwed. **Hummel,** das norweg. **Langleik** und das frz. **Epinette des Vosges.** Im 18. Jh. baute man dann eine doppelbauchige Zither (Mittenwald) und die einseitig gebauchte Zither (Salzburg), die sich später allgemein durchsetzte (Abb. C).

Brettzithern ohne Griffbrett

entstanden im frühen MA., als die antike Leier und Harfe mit Schallboden versehen wurden (S. 226).

Psalterium (griech. *psallo*, eine Saite zupfen), wurde mit Fingern oder mit Stäbchen gezupft. Die Stäbchen ließen sich auch als Schlägel benutzen, sodass das gezupfte Psalterium (ital. *salterio*) im Mittelalter vom geschlagenen Hackbrett (*salterio tedesco*) kaum zu unterscheiden ist. Die Hauptformen des Resonanzkastens sind Trapez, Rechteck und Schweinskopfform, aus dessen Halbierung im 14. Jh. das Halbpsalterium und die moderne Flügelform hervorgingen (Abb. D).

Hackbrett, in seiner Frühzeit im 15. Jh. baulich identisch mit dem Psalterium, unterscheidet sich von diesem spieltechnisch durch Anschlag seiner Stahlsaiten mit Klöppeln und baulich seit dem 17. Jh. durch 2 Stege, deren linker die Saiten im Verhältnis 3:2 teilt, sodass je zwei Töne im Quintabstand entstehen (Abb. D).

Cimbalo oder Zymbal (*cembalo ungarico*), ein ungar. Hackbrett, trapezförmig oder rechteckig mit vier Beinen und Pedaldämpfung für die 35 zwei- und dreichörigen Saiten (D–e^3). Es wird mit Klöppeln angeschlagen.

Harfenzither (auch *Harfenett*, *Spitz-* oder *Flügelharfe*), eine Harfe mit Schallboden, auf Tisch, Schoß oder Boden stehend, im 18. Jh. verbreitet.

Äolsharfe, eine Brettzither, deren gleich lange, jedoch verschieden dicke Saiten vom Winde in Schwingung versetzt werden (seit KIRCHER, 1650). Die Mischung ihrer Obertöne führt zu fremdartigen Klängen, was das Instr. bes. in der Romantik beliebt machte.

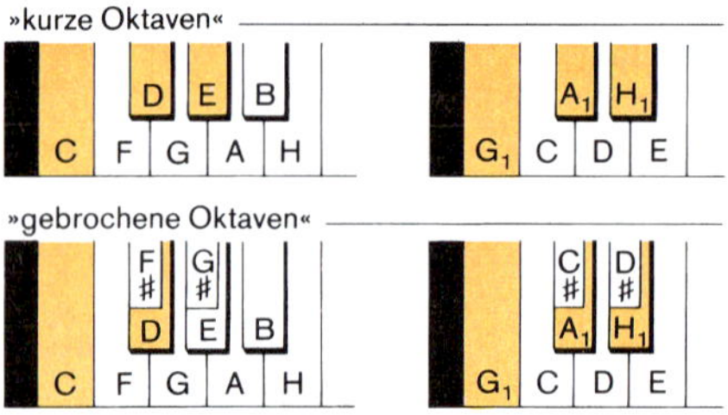

A **Frühe Tastenanordnung der tiefsten Oktave**

abweichende Tonanordnung
schwingender Teil der Saite
Filz zur Dämpfung der Restsaite

1 Taste
2 Saite
3 Tangente
4 Docke
5 Rechen
6 Zunge
7 Kiel
8 Dämpfer
9 Feder
10 Hammer
11 Hebeglied
12 Repetierschenkel
13 Stoßzunge
14 Rolle

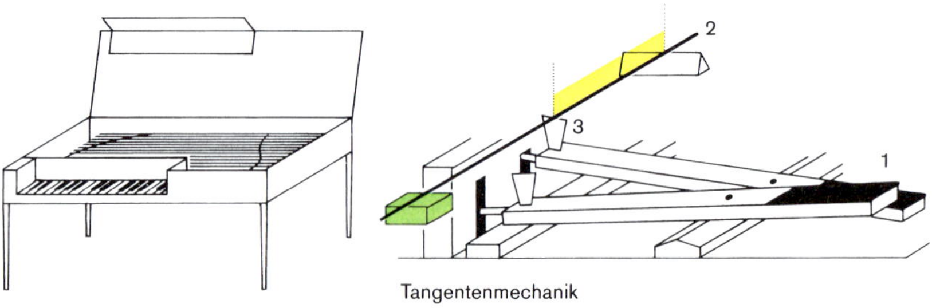

B **Clavichord**

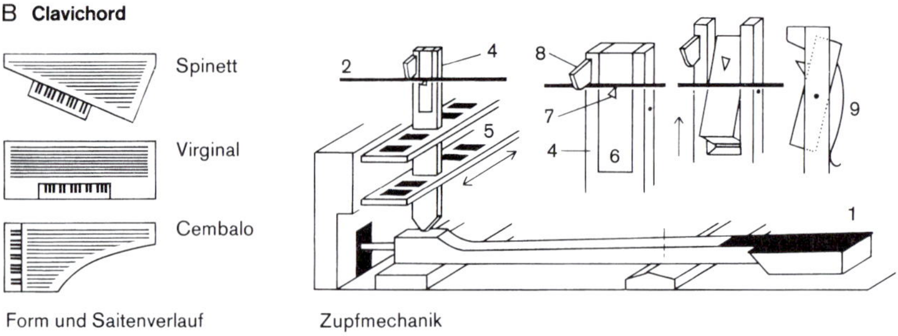

C **Kielinstrumente**

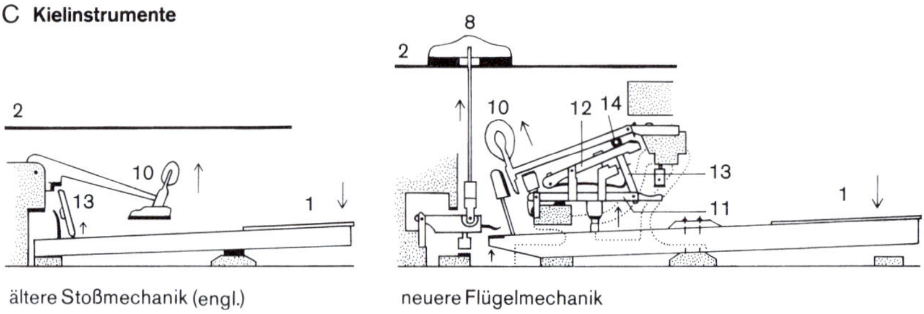

D **Hammermechanik** (vereinfachte Schemata)

E **Einstimmen einer wohltemperierten Oktave** nach dem »Kleinen Zirkel«

Bassoktave, Kielinstrumente, Mechaniken, Stimmung

Saitenklaviere sind Brettzithern mit Tastaturen bzw. Klaviaturen. Lat. *clavis* bedeutet Schlüssel, dann auch Tonbuchstabe zur Bezeichnung eines Tones. Tonbuchstaben wurden im MA. auf die Tasten geschrieben, wodurch der Begriff *clavis* auf die Taste selbst überging (vgl. S. 226).
Ausgang für die Tastenanordnung war die diatonische Tonleiter, welche auf die 7 (weißen) Tasten verteilt wurde: c, d, e, f, g, a, h (ab 12. Jh.). Dazu kamen die (schwarzen) Tasten b, fis und gis, später dis und cis (14./15. Jh.). In der Tiefe verzichtete man auf die nicht benötigten Töne Cis, Dis, Fis und Gis und band diatonische Töne an deren Tasten. So entstand die **kurze Oktave** (Abb. A: links frühe, rechts spätere Art). Die mathematisch ausgeglichene Teilung der Oktave in 12 Halbtöne machte deren feste Bindung an 12 Tasten möglich (*wohl temperiertes Klavier*) und führte zu erweiterten Spielmöglichkeiten auch in der Tiefe. Die *kurze Oktave* wurde durch die *gebrochene* (mit Doppeltasten), dann durch die normale Oktave ersetzt (um 1700). – Das Einstimmen der wohl temperierten Oktave geschieht über eine Folge von etwas zu kleinen Quinten und zu großen Quarten (Abb. E).
Der Umfang der Klaviaturen betrug etwa F–f^2 im 16. Jh., C–c^3 im 17. Jh., F_1–f^3 im 18. Jh. (BACHS Cembalo), auf BEETHOVENS Klavier C_1–f^3 (was bei Transposition gleicher Partien in Exposition und Reprise zu Veränderungen in der Höhe zwang, z.B. Sonate op. 14,2, 1. Satz, Takt 43 und 170), ab 1817: C_1–c^4, heute A_2–c^5.

Das Clavichord (Abb. B) hat eine *Tangentenmechanik:* Der Tastenhebel berührt mit einem Metallstift (*Tangente*) die Saite, teilt diese und bringt zugleich das abgeteilte Ende zum Schwingen, während ein Filzstreifen das andere Ende und nach Loslassen der Taste die ganze Saite dämpft. Der Anschlag ist leise, aber durch die direkte Verbindung zum Finger modulationsfähig. Die Tonhöhe hängt von der Länge des abgeteilten Saitenendes ab. Bei den *gebundenen* Clavichorden berührten bis zu 5 Tasten in chromatischer Folge die Saiten an verschiedenen Stellen, was den Zusammenklang von Nachbartönen unmöglich machte. Im 18. Jh. baute man *bundfreie* Clavichorde mit 1 oder 2 Saiten je Taste. – Das Clavichord entwickelte sich aus dem Monochord des MA. (s. S. 226). Besonders beliebt war es zur Zeit des empfindsamen Stils im 18. Jh.

Die Kielinstrumente (Abb. C) haben eine *Zupfmechanik*: Als Plektron dienen *Kiele* (*Kielflügel*) aus Vogelfedern oder Leder (heute auch Kunststoff), die an federnden Zungen in lose auf den Tastenhebeln stehenden Holzstäbchen, sog. *Docken* oder *Springern*, befestigt sind. Die Docke trägt zugleich einen Dämpfer aus Filz. Hebt sich die Docke, reißt der Kiel die Saiten an, fällt sie zurück, dämpft der Filz die Saite ab. Die Lautstärke lässt sich dabei nicht beeinflussen. Man baute daher Instrumente mit mehreren Saitenbezügen in 16′-, 8′- und 4′-Stimmung (′ = Fuß, s. S. 74), mit eigenen Dockenreihen in bewegl. Führungsleisten (*Rechen*) als unterschiedl. Register, die man durch Hand-, Knie- oder Pedalzüge mechanisch schalten und koppeln kann. Dazu gibt es ein oder mehrere übereinander liegende Tastaturen (*Manuale*). Klangfarbe und Lautstärke werden stufenweise verändert (*Stufen-* oder *Terrassendynamik*). Beim **Lautenzug** legt sich eine Filzleiste über die Saiten und dunkelt den Oberton reichen Klang ab.
Außer dem großen *Kielflügel* oder **Cembalo** in Flügelform mit mehrchörigem Saitenbezug und bis zu vier Manualen, auch mit Pedalen (*Pedalcembalo*), gibt es die kleineren, einchörigen, einmanualigen **Virginale** und **Spinette** mit Saitenverlauf parallel zur Tastatur (Abb. C). Das rechteckige Virginal (lat. *virga*, Docke) wurde im 16.–18. Jh. vorzugsweise in den Niederlanden und in England gebaut. Das trapezförmige oder drei- bzw. fünfeckige Spinett (lat. *spina*, Dorn) war hingegen vor allem in Italien und Deutschland verbreitet. Der Einbau der Zupfmechanik und der Tastaturen in das Psalterium (*clavis* + *cymbal*) erfolgte im 14. Jh. Das *»Clavicymbel«* oder *Cembalo* wurde neben der Orgel zum führenden Klavierinstrument des 16.–18. Jh. und erst um 1760 vom Hammerklavier verdrängt.

Das Klavier (Pianoforte). Beim Klavier erfolgt die Tonerzeugung durch ein Hämmerchen, das durch den Tastenmechanismus gegen die Saiten geschleudert wird. Die erste brauchbare Mechanik dieses sog. *Hammerklaviers* entwickelte um 1709 CRISTOFORI in Florenz. Es folgte die dt. Prall- und engl. Stoßmechanik. Die Letztere verbesserte ERARD 1821 durch seine Repetitionsmechanik. Dadurch wurde eine rasche Anschlagfolge und so das virtuose Klavierspiel des 19./20. Jh. möglich. Heute gibt es sehr unterschiedliche Mechaniken. Zur Klangverstärkung verwendete man dickere Saiten und höhere Spannung (bis zu 18 t), was zu der massiven Klavierbauweise mit Gusseisenrahmen führte (USA 1824). – Das Pianoforte besitzt normalerweise 2 **Pedale,** das rechte zur Aufhebung der Dämpfung (*Ped-**), das linke zum leiseren Spiel, welches beim aufrechten Klavier durch Verkürzung des Anschlagweges erreicht wird, beim Flügel durch Verschiebung der Hämmerchen nach rechts, sodass von den zwei- bzw. dreichörigen Saiten nur 1 bis 2 Saiten angeschlagen werden. Im 18./19. Jh. gab es an Bauformen den **Flügel** als Nachbildung des Kielflügels, das **Tafelklavier** als Nachbildung des Spinetts oder des Clavichords, das **Pyramiden-** und **Giraffenklavier** in senkrechter Flügelform und ab ca. 1800 das **Pianino** (die heute gebräuchliche Klavierform).

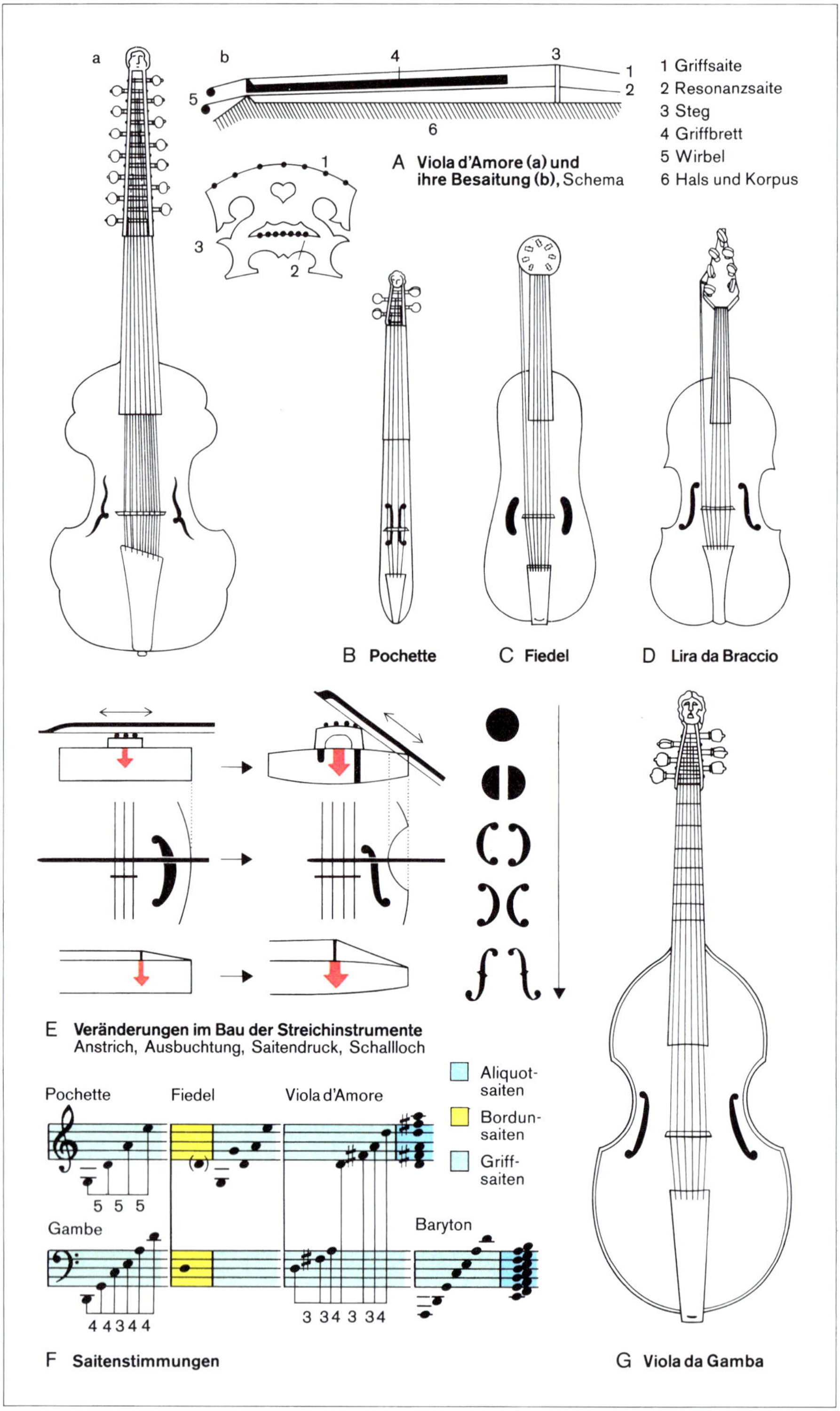

Formen, Entwicklungen, Besaitung

Die Gruppe der **Streichinstr.** zählt SACHS zu den *Lauteninstr.* Der Streichbogen kam aus dem Orient über Byzanz ins Abendland und ist hier seit dem 10. Jh. bildlich belegt. Das Streichen der ursprünglich gezupften Lauteninstr. führte, ausgerichtet an den wechselnden Klangidealen, zu baulichen Veränderungen (Abb. E): Die Saitenbefestigung wird bei allen Lauteninstr. durch Wirbel erreicht, die in einer *Wirbelplatte* (Abb. C) oder einem *Wirbelkasten* (Abb. A) stecken. Nach ihrer Standrichtung unterscheidet man *vorderständige* (Abb. C), *hinterständige* (auch seitlich befestigt wie auf S. 44, Abb. C) und *seitenständige* Wirbel (Abb. A). Für den Klang der Instrumente ist dies ohne Belang, nicht jedoch die Art der Befestigung des anderen Saitenendes am Resonanzkörper. Die gezupfte Saite braucht keine hohe Spannung. Es ist daher möglich, sie in einen *Querriegel* auf der Decke einzuhängen. Die gestrichene Saite dagegen steht unter höherer Spannung. Sie schwingt auch weiter aus. Man führte sie daher über einen Steg und befestigte sie per Saitenhalter an einem kräftigen *Sattelknopf* in der Zarge.

Der Steg der mittelalterl. Instrumente war flach. Beim Anstrich erklangen alle Saiten gleichzeitig. Das entsprach mittelalterl. Bordun- und Parallelbewegungspraxis ebenso wie die Stimmung der Saiten in Quinten oder Quarten. Mit dem Bedürfnis nach Einzelspiel auf jeder Saite nahm der Steg die Wölbung an.

Der Korpus erhielt seitliche Einbuchtungen, damit der Bogen beim Anstrich der Ecksaiten genügend Raum hatte. – Die höhere Saitenspannung führte auch zur (Gegen-)Wölbung der Decke und zu Stützen unter den Füßen des Steges (Stegdruck bei der Violine: ca. 28,3 kg): unter die Basssaiten wurde der Bassbalken unter die Decke geleimt und unter die Diskantsaiten der *Stimmstock* (*Stimme*) gesetzt, der auf dem Boden steht und diesem zugleich die Schwingungen der Decke mitteilt.

Das Schallloch in der Decke zeigt dem höheren Druck entsprechend ebenfalls Veränderungen. Es wird zum Halbkreis mit einem Stützsteg in der Mitte, verdünnt zum *C*, dessen Bügel schließlich gegeneinander verdreht werden, sodass die *f*-Form die schwingenden Kraftlinien in der Decke am wenigsten zerstört. Diese Entwicklung der Streichinstr. findet zwischen dem 13. und 15. Jh. statt. Sie ist nicht geradlinig. Es gibt viele Varianten, doch führt sie schließlich zur Violine als Idealtyp des Streichinstrumentes.

Zu den frühen Streichinstr. gehören die mittelalterl. **Rebec** oder **Rubebe,** Nachfahre des arab. *Rabab* (vgl. S. 226 f.) und die **Fiedel.** Die Fiedel hat im 15./16. Jh. 5–7 Saiten in Quint- und Quartstimmung (Abb. F), wobei zwei Bordunsaiten neben dem Griffbrett zur Wirbelplatte hinlaufen (Abb. C). Ihr verwandt ist die ital. **Lira da Braccio** aus dem Anfang des 16. Jh. (Vorläufer oder Parallele der Violine? Abb. D).

Als Rebec-Nachfahre gilt eine schmale Geige des 15.–17. Jh., die in der Rocktasche der Tanzmeister Platz hatte und daher **Tanzmeister-, Taschengeige** oder **Pochette** hieß (Abb. B; Frühzeit: 3-saitig).

Im 16. Jh. unterscheidet man nach Spielhaltung

– **Viola da Gamba,** zwischen den Knien gespielt. Aus ihr ging die Familie der *Violen* bzw. *Gamben* hervor. Die Gamben haben 6 Saiten in Quart- und Terzstimmung und 7 Bünde auf dem Griffbrett (ähnlich der Laute), spitzwinklig gegen den Hals laufende Schultern, Schalllöcher in *C*-Form, hohe Zargen, flachen Boden, keinen Randüberstand. Klang: mild und dunkel (Abb. G);
– **Viola da Braccio,** mit dem Arm in Schulterhöhe gehalten. Aus ihr ging die Familie der *Violinen* hervor. Die Violinen haben 4 Saiten in Quintstimmung, keine Bünde, rechtwinklig gegen den Hals laufende Schultern, Schalllöcher in *f*-Form, niedrige Zargen, gewölbten Boden und Randüberstände (größere Stabilität). Sie klingen strahlend und hell.

Häufig sind Mischformen anzutreffen. Zur Gruppe der Violen gehören u. a.:

Viola da Gamba (Abb. G), ein Tenorbassinstr. (Stimmung Abb. F); doch gibt es schon im 16. Jh. die ganze Familie *Diskant-, Alt-, Tenor-, Kleinbass-, Großbass-* und *Subbass-Viola da Gamba.* Dazu die frz. *Dessus de Viole* (höchste Saite d^2) und die *Pardessus de Viole* (g^2). Die Gamben gehen auf Rebec und Fiedel zurück. Ihr milder und leicht abgedunkelter Klang (vgl. BACH, *6. Brandenburg. Konzert*) wurde im 18. Jh. von den tonkräftigeren Violinen verdrängt.

Viola bastarda, eine bes. in England im 16./17. Jh. beliebte Mischform der *Lira da Braccio* und *Viola da Gamba* (engl. *lyroviol*). Sie hatte zwei Schallschlitze und eine Schallrose unter dem Griffbrett, z. T. Bordunsaiten und die Stimmung der Tenorgambe (A_1 D G c e a d^1).

Baryton (*Viola di Bordone*), eine Tenorgambe mit kurvenreichem Korpus, die sich im 17. Jh. aus der Viola bastarda entwickelte. Außer 6–7 Darmsaiten auf dem Griffbrett (Abb. F) besaß es 10–15 diatonische Aliquotsaiten aus Metall, die unter dem unten offenen Griffbrett verliefen und mit dem Daumen der Greifhand gezupft werden konnten.

Viola d'Amore (Abb. A), eine Viola bastarda in Altlage mit geschwungenen Körperformen, flammenartigen Schalllöchern, Rosette und doppeltem Saitenbezug: 5–7 Griffsaiten aus Darm in variabler Stimmung (Dur- oder Mollakkord, Quart-Quint-Folge usw., Abb. F) und 7–14 akkordisch, diaton., seltener chromat. gestimmten Resonanzsaiten aus Metall, die durch den Steg und unterm Griffbrett verliefen (s. Abb.).

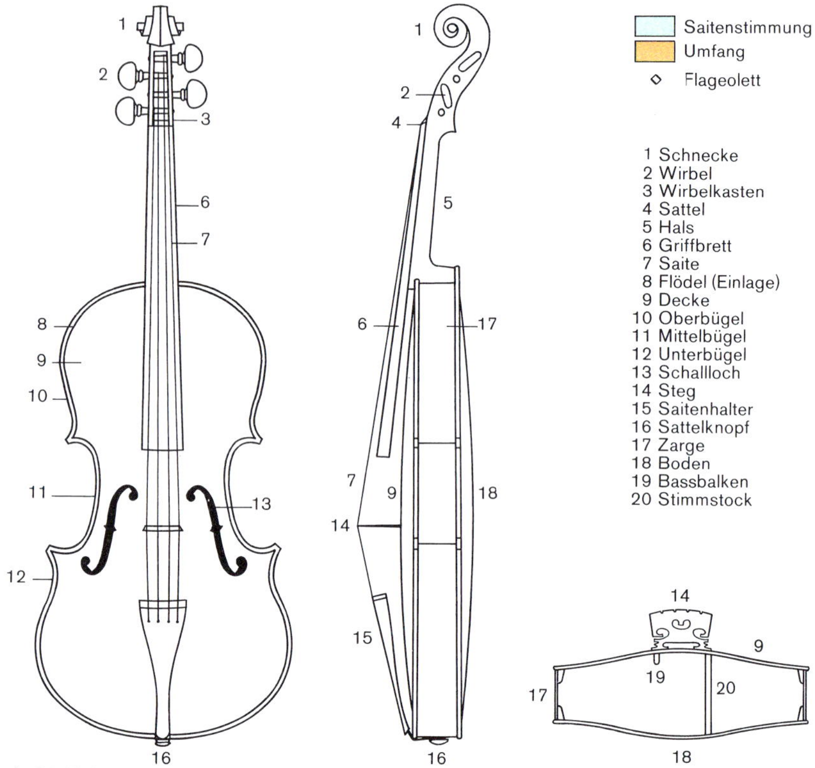

A **Die Violine**

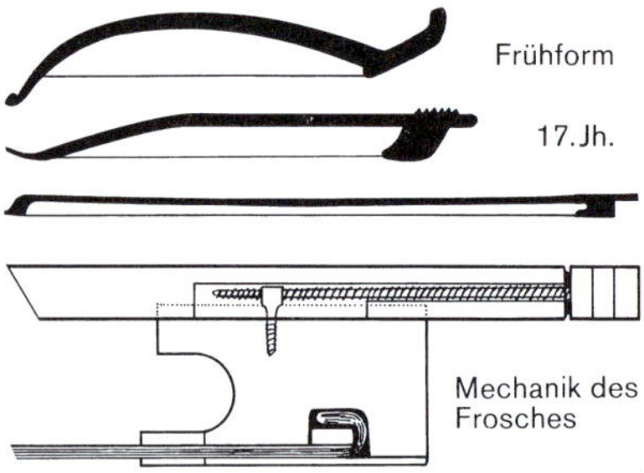

B **Entwicklung zum Tourte-Bogen** (ca. 1820)

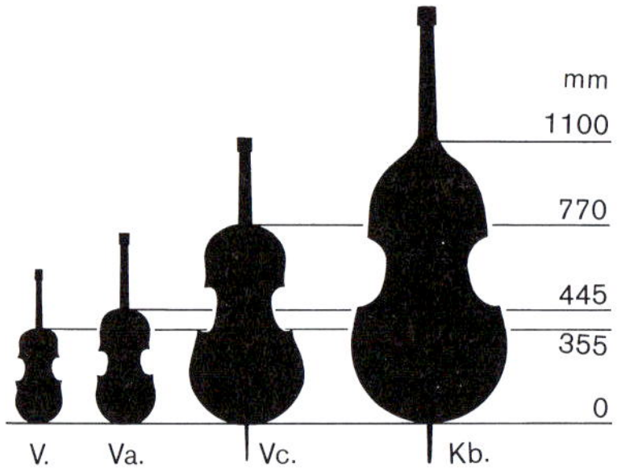

C **Violinfamilie,** Größenverhältnisse

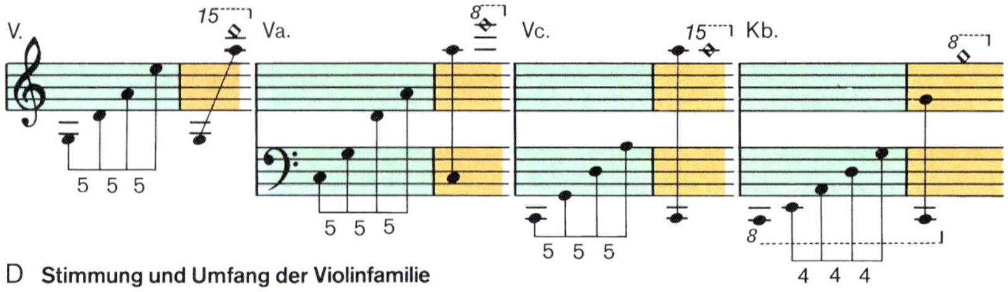

D **Stimmung und Umfang der Violinfamilie**

Bau, Größen, Besaitung

Der Korpus der Violine in der Form der beiden nach außen gerundeten *Unter-* und *Oberbügel* und dem nach innen gerundeten *Mittelbügel* besteht aus dem gewölbten Boden (Ahorn), der ebenfalls gewölbten Decke (Fichte oder Tanne) mit zwei Schalllöchern in *f*-Form und den senkrechten Seitenwänden oder *Zargen* (Ahorn). Die Wölbungen entstehen nicht durch Spannung, sondern werden aus dem Holz herausgearbeitet. Die Maserung des Holzes, das für die Decke als Brett im Längsschnitt, für den Boden als Segment aus dem Querschnitt des Stammes gewonnen wird, ist für die Resonanzfähigkeit von Bedeutung. Das Holz muss aus akustischen Gründen gut getrocknet sein (Gesamtgewicht der Violine ca. 400 g). Decke und Boden haben *Hohlkehlen* mit *Flödel* und Randüberstand für höheren Druck.

Der Hals der Violine trägt das Griffbrett (Ebenholz) und endet im Wirbelkasten mit der Schnecke. Die Saiten laufen aus dem Wirbelkasten über den Sattel, das Griffbrett und den Steg zum Saitenhalter, der mit einer Darmschlinge am Sattelknopf in der Zarge befestigt ist.

Zum Druckausgleich und zur Schallübertragung steht der **Steg** mit dem einen Fuß (unter den Diskantsaiten) über dem *Stimmstock,* der Decke mit Boden verbindet, und mit dem andern Fuß (unter den Basssaiten) auf dem *Bassbalken,* der unter die Decke geleimt wird (vgl. S. 38).

Die Violine hat einen mehrschichtigen Schutzlack. Seine Wirkung auf die Akustik ist umstritten.

Die vier Saiten sind in Quinten gestimmt: g d^1 a^1 e^2. Das Material ist Darm, seit dem 18. Jh. für die G-Saite mit Silberumspinnung, seit 1920 dies auch für die A-Saite. Die E-Saite ist meist aus Stahl.

Durch Aufsetzen des **Dämpfers** (eine Klemme, die den Steg am Schwingen hindert) wird die Schwingungsübertragung der Saiten auf den Resonanzkasten gemildert und der Klang der Violine abgedunkelt.

Der Spieler stemmt die Violine mit dem **Kinnhalter** (ein von SPOHR um 1820 eingeführter Ebenholzteller) und der **Schulterstütze** so zwischen Schulter und Kinn, dass sie ohne Unterstützung der Greifhand hält.

Der Ton kann durch geringe Tonhöhenschwankungen (*Bebung, Vibrato*) modifiziert werden. Im Übrigen hängt die Tongestaltung von der Bogenführung ab, welche durch Druck, Streichgeschwindigkeit und Streichstelle die Dynamik, Rhythmik, Artikulation und Phrasierung bestimmt.

Geschichte

Die Violine erscheint voll entwickelt zu Beginn des 16. Jh. in Oberitalien. Wenig später ist die ganze Familie bildlich belegt: die hohe **Violino piccolo** (c^1 g^1 d^2 a^2), die »kleine« Viola als **Violine,** die **Viola** als Altinstrument, die **Viola tenore** (c g d^1 a^1), das **Violoncello** und die **Violone** (Kontrabass). Zentrum des Geigenbaus war neben Brescia (1520–1620) vor allem Cremona. Dort wurden im 17. und 18. Jh. die klanggünstigen Mensuren entwickelt. Sie sind heute noch maßgeblich (Korpuslänge 35,5 cm). Die berühmtesten Geigenbauer sind ANDREA AMATI († 1580), sein Enkel NICOLA AMATI († 1684), dessen Schüler ANTONIO STRADIVARI († 1737), die GUARNERI (ANDREA, † 1698; G. ANTONIO »DEL GESÙ«, † 1744), FRANCESCO RUGGIERO († 1720), ferner der Tiroler JAKOB STAINER († 1683) und der Mittenwalder MATTHIAS KLOTZ († 1743). Ihre Instrumente gelten als unübertroffen, wenngleich sie zumeist im 19. Jh. ihren Originalklang verloren durch Umbau zu Gunsten eines größeren Tones für den Konzertsaal (dickere Saiten, hohere Spannung, hoherer Steg, dickere Bassbalken, längeres Griffbrett usw.).

Der Streichbogen (Abb. B) besteht aus der *Stange* (Pernambukholz) mit der *Spitze* und dem verstellbaren *Frosch,* der den Rosshaarbezug spannt (150–250 Haare). Die Haare werden mit Kolophonium bestrichen (Harz, üblich seit dem 13. Jh.), damit sie die Saiten besser greifen (zur Torsionsschwingung der Saiten s. S. 60). Die Spannung der Haare wurde bis ins 18. Jh. hinein z. T. noch mit Daumen- bzw. Fingerdruck reguliert, was Doppelgriffspiel auf mehreren Saiten erleichterte, die Lautstärke aber beschränkte. Den modernen Bogen in konkaver Form mit Stellschraube entwickelte TOURTE († 1835).

Die Violinfamilie

Die Viola, auch **Bratsche** genannt, von ital. *Viola da Braccio*, ist gebaut wie die Violine, nur etwas größer (ca. 45 cm). Im 18. Jh. gab es noch die 5-saitige **Viola pomposa** (BACH), ein Cello mit zusätzl. e^1-Saite.

Das Violoncello klingt eine Oktave tiefer als die Bratsche. Besaitung: C G d a. Es wurde im 17. Jh. auch 5- oder 6-saitig gebaut. Das Cello diente vor allem als Generalbassinstrument und wurde erst im 18. Jh. zunehmend auch solistisch eingesetzt. Etwa seit 1800 gibt es den verstellbaren *Dorn* oder *Stachel* in der unteren Zargenwand.

Der Kontrabass (*Violone*) hat einen flachen, zum Hals hin abgeschrägten Boden und spitz zulaufende Schultern wie die Gamben, *f*-Löcher in der Decke und ein bundloses Griffbrett wie die Violinen. Die vier Saiten stehen im Quartabstand: E_1 A_1 D G. Zuweilen kommt eine 5. Saite C_1 hinzu. C_1 wird bei 4-saitigen Kontrabässen auch durch maschinelle Verlängerung der E-Saite erreicht. – Der Bogen des Kontrabasses ist kürzer und kräftiger als der Violin- bzw. der Cellobogen. Der Kontrabass klingt eine Oktave tiefer als notiert. Abb. D gibt den realen Klangbereich wieder.

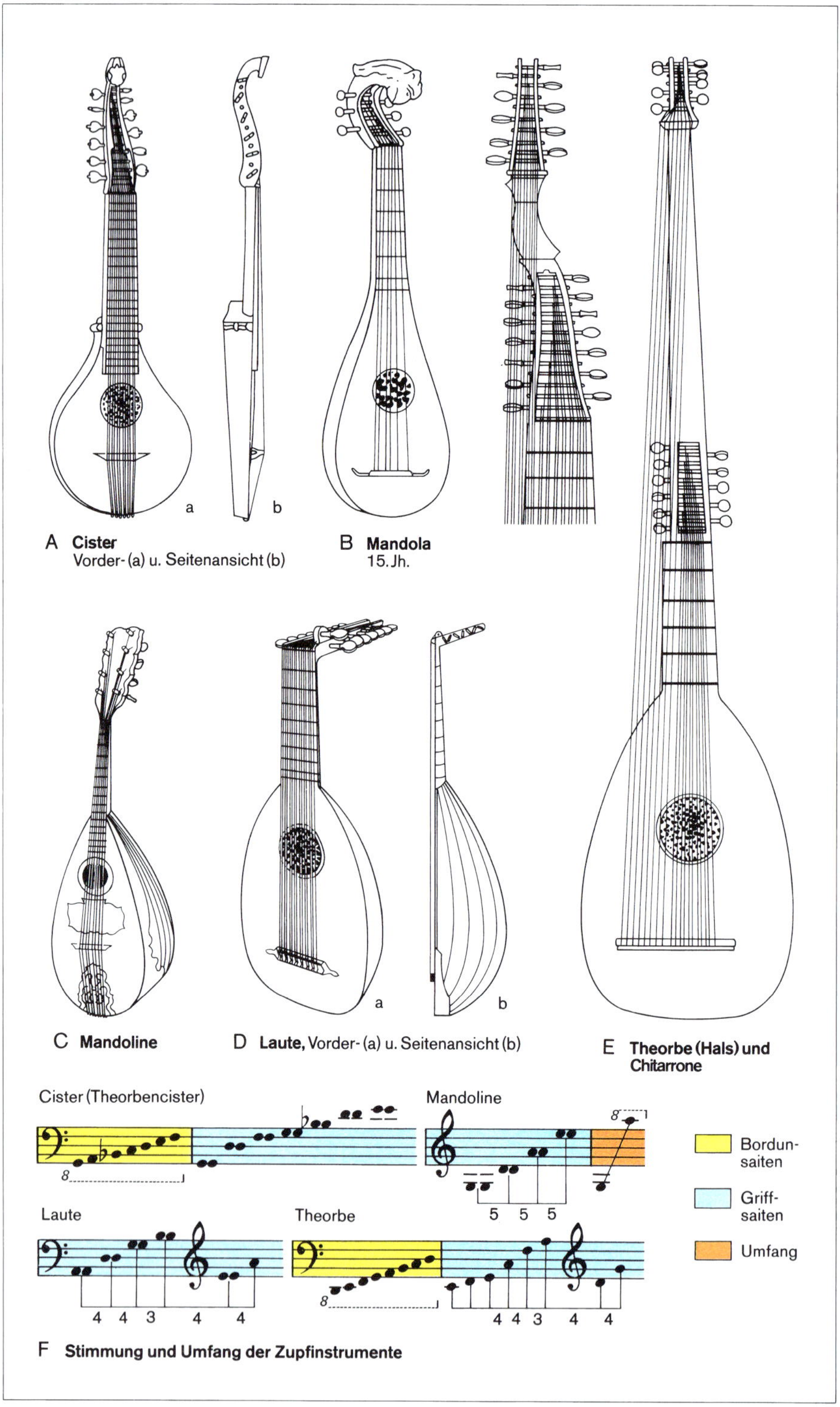

A **Cister** Vorder- (a) u. Seitenansicht (b)

B **Mandola** 15. Jh.

C **Mandoline**

D **Laute,** Vorder- (a) u. Seitenansicht (b)

E **Theorbe (Hals) und Chitarrone**

F **Stimmung und Umfang der Zupfinstrumente**

Historische Zupfinstrumente

Zu den Chordophonen, die gezupft werden, gehören vor allem die Lauten und Gitarren (Lauteninstr. mit Querriegel). Instrumentenkundliche Typisierung kann der geschichtl. Vielfalt kaum gerecht werden. So orientierte sich schon SACHS zunehmend historisch. Auch hier sollen die wichtigsten älteren gezupften Lauteninstr. den moderneren vorangestellt werden.

Cister, ein Lauteninstr., dessen paarige Metallsaiten über einen Steg laufen und an Nägeln im Unterbügel befestigt sind (Abb. A). Die frühe Cister des 14. Jh. steht der Fiedel nahe. In ihrer Blütezeit (16. Jh.–18. Jh.) hatte die Cister einen birnenförmigen Korpus mit flachen Zargen, die am Hals breiter waren als am Unterbügel. Die Stimmung der 4- bis 12-chörigen Saiten (im 18. Jh. bis zu 40 Saiten) war unterschiedlich. – Die **Theorbencister** des 17. Jh. hatte einfache Bordun- und doppelte Griffsaiten (Stimmungsbeispiel Abb. F). Die Cister wurde im 18. Jh. in Italien von der Mandoline, zu Anfang des 19. Jh. in Deutschland von der Gitarre verdrängt.

Mandola, Mandora oder **Quinterne** (Abb. B), die Vorläuferin der Mandoline: ein Lauteninstr. mit Querriegel, einem Korpus, der ohne Absatz in den Hals überlief, einem geschweiften Wirbelkasten und vier in Quinten gestimmten Saitenchören. Arabischer Herkunft kam sie im MA. ins Abendland.

Mandoline, hat einen bauchigen, birnenförmigen Korpus aus Spänen und doppelten (Stahl-)Saitenbezug. Die Haupttypen der vielen ital. Varianten sind die

Mailändische Mandoline, mit geschweiftem Wirbelkasten und Querriegel (Stimmung der 5 oder 6 Saitenchöre g h e^1 a^1 d^2 e^2 oder g c^1 a^1 d^2 e^2) und die heute allg. verbreitete

Neapolitanische Mandoline (Abb. C), mit Wirbelplatte und Steg, über den die in der Zarge befestigten Saitenchöre laufen (in Violinstimmung, s. Abb. F). Man baut auch eine größere Neapolitanische Mandoline mit 4 Saitenchören G d a e^1, die sog. **Mandola** (nicht zu verwechseln mit der *älteren Mandola*, s. o.). Die Mandoline wird mit Plektron meist tremolierend gespielt. Auch sind die Schwebungen, die bei dem chörigen Saitenbezug z. T. absichtlich entstehen, für ihren Klang typisch. Die Mandoline entstand aus der älteren Mandola um 1650. Ihre Blütezeit war das 17./18. Jh. (MOZART: Don-Giovanni-Ständchen). In Deutschland und Österreich gibt es Mandolinen-Orch.

Die wichtigsten Vertreter der **Querriegelinstrumente** sind Laute und Gitarre.

Laute (von arab. *al'ûd*, das Holz, span. *laúd*), hat einen bauchigen, zargenlosen Korpus aus 7 bis 33 Spänen, einen abgesetzten Hals mit Bünden, einen nach hinten abgeknickten Wirbelkasten, 6 Saitenchöre (»Chorlaute«) aus Darm, wovon aber nur die unteren 5 paarig, die höchste einfach bezogen sind. Die Normalstimmung im 16. Jh. ist: A d g h e^1 a^1 (Quart-Terzkombination wie Viola da Gamba, Abb. F) bzw. G c f a d^1 g^1. Die Saiten trugen Namen (von oben nach unten): *Chanterelle, Klein-* und *Großklangsaite, Klein-, Mittel-* und *Groß-Brummer.* Die Laute wurde im MA. von den Arabern in den Süden Europas gebracht und entwickelte sich dann zu der heute üblichen Form mit abgesetztem Hals (im Gegensatz zur Mandola), einem einzelnen Schallloch und Bundgriffbrett. Im 14. Jh. verbreitete sie sich über ganz Europa und wurde zum beherrschenden Hausmusikinstrument des 15./16. Jh. Man spielte alle Arten von Musik auf der Laute, z. B. Präludien, Ricercare, Tänze, Lieder und deren Begleitung und Vokalsätze (z. B. Motetten), die man in Lautentabulatur umschrieb (*intavolierte,* vgl. S. 260 f.). Im 17./18. Jh. traten die Klavierinstrumente mit ihrem größeren Klang und ihrer einfacheren Spielweise an die Stelle der Laute. Die Bemühungen um die Aufführungspraxis alter Musik brachten der Laute im 20. Jh. erneut Verbreitung.

Colascione, eine Langhalslaute (bis zu 24 Bünden) mit 3 (16. Jh.), später 6 Saiten (D G c f a d^1). In Süditalien beheimatet, spielte man sie vom 16. bis 18. Jh. auch in anderen Ländern. Die Colascione geht auf den asiat.-oriental. *Tanbur* zurück.

Erzlauten sind mit **Bordunsaiten** und zweitem Wirbelkasten ausgestattet. Sie wurden zuerst im 16. Jh. in Italien gebaut. Man unterscheidet

Theorbe: Ihr erster Wirbelkasten liegt in der Ebene des Griffbretts, ihr zweiter steht nur wenig höher seitlich neben dem ersten (Abb. E). Der Saitenbezug ist teils chörig, teils einfach. Sie hat 8 Griffsaiten (E F G c f a d^1 g^1) und 8 Bordunsaiten (D_1 E_1 F_1 G_1 A_1 H_1 C D), deren Stimmung jedoch zeitlich und räumlich differiert (Abb. F). Die Theorbe entstand im 16. Jh. in Padua und hielt sich bis ins 18. Jh.

Theorbierte Laute: Sie glich entweder der Theorbe, hatte dabei jedoch chörigen Saitenbezug wie die Laute, oder ihr erster Wirbelkasten war wie bei den Lauten üblich geknickt, während ihr zweiter für die Bordunsaiten aufrecht darüber stand: Viele Lauten wurden so mit zusätzlichen Bordun saiten und zweitem Wirbelkasten versehen.

Chitarrone (*Römische Theorbe*): Sie war gebaut wie die Theorbe, hatte nur wesentlich längere Bordunsaiten und einen entsprechend längeren Hals zwischen den beiden Wirbelkästen (bis zu 2 m Gesamtlänge, vgl. Abb. E). Die Bordunsaiten waren einzeln, die Griffsaiten zwei- und dreichörig (z. B. F_1 G_1 A_1 H_1 C D E F G c d f g a).

Die Erzlauten dienten als Fundamentinstrumente vor allem im Generalbassspiel.

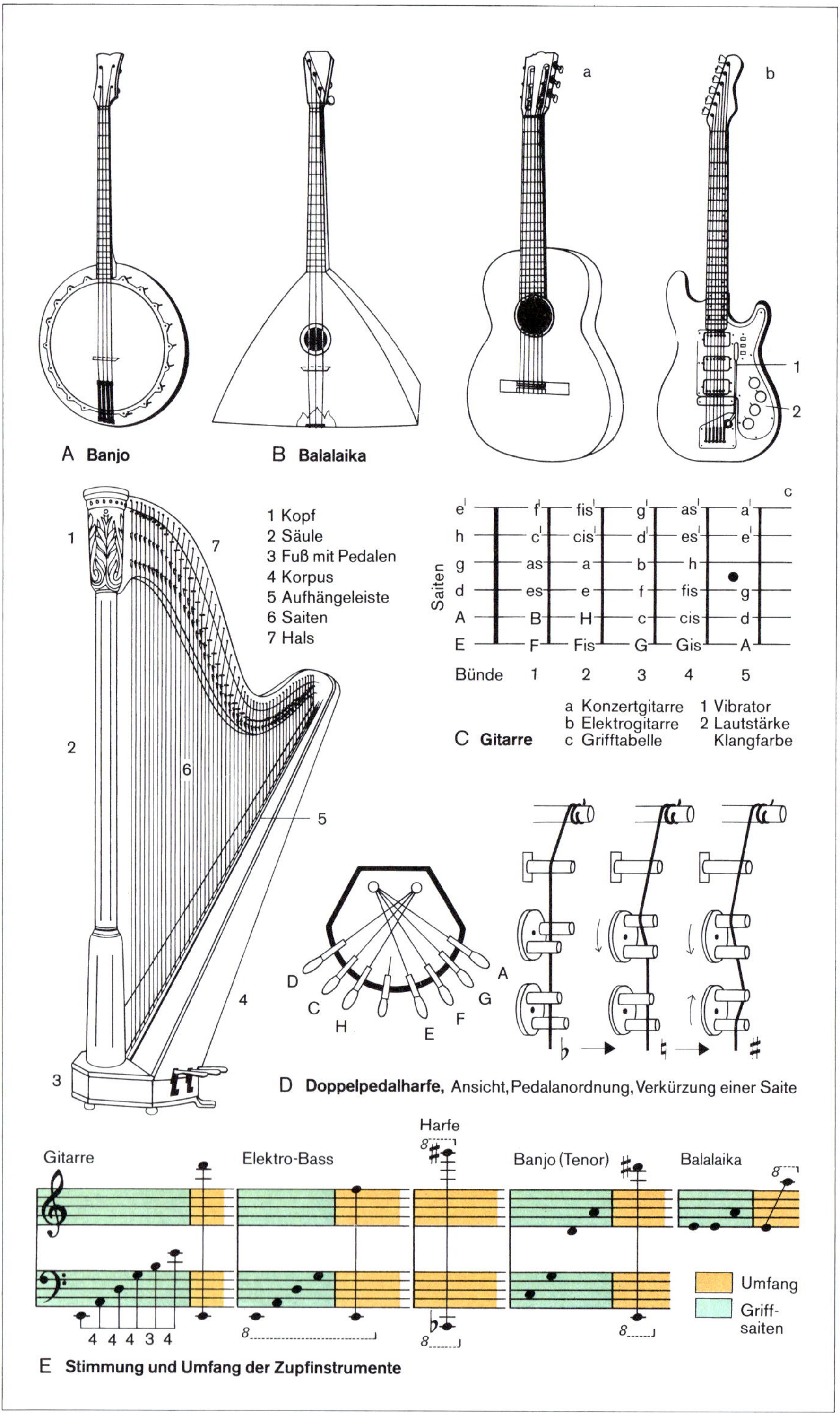

A **Banjo**

B **Balalaika**

C **Gitarre**

D **Doppelpedalharfe,** Ansicht, Pedalanordnung, Verkürzung einer Saite

E **Stimmung und Umfang der Zupfinstrumente**

Moderne Zupfinstrumente

Die Gitarre (von griech. *kithara*) hat einen beidseitig eingebuchteten Korpus mit flachen Zargen und offenem Schallloch, einen Hals mit Bünden und eine Schraubenmechanik für die Saiten (Abb. C, a). Die Gitarre wird eine Oktave höher notiert als sie klingt. Abb. E gibt den realen Klangbereich wieder. Die Bünde verkürzen bei Fingeraufsatz die Saite um je einen Halbton. Auf dem 5., meist besonders gekennzeichneten Bund, wird daher die Tonhöhe der nächsthöheren leeren Saite erreicht (außer bei der G-Saite, Abb. C, c). Die visuell einprägsame Tonordnung auf dem Griffbrett führte schon früh zur Verwendung von Griffschriften für Gitarre und Laute (*Tabulaturen,* s. S. 260 f.).
In Spanien sind seit dem 13. Jh. eine **Guitarra moresca** und eine **Guitarra latina** belegt, Erstere wohl arabisch-persischen Ursprungs, Letztere von der Fiedel abgeleitet mit vier doppelchörigen Saiten (vgl. S. 226). Daneben spielt bis ins 17. Jh. der Name *Vihuela* eine große Rolle. Unter der **Vihuela d'Arco** verstand man die gestrichene Fiedel bzw. Viola, die **Vihuela de Mano** war eine gezupfte Gitarre mit Zargen und gewölbtem Boden (*Wölbgitarre*) und die **Vihuela de Peñola** war die mit Plektron geschlagene Gitarre, beide mit 5–7 Einzelsaiten. Nachdem im 17. Jh. die Gitarre noch einmal mit 4–5 doppelchörigen Saiten bezogen war, wurde ihr Bezug im 18. Jh. endgültig einchörig und um die 6. Saite vermehrt. Seit dem Ende des 18. Jh. ist die Gitarre auch in Deutschland ein Modeinstrument. Sie war dann vor allem in der Jugendbewegung des 20. Jh. als *Klampfe* oder *Zupfgeige* sehr beliebt. Zu den zahlreichen Unterarten der normalen Konzert- oder Wandergitarre gehören

- **Pandora,** cisterähnliches Generalbassinstrument des 16./17. Jh. mit vielfach eingebuchtetem Korpus;
- **Orpheoreon,** Pandora mit schrägem Querriegel;
- **Arpeggione,** Streichgitarre in Cellogröße mit 6 Saiten (E A d g h e^1), die 1823 in Wien gebaut wurde (SCHUBERT);
- **Bassgitarre** (ab Mitte 19. Jh.), mit 6 Griffsaiten und zusätzlich 5–12 Basssaiten auf einem zweiten bundfreien Griffbrett. Bau und Stimmung differieren;
- **Machete,** portugies. Kleingitarre mit vier Saiten (G d a e^1);
- **Ukulele,** hawaiische Machete mit vier Saiten (a d^1 fis^1 h^1);
- **Hawaii-Gitarre,** aus der Ukulele entwickelt, mit Vibrato- und Glissando-Effekten;
- **Banjo** (Abb. A), afrikan. und nordamerikan. Schlaggitarre mit langem Hals und einem Einfelltamburin mit flachen Metallzargen als Korpus, unter dem Schnarrsaiten mitklingen; das Banjo hat 4–9 Griffsaiten verschiedener Stimmung (z. B. Abb. E);
- **Schlaggitarre,** mit flachem Korpus, breitem Unterbügel, *f*-Löchern, aufgesetzter Schonplatte, mit Saitenhalter unter der Zarge und elektrischen Tonabnehmern (vgl. S. 60); Stimmung wie Gitarre;
- **Elektrogitarre** (Abb. C, b), ähnlich der Schlaggitarre, aber ohne Resonanzkasten;
- **Elektrobass,** Elektrogitarre mit Kontrabass-Stimmung (Abb. E).

Als Abarten der Laute gelten

- **Domra,** kirgis. Langhalslaute in 6 Größen. Ihre 3 Metallsaiten werden mit Schlagring gespielt oder gezupft. Sie stammt aus dem 15. Jh. und geht auf den arab. *Tanbur* zurück;
- **Balalaika** (Abb. B), ukrainisches Zupfinstr. mit dreieckigem Korpus in 6 Größen (Pikkolo bis Kontrabass). Von ihren 3 Saiten sind 2 gleich, die dritte in der Oberquart gestimmt (z. B. Abb. E). Ensembles umfassen bis zu 45 Balalaikas.

Die Harfe

Die moderne **Doppelpedalharfe** (Abb. D) besteht aus einem schräg aufsteigenden **Resonanzkasten,** einem geschwungenen **Hals** und einer meist klassizistischen **Säule,** an deren Fuß sich der **Pedalkasten** befindet. Die Höhe des Instrumentes beträgt etwa 180 cm.
Die Harfe hat einen Umfang von 6½ Oktaven. Die 47 Saiten sind diatonisch in Ces-Dur gestimmt (Ces_1–ges^4). Zur chromatischen Tonhöhenveränderung dienen 7 Pedale, die durch Seilzüge in der Vorderstange mit einem saitenverkürzenden Drehmechanismus im Hals verbunden sind. Zu allen gleichnamigen Saiten gehört je ein Pedal, sodass sich bei der 7-stufigen diatonischen Tonleiter sieben verschiedene Pedale ergeben (zuweilen zusätzlich ein achtes, kleineres Tonhaltepedal). Die Harfensaite wird durch *einfachen* Pedaltritt um einen Halbton erhöht (z. B. von ces nach c), durch *doppelten* Pedaltritt um zwei Halbtöne (weiter von c nach cis), sodass im temperierten System alle 12 Töne spielbar sind. Zur Orientierung sind die Fes-Saiten blau, die Ces-Saiten rot gefärbt.
Die Harfe stammt aus dem Orient. (**Bogenharfe** und **Winkelharfe,** vgl. S. 160 und 164). In Europa tritt die Harfe zuerst im 8. Jh. in Irland auf, und zwar als **Rahmenharfe** mit Vorderstange zw. Korpus und Saitenhalter; Form gedrungen **romanisch,** ab etwa 1400 schlanker **gotisch** (s. S. 226). Die Harfen waren diatonisch gestimmt und hatten 7–24 Saiten (16./17. Jh.). Sie dienten als Begleitinstr. zum Gesang, im Barock auch als Generalbassinstr.
Chromatische Tonhöhenveränderung ermöglichte zuerst die **Tiroler Hakenharfe** (2. Hälfte des 17. Jh.), bei der mit der Hand drehbare Haken die Saiten verkürzten. Es folgte um 1720 die einfache **Pedalharfe**, die das Spiel in allen B-Tonarten zuließ. Für sie schrieb z. B. MOZART seine Harfenkonzerte. Um 1810 erfand ERARD die vollchromatische **Doppelpedalharfe,** die sich allgemein durchsetzte.

Blechblasinstrumente		Holzblasinstrumente				Harmonikainstr.
Trompeteninstrumente Lippenpolster		Flöteninstrumente Schneidekante		Rohrblattinstrumente Gegen-schlag-Z.	Aufschlag-Zungen	Harmonikas Durchschlag-zungen
Kessel	Trichter	Schnabel	Anblasloch	Doppel-rohrblatt	Einzel-rohrblatt	Lamelle
Trompete Posaune Kornett Tuba	Horn Wagner-Tuba Cornophon	Blockflöte Gefäßflöte	Querflöte Panflöte	Oboe Dudelsack	Klarinette Saxophon	Harmonium Harmonika-instrumente
		Orgel				

A **Systematik der Aerophone**

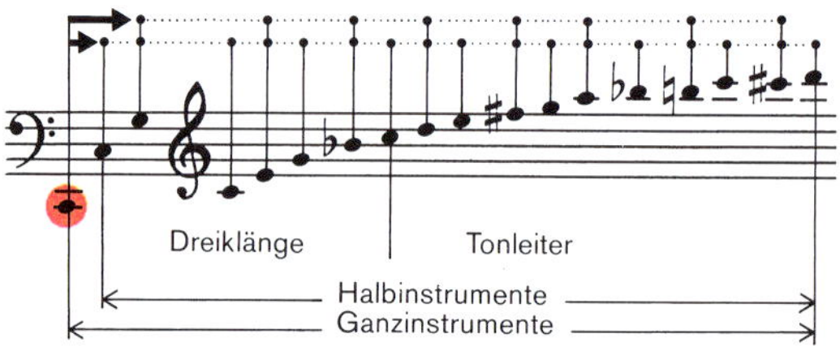

B **Spielbereiche der Naturtoninstrumente**

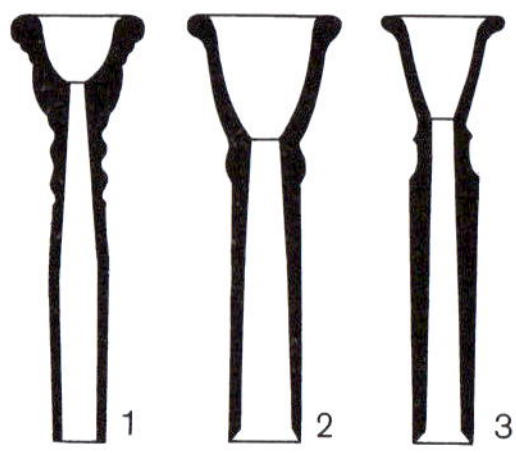

C **Mundstücke,** 1 Kessel, flach
2 Kessel, tief
3 Trichter

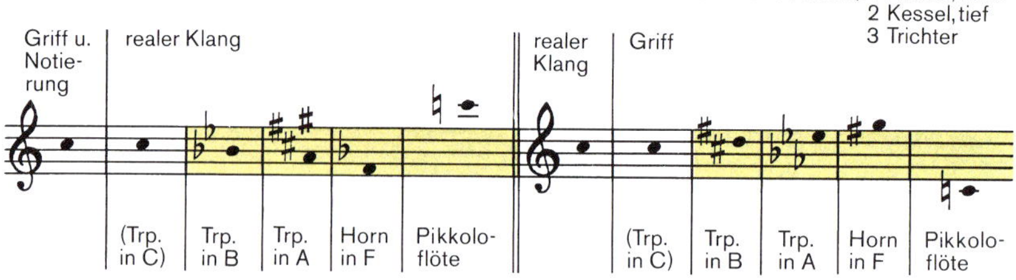

D **Transponierende Instrumente,** Auswahl, auf c^2 bezogen

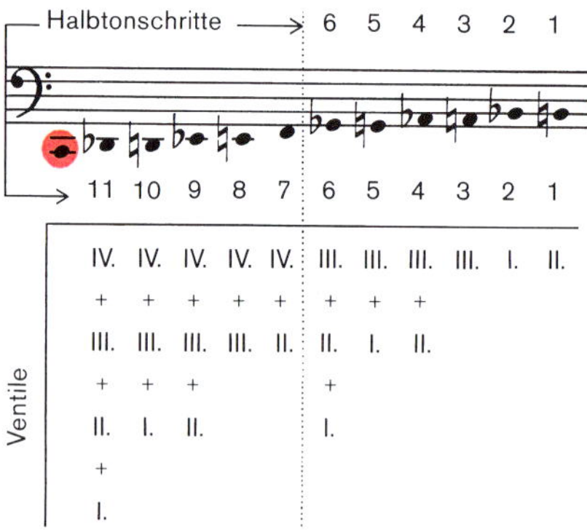

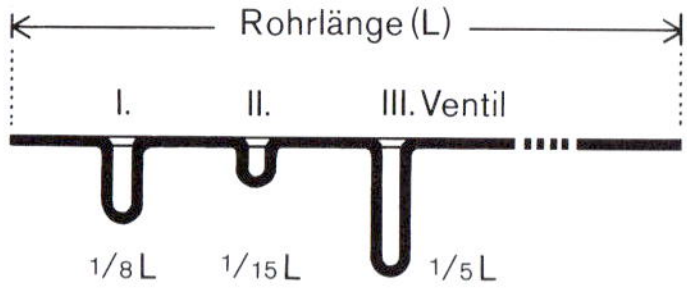

E **Wirkungsweise der Ventile**

Orchester-Einteilung
Tonerzeugung
Familie, Bau

Grundton
Oberton
transponierend

→ Überblasen

offene Röhre: Oktave
gedackte Röhre: Duodezime

Systematik, Tonvorrat

Aerophone (griech. *aer,* Luft) sind alle Musikinstrumente mit schwingender Luft als Tonerzeuger, und zwar meist eine begrenzte Luftsäule (Akustik s. S. 14), aber auch ein unbegrenzter Luftstrom (Harmonikainstr.). **Die Systematik** (Abb. A) gruppiert nach Art der **Tonerzeugung** in *Trompeten-, Flöten-, Rohrblatt-* und *Harmonikainstr.,* weiter nach **Mundstückform** und **Bau** der Instr. Die (Orchester-)Praxis unterscheidet zwischen *Blech-* und *Holzblasinstr.* Die meisten Aerophone sind Blasinstrumente, d. h. sie werden vom Atem des Bläsers gespeist im Gegensatz zur mechanischen Luftversorgung bei Orgeln und Harmonikainstr., für die äußerlich eine Tastatur charakteristisch ist (*Tasteninstr.*).

Blechblasinstrumente

erzeugen den Ton durch die elastisch gespannten Lippen des Bläsers, die den Atemstrom periodisch unterbrechen. Die **Klangfarbe** der Instr. hängt vor allem vom **Mundstück** ab:

- flacher **Kessel** mit enger Bohrung, z. B. bei Trompeten und Posaunen, obertonreicher, heller Klang (Abb. C, 1),
- tiefer Kessel oder **Becher,** z. B. bei Kornetten und Flügelhörnern, je tiefer der Kessel, desto weicher der Ton (Abb. C, 2),
- **Trichter,** bei Waldhorn, extrem milder und dunkler Klang (Abb. C, 3).

Für das Timbre ist ferner die **Mensur** (Verhältnis von Rohrdurchmesser zu Rohrlänge), die Art der Bohrung, nämlich *konische* oder *zylindrische* Röhre, und die Form des **Schalltrichters** bestimmend.

Spielbereich der Naturtoninstrumente. Die Tonhöhe der Blechblasinstr. wird primär durch die **Länge der schwingenden Luftsäule** bestimmt. Bei den sog. **Naturtoninstrumenten** ohne Grifflöcher, Klappen oder Ventile ist diese identisch mit der **Rohrlänge.** Ihr entsprechend bringt das Instrument einen bestimmten Grundton mit den gleichzeitig erklingenden Obertönen hervor (z. B. C; man sagt: Das Instr. *steht in C*). Der Bläser kann aber durch Veränderung der Lippenspannung die Obertöne auch einzeln ansprechen lassen, indem er die nicht gewünschten Töne »überbläst«. So erscheinen im unteren Bereich die für die Naturtoninstr. wie Posthorn oder Fanfare typischen Quinten, Quarten und Dreiklänge, während eine vollständige Tonleiter erst in den oberen Bereichen zu erzeugen ist (die ventillosen Clarini spielten daher im hohen Diskant). Enge Mensuren begünstigen die Ansprache hoher Töne, weite die der tiefen.
Offene Röhren liefern alle Obertöne, beginnend mit der Oktave (sie »überblasen in die Oktave«), gedackte Röhren liefern nur die ungradzahligen (sie »überblasen in die Duodezime«, wie gedackte Orgelpfeifen oder die sich »gedackt« verhaltende Klarinette).
Bei einigen Instr. sprechen der tiefste Ton oder die beiden tiefsten Töne nicht an, bes. bei engen Mensuren. Man unterscheidet entsprechend zwischen **Ganz-** und **Halbinstrumenten** (Abb. B). Die tiefsten Töne der Ganzinstr., z. B. der Posaune, nennt man *Pedaltöne.*

Transponierende Instrumente. Grundton und Naturtonreihe sind durch die Rohrlänge festgelegt (s. o.). So gibt es Instr. in *C-Dur,* in *B-Dur* usw. Wird der Grundton gegriffen, so erklingt der des jeweiligen Instr. Man notiert die Naturtonreihe stets in vorzeichenlosem C-Dur (Abb. B und D), verwendet also eine Art »Griffschrift«, die auf die reale Tonhöhe des Instr. keine Rücksicht nimmt. Das Instr., nicht der Bläser, transponiert das C-Dur in die ihm eigene Tonart, z. B. das c^2 in Abb. D nach b^1, a^1 usw. Umgekehrt muss z. B. ein B-Trompeter, um c^2 zu erzeugen, das eine Sekunde höhere d^2 greifen, weil sein Instr. von Natur eine Sekunde tiefer klingt. In diesem Fall ist das Instrument *klingend* notiert: Die Notation entspricht dem realen Klang und für die Transposition, d. h. den richtigen Griff, muss der Bläser sorgen.

Tonhöhenveränderung lässt sich durch Verlängerung bzw. Verkürzung der Rohrlänge erreichen: durch **Einsatz** zusätzlicher Rohrstükke von Hand (*Inventionshorn*), durch **Ineinanderschieben** der Röhren (*Zugposaune*) oder durch **Betätigung von Ventilen,** die Rohrverlängerungsstücke ein- und ausschalten. Man verändert dadurch die Stimmung des ganzen Instr. (Grundton samt Obertonreihe).

Die Wirkungsweise der Ventile

Normalerweise verwendet man drei Ventile. Das **I.** stimmt das Instr. um einen **Ganzton** tiefer (Verlängerung um ⅛ der Grundlänge), das **II.** um einen **Halbton** (+ 1/15 der Grundlänge), das **III.** um eine **kleine Terz** (+ ⅕ der Grundlänge; Abb. E). Kombination der Ventile bringt eine Vertiefung bis zu 6 Halbtönen. Man kann damit den Quintabstand zwischen dem 1. und 2. Oberton (von g nach c) und die kleineren Abstände zwischen den höheren Obertönen chromatisch ausfüllen. Vom 1. Oberton abwärts reichen drei Ventile bis Ges. Bei einigen Ganzinstr. baut man ein IV. Ventil ein (Quartventil), um chromatisch bis zum Grundton absteigen zu können (möglich nur bei Ganzinstr. mit gut ansprechender Tiefe, z. B. der Basstuba).
Einige Instr. haben ein **Umschalt-** oder **Stellventil.** So kann z. B. das Doppelhorn von der Tenorlage in B mit Rohrlänge von 2,74 m zur Basslage in F mit Rohrlänge von 3,70 m umschalten.

Dämpfer werden zur Klangmodifizierung und zur Vertiefung (bis zu einem Ganzton) seit etwa 1750 in den Schallbecher eingeführt. Ursprünglich nahm man die bloße Faust dazu, dann speziell geformte Dämpfer mit unterschiedlichen akustischen Effekten.

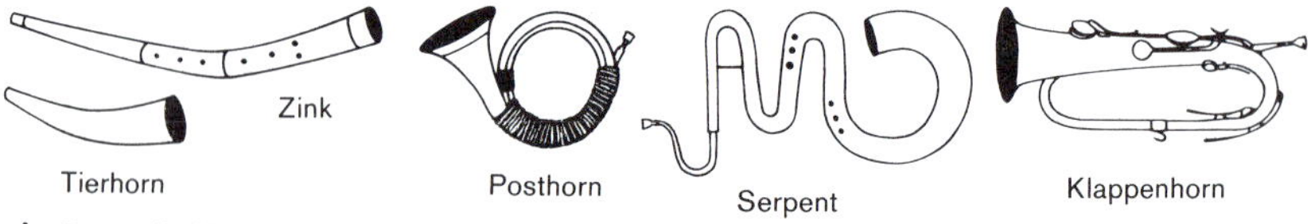

A **Natur-, Griffloch- und Klappenhörner**

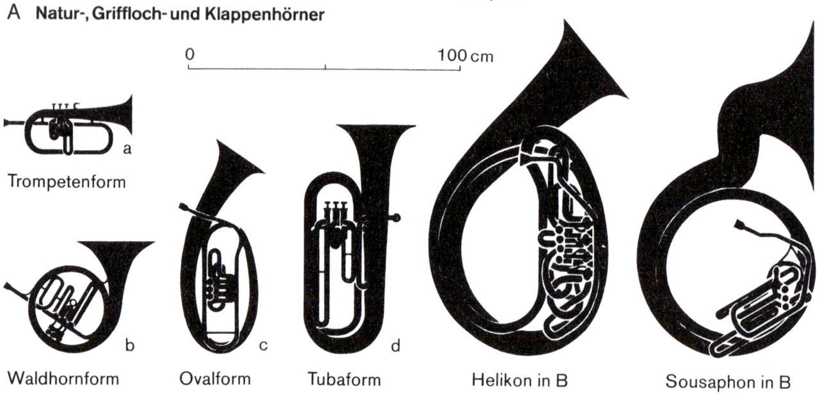

B **Hauptformen der Flügelhörner und Tuben,** schematisch

a Flügelhorn in B
b Althorn in Es
c Tenorhorn in B
d Tuba in F

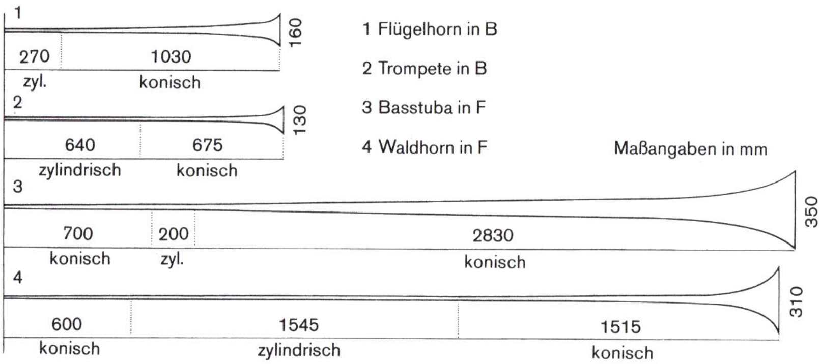

C **Mensurverhältnisse**

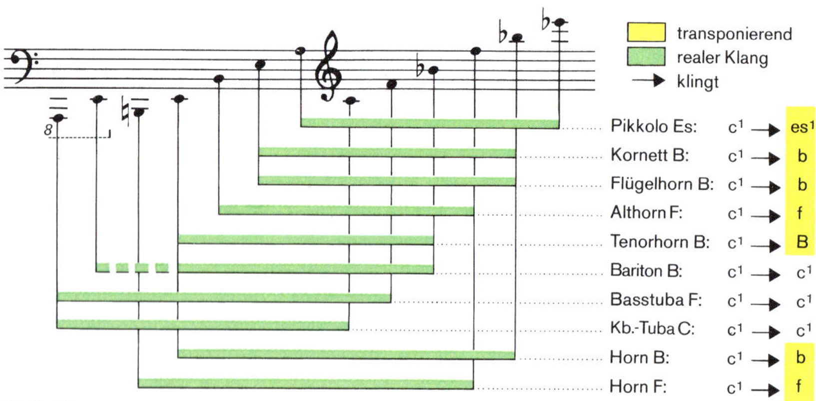

D **Umfänge**

Formen und Lagen

Naturhörner (*Signalhörner*) verfügen nur über die Naturtonreihe. Es gehören dazu:

Tierhorn, aus prähist. Zeit (Abb. A) und das ähnliche **Hifthorn** des MA., das bei der Jagd benutzt wurde;

Olifant, aus Elfenbein, das im MA. aus Byzanz nach Europa kam;

Luren, aus der Bronzezeit (s. S. 158);

Jagd- und **Posthorn,** entwickelten sich aus dem Hifthorn durch Platz sparendes Einrollen der verlängerten Metallröhre (Abb. A).

Grifflochhörner sind Naturhörner mit eingebohrten Grifflöchern zu größerem Tonvorrat. Die bekanntesten sind die Zinken (13.–18. Jh.). Neben dem seltenen **graden** oder **stillen Zink** gab es die schwarzen **krummen Zinken,** aus Holz, oft mit Leder überzogen (Abb. A). Zinken hatten einen Umfang von ca. 2–3 Oktaven und einen weichen, leider etwas unsauberen Ton. Im Frankreich des 16. Jh. baute man einen Bass- und Kontrabasszink, den schlangenförmigen **Serpent,** Umfang B_1–b^1 (Abb. A).

Klappenhörner entstanden im 18. Jh., als man die Grifflochhörner mit Klappen versah (Abb. A). Am bekanntesten wurde die **Ophikleide** (1817) in Alt- und Basslage, als tiefstes Horninstr. auch im Orch., in der zweiten Hälfte des 19. Jh. von der Basstuba verdrängt.

Ventilhörner. Mit dem Einbau der Ventile in die Hörner entwickelten sich die Familien der **Kornette, Flügelhörner** und **Tuben.** Sie erscheinen äußerlich in 4 Grundformen:

- *Trompetenform,* waagrecht gehalten wie die Trompete, vor allem für hohe Lagen;
- *Waldhornform,* rund, mit gesenkter Stürze, vor allem für Mittellagen;
- *Ovalform,* mit aufgerichteter Stürze, vor allem für Mittel- und Basslagen;
- *Tubaform,* gerade, mit aufgerichteter Stürze, bes. für Basslagen.

Dazu kommen *Helikon* und *Sousaphon* (s. u.). Abb. B zeigt die Formen schematisch und mit je einem konkreten Beispiel, um die Größenverhältnisse der Instrumente in den verschiedenen Lagen zu verdeutlichen.

Das Kornett entstand Anfang des 19. Jh. in Frankreich, als man in das Posthorn Pumpenventile (*pistons*) einbaute (*Cornet à piston,* kurz **Piston**). Es spricht leicht an und ist daher weit verbreitet. Das übliche **Soprankornett** steht in B (e–b^2), C oder A, das **Pikkolo** in Es oder D, das **Altkornett** in Es (Es–es^1). Bei Mensurverengung nähert sich das Kornett klanglich der Trompete.

Die Flügelhörner entstanden um 1830 in Österreich, als man in das Signal- bzw. Klappenhorn Drehventile einbaute. Sie haben überwiegend konisches Rohr und weite Mensur, klingen daher voll und weich. Sie werden auch **Bügelhörner** und in der Bauart des A. Sax (Patent Paris 1845) **Saxhörner** genannt. Zur Familie der Flügelhörner gehören:

Flügelhorn in B und C (Sopran) mit enger Mensur dem Kornett nahe stehend. Es klingt weich und unterscheidet sich damit von der weitgehend zylindrisch gebohrten und enger mensurierten Trompete mit ihrem schmetternden Klang (Abb. C);

Althorn in F oder Es (Altlage), in Waldhorn-, Trompeten- oder Tubaform;

Tenorhorn in C oder B, in Ovalform oder Tubaform;

Bariton oder **Euphonium** in B, z. T. mit 4. Ventil, in Oval- oder Tubaform;

Basstuba in F (Extremumfang bei 4 Ventilen s. Abb. D) und Es, die 1835 in Nachfolge der Bassophikleide entstand, in Tubaform;

Kontrabasstuba in C und B (mit 4 Ventilen: A_2–b), in Tubaform, auch **Kaiserbass** genannt; Zusatzventile sorgen für Stimmungsausgleich;

Doppeltuba in F/C und F/B (B_2–f^1) als Kombination von Bass- und Kontrabasstuba mit Umschaltventil.

Die Tuben werden mit ihrer weiten Stürze nach oben gehalten. Die Harmoniemusik und Marschkapellen bevorzugen das ovale, um den Leib des Bläsers getragene **Helikon** (als Basstuba in F und Es, als Kontrabasstuba in B) und das nach seinem Erbauer Sousa (USA) benannte **Sousaphon** (Stimmungen wie Helikon), dessen großer Schalltrichter über den Kopf des Bläsers hinweg nach vorne ragt.

Waldhörner

Das **Naturwaldhorn** entstand gegen Ende des 17. Jh. aus dem Jagdhorn, indem es ein wesentlich längeres, größtenteils zylindrisches, mehrfach gewundenes Rohr, dazu ein trichterförmiges Mundstück und eine weite Stürze bekam (s. Mensurverhältnisse in Abb. C). Der Ton wurde dadurch warm und voll, im *forte* dazu schmetternd stark. Durch Einführen der rechten Hand in die Stürze, die man dazu nach unten senken musste (typische Hornhaltung, daher noch heute Ventilbedienung mit der l. H.), erreichte man eine Abdunklung des Tones und eine Vertiefung bis zu einem Ganzton (Hampel, Dresden um 1750). Zum Umstimmen des Horns verwandte man verschieden lange, zwischen Mundstück und Rohr aufgesteckte *Setzstücke,* oder innerhalb der Rohrwindungen eingeschobene *Verlängerungsbügel* (*Inventionsbügel,* s. **Inventionshorn** auf S. 50, Abb. A). Der Einbau der Ventile um 1814 brachte die Vollchromatisierung. Das heute gebräuchliche **Doppelhorn** ist ein Tenor-Bassinstrument mit Umschaltventil (Kombination von B- und F-Horn, Umfänge s. Abb. D). 1870 baute man auf Anregung Wagners sog. **Waldhorn-** oder **Wagnertuben,** d. h. Tuben mit Waldhornmundstück und 4 Ventilen. Sie klingen dunkler als Tuben und feierlicher als Waldhörner (Tenortuba in B, Basstuba in F).

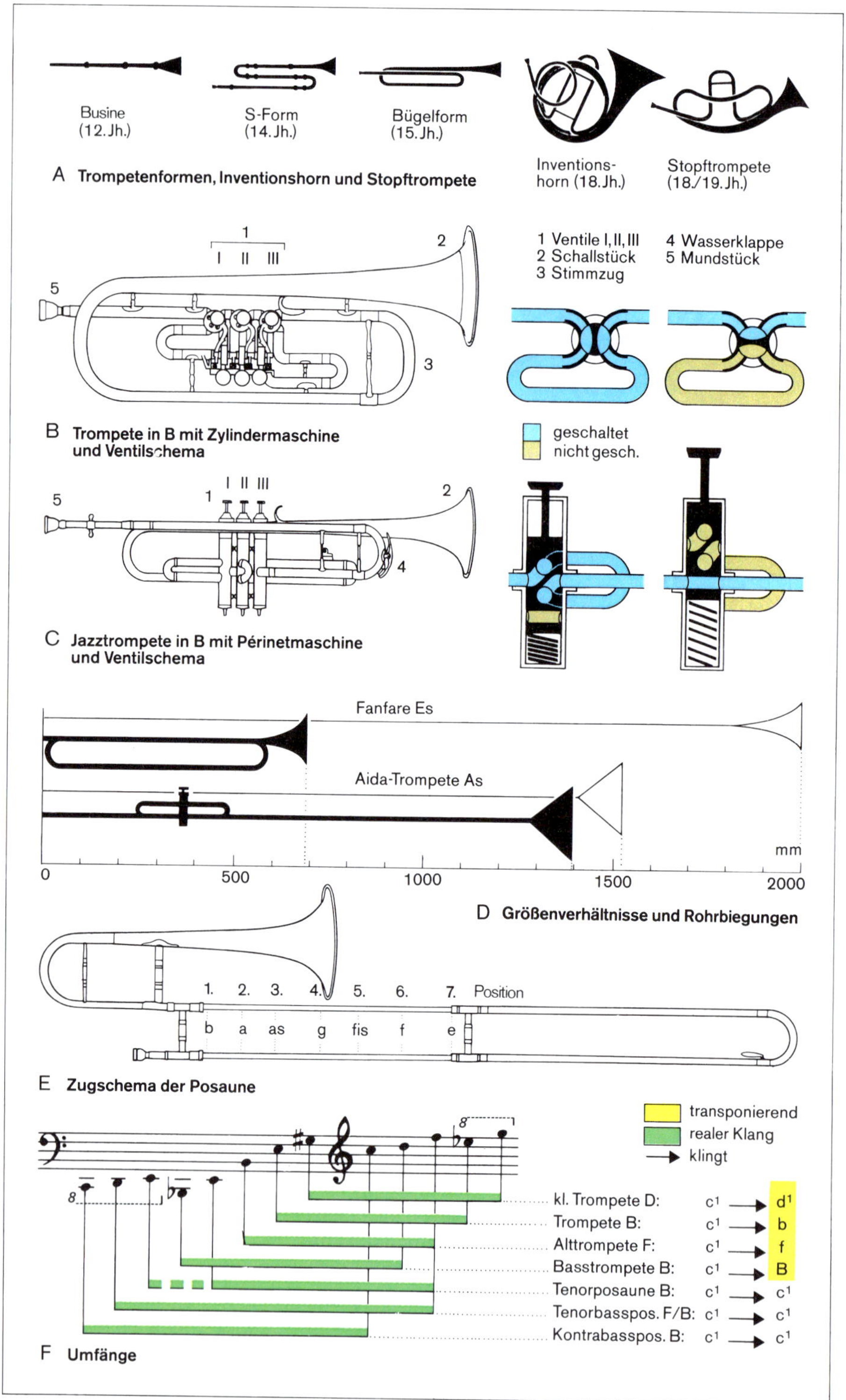

Formen, Ventile, Lagen

Naturtrompeten, in Bügelform (Abb. A) sind ganz auf ihre Naturtöne angewiesen. Es gibt sie daher in vielen Stimmungen, so in C (Klang und Notation wie die Naturtonreihe S. 46, Abb. B), in B (klingt eine Sekunde tiefer), in D, Es, E, F (aufwärts transponierend). Sie alle sind *Halbinstrumente,* d. h. Grundton und 1. Oberton sprechen nicht an (vgl. S. 46). Trompeten haben **Kesselmundstück** und enge, überwiegend zylindrische Mensur. Eine Naturtrompete ist auch die schlanke **Fanfare** oder **Heroldstrompete,** in B (f–f^2) oder Es (b–b^2). Abb. D zeigt das Größenverhältnis des langen Rohres zum eingerollten Instr.
Als Naturtrompete besonderer Art gilt auch das **Alphorn,** aus zwei langen Holzrinnen, mit Bast- oder Schnurumwicklung.

Ventiltrompeten verwenden Zylinder- oder Pumpventile. Das Pumpventil entstand 1814 und wurde 1839 von PÉRINET in Paris entscheidend verbessert. Das Dreh- oder Zylinderventil wurde 1832 von RIEDL in Wien gebaut. Daher kommt es, dass Périnetventile vor allem in Frankreich, Zylinderventile bes. in Österreich und Deutschland verwendet werden. Abb. B und C zeigen die **Arbeitsweise der Ventile** schematisch:

- **Drehventil,** betätigt über Druckplättchen und einen Hebelmechanismus, schaltet durch einen kleinen Drehzylinder mit zwei Windführungen das Zusatzrohrstück auf gleicher Ebene ein oder aus.
- **Pumpventil,** wird direkt geschaltet und ist daher in der Mechanik etwas einfacher. In geschaltetem Zustand leitet das Ventil den Windstrom nach hinten ab in das Zusatzrohrstück, welches leicht versetzt wieder in das Ventil einmündet.

Kompliziert ist bei beiden die Berechnung der Rohrlängen, dass auch bei den unterschiedl. Kombinationen der Ventile die Stimmung des Instrumentes sauber bleibt.
Außer diesen Ventilen für das ständige Spiel gibt es auch bei Trompeten die *Stell-* oder *Umschaltventile* (s. S. 47), die nicht zurückfedern, sondern die Umstimmung des ganzen Instrumentes für längere Zeit ermöglichen.

Kleine Trompete in F, Es oder D. Eine Spezialausführung ist die **Bachtrompete** (in D).
Trompete in B, die am häufigsten verwendete Trompete (Sopranlage). Sie hat 3 Zylinderventile und ein Stellventil nach A (Abb. B, Mensurvergleich zum Flügelhorn s. S. 48).
Jazztrompete, eine B-Trompete, aus dem *Piston,* daher mit Périnetmaschine gebaut. Sie ist schlanker, ihre Mensur enger, ihr Klang heller und geschmeidiger (Abb. C).
Aida-Trompete in C oder B wie die normale Soprantrompete. Sie wurde für VERDIS *Aida* (Kairo 1871) mit geradem Rohr und 1 (in H oder As) oder 3 Ventilen gebaut. Sie wirkt gewaltiger als die gerollte Fanfare, obwohl sie ein kürzeres Rohr hat (Abb. D).
Alttrompete in F oder Es.
Basstrompete in B oder C, eine Oktave tiefer als die Soprantrompete, also eigentl. Tenorlage. Die tieferen Lagen der Trompete übernimmt die Posaune (s. u.).

Die Urform der Trompete ist eine gerade Röhre aus Holz (Bambus), später aus Metall. In der Antike diente sie als Kriegs- und Tempelinstrument. Als kostbare Kriegsbeute gelangte sie bes. durch die Kreuzzüge ins Abendland.
Im MA. gab es die große *tromba* (= *busine*) und die kleine *trombetta,* beide in gerader Form (Abb. A). Um die langen Röhren vor dem Verbiegen zu schützen, führte man sie *Z-* und *S-*förmig (13./14. Jh.) und schließlich in moderner Bügelwindung (15. Jh.). Die Hauptstimmung war D, später bes. beim Militar Es. Zum Umstimmen nahm man Setzstücke und Krummbügel. Die tieferen Trompeten hießen **Principali,** die höheren **Clarini** (mit engem, flachem Mundstück). Beide werden im Bläsersatz mit **Pauken** kombiniert. Die Clarini erschienen im Barock bes. als konzertante Instr. Die Kunst des Clariniblasens verschwand im 18. Jh.
Auf dem Wege zur Chromatisierung machte man Versuche mit **Klappen** (engl. *slide trumpet*), **Zügen** (*da tirarsi,* mit verschiebbarem Mundstück) und **Stopftrompeten** (nach dem Vorbild des *Inventionshorns,* Abb. A), bis um 1830 die Ventiltrompete entstand.

Posaunen sind die Trompeten der tiefen Lage. Ihre *U-*förmigen Röhren werden aus der geschlossenen Stellung (Grundstimmung) in stufenlosem Glissando oder in 6 Positionen, sog. *Zügen,* auseinander gezogen, wobei die Stimmung jedesmal um einen Halbton sinkt. Die 6 Züge entsprechen den 3 Ventilen und deren Kombinationen (vgl. S. 46, Abb. E). Die tiefsten Töne (der Obertonreihen) heißen *Pedaltöne.* Pos. werden klingend notiert.
Die **Altposaune** steht in Es (A–es^2), die übliche **Tenorposaune** in B (E–b^1), die **Bassposaune** in F (H_1–f^1), die **Kontrabassposaune** in E, Es, C und B (E_1–d^1), Letztere auch mit 4 statt 2 Röhren (*Doppelzugposaune*). Meist ersetzt man die Altposaune durch die Tenorposaune und die Bassposaune durch die 1839 entstandene, weit mensurierte **Tenorbassposaune** in B/F mit Stellventil (s. o.). Die **Ventilposaune** in B (seit ca. 1830) hat statt Zug 3 Ventile mit Stellventil nach F, setzte sich aber nicht durch.
Die Posaunen, von altfrz. *buisine,* mhd. *busine* (= *tromba,* s. o.), entstanden im 15. Jh., als das untere Kniestück der gewundenen tiefen Trompete zu einem beweglichen Zug ausgestaltet wurde. Im 16. Jh. gab es einen ganzen Posaunenchor: Diskant in B, Alt in F, »gemeine, rechte Posaune« (PRAETORIUS) in B, Quart- und Quintposaune in F und Es, Oktavposaune in B. Im 17. Jh. beschränkte man sich dann auf die heute noch üblichen Alt-, Tenor- und Bassposaunen.

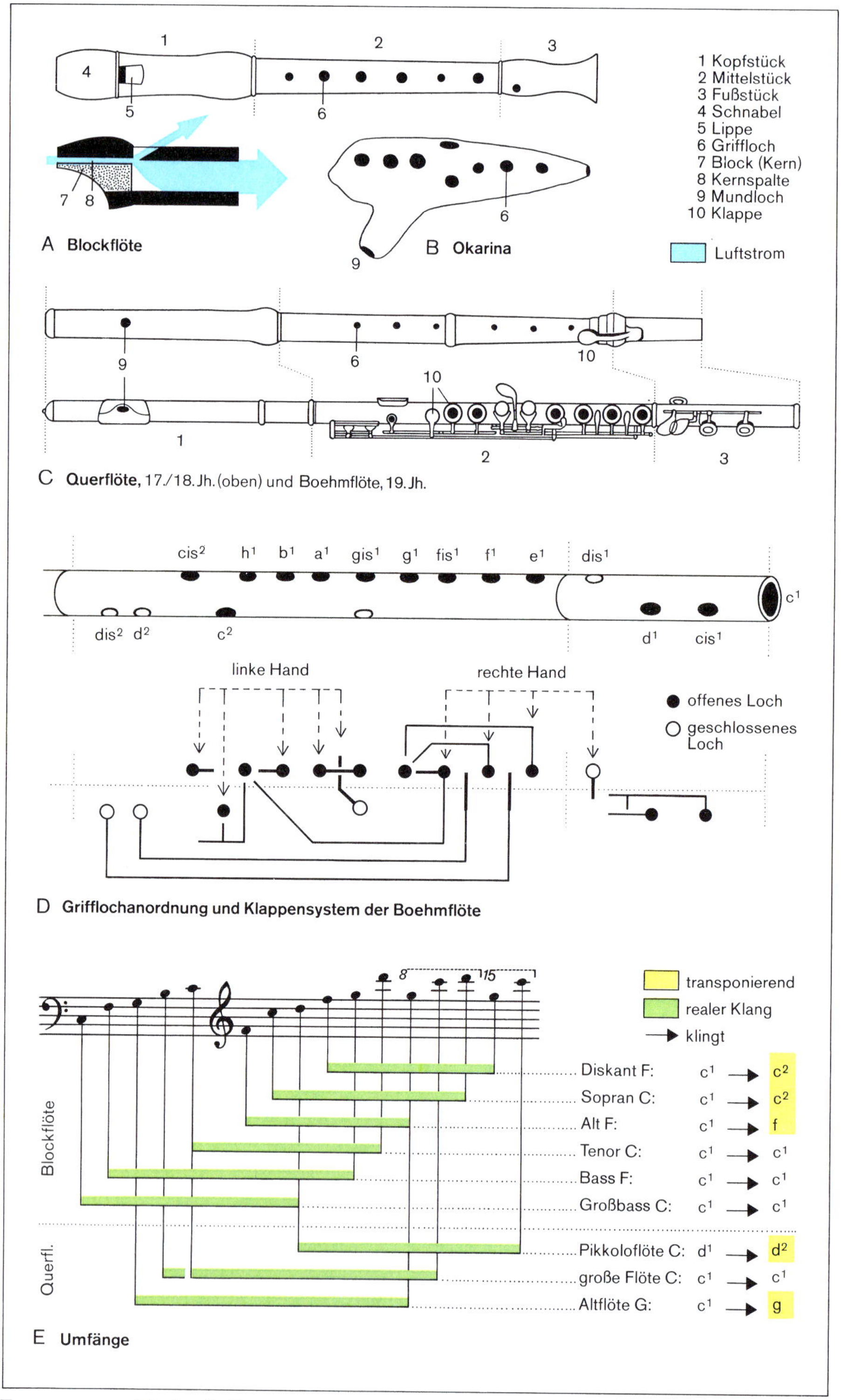

A **Blockflöte**

B **Okarina**

C **Querflöte,** 17./18. Jh. (oben) und Boehmflöte, 19. Jh.

D **Grifflochanordnung und Klappensystem der Boehmflöte**

E **Umfänge**

Tonerzeugung, Mechanik, Lagen

Flöten gehören zur Gruppe der Holzblasinstr., obwohl sie aus verschied. Material hergestellt werden (Holz, Metall, Knochen, Ton).

Tonerzeugung: Ein Luftstrom wird auf eine scharfe Kante gelenkt und von dieser zerschnitten (*Schneidekante*). Dabei bilden sich Wirbel. Entsprechend der Wirbelfrequenz entsteht ein sog. *Schneideton* nach Art der Spalt- oder Hiebtöne, wie sie bei Peitschenhieben oder an Telefondrähten im Wind zu hören sind. Bei Flöten wird ein Teil des Luftstromes nach außen, ein Teil in das Instr. gelenkt und durch die schwingende Luftsäule der als Resonator wirkenden Röhre verstärkt. Flöten mit **Schnabel** leiten den Luftstrom mechanisch auf die Schneidekante. Der Ton wird starr. Sie sind dafür einfach zu blasen. Flöten mit **Anblasloch** erlauben Modifikation des Tones durch die Lippen des Bläsers, der u. a. den Anblaswinkel variiert.

Die **Tonhöhe** wird bestimmt durch die Länge der schwingenden Luftsäule (vgl. S. 14). Bei der **Panpfeife** werden versch. lange Röhren zu pentatonischen oder diatonischen Reihen gebündelt. Bei den **Grifflochflöten** verändert sich die Länge der schwingenden Luftsäule im Innern mit der Öffnung der Löcher. Sie reicht im Allg. bis zum ersten geöffneten Loch. Sind alle Löcher geschlossen, erklingt der Grundton. Flöten sind daher an feste Stimmungen gebunden. *Gabelgriffe* (Öffnen eines Loches zwischen zwei geschlossenen) und *Halbverdecken* der Löcher beeinflussen die Knotenbildung der Luftsäule (Halbtonbildung).

Flöten klingen dunkel und milde, da die höheren Teiltöne fehlen. Nach Spielhaltung unterscheidet man Längs- und Querflöten, daneben die verschieden gehaltenen Gefäßflöten.

Längsflöten gab es schon in prähistor. Zeit, dann im Altertum als unterschiedlich lange Einzelrohre oder gebündelt wie die oben erwähnte Panflöte mit und ohne Schnabel. Heute ist ihr Hauptvertreter die Blockflöte.

Die Blockflöte hat ihren Namen von dem *Block* oder *Kern*, der im Schnabel sitzt und die *Kernspalte* begrenzt, die ihrerseits den Atem des Bläsers auf die *Lippenkante* führt. Die Blockflöte ist umgekehrt konisch gebohrt und hat 7 Grifflöcher in diatonischer Folge vorne und ein Überblasloch für den Daumen hinten. Sie wird heute in 6 Größen gebaut (Abb. E). Bass- und Großbassflöte haben Anblasrohre in *S*-Form und Kleinfingerklappen wegen der großen Länge. Der Umfang beträgt jeweils ca. 2 Oktaven. Blockflöten kamen im MA. aus Asien nach Europa und entwickelten sich im 16. Jh. zu ganzen Familien. Sie hießen wegen ihres milden Klanges *flauto dolce* (ital.) bzw. *flûte douce* (frz.). Im 18. Jh. wurden sie von der brillanteren Querflöte verdrängt, erreichten aber im 20. Jh. als Hausinstrumente große Verbreitung.

Zu den Längsflöten gehören auch:

- **Doppelblockflöte** mit zwei Röhren, seit dem MA., auch *Akkordflöte* genannt;
- **Einhandflöte,** auch *Schwegel* (16. Jh.), als altes Militärinstrument stets mit kleiner Trommel zusammen;
- **Gemshorn** aus Tierhorn, am dicken Ende anzublasen (16. Jh.);
- **Flageolett,** (frz.) Vorläufer der Pikkoloflöte im 18. Jh.

Gefäßflöten mit und ohne Schnabel sind alter asiat. Herkunft, jedoch überall, bes. in Primitivkulturen vertreten. In Europa gibt es sie vor allem im 18. Jh. aus kostbarem Porzellan gefertigt. Die **Okarina** ist eine irdene Gefäßflöte mit Schnabel (Italien 1860, Abb. B).

Querflöten haben ihr Anblasloch seitlich im Kopfstück, bei modernen Flöten mit einer Mundlochplatte zum Aufstützen der Unterlippe (BOEHM, s. Abb. C). Sie erfordern eine kunstvolle Anblastechnik und verfügen über einen wandlungsfähigen Ton.

Asiat. Herkunft, tauchen sie im MA. (12. Jh.) in Europa auf und finden sich vor allem in Deutschland (*flûte allemande*, ab 18. Jh. *flûte traversière*). Ein früher Vertreter dieser Querflöte ist die militärische **Querpfeife** (auch *Schweizer-* oder *Feldpfeiff* genannt) mit kurzer, zylindrischer Röhre aus Buchsbaumholz. Im 16. Jh. bekam sie eine erweiterte Mensur und zog in versch. Lagen gebaut als **Querflöte** ins Orchester. Im 17./18. Jh. entwickelte sie sich zu einem mehrteiligen Instr. mit umgekehrt konischer Bohrung (vom Anblasloch zum Ende hin verengt), mit auswechselbaren Fußstücken zum Umstimmen (C-Fuß, H-Fuß usw.) und mit mehreren Griffklappen.

Die moderne **große Flöte** in C geht auf TH. BOEHM zurück (*Boehmflöte*), der erstmals 1832 die Löcher nicht nach Greifbarkeit, sondern nach akustischen Maßgaben bohrte und dann mit Klappen zum Greifen versah. 1847 ersetzte er die konische Röhre durch eine zylindrische zugunsten präziserer Intonation, gab jedoch damit den typischen alten Flötenklang auf. Mittel- und Fußstück haben chromatische Lochfolge mit zusätzlichen Überblaslöchern. Das Klappensystem bringt durch starre oder einseitige Verbindungen, Ringklappen, Längsachsenkopplungen, Trillerklappen usw. eine Unzahl von kombinierten Verschlussmöglichkeiten der Löcher in den Spielbereich der Hände (Abb. D, nach RITTER).

Die **Altflöte** in gleicher Bauweise steht in G, die **Bassflöte** in B oder C. Umfang jeweils ca. 3 Oktaven. In der zweiten Hälfte des 18. Jh. gab es noch die **Liebesflöte** in A.

Die **kleine Flöte** (*Pikkolo*) in C (auch Des) entstand Ende des 18. Jh. Sie spielt in der Blasmusik und seit BEETHOVEN (5. Sinfonie) auch im Orch. eine wichtige Rolle. Die Pikkoloflöte ist zweiteilig, halb so groß wie die große Flöte und klingt eine Oktave höher als diese.

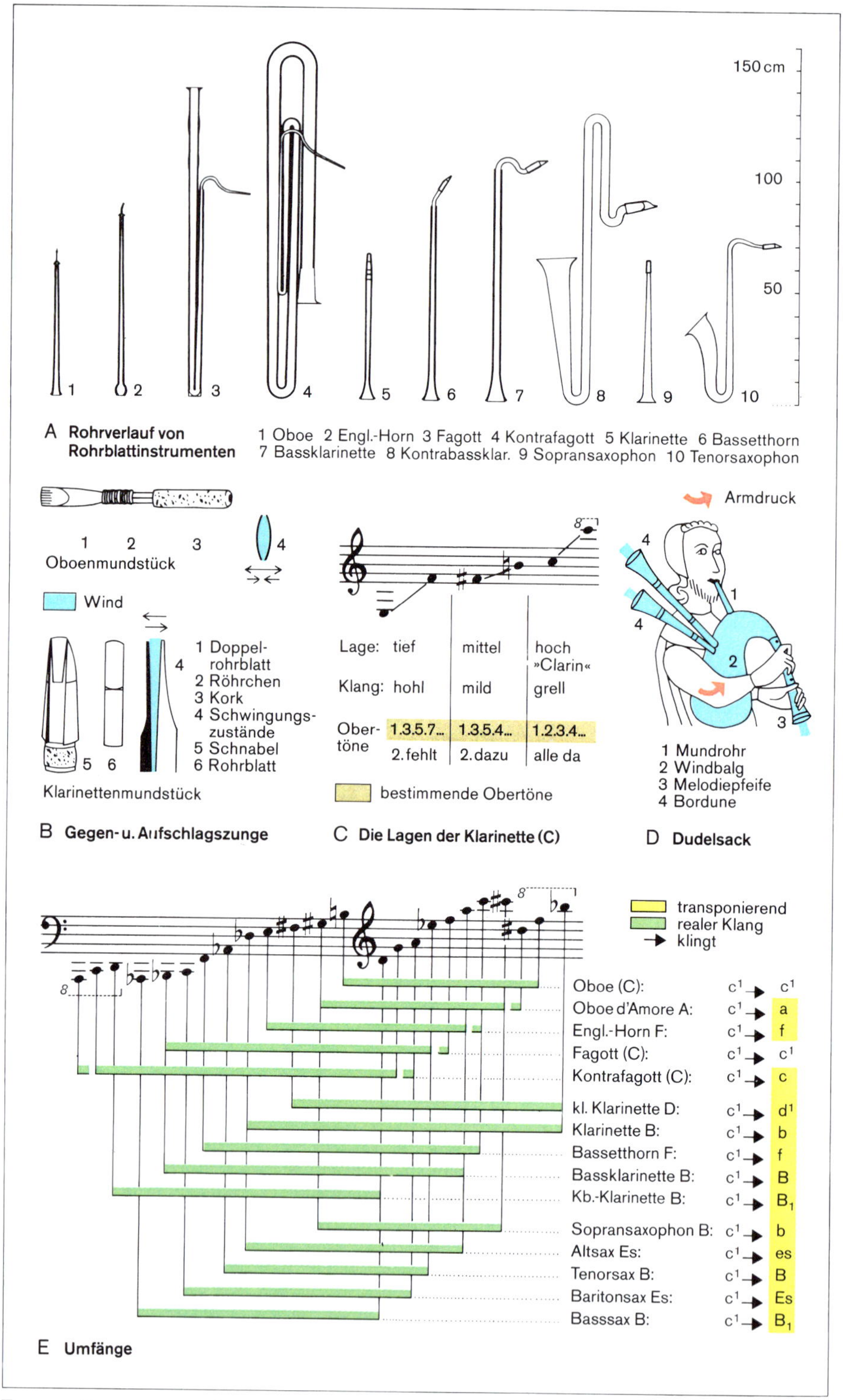

Formen, Tonerzeugung, Lagen

Rohrblattinstrumente bilden nach Art der Tonerzeugung zwei Gruppen:

- **Doppelrohrblatt-** oder **Oboeninstr.**
- **Einzelrohrblatt-** oder **Klarinetteninstr.**

Doppelrohrblattinstrumente. Das **Doppelrohrblatt** besteht aus zwei dünnen, aus Holzrohr sehr fein zugeschnittenen Lamellen, die auf ein Metallröhrchen gebunden werden und mit ihren freischwingenden Enden periodisch gegeneinander schlagen (**Gegenschlagzungen,** s. Oboenmundstück, Abb. B). Das Mundstück wird mit Kork seitlich abgedichtet und auf das Instrument gesteckt.

Oboe (von frz. *hautbois*, »hohes Holz«), ein Sopraninstr. in C. Sie hat in Deutschland ein konisch (Abb. A, 1), in Frankreich ein zylindrisch gebohrtes Hartholzrohr mit 16 bis 22 Löchern und einen komplizierten Klappenmechanismus. Der frz. Typ klingt wegen engerer Mensur, schmalerem Rohrblatt und etwas anders gesetzten Löchern schärfer als der deutsche.

Oboe d'Amore oder »**Liebesoboe**« in A, klingt milder wegen ihres birnenförmigen Schallstückes (*Liebesfuß*); tauchte um 1720 auf und war bis Ende des 18. Jh. sehr beliebt.

Englischhorn, eine Altoboe in F mit Liebesfuß wie bei der Oboe d'Amore (Abb. A, 2); entwickelte sich im 18. Jh. und hieß auch **Oboe da Caccia,** obwohl nicht bei der Jagd verwendet. Das Rohr war zunächst gebogen, ab 1820/30 gerade (Pariser Bauart).

Heckelphon (nach HECKEL, 1904), eine Baritonoboe in C (H–f²) mit weitem Konus und Liebesfuß.

Sarrusophone (nach SARRUS, 1863), Oboen mit weit mensurierter Metallröhre und Saxophontechnik (Kontrabass: B_2–f).

Fagott (ital. *fagotto,* Bündel), auch *Dolcian,* frz. *basson,* das Bassinstr. der Oboenfamilie, mit zwei parallel liegenden, im sog. **Stiefel** steckenden Ahornröhren (**Flügel** mit Anblasröhrchen aus Metall u. **Bass-Stange** mit Schallstück, vgl. Abb. A, 3) mit 22–24 Klappen und 6 Grifflöchern. Das Fagott ist im Barock ein wichtiges Generalbassinstr.

Kontrafagott, hat eine mehrfach gewundene Röhre (Abb. A, 4).

Die Oboe kam aus Vorderasien und Ägypten nach Griechenland (*aulos*) und Rom (*tibia*), als arab. Typ später erneut über Sizilien nach Europa. Im MA. gab es die schlanke, große **Schalmei** mit 7 Grifflöchern, die im 15./16. Jh. als **Bomhart** oder **Pommer** in 7 Größen gebaut wurde. Das Rohr steckte man bis zur Lippenstütze in den Mund. Der Ton wurde dadurch blasebalgartig starr. Erst im 17. Jh. mit dem Entstehen der **Oboe** aus dem **Diskantpommer** (HOTTETERRE) beeinflussten die Lippen die Tonbildung, und die Oboe wurde zu einem ausdrucksstarken Instrument. Sie ist seit LULLY (1664) im Orchester. Weitere Oboeninstrumente waren das **Kortholt** (*Kurzholz,* **Rauschpfeife,** 15./16. Jh.), das **Krummhorn** mit aufgebogenem konischen Rohr (MA. bis 17. Jh.), die **Sordune** mit zylindrischem Holzrohr und vielen Grifflöchern (15./16. Jh.) und das **Rackett** in Büchsenform mit konischer Bohrung von 9facher Büchsenlänge im Innern (16./17. Jh.).

Klarinetteninstrumente erzeugen den Ton mit einfachem Rohrblatt, das die Luftbahn eines **Schnabelmundstückes** periodisch verschließt (*Aufschlagzunge,* Abb. B); Überblasen in die Duodezime (vgl. S. 46). Klarinetten haben zylindrische, unten konische Bohrung (Abb. A, 5). Da die gradzahligen Teiltöne in der tiefen Lage nicht mitschwingen, in der Mittellage allmählich dazukommen und oben normal vertreten sind, klingen Klarinetten von dunkler Weichheit in der Tiefe bis zu schmetternder Helligkeit in der Höhe (Abb. C).

Klarinette, normal in B, auch A und C, die höhere **Quartklarinette** in D, Es und F, die **Altklarinette** in F oder Es (mit geradem oder aufwärts gebogenem Schallbecher), die **Bassklarinette** in B (Abb. A, 7), die **Kontrabassklarinette** in B (Abb. A, 8).

Bassetthorn, eine Altklarinette in F oder Es; entstand Ende des 18. Jh. (MOZART), hatte bis Mitte des 19. Jh. eine gebogene oder geknickte Form mit Kasten (*Buch*) vor der Stürze, in dem die Röhre 3fach gewunden war; heute wie die Bassklarinette gebaut.

Die Klarinette entstand um 1700 aus der **Chalumeau,** einer Volksklarinette mit Grifflöchern, an die DENNER (Nürnberg) Klappen und andere Verbesserungen anbrachte. Sie gehört seit Mitte des 18. Jh. ins Orchester (Mannheim). Die Klarinette war ein Vorzugsinstr. der Romantik (WEBER). Im Jazz wurde sie allmählich vom Saxophon verdrängt.

Saxophone (nach ihrem Erfinder SAX, 1840), verbinden Klarinettenschnabel mit einer weit mensurierten, parabolischen Messingröhre. Sie überblasen in die Oktave und haben einen Umfang von etwa 2½ Oktaven.

Ihre 8 Größen sind: **Sopranino** in F oder Es (des¹–as³), **Sopran** in C oder B (Abb. A, 9), **Alt** in F oder Es, **Tenor** in C oder B (Abb. A, 10), **Bariton** in F oder Es, **Bass** in C oder B, **Kontrabass** und **Subkontrabass** in C oder B.

Sackpfeifen oder **Dudelsäcke** bestehen aus dem Sack als Luftbehälter, dem Mundrohr zum Auffüllen mit Luft, dem Windkanal und den **Klarinettenpfeifen,** und zwar eine **Spiel-** oder **Melodiepfeife** und meist 2 **Bordune** oder **Brummer**, die Grundton und Quinte erklingen lassen. Der Winddruck (Lautstärke) wird mit dem Arm geregelt (Abb. D).

Asiat-oriental. Ursprungs, gelangte der Dudelsack im MA. nach Europa, wo er als Hirten- und Militärinstr. diente. Die frz. **Musette** (17. Jh.) verwendet **Oboen-** statt Klarinettenpfeifen.

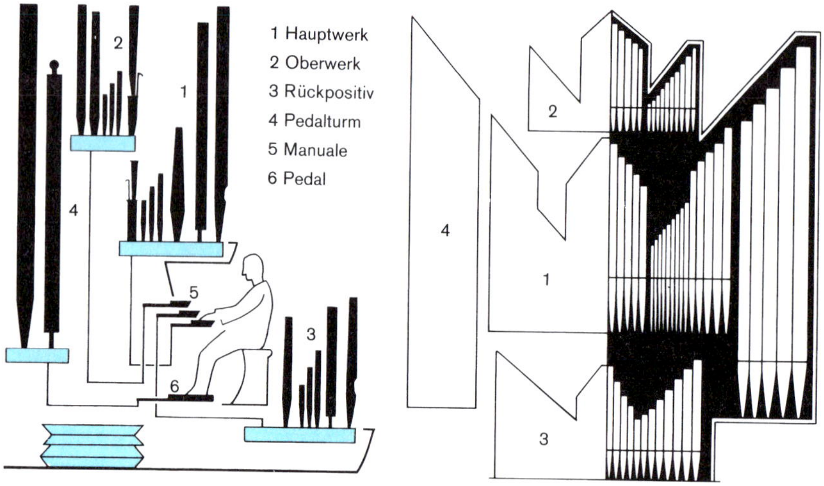

1 Hauptwerk
2 Oberwerk
3 Rückpositiv
4 Pedalturm
5 Manuale
6 Pedal

A **Orgel,** Schnitt und Vorderansicht, schematisch

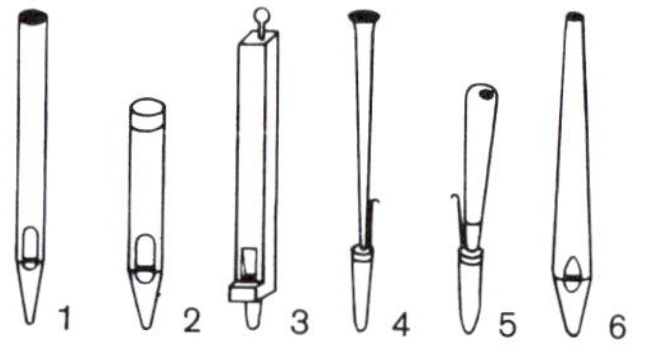

1 Prinzipal
2 Gedackt
3 Holzgedackt
4 Schalmei
5 Vox humana
6 Gemshorn

B **Pfeifenformen,** Auswahl

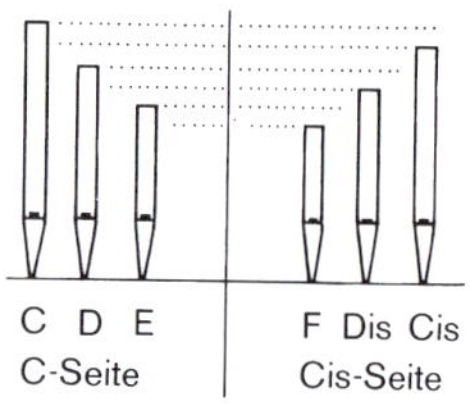

C **Scheinsymmetrische Pfeifenanordnung**

1 Zunge
2 Kehle
3 Stimmkrücke
4 Kopf
5 Oberlabium
6 Unterlabium
7 Aufschnitt
8 Kernspalte
9 Kern

Wind

D **Lingual- und Labialpfeifen**

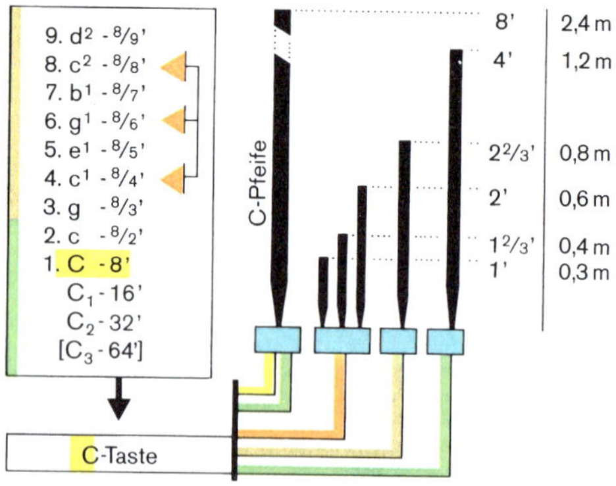

E **Register,** Obertonreihe auf C, Pfeifenlänge in Fuß (') und Grundarten der Register

Grundstimme · Aliquotstimme · Aequalregister · Mixtur 3fach 2'

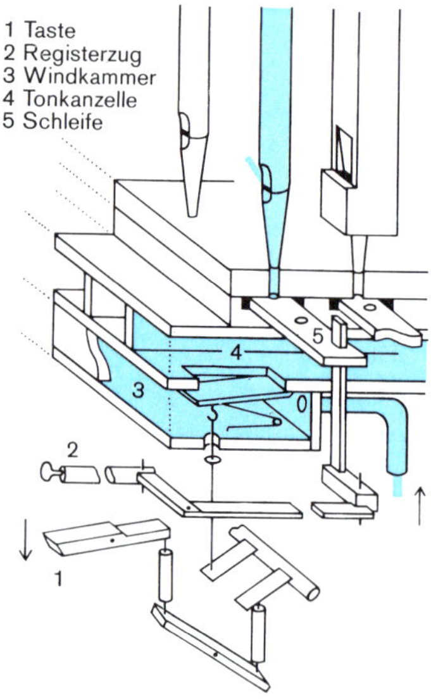

1 Taste
2 Registerzug
3 Windkammer
4 Tonkanzelle
5 Schleife

F **Schleiflade,** schematisch

Bau, Pfeifen, Registerprinzip

Die Orgel (griech. *organon,* Werkzeug, Instrument) besteht aus
- **Pfeifenwerk** (Abb. A, 1–4; B),
- **Windwerk** (vgl. Ausschnitt Abb. F),
- **Regierwerk** (Abb. A, 5–6; F).

Pfeifenwerk (*Labial- und Lingualpfeifen*)
Labial- oder Lippenpfeifen erzeugen den Ton wie Flöten. Der Wind wird durch die **Kernspalte** auf die **Schneidekante des Oberlabiums** und dort teils nach außen, teils in die Pfeife hineingeleitet (Abb. D). Die Tonhöhe hängt ab von der *Länge* der Pfeife (*engl. Fuß*): Die C-Pfeife misst 8′ (»acht Fuß«), die tiefere C_1-Pfeife ist doppelt so lang, also 16′, die höhere c-Pfeife halb so lang, also 4′. Alle drei Pfeifen können durch Registerzüge mit derselben C-Taste verbunden werden (Abb. E). So lässt sich der 8′ mit den Oktaven 4′, 16′, 32′ als sog. **Grundstimmen** verstärken. Zur Klangfarbenveränderung baute man die Obertonreihe von C in Einzelpfeifen auf (bis zum 9. Oberton, z. T. auch weiter). Diese Obertonpfeifen können als sog. **Aliquotstimmen** ebenfalls an dieselbe C-Taste gekoppelt werden: *einzeln,* z. B. die Quinte g (Pfeifenlänge 2⅔′ = ⁸⁄₃′, s. Abb. E) oder in *wählbaren* bzw. *festen Kombinationen,* sog. **Mixturen.** Abb. E zeigt eine solche, im Orgelbau übliche Mixtur der Pfeifen $c^1 + g^1 + c^2$ (*dreifach 2′* oder *scharf*), die auf derselben Windlade stehen und der 8′-Pfeife den typischen hellscharfen Orgelklang beimischen.
Die Einzelpfeife wird zu Tonleiterreihen, **Registern,** ergänzt. Die Kopplungen beziehen sich stets auf ganze Register. Das 8′-Register, bei dem Tonhöhe und Taste übereinstimmen, heißt **Aequalregister.**
Gedackte Pfeifen sind oben geschlossen (Abb. B, 2, 3). Sie klingen dunkler und eine Oktave tiefer. Eine 4′ gedackte Pfeife hat die gleiche Tonhöhe wie eine 8′ offene (vgl. S. 14). – Andere Register liefern der Orgel weitere Klangfarben. Diese hängt u. a. ab vom **Material,** z. B. Holz statt Metall (Abb. B, 3), von der **Form,** z. B. konisch statt zylindrisch (*Gemshorn,* Abb. B, 6), oder von der **Mensur,** z. B. enge *Salizionale,* mittlere *Prinzipale* (Abb. B, 1) und weite *Hohlflöten.*
Lingual- oder Zungenpfeifen erzeugen den Ton durch eine (Aufschlag-)Zunge, die auf einer im **Pfeifenkopf** steckenden **Kehle** befestigt ist (Abb. D). Die Form des **Schallbechers** bestimmt die Klangfarbe. So gibt es die näselnde, schlanke *Schalmei* (Abb. B, 4), die helle, gelegentlich waagrecht in den Raum ragende (dann *»spanische«*) *Trompete* oder die weiche, kurzbechrige *Vox humana* (Abb. B, 5). Wegen ihres scharfen Klanges werden Zungenpfeifen solistisch und in Plenomischungen verwendet. Lingualpfeifen tauchen erst ab 15./16. Jh. im Orgelbau auf.

Die Registeranordnung geschieht je nach Disposition der Orgel sowie der Architektur und Akustik des Kirchenraumes in Klanggruppen, sog. *Werken* (Abb. A). Das **Hauptwerk** in der Mitte des Prospektes ist vor allem mit Prinzipalen in 8′ und 4′, bei großen Orgeln auch in 16′ bestückt. Es wird vom Hauptmanual (meist mittleres) bedient. Das **Oberwerk** darüber und das **Rückpositiv** im Rücken des Spielers haben charakteristisch ausgewählte Grundregister, Aliquoten und Zungenstimmen, meist vom 1. und 3. Manual gespielt. Große Orgeln besitzen noch ein **Brustwerk** (unterm Hauptwerk in Brusthöhe des Spielers), mit hellen Solostimmen. In den **Pedaltürmen** stehen die langen Basspfeifen (vom Pedal bedient).
Die Pfeifen eines Registers sind der Größe nach angeordnet. Um Scheinsymmetrie zu erreichen, gruppiert man die Pfeifen je Halbton wechselnd nach rechts und links (Abb. C).

Windwerk
Früher verwendete man Bälge, die von *Kalkanten* getreten wurden. Die Luftversorgung war ungleichmäßig (*windstößig*). Seit dem 17. Jh. arbeitete man daher mit Doppelbälgen: Ein **Schöpfbalg** pumpte die Luft in einen **Magazinbalg,** der einen gleichmäßigen Luftdruck erstellte. Heute ersetzt man den Schöpfbalg durch ein **elektr. Gebläse.** Windkanäle leiten den Wind zu den **Windkammern** und **Windladen,** auf denen die Pfeifen stehen.
Wichtige Windladensysteme:
- **Tonkanzellen-** oder **Schleiflade** (Abb. F): Alle von derselben Taste bedienten Pfeifen stehen auf derselben **Tonkanzelle.** Die Register werden durch eine verschiebbare Holzleiste mit Löchern für jede Pfeife, die sog. **Schleiflade** oder **Schleife,** eingeschaltet, sodass die Pfeifenreihe eines Registers genau über den Löchern steht. Öffnet die Taste das **Tonkanzellenventil,** strömt der Wind aus der Windkammer in die Kanzelle und von dort in die registergeschalteten Pfeifen (die andern sind durch die Schleifen gesperrt).
- **Registerkanzellen-** oder **Kegellade** (WALCKER 1842): Alle Pfeifen eines Registers stehen auf derselben **Registerkanzelle,** aus der sie per Tastendruck durch ein **Kegelventil** einzeln mit Luft versorgt werden.
- **Springlade** (ab ca. 1400): arbeitet mit Tonkanzellen *und* Einzelventilen statt Schleiflade.

Regierwerk
Die Verbindung der Tasten mit dem Pfeifenwerk **(Traktur)** ist im klass. Orgelbau **mechanisch** (Holzwellen). Im 19./20. Jh. arbeitete man daneben mit *Trakturwind* (höherer Druck als *Spielwind*) oder Elektromagneten. Heute baut man wieder mechan. Schleifladen (Abb. F), z. T. mit elektr. Registratur kombiniert zum rascheren Umregistrieren.
Manual und Pedal sind unterschiedl. **koppelbar,** ebenso die Register, die z. T. durch **Kom-**

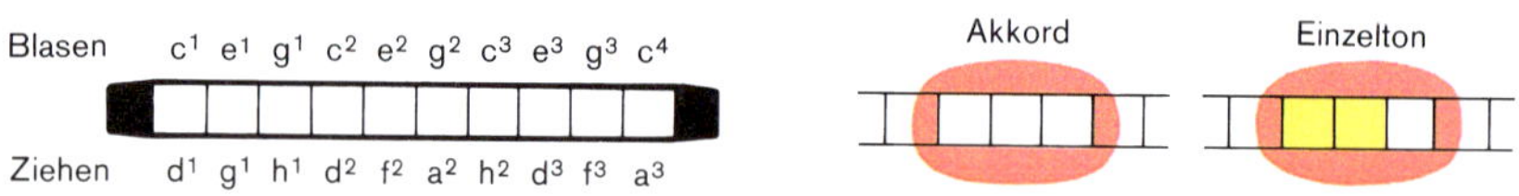

A **Diatonische Mundharmonika in C-Dur,** Tonanordnung und Anblastechnik

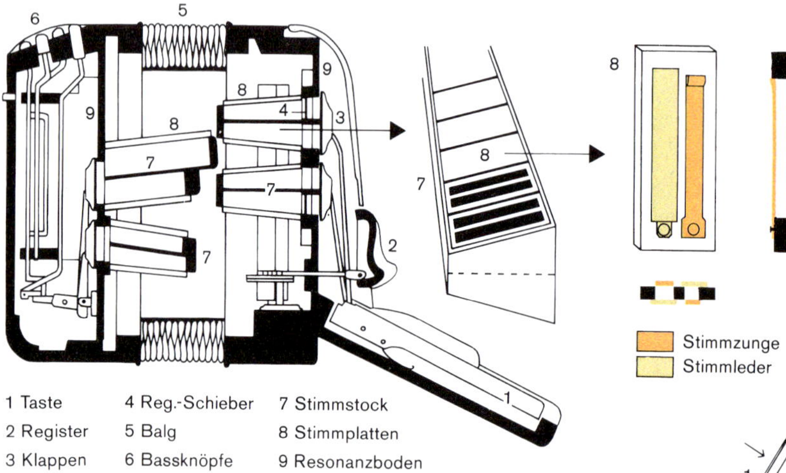

B **Akkordeon,** Schnitt

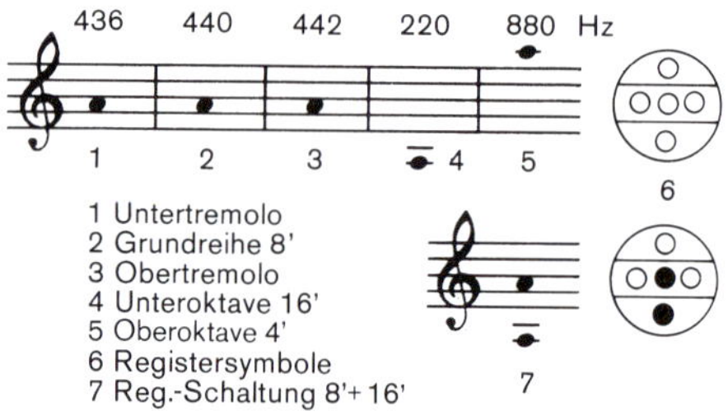

C **Diskantseite,** Register

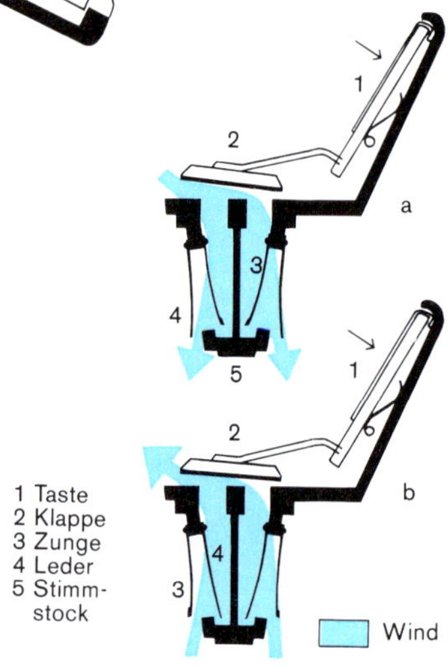

D **Luftwege beim Akkordeon**
a Saugluft (von außen)
b Druckluft (aus Balg)

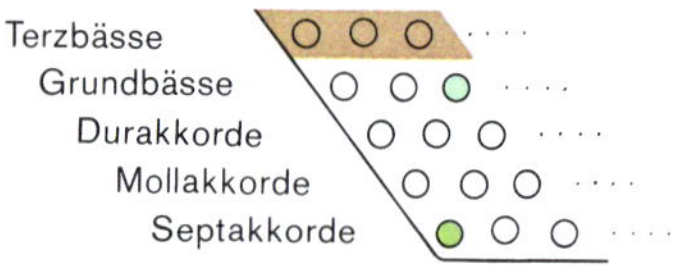

3. Begleiter	des²	as²	es²	b²	f²	c²	g²	d²	a²	e²	h²	fis²
2. Begleiter	des¹	as¹	es¹	b¹	f¹	c¹	g¹	d¹	a¹	e¹	h¹	fis¹
1. Begleiter	des	as	es	b	f	c	g	d	a	e	h	fis
Beibass	Des	As	Es	B	F	C	G	D	A	E	H	Fis
Grundbass	Des_1	As_1	Es_1	B_1	F_1	C_1	G_1	D_1	A_1	E_1	H_1	Fis_1

Grundbass Es (5fach) – erklingendes Beispiel
Septakkord Des (12fach) – erklingendes Beispiel
Basskoppel (Spielhilfe)

E **Bassseite,** Anordnung der Tastenreihen (bei 48 Knöpfen) und Schema der Zungenkombinationen (5-oktavig)

Mund- und Ziehharmonika

binationen vorprogrammiert und während des Spiels blitzschnell geschaltet werden können.
Schweller: Orgelpfeifen werden gleichmäßig mit Luft beschickt und haben daher keine Möglichkeit zu *Crescendo* und *Decrescendo.* Im 17. Jh. setzte man bestimmte Register in geschlossene Holzkästen, um Echo- und Fernwirkungen zu erzielen. Der *Jalousieschweller* (18. Jh.) erreichte dann stufenlose dynam. Übergänge durch langsames Öffnen und Schließen der Kastenwände und -decke. Der **Progressionsschweller** (VOGLER, Ende 18. Jh.) zieht nach und nach Hilfsstimmen dazu. Ähnlich arbeitet der **Roll-** und **Kollektivschweller** (19. Jh.).

Geschichte der Orgel (Frühgesch. s. S. 178): Im 8./9. Jh. kamen Orgeln als kaiserl. Geschenke aus Byzanz an PIPIN und KARL D. GR. ins Frankenreich. Erste Kirchenorgeln standen in Aachen (812), Straßburg (9. Jh.), Winchester (10. Jh.). Im 14./15. Jh. hat die Orgel bereits viele Register, mehrere Manuale und Pedal. Im 17. Jh. werden die Prospekte reich ausgestaltet und die Sonderregister vermehrt, bes. in Deutschland und Frankreich. Bedeutende Orgelbauer des 17./18. Jh. waren A. SCHNITGER († 1720 Hamburg), die Brüder SILBERMANN (ANDREAS, † 1734 Straßburg, und GOTTFRIED, † 1753 Dresden) und R. CLICQUOT († 1719 Paris). In der 2. Hälfte des 18. Jh. verlor die Orgel ihren Werkcharakter zugunsten eines romantischen Klangideals mit orchestralen Farben und fließenden dynamischen Übergängen (Orgel von CAVAILLÉ-COLL, 1811–1899 Paris). Die um 1900 einsetzende **Orgelbewegung** orientierte sich wieder am Klangideal des Barock.

Verwandte der Orgel
Portativ (lat. *portare,* tragen), eine kleine, tragbare Orgel, die man bes. bei Prozessionen und Umzügen verwendete (ab 12. Jh., Blütezeit 15. Jh., s. S. 226, Abb. J).
Positiv (lat. *ponere,* stellen), eine kleine Standorgel mit einem Manual, meist ohne Pedal, mit wenig Pfeifen: Vor allem Labialpfeifen im 8′ und 4′. Positive gab es vom frühen MA. an (Genter Altar). Im Barock diente es vor allem als Generalbassinstr.
Regal (*Bibelregal*), eine flache, tragbare Kleinstorgel mit Zungenpfeifen im 8′, 4′ und 16′. Das Regal stammt aus dem 15. Jh. und kommt wohl wegen seines scharfen, näselnden Tones im 18. Jh. außer Mode.
Harmonium arbeitet mit Durchschlagzungen ohne Pfeifen. Es hat Register im 4′, 8′ und 16′, 1 bis 2 Manuale (C–c^4) mit Registerteilung in der Mitte, Kniehebel für Crescendo und einen Blasebalg mit Fußbedienung. Das Harmonium entstand im 19. Jh. (DEBAIN, 1840). Es diente als Orgelersatz und in der Kunstmusik (mit eigener Lit.: LISZT, DVOŘÁK, SCHÖNBERG, WEBERN u. a.), später auch im Salonorchester.

Harmonikainstrumente erzeugen den Ton durch Metallzungen, die frei in einem Luftstrom schwingen (*Durchschlagzungen* oder *Lamellen*). Vorläufer war die **Mund-Aeoline** zum Orgelstimmen (BUSCHMANN, 1821).
Mundharmonika, ein in Tonkanäle mit je 2 Zungen eingeteiltes Kästchen; Blasen und Ziehen ergeben je nach Bauweise versch. Töne (Abb. A). Akkordspiel ist einfach, beim Einzeltonspiel deckt die Zunge störende Kanäle ab. Mundharmonikas gibt es in vielen Modellen: diatonische, chromatische, Bassmodelle usw.
Melodika, wird wie eine Längsflöte mit Schnabel gehalten; eine kleine Klaviatur (ca. h–c^3) leitet den Luftstrom auf die Zungen.

Akkordeon, eine Ziehharmonika mit Balg (Abb. B). Die Durchschlagzungen sind mit ihren *Stimmplatten* zu ganzen Registern auf den *Stimmstöcken* befestigt. Jede Stimmplatte hat zwei gegenüberliegende Zungen gleicher Tonhöhe (Abb. B). Durch zwei entsprechende Lederventile bringt die Luft beim Einströmen in den Balg (*Saugluft*) nur die eine, beim Ausströmen (*Druckluft*) nur die andere zum Schwingen (Abb. D). Die Stimmstöcke lassen sich durch Registerwippen einschalten.
Die **Diskantseite** mit Klaviatur (ca. f–a^3) ist mehrchörig: Grundreihe 8′, Unter- und Obertremoloreihen dazu (Schwebungen durch leichte Frequenzunterschiede, s. Abb. C, 1–3), Unteroktave 16′ und Oberoktave 4′. Schwarze Punkte im Symbolkreis auf den Registerwippen zeigen die Lage der Register.
Die **Bassseite** hat keine Klaviatur, sondern Knopftasten (je nach Modell bis zu 120). Die Stimmzungen umfassen 5 Oktaven (Abb. E). Die Knöpfe sind in Reihen angeordnet, die jeweils feste Stimmzungenkombinationen erklingen lassen:
- **Grundbässe** (Reihe 2) erklingen einzeltönig, jedoch in 5facher Oktave, z. B. in Abb. E: Grundbass Es_1, Beibass *Es* und 3 Begleiter es, es^1, es^2;
- **Dur- und Mollakkorde** (Reihe 3 und 4) erklingen 3-tönig je 3fach (3 Begleiter);
- **Septakkorde** (Reihe 5) erklingen 4-tönig je 3fach, z. B. in Abb. E: $des + f + as + ces$ ($= h$) in allen 3 Begleitern (12 Zungen);
- **verminderte Septakkorde** (Reihe 6, nur bei einigen Modellen) erklingen 12fach.

In der 1. Reihe liegen die **Terz-** und **Wechselbässe** als Grund- bzw. Beibässe in bequemerer Griffstellung. – Die Bassseite kann auch über Einzelstimmenmanual verfügen. Auch erlaubt die Bassmechanik außer den festen Kombinationen oft noch andere.
Die Tongestaltung hängt weitgehend von der Balgführung ab (»Atemgebung«).

Konzertina, eine Handharmonika in vier- oder sechseckigem Querschnitt (1834), mit Knopftasten im Diskant und Bass; wurde vom größeren **Bandoneon** abgelöst.

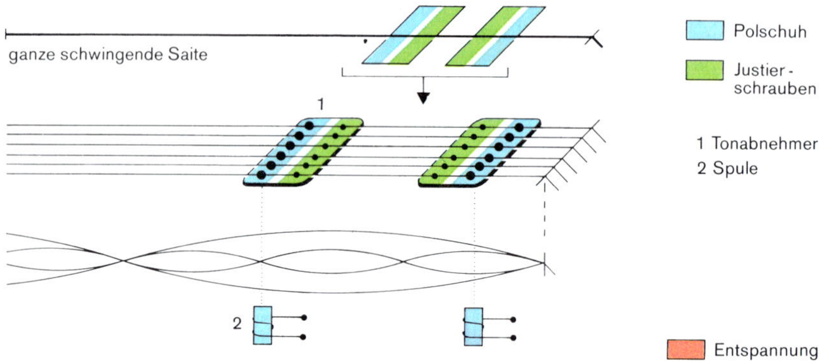

A Induktive Tonabnehmer an Elektrogitarren

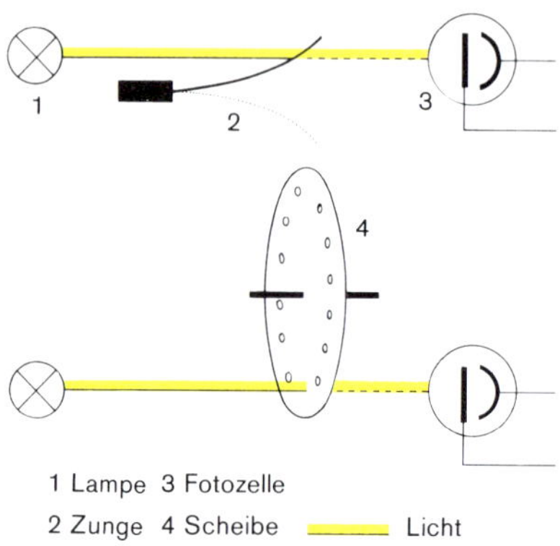

B Elektrooptische Tonabnahme bei Zungen und Scheiben

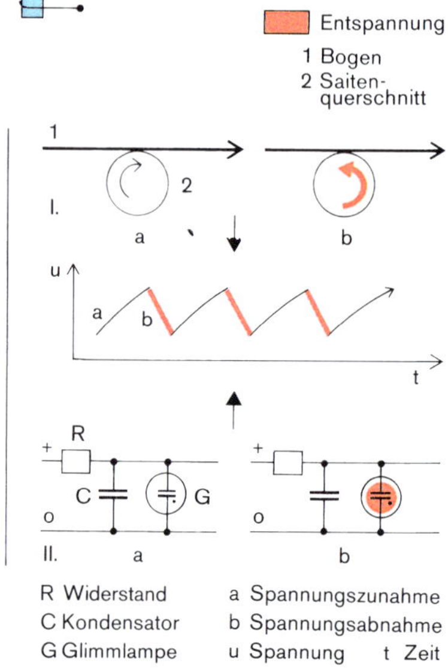

C Entstehung einer Sägezahnkurve durch Seitentorsion bei Streichern (I.) und durch eine RC-Kippschaltung (II.)

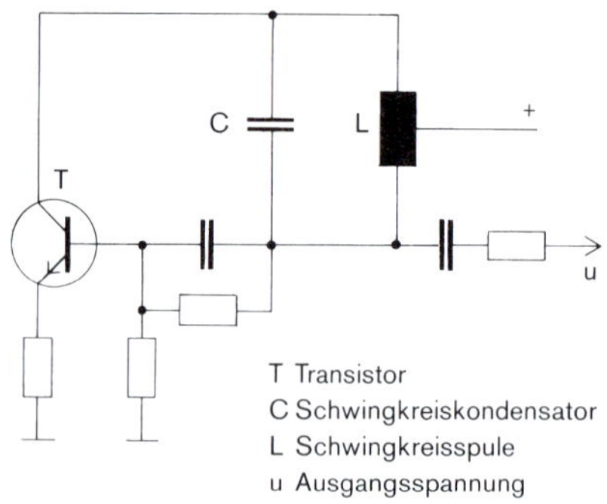

D LC Transistorgenerator zur Erzeugung von Sinusschwingungen

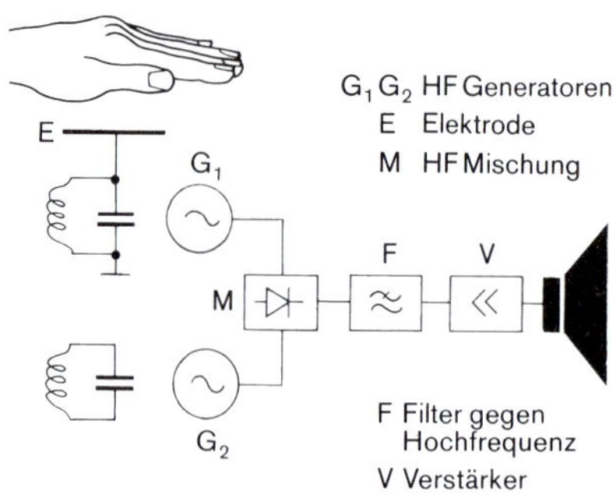

E Schwebungssummer (HF Generatoren)

Elektrophone oder **elektr. Musikinstrumente** bilden zwei Gruppen:

I. herkömmliche mechan. Instrumente, elektr. verstärkt wie die Elektrogitarre (ohne Resonanzkasten);

II. neu konstruierte Instrumente, meist mit Tastatur (Orgeln).

Beiden Gruppen gemeinsam ist die Schallabstrahlung durch **Lautsprecher.**

Zur Gruppe I

Die Umformung der mechan. Schwingungen in elektr. zwecks Verstärkung erfolgt durch sog. **Tonabnehmer.** Bei dem oft verwendeten induktiven oder elektromagnet. Prinzip verändert der ferromagnet. Schwinger (z. B. die Stahlsaite) den magnet. Fluss eines Spulenkerns (*Polschuh*). Dadurch wird in dessen Spule eine der mechan. Schwingung entsprechend wechselnde Spannung induziert, die abgenommen, variiert und der Verstärker- bzw. Lautsprechergruppe zugeführt werden kann. Die Form der Tonabnehmer und ihre Lage zu den Schwingern beeinflusst die Klangfarbe. So setzt man die Tonabnehmer bei Saiten unter Schwingungsknoten (weniger Obertöne) oder unter Schwingungsbäuche (mehr Obertöne). Elektrogitarren z. B. haben daher meist zwei oder mehr Tonabnehmer, die je nach der gewünschten Klangfarbe schaltbar sind. Auch die Entfernung des Polschuhs von der Saite spielt eine Rolle. Sie ist variabel.

Zur Gruppe II

Im Blick auf die Tonerzeugung kann man hier zwei Arten unterscheiden:

- **mechanische Tonerzeugung** durch Zungen, Saiten oder Scheiben u. a.;
- **elektronische Tonerzeugung** durch RC-, LC- oder sonstige Generatoren.

In beiden Fällen werden die elektr. Schwingungen durch Filter usw. variiert, sodass ein Unterschied nicht mehr unbedingt hörbar ist.

Die erste Art verwendet Tonabnehmer nach drei Arbeitsprinzipien:

1. Das **induktive** bzw. **elektromagnet. Prinzip,** wie oben beschrieben.

2. Das **kapazitive** bzw. **elektrostat. Prinzip** mit zwei Verfahren:

Beim *Niederfrequenzverfahren* bildet der metallische oder metallbelegte Schwinger (Zunge, Saite oder Scheibe) als Elektrode mit einer nahen Gegenelektrode einen Kondensator. Dieser ändert, über einen hochohmigen Widerstand aufgeladen, entsprechend der Schwingbewegung der Elektrode seine Kapazität. Dadurch wird eine schwankende Spannung erzeugt, die abgenommen werden kann. Beim *Hochfrequenzverfahren* liegt der gleiche Kondensator in einem Hochfrequenz-Schwingkreis. Dieser wird durch die wechselnde Kapazität des mechan. Schwingers, z. B. einer Zunge, verstimmt. Die in der Amplitude schwankende HF-Spannung wird gleichgerichtet und wieder eine der mechan. Schwingung entsprechende NF-Spannung erzeugt.

3. Das **elektrooptische Prinzip.** Ein Lichtstrahl wird durch einen Schwinger oder durch eine rotierende Lochscheibe periodisch unterbrochen und in eine Fotozelle gelenkt, die die entsprechend schwankende elektr. Spannung liefert. Die Schwing- bzw. Drehgeschwindigkeit ist proportional der Frequenz (Abb. B).

Die zweite Art von Instrumenten verwendet rein elektron. Schwingungserzeuger (*Generatoren, Oszillatoren*). Sie bringen unmittelbar eine elektr. Schwingung hervor, die je nach Bauart des Generators verschieden ausfällt.

Am häufigsten sind **NF(Niederfrequenz)-Generatoren** und hiervon ist der älteste der *Glimmlampen-Oszillator:* Ein Kondensator wird durch einen Widerstand langsam aufgeladen, bis die Zündspannung einer parallel geschalteten Glimmlampe erreicht ist. Mit dem Aufleuchten der Glimmlampe fällt die Spannung rasch unter deren Löschspannung ab. Der Vorgang wiederholt sich periodisch. Ergebnis ist eine obertonreiche **Kippschwingung** wie bei gestrichenen Saiten, welche durch den Bogenstrich Torsionsspannungen erhalten (die Saiten haften am Bogenhaar, verdrehen sich mit deren Streichbewegung, bis die Drehspannung zu groß wird und sie sich ruckartig lösen). Im Diagramm erscheint die Kippschwingung als sog. »Sägezahnkurve« (Abb. C).

Die Ladegeschwindigkeit des Kondensators durch den Widerstand bestimmt die Frequenz, wobei eine Änderung von ca. 6% einen Halbton ausmacht. Die Tonleiter kann durch eine entsprechende Widerstandskette vor dem RC-Generator (einstimmiges Spiel) oder durch eigene Generatoren bzw. Frequenzteiler je Ton aufgebaut werden (mehrstimmiges Spiel).

Röhren- oder *Transistorgeneratoren* können mit einem Schwingkreis aus einer Spule und einem Kondensator arbeiten, der teilweise in den Hauptstromkreis (bei Röhren zwischen Anode und Kathode, bei Transistoren zwischen Kollektor und Emittor) eingebaut ist. Durch Rückkopplung eines Teiles der Spannung auf die Steuerelektrode schaukelt sich der Schwingkreis zu verstärkter Sinusschwingung auf (Abb. D).

HF(Hochfrequenz)-Generatoren od. Schwebungssummer dienen vorzugsweise dem einstimmigen Spiel (Abb. E). Durch Gewinnen der Differenzfrequenz von zwei HF-Generatoren kann eine NF-Schwingung erzeugt werden, wobei z. B. einer der Generatoren durch die Kapazität einer sich nähernden Hand beeinflusst werden kann (Beispiel: Aetherophon).

Als Oszillatoren können auch **Wechselstrommaschinen** dienen, deren Wechselstromfrequenz der Tonhöhe entspricht.

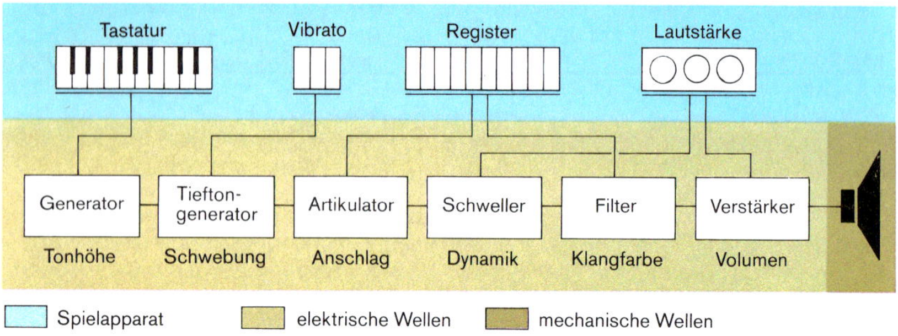

A **Baugruppen einer elektronischen Orgel**

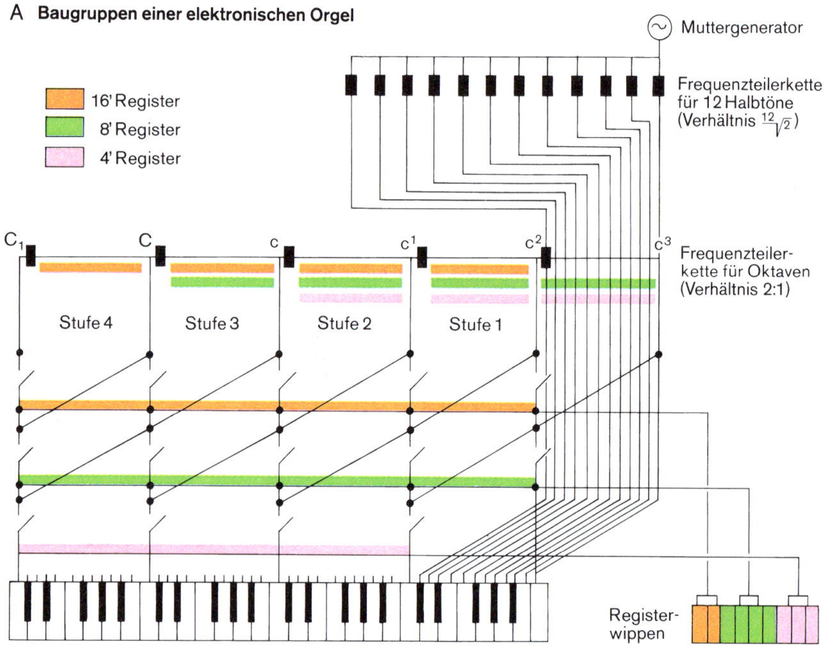

B **Elektronische Orgel,** Frequenzgewinnung und Registerschaltung, schematisch

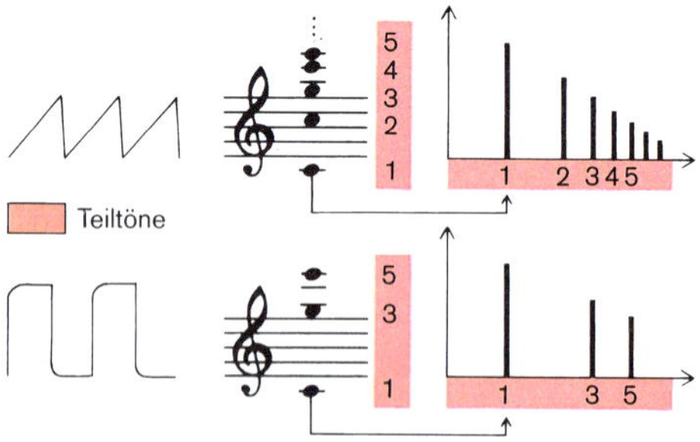

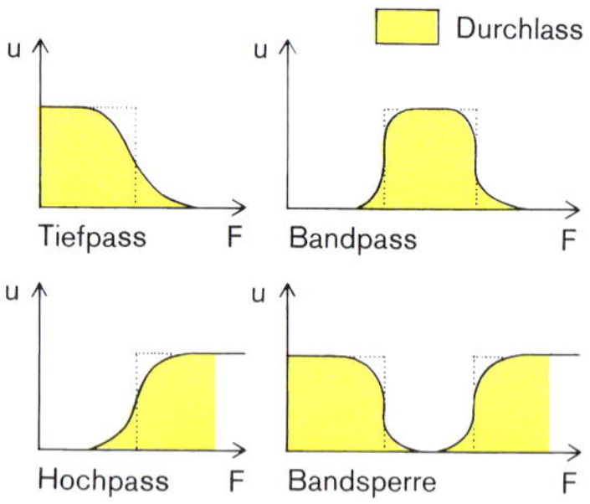

C **Sägezahn- und Mäanderkurve**

D **Elektrische Filter**

Tonbearbeitung und Spielanlage

Unter den Elektrophonen ist die **elektronische Orgel** am häufigsten. Sie besteht aus einzelnen **Baugruppen** und dem **Spielapparat** mit den Bedienungselementen wie Kippschalter, Drehknöpfe, Schieberegler und Drucktasten (»Tastatur«, für Hände als *Manual,* für Füße als *Pedal* bezeichnet, daher der Name »Orgel«).

Die Reihe der Baugruppen beginnt mit dem oder den *Generatoren* (auch *Oszillatoren*) für die Tonfrequenzen. Hier gibt es Instrumente mit mechan. Tonerzeugern oder mit rein elektron. Schwingungserzeugern (vgl. S. 61). Eine dritte Möglichkeit besteht darin, natürl. Klangquellen (wie Orgeltöne) auf Tonträger aufzunehmen und dem Instrument als Ausgangsmaterial zur Verfügung zu stellen.
Instrumente mit elektron. Generatoren haben selten für jeden Ton einen eigenen Generator, sondern nur je einen für die zwölf Halbtöne der obersten Oktave. Die Frequenzen der übrigen Oktaven werden durch *Frequenzteiler* gewonnen, die die Ausgangsfrequenzen jeweils im Verhältnis 2:1 teilen (je Oktave eine Teilerstufe, Abb. B). Die Stimmung der gesamten Skala hängt von der der zwölf Muttergeneratoren ab.
Noch kostensparender ist die Verwendung eines einzigen Muttergenerators für alle Frequenzen. Er liefert die höchste Frequenz, von der in einer ersten Teilerkette die Frequenzen der 11 restl. Halbtöne der obersten Oktave, in einer zweiten die der übrigen Oktaven gewonnen werden (Abb. B). Durch Veränderung der Frequenz des Muttergenerators lässt sich die Gesamtstimmung des Instrumentes variieren. Die Bindung der Frequenzen an die Spieltasten erfolgt oktavweise durch *Registerschaltung,* ähnlich wie bei der mechan. Orgel (16′, 8′, 4′ usw.). In Abb. B stehen 5 Oktaven der Teilerstufen 4 Oktaven der Tastatur gegenüber, trotzdem können alle Oktaven abgerufen (auch kombiniert) werden.

Der **Tieftongenerator** liefert eine Frequenz von ca. 3 bis 10 Hz, die der normalen Frequenz überlagert werden kann. Ergebnis ist ein (Amplituden-)Vibrato.

Der **Artikulator** imitiert die Ausgleichsvorgänge natürlicher Instrumente. Schlagtöne oder Perkussionsklänge wie vom Klavier oder Zupfbass haben kurze Ein- und lange Ausschwingzeiten, Dauertöne wie die von Streichern oder Bläsern haben unterschiedl. Ein- und Ausschwingzeiten, dazwischen eine ungedämpfte Mittelstrecke (vgl. S. 14, Abb. F). Da die Klangfarbe eines Tones mit von den Ein- und Ausschwingzeiten abhängt, spielt der Artikulator (oder die »Tastung«) auch für die Klangfarbe eine Rolle.

Im **Schweller** kann das Amplitudenmittel und damit die Dynamik variiert werden.

Die **Filtergruppe** ist hauptsächlich für die Klangfarbe verantwortlich, denn sie beeinflusst das Teiltonspektrum (vgl. S. 16). Die Generatoren liefern nämlich unterschiedl. Kurven. Die *Sägezahnkurve* eines LC-Generators ist relativ obertonreich, die *Mäanderkurve* dagegen entspricht einem Ton ohne gerade Teiltöne (Abb. C), also etwa der Farbe einer Klarinette in tiefer Lage (vgl. S. 54, Abb. C). Unterschiedl. Teiltonspektren erreicht man künstlich, indem man Sinustöne addiert (*Aufbauverfahren*, selten) oder umgekehrt ein obertonreiches Spektrum nach Wunsch filtert (*Abbauverfahren*).

Elektrische Filter (Siebe, Pässe) dienen dazu, bestimmte Frequenzen zu schwächen oder auszuschalten, andere passieren zu lassen. Technisch handelt es sich um LC-Schaltungen, RC-Schaltungen oder um sog. *aktive Filter*, die RC-Filter mit verstärkenden Elementen kombinieren. Man unterscheidet vier Arten von Filtern:
- **Hochpass:** sperrt tiefe Frequenzen und lässt hohe passieren (Streicherklänge);
- **Tiefpass:** arbeitet umgekehrt (Bläserklänge);
- **Bandpass:** kombiniert Hoch- und Tiefpass so, dass nur ein mittlerer Frequenzbereich (Bandbreite) passieren kann;
- **Bandsperre:** arbeitet umgekehrt wie der Bandpass (Abb. D).

Die Filter sind zu festen Kombinationen gruppiert. Sie werden durch Register geschaltet, die oft eine der Klangfarbe entsprechende Instrumentalbezeichnung tragen, z. B. »Cello«, »Oboe« usw.
Weitere Baugruppen, die durch Register schaltbar sind, liefern Sondereffekte wie Nachhall, Zupfbass (*Sustain*), Schwebung durch mechan. Klangmodulation (*Leslie*) usw. Auch sind ganze Rhythmusabläufe in unterschiedl. Tempo einschaltbar.
Verstärker und **Lautsprecher** verstärken, entzerren und wandeln die elektr. Schwingungen in mechan., d. h. in Schall, um.

Geschichte
Die erste »elektronische Orgel« baute der Amerikaner Cahill um 1900. Er benutzte Wechselstrom-Dynamos als Schwingungserzeuger. Größe dieser »Orgel«: ein halbes Maschinen-Haus. – Frühe Besonderheiten waren dann Theremins Ätherwelleninstrument (1924) mit stufenloser Tonfolge durch Handannäherung an den Sender (HF-Verfahren, vgl. S. 60, Abb. E) und die »Ondes musicales« von Martenot (1928).
Nach dem 2. Weltkrieg nahm die Produktion der Elektrophone im Zusammenhang mit der elektron. Musik einerseits und der U-Musik andererseits zu. Der Versuch, herkömmliche Instrumente mit Elektrophonen zu imitieren, muss unbefriedigend bleiben. Hingegen können Elektrophone neue Klangfarben und Ausdrucksmöglichkeiten erschließen.

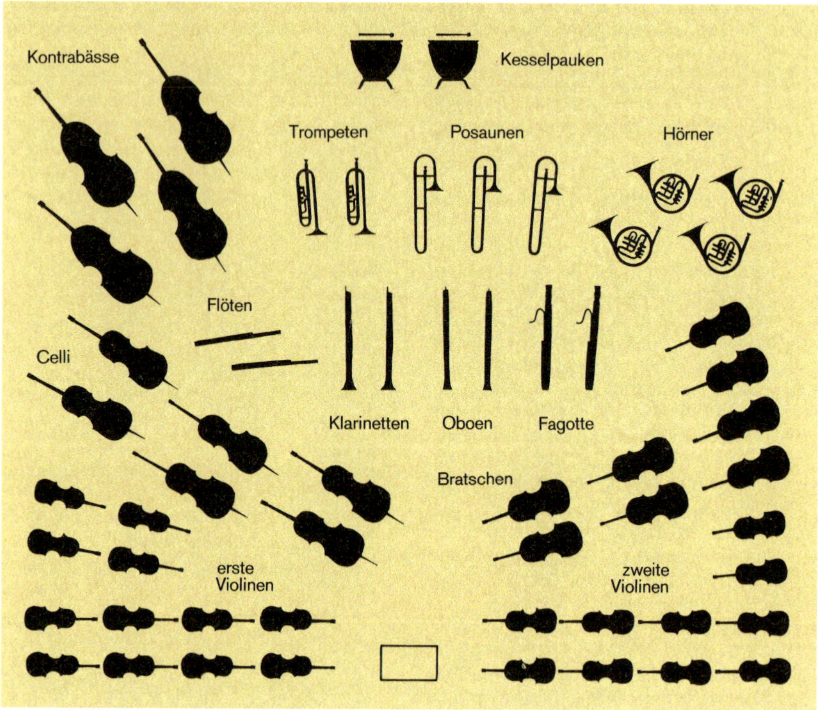

A **Klassisches Sinfonieorchester,** alte Sitzordnung

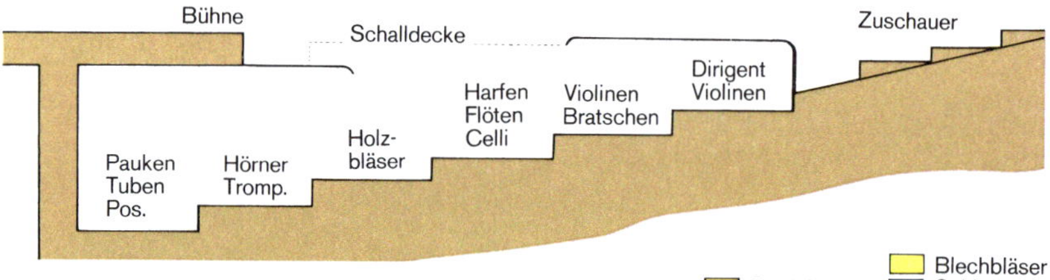

B **Orchestergraben, Bayreuth** (Schnitt)

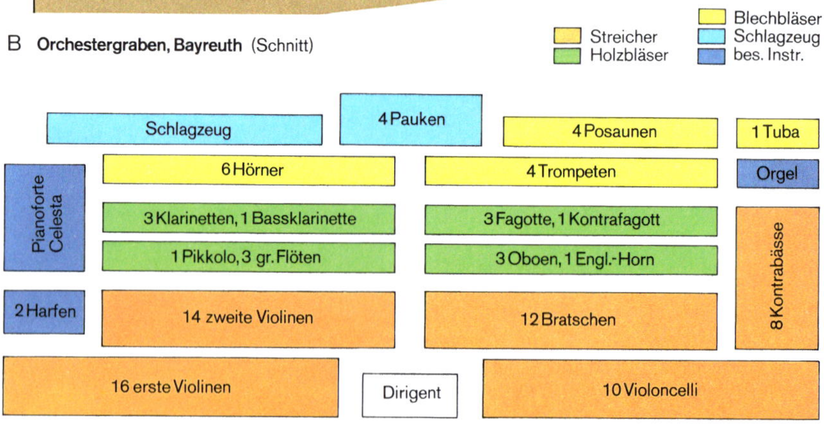

C **Großes Sinfonieorchester,** neue Sitzordnung

Sitzordnungen

Unter **Orchester** versteht man ein größeres Ensemble von Instrumentalisten mit chorischer Besetzung der Stimmen (*unisono* oder *divisi*). Im Gegensatz dazu stehen die solistischen Besetzungen bei den kammermusikalischen Gruppierungen (Duo bis Nonett). Die chorische Besetzung bedingt Unterordnung des Einzelnen bis zur Übernahme gleicher Techniken (wie Stricharten usw.) zu Gunsten eines Ensemblegeistes, der wesentlich vom Dirigenten geprägt wird.

Nach der Besetzung unterscheidet man *Sinfonie-, Kammer-, Streich-, Blas-, Blechblasorchester,* nach den Aufgaben ferner: *Opern-, Kirchen-, Unterhaltungs-, Rundfunkorchester* usw., dazu *Tanz-, Kur-, Zirkus-, Militärkapellen* u. a.

Ein modernes, größeres Sinfonie- (und Opern-)Orchester hat etwa folgende Besetzung:

- **Streicher:** max. 16 (meist nur 12) erste Violinen, 14 (10) zweite Violinen, 12 (8) Bratschen, 10 (8) Celli, 8 (6) Kontrabässe.
- **Holz(bläser):** 1 Pikkoloflöte, 3 große Flöten, 3 Oboen, 1 Englischhorn, 3 Klarinetten, 1 Bassklarinette, 3 Fagotte, 1 Kontrafagott.
- **Blech(bläser):** 6 Hörner, 4 Trompeten, 4 Posaunen, 1 Basstuba.
- **Schlagzeug:** 4 Pauken, große und kleine Trommel, Becken, Triangel, Xylophon, Glockenspiel, Glocken, Gong u. a.
- **Dazu nach Bedarf:** 1–2 Harfen, Klavier(e), Orgel, Saxophon u. a.

Es besteht eine klass. Sitzordnung (REICHARDT, Berlin 1775), die durch die neue amerikan. Ordnung (STOKOWSKI, 1945) nur leicht variiert wurde (Abb. A und C).

Das Opernorchester spielt im Gegensatz zur Konzertpraxis des Sinfonieorchesters nicht auf dem Podium, sondern sitzt aus Sichtgründen in einer Versenkung vor der Bühne, im sog. *Orchestergraben*, der den Klang zugleich dämpft und verschmelzen lässt (Abb. B).

Orchester (»orchestra«) war im griech. und röm. Altertum der Theaterspielplatz, wo auch der Chor auftrat. Im MA. fehlt der Begriff. Dann bezeichnet er den Platz, wo in der Oper die Instrumentalisten sitzen. Erst im Laufe des 18. Jh. bezieht er sich auf das Spielerensemble selbst.

Kapelle (»cappella«) hießen im ausgehenden MA. und in der Renaissance die Vokalensembles (mit begleitenden Instrumenten). Mit dem Vordringen einer selbstständigen Instrumentalmusik im 16./17. Jh. wurde *cappella* auch für das Instrumentalensemble gesetzt, später allerdings in abwertender Bedeutung gegenüber Orchester. Heute bezeichnet *a cappella* unbegleiteten Chorgesang.

Geschichte

In MA. und Renaissance herrschte auch innerhalb größerer Instrumentalensembles das solistische Spiel vor. Bläser überwogen. Instrumentalkompositionen gab es kaum. Man spielte Vokalwerke. Die Besetzung war frei. Erst G. GABRIELI weist die Stimmen seiner *Sacrae Symphoniae* (1597) bestimmten Instrumenten zu. Die Klangfarbe wird nun mehr und mehr mitkomponiert (MONTEVERDI, *Orfeo*, 1607). Um die Mitte des 17. Jh. weicht das bunte Renaissance-Ensemble dem Barockorchester, das den Streicherklang bevorzugt. CORELLI in Rom schreibt einen 4-st. Streichersatz für 14–100 Spieler, LULLY in Paris einen 5-st. Satz für seine *24 Violons du Roi* (das erste Orchester mit einheitlicher Spieldisziplin). Bei ihm verstärken zwei Oboen und ein Fagott die Außenstimmen. Sie treten partieweise, bes. im 2. Menuett, solistisch als *Trio* hervor, was bis ins klass. Menuett mit seinem »Trio«-Teil nachwirkt.

Im Barockorchester stehen sich zwei Gruppen gegenüber:

- *Fundamentinstrumente* wie Cello, Fagott, Laute, Cembalo, Orgel usw., die den Generalbass ausführen, und die
- *Melodieinstrumente* wie Violine, Flöte, Oboe usw. für die Oberstimmen.

Der Kapellmeister leitet die Aufführung vom Cembalo aus; die Besetzung des Barockorchesters variiert stark (z. B. BACH, *Brandenburgische Konzerte*).

Das klass. Orchester entwickelt sich in der zweiten Hälfte des 18. Jh. in Mannheim und Paris. Sein vom 4-st. Streichersatz und doppelten Holz geprägter Klang wurde bald zur Norm:

I. und II. Violinen, Violen, Celli (mit Kontrabass), 2 Flöten, 2 Oboen, 2 Klarinetten, 2 Fagotte; Bläser der Frühklassik: 2 Oboen, 2 Hörner.

Dazu kommen gegen Ende des 18. Jh. 2 Trompeten und 2 Pauken; bei BEETHOVEN 3 Hörner (3. Sinfonie), 1 Pikkoloflöte, 1 Kontrafagott, 3 Posaunen (5. Sinfonie), später 4 Hörner, Triangel, Becken, große Trommel (9. Sinfonie).

Im 19. Jh. wächst das **romantische Orchester** (seit BERLIOZ) stark an, vor allem das Blech. WAGNERS *Ring*, 1874, erfordert außer dem großen Sinfonieorchester 1 Basstrompete, 1 Kontrabassposaune, 8 Hörner, 2 Tenortuben, 2 Basstuben, 1 Kontrabasstuba, 6 Harfen, dazu 2 Harfen auf der Bühne und 16 Ambosse. Die Besetzung steigert sich weiter (STRAUSS, *Elektra*; SCHÖNBERG, *Gurrelieder* mit über 100 Spielern).

Im 20. Jh. erweitert sich vor allem die Gruppe der Schlaginstrumente. Dem Riesenorchester treten aber auch kleine Gruppen entgegen, z. B. SCHÖNBERGS *Kammersinfonie* mit 15 Spielern oder STRAWINSKYS *Geschichte vom Soldaten* mit 7 Spielern. Im Übrigen richtet sich die Besetzung heute ganz nach Maßgabe des Komponisten und nimmt auch Elektrophone sowie die Zuspielung vorbereiteter Tonbänder mit auf.

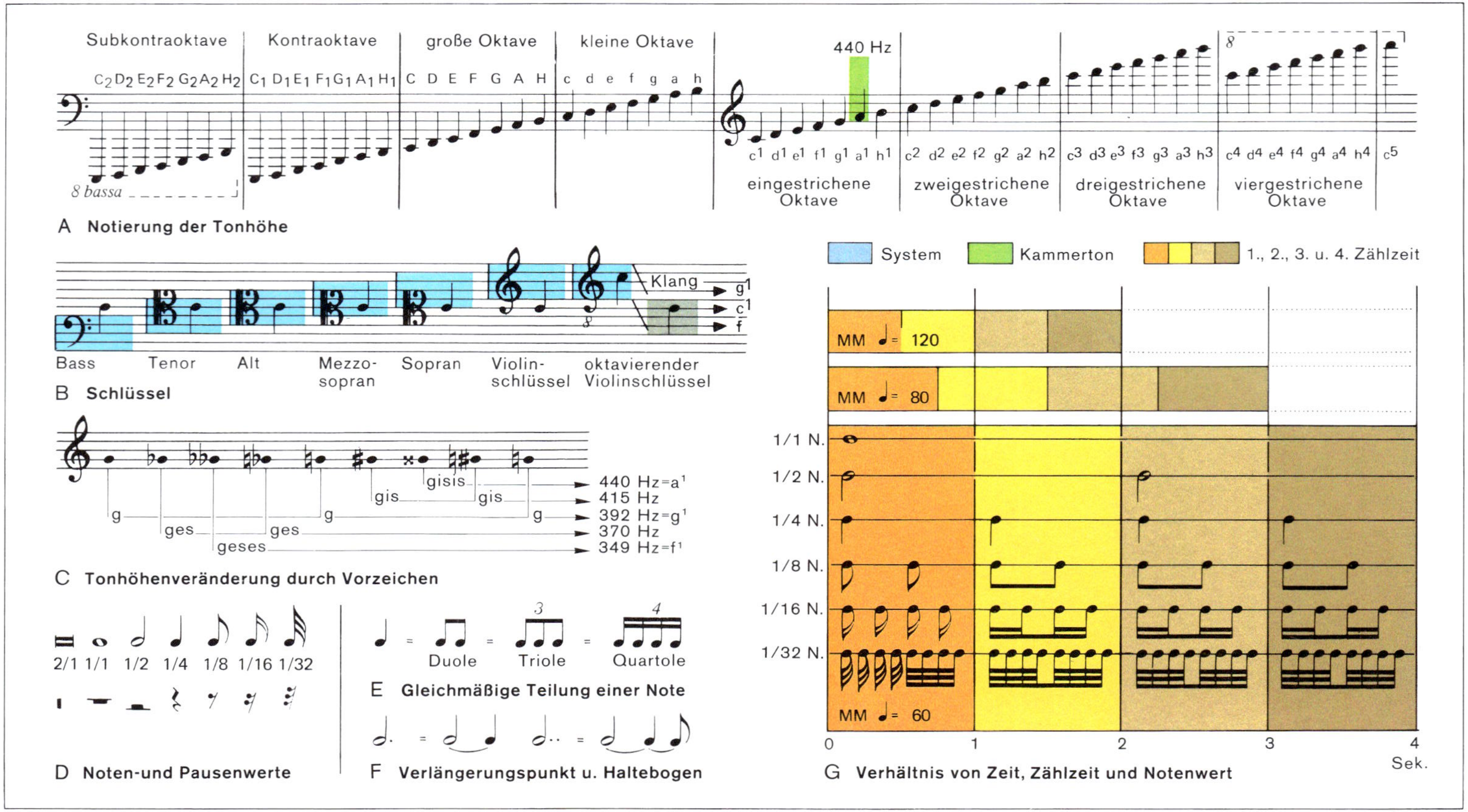

Schriftelemente, metrische Relationen

Die **Notenschrift** versucht, Musik lesbar zu fixieren. Sie beschreibt die verschiedenen Parameter der Musik mit unterschiedlichen Mitteln: **Tonhöhe** und **Tondauer** durch Höhe und Form der Noten, **Tempo, Lautstärke, Ausdruck, Artikulation** usw. durch zusätzliche Zeichen und Wörter, die in der Notation vor 1800 aber noch meistens fehlen (*s. Aufführungspraxis,* S. 82).

Notierung der Tonhöhe (Abb. A)
Es gibt 7 nach dem Alphabet benannte Stammtöne a, h (bzw. b), c, d, e, f, g, die sich als *C-Oktave* angeordnet (c bis h) *klein-* oder *groß*geschrieben (**kleine** und **große Oktave**) bzw. mit *Strichen* oder *Ziffern* 8-mal wiederholen: von der **Subkontraoktave** (C_2 mit 16,35 Hz) bis zum **fünfgestrichenen c** (c′′′′′ oder c^5 mit 4186 Hz).
Der **Stimm-** oder **Kammerton** $\mathbf{a^1}$ legt dabei mit 440 Hz die absolute Tonhöhe der Gesamtskala fest.
Jedem Ton entspricht ein Notenkopf in einem Liniensystem mit Terzabstand, das GUIDO VON AREZZO um 1000 einführte. Normal sind 5 Linien, in der Choralnotation 4. Zusätzliche *Hilfslinien* werden in Extremlagen unübersichtlich. Man fordert dort **Oktavierung** nach **oben** durch *8*···· und **unten** durch *8va bassa* … (*ottava bassa*) bis zum Wiedereintritt der Normalnotation (*loco*).
Zur Festlegung der Tonhöhe dienen **Schlüssel** am Anfang des Liniensystems. Am gebräuchlichsten ist der **G-** oder **Violinschlüssel,** der die Noten auf der zweituntersten Linie als g^1 bestimmt (Abb. A, Mitte). Die tieferen Noten werden mit dem **F-** oder **Bassschlüssel** erfasst. Er bestimmt, dass die Note auf der zweitobersten Linie f ist (Abb. A).
Üblich ist auch die Verwendung der *C-Schlüssel* (c^1, Abb. B), und zwar auf der zweitobersten Linie als **Tenorschlüssel** für Cello, Fagott, Tenorposaune usw., auf der mittleren als **Altschlüssel** für Bratsche, Englischhorn, Altposaune etc., auf der zweituntersten als **Mezzosopranschlüssel** und auf der untersten als **Sopranschlüssel.** Statt des Tenorschlüssels benutzt man auch den *oktavierenden* Violinschlüssel, dessen Klangbereich eine Oktave tiefer als seine Notation liegt und sich damit etwa mit dem Klangbereich des Tenorschlüssels deckt.

Tonhöhenveränderung durch Vorzeichen
(Abb. C). Ein **Kreuz** (♯) vor einer Note erhöht diese um einen Halbton. An den Namen des Stammtones wird die Silbe *-is* angehängt, z. B. *gis.* Ein **Be** (♭) vor der Note erniedrigt den Ton um eine halbe Stufe. An den Stammtonnamen wird die Silbe *-es* angehängt, z. B. *ges* (Ausnahmen: es, as, b). Ganztonerhöhung geschieht durch ein **Doppelkreuz** (𝄪; *gisis* = a, vgl. S. 84, Abb. A), Ganztonerniedrigung durch ein **Doppel-Be** (𝄫; *geses* = f). Ein **Auflösungszeichen** (*Auflöser* ♮) macht die Veränderung (*Alteration*) rückgängig. Diese **Vorzeichen** (*Akzidenzien*) gelten in der Regel jeweils für einen Takt. Sollen sie für das ganze Stück gelten, so stehen sie zu dessen Beginn.

Noten und Pausenwerte (Abb. D). Die **Tondauer** wird durch die *Notenform* bestimmt. Ausgangspunkt für die Einteilung der Notenwerte ist die **ganze (Note)** (1/1). Die **Doppelganze** (2/1) hat die Form der alten *Brevis* (vgl. S. 210, 232). Kleinere Notenwerte (Halbe, Viertel, Sechzehntel usw.) haben **Hälse** rechts aufwärts oder links abwärts (Richtungswechsel ab der Mittellinie, also z. B. im Violinschlüssel von h′ abwärts, s. Abb. A), ferner stets nach rechts gerichtete **Fähnchen.** Noten mit Fähnchen können zwecks besserer Übersicht durch Balken zu Gruppen verbunden werden, bes. bei entsprechender Silbenverteilung in der Vokalmusik und bei gleichartigen Spielfiguren in der Instrumentalmusik.
Jedem Notenwert entspricht ein **Pausenzeichen** (Abb. D). Pausen können durch Punkte verlängert werden (nicht durch Haltebögen). Bei Pausen über mehrere Takte wird über der Pause die Taktzahl angegeben.
Wird eine andere als die **normale Zweiteilung** der Note verlangt, so schreibt man die nächste oder übernächste kleinere Notengattung und fasst sie mit einer Zahl zu einer gleichmäßigen Einheit zusammen. So entstehen **Duolen** (im Dreiertakt), **Triolen, Quartolen, Quintolen, Sextolen, Septolen, Oktolen** usw. (Abb. E).
Im Takt wird die Note durch einen **Punkt** um die Hälfte ihres Wertes **verlängert,** durch zwei und mehr Punkte um zusätzlich je eine Einheit der folgenden Unterteilung. **Haltebögen** verbinden Noten gleicher Höhe über Taktstriche hinweg zu längeren Dauern (Abb. F).

Zeit, Zählzeit und Notenwerte (Abb. G). Als **Grundschlag** für den Rhythmus und als **Zählzeit** für das Metrum gilt normalerweise die **Viertelnote.** Das absolute Tempo lässt sich mit der Schlagzahl pro Minute festlegen, wozu das **Mälzelsche Metronom** (1816) dient. Bei *M. M.* ♩ *= 60* kommen 60 Schläge pro Minute, also eine Viertel pro Sekunde. Zählzeit und Sekunde fallen hier zusammen. Bei *M. M.* ♩ *= 80* kommen 4 Zählzeiten auf 3 Sekunden, bei *M. M.* ♩ *= 120* auf 2 Sekunden. Das Tempo der Notenwerte erhöht sich.

Takteinteilung
Mehrere Schläge werden zu **Takten** zusammengefasst, wobei der erste Schlag stets ein besonderes Gewicht erhält. Anzahl und Art der Notenwerte bzw. Schläge eines Taktes werden durch Zähler und Nenner der Taktvorschrift angegeben, z. B. 3/4, 6/8 usw. Der 4/4-Takt hat als Sonderzeichen einen Halbkreis (C), der in durchstrichener Form (₵) **Halbe** als Grundschlag verlangt (*alla breve*) und damit im Allg. ein schnelleres Tempo signalisiert.

J. Brahms, 1. Sinfonie, c-Moll, op. 68, Anfang

Holzbläser | Blechbläser | Schlaginstrumente | Streicher

Anordnung und Aufbau

Partitur nennt man die Aufzeichnungsweise mehrerer Stimmen in übersichtl. Schichtung. Alle gleichzeitig erklingenden Noten und Pausen stehen dabei genau übereinander (s. Abb., Kontrabass, Pauke und Kontrafagott 6 Achtel gegen die Noten und Pausen der anderen Stimmen).

Taktstriche dienen dabei als Ordnungsstriche zur besseren Orientierung. Der Taktstrich kam im 16. Jh. auf. Ab dem 17. Jh. besagt er zugleich, dass die 1. Note danach einen Schwerpunkt bildet, der sich entsprechend der Taktangabe wiederholt.

Die ersten 4 Takte der *Sinfonie Nr. 1* von BRAHMS (Abb.) haben dementsprechend 4 solcher Schwerpunkte, doch werden 2 von ihnen durch Überbindung in den Violinen und Violoncelli aufgehoben (*Synkopen*, auch in der Taktmitte). Eine breite, überbordend schwebende Bewegung ist das Ergebnis.

Anordnung der Stimmen

richtet sich nach den Instrumentalgruppen und innerhalb der Gruppen nach der Höhenlage der Instr. Grundlage bilden seit dem 19. Jh. die **Streicher,** darüber werden die **Schlaginstrumente** notiert (mit der metallenen Pauke in der Nähe des Blechs), darüber die **Blechbläser** mit Hörnern, Trompeten, Posaunen und Tuben, darüber die **Holzbläser** mit Flöten (Pikkolo als oberstes Instrument der Partitur), Oboen, Klarinetten und Fagotten. **Singstimmen** (Soli über Chor) stehen über den Streichern (früher unter der Viola über dem Streichbass als dem ehemaligen Gb., der sie begleitete).

Instrumentalsolisten und Harfe werden direkt über den Streichern notiert.

Der Beginn der *Sinfonie Nr. 1* von BRAHMS ist mit den wenigen transponierenden Instrumenten und der nur dreischichtigen motivischen Bewegung in der orgelhaft registermäßigen Kopplung der Instrumente relativ einfach zu lesen (Abb.).

Die beiden **Violinen** tragen das Hauptthema in Oktavparallelen vor. – Die **Viola** steht darunter im Alt- oder Bratschenschlüssel. Sie ist 2-st. notiert mit der Angabe *div.* (*divisi,* geteilt), d. h. ein Teil der Bratscher spielt die Ober-, ein Teil die Unterstimme (statt Doppelgriffspiel). Die Viola spielt hier eine Gegenlinie zu den Violinen, melodisch in Gegenbewegung abwärts, rhythmisch die wiegende Bewegung des 6/8-Taktes mit Schwerpunkten auf 1 und 4 betonend (Gegensatz zu den synkopischen Überbindungen des Violinenthemas).

Die **Celli** und **Kontrabässe** haben oft die gleiche Stimme, hier sind sie geteilt mit je eigenem System mit Akkolade. Die Celli folgen dem Hauptthema der Violinen, jedoch eine Oktave tiefer im Tenorschlüssel, sodass das Thema in 3 Oktavlagen erklingt (spezifische Klangfarbe). Der Kontrabass markiert den Achtelrhythmus auf orgelpunktartigem c, das real eine Oktave tiefer klingt als notiert, also als C.

Das Schlagzeug wird möglichst einfach notiert, z. B. Instrumente ohne best. Tonhöhe nur auf einer Linie. Die beiden Pauken im Notenbeispiel sind nur auf c (Tonika c-Moll) und auf G (Dominante G-Dur) gestimmt, brauchen daher keine Vorzeichen.

Die Blechblasinstrumente sind meist *transponierend.* Die Notierung nimmt auf ihre Naturstimmung Rücksicht (vgl. S. 46). 2 der meist 4 **Hörner** (in 2 Systemen mit Akkolade) stehen hier in C-Dur, den Orgelpunkt $c–c^1$ verstärkend, 2 stehen in Es-Dur: ihre erste Terz $e^2–g^2$ erklingt eine Sexte tiefer $g^1–b^1$, also in Höhe der Viola (Klangkopplung). – Die beiden **Trompeten** in C klingen wie notiert.

Die Holzblasinstrumente sind je doppelt besetzt und auch so notiert. Sie spielen hier wie die Viola und die Hörner das Gegenthema in 4facher Oktave: **Flöten** und **Oboen** klingen wie notiert, **Klarinette** in B erklingt 1 Ton tiefer als notiert, muss also in d-Moll (1 b) geschrieben werden, damit sie in c-Moll (3 b) erklingt; **Fagotte** klingend notiert, das **Kontrafagott** jedoch klingt eine Oktave tiefer als notiert, sein C also als C_1.

Neben der großen **Dirigierpartitur** in Folioformat hat sich für das Literaturstudium die **Taschen-** oder **Studienpartitur** in Oktavformat durchgesetzt (seit 1886, Leipzig; Abb. etwa Originalgröße).

Particell nennt man eine Partitur im Entwurf, bei der der Komponist die Stimmen in wenigen Systemen, meist nach Gruppen geordnet, zusammenfasst, um sie dann auf die Einzelstimmen genauer zu verteilen.

Klavierauszug stellt den Versuch dar, die wesentlichen Stimmen einer Partitur, soweit greifbar, für das Klavier in 2 Systeme zusammenzufassen (ähnlich dem improvisierten **Partiturspiel**). Klavierauszüge sind bes. zum Partien- und Chorstudium der Oper wichtig. Solche »Klavierauszüge« von Vokalstücken (Motetten, Messen usw.) fertigten sich schon die Kantoren und Organisten des 15./16. Jh. an (*Intavolierungen*). Umgekehrt lässt sich ein Klaviersatz, evtl. über die Zwischenstufe des Particells, durch *Instrumentierung* zur Partitur für Orchester ausarbeiten (häufigster Kompositionsvorgang im 19./20. Jh.).

Geschichte. Im 16. Jh. erschien als erste Partitur die sog. *Tabula compositoria* als Kompositionshilfe bei mehrst. Musik. Bis Ende des 18. Jh. war aber Druck und Aufführung mehrst. Musik in Stimmen ohne Partitur üblich. Dirigiert wurde vom Cembalo aus (Gb.-Zeitalter). Erst ab dem 19. Jh. setzte sich die Partitur für Aufführungen mit Dirigenten durch. Das 20. Jh. hat neue Formen des Partiturbildes entwickelt.

Verzeichnis der in Noten vorkommenden Abkürzungen, Zeichen und Vortragsangaben
Soweit nicht anders vermerkt, sind die musikalischen Termini italienischer Herkunft. Zur Erleichterung der Aussprache wurde die jeweils betonte Silbe unterpunktet.

abandonné (fr.), frei, ohne Beschränkung
a battuta, im Takt, auf den Schlag
abbandonatamente, mit Hingabe
abbassamento, abb., schwächer werden, sinken lassen (Stimme)
Abbreviatur, Abkürzung, abgekürzte Schreibweise. Die häufigsten Abbreviaturen sind:
– Tonwiederholung; die Abbreviatur zeigt Tonhöhe, Gesamtdauer und Rhythmus der Unterteilung:

– Tonwechsel (»Brille«):

– Figuren- und Taktwiederholung (1. Bsp.); »simile« oder »segue« fordert, »in gleicher Weise« weiterzuspielen:

Für Akkordbrechung steht auch »arpeggio«:

Das Wiederholungszeichen für eine Figur war früher: //, heute: % (»Faulenzer«, s. Bsp.). Das gleiche Zeichen steht auch für Wiederholung ganzer Takte. Für Doppeltakte und mehr steht »bis« (»zweimal«):

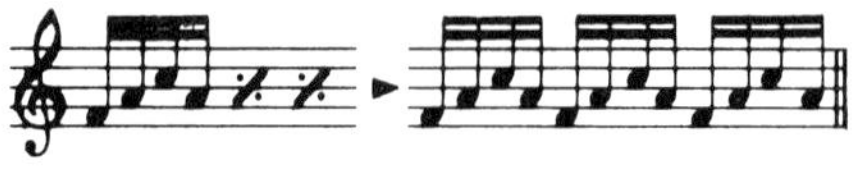

– Figurenwiederholung mit wechselnder Tonhöhe; die Figur soll in gleicher Weise bis zum Zielton fortgeführt werden:

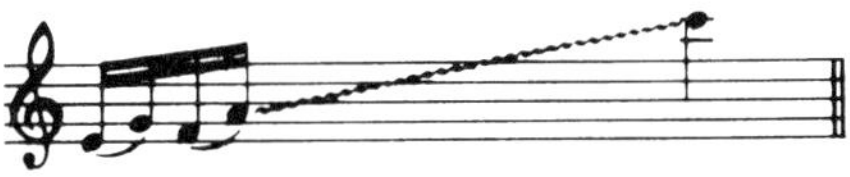

– Oktavverdopplung; mit Ober- bzw. Unteroktave zu spielen:

a bene placito, nach Belieben (Tempo)
Abstrich, ⊓, Bogenstrich abwärts (→ Bogenführung)
a cappella, für Vokalchor ohne Instrumentalbegleitung
a capriccio, nach Belieben (Tempo)
accarezzevole, liebkosend, schmeichelnd
accelerando, accel., beschleunigend, schneller werdend
Accent (fr.), langer → Vorschlag, je eine Sekunde steigend oder fallend:

Der Accent steht auch in Verbindung mit anderen Zeichen, so »Accent und Mordent« (a), »Accent und Trillo« (b, c; alle Notenbeispiele nach der Verzierungstabelle von J. S. Bach):

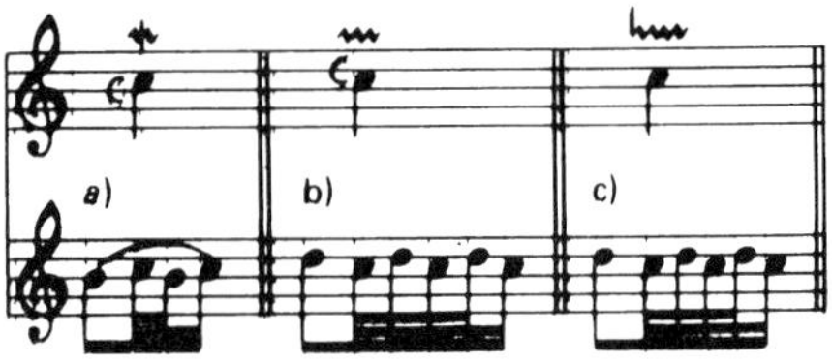

acceso, entbrannt, feurig
Acciaccatura, »Quetschung«, Verzierungsart mit kurzen, scharf dissonierenden Vorschlagsnoten, besonders im Arpeggio:

grandezza, con, mit Größe
grave, schwer, langsam, feierlich
grazioso, anmutig, graziös
groppo, groppetto, gruppo, → Doppelschlag
gusto, con, mit Geschmack, mit Stil

Haltebogen, verbindet zwei Noten gleicher Höhe zu einem Ton (s. S. 66, Abb. F; dagegen → legato)
harpeggio, → arpeggio
Hauptstimme, H┐, Bezeichnung der wichtigsten Stimme in (modernen) Partituren (→ Nebenstimme)
Hauptrhythmus, RH┐, Bezeichnung des wichtigsten Rhythmus in (modernen) Partituren

impetuoso, con impeto, heftig, mit Ungestüm
incalzando, drängend, beschleunigend
indeciso, unentschieden, frei im Tempo
innocente, unschuldig
inquieto, unruhig
istesso tempo, → l'istesso tempo

jeté (fr.), → ricochet

Kadenz, → Cadenza
kantabel, → cantabile
klingend, nicht transponierend notiert. Die Notierung entspricht dem realen Klang (bei transponierenden Instrumenten)
kurzer Vorschlag, → Vorschlag

lacrimoso, tränenreich, klagend
lamentabile, lamentoso, klagend, traurig
lancio, con, mit Schwung
langer Vorschlag, → Vorschlag
largamente, breit
largando, → allargando
larghetto, etwas breit, etwas schneller als → largo
largo, breit, langsam
legatissimo, sehr gebunden, → legato
legato, gebunden, Notierung mit Legato- oder Bindebogen bei Noten unterschiedl. Höhe:

leggiadro, leicht, anmutig
leggierezza, con, mit Leichtigkeit
leggiero, leggieramente, leicht, locker, duftig, → non legato
legno, → col legno
lentement (fr.), **lento** (it.), langsam
l. H., linke Hand
libitum, → **ad libitum**
licenza, con alcuna, mit einiger Aufführungsfreiheit
lieto, fröhlich
lievo, leicht
liscio, glatt
l'istesso tempo, dasselbe Tempo, im selben Zeitmaß trotz Taktwechsel; fordert gleiche Schlagzeit, d. h. gleiche Noten- (meist Viertel) oder Taktlänge, z. B.:

loco, am Ort, wieder in Normallage (nach Oktavversetzung)
louré, Bogenführung bei Streichern: leichte Hervorhebung der Einzelnote:

(→ portato)
lo stesso tempo, → l'istesso tempo
lusingando, schmeichelnd

m., → manualiter
ma, aber
ma non troppo, aber nicht zu sehr
maestoso, majestätisch
main droite, m. d. (fr.), mit der rechten Hand
main gauche, m. g. (fr.), mit der linken Hand
malinconico, melancholisch, schwermütig
mancando, manc., abnehmend (leiser und langsamer)
manualiter, man., m. (lat.), auf dem Manual zu spielen (Orgel, ohne Pedal)
mano destra, m. d., mit der rechten Hand
mano sinistra, m. s., mit der linken Hand
marcato, marcando, marc., > ∨ ▾ ∧ / markiert betont
martelé (fr.), Bogenführung bei Streichern: gehämmert, kurze, kräftig abgestoßene Bogenstriche:

(→ martellato)
martellato, ▾, gehämmert, kräftiges → Staccato (→ martelé)
marziale, kriegerisch
m. d., → main droite, → mano destra
m. g., → main gauche
m. s., → mano sinistra
medesimo tempo, dasselbe Tempo
meno, weniger
meno forte, weniger laut
meno mosso, weniger bewegt
meno piano, weniger leise, etwas lauter
mente, alla, aus dem Kopf, improvisiert
messa di voce, < >, An- und Abschwellen des Gesangstones
mesto, traurig
mezza voce, m. v., mit halber Stimme
mezzo, m., mittel, halb
mezzoforte, mf, halb stark, halb laut (zwischen piano und forte)
mezzopiano, mp, halb leise (zwischen piano und forte)
misura, alla, streng im Takt; **senza misura,** frei im Tempo
misurato, gemessen, im Takt

M. M., Mälzelsches Metronom, tickendes Pendelchronometer mit Skala von 40–208 Schlägen pro Minute als Tempoangabe (erfunden von MÄLZEL 1816);
M. M. ♩ = 40 bedeutet: 40 Viertel pro Minute
moderato, mod., gemäßigt
molto, viel, sehr
morbido, weich, sanft
Mordent, »Beißer«, eine → Verzierung: Wechsel mit der unteren Nebennote:

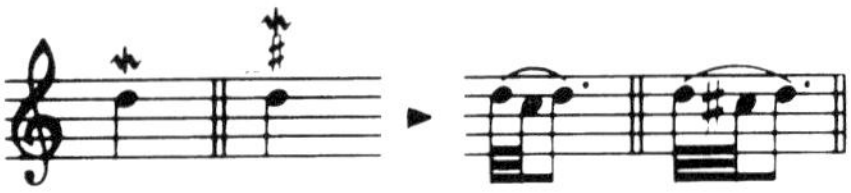

Der Mordent tritt auch in Kombination mit anderen Verzierungen auf (→ Accent, → Triller, → Doppelt-Cadence)
morendo, ersterbend, leiser und langsamer werdend
mormorando, murmelnd
mosso, bewegt
moto, con, mit Bewegung
mp, → mezzopiano
m. s., → mano sinistra
muta, Anweisung für Bläser und Pauker, die Stimmung zu ändern
mute (engl.), → Dämpfer
m. v., → mezza voce

Nachschlag, Verzierungsnote(n) nach der Hauptnote, noch in deren Wert einbezogen (→ Vorschlag), meist am Ende eines Trillers (→ Triller 9, 10, 11, 13)
Nebenstimme, N⌐, Hinweis in (modernen) Partituren (→ Hauptstimme)
non, nicht
non legato, Artikulationsweise zwischen legato und staccato, nur im piano möglich:

non tanto, nicht so sehr
non troppo, nicht zu viel

O (Null): Daumenbezeichnung im engl. Fingersatz für Klaviaturen; leere Saite auf den Saiteninstr.; → tasto solo im Generalbass (s. S. 100 f.)
obligato, obligat, eine notierte Instrumentalstimme (im barocken Satz), die bei der Aufführung nicht weggelassen werden darf
ondeggiando, ondeggiamento (it.), **ondulé** (fr), wogend, wellig; Spielanweisung für Streicher, Töne (auch auf verschiedenen Saiten) ohne Bogenwechsel an- und abschwellen zu lassen (→ tremolo):

ongarese, all'ongarese, ungarisch
opus, op., Opus, Werk
ossia, oder, wählbare Variante im Notentext (meist Erleichterungen)
ottava, 8va, 8..., Oktave
- **all'ottava,** eine Oktave höher oder tiefer als notiert
- **ottava alta, ottava sopra,** eine Oktave höher als notiert
- **ottava bassa, 8va. ba., ottava sotto,** eine Oktave tiefer als notiert
- **coll'ottava, coll 8va., c. o.,** mit Oktavverdopplung (→ Abbreviaturen)

ouvert (fr.), leere Saite bei Saiteninstrumenten

P, → Pedal
p, → piano
pacato, ruhig
parlando, parlante, parlato, sprechend, im Gesang: nahezu gesprochen
passionato, pass., leidenschaftlich
passione, con, mit Leidenschaft
pastoso, weich, süßlich
patetico (it.), **pathétique** (fr.), pathetisch, leidenschaftlich
Pedal, Ped., P., beim Klavier: rechtes Pedal treten und damit die Dämpfung der Saiten aufheben (→ senza sordino); Zeichen für Pedal-Ende: *; linkes Pedal → Verschiebung
perdendo, perdendosi, sich verlierend, immer leiser werdend
pesante, schwer, wuchtig
piacere, a, nach Belieben
piacevole, gefällig
piangendo, weinend, weinerlich
piano, p, sachte, leise
pianissimo, pp, pmo., sehr leise
pianissimo possibile, ppp, so leise wie möglich
picchettato, → sautillé
pieno, voll; **organo pieno,** volles Orgelwerk; **a voce piena,** mit voller Stimme
pietoso, mitleidsvoll
pincé (fr), gekniffen, gezupft, → pizzicato; → Mordent
piqué (fr.), → sautillé
più, mehr
pizzicato, pizz., gezwickt; Spielanweisung für Streicher: die Saiten mit den Fingern zupfen (dagegen col' → arco)
placido, ruhig, gelassen
plaqué (fr.), Akkord zusammen erklingen lassen (Gegensatz: → arpeggio)
plein-jeu (fr.), volles Orgelwerk
poco, wenig
poco a poco, p. a. p., nach und nach

poi, dann, danach
polacca, alla, auf polnische Art
pomposo, feierlich, pompös
ponticello, → sul ponticello
portamento, herantragen: bei Streichern und Sängern knappes gleitendes Angehen eines Tones:

portato, getragen, Artikulationsart zwischen → staccato und → legato: nicht getrennt, jedoch einzeln hervorgehoben:

(→ louré)
portar la voce, die Stimme herantragen, → portamento
port de voix (fr.), → Vorschlag 2; → portamento
port de voix double (fr.), → Doppelvorschlag
possibile, möglichst
poussé (fr.), v, → Aufstrich, → Bogenführung
Praller, Pralltriller, Wechsel der Hauptnote mit der oberen Nebennote (dagegen → Mordent):

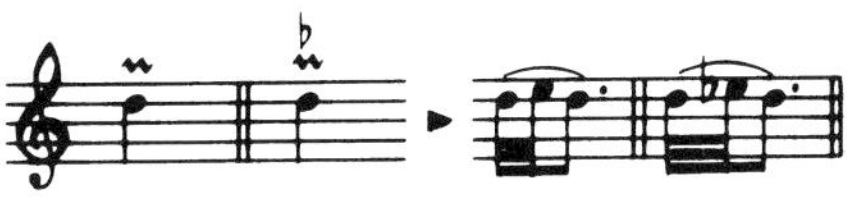

precipitando, precipitato, precipitoso, überstürzend, heftig vorwärts eilend
pressante (it.), **pressant** (fr.), drängend
prestissimo, sehr schnell
presto, schnell
prima volta, I^ma^ volta, seconda volta, II^da^ volta, das erste Mal, das zweite Mal (bei Wiederholungen):

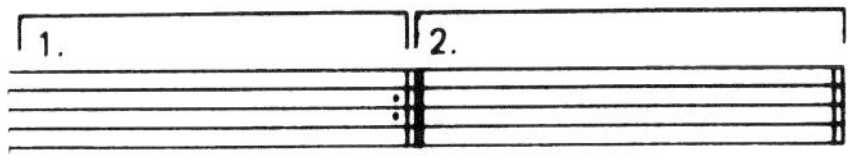

primo, I^mo^, der erste; obere Partie bei 4-händigen Stücken für Klavier
principale, princ., führende (Instrumental-) Stimme, solistisch bzw. konzertierend
Prinzipal, Orgel-Hauptregister
punta d'arco, a, mit der Bogenspitze streichen

quasi, wie, gleichsam
quieto, ruhig

raddolcendo, sanfter werdend
raddoppiare, verdoppeln, (untere) Oktave dazu
raffrenando, bremsend
ralentir (fr.), → rallentando
rallentando, rallent., rall., langsamer werdend
rattenendo, rattenuto, zurückhaltend, langsamer werdend
ravvivando, wieder belebend (schneller)
religioso, religiös
replica, Wiederholung; **senza replica,** ohne Wiederholung (z. B. im Menuett nach dem Trio)
retenant (fr.), zögernd, zurückhaltend
rf, rfz, → rinforzando
r. H., rechte Hand
ricochet, Bogenführung bei Streichern: Bogen wird auf die Saite geworfen und 2–6 (oder mehr) Töne folgen dem ersten staccatoartig nach (Wurfbogen):

rilasciando, nachlassend, langsamer und leiser werdend
rinforzando, rinforzato, rinf., rf, rfz, plötzliches Stärkerwerden, plötzlich verstärkt, bezieht sich auf einen einzelnen Ton oder Akkord (→ forzato, → fortepiano)
ripieno, rip., voll; chorisch besetzte Tuttistelle (vgl. Concerto grosso, S. 123)
riposato, ausgeruht
riprendere, wieder aufnehmen (altes Tempo)
risoluto, resolut, entschieden
ristringendo, anziehend, schneller werdend
ritardando, ritard., rit., langsamer werdend
ritenente, zurückhaltend
ritenuto, rit., plötzlich langsamer
rubato, tempo rubato, geraubt, Freiheit im Tempo, nicht streng im Takt
rustico, ländlich, bäuerlich

S, → segno
saltato, → sautillé
sautillé, gesprungen, Bogenführung bei Streichern: leicht federnde, von der Saite abspringende Bogenstriche (Springbogen):

(→ staccato)
scemando, leiser werdend
scherzando, scherzoso, scherzhaft
schiettamente, schietto, schlicht, einfach
Schleifer, → Vorschlag mit zwei oder mehr Noten, die stufenweise von unten (selten von oben) zur Hauptnote leiten, meist auf den Schlag, im Laufe des 19. Jh. auch vor dem Schlag ausgeführt:

Den Schleifer gibt es in zahlreichen Varianten u. a.: a) tierce coulée (CHAMBONNIÈRES, COUPERIN), b) Zeichen zur BACH-Zeit, c) punktierter Schleifer (QUANTZ):

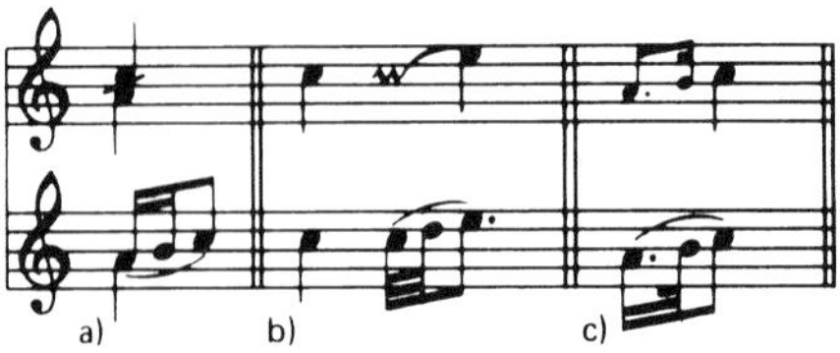

Schneller, → Vorschlag ähnlich dem Praller:

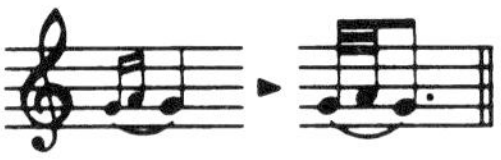

scintillante, funkelnd, glitzernd
scioltamente, flüssig
sciolto, gelöst, frei im Vortrag; als Artikulationsanweisung: s. v. w. → non legato
scivolando, schlitternd, → glissando
secco, trocken, → Secco-Rezitativ S. 144
seconda volta, II^{da} volta, → prima volta
secondo, II°, der zweite, untere Part beim 4-händigen Klavierspiel (vgl. primo)
segno, Zeichen am Beginn oder Ende einer Wiederholung; **dal segno,** vom Zeichen an; **al segno, sin'al segno, fin'al segno,** bis zum Zeichen; → da capo. Die Formen des Zeichens variieren:

segue, seg., es folgt, es geht weiter (z. B. auf der nächsten Seite); auch bei Ton- oder Figurenwiederholung, → Abbreviaturen
semplice, einfach, schlicht
sempre, immer
sentito, gefühlt, empfindungsstark, ausdrucksvoll
senza, ohne; **senza** → **misura,** ohne Zeitmaß
senza → **sordino,** ohne Dämpfer
sereno, heiter
serio, serioso, ernst
sforzando, sforzato, sf, sfz, plötzlich verstärkt, stark hervorgehoben: gilt für einen Einzelton oder -akkord und ist stets relativ zu verstehen
sforzatissimo, sffz, gesteigertes → sforzato
sforzato piano, sfp, stark betont und sogleich leise
simile, auf gleiche Weise, → segue
sin'al fine, sin'al segno, → segno
sinistra (→ **mano**), **colla sinistra, c. s.,** mit der linken Hand
slancio, con, mit Schwung
slargando, breiter werdend, langsamer
slentando, langsamer werdend
smanioso, rasend, leidenschaftlich
sminuendo, → diminuendo
smorendo, → morendo
smorzando, smorz., dämpfend, äußerst langsam und leise werdend, ersterbend
snello, flink
soave, süß, sanft, lieblich
sollecitando, beschleunigend, antreibend
solo, allein, solistisch, → tutti
sopra, oben; **come sopra,** wie oben; **mano destra (sinistra) sopra,** rechte (linke) Hand über der andern (beim Händekreuzen)
sordino, con sordino, con sord., ⌒, Dämpfer, mit Dämpfer; **senza sordino,** ohne Dämpfer
sospirando, seufzend
sostenendo, sostenuto, sost., zurückhaltend, gehalten im Tempo, etwas langsamer
sotto, unter; → sopra
sotto voce, s. v., »unter der Stimme«, nicht voll ausgesungen, mit gedämpfter Stimme; bei Streichern: → flautando
soupirant (fr.), → sospirando
sourd (fr.), gedämpft
spianato, eben, ausgewogen, schlicht
spiccato, spicc., »gesondert«, → sautillé
spirito, con, mit Geist
spiritoso, geistvoll
Sprechstimme, Notierungsweise für rhythmisch festgelegte Sprechstimme (a), für rhythmisch und tonhöhenmäßig festgelegte Sprechstimme (b):

staccatissimo, sehr starkes → Staccato
staccato, stacc., abgestoßen, Töne deutlich voneinander getrennt:

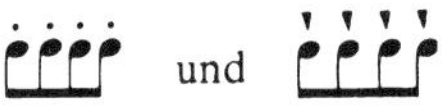

Punkte fordern ein normales, (→ sautillé), Keile ein härteres Staccato (→ martellato)
stendendo, entspannend, langsamer werdend
stentando, stentato, mühsam, schleppend, langsamer werdend
steso, langsam
stesso, derselbe, dasselbe
stinguendo, verlöschend, immer leiser
strascicando, strascinando, schleppend
strepitoso, geräuschvoll, lärmend
stretto, eng, gedrängt
stringendo, string., drückend, drängend, schneller werdend
strisciando, streifend, chromatisch gleitend, → glissando
su, sul, auf
suave, süß
subito, plötzlich, sofort
suffocato, erstickt, gedämpft

Das abendländ. Tonsystem geht auf die griech. Antike zurück. Die Griechen legten ihrem Tonsystem ein **Tetrachord** (Viertonreihe) zu Grunde, dessen Ecktöne feststanden und dessen veränderliche Innentöne die 3 möglichen **Tongeschlechter** bestimmten: die **Diatonik,** die **Chromatik** und die **Enharmonik** (S. 176). Unser Tonsystem dagegen verwendet ausschließlich die **Diatonik** mit *festen* Tonhöhen und verzichtet auf die variablen, primär melischen Möglichkeiten der griech. Chromatik und Enharmonik (beide Begriffe haben im neuzeitlichen Tonsystem einen andern Sinn bekommen, vgl. S. 85).
Die griech. **Tonleitern** bestanden wie unsere Leitern aus 2 Tetrachorden (*Oktavgattungen* mit 7 verschiedenen Tönen). Sie wurden nach griech. Stämmen benannt (s. S. 176 f.).

Die Kirchentonarten
Das MA. unterschied 8 (später 12) Oktavausschnitte nach griech. Muster, die als sog. **Kirchentonarten** (*Modi*) mit den Namen der griech. Tonarten belegt wurden. Durch ein Missverständnis setzte man, anders als in der griech. Antike, **dorisch** auf d an, **phrygisch** auf e, **lydisch** auf f, **mixolydisch** auf g usw. (Abb. A)

Wiederum geht es bei den Tönen nicht um die absolute Tonhöhe, sondern um die *relative Stufenfolge.* Die Kirchentonarten sind also *Oktavgattungen* bzw. **Tongeschlechter,** vergleichbar dem Dur und Moll. Sie können daher transponiert, d. h. von jedem Ton aus aufgebaut werden, z. B. dorisch von g aus, mit 1 ♭ als Vorzeichen, weil um eine Quarte nach oben transponiert (von d nach g). Der Charakter der Kirchentonarten ist aber nicht nur durch die Stufenfolge geprägt, sondern durch die Momente der *einstimmigen Melodik* des Chorals:

- **Ambitus** (Umfang): die Melodien bewegen sich meist im Ambitus einer Oktave;
- **Finalis** (Schlusston): eine Art Grundton oder Tonika der Melodie (Abb. A);
- **Tenor, Tuba** (Rezitationston): meist eine Quinte über der Finalis (Abb. A);
- **Initial-, Kadenz-** und **Melodieformeln:** charakteristische Wendungen, die oft vorkommen (S. 188, Abb. A).

Zu jeder *authentischen* Haupttonart (z. B. dorisch) tritt eine *plagale* Nebentonart (hypodorisch) mit gleicher Finalis. Der Ambitus verschiebt sich dabei um eine Quarte nach unten, sodass die Finalis in der Mitte der Skala liegt. Der Tenor ist in der Regel die Terz (Abb. A).
Die 8 mittelalterlichen Kirchentonarten wurden im 16. Jh. auf 12 erweitert (GLAREAN, *Dodekachordon*, Basel 1547):

- **äolisch** oder *Cantus mollis,* das zum (äolischen) Moll wurde;
- **ionisch** oder *Cantus durus,* das zum Dur wurde; beide mit Hypotonarten (Abb. A).

Durch Transposition der diatonischen Leitern erweiterte sich das System um die chromatischen Halbtöne.

Das Dur-Moll-tonale System
Im 17. Jh. verdrängten Dur und Moll allmählich die Kirchentonarten. Das neuzeitliche, Dur-Moll-tonale, *diatonisch-chromatisch-enharmonische* Tonsystem (S. 84, Abb. A) konnte sich aber erst voll entfalten mit der **temperierten Stimmung** (WERCKMEISTER, 1686/87): Diese beseitigt die Differenzen (Kommata) früherer Systeme, indem es die Oktave in 12 mathematisch gleiche Teile teilt.
Es verzichtet dafür auf die Reinheit der Quinten: 12 reine Quinten überragen 7 Oktaven aufwärts wie abwärts um das *pythagoreische Komma,* dessen Ausgleich die Quinten ein wenig verengt (Abb. B).

Neuere Möglichkeiten
Im 19. Jh. wird neben der Quintverwandtschaft die **Terzverwandtschaft** bedeutsam.

- Schichtung **großer Terzen** führt zu den 4 möglichen Reihen: c-e-gis, des-f-a, d-fis-ais und es-g-h.
- Die **kleinen Terzen** bilden folgende 3 Reihen: c-es-ges-a, cis-e-g-b und d-f-as-h.
  Alle Reihen kennen enharmonische Verwechslung im temperierten System, also gis = as, ais = b usw. (Abb. C).

Die Terzverwandtschaft bezieht sich auf die Töne selbst, aber auch auf die Grundtöne von Dur- und Mollakkorden. So sind C-Dur und E-Dur großterzverwandt (*Mediantik*), ebenso C-Dur und e-Moll usw.

Im 19. Jh. wurden die *tonalen*, d. h. auf einen gemeinsamen Grundton orientierten Beziehungen der Töne und Klänge so weit gespannt, dass die bindenden Kräfte nicht mehr reichten. Das tonale System zerfiel. An die Stelle der Beziehung zu einem Grundton setzte man die Beziehung zu

- einer **Skala,** z. B. der Ganztonskala (DEBUSSY), oder zu einer anderen beliebig zusammengestellten Gebrauchstonleiter (BARTÓK);
- einem **Intervall,** z. B. der Quarte wie in SKRJABINS »*synthetischem oder mystischem Akkord*« aus op. 60 (Abb. D) oder den Quartenschichtungen in SCHÖNBERGS *Kammersinfonie* op. 9 (1906);
- einer **12-Tonreihe** nach SCHÖNBERGS Technik *»der Komposition mit 12 nur aufeinanderbezogenen Tönen«* (s. S. 102).

Mit der Einbeziehung anderer Tonqualitäten als der Tonhöhe, bes. der **Tonfarbe,** verliert die Bildung von frequenzorientierten Tonsystemen an Bedeutung. Der Sprachwert der Töne oder Geräusche richtet sich dann nicht oder nur sekundär nach ihrer Frequenz. Die allgemeinen formbildenden Kategorien wie *Kontrast, Ausgewogenheit, Variation* usw. suchen die spezifischeren eines Tonsystems zu ersetzen.

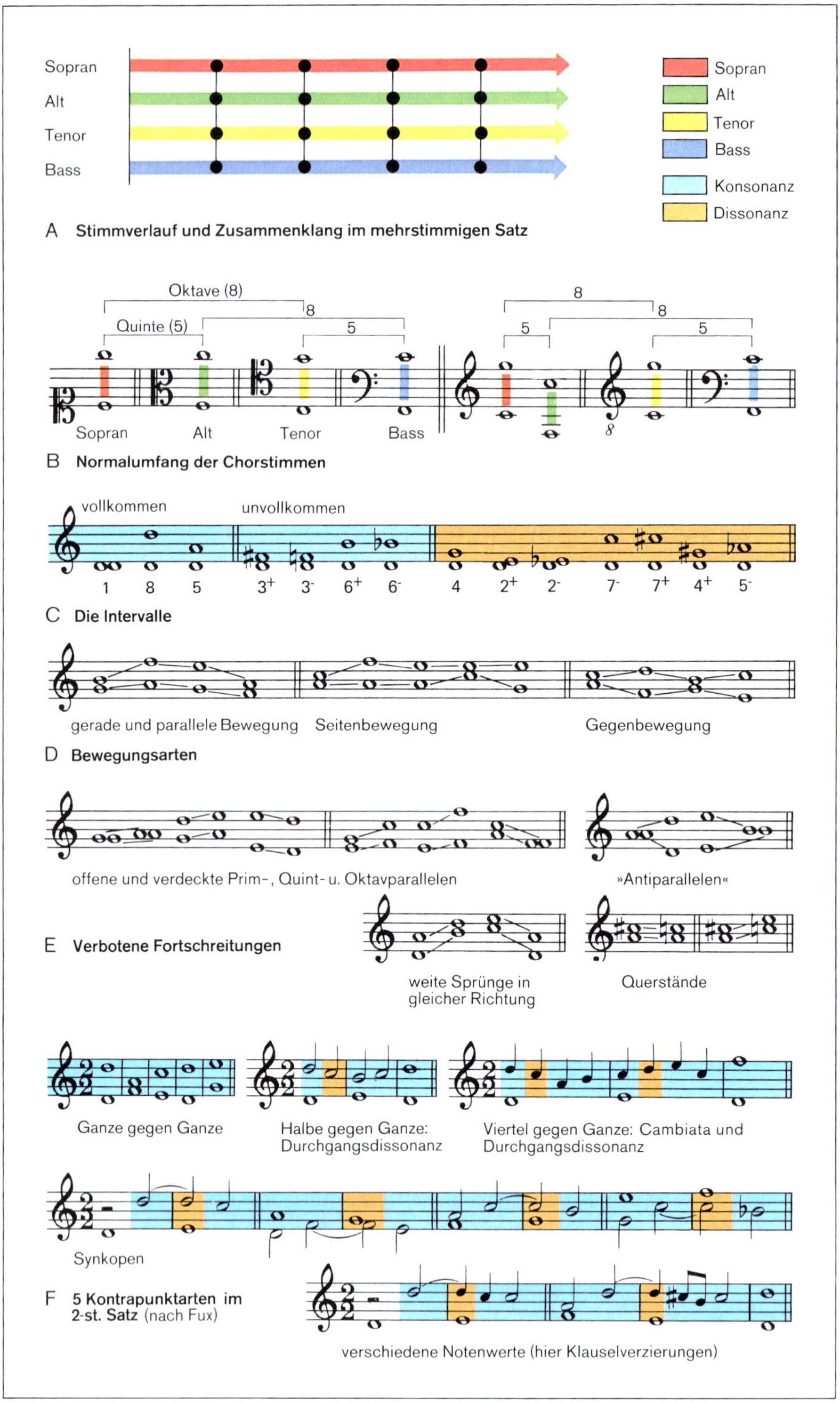

Zusammenklänge und ihre Regeln

Kontrapunkt (lat. *punctus contra punctum,* Note gegen Note): verwirklicht sich im mehrst. Satz. Dessen Stimmen haben eine *horizontal* melodische Dimension, ihr Zusammenklang eine *vertikal* harmonische: Beide orientieren sich sinnvoll an der **Konsonanz.**

Überwiegt die vertikale Dimension, ergibt sich **Homophonie** (griech. *Gleichstimmigkeit*) mit *rhythmisch gleichen* Stimmen: eine führende (Ober-)Stimme mit akkordischen Begleitstimmen.

Bildet der Satz ein mehr horizontal orientiertes Liniengeflecht, entsteht **Polyphonie** (*Vielstimmigkeit*) mit rhythmisch und melodisch *selbstständigen* Stimmen (Abb. A).

Der Kontrapunkt hat sich optimal in der »klassischen« **Vokalpolyphonie** des 16. Jh. ausgeprägt (LASSO, PALESTRINA).

Stimmen: Die klass. Norm ist der **4-st. Satz** mit Vokalstimmen (Chor).

Die Alten notierten mit *C-Schlüsseln* (Sopran-, Alt-, Tenorschlüssel) und Bassschlüsseln, sodass sie kaum Hilfslinien brauchten; neue Notation: Violinschlüssel, oktavierender Violinschlüssel, Bassschlüssel (vgl. S. 66, Abb. B). Der Raum des Alt liegt eine Quinte unter dem Sopran, der Bass eine Quinte unter dem Tenor. Frauen- (Knaben-) und Männerstimmen differieren um eine Oktave (Abb. B).

Intervalle: Man unterscheidet **Konsonanzen** (lat. *Zusammenklänge*, Wohlklänge) und **Dissonanzen** (lat. *Auseinanderklänge*, Missklänge):

- **vollkommene Konsonanzen** mit hohem Verschmelzungsgrad: Prime, Oktave und Quinte (vgl. S. 85);
- **unvollkommene Konsonanzen** mit angenehmer Klangbreite: kleine (–) und große (+) Terzen und Sexten (Abb. C);
- **Dissonanzen** mit Reibungscharakter: Quarte, Sekunde, Septe und alle übermäßigen und verminderten Intervalle (Abb. C).

Stimmbewegung: In die Kp.-Regeln geht die Art der Stimmbewegung ein. Man unterscheidet bei 2 Stimmen 3 Möglichkeiten (Abb. D):

- **gerade Bewegung:** Beide Stimmen steigen oder fallen. Die gleiche Bewegungsrichtung kann die Selbstständigkeit der Stimmen mindern. Ein Sonderfall ist die **Parallelbewegung** (erlaubt nur bei Terzen und Sexten);
- **Seitenbewegung:** Eine Stimme bleibt liegen, die andere steigt oder fällt;
- **Gegenbewegung:** fördert Eigenständigkeit der Stimmen und sorgt für horizontalen Bewegungsausgleich.

Fortschreitungsregeln: Die Kp.-Regeln zielen darauf ab, dem mehrst. Satz **Harmonie** in Zusammenklang und Bewegung zu verleihen und dabei trotzdem der Einzelstimme im Verband mit den andern eine größtmögliche **Eigenständigkeit** zu sichern. In diesem Sinne gibt es günstige und ungünstige, d. h. »verbotene« Fortschreitungen (*Satzfehler*), wobei natürlich jedes Verbot zugunsten eines höheren, individuellen Kunstsinnes durchbrochen werden kann (Quintenparallelen auch bei BACH). Doch garantieren die Kp.-Regeln eine handwerkliche Stimmigkeit des Satzes. Als schlecht klingend angesehen und daher verboten (Abb. E) sind

- **offene Prim-, Quint- und Oktavparallelen:** Sie mindern die Eigenständigkeit der Stimmen (Klangverdopplung) und stören das Gleichgewicht des Satzes;
- **verdeckte Parallelen,** d. h. solche aus einer unvollkommenen in eine vollkommene Konsonanz, sind aus gleichen Gründen ungut;
- **Antiparallelen,** d. h. Sprünge aus dem Einklang in die Oktave und umgekehrt;
- **weite Sprünge** in die gleiche Richtung, bes. wenn dabei die eine Stimme das Lagenniveau der andern kreuzt;
- **übermäßige und verminderte Schritte** brauchen ebenso eine Sonderbegründung wie **chromatische Varianten** in einer Stimme oder gegen eine andere **(»Querstände«).**

Die Kp.-Regeln werden in den Lehrbüchern systematisiert, vom einfachen 2-st. Satz fortschreitend zu komplizierteren Gebilden. Zur Übung wird zu einer gegebenen Stimme (*c. f.*) eine Gegenstimme (*Kontrapunkt*) erfunden. FUX (1725) unterscheidet (Abb. F):

1. **Ganze Noten gegen ganze Noten** (1:1): nur Konsonanzen erlaubt;
2. **Halbe Noten gegen ganze** (2:1): *Thesis* (betonte Zählzeit) konsonant, *Arsis* (unbetont) auch dissonant im *Durchgang,* d. h. der Kp. muss die Dissonanz sekundmäßig erreichen und in gleicher Richtung sekundmäßig verlassen;
3. **Viertel Noten gegen ganze** (4:1): wie Regel Nr. 2, wobei *Thesis* auf die 1. und 3., *Arsis* auf die 2. und 4. Zählzeit fallen. Das 3. Viertel kann auch eine **Durchgangsdissonanz** sein, wenn das 2. und 4. Konsonanzen sind. – Absprung aus einer Konsonanz in eine Konsonanz ist immer möglich. Absprung aus einer Dissonanz nur in der sog. *Fux'schen Wechselnote* **(Cambiata);**
4. **Synkopen:** Auf die *Thesis* kommt eine durch Überbindung **vorbereitete Dissonanz** (Vorhalt), die sich auf der folgenden *Arsis* sekundweise abwärts in eine Konsonanz auflöst:
   - die **Septe** ist im *oberen* Ton dissonant, löst sich daher in die Sexte auf (Septvorh.);
   - die **Sekunde** ist im *unteren* Ton dissonant, löst sich daher in die Terz auf (Sekundvorh.);
   - die **Quarte** ist je nach Lage im *oberen* oder *unteren* Ton dissonant, löst sich daher in die Terz oder Quinte auf (Quartvorh.);
5. **Verschiedene Werte:** glatter Melodiefluss, schnellere Notenwerte fast nur in Klauseln als **Antizipation** (Vorausnahme des Auflösungstones) und als **Wechselnoten.**

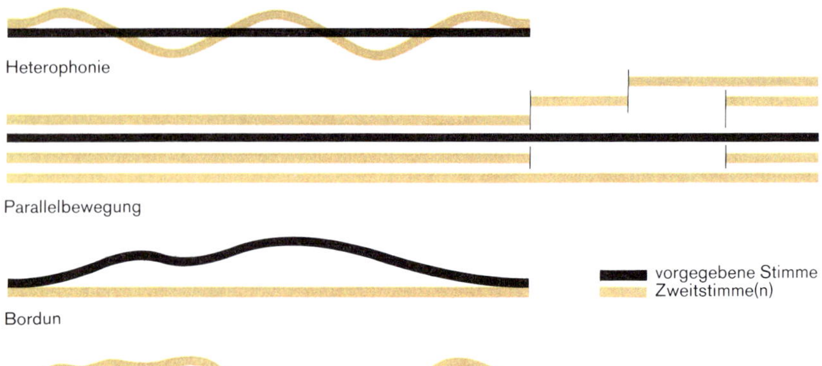

A **Vorformen des Kontrapunktes** (schematisch)

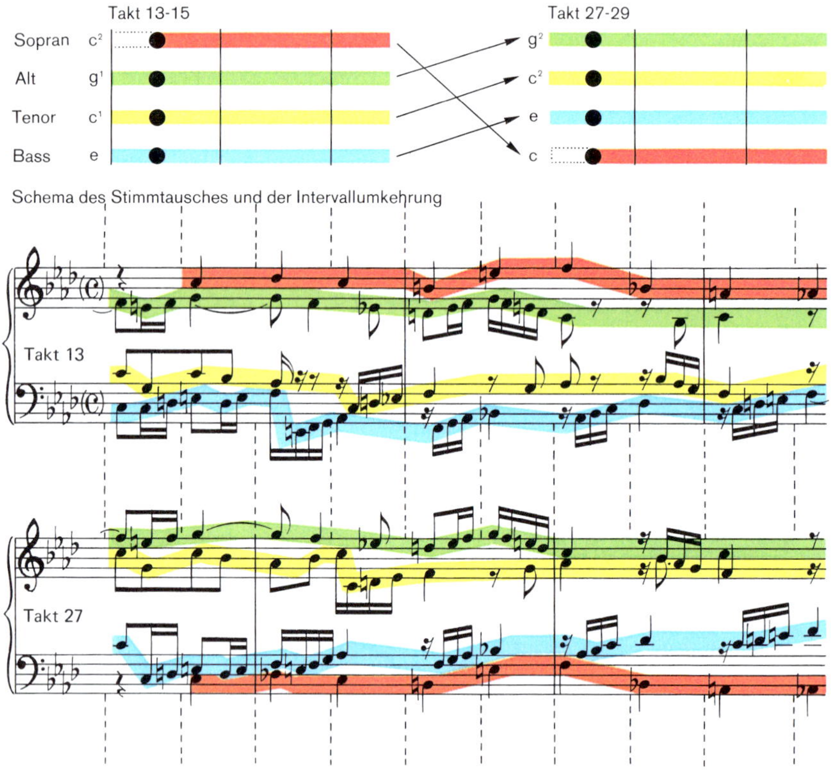

Tonart	C	C	b	f	G_3	C^7	f	b	F	f
Stufe	V	V	IV	I	II	V	I	IV	I	I
Funktion	D	D^7	s^6_5	t	DD	D	t	s	T	t

B **Vierfacher Kontrapunkt in der Oktave,** J. S. Bach, Fuge XII (f-Moll) aus dem Wohltemp. Klavier I

Stimmführungen

Typische kp. **Strukturen, Formen** oder **Satztechniken** sind u. a.:
- **c.-f.-Technik:** Zu einer vorgegebenen *festen Stimme* werden sukzessiv kp. Stimmen erfunden; der *c. f.* ist meist ein Choral, ein Lied oder ein Ausschnitt daraus;
- **freie Imitation:** Ein prägnantes Motiv wird in einer Stimme vorgetragen und von den anderen nachgeahmt; dazu erklingen freie kp. Stimmführungen;
- **Kanontechnik:** eine strenge Imitation, nämlich die genaue Nachahmung der ersten Stimme; diese erweist sich dadurch als Kp. zu sich selbst (s. S. 118 f., dort auch *Umkehrung, Krebs, Vergrößerung* usw.);
- **einfacher Kp.:** Kp. bezeichnet auch eine Gegenstimme oder einen Stimmabschnitt zu einer Hauptstimme;
- **doppelter Kp.:** eine Gegenstimme, die auch oktavversetzt zur Hauptstimme erklingen kann, daher: **doppelter Kp. in der Oktave;** alle Intervalle zur Hauptstimme erscheinen dabei in ihrer Umkehrung. – Bei **drei-** und **mehrfachem Kp.** ist entsprechender Stimmtausch möglich.

  Ein **4facher Kp. in der Oktave** findet sich in der *f-Moll-Fuge* des *Wohltemperierten Klaviers I* von BACH (Abb. B). Das Fugenthema erscheint zunächst im Sopran, die Kp. in Alt, Tenor und Bass darunter (T. 13). Dann erklingt das Fugenthema um 2 Oktaven nach unten versetzt im Bass, die Kpe. aber oktavversetzt in Sopran, Alt und Tenor darüber (T. 27, s. Schema).

  Beim 1. Themeneinsatz T. 13 bildet sich der *Sextakkord* von C-Dur e-c^1-g^1-c^2; durch die Intervallumkehrung wird daraus beim 2. Themeneinsatz T. 27 der *Grundakkord* von C-Dur c-e-c^2-g^2. Es ändert sich also die Lage, die Harmonik aber bleibt erhalten: Tonarten, Stufen und Funktionen sind in beiden Stellen gleich, wie eine Übereinanderstellung zeigt (Abb. B).

Geschichte des Kp.

Jede Mehrstimmigkeit besteht aus Zusammenklängen und kennt daher der Sache nach das Gegeneinandersetzen von Tönen (*punctus contra punctum*). Eine Ausnahme bildet der reine Parallelgesang in Oktaven, wie er z. B. beim Gesang von Frauen, Knaben und Männern von Natur aus entsteht. Eigentliche Mehrstimmigkeit mit selbstständigen Stimmen liegt daher erst vor bei *»Anwendung anderer Zusammenklänge als die Oktave, verbunden mit einer Unterscheidung dieser Zusammenklänge«* (HANDSCHIN). Früh- oder Vorformen kp. Mehrstimmigkeit sind (Abb. A):
- **Heterophonie,** eine antike Form der Mehrstimmigkeit. Es handelt sich wohl um variative Umspielung einer Hauptstimme durch eine andere.
- **Parallelbewegung,** praktiziert in der Antike und im frühen **Organum** des MA. Der Choral erklang als vorgegebene Stimme in Quint-Oktavparallelen, auch in wechselnden Lagen und wechselnder Stimmenzahl. Die starre Bindung der Zweitstimmen nimmt ihnen den Charakter von selbstständigen Kp.
- **Bordunpraxis** des MA., der Bass bleibt als Fundament unter der vorgegebenen Stimme liegen. Es ergeben sich dabei zwar verschiedene Zusammenklänge, doch ist der starre Bass kein eigentlicher Kp. (sondern eher ein *Orgelpunkt*).
- **Schweifendes Organum** des MA., die Zweitstimme entwickelt Eigenständigkeit in wechselnden vollkommenen Konsonanzen usw.; reine Improvisation, jedoch nach bestimmten kp. Regeln (vgl. S. 198).

Der Begriff *Kontrapunkt* taucht erst im 14. Jh. auf. Die kurzen kp. Lehrtraktate regeln die Intervallzusammenklänge auf betonten Zeiten **(Gerüstklänge)** und lassen dazwischen Raum für mehr oder weniger freie Gestaltung. Im 15. Jh. wird auch die Dissonanzbehandlung geregelt **(Synkope, Durchgangs-** und **Wechselnoten)**. Der strenge Kp. gilt für die Komposition (*res facta*), während das weit verbreitete improvisierte Erfinden von Gegenstimmen zum c. f. *aus dem Kopf (mente oder supra librum cantare)* freier war. Auf dem Hintergrund der **klass. Polyphonie** der Niederländer im 16. Jh. entwickelte sich im Gegenzug ein freier Stil mit expressiver Textausdeutung voller Dissonanzen und Chromatik, bes. im Madrigal. Dazu kam homophone Setzweise, bes. im weltl. Lied. Beides führte um 1600 zur **Monodie** und zum **Gb.** mit vielen kp. Freiheiten. Der strenge Kp. wurde aber als *stylus antiquus* oder *ecclesiasticus* weiter gepflegt, vor allem in der Lehre und in der Kirchenmusik. Mit der Akzentverschiebung vom kp. Stimmengefüge zum *harmoniebestimmten* Satz wird die Harmonik (und Harmonielehre) im 17. und 18. Jh. Grundlage auch der kp. Komposition wie Kanon, Fugen usw. BACH bezeichnet den Gb. als das *»vollkommenste Fundament der Musik«* und ging in seinem Kp.-Unterricht ensprechend vom 4-st. Satz, d. h. der vollen akkordischen Harmonik, zum 2-st. Satz vor, nicht umgekehrt.

Die Klassiker setzten sich ebenfalls mit dem Kp. auseinander. Im Klangraum der Harmonik erscheint kp. Stimmführung bei ihnen als motivische Verflechtung und *thematische Arbeit,* bes. in den Durchführungen der Sonatensatzform.

Im 19. Jh. pflegte man den klass. Kp. einerseits in historischer Rückwendung (PALESTRINA-Renaissance), andererseits zeitgemäß in einer zunehmend chromatischen Polyphonie, die schließlich zur Aufgabe der tonalen Harmonik führte.

Mit dieser Aufgabe der Tonalität wird im 20. Jh. lineares kp. Denken erneut aktuell. Es spiegelt sich in der Übernahme kp. Kompositionstechniken wie Kanon, Umkehrung, Vergrößerung usw. in der Dodekaphonie und in den neueren seriellen Techniken.

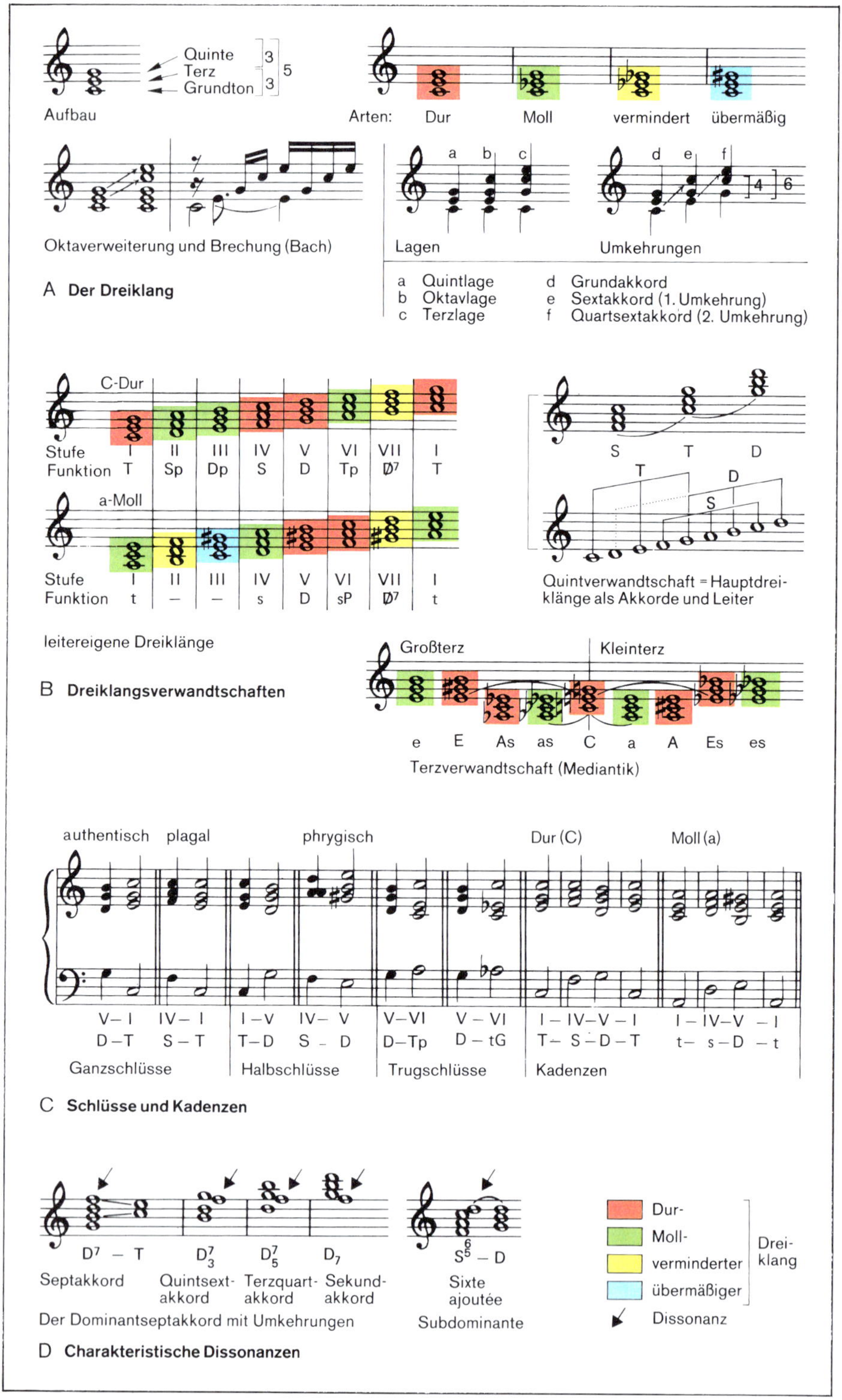
Quinte
Terz
Grundton
3
3
5
Aufbau
Arten: Dur Moll vermindert übermäßig
Oktaverweiterung und Brechung (Bach)
a b c
Lagen
d e f
4
6
Umkehrungen
a Quintlage
b Oktavlage
c Terzlage
d Grundakkord
e Sextakkord (1. Umkehrung)
f Quartsextakkord (2. Umkehrung)
A Der Dreiklang
C-Dur
Stufe I II III IV V VI VII I
Funktion T Sp Dp S D Tp Đ7 T
a-Moll
Stufe I II III IV V VI VII I
Funktion t – – s D sP Đ7 t
S T D
T D S
Quintverwandtschaft = Hauptdreiklänge als Akkorde und Leiter
leitereigene Dreiklänge
B Dreiklangsverwandtschaften
Großterz
Kleinterz
e E As as C a A Es es
Terzverwandtschaft (Mediantik)
authentisch plagal phrygisch Dur (C) Moll (a)
V – I IV – I I – V IV – V V – VI V – VI I – IV – V – I I – IV – V – I
D – T S – T T – D S – D D – Tp D – tG T – S – D – T t – s – D – t
Ganzschlüsse
Halbschlüsse
Trugschlüsse
Kadenzen
C Schlüsse und Kadenzen
D7 – T
D7 3
D7 5
D7
S6 5 – D
Septakkord
Quintsextakkord
Terzquartakkord
Sekundakkord
Sixte ajoutée
Der Dominantseptakkord mit Umkehrungen
Subdominante
Dur-
Moll-
verminderter
übermäßiger
Dreiklang
Dissonanz
D Charakteristische Dissonanzen

Die **Harmonielehre** handelt von den Klangbeziehungen der Dur-Moll-tonalen Musik (also etwa von 1600 bis 1900). Ihre Grundlage ist der Dreiklang.

Der Dreiklang besteht aus Grundton, Terz und Quinte bzw. 2 Terzen, die in 4 Kombinationen erscheinen können (Abb. A):

- **Durdreiklang:** große Terz unten, kleine Terz oben;
- **Molldreiklang:** kleine Terz unten, große Terz oben;
- **verminderter Dreiklang:** 2 kleine Terzen im Rahmen einer *verminderten* Quinte;
- **übermäßiger Dreiklang:** 2 große Terzen im Rahmen einer *übermäßigen* Quinte.

Die Dreiklangstöne können beliebig **oktavverdoppelt** werden oder auch in gebrochenen Akkorden erklingen, ohne ihre Funktionsqualität zu verlieren (Abb. A).

Lagen: Der oberste Ton im Dreiklang bestimmt seine *Lage*. In der **Oktavlage** liegt der Grundton oben, in der **Terzlage** die Terz, in der **Quintlage** die Quinte (Abb. A).

Umkehrungen: Die Dreiklangstöne behalten ihre spezifische Qualität als *Grundton, Terz* und *Quinte* auch, wenn sie ihre Reihenfolge umkehren. Der unterste Ton bestimmt die *Umkehrungsform:*

- **Grundakkord:** Grundton liegt unten;
- **1. Umkehrung:** Terz liegt unten, darüber im *Terzabstand* die Quinte, darüber im *Sextabstand* der Grundton; die 1. Umkehrung heißt daher auch **Sextakkord** (eigentlich Terzsextakkord);
- **2. Umkehrung:** Quinte liegt unten, darüber im *Quartabstand* der Grundton und im *Sextabstand* die Terz; die 2. Umkehrung heißt daher **Quartsextakkord** (Abb. A).

Dreiklangsverwandtschaften

Auf jeder Stufe der Durtonleiter lässt sich ein *leitereigener* Dreiklang aufbauen (Abb. B):

- **Durdreiklänge (Hauptdreiklänge):** auf den Stufen I, IV und V. Sie sind quintverwandt. Ihre Funktionsbezeichnung ist seit RAMEAU (1722) **Tonika** (I), **Dominante** (V) und **Subdominante** (IV);
- **Molldreiklänge (Nebendreiklänge):** auf den Stufen II, III und VI. Sie sind mit den Hauptdreiklängen terzverwandt, also *Tonikaparallele* (VI), *Dominantparallele* (III) und *Subdominantparallele* (II);
- **verminderter Dreiklang:** auf Stufe VII; ein *verkürzter Dominantseptakkord* (ohne Grundton).

In der harmonischen Molltonleiter erscheinen folgende Klänge:

- **Molldreiklänge:** auf Stufe I und IV als *Tonika* (t) und *Subdominante* (s);
- **Durdreiklänge:** auf Stufe V und VI als *Dominante* (D) und *Subdominantparallele* (sP);
- **verminderte Dreiklänge:** auf Stufe II und VII;
- **übermäßiger Dreiklang:** auf Stufe III.

Im Moll zeigen sich die Schwierigkeiten, den Klängen eindeutige Funktionen zuzuweisen. Der verminderte Dreiklang der II. Stufe kann subdominantisch (Sextakkordumkehrung) oder dominantisch sein (doppelt verkürzter Dominantseptnonakkord). Der Klang auf der III. Stufe ist nur im **harmonischen** Moll *übermäßig*, im **natürlichen** steht hier der Durdreiklang der Tonikaparallele (in a-Moll also C-Dur), auf der V. Stufe eine »Molldominante« (ohne den spezifisch dominantischen Leitton, in a-Moll gis) und auf der VII. Stufe deren Durparallele.

Quintverwandtschaft: Dreiklänge lassen sich auch als Keimzelle für die diaton. Leiter ansehen:

Der erste Dreiklang konstituiert die Stufen I, III und V, z. B. c-e-g. Mit dem Dreiklang in der **Oberquinte** (Dominante) kommen die Stufen (V), VII und IX (= II) hinzu, also (g-)h-d, mit dem auf der **Unterquinte** (Subdominante) die Stufen IV und VI, also f und a. In Moll gilt Entsprechendes (Abb. B).

Terzverwandtschaft: Die Klänge stehen unmittelbar nebeneinander als Farbwechsel und Gegenklänge, die sich in der Funktionstheorie nicht schlüssig fassen lassen (**Mediantik,** Abb. B).

Schlüsse und Kadenzen: Die Tonika hat Schlusswirkung. Die Folge D–T heißt **authentischer** Schluss, die Folge S–T **plagaler** Schluss. Ein Schluss auf der T heißt **Ganzschluss,** einer auf der D **Halbschluss,** z. B. T–D oder S–D.

Trugschlüsse heißen alle Wendungen, in denen statt der erwarteten Schlusstonika ein anderer Akkord erscheint, meist die Tp.

Die **vollständige Kadenz** besteht aus der Folge T–S–D–T (in Moll: t–s–D–t). Sie festigt den Charakter der Tonika als tonales Zentrum: wegstrebende Spannung von T nach S (Dominantverhältnis), zurückstrebende Spannung von D nach T. S und T erscheinen als metrische Schwerpunkte (2- oder 4-Takt-Gruppe, Abb. C).

Mehrklänge: Schichtet man 3 Terzen übereinander, so entstehen **Septakkorde,** bei 4 Terzen **Septnonakkorde.** Sie sind auf jeder Stufe der Tonleiter aufzubauen.

Der Dominantseptakkord ist der Dreiklang auf der V. Stufe mit kleiner Sept (D^7), in C-Dur also g-h-d-f. Die Dominantsepte löst sich als *charakteristische Dissonanz* der Dominante in die Tonikaterz auf. Die Umkehrungen des Dominantseptakkordes werden nach ihrer Intervallschichtung benannt (Abb. D).

Die **Sixte ajoutée** ist die *charakteristische Dissonanz* der Subdominante: Hinzugefügt macht sie aus jedem Dreiklang einen Vierklang mit Subdominantfunktion (Umkehrungen möglich).

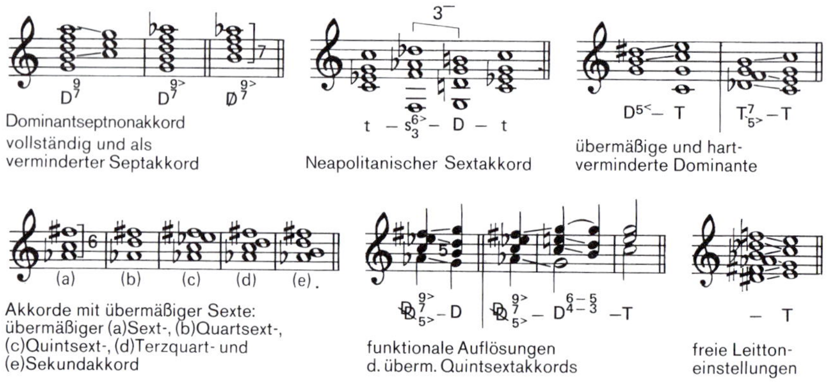

A **Alterierte Akkorde**

B **Zwischen- und Doppeldominante**

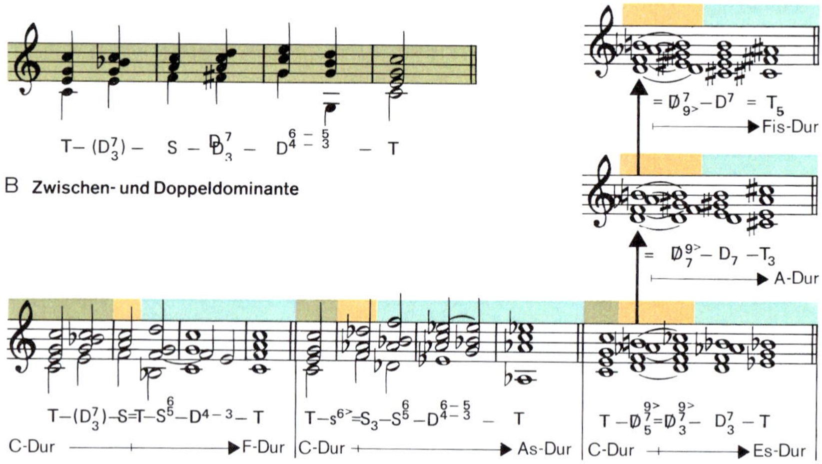

C **Modulationen,** diatonisch, chromatisch, enharmonisch

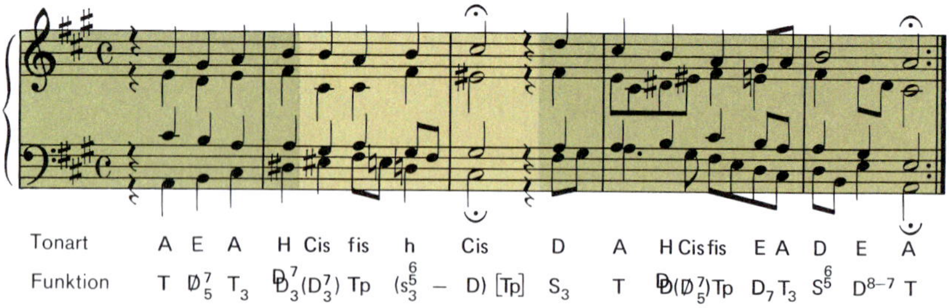

D **Harmonische Analyse,** J. S. Bach, Choral »Wer in dem Schutz des Höchsten«

Ausgangstonart | Ausweichung | Zieltonart | Umdeutungsakkord

Erweiterte Klangverbindungen

Alterierte Akkorde. Außer leitereigenen Tönen können in Akkorden chromat. Veränderungen **(Alterationen)** vorkommen. Stets handelt es sich um Dissonanzen, die sich leittönig, d. h. im Halbtonschritt, auflösen wollen. Ein durch Kreuz-Vorzeichen erhöhter Ton tendiert nach oben, ein durch Be-Vorzeichen erniedrigter Ton tendiert nach unten. **Bewegungsenergie** und **Farbe** sind in alterierten Akkorden bes. stark: Die wichtigsten dieser Akkorde zeigt Abb. A (alle auf Tonika C bezogen):

- **Dominantseptnonakkord:** In Abb. A ist die Septe f^2, die None a^2; letztere wird tiefalteriert zu as^2; meist fehlt der Grundton g^1, sodass ein *verminderter Septakkord* entsteht;
- **Neapolitanischer Sextakkord:** als Mollsubdominante mit *kleiner Sexte* anstelle der Quinte (= Sextakkord der Mollsubdominantparallele, in Abb. A: Des-Dur); Auflösung in die Dominante mit dem typischen verminderten Terzschritt (des–h);
- **übermäßige Dominante:** mit hochalterierter Quinte (dis statt d);
- **hartverminderte Dominante:** mit tiefalterierter Quinte (des statt d);
- **übermäßiger Sextakkord** und **übermäßiger Quartsextakkord:** mit übermäßiger Sexte (as–fis statt a–f);
- **übermäßiger Quintsext-, Terzquart-** und **Sekundakkord:** meist als (Doppel-)Dominanten (D-Dur) mit tiefalterierten Quinten (as statt a); bei der funktionalen Auflösung in die Dominante tauchen Quintparallelen auf (*»Mozartquinten«*, Abb. A).

Die meisten alterierten Akkorde sind Dominanten. Im 19. Jh. werden die Alterationen immer komplizierter und die Akkorde mehrdeutig. Sie lassen sich kaum mehr funktional, sondern als **freie Leittoneinstellungen** (Halbtonstufen) zum folgenden Akkord erklären (Abb. A).

Zwischen- und Doppeldominanten

Zwischen- oder Wechseldominanten beziehen sich im harmonischen Verlauf auf einen anderen Akkord als auf die Tonika (in der Analyse eingeklammert). In der Grundkadenz T–S–D–T z. B. kann die Tonika eine kleine Septe erhalten und damit **Zwischendominante** zur Subdominante werden (Abb. B).

Die Zwischendominante zur Dominante heißt **Doppeldominante** (D̸). Sie taucht oft nach oder anstelle der S auf.

In Abb. B hat die D (G-Dur) einen *Quartsextvorhalt* (c/e), der sich in Terz und Quinte auflöst (h/d).

Modulationen

Das tonale Zentrum (Tonika) kann wechseln. Geschieht dies nur sporadisch, spricht man von einer **Ausweichung,** sonst von einer **Modulation** in eine neue Tonart. Im 18. Jh. modulierte man vor allem in die S, D, Tp, Dp und Sp. Ab der Klassik erweiterte man diesen Spielraum.

Es gibt viele Modulationsarten und noch mehr Modulationswege. Fast immer wird ein bestimmter Akkord *funktional umgedeutet*, z. B. die Subdominante zur neuen Tonika (S = T, Abb. C). Die drei wichtigsten Modulationsarten sind die

- **diatonische Modulation** durch Zwischendominanten, Trugschlüsse usw. (Abb. C: von C-Dur nach F-Dur);
- **chromatische Modulation** durch gemeinsame chromatische Töne im alten und neuen Tonalitätszentrum, z. B. durch die *Neapolitanische Sexte* (Abb. C: C-Dur nach As-Dur über Sextakkord Des-Dur);
- **enharmonische Modulation** durch enharmonische Verwechslung alterierter Akkordtöne und damit funktionale Umdeutung des ganzen Akkordes. Häufig wird dabei der **verminderte Septakkord** verwendet. Er erscheint als Dominantseptnonakkord ohne Grundton und lässt sich in 3 neue Richtungen weiterführen, so in Abb. C:

h als **Terz** der alten Dominante G-Dur wird **ces** und damit **kleine None** einer neuen (B-Dur zur Tonika Es-Dur);

as als **None** der alten Dominante wird zu **gis** und damit **Terz** einer neuen (E-Dur zur Tonika A-Dur);

f als **Septe** der alten Dominante wird zu **eis** als **Terz** einer neuen (Cis-Dur zur Tonika Fis-Dur).

Die neuen Dominanten können dominantisch oder doppeldominantisch nach Dur oder Moll aufgelöst werden (12 Lösungen).

Harmonische Analyse

Die Harmonielehre ist abstrahierbar von Kunstwerken. Sie berücksichtigt dabei nur den harmonischen Aspekt. Sie ist als Theorie nicht immer schlüssig. Es gibt daher versch. Theorien (*Stufen-, Funktionstheorie* usw.).

Abb. D zeigt eine harmonische Analyse nach der *Riemannschen Funktionstheorie.* Die **Ziffern** stammen dabei aus der Generalbasspraxis. Sie geben wichtige **Intervalle** der Akkorde an, und zwar **rechts oben** neben dem Funktionsbuchstaben, außerdem den **Basston,** falls dieser vom Grundton abweicht, und zwar **rechts unten** neben dem Funktionsbuchstaben, z. B.: Der 2. Akkord ist die Dominante E-Dur (D) mit Septe d (7 oben) und mit Quinte h im Bass (5 unten). Die Klänge in *runden* Klammern sind Zwischenfunktionen, bezogen auf andere Klänge als die Tonika. Erscheint dieser erwartete Klang dann nach der Klammer nicht (*Ellipse*), so setzt man ihn in *eckige* Klammern. In Abb. D handelt es sich um eine erwartete Ausweichung in die Tp (fis-Moll), stattdessen erklingt nach der Pause die S mit Terz im Bass (D-Dur).

Das Beispiel zeigt ferner Durchgangs- und Wechselnoten. In der Stimmführung werden kleine, sangliche Schritte und die Gegenbewegung der Stimmen angewendet.

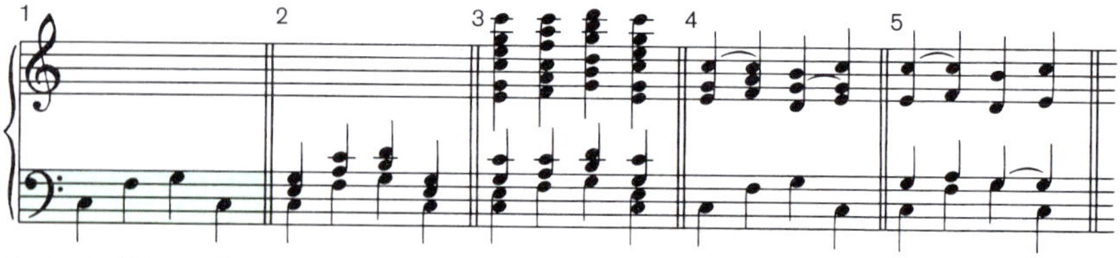

A **Unbezifferter Generalbass,** Kadenzbeispiel

1 notierte Basstöne
2 erwartete Terz und Quinte
3 mögliche Verdoppelungen
4 enge Lage (4-st.)
5 weite Lage (4-st.)

B **Generalbass-Bezifferung**

C **Häufige Umkehrungsformen**

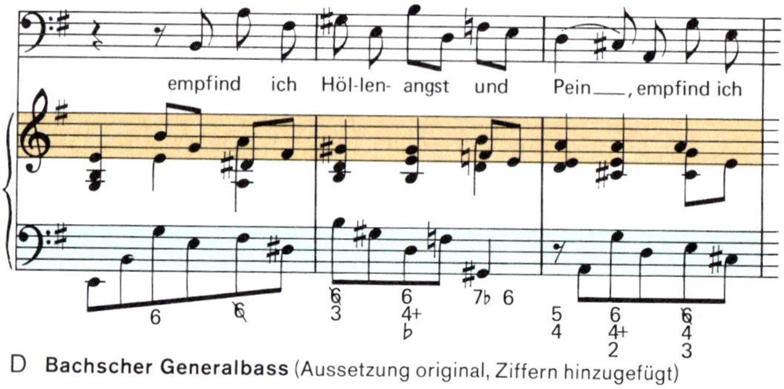

D **Bachscher Generalbass** (Aussetzung original, Ziffern hinzugefügt)

E **Früher Generalbass,** geteiltes Accompagnement

F **Vollstimmiger Generalbass**

notierte Basstöne
nicht notierte Akkorde

»Der Generalbaß ist das vollkommenste *Fundament* der *Music* welcher mit beyden Händen gespielet wird dergestalt das die lincke Hand die vorgeschriebenen Noten spielet die rechte aber *Con-* und *Dissonantien* darzu greift damit dieses eine wohlklingende *Harmonie* gebe zur Ehre Gottes und zulässiger Ergötzung des Gemüths und soll wie aller *Music*, also auch des General *Basses Finis* und End Uhrsache anders nicht, als nur zu Gottes Ehre und *Recreation* des Gemüths seyn. Wo dieses nicht in Acht genommen wird da ists keine eigentliche *Music* sondern ein Teuflisches Geplerr und Geleyer« (J. S. Bach, 1738).

Zur Technik des Gb. Der Gb. ist eine musikal. Kurzschrift des Barock. Notiert wurde nur eine bezifferte **Bass-Stimme,** die aus dem Stegreif durch Akkorde ergänzt wurde. Gb.-Instrumente waren Laute, Theorbe, Cembalo, Orgel (in der Kirchenmusik) usw., dazu für die Bass-Stimme Gambe, Cello, Kontrabass, Fagott, Posaune.

Unbezifferter Gb.: Über jedem Basston ohne Ziffer erklingt der vollständige leitereigene **Dreiklang** (Abb. A, 1 und 2). Die Dreiklangstöne können beliebig verdoppelt werden (A, 3), woraus in der Praxis eine satztechnisch sinnvolle Kombination gespielt wird (A, 4 und 5).

Abweichungen vom Dreiklang werden durch Ziffern angegeben. In der Frühzeit des Gb. fehlen diese Ziffern aber häufig. Der Spieler musste die Harmonik aus dem Satz selbst erschließen (Abb. E, F).

Generalbassbezifferung: Die Ziffern geben die Intervalle an, gemessen vom notierten Basston; Terz und Quinte sind nötigenfalls zu ergänzen; in der Reihenfolge in Abb. B erscheinen:

- **leitereigener Dreiklang:** keine Ziffer;
- **veränderte Dreiklangsterz:** ♯, ♭ oder ♮;
- **Sextakkord,** stets mit Terz;
- **Quartsextakkord;**
- **Septakkord,** mit *kleiner Dominantsepte (7♭);* Terz und Quinte zu ergänzen;
- **Quintsextakkord,** stets mit Terz;
- **Quintsextakkord** mit *Dominantsepte* (*5♭* als Abstand zum Basston), vgl. Abb. C;
- **Terzquartakkord** mit Quinte;
- **Terzquartakkord** mit *Dominantsepte,* vgl. Abb. C;
- **Sekundakkord,** stets mit Quarte und Sexte;
- **Sekundakkord,** vgl. Abb. C;
- **Sekundakkord** mit erhöhter Quart (4♯ oder 4+);
- **Nonenakkord,** stets mit Terz und Quinte;
- **höhere Ziffern** sind oft Lagenanweisungen (nur im frühen Gb.);
- **Stimmbewegungen** können notiert werden: 4–3, 6–5, 8–7♭;
- **gleiche Harmonie:** waagrechter Strich;
- **Akkordvorausnahme:** Schrägstrich vor der Ziffer (/7);
- **gleiche Ziffer:** Schrägstrich nach der Ziffer (7/);
- **keine Akkorde greifen:** 0 (Null) oder *t. s.* (*tasto solo,* nur die Taste).

Die Verbindung der Akkorde muss den kp. Regeln entsprechen.

Spielweise: In der Frühzeit des Gb. hielt man sich eng an die zu begleitenden Instrumental- oder Vokalstimmen. Die Stimmen des Gb. verteilte man auf beide Hände (**geteiltes Accompagnement**, Abb. E). Diese Spielart war später, bes. bei bewegteren Bässen, nicht mehr üblich. Dann spielte die linke Hand den Bass, die rechte eine 3-st. Begleitung (Abb. D). Möglich war auch **2- bis 3-st. Spiel** mit strenger Kontrapunktik oder **vollgriffiges Akkordspiel** mit Satzfreiheiten (Abb. F; T. 2: Acciaccatura).

Der Gb. hatte als Begleitung im Hintergrund zu bleiben. Dies gilt auch für den **manierlichen Gb.,** in dem der Spieler Verzierungen (*Manieren*), Passagen, Arpeggien usw. anbringen durfte, falls es den Solisten nicht störte.

Zur Geschichte des Gb.

Im 16. Jh. wurden mehrst. Vokalwerke für Laute oder Orgel usw. bearbeitet (*abgesetzt*). Dies diente der *Begleitung* bei geringstimmiger oder solistischer Besetzung dieser Werke (z. B. Motetten), zum andern konnte der Kantor den Chor von der Orgel her *im Ton und Takt halten.* Man begnügte sich dabei mit dem Spiel der wichtigsten Stimmen, vor allem einer *ununterbrochenen* Basslinie, die der jeweils tiefsten Stimme folgte. Dieser *Bass für die Orgel* hieß *Basso continuo* oder *seguente,* auch *Basso principale* oder *generale,* dt. **Generalbass.**

Voraussetzung für die Entstehung des Gb. war, dass sich der Dreiklang im 16. Jh. zur Grundlage des harmonischen Geschehens entwickelt hatte. Die meisten Klänge waren leitereigen und unkompliziert. Das begünstigte ihr Erfassen in Ziffern bzw. die Akkordimprovisation über einem unbezifferten Bass.

Mit dem Entstehen des Gb. Ende des 16. Jh. fällt auch die Entstehung des neuen *monodischen* Stils zusammen, der sich des Gb. ganz wesentlich bediente (Solomadrigale, frühe Oper usw.).

Der Gb. wurde bald bei allen Arten der Barockmusik verwendet (*Gb.-Zeitalter*). Als harmonische Grundlage garantierte er das freie, *konzertante* Spiel der Oberstimmen.

Ab der Mitte des 18. Jh. verlor der Gb. an Bedeutung. Bei der vereinfachten Harmonik und den »Trommelbässen« der Frühklassik störten die starren Gb.-Akkordschläge. Die Komponisten schrieben nun die Mittelstimmen aus (**obligates Accompagnement**). Die Wiederbeschäftigung mit der Musik des Barock im 19./20. Jh. verlangte historisches Wissen um die Gb.-Praxis. Neuausgaben von Barockmusik bieten daher sinnvollerweise einen ausgeschriebenen Gb. als Hilfe für den nicht geübten Spieler.

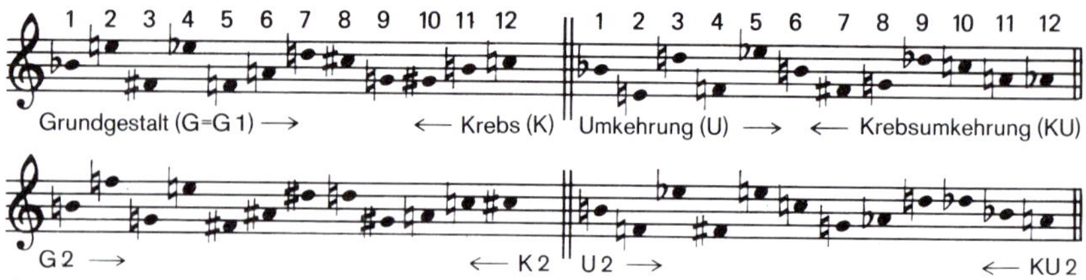

A **Die vier Gestalten der Zwölftonreihe und ihre erste Transposition,** A. Schönberg, Variationen für Orchester, op. 31

B **Themenbildung (Vc.), Variation (EH.) und Reihenschichtung (V.),** A. Schönberg, op. 31

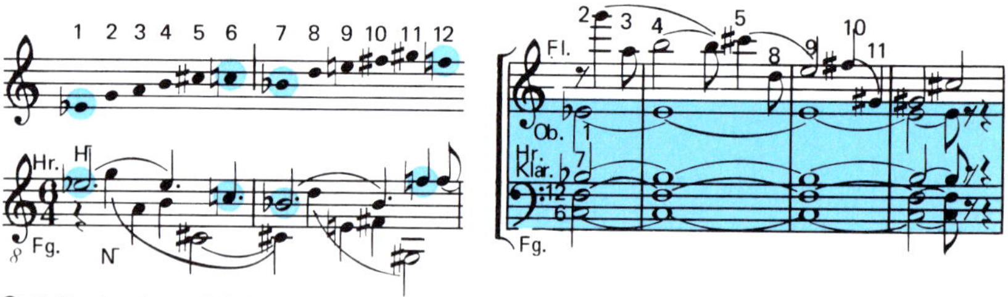

C **Reihenbrechung,** A. Schönberg, op. 26, Reihe, Haupt- u. Nebenstimme, Orgelpunkt

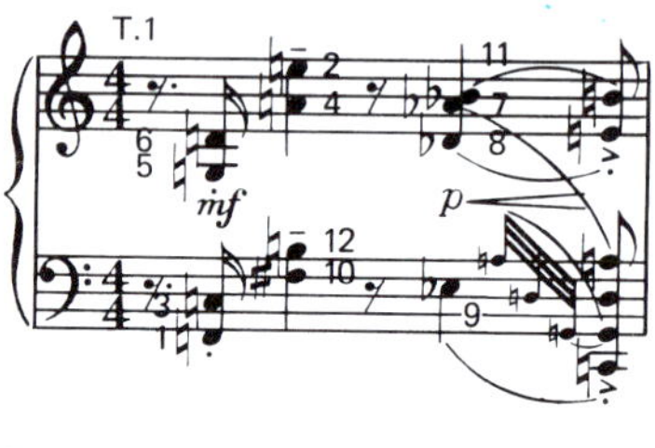

D **Allintervallreihe,** A. Berg, Lyrische Suite, Reihe und Zwölftonfeld in Takt 1

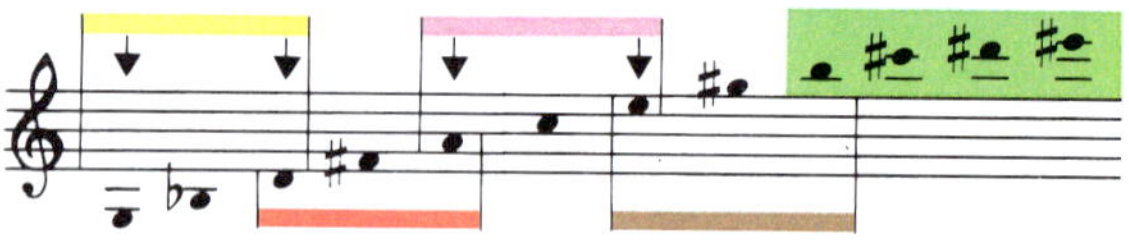

E **Reihe mit Dreiklangsfolgen,** A. Berg, Violinkonzert

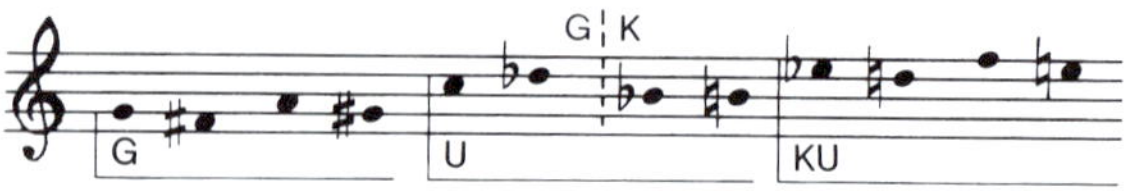

F **Reihe mit symmetr. Binnenstruktur,** A. Webern, Streichquartett op. 28

↓ Violin-Saiten
Ecktöne der Reihenhälften
g-Moll
D-Dur
a-Moll
E-Dur
Ganztöne

Nach der Phase *freier Atonalität* entwickelten HAUER (ab 1919) und SCHÖNBERG (ab etwa 1920, konsequent zuerst in der *Klaviersuite op. 25,* 1921) zwei Arten von **Zwölftontechnik (Dodekaphonie).** Ziel war eine neue *»Ordnung und Gesetzmäßigkeit«* (SCHÖNBERG), die die formbildenden Kräfte der tonalen Harmonik ersetzen könnte. Grundlage ist die temperierte Halbtonskala (meist in einfachster Schreibweise: ais = b usw.).

HAUERS **Tropenlehre:** 2 Sechstongruppen bilden als Kompositionsgrundlage 44 mögliche Kombinationen (*Tropen*). HAUERS Methode führt zu einer *»gewollten Monotonie«* (STEPHAN) und hat sich nicht durchgesetzt.

SCHÖNBERGS **Methode der** *»Komposition mit 12 Tönen«* (Brief an HAUER, 1923) arbeitet mit **Zwölftonreihen.** Sie lässt der Fantasie und Gestaltungskraft des Komponisten größten Raum.

Die Zwölftonreihe wird zu jedem Werk neu erfunden. Sie legt die 12 Tonorte bzw. die Intervallbeziehungen fest. Die Reihe erscheint in 4 gleichwertigen Gestalten (Abb. A, oberste Zeile):

- **Grundgestalt (G),** gerade Richtung;
- **Krebs (K),** rückwärts: c^2–h^1–gis^1 . . .;
- **Umkehrung (U),** G mit Richtungswechsel, d. h. horizontaler Spiegelung aller Intervalle: b^1–e^1 (Tritonus *abwärts* statt *aufwärts*) – d^2 (kleine Septe *aufwärts* statt *abwärts*) usw.;
- **Krebsumkehrung (KU),** as^1–a^1–c^2 . . .

Die 4 Gestalten können von jedem der 12 Töne der chromatischen Skala ausgehen: die Grundreihe G also nicht nur von b^1, sondern auch von a^1 aus, 1 Halbton niedriger, daher G–1. Diese **Transposition** geht abwärts bis G–11 oder aufwärts bis G 11 (Abb. A, zweite Zeile), ebenso mit K, U und KU. Damit stehen **48 Reihen** als Ausgangsmaterial für jede Komposition zur Verfügung.

Melodie- und Themenbildung: am einfachsten in der Tonfolge 1–12 der Grundreihe wie in Abb. B, Oberzeile (T. 34 ff.): Thema im Cello, Unterzeile (T. 502 ff.): Variation des Themas im Englischhorn. (In der Praxis ist es meist umgekehrt: aus dem *Primäreinfall* eines 12-tönigen Themas wird die Reihe als *Material* gewonnen.) Auch Reihenbrechung ist möglich (Abb. C, s. u.).

Harmonie- und Akkordbildung: durch gleichzeitiges Erklingen der Reihe in

- **Reihenschichtung:** Mehrere Reihen laufen gleichzeitig ab, so in Abb. B, Unterzeile: zu G erklingt U 10;
- **Reihenbrechung:** In op. 26 wählt SCHÖNBERG die Ecktöne 1, 6, 7, 12 der fast gleich gebauten Reihenhälften aus (Abb. C): Sie bilden im 1. Nb. die **Hauptstimme** (Horn), die übrigen die **Nebenstimme** (Fagott), im 2. Nb. den orgelpunktartigen **Vierklang,** die übrigen das Flötensolo.

Die Anordnung der Reihentöne im Zusammenklang unterliegt keiner Regel. Scheinbar sehr frei ist die Anordnung der ganzen Reihe in den ersten drei Akkorden der *Lyrischen Suite* von BERG, die jedoch auf neutrales Quintenmaterial zurückgehen (f–c–g–d usw.). Es entsteht ein **Zwölftonfeld** (Abb. D). – Extreme Ballung der Reihe ist der **Zwölftonakkord.** Die Reihentechnik will bei Gleichwertigkeit der 12 Töne die Bildung tonaler Zentren verhindern. Es sollen daher alle 12 Töne der Reihe erklungen sein, ehe einer wiederholt wird. Unmittelbare Tonwiederholung ist aber häufig (s. Abb. B und C).

Besondere Reihenstrukturen. Die Intervalle einer Reihe bestimmen deren Charakter, zugleich den des Stückes. Der Personalcharakter des Komponisten prägt sich daher bereits in der Reihe aus (»Themeneinfall«, s. o.).

SCHÖNBERG verwendet überwiegend Reihen mit hohem atonalem Spannungsgehalt durch sehr dissonante Intervalle.

BERGS Reihen tendieren zur Ausbildung konsonanter oder gar tonaler Felder durch konsonante Intervalle, auch Dreiklänge wie in der Reihe des *Violinkonzertes* (Abb. E), deren Töne 1, 3, 5, 7 zugleich die leeren Saiten der Geige darstellen. Ihre Ganztonfolge am Schluss entspricht dem Melodiebeginn des BACH-Chorals *»Es ist genug«,* der im Konzert zitiert wird.
Berühmt ist die Reihe der *Lyrischen Suite* und der *Storm-Lieder:* Sie enthält alle in einer Oktave liegenden Intervalle (eine **Allintervallreihe,** Abb. D). Sie ist außerdem um den Tritonus in der Mitte gespiegelt, sodass rechts und links Komplementärintervalle erscheinen: kleine Sekunde (2 –) gegen große Sept (7 +), kleine Terz (3 –) gegen große Sext (6 +) usw.

WEBERNS Reihen zeigen selbst schon oft ein Höchstmaß an Konstruktion und Beziehungsdichte in ihrer **Binnenstruktur.** So enthält die Reihe des *Konzertes,* op. 24, in sich bereits Grundgestalt, Krebs, Umkehrung und Krebsumkehrung als symmetrische Dreitongruppen (s. S. 104). Auch in der Reihe des *Streichquartetts,* op. 28, finden sich Grundgestalt (G), Umkehrung (U), Krebs (K) und Krebsumkehrung (KU) in Viertongruppen, ferner Symmetrie mit G und KU als Reihenhälften (Abb. F).

Vorform der seriellen Musik. Die Zwölftontechnik regelt nur einen Parameter des Tones, die Tonhöhe bzw. die Tonhöhenverhältnisse. Die Übertragung des Reihendenkens auf andere Tonparameter wie **Tondauer** (metrische und rhythmische Folgen), **Tonstärke** (dynamische Bezeichnungen in Reihenordnung) und **Klangfarbe** (reihengeordnete Instrumentalfarbwerte bzw. Besetzungsfolgen) führte nach 1950 zur Ausbildung der **seriellen Musik** mit ihren beiden Arten der *punktuellen* (Reihenregelung je Ton) und *statistischen* Komposition (Regelung der Tonkomplexe).

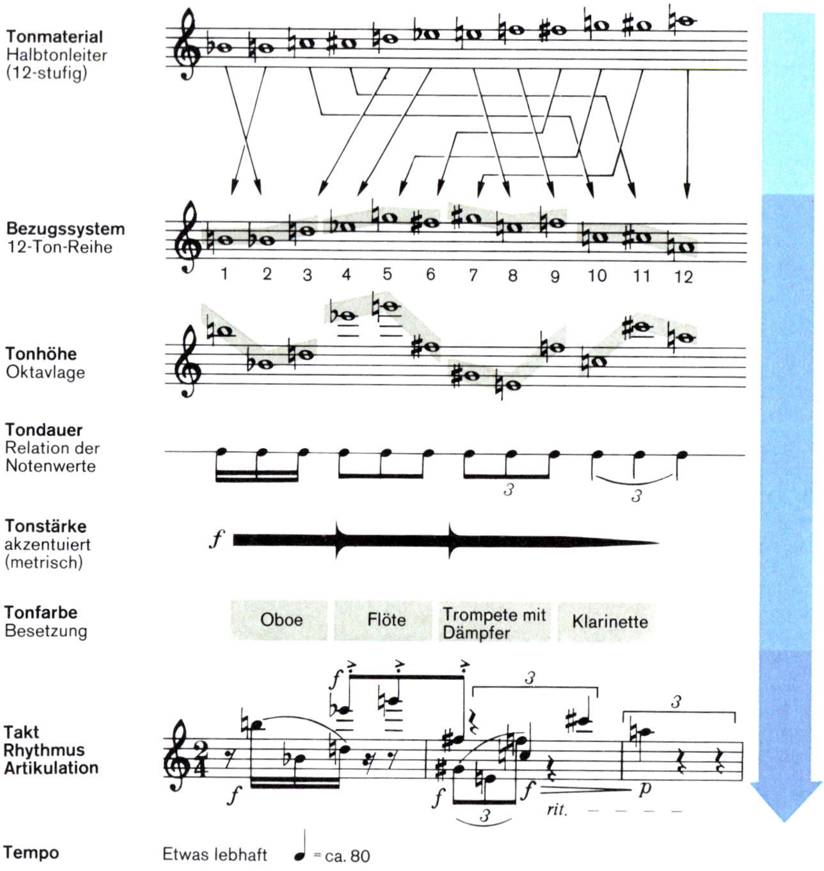

A **Elemente musikalischer Form,** A. Webern, Konzert op. 24, 1. Satz

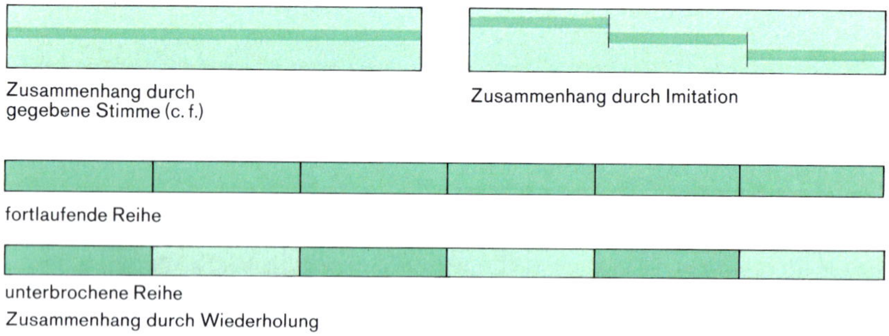

B **Formbestimmende Gliederung**

Gerüstelemente (identisch oder variiert)
freie Elemente

Dreitongruppen
Ausgangsmaterial
gestaltetes Material

Material und Gestaltung

Form bezieht sich einerseits auf die *Gestaltqualität* jeder Musik **(musikalische Form),** andererseits auf allgemeine musikal. *Kompositionsmodelle* **(musikalische Formen)**. Musikal. Form verschmilzt 3 Momente:

- **Tonmaterial** als Stoff oder Vorform der Musik;
- **Gestaltungsprinzipien** als formale Kategorien;
- **Ideen oder Vorwürfe** als Antriebskräfte jeder musikal. Gestaltung.

1. Tonmaterial besteht aus physikal. Schwingungen. Die Musik ist daher an Zeitablauf gebunden. Diese Bewegung befähigt sie, in gewisser Parallelität physische und psychische Bewegtheit zu spiegeln oder hervorzurufen. Es bedeutet zugleich, dass ihre Form sich nicht unmittelbar, sondern nur mithilfe des Gedächtnisses anschauen lässt.

Das naturgegebene akustische Material (Klang, Geräusch, Knall) erfährt in den nicht naturgegebenen Tonsystemen der Kulturen eine *vorformale* Selektion (vgl. S. 84 ff.). Eine solche Vorform ist z. B. die diatonische Tonleiter.

Formale Kategorien des Materials sind die Toneigenschaften:

- **Tonhöhe** in Melos und Harmonik;
- **Tondauer** in Tempo, Rhythmus, Metrum;
- **Tonstärke** in dynamischer Bewegung;
- **Tonfarbe** im Kolorit der Besetzung.

Darüber hinaus haben die Ein- und Ausschwingvorgänge, die Interferenzen, die Verzerrungen usw. als *»parasitäre Schwingungen«* (WINCKEL) für die Musik wesentliche Bedeutung. Eine gleichmäßig tönende Sirene ist keine Musik, da das starre Unveränderliche den psych. Vorgängen im Menschen nicht entspricht.

Alle Elemente musikal. Form gehen in der künstlerischen Konzeption in einer übergeordneten Gestaltqualität auf, aus der allein sie ihren musikal. Sinn beziehen. Die Analyse versucht hingegen, ihr Zusammenwirken zu entfalten und sie einzeln anzusprechen. Abb. A zeigt in dieser Weise die Stufen, die (nur theoretisch) vom Tonmaterial in formaler Verdichtung zur Komposition führen:

- **Tonmaterial:** Ausgangsbasis ist die vorgeformte 12-stufige chromatische Tonleiter (samt der historischen Dimension ihrer Temperierung um 1700);
- **Bezugssystem:** Die 12 Töne werden in einen für WEBERN typischen Zusammenhang gebracht: eine Zwölftonreihe aus 4 Dreitongruppen dissonanter Intervalle;
- **Tonhöhe:** Die Oktavversetzung der Töne verdeutlicht die gegensätzliche Bewegungsrichtung der Gruppen;
- **Tondauer:** festgelegt in Dreitongruppen, die immer langsamer werden;
- **Tonstärke:** über 3 Gruppen *forte*, dann abnehmend zum *piano;* entsprechend ihrer metrischen Stellung im Takt tragen die Achtelgruppen Akzente;
- **Tonfarbe:** die 4 Gruppen werden 4 verschiedenen Instrumenten zugewiesen.

Das Nb. zeigt weitere formale Elemente: Die **Artikulation** wechselt gruppenweise: *legato, staccato, legato, portato.* Der **Rhythmus** ergibt sich durch die Anordnung der Dreitongruppen im **2/4-Takt.** Das **Tempo** *»etwas lebhaft«* bestimmt den Charakter des Stückes mit. Hinzu kommt die **Interpretation** durch die Spieler (*Aufführungspraxis*). Alle Parameter wirken an der Gestalt des klingenden Musikstückes mit.

2. Gestaltungsprinzipien als formale Kategorien lassen sich in 2 Typen einteilen: Zum einen sind sie *allgemein ästhetischer* Art wie Ausgewogenheit, Kontrast, Abwechslung usw., zum andern *spezifisch musikalisch* wie Wiederholung, Variation, Transposition, Sequenzierung usw.

Übergeordnete formale Momente sind Gliederung, Gewichtsabstufung und Attraktionspunkte, die für das Erfassen der Form im Gedächtnis eine bes. Rolle spielen (Festhalten des Zeitablaufs).

Die Form in der Musik hängt davon ab, auf welche Weise **Zusammenhang** gestiftet wird, denn Form ist *»Einheit im Verschiedenen«* (RIEMANN). Dies gilt auch für größere Formzusammenhänge:

- Als zusammenhangstiftende Achse fungiert oft ein **c. f.,** um den sich sekundäres Material gruppiert;
- Zusammenhang entsteht auch durch **Imitation** einer Stimme durch eine andere, wie in der Fuge, dem Kanon usw.;
- auch **Wiederholung** von Formelementen stiftet Zusammenhang, und zwar Gleiches unmittelbar hintereinander als fortlaufende Reihe (z. B. Variationen) oder in einer durch kontrastierende Teile unterbrochenen Reihe (z. B. Rondo).

Das Gedächtnis braucht die Gerüstelemente, um die Form besser zu erfassen (Abb. B).

3. Ideen oder Vorwürfe begründen die künstlerische Form nicht aus ihrer syntaktischen, erfassbaren Seinsschicht, sondern aus dem inneren Zusammenhang zwischen Kompositionsantrieb und -gestaltung.

Als Antrieb gelten *außermusikalische* Affekte, Stimmungen, Bildvorstellungen usw., sowie *rein musikalisch* übernommene oder erfundene Themen, Motive usw.

Antrieb kann als Inhalt gelten, der im musikal. Kunstwerk aber vollständig sublimiert wird. Daher gibt es keine klangliche Antithese von Form und Inhalt, sondern höchstens schlechte musikal. Form. Die Musik ist eine der menschl. Ausdrucksmöglichkeiten und in diesem Sinne eine Sprache. Dem Verständnis erschließt sie sich allerdings nicht verbal, sondern nur musikal., und dies über die musikal. Form.

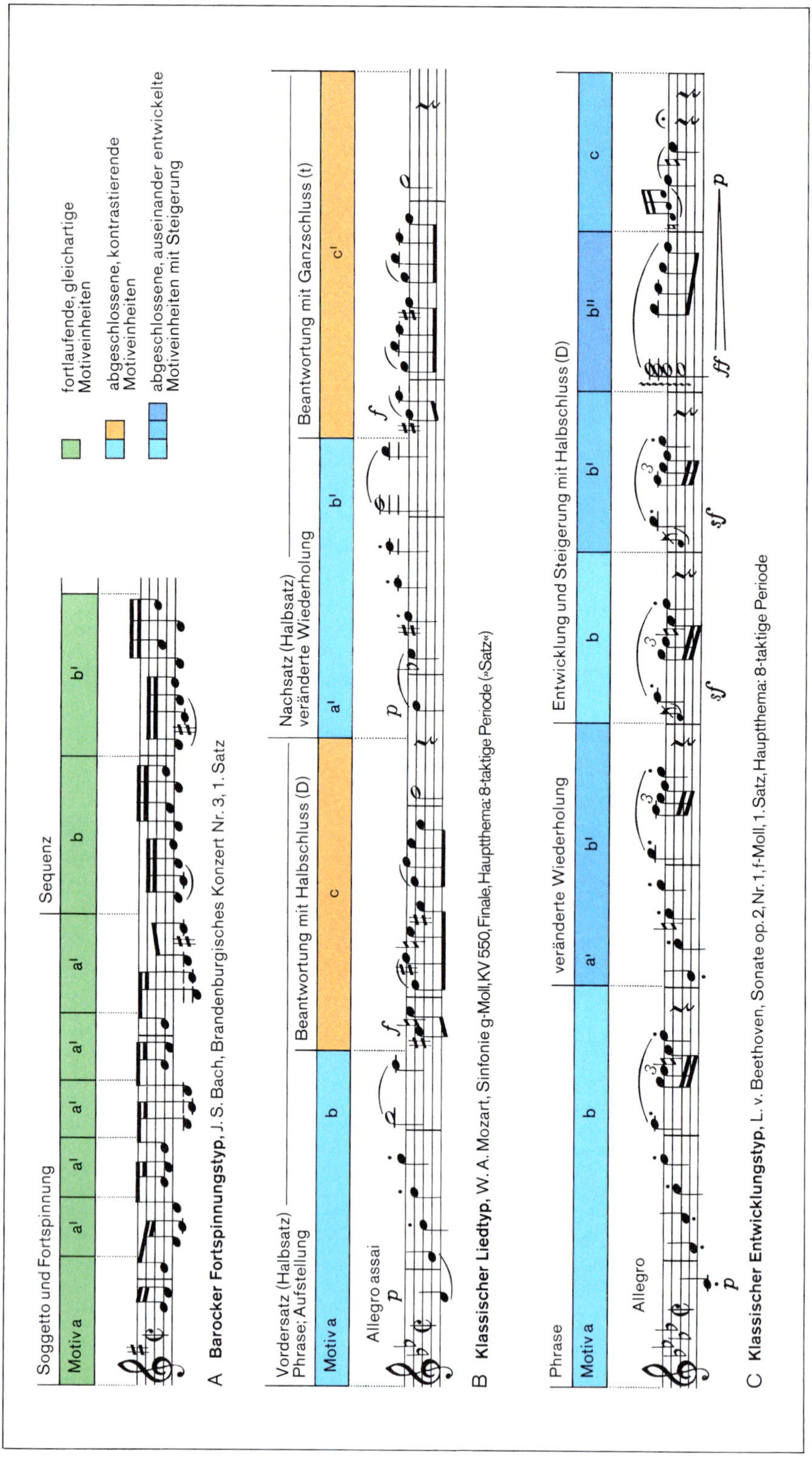

Typen der Periodenbildung

Die Gestalt eines musikal. Kunstwerkes und damit seine Form ist individuell. Alle formalen Erscheinungen folgen daher dem werkimmanenten Gesetz und erfüllen eine nur in diesem Werk gültige Funktion. Diese Verhältnisse in der Analyse des einzelnen Kunstwerkes aufzuweisen, ist Ziel der sog. *funktionalen* Formenlehre.

Um zu einer gültigen Terminologie zu gelangen, bedarf es jedoch der Abstraktion vom Individuellen ins Allgemeine. Daher stellt die *schematische* Formenlehre Modelle auf, an deren Norm das einzelne Kunstwerk im Blick auf seine Form gemessen und beschrieben werden kann.

In der abendländ. Musik sind die häufigsten Modelle *melodischer* Art, sekundär *harmonisch* und *rhythmisch* bestimmt:

- **Motiv,** ist die kleinste, meist melodische Sinneinheit, ein typisches und einprägsames Gebilde, definiert durch die Kraft zur **Verselbstständigung:** Es kann *wiederholt* werden, auch auf anderer Tonstufe erscheinen (Abb. A: Motiv a von *g* aus, dann von *d*) oder sich *verändern* (Abb. A, 6. Wiederholung: *g–a–h;* der Rhythmus des Motivs a ist erhalten geblieben). Starke Veränderung führt zu neuem, aber verwandtem Motiv (Abb. A, Motiv b: Wechsel der unteren Nebennote wie in Motiv a, jedoch volltaktig, mit 4 statt 3 Tönen, und mit anderer Fortführung).
- **Phrase,** das nächstgrößere Gebilde nach dem Motiv, umfasst meist 2 Takte (Abb. B, C).
- **Soggetto** (ital. *Subjekt*), ein prägnantes Kopfmotiv mit Fortführung ohne scharfe Begrenzung (typisch für Barock).
- **Satz,** wie in der Sprache eine geschlossene Sinneinheit, ein Abschnitt von meistens 8 Takten. Er gliedert sich in **Vorder-** und **Nachsatz (Halbsätze).**
- **Thema,** eine meist 8-taktige Sinneinheit wie der Satz (synonym). Ein Thema zeigt gegenüber dem Soggetto oft symmetr. Gliederung und harmon. Geschlossenheit (Kadenz, typisch für Klassik).
- **Periode,** wie der Satz eine 8-taktige Einheit, oft nicht thematisch.
- **Abschnitt** oder **Gruppe** bezeichnen nächstgrößere Gliederungen.
- **Teil,** eine größere Einheit in einem Musikstück, oft als Ganzes wiederholt, z. B. die *Exposition* der Sonate.
- **Satz** im übergeordneten Sinn: ein geschlossenes Musikstück in einer **Satzreihe** (wie dem Divertimento) oder einem **Satzzyklus** (wie der Sonate).

Mit dem Aufkommen des Taktes in der Musik um 1600 fallen die gliedernden Zäsuren in der Regel mit den Taktgrenzen zusammen, sodass die Länge der Einheiten und deren Kombinationen in Taktzahlen gemessen werden können. Zur Bezeichnung der Teileinheiten werden große oder kleine Buchstaben verwendet, die die Kategorien der Gleichheit (a a), der Ähnlichkeit (a a′) und der Verschiedenheit (a b) summarisch angeben.

Typen der Periodenbildung.

Die Terminologie Motiv, Soggetto usw. besagt noch nichts über die Art der Abschnitte und Perioden. Es gibt dabei gewisse Typen der Periodenbildung. Hier 3 Beispiele aus dem 18. Jh.:

Barocker Fortspinnungstyp (Abb. A). Für die Periodenbildung des Barock war charakteristisch, dass die Elemente eines Soggetto über längere Strecken fortgesponnen wurden. Durch die unmittelbare Wiederholung des Motivs a auf versch. Tonstufen entsteht ein einheitl. Rhythmus und eine einheitl. motivisch-melodische Bewegung und damit ein einheitl. Affekt. Häufige Fortspinnungsform ist die Sequenz, deren Abschnitte jedoch selten mehr als dreimal wiederholt werden (Motiv b).

Klassischer Liedtyp (Abb. B). Ganz anders ist die Periodenbildung in der Klassik. Hier wird mit *Gegensätzen* gearbeitet. Eine erste Phrase bringt eine aufsteigende Bewegung mit 2 gegensätzlichen Motiven, dem aufsteigenden gebrochenen Dreiklang und dem pathopoetisch absteigenden Halbtonschritt in der Höhe (b–a), beides im *Piano.* Es »antwortet« eine wiederum gegensätzliche Phrase mit dem kleingliedrigen Achtelmotiv c, im *Forte.* Der Vordersatz endet hier im Halbschluss auf der Dominante (D-Dur). Es folgt eine variierte Wiederholung der ersten Phrase im *Piano* und der zweiten im *Forte.* Diese beiden bilden den Nachsatz, der zur Ausgangstonika zurückführt und damit den Satz oder das Thema beendet.

Die klare Abgrenzung der Teile und ihre Gegensätzlichkeit bringt diese Art der Periodenbildung in die Nähe der **Liedformen** (S. 109).

Klassischer Entwicklungstyp (Abb. C). Im BEETHOVEN-Beispiel liegt ein ähnliches motivisches Material vor wie bei MOZART: Die Motive a sind gleich, b sind Varianten. Aber die zweite Phrase bringt keinen *Gegensatz* zur ersten, sondern eine veränderte *Wiederholung.* Die Bewegung wird *intensiviert.* Wieder schließt die zweite Phrase und damit der Vordersatz im Halbschluss auf der Dominante (C-Dur). Die nächsten 4 Takte bilden nun anders als in Abb. B eine Einheit: Motiv b erscheint variiert in dreimaliger Steigerung, bis ein Schlussmotiv c abkadenziert, und zwar auf der Dominante, also mit erwartungsvoller Öffnung. Die unmittelbare Motivwiederholung unterscheidet sich von der BACHS durch die dramatische Steigerung und den deutlichen Abschluss der ganzen Periode in einer *Fermate* als innehaltende Geste. Die Bewegung ist unterbrochen.

zweiteilige Liedform	|: a :|: b :|
dreiteilige Liedform	a | b | a
	|: a :|: b | a :|
Barform	a | a | b
Gegenbarform	a | b | b
Reprisenbarform	a | a | b | a

- Orchester-Ritornell
- Soloepisode
- Tonika
- Dominante
- Subdominante
- entfernte Tonarten
- ⌒ Kadenz

A **Liedformen**

Teile	a	b	a	c	a	d	a	e	f	a
Takt	1	17	33	49	65	81	97	113	129	145
Tonart	E	H	E	cis	E	A	E	gis		E
Funktion	T	D	T	Tp	T	S	T	Dp		T

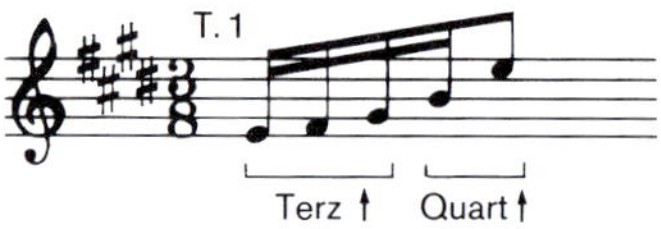

Ritornell-Soggetto

Solo-Soggetto und Fortspinnung

Kettenrondo, J. S. Bach, Violinkonzert E-Dur, 3. Satz

Teile	a	b	a	c	a	b	a

Bogenrondo, entspricht erweiterter dreiteiliger Liedform

Rondo	a		b	a	c	a		b		a	
Sonatensatz	: a		b :	:	c	a		b			Coda:
Sonatenrondo	a		b	a	c	a		b	⌒	a	Coda

Sonatenrondo aus Rondo und Sonatensatz

Teile	a	a'	b	c⌒	a	a'	a⌒	b	c	⌒	a	a'	Coda
Takt	1	40	65	108	131	147	182	208	247	272	273	304	321
Tonart	B	B	B	F	B		Es	B	B		B	B	B

Sonatenrondo, W. A. Mozart, Klavierkonzert B-Dur, KV 595, 3. Satz

B **Rondoformen**

Die musikal. Formen sind vom Kunstwerk abstrahierte Modelle. Sie versuchen, strukturelle und architekton. Zusammenhänge unter vielerlei Aspekten zu erfassen.

So spricht man von **Vokal-** und **Instrumentalformen** (Besetzung), von **homophonen** und **polyphonen** oder **kp. Formen** (Satzstruktur), von **logischen** und **plastischen** oder **Reihungs-** und **Entwicklungsformen** (Zusammenhang), auch von **Liedformen** (Reihungsform) usw. – Doch wird diese Einteilung oft durchquert: Eine Fuge kann vokal und instrumental sein, im homophonen Sonatensatz können polyphone Teile auftauchen usw.

Form und Gattung sind zwei sich häufig überschneidende Begriffe. Die Sonate ist z. B. eine Gattung und zugleich eine typische Instrumentalform. Die Sinfonie dagegen ist ein reiner Gattungsbegriff: Ihre *Besetzung* ist das Orchester, ihre *Form* die Sonate (Satzfolge, Satzstruktur). So kommen zur Definition einer Gattung meist mehrere Gesichtspunkte zusammen: **Besetzung** (Streichquartett, Sinfonie), **Text** (geistl. Oratorium, weltl. Oper), **Funktion** (Präludium, Tanz, Serenade), **Aufführungsort** (Kirchen- und Kammersonate), **Satzstruktur** (Tokkata, Fuge) u. a.

Die meisten Formen werden innerhalb der Gattungslehre behandelt (*Gattungen und Formen*, S. 110–157). Einige Formen aber sind so allgemein, dass sie hier als Modell vorgestellt werden sollen:

Reihung bedeutet entweder fortlaufende Wiederholung des Gleichen mit versch. Veränderungen (**Variationenreihe**) oder fortlaufende Addition neuer Teile (**Abschnittsfolge** in **Tänzen**). Zu den Reihen gehören auch die Liedformen.

Liedformen bestehen aus 2–3 Teilen in unterschiedl. Kombination. Der Terminus wurde 1839 von A. B. MARX geprägt. Er bezieht sich nicht nur auf das Lied, sondern auf alle entsprechend gebauten Instrumental- und Vokalformen:

- **Zweiteilige Liedform:** Jeder Teil wird wiederholt. Die Teilanfänge und -schlüsse sind oft gleich gestaltet (Abb. A).
- **Dreiteilige Liedform:** entsteht durch Wiederholung des 1. Teils nach einem unterschiedlichen 2. bzw. Mittelteil. Die symmetrisch ausgewogene Form schließt dramatische Entwicklungen aus und bewährt sich bes. in *langsamen Sätzen* (Sonate, Konzert usw.). Der 1. Teil wird häufig wiederholt, ebenso der 2. zusammen mit dem 3. Teil, wodurch eine zweiteilige Form entsteht (Suitensatz, Sonatensatz). Sind die 3 Teile in sich wieder unterteilt, so entstehen erweiterte Liedformen wie das Bogenrondo (Abb. B) oder das Menuett mit Trio (s. S. 146). Formen, die den Anfangsteil nach Zwischenteilen wiederholen, heißen auch **Bogenformen** (LORENZ, 1924).
- **Barformen:** bestehen aus Stollen (a), Gegenstollen (a) und Abgesang (b), auch in verschiedenen Kombinationen wie **Gegenbarform** und **Reprisenbarform** (Abb. A). Es sind bes. die Strophenformen des Minne- und Meistersangs, die Barformen verwenden (vgl. S. 192–197).

Rondoformen. Das instrumentale Rondo entwickelte sich im 17. Jh. und hat mit dem mittelalterl. vokalen *Rondeau* (S. 192 f.) nur die Refrainstruktur gemeinsam. Es ist eine zusammengesetzte Liedform im Sinne einer Bogenform.

- **Kettenrondo** (*ital. Rondo*): eine **Ritornellfolge** mit eingeschobenen **Episoden.** Die Ritornelle sind gleich und stehen in gleicher oder nah verwandten Tonarten. Die Episoden modulieren dann entsprechend. Im BACH-Konzert (Abb. B) kehrt das Orchesterritornell 5-mal wieder, stets in der Tonika E-Dur. Die Soloepisoden schreiten in Dur-Moll-Wechsel die Dominante, die Subdominante, die Tonika- und Dominantparallele ab. Alle Teile sind gleich lang (16 Takte), die letzte Soloepisode als Steigerung verdoppelt. So blockhaft die Aneinanderreihung der Teile anmutet, so kunstvoll verwoben ist doch ihre Thematik: Die 1. Soloepisode bringt quasi eine Umkehrung des Ritornellsoggetto, das dann durch Transposition weiter fortgesponnen wird (vgl. Nb.).
- **Bogenrondo** (*frz. Rondo*): 2 Eckteile umrahmen einen kontrastierenden Mittelteil (Abb. B), der wiederum untergliedert sein kann, z. B. im Menuett mit Trio (s. o.).
- **Sonatenrondo:** Es besteht aus einer Kombination von Rondo und Sonatensatzform und findet sich vor allem in den Schlusssätzen der klass. Zyklen Sonate, Sinfonie, Konzert, Quartett usw. Der Einfluss der Sonatensatzform zeigt sich in der Seitensatzartigkeit des Teils b (im Sonatenrondo keine Wiederholung), in der harmonischen Vielfalt und thematischen Arbeit des durchführungsartigen Mittelteils c und in der transponierten Wiederaufnahme des seitensatzähnlichen Teiles b in der Tonika. Häufig schiebt sich dann eine Kadenz ein und es folgt nach Sonatenart eine Coda (s. Schema Abb. B).

  Das MOZART-Beispiel eines Sonatenrondos (Abb. B: die Schemata sind aufeinander bezogen) zeigt, wie wenig das Formschema über den groben Umriss des Aufbaus hinaus dem melodischen, harmonischen, spieltechnischen, kurz musikalischen Einfallsreichtum eines lebendigen Kunstwerkes gerecht werden kann.

Im 19. Jh. erfährt das Rondo allg. fantasievolle Erweiterungen und erscheint in vielen neuen Spielarten (z. B. STRAUSS, *Till Eulenspiegel*).

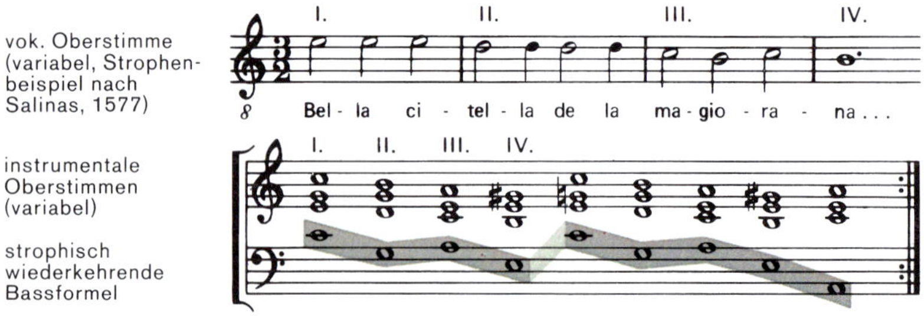

A **Strophenbass als Variationsmodell,** Aria di Romanesca (nach Ortiz, 1553)

B **Frühe Opernarie,** C. Monteverdi, Lamento d'Arianna (1608)

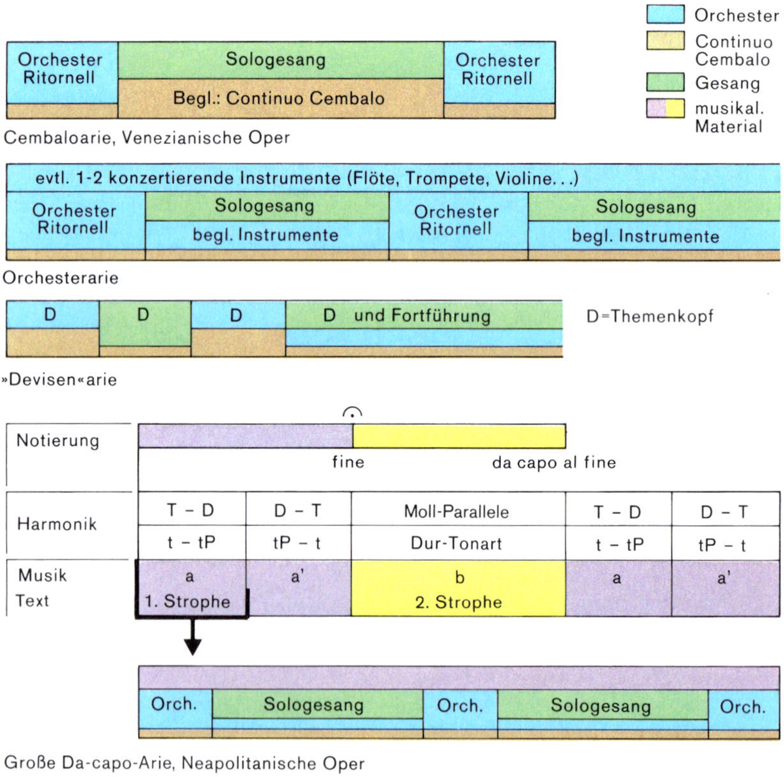

C **Formschemata von Arien**

Aria als Variationsmodell
Aria (von altfrz. *air*, Art und Weise) wird im 15.–18. Jh. eine kadenzierende Bassformel genannt, die in ständiger Wiederholung die Grundlage für Variationen bildet (*Basso ostinato*). Diese Bassmodelle waren sehr bekannt und beliebt: *Aria di Ruggiero, Aria di Siciliano, Aria di Romanesca* (Abb. A, vgl. S. 262 f.) usw.
Die Aria ist Gerüst für Improvisation, ab dem Ende des 16. Jh. auch für Komposition. Sie diente als
- **Tanzbass:** mit Oberstimmenvariationen; in der Suite bleibt die Aria noch im 18. Jh. ein Tanzsatz unterschiedl. Charakters;
- **Variationsmodell:** für die Oberstimmen, bes. in der Klavier- und Lautenmusik, aber auch für Streicher (Ortiz, 1553);
- **Liedbass:** für neue Strophen je Basswiederholung, Melodie oft leicht variiert. Es gab unzählige Texte für jeden Bass, meist *Ottaverime* (8-Versler), oft samt Melodie improvisiert. Der Text in Abb. A, vom Spanier Salinas, passt auf die (ital.) Romanesca.

In Frankreich hieß dieses Lied **air** (bes. *air de cour*), in England **ayre.** In Italien gibt es die Aria als Strophenlied auch in der frühen Oper und der Kantate.

Frühe Opernarie
Die Gesänge der frühen Oper entfalteten sich textgebunden rezitativisch über dem Gb. bzw. dem Orchester, wobei eine expressive Melodik nach Art der Madrigale zu größeren, vom Affekt her einheitlichen, formal aber freien *ariosen* Gebilden führte.
Berühmtes Beispiel für eine solche frühe »Opernarie« ist die *Klage der Arianna* um Theseus aus der nur fragmentarisch erhaltenen Oper *Arianna* von Monteverdi (Mantua 1608; vgl. die Madrigalfassung S. 126). Abb. B zeigt das prägnante Kopfthema, das den Schmerz in einer ergreifenden Geste ausdrückt (Querstände, Chromatik, Pausen, Neuansätze, Steigerung, resignierendes Insichzusammensinken am Schluss). Die Musik folgt dem Text, dessen Gehalt und Sprechweise sie unmittelbar zum Ausdruck bringt (*oratio domina harmoniae*, die Sprache beherrscht die Musik).
In der bürgerl. venezian. Oper des 17. Jh. erfolgt eine gewisse Typisierung der Arien, z. T. bedingt durch die umfangreiche und rasche Produktion (bis zu 80 Arien je Oper). Es sind kurze liedförmige Stücke in bekannten Tanzrhythmen wie der *Forlana* (6/4, die spätere *Barcarole*), der *Villotta* (rasche 6/8), dem *Siciliano* (pastorale, wiegende 6/8). Als Strukturtypen kennt Venedig die
- **Cembaloarie:** nur vom B. c. begleitet, umrahmt von Orchesterritornellen;
- **Orchesterarie:** Orchesterbegleitung mit Ritornellen zwischen den Strophen; später treten 1–2 konzertierende Instrumente, meist Bläser, hinzu. Ein verbreiteter Formtyp der Orchesterarie ist die **Devisenarie:** Der prägnante Themenkopf wird wie eine Devise vom Orchester vorangestellt, vom Sänger nur mit B. c. und dann nochmals vom Orchester wiederholt, ehe die ganze Arie folgt (Abb. C).

Die Da-capo-Arie wird nach Vorläufern bei Monteverdi in Mantua und Venedig zur Blütezeit der *Neapolitanischen Oper* unter Alessandro Scarlatti (1660–1725) zur Hauptarienform des Barock. Fast alle Arien Bachs und Händels sind Da-capo-Arien.
Sie besteht textlich aus 2 kurzen Strophen; die zweite wird gegensätzlich zur ersten komponiert, die erste anschließend wiederholt.
Man notiert nur die beiden unterschiedl. Teile mit der entsprechenden Wiederholungs- und Schlussanweisung (*da capo al fine;* Abb. C).
In der ausgeprägten Form ab etwa 1700 wird die erste Strophe in zwei Partien mit Orchestereinwurf komponiert (a), dann etwas variiert wiederholt (a′). Auch bildet sich ein festes Modulationsschema aus (Abb. C; Harmonik: obere Zeile bei Arie in Dur, untere in Moll).
Die Reprise gibt dem Sänger Gelegenheit zu virtuoser Auszierung seiner Partie.
Die Da-capo-Arie kann in ihrer undramatischen Reprisenform die Handlung nicht weiterführen. Sie überlässt diese dem **(Secco-) Rezitativ,** sodass *Rezitativ und Arie* eine übliche Verbindung wird. Dazwischen schiebt sich häufig ein betrachtendes kurzes *Arioso* (*Rec. accompagnato,* s. S. 144). Die Arie selbst prägt allgemeine, statuarische Affekte und Seelenstimmungen aus, oft mit Naturvergleichen (*Gleichnisarie*).
An Typen bilden sich dabei u. a. heraus: die **Aria di Bravura** (*Bravourarie,* rasch, virtuos, für Affekte der Wut, Rache, Leidenschaft usw.), die **Aria di mezzo Carattere** (*mittleren Charakters*, ruhig, für Affekte der Innigkeit, Liebe, Schmerz usw.), die **Aria parlante** (sprechend, rasch deklamierend).

Spätere Arienentwicklung. Um den Fluss der Handlung zu erhalten, reformierte Gluck die Arie zu einem kleinen, liedhaften Gebilde mit natürlichem Textausdruck.
Lyrisch liedhaft gibt sich auch die kleine, meist zweiteilige **Cavatine** (Haydn, Mozart), sehr frei mit der Form spielt die **Rondoarie**, oft mit einleitendem Rezitativ (*accomp.*).
Als dramatische Formverbindung erscheinen **Szene und Arie** aus der Opera buffa des 18. Jh. bes. in der großen Oper des 19. Jh. (Beethoven, Weber, Verdi, Meyerbeer).
Das späte 19. Jh. löst die klar gegliederten Arienformen auf (Wagners Sprechgesang und unendl. Melodie); im 20. Jh. kultivieren historisierende Tendenzen wieder alte Arienformen (z. B. Strawinsky, *The Rakes Progress*).

A **Charakterisierende Titel,** Fr. Couperin, Pièces de Clavecin (1713), La Fleurie ou La tendre Nanette

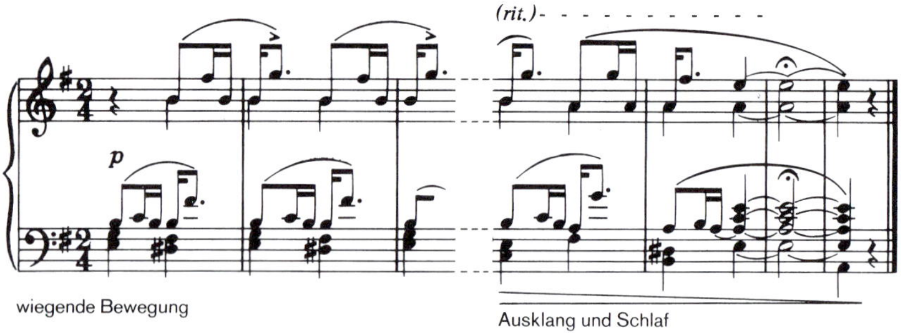

B **Tonmalerei,** R. Schumann, Kinderszenen op. 15 (1838), Kind im Einschlummern

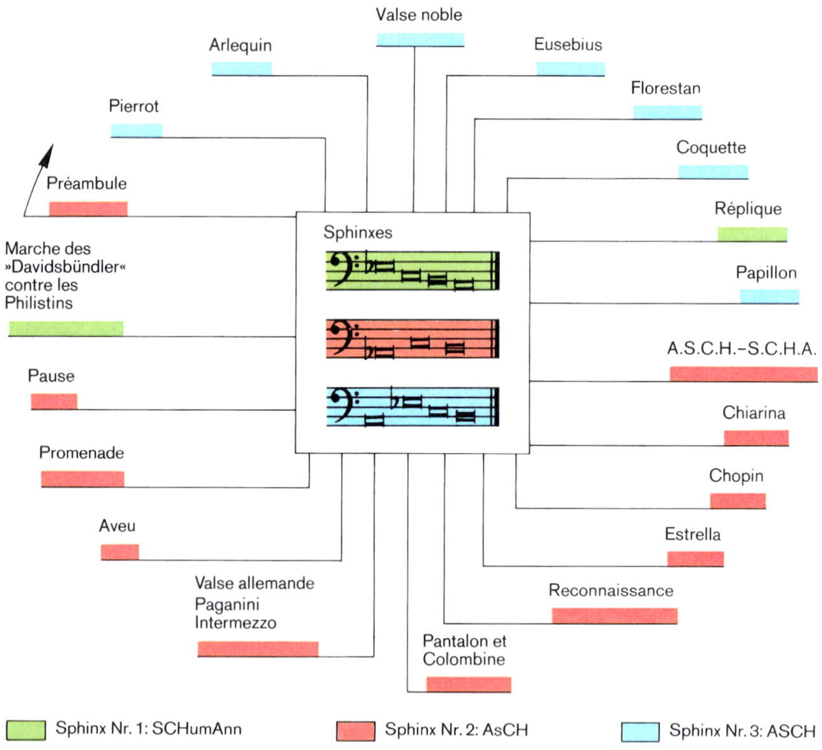

C **Zyklenbildung von Charakterstücken,** R. Schumann, Carnaval op. 9 (1834/35)

Inhalt und Form

Das **Charakterstück** (*lyrisches Stück, Genrestück*) ist ein kurzes instrumentales (meist Klavier-) Stück, das in der Regel einen außermusikal. Titel trägt.
Die Form des Charakterstückes liegt nicht fest. Wegen der Kürze und der meist lyrischen Gehalte überwiegen **Liedformen.**
Das Charakterstück steht zwischen der absoluten und der Programmmusik.

So erscheinen als Momente absoluter Musik im Klavierstück von COUPERIN (Abb. A) die Gestaltung als zweiteiliger (Suiten-)Satz, der tänzerische Charakter, die melodiöse Oberstimme und die sich aus der Komposition ergebende Vortragsart, die durch die Spielanweisung *»Gracieusement«* lediglich verdeutlicht wird.

Dieses Stück trägt nun andererseits einen außermusikal. Titel, der versucht, den Stimmungsgehalt des Stückes zu charakterisieren. Er ist daher subjektiv, poetisch und nicht eindeutig (COUPERIN bietet zwei Titel an).

Bei der Entstehung von Charakterstück und Titel gibt es grundsätzlich zwei Möglichkeiten:
- Der Komponist schreibt aus musikal. Fantasie ein Stück mit stark ausgeprägtem Charakter und gibt ihm nach dem Kompositionsvorgang einen außermusikal. Titel, wie es z. B. SCHUMANN von sich bezeugt, oder ein Titel wird erst später auf Verlegerwunsch hinzugesetzt;
- der Komponist geht von einem außermusikal. Vorwurf (Bild, Gedicht, Person, Landschaft usw.) aus und überträgt den Stimmungsgehalt in Musik.

Der zweite Weg entspricht der Kompositionsweise der **Programmmusik** (vgl. S. 142), wobei sich Programmmusik und Charakterstück dadurch unterscheiden, dass Erstere mehr Handlungsablauf oder Bilderfolgen, Letzteres mehr Stimmungshaftes, Zuständliches schildert.
Fasst man den Begriff des Charakterstückes weit, so lassen sich auch diejenigen Stücke dazurechnen, die einen einheitlichen und stark ausgeprägten Charakter zeigen, aber keinen außermusikal. Titel, sondern nur eine Gattungsbezeichnung tragen. In dem Maße, wie das Außermusikalische als kompositionsbestimmender Faktor zunimmt, nähert sich das Charakterstück der Programmmusik. So umfasst das Charakterstück im weitesten Sinne:
- **Präludien** (z. B. bei BACH), besonders **Choralvorspiele,** deren Charakter durch den Choraltext bestimmt wird; im 19. Jh. die **Préludes** von CHOPIN; im 20. Jh. diejenigen von DEBUSSY (mit Untertitel) u. a.;
- **Stücke allgemeinerer Art** wie Tänze, Märsche, Fantasien, Klavierstücke, Bagatellen, Moments musicaux, Impromptus, Albumblätter usw.;
- **speziellere Charakterstücke** wie Ballade, Berceuse, Capriccio, Elegie, Ekloge, Intermezzo, Lied ohne Worte, Nocturne, Rhapsodie, Romanze usw.;
- Charakterstücke mit **programmatischem Inhalt:** Tombeau oder Lamento als Grab- oder Trauergesang, Battaglia als Schlacht-, Caccia als Jagdschilderung, wie sie bereits im MA. und in der Renaissance begegnen;
- Charakterstücke mit **außermusikal.,** in einem Titel verbalisierten **Inhalt.**

Tonmalerei im Charakterstück
wird als Mittel eingesetzt, um die Fantasie des Hörers in bestimmte Richtungen zu lenken. Bei der Wiedergabe von Außermusikal. ist die Grenze zwischen Zuständlichem (Charakterstück) und Ablauf (Programmmusik) oft nicht scharf zu ziehen. Auch das Zuständliche muss musikal. im Nacheinander gezeichnet werden, was die Möglichkeit programmatischen Ablaufs impliziert. SCHUMANNS Stück *Kind im Einschlummern* malt Stimmungsgehalt und Vorgänge aus: Es beginnt mit wiegendem Schaukeln und endet mit dem raschen Versinken in die Ruhe des Schlafes (überraschende Harmonik, Stillstand im Akkord; Abb. B).

Zyklusbildung von Charakterstücken
Um die kleine Form in einen größeren Zusammenhang zu heben, werden Charakterstücke oft gebündelt herausgegeben (BEETHOVENS *Bagatellen*, MENDELSSOHNS *Lieder ohne Worte* usw.). Umgekehrt kann eine zentrale poetische oder musikal. Idee einen Zyklus von Charakterstücken zusammenbinden wie in SCHUMANNS *Papillons, Carnaval, Waldszenen* usw. oder Variationszyklen, in denen das Thema oder seine Motive Ausgang für Stücke unterschiedlichsten Charakters sind wie SCHUMANNS *Abegg-Variationen* **(Charaktervariationen).**

Im *Carnaval* reihen sich 20 Charakterstücke (Figuren und Situationen auf einem Maskenball) um eine zentrale Idee, die tonsymbolisch in drei *Sphinxes* gebannt wurde: Es handelt sich um das böhmische Städtchen **ASCH,** aus dem Schumanns Verlobte ERNESTINE V. FRICKEN (*»Estrella«*) stammte und zugleich um die Tonbuchstaben S, C, H, A aus SCHumAnns Namen. Motivisch hängen die Stücke mit je einer der Sphinxes zusammen.

Zur Geschichte
Das Charakterstück begegnet schon bei den Lautenisten des 16./17. Jh., den engl. Virginalisten, den frz. Clavecinisten und in deren Nachfolge bei den Deutschen im Empfindsamen Stil des 18. Jh. Affektenlehre und Nachahmungstheorie spielen eine Rolle. Der Klassik fremd, wurde es zur Hauptform der Romantik, verflachte dann in der Salonmusik des 19. Jh. (*Heinzelmännchens Wachtparade, Gebet einer Jungfrau*). In der instrumentalen Volksmusik und in der Unterhaltungs- und Popmusik des 20. Jh. sind charakteristische Titel, z. T. aus werbungspsychologischen Gründen, üblich.

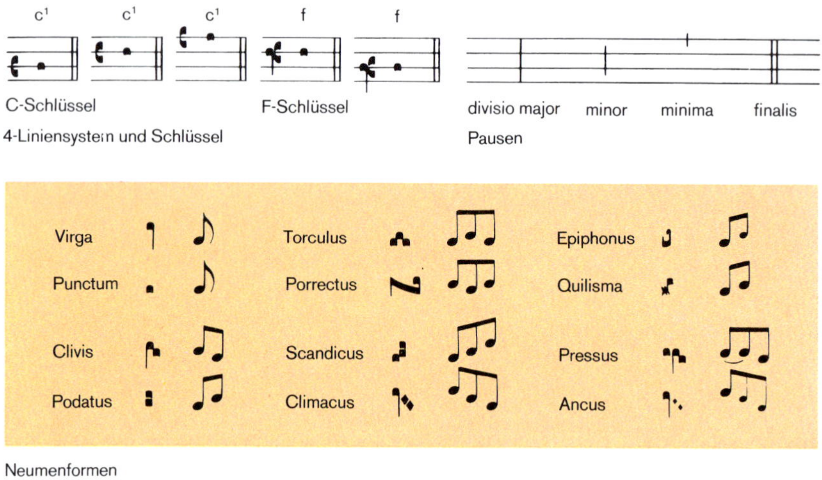

A **Notation des Chorals**

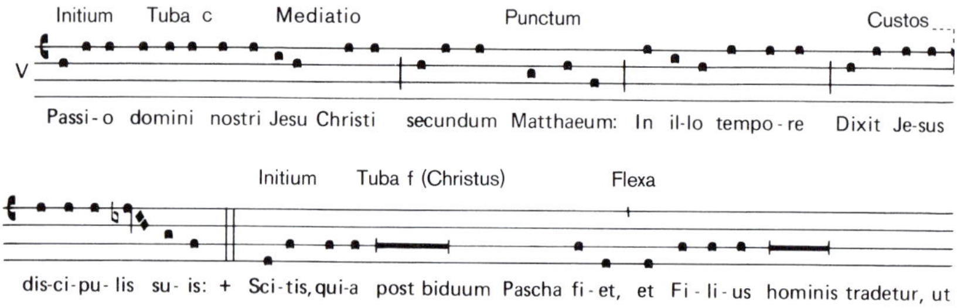

B **Liturgisches Rezitativ (Accentus),** Passionston

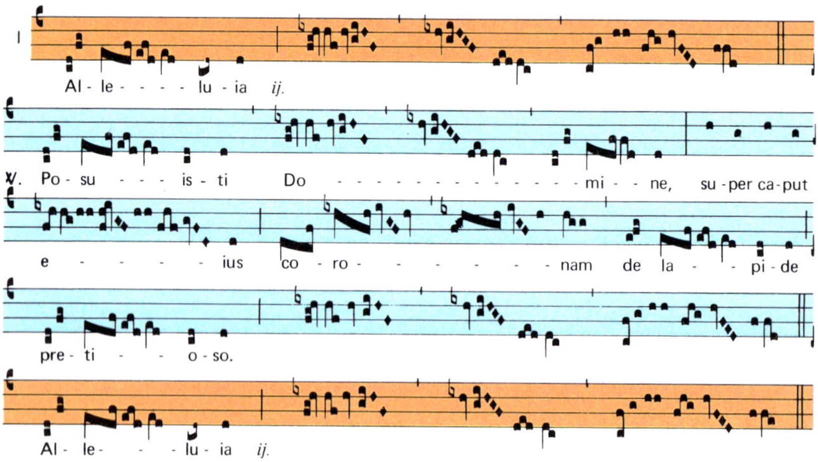

C **Responsorialer Gesang (Concentus),** Alleluia »Posuisti«

Choral ist der einstimmige, unbegleitete Gesang der kathol. Liturgie (*gregorianischer Choral,* s. S. 184), später auch das Kirchenlied der protestant. Gemeinde.
Die Gesänge der beiden Hauptformen des kathol. Gottesdienstes stehen nach dem Kirchenjahr geordnet in zwei Büchern:

– Das **Graduale Romanum** enthält die Gesänge der Messe, und zwar zunächst die in jeder Messe wechselnden Stücke (*Proprium*): *Introitus, Graduale, Alleluia, Tractus* (Fastenzeit, Requiem), *Sequenz* (Feste, Requiem), *Offertorium* und *Communio;* dann die feststehenden Teile (*Ordinarium*): *Kyrie, Gloria, Credo, Sanctus* mit *Benedictus, Agnus Dei;* dann das Requiem u. a. (vgl. S. 128).

– Das **Antiphonale Romanum** enthält die Offiziumsgesänge des Tages: *Laudes* (Morgenlob bei Sonnenaufgang), *Prim* (1. Stunde = 7 Uhr), *Terz* (3. Stunde = 9 Uhr), *Sext* (6. Stunde = 12 Uhr), *Non* (9. Stunde = 15 Uhr), *Vesper* (Abendlob bei Sonnenuntergang, 18 Uhr), *Komplet* (Tagesschluss, 20 Uhr). Für die Gesänge der Nacht, die *Matutin,* gibt es noch das **Matutinale** oder das **Liber responsoriale.**

Der *gregorian. Choral* wird vom Priester, vom Vorsänger (*Cantor*), vom Chor aus Klerikern und Chorknaben (*Schola cantorum*) und vom Volk ausgeführt. Vortragsarten (vgl. S. 180):
– *solistisch:* Priester und Vorsänger;
– *responsorisch:* Wechsel von Solo und Chor;
– *antiphonisch:* Wechsel von zwei Chören.

Notation des Chorals. Dem normalen Umfang der Choralmelodien entsprechend verwendet man 4 Linien und 2 Schlüssel: den *C-* oder *Ut*-Schlüssel und den *F-* oder *Fa*-Schlüssel, beide in verschiedenen Positionen.
Als Notenzeichen dienen **Neumen,** die sich im MA. aus Frühformen zur heute noch üblichen quadratischen und rhombischen Notenform entwickelten (Auswahl in Abb. A, vgl. S. 186). Die Neumen fixieren die Tonhöhe, nicht den Rhythmus. Bei syllabischem Vortrag stehen über jeder Silbe die Einzelnoten *Virga* oder *Punctum,* der Rhythmus richtet sich hier nach dem Text und seinen Akzenten. Bei melismatischem Vortrag werden zwei und mehr Töne über einer Silbe durch mehrtönige Neumen dargestellt. Nach einer betonten Note folgen meist ein bis zwei unbetonte, sodass ein steter Wechsel von Zweier- und Dreiergruppen entsteht. Nicht auf die Tonhöhe, sondern auf die Vortragsart beziehen sich Neumen wie *Epiphonus, Pressus, Ancus, Quilisma* (vgl. dazu S. 186). – Am Ende jeder Notenzeile gibt ein *Custos,* eine kleine Note ohne Text, die Tonhöhe des folgenden Zeilenbeginns an.

Accentus und Concentus unterscheidet man seit Ornitoparchus, 1517, als Stilarten des Chorals:

1. Der Accentus ist ein liturgisches Rezitieren auf einer bestimmten Tonhöhe, dem *Tenor,* oder der *Tuba,* mit bestimmten Melodiefloskeln entsprechend der Gliederung des Textes: das **Initium** am Satzanfang (Aufstieg zum Tenor), das **Punctum** am Satzende (Abstieg zur Finalis), die **Flexa** beim Komma, das **Metrum** beim Semikolon oder Doppelpunkt (Mittelkadenz), die **Interrogatio** bei Fragezeichen, in feierlichen Gesängen die **Mediatio** statt Flexa und Metrum, usw. (Abb. B). Der Accentus kommt hauptsächlich als Priestergesang vor. Er wird im Offizium bei den Orationen und Lektionen, in der Messe bei Epistel, Evangelium usw. angewendet. Je feierlicher die Form, desto reicher die Floskeln (Präfationen, Passionen usw.). Auch wechseln die Tubae wie in Abb. B, wo die Worte des erzählenden Evangelisten auf c, die Christusworte feierlicher auf dem tieferen f vorgetragen werden. Der Accentus kennt auch Volkseinwürfe (*Akklamationen,* z. B. »Amen«).
2. Der Concentus umfasst die eigentlichen Gesänge. Das Wort-Ton-Verhältnis reicht hier von einfacher *Syllabik,* in der je Silbe ein Ton gesungen wird, über *Gruppenmelodik* bei einzelnen Silben zu reicher *Melismatik,* in der auf jede Silbe viele Töne kommen.
Modalität. Der Choral ist diatonisch. Zu den 8 Kirchentonarten (*Modi*) s. S. 90 u. S. 188. Die Tonart wird vor dem Choral durch eine röm. Ziffer angegeben.

Die wichtigsten Offiziumsgesänge sind außer den **Nocturnresponsorien:**
– **Offiziumsantiphonen:** schlicht syllabisch, Psalmformeln mit Antiphonen;
– **Marienantiphonen:** melismatischer Chorgesang, nur 4 erhalten, z. B. das *Salve Regina* von Petrus de Compostela († 1002);
– **Invitatorienantiphonen:** melismenreich.
Die wichtigsten Messgesänge sind:
Antiphonen:
– **Introitus:** melismendurchsetzter Gesang;
– **Offertorium:** Chorantiphonen ohne Psalmvers, ebenfalls melismendurchsetzt;
– **Communio:** syllabisch schlicht wie die Offiziumsantiphonen.
Responsorien:
– **Graduale:** alter Gesang, Aufbau meist vierteilige Antiphon und stark melismatischer Versus (*Solopsalmodie*).
– **Alleluia:** ursprünglich solistisch, seit Gregor I. mit Psalmvers, melismenreichster Messgesang. Alleluia und Versus meist motivisch verknüpft, Jubilus in Formen wie aab oder abb usw. Vortragsweise: Solointonation des Alleluia ohne Jubilus, Chor: Alleluia mit Jubilus, Solist: Versus, Chor: Alleluia mit Jubilus (Abb. C).
– **Offertorium:** seit 1958 wieder in responsorialer Form mit Antiphon und Solopsalmodie, reich ausgestaltete Melodien.
Dazu die chorischen Gesänge des Ordinariums.

A **Schema und Exposition einer Fuge**

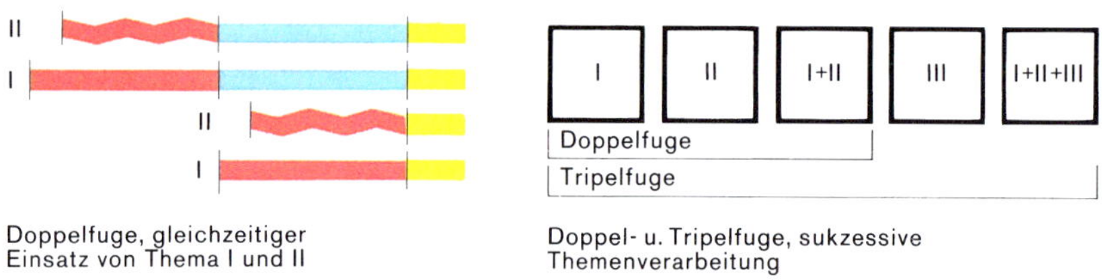

B **Mehrthematische Fugen**

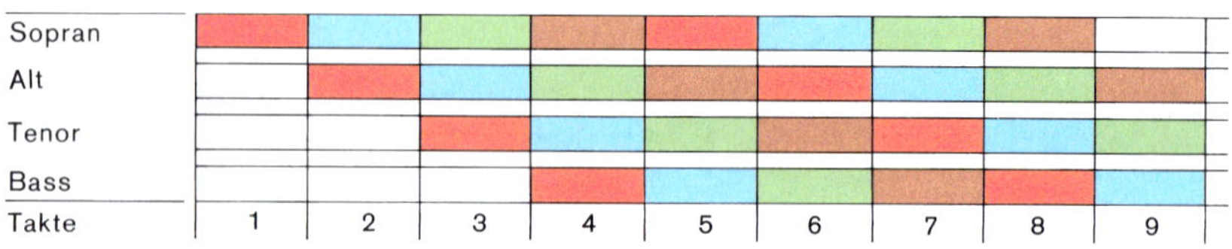

C **Permutationsfuge,** J. S. Bach, Kantate BWV 182

Die **Fuge** ist ein mehrst. Instrumental- oder Vokalstück, wobei der Terminus Fuge sich auf dessen spezifische polyphone **Setzweise** und zugleich auf dessen **Form- und Bauprinzip** bezieht. Die Stimmenzahl liegt in der Regel bei 3 und 4.

Ihre exemplarische Gestalt erhielt die Fuge in der BACH-Zeit. Ihr strenges und zugleich fantasievolles Ordnungsprinzip galt als Abbild einer höheren Weltharmonie.

Keine Fuge gleicht der andern. Als Beispiel diene die BACH-Fuge Abb. A. Sie ist **3-st.** und hat wie jede einfache Fuge nur **1 Thema.** Dieses Thema beginnt prägnant (»Themenkopf« T. 1/2) und läuft dann weniger prägnant weiter (T. 3 ff.). Das Thema (*Subjekt*) erklingt zuerst in seiner **Grundgestalt** als **Dux** (*Führer*) in der Mittelstimme, dann als **Beantwortung** oder **Comes** (*Begleiter*) in der Oberstimme (T. 3/4). Der Dux steht in der Tonika c-Moll, auf c beginnend, der Comes auf der dominantischen V. Stufe mit Beginn auf g. Aus tonalen Gründen verändert der Comes den Quartsprung c^2–g^1 des Dux (T. 1) in einen Quintsprung g^2–c^2 (T. 3, *tonale* Beantwortung statt intervallgetreuer *realer*). Dazu erklingt in der Mittelstimme ein **Kontrapunkt** (*Kontrasubjekt*).

Der 3. Einsatz muss wieder in der Grundgestalt erfolgen, daher die Rückmodulation von g- nach c-Moll (T. 5/6). Sie arbeitet mit motiv. Material. Dann erscheint das Thema als Dux in der Unterstimme (T. 7/8).

Die andern Stimmen pausieren nicht: Der Kontrapunkt (T. 3/4) erklingt in der Oberstimme, die Mittelstimme bringt einen 2. Kontrapunkt dazu.

Damit ist die sog. **Exposition** der Fuge (vgl. dagegen die *Exposition* und *Durchführung* der Sonate, S. 148 f.) beendet, worin alle Stimmen das Thema einmal ganz gebracht haben. Dabei ist die *Folge von Dux- und Comesform* des Themas verbindlich (bei einer 4-st. Fuge käme nun wieder die Comesform), die *Einsatzfolge* der Stimmen aber ist variabel.

Das Schema Abb. A zeigt maßstabsgetreu den weiteren Verlauf der c-Moll-Fuge. Es folgt ein *modulierendes* **Zwischenspiel** (T. 9/10) ohne Thema, aber mit thematischer bzw. kp. Substanz. Der nächste Teil (T. 11/12) *führt* das Thema wieder vollständig *durch,* jedoch nur in der Oberstimme, wozu in Unter- und Mittelstimme die Kontrapunkte 1 und 2 erklingen. Dieser Teil heißt **Durchführung.** Er steht hier in der Paralleltonart Es-Dur.

Es folgen wieder ein Zwischenspiel (T. 13/14), dann eine Durchführung in der Molldominante g-Moll mit dem Thema in der Mittelstimme (T. 15/16, die Mitte der Fuge), dann ein Zwischenspiel (T. 17–19), eine Durchführung in der Tonika c-Moll mit dem Thema in der Oberstimme (T. 20/21), ein längeres Zwischenspiel (T. 22–26) und die letzte Durchführung in c-Moll mit Thema im Bass (T. 27/28). Ein kadenzierendes Zwischenspiel (T. 29) leitet über zur **Coda,** in der das Thema in c-Moll letztmals über einem *Orgelpunkt* im Bass erklingt (T. 29–31).

So wechseln in der Fuge ständig Partien strengster thematischer Kontrapunktik (**Durchführungen**) mit lockereren Episoden (**Zwischenspielen**). Die Anzahl dieser Partien, ihre Länge, ihr Tonartenplan usw. variieren jedes Mal, die Art der thematischen Verarbeitung ist sehr vielseitig mit *Engführung* (Einsatz des Themas in einer neuen Stimme, noch ehe die alte es beendet hat), *Umkehrung, Krebs, Augmentation, Diminution* usw. (vgl. S. 118 f.). – Alle kp. Errungenschaften aus dem MA. und der Renaissance fließen so in die Fuge des Barock ein als die große Synthese polyphoner Kunst.

Eine Sonderform der einfachen Fuge ist die **Permutationsfuge** ohne Zwischenspiele (Abb. C). Weitere Sonderformen bilden die *mehrthemigen* Fugen:

- **Doppelfuge:** Fuge mit 2 Themen, die entweder von Anfang an in fester Kopplung erklingen (z. B. MOZART, *Kyrie* des *Requiem*) oder einzeln in zwei Expositionen nacheinander vorgestellt und später miteinander verbunden werden (Abb. B).
- **Tripelfuge:** Fuge mit 3 Themen, die in der zweiten Art der Doppelfuge nacheinander exponiert und gekoppelt werden (Abb. B).
- **Quadrupelfuge:** Fuge mit 4 Themen nach dem gleichen Prinzip wie die Tripelfuge.

Der Fuge vorweg kann ein Präludium, eine Tokkata oder eine ähnliche freie Form gehen.

Zur Geschichte

Die Fuge (lat. *fuga,* Flucht, zuerst Terminus für Kanon, vgl. S. 119) entwickelt sich im 17. Jh. aus den Imitationsformen des 16. Jh. und des Frühbarock wie der *Fantasie,* dem *Tiento* und vor allem dem *Ricercar* (S. 260). Sie erscheint dann traditionsgemäß in bestimmten Zusammenhängen, so im Mittelteil der Frz. Ouvertüre, in den raschen Sätzen der Kirchensonate, auch dem Concerto grosso (konzertante Fuge) und als Chorfuge in Kantate, Oratorium, Messe (*Kyrie, Amen* des Gloria, Credo u. a.) usw., schließlich als Höhepunkt der Entwicklung in eigenen großen Sammlungen, bes. von BACH (*Wohltemperiertes Klavier I,* 1722, und *II,* 1744, *Kunst der Fuge,* 1749/50). Seither galt die Fuge wegen ihrer Stimmführungskunst als Lehr- und Probestück jedes angehenden Komponisten.

Klassik und Romantik versuchten die Fugenform mit der Sonatensatzform oder mit *»poetischen«* (BEETHOVEN) und *programmatischen* Inhalten zu verbinden. Auf die groß dimensionierten Fugen der Spätromantik (LISZT, REGER) folgten klassizistisch orientierte des 20. Jh. (HINDEMITH, STRAWINSKY).

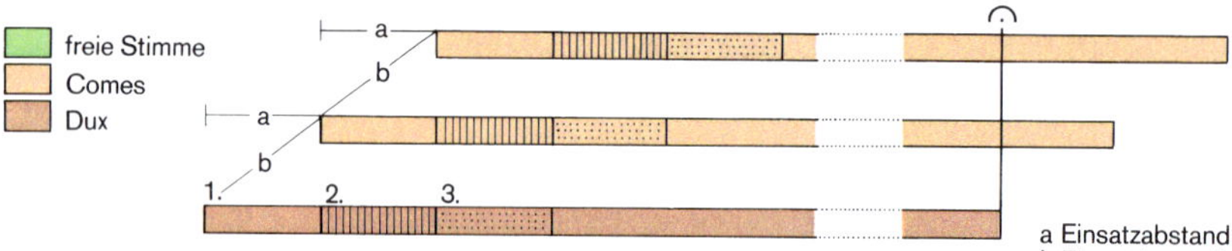

a Einsatzabstand
b Einsatzintervall
𝄐 mögl. Schluss

A **Strenger Kanon,** 3-stimmig

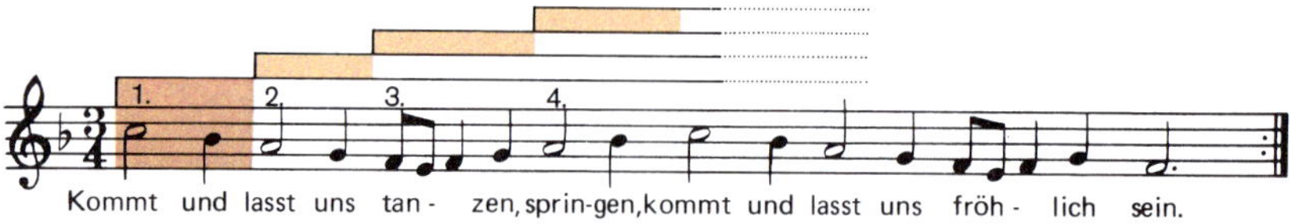

B **Zirkelkanon,** 4-stimmig, Frankreich, 13. Jh. (?)

reale Beantwortung

C **Gemischter Kanon**

Bach, Goldbergvariationen, Sekundkanon

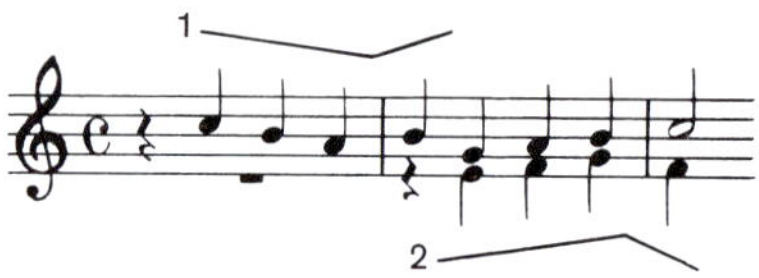

D **Bewegungsrichtung des Comes**

Bach, Spiegelkanon in der Sexte über »Vom Himmel hoch...«

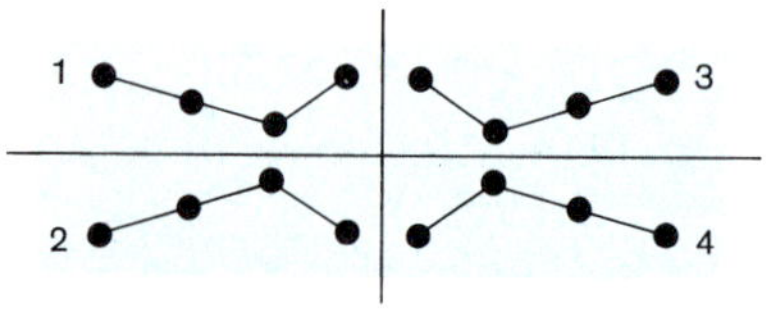

1 gerade Bewegung
2 Umkehrung (Spiegelkanon)
3 Rücklauf (Krebskanon)
4 Umkehrung des Rücklaufs (Spiegelkrebskanon)

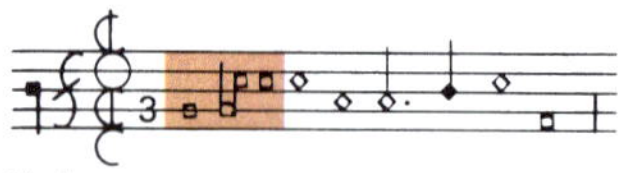

Notierung

Sopran: proportio dupla (¢)
Alt: tempus perfectum (o)
Tenor: proportio tripla (¢3)
Bass: tempus imperfectum (c)

Ausführung

E **Proportionskanon,** Pierre de la Rue, Missa L'homme armé, Agnus Dei

Arten und Stimmführung

Kanon bedeutet die strenge Nachahmung einer Stimme (*Dux*) durch eine andere (*Comes*). Dem Wortsinn nach ist *Kanon* die *Regel* oder Anweisung für diese Nachahmung.

Strenger Kanon (Abb. A). Notiert wird nur der Dux. Die Comes wiederholen die Dux-Stimme notengetreu, wobei sie im zeitlichen **Einsatzabstand a** (Ziffern 1., 2., 3.) und u. U. in einer anderen Tonhöhe, d. h. im **Einsatzintervall b** (z. B. Oktave, Quinte, Quarte) beginnen. Am Schluss des Kanons können die Stimmen einzeln auslaufen oder gemeinsam in einer Fermate enden.

Zirkelkanon: Nach ihrem Ablauf beginnen die Stimmen wieder von vorne, sodass der Kanon unendlich weitergehen könnte (*canon perpetuus*). Zu diesem Typ gehören die meisten Gesellschaftskanons (Abb. B).

Spiralkanon: ein Zirkelkanon, bei dem der Dux einen Ton höher endet als er anfing, und sich die Stimmen so in jedem Durchgang einen Ton höher schrauben (z. B. im *Musikalischen Opfer* BACHS mit dem symbolhaften Hinweis: *»Ascendeque modulatione ascendat Gloria Regis«,* Wie die Tonhöhe möge der Ruhm des Königs steigen).

Rätselkanon: Einsatzabstand und Einsatzintervall sind nicht angegeben, sondern müssen herausgefunden werden.

Gemischter Kanon (Abb. C). Er besteht aus einem strengen Kanon und zusätzlichen *freien* Stimmen. Am häufigsten sind zwei kanonische Oberstimmen und ein freier Bass.

Bestimmungsmomente des Kanon

1. **Stimmenzahl:** Normal sind 2 bis 3 Stimmen, möglich aber bis zu 8 und mehr. Vielstimmige Kanons bestehen oft aus übereinander geschichteten einfachen Kanons (*Gruppenkanon*), so der **Doppelkanon** aus 2, der **Tripelkanon** aus 3, der **Quadrupelkanon** aus 4 Einzelkanons, die meist gleichzeitig einsetzen.
2. **Einsatzabstand:** Je dichter der Einsatzabstand, desto schwieriger die harmonische Fortschreitung. Der Einsatzabstand beträgt Null in der Fauxbourdon-Anweisung (s. S. 230) und im *canon sine pausis* (*ohne Pausen*, vgl. Abb. E).
3. **Einsatzintervall:** Jeder Comes kann in einem andern Einsatzintervall zum Dux beginnen (vgl. Abb. E). Normalerweise ist das Einsatzintervall jedoch für alle Comes gleich: Einklang im **Primkanon** (Abb. B), Sekunde im **Sekundkanon** (Abb. C), Terz im **Terzkanon** usw.
   Die Beantwortung des Dux durch den Comes erfordert oft Änderung der Ganz- und Halbtöne (**tonale** Beantwortung), weil eine intervallgetreue Nachahmung (**reale** Beantwortung) in abweichende tonale Bereiche führen würde (vgl. den orig. tonalen und den konstruierten realen Comes in Abb. C).
4. **Bewegungsrichtung des Comes** (Abb. D): Im **Normalkanon** folgt der Comes dem Dux in gleicher Richtung (*gerade Bewegung*). Im **Umkehrungskanon (Spiegel-** oder **Gegenkanon)** bringt der Comes alle Intervalle des Dux in *umgekehrter Richtung,* also eine fallende Terz als steigende usw., als seien sie an einer horizontalen Achse *gespiegelt.* Im **Krebskanon** bringt der Comes den Dux von hinten beginnend *rückwärts,* im **Spiegel-Krebskanon** außerdem horizontal *gespiegelt.*
5. **Temporelation von Dux und Comes:** Der Comes kann den Dux schneller oder langsamer vortragen. Hierher gehört das komplizierteste der Kanonkunst, der

Proportionskanon. In der Mensuralnotation des 13.–16. Jh. konnten durch Proportionszeichen verschiedene Temporelationen gefordert werden. Im Kanon Abb. E entsteht aus einer einzigen Stimme ein 4-st. Satz. Die Stimmen setzen im Quint-Oktavabstand **gleichzeitig** ein. Sie tragen die gleichen Noten in *unterschiedlichem* Tempo und Rhythmus vor:

- **Sopran:** durchstrichener Halbkreis (alla breve), entspr. 2/4-Takt;
- **Alt:** Vollkreis, entspr. 3/4-Takt;
- **Tenor:** wie Sopran mit Ziffer 3, entspr. 2/4-Takt mit Triolen bzw. 6/8-Takt;
- **Bass:** Halbkreis, entspr. 2/2-Takt. Vgl. auch S. 240, Abb. B.

Die spätere Notation erlaubt nur noch gradzahlige Vervielfachung oder Verringerung des Tempos (*canon per augmentationem* oder *per diminutionem*).

Zur Geschichte. Der erste erhaltene Kanon stammt aus dem 13. Jh. (*engl. Sommerkanon,* S. 212). Es folgen im 14. Jh. die frz. **Chasse** (S. 219) und die ital. **Caccia** (S. 221), beide mit Jagdszenen im Text mit sinnbildlicher Beziehung zum Fliehen und Verfolgen der Kanonstimmen. Die Satztechnik und die Stücke werden auch *fuga* (Flucht) genannt.
In der franko-fläm. Vokalpolyphonie des 15./16. Jh. erlebte der Kanon seine Blütezeit. Der Kanon wurde zum Lehrstoff und galt als bes. Zeichen kompositorischen Könnens (s. Abb. von Kanons auf Musikerporträts).
Eine Sonderstellung nimmt der Kanon im Spätwerk BACHS ein: *Goldbergvariationen* (Abb. C), *Kanonische Veränderungen über das Weihnachtslied »Vom Himmel hoch«* (Abb. D), *Musikalisches Opfer* und *Kunst der Fuge.* In der Klassik und Romantik wird Kanontechnik nur zuweilen angewendet (Durchführungen, Menuette, Scherzi). Es entstehen dagegen zahlreiche Gesellschaftskanons (HAYDN, MOZART).
Eine neue Hinwendung zum Kanon bringt das 20. Jh., einmal in der Singbewegung seit etwa 1920 (JÖDE), zum andern bei vielen, um rational fassbare Form bemühten Komponisten (Zwölftonkanons, rhythmische Kanons, Klangfarben- und Lautstärkekanons).

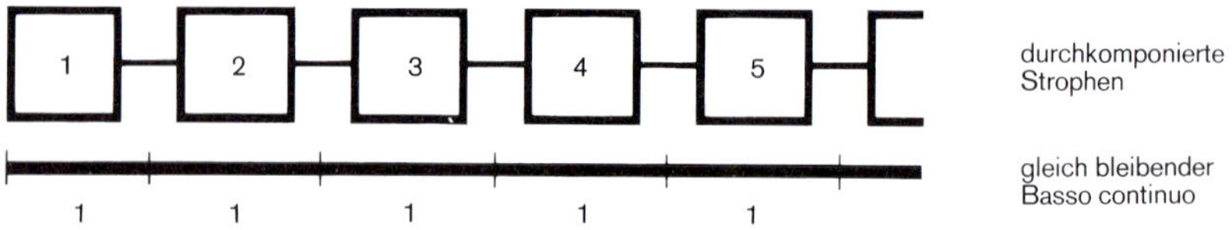

A **Frühe italienische Solokantate,** Grandi (1620)

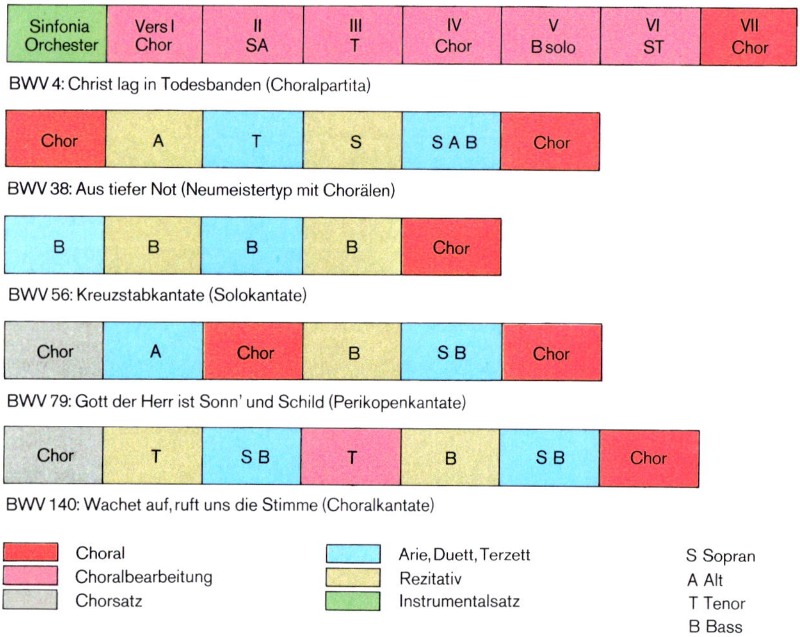

B **Satzfolge bei Bachkantaten**

C **Motiv- u. Rhythmusbeispiele aus Bachkantaten,** nach Albert Schweitzer

Die **Kantate** ist ein Werk für Gesang mit Instrumentalbegleitung, welches in der Regel mehrere Sätze (Rezitative, Arien, Chöre, Instrumentalritornelle) umfasst.

Die italienische Kantate
kommt mit der Monodie auf als Sologesang mit B. c., die die polyphonen Formen weltl. Liedkunst wie Madrigal, Villanella, Canzone ablöst. Der Sache nach kann man bereits bei CACCINI (*Nuove musiche*, 1601), PERI (*Varie musiche*, 1609) und im geistlichen Bereich bei VIADANA (*Cento concerti ecclesiastici*, 1602) Kantaten finden. Der Titel *Cantade* erscheint jedoch erstmals bei GRANDI (1620). Diese frühe ital. Solokantate ist strophisch. Ein Basso ostinato kehrt in allen Strophen wieder, die Melodie ist jedoch in jeder Strophe neu (Abb. A). Das unterscheidet die Kantate von der frühen Arie, die auch melodisch ein Strophenlied darstellt.
Stehen bei FERRARI (1633/41) bereits rezitativische und ariose Partien nebeneinander, so bringt die erste Blütezeit der ital. Kantate die Loslösung vom Basso ostinato, den Ausbau von Arien (CARISSIMI) und Rezitativen (ROSSI), die Wiederholung von Sätzen, instrumentale Zwischenspiele und Ritornelle.
Die *Bologneser Schule* mit COLONNA und Tost bringt erstmals Orchesterbegleitung, die bes. STRADELLA ausbaut.
In der *Neapolitanischen Schule* wird die Kantate dann zu einer Standardgattung, bestehend aus 2–3 Da-capo-Arien mit Rezitativen. Komponisten sind A. SCARLATTI (über 600 Kantaten), LEO, VINCI, HASSE (Texte von METASTASIO), HÄNDEL u. a.
Eine Sonderform der Kantate ist das ital. **Kammerduett,** das in seiner Besetzung aus zwei Solostimmen mit B. c. der Triosonate entspricht.

Die deutsche Kirchenkantate
Die weltl. Kantate fand im 17. Jh. wegen ihrer hohen ital. Gesangskultur im übrigen Europa kaum Nachfolger. Eine Ausnahme bilden K. KITTELS *Arien und Cantaten* von 1638 (strophische Sololieder nach ital. Manier).
In der protest. Kirchenmusik entwickelte sich dagegen eine Gattung, die damals unter *Arie, Motette, Concerto* lief und heute als **ältere Kirchenkantate** bezeichnet wird. Vorläufer sind einige wie ital. Kantaten gearbeitete *Geistliche Konzerte* und *Symphoniae sacrae* von SCHÜTZ.
Der älteren Kirchenkantate lagen Bibeltext, Choräle, geistliche Oden (neue geistl. Strophenlieder) und zuweilen betrachtende, freie Prosa zugrunde. Demnach unterscheidet man:
- **Biblische Kantate,** mit deutlichen Abschnitten, Ritornellen, Chören, auch Anfangswiederholung am Schluss;
- **Choralkantate,** verarbeitet alle Strophen eines Gemeindechorals, teils streng als **Choralvariation** und **Choralpartita** mit dem Choral als c. f., teils als freiere Kirchenliedkantate. Komponisten dieses Typs sind vor allem TUNDER, KUHNAU, KRIEGER, BUXTEHUDE;
- **Odenkantate,** als eine Übertragung der ital. Solokantate: ein Strophenlied mit wechselnder Besetzung und Musik je Strophe. Oft werden erste und letzte Strophe vom Tutti gestaltet;
- **Spruchodenkantate,** Mittelding zwischen Odenkantate und Konzertmotette mit einem Bibelspruch als Motto der Ode;
- **Mischformen** wie die **Dialogkantate,** in Art einer betrachtenden Wechselrede.

Der älteren Kantate fehlt das Rezitativ, während die Arie z. T. sogar in Choralkantaten (die mittleren Strophen als freie Prosa wiedergebend) vertreten ist.
Um 1700 dichtet der Weißenfelser Pfarrer ERDMANN NEUMEISTER Kantatentexte über Predigtgedanken für alle Sonn- und Feiertage des Jahres (*Geistliche Cantaten statt einer Kirchen-Musik,* 1700). Nach dem Vorbild der Oper bringt er freie Verse für **Rezitative** und **Da-capo-Arien,** Erstere im Predigerton, Letztere voll subjektiven Ausdrucks. Eine Vermischung mit der älteren Kantate erfolgt: Im 2., 3. und 4. Jahrgang (1708, 1711, 1714) sind Eingangsverse für Chor, Bibelsprüche (*Dictum*) und Choralstrophen vertreten. Die Neumeistertexte werden u. a. von KRIEGER, ERLEBACH, TELEMANN und BACH vertont.

Die Kantaten Bachs (Abb. B)
folgen meist den NEUMEISTER-Typen (Dichter u. a. in Weimar S. FRANCK, in Leipzig HENRICI, gen. PICANDER), sind aber doch sehr vielgestaltig:

In der frühen Kantate Nr. 4 (um 1708) liegt eine **Choralpartita** älterer Art vor: Der Choral ist c. f., jeder Vers bildet einen **Satz** unterschiedlicher Struktur und Besetzung. Wie in den alten *geistlichen Konzerten* erklingt zu Beginn eine **Orchestersinfonia,** am Schluss dagegen ein **4-st. Choral.** – In Nr. 38 begegnet ein NEUMEISTER-Typ mit Chorälen, in Nr. 56 eine Solokantate nach ital. Vorbild, in Nr. 79 ein später NEUMEISTER-Typ mit Eingangschor über einen Bibelspruch (*Perikope*) und in Nr. 140 eine **Choralkantate** freierer Form aus der späteren Leipziger Zeit (1731). Alle Kantaten schließen mit einem Choral.

Die Kantaten wurden in Jahreszyklen geschaffen (BACH schrieb 5 Zyklen à 59 Stück, 3 sind erhalten) und im Gottesdienst *vor* und *nach* der Predigt aufgeführt (oft zweiteilig, s. Nr. 79). Sie unterstützten musikalisch die Besinnung auf den liturg. Text. BACH prägt dabei über die barocke Figurenlehre hinaus eine eigene musikal. Sprache mit ähnl. Motiven für ähnl. Textstellen aus (Abb. C).
Spätere Beispiele: MOZARTS *Exultate* (ital. Solokantate, S. 355); weltl. Kantaten, oft als *Balladen, Oden, Rhapsodien,* von MENDELSSOHN, BRAHMS, SCHÖNBERG u. a.

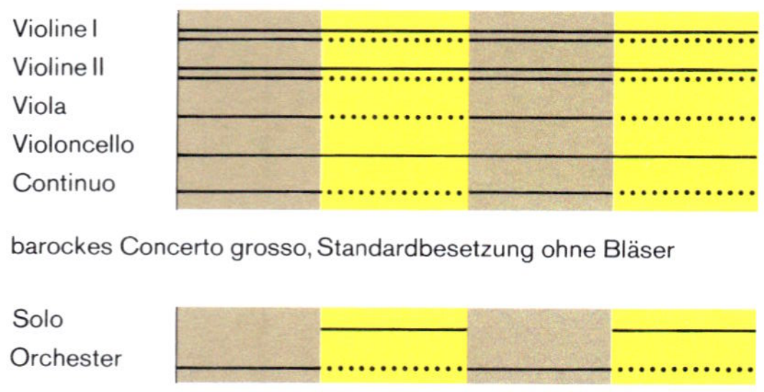

A **Zwei Prinzipien des Konzertierens**

Allegro (a-Moll)					Largo (d-Moll)			Presto (a-Moll)		
RI	Ct	RI	Ct	RI	Ct	RI	Ct	RI	Ct	RI
A	S	A	S	A	S	A	S	A	S	A
a	a-C	a	a-e	e	e-a	a	a	a	a	a
T.1	13	21	24	35	45	58	60	68	71	75

RI Ritornell
Ct Couplet
A vollst. Thema
S Solovarianten

B **Ritornellform des barocken Solokonzertes,** A. Vivaldi, Violinkonzert a-Moll, op. 3, 6

Allegro (A-Dur) | Adagio (fis-Moll) | Allegro assai (A-Dur)

Tutti
Solo
Tonika
Dominante
Modulationen
Themen

Exposition I Orchester					Exposition II Solo und Orchester					Einschub Orch.	Durchführung Solo u. Orch.	Reprise Solo und Orchester							Einschub Orch.		Solo	Schluss Orchester	
Hauptsatz		Seitensatz		Schlussgruppe	Hauptsatz		Seitensatz		Steigerung u. Triller	Epilog u. Überleitung	(hier:) neues Motiv	Hauptsatz Orch.	Solo	Überleitung Orch.	Solo	Seitensatz		Steigerung u. Triller	Epilog u. Steigerung		Kadenz	Schlussgruppe u. Coda	
A	A'	B	B'	C	A	A'	B	B'	B''	A'	D	A	A	A'	A'	B	B'	D	A'	D		B'	C
T.1	18	31	46	62	67	82	99	114	129	137	143	198	206	213	217	229	244	261	284	290	297	298	305

C **Modifizierte Sonatensatzform des klassischen Konzertes,** W. A. Mozart, Klavierkonzert A-Dur, KV 488

Konzert, von mittellat./ital. *concertare,* zusammenwirken, bedeutet die **Veranstaltung,** die **Gruppe der Musiker** (s. u. Concerto, engl. *consort*) und eine **Gattung.**
Eine zweite Ableitung des Begriffs von lat. *concertare,* wettstreiten (PRAETORIUS, 1619), zielt auf das Gegen- und Miteinander der Stimmen in der konzertanten Satzstruktur. Diese entwickelt sich Ende des 16. Jh. bes. in der venezianischen Mehrchörigkeit (S. 254, 264) und wurde als Stil kennzeichnend für das ganze Barock (*»Zeitalter des konzertierenden Stils«,* HANDSCHIN).
Der **Generalbass** bildet dabei die Grundlage, auf der die konzertierenden Stimmen ihre spezifische Freiheit erhalten. Sie zeigt sich im wechselweisen Pausieren, im *Chorweisen umbwechseln* (PRAETORIUS), im solistischen Hervortreten, in freier motivischer Arbeit usw.

Vokalkonzerte des Barock
Das frühe **Concerto** ist noch vorwiegend vokal, hervorgegangen aus der Motetten- und Madrigaltradition, so VIADANA, *Cento concerti ecclesiastici* (1602) oder SCHÜTZ, *Kleine geistliche Konzerte* (1636/39) für 1–3 Vokalsolisten, Gb. und wenige Soloinstr. Später treten Orchester- und Chorsätze, Rezitative und Arien hinzu: Das Vokalkonzert wird zur Kantate (s. S. 120 f.).

Instrumentalkonzerte des Barock
Im instrumentalen Bereich lassen sich 3 Besetzungsmöglichkeiten und damit Arten des Konzertierens erkennen:
- **Mehrchöriges Konzert:** das Gegeneinander mehrerer, etwa gleichstarker Gruppen in alter, venezianischer Tradition; berühmtes spätes Beispiel: BACHS *3. Brandenburg. Konzert.*
- **Concerto grosso:** Eine Solistengruppe (**Concertino, Soli**) steht gegen die Großgruppe (**Concerto grosso, Tutti, Ripieno**). Die Standardbesetzung des Concertino ist 3-st., ungleich oder in Triosonatenbesetzung mit 2 Violinen (auch Flöten, Oboen) und B. c. (Cello, Cembalo). Die Solisten führen als die besten Spieler auch das Tutti an, das in den Solopartien schweigt (Abb. A, Gegensatz: der Wechsel von Solist und Orchester im klass. Konzert). Das Concerto grosso entwickelte sich ab etwa 1670 in Oberitalien (STRADELLA 1676, CORELLI 1680, VIVALDI ab 1700). Die **Satzfolge** und **-struktur** entsprach der Kirchen- bzw. Kammersonate (ab VIVALDI meist 3-sätzig: schnell-langsam-schnell).
- **Solokonzert:** entwickelt sich gleichzeitig mit dem Concerto grosso. Soloinstr. sind bes. Trompete, Oboe, Violine (TORELLI, 1698), Klavier (BACH, ab etwa 1709).
  Bedeutsam sind die Konzerte VIVALDIS (ab op. 3, gedruckt 1712). Sie haben 3 Sätze, wobei die Kantilenen des langsamen Mittelsatzes oft über wenigen Gb.-Akkorden improvisiert wurden. Die Ecksätze zeigen **Ritornellform:** Das Tutti spielt jeweils das Thema oder einen Teil desselben (Abb. B: 2. Ritornell *nur Mittelteil,* 3. *nur Beginn,* in e-Moll, usw.), dazwischen liegen modulierende Soloepisoden (**Couplets,** nach Art des frz. Balletts) mit thematischen Motiven und freien Spielfiguren.
  Die VIVALDIschen Themen sind harmonisch großflächig, einfach und zugleich prägnant (Nb. Abb. B). BACH übertrug 9 VIVALDI-Konzerte zum Eigengebrauch und für Studienzwecke auf Cembalo und Orgel.

Instrumentalkonzert der Klassik/Romantik
Auch das Konzert der Klassik, bevorzugt für Violine und Klavier, ist noch immer 3-sätzig, wobei der Mittelsatz in der *D* oder *Tp* steht (Abb. C; auch entferntere Tonarten). Der Kopfsatz wird in einer *modifizierten Sonatensatzform* gestaltet:

Das Orchester **exponiert** verkürzt in der Regel beide Themen, belässt aber den Seitensatz in der Haupttonart. Erst bei der Wiederholung der **Exposition** greift der Solist ein mit einer Fülle von virtuosen Spielfiguren und mit der üblichen Modulation (Abb. C: A′, T. 82) in die Dominanttonart für das 2. Thema. Dies kontrastiert wie in der Sonate zum 1. Thema (vgl. Nb. C, T. 1 und 99). Eine virtuose Steigerungspartie, die üblicherweise in einen Triller oder Doppeltriller mündet, beendet die Exposition für den Solisten (B″). Das Orchester leitet zur **Durchführung** über (Durchführungsmotiv bei MOZART meist aus dem Schluss der Exposition), die der Solist im Wechselspiel mit dem Orchester gestaltet. Nach der **Reprise** erscheint als bes. Höhepunkt kurz vor Schluss eine Soloepisode ohne Orchester (**Kadenz),** in der der Solist über die Themen des Satzes fantasiert und zugleich sein technisches Können zeigen kann. Sie wurde bis zur Zeit BEETHOVENS improvisiert (Niederschriften MOZARTS und BEETHOVENS u. a. erhalten), später in den Satz einkomponiert.

Die **Mittelsätze** der Konzerte sind meist liedhaft kantabel, die **Schlusssätze** überwiegend virtuos spielerisch in Rondoform. (Schema Abb. C; alle Konzerte differieren, Abb. C gilt daher nur als ein Beispiel).

Neben dem Solokonzert gibt es **Doppel-** und **Tripelkonzerte** (BEETHOVEN: für Violine, Cello und Klavier als Solistentrio) und die **Sinfonia concertante** mit konzertierenden Instrumenten (MOZART).
Die Romantik experimentiert mit Satzverbindungen (*attacca,* schon bei BEETHOVEN), einsätzigen **Konzertstücken,** aber auch 4-sätziger Anlage (BRAHMS, *Klavierkonzert B-Dur* mit Scherzo) bei ständig wachsender Virtuosität im Solopart.

Das 20. Jh. bringt z. T. Rückbesinnung auf altes, freieres Konzertieren aller Instrumente (BARTÓK, *Konzert für Orchester*).

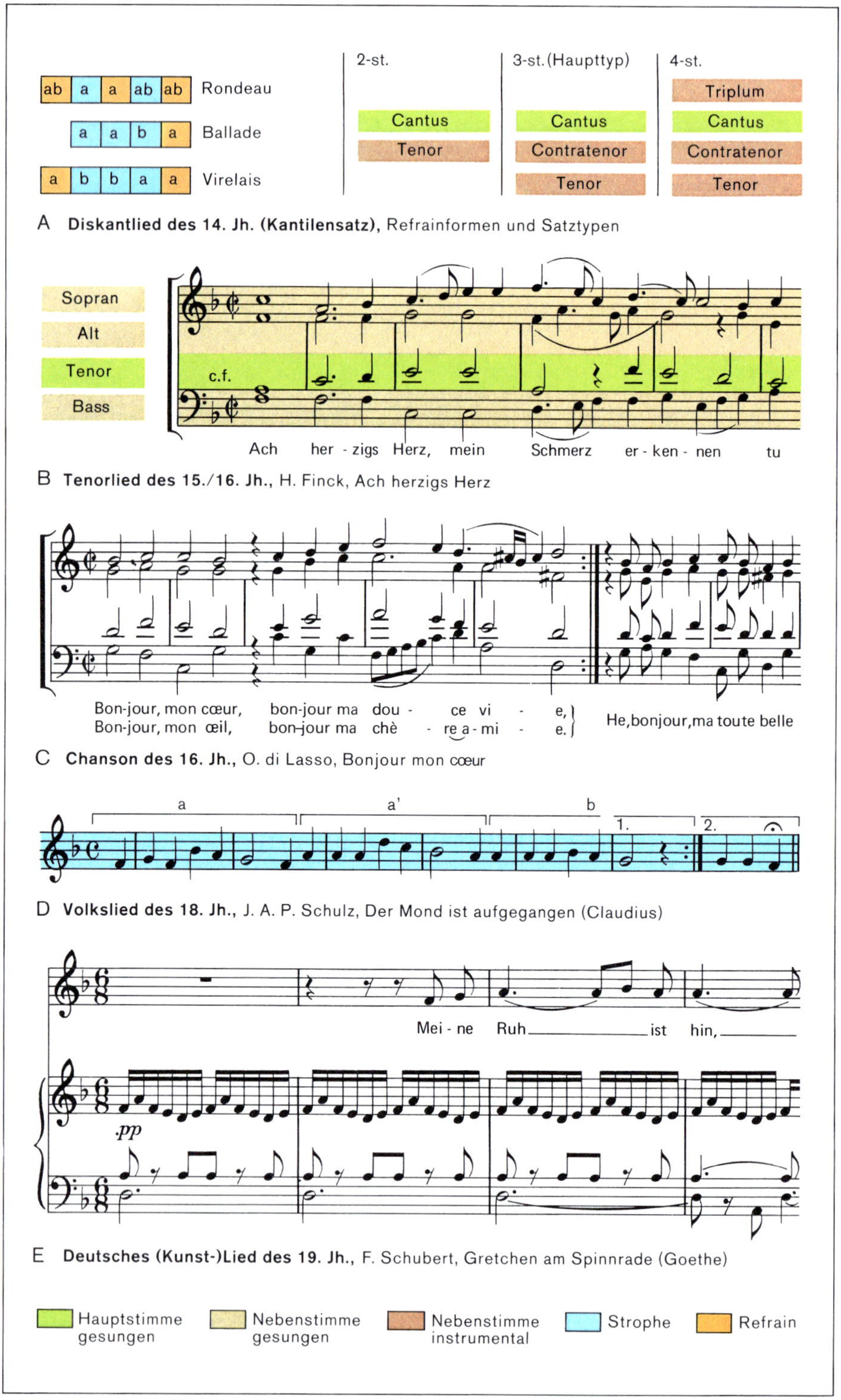
ab a a ab ab Rondeau
a a b a Ballade
a b b a a Virelais
2-st.
Cantus
Tenor
3-st. (Haupttyp)
Cantus
Contratenor
Tenor
4-st.
Triplum
Cantus
Contratenor
Tenor
A Diskantlied des 14. Jh. (Kantilensatz), Refrainformen und Satztypen
Sopran
Alt
Tenor
Bass
c.f.
Ach her - zigs Herz, mein Schmerz er - ken - nen tu
B Tenorlied des 15./16. Jh., H. Finck, Ach herzigs Herz
Bon-jour, mon cœur, bon-jour ma dou - ce vi - e,
Bon-jour, mon œil, bon-jour ma chè - re a - mi - e.
He, bonjour, ma toute belle
C Chanson des 16. Jh., O. di Lasso, Bonjour mon cœur
a
a'
b
1.
2.
D Volkslied des 18. Jh., J. A. P. Schulz, Der Mond ist aufgegangen (Claudius)
Mei - ne Ruh ist hin,
pp
E Deutsches (Kunst-)Lied des 19. Jh., F. Schubert, Gretchen am Spinnrade (Goethe)
Hauptstimme gesungen
Nebenstimme gesungen
Nebenstimme instrumental
Strophe
Refrain

Typen

Lied bedeutet *textlich* ein Gedicht mit Strophen gleicher Bauart (Vers- und Silbenzahl), *musikalisch* die Vertonung eines solchen strophischen Textes. Dabei kann jede Textstrophe auf die gleiche Melodie gesungen werden (*Strophenlied*) oder melodisch wechselnd gestaltet sein (*durchkomponiertes* Lied).

- Im **Strophenlied** spiegelt die Melodie den Versrhythmus und den Strophenbau des Textes, ferner im Ausdruck die *Gesamtstimmung* aller Strophen ohne Rücksicht auf die womöglich wechselnde Stimmung in den Einzelstrophen (Ideal der GOETHE/ZELTERschen Liedauffassung).
- Im **durchkomponierten Lied** kann die Beziehung zwischen Text und Musik enger gestaltet werden, indem die Musik auf jede Einzelheit des Textes eingeht, aber auch verstärkt eigenmusikalische Kräfte gegenüber dem Gedichtbau einsetzt.

Im MA. entstehen neben den geistl. **Hymnen** die weltl. Lieder der Troubadours, Trouvères und Minnesänger, später der Meistersinger (vgl. S. 192–197). Die Lieder sind einst., ihre Strophenformen sehr reich.

Im 13. Jh. erscheinen auch mehrst. Lieder, bes. der 2- bis 4-st. geistl. **Conductus** (Notre-Dame-Epoche) und das weltl. 3-st. **Rondeau** (ADAM DE LA HALLE).

Im **14. Jh.** blüht in **Frankreich** vor allem das hochpoetische, expressive **Diskantlied** (MACHAUT) mit seinen Refrainformen *Rondeau, Ballade* und *Virelais* (Abb. A). Es steht im mehrst. **Kantilenensatz** (von lat. *cantilena,* Lied), in dem die gesungene Hauptstimme (*Cantus, Discantus* oder *Duplum*) über dem instrumentalen *Tenor* und, im 3-st. Satz, *Contratenor* liegt. Im selteneren 4-st. Satz kommt noch ein *Triplum* hinzu (Abb. A).

Im **Trecento Italiens** gibt es eine reiche weltl. Liedtradition mit **Ballata, Caccia** und **Madrigal** (vgl. S. 220–223).

Im **15./16. Jh.** ist die mehrst. frz. **Chanson** die beherrschende Liedform.

In Deutschland kommt das **Tenorlied** auf. Die Liedmelodie liegt im Tenor, die andern Stimmen werden gesungen oder gespielt (Abb. B). Hauptkomponisten sind H. FINCK, H. ISAAK, L. SENFL. Die *Tenores* stammen aus dem höfischen Liedgut oder werden neu geschaffen. Der Satz zeigt sich überwiegend akkordisch syllabisch, mit eingestreuten, bewegteren melismatischen Partien nach Motettenart.

Demgegenüber vertritt die frz. **Chanson** des 16. Jh. das gesellige Lied unterschiedlichsten Charakters, häufig mit rasch deklamierenden Partien (Abb. C, bes. nach dem Doppelstrich). Die Chanson ist 3- bis 6-st. Es gibt zahlreiche Arrangements für eine Singstimme und Lautenbegleitung.

Vaudeville (syllabisch akkordisch) und **Air** (Sololied mit Lautenbegleitung) sind weitere Liedtypen jener Zeit.

Italien übernimmt die Chanson als *Canzone alla francese,* hat selbst aber eine reiche Liedkultur mit **Frottola, Villanella** (S. 252 f.) und **Madrigal** (S. 126 f.).

Mit der Monodie um 1600 erscheinen zahlreiche Gesänge mit Gb.-Begleitung, so das **Gb.-Lied,** z. T. mehrst. und mit Soloinstrumenten, das **Solomadrigal** (MONTEVERDI), die geistl. **Konzerte** (SCHÜTZ), die **Kantaten** (GRANDI) und die als **Arien** bezeichneten Strophenlieder (ALBERT, KRIEGER).

Im 18. Jh. werden diese Arien als schlichte strophische **Oden** und **Lieder** in vielen Slgn. gedruckt und in den *Singspielen* verwendet.

Gegen Ende des 18. Jh. kommt der von HERDER kultivierte Begriff des **Volksliedes** und die damit verbundene enthusiastische Bewegung zum Einfachen, Natürlichen auf.

Die Melodie *»Der Mond ist aufgegangen«* von J. A. P. SCHULZ (Abb. D; *Lieder im Volkston,* 1785) zeigt typische Merkmale des Volksliedes:

– **schlichte Gestalt,** die »den Schein des Bekannten darzubringen versucht ...« (SCHULZ), ausgewogener, ruhiger Rhythmus, kleiner Ambitus, keine schwierigen Intervalle, leicht zu singen und zu behalten;

– **übersichtliche Gliederung** nach Gedichtzeilen: zwei Melodiebögen mit gleichem Schluss (a, a′) für gleichen Reim, ein 3. verwandter mit Halbschluss (b 1) und Ganzschluss bei Wiederholung (b 2).

Das 19. Jh. bringt nach Vorbereitung in der Wiener Klassik (MOZART, BEETHOVEN) den Typ des deutschen **Kunstliedes** (SCHUBERT, SCHUMANN, BRAHMS, WOLF).

Das Lied *Gretchen am Spinnrade* schrieb SCHUBERT als Siebzehnjähriger (Abb. E). Es gilt als Urtyp der Gattung. Die Komposition geht vom Gehalt und Ton des GOETHE-Gedichtes aus. Die Klavierbegleitung wird wesentlicher Bestandteil des Liedes: Die Sechzehntel der r. H. spiegeln in einer kreisenden Figur die Drehbewegung des Spinnrades, der Rhythmus der l. H. die antreibende Fußbewegung für das Schwungrad, die punktierte Halbe das ruhende Gestell. Das Vorspiel malt die Stimmung, noch ehe der Text beginnt. Wie aus einem Nachsinnen erklingt dann der Gesang.

Das Kunstlied wird auch in großen Zyklen komponiert, so SCHUBERTS *Schöne Müllerin* und *Winterreise,* SCHUMANNS *Dichterliebe,* BRAHMS' *Magelone* u. a.

Eine Erweiterung bedeutet das orchesterbegleitete, zuweilen auch sinfonische Lied (MAHLER, *Lied von der Erde*).

Das dt. Kunstlied findet im außerdt. Bereich Nachahmung (MUSSORGSKI, DEBUSSY). Im 20. Jh. erscheinen zwar keine neuen Liedtypen, doch leistet die 2. Wiener Schule mit SCHÖNBERG (Zyklus der *Georgelieder,* op. 15, 1908), BERG und WEBERN (frühe Lieder) einen bedeutenden Beitrag zur Gattung.

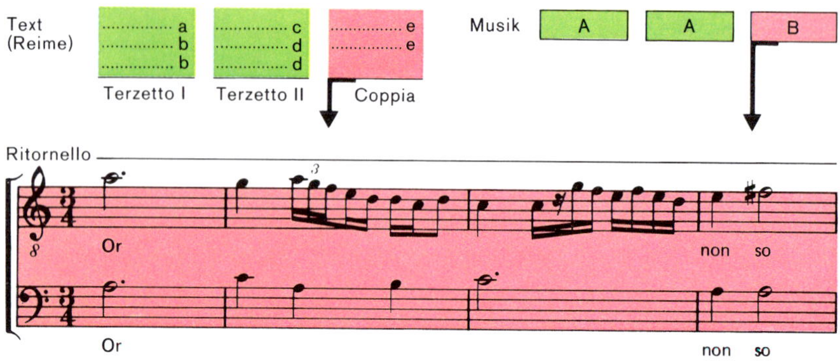

A **Das Trecento-Madrigal,** Giovanni da Firenze, Angnel son biancho

B **Das Madrigal des 16. Jh.,** Ph. Verdelot, Ogn'hor voi sospiro (Ausschnitt)

C **Spätes Madrigal,** C. Monteverdi, Lamento d'Arianna, 1. Teil

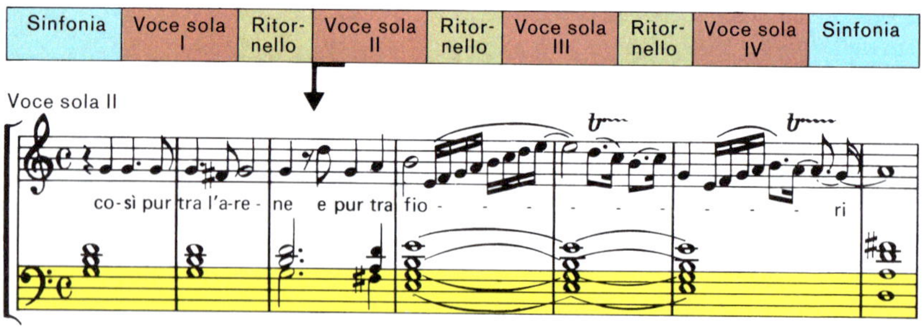

D **Solomadrigal mit Generalbass,** C. Monteverdi, Tempro la cetra, Aufbau und 2. Soloepisode (Beginn)

Gb.

Das Madrigal ist eine mehrst. ital. Vokalgattung in zwei versch. Ausprägungen:
- das Madrigal des 14. Jh. (Trecento-Madrigal, vgl. S. 220–223),
- das Madrigal des 16. Jh. und frühen 17. Jh., das auch über Italien hinaus Schule machte (vgl. S. 254 f.).

Das Trecento-Madrigal blüht bes. im 2. Drittel des 14. Jh. Für die Herleitung seines Namens bieten sich drei Wurzeln an:
- *materialis,* im Sinne von weltlich, denn das Madrigal ist eine weltl. Gattung;
- *matricalis,* im Sinne von muttersprachlich, denn das Madrigal ist ital.;
- *mandrialis* als *zur Herde gehörig,* denn das Madrigal hat häufig pastoralen Inhalt.

Die Etymologie ist jedoch unsicher. Zentrale Themen sind Liebe und Erotik. Die dichterischen Bilder stammen meist aus der Natur. Die wichtigsten Dichter sind PETRARCA, BOCCACCIO, SACCHETTI und SOLDANIERI. Die Sprache ist schlicht, die Textform relativ einfach:

im ausgereiften Madrigal 2–3 Strophen oder *Piedi* als *Terzetti* (Dreizeiler) und 1 Refrain oder *Ritornello* als *Coppia* (Doppelzeile), mit 7–11 Silben je Zeile und der Reimordnung abb, cdd ... ee oder aba cbc ... bb oder ähnlich (Abb. A).

Das Madrigal wird zunächst 2-st., später auch 3-st. gesetzt. Die Terzetti erklingen auf die gleiche, die Coppia auf eine neue Melodie (Abb. A). Typisch für die Terzetti sind eine melismenreiche, virtuos gesangliche Oberstimme und ein einfacherer, aber ebenfalls sanglicher Tenor (s. S. 220). Die Coppia ist wesentlich kürzer, zeigt aber eine ähnliche Faktur. Sie steht meist in einem tänzerischen Dreiertakt (Abb. A).

Von der **Caccia** beeinflusst entstand in der 2. Hälfte des 14. Jh. das **kanonische Madrigal,** 2-st. als Kanon oder 3-st. mit Kanon in den Oberstimmen und einem freien Tenor.

Hauptkomponisten sind JACOPO DA BOLOGNA, GIOVANNI DA CASCIA (= DA FIRENZE), PIERO DA FIRENZE, später FRANCESCO LANDINI (vgl. S. 221 u. 223).

Das Madrigal des 16. und frühen 17. Jh. hat musikal. mit dem Trecento-Madrigal nichts gemein. Seine Textdichter berufen sich allerdings auf die Madrigaldichter des 14. Jh., vor allem auf PETRARCA und BOCCACCIO. Das Madrigal wird als weltl. Gegenstück zur Motette eine höchst kunstvolle und ausdrucksstarke Gattung mit manieristischem Einschlag, eine Kunst für Kenner und Liebhaber (*musica reservata,* vgl. S. 255). Die Ausführung ist solistisch, auch mit Instr., die nach Belieben mitgehen konnten.

Textl. besteht das Madrigal meist aus freien Versen (*rime libere*). Hauptdichter sind PIETRO BEMBO, ARIOST, TASSO usw. Die musikal. Gesamtanlage gliedert sich nach dem Text in eine Folge kleiner Abschnitte, wobei es bes. auf den Ausdruck einzelner Textstellen und Wörter ankommt (*imitar le parole,* ZARLINO, 1558). Durch diese formale Freiheit wird das Madrigal zum Versuchsfeld für neue Musik im 16. Jh.

Das frühe Madrigal (1. Druck: Rom 1530) ist noch schlicht, im Wechsel homophoner und polyphoner Struktur, meist 4-st. mit führender Oberstimme und Bicinienbildung (Klangfarbenwechsel, rhythm. und melod. Lebendigkeit).

Abb. B zeigt einen Ausschnitt aus einem frühen Madrigal von PHILIPPE VERDELOT (1540), in dem zunächst die Ober-, dann die Unterstimmen ein Bicinium bilden, um dann in eine gemeinsame Kadenz zu münden. Typisch ist hier ferner der harmonisch unvermittelte Sprung von D-Dur nach B-Dur (Tp zu g-Moll), wodurch zwischen Tenor (fis) und Alt (f′) ein eklatanter Querstand entsteht (T. 2). Der Text heißt an dieser Stelle: »schweigend, hebend, *in Liebesglut*«.

Das Madrigal der Blütezeit von etwa 1550 bis 1580 (Epocheneinteilung s. S. 255) ist 5-st. (auch 6-st.). Textausdeutungen durch rhythmisch, harmonisch und chromatisch ungewöhnliche Wendungen (*Madrigalismen*) nehmen zu. Die führenden Komponisten sind anfangs VERDELOT, FESTA, ARCADELT, dann WILLAERT, DE RORE, LASSO, PALESTRINA, DE MONTE, A. GABRIELI (vgl. S. 255).

Das Madrigal der Spätzeit (bis 1620) steigert Ausdruckskunst und Virtuosität ins Extrem, bes. bei GESUALDO, MARENZIO, MONTEVERDI.

Abb. C zeigt MONTEVERDIS Bearbeitung seiner urspr. monodischen Klage der Ariadne aus der verlorenen Oper *Arianna* (Mantua, 1608) zu einem 5-st. Madrigal (VI. Madrigalbuch, 1614). Der Text wird von allen Stimmen gesungen. Imitation, Gegenbewegung, Querstände, expressive Chromatik, wechselnde Betonung der Worte *lasciate* und *mi* (*lasst* mich sterben, lasst *mich* sterben) und die ruhige Vollkadenz in tiefer Lage beim Wort *morire,* sterben, gehören zu den Kunstmitteln dieses Satzes. (Die urspr. Fassung s. S. 110, Abb. B.)

Nach Vorläufern erscheint bei MONTEVERDI ab dem V. Madrigalbuch (1605) das **Solomadrigal** mit Gb.-Begleitung und das **konzertante Madrigal** als Vertreter des neuen Stils.

Abb. D zeigt den Aufbau eines Solomadrigals von MONTEVERDI (VII. Madrigalbuch, 1619). Instrumental sind **Einleitung** (*Sinfonia*), **Zwischenspiele** (*Schlusszeile der Sinfonia als Ritornelle*) und **Schluss** (erweiterte Anfangssinfonia). Die Ritornelle sind gleich, die Solopartien **(Strophen)** stets neu mit virtuosen Koloraturen und improvisierten Verzierungen, wie die 2. Solopartie andeutet (Nb).

Das ital. Madrigal wurde im 16. und frühen 17. Jh. bes. in Deutschland und England nachgeahmt (S. 256–259).

A **Ordinarium missae,** I. Choral-Zyklus mit Credo Nr. I (überliefert ab 10. Jh.)

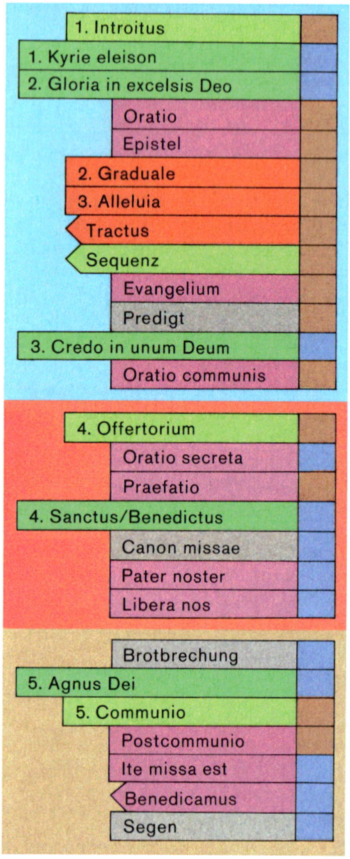

B **Aufbau der Messe**

- Wortgottesdienst
- Eucharistiefeier
- Kommunionfeier
- feststehender Text (Ordinarium)
- wechselnder Text (Proprium)
- gesprochener Text
- Priestergesang
- Chor: responsorisch
- Chor/Gemeinde: antiphonisch

Missa pro defunctis	Mozart	Berlioz	Verdi
Introitus »Requiem aeternam....«	Nr. 1	Nr. 1	Nr. 1
Kyrie eleison, Christe eleison,....	Nr. 1	Nr. 1	Nr. 1
Graduale »Requiem aeternam....«			
Tractus »Absolve, Domine,....«			
Sequenz »Dies irae, dies illa,....«	Nr. 2-7	Nr. 2-6	Nr. 2, 1-9
Offertorium »Domine Jesu Christe,....«	Nr. 8-9	Nr. 7-8	Nr. 3
Sanctus mit Benedictus	Nr. 10-11	Nr. 9	Nr. 4
Agnus Dei mit »Dona eis requiem....«	Nr. 12	Nr. 10	Nr. 5
Communio »Lux aeterna....«	Nr. 12	Nr. 10	Nr. 6
Absolutio pro defunctis »Libera me....«			Nr. 7

C **Requiem,** Choralgesänge und Gliederungen in den Vertonungen von Mozart, Berlioz und Verdi

Die **Messe** (von lat. *missa,* aus dem *Ite, missa est* der Entlassung) ist neben den Stundengebeten des Offiziums der zentrale Gottesdienst der kath. Kirche. Ihre liturg. feste Form in lat. Sprache bildete sich für den Westen im Gegensatz zur Vielfalt des Ostens etwa ab dem 5. Jh. heraus. Sie wurde im *2. Vatikanischen Konzil* 1964–69 reformiert mit dem Ziel einer aktiveren Teilnahme der Gläubigen am Geschehen (u. a. Landessprache statt Latein), doch ist ihr **Aufbau** fast so geblieben, wie er den Messvertonungen in der MG. zugrunde lag (Abb. A):

Der Wortgottesdienst beginnt mit dem Einzugsgesang **(Introitus)** und dem Ruf der Christengemeinde um Erbarmen (**Kyrie** *eleison, Christe eleison, Kyrie eleison,* je 3 Mal), dann ertönt der Lobgesang der *großen Doxologie* **(Gloria)** und das Priestergebet **(Oratio)**.
Es folgen die Lesungen (**Epistel** und **Evangelium**), im Hochamt als liturg. Rezitative vom Lettner aus gesungen, dazwischen ausgedehnte tropierende Gesänge (**Graduale** mit **Alleluia** bzw. in Buß- und Fastenzeiten mit **Tractus** und **Sequenz**). Mit der Predigt, dem Glaubensbekenntnis (**Credo,** nur an Sonn- und Feiertagen) und den allg. Fürbitten **(Oratio communis)** schließt der Wortgottesdienst.

Die Eucharistiefeier umfasst den Opfergesang **(Offertorium),** das Priestergebet über den Opfergaben **(Oratio secreta)** und das Kernstück der Messe mit dem feierlichen Hochgebet **(Präfation),** dem Heiligruf (**Sanctus** mit *Benedictus*) und der Wandlung von Wein und Brot im stillen Gebet **(Canon Missae).** Es folgen das Vaterunser **(Pater noster)** und die Fürbitten **(Libera nos).**

Der Kommunionteil beginnt mit der Brotbrechung und dem Lamm-Gottes-Ruf der Gemeinde (**Agnus Dei),** dann folgen die Kommunion der Gläubigen **(Communio)** und das Nachgebet des Priesters **(Postcommunio).** Die Messe schließt mit dem Entlassungsgruß (**Ite, missa est**) und der Gemeindeantwort (**Deo gratias,** am Gründonnerstag und in Prozessionsmessen: **Benedicamus Domino**). Der **Segen** steht seit dem II. Vaticanum vor dem Ite, missa est.

Zur Messe gehört der **gregorianische Choral** (S. 114 u. 184 ff.), ausgeführt vom Priester, dem Chor (*Schola cantorum*) und der Gemeinde. Man unterscheidet die schlichte **Missa cantata** und die feierliche **Missa solemnis** (Hoch-, auch Bischofs- oder Pontifikalamt). Zu den Messgesängen von Chor und Gemeinde gehören:

- **Ordinarium Missae: Kyrie, Gloria, Credo, Sanctus** und **Agnus Dei.** Diese 5 Teile sind in jeder Messe textgleich, musikal. gibt es einige verschiedene Fassungen (Abb. B). Gloria und Credo werden vom Priester intoniert, ehe die Schola einsetzt.
- **Proprium Missae: Introitus, Graduale, Alleluia, Offertorium, Communio.** Diese 5 Teile wechseln in jeder Messe. Sie sind **zyklisch** nach dem **Kirchenjahr** (*Pr. de tempore*) bzw. den **Heiligenfesten** (*Pr. de Sanctis*) geordnet.

Das Ordinarium ist antiphonisch, vom Proprium sind Graduale und Alleluia (bzw. Tractus) responsorial, Introitus, Offertorium und Communio antiphonisch. Dazu kommt der solist. Priestergesang (Abb. A).
Die Melodien des Ordinariums sind z. T. sehr alt. Ihre Überlieferung setzt im 10. Jh. ein. Die Propriumsgesänge sind noch älter als die des Ordinariums.

Mehrstimmige Messvertonungen
Propriumsvertonungen sind in der Zeit der frühen Mehrstimmigkeit üblich, dann aber wegen ihres Umfangs als Jahreszyklen selten (*Magnus liber* um 1200; ISAAKS *Choralis Constantinus* vor 1517; PALESTRINAS *Offertoriumszyklus* von 1593).
Gemeinsame Vertonung von Proprium und Ordinarium ergeben eine **Plenarmesse** (DUFAY, *Missa S. Jacobi,* 1429).
Vom **Ordinarium** werden im MA. zunächst nur Einzelsätze vertont, im 14. Jh. auch zu Zyklen zusammengestellt (*Messe von Tournai*), bis ab dem 15./16. Jh. die zyklische Vertonung des 5-teiligen Ordinariums zur Regel wird **(musikalische Messe).**
Grundlage und Motivquelle für die mehrst. Vertonung war im 15./16. Jh. der liturg. Choral (c. f.). – Man unterscheidet nach Satzstruktur und Vorlage:

- **Diskantmesse:** c. f. in der Oberstimme;
- **Tenormesse:** c. f. im Tenor;
- **Chansonmesse:** c. f. ein weltl. Lied;
- **Parodiemesse:** übernimmt eine mehrst. Vorlage wie Motette oder Chanson.

Der Stilwandel um 1600 bringt die **konzertierende Messe** mit Solostimmen, Gb. und Instrumenten.
Die von Oper und Oratorium beeinflusste barocke **Kantatenmesse,** die die Ordinariumsteile in Arien, Duette, Chöre **(Nummern)** zerlegt, führt zu den **Orchestermessen** der Klassik (HAYDN, MOZART) und **Romantik** (SCHUBERT, BRUCKNER).
Seit dem 17. Jh. werden die Textabschnitte *Christe* im Kyrie und das *Benedictus* im Sanctus meist für die **Solisten** geschrieben, das Ende des Gloria und Credo sowie das *Hosianna* im Sanctus **fugiert** gearbeitet.
BACHS *h-Moll-Messe* und BEETHOVENS *Missa solemnis* sprengen mit ihrem Umfang den Rahmen der Liturgie (Konzertaufführung).

Requiem. Im Ordinarium der **Totenmesse** (Missale von 1570) fehlen Gloria und Credo, das Proprium hat dagegen **Graduale, Tractus** und die **Sequenz** *»Dies irae«* (s. S. 190), die in den mehrst. Vertonungen den größten Raum einnimmt (Abb. C).

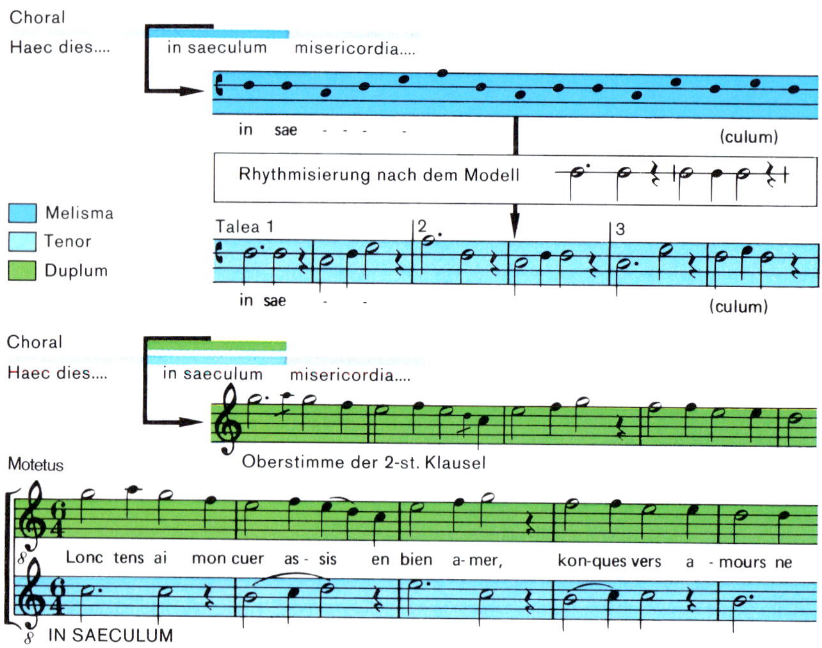

A **Entstehung der Motette,** Lonc tens ai mon cuer – IN SAECULUM

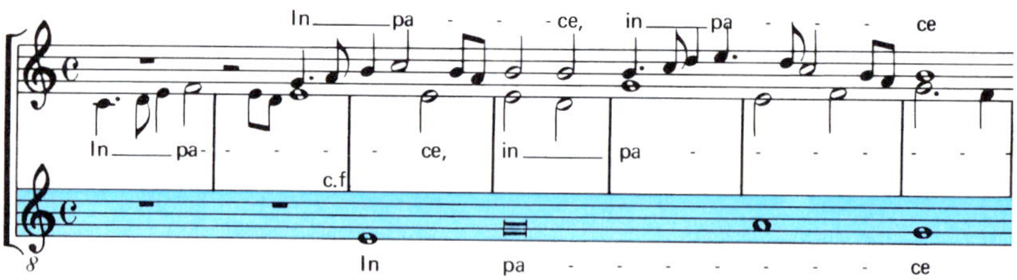

B **Cantus-firmus-Motette,** Josquin Desprez, In pace

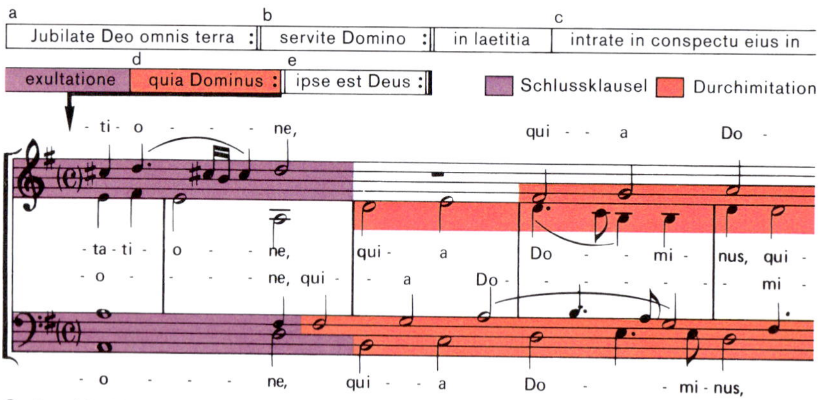

C **Durchimitierte Motette,** O. di Lasso, Jubilate Deo (Psalm 100), Texteinteilung in Abschnitte mit Imitationsmotiven a-e

Entwicklung

Die **Motette** ist eine mehrst. Gattung der Vokalmusik. Sie stammt aus dem MA. und hat in ihrer Geschichte zahlreiche Wandlungen durchgemacht.

Entstehung der Motette. Im Choralgesang des MA. war es möglich, bestimmte, vorzugsweise solistische Partien zur Hervorhebung des Textes bes. schmuck- und kunstvoll, nämlich **mehrstimmig,** vorzutragen. Im mehrst. Choralgesang der Notre-Dame-Epoche um 1200 bearbeitete man die **melismatischen** Abschnitte des Chorals (in Abb. A: *in saeculum*) auf sehr rationale Weise: Man ordnete die Töne dieses Choralmelismas nach einem kurzen, rhythmischen Modell, der **Talea** (frz. *taille,* Abschnitt; vgl. S. 202 f.):

In Abb. A umfasst dieses Modell 5 Notenwerte (und 2 Pausen). Wiederholt man das Modell 3 Mal, sind 15 Töne des Choralmelismas *»in saeculum«* rhythmisch geordnet. Sind die Töne des Choralmelismas nach der x-ten Wiederholung des Modells verbraucht, können sie wiederholt werden **(Color).**

Über das so bearbeitete Choralmelisma als Stützstimme oder **»Tenor«** setzte man eine freie Oberstimme (*Organum duplum*). Der ganze 2-st. Abschnitt heißt *Discantuspartie* bzw. **Klausel.**

Noch in der Notre-Dame-Zeit wird die Oberstimme der Klausel mit **lat.** Text in Versform versehen, der sich zunächst tropierend auf das Tenorwort (hier *»in saeculum«*) bezieht, bald aber auch **frz., weltl.** und sogar erotisch sein kann (Abb. A: frz. Liebesgedicht).

Das textierte Duplum heißt **Motetus** (vgl. S. 205), die so entstandene neue Gattung **Motette.** Sie löste sich aus dem Choral und wurde zur führenden weltl. Gattung der Ars antiqua und Ars nova (13./14. Jh.).

Textierung 3-st. Klauseln mit 2 Oberstimmen führte zur **Doppelmotette,** 4-st. Klauseln zur **Tripelmotette** mit 2 bzw. 3 verschiedenen Texten (s. S. 206).

Die isorhythmische Motette ist der spezifische Motettentyp der Ars nova im 14. Jh. (Vitry, Machaut). Das rhythmische Modell, die Talea, ist länger und vielstimmig. Es erfasst in abschnittsweiser Wiederholung den ganzen Satz (S. 218 f.). Diese höchst kunstvolle Form hielt sich als Festmotette bis ins 15. Jh. (Dufay).

Im 15. Jh. wird die Motette wieder **geistl.** liturg. als Propriumsvertonung der Messe oder im Offizium verwendet. Inhaltlich handelt es sich um **Psalm-** oder **Evangelienmotetten.** Eine neue Form der Motette ist 3-st., im Kantilenensatz und ohne *c. f.*

Die Cantus-firmus-Motette im 15./16. Jh. verarbeitet als c. f. einen Choralausschnitt im Tenor, allerdings ohne starre rhythm. Zubereitung, sondern in natürl. Fluss. Immerhin bewegt sich der Tenor langsamer als die Oberstimmen, hat meist jedoch den gleichen Text wie diese. Die langen Notenwerte des Tenors durchziehen Halt gebend das Stück. Der c. f. hat Symbolcharakter. Die Melodie des c. f. wird oft von den übrigen Stimmen abschnittsweise nachgeahmt bzw. als motivisches Material imitatorisch vorweggenommen.

In der 3-st. Motette *In pace* von Josquin (Abb. B) beginnt der Alt mit einer aufsteigenden Bewegung bis zur Quarte mit folgender Sekunde abwärts, imitiert vom Sopran im Quintabstand. Das Motiv ist mit den ersten vier Tönen des c. f. im Tenor verwandt. Weiter taucht es im Sopran in T. 5 auf.

Die Stimmenzahl wächst bis zu 6, wobei oft 2 Stimmen zu Bicinien gekoppelt werden.

In Deutschland entsteht im 16. Jh. die **Liedmotette.** Als c. f. verwendet sie ein dt. Kirchenlied (*Choral*) und führt dieses zeilenweise im Tenor oder im Sopran im Stil des Tenorlieds bzw. Kantionalsatzes (Melodie oben) durch, jedoch in lebendigem Wechsel von homophonen und polyphonen Partien.

Frei über Verse (nach Bibel oder neu) komponiert ist die dt. **Spruchmotette** (Lechner, Demantius).

In England entstehen im 16. Jh. die **Anthems,** engl. Motetten nach Festlandvorbild.

Die durchimitierte Motette des 16. Jh. bildet den Höhepunkt der Motettenentwicklung, zugleich den Gipfel der franko-fläm. Vokalpolyphonie. Der c. f. entfällt, alle Stimmen beteiligen sich gleichmäßig am motivischen Material, den *Soggetti,* die für jeden Abschnitt der Motette neu erfunden werden.

Die Lasso-Motette Abb. C hat 5 Abschnitte, die sich nach der sinnvollen Einteilung des Textes richten. Ziel ist es, den Textgehalt in der Musik voll zum Ausdruck zu bringen.

Die Abschnitte sind verzahnt zu einem weit tragenden Stimmenfluss. So setzt noch in der Schlusskadenz des 3. Abschnitts (Nb.) das neue Soggetto *»quia«* im Tenor ein. Es wird sogleich von Bass/Alt und vom Sopran, also in allen Stimmen, imitiert (*Durchimitation*).

Die Ausführung war rein vokal (*a cappella*) oder mit Instrumenten, die die Vokalstimmen mitspielten.

Spätere Formen

Im 17. Jh. entsteht die solistisch besetzte **Gb.-Motette.** Erste Slg. sind die *Concerti ecclesiastici* von Viadana (1602). Auch die *Kleinen geistl. Konzerte* von Schütz sind solche Motetten über Bibelsprüche (vgl. S. 123).

Daneben lebt die polyphone **Chormotette** alten Stils weiter, z. B. in der *Geistl. Chormusik* von Schütz mit vielen doppelchörigen Motetten venezianischer Tradition oder in den 6 Motetten Bachs.

Das 19. und 20. Jh. haben keine neuen Motettentypen entwickelt, jedoch wurden Motetten geschrieben (Brahms, Hindemith).

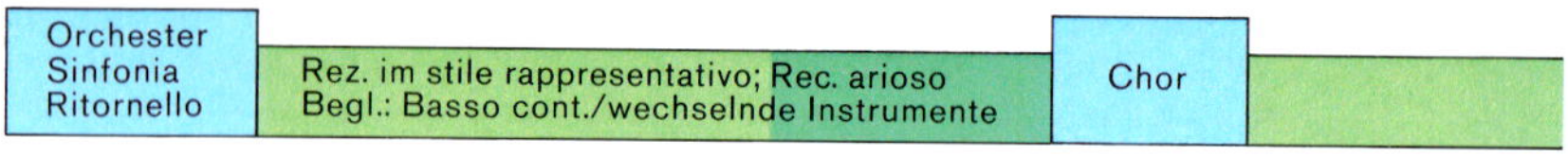

A **Frühe Oper,** C. Monteverdi, Orfeo (1607), wichtigste Bauelemente

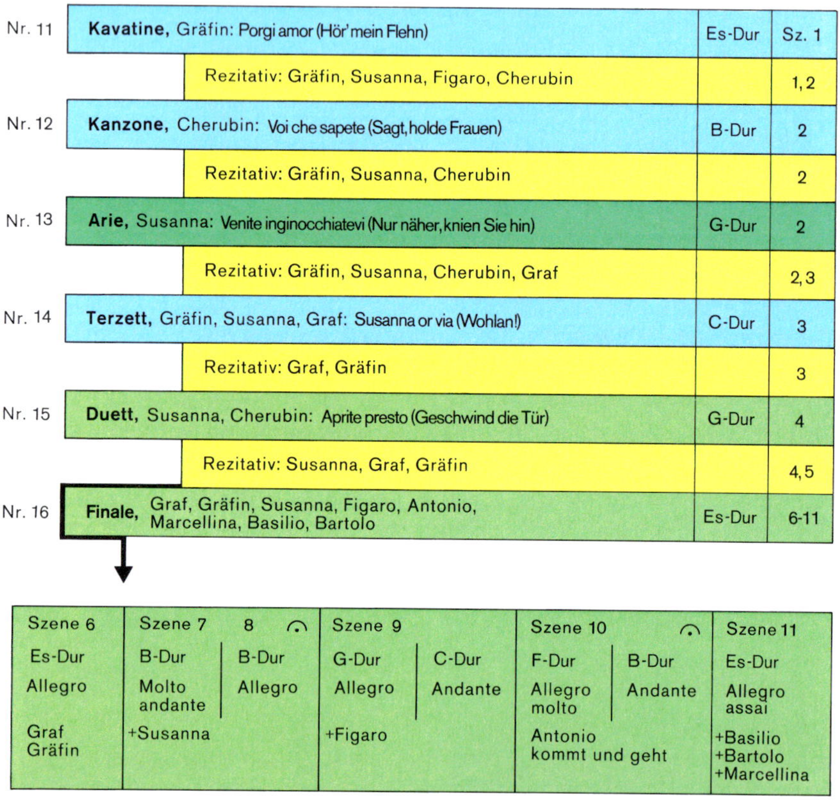

B **Dramatisierte Nummernoper,** Opera buffa, W. A. Mozart, Figaro, Aufbau des II. Aktes

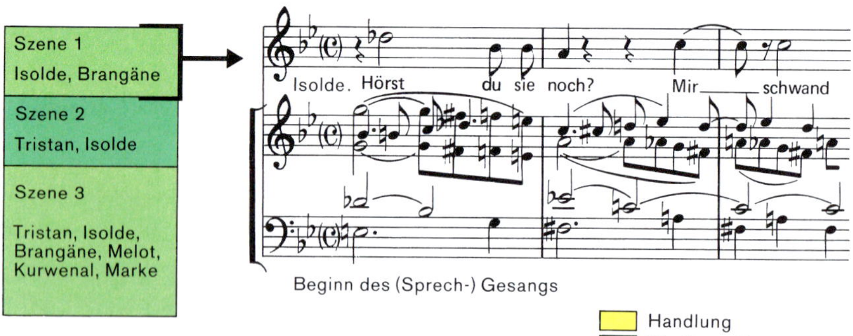

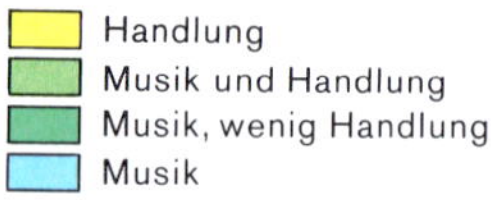

C **Musikdrama R. Wagners** ohne geschlossene Musiknummern, Tristan und Isolde, II. Akt, Szenenfolge und Isoldes Einsatz

Strukturelle Gegensätze

Die **Oper** ist ein musikal. Drama, in dem anders als im Schauspiel mit Musikeinlagen die Musik am *Handlungsablauf* und an der Schilderung von *Stimmungen* und *Gefühlen* wesentl. beteiligt ist. Die Verbindung der versch. Künste Musik, Dichtung, Dramatik, Malerei, Bühnenbild, Tanz, Gestik enthält viele Möglichkeiten, aber auch Widersprüche, sodass die Geschichte der Oper unterschiedlichste Ausprägungen der Gattung kennt.

Die Oper entstand Ende des 16. Jh. in **Florenz**, wo ein Humanistenkreis von Dichtern, Musikern und Gelehrten (*Florentiner Camerata*) das antike Drama wieder zu beleben suchte, in dem Gesangssolisten, Chor und Orchester beteiligt waren. So schuf man nach dem Vorbild der Pastoraldramen des 16. Jh. (TASSO, GUARINI) die ersten Opernlibretti und setzte sie in Musik mit den Mitteln der Zeit:

- die neue **Monodie** (Singstimme mit Gb.-Begleitung, vgl. S. 145);
- madrigaleske und motettische **Chöre**;
- **Instrumentalritornelle** und **-tänze**.

Die ersten Opern auf Texte von RINUCCINI sind PERIS *Dafne* (1597, verloren) und *Euridice* (1600) sowie CACCINIS *Euridice* (1600; s. S. 144, Abb. A).

Der Durchbruch zur großen barocken Oper gelang MONTEVERDI mit seinem *Orfeo* (Mantua 1607, Text von STRIGGIO).

Sein Rezitativ wird zum musikal. lebendigen und gestisch starken *stile rappresentativo (darstellender Stil),* dazu treten frei geformte lyrisch-dramatische Gesänge (*Rec. arioso*) mit Orchesterbegleitung, Lieder (*Arien*), Chöre und ein reich besetztes Orchester mit Sinfonien, Ritornellen und Tänzen (Abb. A).

Venedig ist bald das Opernzentrum in Norditalien. 1637 wird dort das erste kommerzielle Opernhaus eröffnet. Heldensagen und antike Geschichte liefern die Stoffe für das Spätwerk MONTEVERDIS und die zahllosen neuen Opern, bes. von CAVALLI und CESTI.

Rom entwickelt neben der weltl. Oper mit großen Chören die **geistl. Oper** (S. 135). Ende des 17. Jh. und im 18. Jh. übernimmt die **Neapolitanische Schule** mit A. SCARLATTI (1660–1725) die Führung. Bedeutendster Textdichter ist P. METASTASIO. Zentraler Operntyp wird die *ernste* **Opera seria** mit ihrer Folge von **Secco-Rezitativen** für die Handlung und großen **Da-capo-Arien** zur Affektdarstellung. Als Ouvertüre erklingt die **Neapolitan. Opernsinfonia** (vgl. S. 136).

In der Opera seria dominierte die Musik. Die Handlung trat zurück, die Musikstücke wurden nummeriert (**Nummernoper,** vgl. Abb. B). Stärkste Ausprägung fand diese Barockoper durch HÄNDEL.

Daneben entwickelte sich in Neapel aus den Zwischenakteinlagen der Opera seria (**Intermedien**) die *heitere* **Opera buffa** mit den bürgerl. Stoffen der Commedia dell'Arte (z. B. PERGOLESI, *La serva padrona,* 1733).

Die Opera buffa gibt im 18. Jh. Impulse zur Überwindung der starren Opera-seria-Form, bes. durch Einführung von Ensembles und Finali. Eine Reform der Seria versuchte um 1770 auch GLUCK. Bewusst einfach gibt sich das dt. **Singspiel** des 18. Jh. mit gesprochenen Dialogen und Liedern.

Die Oper der Klassik, bes. MOZARTS Buffooper, bringt dann eine Dramatisierung der alten Nummernoper, ohne auf absolute musikal. Elemente zu verzichten.

Der II. Akt aus MOZARTS *Figaro* (1786) zeigt dies beispielhaft (Abb. B).

Das Secco-Rezitativ treibt wie bisher die Handlung weiter (Szenenhäufung), die Nummern aber reichen mit ihren vielen Formen von überwiegend musikalischen Haltepunkten (Nr. 11, 12, 14) über leichte Aktion (Nr. 13: Verkleidung) bis zur Verbindung von Handlung und Musik (Nr. 15: Cherubin springt aus dem Fenster; Nr. 16: aufregendes Finale). Absolut-Musikalisches zeigt sich im Tonartenplan des ganzen Aktes mit Es-Dur als Rahmen und im rondoartigen Aufbau des Finales (Szenen-, Tonarten- und Satzgruppierung um eine Mitte, zugleich Steigerung von Tempo, Personenzahl und Dramatik; vgl. S. 342 f.).

Frankreich hatte eine eigene Operntradition mit dem **Ballet de Cour** (seit 1581), dem **Comédie-Ballet** und der höfischen **Tragédie lyrique** LULLYS im 17. Jh. Letztere orientierte sich am klass. frz. Theater (Sprache, 5 Akte) und hatte musikalisch freie Rezitative, liedhafte **Airs,** viele **Chöre** und **Tänze** und als Einleitung die **Frz. Ouvertüre.** Im 18. Jh. kommt es zum Streit um die ital. Opera buffa (PERGOLESI-Auff., Paris 1752) und zur Gründung der bürgerl. **Opéra comique** mit gesprochenen Dialogen.

Über die **Revolutions-** oder **Schreckensoper** entwickeln sich die **große Oper** des 19. Jh. (MASSENET, MEYERBEER), daneben die parodistische **Operette** (OFFENBACH) und in ganz Europa die Nationalopern.

In Deutschland zeigt die *romantische Oper* (WEBER, *Freischütz,* 1821) Tendenz, das Schema der Nummernoper in wechselvolle Szenen und Arien aufzulösen. Das Musikdrama R. WAGNERS ist dann konsequent durchkomponiert: Szenenfolge und Text sind Grundlage einer fortlaufenden Musik mit »unendlicher Melodie«, Sprechgesang, Leitmotivtechnik, farbenreichem Orchester und einer expressiven, hochchromatischen Harmonik (Abb. C).

WAGNERS Musikdrama erreicht auch im Blick auf die Vermengung der Künste ein Extrem **(Gesamtkunstwerk),** dem im 20. Jh. erneute Arbeit mit alten Formen (BERG, STRAWINSKY), aber auch Suche nach neuen Möglichkeiten des Musiktheaters folgten (ZIMMERMANN, KAGEL).

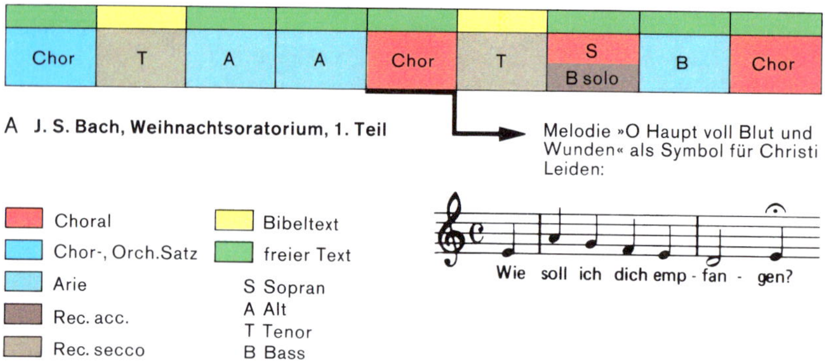

A J. S. Bach, Weihnachtsoratorium, 1. Teil

1. Einleitung (Orchester)	**c-Moll**	Die Vorstellung des Chaos
Rezitativ Raphael (B)	c-Moll D-Dur	Im Anfang schuf Gott (Moses I, 1, 1-4)
2. Arie Uriel (T) mit Chor	A-Dur	Nun schwanden vor dem heiligen
3. Rezitativ Raphael		Und Gott machte (Moses I, 1, 7)
4. Solo Gabriel (S) mit Chor	C-Dur	Mit Staunen sieht das Wunderwerk
5. Rezitativ Raphael		Und Gott sprach (Moses I, 1, 9-10)
6. Arie Raphael	d-Moll D-Dur	Rollend in schäumenden Wellen
7. Rezitativ Gabriel		Und Gott sprach (Moses I, 1, 11)
8. Arie Gabriel	B-Dur	Nun beut die Flur das frische Grün
9. Rezitativ Uriel		Und die himmlischen Heerscharen
10. Chor	D-Dur	Stimmt an die Saiten, ergreift die Leier
11. Rezitativ Uriel		Und Gott sprach (Moses I, 1, 14)
12. Rezitativ Uriel	D-Dur	In vollem Glanz steiget jetzt die Sonne
13. Chor mit Soli	**C-Dur**	Die Himmel erzählen die Ehre Gottes

Aufbau des 1. Teiles

B J. Haydn, Die Schöpfung

Gesamtanlage:
1. Teil: Weltall, Erde, Nr. 1-13
2. Teil: Tiere, Menschen, Nr. 14-28
3. Teil: Preis und Dank, Nr. 29-34

Satzfolgen

Unter einem **Oratorium** versteht man im Allg. ein abendfüllendes, meist geistl. Werk für Soli, Chor und Orchester in nichtszenischer, d. h. konzertanter Aufführung.

Die Bezeichnung leitet sich ab vom *Oratorio (Betsaal)*, wo man **Bibellesungen** und andächtige **Betrachtungen** mit geistl. Liedern (*Lauden*) abhielt.

Als frühestes Zeugnis ist erhalten CAVALIERIS *Rappresentazione di anima e di corpo* (Darstellung der Seele und des Körpers, Rom 1600) mit Rezitativen, Chören und Tänzen, also den Stimmitteln der neuen Oper (eine *»geistl. Oper«*). Für die Gattungsgeschichte ist diese Parallelität typisch: Immer wieder beeinflussten Neuerungen der Oper auch das Oratorium.

Zentrale Figur des Oratoriums ist der **Erzähler** (*Historicus, Testo*), der in **Rezitativen** (Tenor mit Gb.) den Bibeltext bzw. die Handlung als Leitfaden für die verschiedenen Musiknummern vorträgt. Die Stoffe stammen aus dem Alten Testament, zuweilen auch aus dem Neuen oder aus Heiligenlegenden. Die neu gedichteten Partien fallen den Solisten oder dem Chor zu. Frühes Beispiel für ein Oratorium mit Testo, Soli (**Ariosi**) und einer Fülle von **geistl. Madrigalen** für Chor ist G. ANERIOS *Teatro armonico spirituale* (Rom 1619) in ital. Sprache (*Oratorio volgare*). Berühmtester Oratorienkomponist des 17. Jh. ist CARISSIMI (1605–1674, Rom) mit seinen lat. Oratorien (*Oratorio latino*). Seine Schüler und Nachfolger sind DRAGHI, STRADELLA und CHARPENTIER in Paris.

Die Neapolitanische Schule mit A. SCARLATTI (1660–1725) führt dann nach Opernvorbild **Secco-** und **Accompagnato-Rezitativ** und die **Da-capo-Arie** ins Oratorium ein. Höhepunkt dieser Entwicklung sind HÄNDELS Oratorien in London: erstmals in engl. Sprache *Esther* (1732), ferner *Messias* (1742), *Judas Maccabäus* (1746) und viele andere. HÄNDELS Oratorium verbindet in barocker Mischung Weltgeist und große Würde mit Innigkeit und Pathos.

In Deutschland schrieb im 17. Jh. SCHÜTZ seine oratorienartigen **Historien** (Auferstehungshistorie, 1623; Weihnachtshistorie, 1664). Im 18. Jh. wurde das Bibelwort z. T. versifiziert, Lieder, Arien und Chöre kamen hinzu (MENANTES 1704, BROCKES). Kleinere Werke blieben im kantatenartigen Rahmen.

BACHS *Weihnachtsoratorium* (1733/34) geht aus diesem Rahmen hervor. Es ist ein Zyklus von 6 Kantaten (Teile 1–6) zum *1. bis 3. Weihnachtstag*, zur *Beschneidung*, zum *Sonntag nach Neujahr* und zum *Erscheinungsfest* (*Epiphanias*). Bibeltext (Secco-Rezitativ, Tenor) wechselt mit freien Versen in Chören, Accompagnati und Arien. Viele Stücke gehen auf ältere *weltl.* Kantaten zurück, die neuen, geistl. Text bekamen (*Parodieverfahren*), so der Eingangschor *»Jauchzet, frohlocket!«* auf die Kantate *»Tönet ihr Pauken«* (BWV 214). Symbolisch weist der 1. Choral *»Wie soll ich dich empfangen«* mit seiner Melodie *»O Haupt voll Blut und Wunden«* auf die Leidensgeschichte Christi voraus (Abb. A).

Dem Zeitgeschmack der Jahrhundertmitte entsprach RAMLERS empfindsames Oratorium *Der Tod Jesu* (1755) mit Musik von GRAUN, das noch 1 Jh. später jährlich in Berlin in der Karwoche aufgeführt wurde.

Eine Wende bringt das Oratorium der Klassik und des 19. Jh., eingeleitet von HAYDNS *Schöpfung* (1798) und *Jahreszeiten* (1801).

Die *Schöpfung* strahlt einen aufgeklärten Optimismus aus und weiß Bibeltext mit Weltreligion und Erlösungsmythos der Menschheit zu verbinden. Musikalisch arbeitet HAYDN auch mit tonmalerischen Zügen, z. B. düsteres c-Moll im rudimentären Sinfoniesatz der Chaosvorstellung, dagegen Wendung nach Dur mit dem Erscheinen des Lichtes. Den Bibeltext tragen 3 Erzengel in knappen Secco-Rezitativen vor, die Musikstücke sind nummeriert wie in der Nummernoper: es wechseln Accompagnato-Rezitative mit Arien und Chören, Letztere ad maiorem Dei gloriam vielstimmig und barock fugiert.

Die Gesamtanlage ist dreiteilig (im Barock allg. zweiteilig) und behandelt die Erschaffung der Erde und Pflanzen, der Tiere und Menschen und das Leben des ersten Paares im Paradies, das einen einzigen Dankgesang darstellt (Abb. B).

HAYDNS *Schöpfung* hatte einen weltweiten Erfolg. Sie rief zahlreiche Chorgründungen hervor und begünstigte die weitere Pflege des Oratoriums (auch außerhalb der Kirche). BEETHOVEN (*Christus am Ölberge*, 1800), SPOHR und bes. MENDELSSOHN (*Paulus* 1836, *Elias* 1846) schrieben Oratorien, wobei vor allem in den Chören HÄNDEL imitiert wurde. SCHUMANNS *Paradies und Peri* (1843) bearbeitet einen weltl. Märchenstoff, doch verbirgt sich auch hierin der erwähnte Erlösungsmythos wie in LISZTS *Legende von der heiligen Elisabeth* (1862, mit beachtenswerter Stoffnähe zu WAGNERS *Tannhäuser*).

Auch in Frankreich bleibt das Oratorium (*Drame sacré, Mystère*) im 19. Jh. sehr beliebt. BERLIOZ (*L'Enfance du Christ*, 1854), SAINT-SAËNS, FRANCK u. a. liefern Werke mit allen Errungenschaften des romantischen Orchesters (Tonmalerei, Leitmotivtechnik).

Im 20. Jh. gibt es keine generelle inhaltl. oder formale Richtung des Oratoriums, aber zahlreiche interessante Einzellösungen, so HONEGGERS *Le roi David* (1921), STRAWINSKYS weltl. Opernoratorium *Oedipus Rex* (1927, frz./lat., mit möglicher szenischer Darstellung) oder SCHÖNBERGS Oratorium *Die Jakobsleiter* (1917–22).

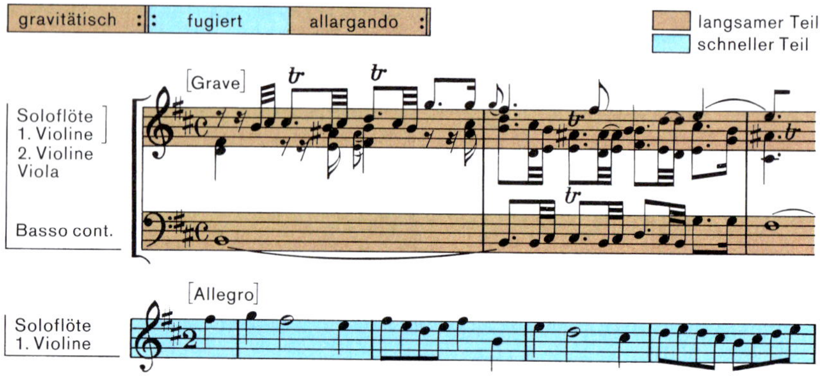

A **Französische Ouvertüre,** J. S. Bach, Ouvertüre Nr. 2, Schema und Hauptthemen

konzertant	kantabel	tänzerisch

Satzfolge seit A. Scarlatti (ca. 1700)

B **Neapolitanische Opernsinfonia,** Schema

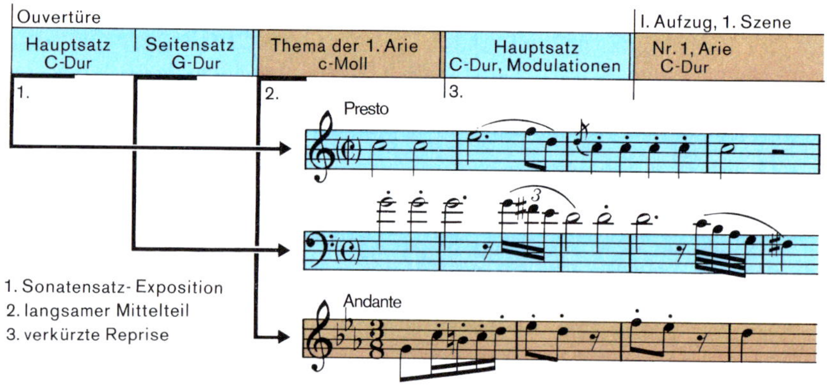

C **Klassische Ouvertüre,** W. A. Mozart, Entführung aus dem Serail, Kombination von Neapol. Opernsinfonia und Sonatensatz mit Bezug zur Oper

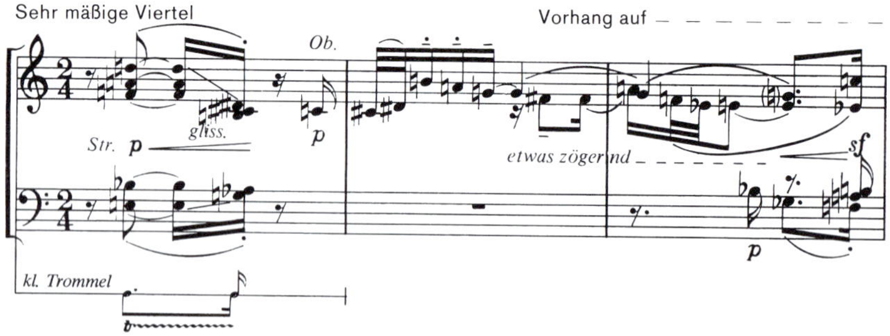

D **Moderne Operneinleitung,** A. Berg, Wozzeck

Die **Ouvertüre** ist das instrumentale Einleitungsstück einer Oper, eines Oratoriums, eines Schauspiels, einer Suite u. a.
Bis zum 17. Jh. gab es für solche Vorspiele keine festen Formen. Meist handelte es sich um kurze Stücke, die den Vorstellungsbeginn markieren und die Aufmerksamkeit der Hörer erregen wollten. Beispiel für eine frühe, kurze Operneinleitung ist die *Tokkata* zu Beginn des *Orfeo* von MONTEVERDI (1607) mit ihren festlichen Bläserakkorden.
Im 17. Jh. entwickelte sich außer den allg. **Sinfonia** genannten Opernvorspielen die sog. **Kanzonen-Ouvertüre** der Venezian. Oper (CESTI, CAVALLI) mit einem langsamen Teil in geradem und einem schnellen in ungeradem Takt; sie wird Vorbild für die
Französische Ouvertüre,
die erstmals bei LULLY in Paris (*Alcidiane*-Ballett, 1658) erscheint und zum bekanntesten Ouvertürentyp des Barock wurde. Sie ist dreiteilig:
- **1. Teil:** langsam, gerader Takt, punktierter Rhythmus, feierlich im Ausdruck, voll barocken Pathos;
- **2. Teil:** schnell, meist fugiert und sehr bewegt, oft im Dreiertakt;
- **3. Teil:** urspr. nur ein Zurückfallen ins erste Tempo für die Schlussakkorde, später auch themat. Rückgriff auf den 1. Teil (Abb. A).

Es war üblich, die Tänze aus der frz. Oper für den Ballett- oder Konzertgebrauch zu einer Folge (*Suite*) zusammenzustellen. Vorweg spielte man die Opernouvertüre. Dann entstanden eigene Suiten samt Ouvertüre. BACHS *Ouvertüre* entstammt einer solchen Orchestersuite (Abb. A; vgl. S. 150, Abb. D).

Neapolitanische Opernsinfonia
Ein gegensätzl. Ouvertürentyp entwickelte sich in Neapel, vor allem durch A. SCARLATTI (1696). Diese *Sinfonia* gliedert sich in 3 Teile bzw. Sätze:
- **1. Teil:** schnell, konzertant;
- **2. Teil:** langsam, kantabel, meist mit einem Soloinstrument;
- **3. Teil:** schnell, oft fugiert, mit tänzerischem Charakter (Abb. B).

Die *Neapolitanische Opernsinfonia* wurde auch losgelöst von der Oper konzertmäßig in sog. *Akademien* musiziert oder direkt dafür komponiert. Die Folge ihrer Teile bzw. Sätze erweist sich als Ausgang für die spätere Satzfolge von Sonate, Sinfonie und Konzert (vgl. S. 152, Abb. A).

Klassische Ouvertüre
Sie verwirklicht die im Laufe des 18. Jh. in Frankreich aufkommende Forderung nach stimmungsmäßiger und thematischer Verbindung der Ouvertüre zur Oper bzw. zur ersten Szene der Oper (RAMEAU, GLUCK). Sie übernimmt oft die Sonatensatzform.
In der Ouvertüre zur *Entführung* (1781/82) folgt MOZART noch deutlich der neapolitan. Opernsinfonia. Der 1. Teil ist aber zugleich eine Sonatensatzexposition mit der typischen Modulation von der Tonika (C-Dur) zur Dominantebene (G-Dur), auf der der Seitensatz erklingt. Dieser Seitensatz ist allerdings aus dem 2. Teil des Hauptsatzes entwickelt (also Hauptsatz A, Seitensatz A′).
Statt Durchführung folgt ein langsamer Mittelteil mit der Mollversion des ersten Arienthemas der Oper (Belmonte: »Hier soll ich dich denn sehen«). Die Ouvertüre stellt damit nicht nur einen unmittelbaren Bezug zur ersten Szene her, sondern lässt außer dem türk. Kolorit auch das eigentl. Thema der Oper, Liebe und menschl. Bewährung, aufleuchten.
Der 3. Teil greift auf den 1. zurück, verzichtet aber auf das Thema A′ und bringt stattdessen eine Reihe wechselvoller Modulationen (Abb. C).

Die Ouvertüre im 19./20. Jh.
Starken Inhaltsbezug zeigen die Ouvertüren BEETHOVENS zu *Fidelio:* Die *Leonoren-Ouvertüren* 1–3 schildern Stimmungen der Oper und ihren dramatischen Höhepunkt (Trompetensignal, die Ankunft des Gouverneurs anzeigend). Sie waren als Opernouvertüren zu sinfonisch, zu gewichtig und zu lang. Die 4. (Fidelio-) Ouvertüre zielt hingegen bündig auf die 1. Szene. Sie wird in der Regel gespielt.
Programmouvertüren, die sich programmatisch auf den Opernstoff beziehen, setzen sich in der Romantik durch (WEBER, *Freischütz*).
Konzertouvertüren sind programmatische Natur- und Seelengemälde in Tönen, komponiert für den Konzertsaal (MENDELSSOHN, *Hebriden*). Eine unprogrammatische Richtung vertritt BRAHMS in seiner *Akademischen Festouvertüre.*
Schauspielouvertüren haben ebenfalls programmat. Inhalt (BEETHOVEN, *Egmont;* MENDELSSOHN, *Sommernachtstraum*).
Potpourriouvertüren hingegen reihen die bekanntesten Melodien einer Oper oder Operette hintereinander.
Im Laufe des 19. Jh. kommt das **freie Opernvorspiel** auf, das eine bestimmte Stimmung schildert und unmittelbar in die Oper überleitet (WAGNER, *Tristan*).
Auch im 20. Jh. gibt es keine formale Norm für Ouvertüren, sondern es sind Individuallösungen üblich.
So hat BERGS *Wozzeck* eine sehr kurze Operneinleitung (Abb. D). Es erklingt ein d-Moll-Akkord mit gestörtem Fundament (diss. Quinte e–b), dann ein Crescendo in eine dichte Dissonanz (ausweglose Konfliktsituation) mit Trommelwirbel, das »militärische Milieu darstellend« (BERG). Das anschließende Oboenthema erklingt später zu den Worten »mir wird ganz Angst um die Welt« und erhält leitmotivische Funktion.

Typen nach Setzweise und Aufbau

Die textl. Grundlage der **Passionen** ist die bibl. Leidensgeschichte Christi mit ihrer dramatischen Aktion: Erzählerpart **(Evangelist)**, wörtliche Rede und Gegenrede Einzelner (**Soliloquenten** wie Christus, Pilatus, Petrus) und Ausrufe der Menge (**Turbae** wie Juden, Kriegsknechte). Die Aufführung in der Kirche erfolgte schon früh mit verteilten Rollen (ab 9. Jh. belegt) und wechselnder Rezitationshöhe (*Tuba*) des gregorian. Chorals:

- **Christus:** Tuba f (Priester);
- **Evangelist:** Tuba c′ (Diakon);
- **Soliloquenten, Turbae:** Tuba f′ (Subdiakone), vgl. S. 114, Abb. B.

Da der Passionston Basis für die mehrst. Kompositionen war, standen die Passionen später fast alle in f.

Motettische Passion (Abb. A)
Der gesamte Evangeliumstext wird in der motettischen Passion **mehrst. durchkomponiert,** also auch die erzählende Partie des Evangelisten, Einleitungs- und Schlusschor bringen An- und Absage, sonst erklingt nur Bibeltext. Die Passionstöne liefern den c. f. oder die Soggetti für den mehrst. Satz. Die Passion gliedert sich *nach Motettenart* in Abschnitte mit je neuen Soggetti, mit Imitationen und Wechsel der Stimmenzahl (Evangelist durchweg 4-st., Soliloquenten auch 2- bis 3-st., Chöre 4- bis 5-st.). Der 1. Beleg stammt von LONGAVAL (OBRECHT?). Er wurde um 1500 aus allen 4 Evangelien zusammengestellt (*Evangelienharmonie*). Dt. protestant. Passionen stammen von BURCK (1568), LECHNER (1593), DEMANTIUS (1631) u. a.

Responsoriale Passion
Vorsänger wechselt mit Chor, wobei der Evangelist 1-st., die Soliloquenten 1- bis 3-st. und die Turbae mehrst. chorisch ausgeführt werden (Abb. B).
Diese Passion lässt sich als älteste mehrst. seit dem Ende des 14. Jh. in Frankreich nachweisen. Sie gilt zugleich als **dramatische** oder **szenische Passion** (Blütezeit 16. Jh.).

LASSOS *Matthäuspassion* wird eingeleitet von einem kurzen 5-st. Chor, der das Passionsgeschehen ankündigt. Alle erzählenden Partien trägt der Evangelist nach den Regeln des Passionstones vor. Sie sind daher nicht in Noten festgehalten. Die Soliloquenten treten musikalisch in kurzen, imitatorisch angelegten Duetten oder Terzetten auf (Nb. B). Die Turbachöre sind 5-st., motettisch.

Die erste deutschsprachige Passion stammt von J. WALTER (um 1530). Er schuf für den neuen Luthertext einen dt. Passionston, der sich an den röm.-lat. Passionston anlehnte. Nur die Turbachöre sind bei ihm mehrst. gesetzt.
Die bekanntesten responsorialen Passionen des 17. Jh. stammen von H. SCHÜTZ. Er schrieb je eine *Matthäus-*, *Lukas-* und *Johannespassion* (bis 1665).

Die Einleitungsworte verkündet ein Chor. Evangelist und Soliloquenten singen 1-st., und zwar formelhaft liturg. rezitierend (stellenweise auf einer Tonhöhe, s. den »Tonbalken« in Nb. B) oder aber textausdeutend nach dem modernen monodischen Prinzip, z. B. die bewegten Quartsprünge des Petrus mit Textwiederholung »Ich, ich« (Nb. B).
Die Turbachöre sind 4-st., in der tonmalerischen Art des Madrigals, z. B. der Ausruf der Kriegsknechte »Wahrlich« mit langer Note auf der Haupt- und kurzer auf der Nebensilbe, dann das rasche, wie mit spitzem Finger hinweisende »du, du« als aggressiver Quartsprung, der von allen Stimmen in wechselnder Tonhöhe imitiert wird (Nb. B).

Oratorische Passion
Im Laufe des 17. Jh. wurden in die Passionen **Choräle** für die Gemeinde, Gb.- und Orchesterbegleitung und liedartige **Arien** mit eigenem Text aufgenommen (SELLE 1643). In dieser Entwicklung entsteht die oratorische Passion mit der Übernahme der neueren Formen aus Oper und Oratorium:

- **Secco-Rezitativ:** für den Evangelisten und die Soliloquenten, mit Continuo-Orgel (Positiv) und Streicherbass;
- **Accompagnato-Rezitativ:** als lyr. Betrachtung oft zwischen Secco-Rezitativ und Arie geschoben; auch erhalten die Christusworte in BACHS *Matthäuspassion,* wie vorher schon bei THEILE, zur Hervorhebung Streicherbegleitung;
- **Da-capo-Arie; Arioso** und **Chöre** mit frei hinzugedichteten Texten.

Textdichter waren BROCKES, METASTASIO u. a. Mit der Aufnahme freier Texte ergaben sich neue Gestaltungsmöglichkeiten einzelner Szenen wie des Gesamtaufbaus.

So gliedert sich BACHS *Matthäuspassion,* mit 78 Nummern (Nummerierung der Musikstücke wie in Oper und Oratorium) die umfangreichste orator. Passion, in 2 Teile mit 3 Doppelchören, 13 Chorälen, 11 Ariosi und 15 Arien (Texte von PICANDER, Abb. C).

Die bekanntesten orator. Passionen stammen von G. BÖHM (*Johannesp.,* 1704), KEISER (*Markusp.,* ~ 1712), TELEMANN (46 Passionen, 1722–1767), BACH (*Johannesp.,* 1723; *Matthäusp.,* 1729; *Markus-* und *Lukasp.,* verschollen).

In der zweiten Hälfte des 18. Jh. und im 19. Jh. gab es **Passionsoratorien** und kürzere **Passionskantaten,** die keinen Bibeltext, sondern nur freien Text zum Leidensgeschehen vertonten (z. B. GRAUN, *Der Tod Jesu,* 1756, Text von RAMLER, vgl. S. 135).
Moderne Passionen im 20. Jh. verwenden alle textl. und musikal. Möglichkeiten der Darstellung (z. B. PENDERECKI, *Lukaspassion,* 1964/65).

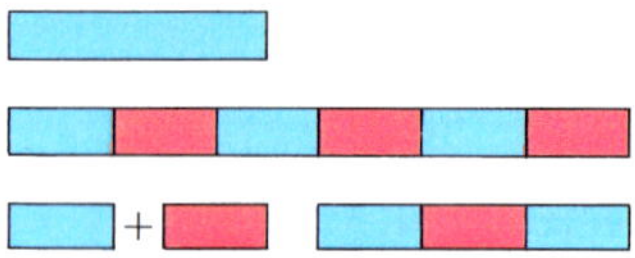

A **Formen der Tokkata**

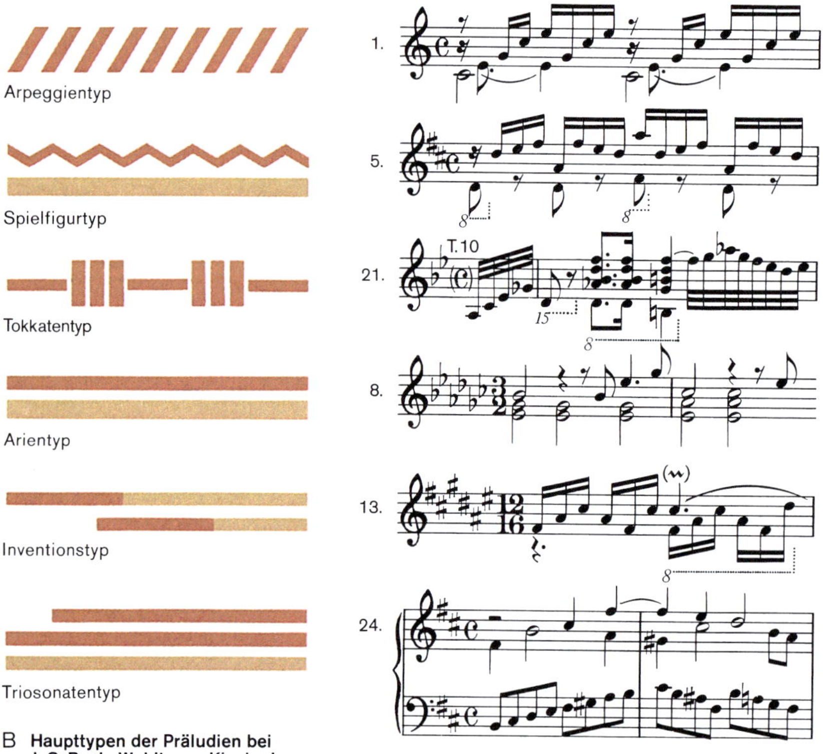

B **Haupttypen der Präludien bei J. S. Bach, Wohltemp. Klavier I**

C	Cis	D	Dis	E	F	Fis	G	As	A	B	H
1.	3.	5.	7.	9.	11.	13.	15.	17.	19.	21.	23.
2.	4.	6.	8.	10.	12.	14.	16.	18.	20.	22.	24.
c	cis	d	dis	e	f	fis	g	gis	a	b	h

J. S. Bach, Wohltemperiertes Klavier I

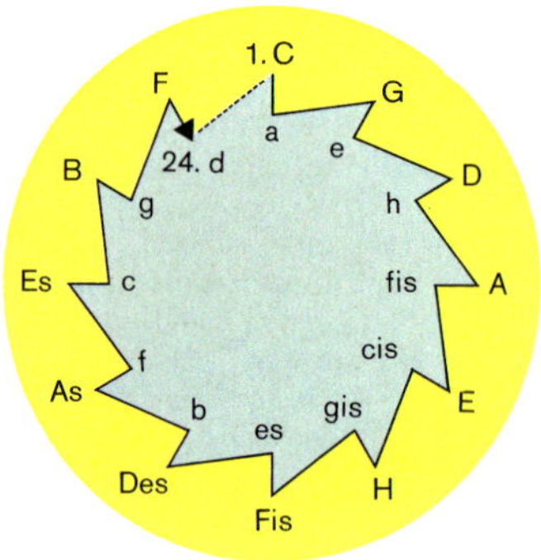

F. Chopin, Préludes Op. 28

C **Tonartenordnung von Präludien**

fugiert — frei gestaltet — führend — untergeordnet — Dur — Moll

Typen und Zyklusbildung

Präludium (lat. *praeludere,* »vorweg«-spielen) ist ein einleitendes Instrumentalstück, meist für Orgel, Klavier oder Laute. Es dient als Vorspiel zu Vokalwerken wie Liedern, Motetten, Madrigalen usw., auch Chorälen, wobei es die Tonangabe übernimmt (daher oft nach Tonarten geordnet), oder es steht vor Instrumentalstücken, bes. Fugen. Im 19. Jh. verselbstständigt es sich als Charakterstück.

Frühe Formen des 15./16. Jh.

Das Präludium zählt zu den ersten Stücken selbstständiger Instrumentalmusik (Orgel und Klavier, 15. Jh.). Es ist zwar als Vorspiel noch zweckgebunden, doch hat es keine formalen Vorbilder in der Vokalmusik und entwickelt daher einen eigenen, typisch instrumentalen Stil: **Läufe, Akkorde, Doppelgriffe, Spielfiguren** (vgl. S. 260). Im Übrigen wurden diese Vorspiele fast durchweg **improvisiert.** Ihr Instrumentalstil und eine aus der Improvisation erwachsene **formale Freiheit** bleiben in der Geschichte der Gattung erhalten.

Erste Quellen sind ILEBORGHS Orgeltabulatur (1448) und andere Fundamentbücher, Orgel- und Lautentabulaturen des 15. Jh.

Die Bezeichnungen gehen in den Quellen durcheinander und werden noch im 17. Jh. weitgehend synonym gebraucht: *Praeambulum, Intonatio, Capriccio, Tokkata, Intrada, Fantasia, Ricercar, Tiento* usw. (die letzten drei mit Imitation und fugierter Schreibweise).

Eine bes. Entwicklung macht die **Tokkata** durch. Zunächst einteilig im freien Präludienstil nimmt sie Ende des 16. Jh. fugierte Teile auf, was über die vielgliedrigen Tokkaten BUXTEHUDES (bis zu 3 fugierte Partien) hinweg zur Paarbildung von **Tokkata und Fuge** bei BACH führt. Auch bei BACH (*Partita e-Moll*) gibt es aber noch die Tokkata mit eingeschlossener Fuge. Sogar SCHUMANNS *Tokkata op. 7* hat noch einen kurzen fugierten Mittelteil (Abb. A).

Das Präludium bei Bach

Der strengen Polyphonie der Fuge geht die freie Gestaltung des Präludiums (Tokkata, Fantasia) voraus. Gehaltlich sind beide Sätze aufeinander bezogen.

Das Präludium wechselt in seinem Verlauf nicht die Gestaltungsart. Es lassen sich gewisse Strukturtypen unterscheiden (Abb. B):

- **Arpeggientyp:** Eine Akkordreihe (oft nur als solche notiert) wird in eine gleichmäßige Arpeggienbewegung aufgelöst. Die Ruhe der Akkorde verbindet sich mit einem schwebend pulsierenden Rhythmus.
- **Spielfigurentyp:** dem Arpeggientyp verwandt; die Akkordfolge löst sich in eine quirlende, gleichmäßige Figurengirlande über einem Bassgerüst auf.
- **Tokkatentyp:** Akkordfolgen werden hier in virtuose Arpeggien, Figuren und Läufe zerlegt, die Bewegung gipfelt aber immer wieder in vollgriffigen Akkorden, meist mit pathetisch punktiertem Rhythmus.
- **Arientyp:** Über Gb.-artiger Begleitung erhebt sich eine cantable Melodie wie eine Singstimme in Arien und Liedern oder ein Soloinstrument in langsamen Konzertsätzen.
- **Inventionstyp:** polyphone Satzanlage, in der die Stimmen einander imitieren wie in den 2- und 3-st. Inventionen.
- **Triosonatentyp:** 2 imitierende Oberstimmen über einem freien Bass.

Das Präludium kann sich an jeden Formtyp anlehnen, außer der Fuge, sodass man weitere Typen aufstellen könnte (*Concerto-grosso-Typ, Ouvertürentyp* usw.). Im *Wohltemperierten Klavier I* (1722, genauso in *II,* 1744) hat BACH die Präludien und Fugen altem Intonationsmuster gemäß nach Tonarten geordnet: in allen 24 Dur- und Molltonarten der temperierten Oktave (S. 90) in chromatischer Folge (Abb. C). Zugleich prägt jedes Präludium (mit Fuge) die *Charakteristik* seiner Tonart aus.

Choralvorspiele waren nötig als Intonationen vor dem Gemeindegesang, dem Choral, und als »Choralzwischenspiele« gleicher Art bei strophischem Wechsel von Orgel und Gemeinde (*alternatim-Praxis; Orgelmesse,* S. 261). Grundlage ist immer ein c.f. (die Choralmelodie). Es bildeten sich 5 Vorspieltypen heraus:

- **Orgelchoral:** c.f. vollständig in einer Stimme, meist im Bass, in langen Notenwerten, aber auch koloriert im Sopran; die andern Stimmen kontrapunktieren bzw. imitieren;
- **Choralricercar:** c.f. abschnittsweise imitiert in allen Stimmen; auch kanonisch;
- **Choralfuge:** fugierte Bearbeitung der Choralzeilen oder -motive;
- **Choralpartita:** Choral als Thema mit einer Folge von Variationen;
- **Choralfantasie:** freie Fantasie über einzelne Choralzeilen oder -motive.

Das Präludium des 19./20. Jh.

In der Klassik spielt das Präludium keine Rolle. Erst die Romantik entdeckt es neu: MENDELSSOHN, SCHUMANN usw. schreiben Präludien und Fugen in barocker Imitation. Im 19. Jh. löst sich andererseits das Präludium wieder von der Fuge und tritt als selbstständiges **Charakterstück** auf (Terminus: **Prélude,** vgl. S. 113). Es bindet sich dabei in Barockmanier an ein einheitliches, meist klavieristisches Motiv.

In diesem Sinne schreibt CHOPIN seine 24 *Préludes* op. 28 (1836). Er ordnet sie nach dem Vorbild BACHS als Tonartenzyklus, jedoch nicht chromatisch, sondern im Quintenzirkel mit Wechsel von Dur- und paralleler Molltonart (Abb. C).

Bedeutende Préludes nach CHOPIN stammen von DEBUSSY (2 mal 12, 1910/13), SKRJABIN (90 Prél.), RACHMANINOFF (op. 23 und 32), MARTIN (8 Prél., 1928), MESSIAEN (8 Prél., 1929).

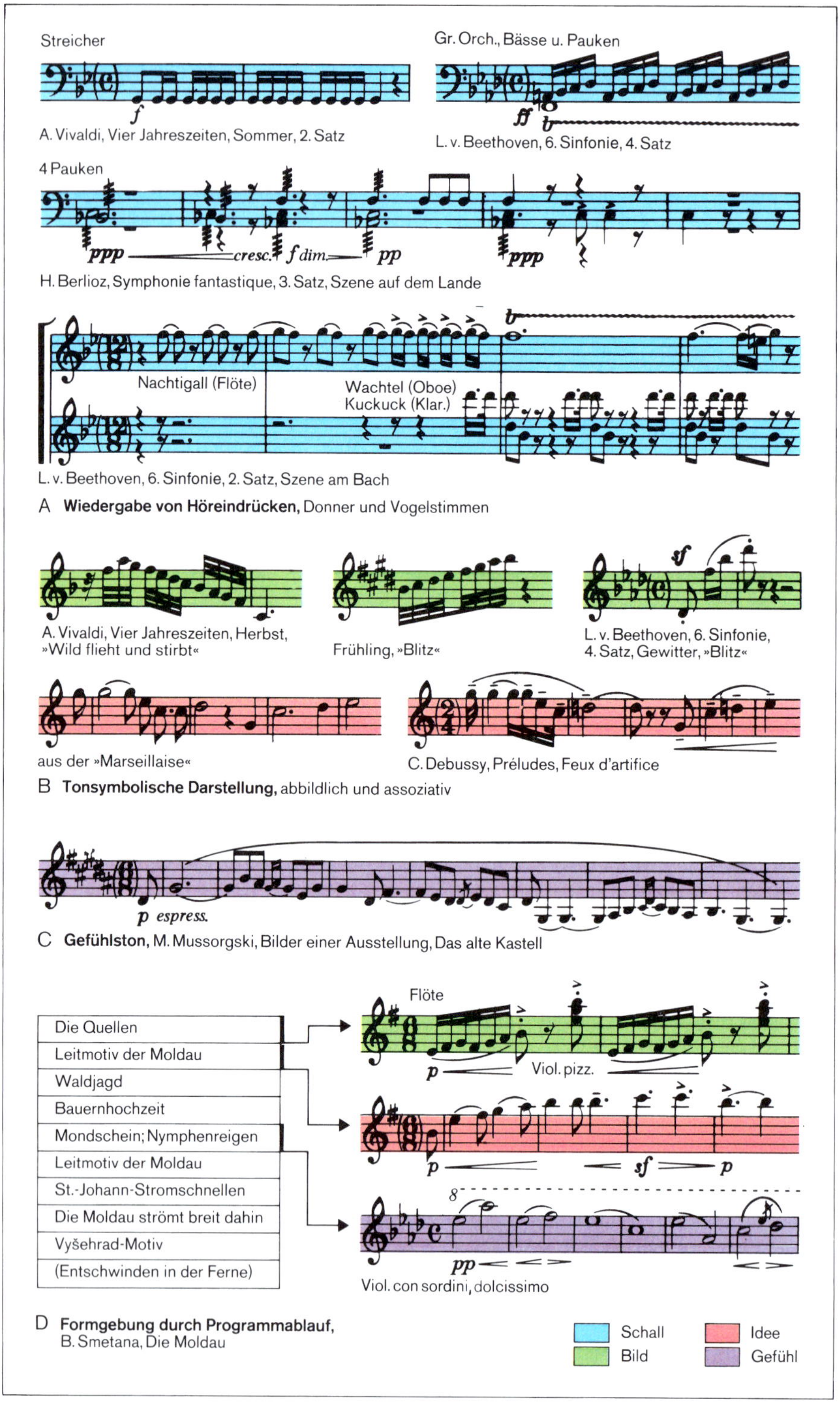

Verhältnis von Inhalt und Form

Unter **Programmmusik** versteht man Instrumentalmusik mit *»außermusikalischem Inhalt«*, der durch einen **Titel** oder ein **Programm** mitgeteilt wird. Der Inhalt besteht vorzugsweise aus einer Folge von Handlungen, Situationen, Bildern oder Gedanken. Er regt die Fantasie des Komponisten an und lenkt die des Hörers in eine bestimmte Richtung.
Zur Programmmusik zählen auch **Ouvertüren** von Opern, Oratorien oder Schauspielen, sofern sie deren Inhalt widerspiegeln, alle **Konzertouvertüren** mit programmatischem Inhalt (S. 137) und weitgehend das **Charakterstück** (S. 112 f.). Nicht dazu gehören trotz außermusikal. Inhalts Vokal-, Ballett- und Filmmusik.
Der Programmmusik steht der größere Bereich der *»absoluten«* Musik gegenüber, die *»frei«* von außermusikal. Vorstellungen ist. Empfindungen und Gefühle werden über Vortragsbezeichnungen hinaus nicht verbalisiert.
Es gibt drei Grundmöglichkeiten, Außermusikalisches durch Musik darzustellen:
- Wiedergabe von Höreindrücken;
- tonsymbolische Darstellung von visuellen Sinneseindrücken (Tonmalerei) und von Assoziationen;
- Darstellung von Gefühlen und Stimmungen (Stimmungsmalerei).

Wiedergabe von Höreindrücken (Abb. A) beruht auf akust. Imitation vor allem von Hörnern bei Jagdszenen, von Vogelstimmen (*»Kuckucksterz«*) und Donner. Mittel und Ausführung sind anfangs stark stilisiert; sie gewinnen mit dem Anwachsen des Orchesters im 19. Jh. an Raffinement (Instrumente als Klangfarbenträger).

So wählt VIVALDI den tiefsten Ton der Geigen in raschen Sechzehnteln, um das dunkle Rollen des Donners nachzuahmen. BEETHOVEN imitiert den Donner durch teilweise dissonante (geräuschhafte) Überlagerung der Orchesterinstr., durch die rollenden Figuren der Celli und Bässe und durch den Paukenwirbel im ff. BERLIOZ schließlich verwendet 4 Pauken und malt realistisch das aus der Ferne anschwellende und wieder abklingende Donnergrollen.

Das Zitat der Vogelstimmen bei BEETHOVEN erscheint stilisiert in Rhythmus und Takt (6/8), Tonart (B-Dur) und Klangfarbe (Holzbläser).

Tonsymbolische Darstellung. Im Gegensatz zur direkten Imitation von Schall lassen sich *visuelle* Sinneseindrücke (alle anderen Sinne außer Ohr und Auge spielen in der Musik keine Rolle) nur **abbildlich** und **tonsymbolisch** darstellen. Gewisse Momente in der Erscheinung werden dabei in der Musik analog gestaltet:
- **Bewegung:** anlaufen und anhalten, langsam und schnell; auf und ab durch höhere und tiefere Töne; nähern und entfernen durch lauter und leiser werden;
- **Zustände:** Höhe und Tiefe durch hohe und tiefe Töne, Nähe und Ferne durch laute und leise Töne, auch durch die Toneigenfarbe von Instrumenten (fernes Horn, nahe Trompete usw.);
- **Licht:** Hell und Dunkel durch hohe (*grelle*) und tiefe (*matte*) Töne.

  So zeichnet VIVALDI die Flucht des gejagten Wildes und seinen Tod als raschen Lauf, der in der Tiefe (*»am Boden«*) endet. Blitze hingegen werden dargestellt als Bild des Aufflammens (rasche Aufwärtsbewegung) und plötzlichen Endens (kurze Schlussnote mit Pause; Abb. B).

Nichtsinnliches kann in der Musik **tonsymbolisch** wiedergegeben werden. Im Barock erhielten bestimmte Tonfiguren einen eigenen Sprachwert, der z. T. aus abbildlichen Darstellungen resultierte, dann aber als **Figur** direkt verstanden wurde. Es entwickelte sich ein ganzes Arsenal solcher musikalisch-rhetorischer Figuren in den Kompositionslehren der Zeit, z. B. die chromatisch absteigende Quarte als Ausdruck des Schmerzes (passus duriusculus, Lamentobass; vgl. Motivtabelle S. 120).
Auf der ursprüngl. Bindung einer Melodie an einen Text beruht die Möglichkeit, durch bloße Melodie-Zitate die **Assoziation** an deren Text herzustellen.

So erklingen in DEBUSSYS *Feux d'artifice* (*Préludes,* Bd. II) gegen Schluss verzerrte Bruchstücke der *Marseillaise* (Abb. B).

Auf Assoziation beruht auch die **Leitmotivtechnik:** Ein Motiv oder Thema wird mit einer außermusikal. Idee gekoppelt und erscheint dann ständig als deren Träger (z. B. das Motiv der Moldau bei SMETANA).

Darstellung von Gefühlen und Stimmungen ist die der Musik angemessenste Ausdrucksart. Sie lässt der absolut-musikal. Gestaltung vollen Raum ohne programmatische Einschränkung. Der Gefühlston wird zwar als Abstraktion gewisser Momente wiedergegeben, z. B. Trauer durch langsame, Freude durch rasche Bewegung, aber die Kategorien sind so allgemein, dass der programmat. Vorwurf der verbalisierten Angabe bedarf.

So malt MUSSORGSKI durch eine schwermütige, traurige Melodie die Stimmung und die Gefühle beim Anblick einer *alten Burg* (*Il vecchio castello;* Abb. C).

Formgebung durch Programmablauf wird z. B. in der Anordnung der Teile in einer **sinfonischen Dichtung** wie der *Moldau* von SMETANA sichtbar, wobei die Teile selber durchaus absolut musikalischen Gesetzen folgen können (Liedform in der *Bauernhochzeit* usw.). Das Programm wirkt sich aber auch aus auf Einzelheiten wie die Motivzerstückelung in den *St.-Johann-Stromschnellen* (Abb. D).

A **Florentiner Sprechgesang,** G. Caccini, Euridice (1600), Bericht der Botin

B **Secco-Rezitativ (68) und Accompagnato-Rezitativ (69),** J. S. Bach, Matthäuspassion

C **Secco-Rezitativ im Parlando-Stil,** W. A. Mozart, Figaro, III, 5

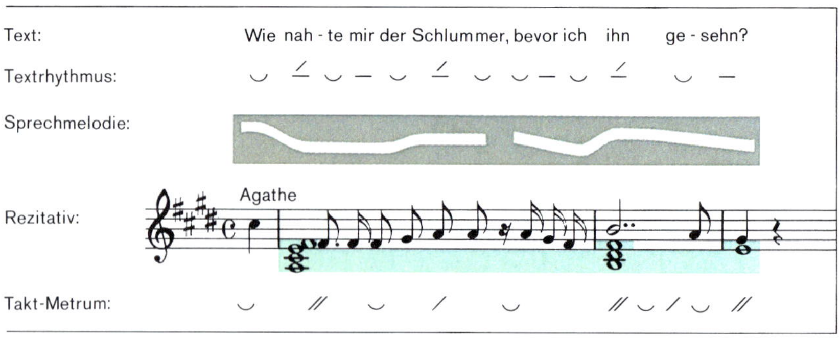

D **Textrhythmus und Sprechmelodie im Rezitativ,** C. M. v. Weber, Freischütz, II, 2

Continuo Orchester

Das **Rezitativ** (ital. *recitare,* vortragen) ist ein **Sprechgesang.** Die tonlich gehobene Art des Sprechens ist als *feierliche Deklamation* im kultischen Bereich bereits in den ältesten Hochkulturen bekannt. Dabei scheinen sich immer wieder bestimmte Formeln, Wendungen und Tonhöhen des Rezitierens gebildet zu haben, die die individuelle Textgestalt auf eine allgemeinere, objektivere Ebene hoben. Im 1-st. Gesang der Kirche spielt das **liturg. Rezitativ,** das auf antike und hebräische Vorbilder zurückgeht, bis heute eine große Rolle (s. S. 114, Abb. B).

Das Rezitativ im 17. Jh.

Die ersten Opern bestanden nach antikem Vorbild aus Rezitativen und Chören. Das Rezitativ orientiert sich dabei theoret. an der **Monodie** des griech. Dramas, einem *Sologesang* mit Kitharabegleitung. Da man aber keine praktische Vorstellung von der griech. Monodie besaß, geriet die neue Monodie um 1600 zu einem Sprechgesang mit zeitgemäßer Gb.-Begleitung (S. 133).

Die Gb.-Akkorde dienen dabei als Grundlage für die freie Entfaltung der Stimme. Der Gb. wird vom Orchester, häufiger aber von **Solisten** ausgeführt, die sich im Rhythmus leicht nach den Sängern richten konnten: Laute, Cembalo bzw. in der Kirche Orgel, Gambe, Cello, Fagott o. Ä. als Bass.

Man unterschied in der Frühzeit des Rezitativs 3 Stilarten:

- **stile narrativo:** der *erzählende* Stil ohne Aktion, schlicht, meist den Botenberichten vorbehalten wie in CACCINIS *Euridice* (Abb. A). Die Melodik gliedert sich nach der sprachlichen Syntax. Punkt, Komma, Versenden, Sinneinheiten führen zu Einschnitten (Abb. A nach *boschetto,* nach *fiori*). Die Harmonik bleibt in diesen Teilstrecken oder länger gleich. Sie wechselt mit einer neuen Idee, einem hervorzuhebenden Begriff usw., im frühen Rezitativ sogar noch seltener, um die Darstellung der Sprache durch aktiv musikal. Elemente nicht zu stören. Der Rhythmus richtet sich nach der Textdeklamation (z. B. stärkster Akzent auf Hauptsilbe *boschetto*, zugleich melodischer Hochton des Motivs). Parallelismen ergeben sich aus gleicher Textstruktur (z. B. boschetto – fiori);
- **stile recitativo:** der *vortragende* Stil, jeder gehobenere Sprechgesang;
- **stile rappresentativo:** der *darstellende* Stil, der die Gemüts- und Seelenverfassung der *Hauptpersonen* affektreich schildert. Dieser Stil ist expressiv nach dem Vorbild des Solomadrigals. Er kennt die theatralische Geste, den Dialog und die dramatische Bühnenaktion (MONTEVERDI). Formal verdichtet er sich oft zum Arioso und gerät dann in die Nähe der frühen Opernarie (vgl. S. 110 f.).

Je stärker sich in der Folgezeit die Affektdarstellung aus dem Rezitativ in die Arie verlagerte, desto mehr fiel dem Rezitativ die Aufgabe zu, die **Handlung** voranzutreiben. Bereits in der venezianischen Oper (CAVALLI, CESTI) vollzog sich die Trennung von Rezitativ und Arie, die dann in der Neapolitanischen Schule ab etwa 1690 zur Regel wurde (A. SCARLATTI).

Das Rezitativ ab dem 18. Jh.

Im 18. Jh. stehen die beiden Grundtypen des Rezitativs fest:

- **Secco-Rezitativ** (ital. *secco,* trocken, weil nur vom **Continuo** (Gb.) begleitet). Es enthält die Aktion (Oper) bzw. die erzählte Handlung (Oratorium, Kantate, Passion). Seine Form ist frei, ebenso der Vortragsrhythmus, der sich vom notierten Takt zu Gunsten einer lebendigen Gestaltung lösen darf.

  Es gibt im Secco-Rezitativ einige feststehende Wendungen (Abb. B):

  Sextakkord zu Beginn; kurze Silben, rasche Noten (»schm**ä**h**e**ten ihn« in hämmernder Repetition); wichtige Begriffe auf spannungsreiche Akkorde (so bei »Mörder«, dann noch gesteigert bei »ihm«: Hochton und Neapolitan. Sextakkord); Schluss mit Vorhalten, zuerst vom Sänger, dann vom Continuo; Schlussakkord meist Dominante zur folgenden Arie (in Abb. B folgt in Nr. 69 Tonikagegenklang As-Dur als entrückender Farbwechsel).
- **Accompagnato-Rezitativ** (von ital. *accompagnato,* begleitet, weil vom Orchester getragen), auch **Arioso** genannt. Es ist meist lyrisch, mit betrachtendem, madrigalischem Text, von einheitlichem Affekt in auskomponiertem Satz (Abb. B). Es steht zwischen Secco-Rezitativ und Arie. In der Opera buffa ist es oft dramatisch und abwechslungsreich.

Das **Secco-Rezitativ** entwickelt in der Opera buffa einen raschen, dialogisierenden **Parlandostil.** Die Notation ist zuweilen unvollständig, auf der Bühne wird temperamentvoll improvisiert. Eine aktionsgeladene Stelle zeigt Abb. C.

Weitet schon GLUCK das **Accompagnato-Rezitativ** aus, so erhält es wegen seines Farbreichtums, seiner natürlichen Dramatik und freien Form im 19. Jh. bes. Bedeutung. Das Rezitativ wird zur **Szene** (*Szene und Arie*).

Auch hier verwirklicht sich das Grundprinzip des Rezitativs: Textrhythmus und Sprechmelodie werden in Musik transponiert, doch interpretiert die Musik den Text nicht mehr formelhaft, sondern individuell. Auftakt und Schwerpunktverteilung stimmen in Abb. D in Text und Musik überein, doch zielt alles auf das Wort »ihn« hin mit Emphase (Akzent durch Stellung im Takt, Hochton, Dominantspannung) und überlangem Verweilen (doppelt punktierte Halbe).

Extrem dieser Entwicklung ist WAGNERS *Sprechgesang,* ein Accompagnato-Rezitativ, das sich über die ganze Oper ausbreitet.

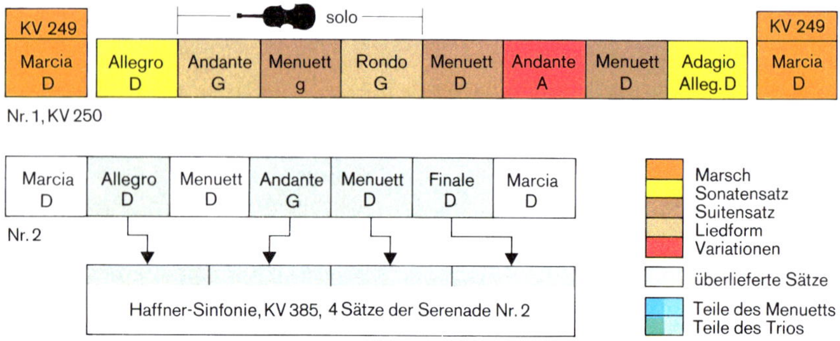

A **Serenadensatzfolge,** W. A. Mozart, Haffner-Serenade Nr. 1, KV 250 und Nr. 2

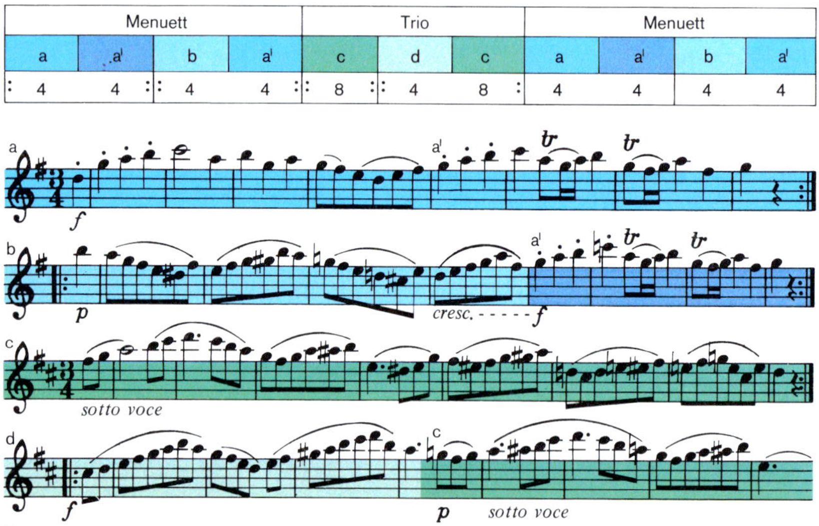

B **Satzform eines Menuetts mit Trio,** W. A. Mozart, Eine kleine Nachtmusik, KV 525

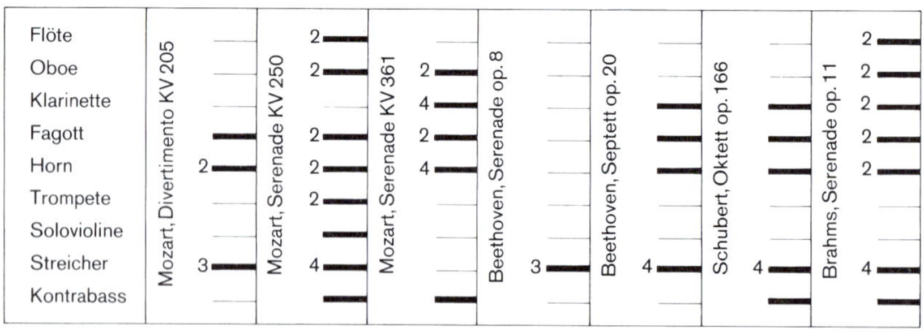

C **Besetzungsbeispiele für Serenaden**

Serenade, Divertimento, Notturno, Kassation sind Begriffe, die im 17./18. Jh. etwa gleichbedeutend für eine *unterhaltende Musik* (auch *Tafelmusik*) gebraucht wurden. Ihr Charakter ist heiter, ihre Besetzung klein.

Serenade, ital. *sera,* Abend, oder *al sereno,* unter heiterem Himmel, im Freien, Werk im Ständchencharakter, eine abendl. Freiluftmusik ohne festgelegte Besetzung oder Satzfolge;

Serenata oder **Serenade** ist auch ein Vokalständchen oder eine weltl. **Huldigungskantate** zu festl. Anlässen aller Art (Fürstenhochzeit, Geburtstag usw.), meist mit allegor. Inhalt und entsprechender Darbietungsform (Inszenierung). Serenata bezeichnet auch einfache Ständchen oder Lieder;

Divertimento, ital. *Zerstreuung, Unterhaltung,* in bunter Satzfolge (3–12), vorzugsweise kammermusikal.;

Notturno, ital. *nächtlich, Nachtmusik* (frz. **Nocturne**), in Form und Besetzung nicht festgelegt;

Kassation, ital. *Entlassung,* eine Feierabendmusik, Musik zur Entspannung. HAYDN nannte seine Streichquartette 1–12 urspr. Kassationen, dann Divertimenti.

Die instrumentale Serenade hat 5–7 Sätze, kann aber auch mehr haben wie in der *Haffner-Serenade Nr. 1, KV 250,* von MOZART (Abb. A).

Einleitend erklingt ein Marsch, urspr. als Aufzug der Musiker. Der gleiche bildet auch das Schlussstück zum Abgang. Die *Haffner-Serenade Nr. 1* ist zwar ohne den Marsch überliefert (zu MOZARTS Zeit war der Marsch in der Serenade bereits unmodern), doch nimmt man an, dass der Einzelmarsch *KV 249* urspr. zu ihr gehörte.

Die Serenade ist in **Satzart** und **-folge** ein Nachfahre der Suite. Noch im späten 18. Jh. hat sie daher meist mehrere **Menuette,** vermischt mit Sonaten und Konzertsätzen.

KV 250 beginnt mit einem Allegro in Sonatensatzform, also wie der Kopfsatz einer Sinfonie. Die nächsten 3 Sätze sind ein langsames Andante, ein Menuett in schmerzvollem g-Moll und ein heiteres Rondo in G-Dur. Diese Satzfolge entspricht der einer Sinfonie. Typisch für die süddeutsche und Salzburger Serenade ist die Verwendung der **Solovioline.** Es folgen dann langsame Variationen und ein rascher Schlusssatz mit langsamer Einleitung, wobei sich jedesmal ein Menuett zwischen diese Sätze schiebt.

Die Nähe der Serenade zur Sinfonie wird aus der Überlieferung der *Haffner-Sinfonie, KV 385,* deutlich. Ihr lag die *Haffner-Serenade Nr. 2* zugrunde, deren Marsch und 2. Menuett verschollen, deren übrige Sätze aber von MOZART selbst zu einer Sinfonie zusammengestellt wurden (Abb. A). Ähnlich verhält es sich mit der *Kleinen Nachtmusik, KV 525,* die als Serenade ebenfalls ein 2. Menuett besaß, das heute fehlt. Sie schrumpfte dadurch formal zu einer kleinen Sinfonie zusammen.

Der Charakter der Serenadensätze ist allg. heiter, unbeschwert, leicht fasslich. Ein klarer Aufbau begünstigt diese Fasslichkeit, bes. beim Menuett, das in der Klassik wegen der Gradzahligkeit seiner Takte, der Symmetrie seiner Anlage, der Klarheit seines harmon. Bauplans, der motiv. Geschlossenheit seiner melod. Bewegung und der Anmut seiner tänzerisch-menschl. Gestik als Kompositionsmuster gelehrt wurde.

Menuette sind immer *3-teilig:* **Menuett, Trio** (d.i. ein 2. gegensätzliches Menuett, urspr. in Triobesetzung mit 2 Oboen und Fagott), Wiederholung des 1. **Menuetts** (ohne Binnenwiederholungen; s. Abb. B).

Im Menuett der *Kleinen Nachtmusik* von MOZART umfasst die 1. Zeile 2 Melodiebögen a und a′: Staccato-Aufstieg zum c^2 (T. 2) und terzweiser Abgang (T. 3), Halbschluss auf der Dominante (T. 4) und weiter in gebundener melodischer Geste, die zugleich den Auftakt der anschließenden Wiederholung a′ einwebt. Der terzweise Abgang wird bei der Wiederholung um ein Viertel ineinander gedrängt (T. 6/7) und dadurch ein bündiger Schluss in T. 8 erreicht. Die 2. Zeile beginnt gegensätzl.: *p* statt *f*, Abwärts- statt Aufwärtsbewegung, Achtel statt Viertel, *legato* statt *staccato.* Die Achtelbewegung ist motivisch mit T. 4 in Teil a verwandt. Das Menuett schließt mit dem Teil a′ (T. 13 ff.). Das **Trio** in der Dominanttonart D-Dur bringt eine weich fließende Kantilene über 8 Takte im *p* als Gegensatz zum Teil a. Der kurze Teil d ist dynam. gegensätzl., aber motiv. verwandt mit Teil c, in den er einmündet. Es wiederholt sich das Menuett und schließt den Kreis. Das Ganze erscheint wie eine harmon. Idylle, in deren scheinbarer Einfachheit sich klass. Größe verwirklicht.

Die variable Besetzung der Serenade reicht vom Orchester (in Abb. C: KV 205, KV 250, BRAHMS op. 11) bis zu solist. Kammermusikbesetzung, die überwiegt. Sehr typisch sind die ausgesprochenen **Bläserserenaden** als Freiluftmusik (*Harmoniemusik*), bei MOZART meist mit 2 Oboen, 2 Hörnern, 2 Fagotten, dazu oft 2 Klarinetten. Berühmt ist die eigenwillige Besetzung der *Gran Partita, KV 361* (Serenade Nr. 10, Abb. C).

Dem steht reine solistische Streicherbesetzung als Kammermusik gegenüber, so BEETHOVENS *Streichtrio, op. 8* (*Serenade*). BEETHOVENS *Septett* und SCHUBERTS *Oktett* sind zwar nicht dem Namen, wohl aber ihrer solistischen Besetzung und ihrem Charakter nach Serenaden (Abb. C).

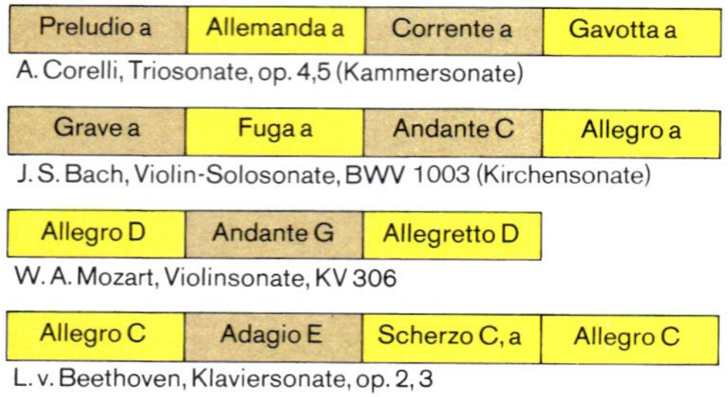

A **Sonate als Satzzyklus,** Haupttypen

	Triosonate Standardbes.	Triosonate für Orgel (Bach)	Sonate mit obl. Cembalo (Bach)	Klaviertrio	Streichquartett	Streichtrio
1. Oberstimme	1. Violine	Orgel r. H.	Violine (Flöte, Gambe)	Violine	1. Violine	1. Violine
2. Oberstimme	2. Violine	→ l. H.	Cembalo r. H.	Klavier r. H.	2. Violine	
harmonische Füllung	Cembalo r. H.				Bratsche	Bratsche
Bass-Stimme	Cello → l. H.	→ Pedal	Cello → l. H.	Cello → l. H.	Cello	Cello

B **Besetzungen der Triosonate und ihrer Nachfolger**

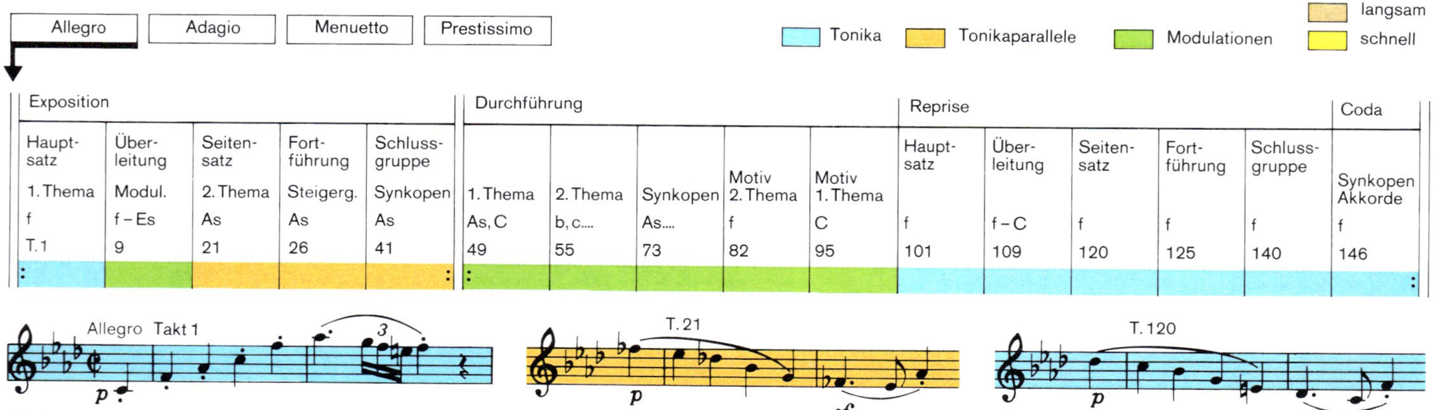

C **Sonatensatzform,** L. v. Beethoven, op. 2, Nr. 1, Kopfsatz

Die **Sonate** ist eine mehrsätzige Instrumentalkomposition. Je nach Besetzung unterscheidet man in der klass. Zeit:
- die **Solosonate** für ein Einzelinstrument, meist Klavier oder Violine;
- die **Duosonate,** bes. für Violine oder Cello und Klavier, das **Trio, Quartett** und andere kammermusikal. Besetzungen;
- die **Sinfonie** als Sonate für Orchester;
- das **Konzert** als Sonate für Solist und Orchester.

Die frühe Sonata (lat. *sonare,* klingen) war ein Instrumentalstück ohne festliegendes Formschema. Sie entstand gegen Ende des 16. Jh. in Venedig. Mehrchörigkeit als Kontrastmittel in Dynamik und Klangfarbe sowie Abschnittsgliederung als Vorstufe der späteren Mehrsätzigkeit waren typisch. Hauptkomponisten: A. und G. GABRIELI (s. S. 264 f.).

Typen der Barocksonate. Ende des 17. Jh. bildeten sich zwei bei CORELLI (1653–1713) standardisierte Haupttypen aus:
- die **Kammersonate** (*Sonata da Camera*), mit Präludium und 2 bis 4 Tanzsätzen (ital. Form der Suite, vgl. S. 150 f.).
- die **Kirchensonate** (*Sonata da Chiesa*), mit 4 Sätzen in der Folge **langsam,** gravitätisch, imitatorisch – **schnell,** fugiert – **langsam,** kantabel, homophon – **schnell,** fugiert (Abb. A).

Die Sätze selber sind in der Regel *zweiteilig* mit jeweiliger Wiederholung. Alle Sätze stehen in der gleichen Tonart, in der Kirchensonate auch wechselnd (Abb. A: a-Moll, aber: *Andante* C-Dur).

Die Sonaten D. SCARLATTIS bestehen nur aus einem einzigen, zweiteiligen Satz.
Besetzungsmäßig gehören die Kammer- wie die Kirchensonate zum Typ der **Triosonate** mit 2 Oberstimmen, meist Violinen, und 1 Continuo-Stimme, ausgeführt von Bass und Gb.-Cembalo. Die Kirchensonaten wurden meist **mehrfach,** die Kammersonaten **einfach** besetzt.

BACH übertrug die **Triosonate** auf die *Orgel,* ferner auf die **Sonate** mit *1 Melodieinstrument* (Flöte oder Violine) und *Cembalo* mit *2 obligaten Stimmen* (Vorläufer des klassischen Duos) bzw. mit *Continuo-Cello* (Vorläufer des Klaviertrios; später übernimmt die Bratsche die harmoniefüllende Funktion des Cembalos; Abb. B). Außerdem gab es schon im Barock die **Solosonate** für ein Einzelinstrument.

Die klassische Sonate umfasst 3 oder 4 Sätze (Abb. A):
- **1. Satz (Kopfsatz),** schnell und dramatisch, zuweilen mit einer *langsamen Einleitung.* Er steht in der *Sonatensatzform.*
- **2. Satz,** langsam und lyrisch, als *Liedform* oder als *Thema mit Variationen* gebaut. Tonartlich ist er mit dem 1. Satz verwandt, denn er steht im gegensätzlichen Moll bzw. Dur, in der D, Tp u. a.
- **3. Satz,** in der Haupttonart, ist ein **Menuett** (*Serenade,* S. 146 f.), seit BEETHOVEN ein **Scherzo.** Es fehlt oft. Auch werden zuweilen 2. und 3. Satz vertauscht.
- **4. Satz (Finale),** steht als schneller Schlusssatz in der Haupttonart (in Moll evtl. mit Duraufhellung am Schluss) und bildet formal ein *Rondo* oder einen *Sonatensatz.*

Es gibt viele Ausnahmen mit anderer Satzfolge, z. B. ein langsamer Variationensatz zu Beginn, wie in BEETHOVENS op. 26 oder in MOZARTS *A-Dur-Sonate, KV 331,* oder mit nur 3 oder gar 2 Sätzen wie BEETHOVENS op. 111.

Die Sonatensatzform (auch *Sonatenhauptsatzform*) umfasst **Exposition** (zuweilen mit langsamer **Introduktion**), **Durchführung, Reprise, Coda** (Abb. C):
- **Exposition:** bringt die *Aufstellung* der Themen. Der **Hauptsatz (1. Thema)** steht in der Haupttonart (Abb. C, T. 1: *f-Moll, staccato, aufwärts*). Die **Überleitung** führt das 1. Thema fort oder bringt neues motivisches Material. Sie moduliert bei Durtonika in die Dominante, bei Molltonika in deren Parallele. Auf der neuen tonartlichen Ebene folgt der **Seitensatz** als gegensätzlich gestaltetes, meist lyrisches **2. Thema** (Abb. C, T. 21: *As-Dur, legato, abwärts*), das in der gleichen Tonart fortgesponnen wird. In dieser **Fortführung** wie in der **Schlussgruppe** taucht meist wieder neues motivisches Material auf.
- **Durchführung:** arbeitet mit den in der Exposition aufgestellten Themen oder mit sonstigem motivischem Material aus der Exposition. Sie ist dramatisch angelegt und sucht tonartlich entfernte Bereiche auf (Halbschluss auf der D).
- **Reprise:** wiederholt die Exposition. Der Seitensatz erscheint nun in der Haupttonart, wodurch die Modulation in die Dominante bzw. Parallele entfällt und eine gewisse Synthese der aufgestellten Gegensätze erreicht wird (Abb. C: vgl. T. 21 und 120).
- **Coda:** bildet den Abschluss des Satzes. Als Reminiszenz oder als Steigerung erklingen das Hauptthema oder andere Motive.

Die Sonatensatzform entwickelte sich aus dem zweiteiligen Suitensatz. Die Durchführung war als Abwechslung bringende Episode gedacht. Lange wurden Exposition und Durchführung mit Reprise wiederholt. Mit wachsender Dramatik in der Durchführung entfiel deren statisch wirkende Wiederholung, seit BEETHOVENS *Appassionata* (1804/5) auch die der Exposition.
Jede Sonate hat ihr eigenes Formgesetz. Auch werden in der **Romantik** 3. und 4. Themen eingeführt, die Sätze zuweilen miteinander verschmolzen und die Form stark erweitert.
Im **20. Jh.** gibt es gelegentlich historisierende Wiederbelebung der Sonate.

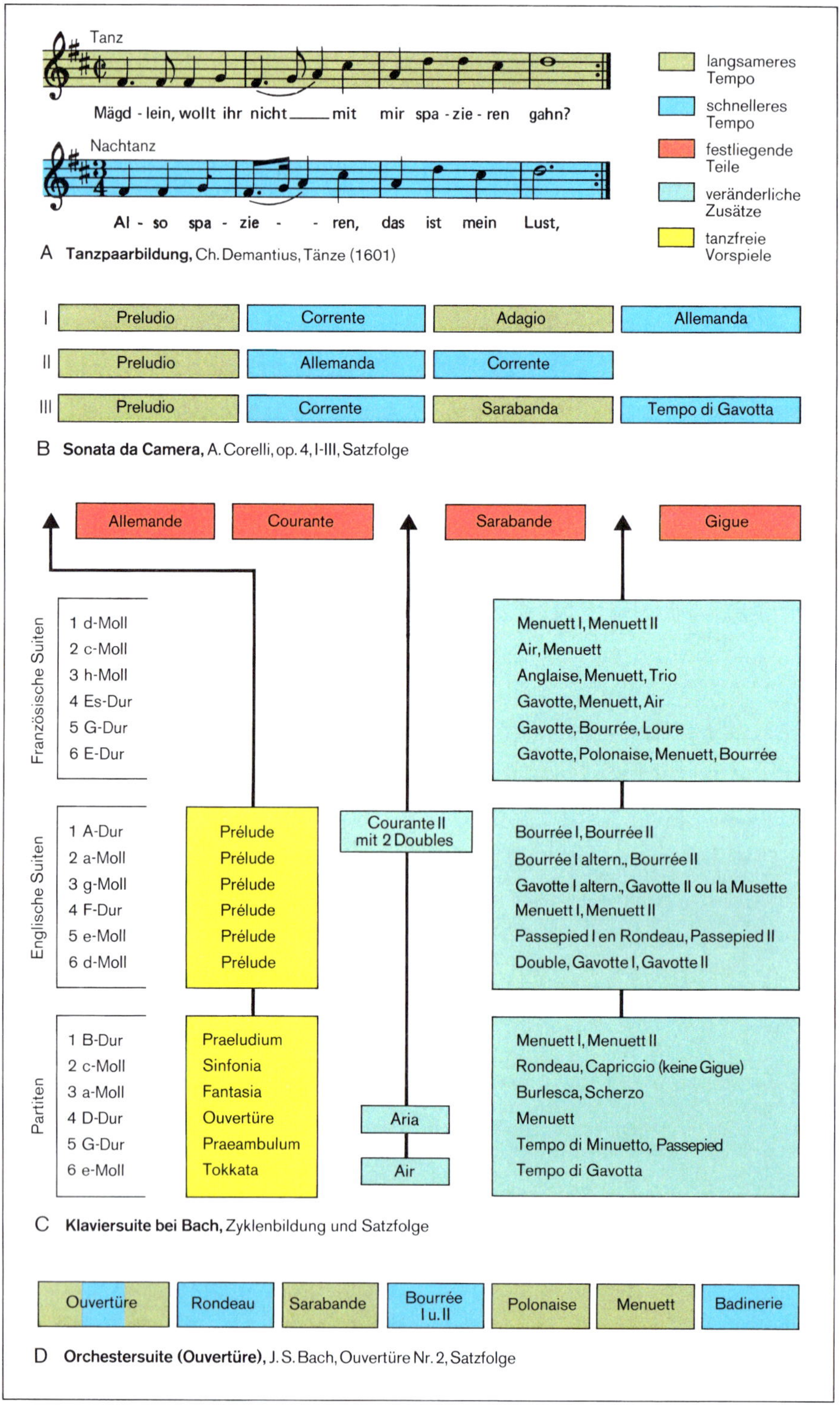

Zyklenbildung

Suite (*frz. Folge*) ist eine Zusammenstellung von getanzten oder stilisierten Tänzen und tanzfreien Sätzen, bes. im Barock. Die Sätze stehen meist in gleicher Tonart.

Ausgangspunkt für die Suite ist die **Paarbildung** von Tänzen: Auf einen *langsamen, geschrittenen* **Tanz** folgt ein *schneller, gesprungener* **Nachtanz.** Der erste steht in geradem, der zweite in ungeradem Takt (Abb. A). Auf der volkstüml. Ebene hießen diese Tänze **Dantz** und **Hupfauf,** auf der höfischen des 16. Jh. **Pavane** und **Galliarde,** auch **Pavane** und **Saltarello,** bis sie im 17. Jh. von **Allemande** (langsam, 4/4) und **Courante** (rasch, Dreiertakt) abgelöst wurden. Erweiterungen waren üblich. So kamen im 17. Jh. die spanische **Sarabande** (langsam, gravitätisch, 3/2) und die engl. **Gigue** (schnell, 6/8, 12/8) hinzu, die dann zu den *festliegenden Teilen* der Suite gehörten (s. u.).

Der Name **Suite** taucht zuerst in den Tanzdrucken bei ATTAIGNANT, Paris 1557, auf. Die *suytte de bransles* bezeichnet dort unterschiedlich rasche Bransles (allg. *Wiegeschritt,* auch Gavotte, Courante usw. sind Bransles). Im 16. Jh. umfasst diese frz. Suite meist 4 Bransles, die an Tempo zunehmen: *br.double* (langsam) – *br.simple* (ruhig) – *br.gay* (rasch) – *br.de Bourgogne* (schnell). Die ersten beiden haben geraden, die beiden letzten ungeraden Takt.

Andere Bezeichnungen für die Suite sind
- **Partita** (ital. *partire,* teilen), also die Teile, Sätze oder Tänze in der Reihung;
- **Ordre** (frz. *ordre,* Reihe, Ordnung), also die Reihe der Stücke (COUPERIN);
- **Ouvertüre** (frz. *ouverture,* Eröffnung), Satzfolge nach dem Einleitungsstück benannt;
- **freie Titel**: oft blumenreich wie *Banchetto musicale* (SCHEIN, 1617, darin 20 Orchestersuiten); *Lustgarten neuer teutscher Gesäng, Balletti, Galliarden und Intraden* (HASSLER, 1601).

Italien entwickelt im 17. Jh. die **Sonata da Camera** als instrumentale Folge von Tanzsätzen vermischt mit wenigen andern. Die Satzfolge liegt nicht fest, meist wechseln langsam und schnell. CORELLI setzt ein freies Präludium vorweg. Jede seiner Sonaten bildet musikal. einen Zyklus in gleicher Tonart und mit motivischer Verwandtschaft (Abb. B; Rom 1694).

Die Ballettproduktion für die Oper fördert bes. in Frankreich die **Ballett-** und **Orchestersuite** (LULLY, RAMEAU). Auch hier ist die Satzfolge frei. Die frz. **Klavier-** und **Lautensuite** bevorzugt jedoch die 4 Kernsätze, erweitert um die neuen des frz. Hofes wie Gavotte, Bourrée und Menuett (CHAMBONNIÈRES, GAULTIER), während COUPERINS *Ordres* freie Folgen von Charakterstücken sind.

In Deutschland entwickelt sich im 17. Jh. die **Variationssuite** mit gleichem motivischem Material in allen Sätzen (musikal. Zyklus), oft für Orchester mit einer *Intrada* als Einleitungssatz. In der **Klaviersuite** bildet sich nach frz. Muster der 4-sätzige Kern heraus mit **Allemande-Courante-Sarabande-Gigue** (zuerst bei FROBERGER mit Gigue an 2. Stelle). BACH greift diese Form der Solosuite auf und führt sie zum Höhepunkt. Die meisten Tänze waren damals bereits unmodern und wurden musikal. stilisiert (Allemande, Gigue), andere aber wurden noch getanzt (Gavotte, Polonaise, Menuett usw.).

Die Suiten BACHS sind meist zu 6 gebündelt (Abb. C):

Die *Französischen Suiten* (um 1720) erweitern die 4 Kernsätze um 2–4 Tänze zwischen Sarabande und Gigue. 3 Suiten stehen in Moll, 3 in Dur. Originaltitel: *Suites pour le clavecin. Frz.* wurden sie später wohl nur im Gegensatz zu den *Engl.* genannt. Die *Englischen Suiten* (um 1720) haben alle ein Prélude als Einleitungssatz. Originaltitel daher: *Suites avec préludes.* Die 1. Suite hat eine 2. Courante mit 2 *Doubles* (*Doppel,* verschiedene Auszierung), im Übrigen wieder Sondertänze.

Die *Partiten* (1731) haben Präludien verschiedener Spielart und Bezeichnung, außerdem schieben sich zweimal Aria und Air zwischen Courante und Sarabande, dazu die üblichen Erweiterungen zwischen Sarabande und Gigue. BACH nennt die Tänze im Vorwort *»Galanterien, denen Liebhabern zur Gemütsergötzung verfertiget«* und weist damit auf den Abstand zum Tanzboden hin. Während die 6 Cellosuiten BACHS mit ihren Préludes usw. den *Engl. Suiten* ähneln, variieren die 3 *Partiten* für Violine solo (in der Slg. der 6 Solosonaten und -partiten) die Satzfolge (I: Double-Einschübe, II: *Chaconne* nach den Kernsätzen, III: Aufgabe des Kerns). Ähnlich frei verhalten sich die 4 Orchestersuiten nach frz. Muster und mit Frz. Ouvertüre (**Ouvertürensuiten,** Abb. D).

HÄNDEL lässt sich in den großen Orchestersuiten, *Wassermusik* und *Feuerwerksmusik,* ebenfalls Freiheit in der Satzfolge; die Klaviersuiten aber haben die Kernsätze.

Die Suite blieb etwa bis zur Mitte des 18. Jh. lebendig, dann traten in der Kunstmusik Divertimento, Serenade, Sonate und Sinfonie an ihre Stelle. In der Tanzpraxis verdrängten Ländler, Walzer, Polka usw. die alten Hoftänze bis auf das **Menuett,** das auch in den neuen Gattungen der Kunstmusik auftaucht.

Seit dem Versinken der Barocksuite wurden bis heute aktuelle **Ballettsuiten** (TSCHAIKOWSKY, *Nussknackersuite*), aktuelle **Tanzsuiten,** stilisierte **Tanzsuiten** (BARTÓK, *Tanzsuite für Orch.; Suite* op. 14) und historisierende »alte« Suiten geschrieben, die in Gehalt und Charakter neu sind (GRIEG, *Holbergsuite;* SCHÖNBERG, *Suite für Streicher, Klaviersuite* op. 25, *Suite* op. 29).

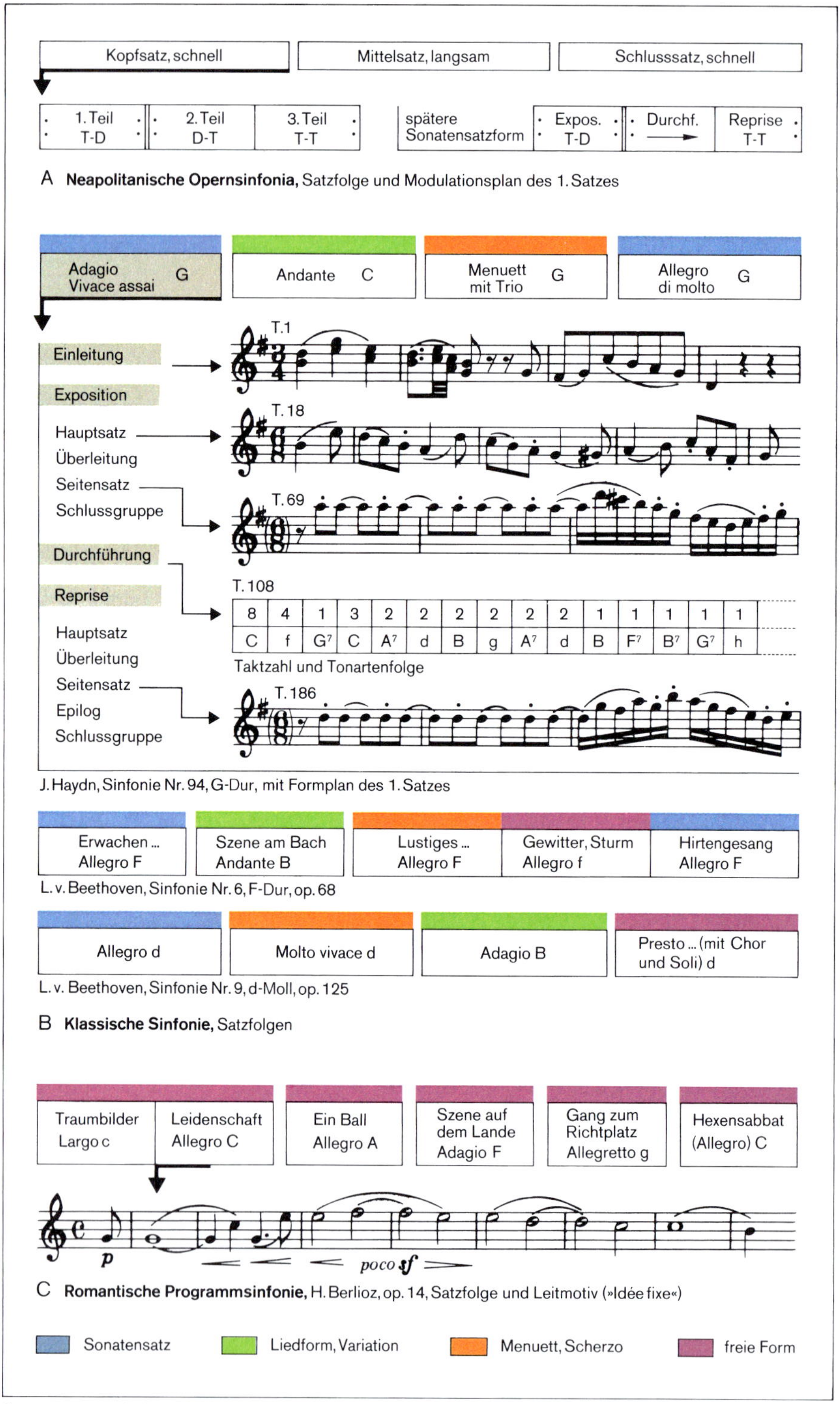

Satztypen und -folgen

Die **Sinfonie** ist in ihrer klass. Form ein 4-sätziges Werk für Orchester nach dem Vorbild der Sonate.

Vorklassische Sinfonia. Seit dem Ende des 16. und 17. Jh. bezeichnet der ital. Ausdruck **Sinfonia** Werke für Orchester (auch mit Gesang) ohne best. Formangabe. Vorläufer der Sinfonie wurde dann speziell die *Neapolitanische Opernsinfonia*, die sich im 18. Jh. aus ihrer Funktion als Opernouvertüre löste (vgl. S. 136 f.).

Sie hat 3 Teile oder Sätze (schnell-langsam-schnell) und ihr Kopfsatz enthält im Modulationsplan und in der Wiederholung der Teile keimhaft die Sonatensatzanlage (Abb. A).

In der **vorklassischen Sinfonia** entfällt der Gb., bauen die Streicher ihre zentrale Stellung aus, übernehmen die Bläser Begleitfunktion (2 Hörner, 2 Oboen; vgl. S. 65). Der Stil ist harmon. einfach, dafür kantabel. Auch bildet sich ein 2. Thema heraus.

Führend ab etwa 1730/40 sind **Oberitalien** (SAMMARTINI, 1700–75), dann bes. die **Mannheimer** (J. STAMITZ, 1717–57) und die **Wiener Schule** (MONN, 1717–50; WAGENSEIL, 1715–57).

Klassische Sinfonie. Sie repräsentiert sich vor allem im Werk J. HAYDNS mit mindestens 104 Sinfonien von 1759 bis zu den ausgereiften 12 *Londoner Sinfonien* 1795 und W. A. MOZARTS mit 41 Sinfonien von 1764 bis zu den 3 letzten von 1788 in **Es-Dur,** KV 543, **g-Moll**, KV 550, und **C-Dur**, KV 551 (*Jupiter*). HAYDNS frühe Sinfonien stehen noch in Divertimento-Nähe mit variabler Satzzahl, ab etwa 1765 aber haben sie in der Regel 4 Sätze mit Menuett.

HAYDNS *Sinfonie mit dem Paukenschlag* gehört zu den *Londoner Sinfonien* (Abb. B). Dem **1. Satz** folgt ein **Andante** (in der Subdominante C-Dur) als *Thema mit Variationen*, ein **Menuett** mit Trio und ein rasches **Kehrausfinale** als Kombination von *Rondo und Sonatensatz*.

Das Schwergewicht liegt auf dem **Kopfsatz.** Er steht in Sonatensatzform mit *langsamer Einleitung* (s. Nb., feierlich, zuweilen punktierter Rhythmus wie alte Frz. Ouvertüre). Zäsurenlos folgt die *Exposition* mit raschem Hauptsatz (1. Thema, s. Nb.), modulierender Überleitung und tänzerisch-melodiösem Seitensatz auf der Dominante D-Dur (2. Thema, s. Nb.). Die *Durchführung* ist voll drängender Dramatik in der thematischen Arbeit, in der Dynamik und in der ausgreifenden Tonartenfolge, die immer rascher, endlich sogar von Takt zu Takt wechselt (T. 108 ff.). Die *Reprise* bringt den Seitensatz in der Haupttonart (Nb.) und schiebt einen Epilog vor die Schlussgruppe.

BEETHOVEN steigert seine 9 Sinfonien über den Gattungsbegriff hinaus zu Einzellösungen. Er erweitert die Form (Durchführung, Coda) und vergrößert das Orchester (s. S. 65). Auch fließt außermusikalischer Gehalt in die alte Form der Sinfonie ein: seine **6. Sinfonie,** die *Pastorale,* ist eine *»Sinfonia caracteristica – oder Erinnerung an das Landleben«,* bleibt aber trotz programmatischen Inhalts *»mehr Ausdruck der Empfindung als Malerei«* (BEETHOVEN). Die Sätze entsprechen der Gattung (vgl. Satzfolge bei HAYDN, Abb. B), tragen aber Titel:

1. *Erwachen heiterer Gefühle bei der Ankunft auf dem Lande,* ein Kopfsatz allegro ma non troppo in Sonatensatzform (F-Dur);
2. *Szene am Bach,* ein langsames Andante in Liedform (B-Dur);
3. *Lustiges Zusammensein der Landleute,* normalerweise ein Menuett oder Scherzo, hier ein Bauerntanz mit Trios;
4. *Gewitter, Sturm,* ein eingeschobener Satz (f-Moll), der seinen programmatischen Vorwurf in freier Form ausmalt;
5. *Hirtengesang. Frohe, dankbare Gefühle nach dem Sturm,* ein Allegretto als übliches Finale der Sinfonie.

In der 9. Sinfonie mit Schlusschor kombiniert BEETHOVEN Sinfonie und Kantate. Der Schlusssatz ist kein normales Finale mehr, sondern richtet sich gehaltlich und formal nach dem Text der Ode *»An die Freude«* von SCHILLER (Abb. B).

Nachklassische Sinfonie. Im 19. Jh. gibt es in der Sinfonik zwei Richtungen, die sich beide auf BEETHOVEN berufen:

- die eine sucht den klass. Sinfoniebegriff reiner Instrumentalmusik mit romant. Mitteln zu erweitern (SCHUBERT, MENDELSSOHN, SCHUMANN, BRAHMS, BRUCKNER, SIBELIUS, TSCHAIKOWSKY usw.);
- die andere sucht über ein außermusikal. Programm neue sinfon. Formen. Sie führt über die **Programmsinfonie** (BERLIOZ) zur **sinfonischen Dichtung** (LISZT, STRAUSS).

BERLIOZ' *Symphonie fantastique,* op. 14 (1830), kreist um ein eigenes Liebeserlebnis, wobei die Geliebte durch ein Leitmotiv symbolisiert wird (s. Nb. C). Dieses Motiv taucht als *»idée fixe«* in allen Sätzen auf. Trotz des Programms lassen sich noch die alten Sinfoniesätze erkennen, mit zwei Scherzi: *Ein Ball* und *Gang zum Richtplatz* (Abb. C).

Eine Synthese aller sinfonischen Möglichkeiten gelingt G. MAHLER in seinen 9 Sinfonien (1884–1910, die 10. blieb Fragment).

Im 20. Jh. entstehen zahlreiche Sinfonien für großes oder für Kammerorchester, doch realisieren sie alle Individuallösungen weit außerhalb des durch die Klassik geprägten Gattungsbegriffes Sinfonie (WEBERN, STRAWINSKY, PROKOFJEW, HARTMANN, MESSIAEN, SCHOSTAKOWITSCH, BERIO).

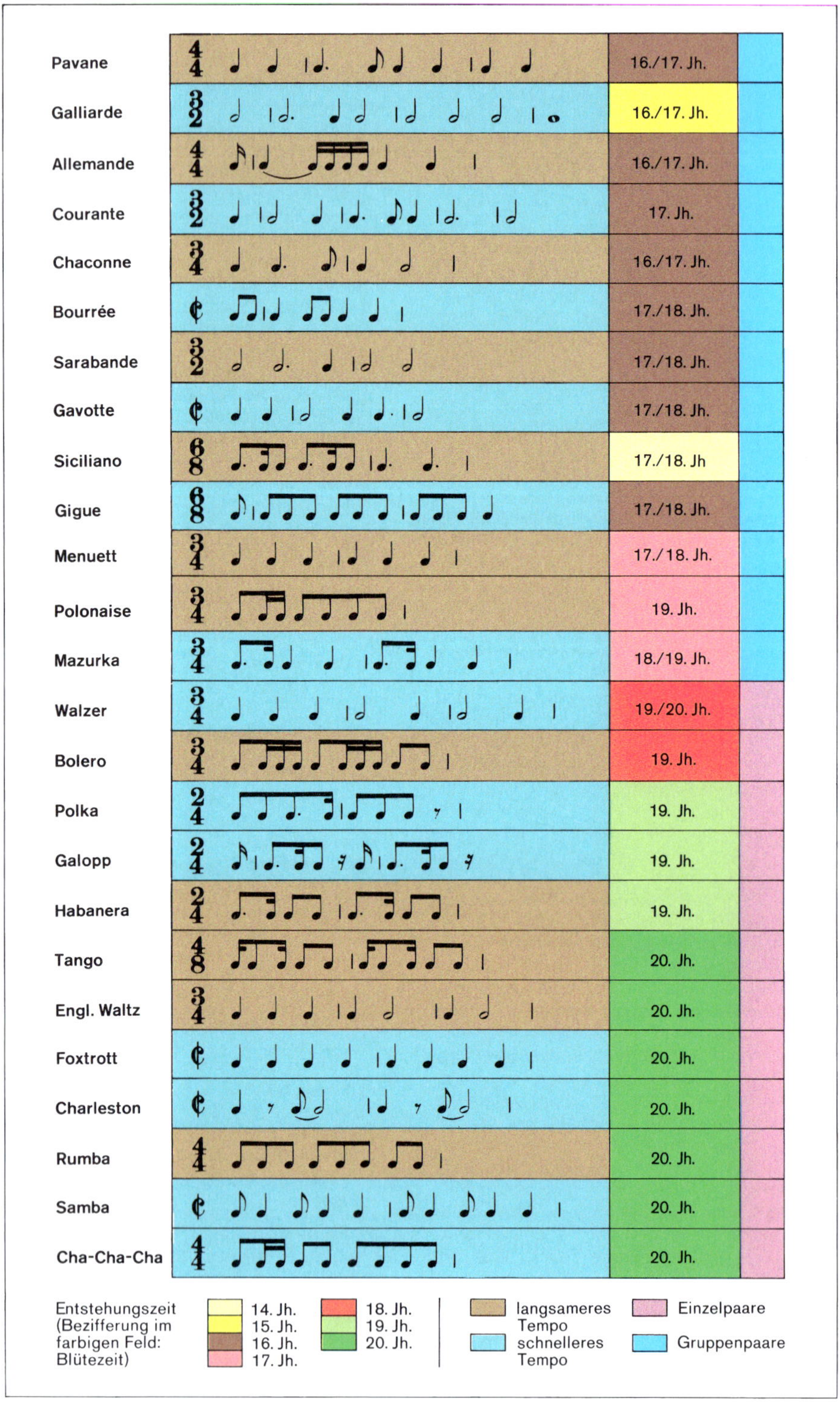

Tanzrhythmen, Tanzart, historischer Ort

Tänze gehören auf der frühesten Menschheitsstufe und bei den Naturvölkern zum kultischen Bereich. Stets ist der Tanz mit Musik verbunden. Sie wird durch die körperl. Tanzbewegung geprägt, so wie sie umgekehrt die Körperbewegung lenkt und bis zur Ekstase steigern kann.

Schritt und Gegenschritt des Tanzes sind Ausgang für die **gradzahlige Anlage** der Akzente und den **symmetr. Periodenbau** in Rhythmik und Melodik (z. B. 2 | 2 | 4 | 8 Takte). Dazu kommt das Prinzip der **Wiederholung** mit entsprechender Abschnittsbildung in der Musik. In Antike, MA. und Renaissance wurde Tanzmusik von den Instrumentalisten (Spielleuten) meist **improvisiert.** Typisch war die sequenzartige Wiederholung von Melodieabschnitten mit Halb- und Ganzschluss (Estampida, Ductia, vgl. S. 212 f.). Dazu gab es die *Tanzlieder,* meist mit Refrain.
Auch konnte ein *Gerüstsatz* für 1- und mehrst. Improvisation zu Grunde liegen, den die Spieler wie ein Bluesschema des späteren Jazz im Kopf hatten, so bes. bei der burgund. *Basse Danse* des 15./16. Jh.
Diese *Basses Danses* waren Schreittänze unterschiedlichen Charakters, die offenbar schon zu Folgen (*Suiten*) zusammengestellt wurden. Die Lehrbücher der Zeit beschreiben daneben eine Unzahl anderer Tänze.

Alle Tänze, ob volkstümlich oder höfisch, waren **Gruppentänze** mit wechselnder Gruppenpaarbildung, erst das 19. Jh. bringt den heute vorherrschenden **Einzelpaartanz.** Gruppentänze gibt es heute noch als Kinderreigen, im Volkstanz und auf Bällen (z. B. die geschrittene *Polonaise*).
Schon in der Renaissance folgte einem langsamen **Schreittanz** in geradem Takt ein schneller **Spring-** oder **Drehtanz** in ungeradem Takt (*Nachtanz*). Die Tanzpaarbildung wird auch im Barock beibehalten, außerdem entstehen ganze Tanzfolgen als Suiten, bes. auch in den zahlreichen Balletten der Opern mit allegorischem Inhalt und szenischer Darstellung, woran sich der Adel selbst beteiligte (Ballettsuiten, vgl. S. 151). Die wichtigsten Tänze des Barock bzw. der barocken Suite zeigt die nebenstehende Abb. mit Angabe des Rhythmus, der Entstehungs- und Blütezeit:

Pavane, von span. *pavo,* Pfau, oder von der ital. Stadt Padua, feierlicher höfischer Schreittanz, Anfang 16. Jh. anstelle der **Basse Danse,** meist mit **Saltarello** bzw. **Galliarde** als Nachtanz; Einleitungssatz der dt. Orchestersuite im frühen 17. Jh.;
Galliarda, von ital. *gagliarda,* rasch, schneller, frz./ital. Tanz im Tripeltakt, ab etwa 1600 höfischer Nachtanz zur Pavane;
Allemande, frz., *deutscher Tanz,* ruhiger Schreittanz, auftaktig, höfisch im 17. Jh., stilisiert als Kopfsatz der Suite;
Courante, frz., *eiliger Tanz* im Dreiertakt, höfisch ab 17. Jh.; die ital. **Corrente** ab etwa 1650 ist schneller und glatter; 2. Kernsatz der Suite;
Chaconne, urspr. span. **Tanzlied,** dann Variationsmodell wie **Passacaglia** (Bass);
Bourrée, frz. Reigentanz aus der Auvergne, ab 17. Jh. höfisch (LULLY);
Sarabande, wohl span. Schreittanz, ab 17. Jh. am frz. Hof, Dreiertakt ohne Auftakt, feierlich und gravitätisch; 3. Kernsatz der Suite;
Gavotte, frz. Reigentanz (in der Bretagne noch lebendig), ab 17. Jh. höfisch, stets auftaktig, nicht zu rasch;
Siciliano, ital., kein eigentlicher Tanz, sondern charakteristische Pastoralmusik, von BROSSARD als *danse gay* bezeichnet;
Gigue, frz., von engl. *jig (giga,* Geige), nach schottischem oder irischem Tanzlied, ab 17. Jh. auf dem Kontinent höfischer Tanz, rasch, imitatorisch; Schlusstanz der Suite;
Menuett, von frz. *menu (pas),* zierlicher (Schritt), urspr. Volkstanz, ab etwa 1650 bevorzugter Hoftanz LUDWIGS XIV. (LULLY), ruhiger Dreiertakt;
Polonaise, poln. Schreittanz, urspr. in geradem Takt, ab 18. Jh. 3/4, langsam, oft schwermütigen Charakters.

Mit dem Untergang des *Ancien Régime* versank auch die alte höfische Tanzkultur und die neue bürgerl. trat an ihre Stelle. Das aufwachende Nationalbewusstsein im 19. Jh. brachte dazu die Pflege und die Verbreitung der verschiedenen **Nationaltänze.**

- **Polonaise** und **Mazurka** kamen aus Polen,
- **Polka** und **Schnellpolka** aus Böhmen,
- **Csárdás** mit seinem langsamen *Lassu-* und schnellen *Friszka*teil aus Ungarn (2/4),
- **Bolero** aus Spanien, **Habanera** aus Kuba und **Tango** aus Argentinien,
- **Schottischer Walzer** oder **Ecossaise** im schnellen Dreiertakt aus Schottland,
- **Deutscher Tanz,** ein schneller, rustikaler Drehtanz (überlagert mit dem feineren **Contretanz** und dem höfischen **Menuett** in der Tanzszene des *Don Giovanni* von Mozart) noch im 18. Jh., sowie der
- **Ländler** als langsamer Drehtanz und der
- **Wiener Walzer** als schneller Modetanz ab Beginn des 19. Jh., ferner der rasche
- **Galopp** (1825) in geradem Takt aus Deutschland und Österreich, der
- **Cancan** im schnellen 2/4 aus Paris ab etwa 1830.

All diese Tänze fanden auch Aufnahme in die Operette des 19. Jh.

Im 20. Jh. wurden die *angelsächs.* Tänze Mode wie der langsame **English Waltz** (1920), dann die *amerikan.* Tänze wie **Foxtrott, Slow Fox,** der jazznahe **Blues** und die Steptänze wie **Charleston** und **Jitterbug,** dann die *lateinamerikan.* Tänze afrikan. Ursprungs wie die brasilian. **Samba** (20er Jahre) und die kuban. **Rumba** mit **Mambo** und **Cha-Cha-Cha** (1953).

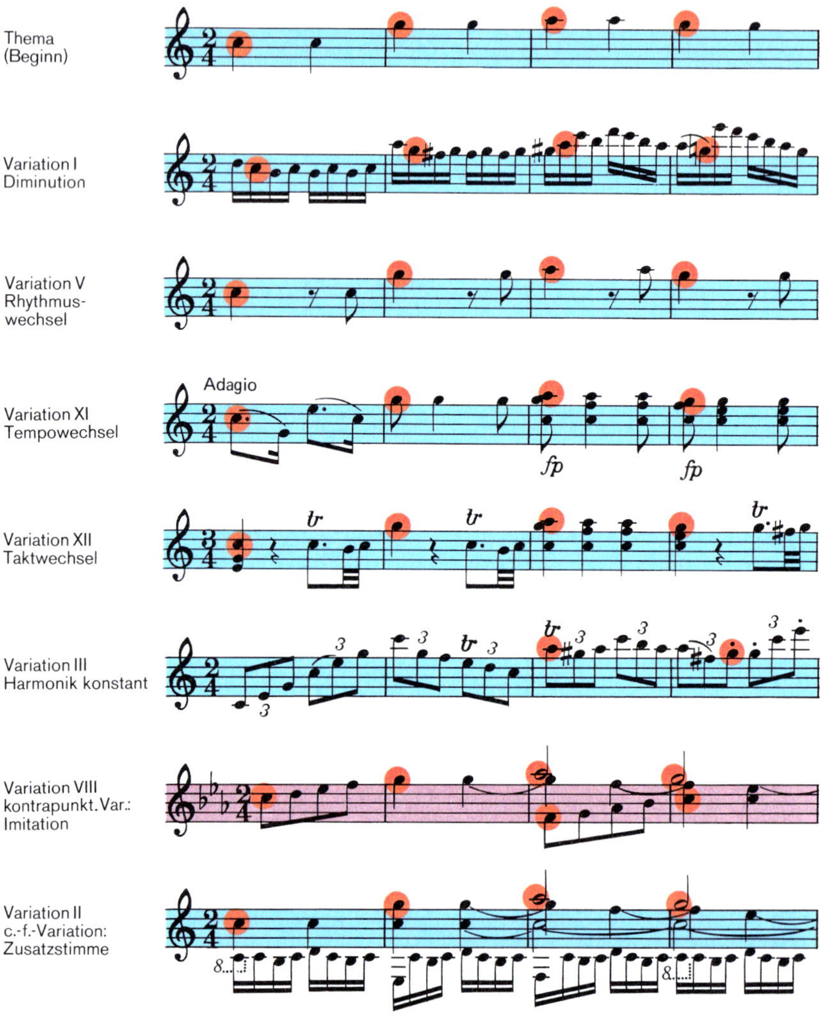

A **Melodie-Variation,** W. A. Mozart, Variationen über »Ah! vous dirai-je, Maman«, KV 265

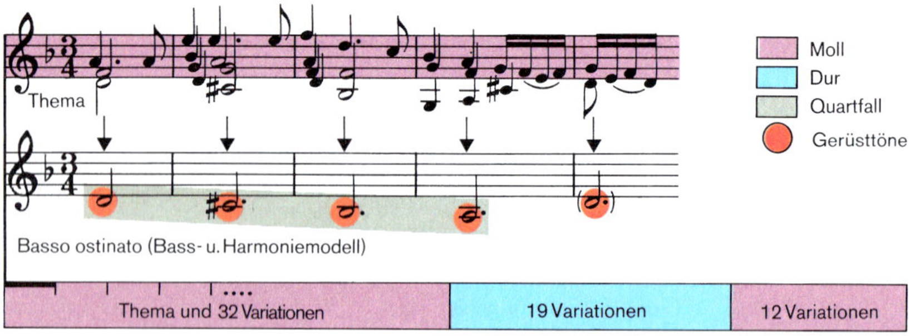

B **Ostinato-Variation,** J. S. Bach, Chaconne aus der Partita d-Moll für Solovioline

Variable und konstante Elemente

Die **Variation** ist als Veränderung eines Gegebenen ein **Grundprinzip musikal. Gestaltung.** Daneben gibt es spezielle **Formen** der Variation, z. B. die *Chaconne* (s. u.).

Verändert werden Rhythmus, Dynamik, Artikulation, Melodik, Harmonik, Tonfarbe, Besetzung usw., nie aber alle Faktoren gleichzeitig. Als Kompositionstechnik taucht Variation innerhalb größerer Formen auf, meist um Wiederholungen abwechslungsreicher zu gestalten (z. B. die Reprise der Da-capo-Arie).

Variationstechniken werden exemplarisch auch in eigenen *Variationsreihen* vorgeführt (Abb. A). Die wichtigsten Techniken seien hier angesprochen:

1. **Melodievariation** mit Verzierung (*Kolorierung*). Die Haupttöne der Melodie bleiben als **Gerüsttöne** bestehen. Auflösung der Hauptnotenwerte in kleinere (*Diminution*) führt zu **Umspielungen** (Var. I: d^2–c^2–h^1–c^2), **Wechselnoten** (h^1 in T. 1), **Durchgangsnoten** (Lauf in T. 3/4) u. a. – Diese Variationsart findet sich bereits in den ma. Choralbearbeitungen, in der Instrumentalpraxis des 15./16. Jh. usw.
2. **Rhythmische Veränderung** einer Melodie oder eines Satzes (Var. V); Tempo- und Taktwechsel sind häufig (Var. XI, XII). – Die Umrhythmisierung von Tänzen führte im 15./16. Jh. zu Tanzpaaren (vgl. S. 150, Abb. A) und später zur *Variationssuite*.
3. **Änderung des Stimmverlaufs.** Eine Melodie oder ein Bass können streckenweise oder ganz aufgegeben werden, während ihre **Länge** (Taktzahl) und ihre **Harmonik** als Modell erhalten bleiben. In Var. III erklingen statt der Gerüsttöne c^2–g^2 in T. 1 und 2 ein C-Dur-Arpeggio und -Lauf. Zusätzlich erscheint hier ein Rhythmuswechsel (Triolen). – Harmoniekonstanz gewährt große gestalterische Freiheit, bes. in Ostinato-Variationen (s. u.).
4. **Harmonische Veränderung** ist bedeutsam in der tonalen Musik, z. B. als Dur-Moll-Wechsel (Var. VIII), als Ausweichung in entfernte Tonarten usw.
5. **Kontrapunktische Variation** geschieht oft durch Verflechtung von Motiven in freier Imitation. So wird in Var. VIII der leicht veränderte Themenkopf mehrfach nachgeahmt. – Solche kp. Arbeit taucht auf in Motetten, Fugen, als *thematische Arbeit* in Sonatensatzdurchführungen usw.
6. **C.-f.-Variation** durch Zusatz weiterer Stimmen zu einer gegebenen ist ebenfalls kp. bestimmt. In Var. II tritt die Unterstimme durch *Diminution* bes. hervor (Gegenstück zu Var. I), während sich zur Oberstimme als **fester Melodie** (*Cantus firmus*) harmon. Gegenstimmen gesellen. – Stimmenzusätze zu c. f. finden sich in Motetten, Choralbearbeitungen usw.
7. **Frei variierendes Spiel** mit melodisch, harmonisch oder rhythmisch charakteristischen Motiven gibt es u. a. in Fugenzwischenspielen, Sonatendurchführungen, den *Charaktervariationen* des 19. Jh. usw.

In der modernen Musik spielt die systematische Variation der verschiedenen **Parameter** eine große Rolle. Die Zwölftonkomposition und die serielle Technik beruhen z. B. auf ständiger Variation der Reihe in Bezug auf Tonhöhe, Lautstärke, Rhythmus, Besetzung usw.

Die Formen der Variation

erscheinen stets als Variationsfolgen mit vorangestelltem Ausgangsmodell. Als Modell dient eine Melodie oder ein Bass bzw. dessen immanente Harmonik. Var.-Reihen gibt es seit dem 16. Jh.

I. Variationen über ein Melodiemodell

Die Melodie ist stets einfach geführt und klar periodisiert (2, 4, 8, 16 oder 32 Takte), daher einprägsam und für die zunehmende Komplizierung der Variationen geeignet. Oft werden bekannte Melodien als Modelle verwendet. Hauptformen sind:

- die **Var.-Suite** (17. Jh.) mit umrhythmisierter Melodie je Satz;
- das frz. **Double** (17./18. Jh.) als Tanzwiederholung mit stark verzierter Oberstimme;
- die **Choralvariation** oder **-partita** (17./18. Jh.) mit Ausschmücken des Chorals als c. f. oder dessen kp. Verarbeitung;
- das **Thema mit Variationen** (18./19. Jh.) als Einzelwerk (Abb. A) oder als langsamer Satz in Sonaten, Quartetten, Sinfonien usw. Im Barock noch eine additive Reihe, gewinnt diese Form in der Klassik und Romantik Entwicklung und Steigerung.

II. Variationen über ein Bassmodell

Die Bässe sind meistens kurz (4 oder 8 Takte) und enthalten eine klar kadenzierende Harmonik. Sie wiederholen sich ständig (ital. *ostinato*), um größere Formen zu bilden. Hauptformen dieser *Ostinato-Technik* sind:

- die ital. **Strophenbass-Arie** und die **Var. über Lied- und Tanzbässe,** die z. T. bestimmte Namen trugen wie *Romanesca, Follia* u. a. (16./17. Jh.);
- die engl. **Grounds** (Variationen über Ostinato-Bässen) der Virginalisten um 1600;
- die **Chaconne** und die **Passacaglia,** die im 16. Jh. von Spanien über Italien nach Deutschland kamen und berühmte Beispiele bieten (Händel, Bach, später Brahms, *4. Sinfonie,* u. a.).

In der *Chaconne* aus der 2. Partita für Soloviolíne von Bach wirkt als melodisches Thema die Oberstimme der ersten 4 bzw. 8 Takte, das Variationsmodell ist hingegen der 4-tönige Bass (als Quartfall ein beliebtes Modell im Barock) und das hinter ihm stehende Kadenzschema (t, D, sP oder ähnlich, D und wieder t). Dieses Schema wird 64-mal mit ständiger Variation der Spiel- und Ausdrucksmöglichkeiten wiederholt (Abb. B).

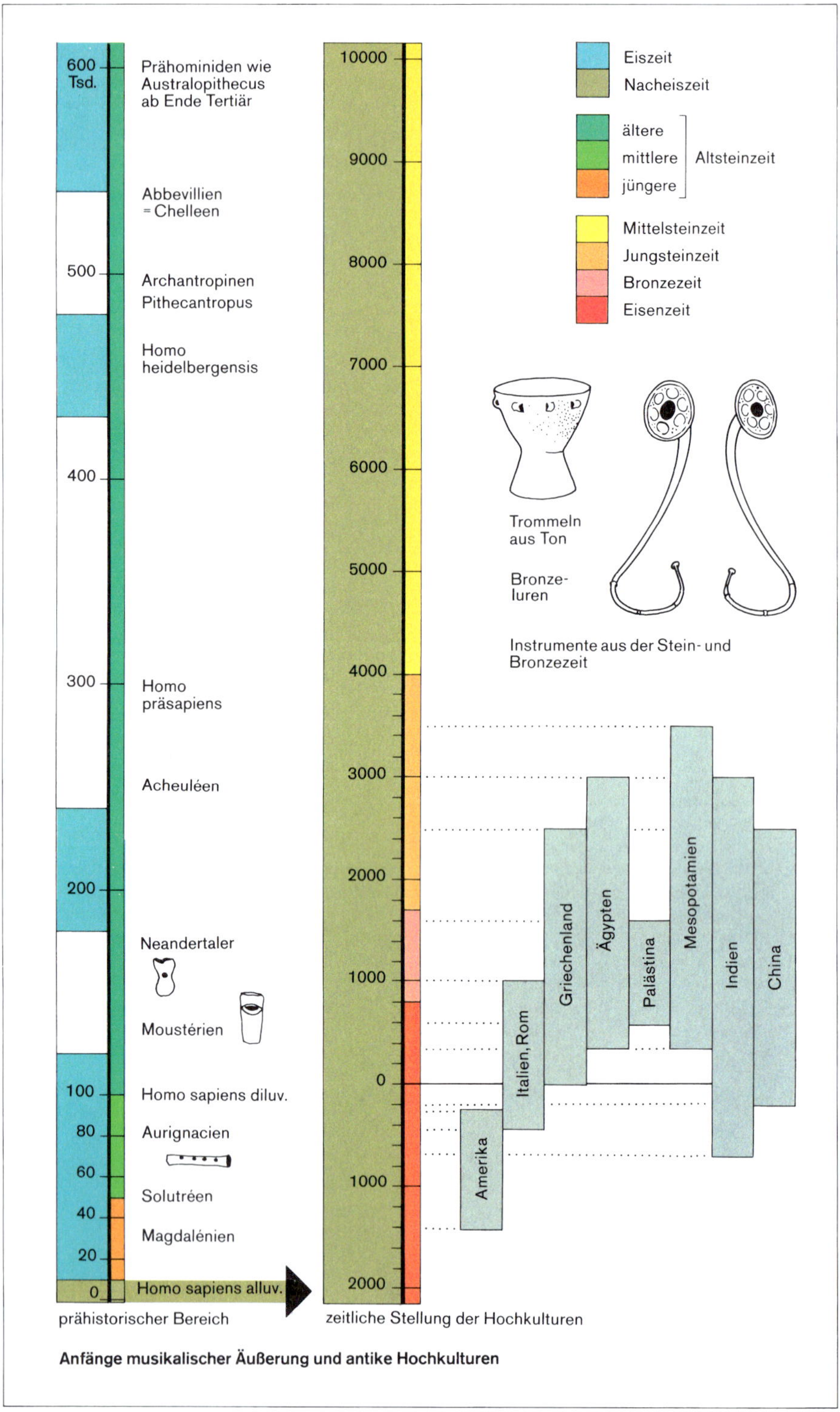

Zeitliche Relationen und frühe Musikinstrumente

Die Anfänge der Musik sind unbekannt. Nach den Mythen der Völker ist die Musik göttl. Ursprungs. In der Tat gehört die Musik in der Frühzeit zum **Kultbereich,** ihr Klang ist Beschwörung des *Unsichtbaren,* von *Umwelt* und *Mensch.* Bei der Suche nach den Anfängen der Musik muss man u. U. andere Phänomene im Bereich des Klingenden einbeziehen, als man mit dem Terminus *Musik* belegen kann. Die abendländ. Vorstellung von Musik geht auf die griech. Antike zurück sowie auf die antiken Hochkulturen des vorderasiat. und fernöstl. Raumes.

Die frühesten Zeugnisse von Musik sind
- **Instrumentenfunde:** aus der Altsteinzeit, dazu der sog. *Urbesitz* (s. u.);
- **Aufzeichnungen:** aus dem 3. Jtsd. v. Chr. (ägypt. Bilderschrift, vgl. S. 164) und 3. Jh. v. Chr. (griech. Buchstabennotation, vgl. S. 170 f.); sie sind Ausnahmen und spiegeln keineswegs die Praxis ihrer Zeit;
- **klingende Musik:** seit Edisons Phonograph, 1877. Doch selbst hier erschweren Klangverfälschungen und veränderte Denk- und Hörgewohnheiten eine richtige Deutung dessen, was die Musik ihrer Zeit war;
- **Schriften über Musik:** in Dichtung, Chronik, Musiktheorie usw. seit der Antike.

Zum Wissen von Musik und Musikauffassung früherer Menschheitsstufen kann auch die **Musikethnologie** durch Studium der Musik der Primitivkulturen und Naturvölker beitragen.
Seit dem Ende des 18. Jh. gibt es außerdem **Entstehungstheorien,** die die Musik auf **Sprache** (Herder), auf **Tierlaute,** bes. die Nachahmung der **Vogelstimmen** (Darwin), auf wortlose **Rufe** (Stumpf), auf emotionale **Interjektionen** (Spencer) u. a. zurückführen.

Der Urbesitz an Musikinstrumenten
Einige Instrumente scheinen zu allen, auch prähistor. Zeiten existiert zu haben, weil ihre »Erfindung« sehr nahe liegt. Zu diesem Urbesitz gehören:
- **Aufschläger:** rhythmisches Fußstampfen und Hände- oder Schenkelklatschen, auch mit Stöcken, Ruten usw.,
- **Rasseln:** aus Steinen, Hölzern, Metallplättchen, auch als Ketten,
- **Schraper** und **Schwirrholz:** in vielerlei Material und Form,
- **Trommeln:** hohle Baumstücke, womöglich nach Vorbild des Axtschlages,
- **Flöten:** aus Schilfrohr, zugleich Urtrompete,
- **Hörner:** das Tierhorn, z. B. vom Rind, als Signal- und Musikinstr.,
- **Musikbogen:** wie Schießbogen, steht am Beginn aller Saiteninstr.

Instrumentenfunde
Altsteinzeit: Am ältesten sind **Phalangpfeifen** aus Rentierfußknochen aus dem Ende der Altsteinzeit. Sie geben nur einen Ton, wohl mehr Signal- als Musikinstrument. – Aus der letzten Eiszeit, vielleicht auch früher, stammen die ersten **Spaltlochflöten,** ebenfalls aus Rentierknochen, während für das *Aurignacien* Röhrenknochenflöten mit 3, später auch 5 **Grifflöchern** belegt sind als reine Melodieinstrumente (*Pentatonik?*). Höhlenabbildungen von Schießbögen lassen auf deren Verwendung als **Musikbögen** schließen (*Magdalénien*).
Jungsteinzeit: Die ersten tönernen **Trommeln** bzw. **Handpauken** begegnen in Europa erst im 3. Jtsd. v. Chr. (Bernburg). Ihr Korpus ist verziert (Kultzwecke) und zeigt Ösen für die Membranbefestigung (Abb.). Aus der gleichen Zeit stammen tönerne **Rasseln,** oft in Gestalt von kleinen Tieren oder Menschen.
Bronzezeit: In Europa finden sich Metallverzierungen von **Tierhörnern,** die selbst vergangen sind, aber auch Hörner, die nach dem Vorbild des Tierhorns ganz aus **Metall** gefertigt wurden. Eine Sonderform dieser Hörner sind die nord. **Luren,** bes. aus Dänemark und Südschweden (Abb.). Sie sind weit geschwungen, haben ein festes, posaunenartiges Mundstück, ein mehrteiliges, schlankes Rohr von ca. 1,50 bis 2,40 m Länge, flache, verzierte Schallteller und, wie Versuche ergaben, einen vollen, weichen Klang. Luren fand man fast immer **paarweise** in gleicher Stimmung. Die Paarigkeit entspricht dem Tierhornvorbild. Sie dient der Klangverstärkung, vielleicht auch dem Akkordspiel (man fand drei Lurenpaare zusammen, von denen zwei in *C* und eins in *Es* stehen). Weitere Instrumente der Bronzezeit sind Trompeten, Klangplatten, Klapperbleche, dazu Tonrasseln usw.

Zeitliche Stellung der Hochkulturen
Die Entwicklung der Menschheit vollzieht sich in so gewaltigen Dimensionen, dass die Epoche des nacheiszeitl. Menschen (*homo sapiens alluvialis*) ab ca. 10 000 v. Chr. minimal erscheint (vgl. die proportionsgetreue Abb.). Dabei beginnt die Zeit der antiken Hochkulturen erst nach den um 3000 v. Chr. vermuteten Naturkatastrophen mit Überschwemmungen, die als »Sintflut« erinnert werden (Bibel, Gilgameschepos). Die Musik bleibt auch in den antiken Hochkulturen zunächst noch kultisch gebunden und wird erst spät eine ästhetische Ausdruckskunst. Zusammenhänge der mündlichen Traditionen sind z. T. heute noch lebendig (Indien, China). Improvisation spielte eine bedeutende Rolle. – Es ist merkwürdig, dass sich zwar die Musikanschauungen bis heute ständig wandeln, das Instrumentarium aber relativ gleich geblieben ist, wenn sich auch die einzelnen Instrumentenarten unterschiedlich entwickelt haben. Erst die elektron. Instrumente des 20. Jh. bringen grundsätzlich Neues, entsprechen aber z. T. nicht mehr den menschl. Spiel- und Hörmöglichkeiten.

[Sumerer ca. 3500 - 2800]
Frühdyn. Zeit 2800 - 2500

2500

1. Dyn. von Ur und Lagasch ~ 2500
Assyrer ab 2500
Reich von Akkad ab 2350 (Sargon I.)

Herrschaft der Gutäer 2150 - 2050
3. Dyn. von Ur 2050 - 1950
Babylonische Kunstblüte

2000

Altassyrisches Reich 1800 - 1350
Hammurabi 1728 - 1686 (Babylon)

Hethitereinfall 1531
Kassitenzeit 1530 - 1160

1500

Mittelassyr. Reich 1375 - 1047

Elamiter 1160
Nebukadnezar I. 4. babyl. Dyn. ab 1137

1000

Neuassyr. Reich 883 - 612

Neubabyl. Reich 625 - 539
Nebukadnezar II. 604 - 562

500

Perser-Herrschaft ab 539

Alexander in Babylon 331

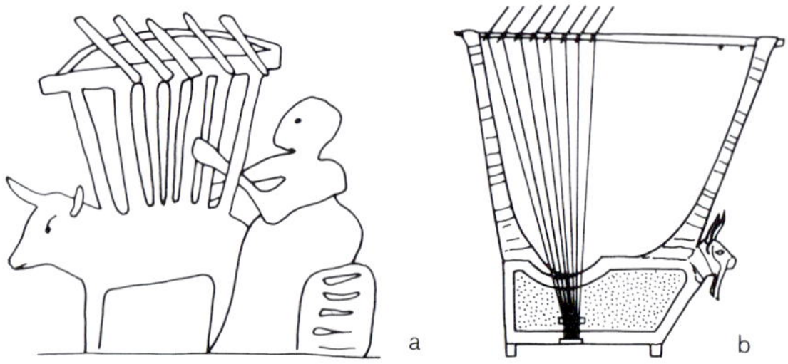

A Sumer. Standleier in Stierform (a), Standleier aus Ur (b)

B **Sumer.-babylon. Laute**

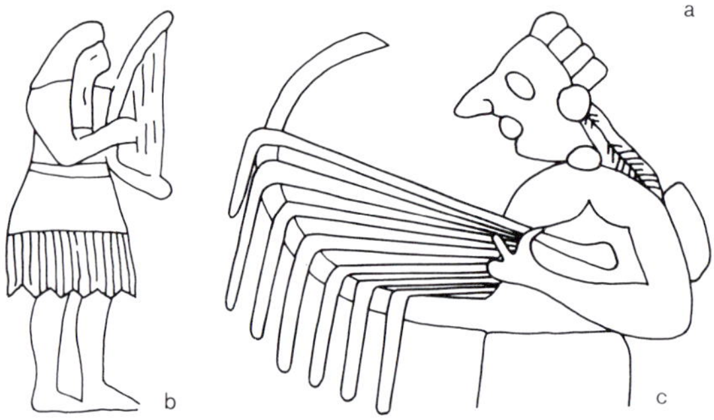

C **Assyr. Winkelharfe (a), sumerische Bogenharfen (b, c)**

D **Pauke**

E **Große Trommel**

Sumerer
Babylonier
Assyrer
Kassiten
Perser

Zeitstrahl, Musikinstrumente

Mesopotamien hat eine wechselvolle Geschichte. Im 4. Jtsd. v. Chr. siedelten dort die Sumerer, später die Akkadier bzw. Babylonier, die Assyrer, auch die Hethiter, Kassiten, Elamiter und Perser, bis schließlich ALEXANDER D. GR. 331 v. Chr. in Babylon einzog.
Mesopotamien liegt zentral. Es nahm starken Einfluss auf die umliegenden Länder im Süden (arab. Stämme), im Westen (Hethiter, Phrygier, Phöniker, Ägypter, Griechen), im Norden (Iran, indogerman. Stämme), im Osten (über den Norden bis Indien). So kommt es, dass die Musik Mesopotamiens, vor allem auch seine Instrumente, sich in diesen Ländern, wenn auch z. T. erheblich modifiziert, wieder finden, wie auch umgekehrt Beeinflussungen vorliegen. Es war üblich, dass bei Eroberungen die Musiker fremder Völker verschont wurden und man die Musik oft als kostbares Gut übernahm.
Die Quellen zur Musik sind literarische Belege sowie die aufschlussreichen Abbildungen (meist Rollsiegel), Steinreliefs und Funde von Instrumenten.

Saiteninstrumente

Die Leier gilt als sumer. Nationalinstrument. Dargestellt wird sie schon Ende des 4. Jtsd. v. Chr. Kostbare, mit Gold, Silber und bildreichen Muschelplatten verzierte Leiern fand man in den Königsgräbern von Ur I. Diese frühen sumer. Leiern sind so groß, dass sie auf dem Boden standen (**sumerische Standleier,** Abb. A). Der Resonanzkasten wurde in Form eines Stieres gebaut (Fruchtbarkeitssymbol, vgl. Rollsiegel Abb. A a). Später ist die Form stilisiert, es bleibt aber ein Stierkopf als Schmuck der Vorderstange (Abb. A b). Der Spieler saß vor dem Instrument und griff mit beiden Händen in die Saiten. Deren Zahl schwankt bei den Abb. zwischen 4, 5 und 7, bei den Funden auch zwischen 8 und 11. Die Saiten wurden am Joch mit Stimmknebeln befestigt und liefen über einen Steg auf dem Resonanzkasten. Sie sind zum Spieler hin angesetzt, damit der sie alle erreichen konnte. – Aus der Standleier wird später die **Handleier,** deren früheste Abbildung aus babylon. Zeit stammt (ca. 1800 v. Chr.).

Die Harfe begegnet ebenfalls schon in der sumer. Epoche. Schallkasten und Saitenträger bilden eine bogenförmige Einheit (**Bogenharfe**) oder stoßen in leichtem Knick aneinander (**Knickbogenharfe).** Je nach Modell wurde sie senkrecht oder waagrecht gehalten (Abb. C b, c). Die Harfen haben 4–7 Saiten (mangelhafte Darstellungsweise?). Die Assyrer kennen vor allem die **Winkelharfe.** Ihr Schallkasten liegt oben, der Saitenträger steht in spitzem Winkel dazu, die Saitenzahl ist hoch (Abb. C a).

Die Laute heißt sumer. *pantur,* griech. *pandura,* also »kleiner Musikbogen«. Belegt ist sie auf babylon. Darstellungen aus dem 2. Jtsd. v. Chr., meist in Frauenhand, in gleicher Form aber auch bei den Assyrern (Abb. B). Auffallend ist der lange Hals (**Langhalslaute**) mit Griffbrett, über das 2 bis 3 Saiten laufen, und der kleine, fellbespannte Resonanzkörper in Form eines halben Kürbisses (auch Schildpatt u. a.).

Blasinstrumente

Flöten sind schon in der Frühzeit belegt. Sie heißen *gi-bu,* »Langrohr«, haben kein Mundstück und wurden fast senkrecht gehalten. Daneben gibt es *Grifflochpfeifen.*

Doppelschalmeien waren vermutlich die beiden gleich langen Silberröhren ohne Mundstück mit je 4 Grifflöchern, die man in den Gräbern von Ur I fand.

Trompeten in gerader Form sowie als *Schneckentrompeten* tauchen erst in assyr. Zeit auf (Ninive). Sie wurden wohl als Signalinstrumente im Heer benutzt.

Schlaginstrumente

gab es eine ganze Reihe: **Rasseln, Klapperstäbe, Sistren** in U-Form, **Bronzeglocken** und **Hand-Cymbals.** Eine Besonderheit bilden die großen **Kesselpauken** aus Metall (Abb. D). – Man kannte die kleine **Zylindertrommel,** *aufrecht* vor dem Bauch getragen, als zweifellige Trommel auch *waagrecht,* beidseitig mit den Händen angeschlagen, die kleine Rahmentrommel (**Tamburin**) und eine **große Rahmentrommel** (Ø ca. 1,50–1,80 m) mit zwei Fellen, gespielt von zwei Spielern. Sie ist vermutl. asiat. Ursprungs. Häufig trug sie obenauf eine kleine Standfigur (Abb. E).

Von der Musik selbst weiß man wenig. Aufgrund der Saiten- und Grifflochzahl der Instrumente schließt man auf **Pentatonik** bzw. **Heptatonik.** Schon für die Sumerer stand die Musik in kosmolog. Zusammenhang, sodass die *Zahl* in ihr eine bes. Rolle spielte (Bezug zu den Jahreszeiten, den Planeten usw.).
Außer der Einstimmigkeit scheint man auch gewisse Arten der **Mehrstimmigkeit** gekannt zu haben. So wurden Leiern und Harfen fast immer mit *zwei* Händen gezupft; auch die Doppelschalmei war *zweistimmig* (*Bordunpraxis?*).
Auf vielen Bildern finden sich mehrere Musiker zu kleinen **Orchestern** zusammengestellt, so z. B. *zwei Harfen und Sänger* oder *Leier, Harfe, Trommel, Cymbals,* auch *Doppelschalmei, Doppelflöte, Harfe, Leier* usw., also ausgesprochen zart klingende Kombinationen. Die Bibel beschreibt das Orchester NEBUKADNEZARS II. (*Dan. 3*), wonach *Trompeten* oder *Hörner, Pfeifen* oder *Doppeloboen, Leiern* und *Harfen* vermutlich zunächst einzeln, dann gemeinsam musizierten (SACHS). Es gab Berufsmusiker. Bilder zeigen Musizieren bei Kultfeiern, Tanz und Wettkämpfen, aber auch bei Mahlzeiten und im Garten.

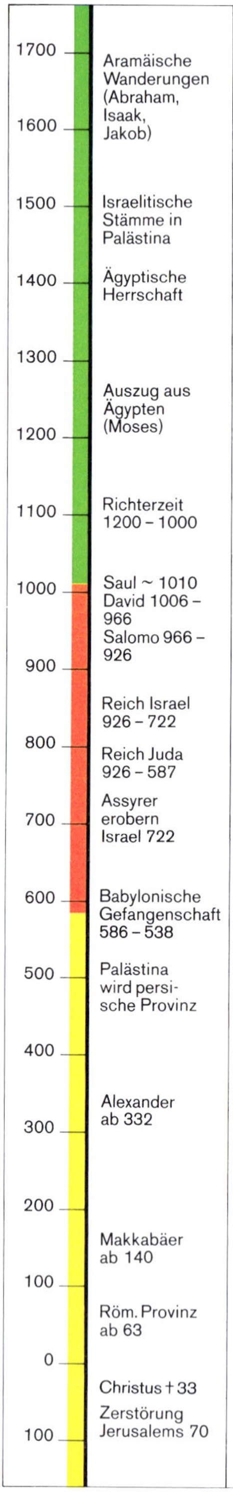

A **Phönikisches »Orchester«**, Doppelschalmei, Lyra und Tamburin

B **Melodiestile des biblischen Sprechgesanges**

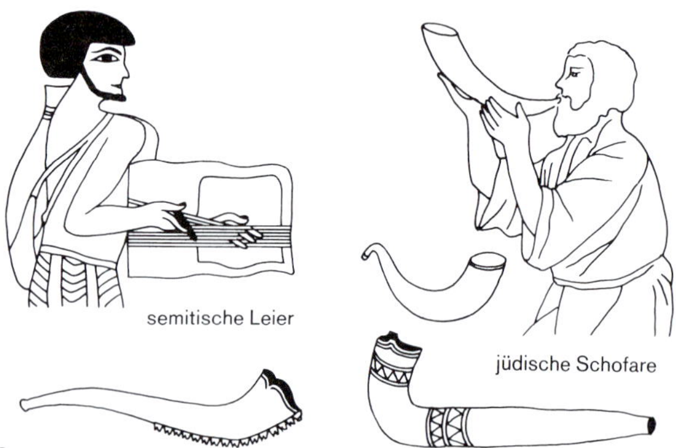

C **Instrumente**

Nomadenzeit | Königszeit | Nachexilzeit

Palästina stand in regem musikal. Austausch mit seinen Nachbarländern, vor allem Mesopotamien und Ägypten. In Palästina selbst führten die phönikischen und hebräischen Stämme.

Die Phöniker galten als Erfinder einiger Instrumente wie des *Doppelaulos* (Doppelschalmei) und des *Psalteriums* (unsicher). Typisch waren wohl gewisse Instrumentalkombinationen wie *Doppelflöte, Leier* und *Rahmentrommel,* also ein Blas-, ein Saiten- und ein Schlaginstrument (Abb. A).

Die Hebräer. Die Entwicklung der jüdischen Musik erfolgt in den drei großen Epochen der Nomadenzeit, der Königszeit und der Nachexil- oder Prophetenzeit. Leider gibt es nur wenig Instrumentenfunde und -darstellungen. So ist man auf die Angaben im *Alten Testament* und ihre Deutung angewiesen.

In der Frühzeit gab es keine Berufsmusiker. Gesang, Spiel und Tanz war Sache aller, besonders auch der Frauen. Wechselchöre und Vorsänger sind belegt, so MOSES und MIRJAM als Vorsänger der Männer und Frauen (*2. Mos. 15, 20f.*).
JUVAL oder JUBAL (*1. Mos. 4, 21*) ist der erste bibl. Instrumentalspieler, auf den sich daher noch die ma. Autoren als den Erfinder der Musik berufen. Auf JUVAL gehen **Kinnor** und **Ugab,** vielleicht auch das **Schofar** (*Jowel*) zurück (»von dem sind kommen die Geiger und Pfeifer«, wie LUTHER übersetzt):

Kinnor, das Instrument König DAVIDS, mit *Harfe* übersetzt. Es handelt sich jedoch um eine hebräische Tragleier mit 5–9 Saiten, wie sie ähnlich auch in Assyrien gefunden wurde (Abb. C). Sie war das bevorzugte Begleitinstr. zum Gesang im Tempel der Königszeit.

Ugab, eine lange, dunkeltönige Längsflöte, vielleicht aber auch ein Klarinetten- oder Oboeninstr. Es gehört zur Volks- und Hirtenmusik, nicht in den Tempeldienst.

Chazozra, silberne Tempeltrompeten.

Schofar, ein (Widder-)Horn ohne Mundstück für best. Signale im Tempeldienst. Schofare sind zahlreich abgebildet und erhalten (Abb. C).

Zum reichen **Schlagzeug** gehört das **Tof,** eine alte hebräische Rahmentrommel nach mesopotam. Vorbild, bes. von Frauen gespielt, ferner die **Pa'amon,** ein Glöckchen der Standesfürsten.

In der Königszeit kommen neue Instrumente aus dem Ausland hinzu, vor allem durch die fremden Frauen SALOMOS. Eine von ihnen bringt als Tochter des Pharao eine Vielzahl ägypt. Instrumente mit, auch erscheint die **Doppelschalmei** als »phönikische Pfeife« (Abb. A) und die **Nevel** oder **Nabla** als Winkelharfe. Das **Asor** ist ein zitherartiges Saiteninstrument, ebenfalls phönikischer Herkunft (*Psalterium*?).
Es entwickelt sich in dieser Zeit ein Berufsmusikertum für den Tempeldienst, die **Leviten,** mit Chören und stark besetzten Orchestern (*2. Chron. 5, 12–14*), mit Ausbildung in Tempelschulen und mit einer zunftmäßigen Organisation.

In der Zeit der Reichsteilung werden statt der starken Instrumentalmusik mehr und mehr die Vokalformen des synagogalen Sprechgesanges (*Kantillation*) entwickelt. Hochleistung und Vorbild hierfür waren die **Psalmen** DAVIDS.
Es gibt auch aus dieser Zeit keine Melodieaufzeichnungen. Ausläufer der mündl. Tradition reichen vermutlich jedoch an einigen abgeschiedenen Orten in Nordafrika, Jemen, Persien, Babylonien und Syrien bis heute, wo sie von den Musikethnologen und von den Forschern der hebräischen liturg. Musik gesammelt wurden (so von IDELSOHN, vgl. Abb. B).
Man unterschied in der Liturgie drei Gesangsstile, die *Psalmodie,* die *Lectio* und die *Hymnodie.*

1. Die Psalmodie (Psalmvortrag): Die Musik folgt dem Bau eines Psalmverses, d. h. sie transponiert den Sprachvers in eine bestimmte Melodiefloskel, die **Psalmformel** (vgl. S. 180 f.), und verleiht ihm durch die Tonhöhe eine feierl. Verfremdung. Die Sprache bestimmt den Rhythmus der Silben- bzw. Tonfolge auf dem Rezitationston, der *Tuba* oder *Schofar* genannt wurde. Satzanfang, -mitte und -ende werden durch mehrtönige Melismen hervorgehoben: **Melodieanstieg** zu Beginn (später *initium*), eine **Halbschlusswendung** auf dem Nebenton mit Längung und Zäsur in der Mitte (*mediatio*) und ein **Abstieg** zum Ruhepunkt des Grundtones am Schluss (*finalis;* Abb. B). Psalmen wurden ursprüngl. *antiphonal* (Königszeit), später *responsorial* gesungen, d. h. nicht mehr zwei Chorhälften wechselten, sondern ein Solist trug die Psalmverse vor, wobei ihm ein Chor mit Zwischenrufen antwortete (**Solopsalmodie** mit Chor-Akklamationen wie »Amen«, »Halleluja«).

2. Die Lectio (Lesung): Auch das Vorlesen bibl. Prosa und Gebete wurde in ein sprachgebundenes Singen gehoben (belegt ab dem 5. Jh. v. Chr.). Dieser Sprechgesang hebt Satzbeginn und -ende, Einschnitte und besonders wichtige Stellen durch *ekphonetische Akzente* hervor. Auch beleben ornamentale und expressive Melismen formelhaft den stets solistischen Vortrag der Lesungen (Abb. B).

3. Die Hymnodie (Liedergesang): Die strophische Wiederholung von Melodien ist textabhängig in ihrer Gliederung. Die Hymnodie entwickelte sich womöglich aus der Psalmodie und ist eine typische Form des christl. Gemeindegesanges geworden.

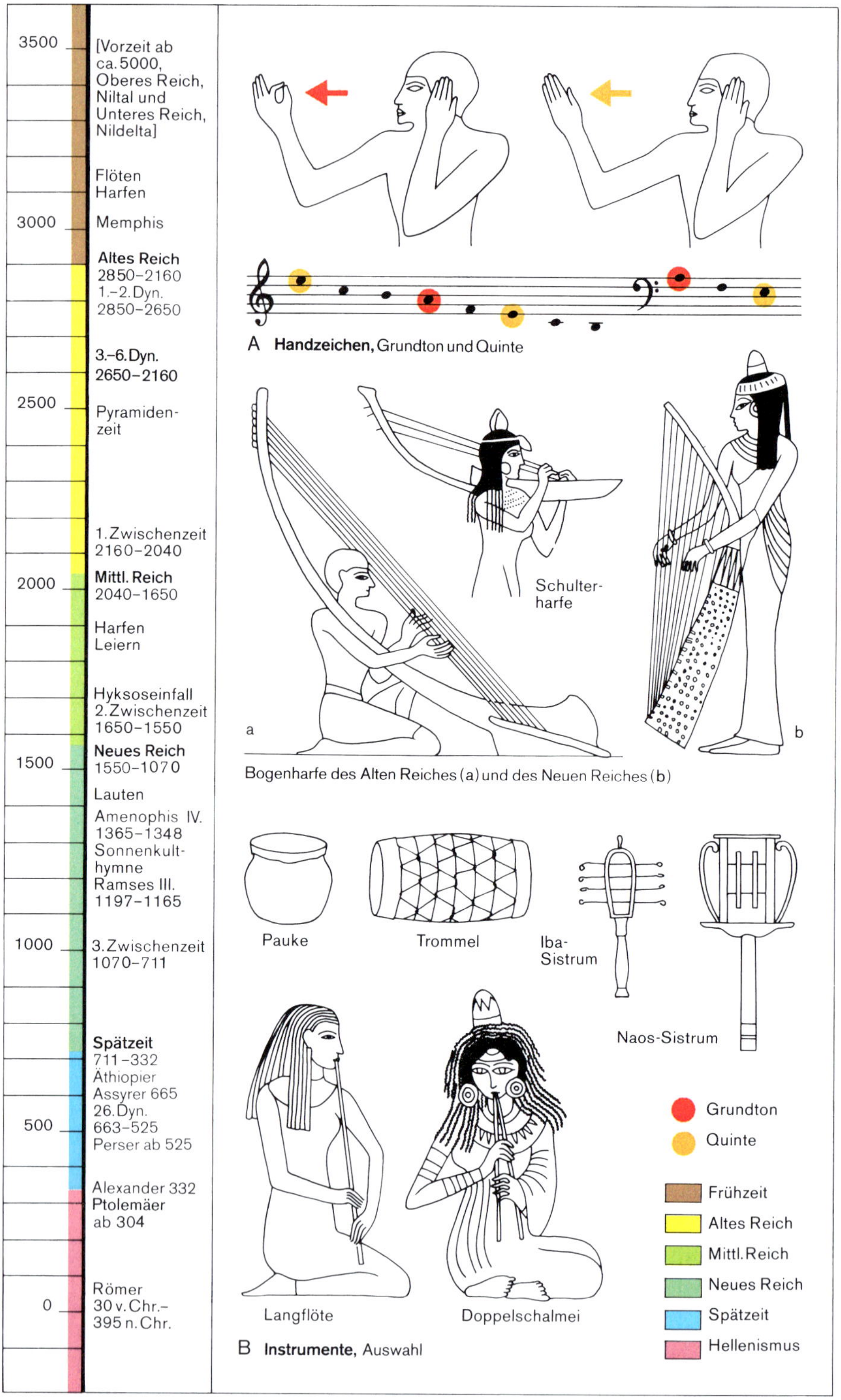

Zeitstrahl, Cheironomie, Musikinstrumente

Das Land am Nil gehört zum ältesten Siedlungsgebiet der Erde. Der instrumentale Urbesitz ist reichlich nachgewiesen: gefüllte Hohlkörper als *Rasseln, Schwirrhölzer, Gefäßpfeifen* aus Muscheln und Ton u. a. m. In der Zeit der ersten Blüte der Stadt Memphis um 3000 v. Chr. und der Gründung des *Alten Reiches,* hat die Musik sich bereits aus ihren magisch-kultischen Anfängen heraus zu einer Kunst entwickelt, die im Tempel, am Hofe und im Volke unterschiedlich ausgeübt wurde. Instrumente noch aus dem 4. Jtsd. v. Chr. sind **Langflöte** und **Harfe,** Letztere im Altertum eine Art *Nationalinstr.* der Ägypter. Die Grabkammern mit ihrem Bilderschmuck, den Hieroglyphen und den erhaltenen Instr. als Grabbeigaben lassen Rückschlüsse auf das Musikleben zu.

Altes Reich (2850–2160 v. Chr.)
Als **Saiteninstrument** diente die große und auf dem Boden stehende **Bogenharfe** (Abb. B). Der einteilige Saitenhalter erinnert noch an den älteren *Musikbogen* (vgl. S. 34). Er läuft in einen breiten, schaufelförmigen Resonator aus, der oft mit unheilabwehrenden Götteraugen bemalt ist (vgl. griech. Leiern, S. 172). Die 6–8 Saiten wurden unten an einem Stimmstock befestigt (gemeinsames Umstimmen aller Saiten? Ist noch heute für die Harfe typisch). In den Bildern sieht man die Harfe als Begleitinstr. mit Sängern, Flötenspielern usw. zusammen, einmal auch als Orchester mit 7 Harfen.
Als **Blasinstrumente** finden sich die alte **Langflöte,** die **Doppelschalmei** und die **Trompete.** Die Langflöte ist ein 100–120 cm langes Bambusrohr mit 4–6 Grifflöchern und ohne Mundstück (Abb. B). Sie existiert noch heute als *Nay* und *Uffata* in der Kunst- bzw. Volksmusik Ägyptens. Die Doppelschalmei, mit gekreuzter Handhaltung gespielt, lebt in der heutigen *Zummarah* Ägyptens fort. Die Röhren waren gleich lang (Abb. B). Vielleicht blies man die gleiche Melodie doppelt mit geringen Schwebungen (heutige Praxis), oder es handelte sich um Heterophonie bzw. Bordunpraxis. – Trompeten dienten im Totenkult.
Als **Schlaginstrumente** kamen hinzu: **Handpauken, Trommeln** (Abb. B), **Klappern, Klapperstöcke** und im Isiskult die **Sistren** (*Isisklapper*). Es gab **Berufsmusiker,** deren Namen z. T. überliefert sind (der älteste: KHUFU-ANCH, Sänger und Flötist am Hofe, 3. Jtsd. v. Chr.).
Das **Tonsystem** scheint pentatonisch oder heptatonisch gewesen zu sein, wie man aus der Saitenzahl der Harfen und aus Vermessung der Grifflochabstände der Flöten und Schalmeien entnimmt. Eine Notenschrift gab es nicht, jedoch entwickelten die Ägypter die älteste bekannte **Cheironomie:** Bestimmte Handzeichen und Armstellungen bezeichneten bestimmte Töne (Abb. A, nach HICKMANN). Auf zahlreichen Darstellungen finden sich »Dirigenten«, die solche Handzeichen Sängern, Flötisten, Harfenisten usw. geben.

Mittleres Reich (2040–1650 v. Chr.)
Es kommen neue Instr. hinzu, vor allem die **Leier** aus dem kleinasiat. Raum und neue **Trommelarten** (mit Lederriemen bespannt wie afrikan. Röhrentrommeln, Abb. B). Neben das ältere **Iba-Sistrum** in Hufeisenform tritt nun das **Naos-Sistrum** in stilisierter Tempelsilhouette (Abb. B).

Neues Reich (1550–1070 v. Chr.)
Die Harfe entwickelt schon im Mittleren Reich neue Formen, die nun auf Abbildungen des Neuen Reiches erscheinen. Hierzu gehört die saitenreiche (8–16, meist 10–12) **Standharfe** mit gebogenem Schallkasten mit Blattornamenten und die kleinere bootsförmige 3- bis 5-saitige **Schulterharfe,** beide meist in Frauenhand (Abb. B b). Noch kleiner waren die späteren, sichelförmigen **Handharfen,** die auch auf Tisch oder Ständer gestellt wurden (*Sängerharfen*). Zum anderen gab es mannshohe, gewölbte **Riesenharfen,** bes. zur Zeit RAMSES' III., die meist von Priestern gespielt wurden. Dazu kommt aus Vorderasien die kleinere **Winkelharfe** (assyr., vgl. S. 160) und neue **Leierformen.** Importiert wird nun auch die **Laute.** Sie erscheint in Ägypten in drei Formen: als Langhalslaute (vgl. S. 160), als Rebabtyp und gitarrenartig.
Als Blasinstrumente sind die **Doppeloboen** neu, an Schlaginstrumenten **Handtrommeln** in neuer Form und **Becken.**
Vermessung der Bundabstände auf den Lauten sowie der Grifflöcher der neuen Oboen zeigen, dass die *Tonabstände enger* werden. Hier entwickelt sich also das halbtonstufige System der Spätantike.
Erhalten ist *Liebeslyrik* und der Text einer *Sonnenhymne* aus der Zeit des AMENOPHIS IV. (ECHNATON).

Die Spätzeit (711–332 v. Chr.)
und die **Zeit der Ptolemäer** bringt die im Mittelmeerraum und Kleinasien bekannten Instr. auch nach Ägypten. Neu sind **große Trommeln, Gefäßtrommeln** nach Art der heutigen arab. *Darabukken* (ähnl. Abb. B) und **Gabelbecken,** ferner einige Blasinstr.
Je stärker ausländ. Instrumente, Musiker und fremdes Musikdenken das Land überschwemmen, desto stärker machen sich restaurative Tendenzen bemerkbar. Die alte Musik steht für hohes Ethos und ist wichtiger Erziehungsfaktor. Auf diesen ägypt. Konservativismus berufen sich die klass. griech. Schriftsteller wie HERODOT und PLATO in ihrem Musikdenken.
Aus hellenist. Zeit stammt die erste Orgel, die **Hydraulis** des KTESIBIOS aus Alexandria (3. Jh. v. Chr., vgl. S. 178), und eines der frühesten (christl.) Notendenkmäler, der Hymnus aus Oxyrhynchos (3. Jh. n. Chr., vgl. S. 180 f.).

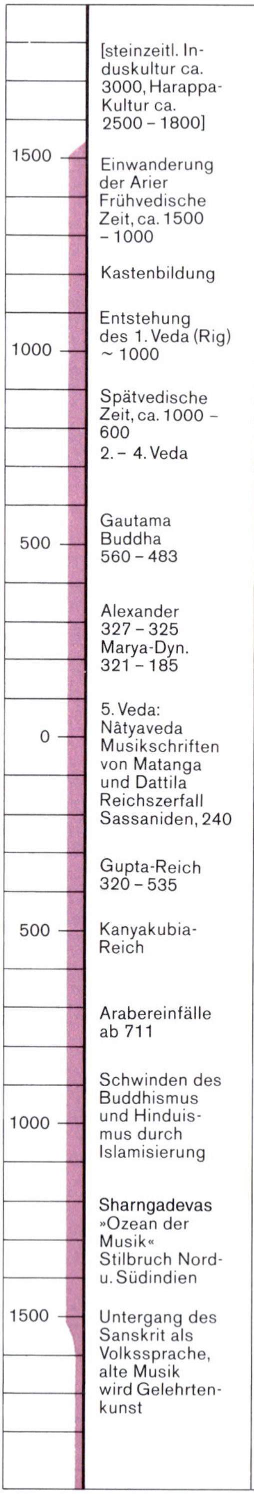

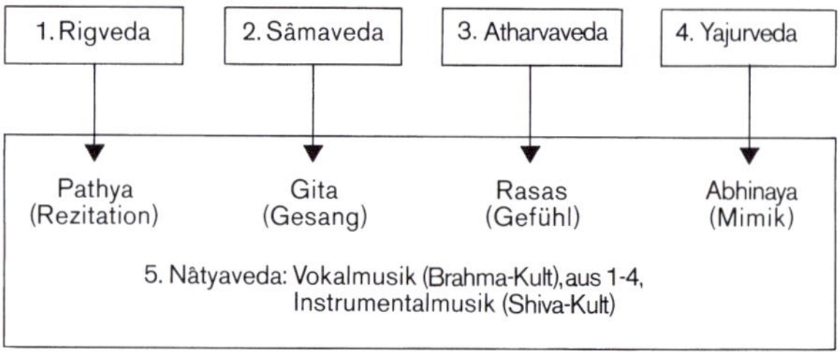

A **Einflüsse der 4 alten vedischen Bücher auf die Musik des 5. Buches**

3 Tonhöhen (Ganztöne): gehobene, stimmhabende, nichtgehobene

B **Stil des vedischen Sprechgesanges (Rigveda)**

C **Beispiel eines modalen Gesanges im Kauthuma-Stil (Sâmaveda)**

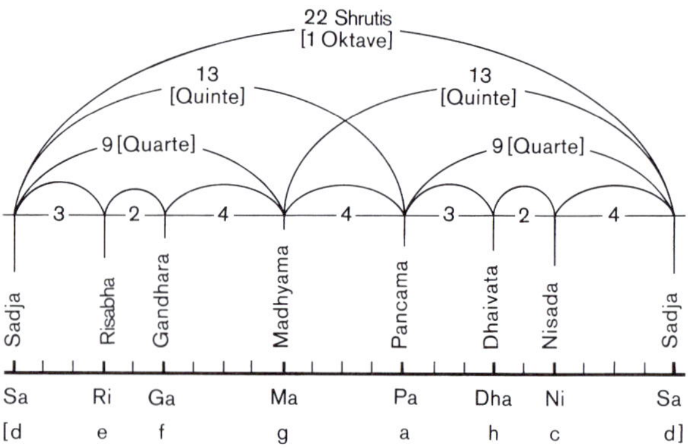

D **Indische Tonleiter Sagrâma**

Tradition der vedischen Kultmusik

Zeitstrahl, Vokalstile, Tonsystem

Im 3. Jtsd. gab es im Nordwesten Indiens eine alte ind. Kultur, die gewisse Beziehungen zu Mesopotamien und Ägypten aufweist. Über die Musik dieser Frühzeit existieren nur Vermutungen. Um 1500 v. Chr. wanderten die Arier ein und stellten die Oberschicht der sich nun herausbildenden Kasten. Ihre Musik ist mit der westl., bes. der griech. verwandt. Sie verband sich fest mit dem neuen, dominierenden **vedischen Kult** (Gott *Brahma; sanskrit veda,* Wissen).
Die 4 *vedischen Bücher* (ab ca. 1000 v. Chr., auch die Musik bzw. deren Texte enthaltend) waren der höchsten Kaste vorbehalten. Um 200 v. Chr. entsteht ein 5. vedisches Buch, **Nâtyaveda,** für die übrigen Kasten. Hier findet sich die erste *Schrift über die Musik* Indiens. Sie steht im Abschnitt über das Theater, denn ind. Musik ist mit Sprache, Tanz und Gebärde verbunden. Der fiktive Verfasser BHARATA stellt eine dem Gotte *Brahma* gewidmete **Vokalmusik** aus den vier alten vedischen Büchern zusammen. Die weltl. Musik, d. h. vor allem die **Liebeslyrik** und **Instrumentalmusik,** wird diesem Brahmakult gegenübergestellt als Kult des heimischen, nichtarischen Gottes *Shiva* (Abb. A). Auch in den nächsten Quellen, den Schriften des MATANGA und DATTILA (1. Jh. n. Chr.) wird zwischen der vedischen Kultmusik und der dem Gott Shiva geweihten höfischen Kunst- und Unterhaltungsmusik (*deshi*) unterschieden.
Im 14. Jh. wird der Norden Indiens islamisiert und die vedische Kultmusik zurückgedrängt. Die alten Traditionen bestehen nur im Süden ungebrochen weiter. Um 1500 n. Chr. wird die *Kultmusik* wie die alte *Sanskritsprache* Sache einer dünnen Schicht Hochgebildeter, in der man auch heute noch versucht, sie lebendig zu halten.

Die vedische Kultmusik ist einstimmig vokal. Ihre Melodien prägen bestimmte Tonarten aus, die erstmals BHARATA darstellte, die aber auf uralte modale Praktiken zurückgehen. Die Texte des **Rigveda** wurden vorgetragen als syllabischer **Sprechgesang** im engen Rahmen von drei Ganztonhöhen (Abb. B).
Die feierlichere Form der vedischen Kultmusik ist im 2. Buch, dem **Sâmaveda** überliefert. Hier ist der Text Ausgangspunkt für einen **Gesang,** der tonartl. und rhythm. modal geprägt ist und sich oft in reiner Vokalise ergeht: in Abb. C auf *a,* auf *o,* auch auf inhaltl. bedeutungslosen Klangsilben. Das Beispiel stammt aus einer der heutigen *Sâmaveda-Schulen* im Süden namens *Kauthama* (Überlieferungsbestand bis 3000 Jahre alt).

Das Tonsystem ist modal. Es wird zuerst in der Musiklehre des BHARATA überliefert (*Bharata-System*). Zu Grunde liegt eine 7-stufige Leiter, wobei der Abstand der Töne nach **Shrutis** bemessen wird. Eine Oktave enthält 22 Shrutis. Ein Shruti ist also etwas größer als ein Viertelton. Maßstab ist nicht ein mathemat. System wie bei den Griechen, sondern das Gehör (ind. *shuri,* hören). Die **Tonleiter** (*Grama*) baut 3 Intervallgrößen übereinander (ursprüngl. waren die Shrutis wie die griech. Intervalle *abwärts* gerichtet): 2 Shrutis oder etwa ein Halbton, 3 Shrutis oder ein kleiner Ganzton und 4 Shrutis oder ein großer Ganzton. Die wichtigste Leiter baut auf dem Ton *Sa(dja)* auf. Diese **Sagrâma** entspricht mit ihrer Halbtonverteilung und ihrer Mollterz etwa dem d-Modus, also dem griech. Phrygisch bzw. dem kirchentonartl. Dorisch (Abb. D). Die Tonarten sind melodisch geprägt. Im System der Modi wird daher unterschieden zwischen dem modalen **Zentralton** (*vadi*), im Sagrâma also *Sadja,* abgekürzt *Sa,* den **Konsonanzen** (*samevadi*) mit 9 und 13 Shrutis (Quarten und Quinten), den **Dissonanzen** (*vivadi*) mit 2 oder 20 Shrutis (Sekunden, Septen) und den **Assonanzen** (*samvadi*) mit den übrigen Abständen.
Die zweite Grundleiter ist die von *Ma* ausgehende **Magrâma,** die dem g-Modus mit Durterz entspricht. Die 7 Tonstufen dienen als Ausgangstöne für 7 Leitern, die sog. **Murchanas,** und zwar 4 nach dem Muster des Sagrâma und 3 nach dem des Magrâma. Diese Murchanas bilden als 7 reine Leitern (*Jatis*) neben 11 gemischten die Grundlage für die einzelnen Melodiemodi und damit für das *Raga-System.* Diese Modi oder Ragas sind weiter abhängig von der Zahl der verwendeten Leiterstufen (z. B. 5 als Pentatonik oder 6 als Hexatonik, 7 als Heptatonik usw.), dem Melodieumfang, dem Anfangston, dem Zentralton, dem Endton, den Binnenkadenzen usw.

Der Rhythmus ist ebenfalls **modal.** Die *vedische* Musik beschränkte sich auf drei Werte: leicht-schwer-gedehnt, d. h. 1-, 2- und 3-zeitig, wozu die *deshi*-Musik zwei Kürzen fügte (½ und ¼). Zweier- und Dreiertakte bilden Kombinationen von je 2 bis 4 Takten (*Talas*), die wiederholt werden. Die Systematisierung der Taktarten (im Süden) in 7 Grundformen mit je 5 Abarten geht wohl auf altind. Überlieferung zurück. Durch Übereinanderschichten versch. Rhythmen entsteht eine **Polyrhythmik,** die für die ind. Musik typisch ist: Rechte und linke Hand trommeln Grund- und Kontrarhythmus, während die Melodie (Stimme oder Instr.) eine dritte Schicht bildet.

Die Instrumente
dienen in der altind. Musik als Begleitung zum Gesang. **Flöte** und **Trommel** gelten als ursprünglich indisch, alle anderen Instrumente kamen aus dem Westen, wie die **Tambura** (pers. Laute?) oder die **Vina** (Stabzither, urspr. ägypt. Bogenharfe?) oder die doppelte **Shannai** (arab. Doppelschalmei?). Die ind. Instrumente haben zwar eine gewisse Entwicklungsgeschichte, doch halten sie sich eng an ihre antiken Vorbilder.

[Steinzeit-Kulturen ab ca. 8000
Sagen-Kaiser »Huang-Ti« ca. 2500]

2000

Hsia-Dyn. ca. 1800 – 1500
Zither K'in (5 Saiten)

1500

Shang-Dyn. ca. 1500 – 1000
Panflöte
Glocken
Klingsteine (12 Lü)

1000

Chou-Dyn. West-Reich 1000 – 770
Ost-Reich 770 – 256
Urkundenbuch (Mg-Quelle)

500

Konfuzius 551 – 479

Chin-Dyn. 221 – 206
Bücher-Verbr. 213

0

Han-Dyn. 206 v. – 220 n.
Westeinfluss: Querflöte, Laute
Fremdherrschaft ab 220

500

Sui-Dyn. 560 – 618
Tang-Dyn. 618 – 907
hohe Musikkultur, westl. Einfluss
chin. Lyrik Li-tai Po

1000

Sung-Dyn. 960 – 1279
Kulturblüte
Buchdruck
Schauspiel mit Musik
Ballett

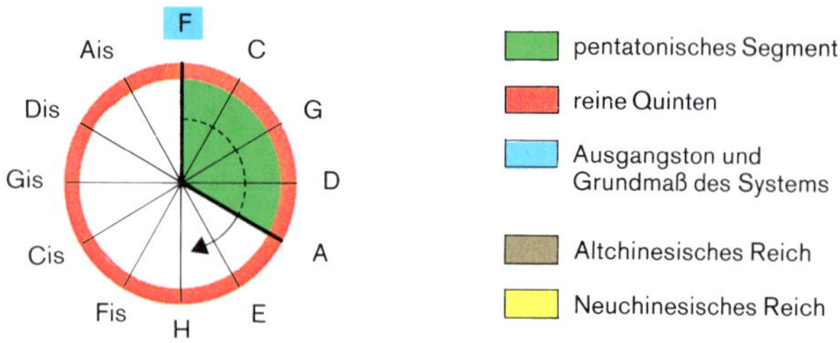

A **System der 12 Lü**

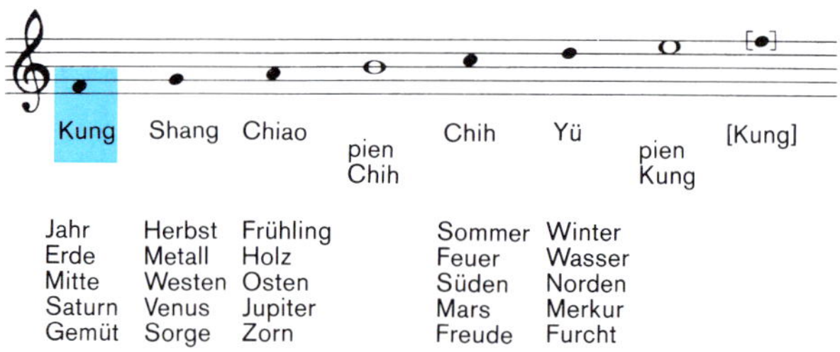

B **Chinesische Tonleiter:** Pentatonik, kosmologische Bedeutung und heptatonische Erweiterung

C **Einzugsmarsch des Kaisers in den Tempel** (Chou-Dynastie)

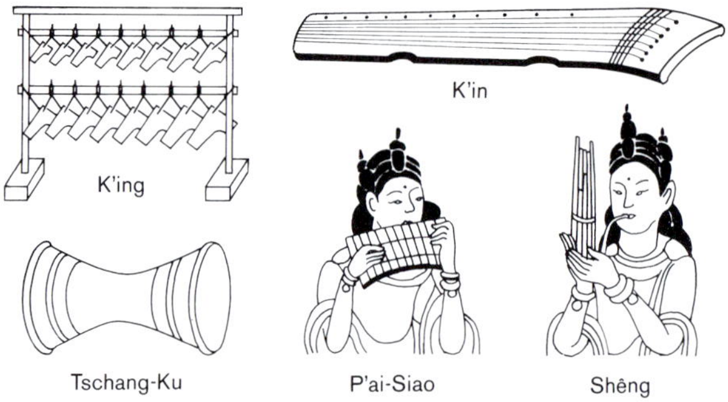

Metall	Glockenspiel:	Kung	Herbst	West
Stein	Steinspiel:	K'ing	Spätherbst	Nordwest
Fell	Trommel:	Tschang-Ku	Winter	Nord
Kürbis	Mundorgel:	Shêng	Vorfrühling	Nordost
Bambus	Panflöte:	P'ai-Siao	Frühling	Ost
Holz	Ratsche:	Yü	Frühsommer	Südost
Seide	Zither:	K'in	Sommer	Süd
Erde	Kugelflöte:	Hun	Spätsommer	Südwest

D **Einteilung der Instrumente** und ihre Bedeutungszuordnung

Zeitstrahl, Tonsystem, Musikinstrumente

In China ersteht aus steinzeitl. Frühkulturen im 3. Jtsd. v. Chr. eine erste Hochkultur mit den fünf *Sagen-Kaisern.* Auf den ältesten von ihnen, HUANG-TI (*gelber Kaiser*), führt die Legende die Erfindung von Schrift und Musik zurück. Diese ist zahlhaft geordnet, ihr Grundton *Huang-Kung* (*gelbe Glocke*) bildet zugleich die Grundlage des allg. Maßsystems. Dem entspricht die Länge der ersten Flöte, die HUANG-TIS Minister LING-LUN aus einem westl. Bambuswald schnitt und nach China holte. In der Tat übernahm China sein Tonsystem aus dem Westen (asiat. Kulturzentren, auch mesopotam. Traditionen).
Dieses System war **pentatonisch** und bereits in der **Hsia-Dynastie** (ca. 1800–1500) scheint ein Vorläufer der fünfsaitigen Zither **K'in** existiert zu haben.

Shang-Dynastie (ca. 1500–1000)
Das Instrumentarium der **Shang-Dynastie** umfasst **Bronzeglocken, Steinspiele, Gefäß- und Panflöten, Zithern** (*Tjin*), **Trommeln** usw. – Die Musik steht im Zusammenhang mit der Himmelsreligion und ordnet den Tönen der pentatonischen Leiter entsprechend kosmolog. Bedeutungen zu, wobei der Grundton stets für das Ganze, die Folgetöne für das Einzelne stehen (Abb. B). Die Musik ist Spiegel von Umwelt und Innenleben des Menschen.
Dem Tonsystem liegen die **12 Lü** (Halbtöne) zu Grunde, die sich aus der Folge reiner Quinten herleiten. Ein Ausschnitt von 5 Quinten liefert jeweils das Material für eine pentatonische Leiter. Jeder der 5 Töne kann Grundton der Leiter sein, sodass sich je Leiter 5 *Tonarten* ergeben. Da die pentatonische Leiter auf jedem der 12 *Lü* aufgebaut werden kann, kommt man auf 60 Tonarten (Abb. A).

Chou-Dynastie (ca. 1000–256)
Wegen ihrer Wirkung auf den Menschen und seine Charakterbildung rückt die Musik in der Chou-Zeit stark in den gesellschaftl. Zusammenhang. Ein Musikministerium ist für die Musikerziehung und -ausübung zuständig. Noch immer besteht die feste Beziehung zwischen dem Maßsystem der Musik und dem des Reiches. Einem polit. Wechsel folgte stets ein Wechsel der Musik. Das System der *relativen* 12 *Lü* blieb bestehen, wurde jedoch spätestens um 300 v. Chr. durch heptaton. Leitern erweitert, indem man den Tönen *Chih* und *Kung* jeweils einen Halbton zuordnete (*pien Chih* und *pien Kung*). Die heptaton. Musik gilt als *neu.* Am Ende der *Chou*-Zeit gibt es 84 Tonarten.
Aus der *Chou*-Zeit stammt auch die erste mg. Quelle, das **Buch der Urkunden** (9.–7. Jh., nur Texte). – Auf KONFUZIUS (551–478) gehen die systemat. **Musiktheorie** mit einer Verteidigung der alten Musik und ihres ethischen Anspruches sowie das **Buch der Lieder** (ca. 300 Liedtexte ohne Melodien) und das **Buch der Riten** (musikal. Zeremoniell) zurück. Obwohl 213 v. Chr. eine Kulturrevolution und eine allg. Bücherverbrennung in China stattfinden, werden doch die lebendig gebliebenen Melodien z. T. später aufgezeichnet und überliefert. Zu dieser Überlieferung gehören auch *Lieder* des KONFUZIUS und der *Einzugsmarsch des Kaisers in den Tempel* (Abb. C, mit Melodie- und Rhythmusinstr.): Er steht in geradem Schreitrhythmus und ist streng pentatonisch aus einzelnen Melodiefloskeln gebaut.
Das Ritenbuch überliefert auch eine nach Material geordnete **Systematisierung der Musikinstrumente:**

- **Metall:** kleine Handglocken mit Holzklöppel und schwere Hängeglocken mit Metallklöppel.
- **Stein:** Klingsteine aus Jade oder Kalkstein, mit Klöppeln angeschlagen (Abb. D).
- **Leder:** unterschiedl. Trommeln, u. a. die zweifellige *Tschang-Ku,* die vor dem Bauch getragen wurde (Abb. D).
- **Kürbis:** Mundorgel *Shêng* aus Bambusröhrchen mit Doppelrohrblättern und einer hohlen Kürbisschale als Windfang, Halterung und Resonator. Sie ist heute noch in Gebrauch (Abb. D).
- **Bambus:** Panflöte *P'ai-Siao* (Abb. D), Längsflöte *Yo* mit 3 und *Ti* mit 6 Grifflöchern, Querflöte *Ch'ih.*
- **Holz:** u. a. die Holztrommel *Chu* und die Ratsche *Yü* in Tigerform mit Rückenzähnen.
- **Seide:** Aus Seide sind die 5–7 Saiten der Wölbbrettzither *K'in,* die in ihrer heutigen Form etwa eine Größe von 1,20 auf 20 cm hat und auf die Chou-Zeit zurückgeht (Abb. D). Die jüngere Zither *Shé* ist ca. 210 cm lang und hat 17–50 Saiten.
- **Ton:** die eiförmige Gefäßflöte *Hun* mit 6 Grifflöchern.

Wie bei den Tonarten spielt auch hier die Zuordnung des bipolaren Systems des männl. Sonnen- und weibl. Mondprinzips sowie der kosmolog. Bedeutungen eine Rolle (Abb. D). Die abgebildeten Instrumente gehen auf Darstellungen aus der Tang-Dynastie zurück (9. Jh.), haben aber antike Vorbilder.

Die Han-Dynastie (206 v.–220 n. Chr.)
gilt als Epoche der Restauration alter Musik (*Konfuzianismus*) und zugleich des westlichen Einflusses. So gelangten **Aulos** und **Laute** (*P'ip'a*) nach China. Eine **Notenschrift** wird entwickelt. Das kaiserl. Musikbüro *Yüeh-fu* sammelt die Dokumente alter Musik und pflegt mit über 800 Musikern die kultische, höfische und militärische Musik. Daneben gab es Volksmusik- und eigene Auslandsabteilungen.
Nach der Fremdherrschaft und der **Sui-Dynastie** mit vor allem türk. Einfluss auf die Musik bringt die Blütezeit der **Tang-Dynastie** (618–907) und der folgenden **Sung-Dynastie** (960–1279) wieder eine besondere Pflege altchines. Musik, daneben allerdings weiteren westl. Einfluss.

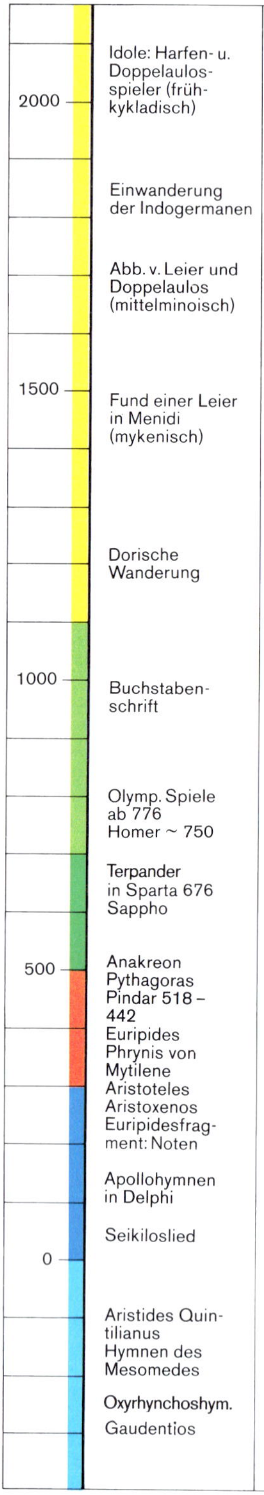

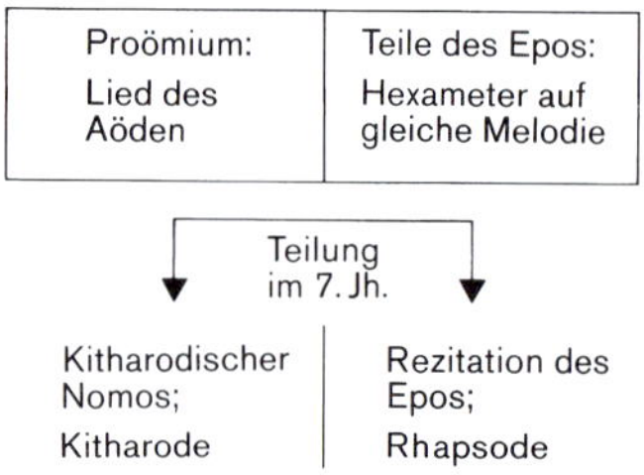

A **Entwicklung der Kitharodie**

1.	2.	3.	4.	5.	6.	7.
Archa	Met-archa	Kata-tropa	Meta-katatr.	Ompha-los	Sphra-gis	Epilo-gos
Beginn	Nach-beginn	Zuwen-dung	Nach-zuwend.	Nabel	Sieg	Nach-wort

B **Kitharodischer Nomos,** Aufbau

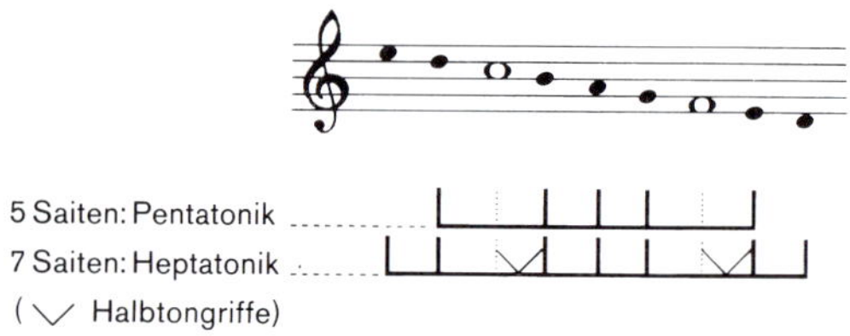

C **Terpanders Erweiterung der 5-saitigen Leier**

Laut-Höhe	
hoch: ⁄	ocheia; acutus
tief: \	bareia; gravis
h.-t.: ⌒	perispomeion

Wortgrenze	
verbunden: ◡	ophen; conjunctio
getrennt: ͵	diastole; distinctio
Apostroph: ʾ	apostrophos

Laut-Dauer	
lang: —	makros; longa
kurz: ◡	brachys; brevis

Anlaut	
mit h: ⊢	daseia; aspiratio
ohne h: ⊣	philer; siccitas

D **Die prosodischen Zeichen**

Iambos:	◡ —
Trochaeos:	— ◡
Anapaest:	◡◡ —
Dactylos:	— ◡◡
Spondeos:	— —
Baccheos:	◡ — —
Creticos:	— ◡ —
Ionicos:	◡◡ — —
Choriambos:	— ◡◡ —

Metrum: ◡ — = 1:2 (♩ 𝅗𝅥), auch 1:1½ (♩ ♩.)

E **Die wichtigsten Versfüße**

Zeitstrahl, Kitharodie, Prosodie, Verslehre

Auf den ägäischen Inseln Thera und Kos fand man als Idolfiguren aus Marmor **Harfen-** und **Doppelaulosspieler** (Mitte 3. Jtsd. v. Chr.). Sie bezeugen den musikal. Einfluss Mesopotamiens, Phrygiens und Ägyptens auf die *frühkyklad. Kultur* ebenso wie Abb. von **Leiern** und **Doppelaulos** in der *minoischen* auf Kreta (um 1500 v. Chr.). Auf dem Festland fand man in den Kuppelgräbern der *mykenischen* Kultur das Fragment einer prunkvollen *Elfenbeinleier* (um 1200 v. Chr.). In der **Zeit des geometrischen Stils** mehren sich die Bildbelege für die Musikpraxis. Es ist noch die Zeit der **Götter** und **Mythen.** In ihnen spiegelt sich das Wesen der griech. Musik besser wieder als in Instrumentenfunden oder in musikgeschichtl. Daten. Zu den wichtigsten Gestalten gehören:

Apollo, Lieblingssohn des Zeus, Gott des Lichtes, der Wahrheit, der Traumdeutung (Orakel zu Delphi), der Musik und der Dichtung, Leierspieler und Chorführer der Musen (*Apollon Musagetes*);

Dionysos, Sohn des Zeus, Gott der sinnlich berauschenden Urkräfte der Natur, Gott des Weines, des Tanzes und des Theaters. In seinem Gefolge der **Silene** und **Nymphen** findet sich **Marsyas,** der den Aulos blies. Im Wettstreit zwischen Apollo und Marsyas (bei dem Marsyas unterlag) spiegelt sich das **apollinische,** licht-klare, geordnet-schöne und das **dionysische,** sinnlich-ekstatische, rauschhaft-mythische Prinzip griech. Musik;

die 9 Musen, urspr. Quellnymphen und Göttinnen des Rhythmus' und des Gesangs, Töchter des Zeus und der *Mnemosyne* (Erinnerung), wohnen auf den Bergen *Helikon* und *Parnass.* Sie stehen für die versch. Aspekte von *Musik,* Sprache, Tanz und Wissenschaft: **Klio** (Geschichte, Heldenlied), **Kalliope** (Dichtung, erzählendes Lied), **Melpomene** (Tragödie), **Thalia** (Lustspiel), **Urania** (Lehrgedicht, Sternkunde), **Terpsichore** (Chorlyrik, Tanz), **Erato** (Liebeslied), **Euterpe** (Tonkunst, Flöte), **Polyhymnia** (Gesang, *Hymnen*).

Zeit des geometrischen Stils (11.–8. Jh.)
Die vermehrten Abb. auf Vasen und die literar. Belege in der *Ilias* und *Odyssee* des HOMER (8. Jh.) geben ein genaueres Bild von der Musik. Vorherrschend ist der Gesang mit Saitenspiel **(Kitharodie),** ausgeführt von den homerischen Helden selbst oder von Berufssängern, den **Aöden.** Man wählte Teile des Epos aus und sang die Verszeilen wohl auf die gleiche Melodieformel. Vorweg ging das **Proömium,** ein Götterhymnus. Um 750 kommt der Sage nach durch den Phrygier OLYMPOS der Gesang zum Aulos auf **(Aulodie).** Der Aulos imitiert die menschl. Stimme, bes. den Schmerzensschrei. Er gehört zum Dionysoskult. Im 7. Jh. mehren sich seine Darstellungen auf Bildern. Gesungen wurde auch *chorisch:* große Hymnen im Gottesdienst, auch im Totenkult.

Archaische Zeit (7.–6. Jh.)
Im 7. Jh. fällt der Vortrag des Epos allmählich einem Sprecher, dem **Rhapsoden,** zu, während sich das Proömium zu einem eigenständigen Musikstück, dem **kitharodischen Nomos** entwickelt, den der **Kitharode** unabhängig vom Epos vorträgt und der bes. in den großen Wettkämpfen eine Rolle spielt (z. B. in Olympia). Der kitharodische Nomos war 7-teilig (griech. *nomos,* Gesetz; Abb. B).
TERPANDER, der im Musikwettbewerb auf dem Apollofest in Sparta 676 siegte, fügt den 5 Saiten der Leier 2 weitere hinzu (Halbtongriffe, heptatonische Leiter) und vergrößert den Tonvorrat (Abb. C).
Im 7. Jh. kommt vor allem auf Lesbos die neue Gattung der **Lyrik** auf, also Gesang zur Lyra (*lesbische Kitharodie*). Hauptvertreter sind ARCHILOCHOS VON PAROS (um 650), SAPPHO VON LESBOS (um 600) und ALKAIOS VON LESBOS (um 600). Erhalten sind nur die Texte.
Der griech. Vers bildet eine Einheit von Musik und Sprache, die der Begriff *musiké* umfasst. Die Versrhythmen sind nicht eine Folge von *qualitativen* Schwereunterschieden wie im german. Akzentrhythmus mit schweren und leichten, d. h. betonten und unbetonten Silben, sondern eine *quantitierende* Folge von Kürzen und Längen, wobei allerdings Fußheben (*arsis*) die Kürzen und Fußsenken (*thesis*) die Längen begleiten konnten. Zugleich geht eine **Tonhöhenbewegung** in den Vers ein, der ungefähr eine Quinte umfasst. Sprache wird zur Melodie, der Dichter ist zugleich Sänger und Musiker. Die Einheit im Begriff *musiké* zerfiel Ende der klass. Zeit in Sprache (Prosa) und Musik (bes. Instrumentalmusik). Der klass. griech. Vers wurde in der Zeit seines Unterganges lehrhaft systematisiert. Abb. D zeigt die Zeichen und Namen dieser griech. Prosodie (Sprechgesang):

- **tonoi** oder *tonische Akzente* für die Tonhöhe hoch, tief und hoch-tief (*perispomeion* entspr. *circumflexus*),
- **chronoi** für die Silbenlänge: lang-kurz,
- **padae** für die Wortgrenzen, später *Bindestrich, Komma* und *Apostroph,*
- **pneumata** für die Anlaute.

Die feste Verbindung von Längen und Kürzen ergab die sog. **Versfüße.** Abb. E zeigt die wichtigsten der späteren Systematisierung. Jambus und Trochäus sind 3-, Anapäst, Daktylus und Spondeus 4-, die übrigen 5-, 6- und mehrzeitig. Außer dem Verhältnis 1:2 (»Dreiertakt«) gab es auch das Verhältnis 1:1½ (5/8-Takt, heute im Tanz *Syrtos Kalamatianos*). Die Versfüße wurden zu Versmaßen zusammengefügt. So ergaben 6 Daktylen den **daktylischen Hexameter** (z. B. »hurtig im Donnergepolter entrollte der tückische Marmor«, Voss). Kompliziertere Versmaße trugen den Namen des Dichters, der sie anwandte.

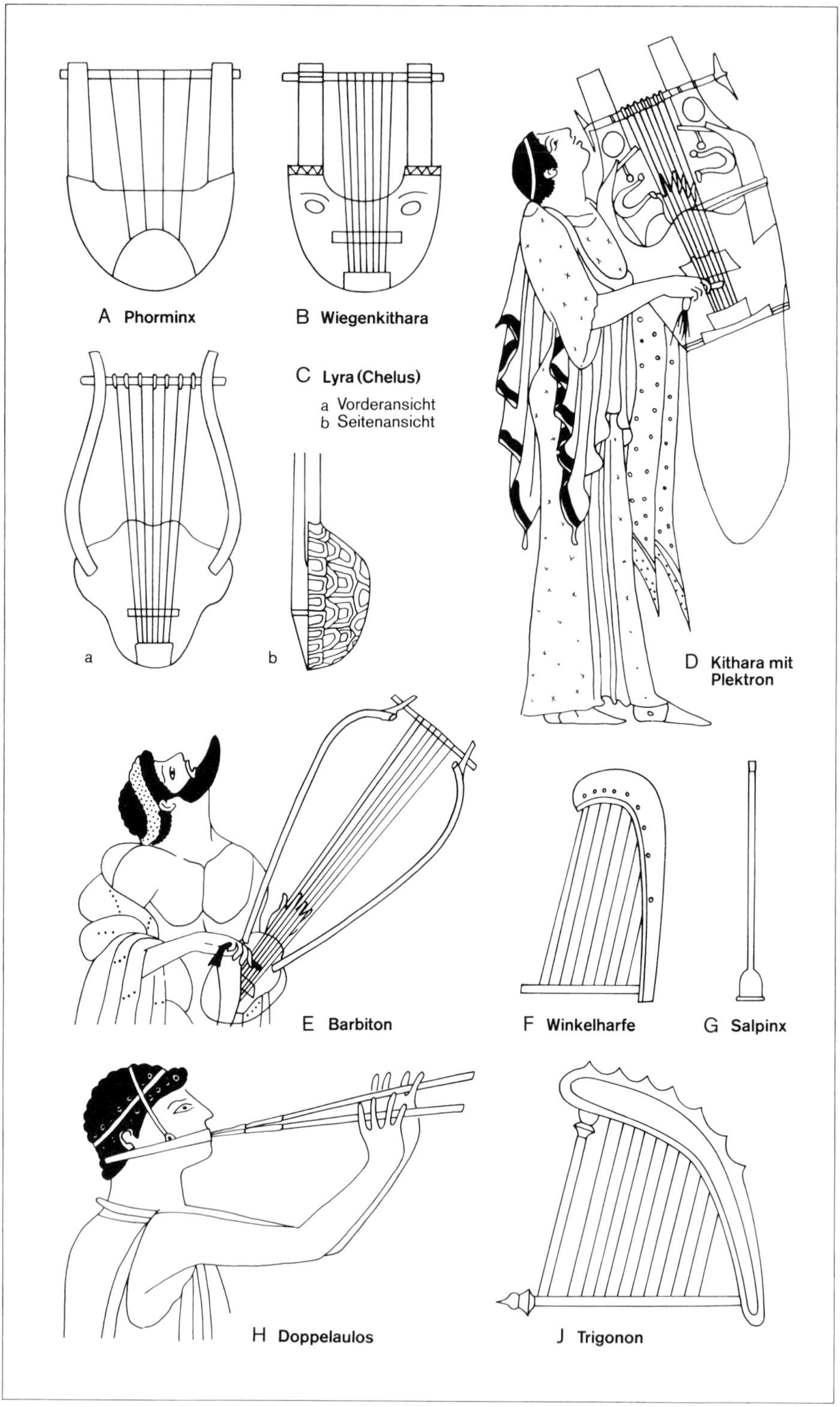

Musikinstrumente

Außer der Kitharodie und Aulodie gab es den **Chorgesang** (wohl stets mit instrumentaler Begleitung). Dichtermusiker sind hier vor allem ALKMAN in Sparta (*Mädchenchöre*), BAKCHYLIDES und PINDAR. Hauptformen sind:

- **Päan,** Apollo gewidmetes Lied mit Kitharabegleitung;
- **Dithyrambos,** Lied aus dem Dionysoskult, mit Begl. von Auloi oder Barbiton;
- **Hymnos,** feierl. Götterlied mit Kithara;
- **Threnos,** Totenklagelied, mit Auloi;
- **Hymenaios,** Brautlied mit Aulosbegl.;
- **Skolion,** Trinklied mit Auloi oder Barbiton.

Im 7. Jh. tritt auch das reine Instrumentalspiel auf: die **Kitharistik** als Saitenspiel, die **Auletik** als Spiel auf dem Aulos. So wird berichtet, dass SAKADAS VON ARGOS mit seinem Aulosspiel programmatisch den Drachenkampf des Apollo darstellte und damit den Sieg bei den delphischen Spielen 586 davontrug. – Im 6. Jh. blüht auch die gesellige Musik mit Chor- und Sololiedern, bes. von ANAKREON.

Die klassische Zeit (5.–4. Jh. v. Chr.)

Die große Form der klass. Zeit ist die **Tragödie.** Sie entwickelte sich aus den Dionysosfesten mit ihren von Chören gesungenen Dithyramben. Instrumentalisten und Chor (bis 15 Sänger) stehen in einem halbrunden Raum, der *Orchestra,* vor der eigentlichen Bühne. Der Chor singt das *Eingangslied,* während des Stückes die *Standlieder* (Stasimon) und zum Schluss das *Auszugslied.* Die Chorlieder waren womöglich mit Tanz und Pantomime verbunden (griech. *orchestra,* Tanzraum).

Die Solisten dialogisierten mit dem Chor (*Kommos*), sangen aber auch zur Aulosbegleitung (*Parakatabase*). AISCHYLOS (525–456) und SOPHOKLES (496–406) sind die klass. Dichter der ersten Epoche.

Die zweite Epoche vertritt EURIPIDES (485–406). Der objektivierende Chor tritt zurück. Stattdessen werden die leidenschaftl. Stimmungen des Einzelnen dargestellt. Die Solisten singen *strophische* oder *durchkomponierte* »Arien« und »Duette«, oft im ausdrucksstarken enharmon. Tongeschlecht.

Hauptvertreter der **attischen Komödie** ist ARISTOPHANES (445–388). Ihre Chorlyrik und Sologesänge sind einfacher (*Lieder*).

Die **neue Musik** im 5. Jh. zielt auf subjektiven Ausdruck. Der Tonumfang wird abermals vergrößert, Chromatik und Enharmonik sind beliebt. PHRYNIS VON MYTILENE (um 450) und TIMOTHEOS VON MILET (um 400) führen diese neue Musik an, die gleichzeitig große **Instrumentalvirtuosen** hervorbringt.

Die griechischen Musikinstrumente

Die Phorminx ist das älteste griech. Leierinstrument, der halbrunde Schallkörper trägt zwei Arme für das Querjoch mit den 4 oder 5, ab dem 7. Jh. 7 Saiten (Abb. A).

Die Kithara entwickelt sich im 7. Jh. aus der Phorminx. Ihr großer Resonanzkasten ist vorne flach, hinten gewölbt und unten gerade. Die Kithara wird an einem Schulterband getragen. Die 7, ab 5. Jh. 12 Saiten laufen über einen Steg zum Joch. Die rechte Hand zupft oder spielt mit **Plektron** (an Halteschnur befestigt), die linke Hand dämpft die Saiten (Abb. D). Die Kithara ist dem Apollon gewidmet.

Die Wiegenkithara hat einen gerundeten Schallkasten wie die Phorminx, ist oft mit Götteraugen bemalt, ein Frauen- und Hausinstrument (Abb. B).

Die Lyra besteht aus einer Schildkrötenschale mit Ziegenhörnern, Querjoch und 7 Saiten (Abb. C). Hermes soll sie erfunden haben, als sein Fuß die trockene Sehne in einem leeren Schildpatt berührte. Sie heißt auch Chelus (Schildkröte). Wie die Kithara gehört sie zum Apollokult.

Das Barbiton hat längere Arme und ist schlanker als die Lyra. Es dient zur Gesangsbegleitung bei Trinkgelagen. Vasenbilder zeigen den Sänger gern in ekstatischer Haltung (Abb. E). Als einziges Saiteninstrument gehört es zum Dionysoskult. Es kommt auf mit der geselligen Lyrik im 7. Jh.

Die Harfe ist erst ab Mitte 5. Jh., bes. in Unteritalien, verbreitet, und zwar als Winkelharfe (Abb. F), oder mit stützender Vorderstange als Trigonon (Abb. I). Sie war vor allem ein Fraueninstrument.

Die Laute ist erst ab Mitte 4. Jh. belegt, und zwar als Langhalslaute **Pandura,** griech. *Trichordon* (*Dreisaiter*).

Die Blasinstrumente

Der Aulos, auch **Bombyx** oder **Kalamos** (*Rohr*) genannt, aus Holz, Elfenbein oder Metall mit *Doppelrohrblatt* (wie Oboe). Man blies meist 2 Auloi gleichzeitig als **Doppelaulos,** gehalten nur durch Bänder, die sog. *Phorbeia* (Abb. H). Der Aulos gehört zum Dionysoskult. Sein Klang galt als süß und leidenschaftlich. Er kommt aus Kleinasien (*phrygische Flöte*).

Die Syrinx, auch **Panpfeife** genannt nach dem Hirtengott Arkadiens *Pan;* 5 oder 7 (im 3. Jh. bis 14) Pfeifen versch. Länge und Tonhöhe werden nebeneinander gebunden.

Die Querflöte, selten, ab 4. Jh. belegt.

Die Salpinx, Trompete aus Metall mit Hornmundstück, Signalinstrument (Abb. G).

Die Schlaginstrumente

- **Krotala:** Kastagnettenart aus dem Dionysoskult der griech. Frühzeit.
- **Kymbala:** Beckenpaar (6. Jh. v. Chr.).
- **Tympanon:** Rahmentrommel (*Tamburin*).
- **Krupezion:** eine mit dem Fuß getretene Klapper (Tanz und Chorlyrik).
- **Xylophon**: ab dem 4. Jh. auf Vasenbildern in Apulien, daher *apulisches Sistrum.*

Daneben gab es noch eine Reihe anderer Instr. wie die alte **Sambyke** (Rahmenharfe bei HOMER), der **Kochlos** (Muschelhorn) usw.

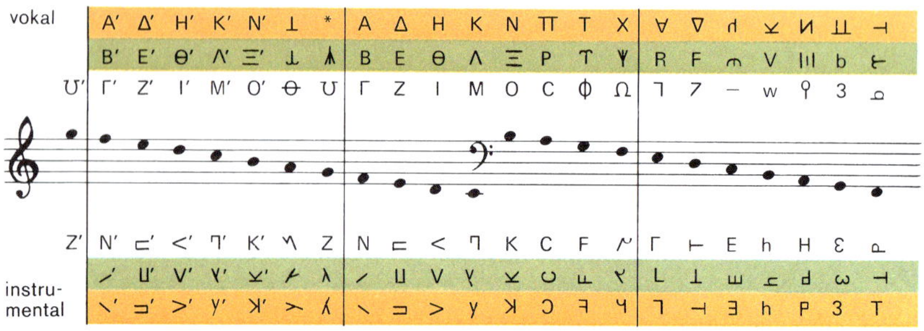

A **Griechische Buchstabennotation** für Vokal- und Instrumentalmusik

B **Euripides, Orest,** Fragment des 1. Standliedes (Ausschnitt), Original und Übertragung

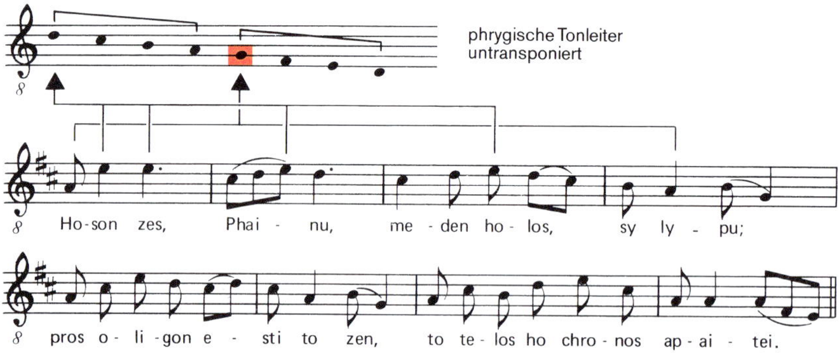

C **Das Seikilos-Lied** (Grabinschrift) und seine Elemente der phrygischen Tonart

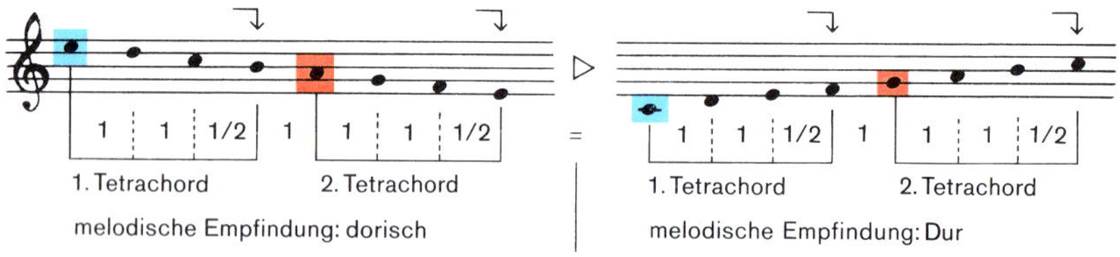

D **Wechsel von der melodischen Abwärts- zur Aufwärtsbewegung** am Beispiel der dorischen Leiter

einfach] erhöht
doppelt]

Mese; in Dur: Dominante

Instrumentaleinwurf

Zielton

Hauptton

Musiktheorie. Schon im 6. Jh. hatte PYTHAGORAS die Zahlengrundlage der Musik gelehrt. Dabei handelt es sich vor allem um die Intervallproportionen (s. S. 88), doch dahinter steht der Glaube, dass die Bewegung des Kosmos und die der Menschenseele auf den gleichen harmon. Zahlenproportionen beruhen. Die Musik ist durch ihr Zahlenprinzip daher Abbild der Weltordnung, nimmt aber umgekehrt auch Einfluss auf das Gemüt und den Charakter des Menschen: Sie wird zu einem moral. und gesellschaftl. Faktor, der in der Erziehung und im öffentl. Leben beachtet werden muss. Die Musik wird dort zur Gefahr, wo sie aus den alten, strengen Ordnungen ausbricht und sich zu neuen, orgiastischen Formen und zu unkontrollierbarem Subjektivismus erweitert.

In diesem Sinne protestiert PLATO (427–347) gegen die *neue Musik* des 5./4. Jh. (vgl. S. 165). ARISTOTELES (384–322) dagegen objektiviert die **Ethoslehre** und stellt der *neuen Musik* eine dieser entspr. **Ästhetik** zur Seite.

Verstärkt setzt nun die **Theorie** ein, vor allem mit dem ARISTOTELES-Schüler ARISTOXENOS VON TARENT (354–300), der sich im Gegensatz zu den Pythagoreern nicht auf die *Zahl*, sondern auf die *Hörerfahrung* beruft. Es folgen EUKLEIDES VON ALEXANDRIEN (um 300 v. Chr.) und zahlreiche Theoretiker (s. S. 178), die Probleme der Harmonik, der Intervallproportionen, des Rhythmus, der Notenschrift usw. behandeln. Die griech. **Notenschrift** (ab 6. Jh. v. Chr.) spielte eine Rolle in Theorie und Lehre. Es gab zwei Systeme, ein älteres für die Instrumentalmusik und ein jüngeres für die Vokalmusik. Beides sind Buchstabennotationen, wobei die **Vokalschrift** das ionische Alphabet sehr systematisch verwendet: Jeder Buchstabe bezeichnet eine Tonhöhe, und zwar *Alpha* die *diaton.* Grundstufe *f*, *Beta* die einfach erhöhte *chromat.* Stufe *fis* und *Gamma* die doppelt erhöhte *enharmon.* Stufe. In der **Instrumentalschrift** wird dasselbe Zeichen entsprechend zweimal umgekippt (Abb. A). Ausgangsoktave ist die mittlere, die obere wird mit Strichen bezeichnet (wie heute noch), die untere durch Kopfstellung der Zeichen.

Denkmäler

Von insgesamt 40 bisher entdeckten Notenbeispielen griech. Musik (PÖHLMANN) sind aus der Zeit **v. Chr.** erhalten:

- das **Euripides-Fragment,** Ende 3. Jh. v. Chr., Papyrus Wien G 2315 (Abb. B);
- **Tragödienfragment** (3 Zeilen), 2. Jh. v. Chr., Papyrus Zenon 59 533;
- 5 weitere kleine **Dramenfragmente,** 2. Jh. v. Chr., Papyri Wien 29 825 a–f;
- **2 Apollohymnen,** vollst., 2. Jh. v. Chr., eingemeißelt in die Südwand des Athener Schatzhauses in Delphi;
- **das Seikilos-Lied,** vollst., 2. Jh. v. Chr. (1. Jh. n. Chr.?), Grabsäule, heute Kopenhagen, Inv. 14 879 (Abb. C).

Aus den ersten Jahrhunderten **nach Chr.** sind außer einigen Beispielen in Theoretikertraktaten erhalten:

- **drei Hymnen** des MESOMEDES aus Kreta, der im 2. Jh. n. Chr. am Hofe HADRIANS wirkte: *Musen-*, *Helios-* und *Nemesishymnus;*
- **das Meleagros-Fragment** (EURIPIDES), 2. Jh. n. Chr., Papyrus Oxyrhynchos 2436;
- **2 Tragödienfragmente,** 2. Jh. n. Chr., Papyrus Oslo 1413;
- **2 Dramenfragmente,** 2. Jh. n. Chr., Papyrus Michigan 2958;
- **5 Fragmente:** 1 *Päan*, 1 *Lied auf den Tod des* AIAS, 1 *Tragödienfragm.*, 2 *Instrumentalstücke,* 2. Jh. n. Chr., Papyrus Berlin 6870;
- **5 Instrumentalstücke** aus antikem Musikunterricht (sehr kurz).

Dazu kommt der **frühchristliche Hymnus** aus Oxyrhynchos (3. Jh., s. S. 180 f.).

Das Euripides-Fragment entstammt dem *Orest,* aufgezeichnet etwa 200 Jahre nach seiner Entstehung (noch original?). Abb. B zeigt einen Ausschnitt (Vers 327 bzw. 343). Über dem Text stehen die Vokalnotenbuchstaben, in Texthöhe die Zeichen der instrumentalen Zwischenspiele: Zeichen für *Absatz, fis* und *h.* Die Melodie ist chromat. bzw. enharmon. Der Rhythmus wurde durch den Text bestimmt.

Das Seikilos-Lied ist ein *Skolion* auf der Grabsäule des SEIKILOS aus Tralles in Kleinasien (Abb. C, vollst.). Es fordert als Trinklied zum Genuss des kurzen Lebens auf. Die Tonart wird durch die Melodie geprägt: Oktavumfang *e'–e,* Zentralton *a* (*Mese*), oberster Ton und Schlusston *e* (*Finalis*), Halbschlüsse auf *g* (T. 4 und 6) und die Halbtonverteilung ergeben eine **phrygische Leiter,** eigentlich von *d'–d,* hier um einen Ganzton nach oben transponiert (2 Kreuze).

Die Griechen empfanden diese Tonart als weich und klagend. Indessen scheint das Lied heute in heiterem Dur zu stehen (Dreiklangsbildungen, tänzerischer 6/8-Takt). Die melodische, d. h. tonartliche Empfindung, hat sich also geändert. Sie hängt ab vom **Stufenbau** einer Leiter. Die klass. griech. Tonart war das strahlende Dorisch: Es entspricht seinem Charakter nach dem heutigen Dur, das als Tonleiter den gleichen Stufenbau hat mit *Leittönen* zu den Endtönen der beiden Tetrachorde, wobei der Endton des 2. (e bzw. c) gleich der Anfangston des 1. Tetrachordes und damit Hauptton, heute Tonika, ist. (Der Anfangston des 2. Tetrachordes, die *Mese,* ist heute Dominante.) Da die Griechen die melodische Bewegung abwärts empfanden, realisierten sie den dorischen Stufenbau als *e*-Leiter abwärts, während der gleiche Stufenbau aufwärts eine *C*-Leiter ergibt (Abb. D). Die *e*-Leiter ist uns *Moll verwandt* (*phrygischer Kirchenton*), die *C*-Leiter erklingt uns als reines *Dur.*

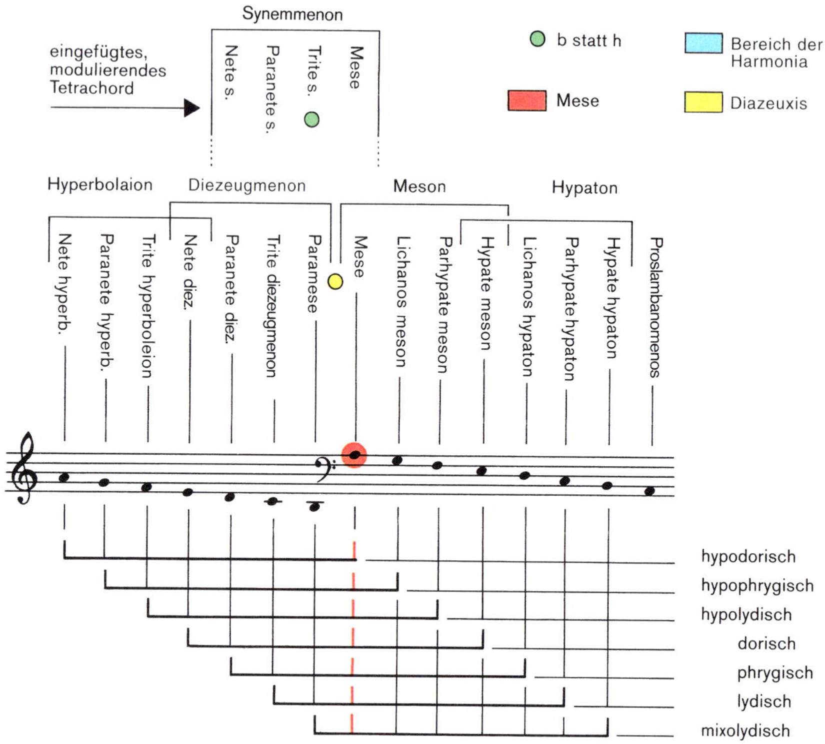

A **Das diatonische Systema teleion und die Oktavgattungen**

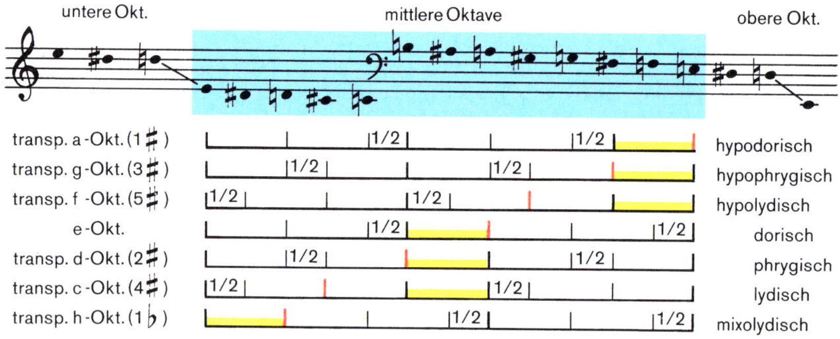

B **Die Transpositionsskala (tonoi)**, nach Ptolemaios

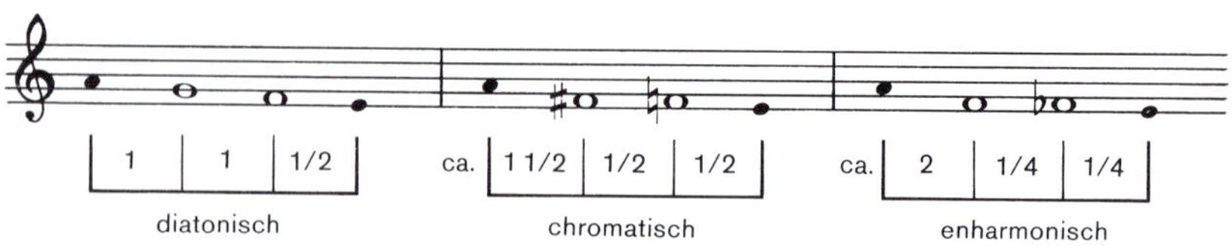

C **Die drei Tongeschlechter**, in dorischer Quart

Gesamtsystem, Skalen, Tongeschlechter

Das griech. Tonsystem ist die Grundlage des neuzeitlichen. Nach der *Pentatonik* der Frühzeit herrscht ab dem 8. Jh. die *Heptatonik.* Bald darauf liegt das *diatonische Systema teleion* vor. In Spätklassik und Hellenismus treten *Chromatik* und *Enharmonik* hervor und setzen zugleich Beschreibung, Überlieferung und Modifizierung des Systems ein.

Das diatonische Systema teleion (Abb. A)
Hauptelement des griech. Systems ist die absteigende Quarte, das **Tetrachord** (*Viersaiter*), was bereits der Saitenzahl der Phorminx entspricht. Von den Saiteninstrumenten leiten sich auch die Tonnamen her: Die Töne der mittleren Oktave *e'–e* einer dorisch gestimmten Kithara heißen
- **Hypate** (*chorde*), »obere« (*Saite*), nach der Spielhaltung der Kithara (wie Gitarrenhaltung) die Basssaite, also der tiefste Ton *e*;
- **Parhypate,** die »nebenobere«, der Halbton *f,* wie Hypate mit dem Daumen gespielt;
- **Lichanos,** der »Zeigefinger«, Ton *g*;
- **Mese** (*chorde*), »mittlere« (*Saite*), Ton *a*;
- **Paramese,** die »nebenmittlere«, Ton *h*;
- **Trite,** die »dritte« (Saite) v. u., Ton *c'*;
- **Paranete,** die »nebenuntere«, Ton *d';*
- **Nete** (*chorde*), die »unterste« (*Saite*), also der oberste Ton *e'*.

Diese 8 Töne bilden die klassische Tonleiter, die aus den beiden **gleich gebauten** Tetrachorden **Meson,** das »mittlere«, und **Diezeugmenon,** das »getrennte« (weil dazwischen der *trennende* Ganzton Diazeuxis liegt) besteht. Beide haben die **Stufenfolge 1–1–½** (wie unsere Dur-Tonleiter, jedoch abwärts, vgl. S. 174). Das Gesamtsystem entsteht, indem oben und unten je ein *verbundenes Synemmenon*-Tetrachord angefügt wird: **Hypaton,** das »oberste«, und **Hyperbolaion,** das »hinausragende«. Die Tonnamen wiederholen sich dabei, z. T. mit Zusatz des Tetrachordnamens. Das System wird mit dem **Proslambanomenos** *A,* dem »hinzugefügten«, auf 2 Oktaven gebracht.
Um die getrennten Tetrachorde in der Mitte zu verbinden, fügt sich ein **Synemmenon-**Tetrachord ein, das – um gleich gebaut zu sein – *h* zu *b* erniedrigen muss: Es *moduliert* also. Die Mitte des ganzen Systems bildet die *Mese a.* Das System versteht sich relativ und ist nicht an absolute Tonhöhen gebunden.

Die Oktavgattungen oder Tonarten sind Ausschnitte aus dem Gesamtsystem. Sie bestehen aus je zwei gleich gebauten Tetrachorden, von denen es nach Lage des Halbtons drei verschiedene gibt: den **dorischen** (1–1–½), den **phrygischen** (1–½–1) und den **lydischen** (½–1–1). Es geht also nicht um *Tonhöhenunterschiede,* sondern um *Tonqualitäten,* die aus den Tonabständen resultieren, entsprechend dem neuzeitlichen **Dur** (1–1–½) und **Moll** (1–½–1). Die Griechen kannten 7 verschiedene Oktavgattungen (Abb. A). Das **Dorische, Phrygische, Lydische** und **Mixolydische** bilden außerdem **Hypo-** (»Unter«-) und **Hyper-** (»Über«-)Tonarten aus ihren Tetrachorden, bei denen jedoch der Endton jeweils um eine Quinte **tiefer** bzw. **höher** liegt. Nur das **Hypodorisch, Hypophrygisch** und **Hypolydisch** tauchen dabei als neue Oktavgattungen im *Systema teleion* auf, die anderen fallen zusammen:
a'–a: hypodorisch, auch hyperphrygisch, auch lokrisch und äolisch genannt
g'–g: hypophrygisch, auch hyperlydisch, auch iastisch und ionisch genannt
f'–f: hypolydisch, auch hypermixolydisch
e'–e: dorisch, auch hypomixolydisch
d'–d: phrygisch
c'–c: lydisch
h–H: mixolydisch, auch hyperdorisch
Die **Mese a** liegt in jeder Tonart an anderer Stelle. Sie übt eine Art Dominantfunktion als melodischer Zentralton aus.

Die Transpositionsskalen. Der praktische Tonvorrat der Griechen umfasst etwa 3 Oktaven, wobei die höchste die *untere,* die tiefste die *obere* genannt wurden. Die mittlere Oktave *e'–e* war der Bereich der sog. **Harmonia,** in der alle Tonarten sich verwirklichen konnten: Das entsprach etwa dem Umfang der klassischen Kithara, deren Saiten entsprechend der gewünschten Tonart gestimmt werden mussten. Die dorische Tonart erbrachte dabei kein Versetzungszeichen, denn sie stimmte mit der *e-Oktave* überein. Alle anderen wurden in die *e-Oktave* transponiert, was zu den **Transpositionsskalen** oder *tonoi* mit bis zu 5 chromatischen Erhöhungen führte (Abb. B).

Die drei Tongeschlechter (Abb. C)
Das griech. Tonsystem ist nicht vom *vertikal* harmonischen Denken bestimmt, sondern vom *horizontal* melodischen. Es scheint, dass sich hinter den drei Tongeschlechtern, die die griech. Theoretiker mit recht unterschiedl. Proportionsangaben zu beschreiben versuchen, etwas *melisch Variables* verbirgt, das wahrscheinlich zeitlich, örtlich und individuell verschieden ausgeführt worden ist.
In der diatonischen dorischen Quarte gelten die Ecktöne *a* und *e* als fest, nicht aber die beiden Mitteltöne *g* und *f,* die sich in *Richtung auf den Zielton e* verschieben können. Unverändert bleibt dabei das **diatonische** Tongeschlecht. Das **chromatische** verschiebt *g* zum *fis* (oder *ges*), das **enharmonische** verschiebt *g* zum *f,* sodass zwischen den ersten beiden Tönen der Quarte zwei Ganztöne liegen und für die restlichen beiden Schritte nur ein Halbton übrig bleibt. Zwischen *f* und *e* schiebt sich damit noch ein Viertelton (in Abb. C als *fes* notiert).
Die Griechen empfanden diese Verschiebungen als Färbungen, die dem subjektiven Ausdruck dienten. Die Termini *Chromatik* und *Enharmonik* haben also mit den neuzeitl. Begriffen wenig zu tun.

600 – Etrusker ca. 1000–500
Röm. Königszeit ab ca. 750

500 – Röm. Republik ab 510

Tibia, Syrinx, Bucina, Tuba, Lituus, Cornu
400

Pantomime
Histriones

300 – Euklides
Eratosthenes
Plautus 254–184, Bühnenmusik, Chöre

200 – 146 Fall von Korinth
hellenist. Musiker als Sklaven

100 – Varro, Catull

Cäsar † 44
0 – Augustus 27 v.–14 n. Chr.
Nero 54–68
Zirkusmusik

Plutarch 46–120,
100 – Nikomachos v. Gerasa
Ptolemaios v. Alexandria 100–178

200

300 – Constantin 305–337,
Edikt v. Mailand 313
Augustinus 338–389,
400 – Martianus Capella ~ 430

Untergang Westroms 476
500 – Theoderich † 526
Boethius † 524
Cassiodor † 580,
600 – Gregor d. Gr. † 604,
Isidor v. Sevilla † 636

700 – Irisch-Schott. Mission

Pipin 751–768,
800 – Karl d. Gr. 768–814

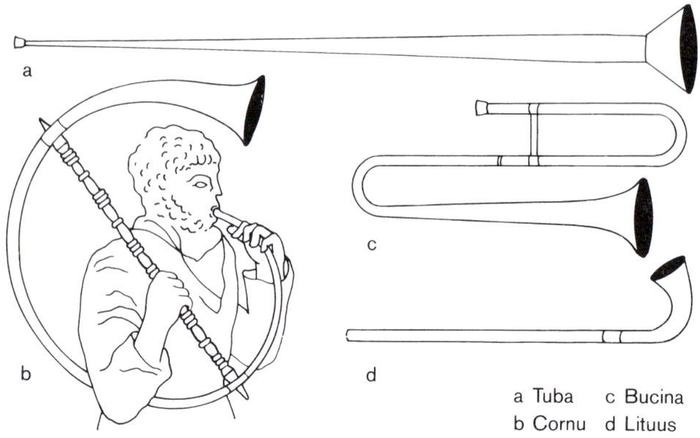

A **Blechblasinstrumente**

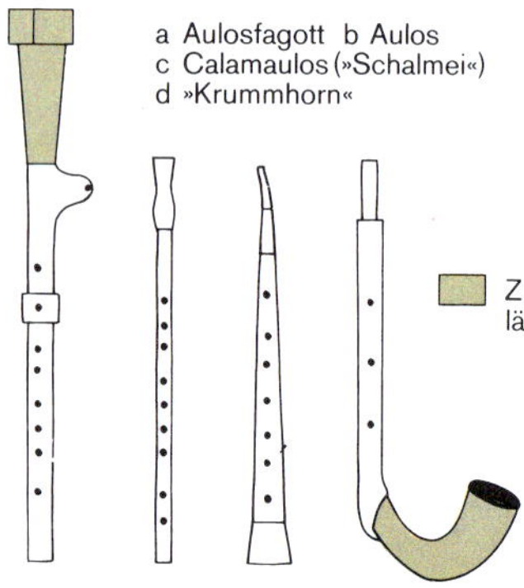

B **Römische Auloi**

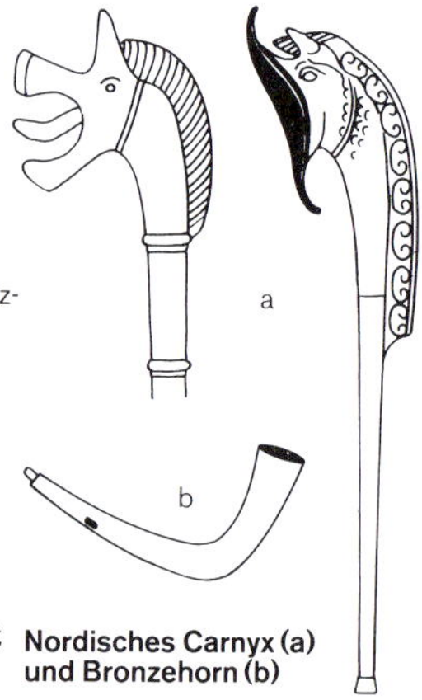

C **Nordisches Carnyx (a) und Bronzehorn (b)**

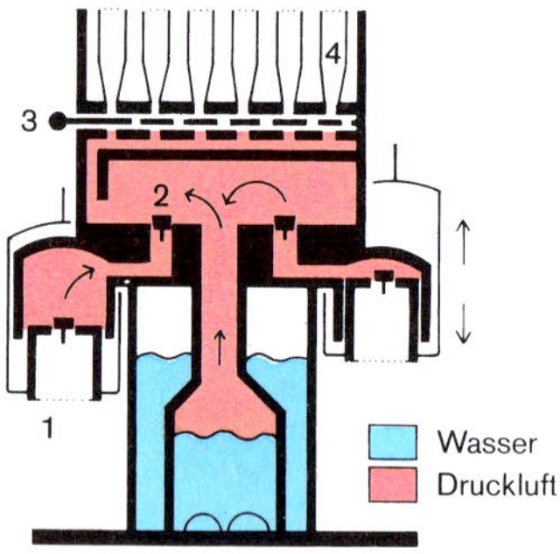

1 Pumpe 2 Ventil
3 Register 4 Pfeife

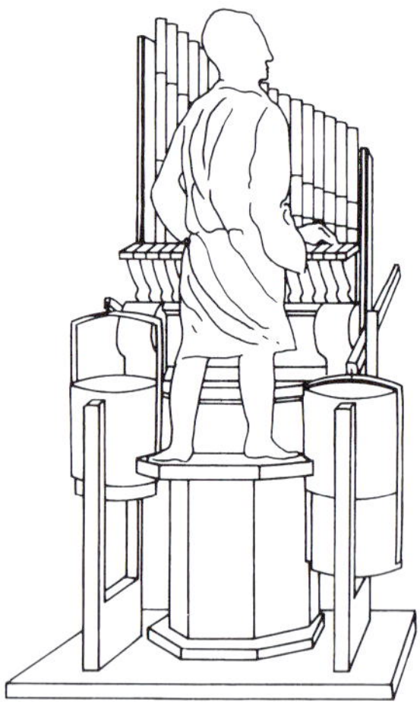

D **Wasserorgel** (Hydraulis)
Funktionsschema und Rückansicht

Königszeit
Republik
Kaiserzeit
Ostgoten
Langobarden
Karolinger

Zeitstrahl, Musikinstrumente

Die Musik der Römer zeigt nicht die Eigenständigkeit der griech. Musik. Bilddarstellungen und literar. Berichte bezeugen jedoch, dass sie im Kult, in der Gesellschaft, zur Tafel, zum Tanz, zur Arbeit, im Heer usw. eine große Rolle spielte, wie auch die Übernahme und Modifizierung der hoch entwickelten spätgriech. Musik Sinn für Qualität und hohe Musikalität voraussetzen. Allerdings nahmen ausländ. Musikersklaven, bes. die aus der hellenist. Welt, im röm. Musikleben eine Schlüsselstellung ein.

Bei den Etruskern gab es Gesang im religiösen Zeremoniell, aber auch eine starke Instrumentalmusik; Spezialität: **Längs-** und **Querflöte** (*subulo*).

In der römischen Republik ist der etrusk. Einfluss sehr stark. Viele Instr. wurden übernommen, bes. Blasinstr.:

- **Tuba:** die gerade Trompete der Etrusker (*Salpinx*);
- **Lituus:** etrusk. Horn mit gekrümmtem Schallbecher, Vorbild für das spätere nordische **Carnyx** mit Tierrachen, z. T. mit schwingender Zunge darin, das neben dem gebogenen, oben geschlossenen **Bronzehorn** (mit seitlichem Anblasloch) in Gallien und Irland gefunden wurde (Abb. C);
- **Cornu:** das Horn mit Querstab zum Halten, im Heere und im Amphitheater verwendet;
- **Bucina:** die gewundene Trompete mit abnehmbarem Mundstück, ursprüngl. ein Hirteninstr., dann Reitertrompete und Kultinstr. von hohem Rang;
- **Syrinx:** die griech. Hirtenflöte;
- **Tibia:** röm. »Nationalinstrument«, anfangs eine Knochenpfeife und Querflöte der Etrusker, dann Bezeichnung für den (griech.) **Aulos** und **Doppelaulos** mit Rohrblatt.

Daneben gibt es die im Mittelmeerraum üblichen Saiteninstr. (Leiern) und Schlaginstr. (s. u.).

Bereits für das 4. Jh. v. Chr. sind Bühnendarbietungen mit Musik belegt, bes. pantomim. Tänze zur Tibia nach etrusk. Vorbild. Schauspieler, Mimen und Musiker bildeten eine Art Bühnengenossenschaft (*histriones*). Übernahme und Nachbildung der griech. Dramen führten im 3. Jh. v. Chr. zu *Sprechgesang, Arien, Duetten* und *Chören,* bes. auch in den Komödien des PLAUTUS (*Lieder*).

Der hellenist. Einfluss verstärkt sich im 2. Jh. mit Ausbreitung des Röm. Reiches nach Osten. Griech. Instrumente wurden weiterentwickelt. So gibt es versch. **Aulosarten** (Abb. B). Mit dem Ansatz eines Verlängerungsstückes oberhalb des Mundstückes wird sogar ein *Aulosfagott* gebaut. Der *Calamaulos* (griech. *kalamos,* Rohr) ist ein weitmensurierter, konischer Aulos (Vorläufer der *Schalmei*). Auloi der Kaiserzeit hatten etwa 15 Löcher (z. T. mit *Stimmringen* verschließbar).

Das röm. Schlagzeug bestand u. a. aus **Tympanon** (Tamburin), **Cymbala** (Becken), **Crotala** (Klappern) und **Scabillum** (Fußklapper, für Tänze in den Bacchus- und Kybelemysterien). Die griech. Lyrik wurde auch in der lat. Sprache nachgeahmt; so waren die lat. Gedichte von CATULL (*Carmina*) und HORAZ (*Oden*) für Chöre (auch Wechselchöre) und für Sologesang mit Begleitung der Lyra, Kithara, Laute und Harfe gedacht. Die Kithara war bei Dilettanten und Virtuosen sehr verbreitet. Zu ihren Spielern gehörte auch NERO.

In der Kaiserzeit gibt es eine ausgesprochene Unterhaltungsmusik zu den großen Schaukämpfen und -veranstaltungen in den Amphitheatern. SENECA (*84. Brief*) spricht von *vielstimmigen Chören* und *stark besetzten Blechblasensembles.* Hier erklingt häufig kombiniert mit dem *Cornu* die Wasserorgel.

Die Wasserorgel (*Hydraulis*) wurde im 3. Jh. v. Chr. von KTESIBIOS, Ingenieur in Alexandria, erfunden. Die röm. Modelle besaßen offenbar drei Pfeifenreihen im Abstand einer Quinte und Oktave (evtl. auch Oktav und Doppeloktav), die durch Registerschieber und Tasten geschaltet wurden. Zwei Pumpen, mit Rückschlagventil, sorgten für die Windzufuhr. Um die Windstößigkeit auszugleichen, leitete KTESIBIOS die Druckluft in einen Metallbehälter, der unten geöffnet war und in einem größeren, wassergefüllten Behälter stand. Die Luft drückte das Wasser nach unten, sodass es im Außenbehälter stieg und nun seinerseits die Luft im Binnenbehälter unter gleichmäßigen Druck setzte, bis der Wasserspiegel in beiden Behältern gleich war (Abb. D). Die Orgel klang laut und war im Amphitheater beliebt. Ihren rein weltl. Charakter verlor sie erst im frühen MA.

Eine bes. Bedeutung kommt der Tradition und dem Ausbau der **Musiktheorie** zu. Es ist griech. Gedankengut, das z. T. in bewusst historischer Perspektive gesammelt und neu durchdacht wird. Hier sind bes. zu nennen: EUKLIDES VON ALEXANDRIA und ERATOSTHENES (3. Jh. v. Chr.) als Quellenwerke aus dem vorröm.-hellenist. Raum, in röm. Zeit DIDYMOS V. ALEXANDRIA (ca. 30 v. Chr.; *didymisches* und *syntonisches Komma:* Differenz zwischen großem und kleinem Ganzton), MARC. TER. VARRO (1. Jh. v. Chr.; Musik im *Quadrivium der Zahlenwissenschaften*), PLUTARCH (1. Jh. n. Chr., wichtige Quellensammlung), PTOLEMAIOS in Alexandria (2. Jh. n. Chr., Tonsystem, Skalen), AUGUSTINUS (*De Musica,* 4. Jh. n. Chr.), MARTIANUS CAPELLA (5. Jh.) und BOETHIUS (ca. 500, *De institutione musicae,* 5 Bücher, Grundlage der spekulativen Musiktheorie des MA.). Die Tradition geht durch die Wirren der Völkerwanderung über ISIDOR VON SEVILLA (7. Jh.) u. a., über die *Gelehrtenkreise in Irland* und, kultiviert durch die *karoling. Renaissance* im 8./9. Jh., in das lat. Mittelalter über.

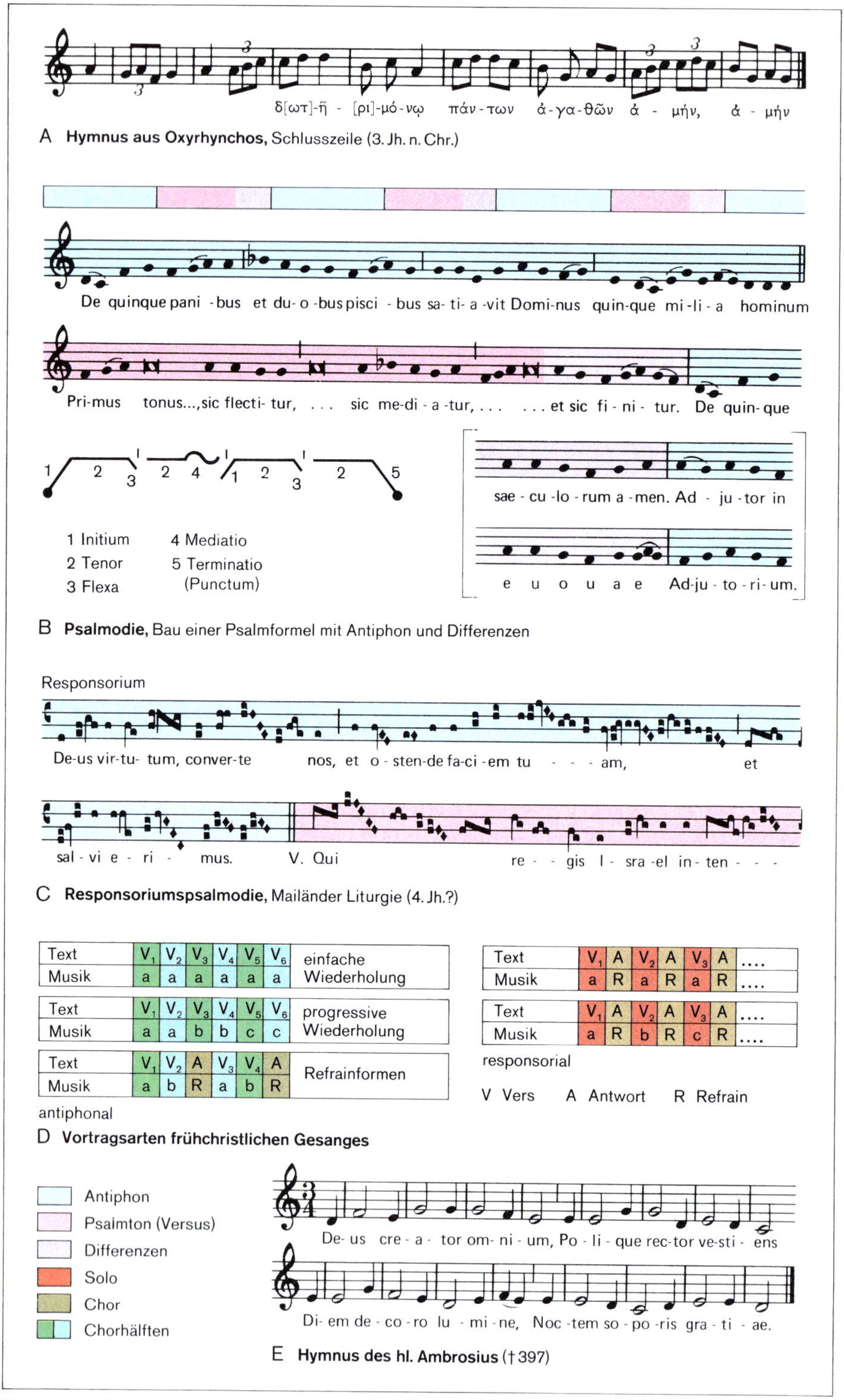

Hymnodie, Psalmodie, Vortragsarten

Musik der Frühkirche (1.–6. Jh.)
Ausgangspunkt bilden die jungen Christengemeinden, bes. in Antiochien, dem Missionszentrum des hl. PAULUS. Die Christen waren in den ersten 3 Jh. kleine (verbotene) Sekten in der antik-heidnischen Umgebung. Eine Wende bringt das 4. Jh. mit dem Mailänder Edikt von 313, das den Christen freie Religionsausübung zusichert. Zu den Quellen der frühchristl. Kirchenmusik rechnet man
- die jüdische Tempelmusik, vor allem in der Tradition des Psalmensingens,
- die Musik der Spätantike, d. h. des kulturell hellenist. Mittelmeerraumes.

Der Hymnus aus Oxyrhynchos (Abb. A)
Im Gottesdienst waren Instrumente verboten. Sie galten als Luxus, waren dem heidnischen Kultus verbunden und lenkten zudem vom Wort ab, das verkündet werden sollte. In der Ostkirche ist das Verbot heute noch gültig.
Im geselligen Kreis durften jedoch geistl. Lieder zur Kithara gesungen werden (nicht zum orgiastischen Aulos). Fragmentarisch ist aus dem 3. Jh. ein solches Lied aus Oxyrhynchos in Ägypten erhalten. Tonart und Rhythmus weisen auf hellenist. Vorbilder.
PAULUS erwähnt »Psalmen, Lobgesänge und geistliche Lieder« (Epheser 5, 19; Kolosser 3, 16), und zwar im Zusammenhang mit häusl. Verhalten der Christen, nicht spezifisch mit der gottesdienstl. Musik. Das Singen von Psalmen (*Psalmodie*) und von neugedichteten Texten (*Hymnodie*) sind später die beiden Hauptarten des christlichen Gesanges.

Die Psalmodie (Abb. B). Ein Psalm besteht aus Versen unterschiedl. Silbenzahl. Jeder Vers wird innerhalb eines best. Psalmtones auf die gleiche *Psalmformel* gesungen:
- das *Initium,* eine Eingangswendung, meist aufsteigend,
- der *Tenor (Tuba, Repercussio)* zum Rezitieren des Psalmes, wobei die Anzahl der Töne von der Silbenzahl des Verses abhängt,
- die *Flexa* als kleine Zäsur der Syntax des Verses gemäß, bei der sich die Stimme ein wenig senkt (»sic flectitur«),
- die *Mediatio* als Mittelkadenz mit einem kleinen Melisma (»sic mediatur«),
- die *Terminatio,* die zum Schlusston (*Finalis*) zurückführt (»et sic finitur«).

Normalerweise folgt nicht sogleich der nächste Psalmvers, sondern ein Einwurf, eine »Gegenstimme« oder *»Antiphon «*. Damit ein guter Übergang entsteht, wird der Schluss des Psalmverses je nach Antiphonbeginn abgewandelt. Der Psalmsänger muss diese sog. *Differenzen* (meist auf *saeculorum amen,* abgekürzt als Vokalfolge *e u o u a e*) beherrschen. Abb. B aus der späteren röm. Überlieferung zeigt drei derartige *Differenzen* mit entsprechendem Antiphonbeginn. Die Antiphon wird außerdem meist dem Psalmvers vorangestellt (Schema Abb. B).
Ein Psalm wird selten ganz gesungen. Meist begnügt man sich mit Teilen oder mit einer Auswahl von Einzelversen.

Die Responsoriums-Psalmodie
Ein besonders kunstreicher Vortrag von Antiphon und Psalmvers (abgekürzt ℣), ist die **responsoriale Psalmodie,** also die mit Wechsel von Chor und Solo (Stellung in der Messe: *Alleluia, Graduale,* im Offizium: *Responsorien*). Die Psalmverse beschränken sich in der Regel auf einen einzigen, der vom Cantor solistisch mit reichen Melismen vorgetragen wird. Die Antiphon wird zum »antwortenden« Refrain des Chores (*Responsorium*). Zum Abschluss wird das Responsorium wiederholt. Das Beispiel Abb. C stammt aus der ältesten mailändischen Liturgie.

Vortragsarten frühchristlichen Gesanges
Früh ist der Wechselgesang belegt. Griech. Terminus dafür ist *antiphonal* oder *antiphonisch,* wörtlich »gegenstimmig«, lat. *responsorial* oder *responsorisch,* »antwortend«. Das mehr auf die Gleichartigkeit der Partner zielende *antiphonal* bezeichnet den Wechsel von zwei Chorhälften, *responsorial* dagegen den von Chor und Solo. Bes. im antiphonalen Gesang gibt es nun versch. formale Möglichkeiten (Abb. D):
- *einfache Wiederholung:* Jeder neue Vers (V) wird auf die gleiche Melodie (a) gesungen;
- *progressive Wiederholung:* Je zwei Verse werden auf die gleiche Melodie gesungen, wobei die Chöre abwechseln (späteres Sequenzprinzip);
- *Refrainformen:* Nach zwei Versen mit je eigener Melodie, gesungen von Chor I und Chor II, singen beide Chöre einen textl. und musikal. gleichen Refrain.

Dazu gibt es Mischformen dieser Grundmodelle. Der responsoriale Vortrag dürfte Refrainformen bevorzugt haben, da hierbei der Chor, d. h. meist die Gemeinde, den Refrain übernahm und der Solist die neuen Teile.

Die Hymnodie (Abb. E) umfasst das Singen neu gedichteter Texte, und zwar zunächst meist Prosa wie die große Doxologie »Gloria in excelsis Deo«. Die ersten Verse gehen auf den hl. AMBROSIUS, Bischof von Mailand, und HILARIUS VON POITIERS zurück.
Vorbild für die ambrosian. Hymnen waren die *Madrashe* des hl. EPHREM von Edessa (Syrien, 4. Jh.), der Strophen mit Chorrefrain dichtete und auf beliebte Melodien des HARMONIUS sang. AMBROSIUS ließ seine Hymnen zur Stärkung der Orthodoxen (kleine Doxologie »Ehre sei dem Vater *und* dem Sohne *und* dem Heiligen Geiste«) gegen die Arianer (»Ehre sei dem Vater *durch* den Sohn *im* Heiligen Geiste«) singen, wobei zwei Halbchören die Strophen und der Gemeinde die kleine Doxologie als Refrain zufielen.

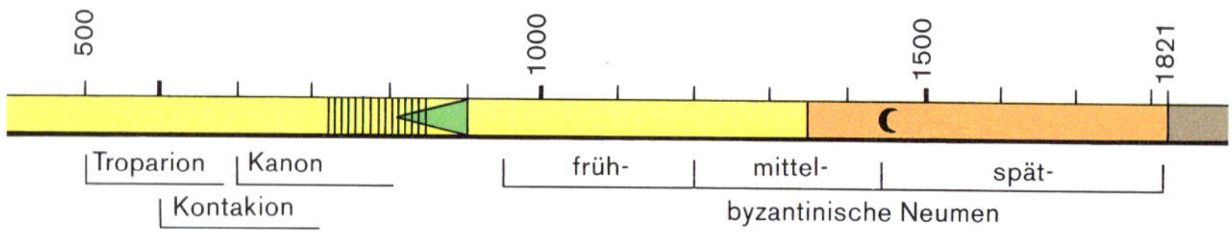

A **Hauptepochen der byzantinischen Kirchenmusik**

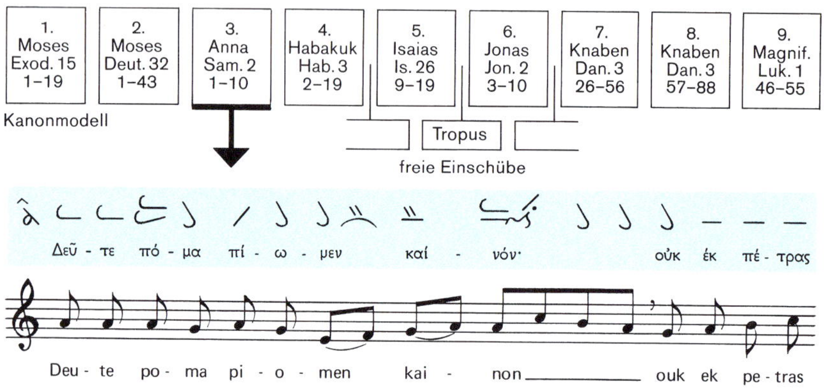

B **Kanon,** Schema und Beginn der 3. Ode des Osterkanons von J. v. Damaskus in mittelbyzantinischen Neumen und Übertragung (Gesang aus dem Heirmologion)

1. Echos:	α'	= dorisch	(d–d')
2. Echos:	β'	= phrygisch	(e–e')
3. Echos:	γ'	= lydisch	(f–f')
4. Echos:	δ'	= mixolydisch	(g–g')
1. Echos:	πλ. α'	= hypodorisch	(A–a)
2. Echos:	πλ. β'	= hypophrygisch	(H–h)
3. Echos:	πλ. γ'	= hypolydisch	(c–c')
4. Echos:	πλ. δ'	= hypomixolydisch	(d–d')

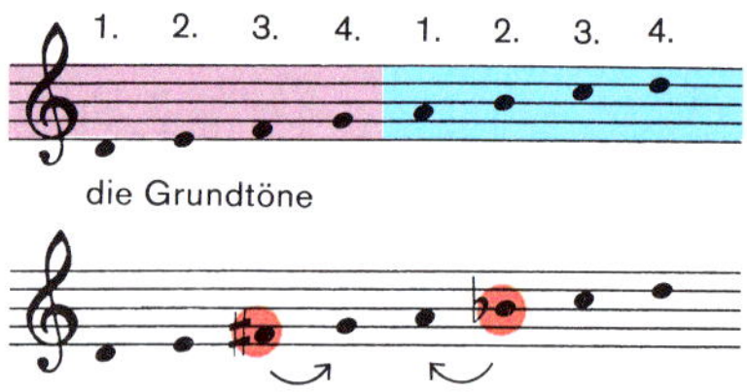

C **Die acht Tonarten (Oktoechos) und Beispiel einer chromatischen Leiter**

D **Karfreitagsantiphon,** Nr. 1, Beginn (Gesang aus dem Sticherarion)

E **Akathistos-Hymnos,** 1. Strophe, Ausschnitt (Gesang aus dem Kontakarion)

Byzanz war kultureller Mittelpunkt, seit KONSTANTIN D. GR. 330 seine Residenz aus dem heidnisch-antiken Rom in das christl. Byzanz (*Konstantinopel*) verlegte, seit das Christentum 391 zur Staatsreligion avancierte und seit Byzanz nach der Reichsteilung 395 und dem Untergang Westroms 476 unverändert die Hauptstadt des Oström. Reiches blieb. Es führte die alten, vor allem kirchenmusikal. Traditionen fort, sogar über seine Eroberung durch die Türken 1453 (Untergang des Oström. Reiches) hinaus.
Die Ostkirche ist dabei sehr vielgestaltig: Sie umfasst die Kirchen der Länder des frühen Christentums (Palästina, Syrien, Griechenland usw.), jeweils mit eigener Sprache und Liturgie, wie die *byzantinische,* d. h. *griech.-orthodoxe,* die *russ.-orthodoxe,* die *äthiopische,* die *koptische* (christl.-ägyptische) usw. Die Lösung der Ostkirche vom Westen erfolgte 1054.
Die byzantin. Kirchenmusik geht auf griech., syrische und über hebräische auf synagogale Gesangstraditionen zurück. Man unterscheidet 3 Epochen: die Zeit des *alten, mittleren* und *neuen* Gesanges.

Die Epoche des alten Gesanges reicht über die Zeit der Festlegung der Liturgie (9. Jh.) hinaus bis ins 14. Jh. Neumenaufzeichnungen gibt es erst nach dem Bildersturm 726–843. Neben dem Psalmengesang blühten die frühen Hymnenformen Troparion, Kontakion und Kanon:
Das Troparion entwickelt sich wohl im 5. Jh.: Zwischen die biblischen Psalmverse werden die Troparien als neu geschaffene, liedhaft einfache Verse eingeführt (*tropos,* Wendung). Troparien heißen daher dann auch die selbstständigen Kirchenlieder.
Das Kontakion ist ein vielstrophiges Gebilde, das von SOPHRONIOS VON JERUSALEM, SERGIOS VON BYZANZ, vor allem aber von dem hl. ROMANOS aus Syrien im 6. Jh. gedichtet und gesungen wurde (Vorbild EPHREM, 4. Jh.). Nach einer Einleitung (*kukulion*) folgen 20 bis 40 gleich gebaute Strophen (*oikoi,* Häuser). Berühmt ist der Maria gewidmete *Akathistos Hymnos* von ROMANOS mit seinen 24 Strophen, die als Akrostichon das Alphabet bilden (Abb. E).
Der Kanon (Abb. B) entstand im 7.–9. Jh. Zu Grunde liegen die neun bibl. *Cantica* oder *Oden,* die auch in der westl. Hymnodie eine große Rolle spielen, so Nr. 3, der Gesang der Anna »Exultavit cor meum«, oder Nr. 9, Marias »Magnificat anima mea«. Jeder Ode folgen mehrere auf die Melodie der Ode gesungene Zusatzstrophen (*Tropen*). Die berühmtesten Kanondichter waren ANDREAS VON KRETA († um 740) und JOHANNES VON DAMASKUS († um 750).
Für die Zeit des hl. EPHREM ist das Parodieverfahren belegt, d. h. es wurden neue Texte auf beliebte alte, auch weltl. Melodien gesungen (S. 180). Die Hymnen der Blütezeit vom 5.–7. Jh. erhielten jedoch durchweg eigene Melodien, die später oft nicht vom Textdichter, sondern vom *Melurgen* komponiert wurden. Wie sich die Texte im Thema und Typ einer langen Tradition einordnen und dabei feststehende Topoi verwenden, so hält sich auch die Melodik eng ans Traditionell-Typische, indem sie bestimmte melodische Wendungen, Floskeln und Kadenzen benutzt. Die hymnischen Gesänge aus *Liturgeia* (Messe) und Offizium stehen in eigenen liturgischen Büchern:

- **Das Heirmologion** enthält nach Tonarten geordnet die *Heirmoi* (Oden der Kanons).
- **Das Sticherarion** enthält die freien *Hymnen,* die *Troparien,* die großen *Antiphonen* usw. nach dem Kirchenjahr geordnet.
- **Das Kontakarion** u. a. Bücher wie das *Asmatikon* enthalten die kunstvolleren Gesänge.

Die heirmologischen und sticherarischen Gesänge sind syllabisch mit wenigen Melismen über wichtigen Wörtern (Abb. B über »kainon«), an Zäsuren, Kadenzen und am Schluss. Dagegen stehen die melismatischen Gesänge, die seit dem 13. Jh. zunehmen und im 15. Jh. besonders reich sind.

Die Epoche des mittleren byz. Gesanges (14. bis 19. Jh.) ist charakterisiert durch neue Hymnenkompositionen, bes. von JOHANNES KUKUZELES (14. Jh.).
Der neue byz. Gesang datiert ab 1821 mit der Reform des Bischofs CHRYSANTHOS.

Das Tonartensystem (Abb. C) der **diatonischen** Melodien umfasst 4 authentische und 4 plagale Modi, also 8 Tonarten (*okto echos*) mit unterschiedl. Lage von Grundton und Ambitus. Sie gehen auf die griech. Leitern zurück. Daneben gibt es u. a. die **Pentatonik** (*trochos,* Rad) und die **Chromatik** mit leittönigen Veränderungen.

Die Notation (Abb. B) ist als Gedächtnisstütze für die mündl. Tradition gedacht. Es gibt *ekphonetische* Zeichen für die Lesungen und *Neumen* für die Gesänge. Sie bezeichnen keine festen Tonhöhen, sondern Intervalle, auch Rhythmen und Vortragsarten. Die Deutung, bes. der frühen Neumen ab 9. Jh., ist schwierig. Abb. B zeigt mittelbyzantin. Neumen aus dem 12. Jh. Die moderne Notation beschränkt sich auf wenige Neumen (seit CHRYSANTOS, 1821).

Die weltliche Musik am Kaiserhof in Byzanz ist wie die kirchl. an strenge Zeremonien gebunden. Sie ist nicht erhalten, mag aber der Kirchenmusik ähnlich gewesen sein, da sie das gleiche Tonsystem, die gleichen Rhythmen und Vortragsarten verwandte. Man weiß von Wechselchören (Antiphonie), von instrumentalbegl. Gesang und von der Orgel als einem rein weltl. Instrument (die Kirchenmusik schließt Instrumente noch heute aus).

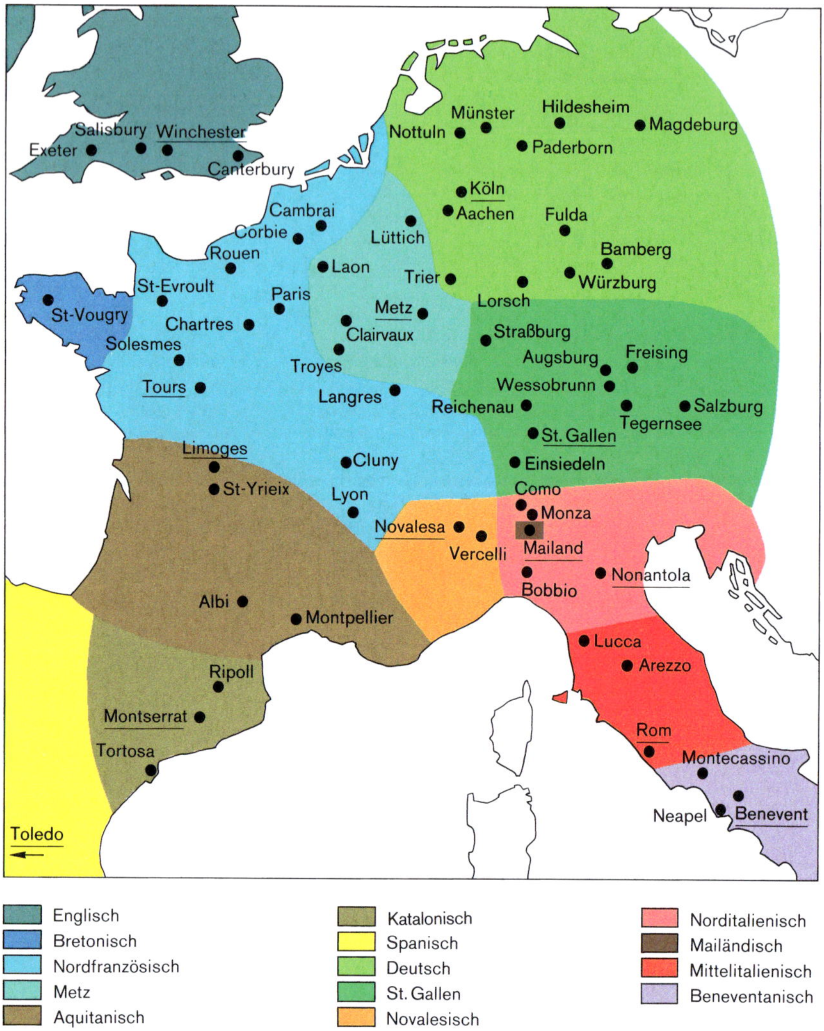

A **Die zentralen Sänger- und Schreibschulen des ma. Chorals mit ihren Einflussbereichen**

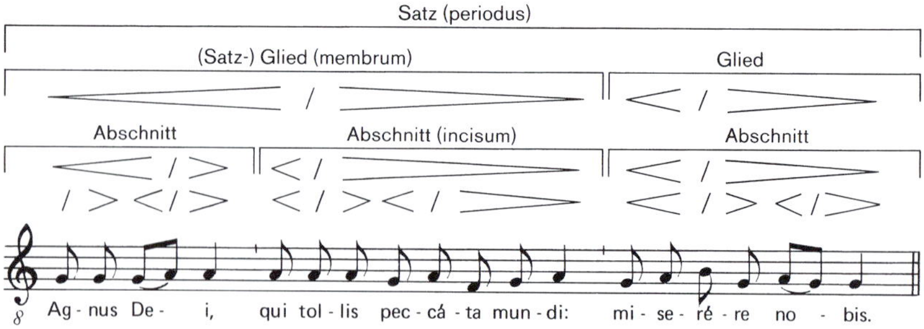

B **Textbestimmte Komposition und Vortragsart des gregorianischen Chorals** (nach Ed. Vat.)

Sängerschulen, Textvertonung

Der heute noch praktizierte einstimmige, lat., liturg. Gesang der kathol. Kirche wird nach Papst GREGOR I. (590–604) auch **»gregorianischer Choral«** genannt.
Ab dem 4. Jh. entwickelten sich mit der Erstarkung und raschen Ausbreitung des Christentums die Erzbistümer und Klöster in relativer Unabhängigkeit von Rom. So gab es zur Zeit GREGORS I. unterschiedl. Liturgien und Gesangsarten wie die *römische,* die *mailändische* (*ambrosianische,* bis heute erhalten), die *spanische* (*mozarabische*), die *gallikanische,* die *irisch-britische* (*keltische*), im Osten die *byzantinische,* die *ost- und westsyrische*, die *koptische* usw. Im Westen beanspruchte der Bischof von Rom als *Pontifex maximus* gewissermaßen in Nachfolge des röm. Kaisers die Führung. Der Osten machte sich jedoch vom Westen unabhängig (6. Jh., endgültig 1054).
Ende des 6. Jh. führte Papst GREGOR I. eine Reform der röm. Liturgie durch (*Antiphonale cento*). Um die Ordnung und Sammlung der röm. Melodien bemühten sich mehrere Päpste, darunter wohl auch GREGOR I. Die Melodien wurden im 7. Jh. womöglich glatter und fasslicher gestaltet (*alt-* und *neuröm. Choral*), vielleicht im Blick auf die liturg. Vereinheitlichung des Westens unter der Führung Roms. Diese gelang dem Papsttum in Verbindung mit der karoling. Monarchie. Unter PIPIN (751–768) wurde Gallien, unter KARL D. GR. (768–814) das ganze Frankenreich unter röm. Einfluss gebracht. Die Zentralisierung betraf in erster Linie Verwaltung und Kirchenrecht, in zweiter die Liturgie und den Choral, der erst zu dieser Zeit legendenhaft als »gregorianischer« mit der Autorität GREGORS I. verbunden wurde.
Abb. A zeigt die versch. Sänger- und Schreibschulen der Klöster und Kathedralen zur Zeit der Neumenaufzeichnungen und ihre ungefähren Einflussbereiche (vgl. S. 186 f.).

Die Schola cantorum. Der Choral wurde in Rom von einem Spezialchor gesungen, der die Sänger eigens dafür schulte und daher *Schola cantorum,* »Sängerschule«, hieß (institutionalisiert von GREGOR I.). Sie bestand aus 7 Sängern, wovon die ersten 3 wohl auch solistisch hervortraten, der 4. jedoch als *Archiparaphonista* (»Erznebensänger«), der 5.–7. *Paraphonista* (»Nebensänger«) genannt wurden und nur chorisch, vielleicht auch mehrstimmig (parallel?) sangen. Zur Verstärkung dienten Knabenstimmen (Oktavparallelen). Nach dem Vorbild der *Schola cantorum* wurden Sängerschulen in ganz Europa gegründet. Hervorragend waren die Schulen von Tours, Metz und St. Gallen.

Erweiterung des Repertoires. Zum sanktionierten röm. Choral kam im MA. einiges hinzu: liturg. Gesänge zu neuen Festen, Hymnen, Tropen und Sequenzen (S. 190 f.). Die Gesangszentren unterschieden sich dabei sehr. Im 16. Jh. hat das Tridentinische Konzil die Neuschöpfungen beschränkt und eine Reformausgabe des Chorals initiiert: die *Editio Medicea* von 1614. Die Quellenstudien der Mönche von Solesmes im 19. Jh. führten zur heute gebräuchlichen *Editio Vaticana* von 1905 ff. mit dem röm. und mittelalterl. Repertoire von ca. 3000 Melodien.

Textdarstellung im gregorianischen Choral
Man unterscheidet den Lesestil (*Accentus*) und den Gesangsstil (*Concentus,* s. S. 114 f.), an Gattungen die Lesungen (Epistel, Evangelium usw.), die Psalmodie (S. 180 f.) und den Chor- und Sologesang. Auch Letzterer steht im Dienste der Textdarstellung, bis auf wenige melismatische Gesänge wie der Jubilus des Alleluia. Es gibt keine Takteinteilung oder metrische Schwerpunktbildung. Der Text bestimmt den Rhythmus der Melodie, sein Sinn, seine Syntax und seine Sprachgeste die Einschnitte und Tonhöhenbewegung.
Abb. B zeigt die erste Zeile des *Agnus Dei* aus der 18. Messe (12. Jh.) mit den rhythmischen und dynamischen Zeichen entsprechend der Chorallehre. Der Satz zerfällt in 3 Abschnitte:
- *Agnus Dei* (»Lamm Gottes«) mit Höhepunkt auf *Dei:* Ganztonschritt nach oben und kleines »Melisma«;
- *qui tollis peccata mundi* (»das du trägst die Sünden der Welt«), als Relativsatz dem ersten Anruf gleichgestellt, auf der gehobenen Ebene des a rezitiert, mit einer kleinen Melodiefloskel, die den Doppelpunkt im Text durch die steigende Terz f–g–a zum Ausdruck bringt;
- *miserere nobis* (»erbarme dich unser«), Schlussglied gegenüber den ersten beiden Abschnitten, Hochton h auf dem Zielwort *miserere,* zugleich wird *nobis* gedehnt wie vorher *Dei* und mit dem Abstieg zur Finalis g die Schlusswirkung verstärkt.

Der ganze Satz wird auf die gleiche Melodie dreimal wiederholt, beim letzten Mal mit der Wendung *dona nobis pacem* (»gib uns den Frieden«) anstelle des *miserere nobis,* wobei das Wort *pacem* (Frieden) auf das Melisma des Wortes *nobis* (uns) und indirekt *Dei* (Gottes) fällt und eine Verbindung dieser drei zentralen Begriffe entsteht.
Als Beispiel für eine reiche Responsorial-Melodie im Concentus-Stil s. S. 114, Abb. C.

Mehrstimmigkeit und Begleitung
Der röm. Choral und insbesondere die Neuschöpfungen werden Grundlage für die Mehrstimmigkeit (ab 9. Jh. belegt). Sie dienen auch später als *c.f.* oder Motivgeber in Messesätzen, Motetten usw., bleiben aber selber unberührt. Im 9. Jh. taucht die Orgel in der (West-)Kirche auf und hat sicher die hymnischen Gesänge und Lieder, vielleicht aber auch den Choral begleitet. Nur die *Sixtinische Kapelle* in Rom blieb konsequent beim *A-cappella-Gesang* ohne Orgel.

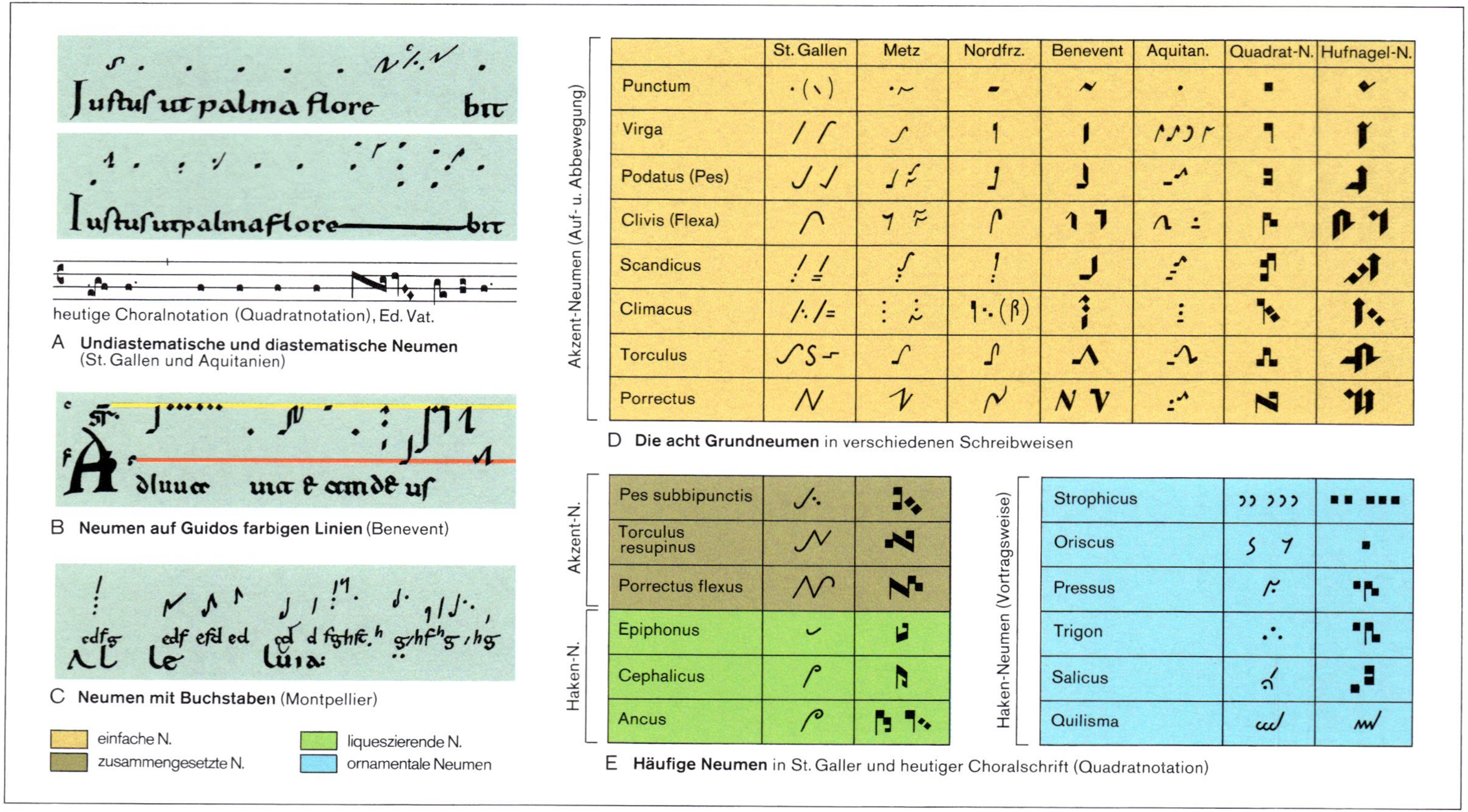

A **Undiastematische und diastematische Neumen** (St. Gallen und Aquitanien)

B **Neumen auf Guidos farbigen Linien** (Benevent)

C **Neumen mit Buchstaben** (Montpellier)

D **Die acht Grundneumen** in verschiedenen Schreibweisen

E **Häufige Neumen** in St. Galler und heutiger Choralschrift (Quadratnotation)

Der gregorianische Choral wurde im MA. in Neumen notiert (griech. *neuma,* Wink, Gebärde, Handzeichen bei der Chorführung). Die Neumen gehen zurück auf die Cheironomie und die Zeichen der griech. Prosodie (S. 170 f.). Die schriftl. Fixierung der Melodien deutet auf Schwierigkeiten in der mündl. Tradition. Die frühesten Handschriften mit Neumen stammen aus dem 8./9. Jh. (paläo-fränkisch), die letzten aus dem 14. Jh. (St. Gallen).

Es bildeten sich zeitl. und örtl. unterschiedliche Schreibschulen (s. Karte S. 184). Abb. D stellt den Schreibduktus einiger Schulen nebeneinander. Mehrere Zeichen in einem Feld sind Varianten. *St. Gallen:* zarter Strich; *Metz:* leicht gewellt, deutlicher Federansatz; *Nordfrz.:* kräftiger; *Benevent:* breitfedrig, starke Balken; *Aquitanien:* zierlich, Tendenz zur Auflösung in Punkte.

Akzentneumen. Für die Lesungen gibt es die *ekphonetischen Neumen* (Gliederung, Kadenzen usw.), für die Gesänge die *Melodie-* oder *Akzentneumen* (Auf- und Abbewegung). Auf jede Silbe kommt eine ein- oder mehrtönige Neume, außer bei längeren Melismen (Abb. A, Zeilenende). Die Neumen bezeichnen keine Tonhöhen, sondern nur Richtungen:

- **Punctum** (Punkt), aus dem antiken Gravis-Akzent ` , bedeutet Abwärtsbewegungen, also ein tieferer Ton (ob Sekunde, Terz, Quarte usw. ist nicht erkennbar) oder tief bleiben. St. Gallen hat Punkt oder Querstrich (Tractulus), Metz ebenfalls.
- **Virga** (Stäbchen), aus dem antiken Acutus-Akzent ´ , Aufwärtsbewegung, also ein höherer Ton oder hoch bleiben.
- **Podatus** oder **Pes** (Fuß), tief-hoch-Bewegung, Verbindung von Punctum und Virga, daher zum Teil zwei Zeichen (Metz, Aquitanien).
- **Clivis** oder **Flexa** (Beugung), hoch-tief-Bewegung, aus dem antiken Circumflexus-Akzent ^.
- **Scandicus** und **Climacus** sind dreitönig, auf- oder abwärts.
- **Torculus** und **Porrectus** sind dreitönig, hoch-tief-hoch und umgekehrt.

Feste *Verbindungen* von Einzelzeichen hießen *Ligaturen;* so ist z. B. der Pes eine zweitönige, der Porrectus eine dreitönige *Ligatur.*
Feste *Zusammenstellungen* von Einzelzeichen hießen *Konjunkturen;* so ist der Climacus eine dreitönige *Konjunktur* (später Rhombenform). Ein Ausführungsunterschied zwischen Ligatur und Konjunktur besteht nicht.

Die Zeichen werden erweitert durch die 4- und mehrtönigen zusammengesetzten Neumen. Der *Pes subbipunctis* (*Fuß mit 2 Unterpunkten*) ist z. B. eine 4-tönige *Apposition* (*Verbindung* von Ligatur und Konjunktur, stets über *einer* Silbe).

Haken-Neumen (Abb. E), benannt nach dem Apostroph-Häkchen ' (WAGNER), sind Vortragszeichen, so die

- *liqueszierenden Neumen,* bei allen Semivokalen, *l, r, m, n,* unbekannte Vortragsart (nasal?), und die
- *ornamentalen Neumen,* wie der **Strophicus** (2- und 3-tönig, gleiche Tonhöhe) und der **Oriscus,** beide meist einen Halbton unter sich, also auf c, b oder f stehend (Beben der Stimme?); ferner der **Pressus** (Vibrato? Akzent?), das **Trigon** (?), der **Salicus** (Prall-triller?), das **Quilisma** (Glissando? Guttu-ralton?).

Diastematie macht die Melodiebewegung intervallisch sichtbar: Die Neumen werden hoch oder tief gesetzt, was dann für die Tonbezeichnung übernommen wurde. Der hohe Ton hieß vorher *acutus* (scharf, spitz), der tiefe *gravis* (schwer, stumpf). Die Schreibschulen differieren dabei sehr. Abb. A zeigt *undiastematische* Neumen (St. Gallen): Das Melisma am Zeilenende geht nicht aufwärts, sondern nur die Neumen, die beim Schreiben aus Platzmangel nach oben verrutschten. Die Neumen darunter sind *diastematisch* (Aquitanien). Sie wurden z. T. sogar auf ins Pergament geritzte Linien gesetzt. Die röm. Choralnotation zeigt den wirklichen Verlauf der Melodie. – Die aquitanischen Neumen lösen sich in Punkte auf.
Liniensystem: Von den Notationsversuchen mit Linien setzte sich das System GUIDOS VON AREZZO († 1050) durch: terzweise Anordnung der Linien und Färbung der beiden Linien, unter denen ein Halbton liegt: C-Linie gelb, F-Linie rot; außerdem Schlüsselvorzeichnung c und f (Abb. B).
Buchstabennotation bewährte sich nicht (Abb. C: Neumen und Buchstaben).
Romanusbuchstaben vom 9.–11. Jh. in Handschriften von Metz und St. Gallen, bezeichneten Vortragsweisen, z. B. das Tempo: a = *amplius* (breiter), c = *celeriter* (schnell), m = *mediocriter* (mittel); den Ausdruck: p = *pressio* (gepresst), f = *cum fragore* (mit Getöse) usw.
Die Quadratnotation ist die heute noch gebräuchliche *römische Choralnotation.* Sie entwickelte sich aus nordfrz. und aquitan. Neumen ab dem 12. Jh.
Die gotische Hufnagelnotation entstand aus stilisierten Neumen in den Niederlanden und in Deutschland im 14./15. Jh. (*deutsche Choralnotation*).

Rhythmus-Fragen sind im Choralvortrag von der Notation her meist nicht zu klären. Tempo und Rhythmus sind textabhängig und wurden nicht notiert.
Die Neumenschrift setzte voraus, dass die Sänger die Melodien mit ihren genauen Intervallen aus der mündl. Tradition lernten und kannten. Gerade ihre notationstechnische »Unvollkommenheit« spiegelt den hohen Stand der Sängerschulen.

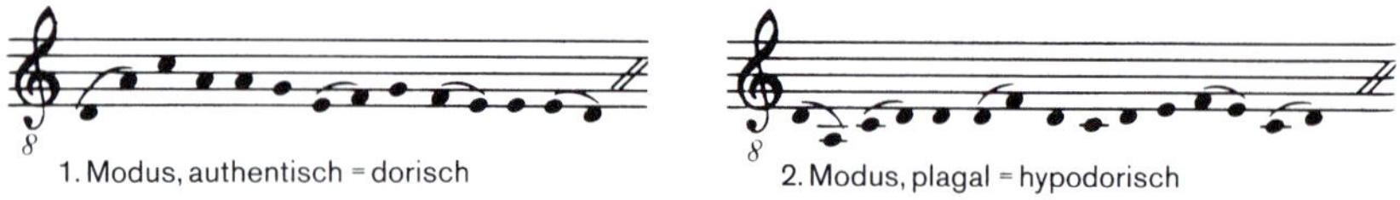

A **Kirchentonarten,** Melodiemodelle nach Joh. Affligemensis (frühes 12. Jh.)

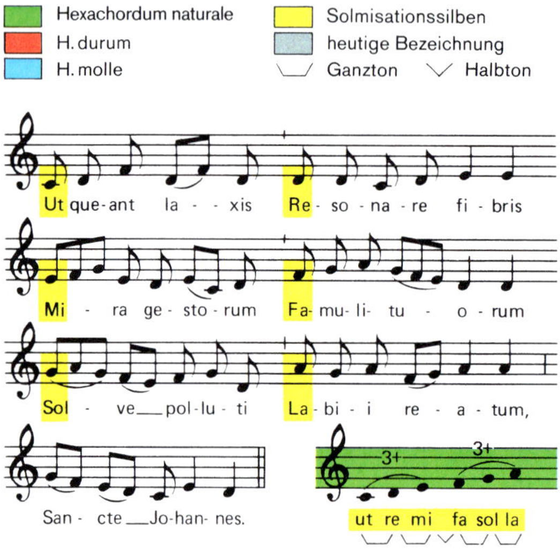

B **Hexachord und Solmisationssilben** im Johannes-Hymnus nach Guido von Arezzo († 1050)

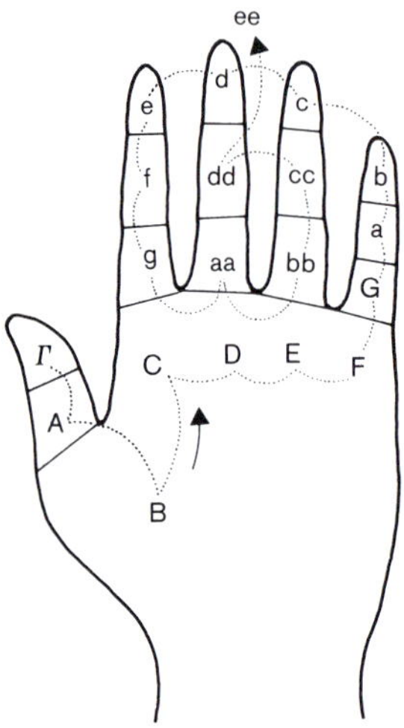

C **Die guidonische Hand**

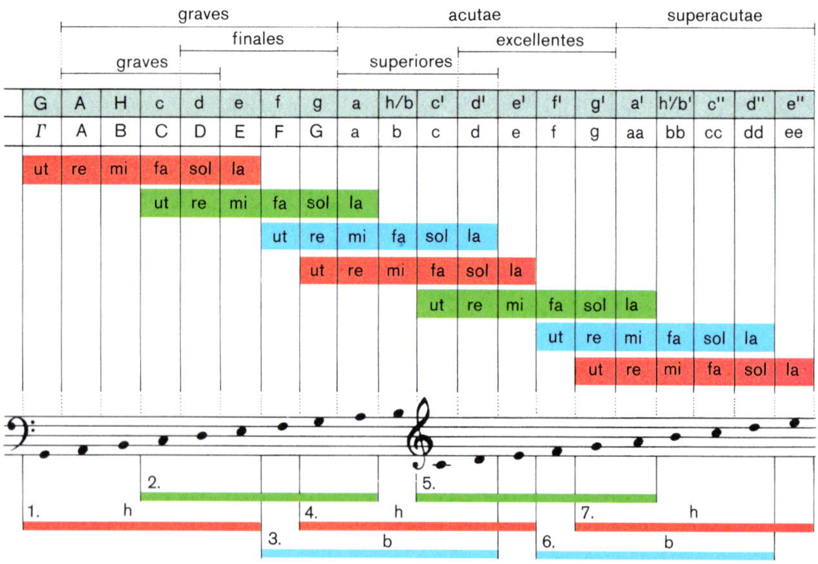

D **Mittelalterliches Tonsystem** mit Tetrachord-, Oktav- und Hexachordeinteilung

Die gregorian. Melodien bewegen sich im Rahmen der Diatonik, als Materialtonleiter vergleichbar mit den weißen Tasten auf dem Klavier. B und h galten als diaton. Varianten des gleichen Tones: *b rotundum,* rund geschrieben, und *b quadratum* oder *durum,* eckig geschrieben (h).
Im 9. Jh. ordnete die *Musica enchiriadis* die Tonqualitäten der Materialtonleiter nach griech. Tetrachord-Vorbild, jedoch verändert und mit lat. Namen: *graves, finales* (Grundtöne der Kirchentonarten), *superiores* und *excellentes.* Im 11. Jh. hob GUIDO V. AREZZO (*Micrologus,* 1025) die Oktavidentität der Töne hervor. Er ordnete mit Erweiterung nach oben in: *graves, acutae* und *superacutae* (Abb. D, vgl. S. 198 f.).

Die Kirchentonarten
Die einstimmigen Melodien prägen bestimmte Charakteristika aus, die zur Systematisierung in 8 *Modi,* den Kirchentonarten oder *Kirchentönen* führen. Diese Charakteristika beziehen sich auf:
- **Schlusston** (*Finalis*), als Ziel- und Ruhepunkt eine Art Tonika;
- **Tenor** (*Tuba, Repercussio*), als melodischer Hauptton eine Art Dominante;
- **Umfang** (*Ambitus*), normalerweise eine Oktave, aber häufig auch erweitert um einen Ton nach unten und zwei Töne nach oben;
- **Melodieformeln** von Modellcharakter mit typischen Intervallen und Wendungen.

Die Systematisierung in 8 Kirchentonarten erfolgt wohl erst, nachdem die gregorian. Melodien weitgehend existierten. Die frühesten Aufstellungen stammen aus dem 9. Jh. (AURELIANUS REOMENSIS, ODO VON CLUNY). Entsprechend den 4 Finales gibt es 4 Haupttonarten, die *authentischen Modi* (Tenor auf der Quinte). Dazu kommen 4 *plagale Modi* als Nebentonarten mit den gleichen Finales, jedoch um eine Quarte nach unten verschobenem Ambitus, anderen Melodiemodellen und dem Tenor auf der Terz (mit Ausnahmen, s. S. 90). Man nummerierte die Tonarten durch: 1. *Protus authentus,* 2. *Protus plagalis,* 3. *Deuterus auth.,* 4. *Deuterus plag.,* 5. *Tritus auth.,* 6. *Tritus plag.,* 7. *Tetrardus auth.,* 8. *Tetrardus plagalis.* In der gleichen Weise zählte man die Kirchentonarten latein. vom 1. bis 8. *Modus* durch.
Im 9./10. Jh. übernahm man die Namen der griech. Tonarten, zurückgehend über BOETHIUS († 524) auf die ptolemäischen Transpositionsskalen sowie beeinflusst durch den byzantin. *Oktoechos.* Durch einen Irrtum stimmen die Namen der Kirchentöne jedoch nicht mit den originalen griech. Tonarten überein, z. B. griech. dorisch e–e, ma. dorisch d–d (vgl. Tabellen S. 90 und 176 f.).
Die Melodiemodelle in Abb. A stammen von JOHANNES AFFLIGEMENSIS (12. Jh.). Sie zeigen für den 1. Modus die typische aufsteigende Quinte mit weiterem Anstieg zur kleinen Septe, dann Melodieabfall, Verweilen auf dem Tenor a und Kadenz zur Finalis d. Im Beispiel für den 2. Modus wird die Finalis d entsprechend dem nach unten verlagerten Ambitus der Plagaltonart bis zum a abwärts unterschritten, im Übrigen aber umsungen, mit typischem Aufstieg zur Terz als Tenor.

Das Hexachordsystem
Das Hexachord (*Sechssaiter*) ist eine Sechstonreihe mit festliegenden Tonabständen: 2 Ganztöne unten, 1 Halbton in der Mitte und 2 Ganztöne oben. Jedem dieser Töne wächst aus seiner Umgebung eine bestimmte »Qualität« zu. So hat der dritte Ton stets einen Halbton über sich. Um die Lage der 6 Töne leichter einprägsam zu machen und damit ein System zum Blattsingen unbekannter Melodien zu entwickeln, unterlegte GUIDO VON AREZZO dem Hexachord Tonsilben (*Epistola de ignotu cantu,* 1028). Die Silben stammen aus einem Johanneshymnus aus dem 8. Jh., während GUIDO selbst wohl die dorische Melodie dazu erfand: Es fallen dabei die ersten Silben der Halbverse *ut re mi fa sol la* auf die Töne *c d e f g a.* Der Halbton liegt immer zwischen den Silben *mi* und *fa,* denn die Silben bezeichnen relative Tonhöhen. Das Hexachord wurde auf c, auf g, später auch auf f aufgebaut:
- c: *hexachordum naturale*
- g: *hexachordum durum* (mit h)
- f: *hexachordum molle* (mit b)

Auf das ganze System verteilt ergaben sich 7 ineinander greifende Hexachorde, die der Sänger im Kopf hatte. Überstieg eine Melodie einen Hexachordumfang, so ging man rechtzeitig in ein anderes Hexachord über (*Mutation*). Das Denken in Hexachorden und das Singen nach Tonsilben, das sog. Solmisieren, machten es den Sängern möglich, die Lage des Halbtons zu behalten oder bei entsprechender Mutation neu zu finden (Abb. D).
Auf GUIDO geht auch die sog. *guidonische Hand* zurück, an deren Gliedern sich der Sänger die Töne des Systems merken konnte (Abb. C). Sie dürfte auch zur Demonstration in den Gesangsschulen und beim Chorleiten verwendet worden sein.
Die hexachordale Solmisation hielt sich bis ins 16. Jh., wurde dann leicht verändert und zur Oktave erweitert: *do re mi fa sol la si (ti) do.* Sie ist vor allem in den roman. Ländern heute noch in Gebrauch (*Solfège; Solfeggio*).

Musica ficta. Im Laufe des 13./14. Jh. erschienen chromat. Töne im sonst diaton. System. So führte z. B. ein Hexachord d–h zum Ton fis, denn da zwischen *mi* und *fa* stets ein Halbton liegt, muss f zu fis erhöht werden (Tritonus-Verbot: *mi contra fa, diabolus in musica*). Diese scheinbare Chromatik (*musica ficta, musica falsa*) spielt im gregorian. Choral kaum eine Rolle, um so mehr in den weltl. und geistl. Neukompositionen des Spätmittelalters.

A **Kyrie-Tropus ›Fons bonitatis‹**, Original (2. Kyrie, Ed. Vat.) und Tropierung (nach St. Gallen, Ms. 383, 13. Jh., vgl. Tack), Anfang

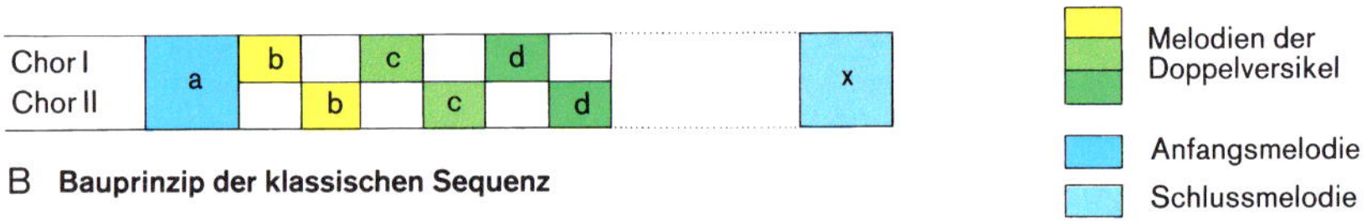

B **Bauprinzip der klassischen Sequenz**

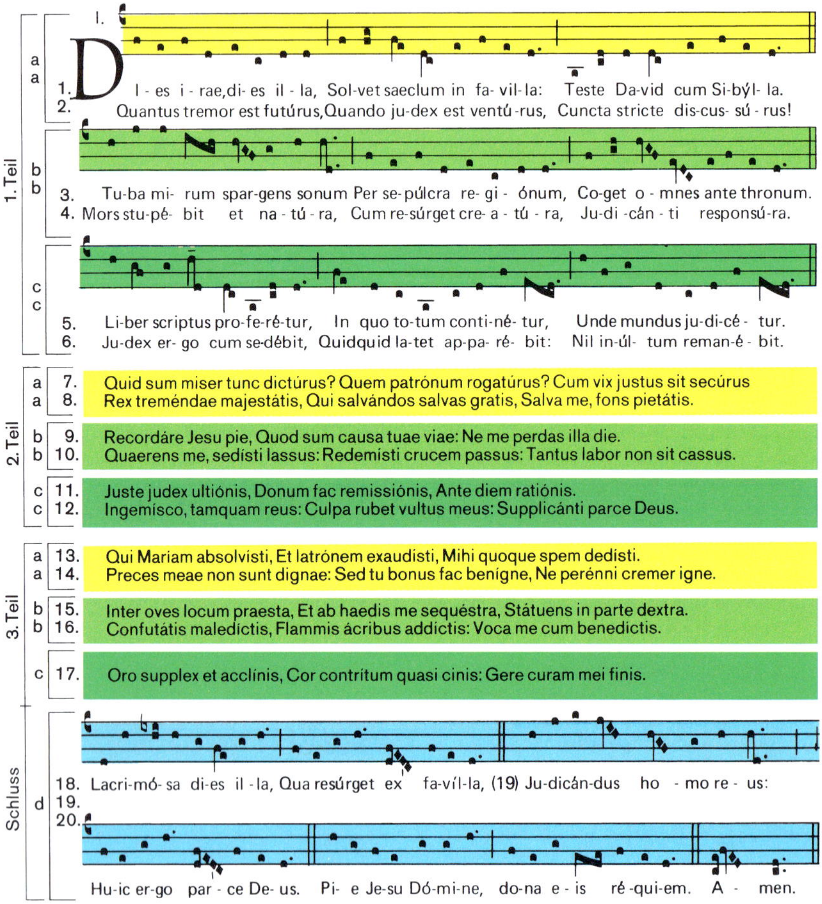

C **Strophische Sequenz,** Thomas von Celano († 1256), Dies irae, Sequenz der Totenmesse (Ed. Vat.)

Kyrietropus, Sequenzstrukturen

Tropus und Sequenz. Als in karoling. Zeit der röm. Choral als sanktioniertes Melodiengut der Kirche verbreitet wurde, fand der Drang zum Neuschaffen in der Kirchenmusik mit *Tropus* und *Sequenz* eine eigene Ebene. Man nimmt an, dass sogar weltl. Musiziergut in diese Schicht eindrang. Tropen und Sequenzen gelten als bes. Schmuck (an Festen). Sie finden sich überwiegend in der Messe.

Der Tropus ist eine formal nicht festgelegte Ergänzung zum Choral, und zwar eingeschoben oder angehängt. Arten des Tropierens:

- **Textieren von Melismen** (Abb. A): Der Tropus ist ein neuer Text, der einem vorhandenen Melisma im Choral *syllabisch* unterlegt wird (auf jeden Ton des Melismas kommt eine Silbe des neuen Textes). Dieser nimmt auf den Choraltext Bezug: So wird in Abb. A das Wort »Kyrie« durch den Tropus ergänzt.
- **Neuer Text mit neuer Melodie:** Beide richten sich dabei nach dem Choraltext bzw. der Choralmelodie (Tonart usw.).
- **Rein melodische Interpolation:** In den gregorianischen Choral wird zum Schmuck einer bestimmten Stelle ein Melisma eingefügt. So könnte das Melisma im Kyrie in Abb. A bereits ein melodischer Tropus sein. Die eingefügten Melismen lassen sich zuweilen nach Stil und Quellenlage (begrenzte Überlieferung) erkennen.

Die Sequenz ist ein Sonderfall des Tropus: die Textierung des langen Melismas auf der letzten Silbe des *Alleluia,* des sog. *Jubilus,* auch *sequentia* oder *longissima melodia.* Der Jubilus bzw. die Sequenz erklang in der Messe bei der Alleluia-Wiederholung nach dem Psalmvers (*All.-Versus-All.*) vor dem Evangelium. In Messen ohne Alleluia steht die Sequenz nach dem Tractus.

Aus der Frühzeit der Sequenz gibt es den bekannten Bericht des NOTKER BALBULUS von St. Gallen († 912): NOTKER bestätigt die Schwierigkeit, die langen textlosen Jubili auswendig zu lernen. Bei einem Flüchtling aus dem 851 von den Normannen zerstörten Kloster Jumiège bei Rouen sah er textierte Jubili (*prosa* genannt) und dichtete daraufhin selber »bessere« Texte für die Alleluiamelismen. Aus der Gedächtnisstütze wurde eine eigene dichterische und bald auch musikal. Form.

Aufbau der Sequenz (Abb. B). In der klassischen Sequenz wurden je zwei Verse auf die gleiche Melodie gesungen, wobei zwei Halbchöre abwechselten. So entstand eine Reihe von *Doppelversikeln,* eingeleitet und abgeschlossen von einem einzelnen, gemeinsam gesungenen Vers. Die Verse sind ganz unterschiedl. lang. Es gibt gleichzeitig jedoch *a-parallele* Sequenzen ohne Doppelversikel oder mit unregelmäßigem Bau, ferner die früher sog. *archaische* Sequenz mit *doppeltem Kursus,* d. h. Wiederholung mehrerer Versikel.

Weltliches Gegenstück der Sequenz ist der *Lai* oder *Laich* und die instrumentale *Estampie* (S. 192 f.).

In der **Geschichte der Sequenz** unterscheidet man drei Epochen:

1. **Die klassische Sequenz,** etwa 850–1050, besonders in St. Gallen, auf der Reichenau und im Kloster St-Martial von Limoges (ost- und westfränkisches Repertoire). Die wichtigsten Vertreter sind, außer NOTKER, EKKEHART I. († 973) von St. Gallen, HERMANNUS CONTRACTUS († 1054) und BERNO († 1048) von der Reichenau, ferner WIPO VON BURGUND († um 1050).
2. **Die Reimsequenz,** ab 12. Jh., mit Angleichung der Versikelpaare in Länge und Rhythmus, mit Reim statt Assonanz, mit eigenen Melodien und ohne Bezug zum Alleluia. Bedeutendster Vertreter ist der Augustiner ADAM VON ST. VICTOR bei Paris († 1177).
3. **Die Strophensequenz,** ab 13. Jh., eine Weiterentwicklung der Reimsequenz; Vertreter: THOMAS VON CELANO († 1256), THOMAS VON AQUIN († 1274) usw.

Die Sequenzen, bes. des jüngeren Stils, waren im MA. so beliebt, dass sie einen großen liturg. Raum einnahmen. Ihr Bestand betrug etwa 5000. Das Tridentiner Konzil beschränkte im 16. Jh. ihre Zahl in der offiziellen röm. Messliturgie auf vier:

- *Victimae paschali laudes,* von WIPO VON BURGUND, eine Sequenz zu Ostern,
- *Veni sancte spiritus,* von STEPHAN LANGTON (Canterbury, † 1228), zu Pfingsten,
- *Lauda Sion,* von THOMAS VON AQUIN, als Sequenz zum Fronleichnamsfest,
- *Dies irae,* von THOMAS VON CELANO, als Sequenz des Requiems.

Dazu wurde 1727 als fünfte Sequenz eingeführt:

- *Stabat Mater,* vom Franziskaner JACOPONE DA TODI († 1306) oder dem hl. BONAVENTURA (?), zum Fest der Sieben Schmerzen Mariae am 15. 9.

Abb. C zeigt die Sequenz des Requiems vollständig: Jeder Versikel ist zu einer dreizeiligen Strophe ausgebaut, je 2 Strophen werden auf die gleiche Melodie gesungen (alter Doppelversikel), je 3 Melodiezeilen werden als »Großstrophe« wiederholt (ohne Doppelversikel bei Strophe 17) und die Strophen 18–20 bilden einen freien Schluss. Die düstere dorische Melodie wird immer wieder zitiert (z. B.: BERLIOZ, *Sinfonie fantastique;* LISZT, *Totentanz*).

Liturgisches Drama. Aus den Introitus-Tropen zu Ostern und Weihnachten entwickelten sich gesungene Dialoge, die bald auch dramatische Aktion aufnahmen. So entstanden selbstständige, kleine geistliche Spiele, z. B. das *Danielspiel,* und später die *Mysterien,* die auch außerhalb der Liturgie und der Kirche aufgeführt wurden.

A **Laissenstrophe** mit Refrain, Anonymus, Chanson de Toile (Trouvère, 13. Jh.?)

B **Lai(ch)strophe,** Raimbaut de Vaqueiras, Estampida, (Troubadour, 12. Jh.), sequenzartiges Bauprinzip und Beispiel der 1. Strophe

Musik	ab	a	a	ab	ab
Bau	R	Ad	R	Ad	R

Rondeau

Musik	ab	c	c	db	ab
Bau	R	St	St	A	R

Virelai

Musik	(ab)	cd	cd	ef	ab
Bau	R	St	St	A	R

Ballade

Musik		ab	ab	cde	
Bau		St	St	A	

Kanzone

C **Kanzonenstrophe und Strophenformen mit Refrain**

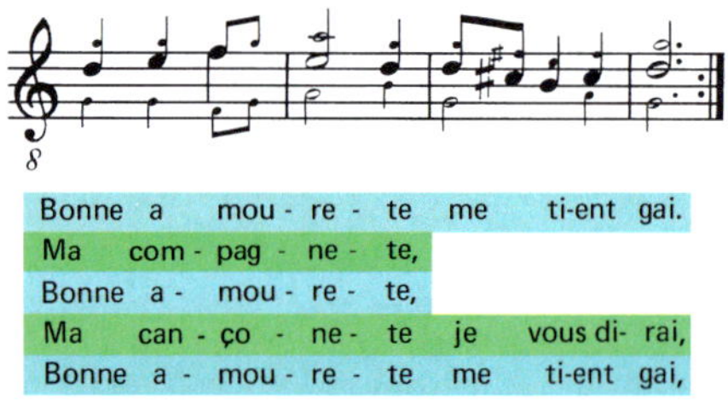

D **Adam de la Halle, Rondeau,** Original (Ms. Paris, BN, f. fr. 25566, fol. 33) und Übertragung

Halbschluss (ouvert) — Ganzschluss (clos) — Chor (Refrain) — Solo (Additamenta)

A Abgesang — Ad Additamenta — St Stollen — R Refrain

Strophenformen

Die weltl. Lyrik des MA. begann im letzten Drittel des 11. Jh. mit den **Troubadours** in Südfrankreich und wurde ein Jh. später von den **Trouvères** in Nordfrankreich und von den **Minnesängern** im deutschsprachigen Raum fortgesetzt. Die Bewegung hatte ihren Höhepunkt um 1200. Sie verebbte mit dem Niedergang des klassischen Rittertums Ende des 13. Jh.

Die neue weltl. Liedkunst ist das Gegenstück zur gleichzeitigen geistl., also formal zu Reim- und Strophensequenz, Hymnus und Conductus, inhaltlich bes. zur Marienverehrung. **Entstehungsland** ist **Aquitanien,** das auch im Bereich der geistl. Neuschöpfungen eine führende Rolle einnahm (bes. St-Martial, vgl. S. 191 und 201).

Der Kreis, in dem diese Lyrik gepflegt wurde, war der *Adel,* dazu kamen Kleriker und im Dienste des Adels stehende Bürgerliche.

Troubadours und Trouvères (von provenzal. *trobar,* frz. *trouver,* finden) bedeuten vom Wort her Erfinder von Text und Melodie, (*Dichtermusiker*). Sie unterscheiden sich nach frz. Dialekten. Sprachgrenze ist die Loire. Südlich herrscht die *langue d'oc* der Troubadours (provenzal. *oc,* ja), nördlich die *langue d'oil* der Trouvères (altfrz. *oil,* frz. *oui,* ja).

Die Liedtypen nach ihrer Form

Die mittelalterl. Liedkunst produzierte eine unübersehbare Fülle textl. und musikal. Formen. Man teilt sie (nach GENNRICH) in 4 Grundtypen ein:

1. Litaneitypus: Vortragsform der ältesten Versepen, wobei jeder Vers auf die gleiche Melodie gesungen wurde:

a) **Chanson de Geste:** das erzählende Heldenlied in Langzeilenversen ohne feste Strophen, sondern mit freien Abschnitten **(Laissen);** diese Abschnitte sind unterschiedl. lang und enden mit einer Schlusswendung (z. B. *Rolandslied*);

b) **Laissenstrophe:** regelmäßige Abschnittsbildung in der *Chanson de Geste,* nach einer bestimmten Anzahl von Melodiewiederholungen je Vers mit Halbschluss (frz. *ouvert,* offen) folgt eine letzte Wiederholung mit Ganzschluss (frz. *clos,* geschlossen), z. B. Abb. A, Zeile 1: 3fache Wiederholung, Zeile 2: Schluss;

c) **Rotrouenge: Laissenstrophe** aus 3–5 Zeilen und einem **Refrain** (Abb. A). Die Strophe sang der Solist, den Refrain der Chor. Laissenstrophe und Rotrouenge sind die ältesten frz. Liedformen.

Die **Chanson de Toile** ist eine kleinere Form der *Chanson de Geste.* Sie erzählt Märchen-, Romanzen- und Liebesstoffe, etwa von einer unglücklichen Königstochter (Abb. A).

2. Sequenztypus: Wie in der geistl. Sequenz mit ihren Doppelversikeln erhalten je zwei Verse gleichen Reim und gleiche Melodie mit Halb- und Ganzschluss; die Verspaare sind ungleich lang; Bezeichnungen: **Lai, Laich (Leich), Descort, Estampida (Estampie),** Letztere instrumental.

Die Estampida *Kalenda maya* soll urspr. von zwei alternierenden Fiedelspielern aufgeführt und erst dann textiert worden sein. Ihre 1. Zeile wird entgegen dem alten Sequenzprinzip wiederholt, hat aber nur Ganzschluss (Abb. B).

3. Hymnentypus: geht auf die Form der *ambrosian. Hymne* zurück: jambische Dimeter in 4 Zeilen mit durchkomponierter Melodie a b c d (**Vers,** s. S. 180, Abb. E). Wird die erste Doppelzeile wiederholt, entsteht die

a) **Kanzonenstrophe:** Stollen, Stollen, Abgesang (ab ab cd, **Barform**), der Abgesang ist meist 3-zeilig (ab ab cde; Abb. C);

b) **Rundkanzone:** Der Stollenschluss wird am Schluss des Abgesangs wieder aufgenommen (ab ab cdb; vgl. S. 196, Abb. B).

4. Rondeltypus: Liedformen mit *Refrain,* wohl vom Sequenztypus hergeleitet (*verkürzter Strophenlai*), doch überschneidet sich das Kernstück der Strophe in Ballade und Virelai mit der *Kanzonenstrophe* des Hymnentypus:

a) **Ballade:** eine Kanzonenstrophe mit Refrain, zuweilen mit Refrain vorweg und doppelzeilig (Abb. C);

b) **Virelai:** eine Kanzonenstrophe umrahmt vom Refrain, dessen zweite Hälfte auch im Abgesang auftaucht (Abb. C);

c) **Rondeau:** Wechsel von Chor (*Refrain*) und Solo (sog. *Additamenta,* Zusätze), beide singen die gleiche zweizeilige Melodie oder deren 1. Hälfte nach dem Schema in Abb. C (vgl. Beispiel Abb. D).

Die Troubadours verwenden neben den frühen *durchkomponierten Versen* vor allem den *Hymnentypus* und die einfacheren Strophenformen, während bei den Trouvères *Litanei-, Sequenz-* und *Rondeltypen* überwiegen.

Die Melodien sind im Stil die gleichen wie die der geistl. Lieder. Sie bewegen sich tonal im Rahmen der **Kirchentonarten.** Kontrafaktur ist häufig. Die alte Auffassung, dass die Melodien im Rhythmus der 6 Modi (S. 202 f.) gesungen wurden, kann nicht aufrechterhalten werden; vielmehr herrscht entsprechend der melodischen auch eine **rhythmische Vielfalt,** die sich an der Textdeklamation orientiert (VAN DER WERF: *»deklamatorischer Rhythmus«*). Indes liegen auch einzelne modale und mensurale Aufzeichnungen vor.

Die Liedtypen nach Inhalten

Die mittelalterl. Lyrik legt Wert auf die kunstvolle Ausgestaltung überlieferter **Topoi.** Nicht primär im persönl. Erlebnisbericht, sondern im Einfallsreichtum der textl. und musikal. Strukturen und ihrer Variation entfaltet sich die Kunst der Dichtermusiker. Es entstehen bestimmte Liedtypen:

– **Chanson (Kanzone, Lied):** Liebeslied, meist mit unerfüllter Sehnsucht oder vorgetäuschter Erfüllung;

- **Alba, Aube (Taglied):** der Tagesanbruch trennt das liebende Paar;
- **Pastorela:** besingt die niedere Minne (Ritter-Bauernmädchen);
- **Sirventes (Spruch):** politische, moralische, soziale und sonstige Lieder;
- **Chanson de Croisade (Kreuzlied):** Kreuzzugsaufrufe oder -berichte;
- **Lamentation, Planch (Trauerlied):** auf den Tod des Dienstherrn u. a.

Außerdem gibt es das **Jeu parti, Tenso** oder **Partimen** (Wechselreden und Streitgespräche), die **Ballades** (Tanzlieder) usw.

Geschichte

Der erste bekannte Troubadour ist WILHELM (GUILLAUME) IX. VON AQUITANIEN (1071 bis 1126). Er hat wahrscheinlich Vorläufer gehabt. ELEONORE VON AQUITANIEN, Enkelin WILHELMS IX., wurde für die Vermittlung der Troubadourskunst nach Norden wichtig, denn in 1. Ehe (1137–1152) war sie mit LUDWIG VII., König von Frankreich, verheiratet, in 2. Ehe (1152) mit Herzog HEINRICH V. ANJOU-PLANTAGENET, der 1154 als HEINRICH II. König von England wurde. Ihre Töchter führten die Tradition des ritterl. Frauendienstes weiter, bes. MARIE, verh. mit HEINRICH I. VON CHAMPAGNE († 1181), der in Troyes residierte. MARIE wusste die bedeutendsten Troubadours und Trouvères an ihren Hof zu ziehen, darunter CONON DE BÉTHUNE, GACE BRULÉ und CHRÉTIEN DE TROYES, den Begründer der Romantradition um den sagenhaften König Artus und seine Ritter Erec, Iwein, Lanzelot, Parzival, Tristan usw.
Die Troubadoursbewegung findet ihr Ende im 1. Drittel des 13. Jh., mitverursacht durch die **Albigenser-Kriege** (1209–1229) in Südfrankreich.

Liedinhalte: WILHELMS Lieder zeigen noch große Natürlichkeit; Ziel ist eine gehobene, höfische Unterhaltung.
Die Liebe wird zum Zentralthema in den Liedern JAUFRÉ RUDELS († um 1150). Vor allem besingt er die *ferne* Geliebte, d. h. ihm geht es nicht um die natürliche Erfüllung der Liebessehnsucht, sondern um die Aufrechterhaltung der Spannung, das Leid des Zurückgewiesenen, die Stilisierung der Situation. Die Dame ist unerreichbar hohen Standes (*hôhe minne,* s. u.). JAUFRÉ RUDEL war wie BERNART DE VENTADORN und viele andere Bürgerlicher im Adelsdienst, was die Kluft zur besungenen Dame vergrößerte.
Trobar clus: Geistliche mit hoher lat.-lit. Bildung, z. B. PEIRE D'ALVERNHE oder der berühmte FOLQUET DE MARSEILLE führten eine gelehrte Dichtung herauf, indem sie in Bildern und Vergleichen, in Anspielungen auf die antike Mythologie und in philosophierenden Gedanken Hintergründiges und Verschlossenes (*motz serratz e clus*) in die frz. Verse trugen.

Tanzlieder: Viele Lieder sind volkstümlich gehalten. Sie besingen den Frühling, den Tanz, das Spiel usw. Ein Beispiel bietet RAIMBAUT DE VAQUEIRAS mit seinem Mailied *Kalenda maya.* Die durchsichtigen Kurzzeilen mit ihren gleich schwingenden Reimen fangen im raschen Dreierrhythmus die Leichtigkeit und Helle des Maitanzes ein (S. 192, Abb. B, 1. von 5 Strophen vollständig).

Die Generationen der Troubadours. Überliefert sind etwa 450 Namen, dazu fast 2500 Gedichte und etwa 300 Melodien.

1. **Epoche (1080–1120):** GUILLAUME IX., Herzog von Aquitanien und Graf von Poitiers (1071–1126), 11 Liedtexte erhalten;
2. **Epoche (1120–1150):** JAUFRÉ RUDEL († um 1150), Motiv der Fernliebe, 3 Melodien; MARCABRU († um 1140), am Hof WILHELMS X. in Poitiers und bei ALFONS VIII. von Kastilien, 4 Melodien, *trobar clus;*
3. **Epoche (1150–1180):** BERNART DE VENTADORN (1130–95), berühmtester Troubadour, 19 Melodien erhalten, darunter das *Lerchenlied*;
4. **Epoche (1180–1220):** Hochblüte um 1200, PEIRE VIDAL († 1205), RAIMBAUT DE VAQUEIRAS († 1207), am Hofe BONIFAZ' II. von MONTFERRAT (S. 192, Abb. B), PEIROL, AIMERIC DE PEGUILHAN, ARNAUT DANIEL († 1210), der »größte Dichterkomponist« (DANTE), FOLQUET DE MARSEILLE († 1231), hochgelehrt, Bischof von Toulouse;
5. **Epoche (Spätzeit bis 1300):** GUIRAUT RIQUIER († 1298), der letzte Troubadour.

Die Generationen der Trouvères. Die Liederhss. führen eine Unzahl von Namen auf. Über 4000 Gedichte sind erhalten, dazu etwa 2000 Melodien (älteste Hs. *Chansonnier d'Urfé,* um 1300).

1. **(1150–1200):** CHRÉTIEN DE TROYES (1120–1180), RICHARD LÖWENHERZ († 1199), BLONDEL DE NESLE (* 1155, Befreiung RICHARDS von Burg Trifels);
2. **(1200–1250):** CONON DE BÉTHUNE († 1219 auf Kreuzzug), GACE BRULÉ († 1220), COLIN MUSET († 1250), THIBAUT IV DE CHAMPAGNE (Roi de Navarre, † 1258), Prior GAUTIER DE COINCI († 1236, geistl. *Miracle de la Sainte Vierge,* darin viele Kontrafakta weltl. Melodien, weit verbreitet);
3. **(1250–1300):** JEHAN BRETEL († 1272), Bürger in Arras, und vor allem ADAM DE LA HALLE (1237–1287), Menestrel ROBERTS II. von Arras, mit ihm 1283 nach Neapel; u. a. 16 3-st. Rondeaux (S. 192, Abb. D, Hauptstimme in der Mitte, vgl. S. 209) und 18 Jeux partis, darunter das Singspiel *Jeu de Robin et de Marion* mit Dialogen und 28 Liedern.

Im Laufe des 13. Jh. übernehmen die bürgerl. Singvereinigungen der Städte (**Puis**) die Bewegung. Die Ursprünglichkeit wird durch Wettbewerb, Reglement und Künstlichkeit ersetzt.

Minnesang. Um die Mitte des 12. Jh. setzt die mhd. Lyrik ein, die wegen ihrer vorherrschenden Liebesthematik **Minnesang** genannt wird. Diese Lyrik wird wie in Frankreich getragen vom **Adel**, dem **Rittertum** und begabten **Ministerialen** (Dienstleuten). Mit dem Niedergang des Rittertums und dem Erstarken der Städte im 14. Jh. wird der Minnesang vom bürgerlichen Meistersang abgelöst.

Die Entstehungstheorien beziehen sich zunächst auf den Text. Sie gelten auch für die frz. Lyrik:

- **antike Theorie** (unbestritten): Vorbild sei die klass. lat. Dichtung (OVID, HORAZ);
- **mittellat. Theorie** (sehr wahrscheinlich): Vorbild seien die Romane des MA. (z. B. *Abaelard und Heloisa*), die Vagantenlyrik und die geistl. Dichtung;
- **arabische Theorie** (unbestritten): Arabische Liebeslyrik und der hohe Frauenkult in Spanien beeinflussten das benachbarte Südfrankreich;
- **Volksliedtheorie** (fraglich): Verschollene volkstümliche Lieder steigen in die Kunstsphäre auf.

Die Herkunft der Melodien ist ungeklärt. Sie könnten **Kontrafakta** oder Nachbildungen geistl. Lieder sein, aber auch bodenständigem weltl. Liedrepertoire entstammen.

Die Liedformen übernahm man vom Westen, bes. die **Barform** der frz. **Kanzone** und das Sequenzprinzip des frz. **Lai (Laich).** Selten sind dagegen die Formen mit Refrain (kein Trouvères-Einfluss).

Die Melodien der Lieder wurden vom Dichter selbst erfunden. Jedes Lied hatte seine eigene Melodie, dennoch war Übernahme fremder Melodien möglich: So wurden viele roman. Melodien wegen ihrer internationalen Beliebtheit (Kreuzzüge, Pilgerfahrten usw.) nachgesungen. Der Terminus **Lied** (mhd. *diu liet*) bezieht sich übrigens zunächst auf den Text (Strophenform), die Melodien heißen *doene* (Töne). Doch wurden die Gedichte grundsätzlich nicht rezitiert, sondern gesungen (»ein Vers ohne Musik ist wie eine Mühle ohne Wasser«, FOLQUET DE MARSEILLE).

Eine Entwicklung der Melodien ist mangels Quellen nicht zu belegen. Eine erste Epoche der Einstimmigkeit liegt im 12./13. Jh., in einer 2. Epoche im 14./15. Jh. tritt verstärkt Durmelodik hervor, und es tauchen vereinzelt mehrst. Bearbeitungen auf (MÜNCH V. SALZBURG, OSWALD VON WOLKENSTEIN, s. S. 256 f.).

Der Rhythmus ist wie in Frankreich durch die Choralnotation der meisten Melodien nicht eindeutig auszumachen. Übertragung mit gleich langen Notenwerten wie im Choral muss entfallen, denn auch die geistl. Lieder der Zeit sind rhythmisiert. Abb. B, S. 196, zeigt einen *4-hebigen* Übertragungsversuch (LUDWIG) und einen *modalen* nach roman. Vorbild (HUSMANN).

Die Aufführungspraxis. Die Dichtermusiker sangen meist selbst, ließen sich aber oft von Instrumentalisten (*Spielleute, Jongleure*) auf **Fiedel, Laute, Harfe** usw. begleiten, sofern sie sich nicht selbst begleiteten. Die Instrumente besorgten Vor-, Zwischen- und Nachspiele. Zum Gesang erklangen sie nicht in Akkorden, sondern in einer Art **Heterophonie:** Sie spielten die gleiche Melodie mit Varianten und Verzierungen. Aufzeichnungen von Instrumentalbegleitungen gibt es nicht. Sie wurden improvisiert.

Hörerkreis. Der Dichter schrieb seine Lieder für einen bestimmten Bekanntenkreis. Er trug sie auf der Burg auch vor diesem vor (Adel, Ritter, Damen usw.). Häufig nehmen die Lieder auf diese Personen Bezug.

Die Liedinhalte entsprechen abgesehen von bes. Situationen den **Topoi** der Troubadours und Trouvères. Schwergewicht liegt auf der hochstilisierten Formkunst, die nur die großen Dichter zu persönlicher Aussage vertiefen.

Das vom Westen importierte ritterl. Ideal der **hôhen minne,** die keine Erfüllung kennt, hat mit ihrer *tiurenden* Kraft erzieherischen Wert. Ihr steht die sinnliche **nidere minne** gegenüber.

Außerhalb der Minnethematik liegt der große Bereich der **Sprüche** (frz. *sirventes*).

Die Generationen der Minnesänger
lassen sich nur anhand der lit.-gesch. Gliederung verfolgen:

1. **Epoche (1150–1170),** *früher donauländischer Minnesang* (ohne westl. Vorbild?): die **5 Namenlosen** mit ihren Liebesliedern im Volksliedton, der KÜRENBERGER (Strophenform wie Nibelungenlied), MEINLOH VON SEVELINGEN, DIETMAR VON AIST.
2. **Epoche (1170–1200),** *Minnesangs Frühling,* starker Westeinfluss: HEINRICH VI. (Sohn Barbarossas, † 1197, Messina), HEINRICH VON VELDEKE (Niederrhein), FRIEDRICH VON HAUSEN († 1190 auf BARBAROSSAS Kreuzzug), RUDOLF VON FÉNIS-NEUENBURG (Schweiz), HEINRICH VON RUGGE (Tübingen).
3. **Epoche (1200–1230),** *Höhe des Minnesangs:* REINMAR VON HAGENAU († 1205, Wien, klagende Fernliebe voller Unwirklichkeit), HARTMANN VON AUE († 1215, Freiburg?), HEINRICH VON MORUNGEN († 1222, Meißen, hintergründig gelehrte Lieder), NEIDHART VON REUENTHAL († um 1245, Bayern, dörflich-derbe Pastorelen) und vor allem WALTHER VON DER VOGELWEIDE (um 1170–1230, Würzburg), der bedeutendste Minnesänger. WALTHER lernte »singen und sagen« (also *komponieren und dichten*) in Österreich, wirkte am Babenberger Hof in Wien (bis 1198), beim Landgrafen HERMANN VON THÜRINGEN (bis 1202), machte 1207 (?) den sagenhaften Sängerkrieg auf der Wartburg mit, war dann bei OTTO IV. (1212) und später bei FRIEDRICH II. (ab 1214), der ihm in Würzburg ein Lehen gab.

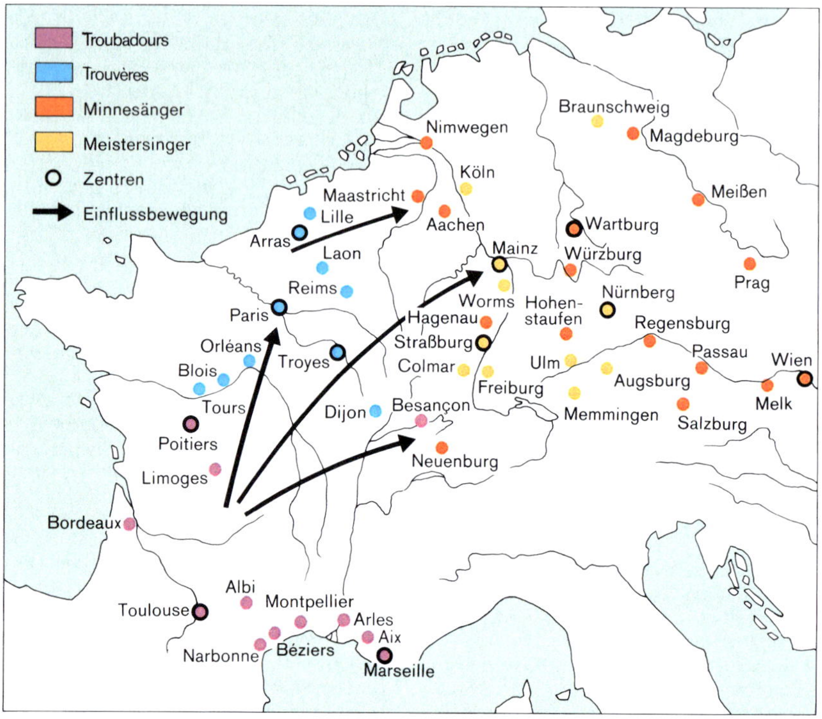

A **Stätten der weltlichen Liedkunst im Mittelalter**

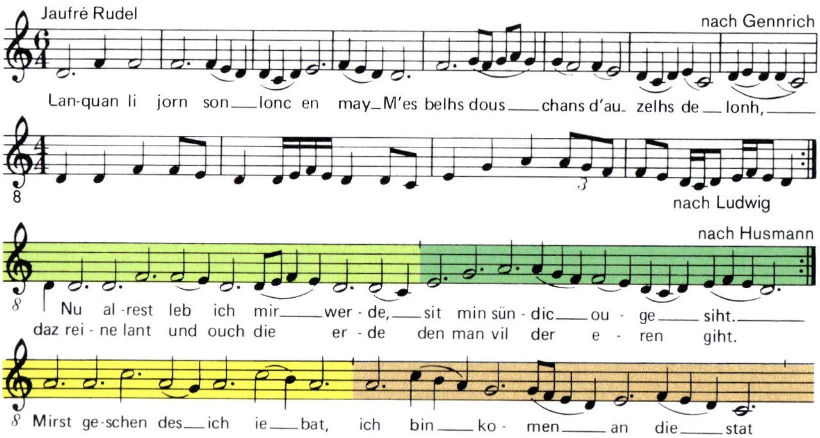

Musik	a	b	a	b	c	d	b
Reim	a	b	a	b	c	c	c
Bau	Stollen		Stollen		Abgesang		

Rundkanzone

Melodieabschnitte

B **Walther von der Vogelweide,** Palästinalied (um 1228), mögliche Vorlage (J. Rudel, um 1140) und Form

WALTHER geht aus vom höfischen Ideal der **hôhen minne,** bringt in seinen Mädchenliedern einen lebensvollen Gegenklang und gelangt schließlich zur **ebenen minne,** der gleichberechtigten Partnerliebe. Bedeutsam sind seine polit. und religiösen Lieder. Das **Palästinalied** schrieb WALTHER für den Kreuzzug von 1228 (ohne selbst mitzuziehen). Es ist die einzige vollständig erhaltene Melodie WALTHERS (Abb. B). Sie geht vielleicht auf ein frz. Vorbild zurück (RUDEL), doch ergeben sich auch ohnedies durch die Melodietypen der Modi Verwandtschaften. Zugleich hebt sich WALTHERS Melodie aber deutlich ab. – Dass es sich formal um eine **Rundkanzone** handelt, lässt sich nur an der Melodie, nicht am Text erkennen.

4. **Epoche (1230–1300),** *Wende des Minnesangs:* gekennzeichnet durch den Übergang in die bürgerl. Schichten, KONRAD VON WÜRZBURG († 1287), HEINRICH VON MEISSEN, gen. FRAUENLOB († 1318, Mainz), WIZLAV III., FÜRST VON RÜGEN († 1325), der legendäre TANNHÄUSER (wirkte um 1250 in Bayern).
5. **Epoche (14./15. Jh.),** *später Minnesang:* läuft schon parallel zum Meistersang, u. a. mit HERMAN MÜNCH VON SALZBURG (14. Jh.), HUGO VON MONTFORT (1357 bis 1423, Bregenz) und OSWALD VON WOLKENSTEIN (1377–1445, Tirol, »letzter Minnesänger«).

Die Quellenlage. Während die Texte des Minnesangs schon ab dem 13./14. Jh. überliefert sind (z. B. in der *Großen Heidelberger Liederhandschrift,* dem *Codex Manesse* von 1315–30, ohne Noten), stammen die Melodieaufzeichnungen erst aus dem 14.–16. Jh. (noch original?). Die Meistersinger haben die Melodien der Minnesänger benutzt, gesammelt und aufgezeichnet. Die wichtigsten Quellen sind:

- **Münsteraner Fragment,** Anfang des 14. Jh., Quadratnotation, 3 Melodien WALTHERS mit Text, davon eine vollst. (Abb. B);
- **Carmina burana,** um 1300 (bis 1803 im Kloster Benediktbeuern, heute in München, Stb.), z. T. mit Neumen, **lat.** und **mhd. weltl. Lyrik** von Geistlichen (PHILIPPE DE GRÈVE, STEPHAN LANGTON usw.), aber auch von DIETMAR VON AIST, REINMAR, WALTHER, MORUNGEN, NEIDHART usw.) mit Sprüchen, Liebesliedern (oft mit **mhd. Zusatzstrophen**), Trink- und Tanzliedern der **Vaganten** (entlaufene Kleriker und Studenten) und geistl. Spielen;
- **Jenaer Liederhandschrift,** um 1350, Quadratnotation, 91 Melodien;
- **Wiener Liederhandschrift,** vor 1350, Melodien FRAUENLOBS, REINMARS VON ZWETER usw.;
- **Mondsee-Wiener Liederhandschrift,** um 1400, 56 Melodien, bes. vom MÜNCH VON SALZBURG;
- **Kolmarer Liederhandschrift,** um 1460, womöglich das *»Goldene Buch von Mainz«,* 105 Melodien;
- **Donaueschinger Liederhandschrift,** um 1450, 21 Melodien, bes. FRAUENLOBS;
- **Rostocker Liederbuch,** um 1475, 31 Melodien.

Melodiezuweisung zu einem Text kennt 3 Sicherheitsgrade:

1. Text und Melodie sind zusammen überliefert; sehr selten (*Münster. Fragm.*, s. o.).
2. Eine Melodie mit fremdem Text trägt den Namen eines Minnesängers, z. B. *»Herrn Walthers guldin weise«* in der *Kolmarer Liederhs.* Sie passt jedoch formal genau auf einen best. WALTHER-Text, in diesem Fall auf das *Taglied.* Die Zuweisung bleibt zweifelhaft.
3. Melodien aus roman. Überlieferung werden zu inhaltl. und formal entsprechenden mhd. Liedtexten gesetzt **(Kontrafaktur).** Je komplizierter die Form, desto stichhaltiger die Zuweisung.

Die Meistersinger

Bürger, vor allem Handwerker, schlossen sich zu zunftmäßigen **Singschulen** zusammen mit festen Regeln und Satzungen (ähnlich den *Puis* in Frankreich). Blütezeit dieser Singbewegung war das 15./16. Jh. (Mainz, Würzburg, Nürnberg usw., Abb. A). Die Bewegung verfiel im 17. Jh.

Die Texte waren meist bibelbezogen, oft politisch-satirisch, doch gab es auch Schwank- und Tanzlieder.

Die Melodien (*Töne*) sind modal mit Dur-Moll-Tendenz, syllabisch, z. T. mit melismat. Verzierungen (*»Blumen«*).

Als Strophenform dominiert die **Barform** (aab), auch mit *Doppelversikel* aa, Steg b und Wiederaufnahme des Versikels a.

Die Lieder wurden in eigenen Handschriften gesammelt und streng gehütet. Am bekanntesten ist das *»Goldene Buch von Mainz«* (*Kolmarer Liederhandschrift*, s. o.).

Bei ihren wöchentl. Zusammenkünften stellte der **Singer** (auf dem Singestuhl) sein neues Lied vor, das die **Merker** (hinter dem Vorhang) nach ihrer **Tabulatur** mit zahlreichen Regeln beurteilten. Man unterschied **Schüler,** die noch Regelfehler machten, **Dichter,** die neue Texte auf alte Melodien sangen, und **Meister,** die Text und Melodie neu erfanden.

Die berühmtesten Meistersinger waren HEINRICH VON MEISSEN, gen. FRAUENLOB, als Begründer der ältesten Singschule von Mainz (um 1315, noch in Minnesangnähe), MICHEL BEHAIM († 1476), HANNS FOLZ († 1513) und HANS SACHS (1494–1576, Schuster in Nürnberg, über 4500 Lieder, über 2000 Sprüche und über 200 Schauspiele). SACHSENS bekannte *Silberweise* zeigt Verwandtschaft zum *Salve Regina,* d. h. zum geistl. Lied bzw. zum LUTHER-Choral.

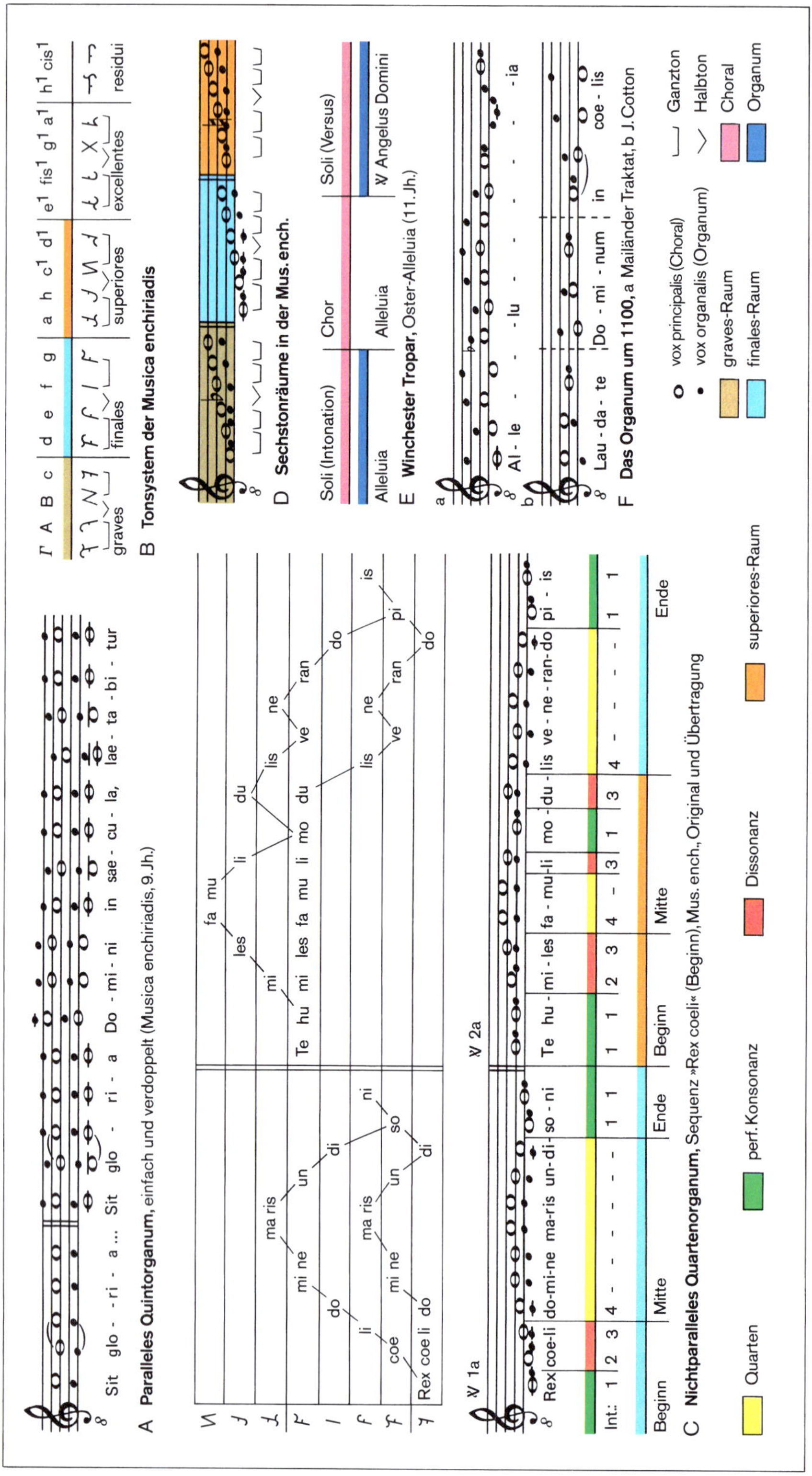

Musica enchiriadis, Organum im 11. Jh.

Aus der Verbindung von Choral als melischem Element, das mit der Christianisierung aus dem Mittelmeerraum in den Norden verpflanzt wurde, und klangl. Musikpraktiken (insbes. Orgel), ergab sich im frühen MA. ein Spannungsfeld horizontaler und vertikaler Kräfte, das – entzündet an der Dissonanz – spätestens seit dem 9. Jh. zur »artifiziellen« Mehrstimmigkeit führte und die Möglichkeit einer fortschreitenden Entwicklung in ihr immer neu anbot und initiierte. Aus der permanenten Auseinandersetzung mit den jeweils erreichten kompositorischen Möglichkeiten resultieren die für die abendländ. Musikgeschichte charakteristischen vielen Wellen »neuer Musik«.

Im frühen und hohen MA. gab es Mehrstimmigkeit in den Sängerschulen einzelner Kathedralen und Klöster. Sie wurde improvisiert und ist nur in wenigen Beispielen in Lehrtraktaten und Einzelaufzeichnungen greifbar. Mehrstimmigkeit war vertikaler Tropus im Sinne eines klangl. Schmuckes. Ihr Name ist **Organum** (griech. *organon,* Instrument, Orgel), wohl im Blick auf die *exakten Tonhöhen* der Orgelpfeifen als Voraussetzung für das Zusammenfügen mehrerer Stimmen.

Die *Musica enchiriadis,* ein anonymer Musiktraktat des 9. Jh. aus Nordfrankreich, beschreibt als erste Quelle neben Parallelsingen in Oktaven ein *Quint-* und ein *Quartorganum.* Beide sind an eine vorgegebene Stimme *vox principalis* oder *cantus* (ab 13. Jh. *cantus firmus*) gebunden. Er liegt als Hauptstimme oben.

Quintorganum: Der Cantus wird von der Organalstimme in **parallelen Unterquinten** begleitet. Oktavverdopplung beider Stimmen ist möglich (Abb. A). Auch können Instrumente mitgehen, bes. die Orgel mit ihrer Quint-Oktavmixtur (*organum*-Klang).

Quartorganum: Zur Vermeidung der Dissonanz des Tritonus werden nicht überall parallele Quarten angewendet, sondern auch kleinere Intervalle. Die *vox organalis* ist nicht mehr nur eine Verdopplung des Cantus in anderer Lage, sondern wird selbstständig. Hier beginnt die eigentliche (»artifizielle«) Mehrstimmigkeit.

Die *Musica enchiriadis* entnimmt das Beispiel für das Quartorganum einer Sequenz, deren syllab. Doppelversikel wechselweise von Solisten mehrstimmig (Vers 1 a, 2 a ...) und vom Chor einstimmig (Vers 1 b, 2 b ...) gesungen werden. Die Silben der beiden Stimmen erscheinen in einem Liniensystem mit Tonhöhenzeichen (Abb. C).

Die *vox organalis* darf c, den tiefsten Ton des Cantus, nicht unterschreiten. Sie beginnt mit dem Cantus im konsonanten Einklang, bleibt dann auf c (Sekunde und Terz als Dissonanzen), bis der Cantus die Quarte f erreicht hat (perfekte Konsonanz), läuft dann in Quartenparallelen weiter und verbindet sich am Zeilenende wieder mit dem Cantus in Einklängen. Im Gegensatz zum Quintorganum werden also *Beginn* und *Ende* der Zeile gegenüber der »regulären« Parallelbewegung abgehoben.

Das Tonsystem der *Musica enchiriadis* gliedert sich in 4 gleich gebaute Tetrachorde mit Halbton in der Mitte:

- *graves* (»schwere«): tiefe Töne,
- *finales:* Grundtöne der Kirchentonarten,
- *superiores* (»obere«): höhere Töne,
- *excellentes:* »herausragende« Töne.

Dazu kommen die *residui* als die beiden »übrigen« Töne (Abb. B, vgl. S. 188 f.).

Töne in gleicher Tetrachordlage (Quintabstand) haben die gleiche Qualität (Ton- bzw. Intervallumgebung) und daher ein verwandtes Notenzeichen (das griech. *Dasia*-Zeichen, Abb. B unter Ton e, vgl. S. 170, Abb. D). Es wird 4fach variiert, gedreht und gewendet. Außerdem werden 3 Klangräume unterschieden: c–a, g–e′ und f–d′. Sie gehen von den *graves, finales* und *superiores* aus, die jeweils um 1 Ganzton nach unten und oben erweitert wurden (bis zur nächsten Halbtongrenze). Die Organalstimme bewegt sich innerhalb dieser Sechstonräume (**Hexachorde**). Überschreitet der Cantus die Hexachordgrenze, so entstünde bei Quartparallelen in der Organalstimme ein Tritonus, in Abb. C bei der Silbe »les«: f–h^1. Daher springt die Organalstimme rechtzeitig, nämlich schon bei der Silbe »Te« zu Versbeginn, auf den Grundton g des neuen Hexachordes (Klangraumwechsel). – Solche nicht notierten Operationen sprechen für solistische Ausführung des Quartorganums, während das Quintorganum chorisch zu machen war.

Zur Zeit GUIDOS V. AREZZO um 1000 pflegte man noch die alten Organumarten, doch beschreibt GUIDO schrittweises Zusammenkommen der Stimmen am Zeilenende (*occursus*-Lehre) und Stimmkreuzung.

Das Winchester Tropar (um 1050) überliefert als frühestes Organumdenkmal etwa 150 Organa (Responsorien, Sequenzen usw.). Die Chorpartien sind ein-, die solistischen zweistimmig (Abb. E). Der Cantus bzw. Choral liegt wahrscheinlich oben. Die Stimmen sind in getrennten Stimmbüchern und in schwer deutbaren Neumen aufgezeichnet.

Das Organum um 1100 (JOHANNES COTTON, *Mailänder Traktat*, Fragm. Chartres 109 und 130 usw.) verstärkt Gegenbewegung und lehrt ausdrücklich Stimmkreuzung, sodass die Organalstimme an Selbstständigkeit gewinnt und häufig über dem Cantus liegt. Sie wird zum »Discantus« (Auseinander- oder Gegengesang). Es wechseln Kon- und Dissonanzen, die ersteren (Oktave, Quinte, Quarte, Einklang) stehen am Beginn und Ende von Wort- und Sinneinheiten (Abb. F, b). Die Organalstimme kann auch mit kleinen Melismen »koloriert« werden, bes. am Zeilenende (Abb. F, a).

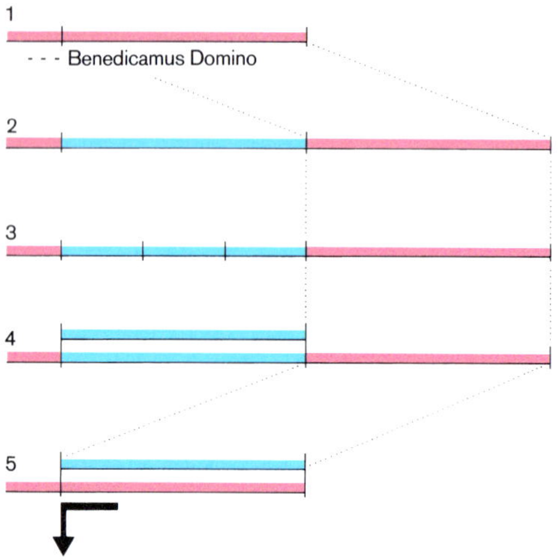

Das Benedicamus Domino, vom Diakon gesungen, steht am Schluss des Offiziums und der Messe. (1)

Vor das Benedicamus Domino wurde ein tropierender Prosatext einstimmig durchkomponiert eingeschoben. (2)

Dieser Tropus wird im 12. Jh. strophisch gedichtet und komponiert: conductusartig, wie ein Lied. (3)

In der Saint-Martial-Epoche wird dieser strophische Tropus zweistimmig gesetzt. (4)

Wird der Tropus gleichzeitig zum Benedicamus Domino gesungen, entsteht ein Simultan-Tropus. (5)

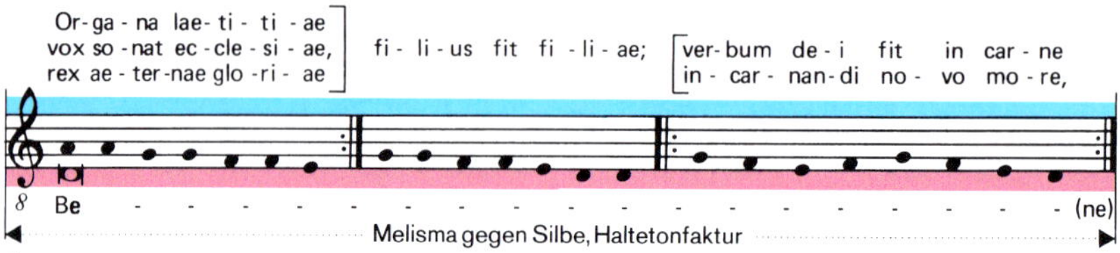

A **Benedicamus-Domino-Tropus**

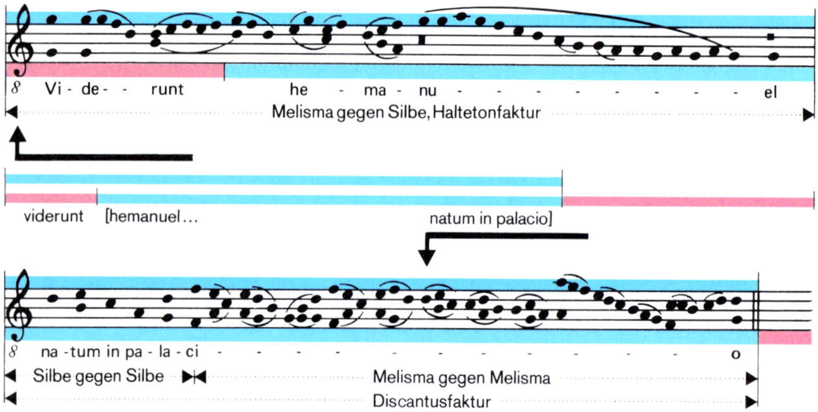

B **Weihnachtsgradual-Tropus**

C **Lied aus Santiago de Compostela,** Codex Calixtinus (~1140)

Organumstrukturen

In der 1. Hälfte des 12. Jh. erscheint die Mehrstimmigkeit in einem neuen Stadium. Dieses **neue Organum** wird nicht mehr improvisiert, sondern *komponiert* und aufgezeichnet. Der Choral liegt nicht mehr oben, sondern *unten,* als Konstruktionsbasis des mehrst. Satzes, während die organale Oberstimme entsprechend ihrer neuen Lage und Qualität musikal. an Gewicht gewinnt.
Die führende Schule ist das Kloster **St-Martial** in Limoges (Südfrankreich), zugleich das Zentrum der neuen Einstimmigkeit (Tropus und Sequenz, geistliche Lieder, S. 191). In Südfrankreich mit Aquitanien entfaltet sich parallel zum geistl. Lied auch die neue weltl. Lyrik der Troubadours, wobei im weltl. und geistl. Bereich z. T. die gleichen Melodien verwendet werden (vgl. S. 193).
Die neuen Formen des geistl. Liedes sind außer der strophischen Sequenz:
- **Conductus** (lat. *conducere,* führen, geleiten), ein Lied, das im Gottesdienst u. a. vor den Lesungen erklang, während der Diakon zum Lesepult schritt. Als »Geleitgesang« taucht der Conductus auch bei Auf- und Abtritten wichtiger Personen in den geistl. Spielen der Zeit auf.
- **Benedicamus-Domino-Tropen,** ein Einschub, urspr. in Prosa, nun auch in Strophenform vor dem *Benedicamus Domino,* das ab dem 11. Jh. am Schluss der Offizien und der Messe (hier alternativ zum *Ite, missa est*) steht.

Die neue Art des 2-st. Satzes wird in St-Martial nur auf die neuen, liedhaften Gesänge (*Cantus*) angewendet, nicht auf den alten gregorian. Choral. Dieser wurde wahrscheinlich auch mehrstimmig ausgeführt, doch offenbar auf alte Organumart, nämlich improvisiert. Er fehlt in den mehrst. Aufzeichnungen.
Die Quellen überliefern die gleichen Lieder oft ein- und mehrstimmig. Es handelt sich bei den Quellen um 4 *St-Martial-Hss.* aus der Zeit kurz vor 1100 bis zum Anfang des 13. Jh. mit nahezu 100 2-st. Stücken, ferner um den *Codex Calixtinus* aus Santiago de Compostela (Nordspanien, Wallfahrtsort des St. Jakob) mit 20 Stücken. Die Organa sind in Partituranordnung in Neumen auf Linien geschrieben, sodass die Tonhöhe klar, der Rhythmus jedoch unklar ist. Bei der Deutung kann u. U. der Versrhythmus des Textes helfen.
Die Gerüstklänge des neuen Organums sind nach wie vor die Konkordanzen Einklang, Oktave, Quinte und Quarte. Doch wird die Kolorierungspraxis in die Komposition einbezogen und die Organalstimme mit z. T. formelhaften Melismen bereichert.
Im Organum der St-Martial-Epoche lassen sich versch. Satzstrukturen unterscheiden:
1. **Haltetonfaktur** (nun speziell *organum* genannt): Über einer gedehnten Note (Silbe) des Cantus erklingt ein Melisma der Organalstimme, das auf die gleiche Silbe gesungen wird. Das Melisma ist rhythmisch frei, die Sänger müssen aber auf gleichzeitigen Silbenansatz achten (solistische Ausführung). Im Weihnachtsgradual-Tropus (Abb. B) stehen über den Choraltönen »Viderunt« und den neukomponierten Tönen des Tropus »hema« (in Choralfunktion) kürzere Melismen, während die Silbe »nu« durch ein ausgedehntes Melisma hervorgehoben wird.
2. **Discantusfaktur** (*discantus,* Lehnübers. der frühma. Mehrstimmigkeits-Bezeichnung *diaphonia:* »Auseinandergesang«): Hier steht Note gegen Note, und zwar in zwei Arten:
   a) *Silbe gegen Silbe* bei syllab. Cantus. Beide Stimmen bewegen sich im Textrhythmus;
   b) *Melisma gegen Melisma* bei melismat. Cantus. Der Rhythmus ist frei, erhält aber womöglich durch die Verteilung von Kon- und Dissonanzen und durch Wiederholung melismat. Formeln Tendenz zur Regelmäßigkeit (vormodaler Rhythmus?). – Vor der Schlusssilbe »o« mit Quintklang (Abb. B) erklingt als Steigerung nochmals ein Haltetonmelisma.

Die unterschiedl. Struktur sichert dem neuen Organum eine bunte Reichhaltigkeit. Bes. Reiz scheint im Wechsel von gebundenem Versrhythmus und freien Organalrhythmen bestanden zu haben.

Unter den mehrstimmigen Stücken sind die *Benedicamus-Domino-Tropen* von bes. Bedeutung. Die tropierenden Texte erklingen nämlich gleichzeitig zu den Tönen des (nicht gregorianischen) Chorals *Benedicamus Domino,* die in Haltetonfaktur überlang gedehnt werden (Abb. A, Ton d). In diesem **Simultantropus** kündigt sich ein Gestaltungsprinzip an, das später für die **Motette** charakteristisch wurde: Über einem *liturgischen* Tenor erklingt eine *neue* Oberstimme mit *neuem* Text. Der Versrhythmus bleibt in der syllabischen Tropuskomposition *Organa laetitiae* (Cantus wohl noch aus dem 10. Jh.) erhalten. Das Wort »organum« braucht nicht unbedingt auf den festl. Schmuck der Mehrstimmigkeit Bezug zu nehmen, sondern kann auch im Sinne von (einstimmigem!) **Festgesang** interpretiert werden.

Der *Codex Calixtinus* überliefert ein Wallfahrtslied mit 3 Stimmen (Abb. C). Die Liedmelodie selbst liegt in der Unterstimme, dem neuen Organum entsprechend (unteres System, hohle Noten), darüber erklingt eine mäßig melismat. Oberstimme (oberes System). Die dritte Stimme wurde später hinzugefügt (unteres System, schwarze Noten). Sie ist syllab. und stellt wahrscheinlich eine einfache (entkolorierte?) Alternative zur Oberstimme dar. Vielleicht handelt es sich aber auch um den frühesten Beleg von komponierter *Dreistimmigkeit.*

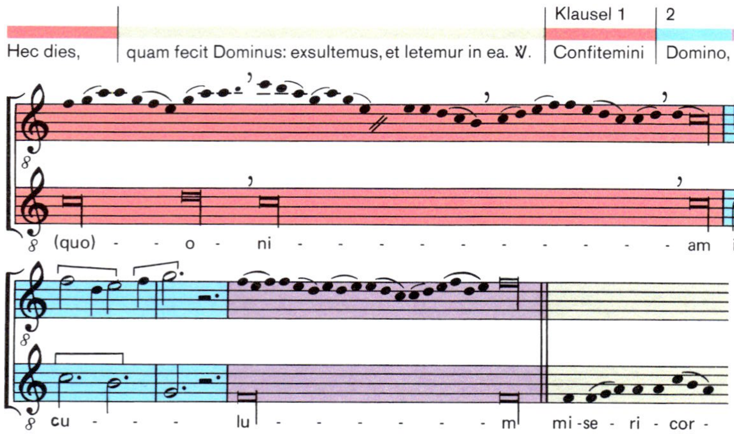

A **Leonin, Choralbearbeitung des Ostergraduales »Hec dies«** (Ausschnitt)

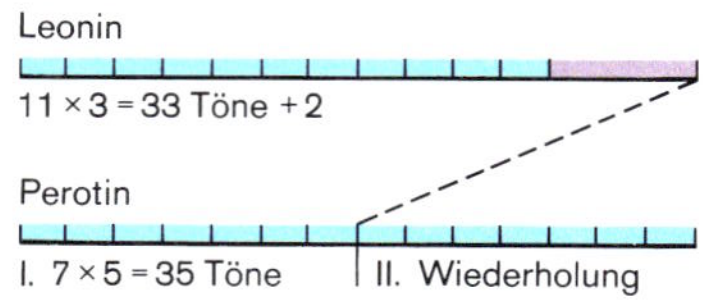

B **Klauseltenor »In seculum«**

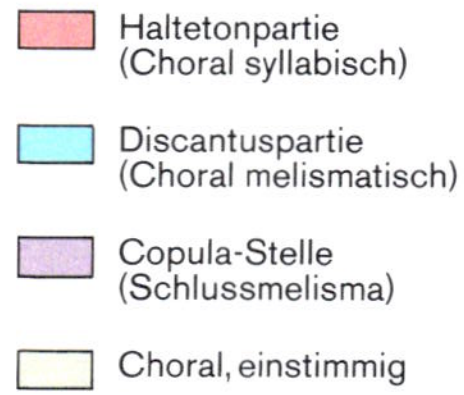

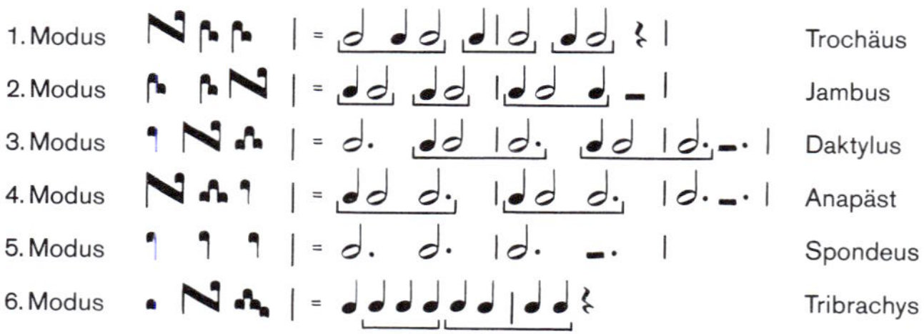

C **Modalrhythmus u.-notation** mit Übertragung und zugeordnetem antiken Versmaß

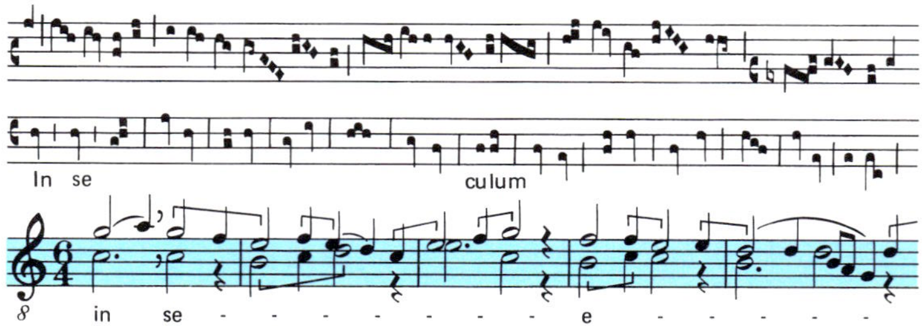

D **Perotin, Ersatzklausel »In seculum« zu Leonin, Klausel 6,**
Original (Teil I) nach Hs. F, fol. 127, und Übertragung (Anfang)

Choralbearbeitungen, Modalrhythmus

Die **Notre-Dame-Epoche** bildet einen ersten Höhepunkt in der Geschichte der Mehrstimmigkeit. Sie erhält ihren Namen von der Sängerschule an der Kathedrale Notre-Dame in Paris. Die Epoche fällt zeitlich etwa mit dem Bau der Kathedrale von 1163 bis Mitte 13. Jh. zusammen. Die Musik ist eine anspruchsvolle Kunst der Geistlichen, vor allem für den Gottesdienst.
Die Komponisten sind allg. noch anonym, doch nennt der engl. Theoretiker des 13. Jh. ANONYMUS 4 (nach 1272) die Magister LEONIN (um 1180) und PEROTIN (um 1200). Der bekannteste Textdichter (bes. Conductus) ist PHILIPPE LE CHANCELIER († 1236).

Modalrhythmus und -notation. Außer in den freien Organumpartien herrschen rasche Dreierrhythmen vor. Die Theoretiker teilen sie in **6 Modi** ein, wobei eine Zuordnung zu den alten Versmaßen versucht wird (Abb. C). Der ternäre Rhythmus und die Modi dürften tatsächlich mit der neuen rhythmischen lat.-roman. Lyrik des 12. Jh. zusammenhängen.

- **1. Modus:** Folge lang–kurz wie 2:1, Oberstimmenmodus, notiert als Dreierligatur mit folgenden Zweierligaturen. Die Pause am Schluss (Strich) ist in den Modi verschieden lang: Sie füllt jeweils eine Dreier- bzw. Sechsereinheit auf.
- **2. Modus:** Umkehrung des 1., notiert als Zweierligaturen mit abschließender Dreierligatur.
- **3. Modus:** Folge lang–kurz–lang wie 3:1:2, also etwa 6/4- (oder 6/8-) Takt, von denen je 2 eine *Doppeleinheit* bilden; häufiger Oberstimmenmodus, notiert als Dreierligaturen mit *Longa* (»Lange«, Quadratnote mit Hals) vorweg.
- **4. Modus:** theoret. Gegenstück zum 3., kommt praktisch nicht vor.
- **5. Modus:** Folge von *Longae*, meist 3 mit Pause (Doppeleinheit), typischer Tenormodus.
- **6. Modus:** Folge von *Breves* (»Kurze«), notiert als mehrtönige Ligaturen mit Brevis (Quadratnote) vorweg; häufiger Oberstimmenmodus.

Kleinere Rhythmen werden als »Brechung« (*fractio*) der regulären modalen Werte aufgefasst und durch in die Ligaturen eingeschobene zusätzliche Noten oder durch *Currentes* (angehängte Rhomben) angezeigt.
Die Tondauer wird in der Modalnotation nicht aus der Einzelnote, sondern aus der Gruppierung ersichtlich (*Gruppennotation*). So kann die Dreierligatur je nach Modus eine Folge von 2:1:2 (1. Modus), 1:2:1 (2. Modus), 1:2:3 (3. Modus), 3:3:3 (5. Modus) oder 1:1:1 (6. Modus) sein. Die Notierung ist sinnvoll, weil der Rhythmus sich nicht mit jeder Note ändert, sondern modellhaft länger gleich bleibt.

Die Gattungen der Notre-Dame-Epoche waren Organum, Motette und Conductus.

Das Organum ist nun nicht mehr nur die Bezeichnung für Mehrstimmigkeit allg., sondern auch für die **Choralbearbeitung.** Die Notre-Dame-Epoche nimmt dazu wieder den gregorian. Choral, und zwar die responsorialen Gesänge aus Messe (*Graduale, Alleluia*) und Offizium (bes. der Matutin und Vesper). Nur die Solopartien wurden mehrstimmig bearbeitet und zu einem Jahreszyklus, dem *Magnus liber organi de gradali et antiphonario* (*Großes Organumbuch aus Graduale und Antiphonale*) zusammengestellt. Er soll von LEONIN stammen, dem besten Organumkomponisten (*optimus organista,* ANONYMUS 4).

Das Organum LEONINS ist 2-st. Der Choral heißt *Cantus* oder *Tenor,* die Oberstimme *Discantus* oder *Duplum.* Der Choral wird dabei in einzelne Worte oder Sinnabschnitte gegliedert, sog. **Klauseln** (*clausulae,* Abb. A). Ihre Gestaltung ist unterschiedlich:

- **Haltetonpartien** (*Organum purum* oder *duplum*): Bei syllab. Choral werden die einzelnen Choraltöne orgelpunktartig gedehnt (*organicus punctus*), die Oberstimme singt rhythmisch freie Melismen darüber. So in Abb. A, Klausel 5 *quoniam:* Der Silbenansatz ist gemeinsam, über den Choraltönen erklingen perfekte Konkordanzen.
- **Discantuspartien** (*Discantus*): Bei melismatischem Choral würde eine Dehnung jedes Tones zu lang werden; hier hat der Tenor eine Folge von freien oder regelmäßigen Longae, wie in Abb. A bei *in seculum* (Tenor im 5. Modus, Duplum im 1.).
- **Copula:** modalrhythmisch exakt durchorganisierte und notierte 2-st. Haltetonpartie. Seit dem späteren 13. Jh. werden auch kadenzartige Haltetonpartien am Ende einer Discantuspartie *Copula* genannt.

PEROTIN, der beste Discantuskomponist (*optimus discantor,* ANON. 4), bearbeitete den *Magnus liber* mit Klauseln im Diskantstil (Abb. D: moderner Satz, vgl. bes. die Tenores), die gegen die älteren Klauseln LEONINS ausgetauscht werden konnten (Abb. A: anstelle des »in seculum«). Teilweise gibt es zum Austauschen oder Aneinanderhängen auch mehrere Klauseln.
Das vorgegebene liturg. Choralmelisma wird als Klauseltenor einer rhythmischen Formel unterworfen (*ordo,* später *talea,* vgl. S. 130, Abb. A). In Leonins Klausel *In seculum* wurden die 35 liturg. Choraltöne in 11 Gruppen à 3 Töne und die restlichen 2 Töne für das Schlussmelisma eingeteilt. PEROTIN bildet 7 Gruppen à 5 Töne: Der neue Tenor fällt kürzer aus, er wird daher wiederholt (Abb. B). In dieser Materialbehandlung, bei der der rhythmische Fluss der Choralmelodie preisgegeben wird zu Gunsten rationaler Aufgliederung, manifestiert sich der Wille des Komponisten, sich vom Zwang des bloßen »Bearbeitens« freizumachen in Richtung auf autonomes Komponieren.

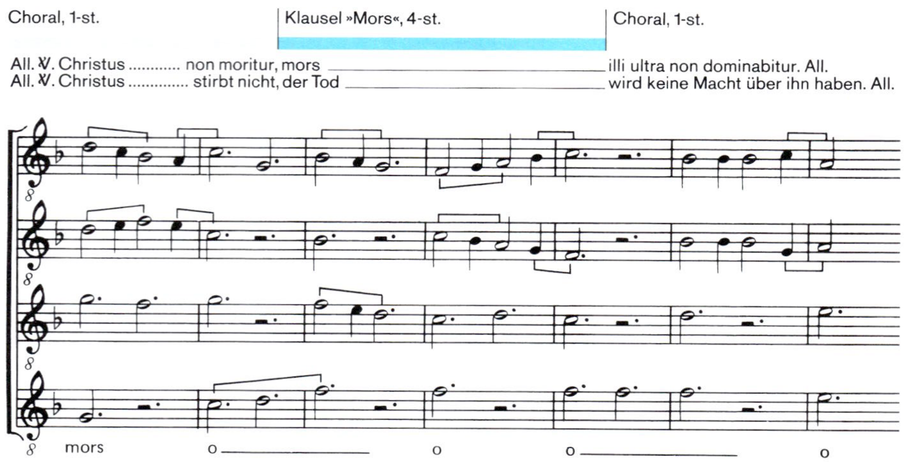

A **4-st. Organum Klausel »Mors«,** Perotin (?), um 1200, Anfang

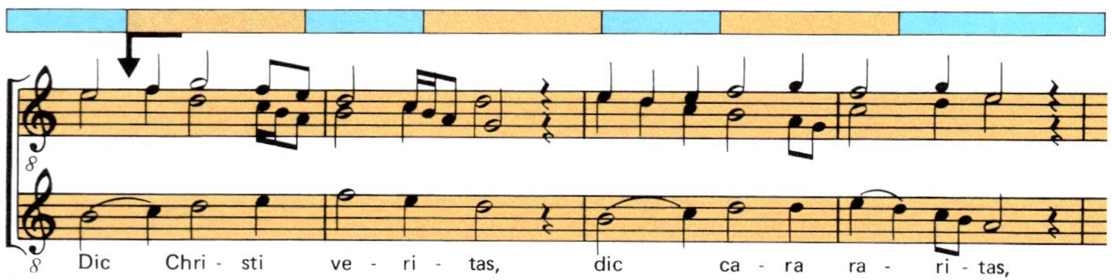

B **Hochmelismatischer Conductus »Dic Christi veritas«,** Aufbau und Beispiel

	W_1: engl. um 1240	F: Paris um 1250	W_2: frz. um 1270
1.	4-st. Organa f. 3-6'	4-st. Organa f. 1-13'	4-st. Organa (x+) f. 1-5
2.	3-st. Organa f. 9-16	3-st. Organa f. 14-47	3-st. Organa f. 6-30
3.	2-st. Organa ● f. 17-24	2-st. Organa ●● f. 65-98	3-st. Conductus f. 31-46 (+x)
4.	2-st. Organa ● f. 25-48	2-st. Organa ●● f. 99-146	2-st. Organa f. 47-62
5.	2-st. Klauseln ●● f. 49-54	2-st. Klauseln f. 147-184	2-st. Organa f. 63-91
6.	2-st. Klauseln ●● f. 55-62	3-st. Conductus f. 201-262	2-st. Conductus f. 92-122
7.	3-st. Organa f. 63-69	2-st. Conductus f. 263-380	3-st. Motetten f. 123-144
8.	3-st. Conductus f. 85'-94	3-st. Motetten f. 381-398	2-st. lat. Mot. f. 145-192
9.	2-st. Conductus f. 95-176	2-st. Motetten f. 399-414	3-st. frz. Mot. f. 193-215
10.	1-st. Conductus f. 185-192	1-st. Lieder f. 415-462	2-st. frz. Mot. f. 216-253
11.	2-st. Marien-Mess. f. 193-214	1-st. Rondelli f. 463-476	—

● Leonin ●● Perotin

C **Hauptquellen der ND-Epoche,** Gliederung des Inhalts

Magnus liber organi de gradali et de antiphonario

Melisma (Instr.?)

syllabische Strophe

Klausel Mors, Conductus, Quellen

Die PEROTIN-Generation ging über die Zweistimmigkeit hinaus bis zu 3- und 4-st. Organa. Die Stimmen heißen *Tenor, Duplum, Triplum* und *Quadruplum*. Alle bewegen sich im Bereich hoher Männerstimmen, also im »Tenor«-Bereich. Das MA. liebt die hellen, durchsichtigen, linearbestimmten Klänge im Gegensatz zu den späteren voluminösen Klangverschmelzungen. Auch die Instrumente, die ja mitgehen konnten, liegen hoch.
Zusammentreffen und Überschneiden der Stimmen ist wegen der engen Lage häufig. Dafür unterscheiden sie sich gelegentlich im Rhythmus. Nb. A zeigt den Beginn der Klausel *Mors:* im Tenor die ersten beiden Ordines mit ihren Longae und Pausen (T. 1–3 und 4–6; diese rhythmische Formel bleibt in der ganzen Klausel gleich), das Duplum ist etwas bewegter, Triplum und Quadruplum stehen im raschen 1. Modus.
Harmonisch bilden die Stimmen auf den rhythmischen Schwerpunkten zu Beginn und meist auch in der Mitte der sog. *Perfectiones* (in Abb. A als Takte gekennzeichnet, *Doppeleinheiten*) *perfekte* Konkordanzen aus Einklängen, Quarten, Quinten und Oktaven. Dazwischen liegen Dissonanzen.
Alle Stimmen singen die Vokalise »o« (aus *mors*), keinen zusätzlichen Text (eine Textierung der Oberstimmen erfolgt erst später, s. u. Motette). Es handelt sich also um einen rein klanglichen Zusatz (»Tropus«) zum Choral.
Die vielstimmigen Klauseln sind bes. prunkvoll. Sie heben oft zentrale Worte hervor, so z. B. Klausel *Mors* den überwundenen »Tod«, im Osteralleluia (Abb. A, auch der Choral hat dort ein Melisma). Neben diesen stark rhythmischen, vollmodalen Discantussätzen gerät das alte, rhythmisch freie *Organum purum* zunächst aus der Mode, um im späteren 13. Jh. angesichts der nun als monoton empfundenen rhythm. Homogenität wieder neues Interesse zu finden.

Die Motette
Nach mittelalterl. Tropierungsverfahren unterlegte man den melismatischen Oberstimmen einer Diskantklausel einen syllabischen Text. Dieser musste rhythmisch wie das modale Duplum und so wie dieses gegliedert sein. Es handelte sich um Verse. Sie bezogen sich inhaltlich und oft auch im Reim auf das Choralwort des Tenors (z. B. auf *in seculum*, s. S. 202, Abb. D, und S. 130, Abb. A). Das textierte Duplum hieß *motetus* (von frz. *mot*, Wort, bzw. *motet*, Vers, Refrain), die Gattung wurde **Motette** genannt. Die textierte Klausel erklang wie die untextierte als *Choralbearbeitungstropus* und konnte wie die Klausel beliebig ausgetauscht werden. Das führte zu ihrer Verselbstständigung: Die Motette wurde auch außerhalb des Chorals, z. B. am Schluss des Gottesdienstes, gesungen, bald aber auch außerhalb der Kirche. Sie brauchte dann nicht unbedingt mehr eine Klauselvorlage, sondern wurde auch neu komponiert. (Motettenarten s. S. 206, Abb. A)

Der Conductus
ist als 1- bis 3-st. Lied eine zentrale Gattung der Notre-Dame-Epoche. Sein Inhalt ist geistl., aber nicht liturg., später auch weltl., moralisch, politisch usw., immer festliche und ernste Klerikerkunst. Die Hauptstimme mit Tenorfunktion liegt im Conductus unten, ist aber nicht liturg. vorgegeben wie der Choraltenor der Motette, sondern als Liedmelodie mit entsprechend regelmäßigem Aufbau neu erfunden. Der Text dieses Liedtenors gilt auch für die Oberstimmen (gleichzeitige Silbenaussprache, Partituranordnung). Die strophische Gesamtanlage des Textes bietet zwei Vertonungsmöglichkeiten:
- Je Strophe oder Doppelstrophe wird die Musik wiederholt, oder
- jede Strophe erhalt neue Musik, d. h. der Text wird *durchkomponiert*.

Der Conductus kann schlicht syllabisch sein, auch mit kleineren Melismen in den Oberstimmen (Nb. Abb. B), oder aber er hat längere melismatische Partien in allen Stimmen gleichzeitig; dies vor allem am Zeilenbeginn und -ende, auch gleichsam als Vor-, Zwischen- und Nachspiele der Strophen, wobei diese Partien ohne syllabischen Text (*sine littera*, d. h. Vokalisen) evtl. auch instrumental ausgeführt worden sind. Ein solcher hochmelismatischer Conductus war besonders feierlich (Schema Abb. B).

Der Rondellus
Außer dem Conductus gibt es noch 1-st. **Reigenlieder** (*Rondelli*), die von den Klosterschülern getanzt und gesungen wurden.

Die Quellen
Es gibt 4 Hss. mit dem gesamten Notre-Dame-Repertoire, das nach Gattungen und Stimmenzahl faszikelweise gesammelt und geordnet wurde. 3 Hss. überliefern dabei den *Magnus liber* (Abb. C):
- **Florenz** (*F*), Bibl. Mediceo-Laurentiana, plut. 29, 1, Mitte 13. Jh., Frankreich;
- **Wolfenbüttel** (W_1), Herzog-Aug.-Bibl., Helmst. 628, Mitte 13. Jh., England;
- **Wolfenbüttel** (W_2), ebda. 1099, späteres 13. Jh., Frankreich;
- **Madrid** (*Ma*), Bibl. Nac. 20486, Ende 13. Jh., Spanien; etwas unterschiedlich und ohne den *Magnus liber*.

Die Hss. beginnen mit den teilweise PEROTIN zugeschriebenen 4-st. Organa als größte Besonderheit. Der *Magnus liber* steht in der frühesten, der leoninischen am nächsten kommenden Fassung in W_1 (Fasz. 3–4, PEROTIN-Ersatzklauseln folgen in Fasz. 5–6). Eine spätere Fassung mit eingebauten perotinschen Ersatzklauseln steht in *F*, die späteste Fassung in W_2. Viele der Ersatzklauseln sind nachweislich Quellen späterer frz. Motetten geworden.

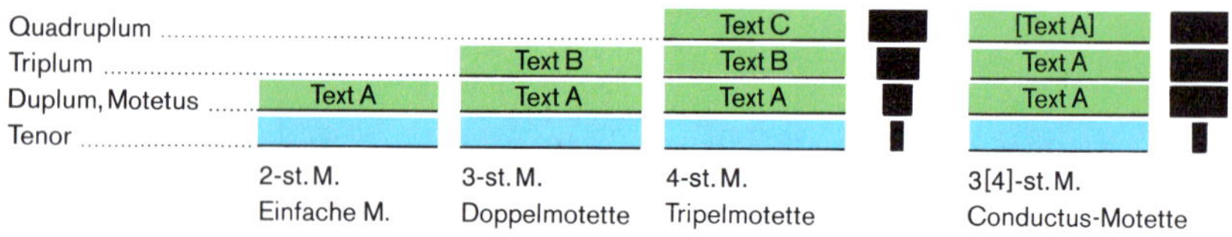

A **Arten der Motette**

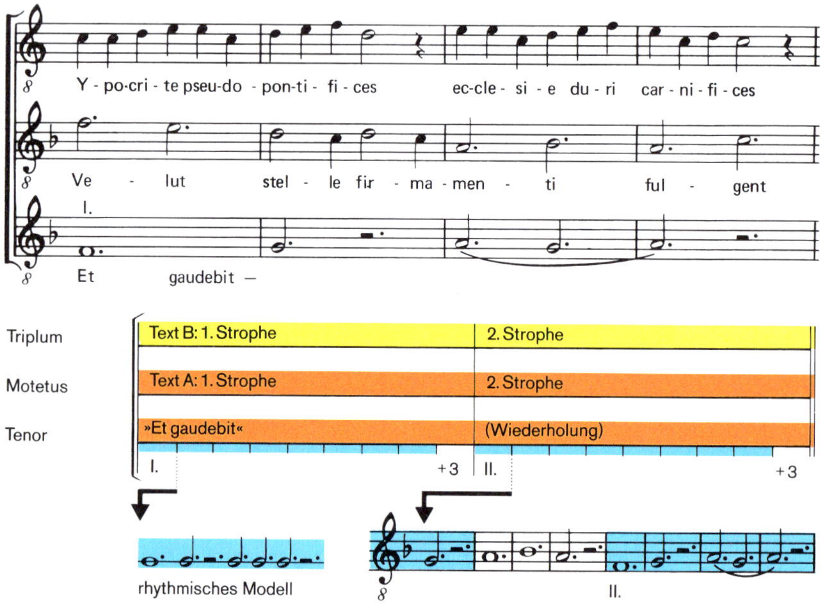

B **Lateinische Doppelmotette,** Beginn (vollständig bei Husmann) und Aufbau

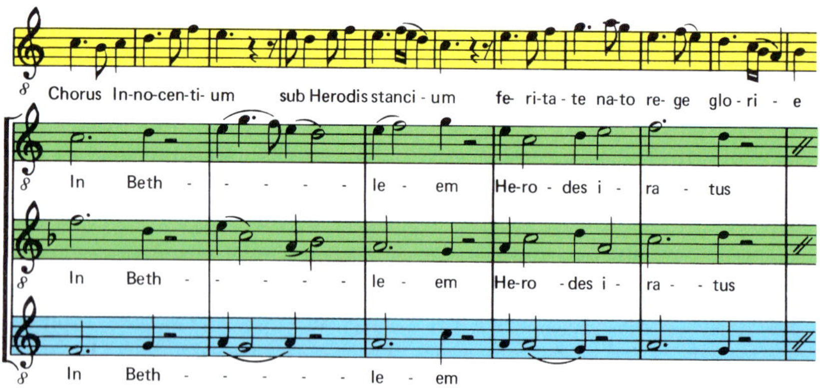

C **Conductus-Motette** mit späterem Ersatztriplum

präexistente Klausel
sekundär komponiert
Tempo-Zunahme
Oberstimme
Tenor

Arten der Motette

Die Epoche der **Ars antiqua,** der »alten Kunst«, umfasst etwa die Zeit von 1240/50 bis 1310/20. Die Bezeichnung kam um 1320 als Gegenbegriff zur *Ars nova* auf (bes. bei JACOBUS VON LÜTTICH, vor 1324/25). Die Abgrenzung der Ars antiqua zur Notre-Dame-Epoche ist problematisch. Beide pflegen die gleichen Gattungen. Andererseits entwickeln sich Rhythmus und Notation im 13. Jh. stark, und da die Ars nova um 1320 sich gerade auf diesem Gebiet manifestierte, spricht vieles dafür, auch die Ars antiqua mit dem Aufkommen der Mensuralnotation und dem ihr entsprechenden Stadium der Gattungen zu verbinden und von der modalen Epoche abzugrenzen.

Die Gattungen der Ars antiqua

- **Das Organum** der Notre-Dame-Epoche (*organa dupla, tripla* und *quadrupla*) wird noch gesungen, doch stagniert das Neuschaffen.
- **Der Conductus** ist noch beliebt, wird aber von der Motette allmählich abgelöst. Zuweilen haben geistl. Conductus weltl. Trouvèreslieder als Grundmelodie. Umgekehrt tauchen auch geistl. Conductusmelodien als Trouvèreslieder auf. Kontrafakta sind also üblich. Da der Conductus mensural notiert ist, lassen sich Rückschlüsse auf die rhythmische Gestalt der Trouvèreslieder ziehen, vorausgesetzt, dass die Lieder bei der Übernahme in den Conductus nicht verändert wurden.
- **Die Motette** ist die Hauptgattung der Ars antiqua, zugleich das Feld für Neuerungen und Experimente.
- **Der Hoquetus** geht satztechnisch in die Notre-Dame-Epoche zurück, seine Anwendung wird ausgebaut (s. S. 209).
- **Das Rondeau** wird mehrstimmig gesetzt und gilt als Vorläufer des späteren Kantilenensatzes (s. S. 209).

Im Übrigen nimmt die Einstimmigkeit mit Choral und Lied in der Praxis immer noch den größten Raum ein. Die Mehrstimmigkeit ist Sache von Kennern und Spezialisten. Die Bezeichnungen Ars antiqua und Ars nova beziehen sich nur auf die Mehrstimmigkeit.

Die Motette der Ars antiqua

ist aus der Oberstimmentextierung von Diskantklauseln der Notre-Dame-Epoche hervorgegangen (s. S. 205). Die Erfindung des Textes, d. h. der Verse bzw. des Refrains (*mot, motet*), ist also das Entscheidende, da die Musik vorgegeben war. Die Motette ist daher eine ebenso wichtige literar. wie musikal. Gattung. Sie ist zunächst lat. geistl., aufgeführt in der Kirche als nichtliturg. Schmuck des Gottesdienstes (bes. am Schluss). Da nicht liturg., wurde die Motette bald frz., dann auch weltl. (sogar erotisch). So führte man sie mehr und mehr außerhalb der Kirche auf. Sie wurde von Solisten gesungen und instrumental begleitet. Die Bezeichnung der Motette richtet sich nach der Anzahl der textierten Stimmen. Der Tenor ist immer untextiert und dürfte stets instrumental ausgeführt worden sein (Abb. A):

- **einfache Motette,** 2-st., Tenor und textiertes Duplum bzw. Motetus, lat. oder frz.;
- **Doppelmotette,** 3-st., Tenor, Motetus und Triplum, die Oberstimmen mit 2 versch. Texten: beide lat. (*lat. Doppelmot.*), beide frz. (*frz. Doppelmot.*) oder gemischt (*lat.-frz. Doppelmot.*). Das Triplum hat immer mehr Text und ist schneller als der Motetus. Die Doppelmotette ist die häufigste Motettenart (Abb. B);
- **Tripelmotette,** 4-st., mit Quadruplum, 3 versch. Oberstimmentexte, lat., frz. oder gemischt;
- **Conductusmotette,** 3- bis 4-st., Tenor und gleich textierte Oberstimmen, die daher auch rhythmisch einander angeglichen sind. Der Tenor hat anders als im Conductus nur seine Textmarke, da er kein Lied, sondern ein Choralmelisma ist (Abb. C: *In Bethleem*).

Das Verhältnis von Text und Musik ist in diesen Strukturen sehr kompliziert. Vermutlich waren Dichtermusiker am Werk, bzw. der Dichter musste die Klausel, zu deren Oberstimmen er den Motettentext entwarf, genau kennen. Die meisten Dichter sind anonym. Die versch. Texte konnten allerdings wegen des Simultanvortrags kaum verstanden werden, sodass das musikal. Moment der Motetten überwog. In der Stimmbehandlung wird das konstruiert Rationalistische der Motette deutlich. Wie in der Diskantklausel wird auch der Tenor der neu komponierten Motetten aus einem Choralmelisma gebildet, also aus liturg. Material, und rhythmisch zubereitet. Dies gilt nicht für die seltenen Liedtenores, die mit Text gesungen wurden. Die Gesamtanlage vieler Motetten ist zweiteilig wie schon ihre Klauseln. Textlich erhält jeder Teil eine Strophe (Abb. B: Im Tenor bleiben bei einem 5-tönigen rhythmischen Modell nach 8-maliger Wiederholung 3 Töne des Choralmelismas übrig, die als Einzellongae den Strophenschluss markieren; dann folgt Tenorwiederholung als 2. Teil.).

Viele 2-st. einfache Motetten wurden später zu 3-st. Doppelmotetten, indem man ein modernes rasches Triplum mit eigenem Text dazukomponierte. Der neue Text nimmt auf den alten Bezug, z. B. Motetus: Priesterlob, Triplum: Priestertadel (Abb. B). Harmonisch passt sich das neue Triplum der alten Klausel an, rhythmisch jedoch unterscheidet es sich stark.

Verschiedentlich hat man auch alte Oberstimmen durch modernere ersetzt. Abb. C zeigt eine Conductusmotette zum Fest der unschuldigen Kinder, die zu einer lat. Doppelmotette umgebaut wurde: In der alten Conductusmotette erklingt der gleiche Text, »In Bethleem ...« in beiden Oberstimmen, in der neuen Doppelmotette tritt an die Stelle des alten Triplums ein belebteres mit eigenem Text.

A **Petrus de Cruce,** 3-st. Doppelmotette »Aucun ont – Lonc tens – Annuntiantes«, Beginn

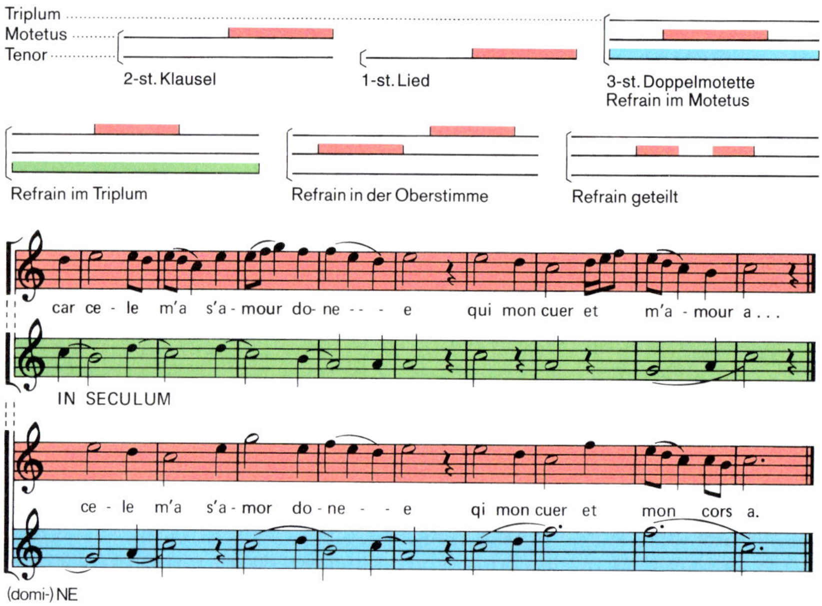

B **Wandernde Refrains**

C **Der Hoquetus,** Instrumentalstück »In seculum longum«, 13. Jh.

Tenor NE | Tenor IN SECULUM | Refrain »Cele m'a . . .« | Hoquetus-Partie

Motetten im Petrus-de-Cruce-Stil
Im späten 13. Jh. tritt die Motette in ein neues Stadium ein, das von Petrus de Cruce (um 1300) repräsentiert wird: Das Triplum erhält raschere und rhythmisch vielfältigere Noten. Die Teilung der Brevis geht über 3 Semibreves hinaus bis zu 9 kleineren Werten, die alle noch *Semibreves* heißen, in Wirklichkeit aber schon zum *Minima*-Bereich der Ars nova gehören. Die Dauer dieser Semibreves ist sehr unterschiedlich: Bei zwei Semibreves tritt Alteration der zweiten ein, ab 3 und mehr dagegen ergeben sich gleichmäßige Teilungen, also Triolen, Quartolen, Quintolen usw. (Abb. A). Diese Semibrevesgruppen wurden durch Punkte voneinander getrennt (vgl. S. 210, Abb. I). Da jede dieser schnellen Noten noch eine Silbe trägt, muss das Brevistempo gegenüber der franconischen Zeit verlangsamt worden sein. Die Struktur der Komposition wird immer komplizierter.

Der neue mehrst. Liedsatz. Das mehrst. Lied wird im 13. Jh. als Conductus weiter gepflegt (s. o.). Im Conductus liegt die Hauptmelodie in der Unterstimme. Nun aber gibt es auch Liedsätze, in denen die Hauptmelodie sich von der Tenorlage löst und zu einer begleiteten Mittel- oder Oberstimme wird. Dies ist der erste Schritt zum modernen Liedsatz, wie er im 14. Jh. in Mode kommen wird.
Ein Beispiel sind die 3-st. Rondeaux des Trouvère Adam de la Halle (s. S. 192, Abb. D). Die Hauptstimme liegt hier in der Mitte. Sie taucht in anderen Quellen als 1-st. Lied auf. Der 3-st. Satz ist schlicht, die Harmonik klangvoll, durchsetzt von Terzen und Sexten, die in der Theorie noch als Dissonanzen gelten, hier aber zu weichen Sextakkordbildungen komponiert werden (ähnl. dem späteren Fauxbourdon). Dazu kommt der Schmelz der aus der Linie geborenen Versetzungszeichen der *musica ficta* (»Chromatik« des 13. Jh., vgl. S. 189).

Wandernde Refrains. Die Lieder der Trouvères sind teilweise wohl sehr bekannt und beliebt gewesen. Ihre Melodien unterscheiden sich dabei nicht von den geistl. So kommt es, dass sie und bes. ihre gängigen Refrains als Zitate in weltl. und geistl. Motetten eingewoben werden. Ihre eigene Herkunft kann dabei wiederum geistl. sein, z. B. die textlose Oberstimme einer Diskantklausel aus dem *Magnus liber* der Notre-Dame-Epoche (Motettenquellen). Aus dem Klauselduplum wird dann ein 1-st. Lied. Für die Verwendung der Refrains in den Motetten (meist 3-st. frz. Doppelmotetten) sind vier Arten typisch (Abb. B):
- vollständiges Zitat im Motetus über dem vorgegebenen Tenor,
- vollständiges Zitat im Triplum über dem vorgegebenen Tenor,
- vollständiges oder teilweises Zitat im Motetus, dann als Antwort im Triplum oder umgekehrt,
- zweigeteiltes Zitat im Motetus, gleichsam als Rahmen für andere Aussagen.

Das Nb. in Abb. B zeigt den Refrain »cele m'a s'amour donee …« (»sie hat mir ihre Liebe geschenkt, der mein Herz und mein Leib gehören«) als Triplum über dem bekannten Tenor *In seculum* (vgl. S. 202) und als Motetus über dem Tenor *Ne* (aus *Adjuva me domine*, Teil des Stephangraduales *Sederunt principes*). Das führt zu harmon. und rhythm. Problemen, die aber durch geringe Variation des Refrains gelöst werden.

Der Hoquetus. Schon in der Notre-Dame-Epoche gibt es etwa ab 1200 in den Oberstimmen der Organa Partien, in denen die Stimmen abwechselnd von Pausen durchsetzt sind, und zwar so, dass stets die eine pausiert, während die andere singt und umgekehrt. Der Wechsel geschieht meist rasch und von Ton zu Ton, sodass man das Wort Hoquetus als frz. »Schluckauf« gedeutet hat. Die Theoretiker bezeichnen den Hoquetus als »Zerschneiden der Stimme« (»truncatio vocis«, Franco). Von mehreren Stimmen hoquetieren immer nur zwei, z. B. die Oberstimmen in Abb. C über dem gleichmäßig ordinierten Tenor. Hoquetuspartien sind virtuos und ausdrucksvoll. Sie stehen daher an textlich und formal wichtigen Stellen der Komposition.
Im Laufe des 13. Jh. und später wird der Hoquetus von einer Satzstruktur zu einer Gattung. Im *Codex Bamberg* finden sich untextierte, offenbar für Instrumente gedachte Hoqueti über dem Tenor *In seculum* (Abb. C; vgl. S. 212, Abb. B).

Komponisten und Theoretiker der Ars antiqua:
- Johannes de Garlandia, um 1190–1272, Paris, *De musica mensurabili positio*, ~ 1240.
- Franco von Köln, *Ars cantus mensurabilis*, um 1280 (s. S. 211).
- Hieronymus de Moravia, 2. Hälfte 13. Jh., Paris, schrieb eine große Kompilation mit eigenen Zusätzen.
- Anonymus 4 (CS I), nach 1272, England, *De mensuris et discantu*.
- Adam de la Halle, um 1237–1287 oder 1306, bekannter Trouvère.
- Jehannot de L'Escurel, † 1303, u. a. als Liedkomponist bekannt.
- Petrus de Cruce, 2. Hälfte des 13. Jh., Komponist nach Franco, wohl Lehrer des Jacobus von Lüttich.
- Johannes de Grocheo, um 1300, Paris, *De musica*, sehr moderner Traktat.
- Walter Odington, Anfang 14. Jh. in Evesham, England, *De speculatione musices*.
- Jacobus von Lüttich, um 1260–1330, Paris und Lüttich, *Speculum musicae* in 7 Büchern zwischen 1321 und 1324/25, Verteidigung der Ars antiqua.

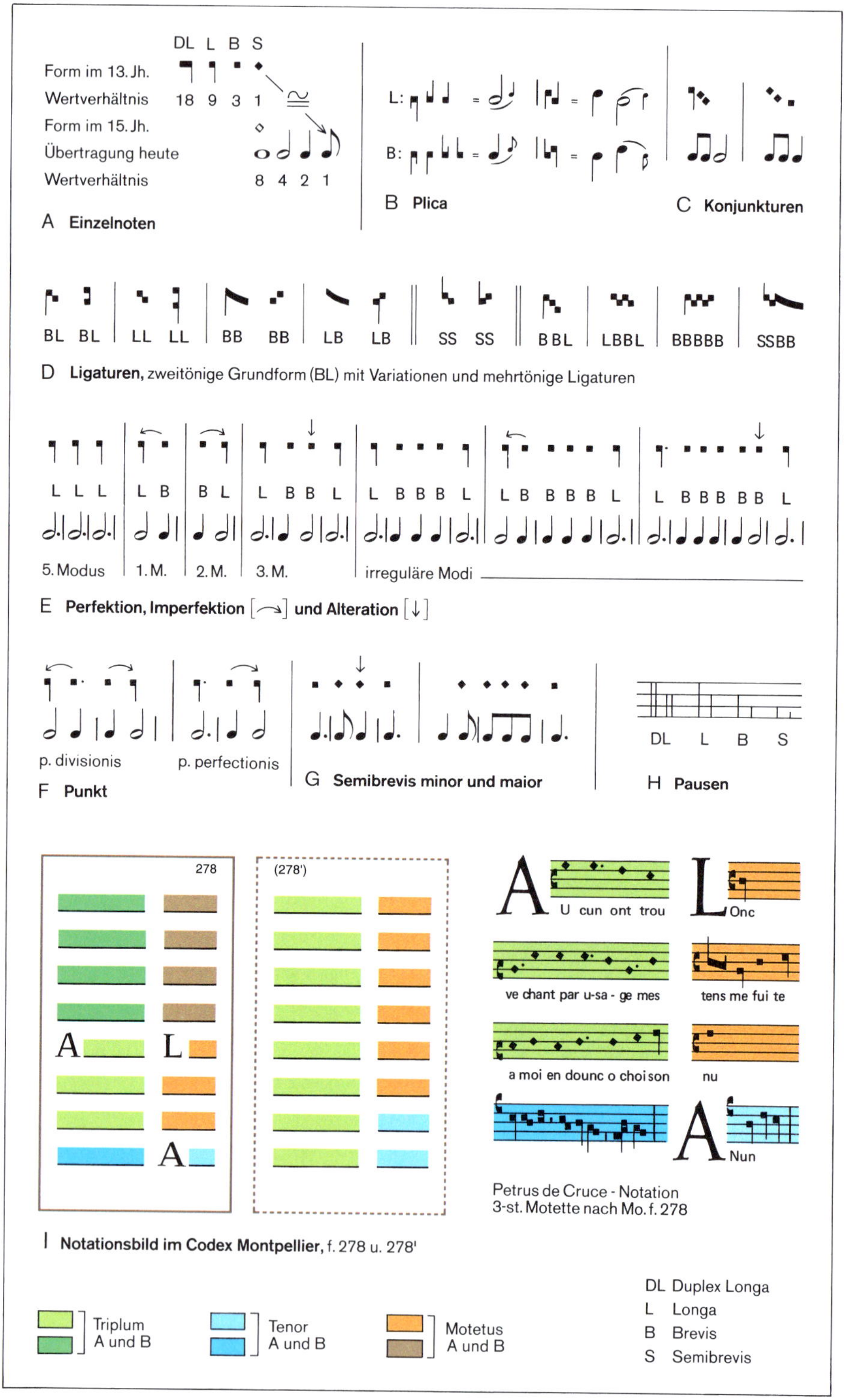

Notationselemente und Schriftbild

Die Textierung der Klauseloberstimmen und die Differenzierung der Rhythmen im 13. Jh. machten es nötig, die modalen Ligaturenketten aufzulösen und die Einzelnote rhythmisch zu bestimmen. Dies führte zu der Messungs- oder **Mensuralnotation,** deren erster Theoretiker bzw. Erfinder FRANCO VON KÖLN war. Er schrieb seinen Traktat *Ars Cantus mensurabilis* um 1280.

Cantus mensurabilis, auch *Musica mensurabilis,* ist die mehrst. Musik, deren Tondauern in einem durch Zahlenverhältnisse geregelten Maßsystem aufeinander bezogen und »messbar« sind. Der Gegenbegriff *Cantus planus* bezeichnet den 1-st. Choral, dessen gleichmäßige bzw. nicht messbar freie Rhythmik nicht notiert wurde.

Die **Mensuralnotation** war bis etwa 1600 in Gebrauch, ehe sich die moderne Notation mit ihrem Taktschema durchsetzte. Die franconische Mensuralnotation verwendete schwarze Noten (*schwarze Mensuralnotation*). Im 15./16. Jh. zeichnete man die gleichen Noten hohl (*weiße Mensuralnotation*).

Einzelnoten (Abb. A)
Haupteinheit ist die **Brevis,** gleichsam als *Schlag-* oder *Zählzeit* auch **Tempus** (Zeit) genannt. Ihre Länge bemisst sich nach dem Mindestmaß für einen silbentragenden Vokalton (»quod est minimum in plenitudine vocis«, FRANCO).

Die Brevis hat 3 **Semibreves,** die **Longa** hat 3 Breves. Der längste Wert ist die **Duplex Longa** (2 Longae). Das System ist bis auf diese ternär: Die Dreiereinheiten gelten mit dem Symbolgehalt der Dreieinigkeit als perfekt, ihre Dauer, speziell die der Longa, als Perfektion (*perfectio*).

Die kleineren Notenwerte wurden immer weiter geteilt, ihr Tempo verlangsamt. Formal entspricht die schwarze Semibrevis im 15. Jh. der hohlen Rhombe, heute der Ganzen. Um die Temporelation richtig wiederzugeben, setzt man für die Brevis als Zählzeit die Viertelnote (mit Punkt), für die Semibrevis die Achtel usw. (Übertragungsverhältnis von 8:1, Abb. A).

Notenkombinationen
Plica heißt ein kurzer Strich am Kopf der Longa oder Brevis. Er bedeutet eine Verzierungsnote auf- oder abwärts, meist halb so lang wie die Hauptnote (Abb. B).

Konjunkturen sind Semibreveskombinationen, die als rasche Noten von der Hauptnote abgezogen werden. Die Kürzen stehen immer vor der Länge (Abb. C).

Ligaturen stehen für *verbundene* Töne, die urspr. auf eine Silbe kamen. FRANCO gibt ihnen jedoch individuelle rhythmische Bedeutungen. Ausgangspunkt sind die alten modalen B(revis)-L(onga)-Ligaturen ab- und aufwärts (Abb. D, 1 u. 2, vgl. S. 202, Abb. C u. D). Veränderung von Anfang oder Ende der Ligatur bedeutet rhythmisch das Gegenteil, z. B. abwärts: Beginn *ohne* Hals, aus B wird L (Abb. D, 1 zu 3); aufwärts: Beginn *mit* Hals, aus B wird L (Abb. D, 2 zu 4); *Schrägschreibung* abwärts mit Hals: aus L wird B (Abb. D, 1 zu 5); *Rechtsdrehung* des oberen Longa-Quadrates: aus L wird B (Abb. D, 2 zu 6) usw. Ein *Aufwärtshals* zu Beginn bezeichnet zwei Semibreves (Abb. D, 9–10). In den mehrtönigen Ligaturen sind alle mittleren Noten Breves, Anfang und Ende werden wie zweitönige Ligaturen gelesen (Abb. D, 11–14).

Perfektion, Imperfektion und Alteration
Eine Longa vor einer Longa ist immer perfekt, eine Longafolge entspr. dem 5. Modus (Abb. E, 1). Tritt zu einer Longa eine Brevis, so wird diese von der Longa abgezogen: sie *imperfiziert* die Longa. Imperfektion von hinten entspr. dem 1. Modus, von vorne dem 2. (Abb. E, 2 u. 3). Stehen 2 Breves zwischen 2 Longae, bleibt die 1. Brevis unverändert (*b.recta*), die 2. wird verdoppelt (*b.altera*). Diese *Alteration* entspr. dem 3. Modus (Abb. E, 4). Stehen mehr als 3 Breves zwischen 2 Longae, werden Imperfektion und Alteration angewendet (Abb. E, 5–7).

Punkte rufen abweichende Perfektionsbildungen hervor. So teilt der Divisionspunkt 2 Breves und verhindert die Alteration (vgl. Abb. E, 4 u. F, 1), der Perfektionspunkt hinter einer Longa schützt diese vor Imperfektion (vgl. Abb. F, 2 u. E, 2).

Alle Regeln für das Verhältnis von Longa zur Brevis gelten auch für das von Brevis zur Semibrevis. Die 1-zeitige Semibrevis heißt *minor,* die 2-zeitige *maior* (Abb. G).

Pausen können imperfizieren, aber nicht imperfiziert oder alteriert werden: Die Anzahl der durchstrichenen Spatien entspr. den pausierten Breviseinheiten, also 3 Spatien für die perfekte Longapause, 2 für die imperfekte usw. (Abb. H).

Die wichtigsten Handschriften der Ars antiqua:

- **Bamberg** (*Ba*), Stb.lit 115, um 1300, Nordfrankreich; 100 Motetten (99 3-st., 1 4-st.), alphabetisch nach Motetus geordnet; im Anhang: 1 Conductus u. 7 instr. Hoqueti.
- **Burgos** (*Hu*), Monast. de Las Huelgas, Anfang 14. Jh., Burgos; 186 Stücke (Organa, Motetten, Conductus usw.).
- **Montpellier** (*Mo*), Bibl. de la Fac. de Médecine H. 196, 14. Jh., Paris; etwa 330 Stücke (bes. Motetten), Fasz. 1–6 altes, 7–8 neues Repertoire (um 1300).
- **Turin** (*Tu*), Bibl. Reale, vari 42, um 1350, Lüttich; 34 Stücke (Conductus, Motetten).

Die Handschriften haben Quartformat und sind wohl für die Praxis angelegt. Die Stimmen der Motetten stehen einzeln in Kolumnen: links das Triplum, rechts der Motetus, darunter der Tenor – stets so, dass alle gleichzeitig blättern müssen. Abb. I zeigt die typische Blatteinteilung in *Mo* (Ende einer Motette B und Beginn einer neuen A).

Kanonaufbau mit 4 Ober- und 2 Unterstimmen

A **Sommerkanon,** England, 13. Jh.

B **Instrumentalmusik,** »In seculum viellatoris«, Anfang

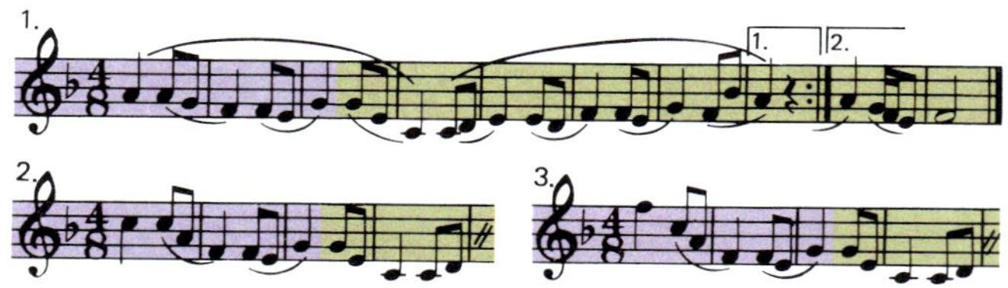

C **Ductia,** Instrumentaltanz des 13. Jhs., Punctum 1-3 (von 8)

Neben dem Zentrum der Mehrstimmigkeit Paris gab es im 13. Jh. auch andere Stätten mehrstimmiger Musik, die vor allem in Randgebieten noch alte oder andere Musizierformen pflegten. Sehr eigenständig und für die Entwicklung der kontinentalen Musik im 15. Jh. von großer Bedeutung war England.

England setzt sich mit der neuesten Mehrstimmigkeit auseinander: Eine der Handschriften mit Notre-Dame-Repertoire, W_1, ist in England geschrieben. W_1 überliefert aber auch eigene Kompositionen, bes. zum *Ordinarium Missae*. Es sind 2- bis 3-st. tropierende Einschübe ins *Sanctus* und *Agnus Dei*. Außerdem gibt es im 11. Fasz. schlichte, überwiegend syllabische, 2-st. Sätze zu Marienmessen: Choralbearbeitungen ohne strenge Tenorordinierung und conductusartige Sequenzen neueren Stils (Versform).
Eine wichtige Quelle sind die **Worcester-Fragmente** (*Worc*), wohl aus der Singschule der Kathedrale mit deren Repertoire vom Anfang 13. Jh. bis Mitte 14. Jh. Darunter sind wieder einige Notre-Dame-Stücke, doch überwiegen die eigenen 2- bis 3-st. Kompositionen:
- **Motetten,** 54 Stck, schlichter als die frz., die Tenorbehandlung ist freier, die Oberstimmen sind einander angeglichen: von ähnlicher Rhythmik über gleichen Text (*Conductusmotetten*) bis zu Stimmtausch;
- **Choralbearbeitungen** (*Organa*), 23 Stck, z. T. mit tropierendem syllab. Oberstimmentext (wie frühe Notre-Dame-Motetten);
- **Ordinariumssätze,** 10 Stck, teilweise mit eigenen Grundmelodien statt des vorgegebenen liturg. c. f.;
- **Sequenzen** neuen Stils, 9 Stck, conductusartig;
- **Lieder: Conductus, Hymnen, Rondelli** mit natürl. fließender Melodik.

Es fällt auf, dass die bes. kunstvoll und rhythmisch »gedrechselte« frz. Kompositionsweise in England fehlt. Die Einfachheit der Struktur spricht nicht für Rückständigkeit im Können, sondern eher für eine natürliche Haltung im Musizieren.
Dem entspricht die häufige Verwendung von **Terzen** und **Sexten,** die auch in der Theorie zuerst von den Engländern als Konsonanzen anerkannt wurden: von Anonymus 4 und Walter Odington (Anfang 14. Jh.). Odington begründet dies empirisch, indem er die pythagoreischen komplizierten und daher »dissonanten« Zahlenverhältnisse der gr. und kl. Terz von 64:81 und 27:32 auf die einfachen von 4:5 und 5:6 reduziert. Die Terz-Sextklänge werden im 15. Jh. als *Fauxbourdon* auch auf dem Kontinent in Mode kommen.
Die Melodik ist rhythmisch einfach und ebenfalls terzenfreudig, was ihr Dur-Charakter verleiht. Man hat sie daher auch volkstümlich genannt.

Ein besonderes Beispiel für die engl. Geschmacksrichtung ist der sog. **Sommerkanon.** Es ist der älteste erhaltene Kanon überhaupt und stammt wahrscheinlich aus der Abtei zu Reading (*Reading rota*). Seine Datierung ist unsicher (um 1260), doch spiegelt er die engl. Praxis des 13. Jh. (Abb. A).
Das Stück ist 6-stimmig: Die Oberstimmen bilden einen 4-stimmigen Kanon im 6/8- oder 4/4-Takt, aus 12 textlich und musikalisch jeweils neuen Abschnitten à 2 Takten, die sich in allen Stimmen beliebig oft wiederholen können. Die beiden Unterstimmen bilden darunter einen sog. Pes (Fuß): Sie wiederholen eine 4-taktige Formel, die so ineinander greift, dass je 2 Takte gleich klingen. Das ganze Stück besteht harmonisch aus einem Wechsel von einem »F-Dur«- und einem »g-Moll«-Klang, und zwar von Longa zu Longa, sodass ein glockenhaftes Pendeln, eine gewisse Monotonie, jedenfalls die erwähnte engl. Volkstümlichkeit zu hören ist.

Deutschland bleibt in der Mehrstimmigkeit des 13. Jh. völlig im Hintergrund. Der berühmte Franco von Köln war Theoretiker und ist als Komponist nicht belegt. Im *Codex Darmstadt* (Anfang 14. Jh., nordfrz.) ist allerdings eine 3-st. lat. Doppelmotette *Homo miserabilis - Homo luge* (Triplum-Motetus) erhalten mit dem merkwürdigen dt. Tenor »Brumas e mors, Brumas ist tôd, o wê der nôt!« Sie wird z. T. Franco zugeschrieben.

Spanien ist mit der Quelle *Hu* vertreten, die das Repertoire des Nonnenklosters Las Huelgas in Burgos spiegelt. Auch hier ist die Auseinandersetzung mit Stücken aus der Notre-Dame-Schule offenbar als »moderner« Musik bemerkenswert, ferner die Zunahme von Ordinariumsvertonungen (im Gegensatz zu den Propriumsstücken des *Magnus liber*). Im Übrigen dürften die 1-st. Marienlieder *Cantigas de Santa María* des 13. Jh. weit berühmter als alle spanische Mehrstimmigkeit gewesen sein. Sie tradieren wohl älteres Melodiengut mit neuen Texten in Art der Troubadourlyrik (bes. von Alfons X. von Kastilien, † 1284).

Instrumentalmusik
Die Instrumente, vor allem die Fiedel (S. 226 f.), konnten bei den Vokalstimmen mitgehen. Auch führten sie in den Motetten den Tenor aus. *Codex Ba* überliefert im Anhang 7 textlose Hoqueti für Instrumente, einer mit dem Titel *In seculum viellatoris* (»für den Fiedler«, Abb. B). Aus der meist improvisierten Tanzmusik der Zeit sind einige 1-st. Stücke im *Chansonnier du Roi* erhalten. Sie heißen **Ductia** oder **Stantipes** (Joh. de Grocheo), auch **Estampida.** Ihr Aufbau gleicht der Sequenz (vgl. S. 192, Abb. B): eine Folge von Abschnitten (*puncta*), die je einmal wiederholt werden und entsprechend *offen* bzw. *geschlossen*, d. h. mit Halb- oder Ganzschluss enden (Abb. C).

A **Tenor mit roten Noten,** Ph. de Vitry, Motette »Garrit Gallus«, nach Hs. Fauv, f. 48 (1316)

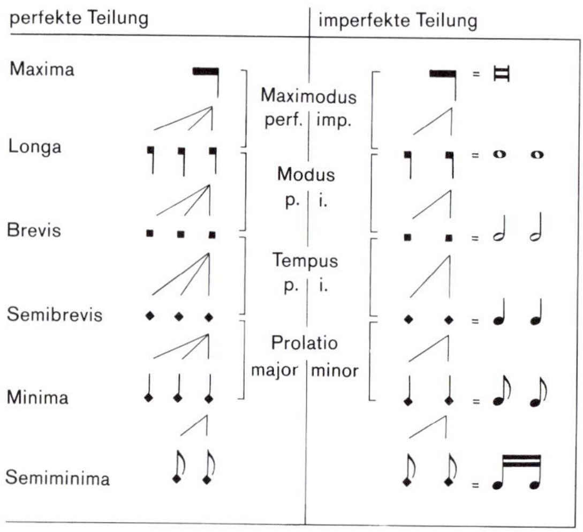

B **Mensuralsystem der Ars nova**

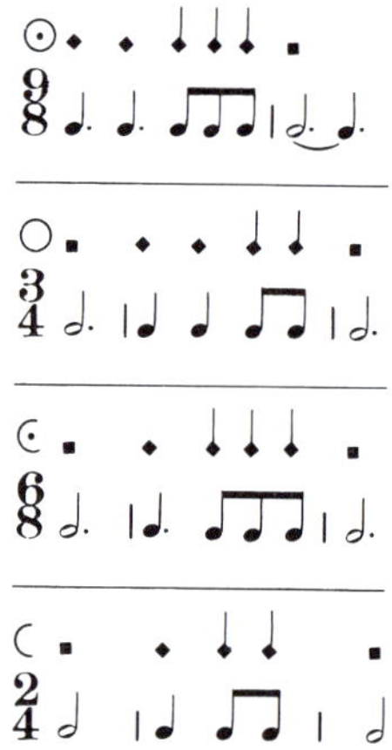

C **Tempusarten**

D **Isoperiodische Motette,** Ph. de Vitry, »Garison«, Aufbau und Periodisierung

▶ ▶ Pause (Periodenende) A, B Tenor-Color I . . . ,1 . . . Tenor-Talea Tenor

Metrische Relationen, Isoperiodik

Die Epoche der **Ars nova** umfasst etwa die Zeit von 1320–1380. Sie ist spezifisch frz. mit Zentrum Paris.
Die Epochenbezeichnung geht auf den *Ars nova* betitelten Traktat von 1322 des PHILIPPE DE VITRY zurück. Vorher hatte JOHANNES DE MURIS, Mathematiker und Astronom an der Sorbonne, in seiner *Notitia artis musicae* von 1321 das Mensuralsystem der Ars nova dargestellt. In den Streit um die Ars nova griff JACOBUS VON LÜTTICH ein, der letztmals die gesamte spekulative Musiktheorie des MA. in 7 umfangreichen Büchern seines *Speculum musicae* von 1321–24 zusammenfasste und die Ars antiqua heftig, aber sachkundig verteidigte. Neuerungen der Ars nova vollziehen sich vor allem auf folgenden Gebieten:
- **Motette** (Isoperiodik, Isorhythmik),
- **mehrst. Lied** (Kantilenensatz),
- **Mensuralsystem,**
- **Mensuralnotation.**

Organum und Conductus versinken. Die weltl. Musik überwiegt. Hier zeigt sich die innere Schwäche der Kirche im 14. Jh. Papst JOHANNES XXII. wendet sich 1324/25 von Avignon aus sogar mit der Bulla *Docta Sanctorum* gegen die Ars nova (Androhung von Kirchenstrafen, falls die neue Musik in der Kirche aufgeführt wird).

Mensuralsystem und -notation erweitern das alte franconische System. Kleinste Einheit ist offiziell die Minima, die aber um 1320 bereits schon wieder teilbar ist: allerdings nur in 2, noch nicht in 3 Semiminimae. Die Maxima dagegen ist auch dreiteilig. Das ternäre Mensuralsystem umfasst damit 4 vollständige Stufen oder Gradi:
- **Maximodus:** Verhältnis Maxima-Longa,
- **Modus:** Verhältnis Longa-Brevis,
- **Tempus:** Verhältnis Brevis-Semibrevis,
- **Prolatio:** Verhältnis Semibrevis-Minima.

Neben die ternäre Teilung tritt vollgültig (wenngleich *imperfekt* genannt) die **binäre.** Sie hat einen 5. Gradus: Minima-Semiminima. Da an den Noten selbst nicht zu erkennen ist, ob sie binär oder ternär geteilt sind, gibt man oft die Teilungsart durch rote Noten oder eigene Mensurzeichen an.
1. **Rote Noten** bezeichnen vorübergehenden Mensurwechsel (Taktwechsel). Frühestes Beispiel ist der Tenor der Motette *Garrit gallus-In nova fert* von VITRY (Erfinder der roten Noten?). Er besteht aus 2 rhythmisch gleich gebauten Abschnitten mit der Folge: schwarz LBB, rot BBL, 2-zeitige Pause, rot LBB, schwarz BBL, 3-zeitige Pause (Abb. A). Durch Imperfektion, Alteration und Taktwechsel ergeben sich unterschiedl. Notenwerte.
2. **Mensurzeichen** setzt man für längere Strecken, bes. für die 4 Kombinationen von Tempus und Prolatio:
   - *tempus perf.* (B = 3 S) *cum prolatione maiori* (S = 3 M), entspr. 9/8-Takt;
   - *tempus perf.* (B = 3 S) *cum prolatione minori* (S = 2 M), entspr. 3/4-Takt;
   - *tempus imperf.* (B = 2 S) *cum prolatione maiori* (S = 3 M), entspr. 6/8-Takt;
   - *tempus imperf.* (B = 2 S) *cum prolatione minori* (S = 2 M), entspr. 2/4-Takt.

   Die Zeichen sind **Kreis** für *tempus perf.*, **Halbkreis** für *tempus imperf.*, **Punkt** für *c. prolatione maiori,* **kein Punkt** für *c. prolatione minori* (Abb. C).

Der Kreis erhält sich lange als Zeichen für den Dreiertakt (noch bei BACH), der Halbkreis bedeutet heute noch 4/4-Takt.

Die Motette ist die Hauptgattung der Ars nova, bes. die frz. Doppelmotette. Der Inhalt bezieht sich auf Liebe, auf Politik, auf Soziales usw. Die Motette ist zwar noch ein Stück für Kenner, aber zugleich eine öffentl. Kunstform geworden. Bes. die isorhythmische Motette wird rund 150 Jahre lang die traditionelle Gattung für hohe Feste. Die Stimmen sind gemischt vokal-instrumental:
- **Triplum,** wird zum Cantus in Sopranlage, Knaben- oder hohe Männerstimmen, rascher Rhythmus (z. B. 9/8 in Abb. D);
- **Motetus,** Hauptstimme in Altlage, in ausgewogener Bewegung;
- **Tenor,** instrumentale Stützstimme in langen Notenwerten und Großtakten (Langmensur, z. B. 3 × 9/8, Abb. D). Zuweilen tritt ein gleich gearteter **Contratenor** hinzu.

Tenorgestalt, Diminution und Augmentation
Noch immer ist der Tenor ein Choralmelisma, das nach einem rhythmischen Modell zubereitet wird. Dies Modell ist länger, sein Terminus **Talea** (frz. *taille,* Abschnitt, in der Poetik metr. Schema eines Gedichtes). Die Talea misst in Abb. A 10 Takte und wird 3-mal wiederholt, in Abb. D 6 Großtakte und wird 4-mal wiederholt (A I–IV). Der 2. Teil in Abb. D bringt eine *Wiederholung der Tenortöne* **(Color).** Zugleich verkürzt er die Mensur: Aus 6 Großtakten werden 2 (B 1–4, im Nb.: aus *doppelt punktierten Ganznoten* f, a usw. im Tenor werden *punktierte Halbe* f, a usw.). Verkürzung heißt **Diminution,** Vergrößerung **Augmentation.** Beides wird durch Mensurzeichen gefordert ohne neue Tenornotierung. Die meisten Ars-nova-Motetten haben einen Diminutionsteil (2. Teil, s. Abb. D).

Isoperiodik. Um auch die Oberstimmen in eine dem Tenor entsprechende Ordnung zu bringen, stimmte VITRY deren Periodenbau über den einzelnen Tenorabschnitten aufeinander ab. Zäsuren (Pausen) erscheinen stets an der gleichen Stelle, z. B. Abb. D im Triplum A I, T. 6 = A II, T. 6 usw.; im Motetus B 1, T. 3 = B 2, T. 6 usw. Kleine Abweichungen sind möglich, z. B. im Motetus A I, T. 3 = A II, T. 3. Die Einteilung in gleiche Perioden (*Isoperiodik*) nimmt keine Rücksicht auf das melodische Material, z. T. nicht einmal auf den Text. Es ist eine absolut musikal. Gestaltungsweise.

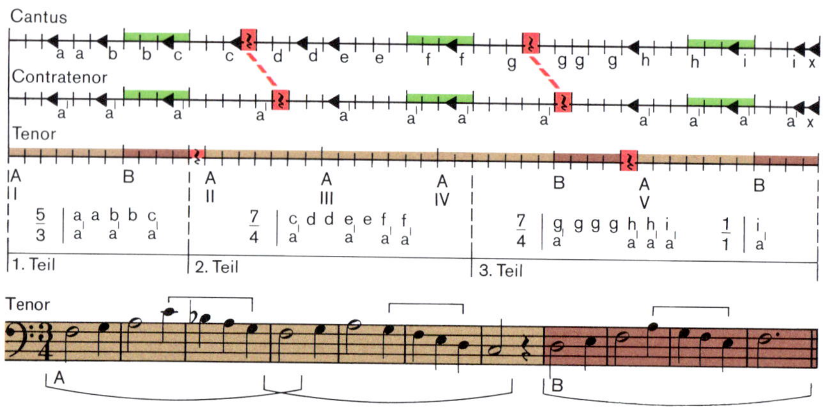

A **G. de Machaut, 3-st. Motette »Trop plus – Biauté – Je ne suis«**, Aufbau und Rondeau-Tenor

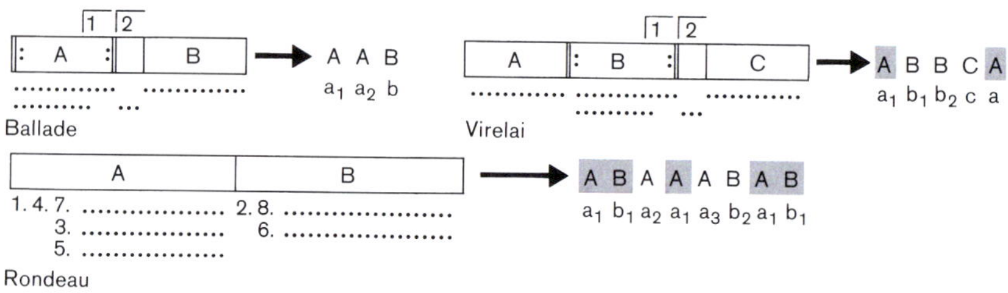

B **Notationsweise der Diskantliedformen**

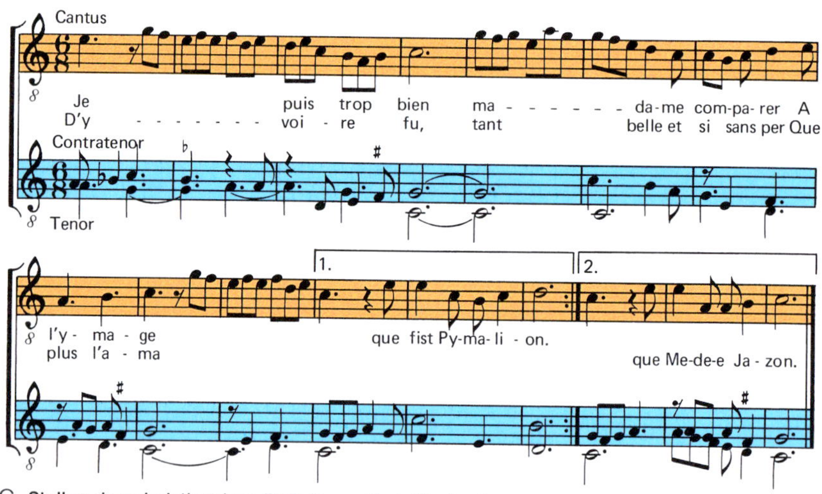

C **Stollen einer dreistimmigen Ballade von G. de Machaut**

Isoperiodik (Forts.). Ein anderes Beispiel für Isoperiodik ist die MACHAUT-Motette *Trop plus-Biauté-Je ne suis* (Triplum-Motetus-Tenor). Sie hat als Tenor kein Choralmelisma, sondern ein Rondeau, das vermutlich von MACHAUT selbst stammt. Sein Refrain lautet: »Je ne suis mie certains d'avoir amie, mais je suis loyaus amis« (*Ich bin nicht sicher eine Freundin zu haben, doch ich bin ein treuer Freund*).

Sein Teil A geht von f aus und endet im Halbschluss auf c. Teil B führt zurück zum f. Teil A besteht dabei aus 2 gleichen Motiven, das auch in B leicht variiert wiederkehrt (Nb. Abb. A).

Die Gesamtanlage des Motettentenors entspricht nun genau der Rondeauform (»ad modum rondelli«): AB = Talea I, A = Talea II, A = Talea III, AB = Talea IV, AB = Talea V (vgl. Abb. A und B, Rondeau).

Der Tenor bestimmt Länge, Aufbau, Tonart und Inhalt der Motette. Text und musikal. Gestaltung der Oberstimmen werden im Blick auf den Tenor konzipiert. Motetus (hier als Contratenor) und Triplum (hier als Cantus) haben verschiedene Strophenform: das Triplum eine sequenzartige Laichstrophe mit fortlaufenden Doppelreimen aa bb cc ..., der Motetus eine litaneiartige Laissenstrophe auf gleichen Reim aaaaa ...; das Triplum ist viel länger als der Motetus: 10 Doppelverse stehen 12 Einzelversen gegenüber. Beide kommentieren den Tenor, indem sie die Schönheit der Angebeteten loben und zugleich auf ihre Tugend anspielen.

Die Motette hat 3 Großteile mit Hoquetuspartien an ihren Enden:

- Teil 1: Talea I, Versverhältnis Triplum-Motetus 5:3,
- Teil 2: Taleae II und III mit Überlappung, Versverhältnis 7:4,
- Teil 3: Taleae IV und V, mit letztem Tenorabschnitt B als Sonderschluss.

Die Kadenzen und die Pausen stehen in beiden Oberstimmen periodisch gleich, sodass Cantus und Contratenor stark aufeinander bezogen sind.

Isorhythmie geht über Isoperiodik hinaus: Nicht nur der Periodenbau, sondern sogar die **Notenwerte** der Perioden sind gleich. Die rationale Organisation des Tenors mit Aufteilung in *Color* (Tonhöhe) und *Talea* (Tondauer) hat sich damit auch auf die Oberstimmen ausgedehnt. Die isorhythmische Motette stellt den Gipfel an rationaler Strukturierung in der gotischen Musik dar. Zugleich schafft Isorhythmie den Ausgleich zu der expressiven Melodik und der gesteigerten harmon. Farbigkeit (Terzen, Chromatik).

Isorhythmie übertrug man von der Motette auch in Messen- und Kantilenensätze. Ein Beispiel ist das *Agnus Dei* der MACHAUT-Messe (S. 218). VITRY und MACHAUT haben schon in den 20er Jahren des 14. Jh. isorhythmische Motetten komponiert.

Das **Diskantlied** (lat. *cantilena*), hat eine gesungene Oberstimme und 1–3 begleitende Instrumentalstimmen. Rückgrat des Satzes ist das 2-st. Diskant-Tenor-Gerüst (Liedmelodie und Begleitstimme), wozu der Contratenor als Füllstimme in Tenorlage kommen kann. Die gleichen Sätze sind oft 2- und 3-st. überliefert. Zuweilen gibt es noch eine 4. Stimme in Cantuslage (Triplum).

Im **Kantilenensatz** (von *cantilena;* auch Diskantliedsatz) erscheinen vor allem die Refrainformen Ballade, Rondeau und Virelai (vgl. S. 192 f.). Die Notationsweise zeigt deutlich, wie aus den wenigen musikal. Bausteinen durch unterschiedl. Wiederholung und Textierung die langen komplizierten Liedgebilde entstehen (Abb. B):

- **Ballade** (frz. *baler,* tanzen), hat normalerweise eine Einleitung (*Envoi*) und 3 Strophen mit Refrain. In der Rücklaufballade MACHAUTS ist der Refrain melodisch gleich dem Stollen, auch fehlt das Envoi, sodass nur die Kanzonenstrophe notiert wird. Der übrige Text steht wie üblich an anderer Stelle, nicht unter den Noten. – Die Ballade ist die häufigste Form im Kantilenensatz (daher auch *Balladensatz,* LUDWIG). Von 42 vertonten Balladen MACHAUTS (*ballades notées* im Unterschied zu seinen 204 unvertonten Balladentexten) sind nur eine 1-st., dagegen 19 2-st., 15 3-st., 4 4-st., dazu nach Motettenart eine Doppelballade (3-st.) und eine Tripelballade (4-st.). Abb. C zeigt den Stollen einer 3-st. Ballade von MACHAUT. Über dem ruhigen instrumentalen Fundament schwingt der bewegte Cantus mit seinen freien Koloraturen.
- **Rondeau,** Rundgesang, in 1-st. Form mit Chorrefrain, mehrst. ohne, hat nur 2 melodische Glieder A und B, die entsprechend der Versfolge 1–7 sich wiederholen (Abb. B). Von 21 Rondeaux bei MACHAUT sind 8 2-st., 11 3-st. und 2 4-st., darunter Besonderheiten wie Kanon-, Zahlen- und Reimspiele.
- **Virelai** (frz. *virer,* sich drehen und *lai,* Laich) ist seltener als Rondeau und Ballade; auf den Refrain A folgt eine Kanzonenstrophe mit Stollen BB und Abgesang C, dann wieder Refrain A. A und C können melodisch gleich sein. Die Verszeilen sind im Unterschied zu Rondeau und Ballade ungleich lang. Von 34 Virelais bei MACHAUT (*chansons balladées*) sind 26 1-st., 7 2-st. und nur 1 3-st.

Hoquetuspartien sind im 14. Jh. häufiger als im 13. Sie erscheinen stets an kompositorisch besonderen Stellen, z. B. am Schluss der Motetten und ihrer Teile. MACHAUT hat einen längeren Hoquetus über den Tenor *David* für Instrumente geschrieben. Er ist ein Unikum in der Mg.

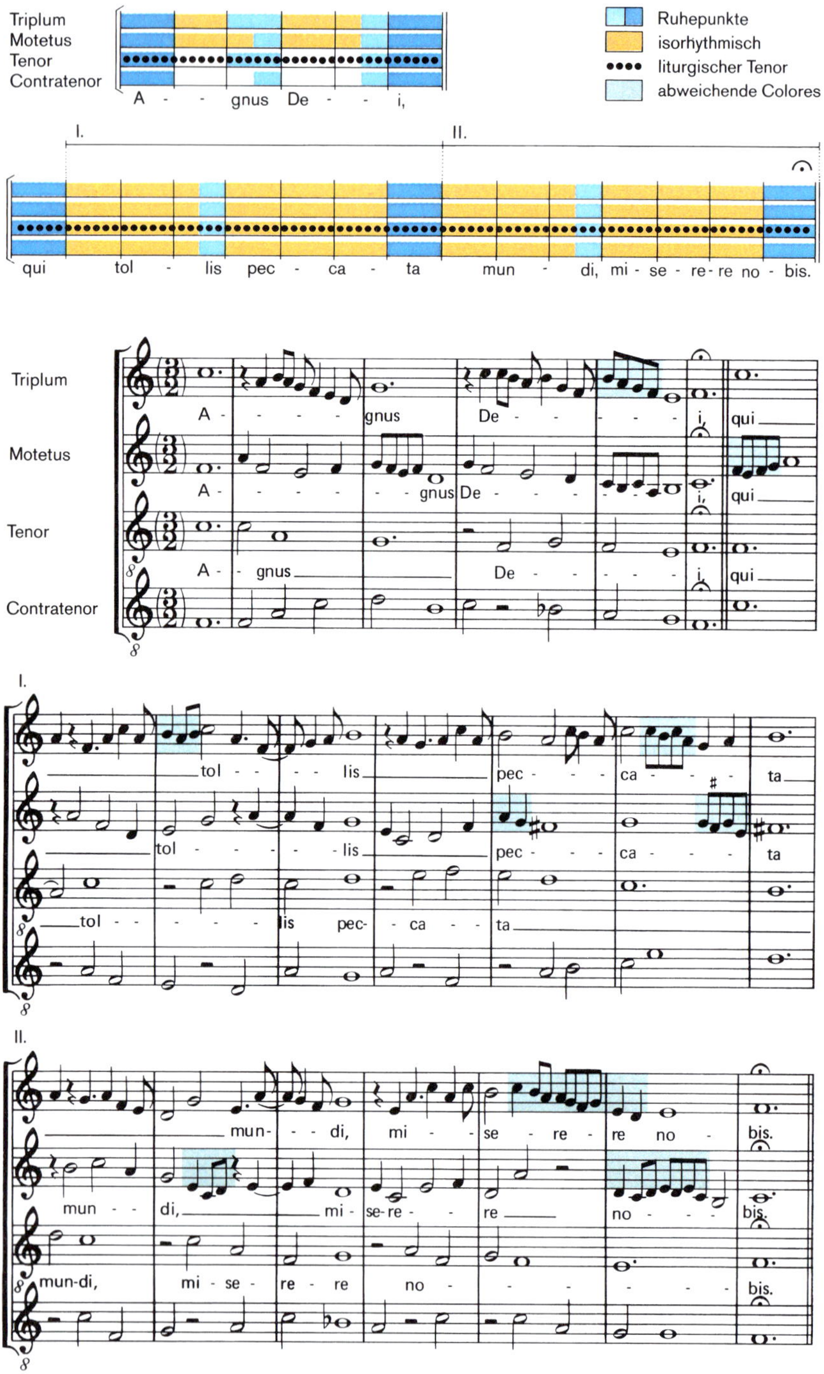

Guillaume de Machaut, 4-st. Messe, Agnus Dei, 1. Teil (isorhythmisch)

Chasse (frz., auch *chace,* Jagd) ist ein 3-st. Kanon im Einklang, inhaltlich wird ein Frühlings- oder Jagdgeschehen geschildert, wobei das Verfolgen der Tiere in gewisser Parallele zur kanonischen Stimmenfolge steht, die auch *fuga* (lat., Flucht) genannt wird.
Die lat. Bezeichnung für Kanon ist *rota,* also Rad (*Radel, Round*), was sich auf die kreisende Stimmbewegung wie auch auf die bildhaft kreisförmige Niederschrift mancher Kanons bezieht.
Vorbereitet ist das Kanonprinzip im Stimmtauschverfahren, bes. engl. Motettenoberstimmen im 13. Jh. (auf kurze Strecken schon in Notre-Dame-Klauseln).

Messordinarien
Im 14. Jh. werden statt des Propriums zunehmend die Ordinariumsteile mehrst. gesetzt: **Kyrie, Gloria, Credo, Sanctus** und **Agnus Dei.** Sie wurden normalerweise vom Chor als 1-st. Choräle gesungen. Dieser Chor, d. h. die kirchliche *Schola cantorum* und nun zunehmend auch die *Hofkapelle,* sang auch das mehrst. Ordinarium. Das Ordinarium wurde in Einzelsätzen (nicht zyklisch) komponiert und in den Hss. entsprechend gesammelt, beginnend mit den Kyries. So ist auch die Kompositionsweise dieser Sätze sehr unterschiedlich:
1. **Choralbearbeitungssatz:** bes. bei textreichen Stücken wie Gloria und Credo; der Choral liegt im Tenor, ist aber frei, nicht ordiniert; alle Stimmen haben den gleichen Text; der Satz ist schlicht, meist akkordisch-syllabisch.
2. **Motettensatz:** bes. bei Kyrie und Agnus Dei, Choral im Tenor, ordiniert wie in der Motette, die übrigen Stimmen bewegen sich sehr unterschiedlich, haben aber gleichen Text wie der Tenor, nur selten eigenen nach Motettenart; eine mehrtextige Motette ist jedoch immer das **Ite missa**, das noch lange mehrst. gesetzt wird und damit den Abschluss des Ordinariumszyklus bildet.
3. **Kantilenensatz:** für textreiche Sätze, ohne Choral, mit führender, frei erfundener Oberstimme (wie die weltl. Ballade, daher auch *Balladenmesse,* LUDWIG) oder mit Choralparaphrase in der Oberstimme.

Auch früheste **Ordinariumszyklen** sind freie Satzzusammenstellungen und noch keine musikalischen Zyklen. Außer den 3-st. Messen von Toulouse (Fragm.) und Besançon sind bes. 2 Messen bekannt geworden:
- **Messe von Tournai,** 3-st., Anfang 14. Jh., aus Hs. *Tournai,* Sätze aus versch. Epochen: alte modale Rhythmen in den Choralbearbeitungen, in Gloria und Credo auch neue binäre Teilung, Schlussstück lat.-frz. Doppelmotette über Ite missa.
- **Messe von G. de Machaut,** 4-st., Kyrie, Sanctus, Agnus und Ite missa in Motettensatz, Gloria und Credo in Kantilenensatz.
S. 218 zeigt den 1. Teil des Agnus. Der Tenor entstammt der XVII. Messe. Das *Agnus Dei* wird mit 3 Ruhepunkten zu Anfang, in der Mitte und am Schluss gesungen (T. 1, 3, 5–6). Im Takt 4 zeigen die beiden Oberstimmen bei ungleichem Tonmaterial den gleichen Rhythmus wie in Takt 2: sie sind hier isorhythmisch.
Dann folgt diese Anlage gleichsam ins Große projiziert für die Abschnitte I und II, die gleichzeitig die Taleae des Tenors darstellen. Die Isorhythmie lässt sich in den übrigen Stimmen leicht verfolgen: Die rhythmisch gleichen Takte stehen im Nb. genau untereinander (Zeile I und II). So erscheinen im Contratenor in beiden Zeilen: Pause, 3 Halbe, Pause, Halbe, Ganze usw.; die Töne über *tollis pecca* sind a f e d a g a usw., über *mundi miserere* jedoch c′ f g a c′ b a usw. Gewisse Abweichungen kommen vor. Sie treten als Verzierungen in kleineren Notenwerten auf (*Colores*).

Die meisten Ordinariumssätze finden sich in den Hss. *Ivrea* und *Apt,* die das Repertoire der päpstlichen Kapelle in Avignon enthalten
Die Päpste residierten von 1309–76 in Avignon (Babylonisches Exil), während des Abendländischen Schismas von 1378–1417/30 auch die Gegenpäpste.
Die Hs. *Apt* überliefert außerdem **3-st. Hymnen** mit Hauptmelodie in der Oberstimme und gleichem Text in den andern.

In der Beliebtheit der Motette und des Diskantliedes im 14. Jh. zeigt sich der Aufbruch eines neuen, weltl. Musiziergefühls. Thematik und Bilder der Texte sind dabei eher »romantisch« in ihrer Hochstilisierung alter Gefühle und Formen, auch der alten Mythologie. Dem entspricht die kunstvolle Melodik in Lied und Motette wie die ausziselierte Rhythmik der Ars nova. Der Komponist tritt als Schöpfer des mehrst. Kunstwerkes persönlich hervor. Es ist seine Leistung, die der neuen Musik eine ästhetische Selbstständigkeit sichert. Die beiden berühmtesten Komponisten waren nicht mehr anonyme Diener an einer dienenden Musik, sondern zugleich Dichter und welterfahrene, hochverehrte Persönlichkeiten:
PHILIPPE DE VITRY (1291–1361) aus Vitry in der Champagne, Dichtermusiker und Politiker in Paris, Freund PETRARCAS, ab 1351 Bischof von Meaux.
GUILLAUME DE MACHAUT (um 1300–1377) aus Machaut, Champagne, ab 1323 Sekretär JOHANNS, Herzog von Luxemburg und König von Böhmen, weite Reisen durch ganz Europa, ab 1340 als Canonicus an der Kathedrale in Reims; umfangreiches dichterisches Werk, dazu 23 Motetten, 18 Lais, an die 100 Lieder, 1 Messe u. a. – MACHAUT ließ seine Werke in eigenen Hss. sammeln, nach Gattungen geordnet: Zeugnis einer persönlichen Schöpfung, die ein hohes Echo fand.

A **Giovanni da Firenze, 2-st. Madrigal »Angnel son biancho«**, Verteilung von Melisma und Text

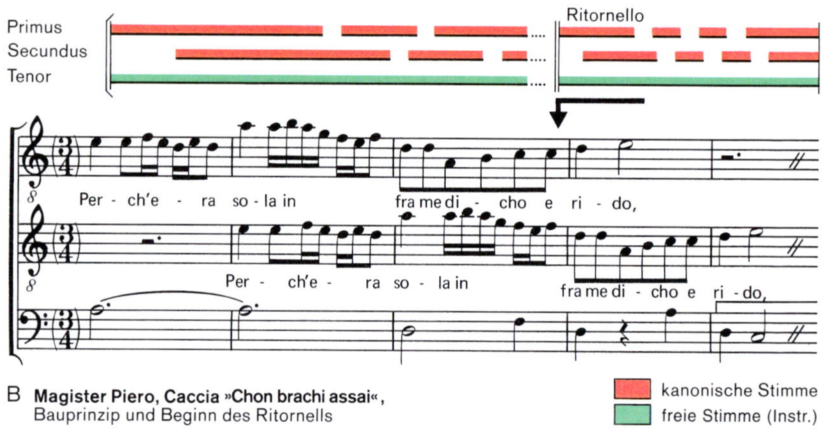

B **Magister Piero, Caccia »Chon brachi assai«**, Bauprinzip und Beginn des Ritornells

C **Italienische Teilung der Brevis** (abgekürzt als Buchstabe, hier Fettdruck)

In Italien entwickelt sich im 14. Jh. eine eigenständige Mehrstimmigkeit. Es handelt sich um eine weltl. Liedkunst für hohe Männerstimmen und Instrumentalbegleitung. Sie setzt etwas später als die frz. Ars nova ein, übertrifft diese aber an melodischer Verve und harmonischer Klarheit. Dafür ist sie ihr an kunstreich rationalist. Bau und komplizierter Rhythmik unterlegen.

Die mehrst. Liedkunst des Trecento wird getragen von der Aristokratie: bis etwa 1350 in den Städten Norditaliens, dann bes. in Florenz. Wichtige Höfe in Oberitalien waren:

– **Mailand:** die Signorien der VISCONTI (LUCCHINO und GIOVANNI) und der SFORZA;
– **Verona:** die Familie DELLA SCALA (ALBERTO und MASTINO II);
– **Mantua:** die GONZAGAS;
– **Padua:** DELLA SCALA und DA CARRARA;
– **Modena** und **Ferrara:** die Familie D' ESTE.

Es wurden Texte vor allem von PETRARCA (1304–1374), BOCCACCIO (1313–1375) und SACCHETTI (1335–1400) vertont.

Die **Entstehungsgeschichte** der Trecentomusik ist umstritten. Italien erlebt im 13./14. Jh. eine Blüte des 1-st. Liedes (*Lauda*). Die neue Mehrstimmigkeit führte man daher auf provenzalischen Einfluss zurück, auch auf den frz. Conductus. Neuere Theorien glauben, dass es in Italien im 13. Jh. eine große mehrst. Kirchenmusik gab, vor allem mit 2-st. Sätzen, in denen die Hauptstimme oben lag, ferner dass sich die reiche Improvisationspraxis der Sänger und Instrumentalisten in den Kompositionen des Trecento niedergeschlagen habe.

Zur 1. Generation der Komponisten von etwa 1330–1350 gehören:

– JACOPO DA BOLOGNA;
– GIOVANNI DA CASCIA (G. DA FIRENZE), wirkte u. a. in Mailand und Verona;
– DONATO DE FLORENTIA, VINCENZO DA RIMINI, PIERO DI FIRENZE, GHERARDELLO DE FLORENTIA.

Hauptgattungen des Trecento sind **Madrigal** (ca. 178 erhalten), **Caccia** (ca. 26) und **Ballata** (ca. 420, in der 1. Generation fast nur 1-st.).

Das Madrigal handelt von Schäferidyllen und Pastorellen, von Liebe in verschlüsselter, zuweilen auch derb komischer Weise, von Moral und Satire (zum Namen s. S. 127). Seine dichterische Form umfasst 2–3 Strophen und ein Ritornell (S. 126, Abb. A). Die Strophen haben gleiche, das Ritornell eine neue Melodie. Der Satz ist 2-st. (später auch 3-st.) mit Hauptstimme oben und gleichem Text für beide bzw. alle Stimmen. Der Tenor als Unterstimme ist frei erfunden und frei geführt (nicht frz. ordiniert), beide Stimmen sind sehr melodisch, und bes. die Oberstimme ist von langen Melismen (Koloraturen) durchsetzt. – Als Mischform mit der Caccia gibt es *kanonische Madrigale,* auch 3-st. mit Oberstimmenkanon.

Im Madrigal *Angnel son biancho* des GIOVANNI DA FIRENZE (Abb. A) ist der Liebestext stilisiert rustikal (Geliebte als weißes Lamm usw.). Ruhepunkte stehen am Zeilenschluss. Die 1. Zeile wird wiederholt (der Ruhepunkt verschiebt sich entsprechend). Jede Zeile beginnt und endet mit einem Melisma, wie die Verteilung im Text zeigt. Aus dem maßstabgetreuen Schema Abb. A (1 mm = 1 Takt) wird deutlich, dass die Melismen mehr Raum einnehmen als die Textpartien: es überwiegt die »reine« Musik.

Das Madrigal liebt Tonmalerei: Aus dem »belando« (*blöken*) wird ein Hoquetus, der sich bei Zeilenwiederholung sogar noch verlängert.

Das Ritornell ist im Verhältnis zum ganzen Madrigal nur kurz (Nb. S. 126).

Trotz der überwiegenden vollkommenen Konsonanzen Einklang, Quinte und Oktave treten viele Terzen auf und beleben mit Weichheit und Klangfülle den Satz. Vorherrschend ist dabei immer die melodische Linie der Einzelstimmen. Deutlich ergeben sich daraus Kadenzen zur Oktave (T. 3–4) und zur Quinte (T. 7–8).

Die Caccia (ital., Jagd) handelt wie die frz. Chasse von der Jagd und anderen turbulenten, mit Interjektionen geschmückten Szenen. Später gibt es auch Liebestexte usw.

Die Caccia hat in der Regel 2 lebhafte, kanonisch geführte Oberstimmen (Kanon im Einklang), die den Text vortragen, und eine ruhige, freie, instrumentale Unterstimme. Bei einigen Stücken fehlt diese Unterstimme. – Die Caccia ist meist zweiteilig: dem langen 1. Teil folgt ein kurzes Ritornell.

In der Caccia *Chon brachi assai* des Magister PIERO (Abb. B) ist der kanonische Einsatzabstand der Stimmen im 1. Teil groß (8 Takte), im Ritornell dagegen klein (1 Takt, s. Nb). Das Ritornell kann auch frei imitatorisch sein.

In der Rhythmik und Notation des Trecento (Abb. C) gilt die **Brevis** als Grundwert. Ihre Teilung (*divisio*) in 3 Grade ergibt die versch. Taktarten:

Der I. Grad teilt die Brevis in 2 oder 3 Teile (»Viertel«), also in geraden und ungeraden Takt, die gleichberechtigt sind;
der II. Grad unterteilt die Brevis in 4, 6 oder 9 Teile (»Achtel«), wobei die 6 als 2 mal 3 (senaria imperfecta = 6/8) und 3 mal 2 (s. perfecta = 3/4) auftaucht. Diese Teilungen entsprechen den 4 Tempoarten der frz. Ars nova (vgl. S. 214, Abb. C);
der III. Grad unterteilt die Brevis in 8 oder 12 Teile (Sechzehntel).

Im Übrigen verwendet man ein 6-Liniensystem, dazu die frz. Notenform samt den (petronischen) Divisionspunkten für die Brevesgruppierungen. Die Brevisteilung wird als Buchstabe abgekürzt angegeben, z. B. **q** = **q**uaternaria usw. (Abb. C).

A **Dreistimmige Satztypen** vokal instrumental

Formteile	Refrain	Stollen	Stollen	Abgesang	Refrain
italienisch	ripresa	piede	piede	volta	ripresa
Text (Reim)	aa	bc	bc	ca	aa
Zeilenfolge	1.	2.	3.	4.	5.
Musik	AB	CD	CD	AB	AB

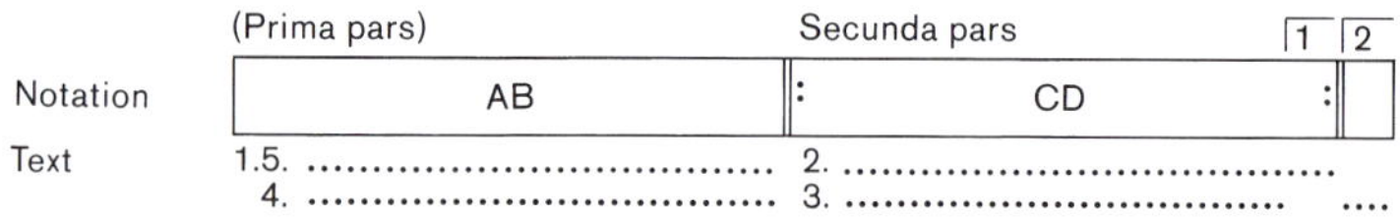

B **Bau und Notationsweise einer Ballata**

C **Francesco Landini, Ballata »Più bella donn'al mondo«,** Strophe I

Zur 2. Generation der Komponisten von 1350 bis 1390 gehören BARTOLINO DA PADOVA, LAURENTIUS DE FLORENTIA, NICCOLÒ DA PERUGIA, PAOLO TENORISTA und die zentrale Figur der Trecentomusik

FRANCESCO LANDINI (auch LANDINO, um 1335–1397), geb. in Fiesole, schon als Kind erblindet, wirkte als Dichtermusiker und Organist am Dom zu Florenz. Überliefert sind 154 Werke, darunter 141 Ballate (91 2-st., 50 3-st., davon 8 mit 3. Stimme als späterem Zusatz), 11 Madrigale (9 2-st., 2 3-st.), 1 3-st. kanonisches Madrigal, 1 3-st. Caccia.

Das Schwergewicht der Trecentomusik verschiebt sich landschaftl. wie erwähnt von Norditalien südwärts nach Florenz unter den Medici als Zentrum, aber auch nach Pisa, Lucca und Perugia.

Die Ballata

ist die Hauptform der 2. Epoche. Sie tritt ab ca. 1365 2-st., dann auch 3-st. auf und verdrängt das Madrigal. Der **2-st. Satz** entspricht dem des Madrigals, d. h. beide Stimmen haben gleichen Text und sind vokal konzipiert. Aber auch Kombination einer Vokalstimme und einer begleitenden Instrumentalstimme sind möglich. Der **3-st. Satz** dagegen ist unterschiedlich:

- **Typ I:** zwei Vokalstimmen *Cantus* und *Tenor* (2 hohe Männerstimmen), dazu ein instrumentaler *Contratenor* (Unter- oder Mittelstimme);
- **Typ II:** alle drei Stimmen sind vokal;
- **Typ III:** eine Vokalstimme als Cantus wird von zwei Instrumentalstimmen begleitet: womöglich eine Nachbildung des frz. Kantilenensatzes.

Immer, auch bei Typ II, können Instrumente mitgehen, sodass ein Mischklang entsteht.

Die **Form der Ballata** entspricht dem frz. **Virelai.** Eine Strophe aus 2 Stollen (Piedi) und Abgesang (Volta) wird umrahmt von einem Refrain (Ripresa). In der Regel umfasst jeder dieser Teile zwei gereimte Verse. Entsprechend besteht die Ripresa (Textzeile 1) aus 2 Melodiebögen A B, ebenso die Piedi aus C D. Der 1. Piede (Textzeile 2) mündet in einen Halbschluss (*verto*), der 2. (Zeile 3) in einen Ganzschluss (*chiuso*). Die Volta (Zeile 4) wird auf die gleiche Melodie gesungen wie die Ripresa. Zum Schluss (Zeile 5) wird die Ripresa wiederholt (Abb. B).

Die Ballata *Più bella donn'al mondo* von LANDINI gilt als eines der schönsten Liebeslieder (Refrain und 1. Strophe in Abb. C vollst.). Die Oberstimme führt, die Unterstimme begleitet (ist evtl. auch instrumental, obwohl die Silbenzahl genau zur Anzahl der Noten passt). Ihr Stütz- oder Begleitcharakter wird bes. in Takt 3 deutlich gegenüber der bewegteren Oberstimme. Diese umsingt die Oktave f^1, bildet die klangvolle Sexte f–d^1, die linear bestimmte Erhöhung cis^1 (mit Synkope zur Hervorhebung des »non«), dann Quinten und wieder Koloraturen.

Die Stimmen laufen meist in Gegenbewegung. Melodieschritte und Rhythmen sind ausgesprochen kantabel. Auffallend ist daher die quasi hoquetierende Stelle zu Beginn des Schlussmelismas in T. 8/9 des 2. Teils.

Harmonisch beginnt der 2. Teil auf der »Dominantebene« a und führt dann zum Grundton d zurück: ein früher Zug zur Dreiklangstonalität.

Die Schlussformel mit den Synkopen und dem Terzsprung (h–d′) ist eine häufige Wendung im Trecento (*Landinoklausel*).

Die schriftl. Fixierung der Stücke gibt nicht die volle **Aufführungspraxis** wieder. So ersieht man aus den Noten nicht, wie die **Instrumente** sich beteiligen; auch differieren die Quellen in Zahl und Anordnung der **Koloraturen.** Diese Koloraturen waren als Verzierungen nicht ausschließlich Sache der Instrumente, sondern wurden auch von Sängern reichlich angewendet. Schon die notierten Koloraturen sprechen für eine hohe **Stimm-** und **Gesangskultur,** die wohl schon im MA. eine ital. Spezialität war. Trotz der harmon. Klangfülle und -weichheit mit »vortonalen« Zügen fehlt auch in der ital. Mehrstimmigkeit die Bassregion. Die Stimmen wurden von hohen Solotenören gesungen, der Klang blieb durchsichtig und hell.

Ab etwa 1360 macht sich in Italien der Einfluss der frz. Ars nova bemerkbar. Das hängt politisch mit der Herrschaft frz. Fürsten in einigen Städten Italiens und mit der Rückkehr des Papstes und seiner Kapelle 1377 aus Avignon nach Rom zusammen. Man übernimmt die Motette mit Isorhythmie und Mehrtextigkeit, den Kantilenensatz, frz. Notationsmethoden und zuweilen frz. Texte. Dies betrifft vor allem die **3. Generation** der Trecentisten mit GRATIOSUS und BARTOLINO DA PADOVA, PAULUS und ANDREAS DE FLORENTIA, MATHEUS DE PERUSIO, MAG. ZACHARIAS, den CASERTAS u. a. (Spätzeit 1390 bis 1420, vgl. S. 225).

Die bekanntesten Musiktheoretiker des Trecento sind MARCHETTO DA PADOVA (*Lucidarium* und *Pomerium* 1325) und PROSDOCIMUS DE BELDEMANDIS (Padua, Anfang 15. Jh.).

Die Quellen überliefern etwa 650 Stücke in über 30 Hss., darunter

- **Codex Rossi** (*RS*), Rom, Bibl. Vat., Rossi 215, um 1350 und früher, erste Trecentoquelle mit 37 Stücken, davon allein 30 Madrigale;
- **Squarcialupi-Codex** (*Sq*), Florenz, Bibl. Mediceo-Laur., Palat. 87, 1. Hälfte 15. Jh., (Besitzvermerk: *Antonio Squarc.,* Organist in Florenz, 1417–80), prächtig illuminierte Sammelhs. mit über 350 Stücken, davon 226 Ballate, 114 Madrigale und 12 Caccie.

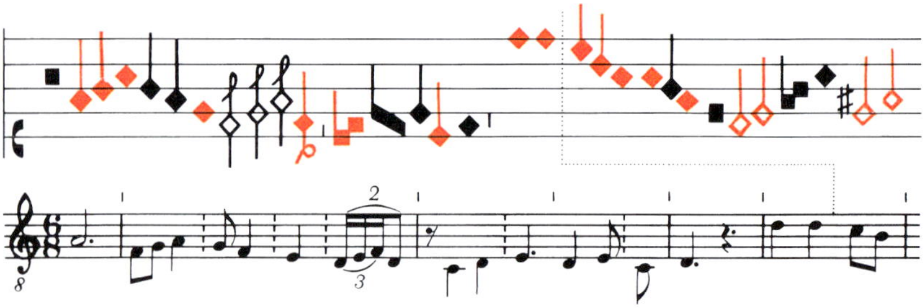

A **Manierierte Notation,** spätes 14. Jh., nach Hs. Mod A, f. 39, und Übertragung

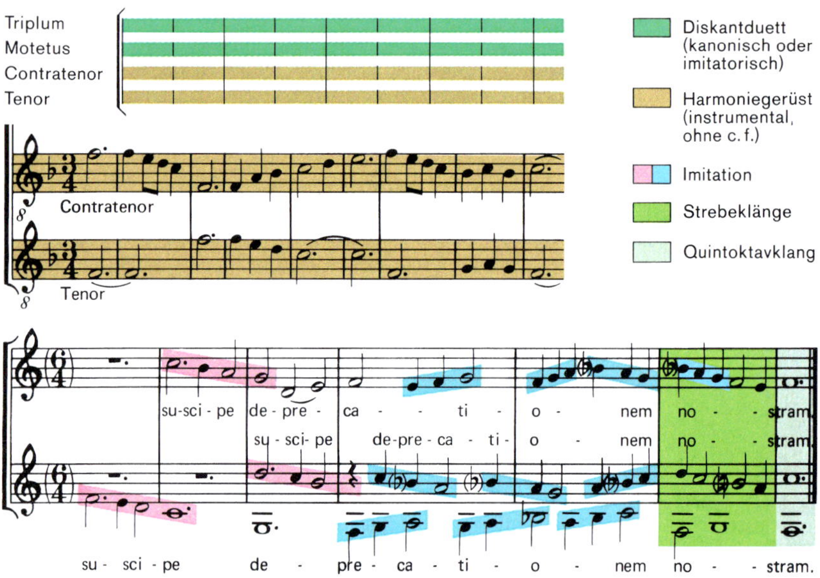

B **Johannes Ciconia,** Stimmenordnung und Harmonieträgerbeispiel der »Cacciamotette« und Teil eines Gloria

C **Intavolierung einer Ars-nova-Motette (Vitry?) für Orgel,** England, 14. Jh.

Strukturbeispiele, früheste Orgeltabulatur

Frankreich. Die Ars nova hatte gattungsgeschichtl. Endgültiges geleistet: Die **isorhythmische Motette** VITRYS und MACHAUTS ist in ihrer durchdachten Ausgewogenheit von Form und Ausdruck Endpunkt der Motettenentwicklung seit Notre-Dame. Das **Diskantlied** der Ars nova wird von MACHAUT gleich auf eine unüberbietbare Höhe geführt. Da nach dem Tode von MACHAUT 1377 neue Impulse fehlen, gehen die Komponisten auf alten Gleisen weiter. Es entsteht die **frz. Spätzeit** (BESSELER), in der die Ars nova gesteigert wird zu einer **Ars subtilior** (GÜNTHER), wie die Zeit ihre Musik und Notation selber verstand: eine nuancenreiche, hochgezüchtete, kostbare Musikkultur.
Man führt Isorhythmie und Mehrtextigkeit auch in den Kantilenensatz ein und treibt vor allem das zentrale Gebiet der Ars nova weiter voran: den Rhythmus und seine Notation. Das Mensuralsystem wird über die Semiminima hinaus erweitert, die Schlagzeit verlangsamt sich erneut. Der manierierte Rhythmus mit häufigen Mensurwechseln, Duolen, Triolen, Synkopen usw. führt zu einer **manierierten Notation** (APEL) mit *Fusa* und *Dragma* als kleinsten Werten, die vielgestaltig mit Doppelhälsen, Fähnchen und Hohlköpfen erscheinen (Abb. A).

Die meisten Komponisten stehen im Dienste einer *Hofkapelle,* bes. der frz. in Paris (KARL V., 1364–80; KARL VI., 1380–1422).
Zur 1. Generation bis etwa 1400 gehören: F. ANDRIEUX (Schüler MACHAUTS?), JEAN CUVELIER, JEAN GALIOT, SOLAGE, JEAN SUSAY, JEAN VAILLANT u. a.
Zur 2. Generation ab etwa 1400 zählen: JOHANNES CARMEN (Paris), JOHANNES CESARIS (Anger), BAUDE CORDIER (Reims), NIC. GRENON (Paris und Burgund), RICHARD LOCQUEVILLE (Cambrai), TAPISSIER (Burgund) u. a.

Italien. Während sich in Florenz nach dem Tode LANDINIS 1397 noch eine Trecentotradition hielt und der Süden um Neapel (PHILIPPUS und ANTONELLO DE CASERTA, NIC. DE CAPUA) eine frz. beeinflusste weltl. Musik pflegte, bahnte sich im Norden unter JOHANNES CICONIA (um 1335–1411) ein allmählicher Umschwung an, der den Niederländerstil vorbereitete. Die geistl. Kompositionen nehmen zu, Stimmführung und Harmonik verändern sich. CICONIA stammt aus dem frz. beeinflussten Lüttich. Er ist der erste bekannte »Niederländer« (*Franko-Flame*), der nach Italien ging. Schon in den 60er Jahren vorübergehend in Italien tätig, lebte er ab 1403 bis zu seinem Tode als Kathedralkantor in Padua.

CICONIA bildet im 4-st. Satz *Tenor* und *Contratenor* aus der frz. Motette zu einem *harmonischen Gerüst* ohne ordinierten c. f. aus. Kennzeichnend sind Quint- und Oktavsprünge. Beide Stimmen sind instrumental (Abb. B).
Darüber werden *Triplum* und *Motetus* einander angeglichen durch *Kanon-* und *Imitationstechnik.* Ergebnis ist eine **Cacciamotette** mit ausgewogenem, klangvollen Satz. Imitation dehnte CICONIA in (geistl.) Vokalwerken auf alle Stimmen aus, z. B. in dem 3-st. Gloria Abb. B. Bemerkenswert sind hier auch die stark kadenzierenden Strebeklänge mit ihrer Auflösung, die bereits an die spätere Tonalität erinnert.

England bringt Mehrstimmigkeit vorzugsweise im geistl. Bereich. Die isorhythmische Motette kommt nur vereinzelt vor, das Diskantlied wird gar nicht übernommen. Man bevorzugt die einfacheren engl. Satzstrukturen.
Die Quellen überliefern folgende Gattungen aus dem 14. Jh.:
- **Ordinariumssätze:** Der Choral liegt im Tenor, d. h. in der Mitte oder unten, nur selten oben wie in den entsprechenden frz. Sätzen im Diskantstil;
- **Magnificats:** aus der engl. Marientradition, in Choralbearbeitungsstil;
- **Hymnen:** in 3-st. Satz mit Hauptmelodie in der Oberstimme;
- **Conductus:** wird in England noch gesungen, einfacher, syllabischer Satz;
- **Carols:** als Nachfolger des Conductus um die Wende des 15. Jh., 2- bis 3-st. geistl. Weihnachtslieder mit Refrain.

Insgesamt zeigt sich England gegenüber der Ars nova in Frankreich traditionell. Der alte Sinn für Wohlklang und Klangfülle erweitert den Gebrauch von Terzen und Sexten, auch als Akkordketten mit Quint-Oktav-Schluss (»Fauxbourdon«, vgl. S. 213).

Deutschland. OSWALD VON WOLKENSTEIN aus Tirol (1377–1445) schreibt neben 1-st. Liedern erstmals 2- bis 3-st. Sätze:
- nach Vorbild des Kantilenensatzes, wobei er sogar einige frz. Diskantlieder übersetzte und variiert übernahm,
- mit Liedmelodie im Tenor, über den er eine relativ schlichte Instrumentalstimme setzte (s. S. 256, Abb. A). Im 3-st. Satz tritt noch eine instrumentale Unterstimme dazu.

In der Mondsee-Wiener-Liederhs. (Anfang 15. Jh.) stehen ebenfalls einige 2- bis 3-st. Stücke vom MÜNCH VON SALZBURG. Die Liedmelodie liegt hier im Cantus.

An neuer **Instrumentalmusik** ist aus England die erste Orgel- oder Klavizimbeltabulatur erhalten: Eine 3-st. Motette (VITRY?) wurde in eine Griffschrift (*Tabulatur*) übertragen (*intavoliert*). Die sonst getrennt aufgezeichneten Motettenstimmen erscheinen hier ohne Text untereinander in einem System aus Noten und Buchstaben. Die linke Hand oder das Pedal spielt dabei den Tenor (lange Noten), die rechte Hand die Oberstimmen, wobei sie viele Verzierungen anbringt (*Colorierung;* Abb. C).

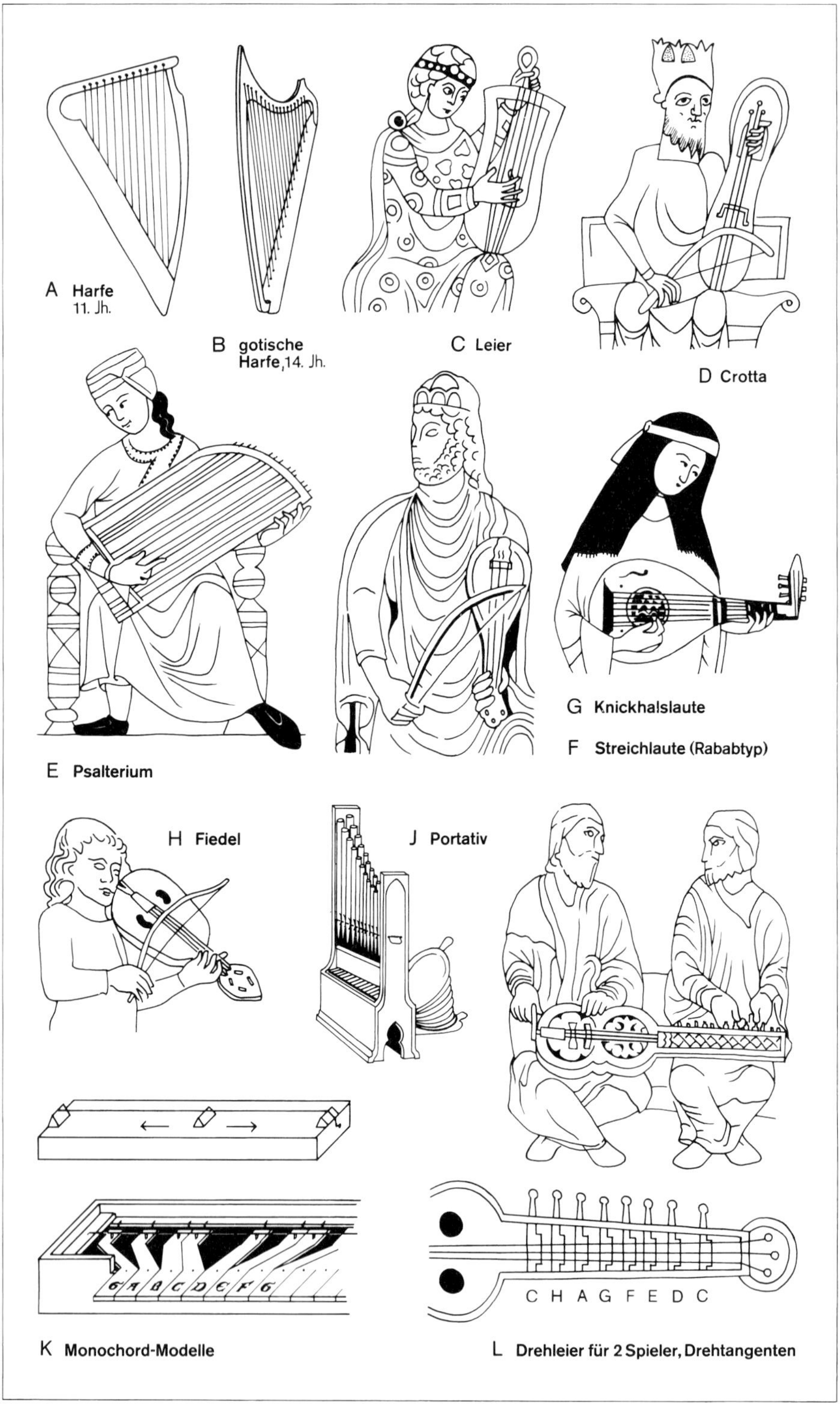

Saiteninstrumente, Portativ

Das MA. übernimmt im Wesentlichen das Instrumentarium des Altertums. Es gibt im MA. jedoch weder eine zielstrebige Entwicklung noch eine bauliche Normierung der Instrumente. Daher die bunte Vielfalt und die unterschiedl. Erscheinungsformen der Typen und ihre uneinheitl. Benennung. Erst im 15./16. Jh. setzt mit dem Aufkommen einer eigenen Instrumentalmusik und dem Ausbau der Bassregion die Familienbildung der Instrumente und deren theoretische Systematisierung ein (Gipfelleistung: VIRDUNG, *Musica getutscht,* 1511; PRAETORIUS, *Syntagma musicum,* II, 1619).

Der Instrumentalklang im MA. war hoch, hell, durchdringend, ganz in Sopran- bis Tenorlage. Die tiefen Bässe fehlen. Es gibt kein Orchester mit großem Klangvolumen, sondern kleine, individuelle Gruppierungen von Solisten, möglichst als Mischklang aus Saiten-, Blas- und Schlaginstrumenten.

Instrumente dienen zur Liedbegleitung (bes. Saiteninstrumente, gezupft und gestrichen), zu Tänzen und Umzügen (bes. Bläser). Fast alles wird nach Modellen improvisiert. Nur in der Mehrstimmigkeit spielen die Instrumente die eigenen oder die Vokalpartien aus Stimmbüchern mit. Reine Instrumentalmusik ist selten, und auch dann handelt es sich meist um urspr. Vokalgattungen (*Hoquetus,* vgl. S. 208 f., *Motettenintavolierung,* vgl. S. 224 f.).

Die Spieler waren außer den Organisten Spielleute in festem Dienst am Hofe (*Menestrels*) oder fahrendes Volk (zugleich Jongleure, Spaßmacher usw.) für Jahrmärkte und Feste.

Saiteninstrumente (Quellen s. S. 538)

Harfe, ab 8. Jh. belegt, als Rahmenharfe in gedrungener romanischer, ab 14. Jh. in schlanker gotischer Form (Abb. A, B), irisch-engl. Spezialität (*cythara anglica,* noch heute im irischen Wappen).

Leiern, Lyra und Kithara der Antike finden sich leicht verändert wieder: zuerst die Leier aus Oberflacht (alemannischer Grabfund, 5./6. Jh.), mit schlanken Jocharmen und 6 Wirbeln, ähnlich im Münchener Psalter (10./11. Jh.) mit 5 Saiten, Sattelknopf und einem Stimmschlüssel (Abb. C). Daneben gibt es die Rundleier ohne Jochansatz (*cythara teutonica,* 7.–9. Jh.), im 9. Jh. auch mit Griffbrett als Mittelsteg und 3 Saiten. Diese *Griffbrettcythara* erscheint schon im 9. Jh. auch mit Streichbogen als **Crwth, Crotta,** dt. **Rotta,** bes. in Irland als Instrument der Barden (Abb. D).

Psalterium, belegt ab 9. Jh., Vorform der Zither (Abb. E), verwandt mit dem Hackbrett (vgl. S. 34). Im 13./14. Jh. entwickelte man daraus durch Einbau einer Anschlagsmechanik das **Cymbalum** (*Clavicymbel*).

Laute, als **Langhalslaute** (vgl. S. 160, Abb. B), Vorbild arab. *Tanbur,* ab 10. Jh. belegt; als **Kurzhalslaute,** im Typ der arab. *Rabab,* mit kleinem birnenförmigem, bauchigem Korpus ohne Halsansatz, mit 3–5 Saiten und Wirbelplatte, gezupft, aber auch gestrichen (*Streichlaute, Rubebe, Rebec*), in beliebiger Schulter- oder Kniehaltung (Abb. F); als **Knickhalslaute** mit großem Korpus, vielen Saiten, höherem Druck, daher abgeknicktem Wirbelkasten, durch arab. Vermittlung nach Sizilien und Spanien (Abb. G).

Fiedel (*viella, viola,* auch *lyra, geige*), schon in OTFRIDS Evangelienbuch genannt (9. Jh.), kastenförmig mit Halsabsatz, erst ab 11./12. Jh. Einbuchtungen für den Streichbogen in sehr unterschiedl. Formen (dagegen birnenförmiger Rebabtyp), 3–6 Saiten, z. T. mit Bordun (vgl. S. 38), Spielhaltung meist auf linker Schulter (Abb. H), auch quer vor dem Körper.

Drehleier (*organistrum*), ab 9. Jh., 3 Saiten (später bis 6), die gleichzeitig von einem Rad gestrichen werden; größere Instrumente waren bis 180 cm lang und für 2 Spieler gedacht (Abb. L, Plastik, Santiago de Compostela, 13. Jh.); die Drehtangenten (Hebel über den Tonbuchstaben, Abb. L, aufgeklappter Tangentenkasten nach einer Zeichnung aus dem 13. Jh.) berühren alle Saiten beim Hochkippen, und es ergeben sich bei Quint-Oktavstimmung der Saiten (d a d′) Parallelklänge wie im alten Organum (daher *organistrum*). Die Tangenten können auch anders gebaut sein und nur 1 Saite berühren (Melodie), während die anderen unverändert weiterklingen (Bordune).

Monochord, Einsaiter mit verschiebbarem Steg zur Demonstration der Intervallproportionen 1:2, 2:3 usw.; statt eines verschiebbaren Steges verwendete man auch mehrere feste, die per Hebel (Tasten) an die Saite gehoben wurden (Abb. K); so entstand das *Clavichord* (vgl. S. 36); als *Polychord* auch mit mehreren Saiten.

Blasinstrumente und Orgel

fast durchweg wie im Altertum:

- **Horn** (röm. *cornu*), als kleines Naturhorn aus Metall, Tierhorn (*bugle*, ahd. *herhorn,* 9. Jh., s. S. 48) oder Elfenbein (**Olifant**);
- **Trompete** (röm. *tuba,* ahd. *trumba,* mhd. *trumpet*), mit Zug als **Posaune** (s. S. 50);
- **Doppelrohrblattinstrumente: Schalmei** und **Platerspiel** (mit Windblase), ab 15. Jh. **Bomhart** dazu;
- **Flöten:** Längs-(Schnabel-), Quer- und Doppelflöte, Syrinx, Einhandpfeife;
- **Dudelsack,** ab 9. Jh., mit 1–2 Spielpfeifen und Bordunen (S. 54, Abb. D);
- **Orgel,** ab 8. Jh. im Abendland als **Positiv** und tragbares **Portativ** (Abb. J; s. S. 59).

Schlaginstrumente

wie im antiken Mittelmeerraum: Handtrommel, Schellentrommel, kl. Pauke, Becken, Gabelbecken, Triangel, Glocken, Klappergeräte, Rasseln.

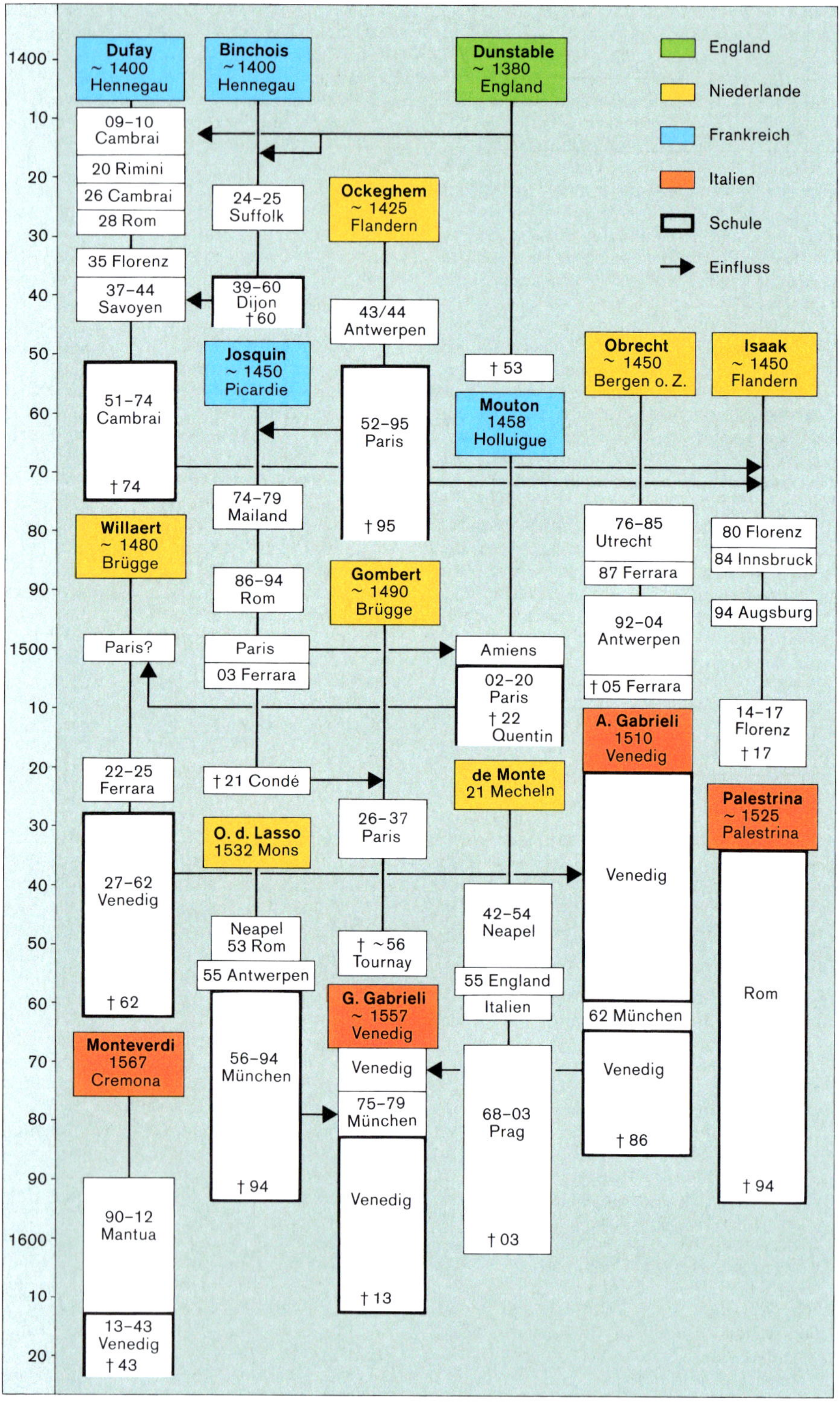

Herkunft, Schaffenszentren und Einflussbereiche der wichtigsten Komponisten

Das 15. und 16. Jh. zeigen eine durchgehende Entwicklung in Haltung und Kompositionstechnik der Musik. Mittelpunkt ist die mehrst. Vokalmusik. Der Höhepunkt wird mit ORLANDO DI LASSO und PALESTRINA erreicht.
Die Instrumentalmusik entwickelt gleichsam als Gegengewicht zur vorherrschenden Vokalmusik eine erste Selbstständigkeit.
Das Zentrum des Schaffens verlagert sich von Frankreich über den franko-flämischen Raum und das burgundische Stammland nach Italien, das im 16. Jh. die Führung übernimmt. England mit DUNSTABLE und Italien mit der Epoche CICONIA um 1400 sind für den Anfang dieser Entwicklung bedeutsam.
Man hat das 15./16. Jh. das Zeitalter der **niederländischen Vokalpolyphonie** genannt, die führenden Meister jener Zeit stammen aber nicht nur aus den Niederlanden, sondern aus dem heutigen Nordfrankreich, dem Hennegau, Belgien usw. Daher ist es richtiger, von der **franko-flämischen** Musik zu sprechen. Im Übrigen gab es regen internationalen Austausch: Die meisten Komponisten sind weit gereist und haben den größten Teil ihres Lebens als *oltramontani* (*von jenseits der Berge*) in Italien zugebracht.

Renaissance und Humanismus
Der Begriff Renaissance wurde von dem Maler VASARI 1550 angewendet und ist seit BURCKHARDT (nach 1860) für die Kunst des 15./16. Jh. in Italien gebräuchlich.
Renaissance bedeutet *Wiedergeburt* des Menschen aus der bewussten Begegnung mit der Antike. Dort war der Mensch zum Maß aller Dinge geworden. Erneut orientiert er sich nun an sich selbst. Hierin begegnen sich Renaissance und Humanismus (lat. *humanitas*, Menschlichkeit). Mit der »Entdeckung« des Menschen geht parallel die neuzeitl. Entdeckung der Natur und der Welt. Es ist das Ende des MA.:
- Entdeckung Amerikas 1492 durch COLUMBUS, erste Weltumseglung 1519–21;
- Aufschwung der neuzeitl. Naturwissenschaften u. a. mit KOPERNIKUS († 1543), GALILEO GALILEI († 1642), KEPLER († 1630);
- Erfindung der Buchdruckerkunst durch GUTENBERG, Mainz um 1455, und des Notendrucks durch HAHN (HAN), Rom 1476.

Das neue Menschenbild führt auch zu einem neuen Künstlertypus (mit Vorläufern im 14. Jh.): Das *Genie*, das sich als schöpferische Kraft in einer übergreifenden göttl. Ordnung erlebt. Zugleich spiegelt sich das neue Selbstbewusstsein des Menschen in den *kirchlichen Wirren* und *Glaubenskämpfen*, den zahlreichen *Konzilien* im 15. Jh., dem *Reformwerk* vor allem MARTIN LUTHERS, der *Gegenreformation* mit dem *Konzil zu Trient* (1545–63).

In der **Baukunst** führt die Orientierung an der Antike zu einer **neuen Einfachheit** der Linie, der Form und der Proportionen (BRAMANTE, MICHELANGELO). Hier führt der ital. Süden gegenüber dem gotischen Norden (Spätgotik noch im 16. Jh.).
In der **Malerei** werden **Natürlichkeit** angestrebt, die **Perspektive** ausgebildet und der Mensch ins Bild gerückt (MICHELANGELO, RAFFAEL, LEONARDO DA VINCI, GRÜNEWALD, DÜRER; GEBR. VAN EYCK, BREUGHEL).
In der **Plastik** schafft man die freistehende Gestalt (DONATELLO).
Die Musik des 15./16. Jh. fand zur Orientierung an der Antike zwar keine Originale vor wie andere Künste, doch lassen sich Renaissanceelemente auch in ihr aufzeigen. Sie führen gegenüber dem MA. zu einer *Vermenschlichung* der Musik:
- Der hohe **Spaltklang** der Gotik weicht dem **Vollklang** der Renaissance in der niederl. Vokalpolyphonie;
- die Linie entwickelt durch polyphone Schichtung den **Akkord**;
- die sukzessive Komposition der Stimmen weicht der **Simultankonzeption**;
- die statischen Quint-Oktavklänge werden von weichen **Terzen** und **Sexten** überflutet;
- die funktionale **Dreiklangsharmonik** bereitet sich vor;
- statt der gekräuselten gotischen Linie wird die **einfache,** vom menschl. Atem gegliederte **Melodie** zum Ideal;
- die komplizierte gotische Rhythmik weicht einer pulsierenden **Lebendigkeit**;
- das ordinierte Tenorgerüst, die komplizierte Rationalität und der Konstruktivismus der Isorhythmie wird aufgegeben zu Gunsten **einfacher Formen und Proportionen**;
- neu ist die Forderung nach **Natürlichkeit** in der Musik (GLAREAN, ZARLINO): Die Musik soll die Natur nachahmen, indem sie als Vokalmusik den Text nachahmt (*imitar le parole*), d. h. dessen Affekt- und Ausdrucksgehalt wiedergibt.

Spätgotische Reste tauchen in Zahlenmystik und niederländischen Kanonkünsten auf.

Die Musikergenerationen (Abb.)
I. (1420–1460): DUNSTABLE, DUFAY, BINCHOIS;
II. (1460–1490): DUFAY, OCKEGHEM, BUSNOIS;
III. (1490–1520): OBRECHT, ISAAK, JOSQUIN, MOUTON;
IV. (1520–1560): WILLAERT, GOMBERT, CLEMENS NON PAPA, JANEQUIN;
V. (1560–1600): A. GABRIELI, DE MONTE, LASSO, PALESTRINA.

Eine letzte Gruppe leitet bereits die neue Epoche des Barock ein: G. GABRIELI, SWEELINCK, GASTOLDI, GESUALDO, MARENZIO, MONTEVERDI.
Schulzentren sind **Cambrai** (DUFAY), **Paris** (OCKEGHEM, MOUTON), **Venedig** (WILLAERT, A. und G. GABRIELI, MONTEVERDI), **München** (LASSO) und **Rom** (PALESTRINA).

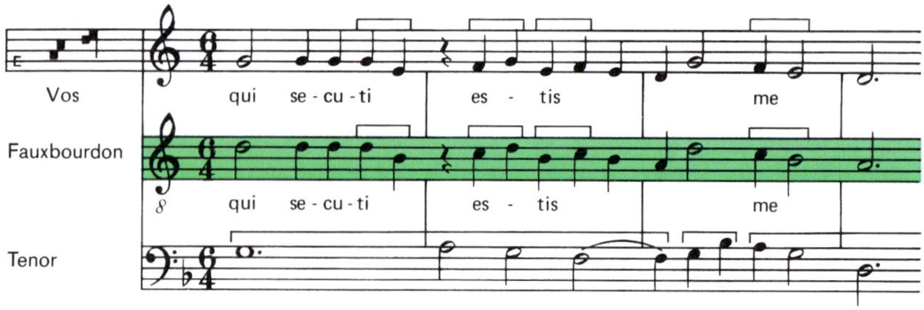

A **Erste erhaltene Fauxbourdon-Komposition auf dem Kontinent,**
G. Dufay, Missa S. Jacobi, Postcommunio (1429?)

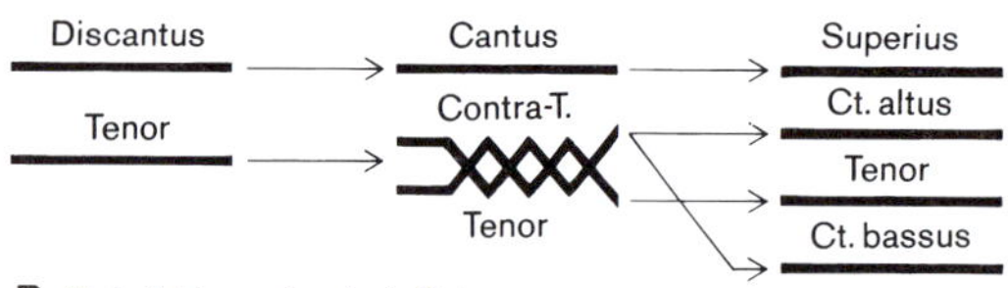

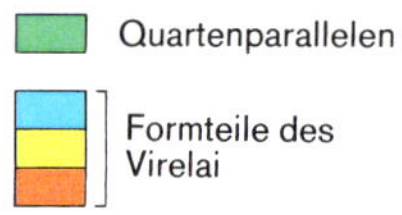

B **Entwicklung des 4-st. Satzes**

1. fauxbourdonartig
2. Doppelleittonkadenz
3. liegender Contratenor
4. aufwärts springender Ct.
5. abwärts springender Ct.
6. Schlussklang ohne Terz
7. Tenor aufwärts zur Terz

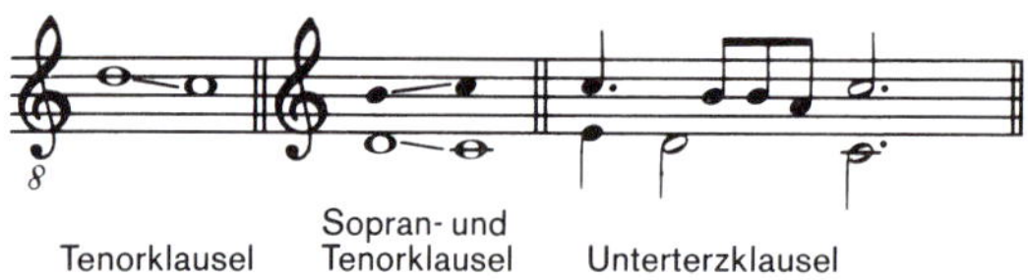

C **Die wichtigsten Klauseln**

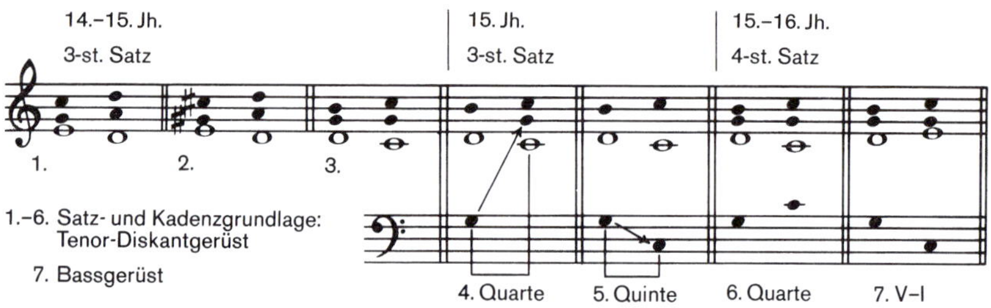

1.–6. Satz- und Kadenzgrundlage: Tenor-Diskantgerüst
7. Bassgerüst

D **Entwicklung der tonalen Kadenz**

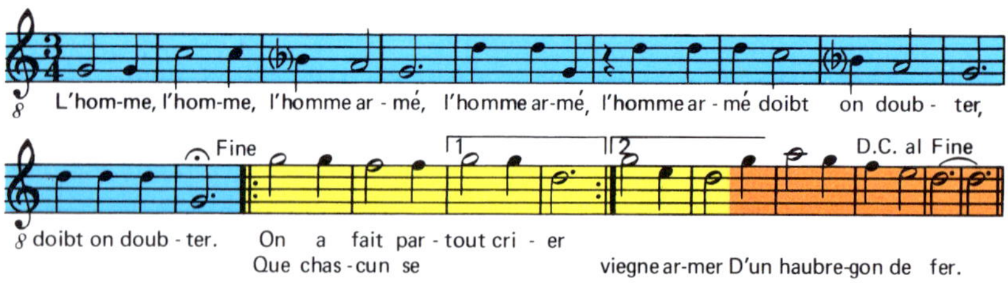

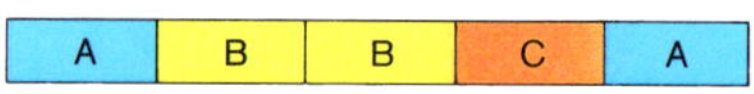

E **»L'homme armé«**, nach Pietro Aron, Il Toscanello, Rimini 1523

Stimmführung, bekannteste Parodievorlage der Zeit

Mehrstimmigkeit ist in der Renaissance noch immer wörtlich zu verstehen als Summe kontrapunktisch gestalteter Einzelstimmen (überliefert in Stimmen, nicht in Partitur). Angleichung der Stimmen geschieht in der sog. Durchvokalisierung: alle Stimmen erhalten Vokalcharakter (»Vermenschlichung« der Musik, s. S. 229). Hauptmittel dazu sind fließende Melodik und Durchimitation im Satz. Das Klangideal der Renaissance wandelt sich ferner durch Hereinnahme der Bassregion (4-st. Satz als Norm), durch farbige Terz- und Sextklänge (Fauxbourdon) und vortonaler Dreiklangsharmonik (Kadenzen). Am Ende dieser Entwicklung steht der Akkord als Materialgrundlage des Generalbasszeitalters.

Fauxbourdon bedeutet Sextakkordketten, die sich in einen Quint-Oktavklang auflösen. Ihr Ursprung geht wohl auf engl. Einfluss zurück (Faburden, S. 234 f.).
Im kontinentalen 3-st. Satz erklingen zur Hauptmelodie (Choral) in der Oberstimme 2 Unterstimmen (bourdon und »fa-bourdon« als Contra- oder »Gegen«tenor) streckenweise in engl. Sextakkordketten. Womöglich um das Kompositionsverbot von Quartparallelen zu umgehen, wird aber nur ein 2-st. Satz notiert. Die zur Oberstimme quartparallel, also »falsch« verlaufende Mittelstimme ergänzen die Ausführenden nach der Anweisung »à faux bourdon«, »nach Art des falschen Basses«. Der Fauxbourdon erscheint ab etwa 1430 auf dem Kontinent, gleichzeitig mit dem Faburden in England.
Vermutlich bezieht sich Martin le Franc im *Champion des Dames* um 1440 hierauf, wenn er schreibt, Dufay und Binchois machten »frisque concordance« nach engl. Art im Gefolge Dunstables. Frühester Beleg auf dem Kontinent begegnet in Dufays Postcommunio der *St. Jacobsmesse* von 1429 (Abb. A). Die Textstelle »Ihr, die ihr mir gefolgt sein werdet ...« spiegelt sich im quartparallelen *Folgen* der Mittelstimme.

Der 4-st. Satz als Norm ist Ende des 15. Jh. erreicht. Ausgang ist der 2-st. Satz des 11./12. Jh. mit Choraltenor (Cantus) und Oberstimme (Discantus). Im 3-st. Satz des 13.–15. Jh. tritt ein Contratenor in Tenorlage hinzu, der den Tenor häufig kreuzt. Dann spaltet sich der Contratenor in einen hohen (altus) und tiefen (bassus), sodass die Stimmen heißen:
- Discant(us) oder Sopran(us) (»oberster«), meist Melodieführung;
- Contratenor altus oder Alt, meist eine harmonische Füllstimme;
- Tenor, oft als c. f. tragende Stimme des Satzes;
- Contratenor bassus oder Bass, die Harmonik tragende tiefste Stimme.

Die Entwicklung der tonalen Kadenz
Das Schließen hat bes. Bedeutung für die Tonalität eines Stückes. In der Einstimmigkeit ist der Schlusston (Finalis) der Grundton der Tonart. Weil er tief liegt, wird er meist sekundweise von oben, seltener von unten erreicht (Abb. C, Tenorklausel). Die letzten 2 bis 3 Töne haben daher geringe Variationsbreite. Sie bilden Formeln des Schließens aus, sog. **Klauseln.** Die wichtigsten Klauseln begegnen im 2-st. Satz (Abb. C):
- **Tenorklausel:** der Tenor erreicht wie in der Einstimmigkeit die Finalis im Ganztonschritt von oben; Halbtonschritt nur beim phrygischen Schluss;
- **Sopranklausel:** der Sopran steigt in Gegenbewegung zum Tenor sekundweise aufwärts, meist halbtönig (Leitton). In der häufigen Unterterz- oder Landinoklausel wird dieser Schritt durch einen Terzsprung von unten ersetzt.

Im 3-st. Satz steigt die Mittelstimme fauxbourdonartig sekundweise aufwärts in den Schlussklang (Abb. D, 1). Dabei können Halbtonerhöhungen (Leittöne) die Schlusswirkung verstärken. Die Kadenz mit doppeltem Leitton ist im 14./15. Jh. häufig (Abb. D, 2). Die Mittelstimme kann aber auch auf gleichem Ton verharren (Abb. D, 3). Im 15. Jh. erscheinen dann 2 zukunftsweisende Varianten dieser Kadenz:
- Der Contratenor startet nicht aus der Mittel-, sondern aus der Unterlage. Er springt eine Oktave aufwärts oder eine Quinte abwärts in den Schlussklang (Abb. D, 4 und 5). Im ersten Fall stehen die tiefsten Töne der beiden letzten Akkorde im Verhältnis einer Quarte aufwärts, im zweiten einer Quinte abwärts: Beide Male ergibt sich die Grundtonfolge Dominante-Tonika (V.–I. Stufe).

Im 4-st. Satz des 15./16. Jh. wird dieser D-T-Schritt meist als Quarte aufwärts zur Norm, wobei noch immer das Diskant-Tenorgerüst die Satzgrundlage darstellt (in Abb. D: Tenor hohle Noten). Der Schlussklang bleibt bis ins 16. Jh. ohne Terz.
Gegen Ende des 16. Jh. übernimmt der Bass die tragende Funktion in der Kadenz durch Quart- oder Quintsprung (Abb. D, 6 und 7). Der Tenor steigt schließlich eine Sekunde aufwärts zur Terz (vollst. Dreiklang). Bis ins 18. Jh. bleibt diese Schlussterz auch in Mollstücken stets eine große (*Picardische Terz*), wohl wegen der unreinen Schwingung der kleinen Terz im mitteltönigen System (Abb. D, 7).

Parodie gehört zu den Stilmerkmalen der Renaissance: eine weltl. Liedmelodie ersetzt den liturg. Choral als c. f. Am häufigsten parodiert wurde das Lied *L'homme armé* (Abb. E, Balladenform) mit etwa 30 Bearbeitungen. Als Vorlage dienen auch ganze mehrst. Sätze, z. B. Chansons (Parodiemesse, s. S. 244). Erst das Tridentiner Konzil (1545–1563) wendet sich gegen das Parodieverfahren.

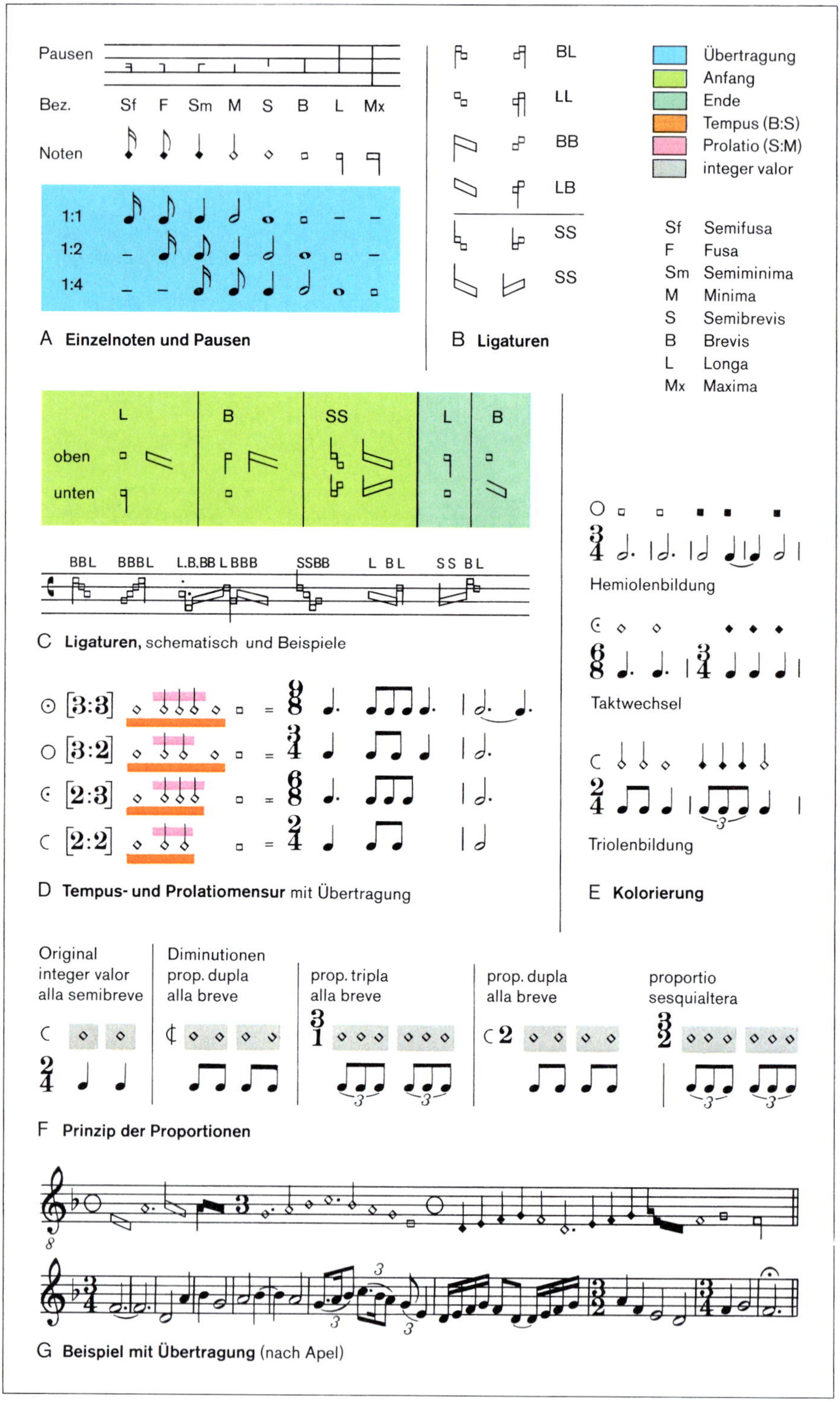

Funktionsprinzip und Erscheinungsbild

Im 15./16. Jh. bekommen die geistl. Kompositionen, voran Messe und Motette, das Hauptgewicht. Erst im Laufe des 16. Jh. tritt mit dem neuen ital. Madrigal eine gleichwertige, weltl. Gattung neben die geistl.
Der Prozess der Durchvokalisierung ist in Diskantlied und Motette am deutlichsten zu beobachten. Im Ersteren werden die melodiöse Oberstimme und die instrumentalen Stützstimmen ausgeglichen, glatter und sanglicher. Das Gleiche gilt für den Tenor und die übrigen Stimmen der Motette. Dabei wird zugleich die Satzstruktur in vertikaler (homophone Partien) und horizontaler Hinsicht (Abschnittsbildung) durchsichtiger und klarer. Dies geschieht nicht schlagartig, auch nicht in gleichmäßiger Progression, sondern es gibt immer wieder Gegenströmungen in den Komponistengenerationen.

Die geistlichen Gattungen

Messordinarium: Zyklusbildung herrscht vor durch c.f. (auch Parodie, S. 244 f.) oder Kopfmotive. Die Messensätze werden meist nach Motettenart komponiert;

Messproprium: wieder häufiger, Komposition nach Motettenart;

Offiziumskomposition: zahlreiche Magnificats, Hymnen und Antiphonen;

Motette: überwiegend geistl. Text (Bibel). Die wenigen weltl. Motetten sind feierlich und ernst.
Der Motettenaufbau wandelt sich vollständig: keine Mehrtextigkeit mehr, keine Isorhythmie. Ziel ihrer neuen Entwicklung ist eine freie Abschnittsbildung mit je neuem Imitationsmotiv (16. Jh.).

Die weltl. Gattungen

frz. Chanson: Nachfahre des Diskantliedes, Höhepunkt im 16. Jh.;

ital. Madrigal des 16. Jh.: steigt auf zur kunstvollsten Kompositionsgattung des 16. Jh. mit starkem Ausdrucksgehalt;

dt. Tenorlied: instr.-vokaler Mischklang wie Diskantlied, mit c. f. (Liedmelodie) im Tenor;

volkstüml. Formen: ital. Frottola, Balletto, Villanella (span. Villancico) u. a., mit stark homophonem Einschlag.

Die Quellen

Zu den großen Sammelhss. des 15. Jh. gehören

Old Hall (*OH*), St. Edmund's College, Rep. 1360–1440 Engl., ca. 150 engl. Stücke von Dunstable, Power u. a.;

Trienter Codices (*Tr* 87–93), Trient, Domkapitel Mss. 87–92 und Kapitelsarchiv, Repertoire 1420–1480 der Hofkapelle Friedrichs III. (1440–1493), Oberitalien, Trient, 1864 Komp. von Dunstable, Dufay, Binchois u. a.
Im 16. Jh. lösen die Drucke zunehmend die Hss.-Tradition ab.

Weiße Mensuralnotation

Die Vergrößerung der Handschriftenformate im 15. Jh. auf Folio (Papier) machte das schwarze Ausfüllen der Köpfe großer Noten mit Tinte unpraktisch. Man ging dazu über, nur die Umrisse zu zeichnen. Diese sog. *weiße* Mensuralnotation fußt auf den Prinzipien der schwarzen (S. 210 f., 214 f.).

Einzelnoten und Pausen sind regulär um Semiminima, Fusa und Semifusa erweitert. Alle Verhältnisse können binär und ternär sein. Als Übertragungsmodus bietet sich 1:4 an (Abb. A).

Ligaturen entsprechen den schwarzen (Abb. B, vgl. S. 210, D). Mittelnoten sind Breves, Ligaturenanfang und -ende aber variieren: Abb. C zeigt die Formen für L, B und S bei absteigenden (»oben«) und aufsteigenden (»unten«) Ligaturen; so im 1. Nb.: absteigende Ligatur, Anfang »oben« Quadrat mit Hals, also B, Mitte B, Ende »unten« Quadrat ohne Hals, also L usw. Auch in Ligaturen können Punkte gliedern.

Tempus- und Prolatiomensur (Abb. D) sind weiterhin die häufigsten Taktarten (S. 214, C). Fast immer wird ein Mensurzeichen gesetzt, u. U. auch eine Proportionsziffer.

Kolorierung, meist **Schwärzung** der Notenköpfe ermöglicht rhythm. Besonderheiten:
– **Triolenbildung:** 3 schwarze sind so viel wie 2 weiße Noten;
– **Taktwechsel:** ohne Mensurzeichen, wie bei der Triolenbildung Umkehrung der 2- in 3-zeitige Teilung und umgekehrt (in Abb. E auf die Brevis als Takteinheit bezogen);
– **Hemiolenbildung:** Die schwarze B verliert gegenüber der weißen ein Drittel ihres Wertes. Drei schwarze B binden so 2 Takte zu einer höheren Einheit zusammen;

Prinzip der Proportionen beruht darauf, dass die Mensuralnotation nicht absolute, sondern relative Werte angibt. Erst eine Bestimmung von außen (Mensurzeichen) legt den Wert der Note fest (heute verwendet man nur das Notensymbol: Es ist stets 2-zeitig). Maßeinheit ist der Grundschlag oder die Zählzeit, der sog. **integer valor** (*ganzer Wert*). Mensurzeichen oder Proporzangabe bestimmen, auf welchen Notenwert der **integer valor** fallen soll. Abb. F zeigt eine Reihe von Möglichkeiten. So wird die S in der *prop. dupla* (2:1) doppelt, in der *prop. tripla* (3:1) dreimal so schnell. Der **integer valor** fällt dabei auf die Brevis (*alla breve*). Bei den Proportionen untereinander, z. B. zwischen *dupla* und *sesquialtera* (Abb. F), bezieht sich der Nenner des Bruches nach vorne, der Zähler nach hinten.
In den Proportionen manifestiert sich spätgotisch rationales Musikdenken. Sie tauchen außer im Tanz in Messen, Motetten (Diminutionsteil) und in Kanons auf (S. 118, Abb. E). Der proportionalen Starrheit steht das im 15. Jh. aufkommende *Tactusprinzip* gegenüber.

A **Englische Diskantkolorierung,** J. Dunstable, Gloria (Choral der IX. Messe)

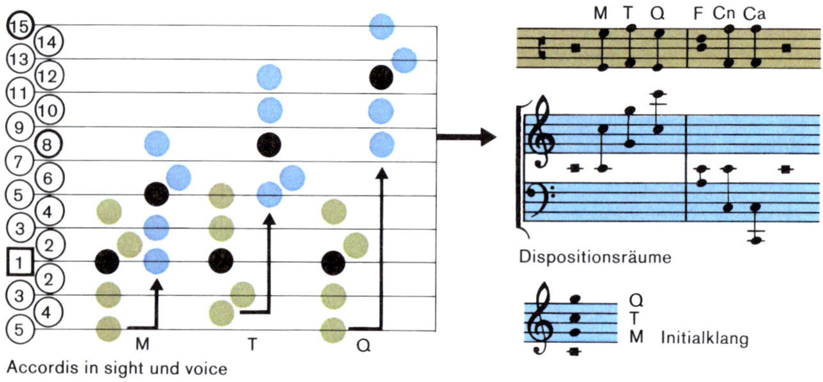

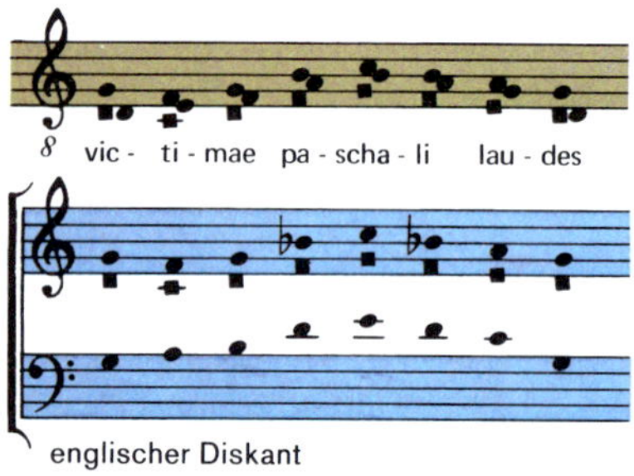

B **Englisches Sightsystem und Faburden**

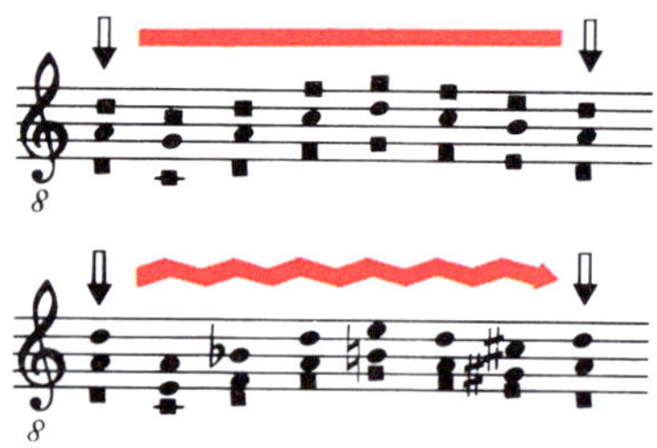

C **Altes Parallelorganum und Fauxbourdonart**

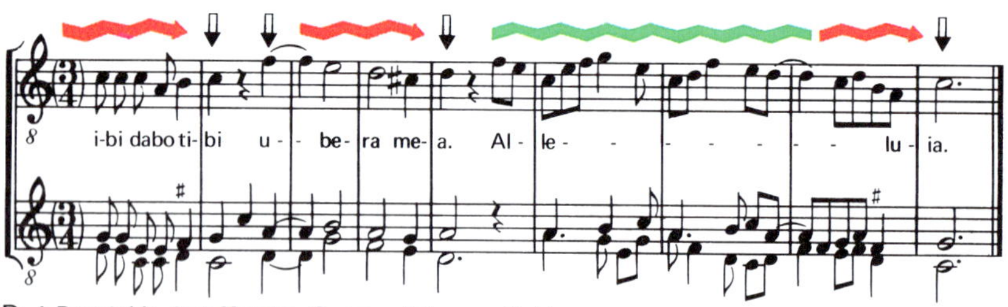

D **J. Dunstable, 3-st. Motette »Quam pulchra es«,** Schluss

Choralbehandlung, Sightsystem, neues Klangbild

In England liegt auch im 15. Jh. das Schwergewicht der Mehrstimmigkeit auf der **geistl. Musik** mit Messensätzen, geistl. Motetten, Marienkompositionen, Hymnen und Carols (S. 225).
Typisch engl. sind schlichte, volkstüml. Melodik, überschaubare Rhythmik und eine farbige Harmonik, die den Vollklang (Terzen und Sexten) bevorzugt.
Eher altertüml. als modern wird die engl. Musik gewissermaßen im Gegenzug Anstoß und Vorbild für eine neue Natürlichkeit, die in die frz. Spätzeit einbricht.

Diskantkolorierung. In England entwickelt sich eine bes. Art der Choralbehandlung. In einer 3-st. Komposition liegt der Choral oben (Messordinarien, vgl. S. 225), jedoch so, dass die Choraltöne in einen einfachen Rhythmus gefasst (meist 3/4) und mit einigen Zwischentönen verziert (*koloriert*) werden. Ergebnis ist eine natürlich fließende Melodie mit textbestimmten Atemzäsuren und bescheidenen Melismen.

Abb. A zeigt eine Choralvorlage und eine Diskantkolorierung untereinander. Der Choral (oberste Zeile) ist aus der Tenorlage um eine Quarte nach oben in die Diskantlage transponiert.

Diese melodiöse Choralbehandlung steht in großem Gegensatz zur frz. Tenorordinierung des Chorals.

Engl. Diskant und Sightsystem. Dem alten Stegreifdiskantieren auf dem Kontinent entsprechend (*discantus supra librum,* noch im 18. Jh.) gibt es im 15. Jh. in England eine improvisierte liturg. Mehrstimmigkeit, den sog. **engl. Diskant.** Er beruht auf **Parallelgesang imperfekter Konsonanzen** (bis zu 5) zwischen Quint-Oktavsäulen. Der Choral (*Plainsong*) liegt unten oder in der Mitte (beim *Faburden,* s. u.).
Statt Notierung benutzte man ein bestimmtes Vorstellungssystem (*Sightsystem*). Die Sänger blicken auf den notierten Plainsongton, zu dem sie sich durch Regeln festgelegte Intervalle (Accordis) vorstellen (*in sight,* »auf Sicht«, Abb. B: braune Punkte), sie aber transponiert singen (*in voice,* Abb. B: blaue Punkte):

- **Mene** (*Haupt*gegenstimme), transponiert eine Quinte aufwärts, Klangraum (*degree,* Abb. B): bis Oktave über Plainsong;
- **Treble** (*Triplum*), transponiert Oktave aufwärts, Klangraum: Quinte bis Duodezime;
- **Quatreble** (*Quadruplum*), transponiert Duodezime aufwärts, Klangraum: Doppeloktave (Knabenstimmen);
- **Faburden,** transponiert Quinte abwärts, Klangraum bis Terz unter Plainsong;
- **Countir** in **natural sight** (*Cn, natürliche* Gegenstimme), Quinttranspos. abwärts, reicht bis Oktave unter Plainsong;
- **Countir** in **alterid sight** (*Ca, veränderte* Gegenstimme), Duodezimtranspos. abwärts, bis Doppeloktave unter Plainsong.

Die erlaubten *Accordis* der Stimmen zeigt Abb. B (Punkte). Beim Initialklang stellen sich die Sänger den Choralton selbst vor, was dann entspr. den Transpositionen den Quint-Oktavklang ergibt (Abb. B: schwarze Punkte). Zeilen- und Sinneinheiten werden von diesen Klängen begrenzt.

Beim **Faburden** liegt der Plainsong in der Mitte, d. h. in der *Mene*-Stimme, die auch *Burden* genannt wird. Darunter erklingt der *Faburden* als tiefe Gegenstimme zum *Burden,* darüber der *Treble;* s. Nb. B, Ostersequenz *Victimae paschali laudes,* vorgestellte und klingende Töne.

Die Improvisationspraxis des engl. Diskants wird von L. Power, R. Cutell, Pseudo-Chilston u. a. in der 1. Hälfte des 15. Jh. beschrieben.

Hinter der Klangzeile steht noch die alte Organumpraxis. Die starren Quint-Oktavklänge, die an das alte Parallelorganum erinnern (S. 198 f.), sind jedoch bis auf die Eckpfeiler in der Zeile aufgelöst in eine durch Terz und Sext (Fauxbourdonart), Chromatik und Leittöne *klangsinnliche, farbige* und *vorwärts strebende* Bewegung (Abb. C).

Die Kompositionen engl. Musiker sind vor allem im *Old-Hall-Manuskript* und in den *Trienter Codices* erhalten (s. S. 233, Gattungen s. S. 225). Der führende Komponist ist
John Dunstable (um 1380–1453), Kanonikus und Musiker des Herzogs von Bedford, wodurch er die spätgot. frz. und die burgund., wohl auch die ital. Musik kennen lernt. Dunstable greift die Anregungen auf, schreibt aber vornehmlich im engl. Geschmack:

- **Messen,** zuerst Einzelsätze des Ordinariums, oft mit ordiniertem Tenor, dann freie Tenores bzw. den Choral im Diskant (Abb. A); später den gleichen Tenor für zwei Ordinariumssätze, z. B. Gloria und Credo (»Messpaare«), schließlich gleicher Tenor in allen Sätzen: Damit ist der liturgische Messzyklus zu einem musikalischen geworden, der **Tenormesse** (z. B. *Missa Rex coelorum*). Der Tenor wird in den Sätzen variiert. Er braucht nicht unbedingt liturgisch zu sein.
- **Motetten,** 3-st., lat., geistl., von 30 sind 12 isorhythmisch. Unterstimme ist der Tenor. Zuweilen tritt darunter ein Contratenor als 4. Stimme. – Nb. D zeigt den Schluss einer Hoheliedmotette. Die Unterstimmen können instrumental ausgeführt worden sein. Harmonisch wechseln statische Anfangs- und Schlussklänge mit bewegten, fauxbourdonartigen Zwischenpartien. Zum Schluss erklingt über dem Alleluia eine kadenzierende Vokalise.
- **Chansons,** 3-st., ital., weltl., Diskantliedeinfluss, sehr verbreitet, z. B. *O rosa bella.*

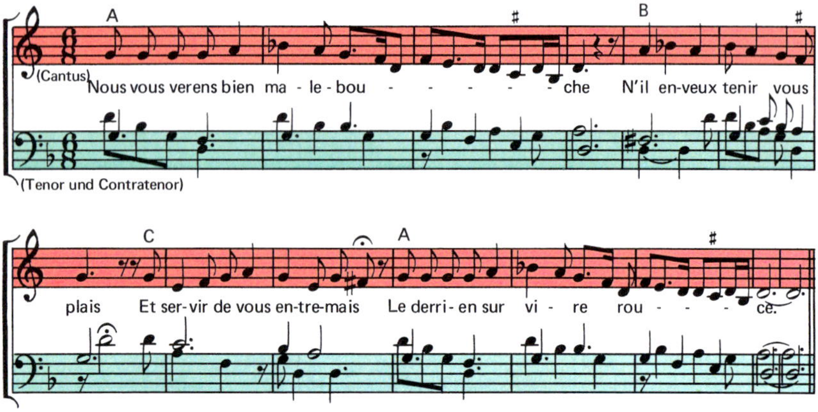

A **Burgundische Chanson,** G. Binchois, 3-st. Rondeau (rückläufig)

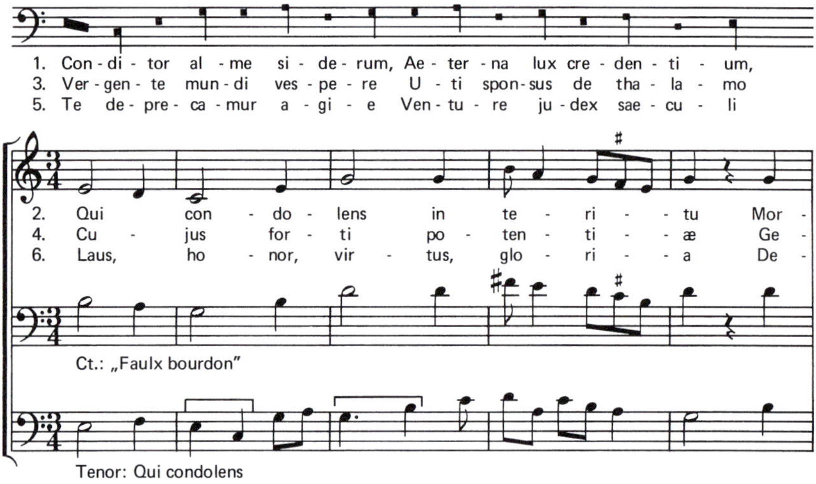

B **Fauxbourdonsatz,** G. Dufay, Adventshymnus (um 1430)

C **G. Dufay, 3-st. Ballade,** durchkomponiert, Anfang

instrumental
vokal
vokales Diskant-Tenor-Duett, Chansonmelodie im Tenor

Burgundische Chanson, Fauxbourdon, Ballade

Als neues politisches und kulturelles Zentrum bildet sich **Burgund.** Im Süden umfasst es die Franche Comté und die Bourgogne mit der Hauptstadt **Dijon,** im Norden schließen sich Lothringen, Luxemburg, der Nordosten Frankreichs (Picardie, Hennegau), das heutige Belgien und die Niederlande an (Flandern, Brabant usw.). Burgund. Residenzstädte des Nordens waren vor allem **Brüssel** und **Lille.**

Der burgund. Hof, bes. unter PHILIPP DEM GUTEN (1419–1467) und KARL DEM KÜHNEN (1467–1477), zieht viele Künstler an (Hofmaler Gebr. VAN EYCK usw.).

Die Hofkapelle (ca. 17 Sänger) ist unter Führung von BINCHOIS fast ganz frz., erst in der 2. Hälfte des 15. Jh. überwiegen die Niederländer (um 1500: 36 Sänger). Zu ihnen gehören: NICOLAUS GRENON, HAYNE VAN GHIZEGHEM, DUFAY, PHILIPPE DE LA FOLIE, PIERRE FONTAINE, der Engländer ROBERT MORTON, GILLES JOYE, CONSTANT DE TRECHT, JACQUES VIDE, RICHARD LOCQUEVILLE, ANTOINE BUSNOIS und bes.

GILLES BINCHOIS (um 1400–1460), aus Mons (Hennegau), Kapellmeister PHILIPPS DES GUTEN, Meister der *burgundischen Chanson.*

Ars nova um 1430

Der Umschlag von der frz. Spätzeit in die neue Musik der Renaissance vollzieht sich etwa um 1430 (vgl. S. 229). Um diese Zeit ist DUNSTABLE auf der Höhe seines Ruhmes, andererseits greift nun die junge Generation mit DUFAY und BINCHOIS in die Entwicklung ein. Da die Musiker viel reisen, bes. nach Italien, kommt es zu einer Erweiterung des frz.-gotischen Gesichtsfeldes und einer Verschmelzung mit engl. und ital. Einflüssen. Das Neue zeigt sich vor allem im Werk des jungen DUFAY.

MARTIN LE FRANC spricht im *Champion des Dames* um 1440 von der *»contenance angloise«,* die die jungen Komponisten angenommen hätten, und von der *neuen Art, frische Zusammenklänge zu benutzen* (*»la nouvelle pratique de fere frisque concordance«*). Dies bezieht sich wohl einerseits auf Terz, Sext und Fauxbourdon (BESSELER), andererseits auf die neue Dissonanzbehandlung (BUKOFZER; Einführung und Auflösung s. Abb. C, T. 5).

JOHANNES TINCTORIS (um 1435–1511), Musiktheoretiker und Komponist aus Brabant, bezeichnet die neue Musik ab etwa 1430 ausdrücklich als *»ars nova«.* Er nennt die Engländer mit DUNSTABLE als deren Quelle, DUFAY und BINCHOIS in der 1., OCKEGHEM, BUSNOIS und CARON in der 2. Generation als deren kontinentale Vertreter (CS IV, 154 b, Vorwort zum *Proportionale* von 1477).

TINCTORIS' Bemerkung, erst seit etwa 1437 gebe es Musik zum Hören (*»auditu dignum«,* CS IV, 77 b, *Ars contrapuncti,* 1477), bezieht sich offenbar auf die sinnl. erlebbare Schönheit und die menschl. Ausdruckskraft der neuen Musik.

Kennzeichen des neuen Stils sind Einfachheit und Schlichtheit (vgl. S. 229):

Melodik: gerundeter, atemgerecht phrasiert, klar gegliedert, häufig Durterzen und Dreiklangsgebilde (s. *Cantus* Abb. B, T. 1–3, *Tenor* Abb. C);

Rhythmik: elementarer Tanz- und Körpereinfluss, einfache Proportionen, oft Dreiertakt (3/4, *tempus perfectum,* Abb. B, C);

Harmonik: neben Quint-Oktavklang viele Terzen, Dreiklänge und Sextakkorde (*Fauxbourdon,* Abb. B), zunehmend schwere Klangwirkung durch neue Bassregion mit funktionalharmon. Tendenz, bes. Dominante-Tonika (s. *Contratenor* Abb. A, C).

Beispielhaft führt DUFAY das Fauxbourdonprinzip in seinen Adventshymnen von 1430 durch (Abb. B). Sie werden strophenweise wechselnd 1- und 3-st. gesungen. Die Liedmelodie liegt im Diskant, Gegenstimme ist der Tenor (mit liturg. Textmarke frz. Tradition: *Qui condolens*). Der Contratenor läuft quartparallel zum Diskant. Er wird nach der *Canonanweisung »Faulx bourdon«* aus dem Stegreif gesungen (im Nb. B ergänzt);

Stimmenzahl: 3-st., ab Mitte 15. Jh. 4-st. als Norm, gelegentlich eine 5. Stimme;

Satzbau: freie Abschnittsbildung, Imitation und Variation des Materials, Klangkontraste durch Wechsel von 2-st., 3-st. und 4-st. Partien.

Frz. und burgundische Chanson

Da der führende Chansonmeister der 1. Generation BINCHOIS am burgund. Hofe wirkte, spricht man im Blick auf ihn von der *burgund. Chanson,* womit aber nur eine Lokalisation der allg. frz. Chanson gemeint ist. Formal ist die Chanson (auch *das* Chanson) in der Trouvèrestradition und wie bei MACHAUT **Ballade, Rondeau** (Abb. A: Refrain AB, Additamenta: CA) und **Virelai (Bergerette),** wird nun aber häufig auch durchkomponiert. Der Satz ist 3-st., der Rhythmus tänzerisch (oft 6/8). Die Liedmelodie liegt im Cantus oder Diskant. Sie wird von Tenor und Contratenor instrumental begleitet (Diskantliedsatz, Abb. A).

Der Tenor ist jedoch oft ebenso liedhaft gestaltet wie der Cantus (Diskant-Tenorduett, Abb. C). Er taucht zuweilen als c. f. in Messen und Motetten wieder auf. Der Contratenor ist harmon. Füllstimme und immer instrumental. Bei DUFAY liegt die Liedmelodie häufig im **Tenor,** wozu ein vokaler Diskant erklingt (wiederum Diskant-Tenorduett). Der Contratenor ist auch bei ihm stets instrumentale, harmon. Füllstimme, erkennbar am großen Umfang und an den weiten, kadenzierenden Sprüngen (Quarten, Quinten, Oktaven, Abb. C).

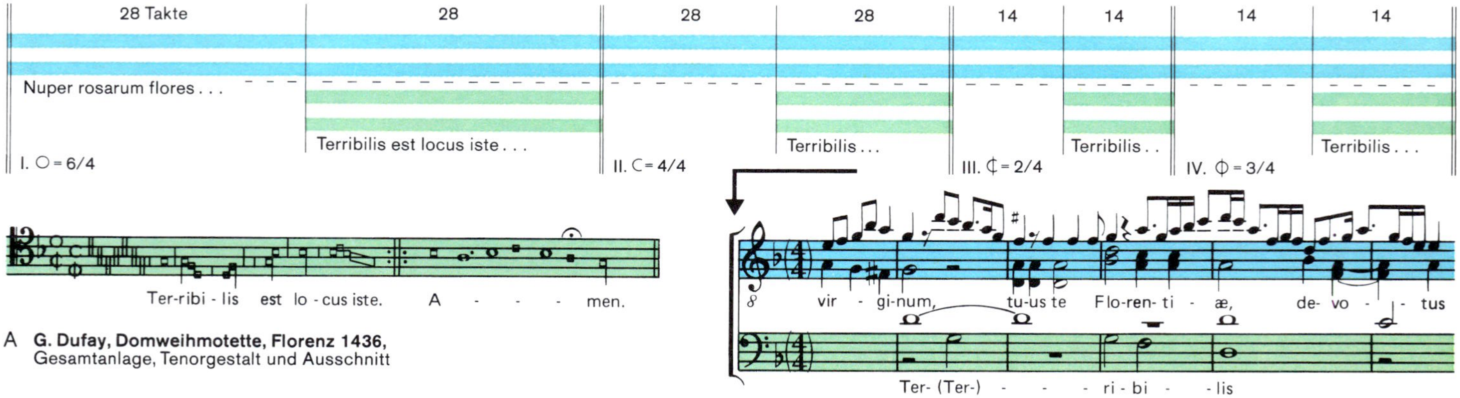

A **G. Dufay, Domweihmotette, Florenz 1436,**
Gesamtanlage, Tenorgestalt und Ausschnitt

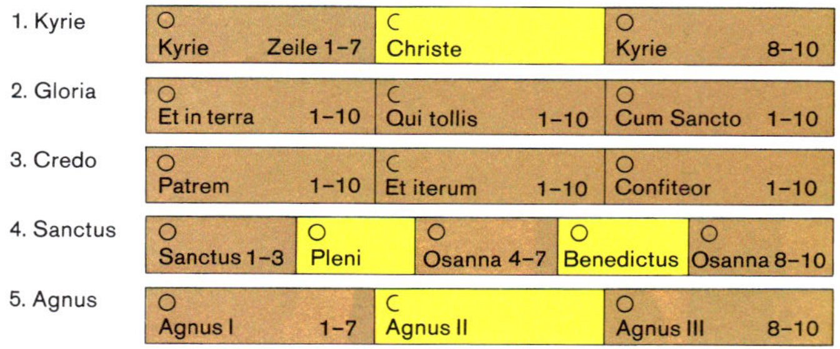

- Cantus und Contratenor, durchkomponiert, isomelodisch (blau)
- Tenor und Tenor secundus, 4-mal wiederholt, metrisch verändert (grün)
- 4-st. Satz, Chansonzeilen als Pfundnoten im Tenor (Langmensur) (braun)
- 2- bis 3-st. Satz ohne Tenor, wechselnde Stimmkombination (gelb)
- Kopfmotiv, wiederholt verwendet innerhalb der Messe (rot)

B **G. Dufay, 4-st. Tenormesse »Se la face ay pale«,**
Gesamtaufbau mit Zeilenzitaten der Chanson und Beginn des Kyrie

Festmotette und Messzyklus

Motette. Die Mehrtextigkeit wird aufgegeben. Auch Tenorordinierung und Isorhythmie gelten als veraltet (nur noch in Festmotetten, s. u.). Der c. f. liegt weiterhin im Tenor, verläuft aber in freien, langen Noten. Die Tendenz ist, auch den Tenor den andern Stimmen anzugleichen durch Aufhebung des c. f. und Imitationstechnik. Die Motette hat meist 2 Großteile mit Mensurwechsel (3/4, 4/4). Der Satz ist normalerweise 4-st., mit vielen gliedernden Kadenzen, homophonen Partien (syllab. Deklamation) und abschnittsweisem Wechsel der Stimmenzahl.

Neben der geistl. Motette entstehen im frühen 15. Jh. noch die weltl. festl. (z. B. Hochzeitsmotetten). Dann verschwindet die weltl. Motette ganz. An ihre Stelle tritt die Chanson und im 16. Jh. das Madrigal.
Vertont werden Bibel- bzw. Psalmentexte wie Messproprien und Offizien (Antiphonen, Magnificats usw.).
Im 15. Jh. gibt es noch eine kleine **Liedmotette,** in der die Oberstimme führt, 3-st., mit Diskant-Tenorgerüst wie im Chanson; Contratenor bisweilen als c. f.

Ein Beispiel für die repräsentative Festmotette ist DUFAYS *Nuper rosarum flores* zur Einweihung des Domes von Florenz 1436 (Abb. A). Den Unterbau der 4-st. Motette bilden die beiden Tenores, die nur einmal notiert werden (Nb. A: Tenor I vollst.), aber 4-mal erklingen: Wie aus einer Samenzelle entfaltet sich das Ganze, dessen strenge Architektur ein Symbol der Schöpfungsordnung ist.
Die Mensurzeichen bestimmen dabei das Verhältnis der 4 unterschiedl. proportionierten Großteile zueinander: I:II:III:IV = 6:4:2:3, wobei dem 1. Teil 3 *Diminutionsteile* folgen.
Jeder Teil wird vom Oberstimmenbicinium eingeleitet. Das Nb. A zeigt, wie sehr Ober- und Unterstimmen differieren. Das war altertümlich. Modern dagegen ist, wie die Oberstimmen über den Tenorabschnitten z. T. gleiches melod. Material variieren (*Isomelodik*).

Messe. In Sätzen ohne c. f. führt die Oberstimme (*freie Diskantmesse*). Meist ist aber ein c. f. vorhanden, und zwar im Diskant oder Tenor:
Diskantmesse: Der Choral in der Oberstimme wird formelhaft paraphrasiert, später nach Vorbild der engl. Diskantkolorierung (S. 234 f.) zu einer liedhaften Melodie ausgestaltet. Zyklusbildung durch gleichen Choral je Satz bzw. variierte Choralanfänge.
Zunächst werden wie im 14. Jh. Einzelsätze des Ordinariums, dann Satzpaare und ab etwa 1420/30 vollst. Zyklen komponiert (Vorbild DUNSTABLE?). Einer der frühesten Zyklen ist DUFAYS *Missa sine nomine.*
Tenormesse: Der c. f. liegt hier im Tenor. Er kann ein Choral oder ein weltl. Lied sein. Zyklusbildung durch gleichen c. f. in allen Sätzen und durch gleiche Kopfmotive im Diskant.

Den Aufbau einer Tenormesse (DUFAY, *Missa Se la face ay pale,* um 1450) zeigt Abb. B. Zu Grunde liegt die 10-zeilige Chanson *Se la face ay pale* (S. 236, Abb. C). Das Kyrie bringt die Chanson 1 Mal ganz (auf den Text »*Kyrie eleison*«), verteilt sie jedoch auf die beiden Eckteile: Das mittlere *Christe* ist c.-f.-frei und bildet eine geringstimmige Kontrastpartie in gerader Mensur. Im **Gloria** und **Credo** erklingt die Chanson 3 Mal ganz. **Sanctus** und **Agnus** arbeiten wieder mit Chansonaufteilung und Kontrastpartien.
Das Nb. B zeigt die langen Noten der Chanson im Tenor, die Harmonie stützende Funktion der Unterstimmen (vgl. CICONIA, S. 224) und das Kopfmotiv in der Oberstimme, das in den Sätzen variiert auftaucht.

Die **4-st. Tenormesse** wird zur Hauptform der niederländ. Vokalpolyphonie. Die Ausführung ist chorisch mit Instrumenten, die nach Belieben (und Vorhandensein) die Chorstimmen mitspielen, oft aber auch rein vokal.

GUILLAUME DUFAY (um 1400–1474), aus *Fay* bei Cambrai (Hennegau), führender Musiker im 15. Jh. Seine wechselvolle Biografie (nach BESSELER) ist typisch für das Wanderleben der franko-flämischen Musiker:

1. **Cambrai 1410–20,** Lehrzeit als Chorknabe (bei RICHARD LOCQUEVILLE);
2. **Rimini, Pesaro 1420–26,** am Hof der MALATESTA, frz. Spätzeitstil, Festmotetten und Hochzeitsballade *Resveillies vous;*
3. **Cambrai 1426–28,** engl. Einfluss: *Missa S. Jacobi* mit Fauxbourdon (S. 230 f.), 1427 Priesterweihe in Bologna;
4. **Rom 1428–33,** Kapellsänger MARTINS V., 5-st. Motette *Ecclesiae militantis* (zur Papstwahl EUGENS IV., 1431), Hymnenzyklus (S. 236);
5. **Savoyen 1433–35,** als »bester Kapellmeister der Welt« bei Herzog LUDWIG und Herzogin ANNA;
6. **Florenz, Bologna 1435–37,** mit Papst EUGEN IV., Domweihmotette 1436 (Abb. A);
7. **Savoyen 1437–44,** Motette *Magnanimae gentis* für Bern und Freiburg, *Missa Caput;*
8. **Cambrai 1445–60,** Kanonikat in Cambrai und Mons (BINCHOIS), Reisen, zum Fasanenbanquett Lille 1454 (zur Rettung des christl. Konstantinopel vor den Türken) die Klagemotette *O très piteulx*, Messzyklen (Abb. B);
9. **Cambrai 1460–74,** Spätstil mit Auflösung des c. f. und weit strömender Melodik, 4-st. Messe *Ecce Ancilla Domini,* Messe *Ave Regina coelorum* und gleichnamige 4-st. Motette (für eigene Sterbestunde), † 1474, Trauergesänge von OCKEGHEM, BUSNOIS u. a.

A **J. Ockeghem, Missa »L'homme armé«**, Beginn des Kyrie

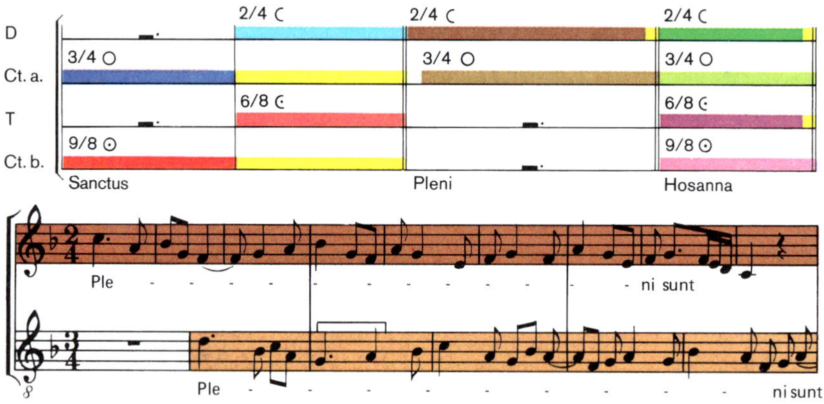

B **J. Ockeghem, »Missa Prolationum«**, Sanctus, Aufbau und Beispiel

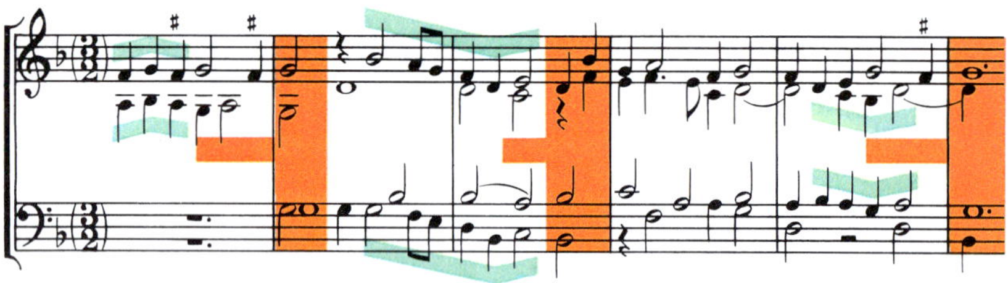

C **J. Obrecht, Missa »Beata Viscera«**, Agnus Dei, Ausschnitt, Satzbild

Satzstrukturen

Die 2. Epoche der franko-flämischen Vokalpolyphonie wird vor allem durch den späten DUFAY (S. 239) und durch JOH. OCKEGHEM (s. u.) repräsentiert. Gleichsam im Gegenzug zur neuen Renaissance-Klarheit engl. und ital. Anregung rückt nun wieder ein gotisch-mystisches Element frz. Tradition vor, bes. bei OCKEGHEM.

In OCKEGHEMS Satz greifen die Linien so ineinander, dass Zäsuren und Kadenzen überspielt und die klar gegliederten Abschnitte von einem fortlaufenden Stimmenfluss überdeckt werden. Abb. A zeigt eine solche Verunklarung der Zäsuren beim Neueinsatz des Wortes *eleison* (T. 2/3) und des zweiten *Kyrie* (T. 6). **Die Melodik** ist ebenfalls komplizierter: durchsetzt von kleineren, unregelmäßigen Notenwerten und Synkopen (Abb. A, bes. Sopran und Alt; Abb. B).

Die Rhythmik wird gegenüber der tanznahen Dreierbewegung des jungen DUFAY weicher und schwebender. Auch die Übereinanderschichtung verschiedener Mensuren (z. B. *tempus perfectum* ¾ und *tempus imperf.* ²⁄₄, Abb. B) zeigt das mehr melodisch-horizontale als akkordisch-vertikale Denken.

Die Gattungen
der 2. Epoche sind die der vorigen:

Messe, überwiegend 4-st., führende Gattung, als

- **Tenormesse:** c. f. meist eine Chansonmelodie; motivisches Material des c. f. taucht in allen Stimmen auf, bes. durch Imitation zu Abschnittsbeginn. Der c. f. kann auch selbst auf die versch. Stimmen aufgeteilt werden, z. B. die 1. Chansonzeile im Tenor, die 2. im Alt usw. (*wandernder c. f.*).
- **Diskant-Tenormesse:** mit c. f. im Tenor und einer liedhaft gestalteten Oberstimme. Zuweilen wird auch als *Parodie* eine mehrst. Chanson übernommen, genauer: deren Diskant-Tenorgerüst (s. S. 236, Abb. C).
- **Diskantmesse:** mit c. f. im Diskant ist unmodern und selten geworden.
- **Freie Messe:** ohne c.-f.-Vorlage bzw. einem selbst erfundenen c. f., z. B. OCKEGHEMS *Missa mi mi* (Solmisationssilben, s. S. 188).

Motette, geistl., meist 4-st., zweiteilig, c. f. im Tenor oder im Diskant; Beginn der Durchimitation.

Chanson, 3-st., in frz. Tradition, tritt bei OCKEGHEM und seinen Zeitgenossen etwas hinter Messe und Motette zurück.

Kontrapunktische Künste
Die Beherrschung der Kompositionstechnik auf der Grundlage der Kontrapunktlehren ist nie ein Problem gewesen, scheint nun aber über das Mystische und Symbolhafte hinaus bei bes. kunstreichen Konstruktionen zuweilen zum Selbstzweck zu werden:

- **Stimmführung:** neu die 4 Grundmöglichkeiten der *originalen Richtung* oder *Grundgestalt*, der *Umkehrung*, des *Krebs* und der *Krebsumkehrung* (s. S. 118 f.).
- **Kanontechnik:** Kanons aller Art, bes. *Proportionskanons*, die nur in der Mensuralnotation möglich sind (S. 118 f.). – So wird die *Missa prolationum* von OCKEGHEM nur in 2 Stimmen notiert, die andern beiden ergeben sich aus den zusätzl. Mensurzeichen (Abb. B): im *Sanctus* z. B. von perfekter zu imperfekter Mensur mit freiem Kp. im Contratenor altus, im *Pleni* als Septkanon in ²⁄₄- und ¾-Takt (Nb. B), im *Hosanna* als Doppelkanon mit 4 Mensurschichten bei gleichzeitigem Stimmeneinsatz.
  Die Kanonanweisungen sind oft verschlüsselt (*Rätselkanon*).
  OCKEGHEM war für seine kp. Kunst bekannt. Er schrieb sogar einen 36-st. Kanon (9-mal 4-st.). In seinem Gesamtwerk spielen die Kanons aber eine untergeordnete Rolle. Sie stehen in gewissem Gegensatz zum irrationalen Fluss seiner Stimmen. Kanonkünste gewähren dichtesten musikal. Zusammenhang und bewirken vollkommene Stimmangleichung auf dem Wege zur Gleichartigkeit der Stimmen im *A-cappella*-Satz.

Musiker der 2. Epoche sind (außer DUFAY): JACQUES BARBIREAU (1408–1491, Antwerpen), ANTOINE BUSNOIS († 1492, Brügge), PETRUS DE DOMARTO, GUILLAUME FAUGHES, JEAN PYLLOIS, JOH. REGIS († 1485), JOH. TINCTORIS (um 1435–1511, s. S. 237) und der span. Musiktheoretiker RAMOS DE PAREJA (1440–1491), dazu

JOHANNES OCKEGHEM (um 1420–1495), aus Termonde, Ostflandern, Kantoreisänger in Antwerpen, lernte vermutl. bei BINCHOIS, ab 1452 Kapellmeister der frz. Könige in Paris, dazu ab 1459 Trésorier der Abtei St-Martin in Tours, wegen seiner ausdrucksstarken Musik hochberühmt, viele Reisen, starb in Tours. – Erhalten etwa 17 Messen, ein Requiem (das früheste mehrst.), 7 Motetten und 22 Chansons.

Die 3. Epoche der franko-flämischen Vokalpolyphonie mit OBRECHT, JOSQUIN, ISAAK usw. (s. S. 243) drängt stilistisch wieder auf neue Klarheit, Einfachheit und Durchsichtigkeit des Satzes, verbunden mit großer Weichheit im Klang. Dies wird erreicht durch

- zahlreiche Kadenzen bei Wort und Sinnabschnitten;
- klangvolle Parallelführung von Stimmen (Abb. C: Sexten, Dezimen und Terzen in wechselnder Stimmkombination);
- einfachere Melodik und glattere Rhythmik (Abb. C).

OBRECHT war einer der wenigen Meister, die tatsächlich aus den Niederlanden stammten (Bergen op Zoom). Er war befreundet mit ERASMUS VON ROTTERDAM, der in seiner Musik das Schlichte und klassisch Maßvolle bewunderte.

Teil d. Messe	c.-f.-Beginn	Tonart	Schluss
Kyrie	ut (c)	ionisch	dorisch
Gloria	re (d)	dorisch	dorisch
Credo	mi (e)	phrygisch	dorisch
Sanctus	fa (f)	lydisch	dorisch
Agnus I	sol (g)	mixolyd.	dorisch
Agnus II	la (a)	äolisch	dorisch

ionisch, c.-f.-Schluss, Kadenz auf c

Modulation, Kadenz auf d

paarige Imitation

A **Josquin, Missa »L'homme armé super voces musicales«,**
Aufbau der Messe und Ende des Kyrie

Tonsilbendarstellung

Ausdeutung der 3

Dreifaltigkeitssymbol

Beispiele aus der Messe »Hercules Dux Ferrarie« und aus dem Credo der Missa »De Beata Virgine«

B **Tonsymbolik bei Josquin**

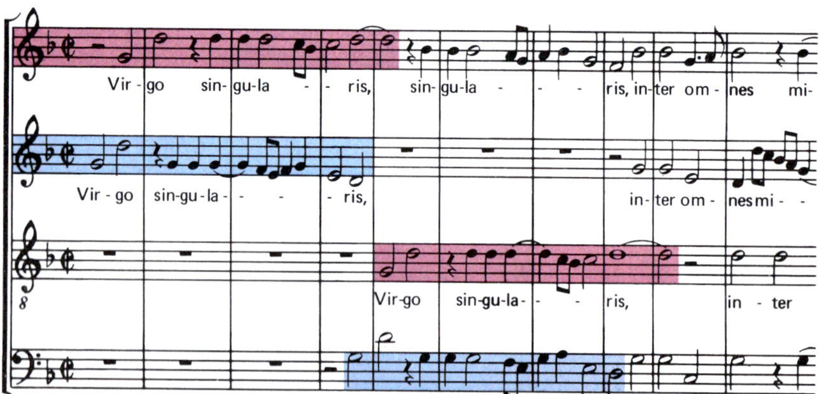

C **Bicinienbau bei Josquin,** Motette »Ave maris stella«, 2. Teil, Beginn

Zyklusbildung, Tonsymbolik, paarige Imitation

OBRECHT schrieb vor allem **Tenormessen,** oft mit homophonen Einschüben, um wichtige Textstellen in akkordischer Deklamation hervorzuheben, z. B. das *»et incarnatus est«* im Credo (wurde zur Tradition bis ins 19. Jh.). Von OBRECHT stammt wohl die erste mehrst. *Matthäuspassion* im Motettenstil, worin auch die Partien der Einzelpersonen mehrst. gesetzt sind (*motettische Passion,* vgl. S. 138 f.). Die überragende Gestalt dieser Epoche war JOSQUIN DESPREZ. JOSQUIN war Nordfranzose, wirkte aber ebenfalls lange in Italien (s. u.). Er steigerte die Musik zu hoher, textinspirierter Ausdruckskunst, jedoch in durchsichtigem, klarem musikalischen Satz. In seinem Werk überwiegen Messen, Motetten und Chansons.

Messen: JOSQUIN verwendet noch c. f. in langen »Pfundnoten« im Tenor, oft wandert der c. f. aber zeilenweise durch die versch. Stimmen.

- Häufig wird aus den c. f. auch ein 2-st. **Kanongerüst,** meist zwischen Tenor und Sopran (altes Diskant-Tenorgerüst).
- Neben den bisherigen c.-f.-Vorlagen erfindet JOSQUIN auch **freie Tonfolgen,** meist mit Symbolgehalt. So gewinnt er den c. f. einer Messe für den Herzog von Ferrara, indem er jeder Silbe des Namens *»Hercules Dux Ferrarie«* eine Solmisationssilbe gleichen Vokals zuordnet (Abb. B).
- Auch die Möglichkeit rein musikal. **Zyklusbildung** wird in den Messen gesteigert. In der *Missa L'homme armé super voces musicales* (Messe mit dem c. f. *L'homme armé auf den versch. Tonsilben*) beginnt der c. f. in jedem Satz einen Ton höher: vom Kyrie auf *ut* (c) bis zum Agnus II auf *la* (a) im Hexachordum naturale. Dadurch steht jeder Satz in einer neuen Tonart, doch wird stets dorisch geschlossen (Abb. A). Die Rückmodulation zeigt zugleich die ausgeprägte **Sequenztechnik** bei JOSQUIN, die mit zur Durchsichtigkeit und klangl. Schönheit seines Stils beiträgt (Nb. A).

Motetten nehmen in ihrer Zahl wieder zu. Sie sind geistl. (Proprien- und sonstige Bibeltexte), zweiteilig (*prima* und *secunda pars,* auch hier noch oft mit Mensurwechsel), mit und ohne c. f.

Durchimitation. In den Motetten wie in den Messen, bes. den freien ohne c.-f.-Vorlage, gibt es die sog. Durchimitation, d. h. motivisches Material wird auf **alle** Stimmen verteilt in gegenseitiger Imitation, meist zu Abschnittsbeginn. Als frühes Beispiel für vollständige Durchimitation gilt die *Missa Pangue Lingua* von JOSQUIN. Motivisch-imitatorische Verbindungen lassen sich auch sonst zwischen den Stimmen feststellen (Abb. A: im Modulationsteil; Abb. C: normale Imitation zu Beginn). Imitation ist dem Ohr leicht fasslich. Sinnliche Erfahrbarkeit und Schönheit gehören zu den Idealen JOSQUINSCHER Musik.

Bicinienbau. Der klare, renaissancegeprägte Aufbau in einfachen Proportionen und Abschnitten zeigt sich auch in den wechselnden Kombinationen von 2, 3 und 4 Stimmen im Satz, was lebendige Klangkontraste und eine scheinbare Mehrchörigkeit erzeugt. Häufig werden 2 Stimmen gekoppelt (**Bicinium**) und gegen 2 andere oder gegen alle 4 gesetzt. Die Stimmenpaare imitieren einander dabei (*paarige Imitation,* Abb. C).

Tonsymbolik. An JOSQUIN bewunderten die Zeitgenossen außer dem kompositor. Können seine musikal. Ausdruckskraft. Hierin wird deutlich, wie sehr sich die Renaissancemusik gegenüber der mittelalterl. subjektiviert hat. Der Ausdrucksgehalt richtet sich nach dem Text (bes. Ausdeutung einzelner Stellen). Dabei spielt auch die **Tonsymbolik** eine wachsende Rolle. Der Hörer musste die Bedeutung dieser Symbole allerdings kennen, sonst konnte er sie nicht verstehen. So erscheinen z. B. im Credo an der Stelle *tertia die, am dritten Tag,* Triolen, desgleichen Triolen als Dreifaltigkeitssymbol über dem *Qui cum patre et filio simul adoratur, der mit dem Vater und dem Sohne zugleich angebetet wird* (Abb. B). Tonsymbolik und ausdrucksstarke Textausdeutung werden im 16. Jh. weiter ausgebaut.

Zu den Musikern der 3. Epoche gehören ALEXANDER AGRICOLA (1446–1506), PHILIPPE CARON, LOYSET COMPÈRE (1450–1518), ANTOINE DIVITIS (1475–nach 1526), ANTOINE DE FEVIN (1473–1511/12), JEAN GHISELIN (VERBONNET?), HEINRICH ISAAK (um 1450–1517, s. S. 257), JEAN MOUTON (1458–1522, Paris), PIERRE DE LA RUE (1460–1518, bes. Kanonkünste in Messen), die Theoretiker PIETRO ARON (1489–1545), FRANCHINO GAFFURI (1451–1522), GIOVANNI SPATARO (1458 bis 1541) und

JACOB OBRECHT (1450–1505), aus Bergen op Zoom, Kapellmeister in Utrecht, Bergen, Brügge, Antwerpen usw., starb in Ferrara; viele Messen (PETRUCCI, 1503 ff.) und Motetten, 14 weltl. Werke.

JOSQUIN DESPREZ oder DES PRÉS (um 1450–1521), geb. bei St-Quentin (Picardie), 1459–74 in der Sforzakapelle in Mailand, 1486–99 in der päpstl. Kapelle in Rom, bis 1505 in Mailand und Ferrara, starb in Condé. – Werke: über 30 4-st. Messen (zuerst in frühen Drucken PETRUCCIS: 5 [1502], 6 [1505], 6 [1514] u. a.), Motetten (zuerst in PETRUCCIS *Odhecaton,* 1501, dann weitere Slgn.), frz. Chansons (u. a. bei SUSATO, 1545 und ATTAIGNANT, 1549).

Drucker für Messen, Motetten und Chansons usw. in Stimmheften, Lautentabulaturen, Orgeltabulaturen usw.: PETRUCCI, Venedig 1501 ff., OEGLIN, Augsburg 1512 ff., SCHÖFFER, Mainz 1513 ff., ATTAIGNANT, Paris 1527 ff., SUSATO, Antwerpen 1543 ff.

A **Clemens non Papa, Motette »Salvator noster«,** Einsatzfolgen im 1. Teil und Beginn

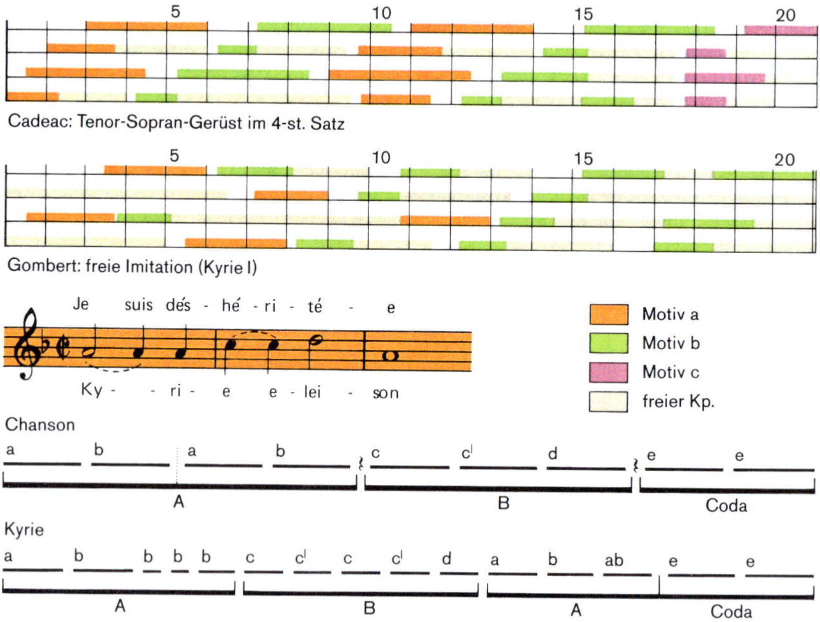

B **N. Gombert, Parodiemesse »Je suis déshéritée«** nach Chanson von P. Cadeac

Motettenstruktur, Parodieverfahren

Hauptgattungen dieser Zeit sind im weltl. Bereich Chanson, Lied, Villanella und das neue Madrigal, im geistl. Motette als maßgebliche Vokalgattung der Zeit überhaupt, Messe, ferner Hymnen, Lamentationen, Magnificats, Passionen usw.

Motette. Die alte Motette mit c. f. wird seltener. Die neue Motette ist frei erfunden. Der Text bildet das Rückgrat für den Aufbau. Er wird *abschnittsweise* vertont. Jeder Abschnitt hat ein neues Motiv, das von allen Stimmen imitiert wird (*Durchimitation*). Die Klangfülle wächst: 5-st. und 6-st. Satz ist die Norm. Die 4. Epoche verlässt die klare Durchsichtigkeit JOSQUINS. Der Satz wird dichter, Linienführung und Klangwirkung fantastischer. Stärker als bisher tritt die rein musikal. Architektur hinter dem erhöhten *Ausdruck des Textes* zurück.

Abb. A zeigt den Beginn einer Motette von CLEMENS NON PAPA. Irrational wirkt die Art dieser Fünfstimmigkeit: Alle Stimmen imitieren zwar das gleiche Motiv, doch sind die Stimmeneinsätze unregelmäßig. Die Bicinienbildung JOSQUINS ist noch zu erkennen, aber verunklart: Alt/Tenor anderer Einsatzabstand als Sopran-Alt/Bass. Das Schema Abb. A zeigt die Unregelmäßigkeit der Einsatzabstände im 1. Teil der Motette. Dieser Teil umfasst 3 Abschnitte mit unterschiedl. Motiven (*Salvator . . ., hodie . . .* und *Gaudeamus,* eine Weihnachtsmotette: *Unser liebster Heiland ist heute geboren. Freuen wir uns*).

Die Abschnitte sind so ineinander verzahnt, dass die ihnen zu Grunde liegenden klaren Längenproportionen (20:10:10 Takte) verwischt werden (21:13:12). Der 2. Teil der Motette steht zum 1. im Verhältnis 3:2, das wiederum fantastischer und weniger offen erscheint (64:42 Takte).

Die Motette erhält etwas Dunkles, Mystisches, das sich auch in der Schönheit der vielschichtigen Linienführung und der zunehmenden Klangfülle ausspricht. So wird der Textgehalt zum Klingen gebracht, den die Motette bevorzugt: Bibelzitate voller Jenseitigkeit und Geheimnis.

Messe. Die Messen zeigen die gleiche kp. Kunst wie die Motetten. Eine beliebte Form ist die sog. **Parodiemesse.** Ihr liegt ein *mehrst. Satz,* eine geistl. Motette oder ein weltl. Chanson, Madrigal oder Ähnliches zu Grunde. Das Parodieverfahren zeigt sich prinzipiell schon in der Tenormesse mit weltl. c. f., also einer Lied- oder Chansonmelodie. Sie konnte bereits im 15. Jh. aus einem mehrst. Satz stammen. Die frühe Parodiemesse benutzte sogar sehr häufig nur eine Stimme aus der mehrst. Vorlage. Erweiterte Übernahme zeigt die Diskant-Tenormesse, die womöglich ebenfalls auf mehrst. Vorlagen zurückgeht. Die Vorlagen sind, wenn sie nicht ausdrücklich angegeben werden, oft nicht zu erkennen. Neu ist nun jedoch das Verfahren, das man mit dem speziellen Terminus der Parodiemesse belegt hat: die Übernahme eines ganzen mehrst. Satzes. Es gibt dabei viele Varianten, u. a.:

– Man übernimmt den ganzen Satz, meist je Messensatz 1-mal, bei Gloria und Credo auch mehrfach;
– man verwendet nur den Beginn der Vorlage, dies meist bei jedem Messensatz, wodurch ein musikal. Zyklus ensteht;
– man teilt den Satz auf und versieht ihn mit freien Einschüben;
– man ersetzt eine oder mehrere Stimmen oder komponiert neue hinzu.

Abb. B zeigt die strukturellen Unterschiede im Original, der Chanson *Je suis déshéritée* von CADEAC, und in der entsprechenden Parodiemesse von GOMBERT. Der Chanson liegt ein kanonisches Diskant-Tenorgerüst zu Grunde, ergänzt vom imitierenden oder frei geführten Bass und Alt. GOMBERT übernimmt scheinbar den Gerüstsatz, lockert ihn aber zu freier Imitation auf. – Dem dreimaligen Kyrieruf bleiben die Motive a und b vorbehalten (die Stollenglieder der Chanson), dem Christe die Motive e und d (die Abgesangsglieder der Chanson), das variiert wiederholte Kyrie endet mit Motiv e (der Coda der Chanson). Die Neutextierung bringt eine leichte Veränderung der Motive mit sich: So werden in Motiv a bei weniger Silben Noten übergebunden (Nb. B).

Das Parodieverfahren zeigt, wie weltl. Elemente in die Kirchenmusik übernommen wurden, was umso auffälliger war, je bekannter die vorliegenden Chansons oder Tanzsätze waren. Das Verfahren erscheint nie umgekehrt, also nie vom Geistl. ins Weltl. Das Tridentiner Konzil verbot die Parodiemesse und den weltl. c. f. in den Messen, aber ohne anhaltenden Erfolg.

Die Hauptvertreter der 4. Epoche sind:

NIKOLAS GOMBERT (um 1500–60), aus Brügge, Schüler JOSQUINS, wirkte u. a. in der Hofkapelle KARLS V.; Messen, Motetten.

JACOBUS CLEMENS NON PAPA (um 1512–1555/6), aus Middelburg, *»non Papa«* im Unterschied zum Dichter JACOBUS PAPA in Ypern; Messen, Motetten, Chansons und 3-st. nl. Psalmlieder (*Souterliedekens,* 4 Bde., Antwerpen 1556/7).

ADRIAN WILLAERT (um 1480–1562), aus Brügge (?), Schüler MOUTONS und JOSQUINS (?), ab 1527 Kapellmeister an S. Marco in Venedig (S. 251); Werke u. a.: Madrigale, Villanellen, Chansons, 8 Parodiemessen (4- bis 6-st., auf Motetten MOUTONS u. a.), *Musica nova,* Venedig 1559 (mit neuer Textdarstellung voller Bilder und starkem Ausdruck, Motetten z. T. noch mit altem c. f. oder Kanongerüst), 3-st. Ricercare für Instrumente (S. 260).

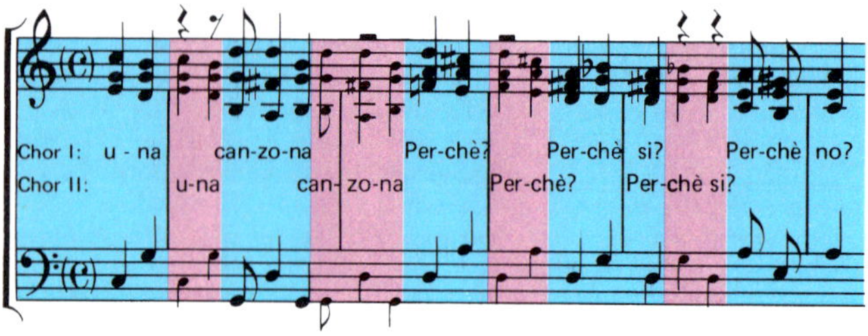

A **O. di Lasso,** Echokanon für 2 Chöre (1581), Ausschnitt

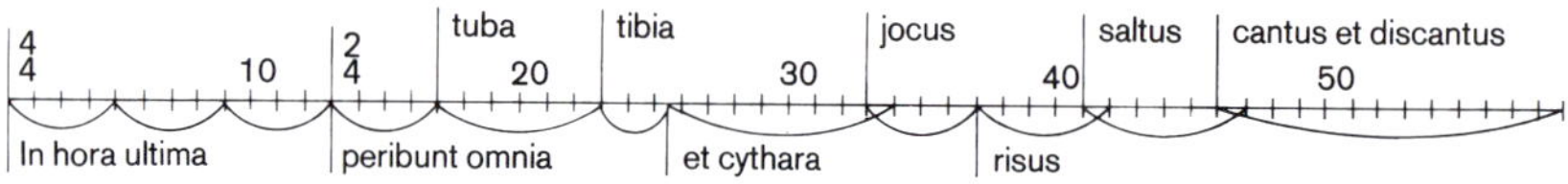

Aufbau der Motette

1 Posaune (Pos. Chor-Imitation durch Chorteilung, 6-stimmig),

2 Kythara, 3 Lachen, 4 Sprung, 5 Gesang

B **Tonmalerei bei O. di Lasso,** Motette »In hora ultima«, Aufbau und Beispiele

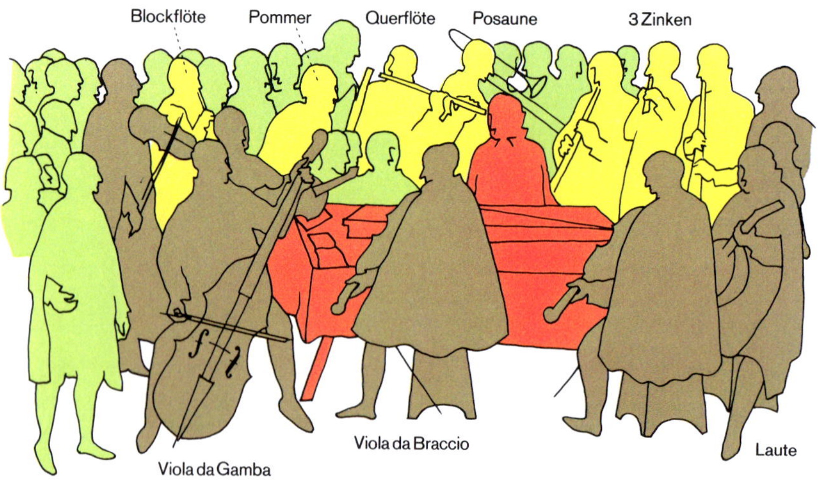

C **Die bayrische Hofkapelle unter O. di Lasso,** nach H. Mielich (1570)

Die 5. Epoche bringt den Höhepunkt der franko-fläm. Vokalpolyphonie, und zwar vor allem im Werk des »belgischen Orpheus« ORLANDO DI LASSO. Die Musik dient dem *Textausdruck* und der Darstellung seines *Affektgehaltes.*

- Hauptform ist noch die **Motette:** lat., meist geistl., abschnittsweise durchimitiert; motettisch ist auch die Anlage der Messensätze.
- Die Stimmen, meist 5–6, sind völlig angeglichen; allenfalls macht sich eine Führung der Oberstimme bemerkbar, während der Bass als Harmoniestütze bei zunehmender Dur-Moll-Tonalität Kadenzsprünge enthält (häufige D-T-Kadenzen, weniger »Nebendreiklänge«).
- Der Stimmausgleich lässt die *A-cappella*-Ausführung als Ideal erscheinen (Bildbelege gottesdienstl. Musik), häufig gehen aber Instrumente mit.
- Es wird eine Synthese erreicht zwischen der architekton. Klarheit JOSQUINSCHER Prägung und den dunkleren Strukturen der GOMBERT-Zeit.

Die Anregungen der ital. weltl. Musik mit ihren Villanellen und Madrigalen mit *homophonen Partien* und *Tanzrhythmen* werden in die kp. Kunst eingeschmolzen. Umgekehrt ist deren kunstvolle Stimmführung Kompositionsgrundlage aller qualitativ hoch stehenden Musik geworden.
Noch werden zwar die franko-fläm. und niederl. Meister an die europäischen Höfe berufen, doch treten nun die nationalen Komponisten gleichwertig an ihre Seite.

Außer ORLANDO DI LASSO gehören zur **5. Epoche:**
PHILIPPE DE MONTE (1521–1603), kaiserlicher Kapellmeister in Wien und Prag; JACOBUS DE KERLE (1531/32–91), JACOBUS VAN WERT (1536–96), H. WAELRANT (um 1517–95), CHR. HOLLANDER, J. VON CLEVE, A. UTENDAL u. a.

Das Schaffen dieser Epoche wird geprägt durch den Einfluss des **Tridentiner Konzils.** Es ist speziell für die Niederlande die blutige Zeit unter PHILIPP II. von Spanien und der Regentschaft HERZOG ALBAS. In der Musik spiegelt sich gegenreformatorischer Zeitgeist in den zahlreichen **Bußpsalmen** und den großen, eindringlichen **Motetten** über Bibeltexte.

Orlando di Lasso (1532–94),
eigentl. Orlande *de lassus,* frz. *von dort oben,* nämlich aus dem bergigen Mons im Hennegau, kam schon als Chorknabe mit FERD. GONZAGA, Vizekönig von Sizilien, nach Mantua, Mailand, Sizilien und lernte bes. in Neapel (ab 1550) die Villanellen, Moresken, Todesken usw. mit ihrem bunten Dialektgemisch und ihrer geistreichen Lebendigkeit der *Commedia dell'Arte* kennen. LASSO schrieb immer wieder in diesem Stil.

Das Echolied aus der Slg. von 1581 (Abb. A) zeigt die typischen Rufmotive, den leichten, tänzerischen Akzentrhythmus, der zum Taktprinzip des Barock führen wird, die einfache Harmonik mit ihren überraschenden Rückungen. Das Ganze ist als Kanon im Abstand des Rufmotivs angelegt. Hier spielt die Erfahrung raffinierter Klangeffekte venezian. Mehrchörigkeit herein. Der scheinbar volkstüml. Text wird durch die Musik auf spielerische Manier zu hoher Kunst gesteigert.

In Neapel verkehrte LASSO in den humanistisch gebildeten aristokratischen Kreisen (Dichter G. B. D'AZZIA DELLA TERZA). 1553 wird LASSO wie später PALESTRINA Kapellmeister am Lateran in Rom, wo eine Reihe Messen im GOMBERT-Stil entstehen. 1555/56 lebt er in Antwerpen und lässt dort seine frühen Motetten drucken (bei SUSATO).
1556 wird er Tenorist der bayr. Hofkapelle HERZOG ALBRECHTS in **München** und ist ab 1564–94 deren Kapellmeister. LASSOS Ruhm lockt viele Schüler nach München (LECHNER, ECCARD, G. GABRIELI).

Zu seinen Dienstpflichten gehören die Hochämter und die Tafel- und Festmusiken für offizielle und private Anlässe. HANS MIELICH malte die Hofkapelle in ihrer typisch gemischten Besetzung von Sängern und Instrumentalisten mit 3 Kapellknaben für die Sopranpartien und mit LASSO selbst am Spinett in der Mitte (Abb. C, aus der Bußpsalmenhs. von 1565–70).

Zu den weltl. Werken LASSOS zählen außer den **Villanellen** (Villanesken) über 200 ital. **Madrigale** (Texte von PETRARCA, ARIOST u. a.), über 140 frz. **Chansons,** über 90 dt. **Liedsätze.** An der Spitze der geistl. Werke stehen die lat. **Motetten,** u. a. in den Drucken von 1556, 1574, 1582, bes. aber im *Magnum opus musicum* mit 516 Motetten, hg. von seinen Söhnen 1604 (Abb. B: Nr. 414). Dazu kommen über 70 **Messen** (viele *Parodiemessen*), 100 **Magnificats,** 4 **Passionen** (Alterswerke), **Litaneien** usw. Berühmt wurden seine **Bußpsalmen** von 1565 in doppelchöriger Anlage und mit der Affektgeladenheit der *Musica reservata* (s. S. 255).

Die 6-st. Motette *In hora ultima* (Abb. B) hat keinen c. f. Sie ist frei erfunden: Aufbau und Ausdruck richten sich nach dem Text. Im 1. Teil erklingt das *In hora ultima* (*in der letzten Stunde*) als feierliche Mahnung 3 Mal. Es folgen das rascher deklamierte *peribunt omnia* (*wird alles vergehen*) und dann eine Reihe von Tonbildern: die *Posaunen* (typische Akkordklänge in doppelchöriger Manier), die *Flöte,* die *Kythara* (Verzierung), der *Witz,* das *Lachen* (Repetition), der *Sprung* (Quartsprung aufwärts), der *Gesang* (Vokalise) und der *Zwiegesang.*

G. P. da Palestrina, Missa in Semiduplicibus Maioribus II, Sanctus; 1. Teil

Unter der *Römischen Schule* versteht man eine Gruppe von Komponisten, die im 16. Jh. in der päpstlichen Kapelle in Rom wirkten. Ihr Hauptvertreter ist PALESTRINA. Das Schaffen wird gekennzeichnet durch:
- überwiegend geistl. Musik, vor allem Messen und Motetten;
- Verbindung franko-fläm. Polyphonie mit ital. Klangfülle und Melodik;
- *A-cappella*-Stil; in der Sixtinischen Kapelle auch *A-cappella*-Besetzung;
- ruhig fließende Rhythmik;
- bevorzugte Verwendung des gregorian. Chorals als c. f.

Die *Römische Schule* verwirklichte die kirchenmusikal. Forderungen der Gegenreformation, welche auf dem Tridentiner Konzil (Trient 1545–63) formuliert worden waren. Das Konzil ließ mehrst. Musik (*Figuralmusik*) trotz Verbotsanträgen in der Kirche zu, verlangte aber
- *Textverständlichkeit;* sie wurde erreicht durch homophon deklamierende Partien bei dichtem Text, während man den polyphonen Stil bei wenig Text (wie *Sanctus* oder *Amen*) beibehielt;
- *Würde im Ausdruck;* richtet sich gegen die affektgeladene, madrigaleske Kompositionsweise;
- *Ausschluss von weltl. c.f. und Parodie* in den Messen; dieser Punkt hat sich nur anfangs durchgesetzt (zahlreiche Parodiemessen bei PALESTRINA, LASSO usw.).

Bei den Konzilsberatungen um die Figuralmusik spielten JACOBUS DE KERLE mit seinen *»Preces speciales«* (1561) und PALESTRINA mit seiner *»Missa Papae Marcelli«* (1562/63) eine Rolle. PALESTRINAS Stil wurde, durch die Gegenreformation gestützt, zum Inbegriff und Vorbild der mehrst. kath. Kirchenmusik überhaupt.

Gegen die zunehmende Autonomisierung des musikal. Kunstwerkes in der Kirche wurde eine Reform des gregorian. Chorals und sein verstärkter Einsatz gefordert. PALESTRINA, ANERIO, SURIANO u. a. arbeiteten an dieser Reform mit (Kürzung der Melismen usw.). Die neue *Editio Medicea* erschien 1614. Sie war bis zur *Editio Vaticana* 1907 in Gebrauch.

Zur Römischen Schule zählen **vor** PALESTRINA: C. FESTA († 1545, Rom), CL. NON PAPA (um 1510–55/6, Antwerpen), G. ANIMUCCIA (um 1500–71, Rom), C. DE MORALES (1500–53, Madrid), B. ESCOBEDO (1500–63, Madrid); **um** PALESTRINA: V. RUFFO (1530–80, Rom), C. PORTA (1530–80, Mailand), G. ASOLA (1524–1609, Rom), G. INGEGNERI (1547–92, Cremona), J. DE KERLE (1531–91);
nach PALESTRINA: G.M. NANINO († 1607, Rom), A. STABILE († 1604, Rom), F. ANERIO († 1614), FR. SURIANO († 1621), FR. GUERRERO (1528–99, Sevilla), T. L. DE VICTORIA (um 1548–1611, Madrid).

GIOVANNI PIERLUIGI DA PALESTRINA (um 1525 bis 1594), aus Palestrina, 1544 Organist in Palestrina, 1551 Kapellsänger an St. Peter in Rom, 1561 Kapellmeister am Lateran, 1567 Kapellmeister des KARDINAL D'ESTE, 1571 zweiter Kapellmeister an St. Peter; schrieb über 90 Messen (viele Parodiemessen), über 500 Motetten, ferner Lamentationen, Hymnen, Magnificats, über 100 weltl. und geistl. Madrigale.

Das Werk PALESTRINAS galt als der Höhepunkt der Vokalpolyphonie, sein Stil, der kp. Kunst mit melod. und harmon. Rundung verbindet, als Ideal des *A-cappella-Satzes* (*stile antico, ecclesiastico, grave*). Merkmale sind:
- Selbstständigkeit der Stimmen im polyphonen Gewebe, in ausgewogenem Wechsel mit homophonen Partien;
- sangliche Melodik, Sekundbewegung überwiegt, auf Sprünge folgt Richtungsänderung mit Sekunden (Nb. Sopran, T. 6–7);
- ruhige Bewegung, wobei die unterschiedl. Rhythmen der Einzelstimmen sich zu einem gleichmäßigen Ablauf ergänzen (*komplementäre Rhythmik*, z. B. die Viertel in T. 8);
- ausgewogene Harmonik bei Vorherrschen des konsonanten, vollständigen Dreiklangs, dessen Grundton meist im Bass liegt (Nb. unterste Zeile);
- viele »Nebendreiklänge« auf den Stufen II, III, VI (kirchentonaler Charakter), jedoch funktionale Kadenzen an tektonisch wichtigen Stellen (z. B. T. 8, 10);
- behutsame Verwendung von Dissonanzen: stets vorbereitet eingeführt und stufenweise abwärts aufgelöst, oft mit *Portament* bzw. *Antizipation* (T. 3), auch in Durchgängen (T. 6) und Wechselnoten (T. 5, 10);
- überwiegend 5- und 6-st. Satz: voller Klang mit Gruppierung der Stimmen zu Klangwechseln;
- oft greg. Choral als c. f. (im Tenor);
- in c.-f.-freien Sätzen liefert der greg. Choral das thematische Material: je Abschnitt ein *Soggetto* (»Thema«), das zunächst rhythmisch zubereitet wird (Nb.) und das im Satz die Stimmen imitierend durchwandert. Die Kontrapunkte bringen (variiertes) Material des Soggetto;
- die rationale Klarheit und Ordnung des Satzes wird verschleiert. So gruppiert sich die Einsatzfolge der 5 Stimmen punktsymmetrisch um Tenor 1, der Einsatzabstand aber ist ungleich (Abb.). Der Satz erhält Leben und Fantasie.

Der PALESTRINA-Stil wurde in Kp.-Lehren vermittelt (BERARDI, *Arcani musicali,* 1690; FUX, *Gradus ad Parnassum,* 1725, s. S. 92). Im 19. Jh. gab es eine PALESTRINA-Renaissance, die angeregt von dem Heidelberger Juristen THIBAUT (*Über Reinheit der Tonkunst*, 1825) zur Gründung des **Caecilienvereins** »zur Verbesserung der Kirchenmusik« 1868 in Regensburg durch WITT führte.

	1. Chor	2. Chor	3. Chor		4. Chor	
S_1	1	4–8	–	V,Z	–	–
S_2	–	–	1–3	–	–	–
A	1	4–8	bel.	V,K	–	–
T_1	1	4–8	bel.	Va,P	bel.	V,K
T_2	1	–	–	–	bel.	P
T_3	–	–	–	–	bel.	Va,P
B	1	4–8	–	–	bel.	S,P,F
	+ Chitarrone 1. Orgel	+ Instrumente	+ im Tenor 2. Orgel		+ 3. Orgel	

Concertatchor
Hochchor
Hauptchor
Tiefchor
gr. Terz
kl. Terz

V Violine
Z Zink
K Krummhorn
Va Viola
P Posaune
S Streichbass
F Fagott
↓ gleicher Text

A **Vierchörige Besetzung** nach L. Viadana, Venedig 1612

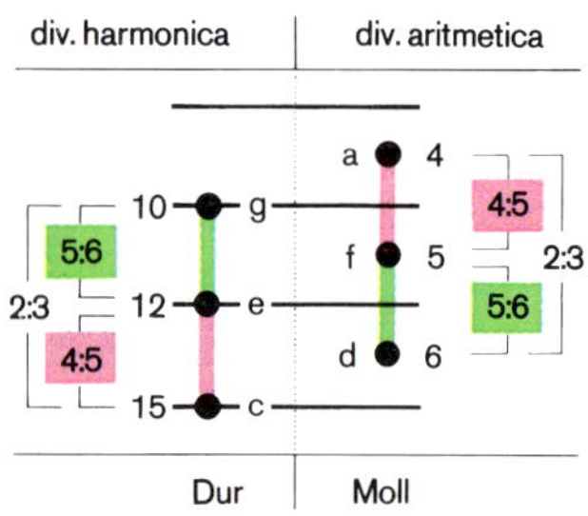

B **G. Zarlino, Dreiklangstheorie** (1558)

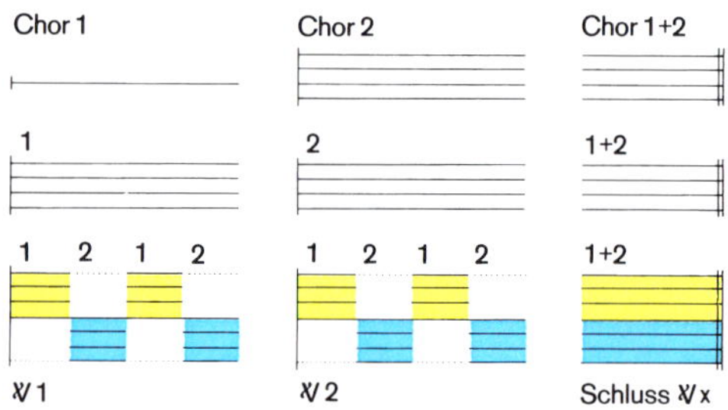

C **Psalmvortrag und Mehrchörigkeit**

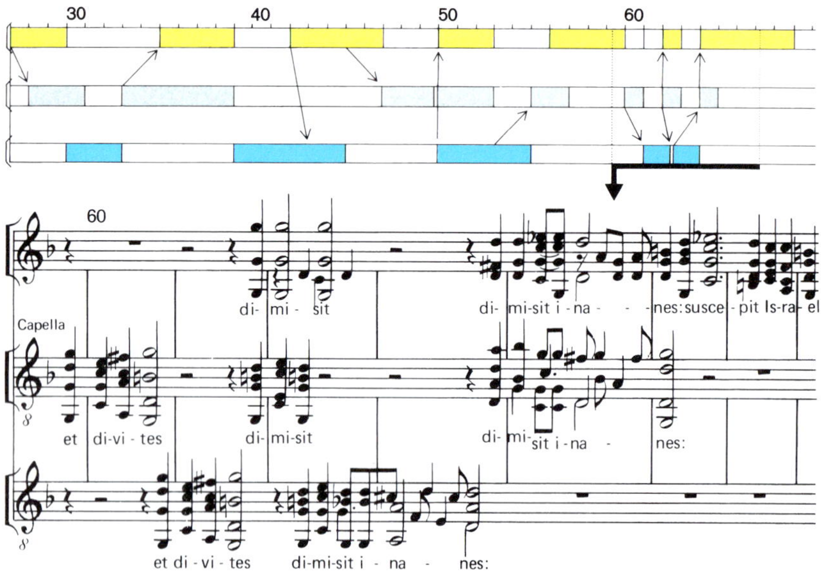

D **G. Gabrieli, Magnificat für 3 Chöre** (1597), Ausschnitt

In Venedig entwickelte sich im 16. Jh. mit **Mehrchörigkeit** und **konzertantem Prinzip** ein eigener Stil.
Als Begründer der *Venezianischen Schule* gilt der Niederländer ADRIAN WILLAERT, Kapellmeister an San Marco von 1527 bis 1562. Ihm folgten C. DE RORE (1563), GIOSEFFO ZARLINO (1563–90), B. DONATO (1590–1603), G. CROCE (1603–09), GIULIO C. MARTINENGO (1609–13), CL. MONTEVERDI (1613–43).
Daneben wirkten ebenso berühmte Organisten an den beiden Orgeln von San Marco, u. a. CL. MERULO († 1604) und die beiden GABRIELI. Die Orgeln standen auf gegenüberliegenden Emporen. Wechselspiel der beiden Organisten ist schon zur Zeit PADOVANOS bezeugt (ab 1552).

Die Coro-spezzato-Technik
Das wechselchörige Musizieren ist alt und geht u. a. auf den Psalmvortrag zurück. Die Chöre, ein- und mehrst., wechseln je Vers und verbinden sich in der Doxologie am Schluss (Abb. C). Fra RUFFINO D'ASSISI, Domkapellmeister in Padua, schrieb um 1510–20 erstmals 8-st. Psalmen *»a coro spezzato«*, d. h. für einen geteilten Chor bzw. für zwei 4-st. Chöre. Bei ihm gibt es bereits über den Wechsel je Psalmvers hinaus den Wechsel je Wort oder Sinneinheit im Vers selbst und damit die eigentliche *Coro-spezzato*-Technik (Abb. C). WILLAERT baute diese Technik bes. in seinen 8-st. *Salmi spezzati*, Venedig 1550, weiter aus.
Die neuen Raumvorstellungen des 16. Jh. – die Erforschung der Erd- und Planetenbewegung, der Ausbau der räumlichen Perspektive in der Malerei, die neuen Raumwirkungen in der Architektur usw. – entwickelten auch in der Musik neue Dimensionen:
- Durch getrennte Aufstellung der Chöre wird der **Raum** akustisch erschlossen. Die versch. Emporen in San Marco förderten diese Experimente, waren aber nicht ihr primärer Grund.
- Unterschiedl. Besetzung der Chöre, auch mit Instrumenten, erbrachte viele neue **Klangfarben** und führte darüber hinaus zum Prinzip des barocken **Konzertierens.**

Die Entfaltung einer farbenprächtigen Musik im Raum entsprach auch dem zunehmenden Bedürfnis nach Prunk, Machtdarstellung, starken Sinneseindrücken und Wirkung der Musik. Man steigerte sich bis zu 4 Chören und mehr (VIADANA, *Salmi a 4 cori per cantare e concertare,* Venedig 1612):
1. **Concertatchor:** beste Sänger, Soli, ohne Instr. (evtl. Saiteninstr.), mit Gb.;
2. **Hauptchor** (*Capella*): starke Besetzung, mit Instrumenten (Streicher, Posaunen usw.) und Cembalo;
3. **Hochchor:** beliebige, kleinere Besetzung, mit Violinen, Zinken usw., Oberstimme wegen ihrer Höhe nicht gesungen, tiefste Stimme ist der Tenor (von der 2. Orgel mitgespielt);
4. **Tiefchor:** kleinere Besetzung, dazu Posaunen, Streicher usw., Bass von der 3. Orgel mitgespielt (Abb. A).

Die Chöre können noch verdoppelt, außerdem nach Belieben im Raum verteilt werden, alle dirigiert von einem Kapellmeister per Handzeichen. Raumwirkungen erzielte man auch mit einem einzigen Chor, indem man die Stimmen *per coros,* d. h. getrennt, aufstellte. Die kp. Polyphonie wurde durchbrochen von weitflächigen akkordischen Partien, die bes. gegen Ende des Jh. überwiegen.

Das dreichörige *Magnificat* von G. GABRIELI zeigt das typische Gegen- und Ineinander der Klänge (Abb. D). Die Einsatzverschiebungen gleicher Textabschnitte sorgen für Imitations- und Echoeffekte, z. B. zu Anfang zwischen Hochchor und Capella (s. Schema D) oder in T. 59/60 zwischen Capella und Tiefchor, gleichzeitige Aussprache dagegen bringt massige Chorkoppelung und Kadenzen von großer Schlusswirkung (T. 63 ff.).

Duales Dreiklangsprinzip Zarlinos
Während noch GLAREAN (*Dodekachordon*, Basel 1547) den Kirchentonarten das *Äolische* und das *Ionische* hinzufügte (S. 90 f.), sucht ZARLINO (*Istitutioni harmoniche*, Venedig 1558) der wachsenden Bedeutung des Akkordes entsprechend alle Dreiklänge auf Dur (c–e–g) und Moll (d–f–a) als duale Gegensätze zurückzuführen. Die harmon. und arithmet. Teilung der Intervallproportionen von Dur und Moll erweist ihm zugleich deren Natürlichkeit (Abb. B). Die von ihm formulierte Grundforderung der Zeit nach der *»imitazione della natura«* (Nachahmung der Natur) sah er damit auch in der neuen Dreiklangsharmonik verwirklicht.
ZARLINO empfahl zugleich, den Bass als Fundament der Klänge doppelt zu besetzen und ihn bzw. die jeweils tiefste Stimme auf der Orgel mitzuspielen (*basso per organo, basso seguente*). Konterpart bildete die Oberstimme. Die Entwicklung steuerte auf die gb.-begleitete Monodie zu.
Außer den üblichen Gattungen der Vokalmusik wie Messen, Motetten, Magnificats, Psalmen, Hymnen, Villanellen, Madrigale usw. entwickelte sich in Venedig eine selbstständige **Instrumentalmusik** (S. 264 f.). Hauptkomponisten sind:
ADRIAN WILLAERT (um 1480–1562), s. S. 245;
CYPRIAN DE RORE (1516–65) aus Mecheln, bekannter Madrigalist;
GIOSEFFO ZARLINO (1517–90), zugleich führender Theoretiker;
ANDREA GABRIELI (1510–86), Venezianer, große Produktion, u. a. *Bußpsalmen*, 1587;
GIOVANNI GABRIELI (1555–1612), Neffe des ANDREA, 1575–79 bei LASSO in München, bedeutendster Vertreter der *Venezianischen Schule;* Drucke: *Sacrae symphoniae I*, 1597, *II,* 1615 (geistl. Vokalmusik und Instrumentalstücke).

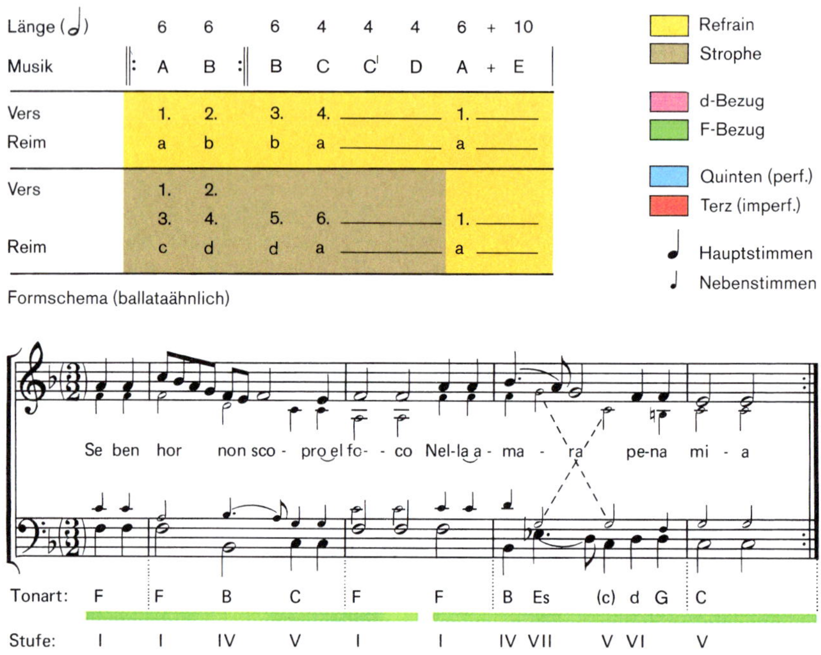

A **Mantuaner Frottola,** B. Tromboncino, »Se ben hor«, Formschema und Beginn

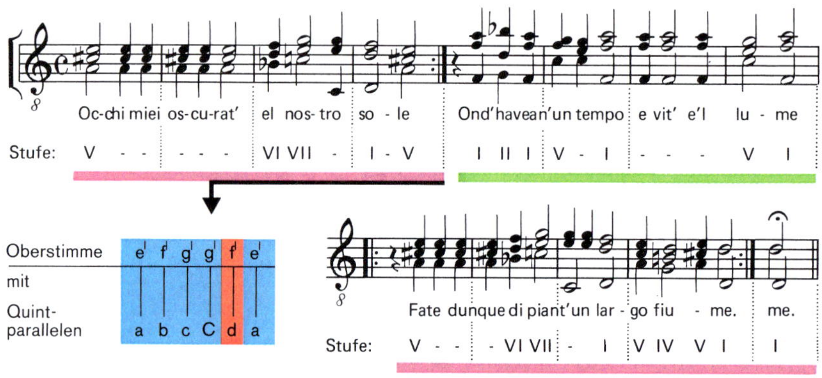

B **Villanella,** D. da Nola, »Occhi miei«, 1. Strophe

C **Französische Chanson,** Th. Crecquillon, Singstimme mit Lautenbegleitung

Frottola, Villanella, Chanson

Im 14. Jh. überwog die weltl. Musik: in Italien die Liedkunst des Trecento (LANDINO), in Frankreich Motette und Diskantlied der Ars nova (MACHAUT). Dann tritt die mehrst. weltl. Vokalmusik in Italien stark zurück, während sie in Frankreich und Burgund mit der Chanson lebendig bleibt.
In der 2. Hälfte des 15. Jh. kommt in Italien eine neue mehrst. weltl. Vokalmusik auf, die sich im 16. Jh. ausdehnt.
Die geistl. Musik ist mit Messe und Motette überwiegend lat. und damit international. Hier entwickelten die franko-flämischen Komponisten ihren ausgewogenen Vokalstil, der für geistl. Musik schlechthin stehen wird. Die weltl. Musik dagegen ist nationalsprachig: frz. **Chanson**, ital. **Frottola, Villanella, Madrigal** usw., span. **Villancico,** dt. **Lied,** engl. **Ayre.** Es handelt sich um eine Gesellschaftskunst, die in den Drucken des 16. Jh. vor allem in den bürgerl. Kreisen weite Verbreitung findet. Die Besetzung ist variabel: *a cappella,* Solostimme mit Lautenbegleitung, instr.-vokale Mischungen, sogar rein instr. Ensembles.

Die frz. und ital. Gattungen wirken stark über ihre Nationalgrenzen hinaus. Im Einzelnen:

Canto carnascialesco, ein Karnevalslied zu Maskeraden und Aufzügen in Florenz Ende des 15. Jh., bes. unter dem prunkliebenden LORENZO MEDICI († 1492), der sogar einen eigenen Text von ISAAK vertonen ließ. Der Inhalt dieser Lieder reicht von der heiteren Satire bis zu viel sagenden Allegorien, der musikal. Satz ist 3- bis 4-st., volkstüml. einfach, überwiegend homophon mit führender Oberstimme. Die vielen Strophen werden auf die gleiche Melodie gesungen.

Frottola (ital., *Schwarm* von Sonderlichkeiten), eine scheinbar volkstüml. mehrst. Liedform der aristokratischen und bürgerl. Kreise Ende des 15. und Anfang des 16. Jh. in Mittel- und Norditalien (zentral: Mantua). Zahlreiche Drucke sorgten für Verbreitung (PETRUCCI, 11 Bücher von 1504–14; letzter Druck Rom 1531). Die Frottola wurde von Villanella und Madrigal abgelöst.
Ihr Inhalt ist überwiegend Liebespoesie. Die dichterischen Formen stehen in der Ballatanachfolge: *Canzona, Capitolo, Oda, Sonetto, Strambotto* oder die *Barzeletta* mit Refrain (*Ripresa*) und Strophen aus Stollen (*Mutazioni*) und Abgesang (*Volta,* Abb. A).
Der Satz ist 4-st., überwiegend homophon, später teils polyphon. Der Sopran ist Hauptstimme und als Einziger textiert, Bass tonale Gegenstimme, Alt und Tenor Füllstimme (Nb. A). – Die Harmonik ist einfach mit tonalen Kadenzen der Stufenfolge V–I oder sogar I–IV–V–I (Nb. A, 1. Zeilenhälfte).
Es gibt zahlreiche Lautenintavolierungen. Frottolen wurden auch von Lautenisten improvisiert (Strophenfolge auf gleiches Bass- oder Melodieschema).
Von den Komponisten sind MARCHETTO CARA aus Verona († 1525) und BARTOLOMEO TROMBONCINO aus Mantua († 1535) die bekanntesten (Abb. A, Venedig 1504).

Villanella (ital. *villano*, Bauer), Strophenlied neapolitanischen Ursprungs (*canzone alla napoletana*), ein Tanzlied wie das verwandte **Balletto.** Der anfangs 3-st. homophone Satz mit führender Oberstimme hat oft Dreiklangs- und Quintparallelen in Art des volkstüml. **Quintierens,** was im strengen kp. Satz verboten war (Abb. B). Später wird der Satz 4-st. und kunstvoller (Madrigalnähe). Villanellendrucke erscheinen von 1537 bis 1633. Nachfolger sind die Kanzonetten. Komponisten speziell: A. SCANDELLO († 1580), G. D. DA NOLA († 1592), B. DONATO († 1603), in Deutschland J. REGNART († 1599).

Chanson

Zu Beginn des 16. Jh. ist die frz. Chanson in Frankreich und bei den franko-flämischen Komponisten in Italien eine zentrale Gattung. In ihrem 4-st. motettischen Satz liegt die Hauptmelodie im Tenor. Frühester Druck: PETRUCCI, *Odhecaton* 1501.
Der Einfluss der ital. Frottola macht sich bald in homophonen, rasch deklamierenden Stellen bemerkbar.
Überwiegend homophon ist auch die bürgerl. *Pariser Chanson,* die mit ihren schmissigen Texten und Melodien zur beherrschenden Chansongattung ab etwa 1530 wurde. Beliebt sind die Drucke ATTAIGNANTS (50 Slgn. von 1528–52), auch die vielen Lautenarrangements (Abb. C).
Die frz. Chanson nimmt im Laufe des 16. Jh. madrigal. Einflüsse auf mit expressiven Textausdeutungen und starker Chromatik.
Komponisten sind u. a.: TH. CRECQUILLON († 1557), CLÉMENT JANEQUIN (um 1485 bis 1558), CL. DE SERMISY († 1562), J. ARCADELT († 1568), P. CERTON († 1572), O. DI LASSO († 1594), CLAUDE LE JEUNE († 1600), G. COSTELEY († 1606).
Die Textausdeutung prägt z. T. so tonmalerische Züge aus, dass man vom **Programmchanson** spricht (bei JANEQUIN: Vogelrufe, Jagdszenen, Schlachtengemälde).

In der 2. Hälfte des 16. Jh. kommt in Frankreich als Abart der Chanson das **Vaudeville** (*Voix de ville,* Stimme der Stadt) auf, das zum **Air de Cour** hinleitet. Der Satz dieser volkstüml. Strophenlieder ist einfach homophon (LE ROY, *Airs de cours,* Paris 1571).
Daneben stehen die künstl. antikisierenden Chansons mit den *»vers mésurés«* der Pleiadendichter aus der *Académie de Poésie et de Musique* (1570, mit RONSARD, BAÏF). Die Blütezeit der frz. Chanson endet mit dem 16. Jh.

Oberstimme (C. de Sermisy, 1528) mit Verzierung (A. P. Coclico, 1552)

typisches Kopfmotiv, N. Liégeois, »Noch weet ick een«

A **Französische Chanson**

freie Zeilenfolge ohne Reime	Silben-zahl	Harmonik je Zeile	4-st. Satz syllabisch
Madonna, per voi ardo,	7	g-g	
E voi non me'l credete,	7	g-d♯	
Perché non pia quanto bella sete,	11	d-d	
Perché non pia quanto bella sete.		d-g	
Og'n hora mir'e guardo	7	d-F	
Se tanta crudeltà cangiar volete	11	B-d	
Donna, non v'accorgete	7	B-d♯	
Che per voi mor'e ardo,	7	d-g	
Che per voi mor'e ardo,		g-g	
E per mirar vostra beltà infinita,	11	c-d♯	
E voi sola servir bramo la vita,	11	d-g	
E voi sola servir bramo la vita.		d-g♮	

Melisma

Zäsur

Fis-Dur Bereich

B **Italienisches Madrigal,** Ph. Verdelot, »Madonna per voi ardo« (1540)

entfernte Tonart für die ersehnte Hilfe (bramata aita)

Chromatik für Todesqual

rasche Bewegung für Feuer

C **Madrigalismen,** C. Gesualdo da Venosa, aus »Dolcissima mia vita« (1611)

Frz. Chanson (Forts.). Das improvisatorische Moment der damaligen Aufführungspraxis erfasste auch die frz. Chanson. Von ADRIAN PETIT COCLICO ist die exemplarisch verzierte Oberstimme einer 4-st. Chanson von SERMISY erhalten (Abb. A, Original: Hälse abwärts). Der frz. Chanson wurde in anderen Ländern nachgeahmt, bes. im flämisch-niederl. Bereich. Typisch war ihr Anfangsrhythmus mit der Folge lang – kurz – kurz, meist mit Tonwiederholung (Abb. A).

Das ital. Madrigal
des 16. und frühen 17. Jh. entstand um 1530 im Kreis um PIETRO BEMBO (1470–1547, ab 1539 Kardinal) auf der Suche nach einer feinsinnigeren Kunst als die gängige Frottola, Strambotto usw. Man orientierte sich dabei bes. an der gefühls- und bilderreichen Sprache PETRARCAS (*Petrarkismus*) und dessen Madrigalen. Musikalisch gibt es keinen Bezug zum Trecentomadrigal.
Der Inhalt der neuen Gattung entsprach mit seiner hochstilisierten Liebespoesie dem damals wieder auflebenden Frauenkult sowie den manieristischen Tendenzen der Zeit, erstreckte sich aber bald auch auf Satirisches, Humoristisches usw.
Die neuen Madrigaltexte konnten viele, auch strenge Formen zeigen (z. B. Sonett), erschienen aber meist in den sog. *rime libere* (freien Versen) ohne feste Reimfolge und Verszahl (6–16), wobei 7- und 11-Silbler beliebig abwechseln (Abb. B).
Musikal. übertrug man die ndl., motettische Kompositionsweise auf das Madrigal:
- abschnittsweise Durchkomposition des Textes, motivische Imitation, homophone Partien, hoher Textausdruck.

Das Madrigal wird zum weltl. Gegenstück der Motette. Es gehört zur sog.

Musica reservata: Musik, *reserviert* für Kenner, soziologisch zugleich für die Aristokratie und gebildete Schicht der Städte, die Zugang und Interesse an dieser Kunst hatten. Der Ausdruck taucht zuerst bei dem WILLAERT-Schüler A. P. COCLICO auf (im *Compendium musices* und als Titel der 4-st. Psalm-Motetten *Musica reservata,* beides Nürnberg 1552) und bezieht sich auf ausdrucksstarke weltl. wie geistl. Musik mit viel Chromatik, Enharmonik, Dissonanzen usw. Letzter Beleg: 1625.

In der Geschichte des Madrigals unterscheidet man 3 Phasen (vgl. S. 127):
1. Das frühe Madrigal (1530–50)
ist 4-st., homophon und polyphon gemischt, durchkomponiert, meist im geraden Takt.
Abb. B., Zeile 1 (*»Madonna, für euch brenne ich«*) zeigt, wie die Vertonung der Sprache folgt: Auftakt, Dehnung der Hauptsilbe des Ausrufs *»Madonna«,* klagender Halbtonschritt d–es–d. Am Zeilenende jeweils Zäsuren: Kadenzen, in T. 5 mit Achtelpause. – Das Melisma hat noch keinen textausdeutenden Charakter, sondern verstärkt die Schlusswirkung am Versende. Die Wiederholung der 3. und der letzten Zeile ist musikalisch bedingt (tanzmäßige Periodik in Frottolanachfolge). Die Harmonik ist einfach. Der 4-st. Satz mit führender Oberstimme wird durch 2-st. Partien aufgelockert.
Komponisten der 1. Phase sind PHILIPPE VERDELOT (1490–1552) aus Orange; COSTANZO FESTA (1480–1545), Italiener; JACQUES ARCADELT (1500–1568) aus Lüttich (?), sein 1. Buch 4-st. Madrigale von 1539 erlebte 36 Auflagen (bis 1664); ADRIAN WILLAERT (s. S. 245); CYPRIAN DE RORE (1516–65).

2. Das klassische Madrigal (1550–80)
ist 5-st. wie die gleichzeitige Motette (auch 6-st.). Seine textinspirierte Ausdruckskunst rangiert in der Ästhetik der Zeit an erster Stelle. Diese Musik wird als natürlich empfunden (ZARLINO, 1558, s. S. 229 u. 251), wenngleich sie dabei manieristische Züge ausprägt: Tonmalerisch erscheinen Vogelstimmen, Hühnergegacker, Glockenklänge, Schlachtenlärm usw., dazu sogar Effekte, die nur in den Noten zu **sehen** sind (*Augenmusik,* z. B. Schwärzung für *»Nacht«* oder 5 hohle Semibreves für *»5 Perlen«*).
Komponisten dieser Epoche sind noch WILLAERT (*Musica nova,* 1559, mit Madrigalen und Motetten); CYPRIAN DE RORE; ORLANDO DI LASSO (s. S. 247); PHILIPPE DE MONTE (1521–1603) aus Mecheln, wirkte in Neapel und ab 1568 als Hofkapellmeister MAXIMILIANS II. und RUDOLFS II. in Wien und Prag, schrieb über 1100 Madrigale; PALESTRINA (s. S. 249), distanzierte sich von den weltl. Madrigalen seiner Frühzeit, schrieb aber später wieder solche: 2 Bücher, 4-st., 1555 und 1586, dazu 2 Bücher **geistl. Madrigale,** 5-st., 1581 und 1584; A. GABRIELI (1510–86); B. DONATO (um 1530–1603).

3. Das späte Madrigal (1580–1620)
steigert nochmals die Textausdeutung. Der Satz ist mit diesen sog. **Madrigalismen** überhäuft:
So erklingen in GESUALDOS *Dolcissima mia vita* (Abb. C) plötzliche Rückungen in entfernte Tonarten (von a-Moll nach Fis-Dur) als Ausdruck für die Ferne der ersehnten Hilfe (*aita*); die Pause verdeutlicht den fragenden Ruf in die Leere; das Wort *morire* (sterben) wird durch starke Chromatik ausgedrückt; die als Bild für den erregten Seelenzustand verwendeten Flammen erscheinen als rasche Aufwärtsläufe.
Führende Komponisten der Spätzeit sind LUCA MARENZIO (1554–99, Rom); CARLO GESUALDO, FÜRST VON VENOSA (um 1560 bis 1613, Neapel); GIACHES DE WERT (1535–96); LUZZASCHO LUZZASCHI (1545–1607); CLAUDIO MONTEVERDI (1567–1643).

A **O. v. Wolkenstein,** 2-st. Lied, »Wach auff, mein hort« (~ 1400)

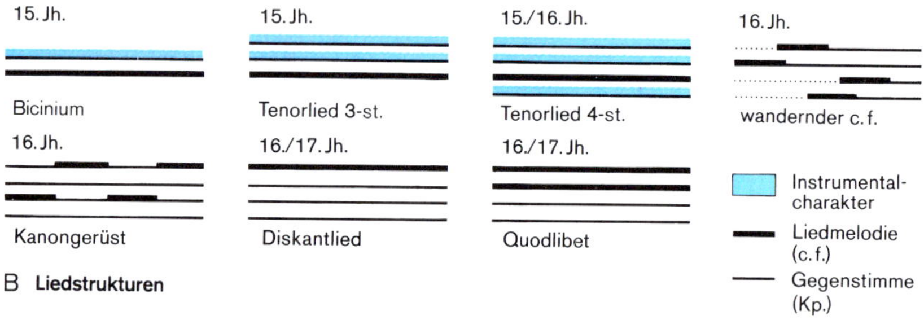

B **Liedstrukturen**

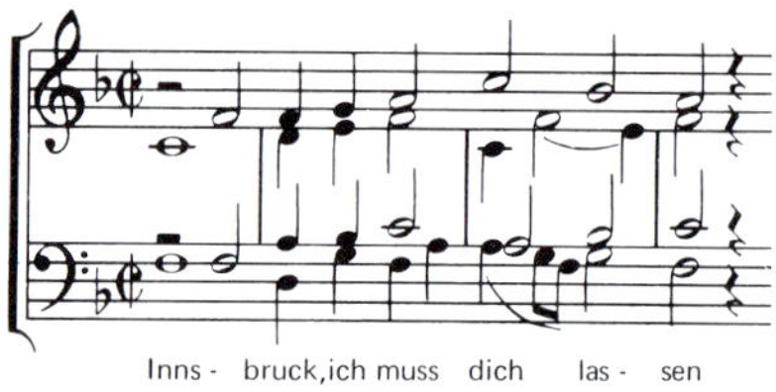

C **H. Isaak,**
altes Tenorlied und
modernes Diskantlied

D **L. Senfl, Doppellied** (1544)

E **H. L. Haßler, Liebeslied,** »Mein Gmüth ist mir verwirret« (1601)

Polyphones Lied, Liedstrukturen

Im deutschsprachigen Raum gab es neben dem 1-st. Meistersang das 1-st. einfache **Volkslied** und die kunstvolleren sog. **Hofweisen.** Frühe Slgn. sind:

- *Lochamer Liederbuch,* um 1460, Nürnberg, geschrieben für WOLFLEIN VON LOCHAM;
- *Schedelsches Liederbuch,* um 1460–67, Nürnberg, Leipzig, von HARTMANN SCHEDEL;
- *Rostocker Liederbuch,* um 1470–80;
- *Glogauer Liederbuch,* um 1480.

Die ersten dt. 2- bis 3-st. Liedsätze stammen vom MÜNCH VON SALZBURG und von OSWALD VON WOLKENSTEIN (Abb. A): Liedweise im Tenor, instr. Oberstimme (Fiedel?) begleitet.

Im 15. Jh. gibt es zahlreiche dt. Messen- und Liedsätze in den *Trienter Codices* (S. 233) und den obigen Liederhss. Das dt. Schaffen folgt franko-fläm. Vorbild. Typisch dt. ist das 4-st.

Tenorlied: urspr. ein Sololied mit Instrumentalbegleitung, entwickelt es sich zum ausgeglichenen A-cappella-Satz (bis um 1530). Die Liedmelodie liegt im Tenor, der Diskant ist schon früh bes. schön gestaltet (Diskant-Tenorgerüst).

Der bedeutendste Komponist dieser Zeit ist HEINRICH ISAAK (um 1450–1517), aus Flandern, um 1480 Organist in Florenz, 1484 bei Erzherzog SIGISMUND in Innsbruck, ab 1494 am Hofe MAXIMILIANS I. in Augsburg, ab 1514 in Florenz; Lieder und Messen, *Choralis Constantinus* (Motettenslg., Proprien des Kirchenjahres für das Domkapitel Konstanz, 1508, vollendet von SENFL, gedruckt 1550). – Abb. C zeigt ein frühes 3-st. Tenorlied. Sein berühmtes Lied *Innsbruck, ich muss dich lassen* hat ISAAK zweifach vertont, als Tenorlied und im damals modernen Diskantsatz (Liedmelodie im Diskant, homophone Faktur, Abb. C).

Weitere Komponisten dieser Epoche (entspr. der 3. ndl. Generation um JOSQUIN): ADAM VON FULDA (um 1445–1505), Torgau; HEINRICH FINCK (um 1445–1527); etwas jünger: PAUL HOFHAYMER (1459–1537), mit ISAAK zusammen in Innsbruck, Augsburg als Organist MAXIMILIANS I., Salzburg; THOMAS STOLTZER (um 1480–1526).

Frühe Liederdrucke bei: OEGLIN, Augsburg 1512; AICH, Köln 1512; SCHÖFFER, Mainz 1513.

Das Lied im 16. Jh. (Zeit Senfls)

Noch immer ist das **polyphone c.-f.-Lied** der traditionelle Haupttyp. Doch treten nach dem Vorbild der ndl. Motette Varianten bis zur regelrechten **Liedmotette** auf. Die Liedmelodie kann im Tenor liegen, sie kann auch auf alle Stimmen verteilt sein (*wandernder c.f.,* Abb. B) oder als *Kanongerüst* auftreten (Abb. B). Verbreitet ist der 4- bis 5-st. Satz mit führendem Diskant (Abb. B und C, E). Eine Besonderheit ist das **Doppellied** oder **Quodlibet** (Abb. B und D: homophoner Satz mit versch. Liedweisen im Tenor und im Sopran). Instr. können mitspielen oder Stimmen ersetzen.

Komponisten sind u. a.: LUDWIG SENFL (um 1486–1542) aus Zürich, Schüler ISAAKS, in Innsbruck, München usw., Messen, Motetten, über 300 Lieder (Abb. D); THOMAS SPORER (um 1485–1534); SIXT DIETRICH (um 1490–1548); LAURENZ LEMLIN († 1495), Heidelberg; etwas jünger: CASPAR OTHMAYR (1515–53); ferner LE MAISTRE, ST. ZIRLER, JOBST V. BRANDT und JOHANN WALTER (1496–1570), Torgau.

Lieddrucke bei OTT, Nürnberg 1534; EGENOLFF, Frankfurt 1535; FORSTER, Nürnberg, 1539–56.

An die Stelle des alten c.-f.-Liedes tritt im Laufe des 16. Jh. das in allen Stimmen neu erfundene mehrst. Lied, stark beeinflusst von **Villanella** und **Madrigal.** Die Lieder sind strophisch oder madrigalesk durchkomponiert, auch mit Tonmalerei, Chromatik und Tanzrhythmen.

Führende Komponisten sind: ANTONIO SCANDELLO (1517–80), Dresden; JAKOB REGNART (1540–99), Prag; ORLANDO DI LASSO (1532–94), München; JAKOB HANDL (1550–91); JOHANNES ECCARD (1553–1611) und HANS LEO HASSLER (1564–1612) aus Nürnberg, Organist der FUGGER in Augsburg, dann in Nürnberg usw., Schüler A. GABRIELIS in Venedig, u. a. *Neue teutsche Gesäng nach Art der welschen Madrigalien und Canzonetten 4–8 vocum,* Augsburg 1596, und *Lustgarten neuer teutscher Gesäng, Balletti, Gaillarden und Intraden,* Nürnberg 1601, darin das weltl. Liebeslied *Mein Gmüth ist mir verwirret* (Abb. E), das geistl. parodiert wurde zu *Herzlich tut mich verlangen* (KNOLLS Text von 1599), dann zu *O Haupt voll Blut und Wunden* (P. GERHARDT).

Das protestant. Kirchenlied. LUTHER beteiligte das Lied (»**Choral**«) am Gottesdienst: als 1-st. Gemeindelied oder als mehrst. Chorsatz der Kantorei, und zwar im

- **homophonen Satz** mit Choral in der Oberstimme (**Kantionalsatz**), z. B. bei OSIANDER (s. u.) oder HASSLER (*Kirchengesäng … simpliciter gesetzt,* 1608);
- **motettischen Satz** mit unterschiedl. c.-f.-Bearbeitung, z. B. die **Liedmotetten** von LASSO, LECHNER, ECCARD, PRAETORIUS oder HASSLER (*Psalmen und christl. Gesäng, mit 4 Stimmen auf die Melodeien fugweis komponiert,* 1607).

Frühe protestant. Gesangbücher mit ein- und mehrst. Liedern stammen von

- JOHANN WALTER, Wittenberg 1524 (32 Sätze);
- GEORG RHAU, Wittenberg 1544 (123 Sätze);
- LUCAS OSIANDER, *Fünfftzig geistl. Lieder und Psalmen,* 1586, im 4-st. Kantionalsatz, beeinflusst von den einfachen Hugenottenpsalmen von CL. GOUDIMEL (1565; dt. Übertragung von A. LOBWASSER, 1565).

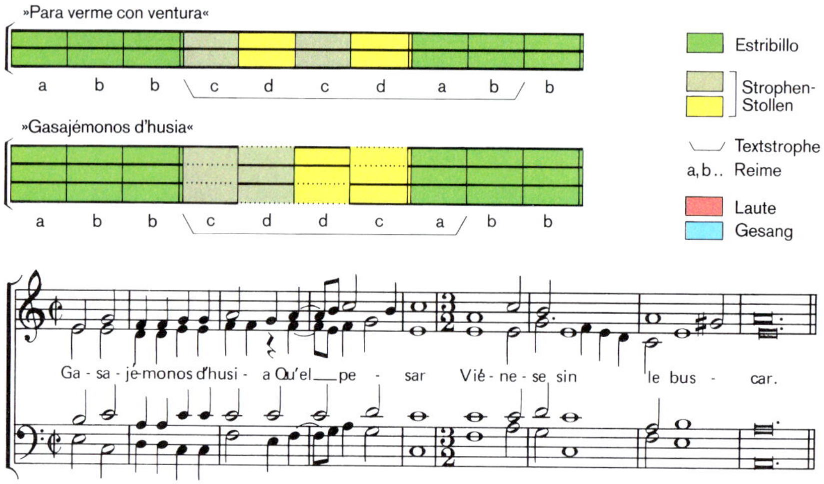

A **Juan del Encina ,** 2 spanische Villancicos, Aufbau und Estribillo-Beispiel

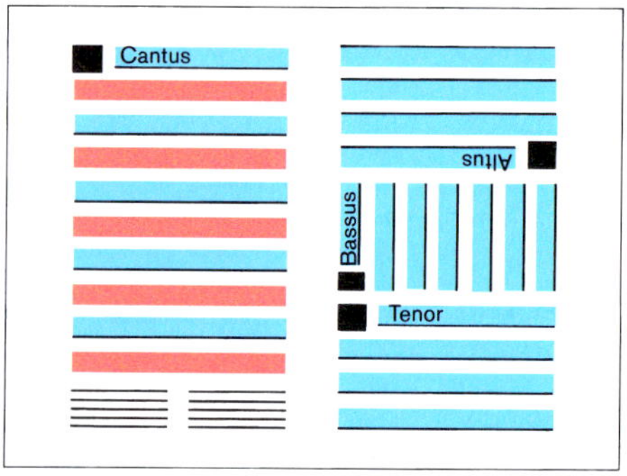

Stimmenanordnung im Druck von 1597 zum gemeinsamen Musizieren

B **J. Dowland,** »Come again« aus: The First Booke of Songes or Ayres (1597)

Spanien

Die mehrst. Musik wurde an den Kathedralen und in den Klöstern gepflegt. Der Einfluss Frankreichs, insbes. der Ars antiqua, macht sich hier lange bemerkbar. Daneben bestehen die königl. Hofkapellen, die im 15./16. Jh. eine zunehmende Bedeutung in der Musikpflege erhalten, so unter ISABELLA I. VON KASTILIEN († 1504), KARL V. (1516/19–56) und PHILIPP II. (1556–98). Neben die span. Tradition mit antikisierender Einfachheit in Satz und Form tritt durch die Beziehungen zu den Niederlanden im 16. Jh. eine starke franko-flämische Musikrichtung, allerdings ohne deren extreme Kp.-Technik.

Die führenden Komponisten sind PEDRO ESCOBAR († 1514), JUAN DE ANCHIETA († 1523), JUAN DEL ENCINA († 1529);

CRISTÓBAL DE MORALES (um 1500–1553), der 1535–45 in der päpstl. Kapelle in Rom, später in Toledo, Sevilla und Malaga wirkte; Werke: über 20 Messen und über 80 Motetten in präpalestrinens. Stil;

FRANCISCO GUERRERO (1527–99), MORALES-Schüler in Sevilla;

TOMÁS LUIS DE VICTORIA (1548–1611), Schüler und Amtsnachfolger PALESTRINAS in Rom, erst ab 1587 in Madrid tätig; Messen und Motetten ganz im PALESTRINA-Stil;

JUAN PABLO PUJOL (1573–1626) wirkte, einer späteren Generation angehörend, in Katalonien, bes. in Barcelona.

Die weltl. mehrst. Vokalmusik

ist mit einer eigenen Tradition vertreten, die stilistisch etwa den Villanellen und Frottolen Italiens entspricht: **Villancicos, Estrambotes, Romances,** in Spätnachfolge der Troubadourlyrik, mehrst., ab der 2. Hälfte des 15. Jh., gesammelt in Liederhss. (z. B. *Cancionero musical del Palacio,* Ende 15. Jh., mit 400 Sätzen, davon 66 von JUAN DEL ENCINA).

Der Villancico (span. *villano,* Bauer) behandelt volkstüml. Themen in stilisierter Sprache.

Der **Villancico** hat eine eigentüml. kombinierte Refrainform (mit vielen Varianten): einem 4-zeiligen **Refrainteil** (*estribillo;* Abb. A: 3 Zeilen a b b) folgt eine Strophe (*copla*) mit 2 oder mehr **Stollen** (*mudanza*) auf neue Melodien (Abb. A: c d c d oder c d d c) und ein **Abgesang** (*vuelta*; Abb. A: a b b). Die Vuelta übernimmt refrainartig die Estribillomelodie, mündet textl. aber erst in der letzten oder vorletzten Zeile in den Estribillo. – Die Strophe als Mittelteil hat oft kontrastreiche Klangwechsel durch unterschiedl. Stimmkombination (Abb. A: Biciniumbildungen: c d d c). Das Nb. A zeigt den typischen homophonen Satz des Villancico mit klaren Kadenzen, liedhafter Melodik und tänzerischem Taktwechsel.

Der Villancico erscheint häufig auch mit **geistl. Text,** entspricht damit etwa der ital. Lauda, später dem geistl. Madrigal.

England

Im 15./16. Jh. führt zunächst die geistl. Musik, die an den Kathedralen und vorbildlich in der **Chapel Royal,** der Londoner Hofkapelle, gepflegt wurde. In England ist der *breite Chorklang* (bis 60 Sänger) ohne die hintergründige, rationalistische Konstruktion der Franko-Flamen.

Das 16. Jh. bringt einen neuen Aufschwung durch Festlandeinfluss und Reformation. CHR. TYE († 1573) und TH. TALLIS († 1585), später W. BYRD (1543–1623) unter HEINRICH VIII. (1509–47) komponieren neben den üblichen lat. Messen, Magnificats usw. engl. Texte für den anglikan. Gottesdienst, wobei **Anthems** (Motetten) und **Canticals** (Lieder) bes. beliebt sind.

In der zweiten Hälfte des 16. Jh. nimmt die weltl. Musik zu und führt schließlich zur großen Blütezeit der engl. Musik von etwa **1590 bis 1620** im Zeitalter ELISABETHS I. (1558 bis 1603) und SHAKESPEARES (1564–1616). Die Gattungen waren nach ital. Vorbild **Madrigale, Kanzonetten, Balletti** usw., die engl. **Songs** und **Ayres** und **Virginalmusik** (S. 262 f.). Die 1. Slg. ital. Madrigale mit engl. Übersetzung gab NIC. YONG 1588 als *Musica Transalpina* heraus (MARENZIO, GASTOLDI usw.), **engl. Madrigale** veröffentlichte erst TH. MORLEY 1594. Das engl. Madrigal ist weniger künstlich als das ital.: einfacher im Text, schlichter in der Harmonik, liedhafter in der Melodieführung.

Eine typisch engl. Gattung wird das Sololied mit Lautenbegleitung, auf dem Festland in den span. Lautenliedern DON LUIS MILÁNS (1535) und den frz. *Airs de cour mis sur le luth* (Paris 1571 bei LE ROY) vorgeprägt.

Die bekannteste Slg. ist *Songes or Ayres* von J. DOWLAND (1597). Sie haben außer der Lautenbegleitung zur Oberstimme noch zusätzlich 3 tiefere Vokalstimmen (Alt, Tenor, Bass) zum beliebigen Mitsingen, wenn mehr als ein Sänger anwesend ist. Die Stimmen sind im Druck so angeordnet, dass sie auf dem Tisch liegend von allen Seiten her eingesehen werden können (Abb. B). Das Nb. in Abb B zeigt das Verhältnis des Vokalsatzes zur Lautenbegleitung, die sich umgekehrt oft als Arrangement des Vokalsatzes erweist.

Die Ayres gehören in ihrer textgezeugten schlichten Melodik und ihrem natürl. rhythmischen Fluss zum Schönsten in der engl. Musik. Die Hauptkomponisten sind:

- WILLIAM BYRD (1542–1623), gleich berühmt als Komponist geistl., weltl. und instrumentaler Musik;
- THOMAS MORLEY (1557–1603), Schüler BYRDS, vor allem Madrigalkomponist;
- JOHN DOWLAND (1562–1625), bes. Lieder;
- THOMAS WEELKES (1570/80–1623); THOMAS TOMKINS (1573–1656); JOHN WILBY (1574–1638); ORLANDO GIBBONS (1583 bis 1625).

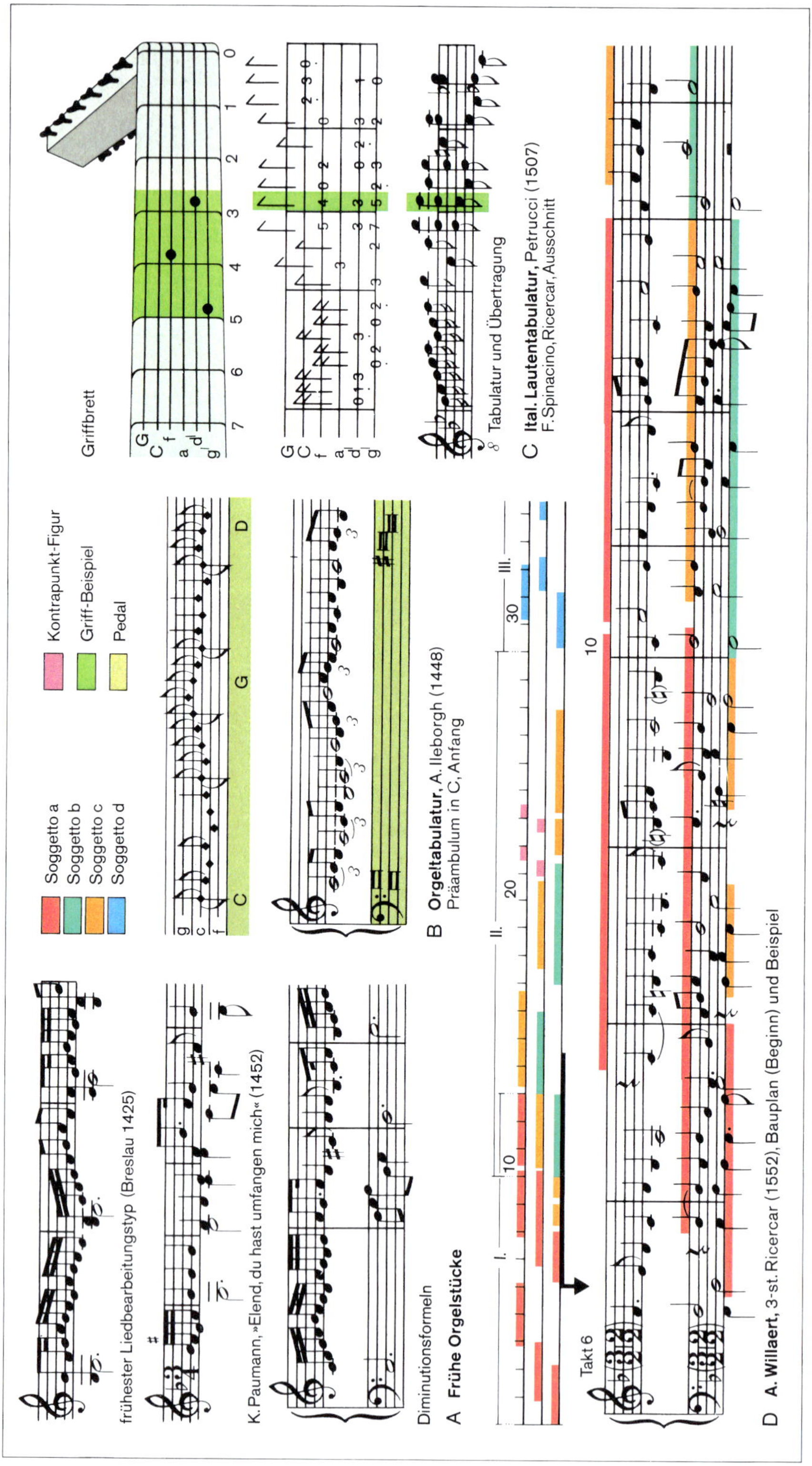

c.-f.-Bearbeitung, Tabulaturen, Ricercare

Die Instrumentalmusik wurde bis in den Barock hinein weitgehend improvisiert. Nicht selbstständig diente sie als Begleitung zu Tanz und Gesang, als Untermalung und Unterhaltung.
Eine eigenständige Instrumentalmusik entwickelte sich erst im 16. Jh. durch Übertragung der Vokalgattungen bzw. deren Kompositionsweise auf die Instrumente mit einer spezifisch instrumentalen Konzeption. So kommt es zu den ersten *Ricercaren, Tokkaten, Kanzonen, Sonaten* usw.

Orgel und **Klavier**
haben als Tasteninstrumente noch bis ins 18. Jh. hinein weitgehend das gleiche Repertoire (*Klaviermusik*).
Im 15. Jh. setzt in Deutschland eine spezifische Orgeltradition ein mit Tabulaturen und Lehrbüchern (*Fundamenta*). Sie enthalten Anweisungen und Beispiele für

1. **Absetzen:** Vokalwerke mussten aus den Stimmbüchern in ein übersichtl. System, die *Tabulatur*, umgeschrieben und spieltechnisch arrangiert werden;
2. **Bearbeitung eines c. f.:** geistl. Choräle und weltl. Lieder wurden verziert vorgetragen. Die Verzierungs- oder Diminutionsformeln ließen sich für alle Intervalle lernen (Abb. A, 3: aufsteigende Quarten, hier als punktierte Halbe zusätzlich eingezeichnet: c–f, d–g usw., nach Paumann, 1452). Typisch sind Läufe, Umspielungen, Triller usw. Nach dieser Verzierungs- oder *Kolorierungspraxis* (lat. *color*, Farbe) heißen die dt. Orgelspieler des 15./16. Jh. auch Koloristen.
   Choral und Lied konnten auch mehrst. bearbeitet werden. Sie liegen als c. f. in langen Notenwerten im Tenor. Darüber spielt die rechte Hand eine formelhaft figurierte Oberstimme, z. T. mit Doppelgriffen (Abb. A, 1: *Breslauer Fragment*, 1425, Ausschnitt). Der Stimmenunterschied mildert sich später: statt starr gedehnt, bleibt der c. f. liedhaft, wozu die Oberstimme eine Gegenmelodie ausprägt (Abb. A, 2, Beginn);
3. **Präludieren:** in freier Form, meist mit Laufwerk über Orgelpunkten (Abb. B);
4. **Tanzimprovisation:** vorzugsweise für Klavier (S. 262 f.).

Orgeltabulaturen sind praktische Tabellierungen der Stimmen mit Notensystem und Buchstaben oder Ziffern. Sie sind in den Ländern verschieden:

- **ältere dt. Orgeltabulatur** (15./16. Jh.): oben 6–8 geschlüsselte Linien mit Mensuralnoten, unten Buchstaben (Abb. B: die Buchstaben C und G stehen weit auseinander wie die Füße auf dem Pedal [?], erklingen aber zusammen; Übertragung nach Apel);
- **neuere dt. Orgeltabulatur** (16.–18. Jh.): alle Stimmen in Buchstaben;
- **andere Orgeltabulaturen: span.:** Noten und Ziffern; **ital.:** oben 6–8, unten 5–6 Linien; **engl.:** je 6 Linien; **frz.:** je 5 Linien (so ab ca. 1700 in ganz Europa bis heute).

Bedeutende Organisten und Orgeldokumente sind in Deutschland:

- Adam Ileborgh aus Stendal, *Orgeltabulatur*, 1448 (Abb. B);
- Konrad Paumann (um 1400–1473, blinder Organist aus Nürnberg), *Fundamentum organisandi*, 1452 (Abb. A, 2, 3), überliefert im *Lochamer Liederbuch;*
- *Buxheimer Orgelbuch*, um 1470, mit über 250 Intavolierungen (Dunstable, Dufay), Bearbeitungen, Präludien usw.
- Arnolt Schlick aus Heidelberg, *Spiegel der Orgelmacher und Organisten*, 1511;
- Paul Hofhaymer in Innsbruck, München usw. (s. S. 257), Virdung in Basel, Kleber in Göppingen, Kotter in Freiburg/ Schw., Buchner in Konstanz.

Im 16. Jh. übernimmt **Italien** mit den Organisten an S. Marco in Venedig die Führung, bes. mit A. Padovano, A. Willaert, Cl. Merulo († 1604), A. und G. Gabrieli. Sie kultivierten folgende Formen:

- **Tokkata** (ital. *toccare*, berühren, nämlich die Taste), freie Form aus Laufwerk, Figuration, Akkorden; ab Merulo versetzt mit imitatorischen Partien (s. S. 140);
- **Präludium, Präambulum** usw., freie Formen mit Laufwerk usw.;
- **Ricercar,** zunächst frei, dann polyphoner Satz nach dem Prinzip der Motette: abschnittsweise Durchimitation mit je einem neuen »Thema« (*soggetto*, Abb. D). Das Ricercar ist der Vorläufer der Fuge;
- **Fantasie,** ricercarartig, imitatorisch;
- **Canzona,** intavoliertes Chanson, dessen Bearbeitung oder Nachbildung.

Im Wechsel mit der Gemeinde oder der Schola spielte die Orgel auch den Choral in spezifischer Bearbeitung (**Orgelmesse**).

Die Laute
ist im 16. Jh. das führende Hausinstrument. Man spielte alles auf ihr: Begleitung zu Solo- und Ensemblegesang, intavolierte Vokalwerke, Präludien, Tokkaten, Variationen usw.
Die **Lautentabulatur** ist eine Griffschrift: die Linien sind Abbild der 6 Saiten, wobei die tiefste der Griffbretthaltung entsprechend oben liegt (Abb. C). Die Ziffern zwischen den Taktstrichen geben den Bund an, der gegriffen werden muss, die Notenhälse die Tonlänge, ohne dabei im Akkord differenzieren zu können (Nb. in Abb. C: die Stimmführung muss interpretiert werden). Auch die Lautentabulaturen sind in den einzelnen Ländern sehr verschieden.
Berühmte Lautenisten waren in Italien Francesco da Milano (*Intavolatura di Liuto di Ricercare, Madrigali e Canzoni francesi*, 1536 ff.), in Deutschland H. Gerle († 1570, Nürnberg), H. Newsiedler († 1563, ebda).

A **Tanz mit Nachtanz (Paarbildung),** Druck Paris 1530, Attaignant

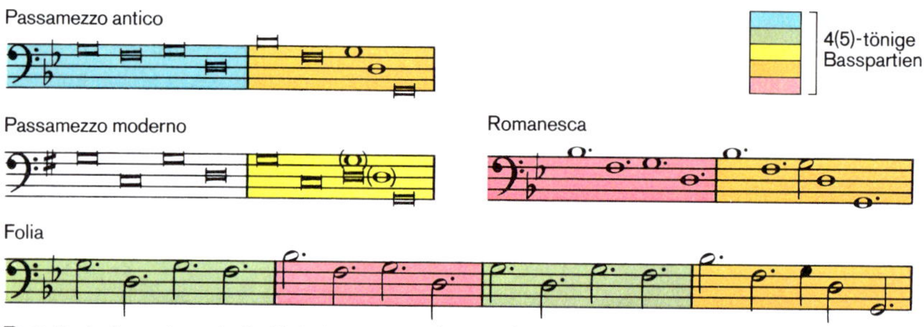

B **Italienische und spanische Variationsmodelle (Ostinato)**

C **Spanische Lautenmusik,** L. Narváez, 22 Diferencias (1538)

D **Englische Virginalmusik,** J. Bull, aus den Walsingham-Variationen

Tanz, Ostinato-Variation, Virginalmusik

Tänze und Variationen. Im 16. Jh. gibt es zahlreiche Drucke von Tänzen. Sehr bekannt sind die von PIERRE ATTAIGNANT von 1528–50, als **Tabulaturen** für Tasteninstrumente und Laute (mit intavolierten Vokalstücken, Präludien usw.).

Bei den Tänzen lässt sich schon früh die **Paarbildung** feststellen (Abb. A). Das gleiche Material erscheint in der ruhigen Pavane im 4/4-Takt und der raschen Galliarde im 3/4-Takt (vgl. S. 150 f.).

Grundlage für die vielen Tanzimprovisationen bilden die **Tanzbässe.** Bereits aus dem 13./14. Jh. überliefert dringen sie im 16. Jh. auch in die Kunstmusik ein, in den sog. **Ostinato-Variationen** (ital. *ostinato,* hartnäckig: Bass bzw. Harmoniefolge kehren *hartnäckig* wieder). Die bekanntesten Bassmodelle (auch *Aria* genannt, vgl. S. 110 f.) tragen Namen nach Tänzen wie dem *Passamezzo,* nach Landschaften und Orten usw. (Abb. B). Schritt und Gegenschritt des Tanzes begründen die Gradzahligkeit ihrer Töne wie die Symmetrie ihrer Gesamtanlage.

Die erste Vierergruppe führt mit 2 + 2 Tönen zum Halbschluss auf der Dominante, die zweite als Gegenfigur zum Ganzschluss auf der Tonika zurück (Abb. B). Aus jedem Ton wird normalerweise ein Takt gestaltet. Die Bässe sind durch gleiche Viertaktgruppen z. T. verwandt (Farben in Abb. B).

Noch die Chaconne- und Passacagliabässe HÄNDELS und BACHS (z. B. *Goldbergvariationen*) stehen in dieser Ostinatobasstradition. Die Bässe bilden im 15./16. Jh. auch die Basis für die Improvisation gesungener Liedstrophen (*Strophenbass;* vgl. S. 110 f.).

Orgel- und Lautenmusik in Spanien

Der berühmteste span. Organist des 16. Jh. ist ANTONIO DE CABEZÓN (1510–1566), Hoforganist KARLS V. und PHILIPPS II., mit dem er 1554–56 London besuchte (Einfluss auf die engl. Virginalisten).

Die Spanier pflegten zwei bes. Gattungen:

- **Tiento** (von *tañer,* berühren, also ähnl. der ital. Tokkata), ein meist 4-st. Orgelstück mit abschnittsweiser Imitation wie das Ricercar. Das Tiento wird wegen seiner imitatorischen Machart auch *fuga* genannt (CABEZÓN).
- **Diferencias** sind Variationen in Zyklen, über Liedmelodien und Ostinatobässe, wobei auch die in ganz Europa bekannten ital. Bässe verwendet werden (Abb. B). – Diferencias gibt es auch für Laute, z. B. der frühe Zyklus von L. NARVÁEZ von 1538. Hier erklingen über einem 6-taktigen Ostinato (Abb. C, 1, vollst.) 22 Variationen mit Akkordik, Laufwerk (2, 15, jeweils 2 Takte) und einfallsreicher Figuration (10, 22). Der Bass und seine Harmonik bleiben konstant.

Theoretiker der span. Orgelmusik sind JUAN BERMUDO (1549) und TOMÁS DE SANTA MARÍA (*Arte de tañer fantasía,* 1565). TOMÁS empfiehlt den Instrumentalisten bezeichnenderweise, durch *Nachahmung der Vokalwerke* polyphone Stimmführung und fehlerfreien Kontrapunkt zu lernen. Erst nach dieser strengen Schulung folgt die freie Improvisation.

Virginalmusik in England

In England schaffen die sog. *Virginalisten* Ende des 16., Anfang des 17. Jh. eine für die MG. Englands außergewöhnliche Epoche der Klaviermusik. Das Hauptinstrument ist neben der Orgel das **Virginal,** das in England sehr beliebte Spinett (s. S. 36).

Vorbereitet ist diese Epoche in der engl. Orgeltradition. Ihre überwiegend liturg. Stücke (Choralbearbeitungen) sind bes. im *Mulliner Book* um 1550 überliefert. Die Engländer greifen in der 2. Jahrhunderthälfte ital. und span. Anregungen auf, z. B. die Variationstechnik CABEZÓNS (s. o.).

Die **Hauptquelle** der Virginalmusik ist das *Fitzwilliam Virginal Book* im Fitzwilliam-Museum zu Cambridge, eine Prachths. aus dem Anfang des 17. Jh. mit fast 250 Stücken aus der Zeit von 1570–1625. – Der früheste Druck ist die *Parthenia or the Maidenhead* von 1611.

Das Repertoire der Virginalisten umfasst

- **Intavolierung** von Vokalwerken wie Madrigale, Chansons usw.;
- **Präludien** in freier Form;
- **Fantasien,** stark imitatorisch;
- **Tänze:** Pavanen, Galliarden, Allemanden, Couranten usw. Sie bestehen aus einer Folge kleinerer Abschnitte, die jeweils wiederholt und dabei ausgeziert und variiert werden (Estampieprinzip, s. S. 192);
- **Stücke mit programmatischen Titeln** wie *The Bells* (die Glocken) von W. BYRD;
- **Variationen** über **Ostinatobässen,** sog. *Grounds;*
- **Variationen** über bekannte **Lieder** wie die Walsingham-Melodie, die u. a. von BULL variiert als 1. Stück im *Fitzwilliam Virginal Book* überliefert ist:
  Das 8-taktige Thema erklingt zunächst als schlichte Melodie (Abb. D, 1, Beginn), dann folgen 20 Variationen. Das Thema wird umspielt, aufgelöst in Akkorde (7), Figuren (27), Arpeggien (12), Laufwerk (22), Repetitionen usw. Es erklingt auch als c. f. in polyphonen Variationen, z. B. mit einer 2. Stimme in Achteln und einer 3. in Sechzehnteln als figurative Begleitung, sodass eine lebendige Mensurschichtung entsteht (17). Die Walsinghamvariationen geben ein Bild von dem virtuos-geistreichen Klavierstil der Virginalisten.

Die bedeutendsten Komponisten sind JOHN BULL, WILLIAM BYRD, GILES und RICHARD FARNABY, ORLANDO GIBBONS, THOMAS MORLEY, JOHN MUNDAY und PETER PHILIPS, allesamt auch als Organisten und Vokalkomponisten bekannt.

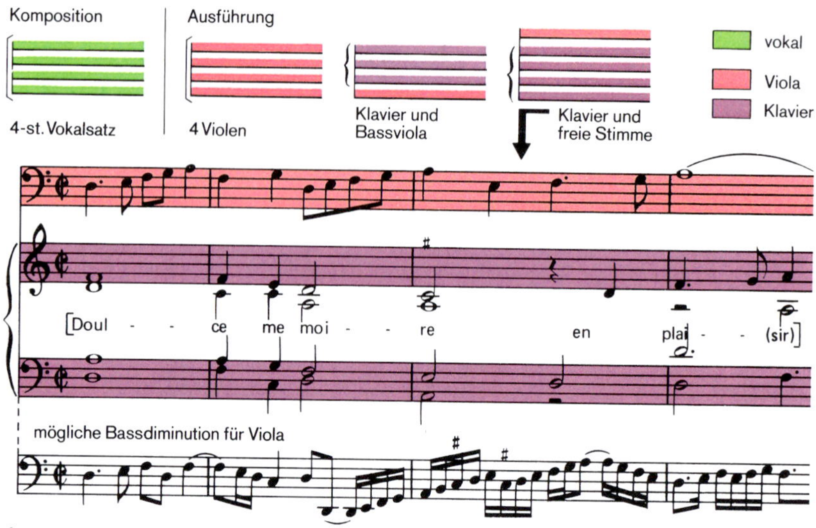

A **Ausführungsarten eines Vokalsatzes durch Violen und Klavier,** nach D. Ortiz (1553)

B **W. Byrd, Fantasie für Violenquartett,** Schluss

C **G. Gabrieli, »Sonata pian e forte«,** doppelchörig, Venedig 1597

Aufführungspraxis, Violenquartett, frühe Sonate

Instrumentalmusik für Ensemble wurde erst gegen Ende des 16. Jh. konzipiert, doch waren die Instrumente vorher an der Ausführung der Vokalmusik beteiligt. Die Titel der entsprechenden Drucke von Frottolen, Villanellen, Madrigalen usw. vermerken daher meist: *»per cantare e sonare«,* also »zum Singen und Spielen«. Die Beteiligung der Instrumente war unterschiedlich:

- Instrumente spielten die Stimmen mit, die auch gesungen wurden (*colla parte*).
- Instrumente spielten eigens für sie gedachte Begleitstimmen, z. B. den Contratenor im Diskantlied.
- Instrumente spielten ersatzweise Vokalstimmen.
- Eine Vokalkomposition wurde vollst. von Instrumenten ausgeführt (Abb. A).

Die Instrumentalmusik übernahm dabei von der Vokalmusik gesangliche Linien, melodiöses Spiel, atemgerechte Phrasierung und eine sprechende Art zu spielen. Die Vokalgattungen wurden Vorbild:

- die **Motette** für das **Ricercar;**
- die **frz. Chanson** für die **Canzon da sonar, Canzon (alla) francese.** Übertragung von Originalen führt zu Neukomposition im gleichen Stil. Typisch für die Kanzone ist das Kopfmotiv mit Tonwiederholung (s. S. 254), der lebhafte Rhythmus und der Wechsel homophoner und imitatorischer Partien.

Eigenständigkeit in der instrumentalen Konzeption entwickeln die instrumentalen Einleitungen zu Vokalwerken und Tänzen: **Intraden** (stets zweiteilig pavanenartig langsam und gagliardenartig schnell), **Ritornelle** (oft mit wiederkehrendem Grundbass, auch als Zwischen- und Nachspiele verwendet), **Sinfonien** usw.

Eine Besonderheit ist die Ausführung von Vokalsätzen durch ein *Soloinstrument mit Klavierbegleitung.* Der Spanier DIEGO ORTIZ gab eine Anleitung dazu in seinem Lehrbuch für Viola (*Tratado de glosas,* Rom 1553). Er lehrt nicht nur das Violaspiel, sondern auch das stilgerechte Musizieren und Improvisieren, wozu er den Schüler in die Kompositions- und Musiklehre der Zeit einführt. ORTIZ zeigt speziell für die Bassviola das Variieren über Ostinatobässen, dann das Diminuieren (Verzieren) beim Spiel einer Chanson oder eines Madrigals:

1. Das Klavier übernimmt dabei den Vokalsatz als Begleitung, während die Bassviola die Bassstimme solistisch bereichert (vgl. Abb. A, Bassstimme des Klavierparts und unteres System).
2. Weiter vom Original entfernt man sich, wenn die Bassviola eine freie Stimme dazu improvisiert (vgl. Abb. A, oberes System). Dies zeigt, wie weit die Instrumentalmusik von Niederschrift und Komposition entfernt und zugleich, wie kunstreich in Erfindung und Ausführung sie war. Das *Allamente*-Spiel (*aus dem Kopf*) verlangte Stegreiferfindung nach Modellen und einen über die Interpretation hinaus schöpferischen Akt.

Die Aufführungsweise mehrst. Vokalsätze durch ein Soloinstrument mit Klavierbegleitung führte zum Solospiel mit Gb. im Barockzeitalter.

Eine spezifisch **instrumentale Ensemblemusik** entwickelt sich in der *Venezianischen Schule.* Die Instrumente erklingen in den Vokalchören oder als reine Instrumentalchöre im Wechsel mit den andern, so wie die Orgel mit Gesang abwechseln konnte. Schließlich komponierte man eigene Instrumentalwerke. Deren Titel wie *Symphonia, Sonata* sind gattungs- und formgeschichtl. noch recht unspezifisch.

Früheste Ensembledrucke erscheinen abgesehen von den Arrangements ATTAIGNANTS erst Ende des 16. Jh.: 1584 die *Canzoni a sonare* von F. MASCHERA, postum 1615 die *Canzoni e sonate* von A. und G. GABRIELI (2- bis 22-st.), 1597 die *Sacrae symphoniae* von G. GABRIELI, mit Besetzungsangaben.

In der letzten Sammlung steht die *Sonata pian e forte* in doppelchöriger Anlage mit Hoch- und Tiefchor und zahlreichen Echowirkungen. Die Sonate ist 3-teilig mit *Exposition* der Chöre, gegliederter *Mitte* mit prachtvollen akkordischen Partien und einem kp. dichten, imitatorischen *Schluss.* Das Schema Abb. C zeigt den farbigen p/f-Wechsel, das Nb. die blockhaft gegeneinander gesetzten, weitschweifenden Klänge (A-Dur, d-Moll, G-Dur, C-Dur mit Kadenz nach F-Dur bzw. B-Dur, dann Es-Dur). Hier verwirklicht sich ein neues, barockes Musiziergefühl im mehrchörigen Wechsel des *Konzertierens.*

In England

entstehen im 16. Jh. zahlreiche Fantasien und In-nomine-Kompositionen (motettenartige Instrumentalwerke mit dem c. f. »In nomine« nach J. TAVENERS 4-st. *Benedictus* von 1528). Aufgeführt wurden diese und reine Vokalwerke von den instrumentalen *Consorts* des 16./17. Jh.: Ensembles aus familiengleichen (*Whole C.*) und -ungleichen Instrumenten (*Broken C.,* z. B. Bläser, Streicher, evtl. auch Singstimme).

Schönstes Beispiel für ein *Whole Consort* (auch die Musikstücke hießen so) sind die Fantasien für Violenquartett. Eine solche *Fancy* ist motettenartig gebaut, gegliedert in (kontrastierende) Abschnitte mit je eigenen Themen, die in allen Stimmen imitiert werden. Schon früh wird hier ein gleichberechtigtes Spiel der Instrumente praktiziert wie später im Streichquartett der Klassik. Abb. B zeigt die Schlusstakte einer Fancy von BYRD.

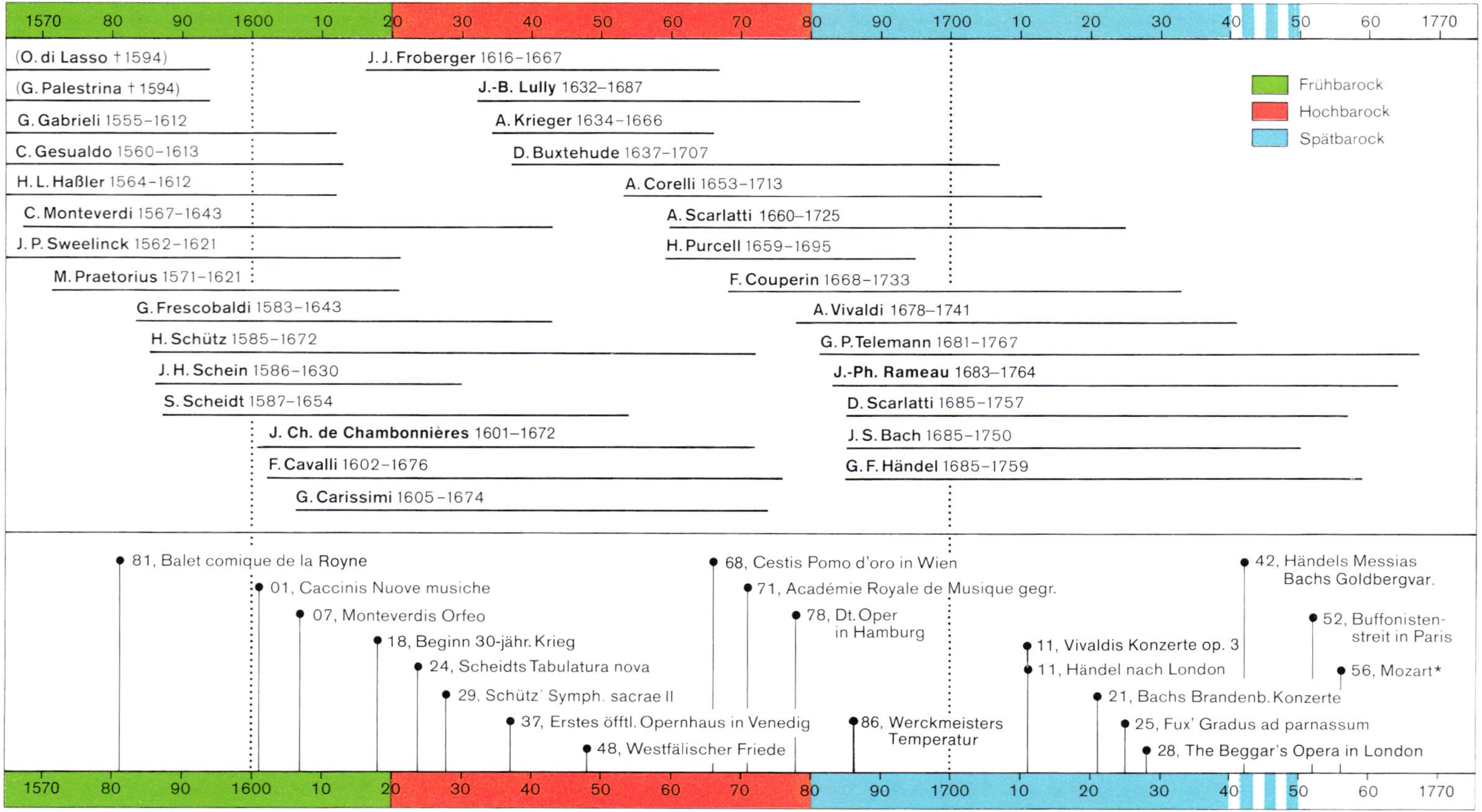

Komponisten, wichtige Ereignisse

Die Zeit von etwa 1600 bis 1750 bildet in der Musikgeschichte eine zusammenhängende Stilepoche, das **Barock** (in Übernahme des kunsthistor. Begriffs), das *Generalbasszeitalter* (RIEMANN) oder das *Zeitalter des konzertierenden Stils* (HANDSCHIN). Barock (portugies. *schief-runde* Perle) bezeichnet nach 1750 abwertend das Schwülstige, Überladene der alten Kunst. Die Musik des Barock galt entsprechend als harmonisch verworren, dissonanzenreich, melodisch schwierig, unnatürlich, holprig, kurz: *barock* (ROUSSEAU, 1767; KOCH, 1802). Eine Aufwertung des Barock brachte erst das 19. Jh.
Der Stilwandel um 1600 wird in der Zeit stark empfunden, wobei man die alte Polyphonie weiterpflegt und so erstmals 2 Stile hat *(stile antico, stile moderno)*. Auch beginnt die barocke Hauptgattung Oper um 1600. Der Wandel um 1750 (BACHS Tod) ist weniger klar. Die neuen Tendenzen des Einfachen, Empfindsamen, Natürlichen kommen um 1730 auf und führen um 1780 bereits zum Höhepunkt der Klassik.

Weltanschauung
Lebensgefühl und Sinngebung einer Epoche spiegeln sich in allen ihren Erscheinungen. Der Mensch erlebt sich im Barock nicht mehr nur als Ebenbild Gottes, als Maß und Schönheitsideal wie in der Renaissance, sondern als Fühlender in seinen Leidenschaften (Affekt, Pathos) und Phantasien. Das Barock betreibt Aufwand und Glanz, liebt Fülle und Extreme und erweitert die Grenzen der Realität durch einen phantast. Illusionismus. War die Renaissance in ihrer am antiken Maß orientierten Klarheit apollinisch, so wirkt das Barock in seinem Gefühlsimpuls dionysisch, ehe die Klassik eine Synthese erreicht.
Das Weltbild des Barock ist harmonisch und rational geordnet. Das spiegelt sich auch in der Musik: in der spekulativen Zahlensymbolik, in Harmonie und Rhythmus des Gb., im umfassenden Gottesbezug (vgl. BACH-Zitat S. 101). Die Glaubensspaltung, die Machtkämpfe der Fürsten, der 30-jährige Krieg zerstören zwar die Ordnung, verstärken aber die Sehnsucht nach ihr. Auch die Leidenschaften des Menschen (HOBBES: der Mensch als Wolf) lassen sich nur durch rationale Ordnung steuern. Das führt in Leben und Kunst zu hohen Stilisierungen.
Das neue Selbstbewusstsein bestimmt auch das Verhältnis zur Natur: nicht Tradition und Glaube, sondern Empirie und Kritik, inspiriert von der Überzeugung von einem harmon. Ganzen, führen zum neuen Weltbild: KOPERNIKUS, GALILEI, KEPLER beweisen, dass die Erde nicht mehr im Mittelpunkt des Alls steht, DESCARTES, PASCAL, SPINOZA lehren eine menschlich erfahrene und denkerisch geprägte Ethik und Moral. Wiss. und künstler. Akademien werden gegründet, um das handwerkl. und künstler. Niveau zu heben.
Die Mathematik dominiert, denn die Zahlenordnung bestimmt das Weltganze wie alle Erscheinungen. Die Sphärenharmonie ist Musik, und alle Musik symbolisiert zugleich die All-Ordnung.

Schaffensprozess
Der Künstler ahmt die Natur nicht mehr nach wie in der Renaissance, sondern er schafft *wie* diese als schöpfer. Genius, mit Gefühl und Ratio. Das wendet sich scheinbar oft gegen die Natur: Der Architekt baut Schlösser und Gärten nach geometrisch-mathemat. Entwürfen in Sümpfe und Unwirtlichkeit, der Dichter schafft rhetorisch geschliffene und gelehrte Werke, der Musiker ist ein *musicus poeticus* (S. 271). Jede vom Menschen geschaffene Form bedeutet Abgrenzung gegen die Natur. So erscheinen auch viele Lebensformen des Barock künstlich und unnatürlich: von der floskelhaften Anrede bis zur Perücke, vom Hofzeremoniell bis zum Kastraten. Die Welt ist ein Theater mit Darstellern, Zeremonienmeister und Musik.
Durch den krit. Ansatz zur Moderne im religiösen, philosoph. und wiss. Bereich ist aber das innere metaphys. Selbstverständnis gebrochen. Die metaphys. Orientierung hatte im MA. noch alle Lebensbereiche gestaltet, sichtbar an den zum Himmel weisenden Kathedralen, hörbar in der Zentralstellung des c.f. Im Barock erfährt die gleiche Haltung eine Diesseitsorientierung, sichtbar in den prächtigen Schlössern und Kirchen, hörbar im Individualismus des konzertierenden Stils. In England entsteht bereits der neue Liberalismus, der u.a. zur Frz. Revolution und zur modernen Bürger-Republik führen wird. Der Absolutismus des Ancien Régime wirkt wie eine letzte Steigerung der alten Seinsweise. In diesem Sinne erscheint auch BACHS Spätwerk als letzte Stilisierung einer ungebrochenen musikal. Tradition seit dem MA.

Politisch-soziale Wirklichkeit
Der barocke Staat ist noch eine Ständegesellschaft: König und Adel, Klerus, Bürger und Bauern (als 1., 2. und 3. Stand). Aber diese Ordnung *von Gottes Gnaden* lässt sich nur noch mit Macht aufrechterhalten. Ludwig XIV. begreift sich als Herrscher-Sonne und Staat *(L'État c'est moi)*, gestützt auf Adel, Klerus und Heer. In den Städten gibt es die besitzende und gebildete Bürgerschicht. Das Landvolk verarmt mehr und mehr. ⅘ der Bevölkerung Europas sind Analphabeten.
Die mündlich überlieferte **Volksmusik** (Lieder, Tänze) ist größtenteils verloren (Instrumente s. S. 271). Für die Geschichte der Musik ist aber die erhaltene Musikkultur der Oberschicht entscheidender.
Hauptinstitutionen für die Musik sind Hof, Kirche (Kantoreien), Stadt (Ratsmusik), Schulen (Kurrenden), bürgerl. Kammermusik und die Oper.

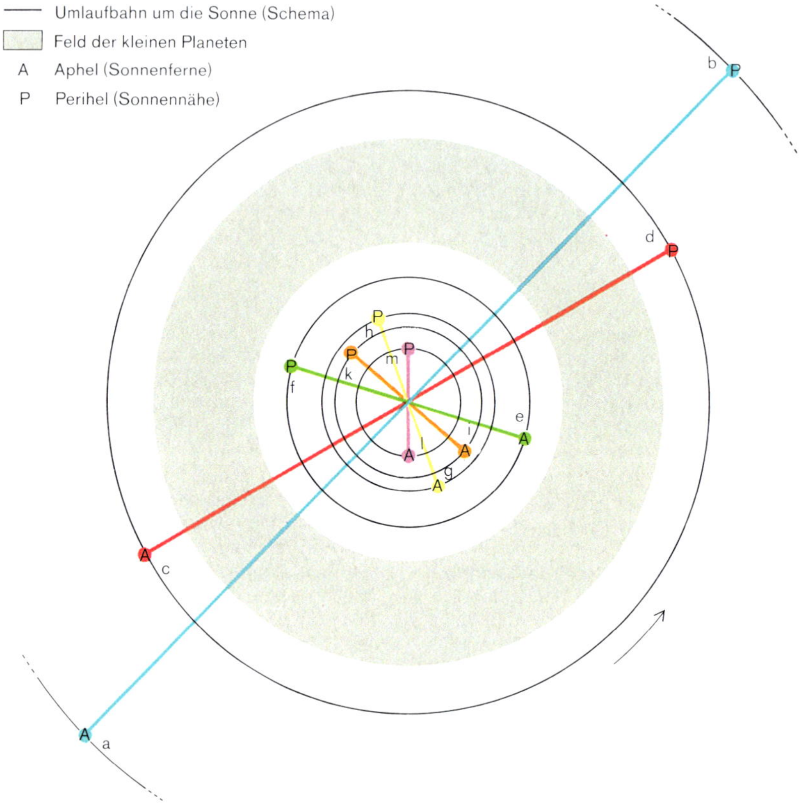

Harmonien zwischen je zwei Planeten

Diverg.	Konverg.
$\frac{a}{d} = \frac{1}{3}$	$\frac{b}{c} = \frac{1}{2}$
$\frac{c}{f} = \frac{1}{8}$	$\frac{d}{e} = \frac{5}{24}$
$\frac{e}{h} = \frac{5}{12}$	$\frac{f}{g} = \frac{2}{3}$
$\frac{g}{k} = \frac{3}{5}$	$\frac{h}{i} = \frac{5}{8}$
$\frac{i}{m} = \frac{1}{4}$	$\frac{k}{l} = \frac{3}{5}$

	scheinbare tägliche Bewegungen	'	"			'	"	Harmonien bei den einzelnen Planeten	
Saturn	Aphel	1	46	a	zwischen	1	48	$\frac{4}{5}$	große Terz
	Perihel	2	15	b	und	2	15		
Jupiter	Aphel	4	30	c	zwischen	4	35	$\frac{5}{6}$	kleine Terz
	Perihel	5	30	d	und	5	30		
Mars	Aphel	26	14	e	zwischen	25	21	$\frac{2}{3}$	Quint
	Perihel	38	1	f	und	38	1		
Erde	Aphel	57	3	g	zwischen	57	28	$\frac{15}{16}$	Halbton
	Perihel	61	18	h	und	61	18		
Venus	Aphel	94	50	i	zwischen	94	50	$\frac{24}{25}$	Diesis
	Perihel	97	37	k	und	98	47		
Merkur	Aphel	164	0	l	zwischen	164	0	$\frac{5}{12}$	Oktav mit kl. Terz
	Perihel	384	0	m	und	394	0		

Sphärenharmonie, nach J. Kepler, Harmonices mundi, 1619

Keplers Sphärenharmonie

Kulturgeschichtliche Grundlagen

Der Barockstil entstand in Italien, insbes. die Architektur in Rom (St. Peter), Malerei und Musik in Oberitalien (Venedig). War die Renaissance international, so prägt das Barock *Nationalstile* aus. Allerdings beherrschen ital. Musiker ganz Europa (Oper).

Fortschrittsglaube, Aufklärung und neue Natürlichkeit setzen dem Barock im 18. Jh. ein Ende. Statt des Fortschritts gestaltet der Barockstil die lebendige Wiederkehr des Gleichen im Wechsel der Erscheinungsfülle. Alles strömt und ruht zugleich: das Bild des röm. Brunnens. Erfüllung im Augenblick, einheitl. Affektdarstellung, Ruhe und Bewegung sprechen aus einem barocken Kirchenraum wie aus einer BACHschen Fuge.

Fantasie und Illusion sondern Kunsträume von der Natur und Realität ab, überhöhen diese: gemalte Himmel in Deckengewölben, phantast. Landschaftskompositionen, stilisierte Tänze, mehrstündige Opern und Ballette. Erstrebt wird das Gesamtkunstwerk. In Kirche und Schloss wirken Architektur, Malerei, Dichtung, Musik, beim Schloss auch Gartenbaukunst mit, um in einem sinnenbetörenden und zugleich tiefsinnigen, symbolreichen Welttheater die Menschen zu beeindrucken.

Wie die barocke Kunst Menschen darstellt, so die Barockmusik deren Affekte und Gefühle. Der Mensch begreift sich aber noch als Gattungswesen in einem Ganzen, nicht als Individuum mit persönl. Freiheit. Für die Barockmusik bedeutet das nicht *persönliche* Darstellung der Gefühle, sondern *stilisierte*.

Steuernde Ratio wirkt dazu auf vielen Gebieten: in der Zahlensymbolik, der funktionalen Harmonik, der formalen Struktur, der kontrapunkt. Tradition, aber auch in der unnatürl. mathemat. Teilung der Oktave in WERCKMEISTERS temperierter Stimmung.

Musikvorstellungen und -klassifikationen

Das Barock erneuert die Vorstellung der antiken **Sphärenharmonie** (griech. *sphaira*, Kugel). Sie geht auf die PYTHAGOREER zurück, die glaubten, die Bewegung der Gestirne bringe entsprechend ihren harmon. Proportionen, die sich auch in der Musik wiederfinden, Töne hervor. Schon ARISTOTELES dagegen verneinte den realen Sternenklang mangels Reibung im All.

Das christl. MA. verband die heidnisch-antike Vorstellung von der Sphärenharmonie mit dem himml. Gotteslob *(musica coelestis)* und den Engelchören (*musica angelica*, JACOBUS VON LÜTTICH). Am Ausgang des MA. wurde die Sphärenharmonie aristotelisch aus der realen Klangvorstellung in die abstrakte Mathematik verwiesen (ADAM VON FULDA).

In dieser Tradition steht noch im Barock JOHANNES KEPLER (1571–1630).

Im 5. Buch seiner *Harmonices mundi* (1619) berechnet er aus den Planetenbewegungen Tonverhältnisse, die als vielstimmige Harmonie wie eine Weltensinfonie erklingen. So ergibt der Vergleich der unterschiedl. Planetengeschwindigkeiten auf deren ellipt. Bahnen in Sonnennähe *(Perihel)* und Sonnenferne *(Aphel)* für jeden Planeten ein bestimmtes Zahlenverhältnis, das dem eines musikal. Intervalles entspricht (Abb.; die Bahnen sind als Kreise schematisiert). KEPLER erlebt in der Harmonie der Welt die Schönheit der Schöpfung und Gottes Lob.

Die meisten Vorstellungen und Klassifikationen von der Musik gehen zurück auf BOETHIUS († um 524), der antikes Wissen in vielfach eigener Prägung dem MA. tradierte. Er teilte die Musik ein in die

- *musica mundana*, die Welt- und Sphärenharmonie, auch Jahreszeiten usw., Harmonie des Makrokosmos;
- *musica humana*, die Harmonie im Menschen (Glieder, Temperamente, Leib – Seele), Harmonie des Mikrokosmos;
- *musica instrumentalis*, die durch Instrumente und die menschl. Stimme real klingende Musik.

Die *musica mundana* und *humana* wurden später zur *musica theorica (theoretica)* oder *speculativa* (13. Jh.), die *musica instrumentalis* zur *musica practica*.

Die **Musica speculativa** lehrte man an den Lateinschulen und Universitäten, und zwar im Rahmen der *artes liberales*, der 7 *freien Künste* mit ihren 3 Wortwissenschaften *(Trivium)* Grammatik, Rhetorik, Dialektik, und ihren 4 Zahlenwissenschaften *(Quadrivium)* Arithmetik (Mathematik), Geometrie, Astronomie (Astrologie), Musik. Die weit verbreitete, auf BOETHIUS fußende *Musica speculativa* des JOHANNES DE MURIS (Paris 1323) wurde noch im 18. Jh. gelehrt.

Die **Musica practica** unterscheidet seit dem späten MA. die

- *musica plana:* einst. Choral;
- *musica mensurabilis:* mehrst. Musik; auch Figuralmusik genannt (nach den figurae, den Mensuralnoten).

Die BOETHIANISCHE *musica humana* deutete man auch um zur *Vokalmusik*, die *musica instrumentalis* zur *Instrumentalmusik*.

In Renaissance und Barock herrscht die prakt. Musik vor, doch gewinnt die *Musica speculativa* durch Forschungen in der Astronomie und Akustik (GALILEI, MERSENNE, SAUVEUR) im Barock neues Gewicht. Für SCHÜTZ steht die Musik unter den *freien Künsten* noch wie *»die Sonne unter den sieben Planeten«* (1641). Auch für LEIBNIZ dominiert trotz Affektenlehre barocktypisch der mathemat. Aspekt: *»Musica est exercitium arithmeticae occultum nescientis se numerare animi«* (1712, Musik ist eine Zahlenübung des Unbewussten). Doch lässt die starke ästhet.-sinnl. Erfahrung die Musik bald in den Bereich der »schönen Künste« wechseln.

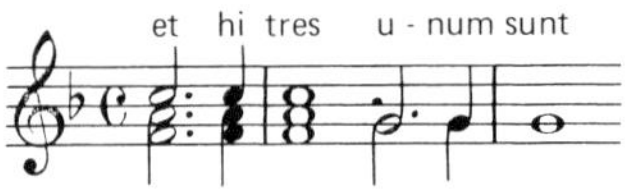

Dreifaltigkeitssymbol
C. Monteverdi, Marienvesper, 1610

Zahlenalphabet
J. S. Bach, Orgelchoral »Vor deinen Thron«, 1750

1. Choralzeile: 14 Töne = 2 + 1 + 3 + 8 = BACH
ganzer Choral: 41 Töne = 9 + 18 + 14 = J. S. BACH

A **Tonsymbolik**

Art	Beispiel
Abbild	Hyperbole (a)
Melodik	Pathopoeia (b)
Pausen	Apokope (c)
Wiederholung	Repetitio (s. u.)
Satz	Heterolepsis (d)
Synkope	Mora (e)

a	b	c	d	e
Höhe	Halbton	Abbruch	Absprung	Vorhalt
Berg Himmel	Schmerz Leid	Schweigen Tod	Fehler Sünde	Zögern Warten

1 Schalmei
2 Bomhart (Pommer)
3 Fagott
4 Kortholt
5 Krummhorn
6 Rackett.

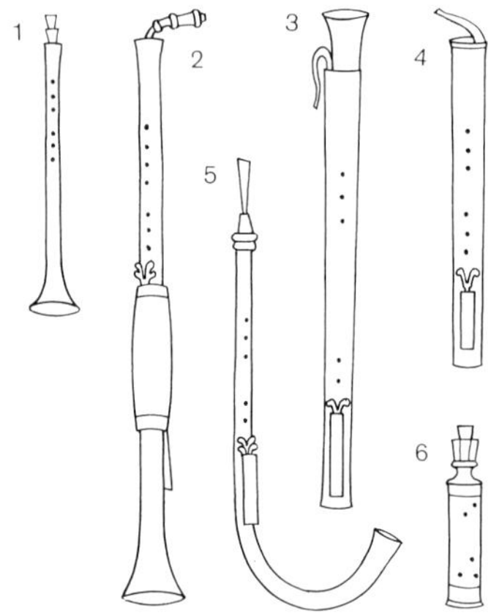

B **Rohrblattinstrumente des Barock**

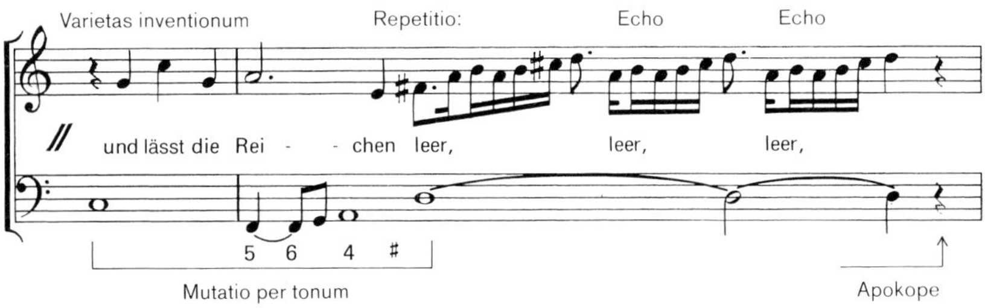

H. Schütz, Symphoniae sacrae II, Nr. 4, 1647, SWV 344

C **Musica poetica,** Figurenlehre und Kompositionsbeispiel

Aufzug	Tonus		Tugend	Instrumente für 3st. Sinfoniae
1	Dorius	D	Glaube	3 Cornetti, 1 Positiv
2	Phrygius	E	Hoffnung	3 Discantviolen, 1 Instr. Gb.
3	Aeolius	A	Liebe	3 Discantgeygen, 1 Theorbe
4	Lydius	F	Gerechtigkeit	2 Flöten, 1 Geigeninstrument
5	Mixolydius	G	Stärke	2 Clarinen, 1 Posaune
6	Ionicus	C	Vorsichtigkeit	2 Schalmeien, 1 Regal
7	Hyperaeolius	B	Mäßigkeit	2 Zwergpfeiffen, 1 Harffe

D **Affektdarstellung durch Tonart u. Instr.,** Harsdörffer/Staden, Gesprächsspiele V, 1645

Symbolik, Figuren, Affekte, Instrumente

Tonsymbolik hat das Barock aus der Renaissance übernommen und ausgebaut. Die musikal. Erscheinung steht dabei für etwas anderes, Außermusikalisches:

- Tonbuchstaben und -silben für Namen, wie *b-a-c-h* (S. 328), *Hercules* (S. 242);
- Kreuzzeichen für das Kreuz Christi, auch Tonanordnung in Kreuzform (S. 304);
- Zahlensymbolik: 3 für Trinität, Vollkommenheit, Geist; 4 für Elemente, Welt; 12 für Apostel, Kirche (S. 294); auch *Zahlenalphabet* A = 1, B = 2 usw.;
- Strukturen wie *Kanon* für Verfolgen (*caccia,* Jagd, *fuga*), aber auch für Gesetz, Gehorsam;
- Figuren mit mehr Entsprechungs- als Symbolcharakter, vgl. *Musica poetica* (s. u.).

In MONTEVERDIS Beispiel (Abb. A) vereinen sich 3 Stimmen zum Einklang: *»und diese drei sind eines«.* – BACH nennt sich im Sterbechoral *»Vor deinen Thron tret ich hiermit«* (kurz vor seinem Tode diktiert) zahlenalphabetisch durch die Anzahl der Melodietöne, die er durch Verzierungen gegenüber dem Original (8 Töne) vermehrt (Abb. A: 41, Krebs von 14). Im *Orgelbüchlein* zählt der Choral 158 Töne (JOHANN SEBASTIAN BACH, dort als *»Wenn wir in höchsten Nöthen sein«).*

Musica poetica

Im Rückgriff auf aristotel. Vorstellungen vom *Denken, Tun* und *Hervorbringen* teilte man in Humanistenkreisen des 16. Jh. die Musik in *Musica theoretica, practica* und *poetica* (Theorie, Praxis, Komposition).

Die *Musica poetica* zielt auf das Werk *(opus),* das seinem Schöpfer, dem *Musicus poeticus,* Nachruhm sichert. In Anlehnung an die Rhetorik fasst sie die Musik als **Tonsprache** auf (LISTENIUS, 1537; FABER, 1548; BURMEISTER, 1606; HERBST, 1643; WALTHER, 1708).

Gelehrt wurde die Komposition von der *Erfindung* eines Motivs (oft formelhaft) über den *Gesamtaufbau* bis zur *Ausführung* und *Ausschmückung (inventio, dispositio, elaboratio* und *decoratio),* dazu die Einteilung in *Abschnitte* oder *Sätze (incisiones, periodi)* und Floskeln zu bestimmten (Text-)Darstellungen, sog. *Figuren.*

So bedeutet ein hoher Ton *Höhe,* auch Berg, Himmel, ein tiefer Tal, Hölle (Abb. C, a). Der chromat. Halbton drückt Leid und Schmerz aus (b), plötzl. Pausen Einbruch von Schweigen und Tod (c) usw. Die etwa 150 Figuren mit ihren humanistisch gelehrten griech./lat. Namen gruppieren sich nach Arten wie abbildl. Figuren (a), melod. Wendungen (b) usw.

Mit Hilfe der Figuren wird Text in Musik gesetzt und zugleich interpretiert (Nb. C): der Widerspruch *Reiche* und *leer* drückt sich in einem Tonartenwechsel aus (von C-Dur nach D-Dur, eine *mutatio per tonum*); *leer* wird eindringlich wiederholt *(repetitio)* und erklingt als *Echo,* einen leeren Raum andeutend; der Bass steht *still:* Leere auch hier. Der plötzl. Abriss durch die Pause am Schluss *(Apokope)* verstärkt nochmals den Eindruck der Leere.

Die Fülle und Vielfalt der Einfälle *(varietas)* in kunstvoller Komposition erfreuen den Hörer und machen die Musik wertvoll und schön. Ihre Qualität erhält die Musik aber aus dem nicht lehrbaren Ganzen, in dem sich die Summe der Einzelheiten zum Kunstwerk steigert.

Affektenlehre

behandelt als zentrales Barockthema die Darstellung der Leidenschaften und seel. Erregungszustände in der Musik. Schon die Antike koppelte Musik mit Seelenzuständen, was zur eth. Bewertung der Musik führte (PLATO). In der Musik der ausgehenden Renaissance und des Frühbarock bringen bes. das klass. und späte ital. Madrigal und die *Musica reservata* den Affektgehalt von Texten bewusst zum Ausdruck. Für Freude stehen Dur, Konsonanz, hohe Lage, schnelles Tempo *(allegro),* für Trauer stehen Moll, Dissonanz, tiefe Lagen, langsames Tempo *(mesto).* Auch der Vortrag drückt Affekte aus, z. B. bei Trauer Verschleifen der Intervalle.

DESCARTES nennt 6 Grundformen von Affekten (*Traité des passions de l'âme,* Paris 1649): Verwunderung *(admiration),* Liebe *(amour),* Hass *(haine),* Verlangen *(désir),* Freude *(joie),* Trauer *(tristesse).* Daraus ergeben sich unendlich viele Nuancen und Mischungen.

Auch die Instrumente selbst drücken Affekte aus, ebenso die Tonarten (Abb. D).

Alle Affektdarstellungen sind im hohen Grade stilisiert. Autoren zur Affektenlehre außer DESCARTES: MARIN MERSENNE (*Harmonie universelle,* 1636), ATHANASIUS KIRCHER (*Musurgia universalis,* 1650), J. MATTHESON (*Der vollkommene Kapellmeister,* 1739).

Musikinstrumente erwachsen dem Barock aus dem vielfarbigen Instrumentarium der Renaissance. Man erfindet wenig neue Instrumente (Ausnahme: Hammerklavier), kultiviert dafür die Tongebung bei einigen alten Instrumenten zum gewünschten Affektausdruck; die übrigen werden bald unmodern. Es begegnen u. a. (alle in vielen Arten):

- in der Kunstmusik: Violine, Viola, Cello, Laute, Gitarre, Theorbe, Harfe, Cembalo; Orgel; Flöte, Oboe, Zink; Trompete, Horn; Pauke;
- in der Volksmusik *bäurische* oder Bettler-Instr.: Oktavgeige, Drehleier, Gitarre, Hackbrett, Maultrommel; Querpfeife, Flageolett (Schnabelflöte), Schalmei, Sackpfeife, Krummhorn; Trommel, Kastagnetten, Xylophon, Schellen, Rasseln usw.

Im Frühbarock gibt es noch bes. zahlreiche Rohrblattinstr., die dann bis auf Oboe und Schalmei (Klarinette) entfallen (Abb. B).

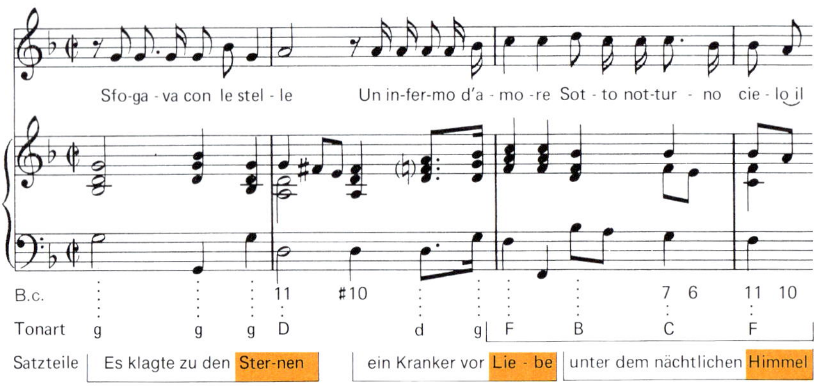

A **G. Caccini, Nuove musiche,** 1601, Aria

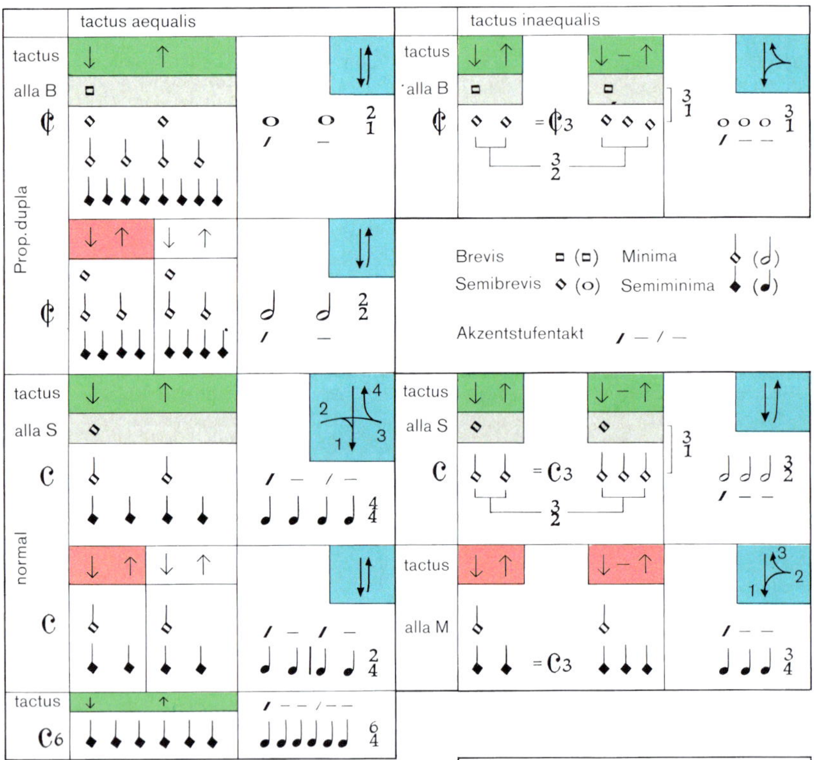

B **Zur Entstehung des modernen Taktsystems,** 16./17. Jh.

integer valor — tactus maior — Schlagbewegung — tactus minor

O3, C3, Φ3, ₵3 zeigen an:
proportio tripla
p. sesquialtera

Monodie; Mensuralsystem und Akzentstufentakt

Die Barockmusik bringt als Ausdruck eines inneren Wandels gegenüber der Renaissance strukturelle Neuerungen: Dur-Moll-Harmonik, Generalbass, das konzertante Prinzip, die Monodie, das moderne Taktsystem.

Die **Dur-Moll-Harmonik** löst die Kirchentonarten ab, d. h. die kp. Linie niederländ. Prägung veraltet gegenüber dem *Dreiklang* als Ausdruck eines neuen Naturbewusstseins und als Voraussetzung für den Gb. SAUVEUR entdeckt später die Obertonreihe, RAMEAU prägt erstmals funktionsharmon. Begriffe (*Traité de l'harmonie,* Paris 1722).

Basso continuo oder **Generalbass** ist die harmon. Grundlage der Barockmusik. Aus der *unverbindlich* mitgespielten tiefsten Stimme einer mehrst. Komposition im 16. Jh. *(basso seguente)* wurde im Barock ein *wesentlicher* Kompositionsbestandteil: eine ununterbrochene Basslinie *(basso continuo),* die mit ihrer impliziten Harmonik (vom Gb.-Spieler ohne Noten ausführbar) den Untergrund für die konzertanten Stimmen abgibt (Abb. A).

Das **konzertante Prinzip** bedeutet eine Individualisierung der Einzelstimme, deren Gestaltungsfreiheit sich durch Improvisation wie Verzierungen noch vergrößert. Die konzertanten Stimmen finden im harmon. Zusammenklang über dem Gb. die Einheit ihres Mit- und Gegeneinander (Abbild einer aufbrechenden Individualität in der Geborgenheit eines harmon. Weltganzen). Das konzertante Prinzip findet sich in allen Gattungen, nicht nur im *Concerto.*

Monodie. Das Barock sucht, dramat. oder lyr. Texte wirkungsvoll in Musik zu setzen. Anregung gab die *antike Monodie,* von deren »wunderbaren Wirkungen« auf die Hörer man wusste. Ohne diese Musik selbst zu kennen, erfand man eine neue, zeitgemäße *Monodie:* Texte werden *solistisch* vorgetragen und ihr *Affektgehalt* ausgedrückt (wie im mehrst. Madrigal). Als Begleitung erscheint der neue *Generalbass* (statt der übl. Lautenbegleitung im Lied).

Neue Musikstücke dieser Art finden sich erstmals in CACCINIS *Nuove musiche* (Florenz 1601), darunter auch Monodien aus seinen frühen Opern. Die Stücke heißen **Aria** und sind dann strophisch (wie später das Gb.-Lied) oder **Madrigal** und sind dann durchkomponiert (wie später die ital. Kammerkantate). Stilmerkmale der Monodie (Nb. A):

- die Singstimme folgt dem *Sprachrhythmus* (s. rasche Notenwerte). Das ist die *neue Gesangsart (nuova maniera di cantar),* die *gleichsam in Harmonien spricht (quasi in armonia favellare,* CACCINIS Vorwort);
- der melod. Fluss gliedert sich entsprechend den Satzteilen;
- die inhaltsschweren Wörter *Stern, Liebe, Himmel* stehen auf Taktschwerpunkten;
- der Text bestimmt die Tonarten: g-Moll-Bereich für Schmerz, F-Dur-Bereich für Freude (Liebe, Himmel);
- Singstimme und Bass bilden einen 2-st. Außenstimmensatz, meist in Oktav-, Quint- oder Terzabstand;
- der Bass hat Fundamentcharakter, mit instrumentalen Oktav-, Quint- und Quartsprüngen, oft kadenzierend;
- die harmon. Akkordfüllung (die improvisierte rechte Hand des Cembalisten, hier ausgeschrieben) gewährt der Singstimme Sicherheit und Stütze;
- affektreicher Vortrag des Sängers *(cantare con affetto),* Verzierungen, Gestik.

Das moderne Taktsystem

Tactus bedeutet Schlag (ital. *battuta,* engl. *beat*), und zwar Niederschlag *(thesis)* und Aufschlag *(arsis)* bei Fuß- oder Armbewegung. Nieder und Auf sind *eine* Bewegungseinheit. Ihre Gesamtdauer heißt *integer valor notarum (voller Wert der Noten).* Die Bewegung kann gleichmäßig *(tactus aequalis* oder *simplex)* oder ungleichmäßig sein *(tactus inaequalis* oder *proportionalis,* Dreiertakt).

Die Mensuralmusik unterscheidet zwischen Bewegung *(tactus)* und der verbrauchten Zeit (Notenwerte, *Mensur*). In der gleichen Zeit kann man sich langsam bewegen (*tactus maior, tardior*) oder doppelt so schnell (*tactus minor, celerior).* Der Normalfall (um 1600) ist der Schlag auf die Semibrevis, der Schlag auf die Brevis *(alla breve)* bewirkt doppeltes Tempo (*proportio dupla,* Halbe als Zählzeit).

Wechselt das Tempo in den Stücken oder Satzfolgen, so geschieht dies wohlproportioniert (z. B. beim Nachtanz, der *Proporz*): die Ziffer 3 hinter den Mensurzeichen gibt die *proportio tripla* (3 : 1) oder *sesquialtera* (3 : 2) an, d. h. 3 folgende Semibreves dauern so lange wie 1 bzw. 2 vorher (Abb. B).

Um 1600 erhielten die Noten statt der alten *quantitativen* Längenbezüge der Mensur durch Tanzeinfluss die neuen *qualitativen* Akzente oder Gewichte unterschiedl. Stufung im **Akzentstufentakt** (BESSELER). Grundfolgen:

- Zweiertakt: *schwer-leicht* (**I** –)
- Dreiertakt: *s–l–l* (**I** – –)
- Vierertakt: *s–l–mittelschwer–l* (**I** – / –)
- Sechsertakt binär: **I** – – / – –.

Der Takt ist die regelmäßige *metrische* Einheit (**Metrum**), die die Musik mit unregelmäßigem *rhythmischen* Fluss erfüllt (**Rhythmus**). Im Extrem durchbricht die neue freie, seelisch-affektive Zeitgestaltung in der Musik (*tempo dell'affetto dell'anima,* MONTEVERDI) die alten festen Mensuren und den mit der Hand geschlagenen Takt.

Der **Taktstrich,** im 16. Jh. ein Ordnungsstrich in der Partitur, bekam metr. Bedeutung (Hauptakzent nach ihm). – Der Akzentstufentakt herrscht etwa 1600–1900.

Notation. Ab etwa 1600 sind alle Notenwerte zweizeitig. Dazu kommen Verlängerungspunkt, Bindebogen oder Ziffern (Triolen usw.). Vieles bleibt der **Aufführungspraxis** (S. 82) überlassen (z. B. *tempo rubato*).

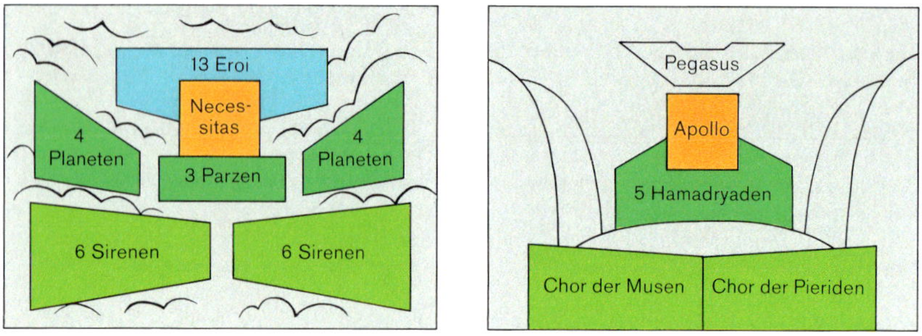

I. Sphärenharmonie

II. Wettstreit der Chöre

A **Intermedien** zu »La Pellegrina«, Florenz 1589, Bühneneinteilung

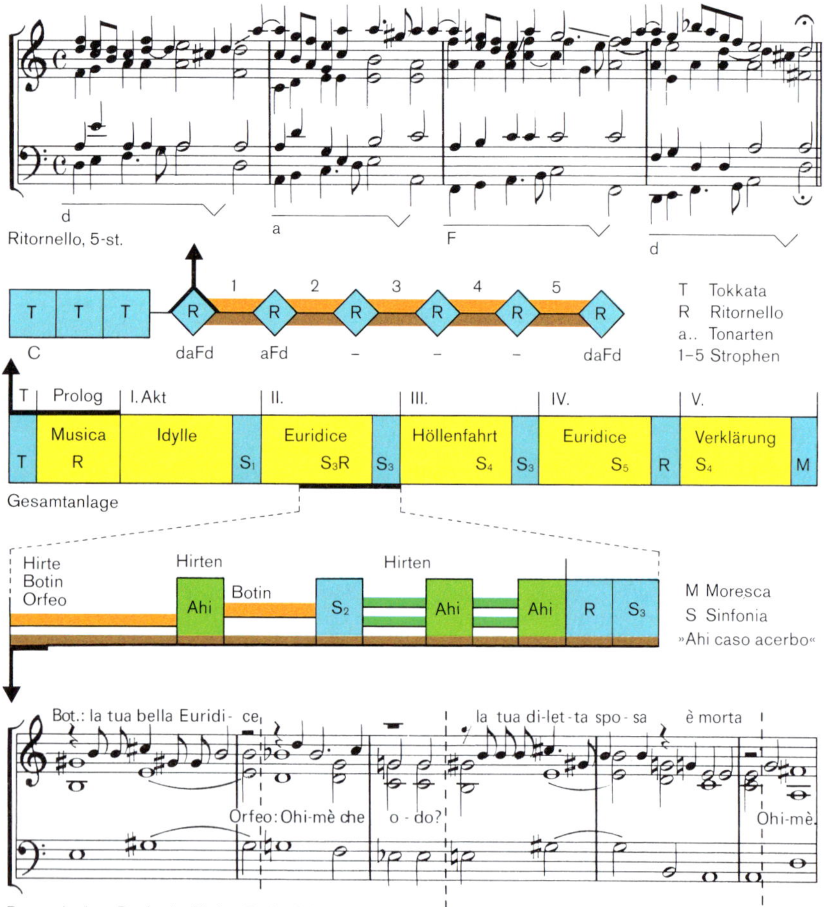

Dramatisches Rezitativ, Dialog Botin-Orfeo

B **C. Monteverdi, Orfeo,** Mantua 1607

Solo · Ensemble · Chor · Instrumente · Gesänge · Generalbass

Bühnenbild und frühe Opernanlage

Die neue Gattung **Oper** entsteht um 1600 in Florenz. Frühere und andere Verbindungen von Drama und Musik sind:

- **liturgisches Drama** und **Liederspiele** des MA. (S. 194, 196);
- **Schuldrama** mit Chören und Liedern;
- Dramen mit **Schauspielmusiken,** z. B. SOPHOKLES, *Ödipus,* mit Musik von A. GABRIELI u. a. (Vicenza 1585);
- **Pastoraldramen** mit Musik, z. B. POLIZIANO, *Orfeo* (um 1480);
- **Madrigalkomödien,** Handlung in einer Folge von Madrigalen, oft derb, mit Figuren der *Commedia dell'Arte* (Pantalone, Dottore usw.), z. B. ORAZIO VECCHI, *L'Amfiparnaso* (Modena 1594).

Die **Intermedien** gehören zu den unmittelbaren Vorläufern der Oper. Sie wurden zwischen den Akten eines Schauspiels aufgeführt, mit eigener Thematik (oft Allegorien), Bühnenbild, Pantomime, Sprache, Musik (Tänze, Sologesänge, Chöre, bes. Madrigale).

Das 1. der 6 Intermedien zur Komödie *La Pellegrina* von G. BARGAGLI (Aufführung zur MEDICI-Hochzeit, Florenz 1589) stellt das Wirken der Sphärenharmonie dar (Abb. A). In der Mitte regiert *Necessitas* (Notwendigkeit) mit den Parzen die Welt, daneben je 4 Planeten (7 und der Mond), darunter je 6 Sirenen (Sphärenlenker), darüber 13 Hofmusiker in Kostüm als *Eroi* (Helden); Text von BARDI, RINUCCINI, Musik von MARENZIO, CACCINI u. a.

Das 2. Intermedium schildert den Wettstreit der Musen mit den Pieriden. In der Mitte Apollo als Schiedsrichter auf dem Parnass, mit 5 Hamadryaden (Baumnymphen) und dem geflügelten Dichterpferd Pegasus. Der antike Stoff und die Schönheit symmetr. Ordnungen sind renaissancegemäß, die Prachtentfaltung in Bild, Kostüm und Musik entspricht barocker Sinnenfülle.

Florentiner Camerata nannte sich eine der in der Renaissance beliebten akadem. Gesprächsrunden nach antikem Vorbild. In Florenz trafen sich etwa 1580–92 bei Graf BARDI, dann bei Graf CORSI Adlige, Gelehrte, Philosophen, Dichter (OTTAVIO RINUCCINI, GABRIELLO CHIABRERA) und Musiker.

Man versuchte, die *wunderbaren Wirkungen* der antiken Musik nachzuahmen, bes. die griech. *Monodie,* den Sologesang mit Kitharabegleitung. Entsprechend sang GALILEI zur Laute Klagegesänge des Jeremias und des Ugolino aus DANTES *Inferno.*

VINCENZO GALILEI († 1591), Vater des Astronomen, entdeckte *Hymnen* des MESOMEDES (verloren), schrieb gegen die nl. Polyphonie den Traktat *Dialogo della musica antica e della moderna* (Florenz 1581).

Frühe monod. Stücke finden sich in *Nuove musiche* (Florenz 1601; s. S. 272) von GIULIO CACCINI (um 1545–1618). EMILIO DE CAVALIERI (um 1550–1602) schrieb bis 1595 drei *favole pastorali* mit Liedern, Tänzen und Rezitativen (verloren).

Die erste erhaltene Oper ist *Dafne* (1598), Text von RINUCCINI (Stoff: OVID, *Metamorphosen),* Musik: JACOPO PERI (1561–1633) und CORSI; später auch von MARCO DA GAGLIANO (1582–1643) für Mantua (1608), VON SCHÜTZ für Torgau (1627, übers. von OPITZ).

Es folgt die Oper *Euridice,* UA 1600 zur MEDICI-Hochzeit im Palazzo Pitti, Text von RINUCCINI, Musik von PERI, der den *stile recitativo* als Mitte zwischen Rede und Gesang erklärt, wobei die Musik dem Text folge. Nach dem Vorbild der antiken Tragödie treten Chöre dazu. CACCINI vertonte 1600 die gleiche *Euridice* (s. S. 144).

Die Stoffe der frühen Oper entstammen bes. den **Pastoraldramen** (Schäferspiele, die auf THEOKRIT, VERGIL u. a. zurückgehen): TASSO, *Aminta* (1573), GUARINI, *Il pastor fido,* auch TASSO, *Das befreite Jerusalem,* ferner der griech. **Mythologie** (OVIDS *Metamorphosen* u. a.). Man liebte starke Affekte, Wunder, Zauber, Überraschungen *(Manierismus).* Die Stücke hießen *favola pastorale, dramma per musica, Oper* erst ab etwa 1600.

Monteverdis *Orfeo* wurde 1607 zum Geburtstag von FR. GONZAGA in Mantua aufgeführt; Text STRIGGIO jun.; die Orfeopartitur ist die früheste erhaltene Opernpartitur, mit reichem Instrumentarium zur (üblichen) Charakterisierung von Personen und Situationen. So erklingen die Posaunen bei Unterwelt- und Todesszenen, das näselnde Regal beim Todesfährmann Charon, die Holzorgel bei Orfeo, die Streicher bei Schlafszenen.

Der Eröffnungs-Tokkata (3-mal; lat. *toccare,* schlagen, frz. *toucher,* dt. *Tusch,* urspr. für Pkn. und Trpn., S. 320) folgt der Prolog der Musica (Macht der Musik): Strophenarie mit Ritornell. Letzteres (3- oder 4-teilig in d, a, F, d), gesättigt von Trauer, auch nach Euridices Tod (Akt II und IV).

Der neue *stile recitativo (erzählend)* steigert sich zum *stile espressivo* und *rappresentativo (darstellend),* die zum Ausdruck von Geschehen und Gefühl ungewöhnl. Freiheiten in der Dissonanz- und Tonartenbehandlung erlauben, z. B. bei der Todesbotschaft (Nb. B): Botin in E-Dur *(»deine schöne Euridice«),* Orfeo in plötzl. Wechsel nach g-Moll in Vorahnung der Nachricht *(»weh mir, was hör ich?«),* Botin wieder in E-Dur *(»deine geliebte Gattin«),* dann retardierende Pause; plötzlich e-Moll, Affekt des Trauerns und des Schmerzes, dazu gestisch absinkende Stimme (*»ist tot«).* Orfeo klagt in leidvollem (pathopoet.) Halbtonschritt *(»weh mir!«),* nach einer Pause des Begreifens (Halbe) schwermütig, langsam (Notenwerte); dann versinkt Orfeo in Schmerz (*tacet*). Es folgen Klage des Hirtenchores *(»Ach bitteres Schicksal«),* Bericht der Botin, Klage der Hirten (Chor, Duett), zum Schluss reine Instr.-Musik (*Ritornell,* 3. *Sinf.*).

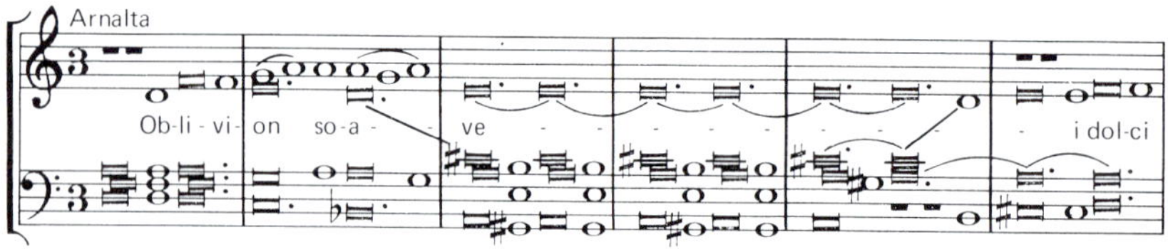

A C. Monteverdi, L'incoronazione di Poppea, Venedig 1642, Schlummerszene

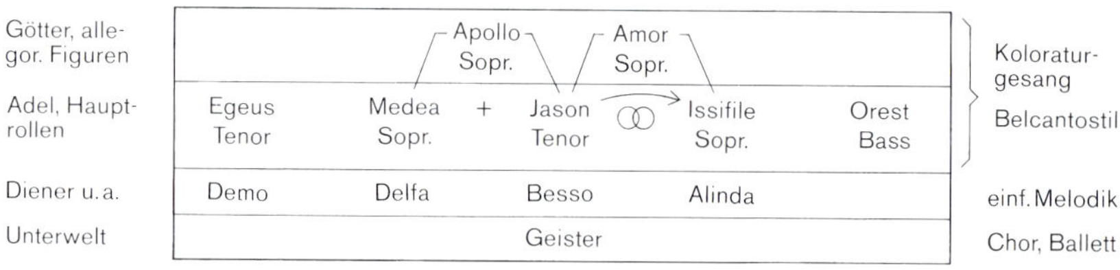

Rollenschichten und ihre Musik

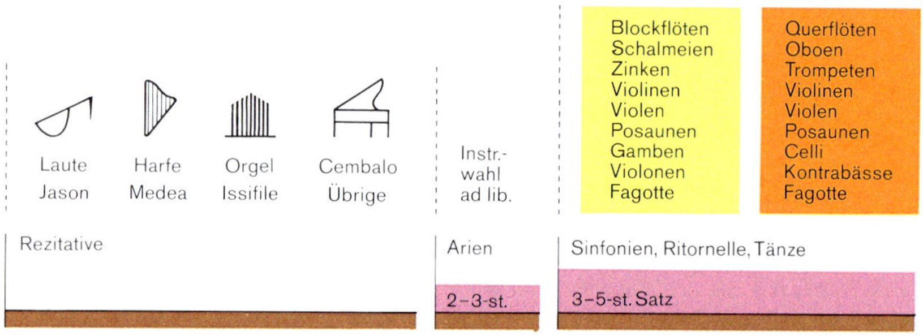

Instrumentierungs- und Charakterisierungsmöglichkeiten

Medea, Furienbeschwörung

Stotterszene

B F. Cavalli, Il Giasone, Venedig 1649

original · modern · Generalbass · unbezeichnete Instrumentalstimmen

Szenentyp und Operncharakteristika

Dichter und Musiker erhielten Opern- und Ballett-Aufträge versch. Adelshäuser. In **Mantua** gab es zur GONZAGA-Hochzeit 1608 ein ganzes Opernfestival:

- *L'Arianna* (28. 5.), Text RINUCCINI, Arien MONTEVERDI, Rezitative PERI, nur *Lamento d'Arianna* erhalten (S. 110, 126).
- *Idropica* (2. 6.), Text GUARINI, Intermedien von CHIABRERA, Musik von MONTEVERDI, ROSSI u. a.
- *Il trionfo d'onore* (3. 6.), Idee FR. GONZAGA, Text STRIGGIO, Musik GAGLIANO.
- *Il ballo delle ingrate* (4. 6.), Opernballett, Text RINUCCINI, Musik MONTEVERDI.
- *Il sacrificio d'Ifigenia* (5. 6.), Text STRIGGIO jun., Musik GAGLIANO.

Monteverdi ist ab 1613 in **Venedig** Kapellmeister von San Marco. Er schreibt neben seiner Kirchenmusik Opern und Ballette in Adelsauftrag für Venedig und andere Städte (vieles für Mantua, fast alles ist verloren). Für die ersten öffentl. Opernhäuser in Venedig (ab 1637) entstehen die 3 späten Opern *Le nozze d'Enea con Lavinia* (1641, verloren), *Il ritorno d'Ulisse in patria* (1640) und *L'incoronazione di Poppea* (1642). Zur letzteren:

Nero liebt Poppea, die Gattin des Prätors Ottone, und will sich von Kaiserin Ottavia trennen. Seinen warnenden Erzieher Seneca zwingt er zum Gifttrunk. Ottone und dessen Freundin Drusilla versuchen auf Ottavias Rat, Poppea zu ermorden, und werden verbannt. Nero verlässt Ottavia und krönt Poppea zur Kaiserin.

MONTEVERDI charakterisiert Personen und Szenen sehr stark: Nero brutal und in virtuoser Geste (Kastratenstimme), Ottone weichlich (ebenfalls Kastrat), Seneca würdig, weise (Bass, typisch; noch Sarastro in MOZARTS *Zauberflöte* ist Bass). Neben Rezitativen, Ariosi und Arien stehen nur 3 Sinfonien.

Typ. Szenen tauchen auch hier auf, so die *Schlummerszene:* wiegender Rhythmus, langsames Tempo, tiefe Lage zeichnen Ruhe und Geborgenheit für Poppeas Schlaf, den die Amme Arnalta bewacht (Abb. A).

Zum **venezianischen Opernstil** gehören *Secco-Rezitative* in allen Schattierungen, lyr. und dramat. *Accompagnato-Rezitative* und *Ariosi, Arien* versch. Art: mit Cembalobegleitung (variabel für Interpolation und Improvisation), mit Orchesterbegleitung, oft mit konzertierenden Instr., gern auch mit rein musikal. Strukturen wie dem *Basso ostinato.*

Chor und **Ballett** fehlten fast ganz (Kostenfrage), sie wurden notfalls von Statisten dargestellt.

Das **Orchester** blieb relativ klein, mit Streichern als Grundlage, dazu wechselnde Bläserbesetzung. Es gab meist 2 Cembali (S. 82, Abb. E), eines zur Begleitung der Rezitative (Gb.), das andere für den Kapellmeister, der oft direkt vor der Bühne die Sänger dirigierte (Rücken zum Orchester, 1. Geiger führte).

Die **Stoffe,** mythologisch, historisch, stets heldisch, gestalteten die Opern als dramat., maler. und bewegtes Bühnengeschehen.

Das **Libretto,** ebenso wichtig wie die Musik, wurde meist gedruckt und zum Abend verkauft, mit Kerzen zum Lesen.

Die typ. Merkmale zeigt CAVALLIS *Giasone*:

Jason verlässt seine Gattin Issifile und wendet sich Medea zu. Apollo steht auf Medeas, Amor auf Issifiles Seite. König Egeus wirbt um Medea, Orest hilft Issifile, die um Jason kämpft. Die Diener spiegeln das Geschehen teils im Komischen *(parti buffe).* Zu Medeas Reich gehören Geister der Unterwelt. Jason findet zu Issifile zurück.

Den Schichten der Personen entsprechen *bestimmte Stile* in der Musik (Abb. B). Der kunstvolle *Koloratur-* und *Belcantogesang* bleibt den Göttern und dem Adel vorbehalten, *Ariosi* und *Lieder* den Übrigen.

Das **Rezitativ** charakterisiert die Personen (fast leitmotivisch) durch wechselnde Gb.-Instrumente. So kann Jason (hoher Kontratenor, Kastrat) stets von Laute und Theorbe begleitet werden, Medea stets von der Harfe, Issifile von der Orgel (ein kleines Positiv), die Übrigen vom Cembalo. Solche *Aufführungspraxis* wird selten notiert.

Die **Arien** haben als Begleitung einen *2- bis 3-st. Satz,* dessen Instrumentation der Komponist in der Regel offen lässt. Daher richtet der Kapellmeister die Begleitung für jede Inszenierung nach Gegebenheiten, Geschmack usw. ein. Ebenso verfährt er mit dem *3- bis 5-st. Satz* der **Sinfonien** und **Ritornelle.**

Der Bass wird von tiefen Streichern (Violonen, Gamben) und Fagotten ausgeführt, die Mittelstimmen von Violen, Violinen und Posaunen, die Oberstimmen von Violinen, Zinken, Flöten und Schalmeien.

Die Verteilung der Stimmen im Einzelnen ist Sache des Kapellmeisters. Ein Kopist schrieb die Stimmen für die Aufführung aus der Partitur ab *(Aufführungsmaterial).* Auch heute muss eine alte Opernpartitur vom Kapellmeister eingerichtet werden, mit der zusätzl. Entscheidung, ob er histor. oder moderne Instrumente verwenden will (Abb. B).

Medeas Furienbeschwörung zeigt den einfachen Begleitsatz, darüber die ihrem starken Affekt entsprechend bewegte Singstimme; man sieht noch den Übergang in eine rezitativ. Partie mit Taktwechsel und Liegeklängen, in die hinein die Singstimme den Textrhythmus und -gehalt klar zum Ausdruck bringt (Nb. B).

Dramatik bleibt nicht auf das Rezitativ beschränkt. Sie geht auch in die Arien, Duette und Ensembles ein.

Das gilt auch für den **komischen Bereich,** wie die Stotterszene Demo – Orest zeigt: das aufgeregte Hin und Her der beiden, begleitet von entsprechender Gestik auf der Bühne, erscheint in strenger tonl. und rhythm. Stilisierung (Nb.). Buffoneskes hat in der venezian. Oper seit je seinen Platz.

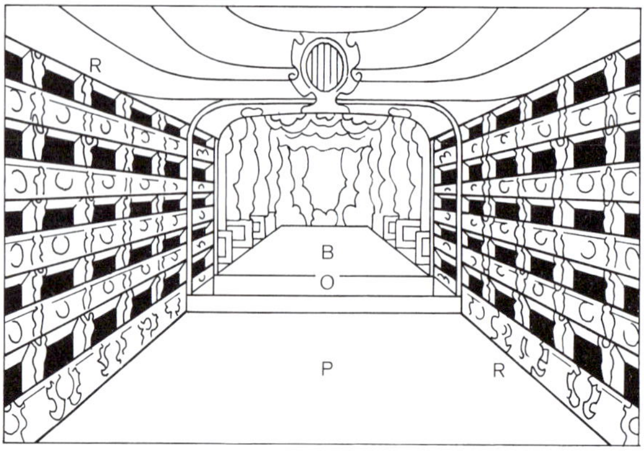

R 5 Ränge mit je 35 Logen, vermietet

P Parkett, zum Stehen, freier Verkauf

O Orchestergraben, Streicher, Bläser, Lauten, Cembali

B Bühne

A **Venedig, Teatro Grimani,** erbaut 1678, nach Stich Corinellis

B **F. Cavalli, La Didone,** 1641, Klage der Cassandra (Lamentobass)

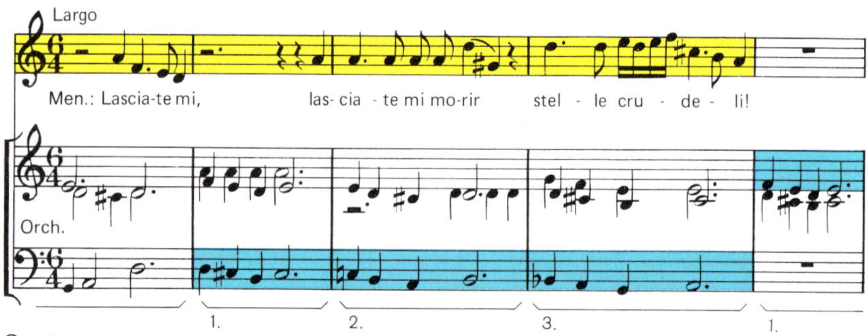

C **F. Provenzale, Il schiavo di sua moglie,** 1672, Arie der Menalippa (Ausschnitt)

Belcanto-Stil (unverziert)

Basso ostinato (12-mal)

D **C. F. Pollarolo, Il Faramondo,** 1699, heroischer Stil (Unisono, Sprünge, Tremolo)

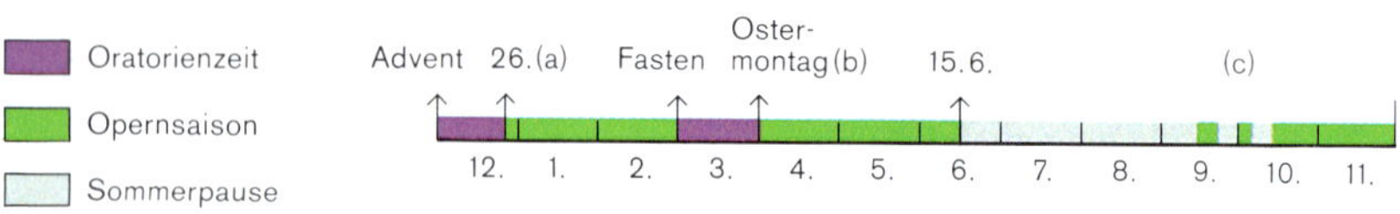

E **Spielzeiten,** Carnevale S. Stefano (a), Stagione di Ascensione (b), Herbst (c)

Opernhaus, Stagione, Stiltypen

Die frühe Oper kennt best. Szenen- und Arientypen, z. B. das *Lamento* (S. 110).

Dem *Lamento* der Cassandra von CAVALLI liegt ein ostinater Bass, der chromatisch abfallende Quartgang *(Lamentobass)*, zugrunde, als Figur *passus duriusculus* genannt, ein harter und *unnatürl. Gang einer Stimme gegen sich selbst* (CHR. BERNHARD), Ausdruck von Schmerz und Leid. Darüber erhebt sich, dem Textrhythmus folgend und von Seufzerpausen *(suspirationes)* unterbrochen, der Gesang (Nb. B).

In Venedig eröffneten 1637 die beiden Römer FERRARI und MANELLI mit dem *Teatro S. Cassiano* das erste **öffentliche Opernhaus**, ein selbst tragendes Unternehmen (zur Eröffnung: MANELLIS Oper *Andromeda*). Weitere Opernhäuser folgten, u. a. das große *Teatro Grimani a S. Giovanni Crisostomo* (1678). Es zeigt die typ. Anlage (Abb. A):

- Die **Logen** wurden an Adlige und reiche Bürgerfamilien verpachtet.
- Das **Parkett** war zunächst unbestuhlt, frei auch für Turniere und Umzüge. Die Plätze konnte jedermann kaufen. Als dann Stühle gestellt wurden, blieben die hinteren Reihen als *Stehparkett* frei. Der Adel saß auf Podien im Parkett, später (18. Jh.) in der Mitte des 1. Ranges *(Hofloge)*.
- Der **Orchestergraben** blieb lange unversenkt, im Allg. auch recht klein, bes. in Venedig (vgl. dagegen S. 82).
- Das **Proszenium** (Bühnenrahmen) imitierte das antike Theater. Es wurde prunkvoll und mit Adelswappen geschmückt.
- Die **Bühne** verlängerte den Zuschauerraum, die beide hell erleuchtet wurden (als *ein* Raum). Die *Guckkastenbühne* kommt erst später (19. Jh.).

Die Größe der Opernhäuser richtete sich nach der Größe des Hofstaates (einschl. Diener; in Versailles lebten zeitweise viele tausend Adlige) bzw. im bürgerl. Bereich nach kommerziellen Gesichtspunkten. Das *Teatro Grimani* hatte etwa 1000 Plätze (Abb. A).

In Venedig gab es 6–8, im 18. Jh. sogar bis zu 16 Opernhäuser gleichzeitig, die ständig neue Opern aufführten. Das erklärt die große Zahl der Opern, ihren Hang zur Typisierung, belegt aber auch zugleich den großen Anklang, den diese Gattung fand. Sie war unterhaltend, aber auch belehrend und rührend (antike Theateridee) mit ihren barocken Geisterszenen, Zaubereien, Verwandlungen usw.

Die Oper spielte nur zu best. **Spielzeiten** *(stagione)*: im Karneval (Hauptspielzeit), von Ostern bis zur Sommerpause, im Herbst bis zum Advent. Keine Opern gab es in der Passions- und der Adventszeit, dafür Oratorien.

Venedig führte im 17. Jh. in der Gattung Oper. Venezian. Opern spielte man in vielen Städten Italiens und ganz Europas. Dazu holte man, wenn möglich, ital. Kapellmeister, Sänger und Instrumentalisten. Zu den bedeutendsten Vertretern der **Venezianischen Oper** gehören außer MONTEVERDI:

PIER FRANCESCO CALETTI-BRUNI, gen. CAVALLI (1602–76), aus Crema, Kapellsänger, Organist und Kapellmeister (ab 1668) an S. Marco; schrieb 42 Opern, darunter *Giasone* (1649) und zur Hochzeit LUDWIGS XIV. *Ercole amante* (Paris 1662).

ANTONIO CESTI (1623–69) aus Arezzo, ab 1652 in Innsbruck, ab 1666 Vizekapellmeister in Wien; Opern u. a. *L'Orontea* (Venedig 1649), *Argia* (Innsbruck 1655), *Dori* (Florenz 1661), *Il pomo d'oro* (Wien 1668, zur Hochzeit LEOPOLDS I.).

Ferner: SACRATI, ZIANI, LEGRENZI, PALLAVICINO, POLLAROLO (um 1653–1722).

Gegen Ende des 17. Jh. öffnet sich Venedig mehr und mehr dem Einfluss von außen. Die *Französische Ouvertüre* ist beliebt, das *Secco-Rezitativ* und die *Da-capo-Arie* werden selbstverständlich. Auch geht die Typisierung der Affektdarstellung weiter wie in der Neapolitan. Opernschule bzw. der ital. Oper des 18. Jh. überhaupt.

Eine typ. held. Geste zeigt die Arie des Faramondo von POLLAROLO: fanfarenartige Quartsprünge, rauschendes Tremolo, große Linie (Nb. D).

Rom griff anfangs die Florentin. Oper auf, z. T. mit den gleichen Komponisten (BARDI, CAVALIERI). In Rom entwickelte sich eigenständig die *geistliche Oper*, das *Oratorium* und später die *Opera buffa*. Komponisten:

STEFANO LANDI (1586/87–1639), *La morte d'Orfeo* (1619), *Sant'Alessio* (1632).

DOMENICO MAZZOCCHI (1592–1665), *La catena d'Adone* (1626, Vorwort: das zu trockene Rezitativ langweile).

ALESSANDRO STRADELLA (1644–82), s. S. 289; Opern u. a. *Il Trespolo tutore* (Genua um 1677), *La forza dell'amor paterno* (Genua 1678).

Weitere Komponisten: A. AGAZZARI, M. MARAZZOLI, M. ROSSI, L. VITTORI.

Die Libretti der frühen *Opera buffa* in Rom stammen vom Kardinal GIULIO ROSPIGLIOSI: *Chi soffre speri* (1639; Musik V. MAZZOCCHI, MARAZZOLI), *Dal male il bene* (1653; Musik ABBATINI, MARAZZOLI). Ab 1652 gibt es ein öffentl. Opernhaus. Man liebt größere Ausstattung, starke Chöre, große Orch.

Neapel: Die sog. **Neapolitanische Opernschule** wird im 18. Jh. tonangebend. Die Verbindungen nach Rom sind eng.

Neapel liebt einen reich und sorgfältig ausgestalteten Orchesterpart. Früher Komponist:

FRANCESCO PROVENZALE (um 1626–1704), ab 1686 Dom-Kpm.

Die Arie der Menalippa (1672) zeigt die klare Disposition und primär musikal. Gestaltungsweise in Anlage und Motivik (*Basso ostinato* aus 3 Gliedern, von *d* nach *a* absteigend), wobei sich der Text gut einfügt. Der Gesang wird verziert (Nb. C).

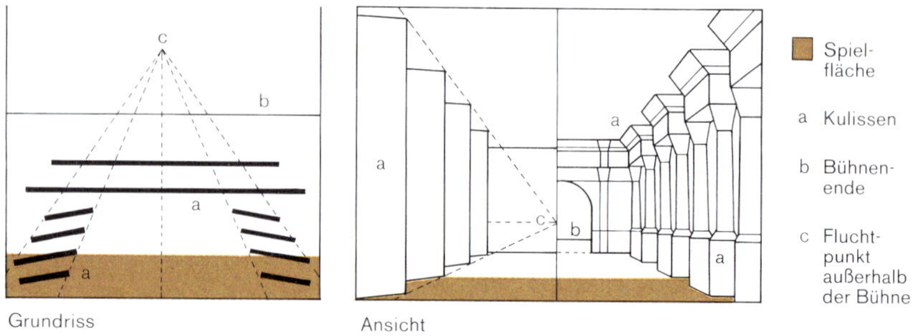

A **Barocke Opernbühne** mit perspektivischer Verkürzung, Parma 1711

B **A. Scarlatti, Telemaco,** 1718, Dreiklangsmelodik

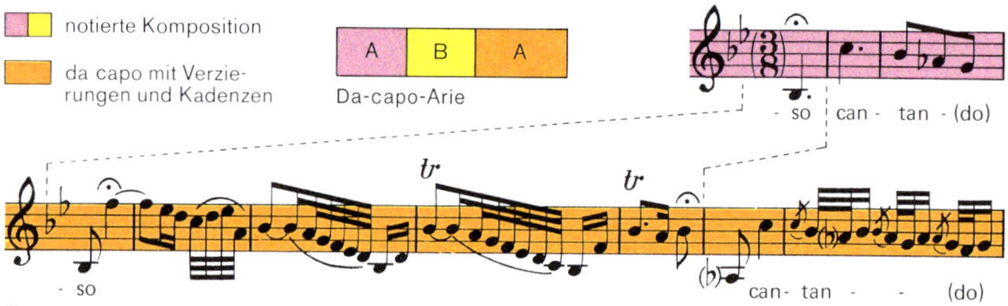

C **Bravourgesang des Belcanto,** Farinellis Ausführung einer Arie aus Giacomellis Oper Merope, 1734

D **G. Pergolesi, La serva padrona,** 1733, Duett Serpina, Umberto

Motivwiederholung

Bühne, Belcanto, Intermezzo

Die barocke **Opernbühne** spiegelt einen großen Raum vor durch Verlegung des perspektiv. Blickpunkts weit hinter die Bühne und entsprechende Bemalung der Seiten- und Schlusskulisse (SERLIO, um 1600). Die Zusammenstellung *antiker* (Tempel, Säulen) und *barocker* Elemente (Hafen, Segelschiffe) schuf eine dem Stoff der Oper gemäße *stilisierte* Kunstwelt. *Zentralperspektive* (S. 278) und *Winkelperspektive,* bei der die im Winkel stehenden Kulissen Seitenräume vortäuschen, werden auch miteinander kombiniert (Abb. A). Als Spielfläche eignete sich wegen der Größenverhältnisse nur der Raum an der vorderen Rampe.

Man liebte ein möglichst bewegtes **Bühnengeschehen:** Flugmaschinen, schwebende Wolken (mit Sängern darin), Meereswogen, Nebel, Dampf, Feuer usw. Die Barockoper hatte meist 3 Akte mit 12–16 wieder verwendbaren Dekorationen (**Szenentypen**):

Straße, Platz, Fluss, Hafen, Wolken, Garten, Grotten, Treppen, Turm, Kerker, Hof, Saal, Theater im Theater, Zimmer (in Venedig beliebt: Schlafzimmer mit Bett und Spiegel).

Kostüme. Die Sänger erschienen *zeitgenössisch* gekleidet, festlich, modisch, seltener stilisiert historisch. Daneben *Fantasiekostüme* für Fabelwesen, Geister, Tiere usw.

Sänger. Die Hauptsänger (*primo uomo, prima donna*) hatten Anspruch auf mindestens 2–3 Arien je Oper, in denen sie ihre Kunst zeigen konnten. Das Kastratenwesen kam aus Spanien (maurisch), zuerst in die Kirchenmusik, dann in die Oper. Die Kastraten verbanden die Reinheit der Knabenstimme *(voci bianche)* mit der Kraft des Erwachsenen. Sie sangen die Heldenpartien, auch Frauenrollen, und galten als Stars.

Stilideal ist der **Belcanto,** der ital. *schöne Gesang* voll Ausdruck, Virtuosität und Gesangskultur. Ihm entsprach der anspruchsvolle und hohe Stil der Da-capo-Arie. Im Dacapo (dem Wiederholungsteil) konnte der Sänger mit improvisierten Verzierungen, Koloraturen (*passi,* Gänge) und kadenzartigen Erweiterungen glänzen (selten notiert, Nb. C von FARINELLI, dem berühmten Kastraten).

Im 18. Jh. führt die *ital. Oper,* die man im 19. Jh. etwas speziell die **Neapolitanische Oper** nannte. Zentren sind Neapel, Rom, Turin, Mailand, Venedig, ferner Wien, Dresden (HASSE), Hamburg, London (HÄNDEL).

Opera seria

Die Musik steht bei dieser *ernsten* Gesangsoper im Vordergrund, bes. in den vielen Arien (oft mit konzertierenden Instr.), die die Handlung unterbrechen und bestimmte Affekte ausdrücken. Die Handlung vollzieht sich im flüchtig komponierten Secco-Rezitativ. Daneben gibt es dramat. und lyr. Accompagnati, liedhafte Cavatinen, Ensembles und Chöre. Als Ouvertüre erklingt die *Neapolitan. Opernsinfonia,* ohne Bezug zur Oper.

Um 1700 wird die ital. Oper einfacher, stilisierter (Einfluss des frz. Klassizismus, CORNEILLE, RACINE), weniger komische Szenen.

Librettisten:

APOSTOLO ZENO (1668–1750), Venedig, ab 1718 Wiener Hofpoet, 47 Opern- und 12 Oratorientexte, mit Formstrenge und Schematisierungshang.

PIETRO METASTASIO (1698–1782), Rom, ab 1717 Neapel, ab 1730 Wien (ZENOS Nachfolger), 57 Opernlibretti als Dichtung *(dramma per musica),* Typen statt Charaktere, Spiegel und Vorbild in höf. Konvention. Meist 6 Personen, darunter 2 Liebespaare, die durch Wirren von Pflicht und Neigung zur Klärung gelangen. Arientypen (anstelle des griech. Chores).

Komponisten:

ALESSANDRO SCARLATTI (1660–1725), Palermo, ab 1672 (?) Rom, Schüler CARISSIMIS, Kpm. der Königin CHRISTINE V. SCHWEDEN in Rom, ab 1684 Hof-Kpm. in Neapel, über 800 Kammerkantaten, 114 Opern, darunter *La Rosaura* (Rom 1690), *Griselda* (Rom 1721), *Il trionfo dell'onore* (musikal. Komödie, Neapel 1718), nicht bürgerl. gehobener Stil voll Klarheit und Pathos (s. Nb. B), konzertierende Instrumente (oft paarig), Hauptmeister der älteren Neapolitaner, den jüngeren zu gelehrt.

HÄNDEL (S. 286); L. VINCI (um 1690–1730); N. PORPORA (1686–1768); G. BONONCINI (1670–1747).

GIOVANNI BATTISTA PERGOLESI (1710–36), Neapel, Schüler VINCIS, DURANTES, KaM und KM (S. 294), 5 *Opere serie,* berühmte Intermezzi (Abb. D).

Zur jüngeren Generation zählen (s. auch S. 338 ff.): N. JOMMELLI (1714–74); T. TRAËTTA (1727–79); F. DI MAJO (1732–70); HASSE (S. 287); GLUCK (S. 343).

Opera buffa

In der venezian. Oper gibt es ab etwa 1630 komische Szenen (angeregt vom span. Drama) mit plapperndem *Parlando,* derben *Liedern* und *Parodien.* Um 1700 schied sie ZENO aus der Opera seria aus, worauf sie (wie früher) im *Intermezzo* und in der *Commedia in Musica* ihren Platz fanden. Die Figuren entstammen der *Commedia dell'Arte,* die Stoffe dem bürgerl. Alltag, volkstümlich, sentimental und derb zugleich. Die Musik gibt sich einfach und natürlich: keine Kastraten, kein Belcanto, dafür Lieder, Cavatinen, Ensembles und viel Seria-Parodie.

PERGOLESIS Intermezzo *La serva padrona* (1733) wurde ein großer Erfolg (auch Streitobjekt, Paris 1752). An der kurzatmigen Motivik, ihren Wiederholungen und Kontrasten erkennt man Dialogcharakter, Klarheit, Schlagkraft, Spritzigkeit und einen neuen gestischen Schwung. Das Stück trug viel zur Stilbildung der *Opera buffa* (und der Klassik) bei.

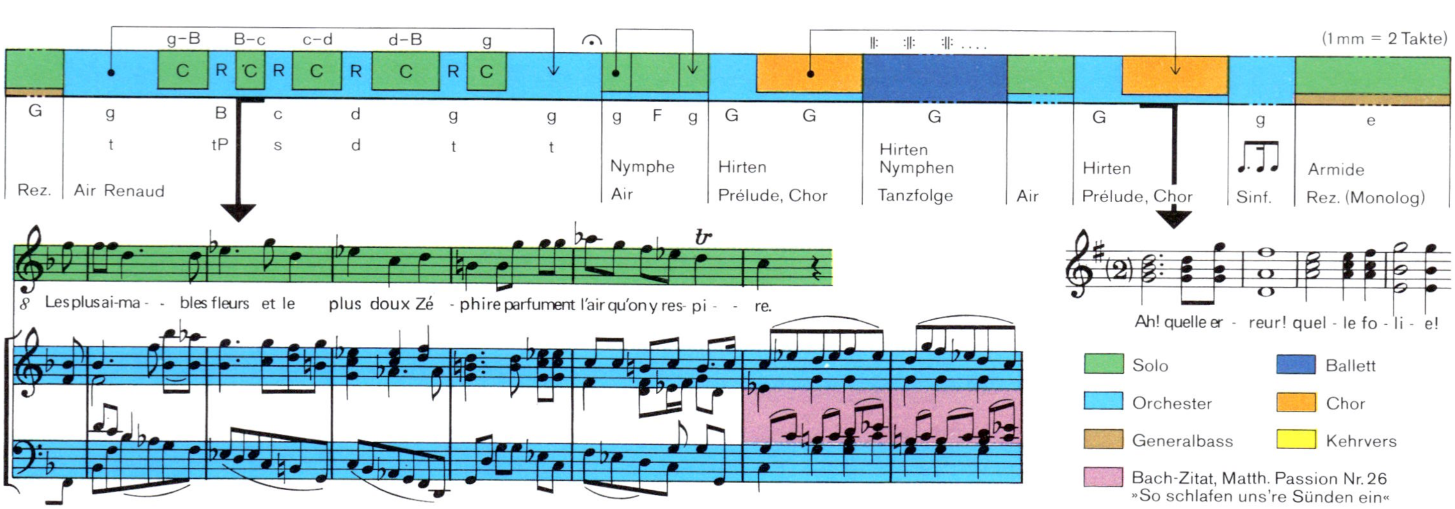

A **J.-B. Lully, Armide, 1686, Schlummerszene (II),** Aufbau und Beispiele

B **J.-B. Lully, Isis, 1677,** Monolog der Io, **französisches Rezitativ** mit ariosen Partien als Kehrverse (»Rondeau«)

Szenenaufbau, französisches Rezitativ

Auch in Frankreich versuchte man gegen Ende des 16. Jh., nach dem Vorbild des antiken Theaters eine neue Gattung zu schaffen, an der alle Künste teilnahmen: Dichtung, Musik, Tanz, Architektur, Malerei, Kostüm. Der Dichter J.-A. BAÏF und der Musiker T. DE COURVILLE gründeten 1570 nach antikem Vorbild die *Académie de Poésie et de Musique* in Paris. Als Gemeinschaftsprodukt folgte in der neuen Gattung des **Ballet de Cour** das *Balet comique de la Royne* (1581).

Im **Ballet de Cour** (S. 322, Abb. B) finden sich Handlung nach dichter. Ideen, Tänze, reiche Kostüme, Dekorationen und Musik: *Chants* (4- bis 5-st. Chöre), *Récits* (Sologesänge, strophisch oder madrigalesk, Vorläufer von Air und Rezitativ) und *Instrumentalmusik* (Orchesterbegleitung, Tänze). Der Stoff entstammt der Mythologie, vieles ist allegorisch. Zuerst fast ohne Berufstänzer laienhaft vom Hofstaat selbst getanzt (in Nachfolge der Aufzüge und Maskeraden der Renaissance), entwickeln später Berufstänzer das qualitativ hochstehende frz. Ballett, das Charakteristikum der frz. Oper bleibt.

Comédie-Ballet (Ballettkomödie): buffoneskes Gegenstück zum ernsten Hofballett, entstand als Gattung des Theaters, als MOLIÈRE mit LULLY 1664 *La princesse d'Élide* herausbrachte. Grundlage ist die gesprochene Komödie, in die Ballette aufgenommen wurden, dazu Sologesänge (Rez., Airs) und Ensembles (Beispiel: *Le bourgeois gentilhomme,* 1670). Je weniger Musik, desto mehr wurde (nach MOLIÈRES Tod 1673) das Comédie-Ballet zur übl. Komödie mit Tänzen und Chansons.

Pastorale. Die ital. Oper versuchte auch in Paris Fuß zu fassen. Es gab eine Reihe von Aufführungen ital. Opern am frz. Hofe, stets mit aufwändigerer Besetzung als in Italien, also mit stärkeren Orchestern, Chören und mit zusätzl. Balletten, so SACRATI, *La finta pazza* (1645), CAVALLI, *Egisto* (1646), ROSSI, *Orfeo* (1647), CAVALLI, *Ercole amante* (1662, zur Hochzeit LUDWIGS XIV.). Unter diesem ital. Einfluss entsteht die frz. Pastorale, zuerst von CAMBERT, *Pastorale d'Issy* (1659) und *Pomone* (1671), Text von PERRIN zur Eröffnung des ersten eigenen Opernbetriebes. PERRIN ging 1672 Pleite. Als Nachfolge gründete LULLY 1672 die *Académie Royale de Musique,* Eröffnung mit *Les fêtes de l'Amour et de Bacchus* (Text QUINAULT). Die Pastorale führt dann ein Randdasein bis zu ROUSSEAUS *Le devin du village* (1752).

Tragédie lyrique, auch *Tragédie en musique,* in Wechselwirkung zur klassizist. Tragödie von CORNEILLE (1606–84), QUINAULT (1635–88) und RACINE (1639–99) und Nachahmung der antiken Tragödie, hat 5 Akte, Alexandriner und 5-füßige Jamben; Stoffe aus Mythologie, Sage und histor. Heldentum. Zentral ist das pathet. Rezitativ der Tragödie, das die Musik nachzeichnet.

Die Gattung wurde von QUINAULT und LULLY ausgebildet, zuerst mit *Cadmus et Hermione* (1673), dann u. a. *Alceste* (1674), *Thésée* (1675), *Persée* (1682), *Armide* (1686, Abb. A). LULLY verwendet:

- **frz. Ouvertüre** (S. 136);
- **Prolog** (mit Königslob);
- **frz. Rezitativ,** ausgearbeitet, dem Text folgend, daher mit vielen Taktwechseln, aber auch mit refrainartig wiederkehrender Melodik (Abb. A);
- **frz. Air,** liedhaft, oft mit Refrains nach den Strophen, bei syllab. Melodik (ohne ital. Koloraturen, s. Air des Renaud, Abb. A);
- **Ensembles;**
- **Chöre** (oft 3-st., s. Abb. A);
- **Ballettmusik** (Tänze), Orchestersatz 5-st. ausgearbeitet (S. 320, Abb. B);
- **Instrumentalstücke** programmat. Art.

Die *Szenen* sind typisiert (Gewitter, Schlummer usw.). Sie werden komponiert als vielgliedrige Gebilde mit Rezitativen, Airs, Tänzen, Chören, Sinfonien, alles proportional wohl aufeinander abgestimmt (Abb. A).

Mit der Tragédie lyrique entstand eine frz. Nationaloper, gegen die die Anhänger der ital. Oper in Paris eine Minderheit bildeten.

JEAN-BAPTISTE LULLY (1632–87), aus Florenz, ab 1646 in Paris, Geiger, ab 1653 Hofkomponist (*24 Violons du Roi,* S. 65, 321), prägte frz. Stil in Oper, Ballett, Suite, beeinflusste ganz Europa; starb an seinem Dirigentenstab (Fußverletzung).

A. CAMPRA (1660–1744); A. DESTOUCHES (1672–1749).

Opéra-Ballet, entstand durch Verselbstständigung der sog. Divertissements (Ballett- und Musikeinlagen in Schauspiele) gegen Ende des 17. Jh., als man 2 bis 3 dieser *Divertissements* (als 2 bis 3 Akte) mit jeweils unabhängiger oder nur lose verbundener Thematik zu einer abendfüllenden Unterhaltung komponierte. Sie bestehen aus Ballettszenen (Prolog, Entrées), Arien, Chören usw., schildern festlich und farbig ihre Sujets und bedeuten den *Durchbruch des Rokokogeschmacks durch das feierliche Pathos des Lullyschen Barocks* (BÜCKEN). Das Opéra-Ballet bestand neben der Tragédie lyrique bis in die Mitte des 18. Jh. Frühe Beispiele: CAMPRA, *L'Europe galante* (1697); *Les muses* (1703), *Les fêtes vénitiennes* (1710); später DELALANDE und DESTOUCHES, *Les éléments* (1721); bes. RAMEAU, *Les Indes galantes* (1735).

JEAN-PHILIPPE RAMEAU (1683–1764), Dijon, ab 1722 Paris; *Pièces de clavecin* (1724), *Hippolyte et Aricie* (Tragédie lyr., 1733); *Traité de l'harmonie* (1722), *Démonstration du principe de l'harmonie* (1750).

Opéra comique, hat ihre Zeit ab 1752, geht aber zurück ins 17. Jh. auf die Pariser **Vorstadtkomödie** mit ihren *Vaudevilles (voix de villes,* Gassenhauer, daher *comédie en vaudeville)* und auf die kunstvollere **Komödie** mit Chansons *(Comédie mêlée d'ariettes).*

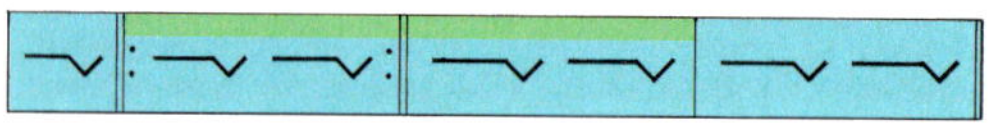

Ground: chromatischer Quartfall (Lamento) u. Kadenz, 9 x (Chaconne)

A **H. Purcell, Dido and Aeneas,** 1689, Rezitativ und Arie der Dido

Solo

Orchester

Aufbau der Arie

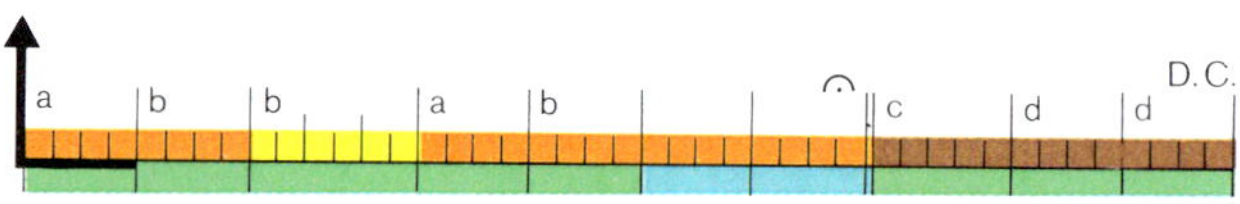

B **G. F. Händel, Rinaldo,** 1711, Arie der Almirena mit orig. Verzierungen der Isabella Girardeau

a, b.. Versfolge

musikalische Thematik

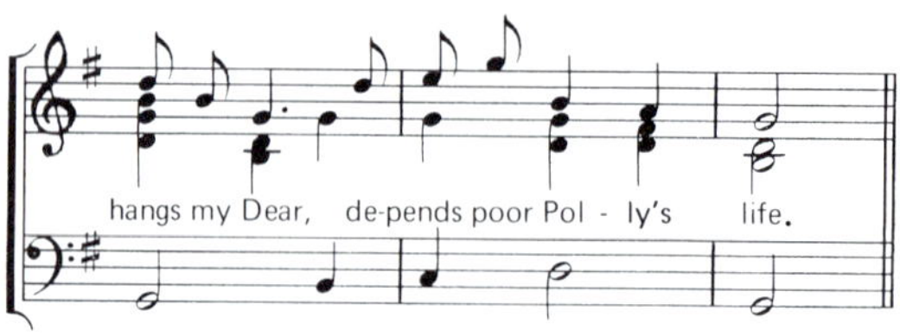

C **Gay/Pepusch, The Beggar's Opera,** London 1728, Lied der Polly

Englische und italienische Oper, Ballad-Opera

Frühe, eigenständige engl. Bühnengattung mit Musik ist die **Masque,** höf. Maskenspiel des 16./17. Jh., auf Umzüge und Maskenspiele der europ. Renaissance zurückgehend. Sie erreichte ihren Höhepunkt im 17. Jh. mit BEN JONSON als Dichter und INIGO JONES als Bühnenarchitekten. Ihr Aufbau:

Dem *Prolog* folgte der *Aufzug* der maskierten Darsteller (*Masquers,* adlige Laien), dann das *Hauptstück* mytholog. oder allegor. Inhalts mit Pantomimen, Tänzen, Dialogen, Airs (Lautenliedern), Chören (Madrigale). Den *Schluss* bildete ein Ball *(main dance)* aller Anwesenden und die Demaskierung.

JONSON fügte 1609 in der *Masque of Queens* eine parodist. **Antimasque** ein (mit Berufsschauspielern). Um 1620 wurde auch das ital. Rezitativ aufgenommen. Unter CROMWELLS kulturellen Restriktionen noch erlaubt, sank die Masque in der Zeit der Restauration nach dessen Tod (1658) gegenüber der Oper ab zu volkstüml. Unterhaltung, konnte aber auch noch als Intermedium erscheinen.

Die 1. durchkomponierte engl. **Oper** ist *The Siege of Rhodes* (London 1656), Text von W. DAVENANT, Musik ein Pasticcio von 5 Komponisten. Festlandeinfluss: ital. Rezitativ und Arie, frz. Ouvertüre, Chöre und Tänze. Doch bleibt die engl. Oper mehr Schauspiel mit Musik. Komponisten: M. LOCKE, G. B. DRAGHI, J. BANISTER, H. PURCELL u. a.

PURCELLS einzige ganz durchkomponierte Oper ist *Dido and Aeneas* (London 1689), die als bedeutendste engl. Oper des 17. Jh. gilt. In Prolog und 3 kurzen Akten schildert sie das Schicksal der verlassenen Dido.

Deren Klagegesang vor dem Tode zeigt PURCELLS innige und hohe Ausdruckskunst: Das Rezitativ in ermattend absinkender Bewegung, die Arie *(Song)* gebaut als Chaconne über dem Lamentobass (S. 279), voll schmerzl. Dissonanzen, aber mit einer liedhaft schlichten Melodik.

PURCELL schrieb 48 Schauspielmusiken und 5 Halbopern (*Semi-Operas,* Schauspiele mit viel Musik), so *King Arthur* (1691, DRYDEN), *The Fairy Queen* (1692, nach SHAKESPEARES *Sommernachtstraum*), *The Tempest* (um 1695, nach SHAKESPEARE).

HENRY PURCELL (1659–95), London, Hofkapellsänger, ab 1679 Organist an der *Westminster Abbey,* 1682 Organist der *Chapel Royal,* 1683 königl. Instr.-Aufseher; KM *(Anthems),* KaM (Triosonaten, Violenquartette), Bühnenwerke; liedhafte Melodik, chromat., kühne Harmonik, verschmilzt alle Einflüsse zu eigenem Stil.

Die italienische Opera seria in England

Die ersten ital. Opern in London sangen Engländer und Italiener gemischt in engl. und ital. Sprache (ab ca. 1710). Die ital. Oper blieb als Fremdelement der Oberschicht vielen Angriffen ausgesetzt und versank um 1740. Die ital. Opera seria, und damit die Barockoper überhaupt, erlebte durch HÄNDEL in England ihren Höhepunkt.

HÄNDEL begann am Haymarket Theatre mit *Rinaldo* (1711), ein farbiges Verwandlungs- und Schaustück um die Zauberin Armida. Es folgten *Il pastor fido* (1712), *Teseo, Silla* (1713), *Amadigi* (1715).

1719 wurde die **Royal Academy of Music** gegründet (als AG); wirtschaftl. Direktor war HEIDEGGER, der künstler. HÄNDEL. HÄNDEL engagierte Spitzenstars wie SENESINO (Kastrat), DURASTANTI (Sopran), FAUSTINA BORDONI-HASSE (Koloratur-S.).

Weitere HÄNDEL-Opern: *Radamisto* (1720), *Muzio Scevola* (1721, *Pasticcio:* 1. Akt AMADEI, 2. Akt BONONCINI, 3. Akt HÄNDEL), *Floridante* (1721), *Ottone, Flavio* (1723), *Giulio Cesare, Tamerlano* (1724), *Rodelinda* (1725), *Scipione, Alessandro* (1726), *Admeto, Riccardo I* (1727), *Siroe, Tolomeo* (1728).

Die *Royal Academy* endet 1728 (Einfluss der *Beggar's Opera,* s. u.). HÄNDEL und HEIDEGGER gründen eine neue Akademie. Opern:

Lotario (1729), *Partenope* (1730), *Poro* (1731), *Ezio* (1732), *Sosarme* (1732), *Orlando* (1733), dann Ende der Akademie. Man gründet ein Gegenunternehmen mit ARRIGONI, BONONCINI und PORPORA. Unter Schwierigkeiten HÄNDELS *Arianna* (1734), *Il pastor fido* (1734, Urfass. 1712); dann selbstständig im Covent Garden Theatre: *Ariodante, Alcina* (1735), *Atalanta* (1736), *Arminio, Giustino, Berenice* (1737). Aufgabe wegen Schlaganfall; dann für HEIDEGGERS King's Theatre: *Faramondo* und *Serse* (1738). Selbstständig weiter: *Giove in Argo* (1739), *Imeneo* (1740), *Deidamia* (1741, letzte Oper).

HÄNDEL übertraf die ital. Komponisten an Kraft und Größe der harmon. und *melod.* Erfindung, mit schlichter, weiträumiger Führung, großer Geste, Innigkeit und Ausdruck (Abb. B). Über die Folge von Rezitativ und Arie hinaus gestaltete HÄNDEL dramat. Szenen mit Accompagnati, Ensembles, Chören.

Die Ballad-Opera, mit Dialogen und volkstüml. Melodien *(ballad tunes),* entstand schon im 17. Jh., eine Art Singspiel, aber voller Burleske, Ironie und Parodie. 1728 kam in London die *Beggar's Opera* (Bettleroper) heraus, Texte von JOHN GAY, Musik von J. CHR. PEPUSCH, der eine Ouvertüre schrieb und bekannte Melodien (aber auch den Marsch aus HÄNDELS *Rinaldo*) mit Gb.-Begleitung versah. Eine solche volksliedhaft einfache Melodie ist auch das Lied der Polly (Abb. C). Die Handlung spielt unter Bettlern, Huren und Straßenräubern (späte Bearbeitung: BRECHT/WEILLS *Dreigroschenoper*). Sie übte Kritik an der Gesellschaft, hatte großen Erfolg, bewirkte u. a. den ersten Konkurs der ital. Oper in England (s. o.).

A S. T. Staden, Seelewig, Nürnberg 1644, Gewitterszene, Rezitativ und Nymphenchor

B J. Theile, Orontes, Hamburg 1678, Arie der Dorisbe

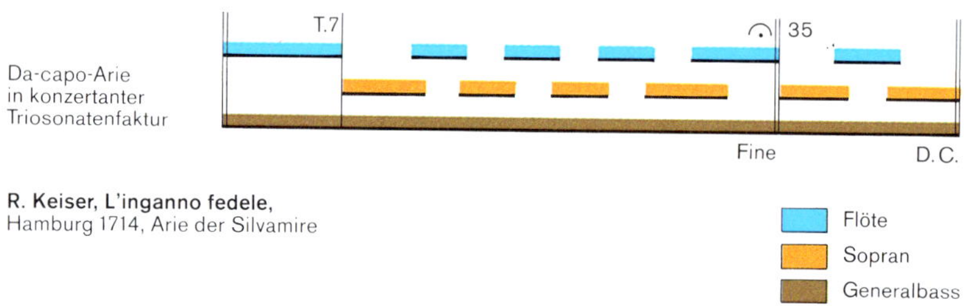

C R. Keiser, L'inganno fedele, Hamburg 1714, Arie der Silvamire

D G. F. Händel, Almira, Hamburg 1705, Arie des Fernando

Staden; Hamburger Oper

Im deutschsprachigen Raum kannte man das **Schuldrama** der Renaissance mit Liedern und Chören, mehr lehrreich als erbaulich. Die neue Gattung **Oper** übernahm man aus Italien.

H. SCHÜTZ komponierte 1627 zur Fürstenhochzeit in Torgau RINUCCINIS *Dafne* in der Übersetzung von M. OPITZ (Musik verloren).

Die erste erhaltene deutschsprachige Oper ist *Seelewig* (Nürnberg 1644), Text von G. PH. HARSDÖRFFER, Musik von S. T. STADEN, ein *geistliches Waldgedicht* voller Moral und Allegorie nach Art der Schuldramen: eine gefährdete Seele findet zur Tugend. Die Figuren heißen überdeutlich *Trügewalt* (Waldgeist), *Künsteling, Reichimut* und *Ehrenlob* (Hirten), *Gewissulda* (Gewissen), *Herzigild* und *Sinnigulda* (Damen). STADEN komponiert durchweg Strophenlieder (*Arien* genannt); sein Rezitativ imitiert das ital. und deklamiert textgetreu (ausdrucksstarke Intervalle, dagegen schlichter Nymphenchor, Abb. A).

Bei der schlechten wirtschaftl. Situation in Deutschland während und infolge des 30-jährigen Krieges (1618–1648) konnte es zu keiner Blüte einer so aufwändigen Gattung wie der Oper kommen. Trotzdem pflegten zahlreiche Höfe die Oper als Unterhaltung und bei Festgelegenheiten (Hochzeit, Geburtstag), wobei neben ital. und frz. Opern auch deutsche erschienen, mit Dialogen, Liedern und Chören, ital. beeinflusstem Rezitativ, frz. Ouvertüre und Tänzen.

In allen wichtigeren Residenzen entstehen **Hoftheater,** meist in kleinem Rahmen; einzig in Hamburg ab 1678 gibt es ein öffentl. Opernhaus wie in Venedig (s. u.). Bedeutende Hoftheater und Komponisten:

Braunschweig, ab 1639 dt. Singspiele, ab 1680 auch ital. und frz. Opern. Komponisten: J. J. LÖWE, J. S. KUSSER, R. KEISER, G. C. SCHÜRMANN (1672/73–1751), J. A. HASSE, C. H. GRAUN (um 1704–59).

Hannover, mit Kapellmeister AGOSTINO STEFFANI (1654–1728) ab 1688, zur Eröffnung des Hoftheaters 1689 *Enrico Leone.* Auch HÄNDEL hielt sich kurz in Hannover auf (1710 ff., s. S. 331). 1714 zog der Hof nach England.

Weißenfels, mit JOHANN PHILIPP KRIEGER (1649–1725), Jugendeindrücke HÄNDELS.

Dresden, ital. Opernzentrum mit G. A. BONTEMPI (um 1624–1705); C. PALLAVICINO (um 1630–88); N. A. STRUNGK (1640–1700); A. LOTTI (1666–1740), lebte 1717–1719 in Dresden; J. A. HASSE (1699–1783), ab 1731 in Dresden; Weltruf durch ital. Opern.

München, ab 1656, mit J. K. KERLL (1627–93), 1673–84 in Wien; ital. Opern auch durch A. STEFFANI und P. TORRI (um 1650–1737).

Durlach (Markgraf von Baden), Kapellmeister C. SCHWEIZELSPERG, *Die romanische Lucretia* (1715).

Wien, venezian. Einfluss, Bearbeitung und Neukomposition; ital. Komponisten schrieben für Wien oder waren dort tätig: CESTI, Hofkapellmeister 1666–68, *Il pomo d'oro* (1668); ANTONIO DRAGHI (1634/35–1700), Rimini, ab 1658 in Wien, ab 1669 Kapellmeister; 172 Opern und 43 Oratorien.

Im 18. Jh. bes. GIOVANNI BONONCINI (1670–1747), Bologna, Rom, 1698–1712 in Wien: *La fede publica* (1699), *L'Etearco* (Wien 1707, London 1711); F. B. CONTI (1681/82–1732), ab 1701 in Wien (Theorbist); ANTONIO CALDARA (1670–1736) Venedig, LEGRENZI-Schüler, Rom, ab 1715 in Wien, 80 Opern, viel KM; JOHANN JOSEPH FUX (1660–1741), 18 Opern, KM. Als Hofpoeten: ZENO und METASTASIO (S. 281).

In **Hamburg** eröffnete 1678 das erste deutsche »öffentliche und populäre« Opernhaus am Gänsemarkt. SCHÜTZ-Schüler JOHANN THEILE (1646–1724) schrieb zur Eröffnung die Oper *Adam und Eva* (verloren).

Seine Musik zur Oper *Orontes* (1678) ist teilweise erhalten, u. a. ein Lamento der Dorisbe in liedhafter Melodik, syllabisch mit stark bewegtem Bass (Nb. B).

In Hamburg gab es zahlreiche Neukompositionen, aber auch Übersetzungen bzw. Bearbeitungen ital. und frz. Opern. Dabei wurden oft nur die Rezitative übersetzt oder neu komponiert, die Arien aber in der Originalsprache gesungen. Ihre Blütezeit erlebte die Hamburger Oper von 1686 bis etwa 1710; sie schloss 1738. Weitere Musiker:

JOHANN SIGISMUND KUSSER (1660–1727), 1695/96 Hamburg, LULLY-Schüler, frz. Einfluss (Orch.: *kurzer, feuriger Strich*).

REINHARD KEISER (1674–1739), ab 1697 Operndirektor in Hamburg, 77 Opern, konzertierende Instr., ausgearb. Orchestersatz (Abb. C), *angenehm singendes Wesen auch in der neuen ital. Singeart* (MATTHESON).

JOHANN MATTHESON (1681–1764), Schriften: *Das neu eröffnete Orchestre,* 3 Bde. (1713–21), *Große Gb.-Schule* (1731), *Der vollkommene Kapellmeister* (1739), *Grundlage einer Ehrenpforte* (1740).

GEORG PHILIPP TELEMANN (1681–1767), ab 1721 in Hamburg, 45 Opern, darunter komische wie *Pimpinone* (1725), *Emma und Eginhard* (1728).

Der junge HÄNDEL wirkte 1703–06 an der Hamburger Oper (Geiger, ab 1704 Cembalist). Er schrieb hier seine ersten Opern: *Almira, Nero* (1705), *Florindo* und *Daphne* (1706). Nur *Almira* ist erhalten. Sie zeigt das für Hamburg typ. Stilgemisch: ital. Libretto in dt. Übersetzung (von FEUSTKING), dt. Rezitative in ital. Manier, 45 dt. und 15 ital. Arien, frz. Ouvertüre und frz. Tänze, vielfarbiges Orchester frz. Art. Schon hier kraftvolle, klare Melodik, oft mit kunstvoll imitierenden Instrumenten (Abb. D).

A **Dialog-Lauda »Anima e Corpo«**, anonym 1577, strophischer Wechsel

B **E. de' Cavalieri, La rappresentazione di anima e di corpo**, 1600

C **G. Carissimi, Jephte**, 1645, Rezitativ und Chor

Concerto grosso
Concertino (2 V.)
Herodes
B.c.

1–7: Stimmkombinationen

verdoppelt

solistisch

Sologesang

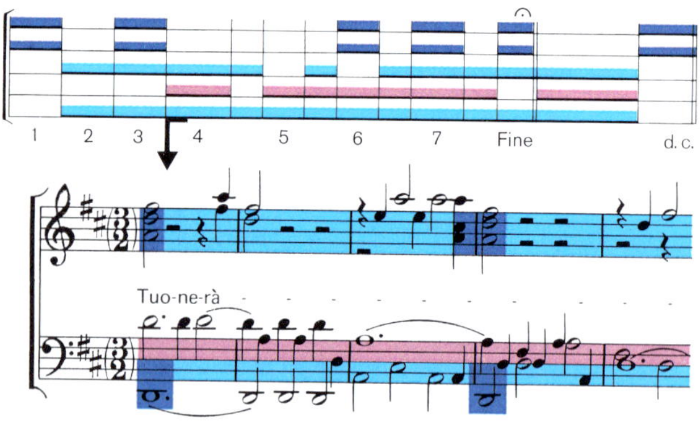

D **A. Stradella, S. Giovanni Battista**, 1676, Arie des Herodes

In Italien gab es im Geiste der Gegenreformation eine starke Frömmigkeitsbewegung, die sich über Messen und Nebengottesdienste hinaus einen eigenen nichtliturg. Raum schuf. Laien und Priester trafen sich im *Oratorio* (Betsaal, Kapelle) der Klöster und Kirchen, um geistl. Betrachtungen und Übungen abzuhalten *(esercizi spirituali).* Vorbildlich wurden die Esercizi des hl. FILIPPO NERI ab 1558 im Oratorio des Klosters S. Girolamo della Carità und ab 1575 in dem von S. Maria in Vallicella als *Congregazione dei preti dell' oratorio* (Laienbrüderschaften, Philippiner).
Da man liturgisch ungebunden war, konnte man die Art dieser Treffen frei gestalten. Neben Gebeten, Predigten und Bibellesungen sang man geistl. Lieder: die 1- und mehrst. **Lauden** (*Laudi spirituali;* kunstvoller von G. ANIMUCCIA, 4- bis 8-st., hierzu auch PALESTRINA, 5-st. geistl. Madrigale, 2 Bde., 1581). Die Lauden waren lyrisch oder erzählend, aber auch *dialogisierend,* was an das geistl. Drama und an die dramat. Partien des späteren Oratoriums erinnert.

In einer solchen anonymen Dialog-Lauda von 1577 unterhalten sich *Anima* (Seele) und *Corpo* (Körper) über Tugend, Laster und das Ziel ihrer Existenz. Die Einfachheit in Melodik, 3-st. Satz und Strophenbau weist auf Laien-Ausführung (Abb. A).

Das eigentl. **Oratorium** entsteht mit Übernahme der Monodie aus Kantate, Madrigal und Oper in die *Esercizi oratorii.*
CAVALIERI, der in Florenz seine *Euridice* komponiert hatte, schreibt in Rom seine *Rappresentazione di anima e di corpo* (um 1600) mit dem gleichen Text der genannten Dialog-Lauda und mit monod. Rezitativen.

Der Vergleich zeigt die veränderte Melodik, die dem Rhythmus und der inneren Bewegung des Textes folgt und vom Gb. begleitet wird. Bildreich und ausdrucksstark klagt der Körper über seinen Tod und sein Hinabsinken ins Grab (Abb. B).

Der Titel deutet auf die alte Gattung der *Rappresentazione* des 15. Jh. hin. Monodie und (wahrscheinlich) szen. Aufführung machen es aber zu einer *»geistlichen Oper«,* wie später AGAZZARI, *Eumelio* (1606) und LANDI, *Il Sant' Alessio* (1634).
Die Monodie dringt auch in die *Dialoghi,* unmittelbare Vorläufer des Oratoriums, mit Stoff aus dem Alten Testament und einer erzählenden Partie *(Testo, Historicus),* mit dramat. Einwürfen. Neu sind Solostücke in *monodischem* Stil, dazu mehrst. Stücke für Soli und Chor in Motetten- und Madrigalmanier. Am bekanntesten ist die Sammlung von G. F. ANERIO, *Teatro armonico spirituale di Madrigali* (Rom 1619).
Der Begriff **Oratorium** taucht erst ab etwa 1640 auf. Man unterscheidet zwischen dem lat. *Oratorio latino* und dem ital. *Oratorio volgare.* CAVALIERIS *Rappresentazione* ist sachlich schon ein echtes Oratorio volgare.

Das Oratorio latino
Die Geschichte des lat. Oratoriums beschränkt sich im Wesentlichen auf das 17. Jh. Textl. Grundlage bildet auch hier das Alte Testament, wird aber stark verändert und erhält freie dichter. Zusätze. Das Ganze ist wie das ital. Oratorium nicht liturgisch. Neben F. FOGGIA, B. GRAZIANI ist Hauptmeister
GIACOMO CARISSIMI (1605–74), Rom, ab 1626 Kpm. an S. Rufino, Assisi, ab 1629 Kapellmeister an S. Apollinare, Rom; Lehrbuch *Ars cantandi* (dt. 1689); 16 lat. Oratorien erhalten, geschrieben meist für das Oratorio von S. Marcello in Rom, wo sie während der Fastenzeit aufgeführt wurden. Die Anlage ist 3-teilig, mit Predigt zwischen dem 2. und 3. Teil.
Der Erzähler-Part kann als Duett oder Chor motettisch komponiert sein, aber auch als monod. Rezitativ über Gb. wie in der Oper (Abb. C). Es gibt dramat. Soloeinwürfe. Die Chöre sind wichtige betrachtende oder dramat. Partien, erklingen bei CARISSIMI in breit angelegter Homophonie, den Text mitteilend (nicht in kunstreicher Polyphonie, s. Abb. C).
Die meisten Oratorien CARISSIMIS behandeln Stoffe aus dem Alten Testament (*Jonas, Jephtha, Abraham* usw.), wenige aus dem Neuen (*Judicium extremum* u. a.).
Der stilist. Einfluss CARISSIMIS war groß, das lat. Oratorium bleibt aber fast ganz auf Rom beschränkt. Ausnahme: CARISSIMI-Schüler M.-A. CHARPENTIER mit 24 lat. Oratorien.

Das Oratorio volgare
ist das verbreitetere, das auch geschichtlich weitergeht und sich parallel zur Oper mit zahlreichen Wechselwirkungen entwickelt. Außer in Rom (STRADELLA) erscheint es in Oberitalien, bes. in Bologna (COLONNA) und Modena (BONONCINI). Die Oratorien sind 2-teilig, vermutl. die Predigt dazwischen.
ALESSANDRO STRADELLA (1644–82), Rom, in Genua ermordet; Sänger, Geiger, Komponist; ausdrucksvolle Melodik; KaM, KM, Opern (S. 279); Oratorien u. a. *S. Editta* (Rom 1665), *S. Giovanni Grisostomo, Susanna* (Modena 1681), berühmt *S. Giovanni Battista* (Rom 1675).

STRADELLA arbeitet den Orchesterpart weiter aus und führt sogar in die Arienbegleitung das konzertierende Stilprinzip des Concerto grosso *(Tutti)* und des Concertinos *(Soli)* ein, wie die Dakapoarie des Herodes zeigt: Der Sänger (Bass) wird begleitet vom Gb., vom Concertino (hier 2 Violinen) und dem Concerto grosso, und zwar in unterschiedl. Kombination: kunstreich und vielfarbig (Abb. D).

Weitere Komponisten sind im 17. Jh. MARAZZOLI, ROSSI, PASQUINI (Rom; Librettist: A. SPAGNA), DRAGHI in Wien, wo sich eine Sonderform des Oratoriums herausbildet: das **Santo-Sepolcro-Oratorium** für die Karwoche in den kaiserl. Familiengrüften.

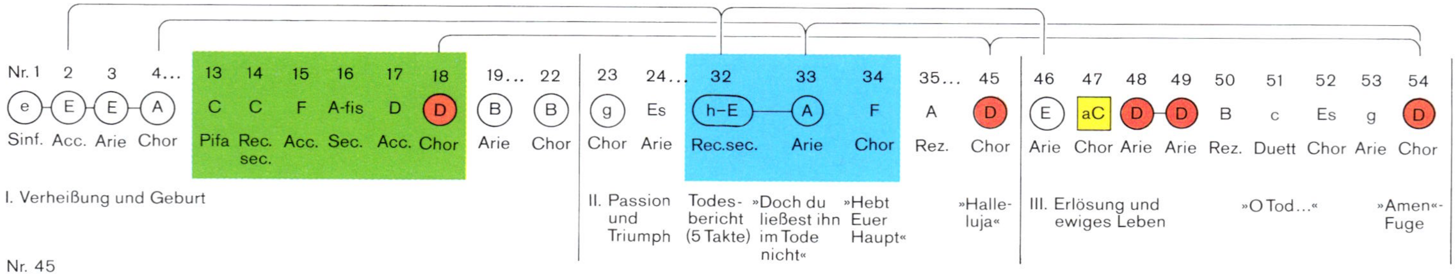

A **G. F. Händel, Messias,** 1742, Gesamtanlage, Beziehung der Teile und Tonarten; **Halleluja-Chor: Aufbau und Themen**

Hirtenszene
Erhöhung
Königtum
a C: Adam: Tod, Messias: Leben
Korrespondenz

B **A. Scarlatti, Agar et Ismaele esiliati,** 1683, Terzett Ag., Is., Abramo

Neapolitanischer Einfluss und Großform

Das **Oratorium** will in barocker Darstellungsfreude Wirkungen der Musik auf die Zuhörer erreichen, sie emotional ansprechen und bewegen. Insofern hat auch die Kirche Interesse an der *neuen* Musik, die solche Wirkungen besser erzielt als die alte: modernes Rezitativ, Soloarie, konzertantes Madrigal.
Die Rezitative bleiben Bibeltexte; lyr. Betrachtung *(Accompagnati, Chöre),* affektreiche Darstellung *(Arien, madrigalartige Chöre)* und betrachtende, lehrreiche Texte *(Accompagnati, Chöre)* treten hinzu.
Stets schafft die Musik dem Hörer des Oratoriums einen Raum, in dem sich seine emotionalen Kräfte im Sinne der *Esercizi spirituali,* der geistl. Übungen, entfalten können. Daher ist das Oratorium eine durchaus katholische Gattung, entspricht aber durch die textl. Auslegungsmöglichkeiten auch ganz dem evangelischen Geiste.
In Deutschland gibt es den Begriff *Oratorium* erst im 18. Jh., die Sache jedoch schon vorher als *Historia, Dialog, Akt.* Die *Collegia musica* (WECKMANN, Hamburg 1660) und die Lübecker *Abendmusiken* (TUNDER, BUXTEHUDE) führen solche Stücke auf. Die Auferstehungshistorie wurde z. B. vertont von SCANDELLUS (1568), ROSTHIUS (1598), SCHÜTZ (1623), dazu kannte man die Weihnachtshistorie (S. 299) u. a. Hierher gehören stilistisch auch die **Passionen** (S. 138).
Im 18. Jh. prägte die Neapolitan. Schule den Stil des Oratoriums. Wie in der Oper reduziert sich der Formenreichtum auf Secco-Rezitativ, Accompagnato, Da-capo-Arie, Chöre, seltener Duette oder gar größere Ensembles. A. SCARLATTI, Schulhaupt der Neapolitaner, schrieb 15 Oratorien, bes. für Rom.

Abb. B zeigt eine kunstvolle Terzettstruktur aus der Frühzeit SCARLATTIS mit ausdrucksstarker Chromatik. Der pathopoet. Halbtonschritt a-b-a wird nicht nur von den Gesangsstimmen, sondern auch von den Instrumenten imitiert. Bei SCARLATTI erfasst die Motivik im absolutmusikal. Sinne immer die ganze Struktur des Satzes.

Fast alle Opernkomponisten der Zeit schreiben auch Oratorien: VINCI, LEO, PERGOLESI, JOMMELLI, PORPORA, PADRE MARTINI (Bologna), HASSE (Dresden), CALDARA, FUX, LOTTI (Wien, mit den Librettisten ZENO und METASTASIO, der wie schon SPAGNA im 17. Jh. das Oratorium der Oper annähert: *»geistliche Oper«*), bes. aber HÄNDEL.
In Deutschland sind Bibelnachdichtungen mit freien Zusätzen beliebt. So MENANTES (Pseudonym für C. F. HUNOLD), *Der blutige und sterbende Jesus* (Hamburg 1704, Musik von KEISER) und B. H. BROCKES, *Der für die Sünde der Welt gemarterte und sterbende Jesus* (Hamburg 1712, Musik von KEISER, TELEMANN, HÄNDEL u. a.). Später wird auch *reiner Bibeltext* mit freien Einschüben als Oratorium komponiert und bezeichnet, z. B. BACHS *Weihnachtsoratorium.*

Händel schreibt in Italien unter A. SCARLATTIS und dem neapolitan. Einfluss die ital. Oratorien *Il trionfo del tempo e del disinganno* (Rom 1707, bearb. 1737, 1757) und *La resurrezione* (Rom 1708).
Nach seiner Opernzeit komponiert HÄNDEL in London **engl. Oratorien,** die den Höhepunkt des barocken Oratoriums überhaupt darstellen (insbes. der *Messias*). Sie wurden in England in ununterbrochener Tradition bis ins späte 19. Jh. aufgeführt. Der Erfolg beruhte natürlich auf der Qualität, aber auch auf dem aktuellen Gehalt der Oratorien (trotz ihres alttestamentl. Textes): den aufklärer. Ideen der Gerechtigkeit, Gedankenfreiheit und neuen Menschenwürde.

»Ich würde bedauern, wenn ich meine Zuhörer nur unterhalten hätte, ich wünschte, sie besser zu machen« (HÄNDEL nach einer Messias-Aufführung).

HÄNDELS erstes *engl.* Oratorium ist *Esther* (1720, bearbeitet 1732), dann *Deborah, Athalia* (1733); *Il parnasso in festa* (1734, Musik aus *Athalia*); *Alexanderfest* (1736); *Il trionfo del tempo e della verità* (1737, Urfass. 1707); *Saul, Israel in Ägypten* (1739); *L'Allegro* (1740). Die Aufführungen fanden während der Fastenzeit im Haymarket Theatre statt, mit HÄNDELS Orgelimprovisationen und Konzerten zwischen den Akten (S. 327).

Der **Messias** (Dublin 1742, London 1743 und dann jährlich in der Westminster Abbey mit Riesenaufgebot an Chören und Orchester) ist anders als die Opern für ein breites Publikum geschrieben. Nur 16 Arien stehen 19 große Chöre gegenüber. Diese Chöre verbinden in ihrer Klangpracht engl. Chortradition (PURCELL), frz. Pathos, dt. Kontrapunkt und Tiefe. So ist das bekannte *Halleluja* vielgestaltig im Aufbau, abwechslungsreich, aber doch leicht fassbar; seine Themen zeigen klare Deklamation, teilweise symmetr. Bau und alle kraftvolle Melodieführung (Quarte als Rufintervall). – Der *Messias* ist, wie alle Oratorien HÄNDELS, 3-teilig. HÄNDEL deutet den Messias im Sinne des 18. Jh.: als positiven Held und machtvollen König, erschienen zum Fortschritt der Menschheit, zu deren Einigung und Erlösung. Sein Leiden und sein Tod werden nur kurz berührt (Rez. Nr. 32) und gleich in Triumph umgedeutet (Arie Nr. 33). Selbst die Tonartbezüge in der Gesamtanlage weisen auf Erlösung (E-Dur; Tod dagegen e-Moll) und himml. Macht (D-Dur der Chöre).

Es folgen: *Samson* (1743); *Semele, Joseph* (1744); *Hercules, Belshazzar* (1745); *Occasional Orat.* (1746); *Judas Maccabaeus* (1747); *Joshua, Alexander Balus* (1748); *Susanna, Solomon* (1749); *Theodora* (1750); *The Choice of Hercules* (1751, als 3. Akt zum *Alexanderfest*); *Jephtha* (1752); *The Triumph of Time and Truth* (1757, engl. Fass. des ital. *Il trionfo,* 1707/37, s. o.).

A L. Viadana, **Cento concerti ecclesiastici**, 1602, Marienantiphon Salve regina

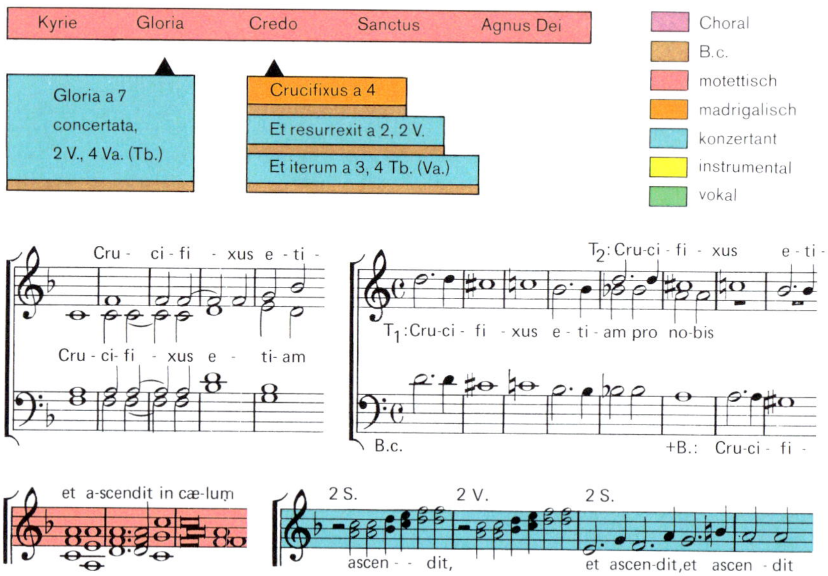

B **C. Monteverdi, Missa a 4 da cappella** 1641, mit Ersatzstücken ad. lib.

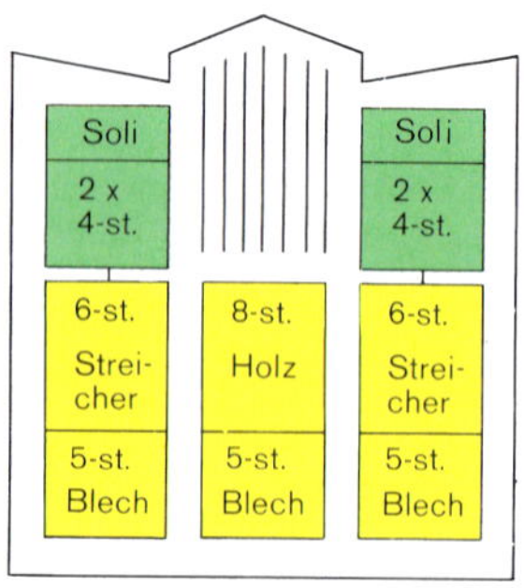

Tutti	Soli	Solo
2 Doppelchöre, 6 Instr.-Chöre, 2 Orgeln, B.c.	mehrstimmig, B.c. »Et incarnatus est« 3-st., Solo-V., B.c.	1-st., B.c.

C **H. I. F. Biber, Festmesse für den Salzburger Dom**, 1682(?), Besetzung

Römischer Kolossalstil, Orgelregistrieren auf Chor und Orchester übertragen, Klangmassen durch Stimmverdopplungen

Stilneuerungen, römischer Kolossalbarock

Die kath. Kirchenmusik *(musica sacra)* hat das Ziel, die Würde und Feierlichkeit der Liturgie zu erhöhen und die Gemütsbewegung der Gläubigen zu stärken.

Traditionsgemäß steht an erster Stelle der einstimmige **gregorianische Choral.** Das Tridentin. Konzil hatte eine Erneuerung des Chorals angeordnet; ein Ergebnis war die *Editio Medicea* von 1614 (S. 185). Der Choral, gesungen von der *Schola,* wurde in der Kirche von der Orgel begleitet bzw. er alternierte mit mehrst. Orgelspiel *(canto misto, c. spezzato* statt *canto puro, c. fermo).*

Neben dem Choral gab es in der kath. Kirchenmusik die **Mehrstimmigkeit** im alten Stil *(a cappella)* und im neuen (*monodisch, konzertant,* mit Gb.), ferner die **Orgelmusik,** das **Kirchenlied** für die Gemeinde und sonstige geistl. Musik, wie Oratorien, Concerti ecclesiastici, Kantaten usw.

Zu den mehrst. Gattungen zählen: Messe, Motette, Psalm, Te Deum, Magnificat, Antiphon, Sequenz.

Das Tridentin. Konzil hatte den Stil PALESTRINAS zum *stile ecclesiastico* schlechthin erklärt. Das bedeutet für das Barock (und später), dass die alte Vokalpolyphonie (**Palestrina-Stil**) neben allen musikal. Neuerungen in der Kirchenmusik weiter gepflegt wird (auch in Neukomposition).

Neuerungen sind insbes. der **monodische** und der **konzertante Stil.** Letzterer hatte sich vor allem an S. Marco in Venedig ausgebildet, während die Monodie aus dem weltl. Bereich (Oper) in den kirchl. übertragen wurde. Die ersten geistl. Sologesänge mit Gb.-Begleitung schrieb:

LODOVICO VIADANA (um 1560–1627), u. a. Dom-Kpm. in Mantua, *Cento concerti ecclesiastici a 1–4 voci con il basso continuo per sonar nell'organo,* Venedig 1602 (Hundert kirchl. Konzerte zu 1–4 Stimmen mit Generalbass auf der Orgel).

VIADANA klagt, die 5- bis 8-st. Motetten würden oft aus Sängermangel nur verstümmelt aufgeführt (Fehlen von Stimmen). Er habe daher gleich *wenigstimmige Sologesänge* zur Orgel komponiert. Sein Ziel sei Wohllaut und Anmut der Melodie. So schreibt er 40 1-st. und 60 2- bis 4-st. Stücke im *alten Motettengeist,* aber in moderner Struktur mit Gb.

Seinem *Salve regina* legt VIADANA die 1-st. Choralversion zugrunde. Anstelle der alten antiphon. Vortragsweise werden die Verse nun abwechselnd mehrst. konzertant und 1-st. choraliter gesungen (Abb. A). Die Solostimmen imitieren einander, wobei die vorgegebene Choralmelodie kadenzierende Floskeln und Verzierungen erhält (*regina:* cis-d). Der Gb. löst sich von der Tenorstimme stellenweise mit kadenzierenden Schritten (T. 3/4; die Akkorde sind spätere Gb.-Ergänzung).

VIADANAS *Concerti* fanden Nachahmung, z. B. SCHÜTZ, *Kleine geistliche Konzerte.*

Den bedeutendsten Beitrag zur kath. KM im Frühbarock leistete **Monteverdi:**

- Messen und konzertante Einzelsätze;
- Vesper- und Magnificatzyklen, konzertante Psalmen und Hymnen;
- ältere mehrst. und neuere Solomotetten;
- geistl. Madrigale, wie das *Lamento d'Arianna* als *Pianto della Madonna* (1641).

Bei ihm findet sich der ältere *stile molle, temperato, da cappella* (weich, gemäßigt, a cappella) neben dem neuen *stile concitato, da concerto* (erregt, konzertant).

In der 1641 gedruckten 4-st. *A-cappella*-Messe bietet er zu bestimmten Stellen moderne Ersatzstücke, die alternativ nach Belieben eingefügt werden können (Abb. B).

So steht ein zweites Gloria zur Verfügung mit erweiterter Stimmenzahl und mit konzertierenden Instr., das die Pracht und Farbigkeit des Textes auf neue Art zum Ausdruck bringt.

Im Credo läßt sich das schlicht homophone *Crucifixus* durch ein modernes *Concerto* für 4 Solostimmen und Gb. ersetzen, das das Leid der Kreuzigung durch die *Lamentofigur* und starke Chromatik ausdrückt.

Für den Triumph der Auferstehung *(Et resurrexit)* und der Wiederkehr *(Et iterum)* sind ebenfalls (diesmal freudig bewegte) konzertante Stücke vorhanden. Im Ersteren schildern die Himmelfahrt Christi *(ascendit)* gegenüber dem Akkordaufstieg der motett. Fassung nun 2 Soprane und 2 Violinen mit deutl. *Aufstiegsfigur* in *konzertantem* Wechsel und mit *Bewegungszunahme* (Punktierung beim 2. Mal, Nb. B).

Römisches Kolossalbarock. Die Klangfülle der venezian. Mehrchörigkeit wird im Barock weiter ausgebaut, bes. in Rom. In der PALESTRINA-Nachfolge stehen hier NANINO, ANERIO, SORIANO, BENEVOLI, ALLEGRI (dessen vor Kopie gutgehütetes 9-st. *Miserere* der junge MOZART in der *Cappella Sistina* hörte und auswendig aufschrieb). ANERIO setzte PALESTRINAS 6-st. *Missa Papae Marcelli* 4-st. aus, um sie mit barockem Pomp aufzuführen.

Sehr aufwendig ist eine **Festmesse** für den Salzburger Dom von BIBER (oder HOFER?; früher BENEVOLI zugeschrieben), vermutl. von 1682. Sie umfasst 53 Stimmen. Die Grundlage bildet der Gb., darüber der 4-st. Satz. Die **Klangfülle** entsteht durch mehrfache Besetzung jeder Stimme (wie man auf der Orgel zu jeder Stimme zusätzl. Register ziehen kann). Ganze Chöre lassen sich so verdoppeln und zu vielfältiger Klangwirkung im Raum getrennt aufstellen (12-chörige Aufstellung ist bezeugt; Abb. C). Dazu tritt das *konzertante Prinzip.* Es wechseln

- **Tutti:** die Chöre einzeln und zusammen;
- **Soloensembles:** Solisten mit B.c., z. B. beim *Et incarnatus* für 3 Solostimmen, Solovioline und Gb. (Solobesetzung dieser Stelle wird Tradition, s. S. 356, Abb. C);
- **Solopartien:** 1-st. mit B.c. (Abb. C).

A **M.-A. Charpentier, Te Deum,** 1690, Prélude

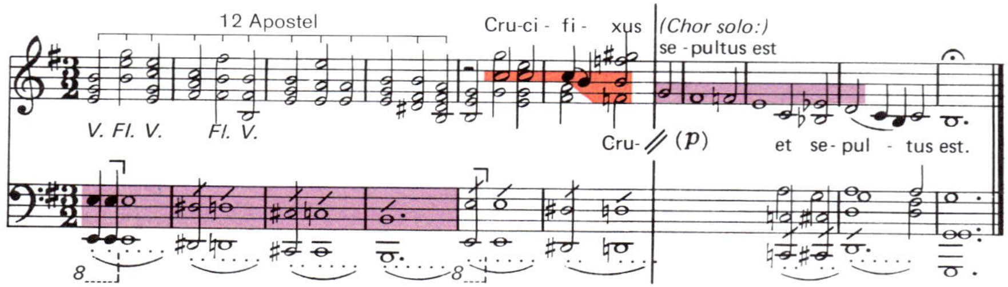

I.	II. Mot. a		III. b		IV. c		V. d		VI. e			VII. f
Einl.	Crucifixus…				etiam…		passus…		Crucifixus…			sep.
1	2	3	4	5	6	7	8	9	10	11	12	13

B **J. S. Bach, h-Moll-Messe,** Crucifixus, 1748

- Lamentobass
- Motiv a
- Einsatzintervall
- Dissonanz
- Konsonanz
- Gerüstton

1. Kanon: Sanctus
5 – 8 – 5, aufwärts

2. Kanon: Hosanna
4 – 8 – 4, aufwärts

3. Kanon: Benedictus
4 – 8, abwärts

C **J. J. Fux, Missa di S. Carlo,** 1716, kanonisch; Sanctus

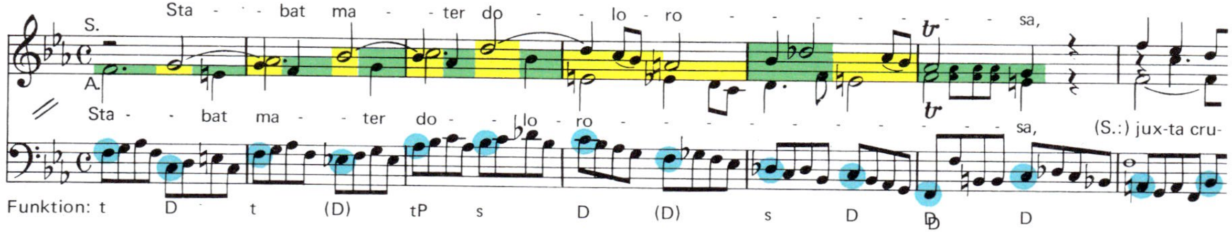

D **G. Pergolesi, Stabat Mater,** 1736, Duetteinsatz (Orch. colla parte)

Die **Motetten** erhalten im 17. Jh. oft Orchesterbegleitung und Einleitungssinfonien.
P. Lappi schreibt in Brescia Motetten und **Messen** (1613), chorisch konzertant mit Wechsel von homophonem Tutti und grazil polyphonem Solochor (*Concerto-grosso*-Art).
Weitere Kirchenkomponisten sind:
A. Banchieri (1568–1634) mit seinen *Concerti ecclesiastici* für Doppelchor (1595); A. Grandi († 1630); T. Merula († 1665); G. Rovetta († 1668; Monteverdi-Nachfolger an S. Marco in Venedig); B. Graziani († 1664), Cavalli (S. 279).
In Wien: A. Bertali (1605–69); M. A. Ziani (um 1653–1715). Bei Draghi (S. 287) findet man das *Et incarnatus* als Altsolo über Violenquartett, eine innig bewegende Kostbarkeit in der Messe. – J. K. Kerll (1627–93), München, Wien, mit fantasievoll malender Musik (Tremoli).
Frankreich: Lully (S. 283); M.-R. Delalande (1657–1726); Marc-Antoine Charpentier (1645/50–1704), Paris, in Rom Schüler Carissimis, ab 1684 Kapellmeister an St.-Louis, ab 1698 an Ste-Chapelle; Orgelmessen mit teils gesungenem, teils georgeltem Choral, dann Orchester statt Orgel.

Das *Prélude* aus seinem *Te Deum* (1690) ist als Eurovisionsmelodie bekannt geworden. Es strahlt in barocker Festlichkeit; orig. für 4 Trp. (frz. nichtmilitär. Satz, der militär. ist 3-st., Abb. A); das *Te Deum* selbst umfasst Rezitative, Arien, Chöre.

Im 18. Jh. nimmt die *Neapolitan. Schule* auch Einfluss auf die Kirchenmusik. A. Scarlatti komponiert über 200 Messen für Chor (und Doppelchor), daneben liturgisch freie geistliche Kantaten. Alle neapolitan. Opernkomponisten schreiben auch Kirchenmusik, wobei viel Opernart in diese einfließt (Rez., Arie, Chor- und Orchesterbehandlung). Der Text der Messe wird in einzelnen Abschnitten vertont, sodass ein Gloria oder Credo eine Reihe von Arien enthalten kann (*Nummern*- oder **Kantatenmesse**): das bedeutet subjektive Interpretationsmöglichkeit einzelner Glaubenssätze, zugleich abwechslungsreiche Form, aber auch erhebl. Länge der Messen.
Eine streng kontrapunkt. Tradition, orientiert am Stilideal Palestrina, führt in Wien J. J. Fux bis weit ins 18. Jh. hinein. Fux (1660–1741), Organist, Hofkomponist (ab 1698) und -kapellmeister in Wien, schreibt eine Kontrapunktlehre, nach der noch Beethoven gelernt hat: *Gradus ad Parnassum* (lat. Wien 1725, dt. Leipzig 1742).
Die *Missa di S. Carlo* besteht nur aus Kanons (Abb. C). Die Sternchen zeigen die Stimmeinsätze, die Ziffern die Einsatzintervalle (Quarte, Oktave, Quarte: 4-8-4).
Bei Fux finden sich auch noch c.-f.-Messen, Parodiemessen, dazu Wechsel von A-cappella-Satz mit Instrumentalbegleitung und moderner neapolitan. Stil.

Antonio Caldara (1670–1736, ab 1716 in Wien) komponiert Kantatenmessen mit Chor- und Solo-Partien. Seine Orchesterbehandlung ist selbstständig gegenüber dem Chorsatz; viele Ariosi, chromat. Affekte und dynam. Kontraste. Caldaras berühmte *Missa dolorosa* (1735, erst 1748 gedruckt) wirkte stark auf die Klassik. Sie enthält Duette, verzichtet aufs Dacapo, bringt obligate Instrumente und wiederholt die Kyrie-Fuge beim *Dona nobis pacem* am Schluss.
Eine bes. Rolle spielt G. Pergolesi, der auch in seiner Kirchenmusik eine auf die Vorklassik zielende Gestik und Lebendigkeit zeigt.

Der schmerzreiche Ausdruck in seinem *Stabat Mater* (Abb. D) wird durch die aufsteigenden Sekundreibungen hervorgerufen, die ihren Höhepunkt nach 3 Takten im spannungsvollen Subdominantfeld erreichen. Die Kadenz mit Terzentriller und Achtelrhythmus (T. 6) scheint Mozartsche Grazie vorwegzunehmen.

Bachs h-Moll-Messe hat im Text teilweise luther. Wendungen und gehört wohl nicht in den strengen Rahmen kath. Liturgie. Sie ist bis auf das *Sanctus* (1724 und 1727) zu Bachs Lebzeiten nie aufgeführt worden, nimmt aber wegen ihrer Größe und Qualität eine Sonderstellung ein. Bach schrieb sie für den kath. Hof in Dresden 1733 *(Kyrie* und *Gloria),* stellte sie aber erst um 1748 fertig, meist durch Parodie. Sie ist eine Kantatenmesse mit 24 Chören, Arien, Duetten.
Das *Credo* vertonte Bach in 8 Teilen: *Credo, Patrem, Et incarnatus, Crucifixus, Et resurrexit* und *Confiteor* als Chöre; *Et in spiritum* als Bass-Arie; *Et in unum* als Duett (S., A.).

Dem *Crucifixus* liegt die Lamentofigur als Basso ostinato zugrunde (13-mal wiederholt). Motivarbeit und Texteinteilung lassen darüber 7 Abschnitte erkennen, mitgerechnet die Einleitung ohne Chor. Bach ändert die Harmonisierung des chromatisch absteigenden Basses ständig, Leid und Schmerz drücken sich in der starken Chromatik des gesamten Satzes aus. Wie ein unabdingbares Gesetz wirkt der stete (Achtel-)Rhythmus des abwärtsschreitenden Basses. Erst am Schluss führt Bach den Bass aufwärts, wandelt die e-Moll-Harmonik in ein beseligendes G-Dur, lässt den Schreitrhythmus in einem Ganzton mit Fermate zur Ruhe kommen und den Chor in tiefer Lage a cappella ausklingen: der Ruhe im Grabe entsprechend (Abb. B).

Das *Credo* steckt voller Zahlensymbolik: Das Wort *credo (ich glaube)* erklingt 49-mal (7 mal 7, heilige Zahl), das *in unum Deum* 84-mal (7 mal 12, 12 für die Apostel), die Fuge *Patrem omnipotentem* umfasst 84 Takte (von Bach am Rande eigens vermerkt), das *Et incarnatus est* erklingt 19-mal (7 + 12, Heiliger Geist und Menschlichkeit Mariens), im *Crucifixus* stehen 12 Akkorde (Apostelzahl) über dem 24 Noten zählenden Bass.

Introitus	dt. Psalmvers, KL (de tempore)
Kyrie	dt. oder KL, »Ach Gott vom Himmel sieh darein«
Gloria	dt. oder KL, »Allein Gott in der Höh«
Epistel	
Alleluia	mit Sequenz
Graduale	ab 1528, dt. oder KL, »Nun bitten wir«
Evangelium	
Credo	dt. oder KL, »Wir glauben all«
Predigt	
Offertorium	KL, Dankopferlied
Sanctus	dt. oder KL, »Jesaia dem Propheten«
Agnus Dei	dt. oder KL, »Christe du Lamm Gottes«
Communio	KL, »Verleih uns Frieden gnädiglich«
Schlusslied	KL, »Erhalt uns Herr bei deinem Wort«

- Ordinarium, Gemeindegesang (blau)
- Proprium, Gemeindegesang nach Kirchenjahr (de tempore) (orange)
- Kirchenlied (KL), prot. Choral, c.f. (rot)
- wiederholtes Motiv aus c.f. (grün)
- motett. c.f. Imitation (hellgrün)

A **Deutsche Messe (Luther 1526),** mit Ergänzungen und Liedbeispielen

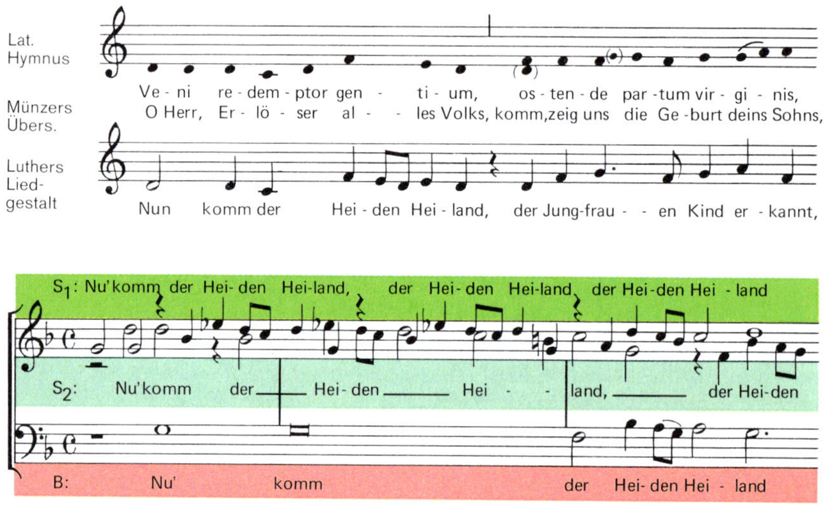

B **M. Praetorius, Musae Sioniae IX,** 1610, Nr. 32, Choraltricinium und Vorlagen

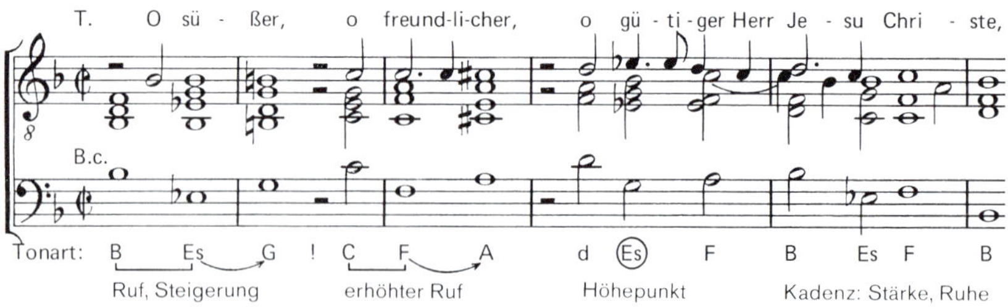

C **H. Schütz, Kleine geistliche Konzerte I,** 1636, SWV 285 für T. und B.c.

Deutsche Textvertonungen

Während andere Reformatoren auch gegen die Musik vorgingen, wies LUTHER der Musik im Leben der Kirche und der Gläubigen einen zentralen Platz zu (sie habe ihn *»oft erquickt und von großen Beschwerden befreit«*).

Für LUTHER sind die Gläubigen *die Kirche,* sie gestalten wie Priester und Kantorei den Gottesdienst aktiv mit. Daher die Übersetzung der Liturgie ins Deutsche *(dt. Messe)* und der Ersatz liturg. Stücke durch *Kirchenlieder* gleichen Inhalts (Abb. A).

Die **Kirchenlieder** (protestant. *Choräle*) gehen teilweise auf alte lat. Lieder *(Hymnen)* zurück, die man durch Kontrafaktur und neue Rhythmisierung erhalten wollte.

THOMAS MÜNZER übersetzte den ambrosian. Hymnus *Veni redemptor gentium,* sodass die Gemeinde ihn auf die alte Melodie deutsch singen konnte (*choraliter:* 1-st., Rhythmus nach Text). LUTHERS Übersetzung ist freier, ebenfalls versifiziert, die Melodie leicht verändert (verziert), der dorische Kirchenton bleibt erhalten: ein neues Lied ist entstanden (Nb. B).

Weitere Kontrafakta zur gleichen Melodie sind *Verleih uns Frieden gnädiglich, Erhalt uns Herr bei deinem Wort.* Andere Umarbeitungsbeispiele: *Veni creator spiritus* zu *Komm Gott Schöpfer, heilger Geist;* das *Sanctus* zu *Jesaia dem Propheten.* Auch *weltliche* Lieder werden mit neuen *geistlichen* Texten versehen (Kontrafaktur, *Parodie,* s. S. 301). LUTHER komponiert mindestens 20 eigene Lieder, darunter *Ein feste Burg, Vom Himmel hoch, Aus tiefer Not.*

Die Gemeinde sang 1-st., auch im strophenweisen Wechsel mit der Orgel (*Alternatim*-Praxis), ab 17. Jh. auch mit Gb.-Begleitung (Orgel), so in JOHANN CRÜGERS *Praxis pietatis melica* (Berlin 1647, darin: *Nun danket alle Gott*). Früheste Gesangbücher sind:

- Achtliederbuch (Nürnberg 1523/24?);
- Erfurter Enchiridien (1524; 25 Lieder);
- Straßburger Kirchenampt (1524);
- *Geystliches gesangk Buchleyn* (Wittenberg 1524, J. WALTER, Vorrede LUTHER);
- Babstsches Gesangbuch (Leipzig 1545).

Älterer motettischer Kompositionsstil

Das Kirchenlied *(Choral)* wurde schlicht 4-st. gesetzt mit Melodie in der Oberstimme (S. 257). So konnte die Gemeinde mitsingen. Instrumente gingen mit oder spielten extra, mit Vor-, Zwischen- und Nachspielen.

Liedmotette. Bei komplizierterem Satz (von der Kantorei zu singen) mit motett. Imitationen usw. entstand eine *Liedmotette* mit Kirchenlied als Grundlage *(c.f.).*

PRAETORIUS gab in seiner Sammlung *Musae Sioniae* (9 Bde., 1605–1610) 1244 mehrst. Sätze über Kirchenlieder und Bibeltexte heraus. Die Liedmotette *Nun komm der Heiden Heiland* (Nb. B) ist 3-st. *(Tricinium),* der Choral liegt als *c.f.* im Bass, die Soprane imitieren sich mit *c.-f.*-Motiven.

Spruchmotette. Der Ausgang für eine motett. Komposition konnte auch ein Text *(Spruch)* aus der Bibel sein (Psalm, Evangelium), den man musikalisch ausdeutete.

Lied- und Spruchmotetten, auch doppelchörig, stehen im *A-cappella*-Stil, doch gehen oft Instrumente mit. Ort: Gottesdienst, Hochzeiten, Begräbnisse *(Sterbemotetten).*

Das Kantorei-Repertoire im 17. Jh., speziell das von Schulpforta, spiegelt das *Florilegium Portense* (2 Teile, Leipzig 1618 und 1621), mit 365 Motetten von 58 Komponisten, hg. von E. BODENSCHATZ († 1636). Es diente noch zu BACHS Zeit.

Modernere konzertante Kirchenmusik

Der neue ital. Monodie- und Concerto-Stil bietet die Möglichkeit, einen geistl. Text individuell auszulegen und wirkungsvoll vorzuführen. Beides kommt dem barocken Protestantismus entgegen. Vorbilder sind das *Concerto ecclesiastico* (VIADANA), das *Solomadrigal* und *Soloconcerto* mit konzertierenden Instrumenten (MONTEVERDI) und das *Solorezitativ* im darstellenden Stil der Oper.

Die neuen Stücke heißen *Geistliche Konzerte, Concerto, Sinfonia, Aria,* später *Kantate.*

Besetzung: variabel, 1 oder mehrere Sänger, auch Chor oder Doppelchor, stets mit Gb., oft 1 bis 2 oder mehr Instrumente.

Satzstruktur: auf der Grundlage des Gb. eine freie und vielfältige Anlage der Oberstimmen, konzertant, imitierend, kontrastierend, den Text (meist Bibel) darstellend, stellenweise homophon syllabisch, meist polyphon, doch mäßig melismatisch (wenig Koloraturen); Musik als *Klangrede* (MATTHESON), der Komponist als Prediger.

Zu den frühen, meist einsätzigen dt. Werken gehören SCHEIN, *Opella nova* (Leipzig1618–26), Soli und Duette mit 1–2 Instrumenten und Gb.; ferner SCHÜTZ, *Kleine geistliche Konzerte* (1636, 1639) und *Symphoniae sacrae* (s. S. 305).

SCHÜTZ' Vertonung entspricht der *Musica poetica* mit ihren Figuren (Nb. C, s. auch S. 271). Er verlängert im Anruf *O süßer* die Akzentsilbe und drängt sie einen Halbton aufwärts, zugleich von Es-Dur nach G-dur; den Rufcharakter verstärkt die Pause. *O freundlicher* erscheint auf erhöhter Stufe gleichsam dringlicher, rhythmisch genau deklamiert (Punktierung), bis zum hellen A-Dur emporsteigend. Höhepunkt ist der dritte Anruf *o gütiger* mit Hochton es″ und Subdominante (Es-Dur). Dann bringt SCHÜTZ bei den Worten *Jesu Christe* durch die vollkommene Kadenz, den Abstieg zur Tonika und die langen Notenwerte Ruhe und Vertrauen in Christus zum Ausdruck.

Satzfolge: einsätzig, später mehrteilig bzw. mehrsätzig. Die Satzzahl steigt mit Aufnahme freier lyr. oder auslegender Texte zum Bibelwort. Hieraus entwickelt sich um die Mitte des 17. Jh. die **Kantate** (S. 120 f.).

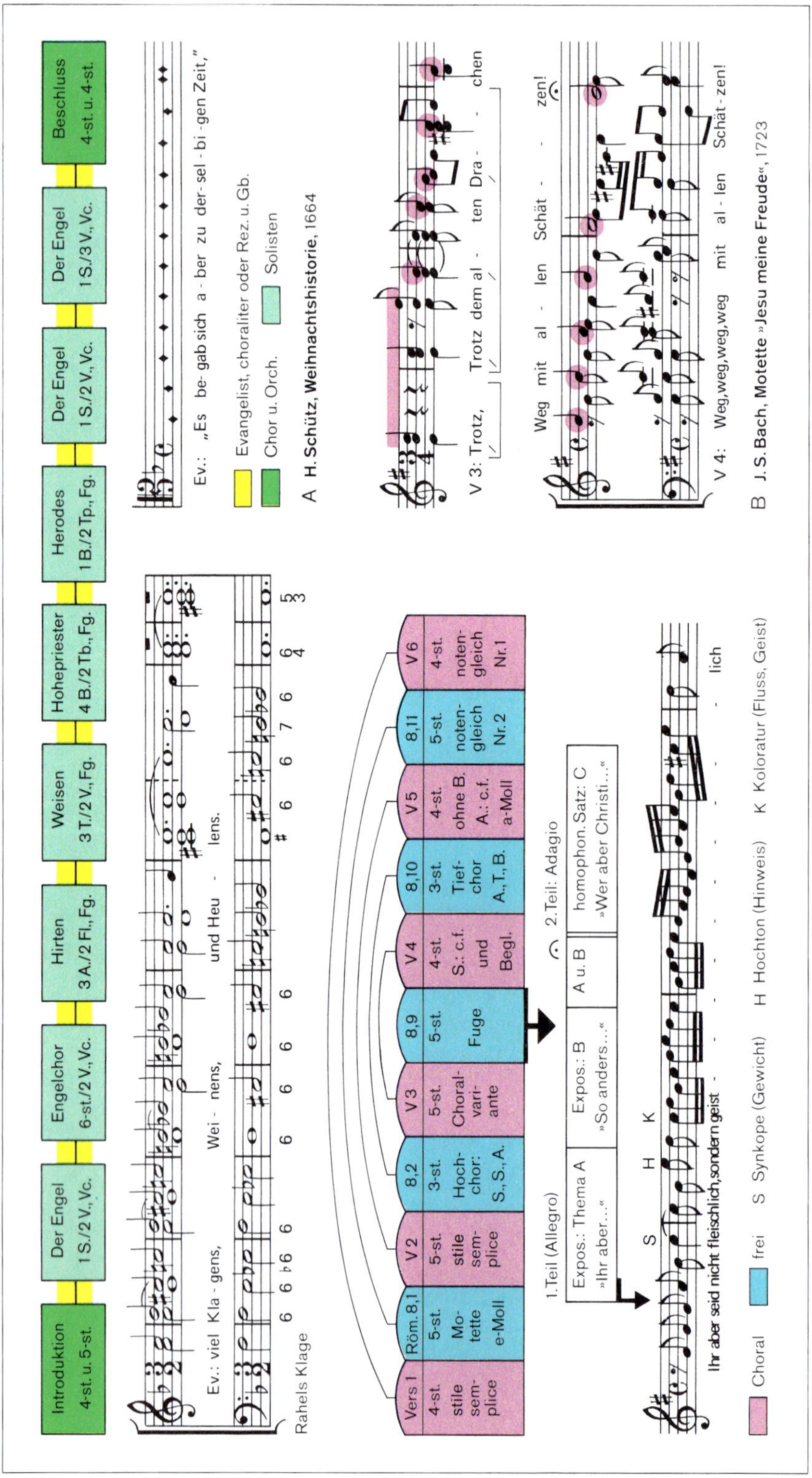

Großformen und Textinterpretation

Historien. Die Evangelien der hohen Festtage (und die Passionen, S. 139) vertonte man mit größerem Aufwand für Soli, Chor und Orchester. Neu gedichtete Einleitungs- und Schlusschöre rahmten das Ganze ein.

In der *Weihnachtshistorie* lässt SCHÜTZ dem Evangelisten die Wahl zwischen dem üblichen liturg. Rezitativ (Choralnotation) und dem neuen Gb.-Rezitativ. Rahels Klage erklingt dort in schmerzvoller Chromatik; die Gb.-Instr. wiederholen gleichsam die Worte echohaft mitklagend (Nb. A). Instrumente verstärken Eingangs- und Schlusschor. In den Bericht des Evangelisten schieben sich charakterisierende Konzerte *(Intermedien)*: der Verkündigungsengel wird dargestellt vom Solosopran und zwei Violinen, die Hohen Priester (Bässe) von feierl. Posaunen, Herodes von königl. Trompeten (Abb. A).

Oratorium. Passionen und Historien werden im 18. Jh. oratorienhaft ausgebaut (Rez., Arioso, Arie, Chöre, Choräle; s. S. 114). Schon die *Matthäuspassion* von J. THEILE (1673) hat Arien (freie Dichtung) und Instrumentalritornelle. Später bilden oft mehrere Kantaten ein größeres Ganzes (BACHS *Weihnachtsoratorium,* S. 134).

Motetten wurden als kp. Chorkunst alten Stils weitergesungen, jedoch weniger neu komponiert. Berühmt ist die *Geistl. Chormusik* von SCHÜTZ (S. 305). – BACH hat nur 7 Motetten geschrieben, davon 4 doppelchörig, fast alle Sterbemotetten.

BACH vertont FRANCKS Choral *Jesu meine Freude* als 5-st. Motette (1723), anfangs im homophonen Chorsatz *(stile semplice,* Strophe/Vers 1), dann mit mehr Textausdruck, z. B. das kämpferische »Trotz, trotz« und die willkürl. Choralsynkopen (Vers 3), das kurze »Weg, weg« der Unterstimmen zum Choral im Sopran (Vers 4, Nb. B). Vers 6 gleicht Vers 1 (Bogenform). Dazwischen erscheinen Römerbriefstellen nach Motettenart: 5-st. Imitation, 3-st. Hochchor, 2-teilige Doppelfuge (Zentrum des Ganzen), 3-st. Tiefchor, Anfangswiederholung (Symmetrie, Abb. B). Das Fugenthema A betont *fleischlich* (Synkope), *sondern* (Hochton) als Hinweis auf den Zwiespalt von Körper und Geist, und *geistlich* (Koloratur als Symbol für Wasser und Geist, Nb. B).

England bildet eine eigene Motette aus, das **Anthem** (lat. *antiphona*) als engl. (nicht lat.) Chormusik der anglikan. Kirche, auch (nationale) Lobeshymne; durchimitiert, mit vielen homophonen Partien, klangvoll und textverständlich (TALLIS, WHITE, MORLEY u. a.):

- **Full Anthem** für Chor *a cappella;*
- **Verse Anthem** mit Wechsel von Chor und Soli je Vers.

Daneben in der Restaurationszeit konzertanter ital. Einfluss: *Restauration-Anthem,* kantatenartig für Soli, Chor und Orchester (PURCELL). Full und Verse Anthems bleiben im 18. Jh. beliebte Gattungen (HÄNDEL).

Die Kantoreien sind die freiwilligen Kirchenchöre (und Instrumentalisten) aus Schülern der Lateinschulen, verstärkt von Stadtmusikern und Bürgern. Der Chor hieß auch *Currende* (lat. *currere,* laufen), da er zu Weihnachten und anderen Festen Lieder singend durch die Straßen zog. Berühmte Kantoreien sind die der Kreuzkirche in Dresden und der Thomaskirche in Leipzig. – Der **Kantor** unterrichtete zugleich an der Lateinschule. Fast alle Komponisten der ev. Kirchenmusik waren im Hofdienst oder Kantoren, u. a.:

CHRISTOPH DEMANTIUS (1567–1643), Freiberg.

MICHAEL PRAETORIUS (um 1571–1621), Wolfenbüttel; *Syntagma musicum,* Bd. 1 *Musicae artis analecta* (1614/15, allg. über Musik), Bd. 2 *De organographia* (1618/20, Instrumentenkunde), Bd. 3 *Termini musici* (1619).

HEINRICH SCHÜTZ (1585–1672), s. S. 305.

JOHANN HERMANN SCHEIN (1586–1630), Schulpforta, ab 1616 Leipzig, Thomaskantor, Freund SCHÜTZENS *(Sterbemotette), Cantional- oder Gesangbuch* (1627, 4- bis 6-st.).

SAMUEL SCHEIDT (1587–1654), *Cantiones sacrae* (1620, Motetten), *Tabulatura nova* (S. 308), *Newe Geistliche Concerten* (2- bis 3-st., 4 Bde. 1631 ff.), *Liebliche Krafft-Blümlein aus des Heyligen Geistes Lustgarten abgebrochen* (1635, 2-st. Gb.-Konzerte), *Tabulaturbuch* (Görlitz 1650, 4-st. Sätze nach dem Kirchenjahr).

A. HAMMERSCHMIDT (1611/12–75), Zittau.

M. WECKMANN (1621–74), Hamburg.

J. ROSENMÜLLER (~ 1619–84), Wolfenbüttel.

CHRISTOPH BERNHARD (1628–92), Dresden, SCHÜTZ-Schüler, *Geistliche Harmonien* (1665), 3 Traktate (undatiert) überliefern (SCHÜTZENS?) Musiklehre und musikal. Rhetorik: *Tractatus compositionis augmentatus, Ausführlicher Bericht vom Gebrauche der Con- und Dissonantien, Von der Singekunst oder Manier.*

D. BUXTEHUDE (1637–1707), s. S. 309.

F. W. ZACHOW (1663–1712), Halle.

JOH. SEB. BACH (1685–1750), s. S. 329.

GEORG PHILIPP TELEMANN (1681–1767), Magdeburg, Leipzig *(Collegium musicum,* später von BACH geleitet), 1712 Frankfurt, 1721 Hamburg (Musikdirektor der 5 Hauptkirchen), erste dt. Musikzeitung *Der getreue Musicmeister* ab 1728 (mit J. V. GÖRNER), 45 Opern, 15 Messen, 23 Kantatenjahrgänge, 46 Passionen, 6 Passionsoratorien (*Seliges Erwägen des Leidens und Sterbens Jesu,* 1728; RAMLERS *Tod Jesu,* 1755/56), 5 Oratorien, ca. 1000 Orch.-Suiten; Konzerte, Kammer- und Orgelmusik; TELEMANN geht vom barocken Kp. aus, bevorzugt aber die galante Schreibart und prägt einen ideenreichen vorklass. Stil.

1.	2.	3.	4.	5.	6.	7.
S.	T.	S.	S.	S.	S.	S.
S.	T.	T.	S.	V., Fl.	S.	
B.	T.	B.	Pos., Fg., Vc.		Gb.	
Klavier oder Laute ad. lib.						

Gesang
Melodieinstrumente
Akkordinstrumente

7 Besetzungsmöglichkeiten

A **J. H. Schein, Musica boscareccia,** 1626

B **H. Albert, Arien und Melodeyen,** 1640, Nr. 10 (Text: S. Dach)

C **J. Wilson (1595–1674), Air**

Takte	4	4	4	4
Harmonik	g	g	B – D	B – g
Strophe	Stollen	Stollen	Abgesang	Refrain

Double: verzierte Ausf. der 2. Strophe

D **Französische Brunette, anonym,** gedruckt Paris 1703

Auch im Lied vollzieht sich um 1600 der Stilwandel vom *polyphonen* (objektiven) Chor-Satz zum neuen (subjektiven) **Sologesang mit Gb.** Dieses neue Lied ist
- *einfach,* strophisch, syllabisch, mit akkord. Gb., der ab etwa 1750 einer ausgearbeiteten Klavierbegleitung weicht;
- *kunstvoller,* durchkomponiert, arios, kantatenartig, auch mit konzertierenden Instrumenten, mit Ritornellen, Vor-, Zwischen- und Nachspielen.

Kontrafaktur. Gute Melodien werden oft neu textiert *(Kontrafaktur).* So erscheint ISAAKS *Innsbruck, ich muß dich lassen* (1495, Verlegung von Kaiser MAXIMILIANS Hof von Innsbruck nach Wien, S. 256) als *Christe eleison II* in ISAAKS *Missa carminum* (Lieder-Messe, 1496), dann mit geistl. Text *O Welt, ich muß dich lassen* (J. HESSE, 1555), *In allen meinen Taten* (P. FLEMING, 1630), *Nun ruhen alle Wälder* (P. GERHARDT, 1655), schließlich als *Der Mond ist aufgegangen* (M. CLAUDIUS, 1778). Die Melodie blieb über Zeiten- und Stilwandel hin lebendig.

Lieder als Spiegel der Zeit

Die Liedinhalte spiegeln barocke Lebenswirklichkeit: *Not, Krieg, Krankheit, Pest, Tod, Liebe, Tanz, Natur, Moral, Weltangst* und *Weltflucht.* Die Lieder entstehen mit dem Aufblühen der dt. Dichtung im 17. Jh. Sie sind gedacht für den häusl. Kreis, Freunde, Studenten *(Collegium musicum),* zu Gelegenheiten wie Hochzeit, Begräbnis, zur Erbauung, Unterhaltung. Geistl. und weltl. Gedanken liegen dicht beieinander; Kontrafaktur und Parodie sind häufig.

Volkslied und **Kunstlied,** beide *komponiert,* unterscheiden sich im Stil. Die meisten Lieder des Barock wenden sich an den musikal. Liebhaber und tendieren zum Volkslied.

Komponisten und Liedsammlungen

M. FRANCK (~ 1580–1639), *Bergreihen* (1602).

J. STADEN (1581–1634), Nürnbg., Tanzlieder.

J. H. SCHEIN (S. 299), *Venus Kräntzlein* (Wittenberg 1609, 5-st.), *Musica boscareccia oder Wald-Liederlein, auff Italian-Villanellische Invention* (3 Tle., Lpz. 1621, 1626, 1628, 50 3-st. Lieder). – Das Lied Nb. A ist *gegen die Textgestalt* komponiert, sein *Gehalt* kommt zum Ausdruck: der Rhythmus überwiegt und zwingt den Text in die Tanzbewegung (textunabhängige Sequenzmotivik). SCHEIN empfiehlt unterschiedl. Besetzungen.

A. HAMMERSCHMIDT, Weltliche Oden (Freiberg 1642, 1643).

J. ROSENMÜLLER (um 1619–84), *Welt ade, ich bin dein müde* (1649), *Alle Menschen müssen sterben* (1652), z. T. 5-st. Streichersatz.

HEINRICH ALBERT (1604–51), Vetter und Schüler von SCHÜTZ, in Königsberg mit dem Dichter SIMON DACH (1605–59, *Anke von Tharau*) in der Dichtergesellschaft *Kürbishütte* (Kürbis für rasches Werden und Vergehen: *in einer Nacht,* JONA 4, 10), *Arien,* 8 Tle., 1638–50, geistl. und weltl. Lieder, auch mehrst. (Nb. B aus Teil 2, Gb. ausgesetzt): die *Dreiermensur* steht für die Vollkommenheit der Treue, die *Melodie* ist schlicht (Intervalle, Rhythmen, Motive).

ADAM KRIEGER (1634–66), Dresden, SCHEIDT-Schüler, *Arien* (1657), 2. Aufl. 1667 mit 5-st. Ritornellen, oft eigene Texte *(Nun sich der Tag geendet hat).*

C. DEDEKIND, *Aelbianische Musenlust* (Dresden 1657).

P. H. ERLEBACH, Rudolstadt, *Harmonische Freude* (1697/1710), *Gott-geheiligte Sing-Stunde* (1704).

G. P. TELEMANN, *Singe- Spiel- und Gb.-Übungen* (1733).

BACH/SCHEMELLI, *Mus. Gesang-Buch* (1736).

SPERONTES, *Singende Muse an der Pleiße* (Lpz. 1736–45).

V. RATHGEBER, *Ohren-vergnügendes und Gemüth-ergötzendes Tafel-Confect* (Augsburg 1733/37/46).

England

Neben dem Lautenlied *(Air)* gibt es ab etwa 1630 das Gb.-Lied (auch mit Laute ausführbar). Die Strophenlieder sind meist einfacher als die mit madrigalisch freiem Text. Die ital. Vorbilder erhalten engl. Kolorit.

WILSONS *Air* ist typisch (Nb. C). Die ganzen Noten des Gb. vermitteln Ruhe, die Melodie wächst aus einem schmerzl. Verweilen in die Bewegung hinein, der Dur-Moll-Wechsel drückt die Seelennot ebenso aus wie die *Quarta deficiens* e′-as′ und der Halbton as′-g′ bei *my heart.*

Komponisten neben J. WILSON: N. LANIER, W. und H. LAWES, J. BLOW, H. PURCELL.

Frankreich

Im 17. Jh. dominiert das **Air,** mit Laute oder Gb. als *Air de cour* z. T. kunstvoll ausgestaltet. Der Gb. ist zuweilen auch textiert (Duett). Arten:
- *Air sérieux:* große, ernste Liedform;
- *Air tendre:* einfaches, tanzhaftes Lied;
- *Air à boire:* Trinklied.

Alle Airs heißen ab etwa 1700 auch **Brunettes,** wie in BALLARD's Sammlung (1703):

Die Melodie im Nb. D ist gavottenhaft. Sie wird in der 2. Strophe wie beim Double in der Tanzsuite verziert wiederholt (Notenhälse abwärts). Melodiecharakter und Doublepraxis zeigen den preziösen Geist der Epoche. Strophenbau in regelmäßigen 4-Taktperioden, Harmonik wie in Suitensätzen mit Tonikaparallele zu Beginn des 2. Teils (Refrain) und im Abgesang.

Komponisten sind (neben den bekannten) LAMBERT, LE CAMUS, DE LA BARRE. – Im 18. Jh. wird das **Vaudeville,** eine Chanson leichten Charakters (S. 253), oft parodiert.

Vesper-Liturgie	O	L		Monteverdis Marienvesper	vokal	instr.	Psalmton	Kirchentonart	»Dur Moll«
Ingressio	•	•	1.	»Domine ad adiuvandum«	6st.	6	(tonus rectus)		D
Antiphon		•		(Antiphone ad lib.)					
Psalm 109 A.	•	•	2.	»Dixit Dominus«	6	R	4.	hypo-phryg.	E, a
	•		3.	Concerto »Nigra sum«	1				G
A. Psalm 112 A.	•	•	4.	»Laudate Pueri«	1–8		8.	mixo-lyd.	G
	•		5.	Concerto »Pulchra es«	2				G
A. Psalm 121 A.	•	•	6.	»Laetatus sum«	6		2.	hypo-dor.	g
	•		7.	Concerto »Duo Seraphim«	3				g
A. Psalm 126 A.	•	•	8.	»Nisi Dominus«	2 x 5		6.	lyd.	F
	•		9.	Concerto »Audi coelum«	1+6				d
A. Psalm 147 A.	•	•	10.	»Lauda Jerusalem«	7		3.	phryg.	e
Lesung			11.	Sonata sopra S. Maria	1	9			G
Hymnus	•	•	12.	»Ave Maris stella«	2 x 4	R		dor.	d
Magnificat			13.	Magnificat I	7	7	1.	dor.	B, g
Gebete Segen	•	•		Magnificat II	6		1.	dor.	B, g
Schlussvers									

O, L Ausf. ohne Instr. L streng liturgisch R Ritornell

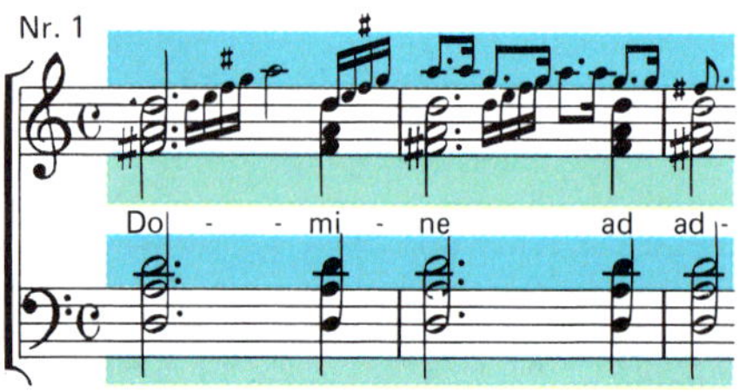

A **Marienvesper,** 1610 Choral Soli alter/neuer Stil Instr./B.c.

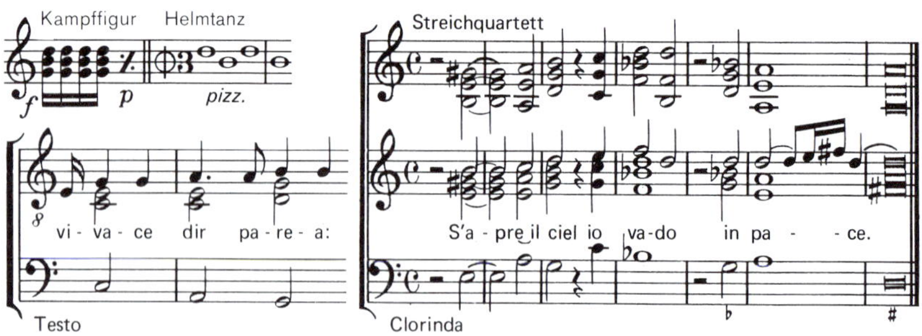

B **Combattimento,** 1624, Tonmalerei, Clorindas Tod (Schluss)

Monteverdi: Liturgie und Stilneuerungen

CLAUDIO MONTEVERDI, getauft 15. 5. 1567 in Cremona, † 29. 11. 1643 in Venedig, lernte bei M. A. INGEGNERI (Domkapellmeister in Cremona), lebte ab 1590 in **Mantua** als Sänger und Violaspieler am Hofe V. GONZAGAS, heiratete 1599 die Sängerin CLAUDIA CATTANEO († 1607), wurde 1601 Kapellmeister der GONZAGAS und war ab 1613 Kapellmeister von San Marco in **Venedig** als höchst angesehener Musiker seiner Zeit.

MONTEVERDI hat die musikgeschichtl. Wende um 1600 mitvollzogen. Ausgang und bleibende Grundlage war die alte kp. Polyphonie *(Palestrina-Stil).* MONTEVERDI nannte diesen Stil die *prima pratica* (Vorwort zum 5. Madrigalbuch, 1605) und setzte ihr als moderne Kompositionsweise die *seconda pratica* entgegen, nämlich den konzertierenden Stil einer oder mehrerer (Solo-)Stimmen mit Gb. Dieser Stil gewährt gewisse satztechn. Freiheiten zugunsten starken **Gefühlsausdrucks** und **Tonmalerei** (Dissonanzen, Rhythmik; daher ARTUSIS Angriff gegen MONTEVERDI), vor allem bei der Darstellung eines **Textes:** Die neue Musik berücksichtigt die *Textgestalt* (rhythmisch textgerechte Deklamation), die *Bilder und Symbole* (durch *Figuren,* S. 270), den *Textgehalt* (Sinn und Gefühle). So bestimmt der (dichterische) Text die Musik, die ihn überhöht: *L'oratione sia padrona dell' armonia e non serva* (MONTEVERDI).

Gegen den alten *objektiven* Chorstil wirkt der neue solistisch-konzertante Stil *subjektiv.* Nach der Vermenschlichung der Musik in der Renaissance *(Vokalmusik, Chor)* drückt nun der *Einzelne* Gefühl und Sprache musikal. aus *(Monodie, Concerto).*

Zentral im Werke MONTEVERDIS steht das **Madrigal** (8 Bücher), zunächst das klassische, 5-st. im kp. *A-cappella*-Satz, ab dem 5. Buch dann *konzertant* mit *Gb.*

In der **Oper** findet MONTEVERDI vielfältige Möglichkeiten der Affektdarstellung, vokal wie instrumental. Hier schreibt er im darstellenden *stile rappresentativo* u. a. (S. 274 f.) und entwickelt den erregten *stile concitato.*

Neuartig ist *Il combattimento di Tancredi e Clorinda,* eine Art szen. Oratorium (Venedig 1624), Text nach TASSOS *Gerusalemme liberata.* Es erzählt vom christl. Ritter Tancred und der Heidin Clorinda, die sich ineinander verlieben. Im nächtl. Kampf tötet Tancred die unerkannte Clorinda, die er vor ihrem Tode noch tauft.

Es gibt viele tonmaler. Figuren wie *tremolo* (Aufregung, starke Bewegung, Kampf), *pizzicato* (Schläge, hüpfende Bewegung, Tanz der Helme im Kampf), *trotto del cavallo* (Pferderhythmus lang-kurz-lang-kurz). Alles überragt die rein musikal. Phantasie: hier z. B. nach dem schlichten Erzählstil *(stile narrativo)* des *Testo* (Erzähler) die verklärten, vom (Engels-)Chor der Streicher (Violen) begleiteten, aufstrebenden Klänge bei Clorindas Tod (Nb. B).

In der **Kirchenmusik** pflegt MONTEVERDI den alten und den neuen Stil nebeneinander, teils sogar mit Wahlmöglichkeit (S. 292, Abb. B). So setzt er in der *Marienvesper* neben die *Psalmvertonungen* im älteren Stil (Chorsatz in Nr. 1, Nb. A) modernste *Solokonzerte* (Nr. 3, Nb. A) und ein reines *Instrumentalstück* (Nr. 11). Solch selbständiger Einsatz der Instrumente gehört mit zum neuen Stil.

Für eine streng liturg. Aufführung ohne die Konzerte und ohne Instrumente (Stückauswahl »L« in Abb. A) stellt MONTEVERDI ein zweites *Magnificat* nur mit Orgelbegleitung zur Verfügung (Nr. 13, II). Die *Marienvesper* ist so komponiert, daß sie notfalls ohne Instrumente, aber mit den modernen Konzerten aufgeführt werden kann (Stückfolge »O« in der Tabelle). Fraglich ist, ob die *Antiphonen* aus der Liturgie choraliter gesungen werden, ob an ihre Stelle die neuen *Konzerte* treten, oder ob beides erklingen soll. Zum alten, psalmodierenden (auf Akkorde deklamierenden) Chorstil am Beginn erklingt zugleich die Hausfanfare der GONZAGAS, die auch den *Orfeo* einleitet (Nb. Nr. 1, vgl. S. 320, hier nach D-Dur transponiert).

In Venedig hat MONTEVERDI nicht nur Kirchenmusik, sondern auch weiterhin weltl. Werke wie *Madrigale, Ballette, Opern* usw. für die Adelshäuser in Venedig, Mantua usw. geschrieben. Das meiste ist verloren.

Zu seinem Alterswerk gehören die 3 großen Opern für Venedig, die MONTEVERDIS Charakterisierungskunst auf höchster Stufe zeigen (S. 277).

Werke in Auswahl:

Sacrae cantiunculae, 1582, 3-st., lat.; *Madrigali spirituali,* 1583, 4-st., ital.; *Canzonette a tre voci,* 1584; alles noch in Cremona.

8 Madrigalbücher: Cremona *1.*1587; *2.*1590; Mantua *3.*1592; *4.*1603; *5.*1605, 5-st., dann neuer Stil (s. o.): die letzten 6 Madrigale mit Gb., das letzte 9-st. mit Instr. *(Sinfonia);* Venedig *6. Buch* 1614; *7.*1619 *Concerto,* 1- bis 6-st. mit Gb.; *8.* 1638, *Madrigali guerrieri et amorosi* (mit *Combattimento*); *Scherzi musicali,* 1607, 3-st. mit Instr. und Gb.; *L'Orfeo,* 1607, gedr. Libretto 1607, Partitur 1609 (s. S. 274 ff.); *L'Arianna,* 1608, nur das *Lamento* erhalten (S. 110), als Madrigal (S. 126) und als Marienklage (in *Selva,* s. u.).

Ballo delle ingrate, 1608, gedr. im *8. Madrigalbuch* 1638, *in genere rappresentativo* (s. S. 277); GOMBERT-Messe *In illo tempore* (6- bis 7-st.) und *Marienvesper,* 1610; *Tirsi e Clori,* Ballett, Mantua 1616 (gedr. im *7. Madrigalbuch* 1619); *Il combattimento di Tancredi e Clorinda,* Venedig 1624, gedr. im *8. Madrigalbuch* 1638; *Selva morale e spirituale,* 1640, Sammlung geistl. Werke, darin Messe S. 292, Abb. B; 3 letzte *Opern,* 1639–42 (S. 277). **Gesamtausgabe** von G. F. MALIPIERO, 16 Bde., Asolo 1926–42, Nachdruck Wien 1966–68 (mit Suppl. Bd. 17).

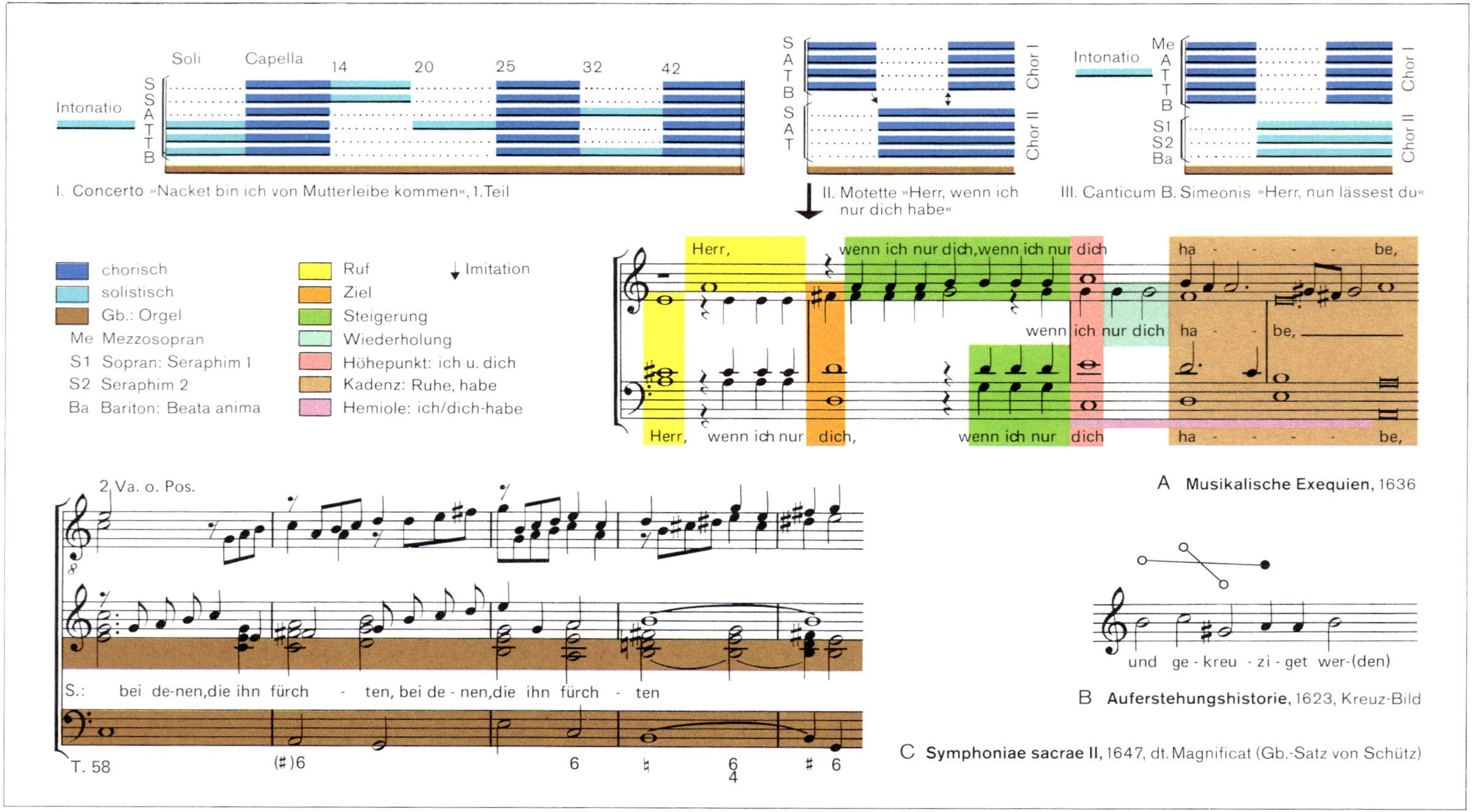

Schütz: Textdarstellung und konzertanter Stil

HEINRICH SCHÜTZ (SAGITTARIUS), * 14. 10. 1585 in Köstritz bei Gera, † 6. 11. 1672 in Dresden; 1598 Hofkapellknabe in Kassel mit Schule im *Collegium Mauritianum,* 1608 Jurastudium in Marburg (Stipendiat des Landgrafen wie alle Kapellknaben nach dem Stimmbruch); 1609 Orgel- und Kompos.-Studium bei G. GABRIELI († 1612) in Venedig; 1613 Hoforganist in Kassel, 1617 Hofkapellmeister in Dresden, 1628–29 zweite Italienreise, Instr.-Kauf, Fortbildung (Venedig, MONTEVERDI); 1629 Dresden, Kriegswirren, Reisen (u. a. nach Kopenhagen 1633–35); großer Freundes- und Schülerkreis, u. a. BERNHARD, SCHEIN, SCHEIDT, ALBERT, KRIEGER, WECKMANN.

SCHÜTZ steht in der ev. dt. Kirchenmusiktradition der Höfe und Kantoreien, wie sie LUTHER und WALTER im 16. Jh. gegründet hatten. Für den humanistisch gebildeten SCHÜTZ ist die Musik höchste Wissenschaft und Kunst.

SCHÜTZ' musikal. Sprache wird wesentlich in Italien geprägt. Dort lernt er den neuen *konzertanten Stil* auf der Grundlage des Gb. Text- und Affektdarstellung des modernen und die Kontrapunktik des alten Stils verbinden sich zu einer genialen Musik auf handwerkl. Grundlage. SCHÜTZ überträgt den neuen ital. Vokalstil ins Deutsche, verlangt aber von den jüngeren Musikern ausdrücklich, zuerst die *»harte Nuß des Kontrapunkts zu knacken«* (Vorwort *Geistl. Chormusik*).

Dem Ausdruck des Textes, seiner subjektiven Interpretation, seinen Bildern und Affekten dienen die satztechn. Freiheiten, dient die gesamte Komposition. Dabei entsteht nach den Regeln der *Musica poetica* ein Werk mit Ganzheitsqualität, ein *opus,* das bleibt und den Komponisten berühmt macht (die opus-Zahlen sind original).

SCHÜTZ vertont bis auf wenige Ausnahmen geistl. Texte. Für ihre Auslegung und Vermittlung an den Hörer, der von der Musik *bewegt* und *beeindruckt* werden soll wie durch die Worte eines Predigers, tritt er als gläubiger Musiker mit allen Mitteln seiner Kunst ein.

Werke:

Madrigale, 1611, op. 1, ital., 5-st., damals moderne Gattung (vgl. S. 127), als »Gesellenstück« in Venedig gedruckt.

Psalmen Davids, 1619, op. 2, 26 mehrchörige Stücke, bis zu 20 Stimmen, aber auch moderner Stil (Psalm 121 *a voce sola*).

Auferstehungshistorie, 1623, op. 3, Evangelienharmonie, Gamben begleiten Evangelisten, bildstarke Musiksprache:

Kreuzbild durch Melodiebewegung und Kreuzvorzeichen gis (Abb. B).

Cantiones sacrae, 1625, op. 4, 40 lat. 4-st. Motetten, Gb. auf Verlegerwunsch.

Psalmen Davids, 1628, [2]1661, op. 5, übersetzt vom Theologen BECKER, Leipzig (BECKERSCHER Psalter), dt. Reime, 158 4-st. Sätze, darunter 12 alte Melodien (für Gemeinde).

Die zweite Italienreise eröffnet eine neue Schaffensperiode, die stärker vom konzertanten Stil und dem Gb. geprägt ist:

Symphoniae sacrae I, Venedig 1629, op. 6, 1- bis 3-st. lat. Motetten; neu die Instrumentalstimmen in kleinen, wechselnden Besetzungen (S. 318, Abb. A). Die Instrumente charakterisieren Personen und Situationen, z. B. Klage Davids um Absalom mit 4 Posaunen.

Musikal. Exequien, 1636, op. 7, dt. Begräbnismesse für den Landesfürsten HEINRICH POSTHUMUS VON REUSS (Texte mit SCHÜTZ und Hofprediger vorher ausgesucht). 3 Teile:

I. Concerto. Bibelsprüche, Liedtexte *(dt. Kurzmesse),* liturg. Intonation, dann Wechsel von Soli und Chor *(Capella;* Abb. A). – **II. Motette** über den *Spruch* der Leichenpredigt, doppelchörig; den Ruf *Herr!* vertont SCHÜTZ durch eine lange Note mit Pause, der Sopran wiederholt den Ruf (Intensivierung), der nächste Schwerpunkt fällt auf *dich,* wird vielfach wiederholt und gesteigert, bis im Höhepunkt *ich* (der Rufende) und *dich* (der Herr) zusammen erklingen (vereint sind, Nb. A). – **III. Canticum Simeonis,** konzertant für 5-st. Capellchor (die Freunde auf Erden) und 3-st. Favorit-Chor: *»Mit welcher Invention ... der Autor die Freude der abgeleibten Sehligen Seelen im Himmel / in Gesellschaft der Himmlischen Geister und heiligen Engel in etwas einführen und andeuten wollen«;* Chorverdopplung und getrennte Aufstellung im Raum *»würden den effect des Werks nicht wenig vermehren«* (Vorwort).

Kleine geistl. Konzerte I/II, 1636/39, op. 8/9, 1- bis 5-st., mit Gb., motettische bis frei konzertante und monod. Stücke (S. 296).

Die 7 Worte Jesu am Kreuz, 1645, oratorienartig, Evangelist zwischen S., A. und T. wechselnd, 1- und mehrst. mit Gb., Christus von 2 Instr. begleitet (Violen, Pos., Zinken?).

Symphoniae sacrae II/III, 1647/50, op. 10/ 12, dt., 3- bis 5-st./5- bis 8-st. Konzerte mit Instr.

Sie *spielen* die Vokalstimmen *mit,* wie im alten Stil üblich, *wechseln* mit ihnen *ab* (neu, Imitation, Nb. C, Beginn), oder haben eine *eigene Struktur* (neu: Verselbständigung der Instr., s. T. 3–5; Gb.-Aussetzung im Nb. C von SCHÜTZ original).

Geistl. Chormusik, 1648, op. 11, 5- bis 7-st. dt. Motetten, Bibeltexte, ab 1615 entstanden, daher versch. Stile (*»schönste Motettenslg. des 17. Jh.«,* SPITTA). **Weihnachtshistorie,** 1664 (S. 298); **Passionshistorien** nach Lukas, Johannes, Matthäus (bis 1666; S. 138).

SCHÜTZ schrieb ferner u. a. 6 dt. Madrigale (1620–30, Texte von Opitz) und die erste dt. Oper: *Dafne* (S. 287, nur Text erhalten).

GA von PH. SPITTA, 16 Bde., Lpz. 1885–94; NGA der Intern. H. S.-Ges., Kassel 1955 ff.; *Stuttgarter S.-Ausg.* 1971 ff.; Werkverz. *(SWV)* von W. BITTINGER, Kassel 1960; A. B. SKEI, H. S. A Guide to Research, New York 1981.

11 T.	2	4	5	4	4	4	3	5	5	6	4	2	5	5	4	3	2
C		12/8	8/12					12/8	C	3/2	C			6/4	4/6		
C	12/8	8/12					6/4		C	3/2	C	12/8	8/12			6/4	4/6
T. 1	12	14	18	23	27	31	35	38	43	48	54	58	60	65	70	74	77

A **G. Frescobaldi, Tokkata und Canzona,** 1637

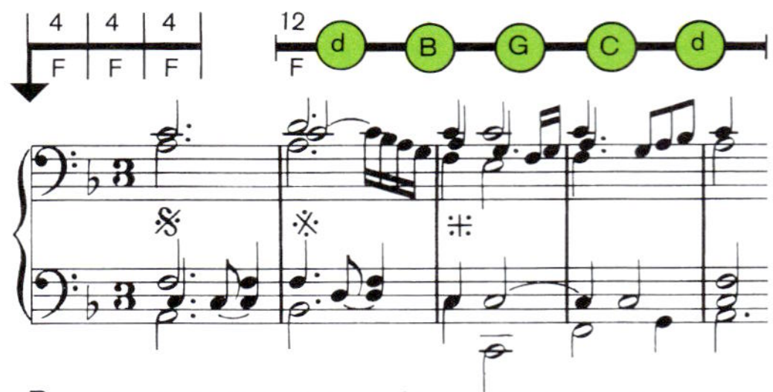

B **J. Ch. de Chambonnières, Chaconne als Rondo,** um 1650

C **J. P. Sweelinck, Echo-Fantasie,** Ausschnitt

D **F. Couperin, Pièces de Clavecin III,** 1722, Le Rossignol en amour, mit Double (𝅘𝅥𝅮)

Offene und strenge Form

Klaviermusik bedeutet im Barock allg. Musik für ein Instrument mit Klaviatur: *Orgel, Cembalo, Clavichord.*
Das *Clavichord* klingt sehr leise, dynam. variabel, beseelt, das *Cembalo* eher glänzend, konzertant, war auch Übinstr. des Organisten zu Hause. Die Grenzen zur Orgelliteratur fließen, doch gibt es:
- Zuweisungen: z. B. *per organo, für Orgel;*
- Gattung und Gehalt: *geistl.* Musik ist primär für Orgel gedacht, *weltl.* (wie Tänze) für Cembalo;
- techn. Unterschiede: das Pedal der Orgel fehlt dem Cembalo (*Pedalcembali* waren selten), die Orgel kann lange Töne halten, das Cembalo kaum (Wiederanschlag, Triller), Registerwechsel und Terrassendynamik haben beide.

Klavier und Orgel werden im Barock zentral (im 16. Jh. noch die Laute) durch die Möglichkeit der *Generalbassausführung* (Akkordspiel) und des mehrst. *konzertanten Spiels.*
Die Nationen prägen Stile aus: Italien die *virtuose Sonate* (SCARLATTI), Frankreich die *Suite* (COUPERIN), England die *Variation* (Virginalisten). Deutschland übernahm und verschmolz die Stile (*»stile misto«,* QUANTZ).

Italien brachte im Frühbarock den ersten großen Instrumentalisten hervor, der wie MONTEVERDI in der Vokalmusik, auf dem Instrument den neuen affektgeladenen Ausdrucksstil verwirklichte:
GIROLAMO FRESCOBALDI, * 1583 Ferrara, † 1643 Rom, lernte bei Dom-Kpm. L. LUZZASCHI (venezian. Tradition), ab 1608 Organist an St. Peter, Rom.
Die Titel seiner Werke zeigen noch die venezian. Gattungen:
Toccate e partite d'intavolatura di cembalo, 2 Bde. Rom 1615, 1627, 2. Aufl. 1637 (Nb. A). Tokkaten sind kurze Vorspiele (*Intonazioni,* mit oder ohne Choral) oder größere selbstständige Gebilde (oft zur Wandlung, *alla levazione*). MERULO schrieb noch einheitl. Tokkaten mit präludienhaft *freien* und ricercarartig *gebundenen* Teilen, FRESCOBALDI erweitert sie zu vielgliedrigen, affektgeladenen Gebilden voller Gegensätze:

Imitation (mit Verzierung, T. 1), Akkorde (T. 35), Bassfiguration (T. 58), Läufe (T. 60), Parallelen (T. 77). Die Teile wechseln lebendig und dramatisch stets nach wenigen Takten (s. Gesamtanlage, Abb. A). Die »Taktangaben« sind noch alte *Proportionszahlen:* sie setzen die folgende der vorangehenden Notengruppe gleich (6 Achtel in T. 36 so lang wie 4 Achtel in T. 35). *»Das Ende erreicht man nicht ohne Mühe«,* notiert FRESCOBALDI am Schluss.

FRESCOBALDI fordert über eine gehobene Technik hinaus ein ausdrucksvolles Spiel mit ideenreicher Registrierung (wechselchörig, konzertant) und *tempo rubato* (*nach Seelenlage,* vgl. MONTEVERDI-Zitat S. 273).
Die *Partiten* von 1615 sind Variationsreihen über Bassmodelle wie *Aria di Romanesca,* die *Folia-Aria* u. a. (S. 262, Abb. B). – FRESCOBALDIS Fantasien, Ricercare, Canzonen und Capriccios erscheinen wie gewohnt *»fugiert«,* verwenden aber nur noch *ein* Thema wie die spätere Fuge (*Capriccio sopra un soggetto,* 1624). Die Canzona heißt noch *alla francese* wegen ihres Chanson-Themenkopfes (Abb. A, vgl. S. 254, Abb. A). *Dux* (Tonika F-Dur, Quinte f–c) und *Comes* in tonaler Beantwortung (Dominante C-Dur, Quarte c–f), wie später in der Fuge.
Als Haupt- und Spätwerk FRESCOBALDIS erschienen die *Fiori musicali* (1635), Orgel- und Cembalosätze, z. B. die *Bergamasca*-Var.

Holland. In Amsterdam wirkte JAN PIETERSZOON SWEELINCK (1562–1621), lernte vermutlich bei ZARLINO in Venedig; schreibt *ital.* Tokkaten, Fantasien, Ricercare und *engl.* beeinflusste Choral- und Lied-Variationen.

Seine *Echo-Fantasie* klingt in ihrer konzertanten Raumwirkung *venezian.* und zeigt in ihrer Chromatik den affektgeladenen neuen Stil des Barock (Nb. C).

Frankreich. In Frankreich dominiert das Cembalo *(Clavecin).* Die Clavecin-Musik zeigt *Lauteneinfluss* in ihrer gefälligen *Oberstimmenmelodik,* ihrem *Spielcharakter* und ihrer lockeren *Satzstruktur* mit vielen gebrochenen Akkorden *(style brisé).*
Hauptgattung ist die Suite *(Ordre),* eine freie Folge von Tänzen und Klavierstücken (*Pièces de clavecin*), oft mit programmat. oder poet. Titeln (S. 112, Abb. A).
Man spielte subtil und graziös und nie so wie notiert: man liebte das *jeu inégale (notes inégales),* das ungleichmäßige Spiel mit feinsten rhythm. Verschleppungen, Accelerandi, agogischen Nuancen, improvisatorisch und nicht notierbar.
JACQUES CHAMPION DE CHAMBONNIÈRES (1601/02–72), am Hofe LUDWIGS XIV., *Pièces de clavecin* (1670): in der *Chaconne* lockert er die strenge Bassvariationsform (hier nur 3 mal 4 Takte mit Chaconnebass) durch kontrastierende Couplets zu einem Rondo auf (Abb. B).
JEAN-HENRI D'ANGLEBERT (1628–91); NICOLAS LEBÈGUE (1631–1702); LOUIS COUPERIN (1626–61); FRANÇOIS COUPERIN LE GRAND (1668–1733), Neffe von LOUIS, Hoforganist und -clavecinist in Paris:

Lehrbuch *L'art de toucher le clavecin* (1716), 4 Bände Suiten (*Ordres,* 1713–40) mit Tänzen, freien und Charakter-Stücken von hohem poet. Gehalt, oft mit preziös variierter Wiederholung (*Double,* Nb. D).

Organisten: JEAN TITELOUZE (1562/63–1633), Rouen; NICOLAS DE GRIGNY (1672–1703), Reims, *Livre d'orgue* (1699); LOUIS MARCHAND (1669–1732), Paris; LOUIS-CLAUDE DAQUIN (1694–1772), Paris.

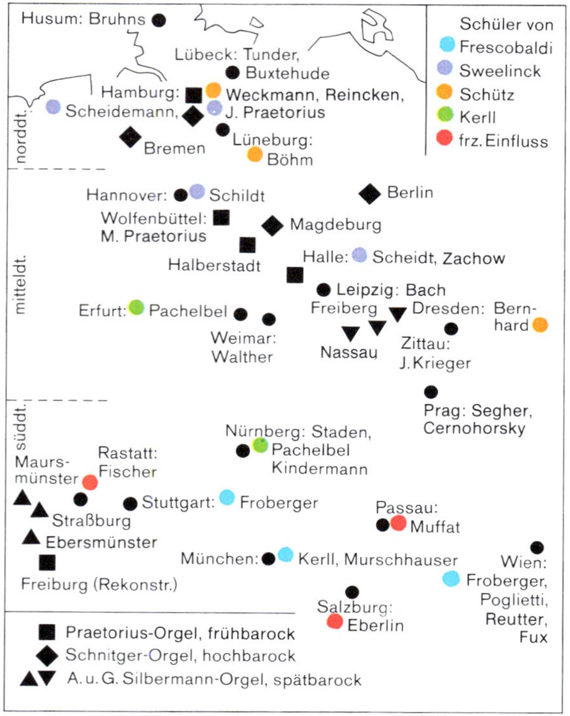

A **Deutsche Orgelschulen im 17./18. Jh.**

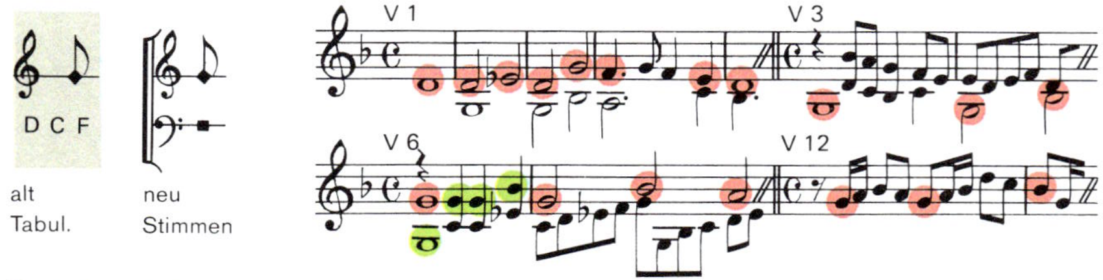

B **S. Scheidt, Tabulatura nova,** 1624, Choralbearbeitung »Warum betrübst du dich«

C **J. Pachelbel, Choralvorspiel**
»Ach Herr, mich armen Sünder«

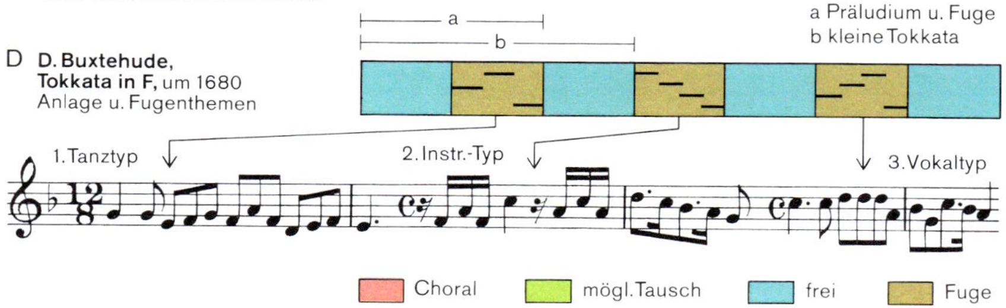

D **D. Buxtehude,**
Tokkata in F, um 1680
Anlage u. Fugenthemen

Orgelschulen des 17. Jahrhunderts

In Deutschland gibt es im 17. Jh. unterschiedl. Stile im Orgel- und Klavierspiel.

Süddeutschland. Der *kath.* Süden hat weniger Orgelspiel im Gottesdienst, dafür mehr kammermusikal. Klavierspiel mit Suite (frz. Einfluss), Tokkata, Capriccio (ital. Einfluss); wenig Pedal.

Norddeutschland. Im *protest.* Raum Mittel- und Norddeutschlands kann sich das Orgelspiel reich entfalten, bes. in den Choralbearbeitungen sowie den Präludien und Fugen. Stark ist der Einfluss SWEELINCKS (Holland, S. 306) und der Virginalisten (England). Die Organisten lieben das farbenreiche Wechselspiel der **Register,** was den *Werkcharakter* der Orgel ausprägt (charakterist. Hauptwerk, Oberwerk, Brustwerk usw.). Dazu treten klare **Solostimmen,** bes. nasale Zungenregister (Oboe); die Krönung bildet der pathetische **Tuttiklang.** So entwickelt sich ein virtuoses, kontrastreich-konzertantes Spiel mit ausgeprägter Pedaltechnik, klarem Liniengeflecht und wuchtigen Akkordblöcken. Der reichen Klangphantasie entspricht ein starker Affektgehalt.

Mitteldeutschland. Mischung aller Einflüsse, wobei in der Orgelmusik norddt., in der Cembalomusik süddt. Elemente überwiegen.

Die **Orgel** erreicht im Barock ihr **Bauideal,** an dem später nichts zu verbessern, allenfalls zu verändern war (Orchesterfarben im 19. Jh., Restauration der Barockorgel im 20. Jh.). 3 Typen:

- die frühbarocke **Praetorius-Orgel** (von PRAETORIUS im *Synt. mus. II,* 1618, beschrieben, danach die Rekonstruktion in Freiburg), noch an der Klarlinigkeit der Renaissance orientiert mit scharfer Registertrennung, ungemischten Farben, Koppelverbot für Äqualstimmen; z. B. Halberstadt (1586); Musik: SCHEIDT;
- die hochbarocke **Schnitger-Orgel** (von ARP SCHNITGER, 1648–1719, Hamburg), norddt., ausgewogene Klangfülle mit Aliquoten und Zungen, bis zu 4 Manualen, Orgelideal des Barock; z. B. Hamburg St. Nicolai (1687); Musik: BUXTEHUDE;
- die spätbarocke **Silbermann-Orgel.** Brüder SILBERMANN, der ältere ANDREAS im Elsass, z. B. Maursmünster (1709–10), der jüngere GOTTFRIED in Sachsen, z. B. Freiberg (1710–14); viele Grundstimmen, weniger Einzelaliquote und Zungen, komplizierte Registrierung; Musik: BACH.

Gattungen

liturgisch: Choralvor- und nachspiele, Choralbearbeitungen, Choralvariation (Choralpartita, Abb. B), Choralfantasie (Abb. C: Choral langsam in der Oberstimme);

übrige: Präludium, Tokkata, Kanzone (selten), Ricercar (selten), Fuge, Fantasie, Echostück, Capriccio, Suite, Liedvariation, Chaconne, Passacaglia, Sonate (einsätzig).

Im **Norden** wirken P. SIEFERT (1586–1666), M. SCHILDT (1592/93–1667), H. SCHEIDEMANN (um 1595–1663), alle drei SWEELINCK-Schüler, dann M. WECKMANN (1619–74), ADAM REINKEN (1623–1722), bes.:

DIETRICH BUXTEHUDE (um 1637–1707), TUNDER-Nachfolger an St. Marien in Lübeck, konzertante Abendmusiken. BUXTEHUDE vergrößert die formalen und spieler. Dimensionen, entwickelt die *Tokkata mit Fugen:* zweiteilig als Tokkata bzw. Präludium und Fuge, dreiteilig als kleine Tokkata mit Fuge als Mittelteil (so später allg.), als fünfteiliges Gebilde wie die *Tokkata in F* mit 3 Fugen unterschiedlich in Thematik und Charakter: *tänzerisch* giguenartig im 12/8-Takt, *instrumental* mit Figuren und Punktierungen, *vokal* sehr linear (Abb. D).

Ferner: V. LÜBECK (1654–1740); G. BÖHM (1661–1733); N. BRUHNS (1665–97).

In **Mitteldeutschland** lebte der bedeutendste Organist des dt. Frühbarock

SAMUEL SCHEIDT (1587–1654), Schüler SWEELINCKS, ab 1603 Halle: Moritzkirche, ab 1608 Hoforganist, ab 1620 Kapellmeister (vgl. S. 299).

Hauptwerke: *Görlitzer Tabulaturbuch* (1650) und *Tabulatura nova* (1624). Letztere spiegelt die gesamte Praxis der Tasteninstr. jener Zeit. Der Name besagt, dass der Druck nicht in alter Orgeltabulatur (mit Buchstabennotierung für den Bass), sondern in *Stimmen* erschien (Abb. B). Das ist der Polyphonie der meisten Stücke angemessen. Unter den liturg. Stücken zeigen die Choralbearbeitungen SCHEIDTS ideenreiche Variationstechnik.

In Vers 1 liegt die Liedmelodie *(Choral, c.f.)* in der *Oberstimme* (Nb. B), in Vers 3 im *Tenor*; Vers 6 ist ein *Bicinium* im *doppelten Kp.* (die grünen Noten erklingen nicht gleichzeitig: sie zeigen den Beginn der Stimmen nach ihrer kp. Vertauschung); Vers 12 *koloriert* den c. f. durch kleine Zwischennoten *(Diminution).*

Bekannte mitteldt. Organisten: JOH. KRIEGER, KUHNAU, TELEMANN, BACH (vgl. S. 299).

Im **Süden** wirkt JOHANN JAKOB FROBERGER (1616–67), lernte bei FRESCOBALDI in Rom, war Hoforganist in Wien; Schöpfer der dt. Klaviersuite: um 1650 setzt sich in seiner (frz. beeinflussten) Suite ein Kern von 4 Sätzen durch: *Allemande, Courante, Sarabande, Gigue* (die Gigue noch oft an 2. Stelle); Hang zur Zyklusbildung (gleiche Tonart aller Sätze).

Ferner: J. K. KERLL (1627–93), GEORG MUFFAT (1653–1704), sein Sohn GOTTLIEB THEOPHIL MUFFAT (1690–1770), bes.:

JOHANN PACHELBEL (1653–1706), Nürnberg, *Hexachordum apollinis* (1699). In seinem Choralbearbeitungstyp erscheint der c. f. in langen Noten im Sopran (Nb. C), die andern Stimmen greifen ihn auf (T. 1).

A **J. Kuhnau, Bibl. Historien,** 1700, Sonate Nr. 1: »Streit zwischen David und Goliath«

B **J. S. Bach, Tokkata (u. Fuge) d-Moll, BWV 565,** 1709

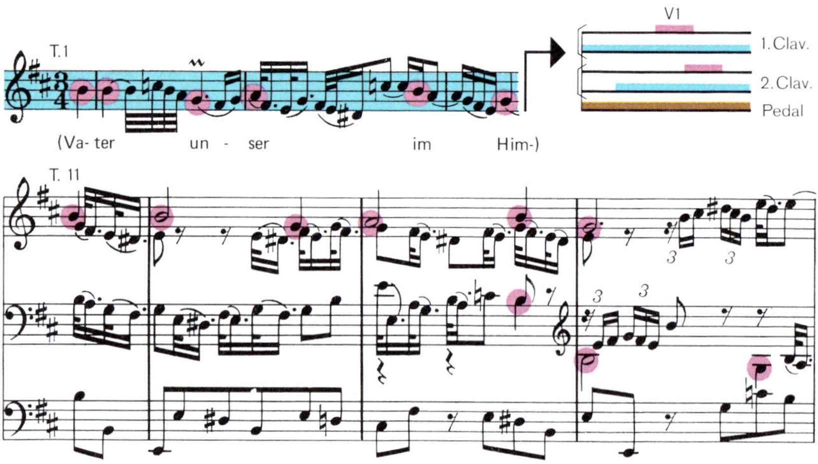

C **J. S. Bach, Choralbearbeitung »Vater unser«, BWV 682,** (Clav.-Üb. III, 1739), 5-st.

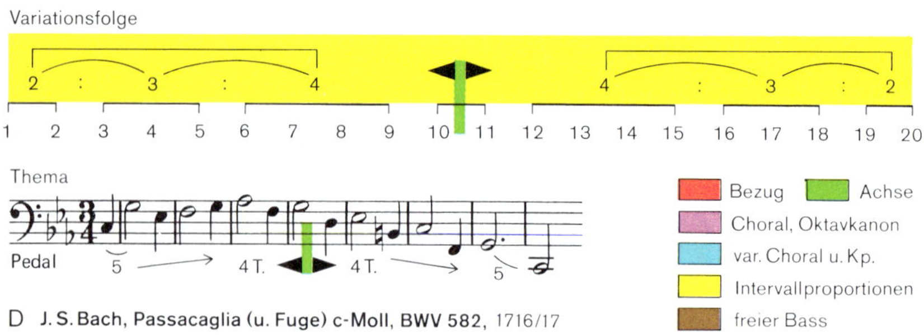

D **J. S. Bach, Passacaglia (u. Fuge) c-Moll, BWV 582,** 1716/17

Programm, Themengestalt und -bearbeitung

Im Barock gelangt die **Orgelmusik** zum Höhepunkt. Der klare, großräumige Orgelklang entspricht barockem Musikempfinden: füllige, konzertante Repräsentation, starke Affekte und ein über den Menschen hinausweisender spekulativer, religiöser Gehalt. Subjektiver Ausdruck des *Empfindsamen Stils* ließ dann die Orgelmusik versinken.

Die Orgel wird im Barock durch wuchtige Prinzipale, glänzende Mixturen, schneidend-schnarrende Zungen, Terrassendynamik und -klangfarben zum *Instrument aller Instrumente,* das *fast alle andere Instrumenta Musicalia* in sich begreift (PRAETORIUS 1618).

Freie Gattungen: Ricercar, Canzone, Pastorale, Variation, Passacaglia, Tokkata, Präludium, Fuge, Fantasie, Trio, Konzert. **Choralgebundene Gattungen** *(Choralbearbeitungen)* aus dem Choralspiel mit den 3 Aufgaben: *präludieren:* Choralvorspiel (S. 141); *begleiten:* meist 4-st., schlicht; *alternieren:* strophenweiser Wechsel Orgel und Gemeinde oder Chor. Der **Orgelchoral,** mit vollst. Liedmelodie, ist die zentrale liturg. Gattung. Durch Einschübe zwischen den Zeilen und freiere Behandlung wird er zur **Choralfantasie** (BUXTEHUDE). In der **Choralpartita** folgen Choralstrophen als Variationen (wie *Lied-Var.,* S. 308, Abb. B).

Die dt. Stilunterschiede im 17. Jh. gleichen sich im Spätbarock aus. J. C. F. FISCHER (um 1665–1746), frz. geschulter Kapellmeister in Rastatt, schreibt eine *Ariadne musica* (1713) mit 20 Präludien und Fugen durch fast alle Tonarten (vor BACHS *Wohltemp. Klavier*). BACHS Vorgänger, Thomaskantor J. KUHNAU (1660–1722) übertrug in seinen *Frischen Clavier-Früchten oder 7 Suonaten* (1696) die ital. Triosonate aufs Klavier.

In der *Musicalischen Vorstellung Einiger Biblischer Historien in 6 Sonaten* (Lpz. 1700) schildert die Musik das Programm: *Das Pochen und Trotzen Goliaths/Das Zittern der Israeliten* usw. Steinwurf und Fall sind deutlich (Abb. A).

Bachs Orgelwerke

BACH lernt in Ohrdruf (1695–1700) beim Bruder JOH. CHRISTOPH die mittel- und süddt. Tradition kennen (PACHELBEL, FROBERGER, FRESCOBALDI). In Lüneburg (1700–03) hört er den SCHÜTZ-Schüler J. J. LÖWE (Nikolaikirche), den norddt. REINKEN-Schüler G. BÖHM (St. Johannis). Dann wird er Organist in **Arnstadt** und **Mühlhausen** (S. 329). Hier entstehen norddt. geprägte Choralvorspiele, -fantasien, -fugen, Choräle, Präludien, Fugen, Tokkaten, Fantasien.

Die *Tokkata d-Moll* umfasst Tokkata und Fuge, beide thematisch aufeinander bezogen (Quintfall). Sie bezeugen großräumige Fantasie und plast. Gestaltungskraft. Der affektvolle Beginn mit seinen Oktavstürzen, Pausen und Fermaten zeigt schon in den Noten ein barockes Bild (Nb. B).

In **Weimar** (1708–17) lernt BACH die ital. Musik kennen. Er überträgt (Violin-)Konzerte VIVALDIS auf die Orgel, schreibt studienhalber eine Canzona, Fantasia und Pastorale, und nimmt ital. konzertante Elemente in alle Gattungen auf. Spätestens hier entstehen große Orgelwerke wie die *Passacaglia und Fuge c-Moll:*

Ihr streng gebautes Thema mit Quintbeginn, Spannungsanstieg, Mittelzäsur, Kadenz und Quintfall zeigt wie auch die Ordnung der 20 Variationen zu Gruppen in *harmon. Zahlenproportionen,* wie kraftvoll Fantasie, Affekt und Virtuosität formal gebändigt werden (Abb. D).

Im **Orgelbüchlein** (1712–17, 45 Choräle) verbindet BACH Gottesdienst, Kunst und Lehre: *»Dem höchsten Gott allein zu Ehren/Dem nächsten draus sich zu belehren«* (Vorwort). Es zeigt neben Pedalstudien, wie man einen Choral *bearbeiten,* seinen Gehalt darstellen kann (*Wörterbuch der Bachschen Tonsprache,* A. SCHWEITZER).

Der **Textgehalt** des *Chorals* (Kirchenlieds) geht in die Musik ein, in zeilen- bzw. strophenweiser *Ausdeutung.* Sie führt vom einfachen Spiel über die vielgestaltige Bildersprache der *musikal. Rhetorik* bis zur hochgradigen *Vergeistigung* der Musik bei BACH, die voll naheliegender **Symbolik** und tiefsinnig vergleichender **Metaphorik** steckt. So lässt BACH einen Sterbechoral im *Seligkeitsrhythmus* erklingen und stellt dadurch den christl. Jenseitstrost über den Tod hinaus dar.

In Abb. C rufen lombard. Punktierungen *(Pathos),* gekräuselte Linien *(Qual)* und starke Chromatik *(Schmerz)* das Bild des leidbedrückten Menschen hervor, der im *Vater unser* Erlösung sucht.

Die 3 Hauptchoralbearbeitungstypen sind:
- *c.f.* in langen Werten im Sopran (PACHELBEL-Typ; wie Nb. C, T. 11);
- *c.f.* konzertant verziert und begleitet im Sopran (BÖHM-Typ; wie Nb. C, T. 1);
- kanon. Verarbeitung des *c.f.* (Nb. C, T. 13/14 und Schemazeichnung).

In Leipzig (ab 1723) hat BACH als Kantor 2 Organisten zur Entlastung. Er selbst spielt als Orgelkenner bei Prüfungen neuer Orgeln und in Konzerten. Es entstehen u. a.
- 6 Triosonaten: Übertragung der ital. Triosonate auf die Orgel, 3-st., 3-sätzig, konzertant und virtuos;
- Klavierübung III. Teil (1739) mit Präl. Es-Dur, Orgelchorälen für den Gottesdienst (*Orgelmesse*, Abb. C), Fuge Es-Dur, 4 *Duette* (inventionsartig nach frz. Orgelart);
- *Einige canonische Veraenderungen über das Weynacht-Lied: Vom Himmel hoch* (1746–47), zum Eintritt in die *Mizlersche Societät der mus. Wissenschaften* (S. 119).

Die Leipziger Orgelwerke BACHS zeigen Tendenz zur Zyklusbildung und ausgewogene Schönheit der klangsinnl. Gestalt und des geistigen Gehaltes.

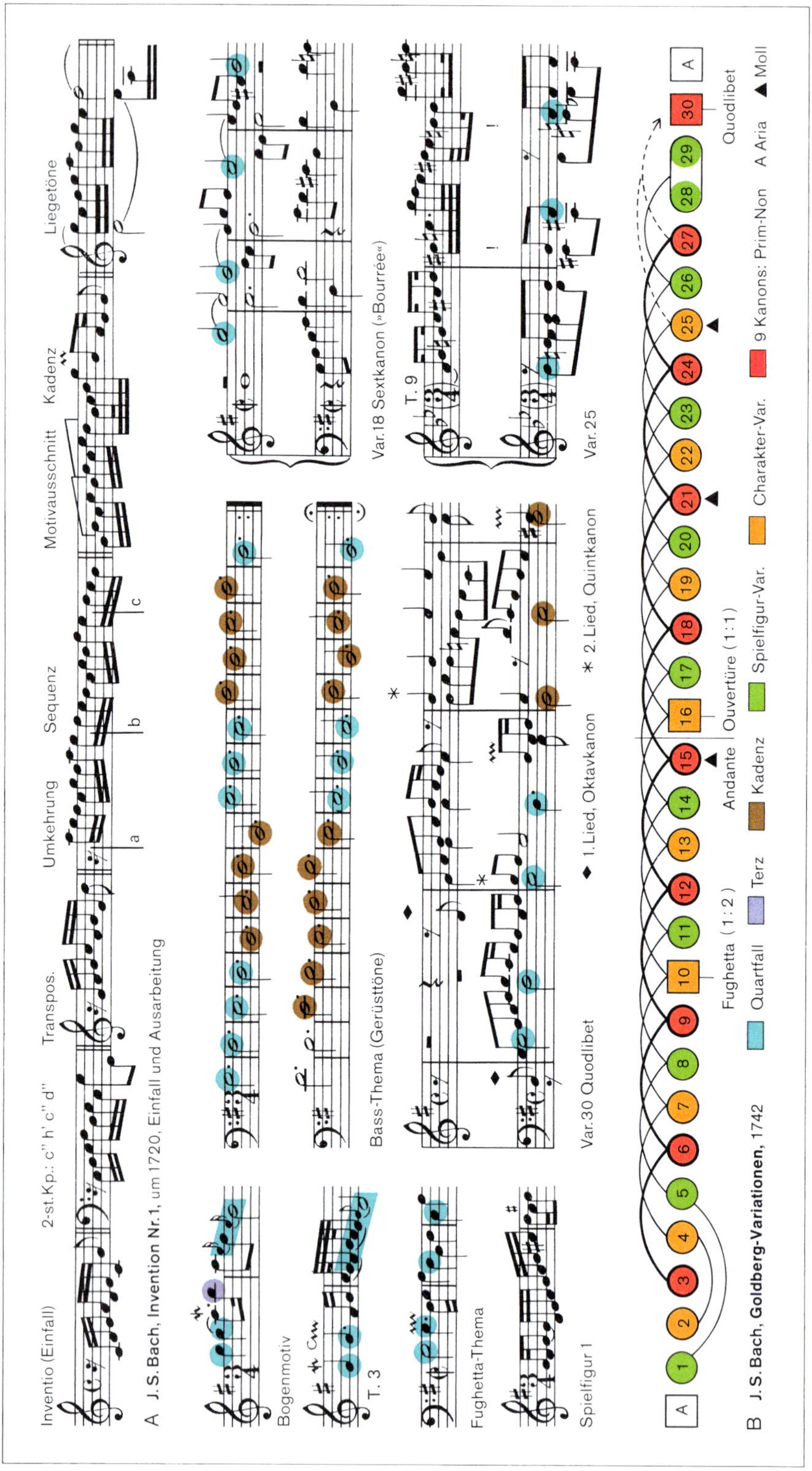

Komposition und Zyklusbildung

Von den barocken Klavierinstrumenten *Cembalo* und *Clavichord* liebte BACH das letztere bes. wegen der *»Mannigfaltigkeit in den Schattierungen des Tons«* (FORKEL). Das erlaubt Rückschlüsse für die Wiedergabe der BACHSCHEN Klavierwerke auf dem modernen Flügel. Das **Clavichord** war ausdrucksstark und cantabel, aber so leise, dass es nur für das Alleinspiel geeignet war.

Beim **Cembalo** rechnet BACH im Allg. mit dem einmanualigen Instrument, nur für das *Ital. Konzert,* die *Frz. Ouvertüre* und die *Goldberg-Variationen* verlangt er 2 Manuale (Solostimmen, virtuoses Spiel).

Bis einschließlich Weimar (1717) schreibt BACH Präludien, Fugen, Tokkaten, Capriccios, darunter eines auf die Abreise seines Bruders ins schwed. Heer.

In **Köthen** (1717–1723) komponiert er als Hofkapellmeister und Klavierlehrer die meisten seiner weltl. Klavierwerke und Klavierkammermusik, u. a.:

- *Kleine Präludien* und *Fughetten.*
- Das *Wohltemperierte Klavier,* 1. Teil (1722), 24 Präludien und Fugen (S. 140f.).
- Je 6 *frz.* und *engl. Suiten* (S. 150 f.).
- *Inventionen* und *Sinfonien* (1723).

Letztere geben Einblick in barocke (BACHS) Unterrichts-, Spiel- und Kompositionsweise: »Auffrichtige Anleitung, wormit denen Liebhabern des *Clavires,* besonders aber denen Lehrbegierigen, eine deütliche Art gezeiget wird, nicht alleine (1) mit 2 Stimmen reine spielen zu lernen, sondern auch bey weiteren *progreßen* (2) mit dreyen *obligaten Partien* richtig und wohl zu verfahren, anbey auch zugleich gute *inventiones* nicht alleine zu bekommen, sondern auch selbige wohl durchzuführen, am allermeisten aber eine *cantable* Art im Spielen zu erlangen, und darneben einen starcken Vorgeschmack von der *Composition* zu überkommen« (BACHS VORWORT).

Jeder Spieler soll also auch improvisieren und evtl. komponieren lernen. Die Kompositionsweise ist typisch für das Barock: es beginnt mit dem Einfall *(inventio).* Er ist nicht das wichtigste und mag Allerweltsmotivik enthalten (Lauf, Terzen, s. Nb. A). Es folgt die Ausarbeitung (s. S. 271), meist kp. mit Zweitstimme, Motivspiel, Kadenzen usw. (Abb. A). In der Gesamtanlage (hier: 3 Teile) beachtet der Komponist Abwechslung, Vielfalt und Einheit des Ganzen.

In **Leipzig** (ab 1723) entstehen u. a. die 4 *Klavierübungen* (im Sinne von Ausübung, Spiel), die *Klavierkonzerte* für den Hausgebrauch und das Collegium musicum (S. 327) und der 2. Teil des *Wohltemperierten Klaviers* (1738–42). Die Klavierübungen gehören zu den wenigen Werken, die BACH selbst im Druck erscheinen ließ:

- **Klavierübung 1. Teil** (1731): 6 Partiten.
- **Klavierübung 2. Teil** (1735): *Concerto nach ital. Gusto* und *Ouverture nach frz. Art.* Das *ital. Konzert* ist 3-sätzig in Solo/Tutti-Struktur *(p/f)* und einer virtuosen Instrumentalthematik à la VIVALDI.
- **Klavierübung 3. Teil** (1739): *Orgelmesse* samt Duetten (s. S. 310 f.).
- **Klavierübung 4. Teil** (1742): *Aria mit verschiedenen Veränderungen,* geschrieben für den Grafen KEYSERLINGK in Dresden und dessen Kammercembalisten GOLDBERG *(Goldberg-Variationen).*

Die Aria steht bereits im 2. Notenbuch der ANNA MAGDALENA (1725). Der Name *Aria* deutet auf die ital. Bassmodelle für Variationen (S. 262, Abb. B). Der Bass ist das eigentl. *Thema.* Er bleibt wie in einer Chaconne oder Passacaglia mit seinen Harmonie bestimmenden Gerüsttönen in jeder der 30 Variationen erhalten. BACH erweitert ihn jedoch auf die ungewöhnl. Länge von 32 Takten, ganz aus Quartfall und Kadenzen bestehend (Nb. B). Auch das Oberstimmenmotiv enthält den Quartfall, außerdem die Terz (s. Bogenmotiv). Die Quarte steht für die 4 Elemente und die Welt, die Terz für die Trinität und Gott, der sie beseelt und überhöht. Das Bogenmotiv findet sich variiert in der Aria (s. T. 3) und in den Variationen. Diese spiegeln die gesamte barocke Musikpraxis wider. BACH verschränkt 3 Reihen miteinander:

- **Spielfigurvariationen** aus Läufen, Arpeggien usw. wie in Präludien und Tokkaten, angelegt in steigender ital. Virtuosität.
- **Charaktervariationen** in bestimmten Formen oder Gattungen wie *Triosonate* (Var. 2), *Tanz* (Var. 4), *Siciliano* (Var. 7), *Fuge* (Var. 10), *Solokonzert, Arie* (Var. 13, 25), *Frz. Ouvertüre* (16), *Quodlibet* (30).
- **Kanons,** 2-st. über dem freien Bass der Aria (S. 118, Abb. C), mit steigendem Einsatzintervall: Prim (1. Kanon, Var. 3), Sekunde (2. Kanon, Var. 6) usw. bis zur None (9. Kanon, Var. 27: 2-st., Bass wird Kanonstimme; Bassquartfall oben schon in Var. 18 mit Bourréecharakter, s. Nb.).

BACH teilt die Gesamtreihe proportional durch Sondervar.: Var. 10 (10 : 20 wie 1 : 2, Oktavproportion) als 4-st. *Fughette,* deren Thema sich aus dem Quartfall ableitet (s. Nb.), ferner *Andante* als 1. Mollvar. und *Frz. Ouvertüre,* die 2. Hälfte eröffnend. Vor dem Schluss erscheint eine kadenzhafte Erweiterung der virtuosen Variationen (28/29). Als Var. 30 erklingt statt des erwarteten Dezimenkanons ein *Quodlibet* mit 2 Volksliedern *(Ich bin so lang nicht bei dir g'west* und *Kraut und Rüben haben mich vertrieben)* kanonisch über dem Ariabass (s. Nb.). – Zuweilen erinnert BACHS lineare Chromatik in ihrer harmon. Kühnheit ans 19. Jh. (Var. 25: Wagners *Tristan*-Akkord, s. Nb.).

Abschließend erklingt die Aria unverändert nach den Var. als Metamorphose des immer Gleichen: Anfang und Ende schließen sich, Symbol für den Kreislauf der Natur und die Einheit des barocken Weltbildes.

A **G. F. Händel, Grobschmied-Variationen aus Suite 5,** um 1720 (Präl.-Allem.-Cour.-Air)

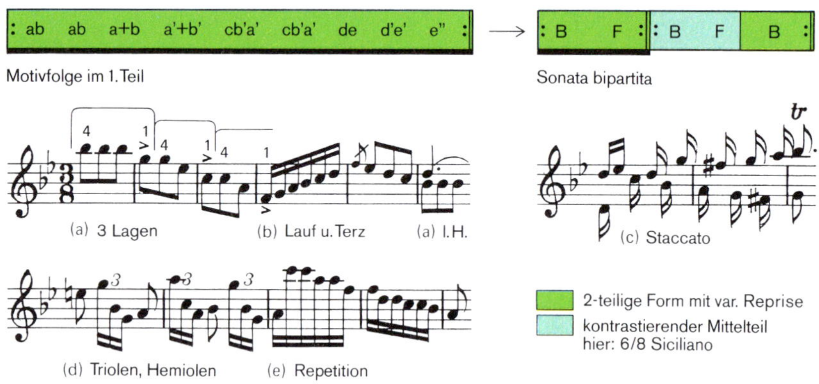

B **D. Scarlatti, Sonate B-Dur,** um 1736

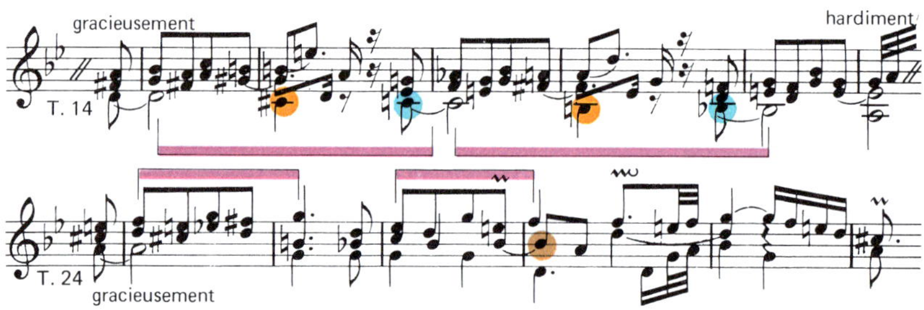

C **J.-Ph. Rameau, Nouvelles Suites,** 1736, L'Enharmonique

D **D. Gaultier, La Rhétorique des Dieux,** um 1650 (Tanzsammlung für Laute), Mode sous-ionien

chromatischer Halbton
diatonischer Halbton
Ganzton
7 – [1] 6 – 5
C [B] d
unvollst. Mittelstimme/Bass
Zusatztöne

Variations- und Spieltechnik, Lautensatzstruktur

G. F. Händel schrieb vielgespielte Suiten für Cembalo: *8 Suites de Pièces pour le Clavecin*, I (1720), *9 Suites*, II (1733), darin die G-Dur-Chaconne, ferner 6 Fugen für Orgel oder Cembalo (1735).

In den sog. *Grobschmied-Var.* (aus I, 5) lässt Händel die einfache Melodie liedhaft in der Oberstimme erklingen. Die Variationen zeigen alten Virginalistenstil und modernen ital. Einfluss (Scarlatti). Sie steigern Virtuosität und Tempo (bis zu 32stel-Noten, Abb. A).

Italien bevorzugt nach den alten Ricercari und Canzonen spieler., virtuose Musik im sog. *brillanten Stil*: Variationen, Capriccios (teils mit Programm-Titeln), Partiten und Sonaten. Komponisten: A. Poglietti († 1683, Wien); B. Pasquini (1637–1710, Rom); bes.: Domenico Scarlatti (1685–1757), Sohn des Alessandro, Kapellmeister an St. Peter, Rom, ab 1721 Hofcembalist in Lissabon und ab 1729 dasselbe in Madrid.

Von Scarlatti sind über 500 einsätzige Sonaten erhalten *(Esercizi)*. Sie erwuchsen aus den ital. Tokkaten, Canzonen, Capriccios und steigern deren Virtuosität und Klangsinn ins Extrem: weite Sprünge, rasche Tonrepetitionen, Terzen- und Sextenketten, Oktaven, Triller. Die Sonaten sind meist 2-st. *(r. H.* und *l. H.)* und 2-teilig *(bipartita)*. Eine ideenreiche Folge meist kurzatmiger Motive und deren Kombination sorgt für geistreiche Abwechslung im überwiegend schnellen Spiel.

Viele Motive entstehen aus der Spieltechnik: Lagenwechsel über Terzen und Akkorde hinweg (Nb. B, a), Lauf (b), 2-st. Staccato (c), handliche Triolen (d). Der Beginn des 2. Teils ist hier zu einem eigenen Mittelteil erweitert, nicht durchführungsartig wie beim späteren Sonatensatz, sondern kontrastierend (Abb. B).

Scarlatti ordnet die Sonaten zuweilen paarig an zu ansatzweisen *Satzzyklen* der späteren Sonate. Die südl. Spiel- und Ausdruckskunst wirkt im Spätbarock modern gegenüber dem gelehrten nord. Kontrapunkt.

Frankreich. Beliebteste Gattung des frz. Spätbarock ist das *Charakterstück*, meist in Sammlungen und lockeren Suiten zusammengestellt, reich im Ausdruck der Empfindungen, in der Zeichnung der Stimmungen und Charaktere und an musikal. Einfällen.

Rameau veröffentlichte seine *Nouvelles Suites de Pièces de Clavecin* in Paris um 1728. Die chromat. Rückungen in Nb. C erscheinen kühn. Der Theoretiker Rameau erklärt im Vorwort den Ganzton in T. 15–17 als Summe eines *chromat.* Halbtons *cis*[1] (enharmonisch zu verwechseln in *des*[1]) und eines *diaton.* Halbtons c. Überraschend ist auch der Trugschluss in T. 28.

Das Stück zeichnet in seinem harmon. Raffinement komplizierte seel. Affekte nach: eine subtile Späterscheinung der Epoche, zugleich Vorläufer des *Empfindsamen Stils*.

Lautenmusik

Die Laute ist noch bis ca. 1650 ein sehr beliebtes Hausmusikinstrument, ehe das Cembalo an ihre Stelle tritt.

Die Laute dient der Liedbegleitung und als Gb.-Instrument in Kammer- und Orchestermusik, bes. die fülligen Theorben und Chitarronen. Die **Gattungen** und **Formen** der Lautenmusik entsprechen den *freien Formen* der Cembalomusik, vor allem Tänze, Präludien, Tokkaten, Variationen, aber auch *gebundene Formen* wie Ricercar, Fantasie, Fuge und Übertragungen von Vokalwerken. Polyphonie bringt jedoch immer gewisse Schwierigkeiten auf den schnell verklingenden Saiten der Laute.

Frankreich. Der berühmteste Lautenist Frankreichs ist Denis Gaultier (um 1600–1672, Paris) aus einer weitverzweigten frz. Lautenistenfamilie. Sein Lautenstil beeinflusste stark die frz. Clavecinisten *(style brisé)*. Gaultier spielte in den Pariser Salons, sein Repertoire spiegelt sich in der für einen dieser Salons bestimmten Ms.-Sammlung *La Rhétorique des Dieux* mit 62 stilisierten Tänzen für die Laute, angeordnet nach den 12 antiken bzw. kirchentonartl. Modi.

Das dem *mode sous-ionien* zugewiesene Stück in Abb. D steht in der Paralleltonart a(-Moll) zu dem ionischen C(-Dur). Seine Satzstruktur ist *pseudopolyphon* 3-st., denn Mittelstimme und Bass sind nicht konsequent durchgeführt, auch gibt es Zusatztöne zur Akkordfüllung. Alles dient einer lockeren Begleitung der Oberstimme (Melodie). Der punktierte Tanzrhythmus wird in T. 3 vom Bass aufgegriffen, auch ist die Oberstimme verziert worden, sodass ein lebendiges, spielerisch an Improvisation anmutendes Ganzes entsteht.

Der frz. Lautenstil vermeidet feste Satzkonturen und löst sein Spiel in akkord. Brechungen (*style brisé*, s. o.) und anmutig inkonsequente Linien auf. Die Farben sind zart, gebrochen, die Klänge luftig, affektuös, der Stil Vorläufer des galanten Stils.

England. Die Blütezeit der Lautenmusik liegt am Ende des *Elisabethan. Zeitalters* um 1600–1610 (vgl. S. 258).

Deutschland. Blütezeit 16./17. Jh. mit zunehmend frz. Einfluss. E. Reusner (1636–79), Berlin, veröffentlichte *Neue Lautenfrüchte* (1676). In Dresden wirkte S. L. Weiss (1686–1750). Bach schrieb nur wenige Lautenstücke (Präl., Partita), übertrug aber seine *5. Cellosuite* für Laute (BWV 995).

Italien. Blütezeit 16./17. Jh. Zu den führenden Lautenisten gehört V. Galilei (S. 275), später J. H. v. Kapsberger († 1651, Rom) mit seinen 4 Tabulaturbänden (1604, 1616, 1626, 1640).

Spanien hat eine reiche Tradition (S. 263). Die span. Laute des 16./17. Jh. hieß *Vihuela de Mano* (darin das Stammwort *viola*); sie wird um 1700 von der Gitarre verdrängt.

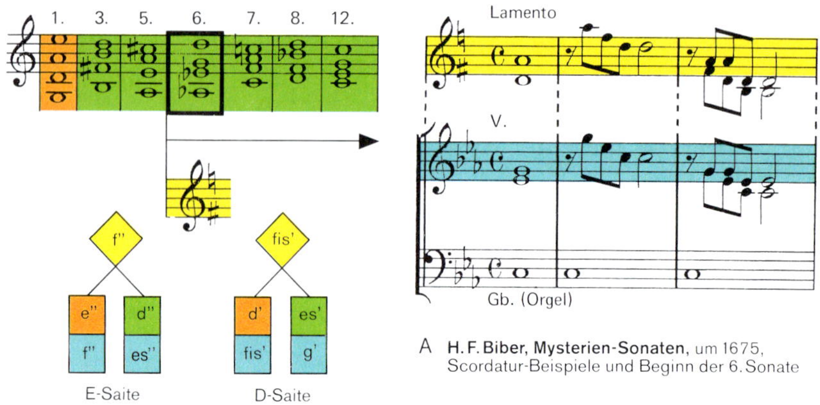

A **H. F. Biber, Mysterien-Sonaten,** um 1675, Scordatur-Beispiele und Beginn der 6. Sonate

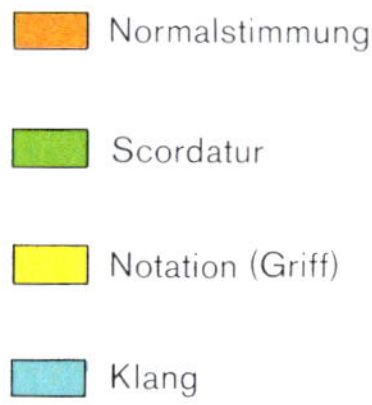

B **J. S. Bach, Partita I,** um 1721, Akkord und Linie

C **Geigentechnik,** Arpeggio, Bariolage, Ondeggiando (Nb.: Vivaldi)

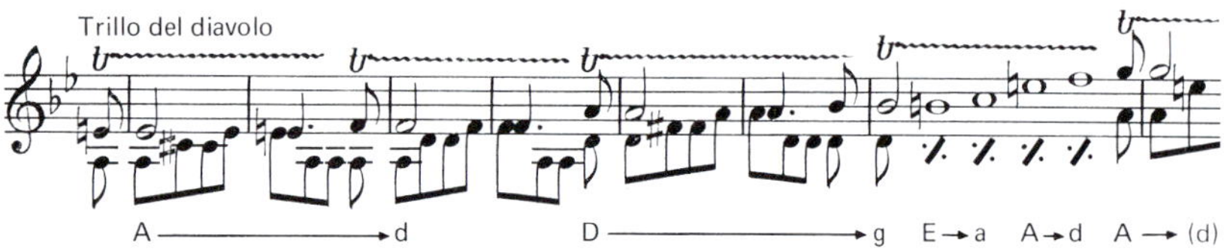

D **G. Tartini, Teufelstrillersonate,** nach 1735

E **J.-M. Leclair, Violinsonate op. 5, Nr. 12,** 1734, Adagio

Spieltechnik, Polyphonie und Ausdruck

Im Barock erreichen V.-Spiel und -Bau große Höhe (AMATI, STRADIVARI, S. 41).

Italien. Das **Violinspiel** sondert sich um 1600 vom Violaspiel ab, indem es in Spieltechnik, Figuration und Motivbildung die *Quintstimmung der Saiten* und das *bundlose Griffbrett* berücksichtigt. MONTEVERDI (aus der Geigenbauerstadt Cremona) war noch Violaspieler am Hof in Mantua. Er verlangt bereits die 4. Lage (e^3, *Marienvesper,* 1610). UCCELLINI geht bis zur 6. Lage (1649). Früh erscheinen zur programmat. Darstellung auch Effekte wie *pizz.* (MONTEVERDI 1624, S. 302), *col legno, sul ponticello, gliss.* (FARINA 1627).
Seit Anfang des 17. Jh. entwickelt sich die Literatur für die V. im **Orchester** (ohne komplizierte Spieltechnik), die **Kammermusik** für mehrere Geigen, bes. die Triosonate, und die **Sololiteratur,** auch hier Sonaten und Stücke mit programmat. Inhalt.
Komponisten sind G. P. CIMA (*Sonata per violino e violone,* 1610, gilt als 1. Solosonate für V.), MARINI, CASTELLO, GRANDI.
A. CORELLI schafft mit seinen 12 V.-Sonaten mit Gb. (*Sonate a violino e violone o cimbalo,* Rom 1700) ein Standardwerk der V.-Literatur, das die damals übl. Spieltechnik an moderaten Doppelgriffen und Figuration zusammenfasst und das bis ins späte 19. Jh. hinein zum Grundstudium jeden Geigers gehörte. Es sind Kirchen- und Kammersonaten, dazu Variationen (Nr. 12 *La Folia*), alles in einem gehobenen, kantablen Stil.
CAZZATI, G. B. VITALI (1632–92) Modena; Sohn T. A. VITALI (1663–1745) Modena, [unsicher] *Ciaccona* für V. und Gb.;
A. VERACINI (1690–1768); T. ALBINONI (1671–1750); E. F. DALL'ABACO (1675 bis 1742), Cellist, 24 V.-Sonaten; P. A. LOCATELLI (1695–1764), Corelli-Schüler, *Capricci* op. 3 (1733); bes.:
ANTONIO VIVALDI (1678–1741, Venedig).
Neue Spieltechniken und Figuren, rechnet mit dehnfähiger linker Hand (12. Lage, Nb. C, Konzertausschnitte). Seine motiv. Erfindung ist rhythmisch prägnant, funktionsharmonisch klar, spielfreudig und konzertant (vgl. S. 326).
Zu den virtuosen Komponisten der Folgezeit wie BONPORTI, MANFREDINI, GEMINIANI, SOMIS, NARDINI, zählt auch G. TARTINI (1692–1770, Padua): *Teufelstrillersonate.*
Der namengebende Triller liegt in einer typ. polyphonen und barock sequenzierenden Stelle (Abb. D).

Deutschland. Das dt. Geigenspiel des 17. Jh. ist weniger virtuos. Es nimmt die Tradition der Lied- und Tanzvariation auf; es gibt programmat. Stücke, Kanzonen, Sonaten. Typisch ist polyphones Spiel (Doppelgriffe).
Komponisten: W. BRADE († 1630, Hamburg), B. MARINI (S. 318), J. VIERDANCK, D. SPEER, J. H. SCHMELZER (~ 1623–80, Wien); bes. HEINRICH IGNAZ FRANZ BIBER (1644–1704, Salzburg).
BIBERS Kirchensonaten widmen sich z. T. bestimmten Betrachtungen: so die 16 Solosonaten zu den *Rosenkranz-Mysterien Mariens* (auch *Passionssonaten* genannt), wobei die barocke Musiksprache durch ihre Figuren, Bilder und Affekte den außermusikal. Gehalt zum Klingen bringt.
BIBER lässt fast zu jeder Sonate die Geige anders stimmen als in den gewohnten Quinten *(Scordatur),* also z. B. statt g-d^1-a^1-e^2 die Folge as-es^1-g^1-d^2 (Abb. A, 1. und 6. Sonate). Er notiert dann die normale Quinte d^1-a^1, also die gut klingenden, leeren Mittelsaiten, und es erklingt durch die Scordatur ebenso wohl tönend die Terz es^1-g^1 (bei zu starker Veränderung verliert der Klang), so in Nb. A, T. 1. Um für das in c-Moll *(c-dorisch)* stehende Stück das nötige es^2 zu erhalten, schreibt er als Vorzeichnung f^2, was auf der nach d^2 verstimmten E-Saite als es^2 erklingt, gleichzeitig braucht er das Vorzeichen fis^1, um auf der nach es^1 verstimmten D-Saite ein g^1 zu erhalten (s. Schema A).
In Dresden: J. J. WALTHER *Hortulus chelicus* (1688); J. P. v. WESTHOFF (1656–1705) Suite (1683); J. G. PISENDEL (1687–1755). Sie beeinflussen J. S. BACH, dessen *6 Sonaten und Partiten* für V. solo aus der Köthener Zeit den Höhepunkt der barocken V.-Literatur darstellen.
Es sind *3 Kirchensonaten* mit je 2 kantabel-langsamen und 2 fugiert-schnellen Sätzen, dazu *3 Partiten* mit den übl. Tanzsätzen. Sonaten und Partiten wechseln einander ab (Tonartenfolge: g,h; a,d; C,E).
BACH schreibt polyphon und linear, wobei sich Akkorde in Linien und Arpeggien auflösen können, und umgekehrt in einer Linie verdeckte Polyphonie durchscheint. So bleiben in der linearen Double-Variante in Nb. B die Haupttöne der Melodie und wichtige Harmonietöne erhalten.
An die 2. Partita in d-Moll schließt sich die berühmte *Chaconne* an (S. 156).
Nach BACH sei noch TELEMANN mit seinen *Fantasien* für V.solo (1735) erwähnt.

Frankreich. LULLY, selbst Geiger, begründet eine Geigentradition, bes. des Orchesterspiels. Im 17. Jh. unter Suiteneinfluss und der Charakterkunst der Clavecinisten folgt die Violinliteratur des 18. Jh. zunächst VIVALDI als Vorbild. Man schreibt auch in Frankreich *Sonaten* und *Konzerte,* so der virtuose J. P. GUIGNON (ab 1725 in den *Concerts spirituels);* J.-J. MONDONVILLE (*Flageolett;* Sonaten um 1735), J. AUBERT (auch Sonaten für 2 V. ohne B.c.); JEAN-MARIE LECLAIR (1697–1764, fast 50 Sonaten, 12 V.-Konzerte) hat in Turin noch bei CORELLI-Schüler SOMIS studiert und vermittelt ital. Art an die vorklass. Generation (GAVINIÈS).

N.1,2	4,5	10	3	6	8	11,12	13,14	15	16,17	18	19,20
2 V.			1 V.	2 Fl. (V.)	2 Z. (Ob.)	1 Z. (V.)		1 Z. (V.)			1 Z. 1 Trp. (Z.)
			1 Fg. (Pos.)				4 Pos.	1 Pos. (Va.)		3 Pos. (Va.)	
1 B.			1 B.	1 B.	1 B.			1 Fg. (Vc.)	3 Fg. (Vc.)		1 Fg.
S.	T.	T., B.	A.	B.	2 T.	S., T., B.	B.	S., T.	S., A.	2 S., T.	2 T., B.

A **H. Schütz, Symphoniae sacrae I,** 1629, Besetzungen

konzert. Instr. — Sänger — Gb.

B **J. Pezel, Turmsonate,** 1670, für 2 Z. (V.), 3 Pos. (Va., Vc.)

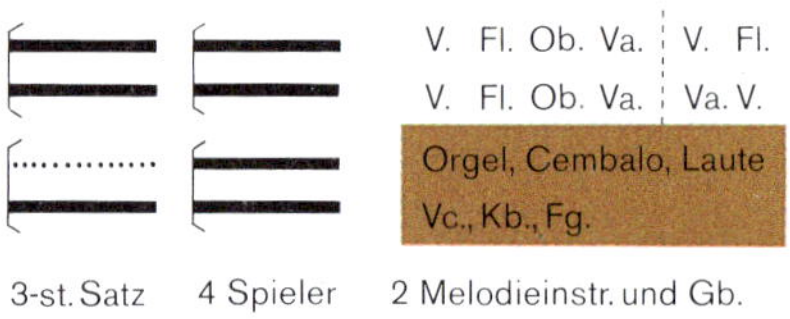

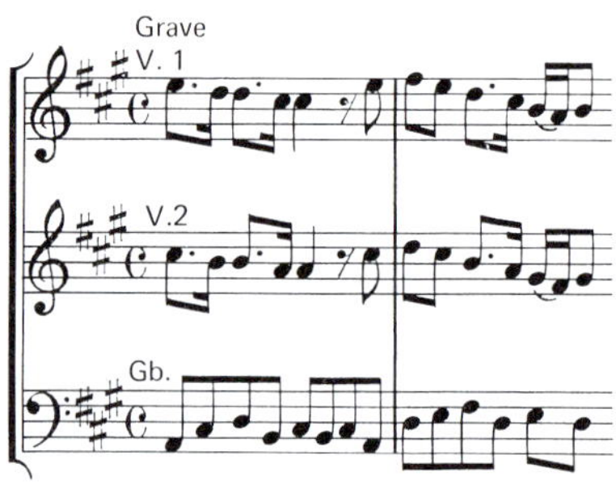

C **Triosonate,** Satzstruktur (Nb.: A. Caldara, op. I/7, 1693)

Grave	Allegro	Grave	Allegro	Adagio	Allegro	Grave
6 T., C	15 T., C	4 T., C	18 T., 2/4	2 T., C	17 T., 2/4	3 T., C

D **B. Marini, Sonata »La Gardana«,** für V. oder Z. und Gb., 1617

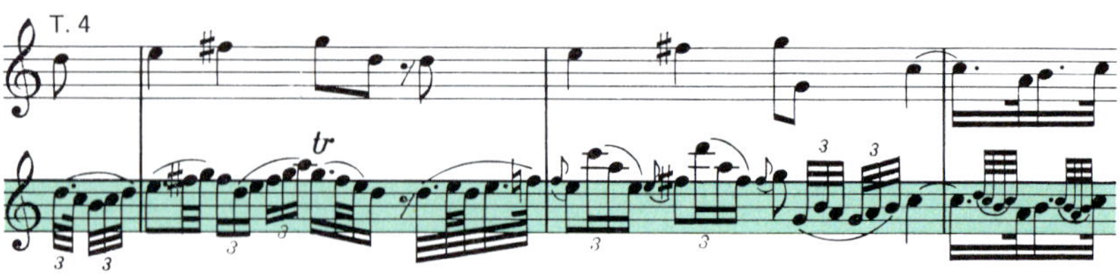

E **J. J. Quantz, Adagio für Flöte und Gb.,** 1752

ital. Verzierungen

Viola: im Barock fast nur *Orchesterinstr.;* im 17. Jh. noch versch. Größen.
Violoncello: Gb.-Instr.; *Solosonaten* seit D. GABRIELI (vor 1680), *Konzerte* seit G. JACCHINI (1701). J. S. BACH schrieb in Köthen *6 Suiten für Vc. solo,* die 5. mit Skordatur *(C-G-d-g),* die 6. für ein Vc. mit 5 Saiten (+ e').

Kammermusik
ist alle Musik für einen Spieler allein oder für kleinere *solist.* Besetzungen, also Duos, Trios, Quartette usw., im Barock bes. die Sonaten für 1–2 Melodieinstr. und Gb. (Abb. C, D). Sie entstanden kurz nach 1600, als man das monod. Prinzip vom Gesang auf die Instr. übertrug (GABRIELI, MARINI, ROSSI).
Die **Triosonate** ist die Hauptgattung der barocken Kammermusik. Ihr Satz ist 3-st. (4 Spieler). Die Standardbesetzung der Oberstimmen: 2 Violinen (CORELLI, HÄNDEL), auch 2 Flöten, Oboen, Violen oder Mischungen (Abb. C; S. 148, Abb. B).
Besetzt man die Triosonate mehrfach (ab 2 Instr. je Stimme), wechselt sie aus der *solist.* Kammermusik in die *chorische* Orchestermusik: sie wird zum *Concerto (grosso).*
Die Triosonate entwuchs der venezian. *Canzona, Sonata, Sinfonia,* mehrteiligen Gebilden wie die frühe *Sonata a tre* von G. P. CIMA (1610) und die erste erhaltene Sonate für Violine oder Zink und Gb. von MARINI (Abb. D).
Bis um 1700 bilden sich 2 Standardtypen heraus: die **Kirchen-** und die **Kammersonate** (S. 148 f.).
Die Kirchensonate verwendet Orgel für den Gb. (mit Vc. oder Fg.). Nb. C zeigt den gehobenen Stil des einleitenden Graves.
ARCANGELO CORELLI (1653–1713), Fusignano, ab 1671 Rom, veröffentlichte je 12 Kirchen- und Kammersonaten op. 1–4 (1681, 1685, 1689, 1694), dann 12 Violinsonaten op. 5 (1700); 12 *Concerti grossi* op. 6 (postum 1714). CORELLIS Stil ist weiträumig, getragen, ausgewogen. Er erzielte barocke Kolossalwirkungen, indem er seine Kirchensonaten und Concerti grossi mit bis zu 150 Streichern besetzte.
Triosonaten schrieben u. a. BUXTEHUDE (op. 1/2), HÄNDEL (op. 2/3), BACH *(Musical. Opfer),* PERGOLESI (3-sätzig), SAMMARTINI.
Die Oberstimmen, bes. der langsamen Sätze, wurden reich verziert (Nb. E, *Versuch*).

Bläser
Flöte: Das Barock liebt den weichen, pastoralen, aber auch schmiegsam virtuosen Klang der Blockflöten *(flûte à bec, fl. douce).* Es gibt eine reiche Literatur, bes. Sonaten und Konzerte (VIVALDI, TELEMANN, BACH, HÄNDEL). Im 18. Jh. verbreitet sich jedoch mehr und mehr die ausdrucksstärkere Querflöte *(fl. d'Allemagne),* die mit dem *Empfindsamen Stil* ab etwa 1750/60 die Blockflöte verdrängt. Querflötenschulen von HOTTETERRE (1707) und J. J. QUANTZ *(Versuch einer Anweisung die Flöte traversière zu spielen,* Berlin 1752, Abb. E) zeigen das hohe spieltechn. und musikal. Niveau. Zu den berühmten Liebhabern der Querflöte gehört FRIEDRICH der GROSSE.
Oboe ist mit zahlreichen Solostellen in der Orchestermusik, aber auch der Kammermusik des Barock vertreten.
Zink, meist im Ensemble, wird im Spätbarock vom Waldhorn ersetzt.
Posaunen sind im ganzen *Chor* vorhanden *(S.A.T.B.),* nur im Ensemble eingesetzt.
Trompete kennt im Barock zwei Blasarten: eine glänzende, klangprächtige im Orchester, im Tutti oder als Solo, in Fanfaren und Konzerten, daneben eine weiche, die Singstimme imitierende, wie in manchen Sätzen von PRAETORIUS und SCHEIDT.
Fagott, Gb.-Instr.; im Orchester oder in kleineren Ensembles (Abb. A).
Horn, Jagdhorn, kein Soloinstr., seit LULLY im Orchester (1664).

Frühe Ensemble-Sätze
Im 17. Jh., der Frühzeit reiner Instrumentalmusik überhaupt, gibt es noch unterschiedl. Ensemblezusammenstellungen und keine Besetzungsnormen. Ein typ. Beispiel bietet SCHÜTZ in seinen *Symphoniae sacrae* nach venezian. Vorbild (GABRIELI). Auf der Grundlage des Gb. spielen die Instr. konzertant solistisch. Sie charakterisieren hier den Text, z. B. 4 Posaunen die Trauer beim Klagegesang *Mi fili Absalom* (Abb. A, Nr. 13).

Turmblasen
Ein solist. Bläserensemble gestaltete in Renaissance und Barock das sog. **Abblasen** oder die **Turmmusik.** Das Abblasen war Aufgabe des Türmers, später der Stadtpfeifer und Ratsmusiker. Erwähnt werden *Pfeiffen, Krummhörner, Zinken, Schalmeien* (Trier 1593), *Posaunen, Zincken, Cornetten, Trombonen* (Leipzig 1670, 1694). Es erklangen Signale, Fanfaren, Choräle, Tanzsätze und Turmsonaten, alles *Abblase-Stückgen.* Man spielte zu bestimmten Zeiten des Tages, um 3, 11, 19, samstags um 13 Uhr (Halle 1571), 10 Uhr (Leipzig 1670). Es war in der damaligen Stille sehr bewegend, wenn *»ein geistlich Lied mit lauter Trombonen vom Thurme«* geblasen wurde (KUHNAU 1700). Überliefert sind u. a. Choralbicinien von WANNEMACHER (1553), *Hora decima* (1670) und *Fünfstimmige blasende Musik* (1685) von J. CHR. PEZEL.
Der choralartige Satz für 2 Zinken und 3 Posaunen *(A,T,B)* oder entsprechende Streicherbesetzung (Originalangabe) stammt aus der *Hora decima* (Abb. B).
G. Reiche, der Trompeter BACHS, schrieb *24 neue Quatrizinien* (1696). Noch BEETHOVEN komponierte *3 Equale* (von *voces aequales,* gleiche Stimmen oder Instrumente) für 4 Posaunen zum Allerseelenfest 1812 für den Türmer von Linz.

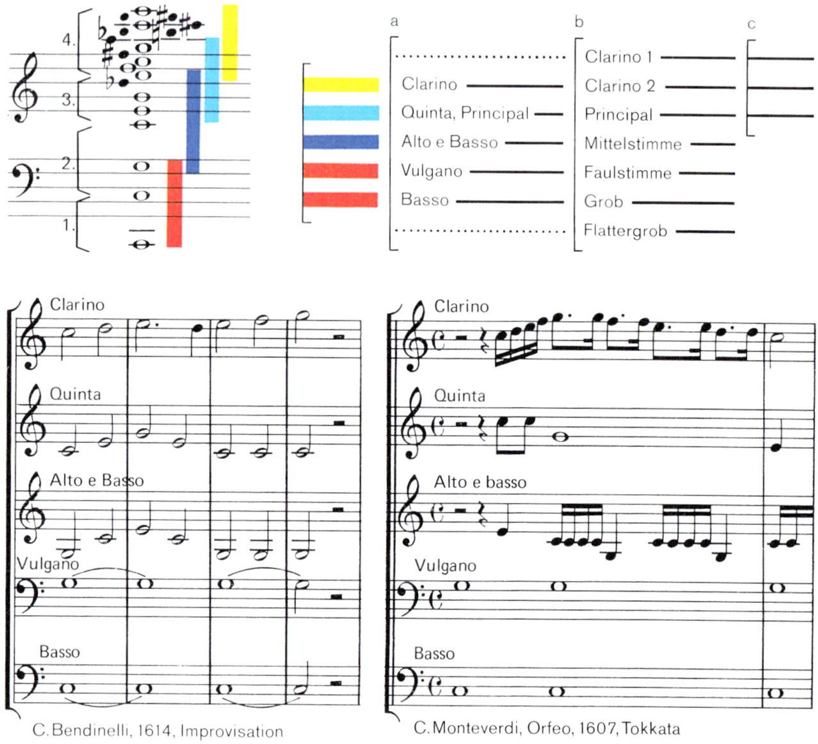

A **Trompetensatz,** 16./17. Jh. (a), D. Speer 1687 (b), Bach, Händel (c)

Streicher	5-st. (frz.)		4-st.	Holz	Blech	
	Dessus	6 (6)	V. 1	Ob. 1, Fl. 1	Trp. 1, Hr. 1	
	Haute	4 (4)	V. 2	Ob. 2, Fl. 2	Trp. 2, Hr. 2	S.-Pos.
	Taille	4 (4)	Va.		Trp. 3	A.-Pos.
	Quinte	4 (3)				T.-Pos.
	Basse	6 (5)	Vc.	Fg.	2 Pk.	B.-Pos.
		(2)	Kb.			

B **Hof- und Opernorchester,** Satz, allgemeine Instrumentierung

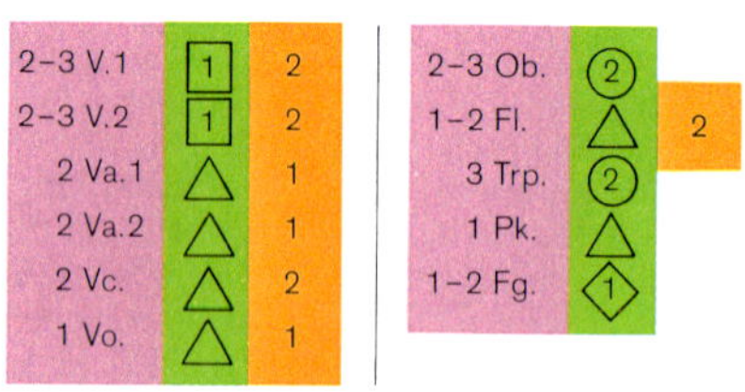

C **Kirchenorchester,** J. S. Bach, 1730

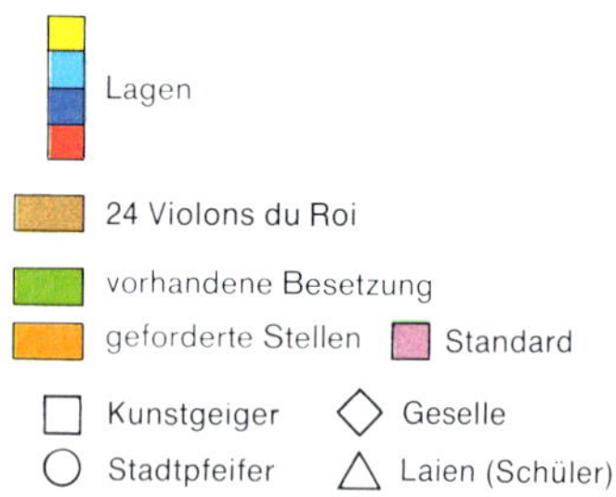

Trompetensatz; Hof-, Opern- und Kirchenorchester

Im 17. Jh. entsteht mit der ersten selbstständigen Instrumentalmusik auch das **Orchester.** Das Zusammenspiel mehrerer Instr. war vorher weniger geregelt (s. S. 265). Auch im Frühbarock gaben die Komponisten meist nur die *Stimmlagen* an (Sopran, Alt usw.). Erst im Laufe des 17. Jh. arbeiteten sie mit den typ. *Spielmöglichkeiten* und *Klangfarben* der Instr. (genaue Angaben).

Der Begriff *Orchester* wird erst im 18. Jh. auf die Instrumentalisten angewendet (MATTHESON, 1713, vgl. S. 65). PRAETORIUS (1619) spricht vom *Chorus instrumentalis,* LULLY von *Symphonie,* die Italiener von *Concerto,* bei stärkerer Besetzung von *Concerto grosso.*

Feste **Ensembles** gab es bereits:

- *Trompeten-Ensemble,* 5-st., am Hofe, für Jagd, Krieg (Feldtrompeter), Feste;
- *Hörnerkorps,* am Hofe, für die Jagd usw.;
- *Oboenkorps,* 12 Oboisten am frz. Hofe; *Posaunenchor, S.A.T.B.,* bes. für KM;
- das engl. *Consort* (S. 265).

Im **Trompeten-Ensemble** bliesen 5–7 Trompeter in bestimmten Lagen ihrer *Naturtonreihe* (Abb. A): 2 in der Tiefe mit *Oktave (Basso,* bei SPEER *Grob,* darunter selten der *Grundton* als *Flattergrob)* und mit *Quinte (Vulgano),* beide in langen Haltetönen mangels anderer Töne in diesem Bereich *(Faulstimmen),* zuweilen von 2 Pauken verstärkt: daher die Tonika- und Dominantstimmung der Pauken und ihre lange Zugehörigkeit zum Blech. Es folgen die Mittelstimme *(Alto e Basso)* mit *Dreiklangsmöglichkeiten,* dann die reichere *Quinta* oder *Prinzipal* als Hauptstimme, darüber 1–2 Trompeten in hoher Lage *(Clarino)* mit ganzer *Tonleiter.* Nur die Prinzipalstimme *(Sonata)* wurde notiert, alle Übrigen improvisiert (Nb. A).

MONTEVERDI legte der *Orfeo*-Tokkata einen solchen Trp.-Satz zugrunde, wohl das Trp.-Signal der GONZAGAS (Nb. A, vgl. S. 275, 302).

Instrumentenwandel, Orchesterbildung

Bei der barocken Suche nach Gefühlsausdruck bevorzugt man ausdrucksfähige Instr. mit dynam. Möglichkeiten; ältere baut man entsprechend um.

Hauptinstrument wird die Violine; das bewegl. Violoncello verdrängt die Gambe mit ihren starren Bünden; Oboe, Flöte, Horn werden klangvoller (s. S. 51 ff.).

Grundlage des **Barockorch.** bilden Gb. und Streicher, das Übrige tritt hinzu. Das Barock gibt die grellen Farben und die klaren Linien des Renaissance-Ensembles auf und bildet dafür das *Orchester* als Klangkörper mit *Registrierungsmöglichkeiten* (S. 292, Abb. C) und feinen *Schattierungen.* Barockorch. finden sich als

- **Hoforchester;** Repräsentation (Empfänge, Feste), Unterhaltung (Tafelmusik, Tanz), Hofoper, Hofkirche; Musikerzahl je nach Vermögen und Neigung des Hofes (meist klein), bei Bedarf aus der Umgebung zu verstärken; oft Doppelrolle der Dienstleute: Hofgärtner spielt im Orchester Fagott; Musiker sind Diener (in Livree, noch HAYDN als Kpm. in Offiziersrang).
- **Opernorchester** der öffentl. Opernhäuser, Größe je nach Vermögen.
- **Kirchenorchester** der Städte und Gemeinden, klein, bei Bedarf verstärkt (Laien).

Dazu kommen das **Collegium musicum,** student. und bürgerl. Zirkel (oft in den Sälen der Cafés) und von der Stadt angestellte **Stadtpfeifer** und **Kunstgeiger.**

Mit der ital. Musik, bes. der Oper, verbreitete sich auch die *ital. Musizierweise* in Europa. Etwas Neues brachte dann LULLY mit seiner Orchesterbesetzung und -disziplin. Der frz. Hof leistete sich ein festes Ensemble von 24 Streichern *(Violons du Roi),* dazu die 12 Oboisten (s. o.), die Trp. und Hörner in wechselndem Schichtdienst.

LULLYS **Orchestersatz** war 5-st. Er notierte oft nur das Wichtigste: Oberstimme und Bass. Die Mittelstimmen schrieben die Gehilfen. Die Außenstimmen wurden entsprechend stark, die mittleren schwach besetzt (Abb. B).

Im übrigen Europa schrieb man einen 4-st.Orchestersatz mit 2 gleichwichtigen Oberstimmen und dem Gb. Die Va. war Füllstimme (Abb. B). Zum Streichersatz traten die Bläser *registerartig* hinzu: sie spielten die ihren Lagen entsprechende Streicherstimme mit *(colla parte),* bes. zahlreich die Oboen mit der 1. und 2. Violine und die Fagotte mit dem Gb. Vom alten Trompetersatz (Abb. A) hielten sich im Orchester die hohen Clarinolagen, also die 1. und 2. Trompete *(colla parte* V.1,2), evtl. eine 3. Trp. in Altlage, dazu 2 Pauken (Tonika und Dominante, s. o.). Posaunen (oft als ganzer Chor) und Hörner gingen ebenfalls mit.

Im Spätbarock mehrten sich ausgeschriebene, oft konzertante Bläserstimmen.

Die vielen Zupfinstr. der Renaissance verschwanden im 17. Jh., bis auf Cembalo und Laute zur Gb.-Ausführung.

In Frankreich war seit LULLY ein best. *Registerwechsel* (Farbe, Dynamik) sehr beliebt: 5-st. Orch. wechselte mit 3-st. Bläsersatz *(Trio* aus 2 Ob. und 1 Fg., typisch für das 2. Menuett, wonach man das 1. wiederholte).

Einige **Besetzungszahlen** zum Vergleich:
Berlin: 11V., 2 Va., 5 Vc./Kb.; 4 Ob., 3 Fg.;
Hamburg: 8 V., 3 Va., 3 Vc., 3 Kb.; je 5 Ob., Fl., Fg.; London (HÄNDEL): je 6 V.1/2, 3 Va., 3 Vc., 2 Kb.; 4 Ob., 4 Fg.; 2 Hr., 2 Trp., 2 Pk.

BACH reichte dem Rat der Stadt Leipzig den Standardplan einer »wohlbestellten Kirchenmusic« ein, die neben Vokalisten auch Instrumentalisten benötigte. Seine vorhandene Besetzung war dürftig: wenige Berufsmusiker und einige Schüler. BACHS bescheidene Stellenforderung spiegelt eine typ. Notlage und BACHS Ärger mit dem Stadtrat (Abb. C).

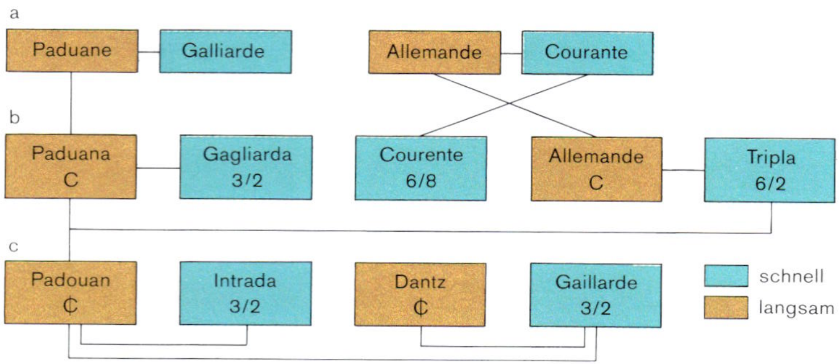

A **Suite, Zyklusbildung**
übliche Paare (a), Schein, 1617 (b), Peuerl, 1611 (c)

B **Französisches Ballett**

C **P. Peuerl, Variationssuite,** 1611

Streicher und B.c., Grundlage für alle — Holz — Blech

	I C	II h	III D	IV D	I F 1715 (?)	II D 1717 (?)	III G 1736 (?)	Konzertbesetzung 1749 D 1749
V. 1	2 Ob. (Ob. 1)	1 Querfl.	2 Ob. 3 Trp.	3 Ob. 3 Trp.	2 Ob.	2 Ob. 2 Trp.	2 Ob. 1 BlFl.	3 Ob. (12/12/4) 3 Hr. (je 3)
V. 2	(Ob. 2)				2 Hr.	2 Hr.	1 QFl.	3 Trp. (je 3)
Va.			2 Pk.	2 Pk.		2 Pk.		2 Pk.
Vc., Vo.	Fg. ———		Fg.	Fg.	Fg.	Fg.	Fg.	2 Fg. (8/4) + 1 Kontrafg.
	Bach, Orchestersuiten, 1729–36 (?)				Händel, Wassermusik			Feuerwerksmusik

D **Suiten-Besetzungen bei Bach und Händel**

Zyklusbildung und Besetzungen

Die **Gattungen der Orchestermusik** entwickeln sich erst allmählich. Aus Oper, Ballett, Tanz erwuchsen *Ouvertüre, Opernsinfonia, Ritornell, Tänze* und *Suiten,* auch Stücke mit programmat. Inhalt (RAMEAU). In der Kirche spielte das Orch. zur Wandlung und zur Kommunion *(Canzonen, Sinfonien, Sonaten).* In weltl. Räumen erklang das Orch. zu Empfängen *(Intrada),* zum Tanz, zur Unterhaltung. Im Einzelnen:

- **Canzon da sonar** (Kanzone), Kopfmotiv-Imitationen der vokalen Kanzone *(Chanson),* weitet sich zu fugiertem Satz.
- **Concerto** *(»Zusammenspiel«),* zunächst Gesang und Instrumente, dann Konzertieren über dem Gb. (324 f.).
- **Intrada** (lat. *intrare,* eintreten), kurzes Eröffnungs- und Einleitungsstück, zum Eintritt von Persönlichkeiten, Eröffnung von Schauspiel, Oper, Ballett, mit Pkn. und Trpn. *(»Tusch«, Tokkata).*
- **Ritornello,** Vor-, Zwischen- oder Nachspiele meist zu Gesang.
- **Sinfonia, Symphonia** *(»harmonischer Zusammenklang«),* Sammelname für Stücke mit Gesang und Instr. (GABRIELI, SCHÜTZ) oder nur Instr., ohne feste Form (S. 153). Im 17. Jh. entwickeln sich die *Venezian.* und *Neapolitan. Opernsinfonia* (S. 136 f.). Auch Triosonaten für Orch. und die Einleitungssätze von Suiten heißen *Sinfonia.*
- **Sonata** *(»Klangstück«),* freies Instrumentalstück (statt vokaler *»Cantata«*; S. 149).

Orchestersuite. Tanzsammlungen für Instrumentalensemble und Orchester sind gedacht für höf. Unterhaltung und ein immer breiteres bürgerl. Publikum (viele Drucke). Dabei erscheinen die ital. und frz. Kompositionen kunstvoller, die engl. und dt. volkstümlicher (mehr akkord. Sätze statt polyphoner Imitation). Stilistisch stehen die Sätze nahe den gleichzeitigen Vokal- oder Gemischtdrucken *(Tanzlieder,* S. 257). Die 4- bis 5-st. Komposition lässt die Besetzung offen, wobei mit Violen in versch. Lagen (Violinen, Violen, Gamben), Blockflöten, Zinken, Zupfinstrumenten usw. zu rechnen ist. Beispiel:

> VALENTIN HAUSSMANN, *Neue 5-st. Paduanen und Galliarden auff Instrumenten, fürnehmlich auff Violen lieblich zu gebrauchen,* Nürnberg 1604.

Die Tanzpaarbildung langsam-schnell ist normal (S. 151), Zyklen werden beliebt.

J. H. SCHEIN, *Banchetto musicale,* Leipzig 1617, darin 20 5-st. Suiten mit der Satzfolge wie Abb. A, dazu weitere *Intraden* und *Paduanen.* SCHEIN vertauscht *Courante* und *Allemande,* beginnt die Suite aber langsam und schließt sie schnell (Abb. A). Die 5 Sätze bindet er musikalisch, indem sie *»in Tono und inventione einander fein respondiren«,* d. h. alle Suitensätze stehen in der *gleichen Tonart* und verwenden ähnl. musikal. Material (engl. Einfluss, W. BRADE u. a.).

> PAUL PEUERL, *Newe Padouan, Intrada, Däntz vnnd Galliarda,* Nürnberg 1611. In diesen 4-sätzigen Suiten finden sich die alten Satzpaare, ihre Tonart bleibt gleich, die themat. Substanz, oft nur in den beiden Kopfsätzen, auch *(Var.-Suite,* Nb. C).

Dt. Komponisten der Orchestersuite sind:

bis 1635: HASSLER, HAUSSMANN, STADEN, SCHEIN, SCHEIDT;
bis 1680: mit Einleitung *(Sinfonia)* HAMMERSCHMIDT, SCHOP, ROSENMÜLLER;
bis 1740: frz. Einfluss *(Ouvertüre):* KUSSER, ERLEBACH, MUFFAT, TELEMANN, BACH, HÄNDEL.

Frz. Ballett und **Ouvertürensuite.** Frankreich kultiviert bes. das **Ballett**.

Das Ballett beginnt mit einer **Ouvertüre** samt nachfolgendem Rezitativ, worin das Publikum begrüßt und der meist allegor. oder heroische Inhalt angedeutet wird (Abb. B). Es folgt das eigentl. Ballett: eine Szenenfolge mit Dialog, Gesang und Tanz. Jede Szene heißt *Entrée* (*Auftritt* der Hauptfigur). Ein großer Tanz **(Grand Ballet)** mit allen Beteiligten samt Publikum beendet alles.

Außer diesem Ballett gibt es viele *Tanz-* und *Balletteinlagen* in frz. Opern.

Die **frz. Orchestersuite** geht auf beides zurück: Wiederholung der Ballettmusiken aus Oper und Ballett ohne Tanz zu festl. Unterhaltung am Hofe waren beliebt und auch außerhalb des Hofes üblich. Der frz. Orchestersuite fehlt meist die für die Lauten und Cembalosuiten übliche feste Satzfolge *Allemande-Courante-Sarabande-Gigue,* dafür beginnt sie stets mit einer **frz. Ouvertüre** und lässt dann stilisierte und aktuelle frz. Tänze folgen wie *Air, Gavotte, Bourrée, Menuet,* dazu tanzfreie Sätze wie *Prélude, Passacaille, Chaconne.* Hauptkomponisten sind LULLY und RAMEAU.

Spätzeit

J. S. KUSSER (1660–1727) führte als erster die frz. Ouvertürensuite, auch einfach **Ouvertüre** genannt, in Deutschland ein (6 Suiten *»suivant la méthode françoise«,* 1682). Bekannt wurde G. MUFFATS *Florilegium,* 2 Bde. (1695/98), 4- bis 5-st., frz. Streicherbehandlung.

> BACH komponierte 4 Orchestersuiten *(Ouvertüren)* für das *Collegium musicum* in Leipzig, die 2. mit konzertierender Querflöte, die 3. und 4. mit festl. Pauken und Trompeten (Abb. D). Das berühmte *Air* steht in der 3. Suite (vgl. S. 150).

HÄNDELS *Wassermusik* umfasst 3 Suiten unterschiedl. Tonart und Besetzung (Abb. D), komponiert für 3 kgl. Wasserfahrten GEORGS I. auf der Themse (mit ca. 50 Musikern in einer Barke, laut dem *Daily Courant* vom 19. Juli 1717; s. S. 331). HÄNDELS *Feuerwerksmusik* ist in ihrer originalen Freiluftaufführung stark besetzt gewesen (allein 12 Ob. für die Oberstimme; Abb. D, s. Klammern), später im Konzert normal besetzt.

- Blech
- Holz
- Streicher
- Concertino
- Tutti
- Gb.
- ● Ripieno

A **A. Corelli, Concerto grosso Nr. 1, D-Dur, op. 6,** 1714, 1. Satz, Ausschnitt

	I.	II.	III.	IV.	V.	VI.
Trompete		1				
Horn I, II	1, 1					
Flöte I, II		1		1, 1	1	
Oboe I, II, III	1, 1, 1	1				
Fagott	1 ●					
Violino picc.	1					
Violino princ.		1		1	1	
Violine I	●	●	I, II, III	●	●	
Violine II	●	●		●		
Viola	●	●	I, II, III	●	●	I, II
Gambe						I, II
Violoncello	●	●	I, II, III	●	●	1 ●
Violone	●	●	●	●	●	●
Cembalo	●	●	●	●	1	●

Besetzung

Allegro ¢	Adagio 3/4 Ob., V.	Allegro 6/8	Menuett 3/4 6-st.	Trio 2 Ob. Fg.	Menuett d.C.	Polacca 3/8 4-st.	Menuett d.C.	Trio 2 Hr. Ob.	Menuett d.C.
italienisches Concerto			französische Suite						

I. Brandenburgisches Konzert, Satzfolge

I, 1: Jagdhornmotive

II, 3: Fugenthema (Trompete in F)

B **J. S. Bach, Brandenburgische Konzerte,** 1721

Standardtyp und Vielgestaltigkeit

Das **Concerto** wird erst ab Mitte des 17. Jh. die reine, typ. barocke *Instrumentalgattung* (S. 123). Schon in früheren Canzonen, Sonaten, Sinfonien gab es *stellenweise* **Wechsel** aller *(Tutti)* mit Solistengruppen *(Soli, Concertino)*. Die frz. Musik liebte den **Registerwechsel** des ganzen Orchesters mit einem *Bläsertrio*, bes. 2 Ob. (Fl.), Fg. (S. 321). Beides führte zur *Concertino*-Besetzung mit Streichern oder Bläsern.

Modena, Bologna, Venedig waren Zentren des konzertanten Instrumentalstils. Das alte, **mehrchörige Konzertieren** (ohne Solisten) entwickelte sich in das neue **Concerto grosso** (mehrere Solisten) und **Solokonzert** (ein Solist). Komponisten:

ALESSANDRO STRADELLA (1644–82); LORENZO GREGORI (erstmals die Bezeichnung *Concerto grosso*, 1698).

ARCANGELO CORELLI (1653–1713), ab 1682 *Concerti grossi* in Rom (auch Triosonaten chorisch, S. 319). Seine *12 Concerti grossi*, op.6 (gedr. 1714), galten als Standardwerke *(Concertino:* 2 V., Vc.). Formal folgen 8 Konzerte der Kirchensonate (Nr. 8: *Weihnachtskonz.*), 4 der Ka.-Sonate (S. 149).

Nb. A zeigt die typ. Satzstruktur eines *Concerto grosso* von CORELLI: **Concertino** (V.1, V.2, Vc.: *»concertato«)* und **Tutti** *(»ripieno«)* spielen aus derselben Stimme. Die *Tutti-Soli*-Wechsel werden im Stück angezeigt (S. 122, Abb. A). Die beiden Oberstimmen und der Bass führen *(Triosonatenfaktur)*. Die Viola füllt harmonisch im Tutti, pausiert wie Kb. (und Cembalo) im Concertino (hier keine Gb.-Bezifferung; zuweilen ist diese aber notiert, z. B. in HÄNDELS op.6). Der Wechsel erfasst zugleich das Tempo und den Charakter: nach der gewichtigen Adagio-Stelle (Tutti) folgt eine lebendige Allegro-Passage mit Imitation typ., kurzer Streichermotive in den beiden Violinen und mit Figuration im Bass. Die Musik wirkt großräumig, gefühlsstark, kraftvoll und klar.

Ferner: TORELLI, ALBINONI, MANFREDINI, GEMINIANI, LOCATELLI, A. SCARLATTI, bes.

ANTONIO VIVALDI (S. 327); statt CORELLIS häufigem Satz- und Tempowechsel schreibt VIVALDI ausgewogene, längere Sätze; über 90 Konzertsinfonien (mehrchörig, ohne Soli) und Concerti grossi, 81 Konzerte für 2 und mehr Solisten.

Concerti grossi entstanden nach ital. Vorbild in der 1. Hälfte des 18. Jh. in ganz Europa, darunter die von HÄNDEL in London, op.3 (6 Konzerte, 1733) und op.6 (12 Konzerte, 1739), alle 2 V., Vc. als Concertino.

Die Instrumentalkonzerte erklangen in der Kirche: zum Ein- und Auszug, zur Communio, zu Weihnachten *(Krippen-* oder *Weihnachtskonzerte)*. Sie ersetzten hier im Laufe des 17. Jh. die älteren Kirchensonaten, -canzonen und -sinfonien. Ganz barock liebte man starke Besetzungen. TORELLI musizierte seine Konzerte in *S. Petronio*, Bologna, mit 120, CORELLI in Rom im Palast der Königin CHRISTINE VON SCHWEDEN gar mit 150 Musikern (S. 319). Instrumentalkonzerte wurden auch vor Oratorien oder zwischen ihren Akten aufgeführt (HÄNDEL). Neben Streichern bevorzugen die Italiener Oboen, Trompeten und Hörner im Concerto grosso, die Deutschen Flöten, Oboen und Fagotte.

Auch die 6 **Brandenburgischen Konzerte** von J. S. BACH sind Concerti grossi *(»Concerts avec plusieurs instruments«)*, gewidmet 1721 dem Markgrafen CHRISTIAN LUDWIG VON BRANDENBURG, der sie bei BACH bestellt hatte. Sie spiegeln die Praxis der Köthener Hofkapelle unter BACH (1717–23), mit etwa 17 Musikern (BACH: Va. oder Cemb.).

Nr. I, F-Dur, für bes. Anlass; verstärkte Besetzung: *V. piccolo* (Terz höher), 2 Jagdhörner, 3 Ob.; Kopfsatz urspr. als Sinfonia ohne V.picc. (1713), so auch als Einleitung zur Kantate BWV 52 (1726). Jagdhornmotive mit Dreiklängen und Tonrepetitionen färben den ganzen Satz (Nb. B). Das I. Konzert ist altertümlich: ohne eigentl. Solisten konzertieren alle Instr. in Gruppen *(Chören)* oder *allein* wie in der venezian. Sinfonia. Es zählt daher zu den *mehrchörigen* oder *Gruppenkonzerten (Konzertsinfonien)*. Den 2. Satz gestalten Solooboe und Solovioline, zart begleitet vom Tutti (*»piano sempre«;* BACHS Vortragsanweisungen sind selten). – Die Satzfolge verknüpft das *ital. Concerto* und das um 3 Tänze mit wechselnden Klangfarben erweiterte Menuett der *frz. Suite* (Abb. B).

Nr. II, F-Dur, *Concerto grosso* mit seltenem *Concertino:* Trp., Fl., Ob., V. (*F*-Trp. in sehr hoher Lage: *Clarinoblasen,* das hohe c^3 erklingt noch höher: f^3, s. Nb. B); Mittelsatz ohne Trp. und Tutti; Finale als konzertante Fuge (»Fanfaren«-Thema Nb. B).

Nr. III, G-Dur, *Gruppenkonzert* ohne Bläser, 3-fach geteilte Streicher in 3 Gruppen über dem Gb. Anstelle des Mittelsatzes nur eine phryg. Kadenz aus 2 Akkorden mit Fermate (*Adagio,* a-Moll/H-Dur) mit Improvisationsmöglichkeit des Cembalisten oder des Konzertmeisters (1. V.).

Nr. IV, G-Dur, *Concerto grosso* mit sehr konzertanter Violine und 2 Blockflöten als Concertino (von BACH auch in F-Dur mit Cembalo statt V.).

Nr. V, D-Dur, *Concerto grosso* mit Violine, Querflöte und Cembalo als Concertino; das Cembalo, damals ein neues vom Markgrafen CHRISTIAN aus Berlin, von BACH selbst gespielt, dominiert derart (Solokadenz), dass dieses Concerto grosso zum *Solokonzert* tendiert.

Nr. VI, B-Dur, *Gruppenkonzert,* ohne Bläser und ohne Violinen, in alten dunklen Klangfarben mit geteilten Violen und Gamben (Fürst LEOPOLD VON ANHALT-KÖTHEN spielte Gambe).

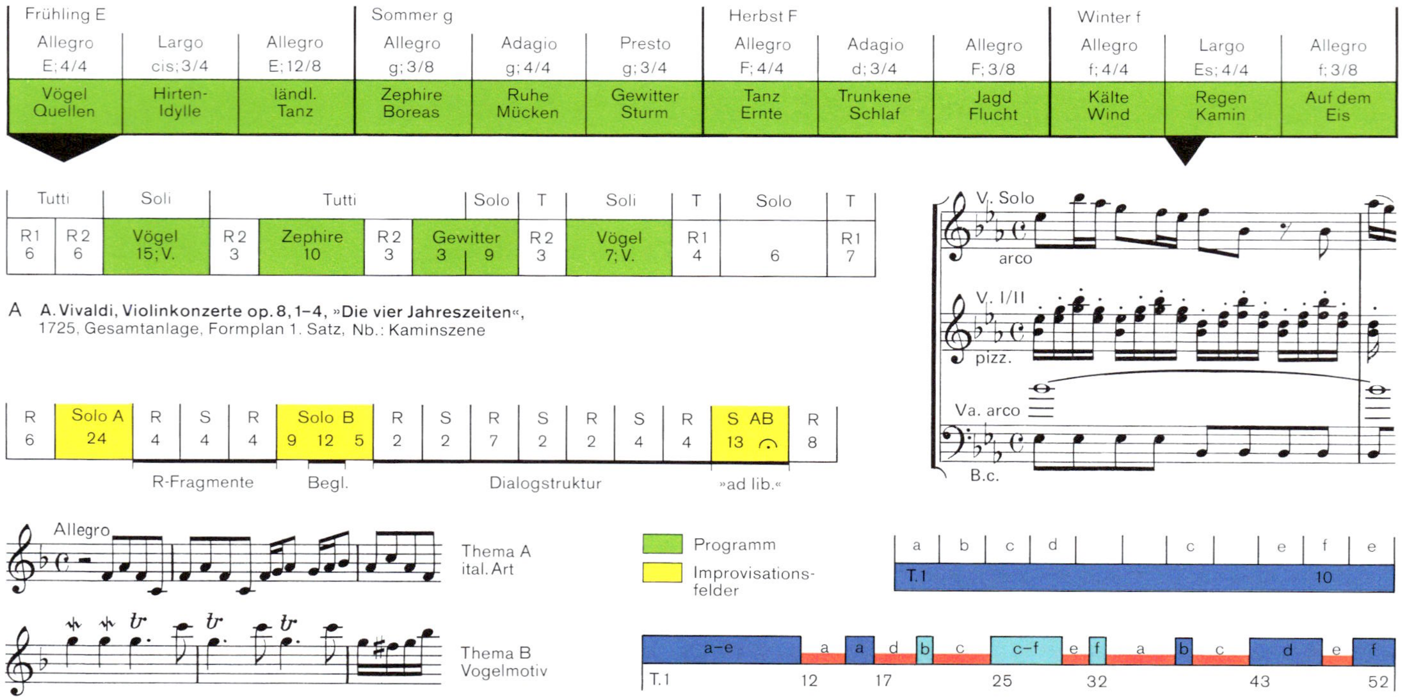

A A. Vivaldi, Violinkonzerte op. 8, 1–4, »Die vier Jahreszeiten«, 1725, Gesamtanlage, Formplan 1. Satz, Nb.: Kaminszene

B G. F. Händel, Orgelkonzert Nr. 4, F-Dur, 1. Satz, um 1738

C J. S. Bach, Violinkonzert E-Dur, 1. Satz, um 1720

Programm und Satzstrukturen

Aus dem Concerto grosso und parallel zu ihm entwickelt sich im letzten Drittel des 17. Jh. das **Solokonzert.** Im 17. Jh. war es üblich, in Instrumentalstücken die schweren Stellen von Solisten spielen zu lassen, bes. in den oft mit Laien besetzten Kirchenorch. (TORELLI, Vorwort zu op. 8, 1709).

Es gibt Doppelkonzerte (2 Solisten, duettartig), Tripel- und Quadrupelkonzerte.

Frühe Solokonzerte stammen von TOMASO ALBINONI (1671–1750), Venedig, *Sinfonie e Concerti,* op. 2 (um 1700); GIUSEPPE TORELLI (1658–1709), Bologna, op. 8 (1709), Nr. 1–6 Concerti grossi, Nr. 7–12 virtuose Solokonzerte; bes.:

Antonio Vivaldi (1678–1741), Venedig, 1703 Priesterweihe (*il prete rosso* wegen seiner rotblonden Haare), 1703–40 Geigenlehrer und Orchesterleiter am Waisenhaus *Ospedale della Pietà* in Venedig; etwa 770 Werke, darunter 46 Opern, bes. aber 477 **Konzerte** für versch. Instr. (443 erhalten), u. a. für *V.* (228), *Va. d'Amore* (6), *Vc.* (27), *Querfl.* (13), *Blockfl.* (3), *Ob.* (12), *Fg.* (38), *Mandoline* (1); **Doppelkonzerte:** 2 *V.* (25), *V.+Vc.* (4), *2 Ob.* (3), *2 Hr.* (2), je für *2 Vc., Va. d'Amore + Laute,* 2 *Mandolinen,* 2 *Querfl., Ob. + Fg.,* 2 *Trp.;* 47 **Konzerte für 3** und mehr Instr. und **Kammerkonzerte,** bei denen alle Instr. solistisch beteiligt sind.

VIVALDI schuf den 3-sätzigen Konzerttyp, übernahm Elemente der Opernarie (*Lamento* als Vorbild für langsame Sätze), erweiterte die Spieltechnik (12. Lage, neue Stricharten; Daumenaufsatz beim Cello).

Er schreibt durchsichtige, großflächige, virtuose Ecksätze, instrumentengerechte Spielfiguren, kurzgliedrige, sequenzhafte Thematik, rechnet mit Improvisation und Auszierung (S. 82, Abb. D). Weit verbreitet ist sein op.3 *L'estro armonico (musikal. Inspirationen),* entstanden ab 1700, gedr. 1711: 12 Concerti grossi, Doppel- und Solokonzerte für bis zu 4 V. und Vc. (BACH bearbeitete daraus 6 Konzerte für Cembalo oder Orgel).

In den *4 Jahreszeiten* (Nr. 1–4 aus den 12 V.-Konzerten op.8, um 1725) über 4 Sonette (von VIVALDI?) erwähnt das 1. Sonett die Ankunft des Frühlings, das Quellengemurmel, die Windesseufzer (*Zefiretti*), das Gewitter und den Vogelgesang. Im Konzert schildern die beiden ersten Tuttigedanken (je 6 Takte) die heiteren Gefühle des Frühlingsbeginns; sie kehren als Ritornelle wieder (R 1 und R 2), dazwischen schieben sich die programmat. Szenen, teils als Solo-, teils als Tutti-Episoden. So verbinden sich mühelos Programm und rein musikal. Ritornellform (Abb. A).

Die 4 Konzerte bringen eine Fülle von Stimmungen und Bildern.

Der langsame Satz des Winterkonzertes schildert eine Kaminszene: *»Passar al fuoco i dì quieti e contenti/Mentre la pioggia fuor bagna ben cento«* (Nb. A). Die schlichte Dreiklangs-Melodie steht für Behaglichkeit (V.-Solo), die Pizzicati für Regentropfen (V.I/II), der Liegeton für Stille (Va.), Gleichmaß und Harmonie des Gb. für die in Gottes Hand ruhende Welt.

Der Typ des ital. Solokonzertes fand Verbreitung in ganz Europa. Komponisten: MANFREDINI, DALL'ABACO, MARCELLO, VERACINI, VITALI, ALBERTI, TESSARINI, BONPORTI, LOCATELLI, PERGOLESI, TARTINI; BOISMORTIER und LECLAIR in Frankreich; PISENDEL (VIVALDI-Schüler, Dresden), TELEMANN, GRAUN u. a. in Deutschland.

J. S. Bach bearbeitete 16 Konzerte (darunter 10 V.-Konzerte von VIVALDI) für Cembalo oder Orgel, um die neue Gattung kennen zu lernen. Dann schrieb er V.-Konzerte, z. T. für Cembalo bearbeitet, so: 2 Violinkonzerte in *a* (BWV 1041) und *E* (BWV 1042) und das Doppelkonzert für 2 V. in *d* (BWV 1043). Er komponierte auch erste Cembalo-Konzerte: 7 für 1 Cembalo, 3 für 2, 2 für 3, 1 für 4 (alle 1727–37).

BACH verwischt die VIVALDISCHE Klarheit durch dichtes kp.Gewebe, Motivimitationen, Ritornellaufteilung usw. Er vertieft den musikal. Gehalt: seine Musik wirkt weniger hell und spritzig als die ital., eher einfallsreich, phantastisch, erregend.

Das Ritornell im Kopfsatz des E-Dur-Violinkonzerts (Abb. C, T. 1–11) umfasst 6 Motive (a–e, bei VIVALDI 1–2), Orchester und Solist wechseln vielfältig und unschematisch ab. Der Mittelsatz wirkt wie eine Arie über Chaconne-artigem Bass; das Finale ist ein Kettenrondo (S. 108, B).

Das Barock unterscheidet nicht streng zwischen Cembalo- und Orgelkonzert (meist *manualiter,* ital. Art).

G. F. Händel spielte ab 1735 **Orgelkonzerte** zwischen den Akten seiner Oratorien. Beliebt waren seine Improvisationen und Auszierungen des Solos (viele *ad-lib.*-Stellen in der Orgelstimme). Es gibt je 6 Konzerte für Cemb. oder Orgel op.4 (1738) und op.7 (1740/51).

HÄNDEL benutzte ein Orgelpositiv ital. Manier (ohne Pedal). Die Konzerte haben 3–4 Sätze. Die schnellen Sätze sind fugiert oder stehen in Ritornellform, variiert durch enggliedrige Dialogstruktur (oft 2-Takt-Wechsel Tutti und Solo) und Improvisation (Abb. B).

Die Themenbildung wirkt ital.: so das Kopfthema A im 4. Konzert mit einfachen Dreiklangsfiguren, spielerisch, heiter (als Chor in *Alcina* textiert: *»Questo è il cielo di contenti«, das ist der Himmel der Zufriedenen*). Dazu passt die Trillerepisode als Vogelgezwitscher (Thema B).

Das Konzert op. 4, 3 hat ein Chorfinale (Zwischenaktmusik zum *Trionfo*); op. 4, 6 ist urspr. ein Harfenkonz. (*Alexanderfest*).

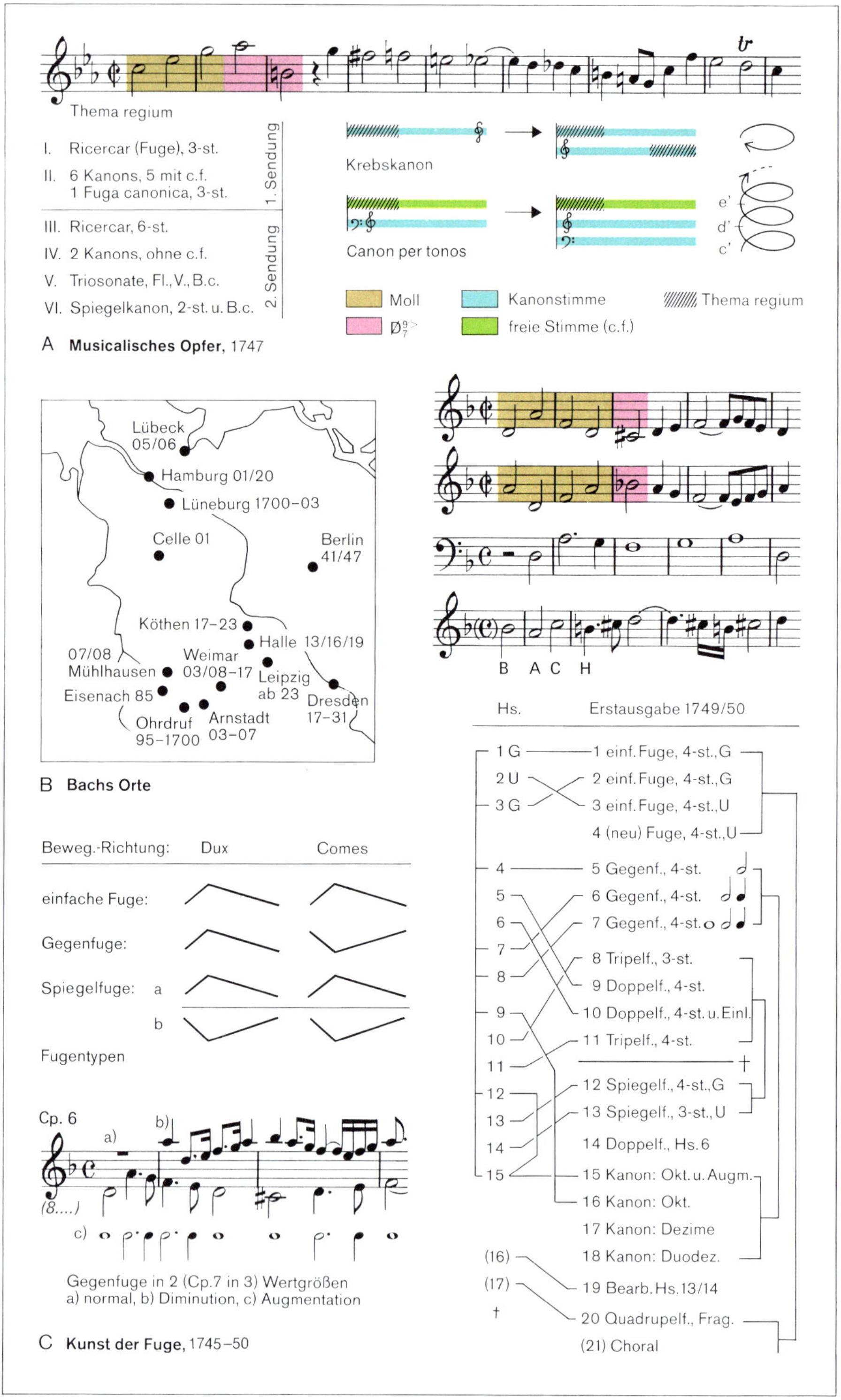

Bach: Spätwerkcharaktere

JOHANN SEBASTIAN BACH, *21. 3. 1685 in Eisenach, † 28. 7. 1750 in Leipzig, aus Musikerfamilie (16. Jh.), lernte in handwerkl. Tradition Streich- und Blasinstr. (Vater Stadtmusiker in Eisenach); Lateinschule in Eisenach; als Waise 1695 zum Bruder JOH. CHRISTOPH (Organist in Ohrdruf); ab 1700 Michaelisschule in Lüneburg.

Organist in Arnstadt/Mühlhausen 1703–08
1703 Geiger am Hof zu Weimar, ab Herbst 1703 Organist in Arnstadt (*Neue Kirche*); 1705/06 (Okt. – Febr.) Fußreise zu BUXTEHUDE in Lübeck, dann Ärger in Arnstadt (*»in dem Choral viele wunderliche variationes gemachet, viele frembde Thone mit eingemischet, daß die Gemeinde drüber confundiret worden«*); ab 1707 Organist in Mühlhausen (*St. Blasien*), dort Streit der Pietisten *gegen* und der Orthodoxen *für* die KM; 1707 Heirat mit Cousine MARIA BARBARA (1684–1720), 7 Kinder, darunter W. FRIEDEMANN (*1710) und CARL PHILIPP EMANUEL (*1714). – BACH übernimmt die alten Formen der geistl. Vokalmusik (Kantaten: *Geistl. Conzerte*) und der Orgelmusik (*Canzonen* u. a.), die seine Phantasie und Ausdruckskraft aber vielfach sprengen.

Hoforganist in Weimar 1708–17
1708 wird er Hoforganist und Kammermusiker (Geige, Cembalo) in Weimar, 1714 Konzertmeister; Kantaten, Orgelwerke; Orgelproben; da nicht zum Hofkapellmeister befördert, kündigt BACH.

Hofkapellmeister in Köthen 1717–23
Höchste Stellung, gute Arbeitsmöglichkeiten unter Fürst LEOPOLD (*»hatte einen gnädigen und Music so wohl liebenden als kennenden Fürsten; bey welchem auch vermeinete, meine Lebenszeit zu beschließen«*, Brief 1730); wenig KM, viel weltl.: Inventionen, Wohltemperiertes Klavier I, Suiten; Sonaten, Partiten; (*Brandenburg.*) Konzerte, Ouvertüren; ca. 40 weltl. Kantaten. – 1721 heiratet er ANNA MAGDALENA (1701–1760), 7 Töchter und 6 Söhne, darunter JOH. CHRISTIAN (*1735). Unter zweiter Fürstin (einer *amusa*) wurde die *»musicalische Inclination bey besagtem Fürsten in etwas laulicht«*. BACH geht nach Leipzig (Studienmöglichkeit der Söhne).

Thomaskantor in Leipzig 1723–50
a) **Schaffensjahre bis 1740.** BACH war *Kantor* und *Director musices* über die Hauptkirchen der Stadt: ein Abstieg vom Hofkapellmeister, daher es BACH *»anfänglich garnicht anständig sein wollte, aus einem Capellmeister ein Cantor zu werden«* (Brief 1730); reiche schöpfer. Tätigkeit, bes. KM. Werke: Kantaten, Oratorien, Passionen, Klavierübungen, Konzerte, Teile der h-Moll-Messe für den Kurfürsten in Dresden (1733, dafür 1736 Titel *Hofkapellmeister*), Orgelwerke.
b) **Spätwerk 1740–50.** *Kunst-* und *Lehrwerke* zugleich, mit kp. Dichte, zykl. Rundung und umfassendem Gehalt:

- Goldberg-Variationen (1742, s. S. 312);
- Wohltemperiertes Klavier II (1742);
- Kanon. Var. (1746–47, s. S. 311);
- *Musicalisches Opfer* (1747);
- Vollendung der h-Moll-Messe (1748);
- späte Kanons und Orgelchoräle;
- *Kunst der Fuge* (1745–50), unvollendet.

BACH sah sein Schaffen nicht romantisch als Genieleistung, sondern als handwerkl. Kunst, mit Fleiß, Einsatz, Lern- und Lehrmöglichkeit, eingebettet im von Gott getragenen Ganzen. Seine geistl. und weltl. Musik sind daher keine Gegensätze, sondern stehen auf dem gleichen Fundament (s. Zitat S. 101; *Parodieverfahren* häufig). BACH nahm die Traditionen auf, die bis zur nl. und ma. Polyphonie reichen, und erfüllte sie mit barockem Pathos und Affekt. Die kp. Kunst, die chromatische Harmonik, die symbolreiche Musiksprache und die hohe Gelehrsamkeit isolierten BACH zuletzt gegenüber der modernen, natürl. Zeitströmung. Erst das 19. Jh. »entdeckte« BACH wieder.

Musicalisches Opfer: Das Thema soll FRIEDRICH II. BACH beim Besuch in Potsdam (1747) zum Improvisieren gegeben haben (übl. Elemente: Dreiklang, Dominantspannung, chromat. Abstieg und Kadenz: Anstieg, Höhepunkt, Ausklang). Es ist Grundlage aller Stücke. *Ricercar* bedeutet hier als Akrostichon *Regis Iussu Cantio Et Reliqua Canonica Arte Resoluta*. Im Krebskanon erklingt die Stimme zugleich von vorne und hinten. Der *Canon per tonos* steigt in jeder Runde einen Ton (Symbol für steigenden Königsruhm).

Kunst der Fuge: Erhalten sind BACHS Handschrift und die Erstausgabe. BACH überwachte noch den Druck bis Nr. 11, änderte dabei in den Fugen und deren Folge (neuer Zyklusgedanke). Die kp. Schwierigkeit steigt von der einfachen Fuge über die Gegenfugen (Comes als Umkehrung, s. Abb.) bis zu den Spiegelfugen (Fuge b entsteht aus a durch totale Spiegelung). *Steigerung* zeigen auch die Gruppen in sich, so die metr. Werte der 3 Gegenfugen (Nb. Cp.6; vgl. Mensurkanon S. 118, Abb. E). Abschluss bildet die Quadrupelfuge Nr. 20. Sie bricht ab nach dem 3. Teil, nachdem im Kp. *b-a-c'-h* erklang (Va.). Geplant war wohl die Kombination aller Themen mit der vereinfachten Urgestalt (Erlösungssymbol), die ruhig, ausgewogen und ohne *chromat.* Spannung (wie *b-a-c-h* Symbol für Sünde und Qual) des Hauptthemas erscheint (Nb. C: Hauptthema Zeile 1, Umkehrung 2, Urgestalt 3). C. PH. E. BACH fügte BACHS letzten Choral hier an (Text *»Wenn wir in höchsten Nöten sein«*, S. 270, A).

Werke in Hand- bzw. Abschriften, kaum Drucke, die Hälfte(?) verloren; GA: alte Bachges. (PH. SPITTA), 46 Bde, Lpz. 1851–99; NGA: Bach-Inst. Göttingen u. Bach-Archiv Leipzig 1954 ff.; Bach-Werke-Verz. (*BWV*) v. W. SCHMIEDER, Lpz. 1950.

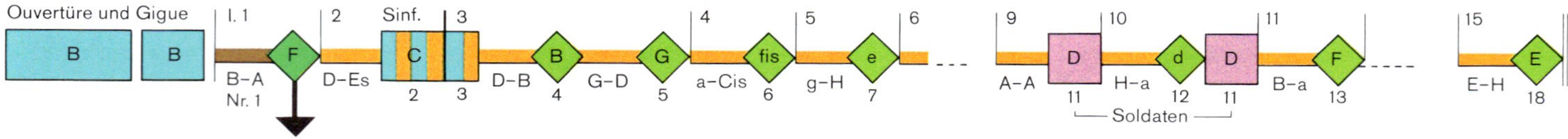

A **G. F. Händel, Xerxes, Opera semiseria,** London 1738, 1. Akt, Szenenfolge

B **Wassermusik, 1715, Nr. 7 Menuett,** 1. Teil: Scheinpolyphonie und Periodenbildung

Orchester
Chor
Arie
Arioso
Recitativo secco
Recitativo accomp.
Thema
Begleitung

C **Messias,** 1742, Nr. 2 Recitativo accompagnato (Tenor mit Streichern und B.c.)

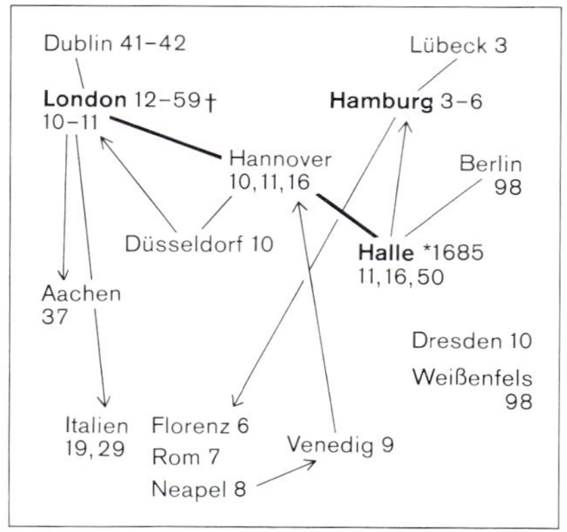

D **Händels Reisen und Aufenthalte**

Händel: Melodiecharakter, Schaffensvielfalt

GEORG FRIEDRICH HÄNDEL, *23. 2. 1685 in Halle, † 14. 4. 1759 in London; Arztfamilie; Lateinschule; lernte bei FR. W. ZACHOW, dem Organisten der Marktkirche in Halle. Jurastudium in Halle, zugleich Organist der (reformierten) Dom- und Schlosskirche.

Hamburg 1703–06. Organistendasein und Halle wurden HÄNDEL zu eng. Er ging 1703 an die Oper in Hamburg, zuerst als Geiger, ab 1704 als Cembalist. J. MATTHESON (gemeinsame Reise zu BUXTEHUDE 1703) urteilte später, HÄNDEL *»war starck auf der Orgel, stärcker als Kuhnau, in Fugen und Contrapuncten, absonderlich ex tempore; aber er wußte sehr wenig von der Melodie, ehe er in hamburgische Opern kam«* (1740). Hier geht es gegenüber dem mitteldt.-protestant. Kantorenkontrapunkt um die neue, großräumige Melodik des ital. Belcanto, die HÄNDEL in Italien lernen will (Opern s. S. 287).

Italien 1706–10. Reisebeginn Ende 1706:
- Florenz: de Medici; *Rodrigo* (1707);
- Rom (1707/08): im Dichterkreis *Arcadia,* dem auch PASQUINI, A. SCARLATTI und CORELLI angehören, führt CORELLI HÄNDELS Oratorium *Trionfo del tempo* auf;
- Neapel (1708): antike Mythologie in lichter Landschaft; für die Hochzeit Herzog ALVITOS komponiert HÄNDEL die Serenata *Aci, Galatea e Polifemo,* deren sizilian. Ätnastoff in Vesuvnähe rückt;
- Venedig (1709): großer Erfolg der Oper *Agrippina;* man hatte *»niemals vorher alle Kräfte der Harmonie und Melodie, in ihrer Anordnung so nahe und gewaltig miteinander verbunden gehört«* (MAINWARING/MATTHESON, 1761).

Hannover/London 1710–12. STEFFANI vermittelt HÄNDEL 1710 als Kapellmeister nach Hannover. Noch 1710 reist er über Düsseldorf nach London, wo Anfang 1711 seine Oper *Rinaldo* begeisterte, HÄNDEL als *Orfeo del nostro secolo* am Cembalo. Er kehrt nach Hannover zurück, aber schon ab Herbst 1712 bleibt er endgültig in London.

London 1712–19. Eine Glanzzeit beginnt (Opern S. 285). Zum Frieden von Utrecht erklingt in der *St.Paul's Cathedral* HÄNDELS *Utrechter Te Deum* und *Jubilate* (1713, mit allein 150 Instrumentalisten) als eine Art Nationalmusik in der Chortradition PURCELLS. 1714 wird der Kurfürst von Hannover engl. König GEORG I. Für ihn komponiert HÄNDEL die **Wassermusik** zu Themse-Bootsfesten: Suiten in F (1715?), D (1717), G (1736?).

Das Menuett Nr. 7 zeigt horntyp., großzügige Dreiklangsmelodik mit Imitation, Parallelführung und kurzen Perioden: alles leicht fassbar und klar (Nb. B, vgl. S. 323).

Der DUKE OF CHANDOS lädt HÄNDEL auf Schloss Cannon nahe London (1717–1720). Hier entstehen u. a. 8 Klaviersuiten, Psalmen für Chor *(Chandos Anthems), Acis and Galatea* (bearb.) und *Esther* (1. engl. Oratorium, 1718, erweitert 1732).

London 1719–28. Große Opernzeit an der *Royal Academy of Music* (S. 285). HÄNDELS Opern spielt man überall in Europa.
Zur Krönung GEORGS II. 1727 entstehen die *4 Coronation Anthems* (Nationalruhm). 1728 Konkurs der Akademie.

London 1728–41. Weiter 1 bis 2 ital. Opern im Jahr (S. 285); Oratorien *Deborah* (1733) u. a. (S. 291); 1737 Schlaganfall, Aachener Kur; Konzerte (S. 325); *Caecilienode* (1739).

Xerxes zeigt den typ. Aufbau der Opera seria und semiseria, eine Folge von Szenen (Abb. A, obere Ziffern) aus Rez. und Arien in wechselnden Tonarten und Affekten, einer Sinfonia und wenig Chor: 3 Akte mit 53 Musiknummern. – Das berühmte Largo *(Larghetto)* schildert in pastoralem F-Dur, breitem Rhythmus, einfacher Harmonik und großer Geste den antiken Helden (Nb. A.).

London 1741–51. HÄNDEL wendet sich nach 40 ital. Opern ganz dem *engl. Oratorium* zu, das breitesten Anklang findet: musikalisch belebt es die engl. *Chortradition,* gehaltlich kommt es dem *Puritanismus* nahe (A.T.), politisch spiegelt sich die *Weltmacht* England im auserwählten Volke Israel. – Der *Messias,* 1741 am 22. 8. begonnen und in 24 Tagen beendet, begründet diese HÄNDELSCHE Oratorienpflege mit ihren festl. Aufführungen.

Schlichtheit und Größe verbinden sich im *Messias* zu ungewöhnl. Wirkung. Nach der frz. Ouvertüre in düsterem e-Moll verströmt der Tenor in wenigen Tönen über der tragenden Begleitung das Gefühl von Zuversicht und Erlösung. Ital. Belcanto hat engl. Stil gewonnen (Nb. C).

HÄNDEL schrieb über 20 Oden und Oratorien (S. 291). Es entstanden u. a. noch 6 Orgelkonzerte (S. 327), das *Dettinger Te Deum* (1743) zum Sieg GEORGS II. über die Franzosen bei Dettingen am Main und die *Feuerwerksmusik* (1749), für ein Londoner Volksfest zum Frieden von Aachen.

London 1751–59. Die Spätzeit bringt Ruhe. HÄNDEL bearbeitet 1757 noch sein Jugendwerk *Trionfo* (engl., S. 291). 1757 erblindet, stirbt er 1759 und wird, hochgeehrt, in der Westminster Abbey beigesetzt.

Europäisch gebildet wirkte HÄNDEL in der Weltstadt London bes. durch seine Oratorien auf eine freie, aufgeklärte, bürgerl. Gesellschaft. Der aristokrat. Ton der Opera seria blieb im bürgerl. Oratorium erhalten, wurde aber schlichter, fasslicher, ergänzt durch starke Chöre: ein humaner Gehalt in *großer* Form für ein *großes* Publikum. Ohne Bruch wird HÄNDELS Oratorium so Vorbild für Klassik und Romantik, während seine Opern usw. erst das 20. Jh. wiederbelebte.

GA v. S. ARNOLD, 36 Bde., London 1787–97; GA v. FR. CHRYSANDER, 99 Bde., Lpz. 1858–1902; NGA v. neuer Händelges. Halle 1955 ff.; dazu Werkverz. v. B. BASELT *(HWV),* Lpz. 1978 ff.

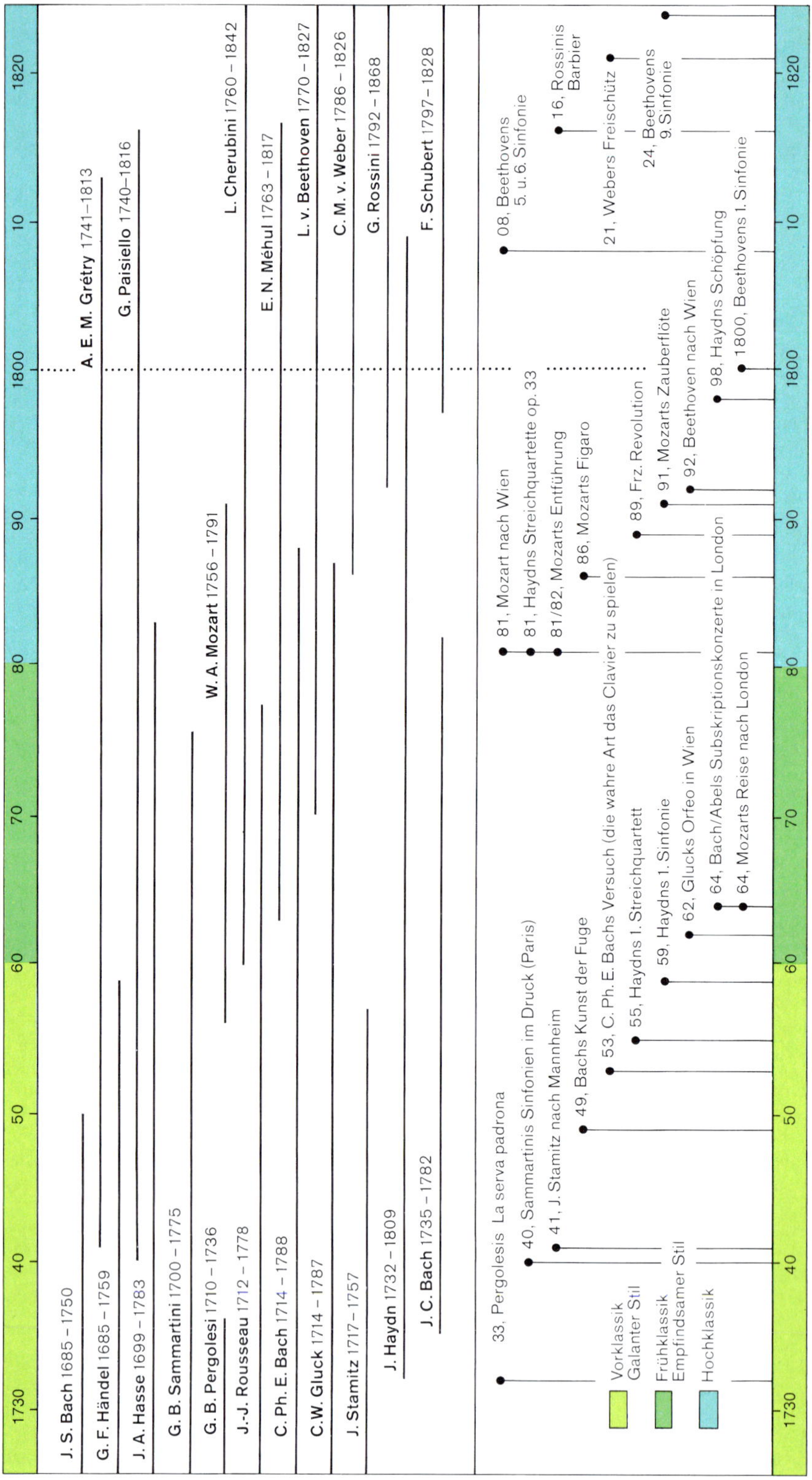

Komponisten, wichtige Ereignisse

Unter **Klassik** versteht man in der Musikgeschichte Zeit und Stil der 3 großen Wiener Meister HAYDN, MOZART, BEETHOVEN (*Wiener Klassik*). Der Epochenbegriff entstand nach BEETHOVENS Tod, angeregt durch die Vollkommenheit des Satzbildes, den hohen humanitären Gehalt und das Schönheitsideal bes. der Musik MOZARTS. – *Klassisch* bedeutet allg. so viel wie mustergültig, wahr, schön, voll Ebenmaß und Harmonie, dabei einfach und verständlich. Gefühls- und Verstandeskräfte, aber auch Inhalt und Form finden ein Gleichgewicht in der Gestalt des Kunstwerks. Das Ergebnis ist zeitlos. WINCKELMANN nannte *klassisch* die Kunst der *Antike,* in der er den Idealen seiner Zeit gemäß »edle Einfalt und stille Größe« bewunderte (1755).

Aufklärung und Natürlichkeit

Das 18. Jh. ist das Zeitalter der *Aufklärung,* durch die der Mensch mit Hilfe seines Verstandes und seines krit. Urteilsvermögens zu Eigenständigkeit und Mündigkeit gelangt (KANT). Die Aufklärung führt zum Zerbrechen der alten Ordnungen und zu einer neuen Vorstellung von der Würde, der Freiheit und dem Glück des Menschen; so u. a.

- Menschenrechtserklärung (USA 1776 ff.);
- Zerschlagung der alten Ständegesellschaft durch die Frz. Revolution (1789);
- Aufhebung der Leibeigenschaft; Ruf nach relig. Toleranz; Säkularisation.

An die Stelle der höf. Kultur mit den Zentren Kirche und Schloss auch als Stätten der Musik tritt mehr und mehr die bürgerl. Kultur mit privatem Haus, Salon, Café, Saal (ohne Mittelpunkt; SEDLMAYR, *Verlust der Mitte*).

Der Glaube an das (Verstandes-)Vermögen des Menschen bringt einen Fortschrittsoptimismus mit sich. DIDEROT und D'ALEMBERT geben als Grundlage das allg. Wissen der Menschheit heraus: die *Encyclopédie ou dictionnaire raisonné des sciences, des arts et des métiers* (Paris 1751–72). ROUSSEAU schreibt darin einen Teil der Musikartikel.

Gegen barocke Lebensart, Schwulst, Pathos, Zeremoniell und Künstlichkeit erhebt sich die Sehnsucht nach dem Einfachen und Natürlichen. ROUSSEAU formuliert diese **Kulturkritik** 1750 in seiner Vorstellung vom glückseligen Urzustand der Menschheit in Tugend und Freiheit (S. 345). Die Devise *Zurück zur Natur* ist in diesem Sinne gemeint. Als *»Natur«* gilt auch die **Antike,** denn dort glaubte man noch alle Menschheitsideale verwirklicht (GOETHE). Da fast keine antike Musik überliefert ist, konnten sich alle Künste an der Antike orientieren, nicht aber die Musik.

Verehrung fand auch das **Volk** in seinen einfachen Lebensformen (HERDER, *Stimmen der Völker in Liedern,* 1778 f.).

Der Blick auf Ursprung und Entwicklung machte die **Erziehung** zu einem Hauptthema des 18. Jh. in Theorie und Praxis (LESSING, SCHILLER; PESTALOZZI), in Erziehungsromanen (VOLTAIRE, GOETHE), in Musiklehrbüchern (C. PH. E. BACH, QUANTZ, L. MOZART). Natürlich und unverbildet erscheint aber vor allem der schöpfer. Mensch, der Künstler, das **Genie** (*Originalgenie*). Es geht um *Aussprache unaussprechlicher Dinge* (LAVATER), um *Urkraft und Erfindung* (HERDER), um *Kunst als Offenbarung, Musik und Dichtung als Naturlaut* (HAMANN). Das Genie verachtet (barocke) Kunstgelehrsamkeit und Regeln als Hindernis und Krücken: *»ein Homer wirft sie von sich«* (YOUNG).

In der neuen **bürgerl. Musikkultur** mit Haus- und Salonmusik, öffentl. Konzert und Oper, anonymem Publikum, Verlagswesen und Musikkritik muss sich ein Musiker als *freier Künstler* behaupten.

Epochengrenzen

Der Wechsel vom Barock zur Klassik (BACH †1750) verläuft vielschichtig. Die neuen Strömungen beginnen um 1730 aus dem frz. *galanten Stil* und mit dem ital. *neuen Ton* in der Opera buffa, Sonate und Sinfonia. Sie prägen das musikal. *Rokoko* als Vorklassik um 1750/60 und führen über *Empfindsamkeit* u. musikal. *Sturm und Drang* zur Klassik.

Mit BEETHOVENS Tod 1827 könnte die Klassik enden, doch sind um diese Zeit die romant. Strömungen längst vorhanden (WEBER †1826, SCHUBERT †1828).

Galanter Stil ist mehr eine Schreibart als eine Epochenbezeichnung. Er entstand im Gegensatz zum gelehrten, kp. streng *gearbeiteten,* polyphon *gebundenen* Stil (BACH, HÄNDEL) bereits im Spätbarock als *freye Schreibart,* bes. für Cembalo, Kammermusik (COUPERIN, D. SCARLATTI, TELEMANN). Anmutig, leicht verständlich und unterhaltend wendet er sich mehr an Liebhaber als an Kenner, bevorzugt sangl. Melodik, grazile Ornamentik, lockere Begleitung ohne feste Stimmenzahl, überschaubare Formen (Tänze).

Empfindsamer Stil setzt gegen Affekt und Pathos des Barock eine unmittelbare Aussprache des persönl. Gefühls, entspr. der allg. Zeitströmung um 1740–80 mit engl. Einfluss von YOUNGS Weltschmerz und Todessehnen (*Night Thoughts,* 1742 ff.), STERNES neuem Gefühlston (*Sentimental Journey,* 1768), aber auch KLOPSTOCKS Seelengemälden (*Messias,* 1748 ff.) und den Impulsen LESSINGS, HAMANNS, HERDERS. – Hierher gehören die **Mannheimer Schule** mit ihren expressiven Manieren und großem Schwung (*Seufzern, Raketen*), GOSSEC, SCHOBERT und BECK in Paris, bes. aber C. PH. E. BACH mit seiner ganz persönl. Musiksprache.

Die **Wiener Schule** nimmt eine Sonderstellung ein mit ihrer Verschmelzung von Ernst und Heiterkeit (MONN, WAGENSEIL, früher HAYDN), während die **Berliner Schule** mit ihrer Barocktradition *»Schulfuchserei, Entfernung von der Natur und ängstliches Ringen mit der Kunst«* vorführt (SCHUBART 1775).

Così fan tutte, Arie der Fiordiligi

Szene und Rondo KV 505

Klavierkonzert C-Dur, KV 467, 1785, Andante

A **W. A. Mozart, vokale und instrumentale Gestik** (Sprünge, Seufzer)

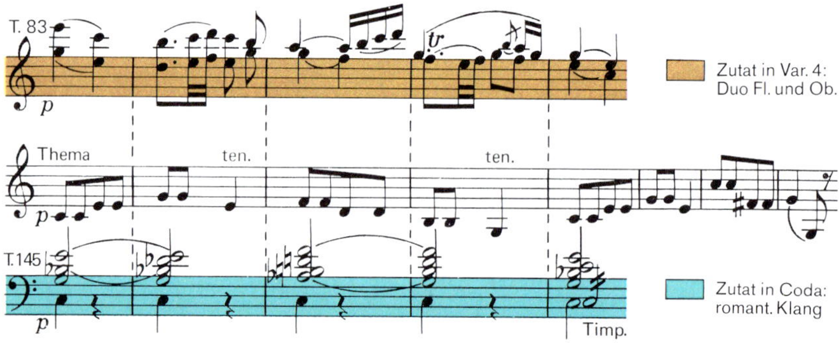

B **J. Haydn, Sinfonie G-Dur, Nr. 94** (Paukenschlag), 1791, Andante, Thema und Verarbeitung

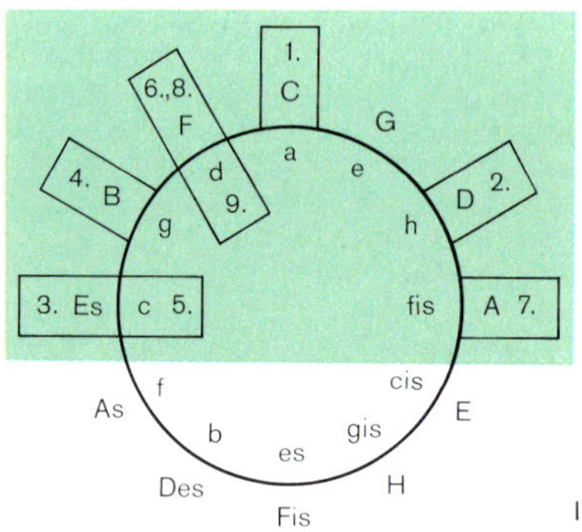

Sinfonien 1 – 9

häufigste Tonarten der Klassik
ferne Tonart, Mediantik
Themenvariante

	1.	2.	3. Satz		
I.	C	As	C	T. 462	H
II.	B	Es	B	261	G
III.	c	E	c	261	E
IV.	G	e	G	460	Fis
V.	Es	H	Es	220	C

II,3 Rondo. Molto Allegro

Klavierkonzerte I – V

C **L. v. Beethoven, Tonarten**

Der sich befreiende Mensch spricht sich auf allen Gebieten gleichzeitig aus. Im Jahr 1781, erstem Höhepunkt der Klassik, entstehen HAYDNS Streichquartette op. 33, MOZARTS *Entführung*, SCHILLERS *Räuber*, KANTS *Kritik der reinen Vernunft*.
Drangen in der Renaissance Geist und Atem, im Barock die Affekte des Menschen in die Musik ein, so in der Klassik sein Handeln, seine Gestik, seine Bewährung im Augenblick: lebendig wechselnde Gefühle und wacher Verstand, ausgeglichen in einer intuitiven Ganzheit, die zum Objektiven neigt.

Fiordiligi drückt in weiten Sprüngen, Akzenten und dramat. Pausen Leidenschaft und Seelengröße aus (zu den Symbolen *Winde* und *Sturm*, Nb. A). Vokale Gestik zeigen auch die Instr. (KV 467). Sie *sprechen* gleichsam: auf die Seufzerfiguren im Klavier fragt der Sopran *»seufzt du?«* (KV 505, geschrieben für NANCY STORACE, MOZARTS Susanne, und ihn selbst; Nb. A).

Der *neue Ton* in der Musik ist nicht mehr pathet.-gravität., sondern heiter-natürlich (mehr Dur als Moll). Die Klassik strebt über den *vermischten Geschmack* (QUANTZ 1752) aus europ. Elementen eine übernationale Musik als Universalsprache der Menschheit an (primär instrumental).

»Meine Sprache versteht man in der ganzen Welt« (HAYDN). Klass. Ideale sind Schlichtheit, Einfachheit; das Thema Nb. B wirkt volksliedhaft, klass. ausgewogen in Melodik (2-taktig auf, ab), Rhythmus (Schreiten, Halten) und Harmonik. In den Var. zeigt sich der Reichtum an Ideen, Können, histor. Bewusstsein, der hinter allem steckt: von barocker Kontrapunktik (Var. 4) bis zu romant. gefärbten Spannungsklängen (Coda).

Klassisch ist die zweckfreie Idealgestalt der Musik, die über jeden Dienst wie Tanz, Unterhaltung, Festschmuck, Kirche hinauswächst, ohne zur isolierten Spezialität für Kenner zu werden. Sie erhebt sich und den Menschen auf eine höhere Stufe. Ihr durchgeistigtes Wesen konnte ein hoher eth. Gehalt erfüllen. Die Musik der reifen Klassik wurde *bedeutend* und sprach die Menschheit an. Geist und Gefühl blieben dabei ebenso ausgeglichen wie Inhalt und Form, wenn auch mit BEETHOVEN ein *poetischer Gehalt* in die Musik einzog. Erst die Romantik verschob den Akzent auf den Inhalt (Problem *Form – Inhalt* im 19. Jh.). Die Klassik wahrte auch eine Begrenzung der Mittel in Struktur, Harmonik, Instrumentation usw. Auch hier sprengten erst die Romantiker den Rahmen.

BEETHOVEN beachtet grundsätzlich die klass. Tonarten (nur oberer Bereich des Quintenzirkels), doch sucht seine Phantasie gern überraschend ferne, oft mediant. Tonarten als Kontrast auf (stets mit Rückkehr), so in den Mittelsätzen seiner Klavierkonzerte, auch gegen Ende in deren Schlusssätzen (sämtlich Rondos), wo er zugleich das Thema geistreich, rhythmisch eigenwillig variiert, ohne die Form zu sprengen (Nb. C; schon MOZART, KV 451).

Musikdefinition

Im Zeitalter des Rationalismus gilt, Musik sei sowohl *Wissenschaft* als *Kunst* nach Regeln (MATTHESON 1739, MARPURG 1750), sie sei harmonisch und schön: *»Musique est l'art de combiner les sons d'une manière agréable à l'oreille«* (ROUSSEAU 1768; *»angenehm in die Ohren«*, MOZART 1782, s. S. 391). Mit der *Empfindsamkeit* treten in die Romantik zielende Definitionen auf: Musik drücke Leidenschaften und Gefühle aus (AVISON 1752, SULZER 1771, KOCH 1802), sie rege die Phantasie an und stimme zum Erhabenen (MICHAELIS 1795). Auch den Ursprung der Musik versucht man über Bilder und Mythen hinaus rational in Theorien zu erfassen: als *Sprache der Empfindung* gehe sie auf die Sprache selbst zurück (ROUSSEAU, HERDER).

Musikästhetik

Die platon. Lehre, in der Musik wirke *Maß, Zahl* und *Ordnung* und damit eine Objektivität, wirkt als Grundlage ungebrochen fort. Zum klass. Schönheitsideal gehört die Harmonie. Dem entspricht auch HEGELS neuplaton. Begriff des *sinnl. Scheinens der Ideen* im Schönen. Gehalt und Gestalt identifizieren sich, der sinnl. erfahrbare Charakter der Schönheit ist wesenhaft geistiger Natur. Der schöpfer. Mensch, der Künstler schafft als ein Teil der Natur, er ahmt sie nach (*Nachahmungstheorie*). Der Musiker tut dies *direkt*, indem er Klänge der Natur imitiert (Programmmusik, bei ROUSSEAU *musique imitative*), und *indirekt*, indem er das schöpfer. Prinzip der Natur nachahmt (eigengesetzl. oder absolute Musik, *musique naturelle*). Dabei bedarf der *natürl.* Ausdruck oft der *künstl.* Verschönerung.

In der *Entführung* überschreitet Osmins Zorn *»alle ordnung, Maas und Ziel«* (MOZART). Seine realist. Nachahmung ist nicht möglich, nur eine idealisierte, weil *»die leidenschaften, heftig oder nicht, niemal bis zum Eckel ausgedrücket seyn müssen, und die Musick, auch in der schaudervollsten lage, das Ohr niemalen beleidigen, sondern doch dabey vergnügen muß, folglich allzeit Musick bleiben Muß ...«* (Brief vom 26. 9. 1781 an den Vater).

Einerseits geht man mit dem Natürlichkeitsideal gegen das *Künstliche und Verworrene* des Barock an, das die *natürliche Schönheit verdunkelt*, und glaubt, dass erst die Natur der Kunst Schönheit gebe (SCHEIBE 1740). Andererseits gilt, dass Natur nicht alles besitzt, was Schönheit und Rang der Kunst ausmacht (BAUMGARTEN 1752). Der Künstler und Musiker überhöht die Natur durch Auswahl und Anordnung nach ästhet. Gesetzen.

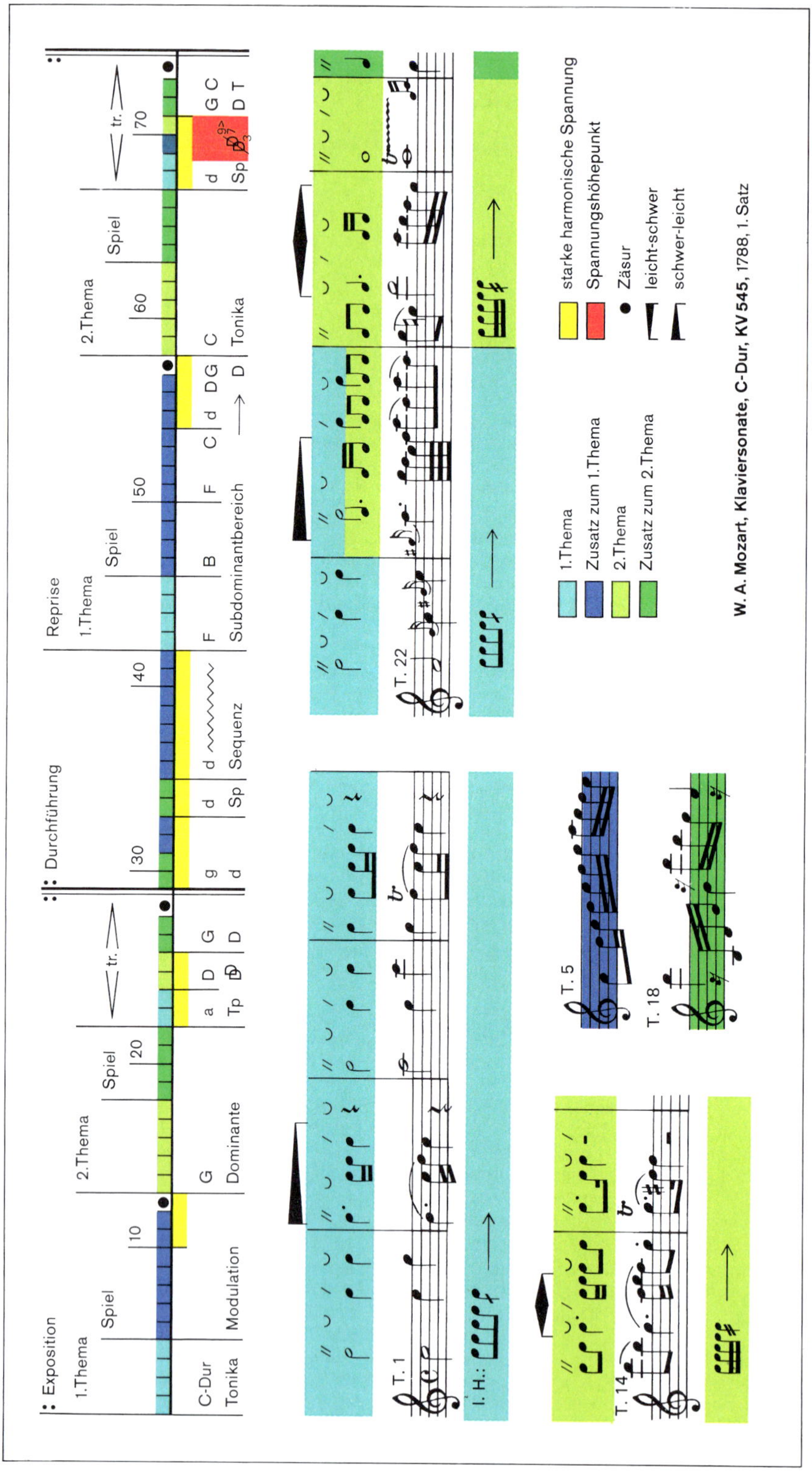

Einheit und Kontrast

Zur Zeit der Klassik erlebt sich der Mensch als Handelnder (*Im Anfang war die Tat,* GOETHES *Faust*), den Augenblick durchfühlend und gestaltend, dramatisch, nicht episch (S. 350, Abb. B). Das Bewusstsein von der Zeit bricht in die Welt ein (GEBSER). Daher überall die neue Gestik, die neue Intensität.

Sogleich spürbar: vgl. Beginn des *Weihnachtsoratoriums* und der *Kleinen Nachtmusik* (Quartsprung, aber völlig neuer Rhythmus); s. auch die ersten 5 Töne der *Figaro*-Ouvertüre.

Das neue Zeitbewusstsein verändert die Qualität des gesamten seel.-körperl. Erlebnisses, setzt Neues an die Stelle des Alten:
- es entfallen der barocke Gb., die komplizierte Harmonik, die kp. Polyphonie;
- alles liegt nun in der Melodie, auch die Harmonik; in ihr spricht sich der Mensch aus, einfach und natürlich;
- stilisierter Einheitsaffekt und -rhythmus weichen dem Kontrast, auch auf engstem Raum (*Diskontinuität* des Satzes).

Struktur und Gestaltqualitäten
MOZARTS späte C-Dur-Sonate KV 545 prägt die neue Tonsprache mustergültig und in klass. Beschränkung der Mittel (s. Abb.). Hier scheint alles miteinander verwandt, geht alles auseinander hervor, blitzt trotzdem alles von neuen Ideen, Kontrasten und Leben.
Die ersten beiden Motive in T. 1 und 2 ergeben eine eigene Gestalt (daher die Pause), ihre kontrastierenden Varianten in T. 3 und 4 ebenfalls: charaktervoll mit Eigenimpuls und -wille. Beide bilden das 1. Thema durch Symmetrie, Kontrast, C-Dur-Kadenz, Achtelteppich; ihm zugeordnet die Läufe (T. 5 ff.). Das 2. Thema kontrastiert zum 1.: Dreiklang *abwärts, rasche* Gestik über *Sechzehnteln.* Mit Arpeggien und Trillerepisode (bravouröse *Kadenzperiode,* GALEAZZI 1796) entsteht die nächstgrößere Einheit: die Exposition. – Für die Klassik typisch ist die *motivische* oder *thematische Arbeit* in der Durchführung. MOZART nimmt dazu häufig Motive aus der Coda der Exposition oder dem Themenbeiwerk wie hier. Es geht anders als in der barocken kp. Motivarbeit hier um Kontraste der Charaktere, Vielfalt der Ideen, Überraschung, Dramatik, Ausdruck, alles in einer ganzheitl. Gestalt, ohne Brüche. Die Einheiten werden immer größer: Durchführung und Reprise bilden wieder eine Einheit, diese mit der Exposition den 1. Satz und dieser mit den übrigen Sätzen die ganze Sonate (mit zunehmender Bezugsdichte beim späten MOZART, späten HAYDN und bei BEETHOVEN).

Zeiterlebnis
Die Ganzheit ist in der Vorstellung fassbar, in der Erinnerung des Hörers, im Vorausdenken des Komponisten oder Interpreten. Die Klassiker bezeugen mehrfach, dass sie vor dem Hinschreiben eine Komposition als Ganzes im Kopfe haben, also ohne Zeitablauf, anschaubar, aber nicht als erstarrte Architektur oder skelettartig (wie Abb. S. 336), sondern lebendig.
Die Klassik bringt eine neue Erlebnis- und Darstellungsweise der Zeit. Im Hörer entsteht durch eine geistig gesetzte Norm des Zeitablaufs im Metrum (*Akzentstufentakt,* s. Zeichen im Farbfeld über den Noten) ein Zeitraum mit bestimmten Erwartungen. Der Komponist durchbricht diese Norm ständig durch die individuellen, rhythm. Gestalten der konkret erklingenden Musik (Noten im Farbfeld) und durch deren kontrastierende Erscheinung überhaupt (*diskursive Tonsprache,* RIEMANN).
Zur Versinnlichung der metr. Norm und zur Intensivierung der Bewegung erklingt fast immer ein Achtel- oder Sechzehntelpuls im Bass oder in der Mittellage (an Stelle des alten schreitenden Gb.). Die Zeit erscheint hier erstmals bewusst als Innerlichkeit, Dynamik, Energie, Spannung, Bewegung, Motorik (GEBSER), kurz als wechselnde Intensität vor einer sensitiv vermittelten und innerlich ergänzten Norm, dem *Takt.* Dem entspricht die erstmalige Relativierung der Begriffe von Raum und Zeit an die subjektive Anschauung (KANT 1770).

Dabei sehe man, wie spielerisch und hochkompliziert zugleich MOZART Metren, Rhythmen, Motive und Bewegung in Höhepunkten mischt (Nb. T. 22). Die Satzstruktur wird Sinnbild für die neue geistige Freiheit des Menschen (GEORGIADES).

Formen und Gattungen
Das *Menuett* in seiner körperhaften Symmetriebildung (Tanzschritte) ist beliebt, zugleich Lehrstück für Komponisten (S. 396). Zentral wird die *Sonatensatzform* in ihrer Dramatik und Darstellung gegensätzl. Charaktere, als Kopfsatz in KaM und Sinfonik, auch als Finale (meist Rondos). Der Terminus *Sonatensatzform* taucht erst ab etwa 1840 auf, ebenso *Exposition* (aus der Dramentheorie), *Durchführung* (*motiv. Arbeit*) und *Reprise* (vorher: jede Wiederholung). Statt vom 1. und 2. Thema sprach man von *Motiven* (GALEAZZI 1796), *Mutter-, Haupt-* und *Nebengedanken* (REICHA 1826). Ständige Variation gehört zum klass. Kompositionsprinzip (Einheit und Mannigfaltigkeit). Sie bringt auch in der Sonatensatzform oft mehr als 2 Themen hervor.

Vokalmusik – Instrumentalmusik
Die Klassik führt die neue Individualität des Menschen (Vokalstimme) in KM und Oper zu Glanz (Soli) und umfassender Harmonie (Ensembles). Dazu tritt die reine Instrumentalmusik, bes. das Streichquartett. – Vorbild für die Instr. ist die menschl. Stimme: man sucht Ausdrucksfähigkeit, daher die Vorliebe für Klarinette, Violine, Hammerklavier.

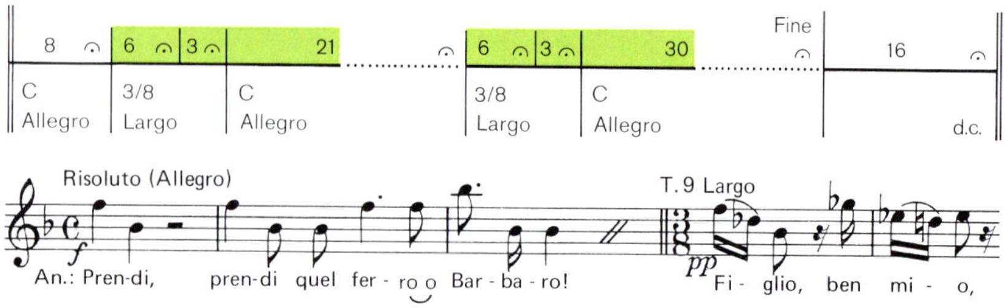

A L. Leo, L'Andromaca, 1742, Aria parlante

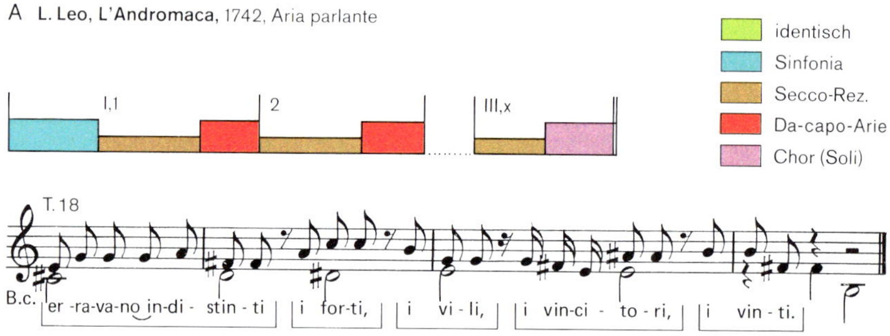

B **Opera seria** (Schema); **J. A. Hasse,** Secco-Rezitativ aus **Ezio,** 1730, n. Marpurg 1763, Text P. Metastasio

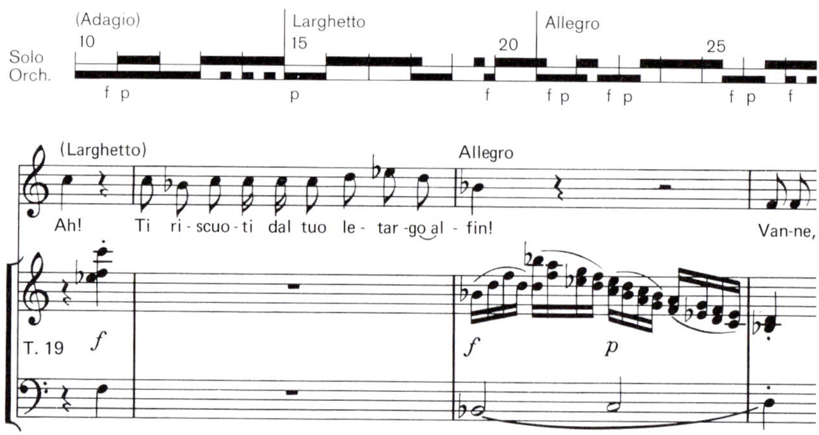

C N. Jommelli, Fetonte, 1768, dramatisches Accompagnato-Rezitativ

D J. A. Hasse, Leucippo, 1747, Aria patetica, verziert von J. A. Hiller, 1778

Aufbau und Eigenheiten

Die **Opera seria** ist die *ernste,* große ital. Oper im 18. Jh., geprägt von der Neapolitan. Schule. In ihrem Mittelpunkt steht die Musik: die ital. Gesangskultur des Belcanto. Als barocke Gattung geht die Opera seria trotz vieler Reformen in der Klassik unter. Sie ist die Oper des *Ancien Régime,* Maske und Unterhaltung, Huldigung und Glanz der Aristokratie:

- allegorisch, gedanken- und illusionsreich, Moral (Gerechtigkeit, Großmut), aber auch Leidenschaft und Liebe darstellend;
- mythologisch-antik, gehobene Stoffe, fern der Gegenwart (Opera buffa: Alltag);
- heldisch-pathetisch, Einzelschicksale, Monologe (Soloarien), virtuos, glänzend, Typen statt Charaktere.

Hauptlibrettist ist METASTASIO (S. 281): kunstvoll gedrechselte Handlungen mit meist 6 Personen (S. 340), Intrigen und gutem Ende.

Das **Rezitativ,** im Libretto sehr wichtig, wird nur flüchtig vertont, z. T. sogar auf der Bühne improvisiert (*secco* mit Begleitung von Cembalo, Cello). Die Arien sind die musikal. Glanzstücke der Oper. Die Opera seria erstarrt zu einer Folge gleichgebauter Szenen (Abb. B): Dialoge, vertont als Rezitative, und am Schluss eine Art Resümee mit best. Affekt, vertont als Arie (wie Chor der griech. Tragödie, CALZABIGI).

Das Secco-Rezitativ vertont den Text nach best. Regeln und Formeln, die auch der Dichter kannte (METASTASIO erfand seine Rezitative am Cembalo singend): die Satzglieder sind durch Pausen getrennt, betonte Silben fallen auf schweren Taktteil, die Zahl der Silben bestimmt die Zahl der Töne, häufige Tonrepetition und kleine Intervalle zeigen Sprachnähe, Satzglieder sind melod. und harmon. aufeinander bezogen, z. B. *i forti, i vili* als auf und ab, als Dominante, Tonika, *i vincitori, i vinti* ebenso (Nb. B). Das ergibt schweifende Tonarten im Rezitativ, von Arie zu Arie modulierend (S. 330, Abb. A).

Die **Arien** schließen die Szenen, oft tritt der Sänger ab; stets kann Beifall und evtl. ein *da capo* der Arie folgen. Der dramat. Fortgang ist sekundär. – Am Schluss der Oper steht ein Chor oder ein Soloensemble, zu Beginn die Neapolitan. Opernsinfonia (S. 137).

Um die Jahrhundertmitte gerät die Opera seria zunehmend in die Kritik der neuen Anschauungen von Natürlichkeit, Einfachheit und freiem Ausdruck des Gefühls. Schon B. MARZELLO greift die Opera seria scharf an (*Il teatro alla moda,* Venedig 1721), ebenso Graf F. ALGAROTTI (*Saggio sopra l'opera in musica,* Livorno 1755):

Die Oper müsse auf ihre Grundprinzipien zurückgeführt werden, bes. auf Natürlichkeit. Natur ist gleichbedeutend mit Antike (S. 333), daher weiter antike Stoffe.

GLUCKS Opernreform zielt in die gleiche Richtung: natürl. Dramatisierung (s. S. 347).

Eine *Aria di Azione* (mit Handlung) oder *Aria parlante* (viel Text) bietet schon LEO:

Andromaca spricht zum Mörder, der im Begriff ist, ihr Söhnchen zu töten, mit Heftigkeit und Abscheu, zum Söhnchen dagegen mit Zärtlichkeit und Liebe. Dieser Wechsel der Stimmung und Gestik drückt sich musikalisch aus (Abb. A): Tempowechsel, auch rasch; dramat.-pathet. Innehalten (Fermate); Wechsel der Dynamik: *f-pp;* Wechsel der Melodik: pathet. Hauptintervalle gegen kleinschrittige Seufzer; Wechsel der Tonart und Begleitung.

Vom Dramatischen her dringt dieses *Kontrastprinzip* in die Musik ein, auch in die reine Instrumentalmusik, und führt mit zur Musiksprache der Klassik.

Gegen den dramat. Fortgang der Handlung steht noch die wiederholende Form der Dacapo-Arie (S. 110 f.). LEO stilisiert die innere und äußere Bewegung noch barocktypisch zu einem abgeschlossenen Bild, einer Nummer (Abb. A). Ein führender Komponist der Opera seria ist

JOHANN ADOLF HASSE (1699–1783), Hamburg, Neapel, ab 1733 in Dresden; *Didone* 1742, *Solimano* 1758; HASSE war mit der Sängerin FAUSTINA BORDONI verheiratet.

HASSES pathet. Arie Abb. D zeigt noch barocke Haltung. Die wenigen großen Noten werden vom Sänger ausdrucksstark und gekonnt verziert (Hälse aufwärts). HILLER gibt ein Muster dieser 1778 bereits veraltenden Verzierungskunst: er würzt die Harmonik durch dissonante Vorhalte (T. 16, 18), verkünstelt die Melodik durch Synkopen (T. 17) und Punktierungen (T. 18), überlädt und ersetzt die Linie durch Läufe (T. 16 f.) und Figuren (T. 18).

Einen modernen dramat. Zug hat das Accompagnato von JOMMELLI aus *Fetonte. Phaeton* macht sich in diesem Monolog klar, dass der schwarze Fürst *Orcana* seine Geliebte *Lybia* rauben will. Er steigert sich aus seiner anfängl. Ruhe bis zur Raserei (*Ah, reiß dich endlich aus deiner Lethargie! Auf!*). Entsprechend steigert JOMMELLI das Tempo, wechselt impulsiv die Dynamik, setzt unbegleitete Partien gegen reine Orchester-Einwürfe oder dramat. Akkorde.

Die wichtigsten Komponisten der Opera seria sind: LEO, PORPORA, PERGOLESI, HÄNDEL; dann HASSE, JOMMELLI, GLUCK, TRAETTA; dann GALUPPI, PICCINNI, PAISIELLO, MOZART.

MOZARTS *Opere serie: Mitridate, re di Ponto* (Mailand 1770), *Ascanio in Alba* (Mailand 1771), *Il sogno di Scipione* (Salzburg 1772), *Lucio Silla* (Mailand 1772), *Il re pastore* (Salzburg 1775), *Idomeneo, re di Creta* (München 1781), *La clemenza di Tito* (Prag, 6. Sept. 1791, zur Krönung LEOPOLDS II. zum König Böhmens; MOZARTS letzte Oper, EZ Juli/Aug. 1791).

Mattei 1781		Mozart 1784		
Opera seria	Titus	Opera buffa	Così fan tutte	Don Giovanni
1. Primo uomo	Sextus, dram. Sopr.	1. Primo buffo caricato	Ferrando	Don Giovanni
2. Prima donna	Vitellia, Kol.-Sopr.	2. Prima buffa	Fiordiligi	Donna Anna (seria)
3. Secondo uomo	Annius, dram. Alt	3. Primo mezzo carattere	Don Alfonso	Don Ottavio (seria)
4. Seconda donna	Servilia, lyr. Sopr.	4. Secondo buffo caricato	Guglielmo	Leporello
5. Qualche re (Il tenore)	Titus, Helden-T.	5. Seconda buffa	Dorabella	Donna Elvira (mezzo caratt.)
6. Ultima parte (Persona della corte)	Publius, Bass	6. Secondo mezzo carattere	–	Komtur, Masetto
		7. Terza buffa	Despina	Zerlina

A **Personen der Opera seria und Opera buffa zur Mozartzeit**

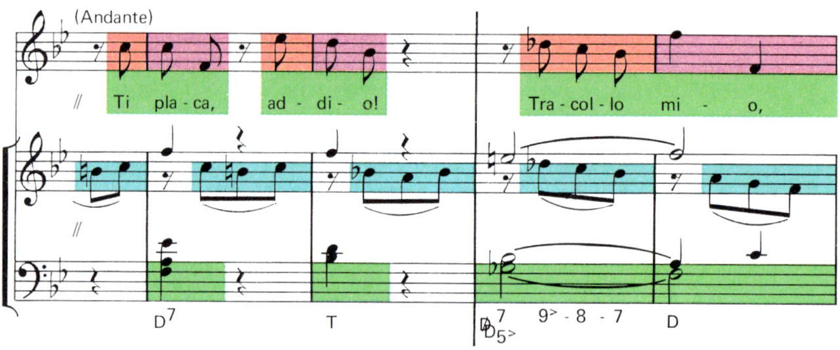

B **G. Pergolesi, Intermezzo »Livietta e Tracollo«**, 1734, Arie der Livietta

C **G. Paisiello, Il barbiere di Siviglia**, 1782, Terzett Giovinetto, Svegliato, Bartolo (Niesen, Gähnen, Stottern)

gleiche Bewegung
kontrastierende Gestik
veränderter Auftakt
verlängerter Volltakt

Die **Opera buffa** (ital. *komische Oper*) ist abendfüllend, bürgerl., heiter, das Gegenstück zur Opera seria und gehört wie diese zur Neapolitan. Schule. Herrscht die Opera seria etwa 1720–80, so bildet sich die Opera buffa nach dem Früherfolg von PERGOLESIS *La serva padrona* (Intermezzo 1733) ab der Jahrhundertmitte bes. durch GALUPPI und PICCINNI zur führenden Operngattung der Klassik aus. Die Opera buffa ist als *musikal. Komödie* ihrem Wesen nach mit der vorklass. und klass. Musik verbunden. Sie kulminiert in **Mozart** und läuft mit **Donizetti** um 1830/40 aus.

Vorgeschichte der Opera buffa

Der Opera buffa gehen historisch voraus:

- kom. Szenen und Personen (*parti buffe*) in den ernsten Opern des 17. Jh., bes. in Venedig (vgl. S. 276, Abb. B);
- Intermedien (*Intermezzi*) komischer Art als heitere Abwechslung zwischen den Akten von Oper und Schauspiel;
- die neapolitan. Komödie mit Musik, im Dialekt, mit bürgerl., possenhaften Alltagsstoffen, mit Typen der *Commedia dell'Arte* und Parodie der Opera seria. Es entstand ein neuer neapolitan. Buffo-Stil, berühmt PERGOLESIS *La serva padrona.*

Auch PERGOLESIS Intermezzo *Livietta e Tracollo* (Neapel 1734) zeigt diesen neuen Stil: Bewegung und Affekt sind zunächst noch *einheitlich,* und darin ganz barock. Neuartiger Wechsel beider aber bricht dann durch die sinnlich-lebendige (nicht barock gelehrt-symbolische) Darstellung des Textes herein.

Livietta ringt nach Luft, daher singt sie in kurzen Ausrufen, mit Pausen unterbrochen: *Ti placa!* (Besänftige dich!) *Addio! Addio!* Dem entspricht die ruhige, gleichmäßige Bewegung. Dann erfolgt plötzlich der Ausruf: *Tracollo mio!* mit veränderter Gestik, groß und zusammenfassend. Das verändert auch die Musik: volltaktiger Orchestersatz, Verbindung über 2 Takte, große Geste im Oktavsprung f^2–f^1, Harmoniewechsel: Ausweichen über die Doppeldominante C-Dur in die Dominante F-Dur, harmonisch gewürzt durch Tiefalterationen wie die Quinte ges und die None des^2 als typisch neapolitan. Wendungen zu verstärktem Ausdruck (vgl. die Neapolitan. Sexte, S. 98 f.). Der *Empfindsame Stil* wird dies alles mit aufgreifen (Abb. B).

Die Musik erhält etwas *Körperhaftes,* entsprechend der Schauspielergestik, die seel. und äußere Bewegung spiegelt.

Der Stoff der Opera buffa

ist dem Alltagsleben entnommen (s. o., Diener, Barbier usw.), komisch bis rührend sentimental. Dazu spielt die *Commedia dell'Arte* eine Rolle.

Die *Commedia dell'Arte* ist die Stegreifkomödie aus dem 16. Jh., komisch-burlesk, wobei die Szenenfolge und der Inhalt festgelegt waren, die Ausführung im Einzelnen aber den Schauspielern, oft aus dem Augenblick, überlassen blieb.

Die Personen sind Charaktertypen, gespielt in stets gleicher Maske und gleichem Kostüm. Zu ihnen gehören *Pulcinella, Arlecchino, Pantalone* und *Brighella, Isabella, Colombina, Capitano Spavento, Dottore* (Arzt, Jurist) und bes. Herr und Diener als Paar: *Magnifico* und *Zanni (Don Giovanni* und *Leporello*).

Erst GOLDONI hat im Libretto die Typen individualisiert und sie zu lebendigen Charakteren ausgestaltet, mit differenzierten und gemischten Zügen.

Die Opera buffa verwendet Alltagssprache, oft Dialekte, Fremdsprachenfetzen (Latein), Zitate, Parodien, rasches Parlando, Niesen, Gähnen, Stottern.

In der PAISIELLO-Szene sind die beiden Diener des Bartolo von Figaro betäubt worden. Sie können daher dem Bartolo nicht ungehemmt erzählen, was vorfiel. Diese Szene ist witzig und vielschichtig. Die Musik zeichnet sie nach und gibt ihr dabei neue Dimensionen.

Svegliato gähnt mit einer langen Note *ah!,* im Orchester erklingen Liegetöne dazu. Giovinetto niest auftaktig, mit Schwung auf dem *ci!* (*etschi!*), dann mit wiederholtem Ansatz des *e* (3 Achtel, durch Pausen getrennt). Bartolo stellt seine rasche, plappernde Frage, genau im Takt *oh, was ist das für ein Gesang!* Das Orch. bringt nervöse Achtel-Bewegung dazu (Nb. C).

Standardbesetzungen

Librettist und Komponist haben bei der Opera buffa wie schon bei der Opera seria mit einer bestimmten Personen- und Darstellerkombination zu rechnen, die an fast allen Theatern vorhanden war. Sogar die Zahl und die Typen der Arien wurden dem Textdichter vorher angegeben. Die Opera seria spielte meist mit 6 Personen, und zwar überwiegend hohe Stimmen. Noch S. MATTEI beschreibt 1781 diese 6 Seria-Typen als 4 Frauenstimmen (oder Kastraten), 1 Tenor (*irgendein König*) und 1 meist tiefe Stimme (*letzte Partie, Person vom Hofe*). Dem entspricht MOZARTS Rollenplan im *Titus* (Abb. A).

Im Intermezzo treten meist nur 2 Personen auf, in realistisch natürl. Lage (Sopran, Bass). Die Opera buffa rechnet mit 7 (auch 6) Personen, und zwar in natürl. Lage, ohne Kastraten. So erstellt MOZART ein Personenverzeichnis für seine unvollendete Opera buffa *Lo sposo deluso* (1783) mit 4 Männern und 3 Frauen, die Männer z. T. als Mischcharaktere zwischen heiter und ernst (*mezzo carattere*). *Così fan tutte* hat 6 Personen, *Don Giovanni* nimmt Seria-Rollen auf und hat 8 Darsteller (Komtur und Masetto wurden in Prag vom selben Sänger gesungen).

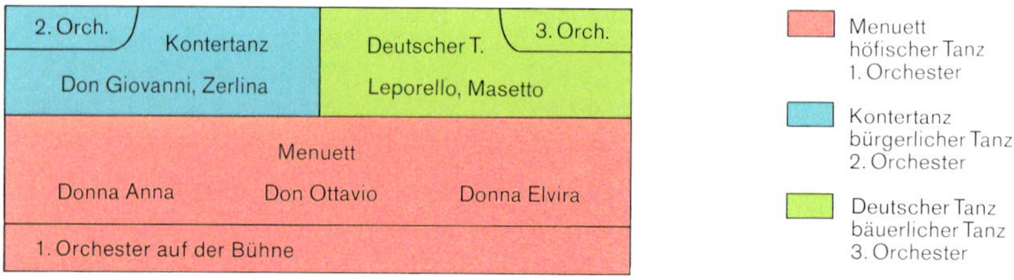

Bühneneinteilung

A **W. A. Mozart, Don Giovanni,** 1787, Finale I,20, Tanzszene

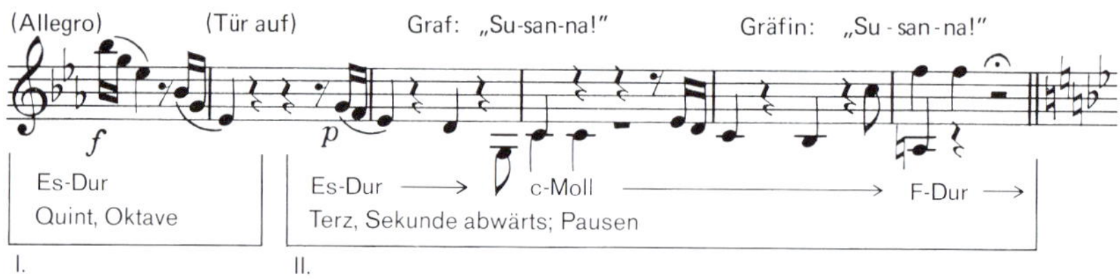

I. Wut des Grafen: große Bewegung

II. Erstaunen, Erstarren: kleine Bewegung, Wandlung der Situation: Modulation Es-B

III. Triumph der Frauen: Menuett-Parodie, kleine Schritte, Knicks

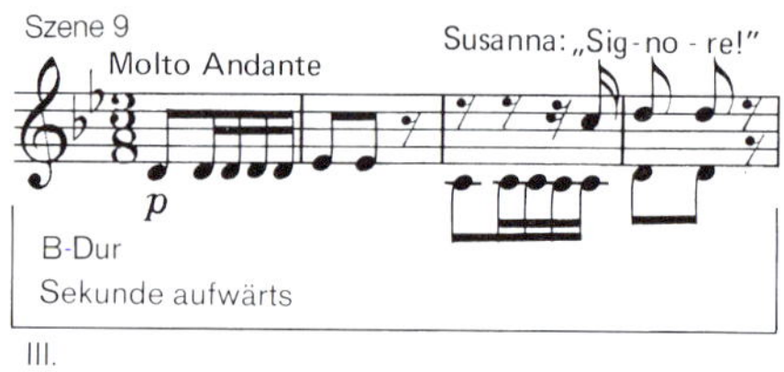

B **W. A. Mozart, Die Hochzeit des Figaro,** 1786, Finale II, 9, Musik und Gestik

Rhythmische Schichtung, Gestik

Gattungstraditionen
Im Theater bestimmen Inhalt, Form, Gehalt, Bühnenbild seit der Antike die Gattungen
- *Tragödie:* Tyrannenlos; Versform; Palast, Tempel, Säulen.
- *Komödie:* Familiengeschichten; Prosa; Haus, Straße, Markt.
- *Satire:* Landleben, *Pastorale;* Gesang; Wald, Höhle, Gestade.

Die spätere *Historie* stellt Geschichte dar (SHAKESPEARE). Die Oper geht aus von der Pastorale (*Dafne, Orfeo*), dann spiegelt sie Tragödie und Historie in der *Opera seria,* Komödie in der *Opera buffa.*

Gemeinschaftsgeist und Ensemble
In der Opera buffa gibt es Rezitative, Lieder, kleine und größere Arien. Doch sind nicht diese Sologesänge gattungstypisch, sondern Ensemble und Finale.
Das Wesen der Opera buffa als Komödie der *Gemeinschaft* kommt der *mehrst.* Musik entgegen. Im Theater sprechen die Personen nur nacheinander (*Dialog*), in der Oper aber können mehrere Personen gleichzeitig singen (*Ensemble*). Im Ensemble erklingen unterschiedl. Charaktere und bringen doch Harmonie und Einheit hervor. Dieses mehrst. Miteinander, bei dem das Verständnis der Sprache zuweilen verloren gehen mag, entspricht auch dem rein musikal. Prinzip der Instrumentalmusik. So beeinflussen sich im 18. Jh. Opera buffa und Instr.-Musik und führen zur gestischen Musik der Klassik.

In MOZARTS *Figaro* lässt die hohe Qualität der Musik die revolutionäre Brisanz hinter dem rein Menschlichen zurücktreten. MOZART *inszeniert* das Libretto.

Als statt Cherubin überraschend Susanna aus dem Kabinett tritt, spiegelt die Musik alles äußere und innere Geschehen: Die Wut des Grafen äußert sich in den heftigen, niederschlagenden Dreiklangsfiguren. Das Erstaunen über Susanna spricht aus den Pausen, den klein gewordenen Gesten, der Bewegungsumkehrung im *p.* Die Veränderung, und wie man sie begreift, spiegelt die Modulation. Susannas B-Dur dominiert über des Grafen Es-Dur. Susanna triumphiert verhalten-leise, anmutig-tänzerisch. Die Musik *spricht* für sie in die Stille hinein, ehe sie in gespielter Unschuld grüßt (Abb. B).

Im *Don Giovanni* überlagert MOZART sogar ganze Ensembles: in der Tanzszene spielen in kunstvoller metr. und rhythm. Schichtung gleichzeitig 3 Orch. 3 versch. Tänze, gemäß den 3 Schichten der Gesellschaft (Abb. A).

Das Finale
Die Opera buffa wird zunehmend dramatisiert: die Finali dehnen sich aus. Die meisten Opern haben 2 Finali, die aber etwa ein Viertel der Gesamtzeit dauern. DA PONTE nennt das Finale ein Drama im Drama, bei dem alle Personen auftreten müssen und im Ensemble singen. Das ergibt ein dramat. Crescendo mit kunstvollen Ritardandos. Die Komponisten vertonen das Finale entsprechend mit einer fortlaufenden dramat. Musik, versuchen aber zugleich, dem gesamten Finale eine übergeordnete rein musikal. Form zu geben. Am einfachsten ist das *Vaudeville* (S. 348), abwechslungsreicher das *Kettenfinale,* höchst kunstvoll das *Rondofinale* (zuerst bei PICCINNI, *Buona figliuola,* 1760; berühmt das 2. Finale in MOZARTS *Figaro*, s. S. 132, Abb. B).

Komponisten der Opera buffa
LEONARDO VINCI (1690–1730), Neapel, *Lo cecato fauzo* (1719, in neapolitan. Dialekt).
LEONARDO LEO (1694–1744), Neapel.
GIOVANNI BATTISTA PERGOLESI (1710–36), Neapel (S. 281); Opera buffa *Lo frate 'nnammorato* (Neapel 1732, Dialektkomödie), *La serva padrona* (Intermezzo, eingeschoben in seine Opera seria *Il prigionier superbo,* Neapel 1733, Welterfolg, u. a. Paris 1746 und 1752, s. S. 345); *Livietta e Tracollo* (Intermezzo zur Opera seria *Adriano in Siria,* Neapel 1734).
BALDASSARE GALUPPI (1706–85), Venedig, 1741–43 London, ab 1748 Kapellmeister an S. Marco in Venedig, 1765–68 St. Petersburg; Zusammenarbeit mit GOLDONI, so *Il mondo della luna* (Venedig 1750, Stoff auch bei PICCINNI, HAYDN, PAISIELLO); *Il filosofo di campagna* (Venedig 1754).
Der venezian. Stil GALUPPIS wirkt barocker, biederer, der der neuen neapolitan. Generation spritziger, gestischer:
NICCOLÒ JOMMELLI (1714–74), Neapel, Schüler LEOS, u. a. 1753–68 in Stuttgart.
NICCOLÒ PICCINNI (1728–1800), Neapel, Schüler LEOS; *La Cecchina ossia La buona figliuola* (Rom 1760, Text GOLDONI); *I viaggiatori* (Neapel 1774); ab 1776 in Paris (S. 347).
GIOVANNI PAISIELLO (1740–1816), Neapel; *Il barbiere di Siviglia* (Petersburg 1782); *La Molinara* (Neapel 1788); *Nina* (1789).
PASQUALE ANFOSSI (1727–97), Neapel, Rom; *La finta giardiniera* (Rom 1774).
DOMENICO CIMAROSA (1749–1801), Neapel, Wien; *Il matrimonio segreto* (Wien 1792).

Mozarts Opere buffe
La finta semplice. Opera buffa (Wien 1768);
La finta giardiniera. Dramma giocoso (München 1775); *L'oca del Cairo* (1783, Fragm.);
Lo sposo deluso (1783, Fragm.);
Le nozze di Figaro. Opera buffa (Wien 1786), Text von LORENZO DA PONTE (nach BEAUMARCHAIS, *Der tolle Tag,* 1784);
Il dissoluto punito ossia Il Don Giovanni. Dramma giocoso per musica (Prag 1787), Text DA PONTE;
Così fan tutte ossia La scuola degli amanti. Opera buffa (Wien 1790), Text DA PONTE.

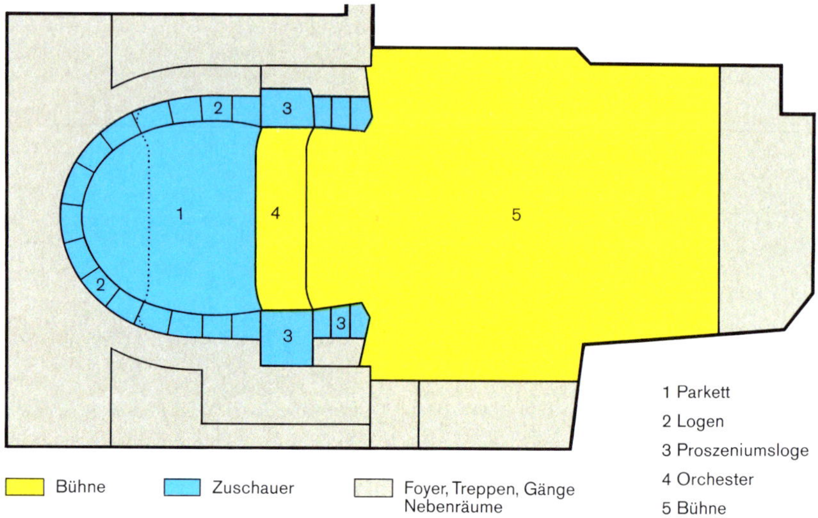

A **Pariser Oper im Palais Royal,** 1770 (abgebrannt 1781), Grundriss-Schema

Solo	Chor	Solo	Solo	Chor	Solo	Solo	Chor
R	R	1. Couplet	R	R	2. Couplet	R	R

R Ritornell

B **J.-J. Rousseau, Le devin du village,** 1752, Lied der Colette

C **B. de la Borde (Text: Favart), Annette et Lubin,** Paris 1762, Air der Annette

D **P.-A. Monsigny, Le déserteur,** 1769, Air der Louise

Grand Opéra
Um die Jahrhundertmitte ist der Einfluss der alten großen Oper, der Tragédie lyrique und des Opéra-Ballet, noch groß. Sie steht gegen die sonst herrschende ital. Opera seria (erst beim späten RAMEAU gibt es Da-capo-Arien) wie auch gegen die neue Opera buffa. Sie ist wie die Seria Repräsentationskunst der Aristokratie: eine Oper hohen Stils mit heroischen Stoffen aus Mythologie und Geschichte, fernab vom Alltag, dafür glänzend, unterhaltend, rationalgesteuert in der Darstellung von Leidenschaft, Konflikt und Lösung, voll mehr oder weniger hohlem Pathos. Paris hat eine Reihe von Opernhäusern gehabt, die schon im Aufbau mit weiten Foyers und Treppen einer reich dekorierten Gesellschaft Gelegenheit zur Selbstdarstellung boten.

Das Opernhaus im Palais Royal wurde 1770 eröffnet und brannte bereits 1781 wieder ab. Die Abb. A geht auf einen Kupferstich von BÉNARD zurück (1772 in der Encyclopédie). Der Bühnenraum, gegenüber ital. Opernhäusern ungewöhnlich tief, diente einer aufwendigen Ausstattung.

Neben die Grand Opéra als Oper des Ancien Régime tritt um 1750 die beliebte, bürgerl.:

Opéra comique
Sie spiegelt aktuelle bürgerl. Stoffe aus dem Alltagsleben und Begebenheiten auf dem Lande. Neben komischen und satir. Zügen stehen zunehmend auch ernstere, später auch romantische. Die Opéra comique wurde nicht in der Grand Opéra gegeben, sondern bis 1752 nur auf den Foires von Saint-Germain und Saint-Laurent. Später erhielt die Opéra comique ihr eigenes Haus. Dichter war neben SEDAINE und MARMONTEL bes. CHARLES SIMON FAVART (1710–92). Er entwickelte ein charakterist. Libretto gegenüber der *Comédie mêlée d'ariettes,* der alten Komödie mit Chansons.

Die **Opéra comique** besteht aus gespr. Dialogen und Musik, bes. Liedern *(Ariettes).*

Das Refrain-Lied der Colette ist einfach gebaut mit Refrain-Wiederholung von Solo und Chor, mit 2 Solostrophen der Colette (1. und 2. Couplet). Die schlichte Melodie verzichtet auf Koloraturen und schwierige Sprünge, zeigt einfache Harmonik und pastoralen 6/8-Takt (Nb. B).

Eine reine Strophen-Air ist das berühmte Lied der Annette (Abb. C).

Dazu Chöre, Ensembles, Finali, Tänze, program. Instr.-Stücke (Gewitter u. a.).

Eine Besonderheit sind die *Vaudevilles:* Refrainlieder mit bekannten Melodien, in reichen Sammlungen gedruckt und in vielen Comédies gesungen. Ab etwa 1765 wurden zunehmend neue Melodien komponiert. Noch lange blieb es üblich, am Schluss der Opéra comique alle Sänger im Vaudeville zu vereinen. Jeder sang dort eine Strophe, und alle zusammen den Refrain, der meist die Moral von der Geschichte enthielt (so auch das dt. Singspiel, s. MOZART, S. 348 f.).

Buffonistenstreit
1752 kam es in Paris aus Anlass der Aufführung von PERGOLESIS *La serva padrona* durch ital. Operntruppen zum sog. Buffonistenstreit (*querelle des bouffons*). Das bürgerl. Klima war zu dieser Zeit so reif, dass es nur dieses Anlasses bedurfte, um die Entwicklung der Opéra comique recht eigentlich in Gang zu bringen. Anhänger der frz. Oper, Aristokraten, Traditionalisten und Freunde RAMEAUS wehrten sich gegen die Liebhaber der ital. Opera buffa, die fortschrittl. Gesinnten, bes. um ROUSSEAU, GRIMM, DIDEROT. Hier fand die jüngere Generation die gesuchte Natürlichkeit und das unmittelbar ausgedrückte Gefühl statt der alten Künstlichkeit und Stilisierung.

ROUSSEAU schrieb daraufhin noch 1752 sein Intermezzo *Le devin du village* (Der Wahrsager des Dorfes). Dies Stück will bewusst keine hohe Kunst, sondern gibt sich pastoral mit einfachen Charakteren und simpler Handlung, mit gespr. Dialogen wie im Schauspiel (statt Rez.), mit Liedern (statt Arien).

Es zeigt die angestrebte Einfachheit und Natürlichkeit in der Melodik, der Begleitung, dem Aufbau seiner Lieder (Abb. B) und in seinen Instrumentalsätzen, denn von der Instrumentalmusik verlangte ROUSSEAU, sie solle angenehm zum Hören und leicht sein (*ni forcé, ni baroque*). *Le devin du village* fand viel Nachahmung (MOZARTS *Bastien und Bastienne*).

JEAN-JACQUES ROUSSEAU (1712–78), Gesellschafts- und Kulturkritiker, Dichter und Musiker, schrieb auf die Preisfrage der Académie von Dijon, ob Kultur und Fortschritt die Menschheit gebessert habe, seinen berühmten *Discours sur les sciences et les arts* (1750, preisgekrönt). Er entwickelte darin den Gedanken an einen glückl., natürl., von Wissenschaft und Kultur noch nicht zerbrochenen Urzustand der Menschheit, aus dem er die Ideale der Natürlichkeit mit den hohen eth. Werten wie Unschuld, Tugend, Freiheit usw. ableitete. ROUSSEAUS Gegenwartskritik führte mit zur Revolution, sein Rückzug in die Geschichte und in den Traum bereiteten aber auch die Irrationalität der Romantik vor.

ROUSSEAU schrieb Musikartikel für die Encyclopédie (gedr. 1751 ff.). Auf ihnen fußt sein *Dictionnaire de musique* (1768).

In seinen *Lettres sur la musique française* (1753) behauptet er, die frz. Sprache sei für den Kunstgesang nicht geeignet. Sein *Pygmalion* (Lyon 1770) mit gesprochenem Text zu untermalender Musik ist das erste *Melodram (Monodram)* des 18. Jh.

Weitere Komponisten der Opéra comique: E. R. DUNI, F. A. PHILIDOR; P.-A. MONSIGNY (1729–1817) mit eingängiger Melodik und differenziertem Orch.-Satz (Nb. D).

Sterbeszene der Euridice

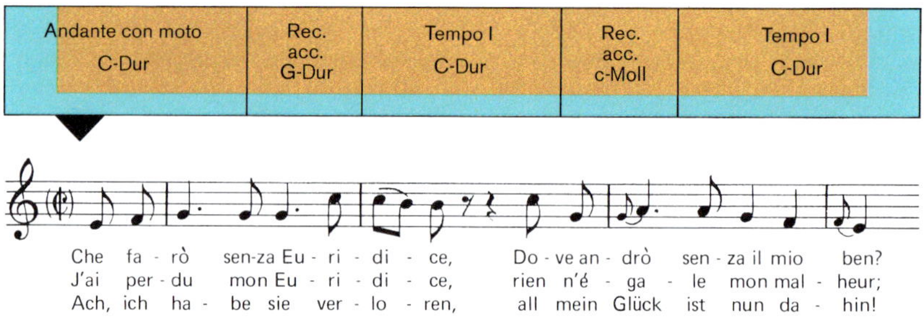

Klage des Orphée

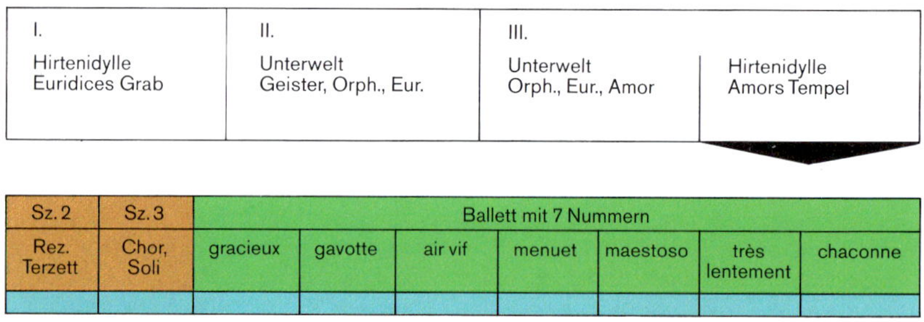

Gesamtanlage und Schlussgestalt als französisches Opéra-Ballett

Gesang · Tanz · Orchester

A **C. W. Gluck, Orphée,** 1774

B **A. E. M. Grétry, Richard Löwenherz,** 1784, Ouvertüre, Beginn

Opernreform

Der Buffonistenstreit von 1752 endet mit der Verbannung der ital. Truppe aus Paris. Die alte frz. Grand Opéra hatte zwar gesiegt, doch stand sie an Beliebtheit und Leben hinter der neuen frz. Opéra comique zurück. Erst in den 70er Jahren nahm sie durch GLUCK einen neuen Aufschwung.

Glucks Opernreform
betraf die gleichen Erstarrungen der frz. Grand Opéra wie der ital. Opera seria, von der GLUCK ausging. Er begann seine Reform zusammen mit dem Intendanten Graf DURAZZO und dem Dichter CALZABIGI in Wien.
CALZABIGI schrieb dramat. Texte mit einleuchtender Handlung, klarem Aufbau, überzeugenden Ideen, Anknüpfung an die Antike bzw. an die Florentiner Camerata (vgl. dazu ALGAROTTI, S. 339). Entscheidende musikal. Neuerungen sind:

- Die Musik dient der Dichtung, dem Ausdruck seel. und äußeren Geschehens.
- Die Musik charakterisiert Personen und Situationen. Sie steht nicht für sich wie das Belcanto, sondern schildert das *Wahrscheinliche* (Vorrede zum *Don Juan*).
- Stroph. oder durchkomponierte Lieder an Stelle der Da-capo-Arie. GLUCK will einfach und natürlich sein (eine neue Nachahmung der Natur). Es soll keine Schönheit am unrechten Platz erscheinen (gegen Sängermanieren und falsches Pathos).
- Das dramatisch gestaltete Accompagnato-Rezitativ tritt an die Stelle des Secco-Rezitativs, begleitet vom Streichorchester.
- Der Chor schaltet sich wie im antiken Drama in die Handlung ein.
- Das Ballett nimmt aktiv teil, als Chor, als Pantomime, als Tanz (Abb. A).
- Die Ouvertüre nimmt Bezug auf die Handlung und steht nicht mehr als unverbindl. Instrumentalstück vor der Oper.
- Es soll keine nationalen Stile mehr geben, sondern die Musik soll international sein. In ihr finden sich die verschiedenen Elemente: das venezian.-ital. Accompagnato und Arioso, das frz. Ballett und die frz. Pantomime, das engl. und dt. Lied, das frz. Chanson und Vaudeville usw. Dies alles nicht als buntes Gemisch, sondern als ein neues klass. Ganzes.

GLUCK und CALZABIGI beginnen mit dem Ballett *Le festin de Pierre* (Don Juan, 1761; S. 388, Abb. B). Es folgen die ital. Opern *Orfeo ed Euridice* (1762, eine *Azione teatrale*), *Alceste* (1767), *Paride ed Elena* (1770).
Übersetzer, Bearbeiter und Vermittler nach Frankreich ist Marquis LE BLANC DU ROULLET, frz. Diplomat in Wien. An Opern für Paris entstehen: *Orphée* (Paris 1774) und *Alceste* (1776), beides leicht veränderte Übersetzungen der ital. Originalversionen; *Iphigénie en Aulide* (1774), *Armide* (1777, Text von QUINAULT), *Iphigénie en Tauride* (1779), *Echo et Narcisse* (1779).

GLUCK ändert die ital. Altpartie des *Orfeo* für Paris um in eine Tenorpartie (im Sinne der Natürlichkeit). Einige Nummern fügt er neu hinzu, die Gesamtanlage aber bleibt erhalten, bes. das frz. beeinflusste Ballett am Schluss (Abb. A). Wie MONTEVERDIS *Orfeo* endet auch der GLUCKS idyllisch, nicht tragisch.

GLUCKS Musik ist voll Dramatik und hohem Pathos. Die Sterbeszene Euridices (ihr endgültiger Tod, nachdem sich Orphée gegen die Weisung nach ihr umgeschaut hatte) zeigt die pathetisch punktierten Rhythmen, eine vom Text inspirierte Deklamation, spannungsvolle Pausen, heftige Orchesterbegleitung, starke Chromatik (verminderte Dominantakkorde A-Dur, D-Dur zur Tonika g-Moll, der klass. Leidens- und Todestonart), das Ersterben des Gesangs (Pausen, Verbleiben auf einem Ton, Nb. A).

Klassisch ist die Art, wie Orphée sein Leid trägt. Er fasst seine Klage in ein schlichtes Lied, dessen Dur-Melodie den Schmerz hochstilisiert (Nb. A). Schon HANSLICK (1854) fand, dass diese Melodie auch höchstes Glück ausdrücken könnte (zum Text: *Ach, ich habe sie gefunden*), sich also über spezif. Schmerz- und Glücksäußerung hinaus zu reiner Seelenbewegung erhebe. Zwischen den Strophen dagegen erklingen Accompagnato-Seufzer.

GLUCKS Natürlichkeit, sein heroischer Ton und sein klass. Pathos wirken auf die frz. Komponisten bis über die Jahrhundertwende hinaus. 1774 kam es zum Streit zwischen den *Gluckisten* (darunter ROUSSEAU) und den *Piccinnisten*, den Anhängern der ital. Gesangsoper. PICCINNI selbst verehrte GLUCK, seine Opern zeigen GLUCKS Einfluss.

A. E. M. GRÉTRY (1741–1813) erweiterte den Stoffkreis um histor. Stoffe, so in *Richard Coeur-de-Lion* (1784), wobei sich Elemente der Opéra comique in ihrer natürl. Menschlichkeit mit dem hohen Pathos der Grand Opéra GLUCKSCHEN Stils verbinden. Schon die Ouvertüre beginnt mit leidenschaftlicher Figuration (Nb. B).

Weitere Komponisten sind LEMOYNE, GOSSEC, CHERUBINI, PAER, MEHUL, LESUEUR, CATEL, BERTON, SPONTINI.

Die Revolutions- oder Schreckensoper
schildert die Schrecken der Revolution, getragen von deren hohen Idealen wie Tugend, Freiheit, Menschenwürde, und oft mit unerwarteter Rettung. Sie erwuchs um 1800 aus der bürgerl. Aktualität der Opéra comique und dem hohen ethisch-moral. Anspruch der Grand Opéra. Charakteristisch sind eine Reihe wiederkehrender Elemente: der *élan terrible* der Rhythmen, die explosive Dynamik, Chorrufe, Signale, Fanfarenklänge, Trommelwirbel, Schauer, Pathos, Melodramstellen. Beispiel: L. CHERUBINIS *Les deux journées* (Der Wasserträger, 1800, Fideliostoff).

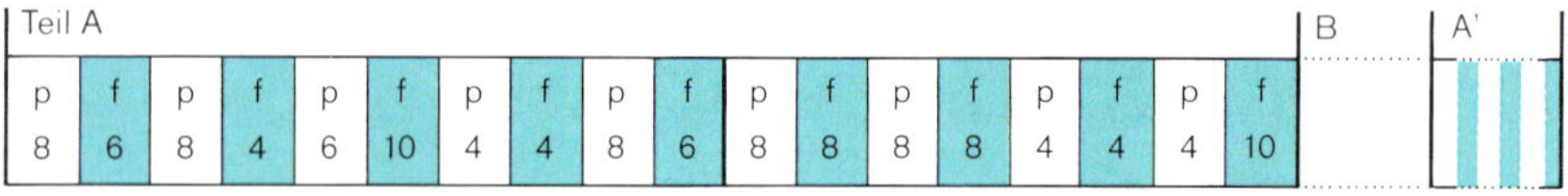

Ouvertüre, türkisches Kolorit

2 gr. Fl., 1 Pikk.
2 Ob., 2 Klar., 2 Bassetthr., 2 Fg.
2 Hr., 2 Trp.
2 Pauken, 1 gr.Trommel, 1 Becken, 1 Triangel
Streicher

Orchesterbesetzung

Türkische Musik

A Exposition
B Mittelteil
A' Reprise

Flötenkonzert, KV 314, 1778, 3. Satz und Arie der Blonde

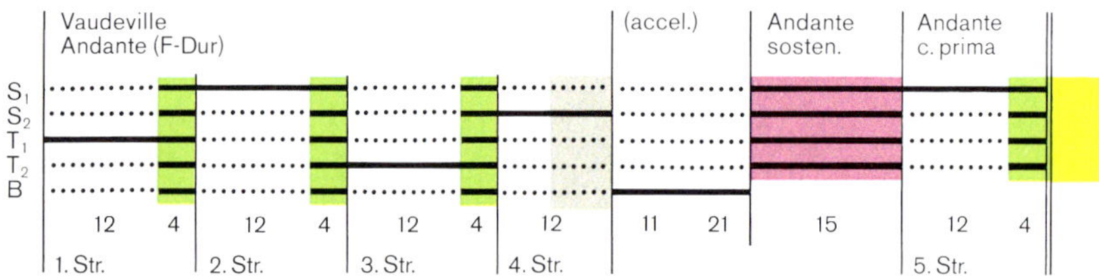

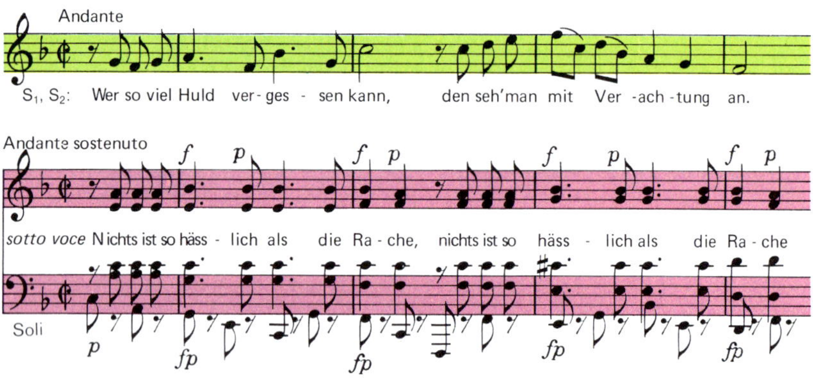

Vaudeville und Schlusschor

W. A. Mozart, Die Entführung aus dem Serail, 1781/82

Refrain

Sentenz, Höhepunkt

Allegro assai, a-Moll

Schlusschor (Janitscharen)

S_1 Konstanze
S_2 Blonde
T_1 Belmonte
T_2 Pedrillo
B Osmin

Singspielcharakter

Ital. Oper in Deutschland

Im 18. Jh. herrscht im deutschsprachigen Raum die ital. Oper vor. Es gibt kein dt. Gegenstück zur Opera seria, nur wenige Versuche (s. u.), und das Singspiel, Gegenstück zur Opera buffa, entwickelt sich erst spät. Das bedeutet einen Tiefstand der *öffentl.* Oper (Schließung) von etwa 1720/30 bis 1770/80, während die Höfe die ital. Oper als beliebte Unterhaltung pflegen.

Ital. Opern gab man bei Hofe oft zu best. Anlässen wie Hochzeiten, Geburtstagen, Empfängen usw. Einfacher und billiger war es, eine *Huldigungskantate* zu singen, oder eine solche *szenisch* aufzuführen als sog. *Serenata teatrale* oder *drammatica* (eine Art *Kleinoper*). – Für die ital. Opern holte man neben reisenden Truppen ital. *Komponisten* (Hofkapellmeister wie GALUPPI in Stuttgart, SALIERI in Wien), ital. *Sänger,* seltener ital. Instrumentalisten.

Dt. Komponisten schrieben selbstverständlich ital. Opern, bes. HASSE, GLUCK (S. 347), HAYDN, MOZART (vgl. S. 338 ff.).

Die deutsche Große Oper

Für eine ernste dt. Oper wie die ital. Opera seria, also mit dt. (Secco-)Rezitativen, Arien, mit antiken Stoffen usw., fehlte eine dem ital. *Belcanto* vergleichbare Gesangskultur; auch waren die Höfe kulturell nicht dt., eher frz. (Berlin) oder ital. (Wien). Versuche:

– A. SCHWEITZER, *Alceste* (Weimar 1773), *Rosamunde* (Mannh. 1780), beide Libretti von CHR. M. WIELAND.
– I. HOLZBAUER, *Günther von Schwarzburg* (Mannheim 1776), Libretto von A. KLEIN.

Das Melodram

ROUSSEAUS *Pygmalion* (Lyon 1770) wurde dt. nachgeahmt von SCHWEITZER (Weimar 1772). Das abendfüllende Melodram, bei Einzeldarstellern auch Monodram genannt, war selten, z. B. G. BENDA, *Ariadne* (Gotha 1775) und *Medea* (Leipzig 1775). Melodramat. Szenen gibt es jedoch oft (S. 350, B).

Das Singspiel

Anregungen kamen von der engl. Ballad-Opera und der frz. Opéra comique, vermittelt durch Übers. und reisende Theatertruppen. COFFEYS *The Devil to Pay* (London 1731, nach der *Beggar's Opera*) begeisterte dt. als *Der Teufel ist los oder Die verwandelten Weiber* 1743 in Berlin (wohl mit den Originalmelodien), auch 1752 in Leipzig in WEISSES Fassung (Musik von STANDFUSS), und 1766 in Berlin (Musik von HILLER).

J. A. HILLER (1728–1804) gilt als Begründer des dt. Singspiels: mit *gesprochenem Dialog,* mit *Liedern,* kleinen *Arien, Ensembles* und am Schluss ein *Vaudeville.* Singspiel wird Mode. Selbst GOETHE dichtet Libretti wie *Erwin und Elmire,* ein *»Lustspiel mit Gesängen«* (1773/74, darin *Das Veilchen*), oder *Der Zauberflöte 2. Teil* (1794). Weitere Komponisten: G. BENDA (*Der Dorfjahrmarkt,* 1775; *Julie und Romeo,* 1776); J. ANDRÉ (*Entführung,* 1781); C. G. NEEFE (*Adelheid von Weltheim,* 1780); J. F. REICHARDT (*Amors Guckkasten,* 1773).

In Wien, wo JOSEPH II. 1778 ein *Nationalsingspiel* begründete und mit UMLAUFFS *Bergknappen* einweihte, entsteht eine eigene Tradition. Im Wiener Singspiel sangen nicht Schauspieler, sondern Opernsänger. Das erlaubte hohes musikal. Niveau. Stofflich gab es Mischungen aus Märchen, Wundern, Zauberei, Sentimentalität, Komik, Idealismus. Komp.: HAYDN (*Der krumme Teufel,* 1758), GLUCK, WRANITZKY, MÜLLER, DITTERSDORF (*Doktor und Apotheker,* 1786).

Mozarts Singspiele

– *Bastien und Bastienne* (1768), Libretto nach FAVARTS *Les amours de Bastien et Bastienne,* 1753 (Parodie auf ROUSSEAUS *Le devin du village*), übers. von WEISKERN.
– Schauspielmusik zu GEBLERS *Thamos, König in Ägypten,* (1773/79; kein Singspiel).
– *Zaide* (1779), Text SCHACHTNER, Fragm.
– *Die Entführung aus dem Serail,* Nationaltheater 1782, Text STEPHANIE D. J. (nach BRETZNER). Damals beliebtes türk. Sujet: Belmonte versucht mit seinem Diener Pedrillo, seine Braut Konstanze und deren Zofe Blonde aus der Gefangenschaft des Bassa Selim und dessen Haremswächters Osmin zu befreien. Das misslingt; doch statt Rache übt der Bassa grossmütig Vergebung.

Die Ouvertüre wirkt buffonesk mit ihren kurzweiligen *p-f*-Wechseln (S. 136). Zum klass. Orch. treten in der *Entführung* hinzu: Pikkoloflöte, 2 Klar., 2 Bassetthörner, Schlagzeug (*türk. Musik,* Abb.).

Für MOZART muss *»die Poesie der Musik gehorsame Tochter seyn«,* auch muss Hässliches schön, d. h. *Musik* werden (S. 335).

Das Thema der kurzen Blondchen-Arie Nr. 12 zeigt in Gestik und Gehalt die Nähe von Vokal- und Instrumentalmusik in der Klassik: das Rondo-Thema aus dem Flötenkonzert (1778) ist erkennbar (Nb.)

Konstanzes Koloraturarie *Martern aller Arten* steht im großen neapolit. Opernstil. Sie gehört eigentlich nicht ins dt. Singspiel, wurde aber wie alles für best. Sänger in Wien konzipiert, hier *»der geläufigen Gurgel der Cavalieri aufgeopfert«* (MOZART).

Das Vaudeville am Schluss verkündet klass. Humanität. Der böse Osmin wird verjagt (*Allegro assai,* s. Abb.), dann erstrahlt das Solistenquartett in ungetrübter Harmonie (*Andante sostenuto*): die Melodik sublimiert sich zu reinen Klängen über Bässen, die durch Pausen alle Schwere verloren haben. Die durchgeistigte Sinnlichkeit dieser Musik lässt den idealen Gehalt in fast überirdischer Schönheit erklingen (Nb.).

3 Knaben, Finale II. Akt, Dreizahlsymbolik

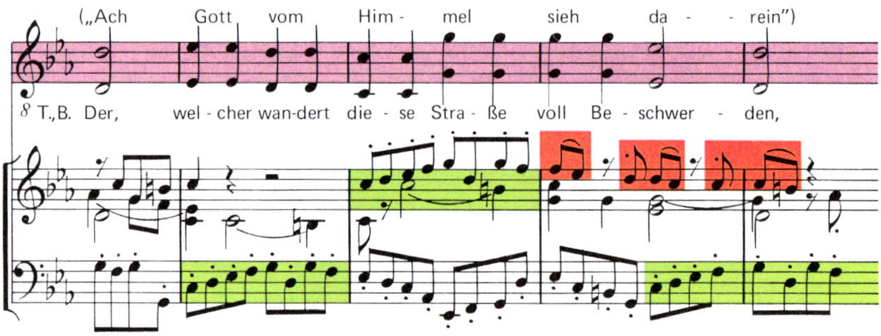

Gesang der Geharnischten, II,28, Choraleinsatz

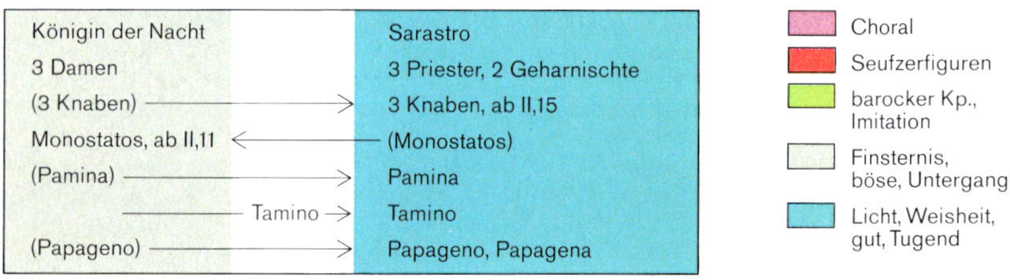

Stellung und Wandlung der Personen ab I,15

A **W. A. Mozart, Die Zauberflöte,** 1791, Symbolik, Tradition und Personen

Melodram Rocco, Leonore, II,2, Ausschnitt

B **L. v. Beethoven, Fidelio,** 1805, Melodram und Finale II. Akt, Befreiungsszene

Mozarts Singspiele (Forts.):
- *Der Schauspieldirektor* (Wien 1786), Text von G. STEPHANIE D. J.
- *Die Zauberflöte* (Wien 1791), Text von E. SCHIKANEDER.

Trotz fremdländischem Stoff ist die *Zauberflöte* die erste große dt. Oper (*»Große Oper in 2 Akten«*), mit Singspielcharakter in den gesprochenen Dialogen und Buffo-Partien. Das Buch ist eine Mischung aus Märchen, Zauber, Posse und Idealismus. Freimaurer-Ideen fließen ein (SCHIKANEDER und MOZART waren Logenbrüder). Die *Maurer* bauen am Glück der Menschheit: Menschen- und Freundschaftskult mit vielen Riten und Symbolen (z. B. dreimaliges Pochen).

Tamino soll Pamina, die von Sarastro geraubte Tochter der Königin der Nacht, retten, wobei ihn eine Zauberflöte und der Vogelfänger Papageno mit Panflöte und Glockenspiel helfend begleiten. In Sarastro findet Tamino aber Weisheit und Humanität, wozu er sich mit Pamina bekennt.

Während der Komposition 1791 kam in Wien eine ähnl. Zauberoper heraus: *Kaspar der Fagottist oder die Zauberzither.* Vielleicht haben MOZART und SCHIKANEDER ihre Oper daraufhin geändert *(Bruchtheorie),* denn es gibt Widersprüche:

Der 1. Akt, der bereits fertig war, wurde belassen; im 2. Akt wird aus der guten Königin der Nacht eine böse, aus dem bösen Sarastro ein guter Priester; die 3 Knaben gehören anfangs zur Königin der Nacht, später zu Sarastro (ohne Begründung); Pamina ist anfangs *geraubt,* später *gerettet;* Monostatos, als Mohr Symbol für das Böse, wechselt von Sarastro zur Königin der Nacht; Tamino bekennt sich freiwillig zu Sarastro, Papageno ebenfalls.

Gegen die Bruchtheorie spricht, dass in einer Märchen- und Zauberoper nicht alles logisch sein muss. Die Wendung zum Guten in Sarastros Lichtwelt ist wohl von Anfang an das human-idealist. Ziel. Die 3 Knaben sind in ihrer Reinheit Sendboten des Guten, sie helfen Tamino, gleich, von welcher Seite sie kommen. Die Königin der Nacht hingegen muss tragisch untergehen, weil sie gegen das lichte, aufgeklärte Menschentum Sarastros eine alte Ordnung vertritt mit anderen, nun bösen Maßstäben wie Blutrache usw. Am Schluss steht ein ideales Menschenpaar in einer idealen Welt (Abb.).

Die Musik charakterisiert Personen und Situationen mit versch. Stilmitteln: liedartige Gebilde, lyr. Arien, Koloraturarien (alte, aristokrat. Opera seria charakterisiert die Königin der Nacht), Accompagnato-Rezitative, Ensembles, Chöre, dramat. Finali.

Symbolgehalt erscheint an vielen Stellen. So erklingt die Zahl 3 als Freimaurerzeichen und säkularisierter Trinitätsgehalt in den 3 feierl. Akkorden der Ouvertüre, auch im Sonnengesang der 3 Knaben (3-st. Satz, 3 *b*).

Dieser Sonnengesang wirkt wie ein *klass.* Choral mit seiner volksliedhaft einfachen Melodik, dem feierl., doch leichten Schreitrhythmus, der schlichten Periodik (Nb.).

Die Geharnischten dagegen drücken Alter und Strenge einer Inschrift durch alte Stile aus:
- als Melodie erscheint ein Lutherchoral *(Ach Gott vom Himmel sieh darein),* in ehernen Oktaven (organumartig);
- die Begleitung gibt sich barock: gb.-ähnlicher Laufbass, kp. Imitation, Seufzerfiguren voll Angst und Not.

MOZART überhöht den idealist. Gehalt des Textes in seiner klass. Musik. Die Oper und ihr enthusiast. Erfolg (den MOZART noch erlebte) blieben Einzelfall.

Es folgen eine Reihe von einfachen Wiener Singspielen (mit Märchen und Zaubermotiven) und im 19. Jh. die Wiener Operette.

Andererseits beeinflusst die frz. Revolutions- und Schreckensoper die nächste große dt. Oper:

BEETHOVEN, *Fidelio,* Text von J. F. SONNLEITHNER, 1. Fassung Wien 1805, 3 Akte (Ouvertüre s. S. 388 f.), kein Erfolg; 2. Fass. Wien 1806, gekürzt, 2 Akte, nur 2 Auff.; 3. Fass. Wien 1814, Textrev. von Regisseur TREITSCHKE, 2 Akte, großer Erfolg.

Als Vorlage diente das frz. Libretto von J. N. BOUILLY, *Léonore ou l'amour conjugal,* vertont u. a. von P. GAVEAUX, Paris 1798, und F. PAER, Dresden 1804. Die Oper spielt zwar im 18. Jh., doch übt sie Zeitkritik.

Pizarro will den ungerecht gefangen gehaltenen Florestan ermorden, was dessen Gattin *Leonore,* als Gefängnisgehilfe *Fidelio* verkleidet, verhindert. In höchster Not hilft die Ankunft des befreundeten Gouverneurs (Trp.-Signal). Die Oper endet im Hymnus auf Freiheit und Gattenliebe.

Auch BEETHOVEN verschmilzt versch. Stilmittel in seiner Musik (neben dem gesprochenen Dialog der Singspieltradition). So taucht in der Gefängnisszene ein Melodram auf:

Leonore soll Rocco beim Ausheben der Gruft für Florestan helfen. Die Musik beschwört das Schauerliche der Situation, sie illustriert die Regieanweisungen (z. B. Leonores Zittern durch 32stel-Noten) und den Dialog (Nb. B).

Wie in MOZARTS *Zauberflöte* steht auch bei BEETHOVEN die Musik in ihrem Ausdruck, ihrer Bewegung und ihrer Harmonik für eine ideal gedachte Menschheit.

So singt Leonore, Florestans Ketten lösend, tief bewegt von Pausen unterbrochen, über Harmonien der vollkommenen Kadenz im Orchester, das hier gleichsam die Führung übernimmt und durch ein Melodiezitat aus einer frühen Kantate BEETHOVENS den Aufstieg der Menschheit aus dem Dunkel ins Licht einer aufgeklärten neuen Humanität verkündet (Nb.).

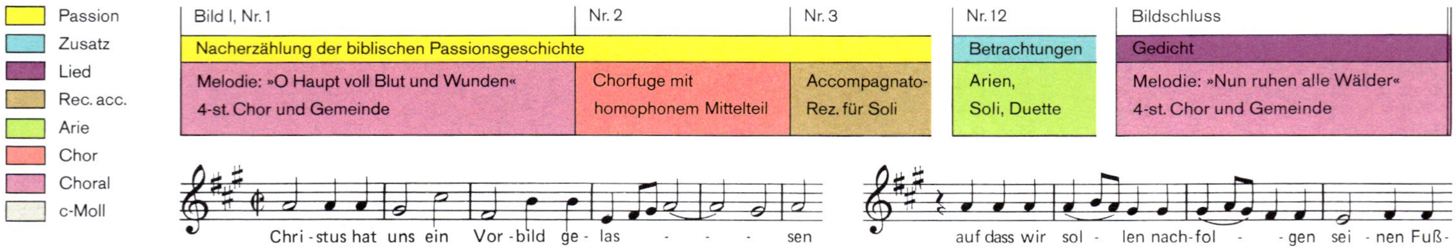

A **C. H. Graun, Der Tod Jesu, Text von Ramler,** Berlin 1755, Aufbau Bild I und Themen der Doppelfuge aus Bild IV

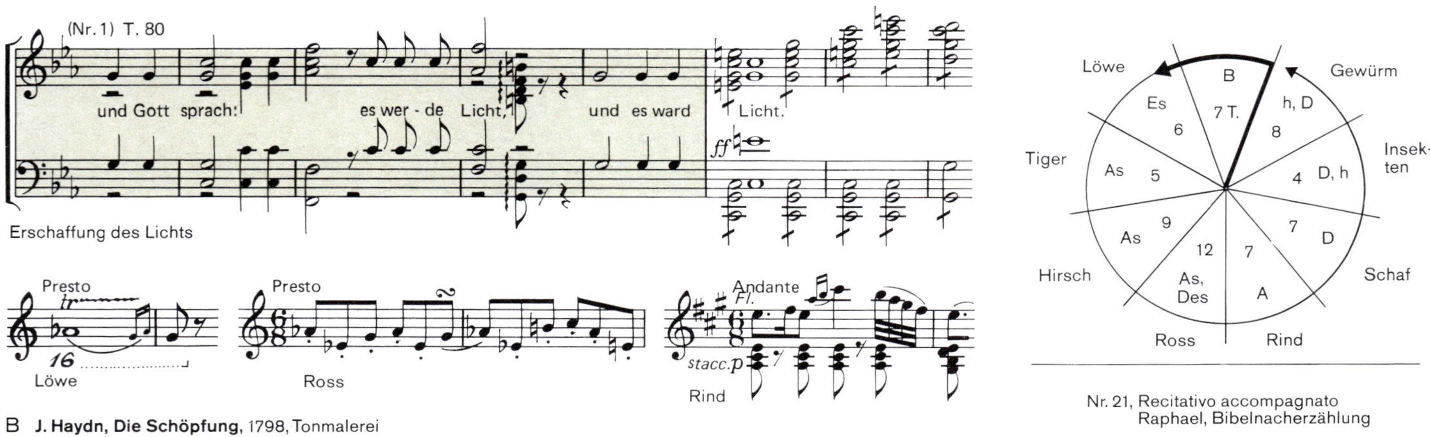

B **J. Haydn, Die Schöpfung,** 1798, Tonmalerei

Die beliebtesten Oratorien der Zeit

Ausgangspunkt für das Oratorium der Klassik ist um 1750 das ital. Oratorium der Neapolitan. Schule, das engl. Oratorium HÄNDELS und das dt. Oratorium im Empfindsamen Stil (RAMLER).

Das ital. Oratorium

METASTASIOS Idee vom Oratorium als geistl. Oper bindet die Stilentwicklung von Oper und Oratorium eng aneinander. Das ital. Oratorium ist für Gesangssolisten konzipiert und fast ohne Chor. Der *Bibeltext* bildet die Grundlage. Er wird dargestellt wie die Handlung einer Oper im *Secco-Rezitativ*, die eingeschobenen *Betrachtungen* (freie, dichterische Strophen) erklingen als *Da-capo-Arien.*

Alle Komponisten der ital. bzw. Neapolitan. Oper schreiben daher auch entsprechende ital. Oratorien, wobei auch die aufkommende Lebendigkeit des Buffostils in Maßen berücksichtigt wird. Oratorien braucht man außerhalb der Opernspielzeiten in der Advents- und Fastenzeit, wobei das Passionsoratorium der Karwoche eine bes. Rolle spielt.

Zu der ersten Komponistengruppe gehört J. A. HASSE in Dresden (*Pellegrini al sepolcro,* 1742, und viele andere).

Zur Klassiker-Generation zählen: N. PICCINNI (Spätwerk *Giornata,* 1792), F. L. GASSMANN (*La Betulia liberata,* Text METASTASIO, Wien 1772 zur Eröffnung der Konzerte der Tonkünstlersozietät), J. HAYDN (*Il Ritorno di Tobia,* Wien 1775), G. PAISIELLO, A. SALIERI, W. A. MOZART (*La Betulia lib.*, Padua 1771), F. SEYDELMANN u. a.

Das deutsche Oratorium

Wie in der Oper macht sich auch im Oratorium um 1750 der Geist einer neuen Zeit bemerkbar. Man kritisiert die barocke Starre und sucht eine neue Einfachheit, Empfindsamkeit, Natürlichkeit. Für das Libretto bedeutet das, den vorgegebenen Bibeltext zurückzudrängen zugunsten eigener Gedanken und Empfindungen. Die neue Dichtergeneration gibt sich als aufgeklärte, selbständige, sensible Interpretin der christl. Glaubensinhalte und der Welt. Große Wirkung hat KLOPSTOCKS *Messias* (1748–73). In den Passionsoratorien werden Tod und Auferstehung nicht mehr in barocker Größe, sondern in neuer Empfindsamkeit dargeboten, von TELEMANNS *Seligem Erwägen* (1729) bis zu RAMLERS *Auferstehung und Himmelfahrt Jesu* in der Vertonung von C. PH. E. BACH (1787) und F. ZELTER (1808).

Am berühmtesten wurde RAMLERS *Tod Jesu* in der Vertonung von GRAUN (Berlin 1755, s. S. 135). Die Passion ist eingeteilt in 6 Bilder ähnl. Aufbaus mit abgeschlossenen Musiknummern wie Bild I (Abb. A): Der Bibeltext wird nacherzählt (Rezitativ), ein 4-st. Chor und die Gemeinde nehmen mit bekannten Chorälen teil (Nr. 1). Es folgt eine Chorfuge (Nr. 2), dann ein Accompagnato-Rezitativ mit nacherzähltem Bibeltext (Nr. 3). Betrachtende Einschübe RAMLERS bilden die Arien und Duette. Jedes Bild schließt mit einem Gedicht für 4-st. Chor und Gemeinde, z. B. Bild I *Wen hab ich sonst als dich allein* auf die Melodie *Nun ruhen alle Wälder.*

Ein Standardstück des 18. und 19. Jh. war die Chorfuge aus dem 4. Bild, Doppelfuge mit den Themen *Christus hat uns ein Vorbild gelassen* und *auf dass wir sollen nachfolgen seinen Fußstapfen.* Die kp. Struktur ist barock, die Themen zeigen schon die Einfachheit des neuen Stils (Nb. A).

Neben den übl. Bibelbetrachtungen zu Weihnachten, zur Passion und zu Ostern erscheinen weitere, wie HERDERS *Kindheit Jesu* und *Auferweckung des Lazarus.* In einer neuen Eigenständigkeit der Oratorienthematik zeigt sich darüber hinaus ein aufklärer. Säkularisationsprozess. Solche Themen sind Weltuntergang, Schöpfung, Naturschilderungen, Idyllen. Die Aufführungen lösen sich z. T. aus kirchl. Bindung und erhalten konzertanten Charakter (umgekehrt wurde HAYDNS *Schöpfung* einmal als Kirchenaufführung verboten). Ihr tiefer Gehalt hebt sie andererseits über Konfessionsgrenzen hinweg zu einer christl., aber toleranten Weltreligiosität.

Das Oratorium der Klassik gipfelt in HAYDNS *Schöpfung* und *Jahreszeiten* (vgl. S. 135). HAYDN hatte in London die großen Aufführungen von HÄNDELS *Messias* in der Westminster Abbey erlebt. Er brachte aus England das ursprünglich für HÄNDEL geschriebene Textbuch der *Schöpfung* (nach MILTONS *Paradise lost*) mit nach Wien, wo es ihm VAN SWIETEN (vgl. S. 397) übersetzte. HAYDN verbindet die HÄNDELSCHE Oratorientradition (Chöre, Fugen, breite Anlagen) mit der ausgereiften Musiksprache der Klassik, die er selbst besonders in seinen Sinfonien mitentwickelt hatte (Orch.). Die musikal. Themen sind plastisch, lebendig und von klass. Schönheit. Text und Gehalt werden einfallsreich und lebendig in Musik gesetzt.

So ist das plötzlich hereinbrechende *C-Dur* in strahlend aufsteigender Akkordfülle (*ff* nach Chorflüstern) Bild für die Erschaffung des Lichts. Tonmalerisch schildert das Orchester viele Stellen, z. B. den Sonnenaufgang oder die einzelnen Tiere: kurze, charakterist. Abschnitte in bunter Tonartenfolge (Abb. B).

In gläubigem Idealismus stellt HAYDN als Höhepunkt den Menschen und das Menschenpaar dar, Ebenbild Gottes, klass. gedacht:

»Mit Würd und Hoheit angetan,
Mit Schönheit, Stärk und Mut begabt,
Gen Himmel aufgerichtet steht der Mensch,
Ein Mann und König der Natur«

Neben HAYDNS beiden großen Erfolgen verblassen die übrigen Oratorien der Zeit, auch BEETHOVENS *Christus am Ölberge* (1803). Erst die Romantik bringt entschieden Neues.

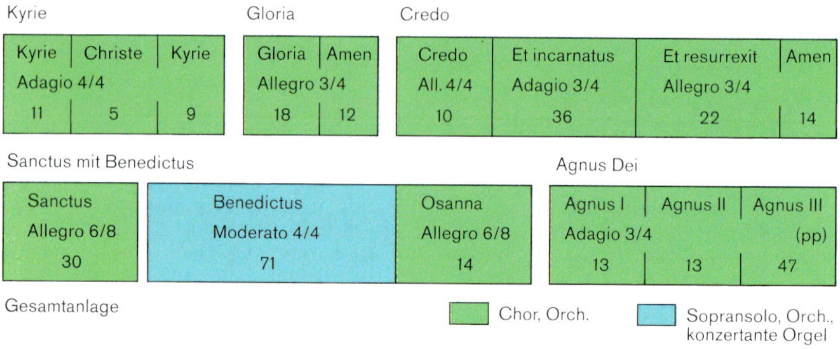

Gloria, Beginn, Textschichtung

A J. Haydn, Missa brevis St. Joannis de Deo (»Kleine Orgelmesse«), um 1775

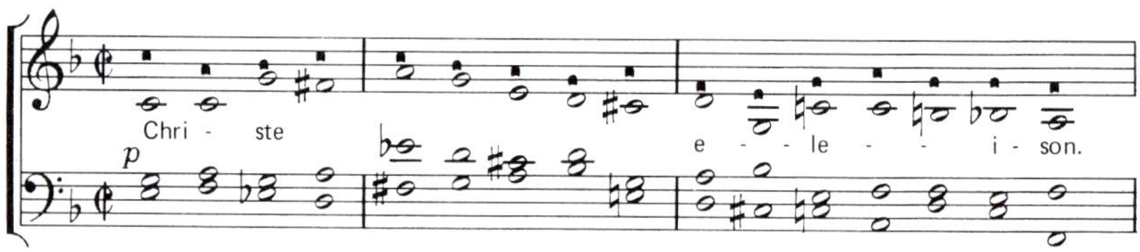

gregorianischer Choral vom Palmsonntag, 1794, klassisch harmonisiert

Credo-Intonation, rhythmisiert und sequenziert, Missa S. Francisci, 1803

B M. Haydn, Bearbeitungen des gregorianischen Chorals

Liturgie und musikalische Gestaltung

Über den christl. Glauben hinaus offenbart sich vor allem in der **kath. Kirchenmusik** der Klassik die optimist. Weltsicht der Zeit. Das weitet den Horizont des Kirchenmusikers und seines Stils. MOZARTS Messen unterscheiden sich in ihrer musikal. Haltung nicht von seinen Opern, HAYDNS *Benedictus* seiner Mariazeller Messe (1782) geht sogar auf eine Arie aus seiner Opera buffa *Il mondo della luna* (1777) zurück. Dieses Parodieverfahren (wie bei BACH) entspricht der kirchenmusikal. Tradition und zugleich dem ungebrochenen Lebensgefühl der Klassik. Der Mensch ist erfüllt von Idealen, seine Existenz und die Welt sind ihm harmonisch-religiös belebt, nicht im kirchl. Sinne, sondern in einem überkonfessionell fundierten Humanismus, dessen Christlichkeit Ausdruck, nicht Selbstzweck ist.

Erst als in der Romantik dieser Idealismus und der Glaube an die Stimmigkeit der Welt verloren gehen, kommt Kritik an der Lebensfreude und Weltlichkeit der klass. Kirchenmusik auf (S. 429).

Die Weltfrömmigkeit der Klassik schmilzt in natürl. Weise alle Elemente in die Kirchenmusik ein, die der Darstellung einer lebensbejahenden Haltung und dem religiösen Selbstverständnis dienen. Daher die Leuchtkraft und Innigkeit der klass. Kirchenmusik.

Die kath. Kirchenmusik überragt dabei durch HAYDN, MOZART, BEETHOVEN.

Die **ev. Kirchenmusik** steht dahinter zurück. Rationalismus, Pietismus und Familienfrömmigkeit bringen nach BACH nur Unbedeutendes hervor, bis das 19. Jh. neu belebt (MENDELSSOHN, BRAHMS). Die klass. KM spiegelt Empfindsamkeit. Zentren sind Berlin und Hamburg. Die Gattungen:

- Kirchenlied: *Choralsätze* ohne besonderen Anspruch; ein *neuer Liedtyp* mit empfindsamen Texten von C. F. GELLERT (*Geistliche Oden und Lieder,* 1757), von KLOPSTOCK u. a. Komponisten sind C. PH. E. BACH, HILLER, KITTEL u. a.
- Kantate: fällt nach dem Barock ab.
- Oratorium: beliebt (RAMLER, S. 352 f.).

Gattungen der kath. Kirchenmusik

Der einst. *gregorianische Choral* spielt in der Klassik keine große Rolle. Zuweilen versuchte man, ihn in die mehrst. Komposition einzubeziehen, und ging dabei bemerkenswert unhistorisch vor.

In seiner Messe *für den Palmsonntag gemäß dem Choral* (1794) nimmt M. HAYDN den Choral als Melodie in die Oberstimme und unterlegt ihm zeitgemäße, funktionale Harmonien. Der Choral sperrt sich dagegen, weil seine Kirchentonalität rein melodisch bestimmt ist. So bringt HAYDN eine Reihe von Zwischendominanten zu Klängen, die keine eindeutige Tonika umkreisen. Die ausdrucksstarke Chromatik führt zu harten Querständen und überraschenden Wendungen. Schlimm ist auch die Schlusskadenz Doppel-D – D – T.

Der Choral kann auch zu einem klass. Thema umgearbeitet werden: rhythmisiert (T. 1–6) und mit einer sequenzierenden und kadenzierenden Erweiterung wie klass. Vorder- und Nachsatz (ab T. 7, Nb. B).

Messe. Die Messe ist die zentrale Gattung der *mehrst.* KM. Es gibt sie in 2 Arten:

- **Missa brevis,** die *kurze* Messe für den normalen Sonntag, mit allen Teilen oder auch nur mit Kyrie und Gloria, seltener auch mit Credo;
- **Missa solemnis,** die *feierl.* Messe für bes. Anlässe, stets mit allen Teilen.

Solemnis bezieht sich auf die Länge, auf den Charakter und eine größere Besetzung (S. 356, Abb. A). Auch andere Gattungen heißen solemnis, z. B. *Vesperae solemnes.*

Die Missa brevis war eine dt. Spezialität. MOZART klagt 1776 PADRE MARTINI, die dt. Kirchenmusik unterscheide sich sehr von der ital. (in der ganze Konzerte erklangen): eine vollst. Messe *mit* Motette und Kirchensonate, auch die *solemnis,* dürfe nur eine ¾ Stunde dauern.

In den langen, textreichen Stücken Gloria und Credo wenden die Komponisten z. T. Textschichtung an, sodass der Text liturgisch vollständig ist, aber nur wenige Takte braucht (Nb. A). Dafür wird, wo immer es geht, rein musikal. gearbeitet: das *Amen* in HAYDNS Orgelmesse ist ungewöhnl. lang gegenüber dem Gloria selbst. Die Gesamtanlage zeigt entsprechende Aufteilung. Die gewonnene Zeit benutzt HAYDN, um im Benedictus Sopran und Orgel frei konzertieren zu lassen; das Orgelsolo hat der Messe ihren Namen gegeben (Abb. A).

Motette. Ihr Platz ist in der Messe nach der Lesung zum Graduale oder nach dem Credo zum Offertorium (*Gradualien, Offertorien*). Die Klassik kennt 2 sehr unterschiedl. Arten:

- *Chorwerk* (mit Orch.) über lat. geistl. Text (alte niederländ. Motettenart). Berühmtes Beispiel ist MOZARTS *Ave verum* (KV 618, 1791 zu Fronleichnam): Palestrina-Stil in klass. Umdeutung.
- *Ital. Solokantate* über lat. geistl. Text mit 2 Arien, 2 Rezitativen und einem abschließenden Halleluja. Beispiel: MOZARTS *Exultate* (KV 165, Mailand 1773) für den Sopranisten (!) RAUZZINI.

Kirchensonate: in der Klassik ein einsätziges Stück (Sonatensatz, Allegro), das zur Lesung bzw. zum Graduale gespielt wurde *(Sonata all' epistola).* Die Besetzung folgt der barocken Triosonate: 2 Violinen, Bass und Orgel (z. B. MOZART KV 241, Salzburg 1776), auch mit weiteren Instr. für Messen mit *Solemnis*-Charakter (z. B. 2 Ob., 2 Trp. und Pk. in MOZARTS KV 278, 1777).

J. Haydn Kl. Orgelmesse	J. Haydn Cäcilienmesse	W. A. Mozart Krönungsmesse	W. A. Mozart Requiem	Beethoven Missa solemnis
V.1	V.1	V.1	V.1	2 Fl.
V.2	V.2	V.2	V.2	2 Ob.
	Va.		Va.	2 Kl.
				2 Fg.
	2 Ob.	2 Ob.		4 Hr.
			2 Bhr.	2 Trp.
	2 Fg.	2 Fg.	2 Fg.	2 Pk.
	(2 Hr.)	2 Hr.		V.1
	2 Trp.	2 Trp.	2 Trp.	V.2
	2 Pk.	2 Pk.	2 Pk.	Va.
S.-Solo	4 Soli	4 Soli	4 Soli	4 Soli
Chor S. A. T. B.	Chor S. A. T. B.	Chor S. A. T. B.	Chor S. A. T. B.	Chor S. A. T. B.
Orgel Vc., Kb.	Orgel Vc., Kb.	Orgel Vc., Kb.	Orgel Vc., Kb.	Orgel Vc., Kb.
alte Partituranordnung				neue P.

A **Besetzung klassischer Messen**

1.	2.	3.	4.	5.	6.	7.	8.
Gloria	Laudamus	Gratias	Domine	Qui tollis	Quoniam	Cum S.	In Gloria
Allegro	Moderato	Alla breve	Allegro	Adagio	All. molto	Largo	All. molto
C, 3/4	G, 4/4	e, ₵	C, 3/8	c, 4/4	C, 4/4	C, 4/4	C, 4/4

B **J. Haydn, Gloria der Cäcilienmesse,** 1766, Nummernfolge

4	Credo Chor 10	3	Et in Chor 15	3	Genitum Chor 21	3	Et inc. Soli 5

Credo-Anlage

Streicherfigur

C **W. A. Mozart, Krönungsmesse, KV 317,** 1779, Credo

Wiener Kirchentrio — Solemnis-Besetzung — A.-, T.-, B.-Pos. gehen mit

Kirchenorchester, Textinterpretation und Musikgestalt

Gattungen (Forts.)

Vesper. Aus dem *Offizium* wurde die Vesper auch öffentl. gefeiert und daher zuweilen mehrst. vertont (MONTEVERDI, MOZART). Sie besteht aus 5 Psalmen und dem Magnificat.

MOZART schrieb 2 Vespern, die er selbst hoch einschätzte: *Vesperae de Dominica* KV 321 (1779) und *Vesperae solemnes de confessore* KV 339 (1780).

Litanei (lat. *litania, litaniae*) Bittgesang aus Anrufungen (östl. Ursprungs, ab 5.–7. Jh. auch im Westen), Vorbeter und wiederholten Bittformeln aller wie *Kyrie eleison, Ora pro nobis, Amen.* Bekannt sind die *Lauretanische-* (Marien-) und die *Allerheiligen-Litanei.* Mehrst. vertont wurden Litaneien zu Andachten wie Kirchenkonzerte aufgeführt.

MOZART hat 4 Litaneien vertont, darunter die Lauretanische KV 195 (1774) und die Sakramentslitanei KV 243 (1776) mit 10 Sätzen, wobei das Thema von Nr. 2 *Panis vivus* im *Tuba mirum* des Requiems wieder auftaucht.

Besetzungen (Abb. A)

Chor: 4-st., chorische und solist. Partien wechseln (altes barockes *Concerto*-Prinzip), wobei die 4 Soli aus dem Chor stammen (oft Knaben) oder eigens verpflichtet werden. Nach Wiener und Salzburger Tradition gehen bei den 3 unteren Chorstimmen Alt-, Tenor- und Bassposaune mit (*colla-parte*-Posaunen als Stütze und Klangfarbe). Sie fehlen in HAYDNS Messen für Eisenstadt und Mariazell (*Cäcilienmesse,* Abb. B). Oboen und Streicher begleiten die Oberstimmen.

Gesangssolisten: nach Bedarf, z. B. nur Sopran-Solo in HAYDNS kleiner Orgelmesse; normal sind 4 Solisten *(Soloquartett).*

Orchester: Grundlage bilden die Streicher. Wie im Gb. wirken Bass (Vc., Kb., Fg.) und Orgel zusammen. Im sog. *Wiener Kirchentrio* fehlt die Va. (Triosonate). Bei feierl. Anlässen *(solemnis)* erweitert sich die Besetzung. In der alten Partitur stehen die Gesangsstimmen direkt über dem (Gb.-)Bass, die Violinen dagegen ganz oben (noch MOZART).

Stilfragen

Die ital. Opernkomponisten übertrugen den Stil der **Neapolitan. Oper** auch in die Kirchenmusik: Vorherrschen der Musik über den Text, Affektausdruck, Rezitativ und Arie, konzertierende Instrumente, alles in größter zeitl. Ausdehnung (Namen s. S. 338 ff.).

HAYDNS *Cäcilienmesse (Missa Sanctae Caeciliae)* ist stilistisch eine solche *neapolitan. Opernmesse.* Allein das Gloria besteht aus 8 gegensätzl. Einzelnummern von erhebl. Länge (Abb. B).

Daneben gibt es unter Führung von PADRE MARTINI (1706–84) Kirchenkompositionen im **alten kp. Stil.** MARTINI leitete die *Accademia filarmonica* in Bologna (gegr. 1666), in die auch MOZART nach den üblichen Kp.-Prüfungen aufgenommen wurde (1770), und verfasste ein Kp.-Lehrbuch (*Saggio di Contrapunto,* 1774).

In Süddeutschland und Österreich herrscht ein **gemischter Stil** vor *(stile misto).* Chor und Soloquartett treten an die Stelle der großen ital. Solopartien. Es überwiegt zwar das rein Musikalische, doch wird der Gehalt des Textes mehr und mehr ausgedrückt.

Das Credo der Krönungsmesse MOZARTS erhält seine Form durch ein rein musikal. Element: eine rondoartig wiederholte, eigenwillige Streicherfigur (Abb. C).

Am Beispiel des *Et incarnatus* wird die MOZARTSCHE Textdarstellung deutlich: das rauschende Allegro hält inne, und das Soloquartett verkündet die Menschwerdung in langsamen, schlichten Klängen; gleichsam verinnerlicht mit geringster Bewegung (Chromatik) vollzieht sich eine Modulation von unendl. Schönheit, Sinnbild für die Verwandlung Gottes in die Menschengestalt. Dabei wird Maria – ihrem gekrönten Gnadenbild in Plain ist die Messe gewidmet – bes. hervorgehoben (Subdominantspannung, Hochton). MOZART wiederholt und bekräftigt das Wort *homo:* dem Menschen gilt die Würde dieses Augenblicks, auf ihn fällt ein neuer Adel.

Zentren und Komponisten

Dresden: HASSE; **Mannheim:** RICHTER, HOLZBAUER, ABBÉ VOGLER (1749–1814); **Salzburg:** Hof- und Domkapellmeister J. E. EBERLIN (1702–62), LEOPOLD MOZART (1719–87), A. C. ADLGASSER (1729–77); MICHAEL HAYDN (1737–1806, Bruder JOSEPHS), W. A. MOZART. **Wien:** Kapellmeister an St. Stephan: GEORG REUTTER und Sohn JOHANN GEORG (1708–72), FLORIAN L. GASSMANN (1729–74), JOHANN GEORG ALBRECHTSBERGER (1736–1809, *Gründliche Anleitung zur Komposition,* 1790, Lehrer BEETHOVENS); Hof-Kpm. G. C. WAGENSEIL (1715–77); HAYDN, MOZART, BEETHOVEN.

Josephinische Reformen legten als Einbruch des Rationalismus und vornapoleon. Säkularisationsprozess die reiche Wiener und österreich. Kirchenmusiktradition vorübergehend lahm. JOSEPH II. erließ seine Verordnungen 1782. Sie wandten sich gegen sog. »Verschwendung« (es wurde z. B. bestimmt, in welcher Kirche zu welchem Anlass wieviel Trompeten verwendet werden durften) und führten in den Schulen an Stelle der lat. Messe den *dt. Nationalschulgesang* ein (dt. Kirchenlieder wie Lutherchoräle). Dt. Hochämter schrieben noch HAYDN und SCHUBERT. MOZART blieb in Wien kraft dieser kaiserl. Verordnung ohne offiziellen KM-Auftrag, HAYDN reagierte mit einer 14-jährigen Messenpause. Nach JOSEPH II. († 1790) hob man die Reform wieder auf (1796).

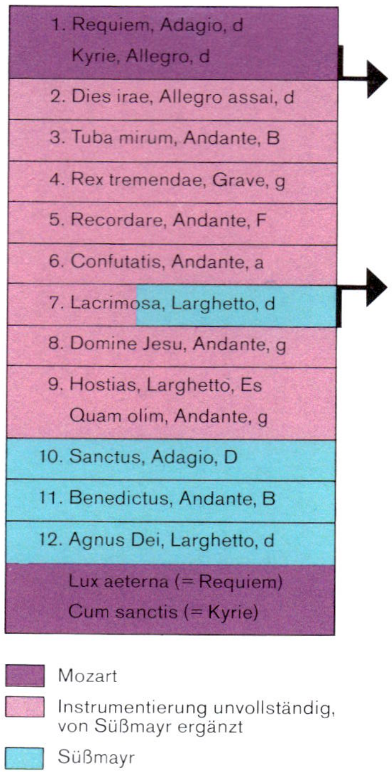

A **W. A. Mozart, Requiem,** 1791

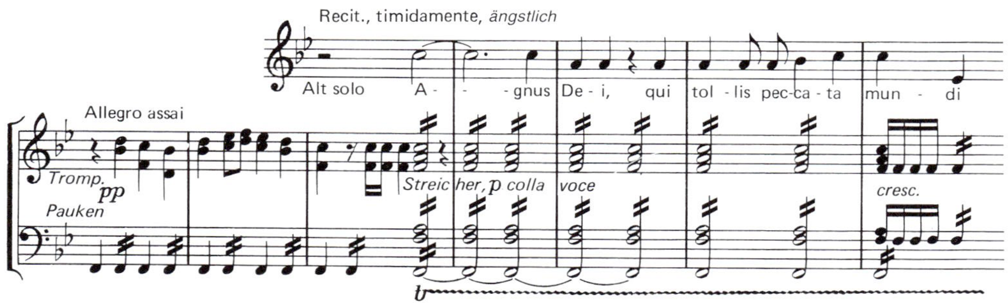

B **L. v. Beethoven, Missa solemnis,** 1823, Agnus Dei, Friedensbitte, dramatisches Rezitativ

J. Haydn
schrieb u. a. 14 Messen, 2 *Te Deum, Stabat Mater* (1767), *Die sieben letzten Worte* (Orchesterfassung 1785) für den Domherrn von Cádiz, auch als Streichquartett (1787) und als eine Art Oratorium in FRIEBERTS Bearbeitung (1796). Die meiste Kirchenmusik entstand für Eisenstadt bzw. Eszterháza.
Nach dem Tode JOSEPHS II. und nach seinem Aufenthalt in England komponierte HAYDN seine 6 großen späten Messen. Er verbindet hier kirchenmusikal. Tradition (Aufbau, Kp.), den Einfluss der großen HÄNDELschen Oratorien (Chöre, Wirkung) mit der universalen Musiksprache seiner späten Sinfonien (Orchester, Klangfarben, Ausdruck). Chor, Soloquartett und Orchester stehen für eine ideale menschl. Gemeinschaft. Die Messen (Hob. XXII: 9–14) tragen Namen:
- *Paukenmesse: Missa in tempore belli,* C-Dur (1796);
- *Heiligmesse: Missa S. Bernardi von Offida,* B-Dur (1796);
- *Nelsonmesse: Missa in angustiis,* d-Moll (1798), nach NELSONS Sieg bei Abukir (Fanfaren im Benedictus);
- *Theresienmesse,* B-Dur (1799);
- *Schöpfungsmesse,* B-Dur (1801);
- *Harmoniemesse,* B-Dur (1802).

W. A. Mozart
komponierte seine Kirchenmusik fast ausschließlich in und für Salzburg. 20 Messen, darunter die *Spatzenmesse* KV 220 (1775) und die *Krönungsmesse* KV 317 (1779), in Wien nur die *c-Moll-Messe* KV 427 (1782/83: Kyrie, Gloria und Sanctus mit Benedictus vollendet, Credo Frgm., Agnus fehlt; neapolitan. Opernmesse mit Rez. und Arien, Kyrie und Gloria zur Kantate *Davidde penitente* benutzt), ferner das Requiem (s. u.).
4 Litaneien (1771–76), 2 Vespern (s. S. 357), Motetten, Kirchensonaten, Oratorium, Kantaten, Grabmusik u. a. m.
MOZART verschmilzt auch in der KM die versch. Stile seiner Zeit. Es ist, als ob die Religiosität von jeder Institution weg nach innen genommen und – wie alles bei MOZART – zu reiner Musik verwandelt würde.

Die *Krönungsmesse* und *Così fan tutte* bieten den seltenen Fall einer Parodie ins Weltliche. MOZART hat das Kyrie der Messe in Fiordiligis Rezitativ und Arie *Come scoglio* übernommen. Wie das Felsenbild den Gedanken an Petrus den Verräter so drückt die Kyrie-Musik gleichzeitig und Fiordiligi unbewusst die Bitte um Erbarmen für ihre spätere Untreue aus.

Das *Requiem* (KV 626, 1791) wurde von einem MOZART Unbekannten bestellt (einem Boten des GRAFEN WALSEGG). MOZART starb über der Komposition des *Lacrimosa.* Sein Schüler SÜSSMAYR ergänzte die Instrumentation (nach MOZARTS Particell) und die fehlenden Teile, wobei er, wie oft üblich, die Musik des Kyrie am Schluss wieder aufnahm (Abb. A, s. auch S. 128, Abb. C).

Die düsteren Farben (Posaunen, Bassetthörner), der ernste Grundcharakter (d-Moll, starke Chromatik, Erinnerung an die Komtur-Szenen im *Don Giovanni*), barocke Elemente (fugierte und polyphone Partien) verbinden sich in Gestik und Ausdruck vollkommen mit MOZARTS Spätstil.

Das *Kyrie* ist als *Doppelfuge* mit den beiden Themen *Kyrie* und *Christe* gearbeitet, wobei das *Kyrie*-Thema HÄNDELS *Messias* zitiert (Chor Nr. 22 *Durch seine Wunden sind wir geheilt*). Im *Tuba mirum* ertönt eindrucksvoll die Posaune. Die Bassetthörnerpartien im *Recordare* erinnern an die Violenpartien, die MOZART dem Duett *O Tod, wo ist dein Stachel* in HÄNDELS *Messias* hinzufügte. Im *Lacrimosa* steigt eine d-Moll-Tonleiter aus der Tiefe auf, langsam, zuerst mit Pausen durchsetzt, dann in engen chromatischen Schritten: Bild für den aus dem Grabe, schwer mit Schuld beladen, zum Jüngsten Gericht aufsteigenden Menschen. An dieser Stelle bricht MOZARTS Handschrift ab, es ist das letzte, was er komponiert hat (Nb. A).

L. v. Beethoven
schrieb nur 2 Messen: C-Dur, op. 86 (1807) und *Missa solemnis* D-Dur, op. 123 (1819–23), ferner das Oratorium *Christus am Ölberge* (1803).
Die *Missa solemnis* war gedacht für die Inthronisation des Erzherzogs RUDOLPH zum Erzbischof von Olmütz. Das Motto über allem *»Von Herzen – möge es wieder zu Herzen gehen«* zeigt BEETHOVENS Menschheits- und Weltansprache (statt des barocken *zur größeren Ehre Gottes*). BEETHOVEN geht vom Textgehalt aus, den er neu und persönl. deutet. Es entstand ein gewaltiges Werk, vergleichbar mit dem Finale der 9. Sinfonie, aus dem Teile als *Hymnen* konzertant aufgeführt wurden (UA des Ganzen: Petersburg 1824). BEETHOVEN dachte sogar an eine Übersetzung des Textes ins Deutsche.
BEETHOVEN nahm kirchenmusikal. Traditionen auf, z. B. Chorfugen am Schluss des Gloria und des Credo, und sprengte sie zugleich durch Ausdehnung, Form und Gehalt. Andererseits verdeutlichen dramat. und programmat. Partien das Geschehen: im Agnus Dei, das mit *»Bitte um inneren und äußeren Frieden«* überschrieben ist, brechen gleichsam von außen Kriegstrompeten, Marschrhythmus und Getöse herein, und der Alt bittet wie in einem Bühnenrezitativ über Streichertremolo *»ängstlich«* um Frieden: erlebte Wirklichkeit, musikal. gestaltet.
Zum Glaubensbekenntnis an die Würde des Menschen wird BEETHOVENS Interpretation des *Et homo factus est,* das die Menschwerdung Gottes in der Gegenwart des Klanges nachvollzieht und an die Erlösungs- und Erhöhungsmomente im *Fidelio* erinnert.

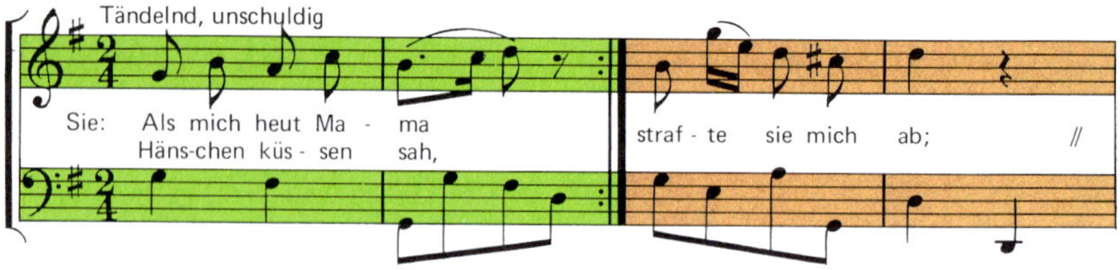

A **C. H. Graun, Das Töchterchen ... (Hagedorn), Lieder der Deutschen I, hg. v. Krause,** 1767, Dialog Sie-Er (Söhnchen); 6 Strophen einfachster Bauart: a a b c c d

1	2	3	4	5
–	1. Strophe	2. Strophe	–	3. Strophe
Vorspiel	Veilchen	Schäferin	Nachspiel	Liebesleid des V.
einfach	gebückt, herzig	heiter, gehend	Gesang, Begl.	Klage, ach!
6 T., G-Dur	6, G	8, D	4, D	8, g – B
Melodie und Rezitativ		Rezitativ und Liedstil		Arie

6	7	8	9
4. Strophe	5. Strophe	6. Strophe	–
Liebesleid des V.	Schäferin zertritt V.	Tod des Veilchens	Zusatz: »armes V.«
Sehnsucht	dramatische Szene	Sterben, Freude	Betrachtung
8, B – g	9, Es – (D⁷) 𝄐	9, c – G	5, G
Lied	Rec. accomp.	Arie	Rez. und Anfang

B **W. A. Mozart, Das Veilchen (Goethe),** 1785, Lied als Bildfolge, durchkomponiert

C **C. F. Zelter, Der König von Thule (Goethe),** 1813, 6 Strophen

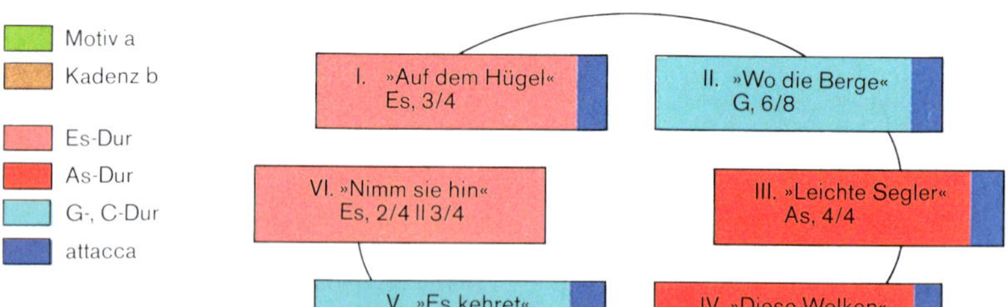

D **L. v. Beethoven, An die ferne Geliebte** (Jeitteles), op. 98, 1816

Strophenlied, »Szene«, Zyklus

1. Berliner Liederschule
Ihr führender Kopf ist CHR. G. KRAUSE (1719–70), Berliner Jurist, wandte sich gegen zu hohe Kunst im Lied, was der Sehnsucht der Zeit nach Einfachheit und Natürlichkeit entsprach. KRAUSE gab 2 Bände *Oden mit Melodien* (1753/55) heraus. Dort erhebt er die frz. Ariette (S. 300 f.) zum Vorbild im Sinne ROUSSEAUS, bewusst einfach, volkstüml., für Laien. Die Melodie ist wesentlich, die Begleitung sekundär. Komponisten in KRAUSES *Oden* sind C. PH. E. BACH, QUANTZ, GRAUN. Es folgen KRAUSES *Lieder der Deutschen mit Melodien* (4 Bde., Berlin 1767/68).

Eine Probe daraus bietet GRAUNS *Das Töchterchen – das Söhnchen,* ein Duett (*er – sie*) mit einfachster Dur-Melodik, nahezu ohne Einfälle, mit Wiederholungen und schlichter Begleitung (der Gb. bleibt auf die Kadenzschritte beschränkt, Nb. A).

Qualitätvoller sind C. PH. E. BACHS *Geistliche Oden und Lieder* (1758) auf Texte von GELLERT. Erwähnt sei NEEFE mit *Klopstocks Oden* (1776) und *Serenaden beim Klavier zu singen* auf HERDER-Texte (1777), auch HILLER in Leipzig mit bürgerl. sentimentalen, biederen Sammlungen wie *Lieder der Freundschaft und Liebe* (1774), *Lieder der fühlenden Seele* (1784), *Lieder der Weisheit und Tugend* (1790).

2. Berliner Liederschule
mit gleichen Tendenzen, doch z. T. künstler. Ergebnissen. HERDERS Volksliedbegriff und -sammlungen, GOETHES und SCHILLERS Gedichte regen viele Musiker an, so:

JOH. ABRAHAM PETER SCHULZ (1747–1800), *Lieder im Volkston,* 3 Bde. (1782–90, s. S. 124, Abb. D); auch Chöre mit Soli usw.

JOH. FRIEDRICH REICHARDT (1752–1814), bes. GOETHE-Vertonungen, Richtung Kunstlied (Melodik, Klavierbegleitung).

CARL FRIEDRICH ZELTER (1758–1832), Maurermeister; Chöre, Lieder, Balladen; ab 1800 Leiter der *Berliner Singakademie* (gegr. 1791 von FASCH), die humanist. Bildung, Wiss. und Kunst auch in der Musik verwirklichen wollte (*Musikerz.*); BACH-Pflege; ZELTER gründete 1809 die erste dt. *Liedertafel* mit 24 Männern (Vorbild: Ritter um König Artus), Beginn der Männerchortradition; Lehrer MENDELSSOHNS; Freund GOETHES (Briefe).

Goethes Liedauffassung. GOETHES Ideal ist das Strophenlied. Seine dichter. Qualität liegt in der Einheit von Gehalt, Atmosphäre und formal geschlossener poet. Gestalt. Der Musiker darf diese Einheit nicht zerstören, indem er die Strophen *durchkomponiert,* sondern muss *eine einzige* Melodie finden, die dieser Einheit des Gedichtes mit allen Strophen gerecht wird. Die Musik hebe die Dichtung wie Gas einen Ballon.

Musterbeispiel für diese Vertonung ist ZELTERS *König in Thule:* eine Melodie von hoher Qualität, einfach, ergreifend und schön (Nb. C, geschrieben für Bass, der zugleich generalbassartig die gesamte Harmonik enthält).

Die *3. Berliner Liederschule* (mit MENDELSSOHN) gehört ins 19. Jh.

Zu einer **Schwäb. Liederschule** zählt man C. F. D. SCHUBART (1739–91) und J. R. ZUMSTEEG (1760–1802).

Eine Sonderstellung nimmt C. W. GLUCK ein: sein Spätwerk *Klopstocks Oden und Lieder* (Wien 1785/86) trägt einen Hauch antiker Größe in die Kleinform des Klavierliedes.

Wiener Liedtradition
Die Komponisten des Wiener *Nationalsingspiels* veröffentlichen auch Lieder (STEFFAN, HACKL, PARADIS, KRUFFT), leichte, witzige Arietten bis zu Stimmungsbildern.

HAYDN komponierte 48 Lieder, 57 Kanons, 133 4-st. Lieder mit Klavier, 445 Bearbeitungen engl. Volkslieder für Gesang und Klavier (mit V. und Vc. ad. lib.). – In London beeindruckt vom *God save the King,* schrieb er 1797 in Kriegsgefahr in Wien sein *Gott erhalte Franz den Kaiser,* das mit dem Text von HOFFMANN VON FALLERSLEBEN (1841) 1922 zur dt. Nationalhymne erklärt wurde.

MOZART. Aus seinen etwa 30 Liedern ragen einzelne wie *Abendempfindung* (1787) oder *Das Veilchen* (1785) besonders hervor.

Das Veilchen stammt aus GOETHES Singspiel *Erwin und Elmire.* MOZART vertont das Strophengedicht wie eine kleine dramat. Szene in 7 Bildern mit ständig das äußere und innere Geschehen spiegelnder Musik. Hinter der einfachen Schäferspiel-Maske und in der Personifizierung des Veilchens vollzieht sich ein trag. Geschick. Vorspiel und 1. Strophe stellen das Veilchen vor. Dann erscheint die Schäferin (heitere Tonart D-Dur), 5. und 6. Bild schildern Klage und Sehnsucht des Veilchens als Arie (Paminas g-Moll) und Lied (B-Dur). Ein dramat. Accompagnato-Rezitativ stellt dar, wie das Veilchen zertreten wird (7. Bild, Höhepunkt, Fermate). Im 8. Bild verklärt das Veilchen arienhaft sein Sterben (trag. c-Moll, vgl. Sterben des Komturs) klass.-idealist. in Freude (es stirbt *durch sie,* G-Dur). MOZART setzt zu GOETHES Text sein eigenes Urteil hinzu: *»armes Veilchen«* (Abb. B).

BEETHOVEN schrieb 91 Lieder, darunter *Adelaide* (1795/96), und den Liederkreis *An die ferne Geliebte* (1816). In diesem ersten größeren Liederzyklus wechseln in jedem Lied Charakter und Tonart. Modulierende Überleitungen verbinden die Lieder (Abb. D). Wiederaufnahme von Motiven und des Anfangs am Schluss sind weitere Zyklusmomente. Ein hoher, beseelter Ton in Singstimme und anspruchsvollem Klavierpart prägen den Stil dieser Kunstlieder.

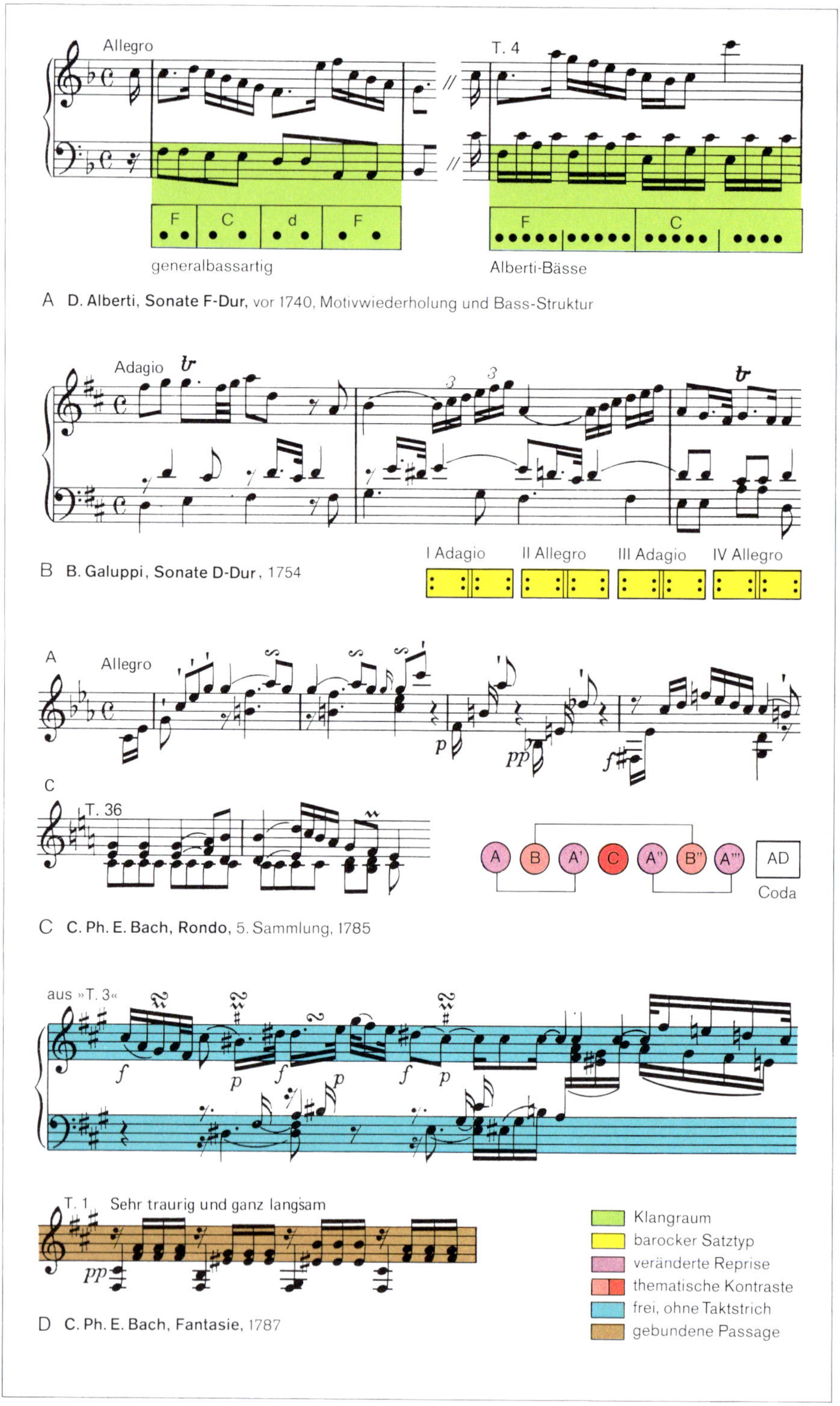

A D. Alberti, Sonate F-Dur, vor 1740, Motivwiederholung und Bass-Struktur

B B. Galuppi, Sonate D-Dur, 1754

C C. Ph. E. Bach, Rondo, 5. Sammlung, 1785

D C. Ph. E. Bach, Fantasie, 1787

Spielfigur, wachsendes Ausdrucksbedürfnis

Der neue Ton in der Musik des 18. Jh. bringt auch neue Gattungen und Strukturen in der Klaviermusik hervor. Man sucht Ausdruck und legt diesen in die Melodie. Die Begleitung ist sekundär. Statt der barocken Polyphonie mit mehreren gleichberechtigten Stimmen führt nun die Oberstimme über homophoner Begleitung mit neuen rhythm. und motiv. Elementen in der l. H. Die harmon. Vielfalt des Gb. weicht im *galanten* und *virtuosen Stil* einfacher Harmonik. Erst die *Empfindsamkeit* bringt chromat. Steigerung.

Hammerklavier

Der neue Stil bringt auch den Wechsel vom Cembalo zum Hammerklavier (ab etwa 1800 allg. verbreitet). Auch wenn die techn. Möglichkeiten wie Tonrepetition, Gleichmäßigkeit und Zuverlässigkeit der Mechanik, Klangfülle und Klangfarbe noch lange beschränkt bleiben, so führt doch das *Forte-Piano* zu einer neuen, kontrastreichen, lebendigen Ausdrucksweise und Anschlagskultur. Es wird zum Hauptinstrument der Klassik und des 19. Jh. (Hausmusik, Virtuosentum).
Die Stilentwicklung führt auch zur Trennung der Literatur für Orgel und Klavier. Die Orgel verliert in der Klassik völlig an Bedeutung (Starrheit des Tones, barocke Klangfülle). Erst das 19. Jh. wendet sich ihr wieder zu.

Galanter und virtuoser Stil

In Frankreich und Italien zeigt sich kein Bruch in der Entwicklung der Klaviermusik um die Jahrhundertmitte, sondern ein Übergang vom Barock über das Rokoko in die Klassik. Die Lebendigkeit und Spontaneität der Opera buffa trägt ebenso dazu bei wie die Entwicklung eines virtuosen, glänzenden Instrumentalspiels. Hier steht schon im Spätbarock homophon-melod. Denken der roman. Völker, des Südens, gegen polyphon-harmonisches des Nordens.

Die 8 Klaviersonaten im *homophonen Stil* von DOMENICO ALBERTI (um 1710–40, Venedig, Rom) sind typisch. Zu leichter Melodik mit eingängiger Motivwiederholung in der r. H. spielt die l. H. (General-)Bässe ohne Akkorde: F-Dur, C-Dur, d-Moll, F-Dur sind auch ohnedies klar. Wichtig dagegen ist der rhythmische Fluss: Achtel, dann Sechzehntel. Die (Gb.-)Akkorde erscheinen ab T. 4 arpeggienartig. Als sog. *Harfen-* oder *Alberti-Bässe* treten sie bald überall auf (Abb. A). Rhythmisch entsprechen ihnen die sog. *Murky-Bässe* (Oktavtremoli).

Ein zarter, feinsinniger Ton erscheint in den 51 Sonaten B. GALUPPIS (1706–85, s. S. 343). Deren 1 bis 4 Sätze, in zweiteiliger Anlage und wechselvollem Charakter, führen die Kirchensonate fort (Abb. B). GALUPPI verbindet hier empfindsame Melodik und grazile Figuration mit einer spielerisch leichten Pseudopolyphonie (Mittelstimme) über ruhigem Bassfundament (Nb. B). Ausdruck und Bewegungscharakter seiner Sonaten sind erfüllt von unmittelbar menschl. Aktion (GALUPPI war Opernkomponist).

Empfindsamer Stil

Expressive Melodik vertreibt die rokokohaft tändelnde Ornamentik. Seufzerfiguren, Dur-Moll-Rückungen, entlegene Tonarten bringen gefühlsbetonte, fantasiestarke Züge. Dem literar. Sturm und Drang erwächst hier eine musikal. Parallele. Führend ist

CARL PHILIPP EMMANUEL BACH (1714–88), ab 1740 Cembalist FRIEDRICHS II. in Berlin, ab 1768 Musikdirektor in Hamburg (nach TELEMANN); umfangreiches Werk.

Die Sonaten sind meist dreisätzig (ohne Tänze), wobei der Kopfsatz aus einem 1. Teil (Exposition), einem Mittelteil (eine Art Durchführung) und einer Reprise besteht. Nur wenige Sonaten wurden gedruckt: 6 *Preußische Sonaten* (1742), 6 *Württembergische Sonaten* (1744), 6 Sonaten im *Versuch* (1753, s. u.), 6 *Amaliensonaten* mit veränderten Reprisen (1760).
Die Rondos und Fantasien erschienen in den Sammlungen *für Kenner und Liebhaber* (1779–87). Die wohlgeordnete, oft symmetr. Vielteiligkeit der Rondos steckt voller Kontraste, wobei Wiederholungen geistreich variiert werden (Abb. C). Auch die Themen selbst sind voll innerer Unruhe.

So die anspringende Geste in Thema A (Nb. C), die synkop. Begleitung, die dramat. Abrisse und Pausen (T. 2/3, stacc.), die dynam. Extreme und harmon. Verdichtungen (verm. Akkorde, T. 3/4). Das Mittelthema C (T. 36) kontrastiert.

Diese Musik ist in hohem Grade subjektiv. Der Komponist spricht sich aus im *»redenden Prinzip«:* freie Stellen in Art eines Rezitativs auf dem Klavier, bes. in der rhapsod. Form der Fantasie (Improvisation).

BACH klagt, *»daß man Fantasien verlangt, ohne sich zu bekümmern, ob der Clavirist in dem Augenblicke dazu genugsam aufgeräumt ist oder nicht«* (1753). Das sind neue Momente: Subjektivität und Gestaltung des Augenblicks.

Eine Fantasie heißt sogar: *»C. Ph. E. Bachs Empfindungen«* (1787). Sie beginnt in der fernen Tonart fis-Moll, aber noch im Takt gebunden; dann sprengt der Fluss der Empfindungen das feste Metrum: über 2 Seiten hinweg fehlt jeder Taktstrich. Schon das Notenbild wirkt extrem (Nb. D).

C. PH. E. BACH löste sich vom Vorbild seines Vaters (den er hoch achtete) und schuf einen eigenen Stil. Seine Zeit verstand unter BACH ihn, nicht JOH. SEB. Ein wertvolles Dokument zur Musik und Aufführungspraxis ist sein Lehrbuch *»Versuch über die wahre Art, das Clavier zu spielen«* (1753). Ihm folgen Klavierschulen von G. S. LÖHLEIN (1765–81), D. G. TÜRK (1789), A. E. MÜLLER (1804).

A J. Schobert, Sonate Es-Dur, vor 1767, Menuett

B J. Ch. Bach, Sonate G-Dur, op. 17, IV, vor 1782, Beginn

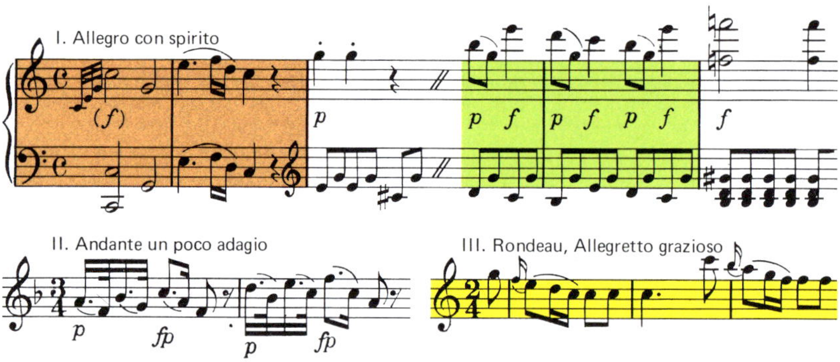

C W. A. Mozart, Sonate C-Dur, KV 309, 1777, I. Satz, Beginn; II. Satz »Rose Cannabich«; III. Satz, Finale

Andante ₵, d, 11 T.	Adagio ₵, d, 22	Presto	Tempo primo 9	Presto	T. p. 10	Allegretto 2/4, D, 32		(T. p.) 21

D W. A. Mozart, Fantasie d-Moll, KV 397, 1782, Aufbau und Beginn

- singendes Allegro (gelb)
- Unisono-Beginn (braun)
- Mannheimer Manier (grün)
- rhythmisch fest (blau)
- frei im Tempo, Kadenz (orange)

Entwicklungen in Satz und Ausdrucksdichte

Im Süden, bes. in Wien, bildet sich ein eigener Stil heraus mit ital. Einflüssen: unterhaltender Suiten- und Divertimentocharakter in leichtem, brillanten Klaviersatz.

Georg Chr. Wagenseil (1715–77), FUX-Schüler, Hofkomponist und Klavierlehrer der kaiserl. Familie in Wien; gedr. u. a. *Divertimenti* für Cembalo (1753, 1761). In seine Sonaten nahm er das Menuett aus der Suite auf, meist als heiteren Schlusssatz.

J. Haydn komponierte bis 1795 über 50 Klaviersonaten, dazu Klavierstücke, Variationen usw. Er nimmt Stileinflüsse auf, experimentiert im Blick auf Technik, Form, Gehalt.

Seine frühen Sonaten heißen noch *Partiten* und gehören mit ihrem Menuett als letztem oder vorletztem Satz in die Wiener Tradition unterhaltender Cembalomusik. Die Sonaten ab etwa 1770 spiegeln den *Empfindsamen Stil* (Molltonarten, freiere Formen). Die Sonaten der 80er Jahre lassen MOZARTS Einfluss spüren (Melodik). Die späten Sonaten ab etwa 1790 sind charakterisiert durch Ideenreichtum in ständig veränderter Sonatensatzform.

HAYDNS Klavierwerk steht in seiner kompositor. Vielseitigkeit, seiner kultiv. Belcantomelodik und seiner geistreich-sperrigen Pianistik auf hoher Spannungsebene (gleichsam zwischen D. SCARLATTI und BEETHOVEN).

Eine andere Richtung, beeinflusst von der Orchesterkultur, nimmt das Klavierspiel in Mannheim und Paris.

Johann Schobert (um 1740–67), WAGENSEIL-Schüler, lebte ab 1760 als Kammercembalist des Prinzen DE CONTI in Paris. Er schafft eine Art *sinfon.* Klavierstil mit Klangbreite (Bässe, Terzen, Sexten) und gemäßigter Polyphonie (Nb. A).

Starken Einfluss auf den klass. Klavierstil hat der *Mailänder* oder *Londoner*

Johann Christian Bach (1735–82), jüngster Sohn J. S. BACHS; nach dessen Tod bei C. Ph. E. BACH in Berlin, ging 1756 nach Mailand (Kapellmeister), Unterricht bei PADRE MARTINI in Bologna, konvertierte und wurde 1760 Domorganist in *Mailand.* Neben Kirchenmusik entstanden erfolgreiche Opern im ital. Stil. Ab 1762 lebte er in *London.* Dort gründete er mit dem Gambisten C. F. ABEL 1764 eine Konzertreihe (S. 393); schrieb Opern, Oratorien, über 90 Sinfonien, Konzerte, Kammer-, Klavier- und KM (MOZART-Einfluss, S. 391).

Charakteristisch ist J. CHR. BACHS *singendes Allegro:* eine anmutige, ital. gefärbte Melodik. In Nb. B geben Auftakt und Synkope der Melodie Schwung und Leichtigkeit, getragen von der pulsierenden Begleitung.

W. A. Mozart war einer der besten Pianisten seiner Zeit. Er bevorzugte das Hammerklavier, nicht mehr das Cembalo. Ein kleines Clavichord diente ihm noch als Üb- und Reiseinstrument.

MOZART war bekannt für seine *Improvisationen.* Die komponierten Fantasien, Variationen, Präludien, Capriccios und die z. T. erhaltenen Kadenzen in seinen Klavierkonzerten vermitteln noch einen Eindruck davon.

Die *Klavierkompositionen* umfassen 18 Sonaten, 3 Rondos, 3 Fantasien, Var.; Sonaten und Var. für Klavier zu 4 Hdn., die Sonate für 2 Klaviere D-Dur (KV 448, 1781: wie ein glänzendes Konzert), die Fuge c-Moll (KV 426) u. a.

MOZART war durch Reisen und Literatur mit allen Klavierstilen seiner Zeit vertraut. Die MOZARTS besaßen z. B. eine Sammlung Klaviersonaten von HAFFNER in 12 Bänden (1760) mit bekannten ital. Komponisten wie SCARLATTI, SERINI, SAMMARTINI, PEROTTI, PESCETTI, RUTINI, PAMPANI, GALUPPI usw.

MOZARTS erste 6 **Sonaten** (KV 279–284, Salzburg und München 1774/75) zeigen Suiteneinflüsse, ältere Technik, dazu Vorbilder wie HAYDN, SCHOBERT und J. CHR. BACH, dessen *singendes Allegro* MOZART als Melodiecharakter in Italien selbst erlebte.

Die 6 *Mannheimer* oder *Pariser* Sonaten (KV 309 ff., 1777/78, ebenda) bringen *Mannheimer Manieren.* Typisch sind der orchestrale Unisono-Beginn und die dynam. Kontraste auf engstem Raum in KV 309 (Nb. C). Der Mittelsatz charakterisiert graziös CANNABICHS Tochter ROSE. Ein spielerisches Rondo-Finale schließt die Sonate ab (Nb. C, vgl. das Thema in Nb. B).

Die 3. Sonatengruppe, wiederum 6, jedoch mit größeren Abständen (KV 457, 533, 545, Anh. 135 u. 138 a, 570, 576, 1784–89), spiegelt den Hang zur Selbständigkeit jeder Sonate und MOZARTS wachsende Neigung zu kp. Arbeit (bes. in KV 570 und 576).

MOZARTS **Fantasien** verbinden Wiener Stil mit C. PH. E. BACHS ausdrucksstarker Empfindsamkeit.

Kadenzartige Episoden sprengen den mehrteiligen und abwechslungsreichen Aufbau der d-Moll-Fantasie von 1782.

Der düstere Charakter der einleitenden Akkorde, nach BACHSCHER Präludienmanier in Arpeggien aufgelöst (in Nb. D abweichend vom Original z. T. in Akkorden notiert), erfüllt barockes Klangspiel mit romant. Ausdruck, weist voraus auf BEETHOVEN und war im 19. Jh. sehr beliebt.

Dem schmerzl. d-Moll-Thema mit Seufzerfiguren lässt MOZART viel Raum, doch schließt er die Fantasie in einem verhaltenen, aber doch erlösenden Dur wie in einer Oper: man entlässt die zuhörende Gesellschaft nicht in trag. Stimmung.

MOZART hat fast alle Klavierkompositionen, auch die Violinsonaten und Klaviertrios (S. 370 f.), für den eigenen Vortrag komponiert. Mechan. Virtuosität (Läufe, Terzen usw.) waren ihm ebenso verhasst wie zu schnelles Spiel. Alles zielt auf Vermittlung eines harmon., tiefbelebten Schönheitsideals.

Exposition			Durchführung		Reprise			
Largo	Allegro	T. 41	Largo	Allegro	Largo...	Allegro	T. 171	T. 219
A, C Motiv ① ②	Bereich I d ③	II a ④ ⑤ ⑥	D, Gis, Fis ①	aus I u. II Modulation ③ ⑦	A – d, C – f ① Rez. ②	Einschub Modulation Akkorde	II d ④ ⑤ ⑥	Coda d Akkorde

- Sexten-Motiv
- Gegenmotiv
- Achse, Umspielung
- freie Stellen, Rezitativ

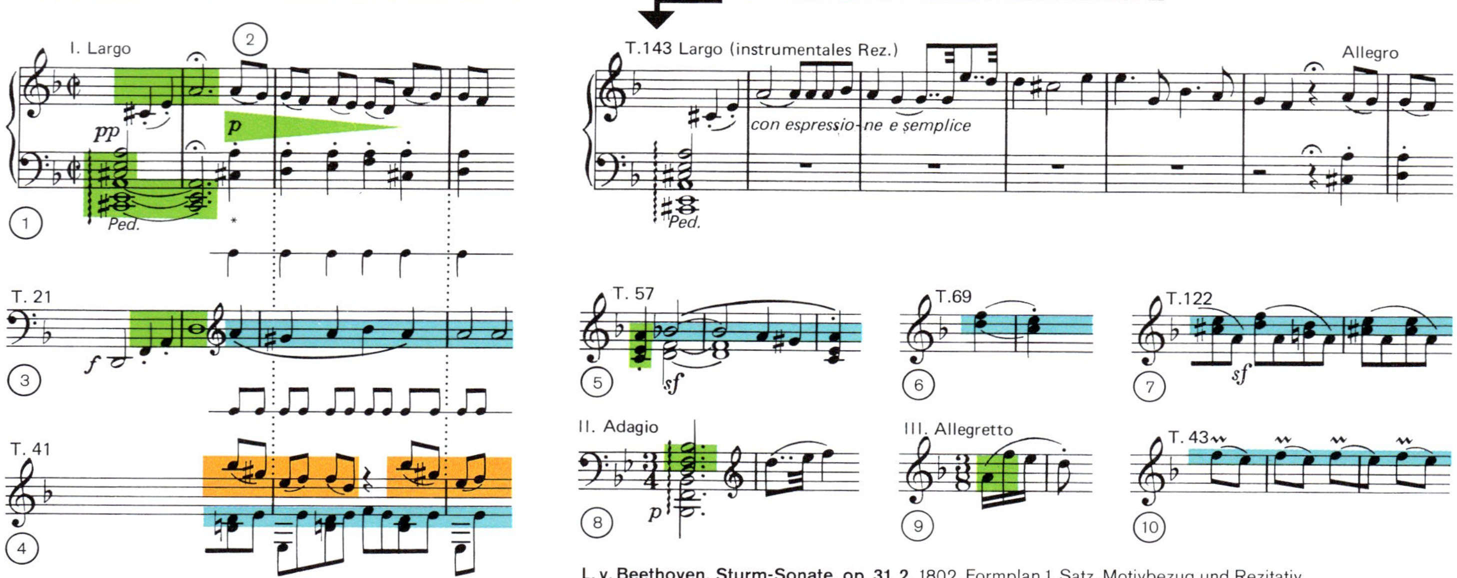

L. v. Beethoven, Sturm-Sonate, op. 31, 2, 1802, Formplan 1. Satz, Motivbezug und Rezitativ

Bekannte Klaviervirtuosen, -komponisten:
J. W. HÄSSLER (1747–1822);
MUZIO CLEMENTI (1752–1832), ab 1766 in London, auch Verleger, 106 Klaviersonaten, von BEETHOVEN sehr verehrt, viele Schüler (CRAMER, FIELD), Klavierschule *Gradus ad Parnassum* (1817).
IGNAZ PLEYEL (1757–1831), HAYDNS Schüler, Klavierbauer und Händler in Paris.
J. L. DUSSEK (1760–1812), Prag.
J. B. CRAMER (1771–1858), Mannh., London.
JOHANN NEPOMUK HUMMEL (1778–1837), Wien, ab 1819 Weimar, Schüler MOZARTS.
JOHN FIELD (1782–1837), *Nocturnes* (1812 ff.).
F. RIES (1784–1838), Schüler BEETHOVENS.
F. KUHLAU (1786–1832), Kopenhagen.
CARL CZERNY (1791–1857), Schüler BEETHOVENS, umfangreiches Etüdenwerk.

Ludwig van Beethoven
galt schon in seiner Zeit als überragender Pianist, Improvisator und Klavierkomponist. Sein Ausdruckswille und Klavierstil beeinflussten wesentlich das Klavierspiel des 19. Jh.
Improvisationen: *Fantasien*, in formaler Freiheit; *Kadenzen* zu Klavierkonzerten; *Variationen*, nach Typen (S. 156) und weit darüber hinaus, Thema oft nach Wunsch. – Vieles ging in die Kompositionen ein, teils mit deutl. Bezug wie in der *Sonata quasi una fantasia* (op. 27). Die Konzertkadenzen hat BEETHOVEN aufgezeichnet.
Kompositionen: 32 Sonaten; Klavierstücke wie Rondos, Tänze, *Für Elise* (1810); Bagatellen op. 33 (1802), op. 119 (1820/21), op. 126 (1823); 22 Var. (außer in Sonaten), bes.:
Eroica-Variationen Es-Dur, op. 35 (1802), 15 Var. und Fuge. Das Thema erscheint 4-mal:
- im 7. *Contretanz* für Orch. (1800–01);
- im Finale des Balletts *Die Geschöpfe des Prometheus* op. 43 (1801); hier ist der heroisch-poet. Gehalt des Themas klar;
- in den *Var.* op. 35 (s. o.; S. 398, Nb. B);
- im Finale der *Eroica* (1803; S. 387).

32 Variationen c-Moll, WoO 80 (1806), eine Chaconne über ein achttaktiges Thema.
33 Veränderungen über einen Walzer von A. Diabelli op. 120 (1819–23); DIABELLI gab als Verleger eine Slg. von Var. über ein eigenes Thema von verschiedenen Komponisten heraus (auch von SCHUBERT), doch scherte BEETHOVEN aus und schuf seinen Großzyklus (Spätwerkcharakter).

Außermusikalischer Gehalt
BEETHOVENS schöpfer. Fantasie ist rein musikalisch, aber oft von Außermusikalischem angeregt. Überwiegend dem rein musikal. Bereich entspricht im Klavierwerk eine Sonate wie op. 2 Nr. 1 in ihrer klass. Form (S. 106, Abb. C; S. 148, Abb. C). Außermusikalisches hingegen manifestiert sich in einer Sonate wie op. 31 Nr. 2 aus der Zeit der *»neuen Wege«* (1802). Sie mag hier als Beispiel dienen, wie außermusikal. Gehalt und rein musikal. Denken eine neue, individuelle Gestalt hervorbringen.

Auf SCHINDLERS Frage nach dem Schlüssel zu den Sonaten op. 31,2 und op. 57 soll BEETHOVEN geantwortet haben: *»Lesen Sie nur Shakespeares Sturm!«* Seither heißt op. 31,2 die *Sturmsonate*, op. 57 jedoch nicht *(Appassionata)*.

BEETHOVENS Antwort verweist auf einen außermusikal. Gehalt, eine poet. Idee in der Musik, nicht auf ein spezielles Programm.
Die musikal. Gestalt der Sonate erinnert nur von Ferne an die Sonatensatzform (mit den späteren Begriffen Exposition, Durchführung und Reprise). Hingegen überrascht eine Fülle kontrastierender Ideen (Motive), die doch variativ zusammenhängen. Überall herrscht die klass. Einheit der Gedanken. Die Largo-Einleitung entspricht der Gattungstradition, verändert diese aber sogleich (Antithese *Largo – Allegro*). Neu ist auch die Wiederholung des Largo im Kopfsatz der Sonate als freie, fantasieartige Einschübe. Das unterstreicht seine Bedeutung, und tatsächlich enthält das Largo anfangs in nuce die ganze Sonate.
BEETHOVEN exponiert dort das motiv.-themat. Material. Das aufsteigende Sextmotiv 1 erscheint wieder im Hauptgedanken 3. Das kontrastierende und korrespondierende Motiv 2 bestimmt in seiner auftaktigen Viertelfolge den 2. Teil des Hauptgedankens 3 (T. 22: Umspielung des a^1 als Achse). Aber auch der auftaktige Achtelrhythmus von Motiv 2 erscheint wieder im Motiv 4 im Themenbereich II (Dominantebene, quasi 2. Thema, mit Achsenumspielung als Begleitung). Auch die Motive 5, 6 und 7 zeigen Beziehungen zum Anfang (s. Nb., Sextenmotiv, Halbtonumspielung). Das gilt sogar für die Hauptmotive des II. und III. Satzes (Ziffern 8, 9, 10 mit Sextstrukturen und Tonbeharren wie Achsenumspielung). Je dichter dieser Zusammenhang, desto stärker die Wirkung einer besonderen, aus der instrumentalen Sonatensatzform ausbrechenden Stelle:

Vor der Reprise, also an einer zum Bruch neigenden Übergangsstelle, erklingt ein *instrumentales Rezitativ*. Hier spricht sich das Außermusikalische ungewöhnlich deutlich aus: über einem pedalisierten Akkord erhebt sich gleichsam eine *Stimme*, textlos, aber als ob ein Text vorhanden wäre (Nb. T. 143 ff.).

Das Instrumental-Rezitativ selbst ist seit C. PH. E. BACH nicht neu (S. 363), doch verstärkt BEETHOVEN hier mit ihm die Dramatik des klass. Sonatensatzes und lässt dessen Charaktere *»sprechend«* hervortreten.
Der Hinweis auf SHAKESPEARES *Sturm* als authent. Schlüssel zum Werk beweist das dramat. Moment auch mit BEETHOVENS Worten. Die Musik spricht die Fantasie des Hörers auch ohne dieses Wissen dramatisch an.

op. 2, 1–3	f, A, C	1793-5
op. 7	Es	1796-7
op. 10, 1–3	c, F, D	1795-8
op. 13	c	1797-8
op. 14, 1–2	E, G	1798-9
op. 22	B	1800
op. 26	As	1800-1
op. 27, 1–2	Es, cis	1800-1
op. 28	D	1801
op. 31, 1–3	G, d, Es	1802
op. 49, 1–2	g, G	1795-8
op. 53	C	1803-4
op. 54	F	1804
op. 57	f	1804-5
op. 78	Fis	1809
op. 79	G	1809
op. 81a	Es	1809-10
op. 90	e	1814
op. 101	A	1816
op. 106	B	1817-8
op. 109	E	1820
op. 110	As	1821-2
op. 111	c	1821-2

früh / mittel / spät

A **Die Klaviersonaten**

B **Appassionata,** op. 57

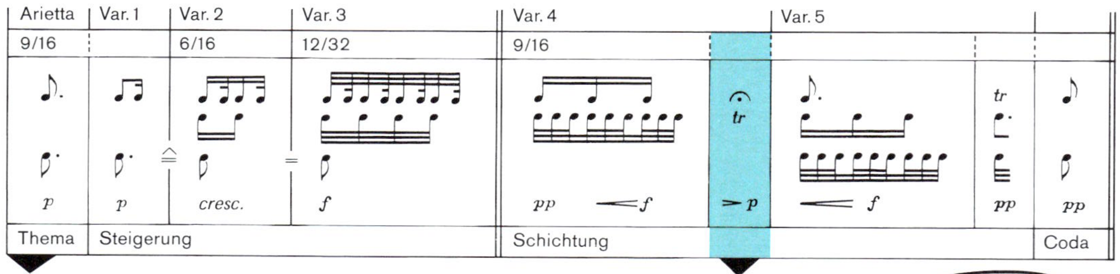

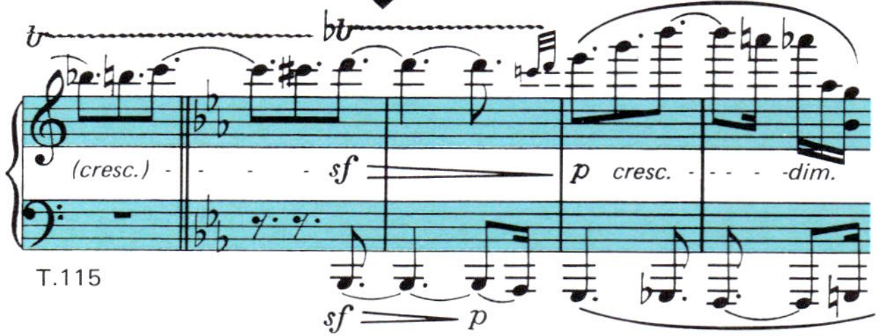

Kadenz Klangeinbruch

C **Sonate op. 111, 2. Satz**

Beethoven: Klaviersonaten

In BEETHOVENS Gesamtwerk stehen zentral die 32 **Klaviersonaten.** Ihre Entwicklung sei hier an ausgewählten Beispielen verfolgt.

op. 2, 1–3: Bonner Skizzen, HAYDN gewidmet, klass. in Viersätzigkeit und Gestalt (S. 106, 148). Die Sonate Nr. 3 zeigt den Klaviervirtuosen BEETHOVEN, mit Terzen, Oktav- und Sextakkordpassagen, konzerthafter Kadenz im Kopfsatz, romantisch entfernten Tonarten (2. Satz: Mediante E-Dur) und brillanten Trillerketten im Finale.

op. 13: in c-Moll, erhielt ihren Namen *Pathétique* schon in der Originalausgabe (von BEETHOVEN?), vor allem wegen ihres Kopfsatzes mit der langsamen Einleitung, die die punktierten Rhythmen der frz. Ouvertüre, barocker Topos für Pathos und Würde, in klass. Dimensionen überträgt.

op. 14, 1–2: Nr. 1 hat BEETHOVEN auch als Streichquartett übertragen (F-Dur, 1801–02).

op. 26: Auf der Suche nach neuen Formen ersetzt BEETHOVEN den übl. Sonatenkopfsatz durch Variationen. An der Stelle des langsamen Satzes steht der berühmte *Marche funèbre sulla morte d'un Eroe* (Trauermarsch). Das Klavier imitiert Orchesterklänge mit Paukenwirbeln und Fanfaren (BEETHOVEN hat den Satz 1815 selbst instrumentiert).

op. 27, 1–2: Beide Sonaten sind je als *Sonata quasi una Fantasia* bezeichnet. Wachsendes Ausdrucksbedürfnis und Fantasie sprengen hier die klass. Formenwelt und leiten richtungweisend das neue Jh. ein (EZ: 1800–01). Charakteristisch ist die Namengebung *Mondscheinsonate* für op. 27,2 durch L. RELLSTAB, der sich zu den Klängen des 1. Satzes den *»Vierwaldstätter See bei Mondschein«* vorstellte und damit eine außermusikal. Idee mit BEETHOVENS Sonate verband. LISZT nannte den Mittelsatz *»eine Blume zwischen zwei Abgründen«*, und zahlreich sind die Spekulationen, BEETHOVEN schildere in der Sonate die unglückl. Liebe zu seiner Schülerin GIULIETTA GUICCIARDI, der die Sonate gewidmet ist. In der Tat regt BEETHOVENS Musik die Fantasie an und deutet über sich hinaus auf andere, allerdings selten spezifizierte Bereiche. Der 1. Satz erinnert im Übrigen an die Sterbeszene des Komturs in MOZARTS *Don Giovanni,* mit fast den gleichen Klängen (auch Triolen, *alla breve*).

op. 31, 1–3 (mit *Sturmsonate*) s. S. 366 f.

op. 57 *(Appassionata):* hier steigert BEETHOVEN die kompositor. Dimensionen und die klangl. Möglichkeiten des damaligen Klaviers bis zur Grenze. Er verlässt geltende ästhet. Kategorien und tauscht herkömml. Schönheit gegen neuen Ausdruck.

So bricht im *pp* überraschend die größtmögl. Klangmasse herein: vollgriffige, aufsteigende f-Moll-Akkorde, synkopisch gegen die Bässe belebt, zerreissen die themat. Linie und Atmosphäre brüsk (Nb. B). Aber auch Zusammenhang wird gestiftet: aus der Gegenbewegung zum düster absteigenden 1. Themenkopf (f-Moll) ersteht zart aufsteigend das 2. Thema (As-Dur, dolce; Nb. B).

op. 81 a (*Les Adieux*): gehört zu den Sonaten mit Programm: *Abschied* im 1., *Abwesenheit* im 2. und *Wiederkehr* im 3. Satz. Der Themenkopf bildet sich aus der Deklamation der Worte »Lebe wohl«, über den Noten vermerkt (zugleich 2-st. Posthornmotivik). Der 2. Satz wird als ergreifender Klagegesang gestaltet, der 3. Satz als lebendiger Aufschwung. Die Sonate entstand in den Kriegswirren zwischen Mai 1809 und Januar 1810 während der Evakuierung der kaiserl. Familie nach Ofen. Orig.-Titel: *»Der Abschied«* (durchstrichen:) *»Das Lebewohl« – am 4ten Mai – gewidmet und aus dem Herzen geschrieben S. K. H.* (Seiner Kaiserl. Hoheit).

Die letzten 5 Sonaten, ab **op. 101** (1816), rechnet man zum *Spätwerk* (Abb. A). Alle späten Sonaten haben einen Zug zum polyphonen Denken. Extrem erscheint hier die *Große Sonate für das Hammerklavier,* **op. 106,** die nach sinfon. Dimensionen der ersten drei Sätze mit einer großen Fuge schließt. Diese Fuge erfüllt die kp. Tradition mit zeitgemäßem Ausdruck und wandelt sie zu neuer Gestalt (*»con alcune licenze«*). Ähnlich verfährt BEETHOVEN in der Schlussfuge der Sonate **op. 110** mit ihrem eingebetteten Rückgriff auf den langsamen Satz. Der Mittelsatz von op. 110 ist ein *Klage-Rezitativ* mit Belcanto- Einfluss (*Messa di voce*).

Die letzte Sonate, **op. 111,** hat nur zwei Sätze, einen Sonatensatz in c-Moll mit langsamer Einleitung und fugierten Partien, und einen Variationensatz in C-Dur.

Den Variationen liegt ein Thema von größter Schlichtheit zugrunde, die *Arietta.* Auch sie zeigt liedhaft innigen Sprachgestus, ausgesungen im 9/16-Takt, mit weichem Auftakt (Nb. C).

Die Variationen gehen ohne Unterbrechung ineinander über. Die ersten 3 folgen dem Prinzip der Steigerung auf allen Ebenen: Spieltempo (durch Taktwechsel bleibt Achtel als Grundschlag erhalten), Rhythmik (Punktierungen), Dynamik, Klangmasse.

Nach dem Höhepunkt erscheint in Var. 4 eine Klangschichtung im *pp* mit gleichsam impressionist. Zügen wie der Anbruch eines neuen Zeitalters. Liniengeflecht (Polyphonie) tritt hinzu. BEETHOVEN führt in einer Kadenz zwischen Var. 4 und 5 das Thema über eine Trillerkette in extremste Regionen (5 Oktaven Abstand zwischen Oberstimme und Bass), Ausdruck für extremes menschl. Empfinden und Sein (Nb. C).

Die abgeklärte und sich doch lebendig steigernde Var. 5, zarte Trillergewebe um letzte Themenvarianten und eine schlichte Coda beschließen die Sonate. Mit ihr endet zugleich eine zentrale Gattung der Klassik.

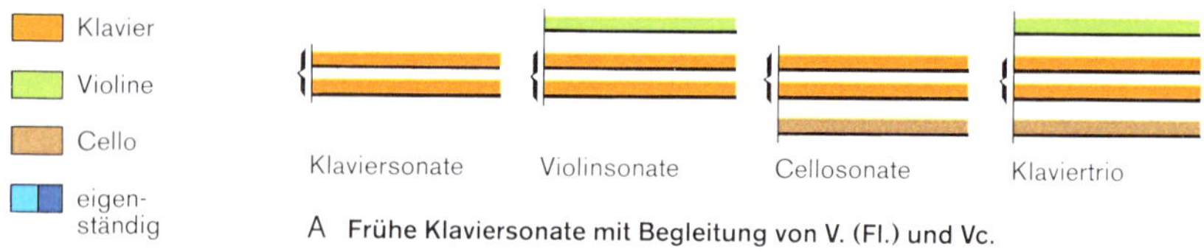

A Frühe Klaviersonate mit Begleitung von V. (Fl.) und Vc.

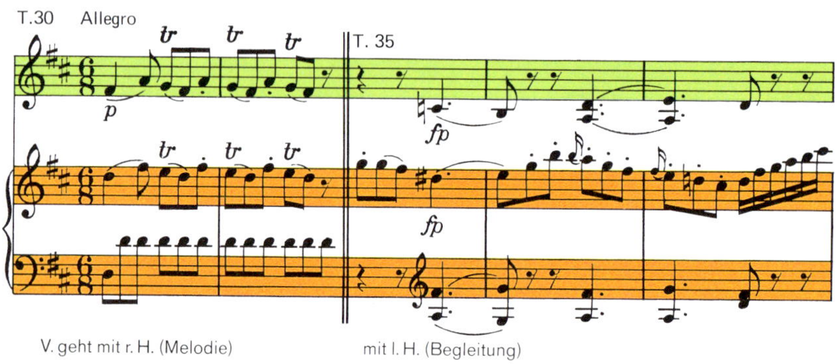

B **W. A. Mozart, Kurfürstinsonate, op. 1, 6, KV 306,** 1778, 3. Satz

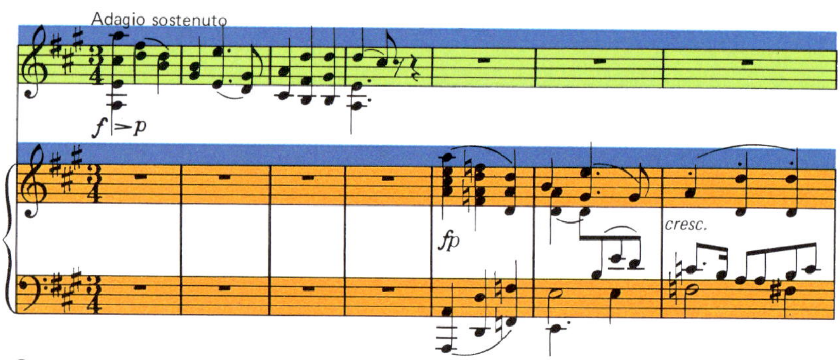

C **L. v. Beethoven, Kreutzersonate, op. 47,** 1803, Beginn

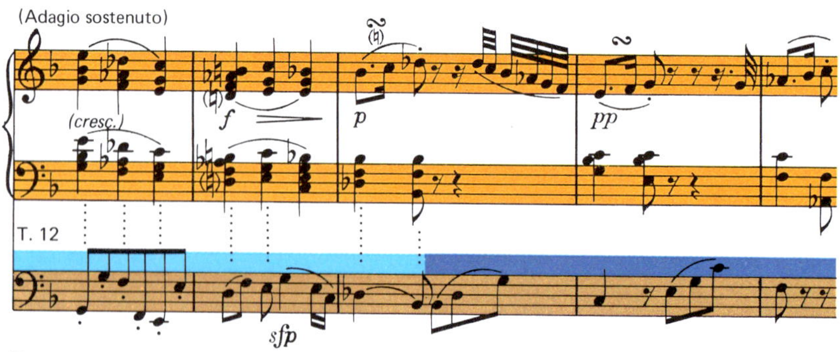

D **L. v. Beethoven, Cellosonate op. 5, 1,** 1796, 1. Satz

Strukturwandel

Kammermusik nimmt ihren Namen vom Ort ihrer Aufführung: nicht Kirche oder Theater, sondern die höf. Kammer, neben die im Laufe des 18. Jh. zunehmend auch die bürgerl. tritt. Ihre Besetzung ist stets solistisch. Ab der Klassik grenzt sich die Kammermusik auch von der aufkommenden Konzertmusik mit Chor, Orchester und großem Publikum ab. Sie wendet sich wie im Barock ihrem Wesen nach an einen kleinen Kreis von Kennern und Liebhabern. Daher erlaubt der Kammermusikstil auch *»mehr Ausarbeitung und Kunst ... als der Theaterstyl«* (QUANTZ 1752). – Im allg. zählt man die Sololiteratur nicht zur KaM, weil ihr das für sie charakterist. *Miteinander* fehlt.

Violine

Italien hat im 18. Jh. mit zunehmend virtuosem Spiel, instrumentaler Figuration und Melodik von ital. Schmelz eine lebendige Geigentradition. Es gibt Schülergenerationen wie G. TARTINI († 1770, Padua) – P. NARDINI (1722–93: Solosonaten, Capricen) – A. LOLLI (1730–1802), oder die *Piemonteser Geigenschule* mit G. B. SOMIS († 1763, Turin) – G. G. PUGNANI (1731–98, Turin) – G. B. VIOTTI (1755–1824, Turin, London, Paris). – F. GEMINIANI (1680–1762, Lucca) übte mit seiner Geigenschule *The Art of Playing on the Violin* (London 1751, frz. Paris 1752, dt. Wien 1785) u. a. mit systemat. Stricharten-übungen großen Einfluss aus.

Frankreich. Paris wird in der Klassik zum Zentrum des Geigenspiels, durch die Konzertreihen wie durch das 1795 gegründete Conservatoire. Führende Geiger:

J. J. MONDONVILLE (1711–72), Flageolett;

PIERRE GAVINIÈS (1728–1800), ab 1796 am Conservatoire; seine *Vingt-quatre matinées* (1800) gelten als Standardetüden;

G. B. VIOTTI (s. o.) erregte Aufsehen seit seinen Auftritten in den *Concerts* 1782/83;

P. RODE (1774–1830), VIOTTI-Schüler, 24 Capricen durch alle Tonarten;

R. KREUTZER (1766–1831), Versailles und am Conservatoire, berühmte Lehrwerke *Méthode de violon* (1803, mit RODE und BAILLOT), *40 Etudes ou Caprices* (~ 1807); BEETHOVEN widmete ihm Sonate op. 47.

Stilbildend für das moderne Violinspiel war auch die Erfindung des TOURTE-Bogens (S. 40, Abb. B), der eine federnde Bogentechnik erlaubte.

Deutschland/Österreich: Böhmische Geiger kamen im 18. Jh. in den Westen, so FRANZ BENDA (1709–86, Bruder des Singspiel-BENDA GEORG) ab 1733 in der Kapelle FRIEDRICHS II. in Neuruppin bzw. Berlin; ebenso JOHANN STAMITZ, Mannheim (S. 381) und seine Söhne CARL und ANTON. In Salzburg schrieb LEOPOLD MOZART (1719–87) seinen *Versuch einer Gründlichen Violinschule* (1756), die die ältere ital. Geigentechnik (TARTINI, LOCATELLI) vermittelte.

J. Haydns Werke für Violine sind zahlreich: Sonaten für V. und Klav.; Duos für 2 V., V./Va. oder V./Vc.; Trios für 2 V./Vc.; u. a.

W. A. Mozart komponierte schon 1762–66 16 Sonaten für V. und Kl., KV 6 ff. (seine 1. gedr. Werke: *op. I,* Paris 1764). Der Klavierpart dominiert, Vater LEOPOLD begleitete seinen Sohn auf der V., dem Brauch der Zeit entsprechend. Es sind eigentlich Klaviersonaten mit Violine ad lib.: *Sonates pour le clavecin qui peuvent se jouer avec l'accompagnement de violon* (bei op. III sogar *V. oder Fl.* und *Vc. ad lib.,* Abb. A). Typisch sind HÜLLMANDELS Sonaten op. 6 für Klavier und Violine *ad lib.* (1882), und op. 9 für Violine *obligé* (1787). Mozart widmete 1778 in Mannheim der Kurfürstin von der Pfalz 6 *Sonates pour le clavecin ou forté piano avec accompagnement d'un violon* (KV 301–306).

Noch häufig geht die Violine *colla parte* mit der r. H. des Klaviers, teilweise in Untersexten begleitend (Nb. B, T. 30), oder sie ergänzt die Begleitung der l. H. (T. 35), häufig aber duettieren die Instrumente.

Duettieren und Konzertieren nehmen in den späteren MOZART-Sonaten noch zu, ebenso wie der Hang zur Polyphonie (KV 454, 526). MOZART schrieb auch Duette für V. und Va. (in G und B, KV 423, 424; 1783), alle wie die Violin- und Klaviersonaten dreisätzig.

Beethoven komponierte seine 10 Violinsonaten für gleich starke Partner: op. 12 (D, A, Es, 1797–98), op. 23 (a, 1800), op. 24 (F, 1801, *Frühlingssonate*), op. 30 (A, c, G, 1802), op. 47 (A, 1803, *Kreutzersonate*), op. 96 (G, 1812).

Die langsame Einleitung der *Kreutzersonate* beginnt mit großem Violinsolo, dem das Klavier solistisch antwortet: orchestrale Klangbreite (Nb. C); wie ein *großes Konzert* (BEETHOVEN).

Von BEETHOVEN stammt das Duett *mit 2 obligaten Augengläsern* für Va./Vc. in c (1798).

Violoncello

Das Violoncello löste sich in der 2. Hälfte des 18. Jh. von den Gb.-Aufgaben und entwickelte sich zum Soloinstrument. Unter den Cellisten ragt hervor:

LUIGI BOCCHERINI (1743–1805), Lucca, Madrid; viele Kompos. für FRIEDRICH WILHELM II. in Berlin. Ferner:

JEAN LOUIS DUPORT (1749–1819), Paris, u. a. Vc.-Schule *Essai sur le doigter du violoncelle et la conduite de l'archet* (1770).

JEAN PIERRE DUPORT (1741–1818), Bruder des J. L., 1. Cellist am Berliner Hof.

BEETHOVENS Sonaten op. 5, 1–2 in F und g (1796) sind J. P. DUPORT gewidmet.

Das Vc. bindet sich z. T. noch an den Klavierbass, umspielt die Töne aber souverän und geht eigenständig weiter (Nb. D).

BEETHOVEN schreibt für Vc. Var., ferner Sonaten op. 69 in A (1807), op. 102, 1–2 in C und D (1815), letztere mit Fugenfinale.

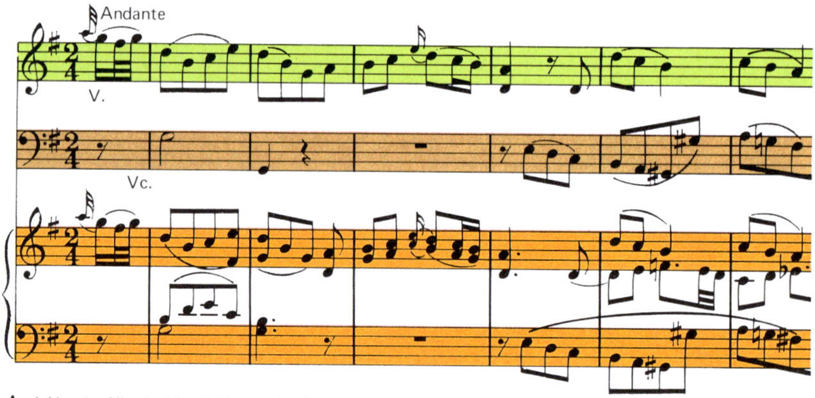

A **J. Haydn, Klaviertrio, G-Dur,** 1795, Beginn

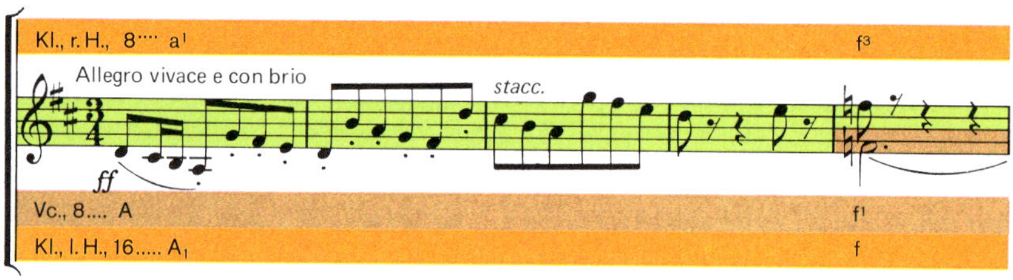

Exposition, Unisono aller Instrumente (über 3 Oktaven), dann Cellosolo

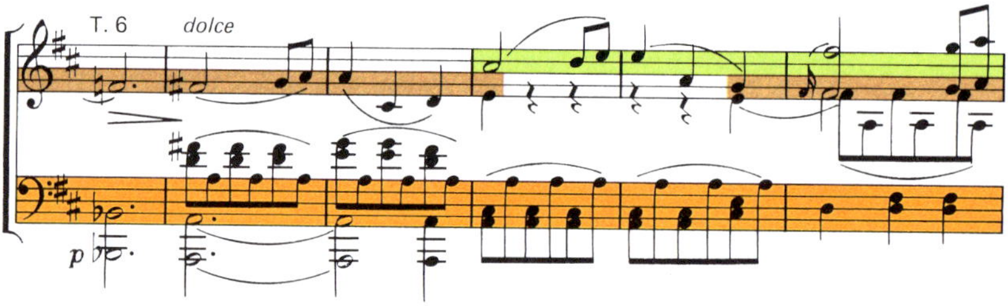

harmonischer Umschlag, Thema Vc., V., V. und Vc.

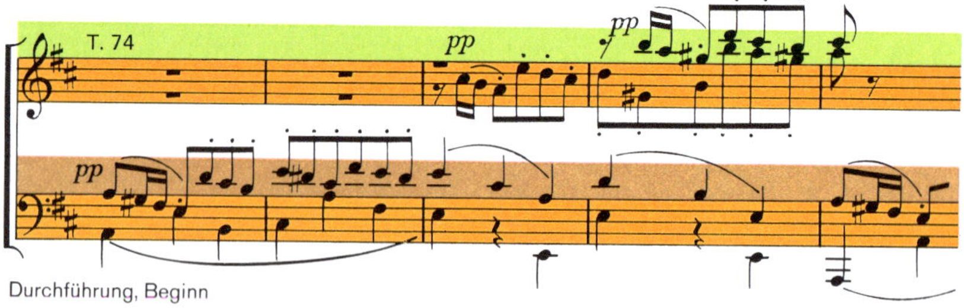

Durchführung, Beginn

B **L. v. Beethoven, Klaviertrio op. 70, 1 (Geistertrio),** 1808, Satzstrukturen

Violine Cello Klav.

Klaviertrio

Unter der Kammermusik mit Klavier nimmt das *Klaviertrio* für Klavier, Violine und Violoncello eine Standardstellung ein. Zu den Vorläufern dieser Triobesetzung gehört im Barock die Violin- oder Flötensonate mit obligatem Cembalo. Dahinter steht die Triosonate (S. 148, Abb. B). Das klass. Klaviertrio geht unmittelbar aus der Klaviersonate hervor, die sich ad lib. zum Duo oder Trio erweitern ließ, indem in der r. H. eine Violine und in der l. H. ein Cello mitgingen.

HAYDNS erste Klaviertrios (50er Jahre) heißen noch *Clavier-Sonaten mit Begleitung einer V. und Vc.* (vgl. S. 370, Abb. A).

Das Cello war diese Rolle vom Gb.-Spiel her gewöhnt. Es wirkte noch lange Klang verstärkend mit (noch bei MOZART), denn die Bässe der damaligen Klaviere waren schwach. Erst BEETHOVEN weist dem Cello und der Violine volle Selbstandigkeit zu.

Die unmittelbare Vorläuferschaft der Klaviersonate (nicht der barocken Triosonate) zeigt sich auch in der Dreisätzigkeit des Klaviertrios, erst bei BEETHOVEN ist sie 4-sätzig (S. 148, Abb. A).

Die Vorklassiker wie TOESCHI, RICHTER, SCHOBERT, L. MOZART, die BACH-Söhne, bes. C. PH. E. BACH, haben eine Fülle von solchen beliebig zu begleitenden Klaviersonaten geschrieben.

J. HAYDNS 41 Klaviertrios (auch für Fl.) zeigen starke Entwicklung, doch selbst ein spätes Trio wie das in G-Dur Hob. XV: 24 (1795) koppelt z. T. noch die V. an die r. H. und das Vc. an die l. H. des Klaviers (Nb. A).

HAYDNS frühe Trios sind ihrem Charakter nach noch überwiegend unterhaltende Musik: geistreiche, angenehme Divertimenti, wie es der süddt.-österreich. Tradition entspricht. Auch die späteren behalten noch viel von diesem Gusto.

W. A. MOZARTS Klaviertrios entstanden bis auf das Divertimento KV 254 (1776) in Wien: 1783 das Fragment d-Moll (KV 442); 1786 die Trios in G, B. (KV 496, 502); 1788 die Trios in E, C, G (KV 542, 548, 564); eine Besonderheit ist das *Kegelstatt-Trio* für Klarinette, Va. und Klavier, Es-Dur (KV 498; 1786, angebl. beim *Kegeln* entstanden).

MOZARTS Bezeichnung *Terzette* deutet auf Partnerschaft der Instrumente, doch *führt* das Klavier (MOZART schrieb die Trios für den Eigengebrauch, meist zu Konzerten in Gönner- bzw. Freundeskreisen).

BEETHOVEN gibt der Gattung Klaviertrio eine neue Dimension. Er veröffentlichte die ersten 3 als op. 1 (1800), nachdem er sie in Wien oft gespielt hatte. Der anspruchsvolle Titel *Große Trios* geht auf die frz. Bezeichnung *Grand Trio* zurück. Damit ist die große, virtuose Geste angesprochen, für BEETHOVEN auch die Richtung von unterhaltsamer zu bedeutender Musik.

Op. 1, 3, c-Moll, trägt dramat., spannungsvolle Züge. Es löst sich als frühes Werk am weitesten vom Vorbild HAYDN.

Das Trio op. 11, B-Dur (1798) komponierte BEETHOVEN für Klarinette, arbeitete die Stimme aber auch um für Violine. Nach langer Pause entstehen die beiden Trios op. 70 in D und Es (1808): eine neue Stufe an Klangsinn, Gestaltungsdichte und Aussagekraft.

Op. 70,1 beginnt mit einem aufbrechenden Unisono *(ff., stacc.)*, das sich über eine Klangbreite von 3 Oktaven (4 Stimmlagen) vom Kontra-A zum f^3 emporschwingt (Abb. B). Im Höhepunkt übernimmt das Cello die Führung *(solo)*. BEETHOVENS Idee zielt auf eine Verinnerlichung des Klanges, eine Binnendimension für musikal. Geschehen im Ton: Noch im f^1 des Cellos vollzieht sich ein gest. und harmon. Umschlag (d-Moll nach B-Dur/E-Dur) und der Übergang in einen *dolce*-Gedanken. Das Hauptthema enthält den Kontrast von 1. und 2. Thema bereits in sich. Die für das 2. Thema übl. Dominantebene wird erst in T. 43 erreicht, quasi als Coda der geballten Exposition. Das *dolce*-Thema tragen die Streicher abwechselnd und dann in Oktaven vereint vor (T. 7 ff.). Kontrastreiche kp. Arbeit der 4 Stimmen V., Vc., r. und l. H. des Klaviers zeigt auch der Beginn der Durchführung (Nb. B).

Das Trio ist dreisätzig. Dem Tremologeflüster im Mittelsatz verdankt es den Namen *Geistertrio*. E. T. A. HOFFMANN hat das Trio begeistert besprochen (AmZ 3. 3. 1813):

»dem unterschiedl. Charakter der 3 Instrumente gerecht, von höchstem kompositor. Kunstniveau, als nicht durch Worte eingeengte reine Instrumentalmusik der Phantasie unendlichen Raum gebend, daher typisch romantisch.«

Die 14 Klaviertrios von BEETHOVEN einschließlich der Variationen gipfeln im Erzherzog RUDOLPH gewidmeten op. 97, B-Dur (1811). Dimension, Fantasie und Ausdruck der 4 Sätze weisen voraus auf die großen Klaviertrios des 19. Jh. (S. 450, Abb. D).

Klavierquartette

erweitern das Klaviertrio um eine Bratsche. In den Klavierquartetten C. PH. E. BACHS kann die V. z. T. durch Fl. ersetzt werden. MOZARTS Klavierquartette entstanden für HOFFMEISTERS Subskriptionsreihe *Pour le pianoforte*, doch fand HOFFMEISTER das g-Moll-Quartett (KV 478; 1785) für das Publikum zu schwer. Das Es-Dur-Quartett (KV 493; 1786) schrieb MOZART daher ohne Auftrag für den eigenen Vortrag bei THUN in Prag. Die Tendenz zum Klavierkonzert ist unverkennbar.

BEETHOVENS einziges Klavierquartett op. 16 ist eine originale Umarbeitung des Bläserquintetts op. 16 (1796). Auch hier erhält das Klavier Kadenzen und virtuose Passagen.

A J. Haydn, Streichquartett op. 1,1, 1755, Satzfolge und Themen

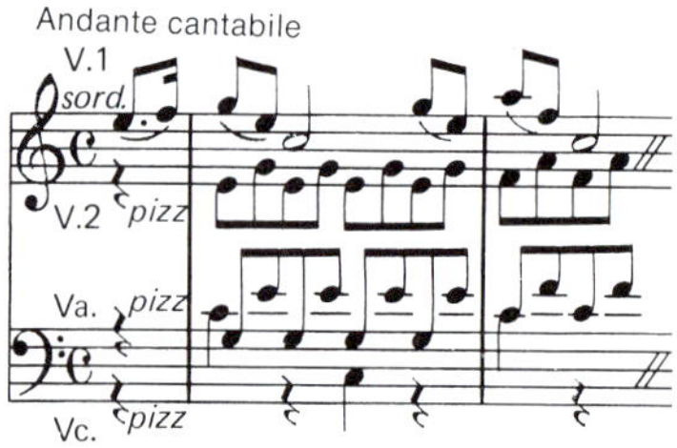

B R. Hoffstetter, gedr. 1767 als J. Haydn, op. 3,5, 2. Satz

C J. Haydn, op. 20,6, 1772, Finale

Beginn

Gestaltqualitäten des Hauptthemas

Durchführungstechnik

D J. Haydn, op. 33,2, 1781

Wachsende Stimmendifferenzierung und Satzqualität

Die Kammermusik für Streicher ohne Klavier, bes. das Streichquartett, gehört zum Eigensten, was die Klassik hervorgebracht hat. Anfangs noch in Divertimentocharakter, stehen am Ende dieser Epoche BEETHOVENS späte Streichquartette als dichte Substrate einer hohen Kunsttradition.

Im Streichquartett verbindet sich Individualität und Charakter der einzelnen Spieler zu einem harmon. Ganzen, in dem sich der Einzelne überhöht wiederfindet. Das reicht vom mehrtönigen Akkord, der nicht wie beim Klavier von der Hand eines Spielers, sondern von 4 Spielern zustande gebracht und nuanciert wird, bis zur gesamten Interpretation. In der Ganzheitsqualität liegt das Spezifikum des Quartetts. Diese Kammermusik entspricht in ihrem kontrastierend-harmon. Miteinander der idealen Weltsicht und dem hohen Menschenbild der Klassik.

Erweitert wird diese Erfahrung im durchsichtigen Streichtrio und im klanggesättigten Streichquintett (später auch Streichsextett).

Streichtrio

umfasst V., Va. und Vc. (zum Triosatz s. S. 378). HAYDNS Streichtrios bleiben wie seine Baryton-Trios Divertimenti, ebenso MOZARTS KV 563 (1788) und BEETHOVENS op. 3, op. 8 (Serenade) und op. 9 (alle vor 1800). Der für 3 Spieler berechnete Satz ist erstaunlich klangvoll (Doppelgriffe, S. 398, Abb. A).

Streichquartett

geht aus der barocken Triosonate hervor. Als der Gb. am Ende des Barock entfiel, musste man die Mittelstimme auskomponieren (*obligates Accompagnement,* anstelle der r. H. des Cembalisten). Die sonst nur verstärkende Bratsche erhielt neue Bedeutung (vgl. S. 148, Abb. B). Der Wegfall des Cembalos ließ den Streichersatz rein hervortreten. Noch lange finden sich aber in der Klassik bezifferte Bässe (sogar in MOZARTS Klavierkonzerten).

J. Haydn hat mit über 70 Streichquartetten (1755–1803) wesentlich die Gattung geprägt. Die frühen Quartette op. 1 und 2 (je 6), für den Hausgebrauch beim Freiherrn von FÜRNBERG in Weinzierl, wo außer HAYDN der Pfarrer (2. V.), der Verwalter (Va.) und ALBRECHTSBERGER (Vc.) mitspielten.

Die Satzfolge zeigt Serenadennähe: 5 Sätze, 2 Menuette; die Sätze selbst sind kurz (außer dem langsamen mit konzertanter 1.V.), das Finale ein einthemat. Kehraus-Presto. – Im Kopfsatz werden die typ. Kontraste der neuen Zeit sichtbar: *f-p*-Wechsel, kurzgliedrige Anlage, auftaktiger Unisono-Beginn, auftaktiges Weiterspiel, doch überraschend volltaktiges 2. Thema in kontrastierender rascher Abwärtsbewegung (Abb. A).

Op. 3 stammt nicht von HAYDN, sondern von dem Amorbacher Mönch ROMAN HOFFSTETTER. Es wurde dem bekannteren HAYDN im Verlagsprospekt von 1767 untergeschoben, ein damals typ. Vorgang (erst 1962 aufgedeckt).

Das Quartett steht ganz im Geschmack der Zeit, bes. das Ständchen mit seiner schlichten Melodik (1. V. mit Dämpfer) über den Gitarren imitierenden Pizzicati der übrigen Streicher (Nb. B).

Es folgen op. 9 (1769), op. 17 (1772) und op. 20 (1772, *Sonnenquartette),* je 6 Quartette, 4-sätzig mit Menuett, ernster, empfindsamer. Op. 20 schließen mit Fugen und Doppelfugen ganz barock (Stilbruch, folgt Quartettpause).

Die 6 *russischen Quartette* op. 33 (1781), dem russ. Großfürsten PAUL gewidmet, haben Scherzi statt Menuette (daher auch *Scherzi,* auch *Jungfernquartette* genannt) und sind, wie HAYDN dem Fürsten schreibt, *»auf eine gantz neue Besondere art, denn seit 10 Jahren habe ich keine geschrieben«.* Haydn meint damit die *themat. Arbeit.* die er hier erstmals aus der Sinfonik ins Streichquartett überträgt. *Thematische* oder *thematisch-motivische Arbeit* bedeutet, mit dem gegebenen Material zu arbeiten, ohne ständig neue Themen und Motive einzuführen. Ziel ist Verdichtung, Zusammenhang, Ausloten versch. Aspekte und lebendige Erfüllung der Charaktere. Vorbild ist die kp. Arbeit der monothemat. Barock-Fuge. Der neue Stil muss diese Kunst erst wieder erringen: technisch in kp.-themat. Sicht und gehaltlich als Metamorphose der Substanz, alles aber ohne zu barockisieren, sondern im neuen eigenen Gestus.

Zu Beginn von op. 33,2 erklingt das Hauptthema in V.1 über dem pulsierenden Klangteppich der übrigen Streicher. Es entfaltet sich aus nur 2 Motiven, die Rhythmus und Melodik bestimmen: a) Auftakt aus 2 Sechzehnteln oder 1 Achtel, melodisch als Quarte, Terz oder gar als Halbton variiert; b) Volltakt, melodisch als Quinte, Dreiklang, Terz verändert.

Das Thema bildet ausgewogene Korrespondenzen: dem Aufstieg im Vordersatz entspricht der Abstieg im Nachsatz (T.3), beide sich rhythmisch entsprechend (Abb. D). Die themat. Arbeit wird am deutlichsten in der Durchführung: Alle Instrumente bringen Motive des Themas in ständig neuen Positionen und Varianten (T. 44 ff.). Schwierige Harmonik, überraschende *sf.*, wechselnde Kopplung der Stimmen sind Zeichen musikal. Intensität.

In HAYDNS Quartettschaffen folgen die 6 Quartette op. 50 mit MOZART-Einfluss (Melodik; 1784–87), die *Sieben Worte* (1787, s. S. 359), je 3 Quartette op. 54/55 (1789), die 6 *Tostquartette* op. 64 (1790), je 3 *Apponyi-Quartette* op. 71/74 (1793), die 6 *Erdödy-Quartette* op. 76 (1797, darin Nr. 3 mit den Variationen über *Gott erhalte Franz den Kaiser),* die 2 Quartette op. 77 (1799) und das letzte Quartett op. 103 (1803) aus 2 Sätzen: er bekennt, seine Kraft gehe zu Ende.

Chromatik, Liedzitat und Spätwerkcharakter

Mozart. Die frühen Quartette von 1770–73 sind in Italien (KV 155–160; Vorbild SAMMARTINI) und in Wien (KV 168 ff.; Vorbild HAYDN) entstanden. Wie bei HAYDN folgt eine Quartettpause bis 1782. Die 6 *Haydn-Quartette* gehen von HAYDNS op. 33 aus und sind HAYDN als *»frutto di una lunga e laboriosa fatica«* gewidmet (Wien 1785): G-Dur, KV 387 (1782); d-Moll, Es-Dur, KV 421, 428 (1783); *Jagdquartett* B-Dur mit Hornmotiv, KV 458 (1784); A-Dur, *Dissonanzenquartett* C-Dur, KV 464, 465 (1785).

Die Dissonanzen erklingen in der langsamen Einleitung (Nb. A). Die Tonika C-Dur bleibt lange unbestimmt: Vc. beginnt solo mit c, Va. bringt as dazu, eine wohlklingende Sexte, die als f-Moll oder entfernteres As-Dur zu deuten ist. MOZART bestätigt durch es^1 in V.2 As-Dur. Doch folgt V.1 überraschend mit Querstand a^2 (gegen as), wobei Va. nach g mildert. Der dissonante Klang ist als Vorgriff auf die Doppeldominante D-Dur konzipiert, die in chromat. Linienführung durch V.2 es^1–d^1 und Va. g-fis erreicht und nach G-Dur aufgelöst wird. T.3/4 bekräftigt G-Dur, sodass es als neue Tonika erscheint, doch verdunkelt MOZART das Dur nach Moll durch b^2 in V.1 (Querstand zu h in Vc., Va. und V.2), in T.5 sogar mit des^3 in V.1 als tiefalterierte Quinte bzw. b-Moll oder Ges-Dur. Der Vorgang wiederholt sich sequenzartig über B nach As. – Das chromat. Liniengeflecht erzeugt eine dissonanzenreiche, zwischen Dur und Moll schwebende Harmonik: schmerzvoll, fragend.

Es folgt das Quartett D-Dur, KV 499 (1786), dann die 3 *Preuß. Quartette* für FR. WILHELM II. (Cellist). Der Cellopart ist reich *(Cello-Quartette):* D, KV 575 (1789), B, F, KV 589, 590 (1790); es sollten wohl 6 werden.

Beethoven. Die Streichquartette lassen sich in 3 Gruppen gliedern:

Die 6 **frühen Quartette** op.18 in F, G, D, c, A, B (1798–1800) verwenden z. T. Bonner Skizzen.

Die 5 **mittleren Quartette** op.59 (1805–06), das Harfenquartett Es-Dur op.74 (1809) und das *Serioso* f-Moll op.95 (1810).

In den 3 *russ.* oder *Rasumowsky-Quartetten* op.59 in F, e und C (dem russ. Gesandten in Wien, Graf RASUMOWSKY, gewidmet) übernahm BEETHOVEN 2 Melodien aus IWAN PRATSCH, *Sammlung russ. Volkslieder* (Nb. B). BEETHOVEN lässt der Fantasie weitesten Raum, fängt sie aber zugleich in klass. Gestalt ein, so, wenn er im Andante des C-Dur-Quartetts nach dem fernen Es-Dur sich scheinbar romantisch verliert (V.1 bis g^3, Vc. bis Cis), sich aber unmerklich statt in nebulöser Ferne in der Tonika a-Moll und in der Reprise wiederfindet (T.127–137). Das Finale ist eine rasante Fuge: *»Ebenso wie du dich hier in den Strudel der Gesellschaft stürzest, ebenso möglich ist's, Opern trotz allen gesellschaftlichen Hindernissen zu schreiben – kein Geheimnis sei dein Nichthören – auch bey der Kunst«* (Skizzen).

Die 5 **späten Quartette** op.127 Es-Dur (1822/24–25), Auftrag Fürst GALITZINS, op.132 a-Moll (1824–25), op.130 B-Dur mit *Großer Fuge,* op.131 cis-Moll (1825–26) und op.135 F-Dur (1826). Da die Fuge dem Verleger ARTARIA bei der UA zu lang vorkam, schrieb BEETHOVEN ein neues Rondofinale (seine letzte Kompos.). Die *Große Fuge* erschien als op. 133.

Es sei keine Kunst, eine Fuge zu schreiben. Doch in seiner Zeit müsse die Fuge mit einem neuen poet. Gehalt erfüllt werden (BEETHOVEN): so bes. die Fugen im Spätwerk.

Die *Große Fuge* arbeitet mit 4 Themen, die als unterschiedl. Varianten des 1. Themas in einer Ouvertüre vorweg exponiert werden (Abb. C). Die ineinander übergehenden Teile der Fuge sind bestimmt vom Charakter je eines dieser Themen. In ihrer Gegensätzlichkeit wirken sie wie die Satzfolge der späten Streichquartette selbst (Sonateneinfluss). Vor dem letzten Allegro erscheinen wie vor dem Finale in der 9. Sinfonie Reminiszenzen an Vorangegangenes, hier die Themen 3 und 4. Die ganze Fuge ist wie besessen von einer Idée fixe (dem Urthema, Punktierungen).

Aus op. 130 ragt ferner die *Cavatine* heraus, für BEETHOVEN *»die Krone aller Quartettsätze«* (Nb. C).

In den späten Quartetten steht einer erweiterten Freiheit in Anlage und Ausdruck (4–7 Sätze, Tempowechsel im Satz u. a.) die strenge 4-st. Struktur gegenüber. Motivverwandtschaften stiften Zusammenhänge. Außermusikalisches wirkt in einen Satz wie das Adagio des a-Moll-Quartettes hinein: *Heiliger Dankgesang eines Genesenden an die Gottheit, in der lydischen Tonart* (F-Dur ohne b).

Profaner, aber mit Hintersinn, die Entstehung des Hauptthemas im F-Dur-Quartett: »Muss es sein? – Es muss sein!« mit entsprechender Tongebung (S. 398, Abb. D).

BEETHOVENS späte Streichquartette verbinden polyphone Tradition, Dramatik des Sonatensatzes und Poetik eines neuen Zeitalters in der konzentrierten Form der Kammermusik. Das führt sie in eine Höhe und Abseitigkeit, die erst das Ende des 19. Jh. einholte.

Streichquintett

bietet größere Klangfülle. Der Cellist BOCCHERINI schrieb 125 Quintette, davon 113 mit 2.Vc., jedoch das 1. in hoher (Va.-)Lage, 12 mit 2. Va. Auch MOZART nimmt eine 2.Va. hinzu. Von seinen späten Quintetten in C und g (KV 515, 516; 1787), in D und Es (KV 593, 614; 1790/91) ist das g-Moll-Quintett bes. ausdrucksstark. BEETHOVEN schrieb 1 Streichquintett: C-Dur op.29 (1801, 2.Va.).

	Fl.	Ob.	Kl.	Fg.	Hr.	V.	Va.	Vc.	Kb.	Klav.
Bläserquartett		1	1	1	1					
	1		1	1	1					
	1	1	1	1						
Bläserquintett	1	1	1	1	1					
Harmoniemusik		2	(2)	2	2					
Flötentrio	1						1	1		
Flötenquartett	1					1	1	1		
Klarinettenquintett			1			2	1	1		
Septett			1	1	1	1	1	1	1	
Oktett			1	1	1	2	1	1	1	
Streichtrio				1	2	1	1	1	1	
Streichquartett				1	2	2	1	1	1	
Streichquintett				1	2	2	2	1	1	
				1	2	2	1	2	1	
Streichsextett						2	2	2		
Klaviertrio						1		1		1
Klavierquartett						1	1	1		1
Klavierquintett						2	1	1		1
						1	1	1	1	1
Bläser + Klav. Quartett			1	1	1					1
Bläser + Klav. Quintett		1	1	1	1					1

A **Besetzungen**

Freiluftmusik (grün) — Streichquartett (blau) — bis um 1770 ad lib. dazu (gelb)

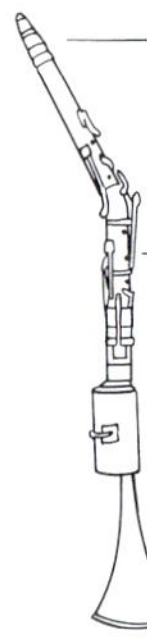

B **Bassetthorn,** Form um 1800

C **W. A. Mozart, Divertimento für 3 Bassetthörner B-Dur, KV 439 b,** 1783

D **W. A. Mozart, Klarinettenquintett A-Dur, KV 581,** 1789, Lagenspiel

Besetzungen, Klarinette

Kammermusik war noch bis um 1770 von Laien ausführbar, wobei oft nur die 1. Stimme (V., Fl.) Anforderungen stellte; später wird sie schwieriger und für Berufsmusiker konzipiert. Titel wie *Grand Trio, Trio concertant* usw. weisen auf schwierige Partien für jeden Spieler. Führend war hier Paris um 1780 (Cambini) mit Steigerung zum *style brillant* ab etwa 1800. Die Kammermusik tendierte trotz ihres Namens zur öffentl. Aufführung im Konzert.

Strukturwandel des Satzes
Die Zeit um 1750 kennt 2 Triosatzarten:
- den Satz der älteren ital. Triosonate mit 2 gleichwertigen Oberstimmen und Gb.;
- einen neuen 3-st. Satz, in dem die Oberstimme führt (V.1) und die andern begleiten (V.2, Bass). Als der Gb. wegfällt, gibt es diesen neuen Satz auch 4-st. als *Quadro* mit auskomponierter Mittelstimme (Va.).

Noch wie in der Triosonate denkt der Komponist in Stimmen, nicht in Besetzungen. Die Titel heißen entsprechend *Divertimento a tre parti* (für 3 Stimmen), oder einfach *a tre*, bzw. *Divertimenti a quattro* (Haydns frühe Streichquartette). Für das Quartett erklärt sich hieraus der große Unterschied zwischen V.1 und begleitender V.2 (mit Va. und Vc.).

Ad-libitum-Besetzungen
Über die Besetzung ist damit noch wenig gesagt. Stamitz' Trios op.1 konnten *solistisch* als Kammermusik oder *chorisch* besetzt als Orchestermusik aufgeführt werden (s. frühe Sinfonie, S. 381). Gelegentlich tauschte man die Violine gegen die Flöte aus (Flötentrio, -quartett). Ähnlich wie im Barock zum Gb. traten noch bis um 1770 zum Trio-, Quartett- oder Quintettsatz nach alter Sitte beliebig andere Instrumente hinzu: Fg. und Kb. zum Vc. (die Komponisten rechneten z. T. mit der Oktavverdopplung), Hörner zur Mittellage (Harmonie füllende Stütztöne), seltener Fl. oder Ob. zur Oberstimme (Abb. A). Das Streichsextett ging aus gezielter Vermehrung des Streicherklanges hervor und kennt diese *Ad-lib.*-Besetzung nicht mehr.
Will der Komponist Veränderungen oder Wegfall einer Stimme ausschließen, so vermerkt er zur Stimme: *obligato* oder *concertante*. Die Entwicklung führt zu gesteigertem Anspruch der Stimmen und zur großen konzertanten Kammermusik (s. o.).
Noch lange spielt Cembalo oder Klavier *ad lib.* den Gb. mit, eine *Unsitte* (Petri, 1782).

Harmoniemusik
gehört eigentlich zur Freiluftmusik. Sie ist in der 2. Hälfte des 18. Jh. in Süddeutschland und Österreich sehr beliebt als viel(5)-sätziges Bläserdivertimento (*Partita, Partia, Feldpartie*). Üblich waren 2 Ob., 2 Hr., 2 Fg., dazu 2 Klar., so z. B. Beethovens Bläseroktett von 1792 (erst 1830 als op.103 gedr.), das er als Tafelmusik *(Parthia)* für den Kurfürsten geschrieben hatte und in Wien zum Streichquintett op.4 verdichtete. Harmoniemusik erklingt auch als Tafelmusik im *Don Giovanni* (*Figaro*-Zitat), als Gartenmusik in *Così*. Es gibt viele Arrangements, sogar Opern wurden *»auf Harmonie gesetzt«* (Mozarts *Entführung*, Brief 20. 7. 1782).
Die Harmoniemusik gehörte fest zum Hofe, wobei es vorkam, dass ein Hofgärtner das 2. Fg. blies. Sie wurde aus der Kavalleriekasse bezahlt und ging nach 1800 lückenlos in die Militärmusik über: man besetzte alle Stimmen doppelt und dreifach und nahm Schlagzeug dazu (Militärkapelle, ital. *banda)*.

Standardbesetzungen
lösen ab etwa 1780 die *Ad-lib.*-Besetzungen ab. Es gibt **Duos** für 2 Fl. (beliebt auch Arrangements dafür, z. B. *Don Giovanni*), **Flötentrios, Flötenquartette** (C. Ph. E. Bach, Mozart) sind mit Streichern gemischt (Fl. statt V.1; seltener Ob.). Beim **Klarinettenquintett** tritt die Klarinette zum vollständigen Streichquartett hinzu (Abb. A).
Mozarts spätes A-Dur-Quintett nutzt alle Register und Klangfarben der Klarinette von dunkler Tiefe bis zu strahlender Höhe für ein ausdrucksstarkes und abwechslungsreiches Spiel (Nb. D).

Mozart hatte eine Vorliebe für das Experimentieren mit Klarinetten und Bassetthörnern (alte Form, Abb. B). So entstanden die 5 Divertimenti KV 439 b (Nb. C). Erstmals verwendet er Bassetthörner in der *Gran Partita* B-Dur KV 361 (1783–84; S. 146, Abb. C). Für Klarinette schrieb er auch das *Kegelstatt-Trio* (S. 373).

In Beethovens **Septett** treten Hr., Kl. und Fg. zum Streichtrio mit Kb., in Schuberts **Oktett** zum Streichquartett mit Kb. (Abb. A). Das **Bläserquartett** geht aus der Harmoniemusik hervor: solistisch besetzt mit anspruchsvoller Literatur. Ein solches Bläserquartett verbindet Mozart in dem von ihm selbst hochgeschätzten *Quintett* Es-Dur, KV 452 (1784), mit Klavier, was Vorbild für Beethovens op.16 wurde (S. 373).

Das Bläserquartett gibt es auch mit Fl. statt Ob. oder als reines Holzbläserensemble ohne Hr. (Abb. A).

Das **Bläserquintett** (mit Horn) kam bes. in Paris ab etwa 1810 auf, vor allem durch

Anton Reicha (1770–1836), Prag, Bonn, ab 1808 Paris, schrieb 28 Bläserquintette, 24 Horntrios (3 Hr.) u. a.

Neben den bekannten Werken der großen Meister gibt es eine Flut von Kammermusik (auch für Gitarre, Harfe u. a.) von kleineren, damals aber oft berühmten Komponisten wie Vanhal, Hoffmann, Wranitzky, Krommer, Deforges, J. Schmitt, Berbiguier, Gabrielski, Kuhlau, Kummer, Krumpholtz, Rosetti, Kuffner, Nic. Schmitt, Danzi, Gebauer, Onslow u. a.

A G. B. Sammartini, Sinfonia G-Dur, um 1740, 2. Satz

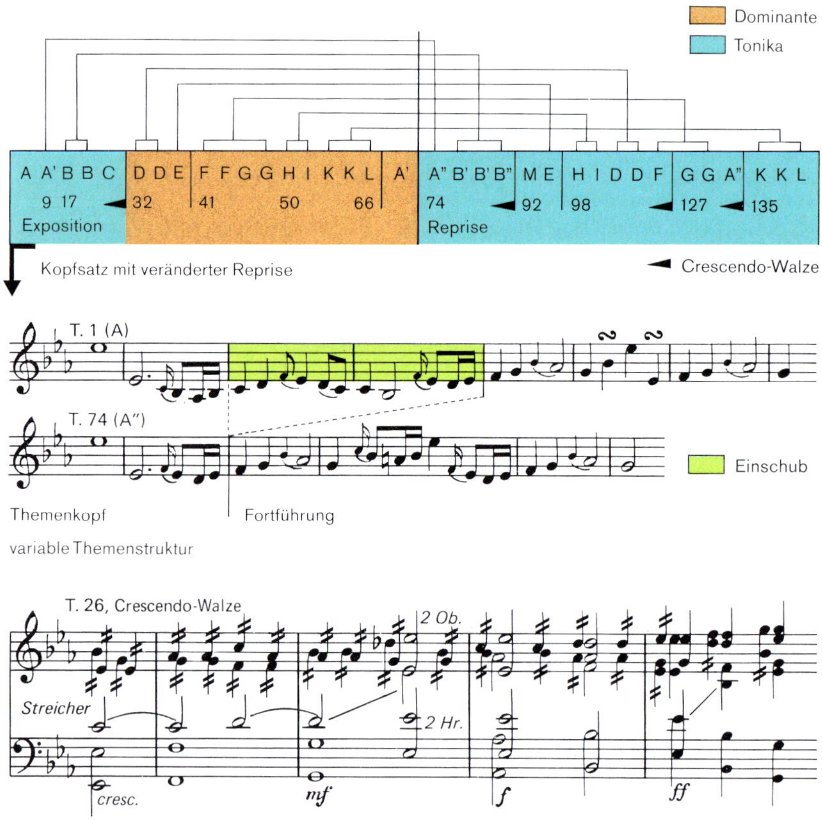

B J. Stamitz, Sinfonia Es-Dur, um 1750, 1. Satz, Anlage und Strukturbeispiele

C. Ph. E. Bach, Sinfonia Nr. 2 — J. Haydn, Sinfonie Nr. 1 — L. v. Beethoven, 1. Sinfonie

C Instrumentation

Die ital. **Sinfonia** als reines Orchesterstück erklang im Spätbarock in der Kirche (z. B. vor Kantaten), im Theater (vor Oper, Ballett), in der Kammer und in den sog. *Akademien,* den Konzerten. Aus ihr erwuchs im 18. Jh. die Sinfonie der Klassik.

Gespielt wurde die Sinfonia auch von den vielen neuen kleinen bürgerl. Orchestern, die aus Liebhabern und einigen Berufsmusikern bestanden. Besetzung: Streichquartett (mit Kb.) und Bläserverstärkung (2 Hr., 2 Ob., 2 Fl.). Die Stücke waren leicht, dafür zahlreich. 1720–1810 entstanden allein in

Italien etwa 20 000 Sinfonien, geschrieben von den Opernkomponisten.

Wie in der Oper *(Opera buffa)* gab es ab etwa 1740 auch in der Sinfonia den *neuen Ton:* melodisch, gestisch, schwungvoll, pulsierend. Die Sinfonia hat 3 Sätze: schnell-langsam-schnell (S. 152, Abb. A).

Beliebt sind die Sinfonien von GIOVANNI BATTISTA SAMMARTINI (1700–75, Mailand), gedr. Paris 1742. Über der Streichergrundlage spielen 2 Fl. und 2 Ob. ein kleingliedriges, nicht sehr ausgeprägtes Thema von gewisser Gefälligkeit und Süße (Auftakt, Punktierungen, Synkopen, Terzklänge), dazu kommen Imitieren und Wechselspiel von Bläsern und Streichern (T.4 f.). Hörner verstärken die Mittellage. Die Musik ist kantabel, kontrastreich und dynamisch.

Im ital. Stil schreibt J. CHR. BACH über 60 Sinfonien mit Motivkontrasten im Hauptsatz, sanglich, voll ital. Melodik (vgl. S. 365).

Berliner Schule, Norddeutschland

Die Hofkapelle FRIEDRICHS II. (1740–86) pflegt noch lange die barocke Tradition der 3-sätzigen Sinfonia, also ohne Menuett, das als Tanz in die Suite, nicht in die Sinfonia gehöre. Die Satzstruktur ist kontrapunktischer, der Charakter ernster als im Süden. Komponisten: die Brüder J. G. GRAUN (1702–71), C. H. GRAUN (1703/04–59), FRANZ BENDA (1709–86), die BACH- Söhne.

Mannheimer Schule, Süddeutschland

Die Hofkapelle des Kurfürsten von der Pfalz KARL THEODOR (1742–99, ab 1778 mit Hofstaat nach München) erspielte sich europ. Ruhm als modernes Orchester der Vorklassik. Zur älteren Generation gehören:

JOHANN STAMITZ (1717–57) aus Böhmen, Geiger, ab 1741 in Mannheim, ab 1745 Konzertmeister der Hofkapelle; wegweisend die *Orchestertrios* op.1 für 2 V. und Bass, kammermusikalisch *solistisch* oder orchestral *mehrfach* besetzt (Druck Paris 1755) und die 4-st. Sinfonien (mit Bläsern).

FRANZ XAVER RICHTER (1709–89) aus Mähren, ab 1747 Mannh., später Dom-Kpm. in Straßburg; – IGNAZ HOLZBAUER (1711–83), Wien, 1753 Mannh.; – C. G. TOESCHI (1731–88), Italien, 1752 Mannh.; – ANTON FILTZ (1733–60), Böhmen, 1754 Mannh.

Fast alle Mannheimer Neuerungen haben ital. Vorbilder, werden aber charakteristisch ausgebildet. Die Mannheimer begeisterten durch Natürlichkeit, Schwung, Musizieren aus dem Augenblick, was eine hinreißende Stimmung erzeugte. Merkmale:

- die Melodie beherrscht alles (keine Gb.-Konzeption mehr);
- gradzahlige Taktgliederung (2,4,8), tanznahe, klare, volkstüml. Periodik;
- variable kleingliedrige Themenstruktur, die Einschübe und Verkürzungen duldet als *Motivvarianten,* ohne den Gesamtcharakter zu verändern (s. verkürzte Gestalt A“ in der Reprise, Nb. B);
- Kopfsatz vielgliedrig mit Ideen- und Motivfülle (A-L, Abb. B), dazu variierte Reprisen: alles gibt sich lebendig;
- Kontraste statt barockem Einheitsaffekt (Gefühlsaufbruch; 2 gegensätzl. Themen im Kopfsatz, Dominantebene für »2. Thema«; Abb. B); Durchführung;
- *Mannheimer Manieren:* Effekte wie *crescendo* bei gleicher Harmonik und Figuration statt barocker Terrassendynamik (*Crescendo-Walze, Rakete,* Nb. B), gebrochene Akkorde, Tremoli, Seufzermotive, plötzl. Generalpausen, Mordent mit Obersekunde (*Vögelchen*);
- *f/p*-Wechsel auch auf engstem Raum (augenblicksbezogen, dramatisch);
- große Orchesterdisziplin;
- selbständiger Bläsersatz, bes. Holz; Kultivierung der Klarinette; Hörner mit Haltetönen (als *Orchesterpedale*);
- Menuett an 3. Stelle in der Sinfonia; es steht für Klargliedrigkeit und Schönheit, fördert zugleich als Tanz den natürl. Ausdruck des Menschen in der Bewegung.

Es folgen 1760–78 die STAMITZ-Söhne CARL (1745–1801) und ANTON (1750–76), FRANZ BECK (1730–1809), CHRISTIAN CANNABICH (1731–98), ab 1758 STAMITZ-Nachfolger in Mannheim. Die Mode wird bald zur Manier. *»Mannheim – eine herrliche Schule in der Ausführung, aber nicht in der Erfindung. Monotonie herrscht hier im Geschmack«* (SCHUBART, 1775).

Paris hat öffentl. Konzertreihen für Orchestermusik. Mannheimer Einflüsse spiegelt F.-J. GOSSEC (1734–1829).

Instrumentation

C. PH. E. BACH steht für den alten Barocksatz: Kopplung der Instr. zu Paaren, noch in *enger* Lage, Holz über den Streichern, registerartig.

HAYDN bevorzugt bereits die *weite* Lage aller Instr., schiebt dabei die Bläser zwischen die Streicher; das ergibt lichtere Farben, Mischklang statt Register.

BEETHOVEN bringt ausgereifte Bläserdisposition mit Parallelkopplungen, den Streichern gleichgeschaltet, gerne über ihnen: glänzende Farben, starke Wirkungen.

I. Adagio, All.	II. Adagio	III. Adagio	IV. Menuetto	V. Finale, All.
1.V., 2.V., Vc.	1.V.	1.V., 1.Vc.	1.Vc.	1. Fl., V., Vc.
2 Ob., Hr., Fg.	2 Ob.	2 Fl.	2 Ob., 2 Hr., 1 Fg.	
Streicher	(»Rez.«)	(»Arie«)		

A **J. Haydn, Sinfonie Nr. 7 (Le midi),** 1761

B **J. Haydn, Sinfonie Nr. 45 (Abschied),** 1772, Beginn

	Früh-klass.	Sta-mitz	Gossec	Haydn		Mozart					Beethoven			
			Paris	Wien	London	früh	Haffner	Es	g	C	1. Sinf.	3.	5.	9.
	–1780	1742	1769	–1780	1795	1773	1782	1788	1788	1788	1800	1803	1808	1824
Pikk.													1	1
Fl.	2	2	2	1–2	2	2	2	1	1	1	2	2	2	2
Ob.	2	2	2	2	2	2	2		2	2	2	2	2	2
Kl.			2		2		2	2	2		2	2	2	2
Fg.	1–2	1–2	2	1	2	1–2	2	2	2	2	2	2	2	2
Kfg.													1	1
Hr.	2	2	2	2	2	2	2	2	2	2	2	3	2	4
Trp.			2		2	(2)	2	2		2	2	2	2	2
Pos.													3	3
Pk.			2		2		2	2		2	2	2	2	2
V.-Kb.	4-st.									5-st.				

Soli, konzertant

Tutti

Grundlage

alternativ

ad libitum

Wiener Unisono

später dazu

gr. Tr., Becken, Triangel; Soli, Chor

C **Besetzungen**

Konzertanter und Empfindsamer Stil

Besetzungen (Abb. C)
Ein Orchester der Zeit umfasste etwa 30 Musiker, konnte aber auch wesentlich kleiner sein. Man rechnete mit dem 4-st. Streicherapparat (mit Kb.), dazu 2 Ob. oder 2 Fl. (von den selben Musikern geblasen), üppigenfalls beides, dazu ohne Extraangabe stets 2 Hr. und 1–2 Fg. zur Klangverstärkung (HAYDN bis um 1770: *»Fagotti sempre col basso«*). Die Mannheimer Hofkapelle umfasste:

Streicher: 22 V., 4 Va., 4 Vc., 1 Kb.;
Holz: 2 Fl., 2 Ob., 2 Kl., 2 Fg.;
Blech: 2 Hr., 2 Trp., 2 Pk.

Ebenso vollständig waren die Orch. in Paris besetzt (GOSSEC), auch in London. HAYDN arbeitet anfangs in Eszterháza und Wien noch mit kleinerer Besetzung (vgl. Opernorch. S. 394, Abb. D): stets 2 Hr., 2 Ob.; Fl. bis um 1780 noch unregelmäßig, Kl. erst in den *Londoner Sinfonien.* Oft begegnet Oktavkopplung Fg./Fl./Ob. (*Wiener Unisono*).

Bei MOZART wechselt die Besetzung je nach Anlass und Ort. Zuweilen ergänzt er später, so Fl. und Kl. in den Ecksätzen der *Haffner-Sinfonie* (für Salzburg 1782) zur Aufführung Wien 1783. Noch in den 3 letzten Sinfonien wechselt die Bläserbesetzung, wobei sich in der *Jupiter-Sinfonie* (C-Dur) Kb. vom Vc. emanzipiert.

BEETHOVEN erweitert den Klangkörper (Abb. C). Aus dem kleinen Divertimento- und Sinfoniaorchester der Vorklassik ist ein großes Sinfonieorchester geworden.

Wiener Schule
Wie die Mannheimer nehmen auch die Wiener das Menuett aus der Suite und dem Divertimento in die Sinfonia auf (um 1740). Das zeigt, wie nahe im ganzen Süden die 3-sätzige ital. Sinfonia ihrem Charakter nach dem Divertimento steht.

»Gründlichkeit ohne Pedanterey, Anmuth im Ganzen, noch mehr in einzelnen Teilen, immer lachendes Colorit, großes Verständnis der blasenden Instrumente, vielleicht etwas zu viel komisches Salz sind der Charakter der Wiener Schule« (SCHUBART, 1775).

Komponisten der frühen Generation sind J. G. REUTTER D. J. (1708–72), G. C. WAGENSEIL (1715–77), M. G. MONN (1717–50), F. ASPELMAYR (1728–86), dann J. HAYDN, später MOZART, BEETHOVEN.

J. Haydn
HAYDNS 1. Sinfonie von 1759 (S. 395) hat noch kein Menuett. Ihr Charakter ist licht, unbeschwert, heiterstes Rokoko.

In den 60er Jahren schrieb HAYDN als neuer Kapellmeister des Fürsten ESZTERHÁZY etwa 40 Sinfonien (S. 394, Abb. A). Sein Orch. verfügte über ein paar gute Solisten, wie TOMASINI (V.) und WEIGL (Vc.). Es entstanden konzertante Sinfonien mit Soli für beide. Die *konzertante Struktur* deutet auf Einfluss barocker Traditionen, ebenso HAYDNS Vorliebe für kp. Satztechnik in dieser Zeit.

Die 3 Sinfonien Nr. 6–8 sind programmatisch betitelt: *Le matin, Le midi, Le soir.* Sie zeigen den Sonnenaufgang, eine vormittägl. Gesangsstunde, ein Gewitter usw. In *Le midi* gibt es instrumentales Rezitativ und Arie (anstelle des II. Satzes, Abb. A). In allen Sätzen wechseln die Soli (bis zur *Concertino-Gruppe*).

Unter Fürst NIKOLAUS ab 1762 wird ein größeres Orchester für das prächtig inszenierte Leben auf Schloss Eszterháza eingesetzt. Die *Jagdsinfonie* Nr. 31 mit 4 Hörnern und Jagdsignalen der Gegend ist Zeichen dafür ebenso wie die strahlenden C-Dur-Sinfonien mit ihren Trompeten und Pauken, die in der Tradition der barocken Intraden stehen (*Intraden-Sinfonien,* z. B. Nr. 48).

Die Sinfonien der 70er Jahre spiegeln Empfindsamkeit und Sturm und Drang. Viele stehen in Moll, wie schon Nr. 39, g-Moll (1766), Nr. 44, e-Moll (1773 *Trauersinf.*), Nr. 46, c- Moll (um 1770).

Dazu gehört auch Nr. 45, fis-Moll (1772). Die ferne Tonart, der synkop. Beginn, die unruhige Thematik drücken Leidenschaft und Erregung aus (Nb. B). Den Namen *Abschiedssinfonie* erhielt sie wegen des Finales, in dem ein Musiker nach dem andern von der Bühne geht, um damit den Urlaubswunsch des Orchesters zu demonstrieren (S. 395).

Der neue natürl. Ausdruckston verträgt keine barocke Kontrapunktik. In Nr. 42 (1771) ersetzt HAYDN eine kp. komplizierte Stelle durch einfache Melodik und vermerkt *»Dies war vor allzu gelehrte Ohren«.* Stattdessen entwickelt er in diesen Sinfonien das Prinzip der *themat. Arbeit,* das er 1781 auch auf die Streichquartette überträgt (S. 375).

In den 80er Jahren entstehen für die *Concerts de la Loge Olympique* in Paris die 6 sog. *Pariser Sinf.* Nr. 82–87 (1787–88). Die Franzosen gaben ihnen Namen wie *La reine* (Nr. 85; MARIE ANTOINETTE), mit Var. über das Lied *La gentille et belle Lisette* (2. Satz).

In den 90er Jahren schreibt HAYDN für die *Salomon-Konzerte* in London die 12 *Londoner Sinfonien* Nr. 93–104, je 6 für die 1. Reise 1791–92 (Hob. I: 93–98) und die 2. Reise 1794–95 (Hob. I: 99–104). HAYDN führte sie mit großem Erfolg in London auf.

Darunter befinden sich Nr. 94, G-Dur, *mit dem Paukenschlag* (S. 152, S. 334); Nr. 98, B-Dur, mit dem choralartigen *Adagio cantabile* zur Nachricht von MOZARTS Tod (die Partitur besaß später BEETHOVEN); Nr. 100, G-Dur, *Militär-S.* mit Großer Trommel, Becken, Triangel; Nr. 101, D-Dur, *Die Uhr;* Nr. 103, Es-Dur, *mit dem Paukenwirbel.*

Satzstruktur, Instrumentation, Ausdruck und Gehalt kulminieren hier in einer charakterist., hochklass. Instrumentalmusik. HAYDNS *Londoner Sinfonien* bilden zugleich den Ausgangspunkt für BEETHOVENS Sinfonik.

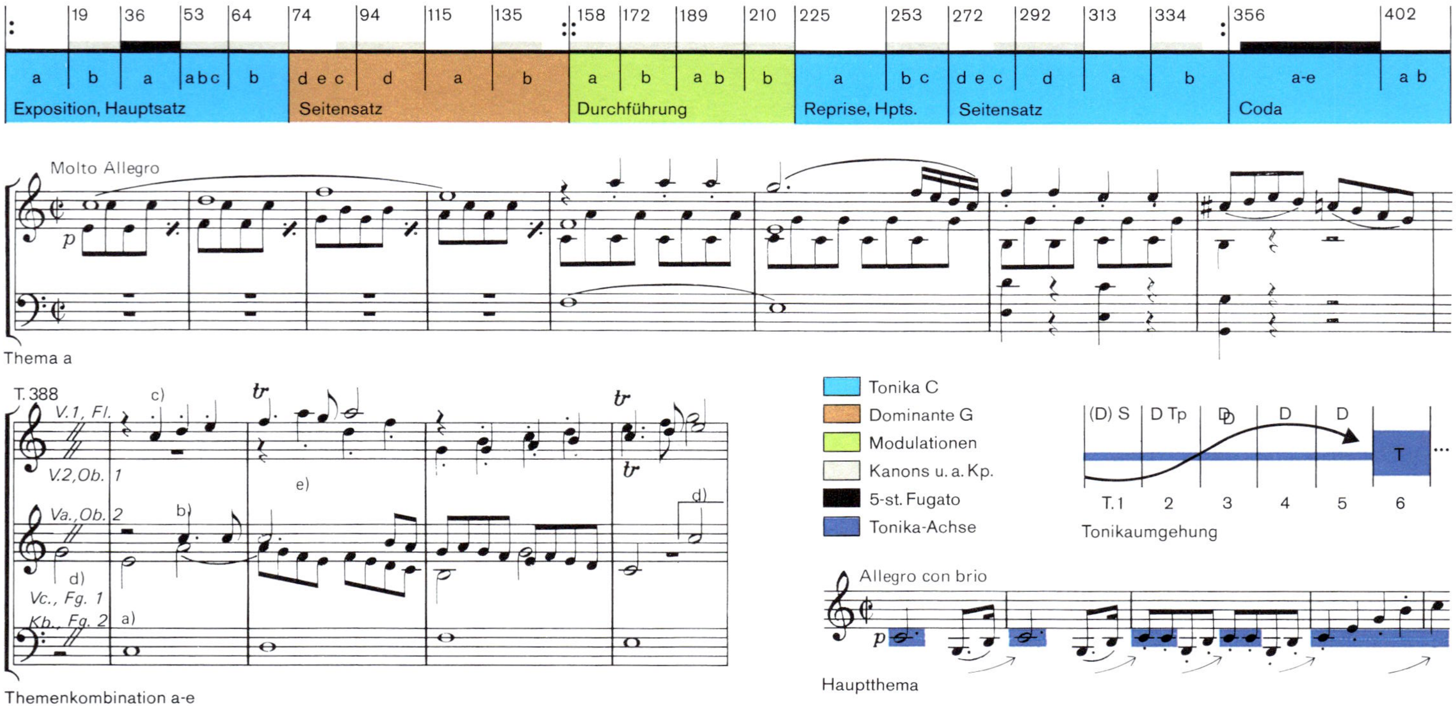

A **W. A. Mozart, Jupiter-Sinfonie, KV 551,** 1788, Finale

B **L. v. Beethoven, 1. Sinfonie, op. 21,** 1800, 1. Satz

Barocktradition und klassische Gestalt

Mozarts frühe Sinfonien entsprechen der ital. Gattung. Die erste KV 16 (1764–65) steht unter dem Einfluss der Sinfonien J. C. BACHS in London, ist 3-sätzig und hat verkürzte Reprisen. Es folgen Wiener Einflüsse (WAGENSEIL, MONN), und Aufnahme des Menuetts. Wie nah sich noch *Konzert-* und *Opernsinfonia* sind, beweist die *Sinfonia* KV 45, die Mozart 1768 als Ouvertüre zur Opera buffa *La finta semplice* verwendet.

In Italien und Salzburg geht die konventionelle *Sinfonia*-Produktion weiter: 5 Sinf. 1770, je 8 Sinf. 1771/72, 7 Sinf. 1773. Die letzte Gruppe zeigt eine neue Stufe kp. Könnens und eine neue Empfindsamkeit (Einfluss C. PH. E. BACHS und J. HAYDNS), bes. mit der kleinen g-Moll-Sinf. KV 183. Auf dieser Höhe schließen die Sinfonien in A-Dur KV 201 und D-Dur KV 202 an (1774).

Es folgt eine Pause von 4 Jahren, in denen statt Sinfonien Divertimenti, Serenaden und Konzerte entstehen, fast alle für Salzburger Aufgaben: Musik zu festl. Anlässen in bürgerl. und fürstbischöfl. Kreisen, zu Hochzeiten, Semesterschlussfeiern (*Finalmusiken*) u. a. (S. 146).

In Paris 1778 schreibt MOZART die 3-sätzige sog. *Pariser Sinfonie* (ohne Menuett) D-Dur, KV 297, für die *Concerts spirituels*. Mannheimer Einflüsse, wie Klarinetten, Tonleiterraketen, starke dynam. Kontraste, stehen neben Pariser Manieren, wie dem *premier coup d'archet*, einem Streichertutti zu Beginn des Finale; MOZART bringt ihn ironischerweise erst nach einem *pp*-Anfang, bei dem alles zischte, bis beim *ff* alles klatschte. – Es folgen in Salzburg noch (3–4?) Sinfonien, ehe MOZART nach Wien geht. Die *Haffner-Sinfonie* KV 385 (Wien 1782) entstammt der *Haffner-Serenade* Nr. 2 (für Salzburg; S. 146, Abb. A).

Die *Linzer Sinfonie* C-Dur, KV 425 (1783), schrieb MOZART im Thunschen Palais in Linz für eine Musikakademie (in 4 Tagen). Vorbild ist deutlich HAYDN: langsame Einleitung, *Poco Adagio* in 6/8 als 2. Satz, aber MOZARTsche Chromatik herrscht überall. – Die *Prager Sinfonie* D-Dur, KV 504 (1786), ohne Menuett, stammt aus der Zeit zwischen *Figaro* und *Don Giovanni* (UA: 19. 1. 1787 in Prag). Die langsame Einleitung des Kopfsatzes zeigt noch immer die Mannheimer *p/f*-Wechsel.

Die 3 letzten Sinfonien, Nr. 39–41, schrieb MOZART im Sommer 1788 (in 6 Wochen, neben vielem anderen):
- Es-Dur, KV 543 (beendet 26. Juni);
- g-Moll, KV 550 (beendet 25. Juli);
- C-Dur, KV 551 (beendet 10. August).

Es sind ausgesprochen unterschiedl., individuelle Werke. Sie bilden keinen Zyklus, gehören aber auf tieferer Ebene zusammen. MOZART komponierte sie ohne Auftrag, wohl für eigene Konzerte. Man weiß nicht, ob er ihre UA erlebte. Nur die Es-Dur-Sinfonie hat eine langsame Einleitung. In der g-Moll-Sinfonie fehlten anfangs die Klarinetten; Mozart fügte sie später hinzu. Der Verzicht auf Pkn. und Trp. verstärkt die dunklen, schmerzvollen Farben.

Die *Jupiter-Sinfonie* erhielt ihren Namen später wegen ihres glanzvollen Charakters in der Intradentonart C-Dur (s. S. 383) und ihrer hellen Bläser (Clarini, hohe Trp.).

Die Beschäftigung mit barocker Polyphonie führt im Finale der *Jupiter-Sinfonie* zu einer Synthese von altem Kp. und neuem Stil. MOZART kombiniert höchst geistreich vielst. Satzkunst mit ungebrochenem vitalen Elan. Dem entspricht die Gesamtanlage des Finales in klass. *Sonatensatzform* mit Exposition (Seitensatz auf Dominantebene), Durchführung (modulatorische Unruhe), Reprise (Seitensatz in der Tonika) und Coda; dazu überall dichteste Kontrapunktik mit Kanons, Imitationen, Engführungen, Umkehrungen usw. (Abb. A).

Barock und Klassik verschmelzen schon im Hauptthema (a). Es beginnt wie ein altes Fugenthema, choralartig einfach, mit charakterist. Kopf. Barock wäre eine kp. Fortspinnung im 2. Teil, wie MOZART sie im strengen Fugato T. 35 ff. auch bringt. Als klass. Thema aber erhält es hier zu Beginn eine typ. Achtelbegleitung und einen kontrastierenden Nachsatz: Viertelpause (T. 5), rhythm. Überraschung und freie Geste (T. 6), liedhafter Schluss (T. 7 f.), alles über dem fortgeführten Achtelpuls in der Mittellage und dem imitierenden (T. 5) und kadenzierenden Bass (Nb. A).

MOZART verwendet insgesamt 5 Themen (a–e). In der Exposition erscheint gleich ein 5-st. Fugato alten Stils aller Streicher (Kb.extra), mit dem Hauptthema (a) und barockem Kp. (s. o.). In der Coda dagegen erscheint der satztechn. Höhepunkt in einem 5-st. Fugato, in dem alle Themen a–e miteinander kombiniert werden (nach dem Prinzip der Doppelfuge, hier also einer Quintupelfuge, die es im Barock aber nie gab, Nb. T. 354). Diese Stelle wirkt in ihrer Gestik und Stimmführung wie ein quirliges Ensemble der versch. Charaktere und Personen einer Opera buffa: eine klass. Dramatisierung der Instrumentalmusik.

Beethoven. Die 1. Sinfonie C-Dur steht zu Beginn des neuen Jh., das die funktionale Tonalität an die Grenze der Auflösung bringen wird. Gleichsam Symbolcharakter erhält ihre langsame Einleitung, die über viele Takte die Tonika durch Ausweichen in andere Klänge vermeidet und umgeht (Abb. B). Das Hauptthema befestigt sie dann umso stärker. Es zeigt eine für BEETHOVEN typ. Geste: beharrlich, verdichtend und sich steigernd wird derselbe Ton angegangen (hier c): ein Willensakt in musikal. Gestalt.

	EZ	UA
1. C op. 21	1799–1800	1800
2. D 36	1801–02	1803
3. Es 55	1803–04	1805
4. B 60	1806	1807
5. c 67	1804–08	1808
6. F 68	1807–08	1808
7. A 92	1811–12	1813
8. F 93	1811–12	1814
9. d 125	1822–24	1824

A **Sinfonien 1–9**

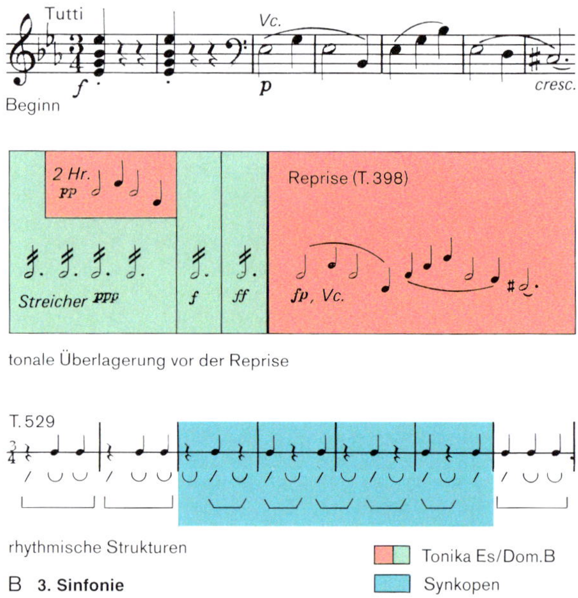

B **3. Sinfonie**

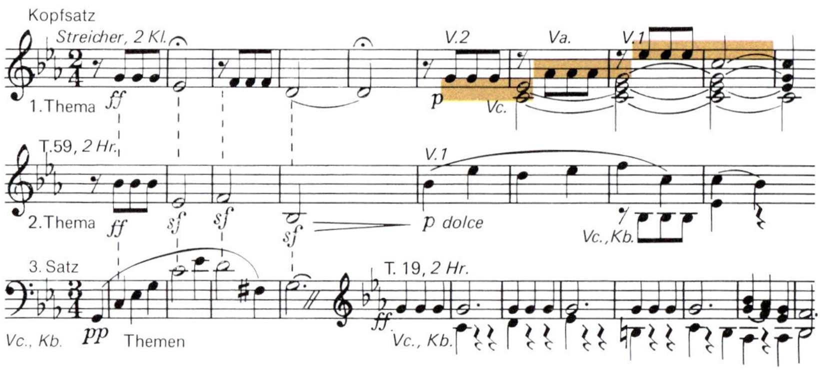

C **5. Sinfonie,** Motivzusammenhang

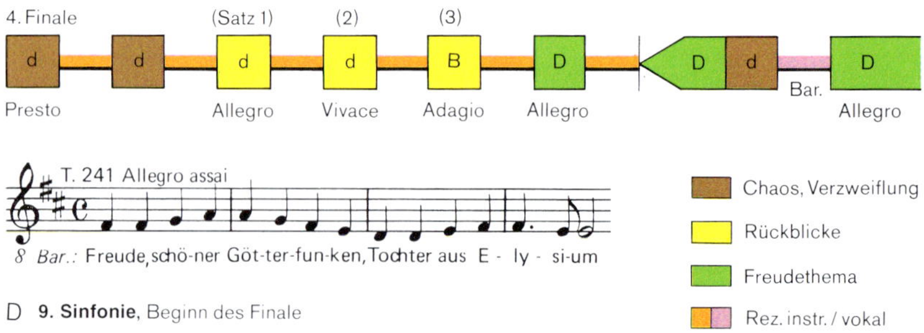

D **9. Sinfonie,** Beginn des Finale

Beethoven: Klangfantasie, Motivarbeit, Formerweiterung

BEETHOVEN führt die sinfon. Tradition HAYDNS (weniger MOZARTS) fort. Gehalt und Gestalt erweitern sich, die Sätze wachsen zum Zyklus, das lebhaft-hintergründige Scherzo verdrängt das Menuett und das Finale erhält zunehmend Gewicht.

1. und 2. Sinfonie. Beide zeigen deutlich HAYDNS Einfluss (S. 385).

3. Sinfonie (*Eroica*), angeregt vom frz. Gesandten in Wien, General BERNADOTTE; den Titel *Sinfonia grande intitolata Bonaparte* (1804) hat BEETHOVEN nach NAPOLEONS Kaiserkrönung im Mai 1804 enttäuscht zurückgezogen und verallgemeinert zu *Sinfonia eroica, composta per festeggiare il sovvenire d'un grand'uomo.* Umfang, Struktur und Gehalt der *Eroica* sind neuartig. Dazu 3 Beispiele:

- Zu Beginn erklingen 2 kurze Tutti-Akkorde: eine unkonventionelle, energ. Geste. Dann folgt eine einfache Dreiklangsmelodie, die gleiche wie in MOZARTS Ouvertüre zu *Bastien und Bastienne.* Sie erscheint jedoch gewichtig in den Celli, mit erregten Tremoli und Synkopen (MOZART: helle Violinen, einfach begleitet) und schwingt nicht ungestört weiter, sondern verharrt spannungsvoll auf dem cis (Nb. B). Überall herrscht Aussagewille und Bedeutung.
- Vor der Reprise bläst das 2. Horn leise wie aus der Ferne das Hauptthema in Es-Dur über dem Streichertremolo in B-Dur (bitonal). Das klingt falsch und ist außermusikalisch begründet (Ferne usw.). Dann schwillt das Tremolo an (2 Takte entsprechend den beiden Anfangsakkorden) und die Reprise setzt ein (Nb. B).
- Vor der Coda zerbricht BEETHOVEN mit ungewöhnlich hartnäckigen Synkopen (Varianten der Anfangsakkorde) die gestische Norm: ein aufrüttelnder Akt des Willens.

Der 2. Satz ist der oft gespielte *Trauermarsch,* der 3. ein Scherzo, das Finale bringt Variationen über das Prometheus-Thema (S. 398 f.).

4. Sinfonie. Große, absolute Musik voll Fantasie und Schönheit.

5. Sinfonie (*Schicksalssinfonie*). Das Anfangsmotiv (*»So klopft das Schicksal an die Pforte«,* BEETHOVEN zu SCHINDLER) ist mehr Geste als Melodie, sein Rhythmus typisch für BEETHOVEN. Die Streicher türmen das Schicksalsmotiv imitierend zum 1. Thema auf (*durchbrochene Arbeit:* V. 2, Va., V. 1; Nb. C).

Das 2. Thema geht aus dem 1. hervor: dem *ff*-Signal der Hörner antwortet *p dolce* die Streichermelodie mit dem Schicksalsmotiv, variiert im Bass (Nb. C). Überall zeigt sich Zusammenhang. Der 3. Satz in Scherzo-Charakter variiert den Rhythmus des Schicksalsmotivs (3/4-Takt, Akzentverschiebung), deutlicher noch ab T. 19 (Nb. C; vgl. dagegen S. 106, Abb. C). Eine Stretta leitet über vom Moll zum strahlenden Finale in Dur. Die moral. Idee ist eindeutig: durch Nacht zum Licht, durch Kampf zum Sieg (s. ferner E. T. A. HOFFMANNS Kritik, S. 403).

6. Sinfonie (*Pastorale*), parallel zur V. entstanden in für BEETHOVEN typ. Doppelarbeit: dort die held. Geste, die absolute Musik, hier das Naturerlebnis, idyllisch, mit Programm (S. 152 f., entspricht J. H. KNECHTS Sinfonie *Tongemälde der Natur,* 1784). Pastoraltonart F-Dur. BEETHOVEN skeptisch: *»jede Malerey, nachdem sie in der Instrumentalmusik zu weit getrieben, verliehrt«* (Skizzen). Daher wenig Tonmalerei (Vogelgezwitscher, Gewitter, S. 142).

7. Sinfonie. Prometheisch-dionys. Lebensbejahung, bes. durch rhythm. Elemente (*Apotheose des Tanzes,* WAGNER).

8. Sinfonie. Neben der 7. entstanden. 10-jährige Sinfoniepause.

9. Sinfonie. Nach Entwürfen zum 1. Satz und zum Scherzo 1817/18 Unterbrechung wegen der Missa solemnis, dann die eigentl. Komposition ab Sommer 1822. Die Sinfonie beginnt mit den primären Intervallen (Quinten, Quarten, Oktaven), als ob sich aus Urstoff die Gestalt eines Themas erst bilden müsste (wie später bei BRUCKNER). Die Tonart d-Moll birgt Tiefe, Ernst und Dramatik. Scherzo und langsamer Satz führen Stimmung und Gehalt des Kopfsatzes fort (Satzfolge S. 152, Abb. B).

Soli und Chor im Finale erweitern die Gattung der Sinfonie oratorienhaft. BEETHOVEN wollte schon in Bonn SCHILLERS Ode *An die Freude* vertonen, plante dann 1812 eine Ouvertüre mit Freudenchor (wurde zu op. 115 ohne Chor, 1815). Die schlichte Freudenmelodie (Nb. D) hat gewisse Ähnlichkeit mit dem Vokalthema der Chorfantasie op. 80 (1808), das seinerseits zurückgeht auf das Lied *Gegenliebe* aus *Seufzer eines Ungeliebten* (1795, BÜRGER).

Die Einleitung zum Finale beginnt mit einem dramat. Orchestersatz (Presto, d-Moll), eingeschobenen Instrumentalrezitativen (Celli) und Zitat der ersten 3 Sätze (Zusammenhang, Zyklus; Abb. D). Als 4. Satz erklingt dann das Freudenthema (in Dur) mit Rezitativ und Neubeginn. Es wird aber gestört: chaotisch und verzweifelt stürzt der Presto-Beginn (d-Moll) herein. Da endlich greift der Bariton ein (»O Freunde, nicht diese Töne!«), singt das Freudenthema und eröffnet das Chorfinale. BEETHOVEN vertont eine Auswahl aus SCHILLERS Ode in 5 Variationen mit türk. Musik und einer sich steigernden Coda.

Die UA am 7. 5. 1824 bringt außer der Ouvertüre op. 124 noch *Kyrie, Credo* und *Agnus Dei* aus der Missa solemnis, deklariert als *»Hymnen«.* Idealisierter antiker Geist, religiöse Inbrunst, verbunden mit Glaubens- und Gedankenfreiheit und optimist. Humanität verbinden sich zu einem klass. Höhepunkt. SCHINDLER notiert dem tauben BEETHOVEN über das begeisterte Publikum: *»zerdrückt, zertrümmert über die Größe Ihrer Werke«.*

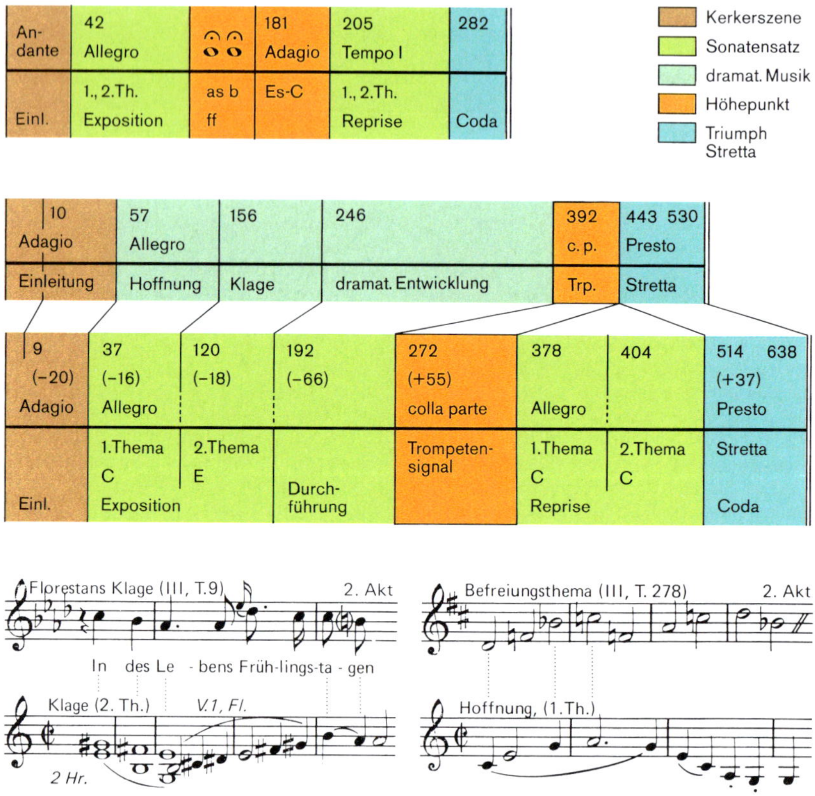

A L.v. Beethoven, Leonoren-Ouvertüren I (1805) und Umgestaltung von II und III (1805 und 1806)

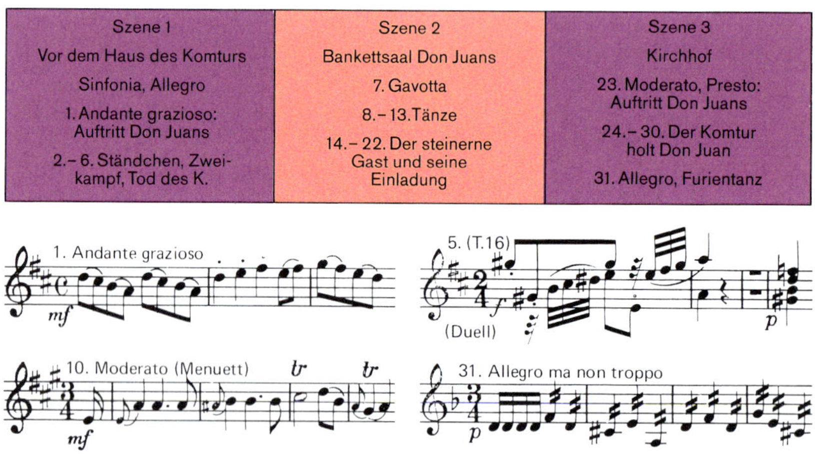

B **C. W. Gluck, Don Juan,** 1761. Ballettpantomime

Ballsaal Nachtbild

Umgestaltung, Form-Inhalt-Problematik

Ouvertüre

Neu ist der inhaltl. Bezug der Ouvertüre zur Oper. Nach RAMEAU (Themenvorbereitung in *Castor et Pollux,* 1737, Schilderung in *Naïs,* 1749) stellte GLUCK in *Alceste* (1767) erstmals eine programmat., den Inhalt der Oper *beschreibende* Ouvertüre vor. Programmat. Ideen verwirklichten auch die Italiener, dann MOZART, erstmals im *Idomeneo* (1781) und in der *Entführung* (S. 136). Formal handelt es sich meist um einen Sonatensatz (*Sinfonia*), z. T. mit programmat. Einschüben. Die *Zauberflöten-Ouv.* folgt der alten frz. Ouv. mit langs. Einleitung und raschem Fugato.

BEETHOVENS 4 Ouvertüren zu *Fidelio* spiegeln die unterschiedl. Ansprüche an die Ouvertüre zur Zeit der Klassik:

- Programmbezug zur Oper,
- rein musikal. Form (Sonatensatz),
- Publikumswirkung und Länge.

Leonoren-Ouvertüre I verbindet Programm und Sonatensatz, mit düsterer Kerkerszene als langsamer Einleitung, dramat. Einbruch und Höhepunkt als Durchführung, und triumphaler Stretta als Coda. Sie wurde bei vorheriger Privataufführung als zu kurz und zu leicht befunden. – *Leonoren-Ouvertüre II* bringt unter Verzicht auf die Sonatensatzform eine spannende dramat.-programmat. Musik mit Trompetensignal als Höhepunkt und raschem Schluss (1805). Eher romantisch frei entsprach sie aber offensichtl. nicht den klass. formalen, strukturellen Ansprüchen BEETHOVENS. Er arbeitete sie um (*Leon. III;* 1806), straffte die Einleitung, nahm die Sonatensatzidee wieder auf und schuf eine ausgewogene, große, sinfon. Gestalt, in der das höhepunktartige Trompetensignal an zentraler Stelle erklingt. Sie ist jedoch als Opernouvertüre zu lang (seither gespielt im Konzertsaal und seit MAHLER vor dem *Fidelio*-Schlussbild). BEETHOVEN schrieb daher zur Wiener Aufführung 1814 eine kurze, die 1. Szene einleitende Ouvertüre in E-Dur, die seitdem als *Fidelio*-Ouvertüre gilt.

BEETHOVEN schrieb auch **Schauspielmusiken** mit Ouvertüren, so zu *Coriolan, Egmont* (S. 467), zu KOTZEBUES *Ruinen von Athen, König Stephan* op. 113, 117 (1811), ferner Einzelouvertüren wie op. 115 *zur Namensfeier* des Kaisers (1809/14–15), *Die Weihe des Hauses* op. 114 (= 113, 6) zur Eröffnung des Josefstädter Theaters Wien (1822).

Ballett

Das Barock förderte im Ballett die tänzer. Virtuosität und Kunst. Wie in der Oper führt der neue *natürliche* Geist um 1750 auch im Ballett zu einer Reform, bes. durch die Choreografen J.-G. NOVERRE und G. ANGIOLINI. Man sucht das erstarrte Kunststück-Ballett durch eine Handlung zur *Ballettpantomime* zu dramatisieren (*ballet d'action*): ein Drama ohne Worte für Stoffe großer Leidenschaft. Das Ballett ist primär Sache der Choreografie und des Tanzes. Für NOVERRE blieb Musik sekundär (für ihn schrieb MOZART die Ballettmusik *Les petits riens,* 1778). Eine große Rolle spielt die Musik jedoch bei ANGIOLINI, für den GLUCK arbeitete.

Erste Ballettpantomime ist hier *Le festin de Pierre* (nach MOLIÈRE), dt. als *Don Juan oder Der steinerne Gast* (Wien 1761). Das einaktige Stück umfasst 3 Szenen mit 6, 16 und 9 musikal. Sätzen. Eine Ouvertüre (*Sinfonia*) eröffnet das Ganze (Abb. B).

Die Sätze charakterisieren stilvoll Personen und Geschehen, so die graziöse Haltung *Don Juans* im 1. Andante (Nr. 1), die gezierte Noblesse im Menuett auf dem Ball (Nr. 10), das dramat. Tremolo des Furientanzes in d-Moll (Nr. 31) und als Tonmalerei die blitzenden Degenstöße im Duell mit Pause nach dem Todestreffer, dann tragisch leise Klänge (Nr. 5, Nb. B).

Es folgen GLUCKS *Alessandro* (Wien 1764) und *Semiramis* (Wien 1765). *Don Juan* spielte man in Wien über 40 Jahre lang.

Bis heute hielten sich die klass. Ballette *Die Launen Cupidos* von V. GALEOTTI mit Musik von J. LOLLE (Kopenhagen 1786) und *La Fille mal gardée* von J. DAUBERVAL mit frz. Liedern und Opernweisen (Bordeaux 1789).

BEETHOVEN schrieb ein einziges Ballett: *Die Geschöpfe des Prometheus,* für den Choreografen S. VIGANÒ (1800–01, s. S. 367).

Tänze

An die Stelle der höf. Tänze des Barock treten bürgerl. Tänze. Nur das Menuett blieb erhalten, bes. in Deutschland.

Beliebt wurden die engl. Gesellschaftstänze mit ihren als natürlich geltenden Gehschritten. Der Oberbegriff ist *Country dance,* bestehend aus *Longway* (Schreiten) und *Round* (Reigen). Aus Schottland kam die *Ecossaise* (frz. auch *Anglaise,* schnell, 2/4).

In Frankreich hieß der Oberbegriff *Contre danse* mit den Arten:

- *Quadrille:* 4 Paare im Carrée, mit 5–6 Touren à 32 Takte, 4/4- oder 6/8-Takt;
- *Cotillon* (frz. Unterrock): 4 Paare, Rundtanz, Entrée und Refrain (Touren), im 19. Jh. mit anderen Tänzen vermischt;
- *Anglaise:* engl. Vorbild, viele Paare, Doppelreihe, 2/4-Takt.

In Deutschland kannte man ebenfalls den engl. *Country dance* als *Kontra Tanz (Kontertanz).* Sozial niedriger stand der *Deutsche Tanz (Deutscher),* ein rascher, derber Drehtanz im 3/8-Takt (s. Tanzszene in MOZARTS *Don Giovanni,* S. 342, Abb. A). Dazu kamen Walzer, Polka, Rheinländer u. a. (S. 155).

Gern arrangierte man Tänze aus Oper und Konzert. So hörte MOZART 1787 in Prag den Figaro in *lauter Contertänze und teutsche verwandelt.*

Serenade, Divertimento usw. sind klass. Gattungen mus. Unterhaltung (S. 147).

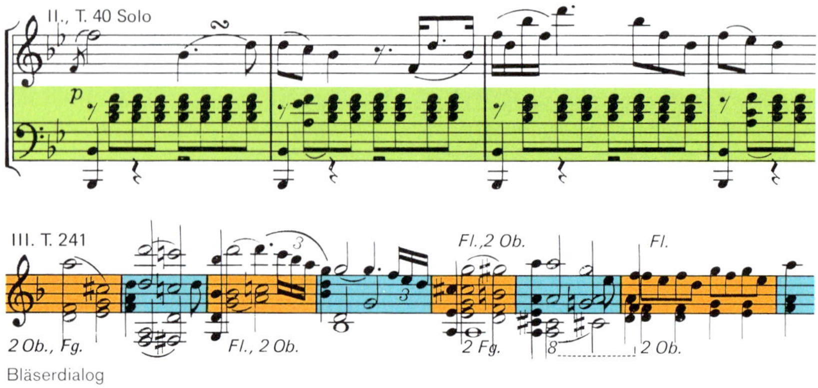

A W. A. Mozart, Klavierkonzert d-Moll, KV 466, 1785, II. und III. Satz, Strukturen

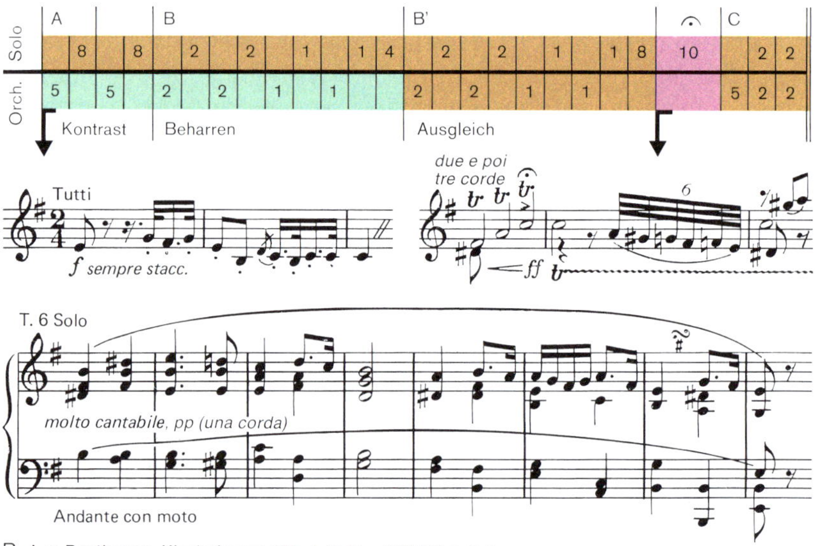

B L. v. Beethoven, Klavierkonzert Nr. 4, G-Dur, 1805/06, II. Satz

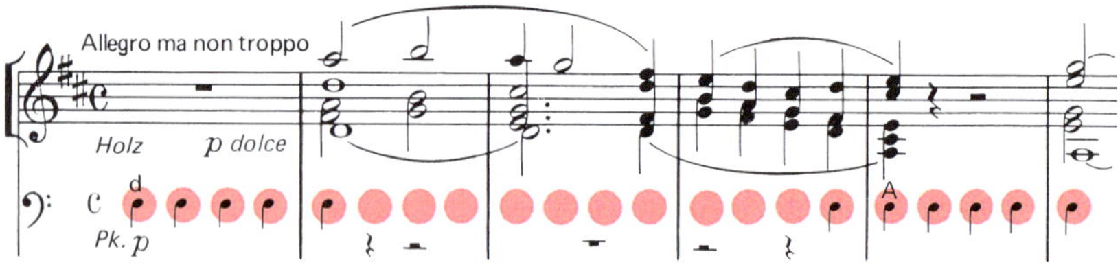

C L. v. Beethoven, Violinkonzert D-Dur, op. 61, 1806, Beginn

Holzbläser
Klavier
piano
forte
Kadenz
Metrum
Klang-teppich

Aus dem Barock übernimmt die Klassik das *Solokonzert* (bes. Kl., V.). *Gruppenkonzerte* sind selten (S. 393). Im Solokonzert tritt der Einzelne zeitgemäß hervor, drückt seine Empfindungen aus, weckt Teilnahme, begeistert durch Begabung, Können, Virtuosität.

Violinkonzert

Führend sind die ital. und frz. Geiger (S. 371). Im süddt.-österr. Raum taucht die Solovioline in der Orchesterserenade auf (S. 146). Der rokokohafte Divertimento-Charakter geht auch ins Violinkonzert ein. Konzerte schrieben u. a. die späteren Mannheimer, Dittersdorf, Haydn.

Mozarts Violinkonzerte entstanden 1775 in Salzburg: B (KV 207), D (KV 211), G (KV 216), D (KV 218), A (KV 219). Das A-Dur-Konzert ist bes. gehaltvoll, zeigt im Schlussrondo die typ. Volksliedthematik und das beliebte türk. Kolorit.

Von Beethoven stammen 2 Romanzen für V. u. Orch. in G op. 40 (1801–02) und F op. 50 (1798?) sowie das einzigartige Violinkonzert in D-Dur op.61 (1806):

> Es beginnt mit 4 Paukenschlägen (Metrum, Atmosphäre). Über den unbewusst weiterschwingenden Vierteln erklingt das Holzbläserthema in weitmensurierten Halben (Stauung und Fluss, Nb. C). Oft ergeben sich neue Farben (Bläser, Pk. mit V.). Aus der Motivfülle ragt das liedhafte eigentl. Hauptthema hervor (S. 398, C).

Klavierkonzert

C. Ph. E. Bach schrieb fast 50 Konzerte, alle für Cembalo. J. Chr. Bach komponierte über 30 Konzerte, darunter je 6 op. 1 (1763) und op. 7 (1770). Seine ital. Melodik schwingt voll Anmut. Zahlreiche weitere Klavierkonzerte stammen u. a. von Aspelmayr, Storzer, Hoffmann, Dittersdorf, Vanhal, Pichl, Deller, Wagenseil, Raupach, Honauer, Schobert, Eckard, J. S. Schröter (6 Konzerte op. 3, Paris 1778), J. Haydn (bes. D-Dur, Hob. XVIII: 11).

Mozarts Klavierkonzerte nehmen einen hervorragenden Rang ein. Fast alle sind zum eigenen Vortrag geschrieben. Sie verbinden hohen musikal. Anspruch mit vollendeter Virtuosität, die nirgends zum Selbstzweck wird. Alle Konzerte sind für das Pianoforte, nicht mehr für das Cembalo gedacht. Das Orchester ordnet sich selten ganz unter (Nb. A, oben), nimmt meist am themat. Geschehen teil (bis zum Dialog, Nb. A, unten). Bes. reich und schön sind die Bläserpartien.

> Die Solostimme (r. H.) schwebt oft über dem federnden Klangteppich der Streicher; der Bläserdialog zeigt Partnerschaft: beides Bilder von Freiheit und Bindung, anmutig und souverän (Nb. A).

Alle Konzerte sind dreisätzig, mit einem Andante als Mittelsatz (kein Adagio) und Rondo als Finale (außer KV 453 und 491: Var.).

Die Konzerte im Überblick:

- **Frühe Arrangements** (*Pasticci*). 1767: 4 Arr. (KV 37, 39–41) nach Sonaten von Raupach, Honauer u. a.; 1771 (KV 107) 3 Arr. nach J. Chr. Bach (Son. op. 5).
- **Salzburger Konzerte.** 1773: D (KV 175) mit kp. Finale, neues Rondo-Finale, Wien 1782 (KV 382); 1776: B (KV 238); *Lodron*-Konzert in F für 3 Klaviere (KV 242, für Familie Lodron); *Lützow*-Konzert in C (KV 246); 1777: *Jeunehomme*-Konzert in Es (KV 271); 1779: Konzert in Es für 2 Klaviere (KV 365).
- **Wiener Konzerte.** 1782: F, A und C (KV 413–415);
  1784: Es, B, D (KV 449–51), ab KV 450: *»große Konzerte«* (Mozart). G (KV 453), B (KV 456), F (KV 459, 2. *Krönungsk.*, mit Pk. u. Trp.; S. 397);
  1785: d, C, Es (KV 466, 467, 482);
  1786: A, c, C (KV 488, 491, 503);
  1788: D (KV 537, 1. *Krönungskonzert*);
  1791: B (KV 595).

Mozart charakterisiert seine ersten Wiener Konzerte als *»das Mittelding zwischen zu schwer, und zu leicht – sind sehr Brillant – angenehm in die ohren – Natürlich, ohne in das leere zu fallen – hie und da – können auch kenner allein satisfaction erhalten – doch so – daß die nichtkenner damit zufrieden seyn müssen, ohne zu wissen warum«* (Brief vom 28. 12. 1782 an den Vater).

Nur 2 Konzerte stehen in Moll, voller Leidenschaft (d) und Tragik (c). Das 19. Jh. bevorzugte KV 466 mit Kadenzen von Beethoven und Clara Schumann. Auffallend strahlend ist das virtuose C-Dur-Konzert KV 503. Das Finalthema aus KV 595 verwendete Mozart als Kinderlied *Komm lieber Mai* (KV 596, s. S. 108, Abb. B). Mozarts Kadenzen sind z. T. erhalten: geistreich, empfindsam, virtuos und nie zu lang.

Beethovens Klavierkonzerte beginnen traditionell, mit op.15 in C-Dur (UA 1795; rev. 1800) und op.19 in B-Dur (1793–95/98; UA 1795; urspr. mit B-Dur-Rondo WoO 6). – Das 3. Konzert in c-Moll op.37 (1800–03) geht in Ausdruck und Anlage neue Wege (evtl. Vorbild Mozarts KV 491). – Das 4. Konzert in G-Dur, op.58 (1805–06), verbindet glanzvolle Virtuosität mit lyr. Schmelz.

> Der Mittelsatz gestaltet eine programmat. Idee: Kontrast und Ausgleich, Gegensatz zweier Charaktere (Orpheus und Euridice o. ä.). Der Kontrast ist denkbar stark: Tutti gegen Solo, *f* gegen *p*, stacc. gegen legato, trotzige Geste gegen weiche Melodik. Das Klavier führt unbeirrt, bis das Orchester nachgibt, sich im Ton angleicht, endlich schweigt (Teil B′). Erst nun steigert sich das Klavier solo in eigenwilliger Kadenz (Triller, Gestik). Der Satz endet im *pp*, das Finalrondo folgt *attacca*.

Das 5. und letzte Konzert in Es-Dur, op.73 (1809), strahlt imperiale Größe aus.

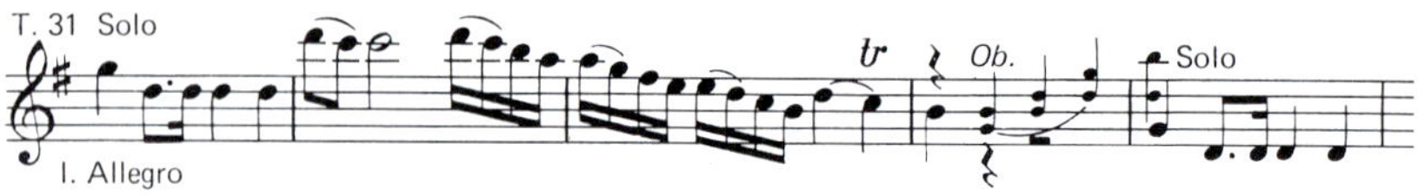

A **W. A. Mozart, Flötenkonzert G-Dur, KV 313,** 1778, stilisierter Marschrhythmus

B **W. A. Mozart, Konzert für Flöte und Harfe, C-Dur, KV 299,** 1778, Strukturbild

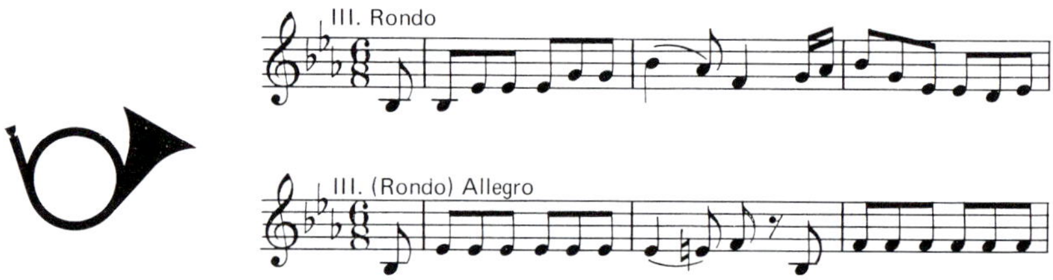

C **W. A. Mozart, Hornkonzerte Es-Dur, KV 417 und 447,** 1783, Jagdhorn-Motive

Doppelkonzerte				Tripelkonzerte			Quadrupelk.
Mozart				Mozart		Beethoven	Mozart
KV 190	299	364	365	242	320^{e}	op. 56	297
V. V. (Duo)	Fl. Harfe	V. ✳ Va. (Duo)	Klav. Klav. (Duo)	Klav. Klav. Klav.	V. ✳ Va. Vc. (Streich-trio)	V. Vc. Klav. (Klavier-trio)	Fl. ✳ Ob. Hr., Fg. (Bläser-quartett)
Orchester							

D **Gruppenkonzerte der Klassik,** Besetzungsbeispiele

Soli — Tutti
✳ konzertante Sinfonie

Instrumentencharaktere, Gruppenkonzerte

Solokonzerte
gibt es in der Klassik auch für Violoncello (BOCCHERINI, DUPORT, HAYDN), seltener für Va. (ROLLA), Kb. (SPERGER, DRAGONETTI), Mandoline, Gitarre (CARULLI, GIULIANI).
Flöte: nach QUANTZ, TELEMANN, HASSE schrieben die Mannheimer, J. CHR. BACH, HOFFMEISTER, DANZI u. a. viele Konzerte für Querflöte. MOZARTS Konzerte in G und D (KV 313, 314) entstanden 1778 in Mannh.
Beliebt waren stilisierte Marschrhythmen wie im Kopfthema KV 313 (Nb. A).
Das D-Dur-Konzert hatte MOZART für Oboe komponiert (in C-Dur), doch ohne Verlust für die Flöte umgeschrieben. Motivik, Spielart und Charakteristik sind noch nicht so instrumentenspezifisch wie später. Das Thema des Rondofinales klingt unbeschwert, heiter: MOZART unterlegt ihm später Blondchens Arie »*Welche Wonne, welche Lust*« und benennt so seinen Charakter (S. 348).
Oboe: Konzerte schrieben LEBRUN, EICHNER, FASCH, HAYDN, MOZART; die Besetzung ist z. T. noch freigestellt: Ob., Fl. oder V.
Klarinette: nach frühen Konzerten von TELEMANN, MOLTER und J. STAMITZ schrieb C. STAMITZ (S. 381) 11 Konzerte, virtuos, aber etwas leer. Vertiefung bringt MOZARTS spätes Konzert in A-Dur, KV 622 (1791, sein *letztes* überhaupt) mit reichen Farben in allen Registern und weicher Melodik, dem Charakter des Instr. nachempfunden; urspr. für die tiefere sog. *Bassett*klar. (Sonderbau STADLERS?).
Fagott: Konzerte sind selten (EICHNER, STAMITZ, MOZART: KV 191; 1774).
Trompete: Auch wenn die allg. Kunst des Clarinoblasens mit dem Barock versank, gab es in der Klassik einige hervorragende Trompetenvirtuosen. Für den Wiener WEIDINGER schrieb J. HAYDN das Konzert in Es, Hob.VII e (1796) mit Chromatik (Klappentrp.) und großer Höhe. Das Extrem fordert M. HAYDN mit a^3 (24. Naturton der D-Trp.).
Horn: Die Konzerte, meist in Es, spiegeln durchweg Jagdmotivik, bes. im Finale:
Quarten und Terzen sind typisch (Nb. C). Chromatik ist begrenzt (Naturhorn).

Gruppenkonzerte
des Barock *(Concerto grosso)* finden in der Klassik kaum Nachfolge. Es gibt sog. *konzertante Sinfonien* mit Soli, wie HAYDNS Tageszeitensinfonien (S. 383) oder MOZARTS KV 364 in Es (1779), eine Art Doppelkonzert wie das *Concertone* in C, KV 190 (1774).
Doppelkonzerte haben 2 Solisten, wie MOZARTS KV 365 in Es (1779; Abb. D).
Im Konzert für Flöte und Harfe setzt MOZART beide Instr. ihrem Charakter entsprechend ein, z. B. Flötenmelodik gegen Harfenarpeggio (Nb. B).
Tripelkonzerte zeigen gleiche Soloinstr., wie MOZARTS KV 242 (S. 391), oder verschiedene, wie BEETHOVENS op. 56 in C (1803–04).

Konzertpraxis
Im 18. Jh. schloss man sich privat zu Musik- oder Konzertgesellschaften zusammen, die sich regelmäßig trafen. Auch wurden in der 2. Hälfte des Jh. fast überall öffentl. Subskriptionskonzerte angeboten. Unternehmer, meist Musiker wie J. CHR. BACH in London, schlossen Verträge mit Komponisten und Virtuosen, organisierten Chor- und Instrumentalkonzerte, sog. *Akademien.* Bei kleiner Hörerzahl bekamen die Konzerte KaM-Charakter. MOZART rechnete 1782 bei seinen ersten Akad. im Augarten, Wien, mit 100 Subskribenten.
Konzertreihen u. a.:
London: *Academy of Ancient Music,* 1710–92; BACH-ABEL-*Konzerte,* 1765–82;
Paris: *Concerts spirituels,* 1725–91, 1807 ff.; *Concerts des amateurs,* 1769 ff.;
Leipzig: *Großes Concert,* ab 1743, wurde zu *Gewandhaus-Konzerte,* ab 1781;
Berlin: *Musikausübende Ges.,* 1749 ff.; *Berliner Singakademie,* 1791 ff. (S. 361).

Die begleitenden Orch. blieben im Allg. dünn besetzt. Der Kupferstich eines Klavierkonzerts in der Zürcher *Gesellschaft auf dem Musiksaale* von 1777 zeigt typisch den Flügel im Zentrum, dahinter 2 Violinen und 2 Flöten (Part der V.1, 2), etwas entfernt 2 winzige Naturhörner (Bratschenfunktion zur Harmoniefüllung, immer zu laut); 1 Kontrabass spielt die l. H. des Klavierparts mit (Gb.-Tradition). Noch MOZARTS Konzerte KV 413–415 verlangen nur Streichquartett mit Bläsern ad lib. Ein Dirigent ist nicht nötig. Oft dirigierte der Konzertmeister (1. V.) oder der Kapellmeister vom Flügel aus.
Das Publikum steht oder sitzt, wo es will. Erst das Orchesterpodium trennt Spieler und die wachsende Zahl von Hörern. Die Säle sind mit Kronleuchtern hell erleuchtet, die Gesellschaft kleidet sich farbenfroh und bunt.
Der Beifall ertönte spontan, vonseiten des Orchesters wie heute durch Bogenklappern gegen die Pulte. Die Bläser erhoben sich und spielten einen Tusch, oft jeder in einer anderen Tonart, mit Pauken dazu.
Die Programme waren bunt gemischt und lang (oft mehrere Stunden). BEETHOVENS erste eigene Akademie (*zu seinem Vortheile*) im Wiener Hofburgtheater am 2. 4. 1800, 19.30 Uhr, brachte:
1) *Eine große Sinfonie* von MOZART.
2) *Eine Arie* aus HAYDNS Schöpfung.
3) *Ein großes Konzert auf dem Piano-Forte, gespielt und komponiert von Hrn* LUDWIG VAN BEETHOVEN (op.15 oder op.19).
4) *Ein Sr. Majestät der Kaiserinn allerunterthänigst zugeeignetes, und von Hrn* LUDWIG VAN BEETHOVEN *komponiertes Septett.*
5) *Ein Duett aus* HAYDNS *Schöpfung.*
6) *Wird Herr* LUDWIG VAN BEETHOVEN *auf dem Piano-Forte fantasieren.*
7) *Eine neue große Sinfonie mit vollständigem Orchester,* von BEETHOVEN (op.21).

	Streichquartette	Sinfonien u.a.	
1755–59	op. 1, 1–4, 6 »Diverti-menti« op. 2, 1–6	Nr. 1, D-Dur (1759)	Wien
1760–62		Nr. 3, G-Dur	Eisenstadt
1761	op. 1,5	Nr. 6–8 »Le matin«, »Le midi«, »Le soir«	
1769	op. 9, 1–6	(ca. 40 Sinfonien)	
1771	op. 17, 1–6	Nr. 42, D-Dur	
1772	op. 20, 1–6 »Sonnen«	Nr. 45 »Abschied«	
		(ca. 25 Sinfonien)	
1781	op. 33, 1–6 »Russische«	Nr. 73 »La chasse«	
1784	op. 50, 1–6		
1785	(op. 51: 1787)	»Die 7 Worte« für Orch.	
1785–86		Nr. 82–87 »Pariser«	
1789	op. 54, 1–3, op. 55, 1–3	Nr. 88 »Oxforder«	
1790	op. 64, 1–6 »Tost«	(ca. 22 Sinfonien)	Wien
1791–92		Nr. 93–98 »Londoner«	
1793	op. 71, 1–3 op. 74, 1–3 »Apponyi«		
1794–95		Nr. 99–104 »Londoner«	
1796–1802		6 Messen	
1797	op. 76, 1–6 »Erdödy«		
1798		Die Schöpfung	
1799	op. 77, 1–2		
1801/03	op. 103 (1803)	Die Jahreszeiten (1801)	

A Die Streichquartette und Sinfonien

B **Kaiserquartett, op. 76,3,** 1797

C **Barytontrio Hob. IX:82,** 1770, 3. Satz, Menuett

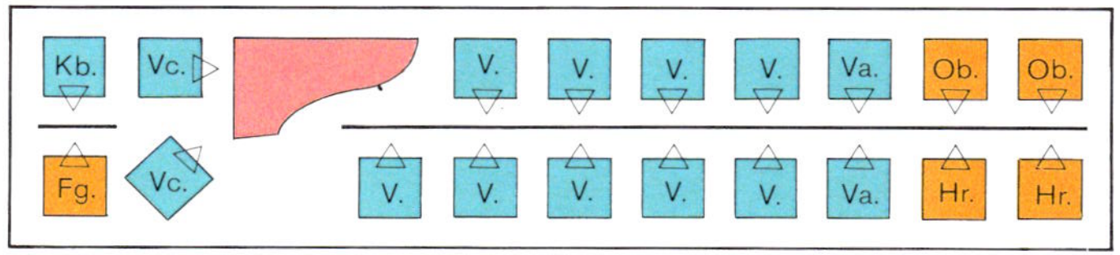

D **Opernorchester in Eszterháza (Eisenstadt),** 1775

JOSEPH HAYDN, *31. 3. 1732 in Rohrau an der Leitha (Österreich), † 31. 5. 1809 in Wien; aus Wagenbauerfamilie, ab 1740 Sängerknabe am Stephansdom in Wien (unter J. G. REUTTER D. J.), ab 1749 nach Stimmbruch *»kummerhafte Jahre herumgeschleppt«* mit Unterrichten, Spiel und Komposition; lebte bei N. PORPORA, wo er ital. Gesang und Komposition kennen lernte, auch Musiker wie MONN, WAGENSEIL, GLUCK.

1759 wird HAYDN Kapellmeister beim Grafen MORZIN auf Schloss Lukawitz bei Pilsen in Böhmen. Hier entsteht seine *1. Sinfonie,* die wegen ihrer böhm. und Mannheimer Züge lange A. FILTZ zugeschrieben wurde. HAYDN war damals noch unbekannt, später unterschob man ihm selbst ein fremdes Streichquartett als op.3 (S. 374, Abb. B). Noch 1759 wurde das Orchester aufgelöst. HAYDN kehrte ohne Anstellung nach Wien zurück.

1761 wird HAYDN neben G. J. WERNER 2. Kapellmeister des Fürsten P. A. ESZTERHÁZY. Dessen Nachfolger Fürst NIKOLAUS (ab 1762), der sich nach dem Vorbild von LORENZO MEDICI der *Prachtliebende* nennt, vergrößert sogleich das Orchester. Er selbst spielt Baryton (S. 39).

HAYDNS zahlreiche *Barytontrios* sind viersätzig, unterhaltsam, zuweilen sogar programmatisch wie in Nb. C (klagender Halbtonschritt, schleppende Bewegung).

1764–66 baut Fürst NIKOLAUS ein neues Schloss *Eszterháza* am Neusiedler See (Vorbild *Versailles*) mit Opernhaus und Marionettentheater, wobei es heißt, Kunst und Natur seien *»auf überaus edle und prächtige Art«* verbunden, überall *»sanftes Lächeln der Natur, Freude und Entzücken«*. Das ist der Rahmen für HAYDNS Musik und ein wesentl. Zug ihres Charakters. HAYDN vermischt dabei noch barocke und konzertante Elemente mit dem neuen, anmutigen Schwung seiner Zeit (ital. Melodik, Mannheimer Expressivität, böhm. Temperament). Sein galanter Stil der 50er Jahre erhält in den 60er Jahren Vertiefung und Glanz zugleich.

1766 stirbt WERNER, HAYDN wird Hauptkapellmeister. Sein Arbeitspensum ist enorm: neben der Kirchenmusik sind in der Woche 2 Opernaufführungen und 2 Orchesterkonzerte zu bewältigen, dazu zahlreiche KaM in Schloss und Park. Den Sommer und zunehmend den größten Teil des Jahres verbringt der Hof im Schloss Eszterháza, den Winter in Wien (im Stadtpalais, der Winterresidenz). Die Musiker leben übrigens in Eszterháza im Musikerhaus ohne ihre Familien, die in Wien bleiben (Entstehungsgrund für die Abschiedssinfonie, s. S. 383). HAYDN erhält eine Sondergenehmigung, eine größere Wohnung und Offiziersrang. Selbstverständlich tragen alle Musiker die Livree der fürstl. Diener. HAYDN pflegt in ihr auch zu komponieren. Freiheit und Schönheit der Musik leiden darunter nicht.

In den 70er Jahren, der hohen Zeit des *Empfindsamen Stils* und des *Sturm und Drang,* zeigen auch HAYDNS Werke eine Welle von Expressivität und Leidenschaft (häufiges Moll, erregte Tremoli, Synkopen, Sforzati).

HAYDN entfernt sich weit vom alten Barockideal dicht *gearbeiteter* Musik: *»Früher glaubte ich, je schwärzer das Papier desto besser«* (vgl. S. 383).

In den Sinfonien der 70er Jahre entwickelt HAYDN auch die Technik der sog. *themat. Arbeit,* die statt kp. Gewebes *Motive* des themat. Materials scheinpolyphon, aber charakteristisch über die Stimmen verteilt (S. 375). Es ist die Zeit der Quartettpause, dafür entstehen viele Opern, auch zum Galabesuch der Kaiserin MARIA THERESIA (1773).

Die 80er Jahre gelten als Reifezeit. 1781 erscheinen die *russ. Streichquartette* op.33. Sie bilden in Gehalt und Technik einen ersten Höhepunkt der Klassik und üben starken Einfluss u. a. auch auf MOZART aus (S. 374 f., 376 f.). HAYDN lernte MOZART 1784 persönlich kennen. Er lässt sich seinerseits von MOZARTS kantabler Melodik und expressiver Chromatik beeinflussen. HAYDNS Ruf geht inzwischen weit über die Grenzen. Als Kompositionsauftrag schreibt er für die *Concerts de la Loge Olympique* die 6 sog. *Pariser Sinfonien* (Abb. A).

Ab den 90er Jahren entsteht das Spätwerk. Im Herbst 1790 stirbt Fürst NIKOLAUS. Sein Nachfolger löst die Kapelle auf. HAYDN zieht wohl versorgt nach Wien. Auf Einladung des Geigers und Konzertagenten SALOMON reist er 2-mal nach London:

– Dez. 1790–92: hier entstehen die ersten 6 *Londoner Sinfonien.* HAYDN erhält den Ehrendoktor der Universität Oxford, wozu die Sinfonie Nr. 92 erklingt (*Oxforder,* EZ 1788).
– 1794–95: hier entstehen u. a. die *Londoner Sinfonien* 7–12.

Während der Kriegswirren 1797 schreibt HAYDN in Wien das Lied *Gott erhalte Franz den Kaiser,* das ins *Adagio* des Streichquartetts op.76,3 einging. Es zeigt beispielhaft die hohen Melodiequalitäten HAYDNS: schlichte Intervalle, klass. Einfachheit und Ruhe, Ausgleich der Bewegung, inniger Ausdruck. Erlesen auch die Begleitung im Quartett (Nb. B; dt. Nationalhymne seit 1922, auf Text von HOFFMANN VON FALLERSLEBEN, 1841).

In England erhielt HAYDN durch HÄNDELS Oratorienaufführungen Anregung und Libretto zu seinem Oratorium *Die Schöpfung* (Wien 1798; s. S. 352 f.). Die *Jahreszeiten* folgen 1801. – In Wien entstehen auch die 6 späten Messen (S. 359). Das nur 2-sätzige Streichquartett op.103 (1803) ist HAYDNS letztes Werk. Mit HAYDN stirbt ein in ganz Europa hochverehrter Komponist.

GA: Lpz. 1907 ff., neue GA hg. vom Haydn-Institut Köln, 1958 ff. Werkverz.: hg. von A. v. HOBOKEN, Mainz 1957–78.

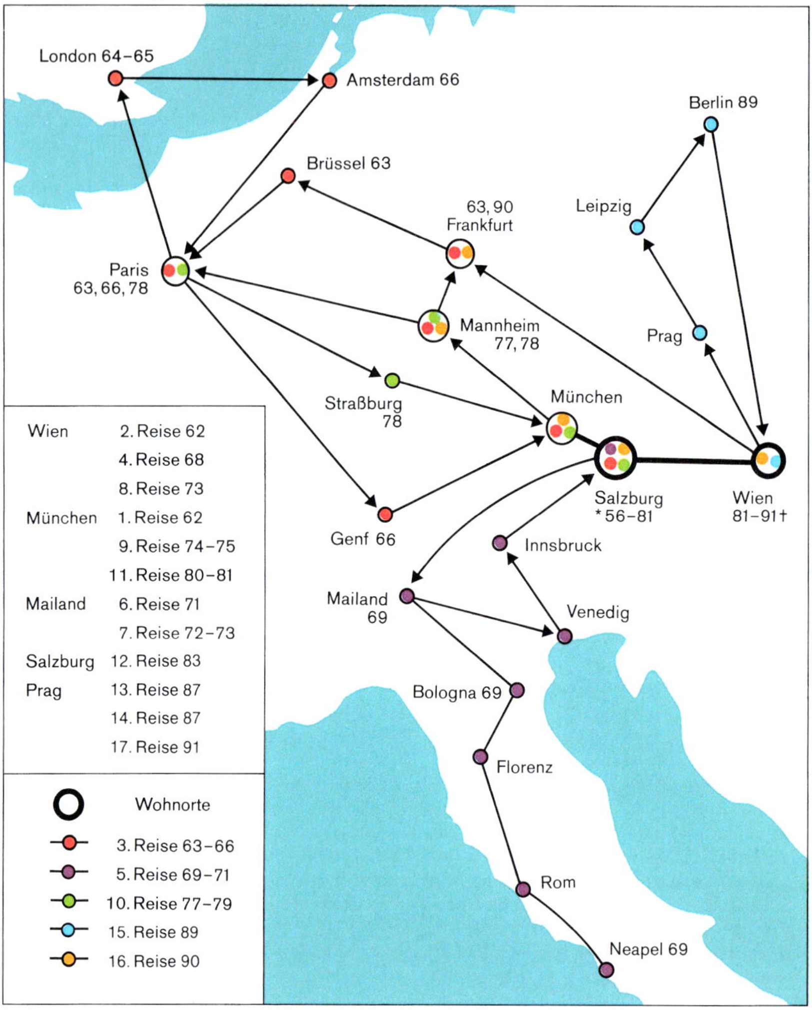

A **Mozarts Kunstreisen**

B **Menuett, KV 1,** Salzburg 1761/62, Phrasenbildung und Harmonik

Mozart: Reisen, KV 1

WOLFGANG *Amadeus* (nach Taufname *Theophilus*) MOZART, *27. 1. 1756 in Salzburg, † 5. 12. 1791 in Wien; Vater LEOPOLD (1719–87), aus Augsburg, war Vizekapellmeister beim Erzbischof in Salzburg; von 7 Kindern überlebten nur WOLFGANG und MARIA ANNA (*Nannerl*, 1751–1829), eine gute Pianistin.
MOZART erwies sich schon früh als hoch begabt: feinstes Gehör (absolut), ungewöhnl. Gedächtnis, intuitiver Sinn für das Wesentliche, Fantasie, Ausdrucksbedürfnis, starker Spiel- und Gestaltungstrieb, sensitive Begabung für Instr.-Spiel. Ins Notenbuch für NANNERL (ab 1759) trug LEOPOLD die Kompos. des 3- bis 5-Jährigen ein (Nb. B).
Den 6-Jährigen zeigte er mit NANNERL auf Reisen einer Welt, die, aufgeschlossen für Originalgenie und Menschenideal, das Wunderkind MOZART begeistert aufnahm. Man bestaunte die Virtuosität, die Kompositionen, die Improvisationen (Klavierstücke, Arien, Begleitungen), dazu Kunststücke wie Spiel auf verdeckten Tasten, usw. Zugleich lernte MOZART die besten Musiker seiner Zeit, ihr Können und ihren Stil kennen.

Die Salzburger Zeit
Nach den frühen Jahren in Salzburg gingen die ersten 2 Kunstreisen der MOZARTS 1762 nach München und Wien (kaiserl. Familie). Es folgte 1763–66 die große Reise nach Paris und London, durch viele Städte wie u. a. Schwetzingen (Mannheimer Hof), Frankfurt (GOETHE) u. a. In London (1764/65) übte J. CHR. BACH großen Einfluss auf Mozart aus. Die Reise ging über Den Haag (4 Monate, Kinderkrankheit), Amsterdam, Paris (S. 371), Genf, Zürich u. a. zurück nach Salzburg (Ende 1766). – Die 4. Reise führt 1768 wieder nach Wien (*Bastien und Bastienne*). 1769 wird MOZART in Salzburg Konzertmeister. Es folgen 3 Reisen nach Italien:

1. Reise Dez. 1769 – März 1771, mit dem Vater, über Mailand (PICCINNI, SAMMARTINI), Bologna (PADRE MARTINIS Kp.-Unterricht) nach Rom. In der Sixtin. Kapelle hört MOZART ALLEGRIS 9-st. *Miserere* und notiert es danach aus dem Kopf. In Neapel lernt er MAJO und PAISIELLO kennen. Zurück über Rom (Papstorden), Bologna (Aufnahme in die *Accademia filarmonica*), Mailand (Oper *Mitridate,* 1770).
2. Reise Herbst 1771, Mailand (Oper *Ascanio in Alba*).
3. Reise Winter 1772/73, Mailand (Oper *Lucio Silla*).

In den folgenden Salzburger Jahren entstehen KM, Sinfonien, Konzerte, Sonaten u. a.
Die zweite größere Reise nach Mannheim und Paris tritt MOZART im Sept. 1777 mit seiner Mutter an. In Mannheim lernt er u. a. CANNABICH kennen und verliebt sich unglücklich in die Sängerin ALOYSIA WEBER. Im März 1778 geht es weiter nach Paris. Dort ist der inzwischen 22-Jährige weniger erfolgreich, auch stirbt seine Mutter am 3. 7. 1778. Rückreise über München, Hof KARL THEODORS (S. 381), dafür 1781 *Idomeneo*.

Die Wiener Zeit (1781–91)
Im Sommer 1781 kommt es zu Ärger und zur Entlassung MOZARTS aus dem Dienst des Erzbischofs. MOZART lebt fortan gerne als freier Künstler in Wien, von Unterricht, Konzerten, Kompositionen, bes. Opern, was bei der herrschenden ital. Oper (Hofkapellmeister A. SALIERI) und den Intrigen nicht leicht ist. 1781/82 entsteht die erfolgreiche *Entführung* (Kaiserauftrag). Im gleichen Jahr 1782 heiratet MOZART CONSTANZE WEBER (1762–1842, Schwester der ALOYSIA, Cousine von C. M. V. WEBER, 6 Kinder).
Von Einfluss ist die Freundschaft mit J. HAYDN und dem Hause des Barons VAN SWIETEN, für dessen BACH- und HÄNDEL-Aufführungen MOZART 4 Oratorien HÄNDELS bearbeitet (*Messias,* 1788). Seit 1784 ist MOZART in der Freimaurerloge (S. 351). Die erste ohne Auftrag komponierte Oper *Figaro* (1786) wird wegen der brisanten polit. Lage in Wien ein geteilter, in Prag ein voller Erfolg. Für Prag entsteht *Don Giovanni* (1787, mit Reise dorthin).
Mit dem Fürsten LICHNOWSKY reist MOZART 1789 über Dresden und Leipzig (Thomaskantor DOLES, BACH-Werke) nach Berlin (FR. WILHELM II., Quartettauftrag). Oktober 1790 spielt MOZART in Frankfurt zur Kaiserkrönung LEOPOLDS II. (Klavierkonzerte KV 459 und 537). Sommer 1791 entstehen die *Zauberflöte* und für Prag *La clemenza di Tito* (S. 339). Nach dunklen Vorahnungen stirbt MOZART über der Arbeit am *Requiem*.
MOZART komponierte im Kopf, neben anderen Tätigkeiten her: *»sie wissen daß ich so zu sagen in der Musique stecke – daß ich den ganzen Tag damit umgehe – daß ich gern speculire – studiere – überlege«* (Brief 1778). Es gibt kaum Skizzen, fast alle Korrekturen finden im Kopf statt, dann folgt die rasche Niederschrift: *»ich muß über hals und kopf schreiben – komponirt ist schon alles – aber geschrieben noch nicht«* (30. 12. 1780). Die Ouvertüre zu *Don Giovanni* schrieb er in einer einzigen Nacht (vor der UA).
Bei allem eth. Gehalt ist MOZARTS Musik bewusst zweckfreier Ausdruck des Innern und höchste Kultur. Sie führt in allem, den kleinsten Werken wie den großen Charakteren der Opern, stets zum augenblickserfüllten, gestisch belebten Menschen und zu idealer Schönheit.
MOZARTS Werke umfassen alle Gattungen. Alte GA, Leipzig 1876–1905 (69 Bde.), Neue GA, Salzburg, Kassel 1955 ff. (10 Serien), dazu Briefe u. a. (7 Bde.); Werkverz.: L. RITTER V. KÖCHEL, *Chronolog.-themat. Verzeichnis* (*KV*), Lpz. 1862, 6. Aufl. 1964.

A **Trioserenade D-Dur, op. 8,** um 1796/97

schnell — langsam

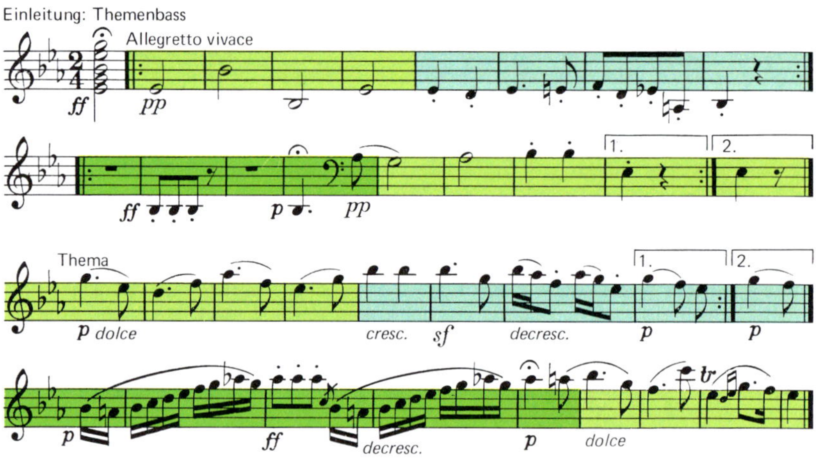

B **»Prometheus«-Thema, Var. op. 35,** 1802

Vorder-/Nachsatz
Mittelteil

C **Violinkonzert op. 61,** 1806, Liedcharakter des Hauptthemas

D **Streichquartett F-Dur, op. 135,** 1826, Finale »Der schwer gefasste Entschluss«

außermusikalischer Gedanke — zur Themengestalt ergänzende Substanz

Beethoven: Frühe Kammermusik, mittlere Epoche und Spätwerk

LUDWIG VAN BEETHOVEN, *17. 12. (Taufe) 1770 in Bonn, † 26. 3. 1827 in Wien. Der Vater war Tenor an der kurfürstl. Kapelle in Bonn (fläm.-brabant. Familie); Hoforganist C. G. NEEFE, der eine Abschrift von BACHS *Wohltemperiertem Klavier* besaß, vermittelte BEETHOVEN solide Grundkenntnisse. Ab 1783 wirkte BEETHOVEN als Akkompagnist in der Hofkapelle. Im April 1787 ist BEETHOVEN kurze Zeit Schüler MOZARTS in Wien (beendet wegen Tod der Mutter).

1792, ein Jahr nach MOZARTS Tod, geht BEETHOVEN endgültig nach Wien, zu HAYDN. Neben dem unregelmäßigen Unterricht bei HAYDN lernt er bei SCHENK (Kp.), ALBRECHTSBERGER (Kp.) und SALIERI (ital. Gesangskomposition). Ab 1794 lebt er ganz auf sich gestellt von Unterricht, Konzerten und von seinen Kompositionen, die Gönner und Verleger gut bezahlen. Graf WALDSTEIN empfahl ihn dem Wiener Adel, wie LICHNOWSKY (op.1 gewidmet), ERDÖDY, ESZTERHÁZY, BRUNSWIK (mit Schwestern *Therese* oder *Josephine* als *Unsterbliche Geliebte*); LOBKOWITZ, KINSKY u. Erzherzog RUDOLPH (Kompos.-Schüler 1805–12) setzen ihm 1809 eine Rente aus.

Bereits ab 1795 beginnt BEETHOVENS Gehörleiden, ab etwa 1808 wird er schwerhörig und ab etwa 1819 taub (400 Konversationsbücher). Mehr und mehr zieht er sich von der Gesellschaft zurück: auch das öffentl. Auftreten als Pianist und Dirigent muss er aufgeben. Gegen den Schicksalsschlag setzt er seine kämpfer. Willensnatur, den Drang nach Vollkommenheit und die Musik:

> *»nur sie, die Kunst hielt mich zurück. Ach es dünkte mich unmöglich die Welt zu verlassen bis ich das alles hervorgebracht, wozu ich mich aufgelegt fühlte ... trotz allen Hindernissen der Natur doch noch alles getan, was in seinem Vermögen stand, um in die Reihe würdiger Künstler und Menschen aufgenommen zu werden«* (Heiligenstädter Testament, 6. 10. 1802).

Die Isolierung durch sein Leiden wurde aufgewogen durch eine überwältigende Fantasie und inneres Vorstellungsvermögen. Verbunden mit seiner künstler. Gestaltungskraft erwächst ihm das neuartige Sendungsbewusstsein des Künstlers im 19. Jh.:

> *»Höheres gibt es nicht, als der Gottheit sich mehr als andere Menschen nähern und von ihr aus die Strahlen der Gottheit unter das Menschengeschlecht verbreiten.«*

Sein Kunstideal, seine sittl.-eth. Haltung, mit den Idealen der Freiheit, Brüderlichkeit und Menschenliebe prägen sein Werk (*Fidelio,* 5. Sinfonie), führen es über jede Norm hinaus und geben ihm gerade dort eine nie dagewesene Leuchtkraft, wo kein Wort hinreicht: in der reinen Instrumentalmusik (E. T. A. HOFFMANN, S. 387). BEETHOVEN, Zeitgenosse HÖLDERLINS, HEGELS und des dt. Idealismus, gibt seiner Musik nicht nur klass. Maß, sondern eine hohe innere Bedeutsamkeit. Seine Wirkung auf das 19. Jh. (bis heute), aber auch in seiner Zeit war außerordentlich. Sein eigenständiger, kraftvoller Willenscharakter, der seine hohe Empfindlichkeit wohl abzuschützen wusste, tat das seine dazu. GOETHE bemerkt nach der ersten Begegnung mit BEETHOVEN in Teplitz:

> *»zusammengefaßter, energischer, inniger habe ich noch keinen Künstler gesehen. Ich begreife recht gut, wie er gegen die Welt wunderlich stehen muß«* (19. 7. 1812).

Man kann in BEETHOVENS Schaffen außer der Bonner Frühzeit (ca. 50 Kompositionen) 3 Perioden unterscheiden:

- **Erste Wiener Jahre** bis etwa 1802. BEETHOVEN knüpft an die Tradition an, wie das vielsätzige Streichtrio op.8 zeigt. Die ausgewogene Melodik, das reife Satzgefüge, Divertimentocharakter und Innigkeit weisen auf inspirierte und strenge Arbeit. In diese Zeit gehören die frühen Klavierkonzerte, Klaviertrios, Streichquartette, die Sinfonien 1 und 2.
- **Mittlere Periode** 1802–12/14. BEETHOVEN geht *neue Wege* (Bemerkung zu KRUMPHOLTZ), bringt verstärkt außermusikal. Gehalt in die Musik, kommt zu neuen Strukturen und Formen (*Sturmsonate,* S. 366 f.). – Charakteristisch ist das *Prometheus*-Thema (Abb. B, vgl. S. 367). Auch Prometheus holte das Licht vom Himmel und schuf seine eigenen Gestalten. BEETHOVEN durchbricht willentlich jeden normalen Ablauf, arbeitet mit Kontrasten in Melodik, Rhythmik, Dynamik, Artikulation und schafft doch ein klass. ausgewogenes Ganzes. Werke: *Eroica, Schicksalssinfonie, Pastorale,* 3.–5. Klavierkonzert, *Fidelio,* Streichquartette op. 59, Violinkonzert: Die schlichte, oft volksliedartige Melodik kündet vom Ideal einer Menschen verbindenden Musik (Nb. C).
- **Spätwerk** der 20er Jahre. Zurückreichend bis 1814/15 hebt sich das späte Werk BEETHOVENS mit der Missa solemnis, der 9. Sinfonie, den späten Klaviersonaten und Streichquartetten deutlich ab. Ansprache an eine ideale Menschheit, poet. Gehalt, subtilste Strukturen und Konzentration lassen den Grad der von BEETHOVEN geleisteten Lebensarbeit erahnen.

Die Einteilung in Schaffensperioden wird durchkreuzt von vielen durchgehenden Zügen wie Personalrhythmen (z. B. Schicksalsmotiv der 5. Sinfonie), Werkideen, Motiven. BEETHOVEN skizziert und modelliert oft über Jahre, ehe aus einem ersten Einfall eine gültige Gestalt wird. Die gattungstreue Serienproduktion endet, jedes Werk wird zum Einzelfall. – Das 19. Jh. prägte das heroische B.-Bild, später weitete sich der Blick.

GA: Lpz. 1862–65 (24 Serien), Suppl. Wiesbaden 1959 ff.; NGA: München 1961 ff.; Werkverz.: G. KINSKY, H. HALM (1955).

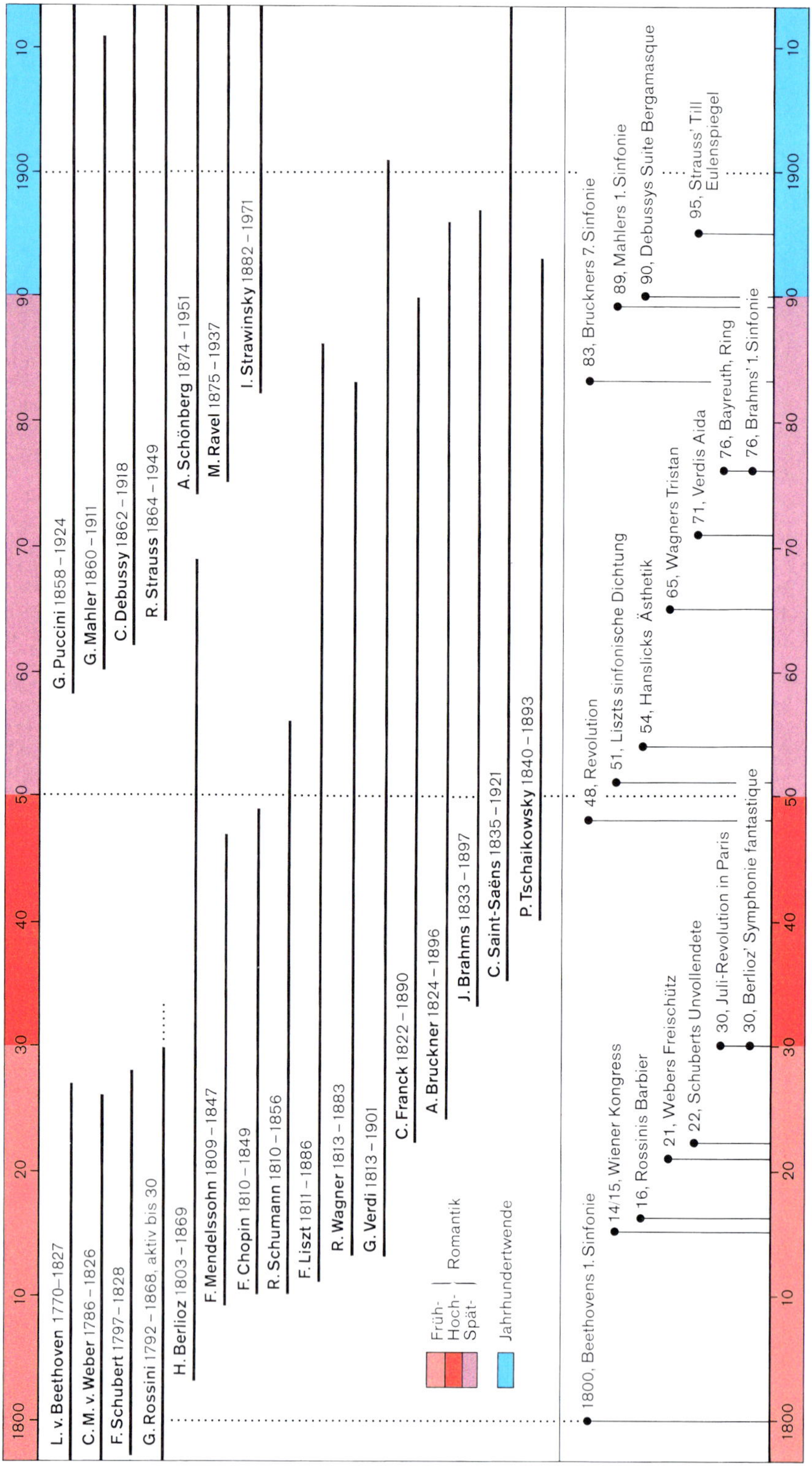

Komponisten, wichtige Ereignisse

Das 19. Jh. gilt in der Musikgeschichte als das Jh. der Romantik. Schon im Werk BEETHOVENS lassen sich viele romant. Aspekte erkennen. BEETHOVEN bleibt für das ganze 19. Jh. eine prägende und vorbildl. Gestalt. Auch wächst die Romantik bruchlos aus der Tonsprache, den Gattungen, der Harmonik der Klassik heraus, sodass Klassik und Romantik vielfach als eine zusammenhängende Epoche angesehen werden können. Allerdings zieht ein neues *poetisches, metaphysisches* Element in die Musik ein, und es kommt zu einer Verschiebung des Gleichgewichts zwischen Idee und Erscheinung, zwischen Verstand und Gefühl: *Ich-Ausdruck, Subjektivismus* und *Emotion* dominieren, und ein dem positivist. Zeitgeist des 19. Jh. entsprechendes *dynamisches* Prinzip bringt alle Mittel zum Wachsen: Strukturen, Gestalten, Spieltechnik, Klang (Instr., Orch.).

Romantik
von altfrz. *romance,* Dichtung, Roman, bezeichnet im 17./18. Jh. in der Literatur das Romanartige, Märchenhafte, Fantastische, in der Aufklärung bes. den Gegensatz zum Rationalen: das Gefühlvolle, Empfindsame, träumerisch Erahnte. Romantik wird dann der Name der lit. Bewegung in Deutschland um 1800 bis 1830 mit WACKENRODER, TIECK, NOVALIS, den Brüdern SCHLEGEL u. a.
Seit E. T. A. HOFFMANNS Beethoven-Rezension von 1810 (s. S. 403) ist das Wort *romantisch* auch in der Musik üblich, bezeichnet aber zunächst mehr einen Wesenszug als eine Epoche, dann im Anschluss an die Klassik summarisch oder als pars pro toto das ganze 19. Jh. von SCHUBERT bis STRAUSS, wobei sich im Laufe dieser Epoche romant. und klassizist. Tendenzen unterschiedlich stark ausprägen (letztere bes. in der 2. Jh.-Hälfte). Die Musik tendiert aber offensichtlich im Gegensatz zum realist.-materialist. Zeitgeist des 19. Jh. zu einer *romant. Haltung,* was ihrem innersten Wesen sehr wohl entspricht.

Das 19. Jahrhundert
ist in seinen Erscheinungen und Tendenzen äußerst vielgestaltig, oft gleichzeitig von konträren Bewegungen erfüllt. Der Restauration von 1814/15 (Wiener Kongress) folgten die Revolutionen von 1830 und 1848 und trotz der konservativen Kräfte die allg. Demokratisierung. Wirtschaftlich und sozial ist es das Zeitalter der Industrialisierung, der Maschinen und Eisenbahnen, der Vermassung und des zunehmenden Elends, der Isolierung und Verlorenheit des Einzelnen in einer anonym werdenden Massengesellschaft.
Kunst und Musik werden getragen vom sog. Bildungsbürgertum mit sehr unterschiedl. Ansprüchen. Neben hohen Kunstwerken entsteht musikal. Kitsch. Vervielfältigungsmethoden und Konsum verbreiten Instrumente (Klavier) und Noten wie nie zuvor. Neben der *Hausmusik* gibt es den *Salon,* in dem Musik erklingt, ferner den großen *Saal* mit seinen *Konzerten,* die *Oper* und die *Kirchen.* Das techn. Denken des Zeitalters spiegelt sich musikalisch in wachsender Instrumentaltechnik (PAGANINI, LISZT) und verflachendem Virtuosentum. Ungefährer Verlauf:

Frühromantik 1800–30: Die Romantik ist zunächst eine vorzugsweise dt. Erscheinung, beeinflusst von der dt. lit. Romantik. E. T. A. HOFFMANNS *Undine* (1816) bietet einen märchenhaften, romant. Stoff, WEBERS *Freischütz* (1821) findet als erste große dt. romant. Oper mit ihren volkstüml. Charakteren, der waldfarbenen Naturnähe, dem Aber- und Wunderglauben weites Echo. SCHUBERTS Lieder drücken den poet. Geist der Zeit so vollkommen aus wie seine Instrumentalmusik (bes. ab 1822). Der bedeutungsvollen Musik BEETHOVENS steht ROSSINIS spielerisch-artifizielle, eher restaurative entgegen (*Zeitalter Beethovens und Rossinis,* KIESEWETTER, 1834).

Hochromantik 1830–50: Politisch eingeleitet von der Julirevolution 1830 weitet sich die Romantik zu einer europ. Bewegung. Zentrum wird Paris (statt Wien) mit seinen vielfältigen Anregungen, bes. der frz. lit. Romantik (V. HUGO, A. DUMAS u. a.). BERLIOZ' *Symphonie fantastique* (1830) spiegelt den neuen Zeitgeist. Zündend wirken PAGANINIS Dämonie und Virtuosität, ebenso LISZTS heroische Virtuosenkarriere. Daneben entfalten sich CHOPINS Klangzauber, SCHUMANNS poet. Musik und geistreiche Kritik, MENDELSSOHNS romant. Klassizismus, WAGNERS *romant. Oper,* MEYERBEERS und VERDIS Erfolge.

Spätromantik 1850–90: Die Zäsur fällt politisch zusammen mit der Revolution von 1848. Nach dem Tode MENDELSSOHNS (1847), CHOPINS (1849) und SCHUMANNS (1856) beginnt eine neue Epoche mit LISZTS *sinfonischen Dichtungen* (ab 1848), WAGNERS *Musikdramen,* VERDIS Opern der Reifezeit. Zugleich tritt eine jüngere Generation hervor mit FRANCK, BRUCKNER, BRAHMS u. a. Formal- und Ausdrucksästhetik, Caecilianismus, Historismus, Naturalismus und nationale Farben stehen nebeneinander und prägen in der Musik spätromant. Züge aus.

Jahrhundertwende 1890–1914: Die Generation PUCCINI, MAHLER, DEBUSSY, STRAUSS greift um 1890 mit ihren neuen Werken ein, die die versch. Tendenzen bis ins Extrem fortführen. Dabei wirkte eine spätromant. Erscheinung wie der frz. Impressionismus (Symbolismus) um die Jh.-Wende modern. Das Ende der Romantik als Epoche ist örtl. und zeitl. verschieden. Es zeichnet sich mit SCHÖNBERGS Übertritt in die Atonalität 1907/08 ab und fällt mit dem Kriegsausbruch 1914 zusammen.

A **T. Badarzewska, Gebet einer Jungfrau,** 1851, Hauptmotiv

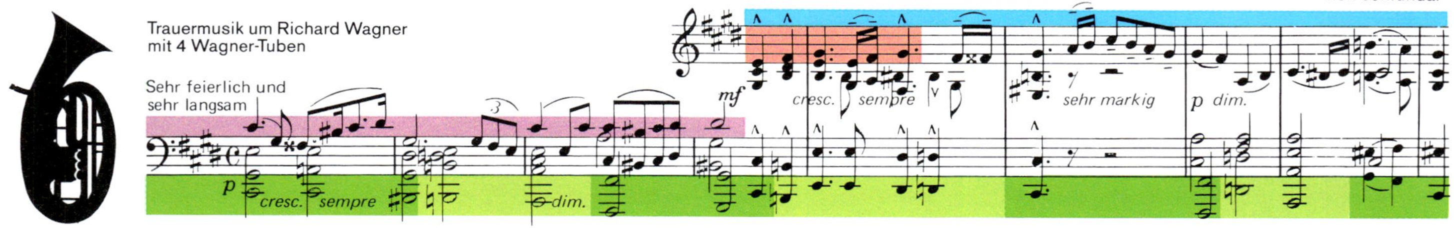

Te-Deum-Zitat »non confundar«

B **A. Bruckner, 7. Sinfonie,** 1883, 2. Satz

Tenortuba

Violinen auf G-Saite

Dur / Moll

C **G. Rossini, Der Barbier von Sevilla,** 1816, I,1, Arie des Grafen

Subjektivität und Gefühl des Empfindsamen Stils nehmen bereits im 18. Jh. romant. Ausdruck vorweg. WACKENRODERS *Herzensergießungen eines kunstliebenden Klosterbruders* (1797) sprechen dann als frühes Dokument der lit. Romantik von dem Zauber der Kunstwelt, der Verehrung der alten Meister, der Erfüllung von Herz und Gemüt des Künstlers mit religiöser Inbrunst. Erstmals gilt für alle Künste das gleiche, selbst für das Leben:

> »Die Welt muß romantisiert werden. So findet man den ursprüngl. Sinn wieder. Indem ich dem Gemeinen einen hohen Sinn, dem Gewöhnlichen ein geheimnisvolles Ansehen, dem Bekannten die Würde des Unbekannten, dem Endlichen einen unendl. Schein gebe, so romantisiere ich es.« (NOVALIS, 1798)

Nur das *Gefühl* erschließt die Unendlichkeit, erahnt die überall gegenwärtige Transzendenz, nicht der Verstand. Die Romantiker suchen und erspüren das innerste Wesen, die innersten Rhythmen des Seins:

> »Schläft ein Lied in allen Dingen, / die da träumen fort und fort / und die Welt hebt an zu singen, / triffst du nur das Zauberwort.« (EICHENDORFF, *Wünschelrute,* 1835)

»Durch alle Töne tönet / im bunten Erdentraum / ein leiser Ton gezogen / für den, der heimlich lauschet.« (FR. SCHLEGEL)

Die antike Sphärenharmonie erfährt eine neuartige Beseelung durch das unmittelbare Gefühl des Menschen für den Klang in Universum und Natur (vgl. S. 405). Die Musik ist reiner Urlaut der Schöpfung: am reinsten in der Instrumentalmusik, *losgelöst* von allen stoffl. Zutaten wie Text der Vokalmusik oder Idee eines Programms (*absolute* Musik).

E. T. A. Hoffmann spricht als erster von romant. Musik (zu BEETHOVENS 5. Sinf.):

> »Wenn von der Musik als einer selbständigen Kunst die Rede ist, sollte immer nur die Instrumentalmusik gemeint sein, welche, jede Hülfe, jede Beimischung einer andern Kunst verschmähend, das eigentümliche, nur in ihr zu erkennende Wesen der Kunst rein ausspricht. Sie ist die romantischste aller Künste ... Die Musik schließt dem Menschen ein unbekanntes Reich auf; eine Welt, ... in der er alle durch Begriffe bestimmbaren Gefühle zurückläßt, um sich dem Unaussprechlichen hinzugeben.« (AmZ 4. 7. 1810).

Dieser für die Romantik fortan bestimmende Musikbegriff spiegelt den dt. Idealismus. Für **Hegel** ist die Kunst aus dem Zentrum des Lebens gerückt, der Künstler aber bringt alles Menschl. zum Ausdruck (Ästhetik 1820/35):

> »Hiermit erhält der Künstler seinen Inhalt aus ihm selber und ist der wirklich sich selbst bestimmende, die Unendlichkeit seiner Gefühle und Situationen betrachtende, erinnernde und ausdrückende Menschengeist, dem nichts mehr fremd ist, was in der Menschenbrust lebendig werden kann.«

Nach **Schopenhauer** schildern alle Künste die Dinge als Verkörperungen des in ihnen wirkenden ewigen Willens, die Musik jedoch – ohne konkreten Stoff – schildert das Wesen dieses Willens selbst. SCHOPENHAUERS Pessimismus, der Wille sei in seiner ewigen Bewegung unruhig und leidvoll, steht im Gegensatz zur beseligenden und erlösenden Musikerfahrung (WAGNER).

Kunst und Musik übernehmen im säkularisierten 19. Jh. vielfach Aufgaben der Religion mit z. T. priesterl. Sendungsbewusstsein und sakralen Zügen.

> BRUCKNERS Klage um WAGNERS Tod erklingt mit 4 feierl. Wagnertuben, mit weiträumiger, choralartiger Melodik, mit romantisch asymetr. Verteilung der Attraktionspunkte, in Moll mit Farbwechsel nach Dur, mit dem verheißungsvollen *Te-Deum*-Zitat *»non confundar in aeternum«*, mit Höhepunkt im Unisono wie ein Gregor. Choral (T. 6): alles von Glauben innigst durchdrungen (Nb. B).

Ausdrucksästhetik und absolute Musik

Romantisierung und Poetisierung erfüllen die Musik mit außermusikal. Gehalt, wie einem bestimmten Gefühl, einer Idee oder einem Programm, das sie zum Ausdruck brachte (*Gefühls-* oder *Ausdrucksästhetik*), bes. seit BERLIOZ, LISZT und WAGNER. Auf der andern Seite standen seit der Jh.-Mitte die Verfechter der *absoluten* Musik wie BRAHMS und der Kritiker HANSLICK (*Formalästhetik*). Auch für HANSLICK drückt Musik Gefühle aus, jedoch keine bestimmten:

> »Der Inhalt der Musik sind tönend bewegte Formen.« – »Das Komponieren ist ein Arbeiten des Geistes in geistfähigem Material.« – »Das Urelement der Musik ist Wohllaut, ihr Wesen Rhythmus« (1854).

In der *Gestaltqualität* des musikal. Kunstwerkes sind jedoch Inhalt und Form, Ausdruckswille und Erscheinung wesentl. vereint.

Neben der bedeutenden und poet. Musik erklingt bes. die ital. Musik lebensvoll und kunstreich, ohne stets Hintersinn anzustreben: Gefühl in lauterstem Klang.

> So die hohe Kunst des Belcanto, die jedoch im 19. Jh. dem dramat. Ausdrucksstil weicht und untergeht. Schon ROSSINI schreibt alle Figuren aus (Nb. C).

Subjektivismus und Geniekult, Technik und Mittel steigern sich bis zum Extrem um die Jh.-Wende. Ein Umbruch ist unvermeidlich.

Große Bereiche der Musik verfallen aber auch dem allg. Verflachungstrend des 19. Jh. (Salon-, U-Musik).

> Das Salonstück *Gebet einer Jungfrau* erreichte Millionenauflage. Statt einer qualitätsvollen Melodie erklingen Akkordbrechungen mit Schlussfloskeln, mit Oktavklängen und Pedal aufgeplustert zu einer Plüschsofa-Romantik, sentimental statt gefühlsstark: musikal. Kitsch. (Nb. A).

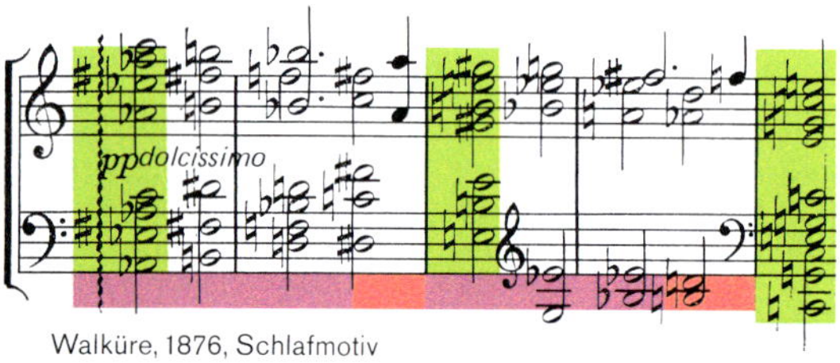

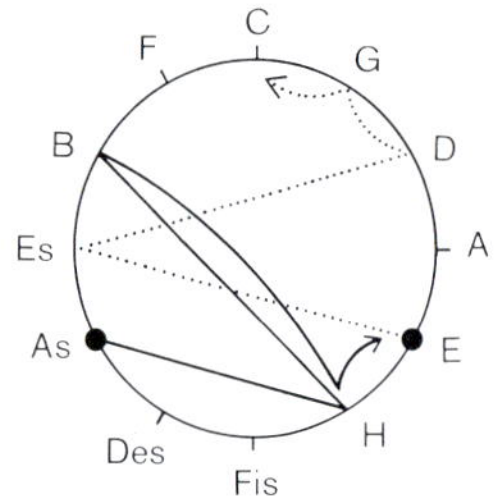

A **R. Wagner, chromatische Harmonik**

B **F. Schubert, »Unvollendete«, 1822, romantische Melodiebildung**

C **C. Franck, Praeludium, Choral und Fuge,** 1884

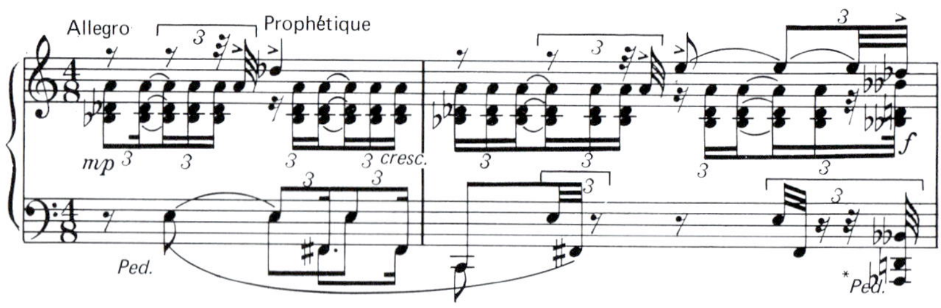

D **A. Skrjabin, 7. Sonate, op. 64 (»Weiße Messe«),** 1911–12, Beginn

Gattungen

Die Romantik übernimmt alle Gattungen der Klassik, verwandelt und erweitert sie aber. Neu sind

- das poet., kleine Klavierstück,
- das Kunstlied SCHUBERTscher Prägung,
- die sinfon. Dichtung LISZTS,
- das Musikdrama WAGNERS.

Im 19. Jh. werden bei aller poet. Neigung Wort und Idee in der reinen Instrumentalmusik übersteigert und im Klang transzendiert. Komponisten wie SCHUBERT übernehmen Liedmelodien in die Instrumentalmusik, nie umgekehrt, und selbst im Gesamtkunstwerk WAGNERS führt die Musik.

Harmonik

Die romant. Harmonik führt die klass. weiter durch Chromatisierung, Alteration, Enharmonik bis an die Grenze der Atonalität (*schwebende* Tonalität).

Wegweisend wurde WAGNERS *Tristan-Akkord*. Er erklingt in einer a-Moll-Kadenz als Doppeldominante H-Dur mit tiefalterierter Quinte f (statt fis) im Bass und Vorhalt gis^1 zur Septime a^1 im Sopran (Ob.). Der Bassschritt f zur Dominante e (T. 2–3, imitativ zu f^1–e^1 in T. 1) enthält zugleich eine subdom.-phryg. Wirkung. Der komplexe Tristan-Akkord spiegelt die Spannungen des Stoffes wider: Liebe und Leid, Sehnsucht und Erfüllung, Tod und Erlösung (Abb. A).

Sequenztechnik, Kadenzfolgen, Mediantik geben der Harmonik immer neue Leuchtkraft. Das Auf und Ab chromat. Linien bringt oft tonal ferne Akkorde hervor, die in ihrer irisierenden Farbenfolge bes. Seelenzustände ausdrücken.

So steht das Schlafmotiv aus WAGNERS *Walküre* als »romant. Symbolisierung einer traumhaften Auflösung der Sinne« (KURTH; Nb. A).

Melodik

Wie in der Klassik führt die Melodie; um sie zu erfinden, empfiehlt noch STRAUSS, SCHUBERT zu studieren. Die Melodie ist weniger eine nach ästhet. Regeln und Gesetzen geformte Linie, als ein Gefäß des seel. Ausdrucks; ihr Charakter bestimmt ihre Qualität (oft: je »einfacher«, desto besser).

Psycholog. Motiv- und Themenbildung lässt sich in SCHUBERTS *Unvollendeter* beobachten: Gefahr, Bedrängnis, Fieber sprechen aus der bedrückenden engschrittigen Intervallfolge (h–ais), der chromatisch gesteigerten Wiederholung (cresc.), dem vibrierenden Tremolo der Streicher (Nb. B).

Rhythmik

Grundlage bleibt der gestisch erfüllte Akzentstufentakt der Klassik, mit psychologisch poet. Erweiterung wie Triolen gegen Duolen, Punktierungen als Idée fixe, Synkopen usw.

Polyphone Rhythmusschichtung an Grenzlage zur modernen Musik zeigt beispielhaft SKRJABINS 7. Sonate für Klav. (Nb. D).

Durch den bejahten Subjektivismus erscheinen *Personalrhythmen,* ganz vom Charakter des einzelnen Komponisten geprägt: z. B. BEETHOVENS Synkopen (auch Klopfmotiv S. 387), SCHUMANNS Punktierungen, BRAHMS' vorgezogene Akzente und Duolen-Triolen-Schichtung.

Klangfarbe

Die Romantik, die die Musik als innerstes Wesen des Universums und der Natur erlebte, bevorzugt naturnahe Klänge:

- Waldhorn (Jagd, Burg, Rittertum),
- Flöte (Pan, Arkadien, Hirtenidylle),
- Klarinette (Schalmei).

Die Universalität, aber auch der Materialismus des 19. Jh. bringen in der Musik mächtige Klangmassen mit sich (großes Orchester, große Chöre), die histor. Ausweitung führt zu neuen (alten) Instrumenten (BERLIOZ: *Cymbales antiques*), der religiöse, weihevolle Ausdruck lässt die feierl. Blechbläserklänge wachsen (Tuben, Posaunen).

Historismus

Das 19. Jh. knüpft an die älteren Traditionen an, schmilzt diese aber in ihrem Sinne um, erfüllt sie mit ihrem poet. Geist und verändert ihre Strukturen. Man sieht die ältere Musik nicht mit den Augen der Zeit, sondern mit den eigenen Augen: schöpfer. tätig, von den (BACH-)Transkriptionen LISZTS und BUSONIS bis zu charakter. Neukompositionen.

CÉSAR FRANCK imitiert in den vom Barock angeregten Stücken *Praeludium, Choral* und *Fuge* auf dem Klavier orgelartige Klänge (lineare Stimmführung, breite Anlage durch die Bässe). Am Ende des Praeludiums erklingen eine hochchromat. Scheinpolyphonie, dann der Choral in romant. Verklärung (Arpeggio, *pp,* hohe Lage). Von den barocken Gattungen geht mehr Anregung für die romant. Phantasie als geschichtliche Orientierung aus (Abb. C).

Spätzeitcharakter

Die Entwicklung der musikal. Sprache der klass.-romant. Epoche führt am Beginn des 20. Jh. in Grenzbereiche aller Parameter, als Ausdruck eines Grenzbereichs geistig-seel. Art. Der Umschlag vollzog sich in die Moderne hinein, eine Reduktion führte zu einem neuen Klassizismus im 20. Jh.

In SKRJABINS myst. Sonate sind die romant. Strukturen noch vorhanden, aber komplizierter geworden, stehen im Grenzbereich der Atonalität. Der transzendierende Geist entrückt der Musiksprache des 19. Jh. und drückt sich stärker aus: unstilisierter, umfassender, mystisch gefärbt, z. T. müssen Worte zum Verständnis helfen (Abb. D).

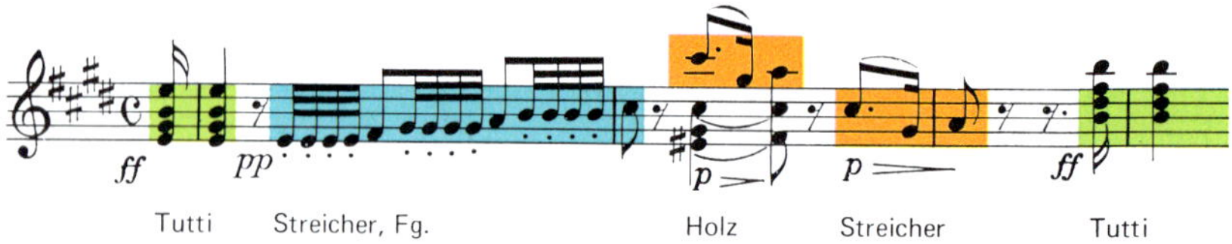

A G. Rossini, Der Barbier von Sevilla, 1816, Ouvertüre, Beginn

Tutti-Akkorde
Sprachgestik
Bewegungsgestik, Sequenz

B V. Bellini, Norma, 1831, I. Akt, Gebet der Norma, Soloeinsatz

C G. Verdi, La Traviata, 1853, Vorspiel, Beginn

Die **ital. Oper** mit ihrer hohen Gesangskultur verlor zwar gegen Ende des 18. Jh. ihre Vorherrschaft in Europa an die frz. Opéra comique und Grand Opéra, erhielt aber zu Beginn des 19. Jh. durch ROSSINI neuen Glanz und Erfolg, bes. die Opera buffa. Diese klingt dann aber endgültig mit DONIZETTI aus. Dafür tritt die große ernste Oper hervor mit dramat. Stoffen aus der Literatur (SHAKESPEARE, SCHILLER) und der Gegenwart (*Verismo*).

In der Musik entfalten sich entsprechend dramat. Formen, vor allem die zweiteilige Arie als *Cabaletta* mit *Cantabile* und Stretta-Schluss, dazu Ensembles. Die Musik behält jedoch gegenüber der Dramatik ihren Eigenstand. Die ital. Oper wird bei aller psycholog. Feinheit der Handlung und Musik nicht zum *Musikdrama* wie bei WAGNER.

GIOACCHINO ROSSINI, * 1792 in Pesaro, † 1868 bei Paris, schrieb neben wenig Instrumentalmusik 39 Opern, alle zwischen 1810 und 1829; darunter *Tancredi* und *L'Italiana in Algeri* (beide Venedig 1813), *Il barbiere di Siviglia* (Rom 1816), *Elisabetta* (Neapel 1815; mit Accomp.- statt Secco-Rezitativen), *Otello* (Neapel 1816; nach SHAKESPEARE), *Mosè in Egitto* (Neapel 1818), *Semiramide* (Venedig 1823). – Ab 1824 lebt ROSSINI in Paris in leitenden Ämtern (Ital. Theater). ROSSINIS letzte Oper ist *Guillaume Tell* nach SCHILLER, ein großes dramat. Werk (Paris 1829). 1830 wird er mit einer hohen Pension abgefunden. Er schreibt nur noch selten (KaM, KM): *Stabat Mater* (1831–32/1841–42), *Petite Messe solennelle* (1863/67). 1836–48 lebt er in Bologna (Leiter des Kons.), bis 1855 in Florenz, dann nahe Paris.

ROSSINIS *Barbier* war vielleicht die meistgespielte Oper im 19. Jh. Der Stoff nach BEAUMARCHAIS wurde bereits 1782 von PAISIELLO vertont (S. 340 f.): Graf Almaviva gewinnt mit Hilfe des Barbiers Figaro die schöne Rosina, die als bürgerl. Vollwaise bei Dr. Bartolo lebt (MOZARTS *Figaro* zeigt dieselben Personen im späteren Stadium).

Zu Beginn der Ouvertüre erklingen viele typ. Buffo-Elemente ROSSINIS: Kontrastreichtum auf allen Ebenen in Gestik, Rhythmik, Melodik, Dynamik, Klangfarbe (s. Farbfelder im Nb. A), dazu virtuose Stimmen- und Orchesterbehandlung. Zu ROSSINIS Idealen gehören einfache Melodik *(melodia semplice)* und klarer Rhythmus *(ritmo chiaro)*. So strahlt auch diese Zeile Durchsichtigkeit, kantige Konturen, Vitalität, geistreiches Spiel und sinnl. Schönheit aus (Nb. A; vgl. S. 402, C).

Neben und nach ROSSINI traten bes. hervor:

GAETANO DONIZETTI (1797–1848), ab 1838 Paris, ab 1842 Wien; ab 1844 geistig umnachtet; schrieb über 70 Opern, darunter die dramat. *Lucia di Lammermoor* (Neapel 1835), die Opéra comique *La fille du régiment* (Paris 1840) mit sentimentalen und Buffo-Elementen, endlich seine berühmte Opera buffa *Don Pasquale* (Paris 1843) als glänzender Ausklang dieser geistreich-spritzigen Operngattung.

VINCENZO BELLINI (1801–35), Neapel, ab 1833 Paris; berühmt die großen Opern *La sonnambula* und *Norma* (beide Mailand 1831).

Gegen die zunehmende Dramatisierung und damit oft musikal. Verflachung setzt der Lyriker BELLINI das Ideal einer hochstilisierten, aber ausdrucksstarken Schönheit (Vorbild MOZART). Er erfand Melodien von ungewöhnl. Qualität (schlicht begleitet).

BELLINI schrieb die Koloraturen seiner Partien aus. Die Linie verlangt die noble Gesangskultur des alten Belcanto, in der subtilste tonl. und rhythm. Varianten Ausdruck und Stilhöhe bewirken. Es spricht für die Kennerschaft des Publikums, das solche Feinheiten begeistert aufnahm. Die lautenartig arpeggierte Streicherbegleitung dient ganz dem Gesang: sie gibt ihm eine rhythm. Grundlage und trägt ihn durch den filigranen Streicherklang (Nb. B).

Der bedeutendste ital. Opernkomponist des 19. Jh. ist GIUSEPPE VERDI (S. 410 f.). Sein Weg führt ihn aus den 40er Jahren (ROSSINI, BELLINI, DONIZETTI) bis an die Grenze des *Verismo* und der modernen Musik.

VERDI schreibt keine Buffo-Opern, sondern große dramat. Werke. Ihn interessieren menschl. Charaktere, Situationen, Schicksale. Aktiv nimmt er an der Entstehung seiner Libretti teil. Seine Musik erhält ihre Beseelung vom menschl. Gehalt des Textes. Dabei verlässt er nie das Ideal der ital. Gesangsoper mit dominierender Musik.

La Traviata gehört zu den Opern der Reifezeit. Zu Beginn und vor dem III. Akt malt ein Orchestervorspiel mit Violettas Schicksals- und Alfreds Liebesmotiv die Stimmung der Sterbeszene Violettas und zugleich die innige Lyrik der ganzen Oper. Die choralartige Melodie, ruhig, getragen, in klarer Periodik, ist voll religiöser Empfindung, der 4-st. Satz bringt barocken Kp. mit hochromant. Harmonik (T. 5–8: chromatisch sequenzierend), der hohe Streicherklang vermittelt die Empfindung einer lichten, harmon. Engelsmusik (geteilte Violinen).

VERDI komponierte seine Arien mit tickendem Metronom. Klare, kantige und unbestechl. Rhythmen (ROSSINIS Ideale des *ritmo chiaro* und der *melodia semplice*) sind in ihrem elementaren Wesen zentraler Teil der ital. Musik und stehen für Urrhythmen in und um den Menschen. Darüber erhebt sich die einfache, ausdrucksstarke Gesangsmelodie umso ergreifender (Abb. C).

Alle psycholog. Feinheiten werden nicht mit Hilfe eines sinfon. Orchestersatzes wie bei WAGNER, sondern nur durch die hohe Qualität der Melodie ausgedrückt. VERDIS Melodien begeisterten ganz Italien und Europa.

A G. Verdi, Don Carlos, 1867, III. Akt, Philipps Monolog »Sie hat mich nie geliebt«

B P. Mascagni, Cavalleria rusticana, 1890, Aufbau, Liedmelodik und Mordszene

C G. Puccini, Madame Butterfly, 1904, Arienbeginn

Dramatik, Farben

G. Verdi ging einen eigenen Weg von der ital. Gesangsoper zu einer ausdrucksstarken Dramatisierung, entsprechend den realist. Tendenzen des 19. Jh., mit aller psycholog. Subtilität der Charaktere und der Handlung, aber ohne Wagner-Einfluss (keine *unendl. Melodie,* kein sinfon. Orchestersatz).

Philipps Monolog aus *Don Carlos* zeigt beispielhaft, wie stark die Sprache in Rhythmus und Gebärde den Gesang bestimmt; aber oft wird *Sprechgesang* bei Verdi zu reiner *Melodik* (Nb. A).

Verismo

Der in der Literatur aufkommende Realismus und Naturalismus führte in der Musik Italiens gegen Ende des 19. Jh. zum sog. *Verismo* (ital. vero, wahr). Ziel des literar. Naturalismus ist eine realist. Darstellung der Welt ohne romant. Illusion oder Idealisierung, mit der inzwischen dringend notwendigen Sozialkritik. Die Musik kann dies nur bedingt leisten, denn ihre Mittel sind begriffslos und stilisiert; daher bezieht sich der Verismo zunächst auf den Stoff (Text) der Opern.

Die Handlung, oft in einfachen Schichten spielend, zeigt sich leidenschaftlich, krass, zuweilen brutal mit Mord, Blut und Entsetzen, um zu erschüttern. Die Musik gibt sich etwas gröber in der Struktur und erreicht dadurch starke, zuweilen plakative Effekte.

Eine der zentralen Opern des Verismo ist *Cavalleria rusticana* (Rom 1890; nach G. Verga) von Pietro Mascagni (1863–1945), Oper in einem Akt, ein Eifersuchtsdrama aus einem sizilian. Dorf.

Schon im Vorspiel erklingt aus dem Orchestergraben Turiddus *Siciliana,* nicht instrumental stilisiert, sondern real von ihm gesungen. Die Oper verbindet Volksszenen, Dialoge und Lieder in pausenloser Folge. Der reine Gesang hat eine musikalisch ebenso starke Wirkung wie der Sprechgesang eine dramatische. Die Spannung erhöht vor dem trag. Schluss ein orch. Zwischenspiel (Nr. 10).

Die Melodik ist einfach und volkstümlich. So erklingt der Frühlingschor des Volkes in süßen Terzen und wiegendem Dreier-Rhythmus (Nr. 1, Nb. B), das Gebet *Regina coeli* dagegen wie ein romantisch harmonisierter Choral (Nr. 4, Nb. B).

Die Musik schildert programmatisch Milieu (z. B. durch Volkstänze) und Situationen. Extrem realistisch stellt Mascagni den Mord an Turiddu dar, soweit dies musikalisch geht: dramatisches *ffff* zum Messerkampf der beiden Männer (unsichtbar), dann plötzlich Totenstille *(pppp);* Alfio hat Turiddu erstochen. Kb. und Pauken *wie ein Murmeln* der entsetzten Volksmenge, anschwellend, darüber der Schrei einer Frau (ohne Notenköpfe, nur der Rhythmus notiert), dann der Ausbruch des Entsetzens auf der Bühne (*fff, »Ah!«,* Nb. B).

Im Verismo tritt die Musik ganz in den Dienst der Darstellung äußerer und innerer Vorgänge, bei ersteren auf dem Wege zum Geräusch, wie es das 20. Jh. einsetzen wird, bei letzteren oft oberflächlich, gröberer Wirkung willen, wobei die Seelenvorgänge zuweilen psycholog. Tiefe entbehren.

Verdi distanzierte sich vom Verismo: *»Das Wahre genau abzuklatschen, mag ja etwas Zweckdienliches sein. Aber das ist Photographie, kein Gemälde, keine Kunst.«* Ihm fehlte die seel. Differenziertheit, die Vergeistigung der Vorgänge, die Binnendimension der Musik, die hohe künstler. Gestaltung.

Neben Mascagnis *Cavalleria* wurde *Der Bajazzo (Pagliacci,* 1892; Text: L.) von Ruggiero Leoncavallo (1857–1919) die bekannteste Oper des Verismo. Beides sind ihrer gedrängten Realistik entsprechend *Kurzopern* (oft zus. aufgeführt).

Weitere Komponisten dieser Zeit: F. Cilèa, U. Giordano, A. Catalani, F. Alfano, R. Zandonai. Bedeutendster Opernkomponist der jüngeren Generation wurde:

Giacomo Puccini (1858–1924), Lucca, Studium in Mailand; Werke: *Le Villi* (Mailand 1884); *Edgar* nach Musset, Wagner-Einfluss (Misserfolg); *Manon Lescaut,* nach Prévost (Turin 1893); *La Bohème* nach Murger von G. Giacosa und L. Illica, Hauptlibrettisten Puccinis (Turin 1896); *Tosca* nach Sardou (Rom 1900); *Madame Butterfly,* nach Long (Mailand 1904, 2 Akte; Brescia 1904, 3 Akte); *La fanciulla del West* (N. Y. 1910); *La rondine* (Monte Carlo 1917); *Trittico* (3 Einakter): *Il Tabarro, Suor Angelica, Gianni Schicchi* (N. Y. 1918); *Turandot,* unvollendet, 3. Akt von F. Alfano (Mailand 1926); Messe As-Dur (1880); Requiem (1905); Kammermusik; Lieder.

Sehr typisch ist *La Bohème,* aus der bürgerlich-sentimentalen Vorstellung vom Künstlerleben, mit Milieu-Schilderungen, leicht plakativer Charakterzeichnung, wirkungsvollen Szenen. Die lyr. Qualität der Musik hebt die Oper über ähnl. Zeitprodukte.

Puccini versteht es, auch fremdländ. Stimmungen einzufangen und zu erzeugen. *Madame Butterfly* erhält durch Ganztonleiter und subtile Orchestration nach japan.-javan. Klangvisionen ihren exot. Charakter. Dabei erfindet Puccini Melodien von großer Schönheit, die selbst noch in fremdländ. Farbe ihre hohe ital. Gesangskultur bezeugen, aus deren Tradition sie erwuchsen. Als Beispiel für Puccinis einfallsreiche Instrumentation sehe man die Oktavkopplung Klarinette/Gesang, dazu Harfe, Solovioline und viele genaue Spielanweisungen *(wie von Ferne, einhaltend;* Nb. C).

Puccini gilt als Vertreter des Verismo, doch ist er zugleich der differenzierte Vertreter des *Fin de Siècle,* der in der Lyrik seiner Klänge seine musikalisch hohen Ansprüche erfüllt.

Oberto	1839	Mailand
Un giorno di regno	1840	Mailand
Nabucco	1842	Mailand
I Lombardi	1843	Mailand
Ernani	1844	Venedig
I due Foscari	1844	Rom
Giovanna d'Arco	1845	Mailand
Alzira	1845	Neapel
Attila	1846	Venedig
Macbeth	1847	Florenz
(2. Fassung	1865	Paris)
I Masnadieri	1847	London
Jérusalem	1847	Paris
Il Corsaro	1848	Triest
La battaglia di Legnano	1849	Rom
Luisa Miller	1849	Neapel
Stiffelio	1850	Triest
Rigoletto	1851	Venedig
Il trovatore	1853	Rom
La Traviata	1853	Venedig
Les vêpres siciliennes	1855	Paris
Simone Boccanegra	1857 (81)	Venedig
Un ballo in maschera	1859	Rom
La forza del destino	1862 (69)	Petersburg
Don Carlos	1867 (84)	Paris
Aida	1871	Kairo
Otello	1887	Mailand
Falstaff	1893	Mailand

A **Verdis Opern** Schaffensperioden

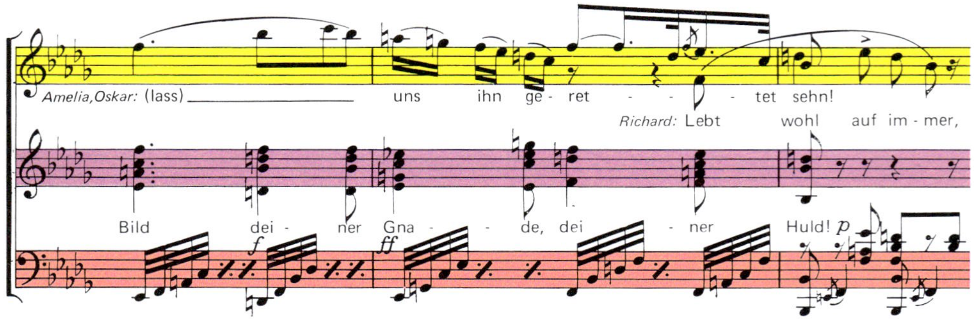

B **Maskenball,** Finale, Höhepunkt

Soli, Individuum

Chor mit Soli, Klangfülle

Orchester, Begleitung

C **Falstaff,** I. Akt, in Fords Garten, Ännchen und Fenton

Verdi: Zeittafel, Melodik und Gestik

GIUSEPPE VERDI,* 10. 10. 1813 in Le Roncole bei Busseto (Parma), † 27. 1. 1901 in Mailand; gefördert durch den Kaufmann BAREZZI in Busseto, ab 1832 Studium in Mailand (am Konservatorium abgelehnt) privat bei V. LAVIGNA (Satzlehre), dazu viel Praxis (Opernbesuche, Partiturstudium, Stimmenkopie); ab 1836 Leiter des Orch. *Società Filarmonica* und Musikschullehrer in Busseto; 1836 Heirat mit MARGHERITA BAREZZI (Tochter des Förderers); ab 1839 wieder Mailand. VERDIS 1. Oper *Oberto* wurde 1839 in Mailand gut aufgenommen. Während der Arbeit an der 2. Oper *Un giorno di regno* starben ihm Frau und Kind, auch kam VERDI mit Buffostoff und -stil nicht zurecht (starke ROSSINI-Nachahmung, Uneinheitlichkeit). Die Oper fiel durch (1840).

Die 40er Jahre. Mit seiner 3. Oper *Nabucco* fand VERDI seinen *ernsten, dramat.* Personalstil. Sie machte ihn, mit G. STREPPONI als Primadonna, schlagartig berühmt (1842). Not und Befreiung der Juden unter Nebukadnezar wurden zum Spiegel für die Befreiungsbewegung Italiens, der Gefangenenchor *Va pensiero sull' ali dorate* (Flieg Gedanke, auf goldenen Schwingen) zu einer Art Nationalhymne. VERDIS Name erscheint als kämpfer. Symbol: VERDI = *Vittorio Emanuele Re D'Italia.* Er selbst wird durch seine aktive polit. Haltung und durch sein Werk zum *Maestro della rivoluzione.* Er erhält zahlreiche Aufträge, und in dichter Folge erscheinen seine nächsten Opern. Musikalisch schließt VERDI an der ital. Gesangsoper ROSSINIS, BELLINIS an, zielt aber stärker auf die Darstellung der menschl. Charaktere und Situationen als auf reine Schönheit des Gesangs:

- Die alten Formen Rez., Arie, Ensembles und Chöre werden über die wachsenden großen Finali hinaus zu musikal. *Szenen* verbunden, mit rein musikal. Formen wie *Cantabiles, Cabaletten, Romanzen.*
- Das Orchester begleitet farbenreich, aber nicht sinfonisch wie bei WAGNER.

Aus seinem Interesse am Stoff findet VERDI zur großen Literatur (*Literaturoper*): *Macbeth* (1847, SHAKESPEARE), *Luisa Miller* (1849, SCHILLER). Textdichter VERDIS sind u. a. T. SOLERA, S. CAMMARANO, A. BOITO. Die psycholog. Gestaltung und Führung der Charaktere interessierte ihn als Ausgangsbasis und Inspirationsquelle für seine Musik. So arbeitete er an seinen Libretti mit (bis zur Angabe des Versmaßes).

Im März 1848 unterbricht VERDI einen Paris- und London-Aufenthalt, um bei dem Mailänder Aufstand dabei zu sein. 1848 kauft er das Landgut Sant'Agata bei Busseto, wo er mit GIUSEPPINA STREPPONI lebt (Heirat 1859). 1849 feiert Rom und Italien mit der UA der *Battaglia di Legnano* die Revolution. Ab 1851 zieht VERDI sich nach Sant'Agata zurück.

Die 50er Jahre. *Rigoletto, Il Trovatore* und *La Traviata* bilden eine Gruppe: ein Charakterdrama, eine Gesangsoper, dann beides vereint. *»Meine Noten, seien sie nun schön oder häßlich, schreibe ich nie zufällig, und ich sorge immer dafür, einen Charakter darzustellen«* (zu *Rigoletto*). *La Traviata* fiel zunächst durch und wurde erst in der überarbeiteten Form (Kürzung) zum Erfolg. Der *Maskenball,* 1858 in Neapel verboten, erlebte 1859 in Rom eine glanzvolle UA.

An den dramat. Höhepunkten der Oper stehen die großen Ensembleszenen. Die individuellen Charaktere (Soli) ragen aus der Masse hervor (Chor). Musikalisch verwebt VERDI alles zu einem hochromant. Klangbild: über dem begleitenden Orchester schwebt der mächtige Chorklang, überstrahlt von den Solostimmen (Amelias weitgeschwungene Linie); eindrucksvoll auch der dramat. Wechsel von Tutti und Solo (Richard), der zuweilen sehr sprachnahe Gesang (dramatisch begründet), die Pausen durchbrochenen Abschiedsworte Richards: angestrengt, todgeweiht (Nb. B).

Bei VERDI liegt kein WAGNER-Einfluss vor, im Gegenteil sah VERDI im *Germanismo* die Gefährdung der ital. Musik. VERDI geht einen anderen Weg zur Dramatisierung, nicht unberührt von der Grand Opéra mit Chor und Massenszenen. Zur Eröffnung des Suez-Kanals 1870 komponierte VERDI die *Aida.* Die UA wurde um 1 Jahr verschoben, da die in Paris bestellten Kulissen und Kostüme wegen der dt. Belagerung der Stadt 1870/71 nicht ausgeliefert werden konnten.

Spätwerk. Die 70er Jahre bringen Ruhe in Sant'Agata und den Bädern von Montecatini. 1873 entsteht das einzige Streichquartett. Zum Tode MANZONIS komponiert VERDI das Requiem, das unter seiner Leitung zum Todestag MANZONIS 1874 in *San Marco* zu Mailand uraufgeführt wird. 1879 beginnt er auf Anregung BOITOS die Arbeit am *Otello,* der Oper mit der stärksten Charakterzeichnung und einer fast kammermusikal. Subtilität.

Auf Anregung BOITOS vollendet VERDI dann seine letzte Oper *Falstaff* (1893), eine *commedia lirica,* keine Opera buffa alten Stils.

VERDIS neuer Buffostil zeigt dialogisierendes Parlando, rasch, lebendig, affektvoll, wenige große melod. Bögen, die nur an best. Stellen aufblühen. Das Orchester nimmt starken Anteil, begleitend, mit dem Gesang verwoben, aber auch selbstständig hervortretend: im 3. und 4. Takt malt es offenbar eine rasche, heftige Bewegung auf der Bühne aus (Nb. C). Alles wirkt spritzig, buffonesk, selbst die Schlussfuge.

Als Letztes entstehen die *Quattro pezzi sacri* (UA 1898). 1897 stirbt GIUSEPPINA. VERDI stiftet u. a. ein Altersheim für Musiker in Mailand *(Casa di riposo)* samt allen Einnahmen aus seinen Werken zu dessen Erhaltung.

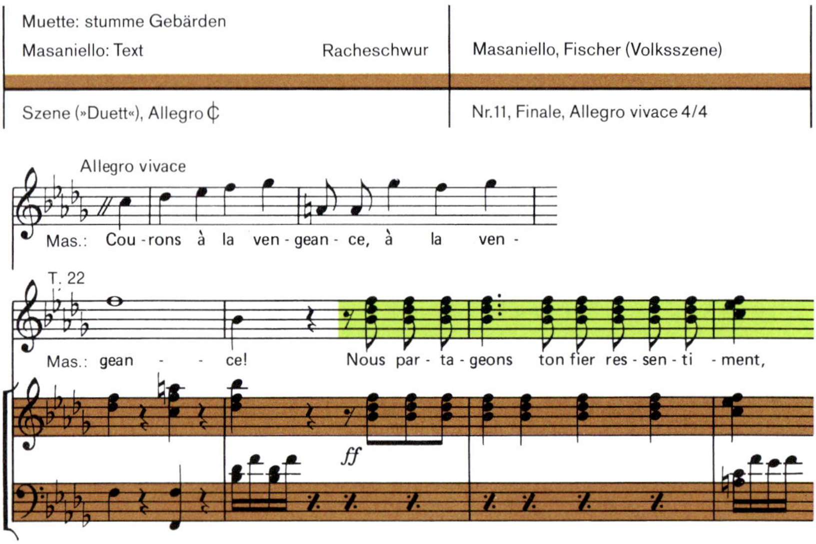

A **D.-F.-E. Auber, La muette de Portici,** 1828, II. Akt, dramatische Massenszene

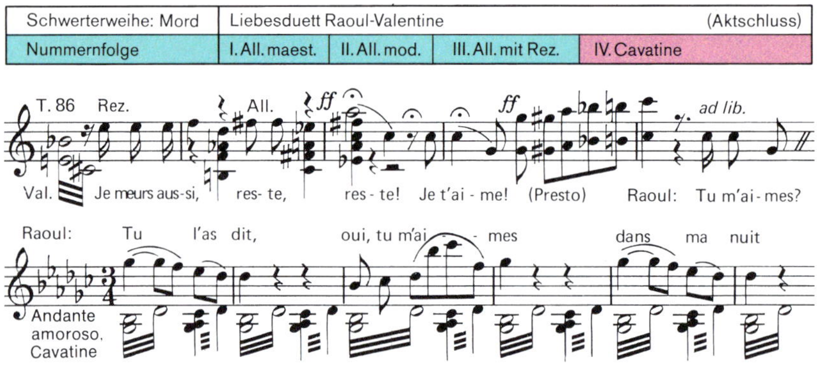

B **G. Meyerbeer, Les Huguenots,** 1836, IV. Akt, Duett Raoul, Valentine

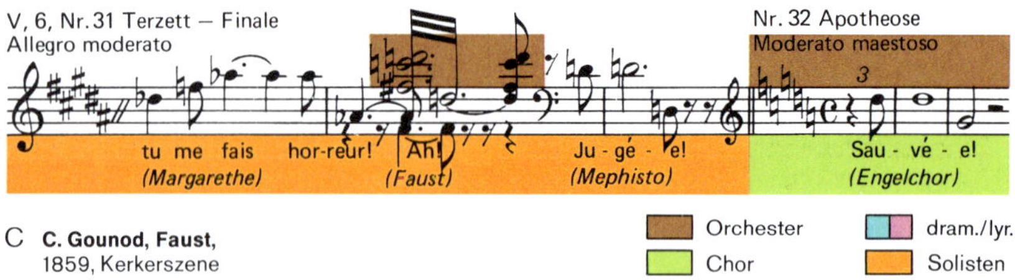

C **C. Gounod, Faust,**
1859, Kerkerszene

Volksszenen, Dramatik

Die **frz. Oper** erhielt durch die polit. Vorgänge in Paris nach der Revolution und im ganzen 19. Jh. Impulse, die sie zu einem europ. Mittelpunkt werden ließen, mit starker Ausstrahlung auf die Opernproduktion der übrigen Länder. Die Aktualität des Stoffes, wirkungsvolle Dramaturgie und zündende Musik riefen starke Effekte hervor. Die verkündeten Ideale von Freiheit und Gerechtigkeit entsprachen den neuen Hoffnungen, und als die Restauration und eine skrupellose bürgerl. Ökonomie Resignation auslösten, boten Oper und Operette betäubende Illusionen.

Die Operngattungen in Frankreich waren die Grand Opéra, die Opéra comique, das Drame lyrique und die Operette. Der Trend zum Gesamtkunstwerk ließ die Grenzen der ersten 3 Gattungen verwischen, die Operette führte ein Eigendasein.

Grand Opéra

Die Grand Opéra ist die ernste *große Oper,* durchkomponiert mit Rezitativen (statt gesprochener Dialoge) und Musikstücken, die im 19. Jh. dramat. verschmelzen. Sie führt die Tradition der Tragédie lyrique des 18. Jh. fort. Vorläufer: SPONTINI, *La Vestale* (1807). Höhepunkte: AUBER, *La muette de Portici* (1828), ROSSINI, *Guillaume Tell* (1829), MEYERBEER, *Robert le Diable* (1831), *Les Huguenots* (1836), HALÉVY, *La Juive* (1835).

Die Grand Opéra, repräsentative Operngattung der Julimonarchie 1830–48, spiegelt das erstarkende bürgerl. Bewusstsein techn. und wirtschaftl. Erfolge mit ihrer neuartigen Monumentalität und Mannigfaltigkeit auf der Bühne. Mit einer für den bürgerl. Geschmack typ. Hemmungslosigkeit häuft sie unterschiedl. Stile und Mittel der Wirkung wegen:

- maler. Szenen mit viel Volk (Tableaus) und überraschende Wendungen des Geschehens (Schocks);
- krasse Gegensätze von Volksszenen und privater Sphäre, von plakativen und zarten bis sentimentalen Äußerungen.

Den Stoff nahm man nicht mehr aus der Antike, sondern, wie die frz. Romantik (DUMAS, HUGO), aus MA. und Neuzeit. Romantisch ist auch die Darstellungsweise: farbig, märchenhaft, wunderbar, volksnah, national. Der führende Textdichter war EUGÈNE SCRIBE (1791–1861).

Die musikal. Mittel umfassen alles, was man bisher in der Oper anwendete:

- Accompagnato-Rezitative *(Szenen);*
- *Arien, Cavatinen, Romanzen, Balladen;*
- Ensembles als wichtigste Partien;
- große Chöre, Volk darstellend;
- Ballette, klass. und im neuen Ausdruck;
- großes Orchester für eine farbenreich differenzierte Instrumentation, häufig mit programmatisch ausmalenden Effekten.

Nb. A: In der Accompagnato-Szene singt nur Masaniello; die Stumme, Muette, antwortet durch Gebärden, vom Orchester begleitet. Die Stimmung ist dramatisch, der Inhalt revolutionär: Masaniello, der Einzelne, der Held, begeistert die Volksmasse, die an seinen *stolzen Gefühlen* teilnimmt. Signalhafte Intervalle, marschmäßige Rhythmen (schnelle 4/4, auftaktig betonte Halbe), klare Harmonik (wenig Wechsel, Grundkadenzen), einfacher Chorgesang der Menge (häufige Unisoni, Terzen), rauschendes Orch. (Tremoli, mit Gesangslinie): alles hat eine dramat., ins Große zielende Wirkung.

Nb. B: MEYERBEERS *Hugenotten* erschüttern bes. durch die Teilnahme an einem Einzelschicksal. Der ev. Raoul liebt die kath. Valentine. Liebe steht gegen Verrat: Soll Raoul Valentine beschützen oder den Freunden zu Hilfe eilen? Den Höhepunkt bildet ein wechselvolles Liebesduett.

Chromat. Akkorde und Motive, Tempowechsel, Orchestereinwürfe beleben das Rezitativ. Die Cavatine schwingt in weiten Linien über einem Streichertremolo (seel. Erregung). Das Liebesduett bildet den Schluss des IV. Aktes, ehe im V. Akt Raoul und Valentine mit den übrigen Hugenotten ermordet werden.

Der Ort der Aufführung war die Große Oper in Paris (*Grand Opéra*). Entsprechend der zentralen Rolle, die Paris im 19. Jh. in Europa spielte, schrieben auch Ausländer große Opern für Paris, so VERDI, *Les vêpres siciliennes* (SCRIBE, 1855), *Don Carlos* (1867), WAGNER, Pariser *Tannhäuser*-Bearb. (1861).

Drame lyrique

Ab etwa 1850 tritt in Paris ein neuer Operntyp hervor, der wie die Grand Opéra ernste Stoffe behandelt, aber nicht wie diese mit der Tableau-Wirkung großer Volksmassen arbeitet, sondern Einzelschicksale und intimere, gefühlsgeladene Atmosphäre vorführt: das *Drame lyrique* (dagegen Tragédie lyrique im 18. Jh.). Wie im Drama gibt es gesprochene Dialoge, sodass das Drame lyrique formal als Typ der Opéra comique gilt; vertonte man jedoch die Dialoge als Rezitative (so nachträglich zu BIZETS *Carmen*), wird es zum Typ der Grand Opéra. Aufführungsort des Drame lyrique war in Paris jedoch nicht die Grand Opéra, sondern das Théâtre lyrique bzw. die Opéra comique.

Als erstes und charakterist. Drame lyrique erschien 1859 GOUNODS *Faust* (dt. *Margarethe*), eine Paraphrase von GOETHES Faust. GOUNOD arbeitet wirkungsvoll mit Kontrasten; dem Solo-Terzett mit dramat. Orchestereinwürfen, stets spannungsvoll wechselnd in Tonart und Chromatik, folgt erlösend der Engelschor in beseligendem G-Dur (Margarethe ist *»gerettet«,* Nb. C).

Der religiöse Ton des Kirchenkomponisten GOUNOD *(Ave Maria)* verhalf der Oper und der Gattung gleichsam gefühlssäkularisierend zu großem Erfolg. GOETHE-Stoff vertonte auch A. THOMAS in *Mignon* (1866).

A **G. Bizet, Carmen,** 1875, chromatisches Leitmotiv der Carmen und spanisches Kolorit

»Realität« (braun) / Fantasiewelt (blau)

Vorspiel	I. Akt	II. Akt	III. Akt	Nachspiel
Luthers Keller (Don Juan)	Spalanzanis physikal. Kabinett (Nachtstücke)	Giuliettas Palast zu Venedig (Fantasiestücke)	Rat Crespels Haus (Serapionsbrüder)	Luthers Keller (Don Juan)
Stella Sprechrolle	Olympia seelenlos Puppe lyr. Koloratur-Sopran	Giulietta berechnend Kurtisane dramatischer Sopran	Antonia sensibel Künstlerin lyrischer Sopran	Stella Sprechrolle
Lindorf Bass	Coppelius Bass	Dapertutto Bass	Mirakel Bass	Lindorf Bass
Andreas Tenor	Coschenille Tenor	Pitichinaccio Tenor	Franz Tenor	Andreas Tenor
Hoffmann (Dichter), Heldentenor Niklaus (Muse), Spielalt				

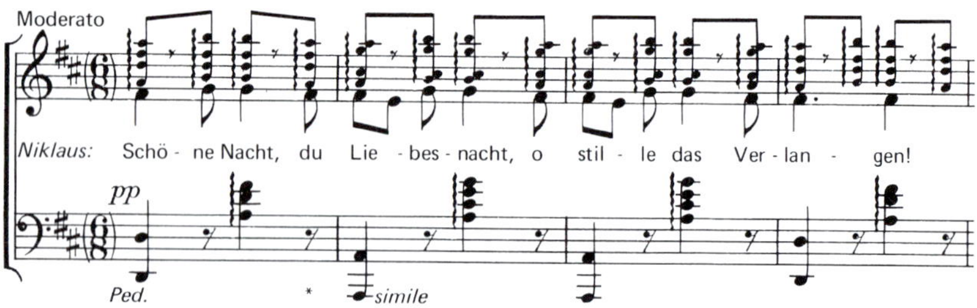

B **J. Offenbach, Hoffmanns Erzählungen,** 1881, Hauptpersonen, Barkarole (II. Akt)

Opéra comique
In der 1. Hälfte des 19. Jh. wird die Opéra comique als Gegenstück zur Grand Opéra weiter komponiert. Ihre bürgerl. Alltagsstoffe waren schon lange auch ernst und rührend, bis zur Revolutions- oder Rettungsoper (S. 347). In der Zeit der Restauration spiegelt die Opéra comique oft die bürgerl. Neigung, Ernst und Heiterkeit dicht nebeneinander zu setzen, wobei das Ernste leicht ins Sentimentale und das Heitere leicht zur Posse gerät. Es dominieren jedoch frz. Elan und Esprit. Anregender Textdichter ist EUGÈNE SCRIBE. Komponisten: BOIELDIEU mit *La dame blanche* (1825), AUBER mit *Fra Diavolo* (1830), HÉROLD und ADAM mit *Le postillon de Longjumeau* (1836).
Die Opéra comique hat gesprochene Dialoge und damit Nähe zum Schauspiel. Die Musik unterbricht diesen Dialog und zeigt einen Hang zur geschlossenen Nummer. Es sind Lieder (Romanzen, Balladen), kleine Arien, spritzige oder lyr. Ensembles, Chöre (Soldaten, Bauern) und ein malendes Orchester.
Nach etwa 1850 entwickelt die Opéra comique mit ernsten, lyr. oder dramat. Zügen das *Drame lyrique* (GOUNODS *Faust,* s. S. 412 f.), andererseits wendet sie sich der heiteren *Opéra bouffe* und *Operette* zu. Im Hause der Opéra comique werden fortan die gegensätzlichsten Stücke gespielt.

Opernrealismus
Carmen von GEORGES BIZET war urspr. mit gesprochenen Dialogen eine Opéra comique. Die von E. GUIRAUD nachkomponierten Rezitative (BIZET starb 3 Monate nach der wenig erfolgreichen UA 1875 in der Opéra comique) rücken die Oper formal in die Nähe der Grand Opéra, zu der aber ihr Ton und ihr realist. Stoff nicht passen. Michaelas lyr. Partien erinnern an das Drame lyrique: die Grenzen zwischen den Operngattungen verwischen sich; alle Mittel werden eingesetzt, um neue Darstellungseffekte zu erreichen. Der milieugeprägte Stoff nach MÉRIMÉES Novelle und die charakterisierende Musik von BIZET sind typ. für den neuen Realismus in der Oper, Vorbild und Parallele zum ital. Verismo (S. 409).

Zum *musikal.* Realismus gehören die folklorist. Tänze in *Carmen.* BIZET glaubte sogar, in Carmens *Habanera* eine orig. span. Volksweise zu zitieren, aus einer span. Liederslg. (Melodie von SEB. DE IRADIER, auch *La Paloma*). BIZETS starke Chromatik und temperamentvolle Begleitung charakterisieren leitmotivartig Carmens Wesen. Milieufarben erklingt auch die spritzige *Seguidilla* (Nb. A).

Operette
Einaktige heitere Opern gab es in Paris ab 1854 von HERVÉ als *Folies concertantes,* und ab 1855 von J. OFFENBACH als *Bouffes parisiens (Musiquettes, Opérettes),* ein *»genre primitif et gai«.* Die mehraktigen heiteren Opern hießen *Opéras bouffes,* heute *Operetten.* Typisch für sie sind musikalisch leichte, oft aktuelle Chansons, modische Tänze (Cancan, Walzer, Galopp, Polka) und Märsche. Anregung für die Tänze gab PH. MUSARD mit seinem Pariser Variété. Die Operette musste im Schlussball rauschhaft enden: so überspielte eine materialistisch und ökonomisch orientierte Gesellschaft ihre innere Unrast und Öde. Das mondäne Paris der Weltausstellungen (1855, 1867) strahlte auf Europa und Amerika aus. Überall ahmte man das Pariser Leben und die Pariser Operette nach. J. OFFENBACH wird tonangebend: *Orphée aux enfers* (1858) und *La belle Hélène* (1864) parodieren die großen antiken Opernstoffe, *La vie parisienne* (1866) die hohle Pathetik und Moral der Zeit.

Als letztes Werk schreibt OFFENBACH *Les Contes d'Hoffmann* (UA postum Paris 1881), eine große romant. Oper, die durch ihre lyr., musikal. Qualität (z. B. die *Barkarole* als venezian. Lied) und durch die rahmenartige Verbindung von Illusion und Realität die Doppelbödigkeit des Lebens traumhaft-farbig und zauberisch-romantisch auf die Bühne stellt (Abb. B).

Die Operetten des 19. Jh. haben sich ohne Bruch über die Zeitwende um 1900 und die Weltkriege bis heute ihr Publikum erhalten.

Komponisten der frz. Oper

FRANÇOIS-ADRIEN BOIELDIEU (1775–1834), Paris; *Le calife de Bagdad* (1800), *Jean de Paris* (1812), *Le petit chaperon rouge* (1818), *La dame blanche* (1825).

DANIEL FRANÇOIS ESPRIT AUBER (1782 bis 1871), Paris, CHERUBINI-Schüler; über 50 Opern, *Le maçon* (1825), *La fiancée* (1829), *Fra Diavolo* (1830), *La Part du Diable* (1843), *La muette de Portici* (1828).

GIACOMO MEYERBEER (JAKOB LIEBMANN MEYER BEER; 1791–1864), Berlin, ZELTER-Schüler, ab 1816 Italien, 1825 meist Paris; große Opern *Robert le Diable* (1831), *Les Huguenots* (1836), *Le prophète* (1849), *L'Africaine* (1865); ab 1842 meist Berlin.

HECTOR BERLIOZ (1803–69, s. S. 463); *Benvenuto Cellini* (1838), *Béatrice et Bénédict* (Baden-Baden 1862), *Les Troyens* (Teile Baden-Baden 1859; Karlsruhe 1890), *La damnation de Faust* (1846).

JACQUES OFFENBACH (1819–80), Köln, Cellist der Pariser Opéra comique, ab 1855 Theaterdirektor, über 100 Bühnenwerke.

LÉO DELIBES (1836–91), Paris; *Lakmé* (1883); Ballette *Coppélia* (1870), *Sylvia* (1876).

GEORGES BIZET (1838–75), Paris, HALÉVY-Schüler, Rompreis 1857; *Les pêcheurs de perles* (1863), *La jolie fille de Perth* (1867), *Djamileh* (1872), *Carmen* (1875); Bühnenmusik und Suite *L'Arlésienne* (1872).

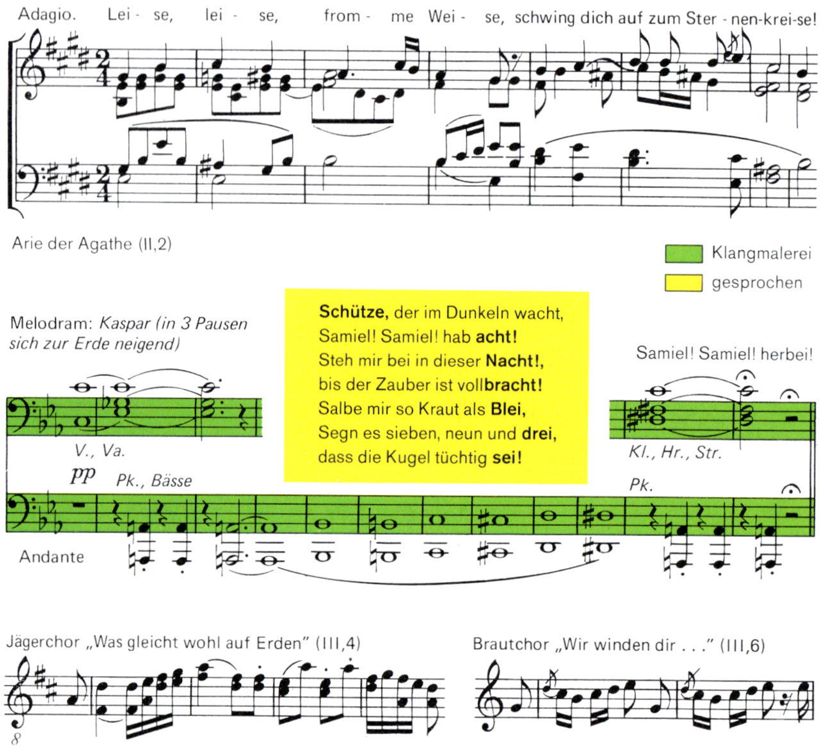

A **C. M. v. Weber, Der Freischütz,** 1821, Liedmelodik und Wolfsschluchtszene (II,6)

B **A. Lortzing, Der Wildschütz,** 1842, ABC-Lied (I,1)

C **R. Wagner, Der fliegende Holländer,** 1843, Senta-Ballade (II. Akt)

Melodik, Klangfarbe, Dramatik

Romantische Oper

Zu Beginn des 19. Jh. entwickelte sich als Typ die dt. *romant. Oper.* Sie handelt von Volkssagen, Märchen, romantisierter Geschichte. Die Natur (Wald, Meer) spielt eine zentrale Rolle, ebenso die Übernatur mit Geistern und dämon. Mächten. Charakteristisch ist die Erlösungsidee des in Schuld und Schicksal verstrickten Menschen. Gattungselemente:

– **Ouvertüre** (*Vorspiel*): stellt weniger den Inhalt der Oper dar als deren Stimmung.

– **Gesprochener Dialog:** Singspieltradition; selten vertontes Rezitativ wie erstmals in SPOHRS *Jessonda,* WEBERS *Euryanthe* (beide 1823) nach Vorbild der Grand Opéra.

– **Szene** (Accomp.-Rezitativ) **und Arie,** oft liedhaft, verdrängen die Folge Secco-Rez./Arie zugunsten der Dramatik.

Die Arie der Agathe im *Freischütz* hat eine volksliedhaft schlichte, innige Melodie, choralartig harmonisiert (Vorhalt T. 3). Dieser religiöse Gefühlston ist inspiriert von der romant. Idee der Liebe, die sogar den Sternenkreis mit einbezieht. Die Arie steigert sich, motiviert vom Geschehen (Rückkehr des Geliebten) zu Jubel und großer Gesangsvirtuosität. So entstehen zugleich *Cantabile* und *Stretta* nach ital. *Cabaletta*-Art (Nb. A; *Szene* s. S. 145).

– **Farbige Instrumentation** schildert Charakter und Milieu.

– **Erinnerungsmotive** kehren wieder und schaffen eine dramat. und musikal. Einheit. Sie können eine *Melodie,* ein *Rhythmus,* aber auch eine *Klangfarbe* sein wie das Samiel-Motiv im *Freischütz* mit Klar., Hörnern, Streichern, Pauken (Nb. A).

Das Orchester malt Natur (Wolfsschlucht) und Übernatur (Teufel, Samiel) in romant. Farbe; dazu statt Gesang ein Schauer-Melodram: Kaspar beschwört den Teufel, indem er seine altdt. Knittelverse über einem chromatisch aufwärts drängenden Bass rezitiert. Die Wolfsschlucht-Szene beeindruckt das Gemüt, nicht den Verstand (Nb. A).

– **Ensembles, Finali, Chöre** beleben abwechslungsreich und farbig das Geschehen.

Der *Jägerchor* erinnert mit Volksliedmelodik, Hornintervallen und Männerchorattitüde an dt. Art und dt. Wald.

Der *Brautchor* steht eher unter frz. Einfluss der Opéra comique: eine idealtyp., bürgerl. Festlichkeit (Nb. A).

Zu den bedeutendsten Komponisten der dt. *romant. Oper* zählen

E. T. A. HOFFMANN (1776–1822), Königsberg, REICHARDT-Schüler in Berlin, ab 1808 Theater-Kpm. in Bamberg, ab 1814 Berlin (1816 Kammergerichtsrat); Musikkritiken (AmZ) als *Kapellmeister Johannes Kreisler;* Opern u. a. *Aurora* (1811/12), *Undine* (1816, nach FOUQUÉ).

LOUIS (LUDEWIG) SPOHR (1784–1859), Braunschweig, berühmter Geiger (S. 41), ab 1822 Hofkapellmeister in Kassel; *Faust* (Prag 1816), *Jessonda* (Kassel 1823), zunehmend romantisch mit starker Chromatik *Der Berggeist* (1825), *Der Alchymist* (1830), *Die Kreuzfahrer* (1845).

CARL MARIA VON WEBER (1786–1826), Eutin, Schüler M. HAYDNS und ABBÉ VOGLERS, ab 1813 Operndirektor in Prag, ab 1816 in Dresden; *Abu Hassan* (München 1811), *Der Freischütz* (Berlin 1821; Libretto F. KIND nach APEL/LAUNS Gespensterbuch), *Euryanthe* (Wien 1823; s. o.), *Oberon* (London 1826).

HEINRICH MARSCHNER (1795–1861), *Der Vampyr* (Leipzig 1828), *Der Templer und die Jüdin* (1829), *Hans Heiling* (1833).

Hier schloss WAGNER mit seiner ersten Schaffensperiode an, die die dt. romant. Oper vom *Holländer* über *Tannhäuser* bis zu *Lohengrin* fortführte. – Der *Fliegende Holländer* verarbeitet persönl. Eindrücke eines Seesturms auf der Flucht von Riga nach London. Die Oper trägt ihren motiv. und stimmungshaften Kern in der zentralen *Senta-Ballade.*

In romant. Erzählton in düsterem Moll, mit Spannungspausen und erregtem Streichertremolo werden die Vorgeschichte und der tiefere Grund des Ganzen vorgetragen (*Expositionsballade,* Nb. C).

Komische Oper (Operette)

Aus der Singspieltradition und beeinflusst von der frz. Opéra comique (Chöre, Tänze, Chansons) entsteht im 19. Jh. die dt. komische Oper. Sie entspricht in ihrer Mischung von heiterer bis burlesker Komik und gefühlvollen bis sentimentalen Tönen dem Geschmack des dt. Biedermeier der Restaurations- und Vormärzzeit, bleibt aber auch nach 1848 in Schwung. Komponisten:

ALBERT LORTZING (1801–51), *Zar und Zimmermann* (Leipzig 1837), *Der Wildschütz* (1842), *Der Waffenschmied* (1846); witzig, textbezogen, oft voll Ironie auf das Besitzbürgertum, musikal. leicht und zündend: eine Kunst, die mehr verdeckt und erfreut als klärt und ändert (Nb. B);

OTTO NICOLAI (1810–49), *Die lustigen Weiber von Windsor* (Berlin 1849);

FRIEDRICH VON FLOTOW (1812–83), *Martha* (Wien 1847);

PETER CORNELIUS (1824–74), *Der Barbier von Bagdad* (Weimar 1858).

Die klass. **Operette** durch

FRANZ VON SUPPÈ (1819–95), nach OFFENBACHS Pariser Vorbild u. a. *Die schöne Galathee* (1865);

JOHANN STRAUSS SOHN (1825–99), der Walzerkönig, *Die Fledermaus* (Wien 1874), *Eine Nacht in Venedig* (1883), *Der Zigeunerbaron* (1885);

KARL MILLÖCKER (1842–99), *Der Bettelstudent* (Wien 1882), *Gasparone* (1884);

später ZELLER (*Vogelhändler* 1891), HEUBERGER, ZIEHRER, LEHÁR u. a.

A **R. Wagner, Lohengrin,** 1850, Vorspiel

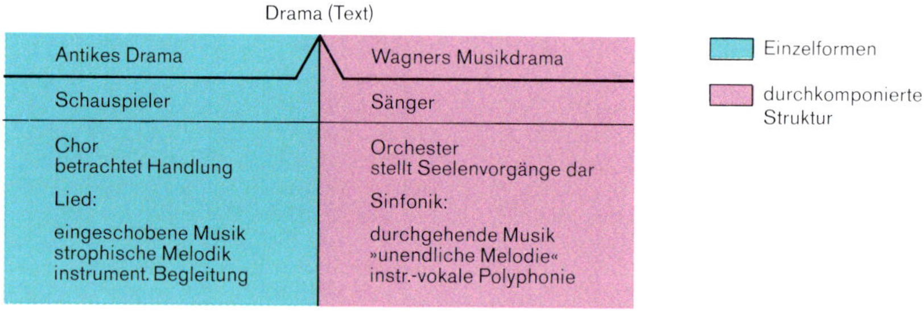

B **Das antike Drama und Wagners musikdramatische Konzeption**

C **R. Wagner, Meistersinger,** 1868, Leitmotivbeispiele und ihre Kombination

D **E. Humperdinck, Hänsel und Gretel,** 1893, Bergisches Kindergebet und Hochchromatik

Ausdruck und Satzstruktur

Wagners Romantische Oper

In *Lohengrin* (UA 1850) treibt WAGNER alle Charakteristika der dt. *romant. Oper* bis zum Äußersten. Die Tendenz zum Unendlichen überträgt das Historische und Sagenhafte des Stoffes ins Mythologische, ins Psychologische. Die Liebe zwischen Elsa von Brabant und Lohengrin als Ideal, das Frageverbot und seine Übertretung, der Erlösungsgedanke: alles findet sich innerlich und schicksalhaft verflochten, mit Ausweg nur ins Jenseits. Verflochten ist auch die Musik: die alten Nummern weichen einem durchkomponierten Ganzen, aus dessen Fluss sich musikal. Verdichtungen herausheben, z. B. Chöre.

Schon im *Vorspiel* erscheint das Bild eines herabschwebenden Grals. Die Musik erklingt in engelhafter Höhe und Reinheit choralartig langsam, feierlich pathetisch punktiert in fast kirchenmusikal. Kolorit. Scheinbar objektivierte Klänge stehen für ewiges Sein, jenseitig und verklärt (Nb. A; vgl. *Traviatas* Sterbeklänge, S. 406).

Wagners Musikdrama

Um 1850 entwirft WAGNER seine neue Theorie von der Oper als *Musikdrama,* vom Gesamtkunstwerk und von der Leitmotivtechnik (*Oper und Drama,* 1851). Im *Rheingold,* mit dem WAGNER 1853 die Komposition des *Ring* begann, wird das neue Musikdrama erstmals realisiert. Wagner verbindet die Oper mit der Bedeutungsschwere und Hintergründigkeit der Sinfonik BEETHOVENS. Glaubte er um 1850 noch, die Bedeutung – also das Drama – treibe die Musik hervor, so erkennt er später (um 1870), dass die Musik sich selbst auf der Bühne vergegenwärtigt und dramat. Gestalt annimmt. Als lebendige Theaterkunst erreicht das Musikdrama Emphase und Erschütterung aller Beteiligten.

Im antiken Drama werden die dargestellten Einzelschicksale auf der Bühne vom *Chor* kommentiert. Er betrachtet die Seelenzustände und Handlungen der Menschen, zugleich sieht er den Gesamtzusammenhang zur Götterwelt und zu dem über die Menschen verhängten Schicksal. WAGNERS Orchester übernimmt die Funktion des antiken Chores: es beleuchtet die psycholog. Hintergründe des Bühnengeschehens und bringt sie mit Hilfe des **Leitmotivs** ins Bewusstsein (oder auch ins Unterbewusstsein, jedenfalls zum Klingen). Das Orchester *»redet«,* ein barockes Prinzip, wie die Romantik ja vieles mit dem Barock gemein hat, hier aber psychologisch vertieft. Leitmotive erinnern zugleich an Früheres. Sie erweitern dadurch die Gegenwart um die Vergangenheit. WAGNERS Konzeption entspricht damit, wie seine Stoffe, der historisierenden Art des 19. Jh.

Im antiken Drama sang der Chor in eingeschobenen Liedern. WAGNERS Orchester *»redet«* im fortlaufenden, sinfon. Gewebe der Motive, ununterbrochen, vom Wesen der Sache beseelt. Auch die Gesangspartien sind in dieses Ganze verwoben, sodass keine abschnitthafte period. Melodik entsteht wie bei VERDI, sondern ein unendl. Strom instr.-vokaler Polyphonie. Dies meint WAGNER mit *unendlicher Melodie,* wie ein Waldesrauschen aus tausend Einzelstimmen. Das Ergebnis ist keine Gesangsoper im ital. Sinne mehr, sondern ein *Musikdrama,* worin dramatischer Sinn und musikalische Erscheinung verschmelzen (Abb. B).

In den *Meistersingern* gibt es etwa 40 **Leitmotive,** von denen die meisten psycholog. begründet und musikal. hörbar miteinander verwandt sind. Sie charakterisieren klingend: grade, ehern und klar das Meistersingermotiv; massiger, repräsentativer (Pkn., Trp.) das Zunft-/Festmotiv, lyr. mit weicher Chromatik das Liebesmotiv usw. (Nb. C).

Meisterhaft ist die kp. Kombination der 3 Motive im 3. Akt. Der Orchestersatz drückt hier aus, dass am Schluss die 3 oft gegensätzl. Bereiche in Harmonie zusammengeführt worden sind, weshalb Sachs sozusagen sekundär die *»guten Geister«* zitiert. Das Orchester begleitet den Sänger nicht, sondern ist wie er Träger des dramat. Geschehens und Ausdrucks (Nb. C).

Seine Idee vom **Gesamtkunstwerk** meint nicht das Zusammenwirken der Künste (Dichtung, Musik, Gestik, Tanz, Architektur, Malerei) wie in der Barockoper, sondern eine neuartige Verwobenheit aller Künste.

Im *Ring des Nibelungen* verschränken sich Germanentum und pessimist. Gegenwartsdeutung einer sich im Ökonomischen entseelenden Welt. Erlebnis und Botschaft der Kunst treten an die Stelle der Religion, daher WAGNERS Idee der Festspiele. Einweihung des Hauses und UA des *Ringes* (1876) waren auch nationalpolit. Ereignisse.

Im Spätwerk WAGNERS, *Parsifal* (1882), gewinnt die Erlösungsidee christl. Farbe.

Die dt. Oper neben und nach Wagner

ist im Wesentlichen durch WAGNER geprägt, in Auseinandersetzung oder Nachfolge. Bekannt wurden: PETER CORNELIUS, *Der Barbier von Bagdad* (1858); HERMANN GOETZ, *Der Widerspenstigen Zähmung* (1874); HUGO WOLF, *Der Corregidor* (1896; komische Oper); RICHARD STRAUSS, *Guntram* (1894); WILHELM KIENZL, *Evangelimann* (1895); ENGELBERT HUMPERDINCK, *Hänsel und Gretel* (1893; Märchenoper).

Das alte Kindergebet erklingt nicht in seiner einfachen, sequenzhaften Melodik, sondern als Oberstimme eines chromatisierten, hochromant. Satzes, dessen imitierende Polyphonie ein inniges, pseudoreligiöses Gefühl ausdrückt (Nb. D).

EUGEN D'ALBERTS *Tiefland* (Prag 1903) nähert sich dagegen dem ital. Verismo, allerdings in spätzeitl. stilist. Vielschichtigkeit.

Opern	EZ	UA	Orte
			13 *Leipzig Dresden
Hochzeit-Frgm.	1832		
Die Feen	1833		33 Würzburg
			34 Magdeburg
Liebesverbot	1836	36 Magdeburg	
			37 Königsberg
			38 Riga
			39 Paris
Rienzi	1838–40	42 Dresden	42 Dresden
Holländer	1841	43 Dresden	
Tannhäuser	1843–45	45 Dresden	
Lohengrin	1846–48	50 Weimar	49 Revolution
Das Kunstwerk der Zukunft 1849			Verbannung (Zürich)
Oper und Drama 1851			
			58 Venedig
Tristan	1857–59	65 München	62 Amnestie (Reisen)
			66 Schweiz (Tribschen)
Meistersinger	1862–67	68 München	
Rheingold	1852–54	69 München	
Walküre	1852–56	70 München	
			72 Bayreuth
Siegfried	1851–71	76 Bayreuth	
Götterdämmerg.	1848–74	76 Bayreuth	
Parsifal	1877–82	82 Bayreuth	83 † Venedig

A **Die Opern** Schaffensperioden

B **Tristan,** Leitmotivtechnik, Liebestrankszene

C **Parsifal,** Abendmahlsmotiv

Wagner: Zeittafel, Leitmotivik, Melodik

RICHARD WAGNER, * 22. 5. 1813 in Leipzig, † 13. 2. 1883 in Venedig, Jugend unter Stiefvater GEYER (Schauspieler) in Dresden, ab 1828 Gymn. in Leipzig, ab 1831 Musik-Studium ebd., Kp. bei Thomaskantor WEINLIG. Opernfragment *Die Hochzeit* (1832).

Opernkapellmeister 1833–39

zuerst in Würzburg; *Die Feen* (1833–34), romant. Oper; ab 1834 Magdeburg; komische Oper *Das Liebesverbot* (1834–36); mit seiner ersten Frau, der Schauspielerin MINNA PLANER, 1836 nach Königsberg, 1837 Riga; *Rienzi* begonnen, im Stil der Grand Opéra; März 1839 stellungslos, verschuldet, Flucht über See nach London und Paris.

Pariser Aufenthalt 1839–42

1840 *Rienzi* vollendet (UA Dresden 1842); neue Schaffensperiode mit der *romant. Oper:* Dichtung und Komp. des *Fliegenden Holländers,* 1841 (UA Dresden 1843).

Hofkapellmeister in Dresden 1843–49

Aufführung von BEETHOVENS 9. Sinfonie 1846; *Tannhäuser und der Sängerkrieg auf der Wartburg,* 1842–45 (UA Dresden 1845); *Lohengrin,* 1845–48 (UA Weimar 1850 durch LISZT); Maiaufstand 1849, Flucht und steckbriefl. Suche, über Weimar ins

Züricher Asyl 1849–58

Wende in WAGNERS Schaffen von der *romant. Oper* zum *Musikdrama.* In seinen kunsttheoret. Schriften *Die Kunst und die Revolution* (1849), *Das Kunstwerk der Zukunft* (1849) und *Oper und Drama* (1851) legt WAGNER seine Konzeption vom neuen *Musikdrama* vor. Die Realisation geschieht danach, zunächst im *Ring des Nibelungen.* Die Dichtung dazu beginnt mit dem Ende des Stoffes, der *Götterdämmerung* (schon 1848 als *Siegfrieds Tod*). Um auch die Vorgeschichte zu dramatisieren statt zu erzählen (Expositionsballade), dichtete WAGNER den *Siegfried* (1851–52), *Das Rheingold* (1851–54) und *Die Walküre* (1851–56); Kompositionsfolge: ab 1853 Rheingold, Walküre, Siegfried 1. und 2. Akt, bis 1857. Dann Aufgabe des Asyls (Liebesverhältnis zu MATHILDE WESENDONK, Frau des gastgebenden Kaufmanns OTTO W.); *Wesendonk-Lieder* als Vorstudie zu *Tristan* und Beginn der *Tristan*-Komposition. Die Lieder *Träume* und *Im Treibhaus* gehen in den *Tristan* ein (Liebesduett II. Akt und Vorspiel III. Akt).

Im *Tristan* verarbeitet WAGNER das WESENDONK-Erlebnis. Mit der Eigeninterpretation des mittelalterl. Romans (GOTTFRIED VON STRASSBURG, um 1200) gelingt WAGNER eine ekstat. Apotheose der Liebe. Die Konzeption der unendl. Melodie bringt durch ihre Harmonie mit dem innersten Gehalt des *Tristan* traumhaft sicher eine vollkommene künstler. Gestalt hervor. Die Musik ist erfüllt vom Schmelz einer hochexpressiven Chromatik (zum Tristan-Akkord s. S. 405).

Der Terminus *Leitmotiv* stammt von WOLZOGEN (1876). WAGNER spricht von *themat.* oder *melod. Motiven, Grundthemen, Ahnungs-* oder *Erinnerungsmotiven* (wie bei WEBER, BERLIOZ; vgl. S. 417). Neu ist deren ganzheitl. Verwendung in Satz und Anlage.

- *Verhängnismotiv:* engschrittig klammernd, mit Halbtonklage; Isoldes Verhöhnung durch Tristan-Tantris (Text) birgt das Verhängnis (Motiv).
- *Fragemotiv:* drückt gestisch »Frage« aus, wie die Sprechmelodie nach oben gerichtet (*»offen«*); verschieden rhythmisiert; schon barockes Motiv, auch bei BEETHOVEN (op. 110), SCHUBERT u. a.
- *Todesmotiv:* mit Oktavsturz und pathet. Punktierung. Alle Motive werden *verflochten:* so das Liebes- mit dem Verhängnismotiv, denn die Liebe wird zum Verhängnis (T. 16). Das Motiv kann auch im Orchester *gleichzeitig* zum Gesang erklingen und damit eine wichtige zusätzl. Aussage treffen: zu Tristans *»dich trink' ich sonder Wank«* (Todes- bzw. Liebestrank) ertönt im Orch. das Verhängnismotiv, als Mahnung und Schicksal (I,5; Nb. B).

  Das Orchester schildert die innersten Vorgänge auch ohne die Sänger. Der Liebestrank, als vermeintl. Gift dramatisch getrunken, führt nicht zum Tode, sondern zum Er- und Bekennen der Liebe. Entsprechend verwandeln sich Harmonik (as-Moll zu H-Dur: enharm. ces/h, as/gis), Tempo, Klangfarbe (Holz), Dynamik (*ff* zu *pp*), Melodik (*Liebesmotiv,* Nb. B).

Venedig, Luzern, Paris 1858–61

Tristan und Isolde 1859 beendet; Pariser *Tannhäuser*-Bearb. (1861); Amnestie 1862.

Konzertreisen 1861–64

Ruf LUDWIGS II. nach München 1864/65; UA des *Tristan* unter HANS VON BÜLOW (München 1865).

Tribschen bei Luzern 1866–72

Die Meistersinger von Nürnberg (1861–67) beendet (UA München 1868). COSIMA (1837–1930), Tochter LISZTS und der Gräfin D'AGOULT, Frau BÜLOWS, folgt WAGNER 1868 nach Tribschen (Sohn SIEGFRIED * 1869; Ehe 1870). NIETZSCHE-Besuche 1869–72. *Siegfried* (1864–71) beendet.

Bayreuth 1872–83

Bau des Festspielhauses 1872–76; Kompos. der *Götterdämmerung* 1869–74; UA des *Ring* im August 1876 unter H. RICHTER, des *Parsifal* 1882 unter H. LEVI.

WAGNER gestaltet einen vielgliedrigen Prosarhythmus. Das *Abendmahlsmotiv* erklingt als scheinbar unendl. Fluss, spätzeitl., innig bewegt (NB. C).

Bei WAGNER verbinden sich BEETHOVENS sinfon. Sprache, theatral. Ausdruck und eine irrationale Metaphysik (SCHOPENHAUER-Lektüre 1854) zu einem Mythos der Kunst, dessen Pathos über das Musikdrama hinaus zum Kult überhöht und ins Gesellschaftlich-Politische getragen wurde. Dem Wunder des Werkes tat dies keinen Abbruch.

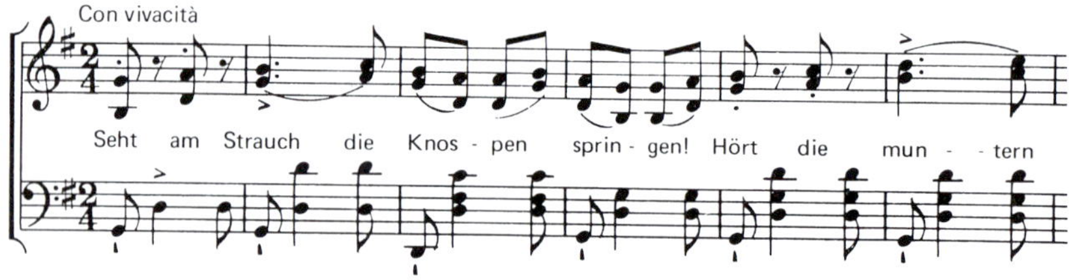

A B. Smetana, Die verkaufte Braut, 1866, I. Akt, 1. Szene, Marie, Hans, Dorfleute

B A. Dvořák, Russalka, 1901, I. Akt, Russalkas Monolog

C M. Mussorgski, Boris Godunow, 1874, Prolog, 2. Bild, Krönungsszene

Im 19. Jh. entwickelte sich in fast allen europ. Ländern eine **Nationaloper,** Spiegel des wachsenden nationalen und polit. Bewusstseins dieser Länder (die belg. Julirevolution 1830 wurde z. B. unmittelbar nach einer Aufführung von AUBERS *La muette de Portici* in Brüssel ausgelöst). Die Stoffe waren urspr. austauschbare Einkleidungen der Ideen Freiheit, Gerechtigkeit usw. AUBERS *Muette de Portici* spielt in Italien, ROSSINIS *Guillaume Tell* in der Schweiz (komponiert von einem Italiener in Frankreich). Diese noch klass. Tradition weicht mehr und mehr dem romant. Interesse an der Eigenart und der Lokalfarbe: das Nationale, die Gestalten und Orte der Geschichte gehören über die maler. Dekoration hinaus zur zentralen Idee selbst. Das erwachende Geschichtsbewusstsein der Romantik fällt mit dieser Entwicklung zusammen.

England. J. BARNETT (1802–90); A. S. SULLIVAN (1842–1900), *Ivanhoe* (1891); wirkte zus. mit W. S. GILBERT an der *Savoy Opera* (engl. Gattung der Operette).
Skandinavien. HARTMANN (Dänemark), SINDING (Norwegen), HALLSTRÖM und HALLÉN (Schweden).
Polen. ELSNER, KURPIŃSKY und MONIUSZKO *(Halka* 1846–47).
Südosten. ERKEL (Ungarn), SAVIN, (Slowenien), HRISTIĆ (Serbien), ATANASOW (Bulgarien).
Böhmen und Mähren. F. ŠKROUP (1801–62), Singspiele *Dráteník* (Prag 1826), *Fidlovačka* (Prag 1834); bes. BEDŘICH SMETANA (1824–84), u. a. 8 Opern: *Die verkaufte Braut* (Prag 1866), *Dalibor* (1868), *Der Kuss* (1876), *Libussa* (1881), eine Art tschech. Nationaloper.

Die komische Oper *Die verkaufte Braut* spiegelt dörfl. Niveau und Gestalten. Volksliedartige Melodik und folklorist. Tanzrhythmen geben lebendige und typ. Farben (Nb. A).

ANTONÍN DVOŘÁK (1841–1904), 10 Opern: *König und Köhler* (Prag 1874), *Dimitrij* (1882), *Rusalka* (Prag 1901).

Die Märchenoper von der Wassernixe *Rusalka* schlug durch ihr lyr., nationales Kolorit und ihre scheinbare Naivität alle in den Bann. Rusalkas Monolog schwingt leicht bewegt über östl. Harmonik (Bordunklänge, Subdom.-Wirkungen; Nb. B)

Es folgen Z. FIBICH (1850–1900) mit *Die Braut von Messina* (Prag 1884); J. B. FOERSTER, V. NOVÁK, O. OSTRČIL, LEOŠ JANÁČEK (1854–1928) mit *Šárka* (1887–88) und *Jenufa* (Brünn 1904).

Russland kannte schon im 18. Jh. westl. *(ital.)* Opern an den Hoftheatern, setzte aber im 19. Jh. eine nationale Entwicklung dagegen: MICHAIL GLINKA (1804–57) mit *Iwan Susanin* (*Ein Leben für den Zaren,* Petersburg 1836), *Ruslan und Ludmila* (1842), A. S. DARGOMYSCHSKI (1813–69) mit *Russalka* (Petersburg 1856), *Der steinerne Gast* (1866–68).
Die jüngere Generation sucht entschiedener russ. Eigenheit in Stoff und Musik. Zentren sind weiterhin Petersburg, aber nun auch Moskau mit A. und N. RUBINSTEIN und A. N. SEROW. In Petersburg wirkte das *Mächtige Häuflein* der Novatoren, die Gruppe der Fünf: MUSSORGSKI, BORODIN, CUI, BALAKIREW und RIMSKI-KORSAKOW.

»Über wie viel Poesie, Gefühl, Talent und Können das kleine, aber mächtige Häuflein der russ. Komponisten verfügt!« Kritiker STASSOW nach einem Konzert unter BALAKIREW in der ethnograph. Ausstellung Petersburg 1867.

MODEST PETROWITSCH MUSSORGSKI (1839–81) aus Karewo (Pskow), pianist. und kompositor. Studien, ab 1856 bei BALAKIREW; im *»Mächtigen Häuflein«;* Offizier, Beamter.
MUSSORGSKI war brennend an Stoffen aus der russ. Geschichte, Sage und Dichtung interessiert, auch an einer Musik typisch russ. Prägung. So bewirkt die russ. Sprache in ihrer Vertonung in Rezitativ und Melodik einen eigenen Duktus. Auch die Harmonik, die Rhythmik und die Klangfarben (Instrumentation) zeigen bewusst russ. Charakter. – Fragment blieb die Oper *Salammbo* (1863–66, FLAUBERT), ebenfalls die erste russ. Oper *Schenitba* (*Die Heirat,* 1868, nach GOGOL). Dann folgt *Boris Godunow* nach PUSCHKINS Boris-Chronik (1830) bzw. KARAMSINS Geschichtswerk (1816–29). Die Urfassung entstand 1868–69 (UA 1928), die gekürzte endgültige Fassung 1871–72 (UA Petersburg 1874), später bühnenwirksam neu instrumentiert und bearbeitet von RIMSKI-KORSAKOW (1896), auch SCHOSTAKOWITSCH (1940).

Die Musik spiegelt in ihrer Melodik, kirchentonalen Harmonik, ungradzahligen Taktperiodik, ihren Taktwechseln und Synkopen russ. Volks- und Kirchenmusik, die MUSSORGSKI z. T. auch direkt verwendet. In der Krönungsszene erklingt nach den mächtigen Glocken-Imitationen eine solche Originalmelodie, die *Slava* (berühmtes russ. Lied; Textbeginn u. Name), als Huldigungschor des Volkes, zunächst im hellen Oberchor, dann im vollen Satz. Die Melodie ähnelt dem Promenadenthema in *Bilder einer Ausstellung* (Nb. C).

Es folgen *Mlada* (1872, mit BORODIN, CUI, MINKUS, RIMSKI-KORSAKOW), *Chowantschina* (1873–80) und *Sorotschinskaja Jamarka* (1876–81, Fragm.).
ALEXANDER P. BORODIN (1833–87) mit *Knjaz Igor* (*Fürst Igor,* 1890), NIKOLAI A. RIMSKI-KORSAKOW (1844–1908) mit *Sadko* (1898) u. a. verfolgen die gleiche russ. Linie.
Westl. Einfluss mit russ. Eigenart verbindet PETER I. TSCHAIKOWSKY (1840–93) in seinen 10 Opern, bes. in *Evgeni Onegin* (Moskau 1879, nach PUSCHKIN) und *Pikovaja dama* (*Pique Dame,* Petersburg 1890).

A **F. Mendelssohn, Elias,** 1846, Gesamtanlage, Baal-Szene und Solistenterzett (Engel)

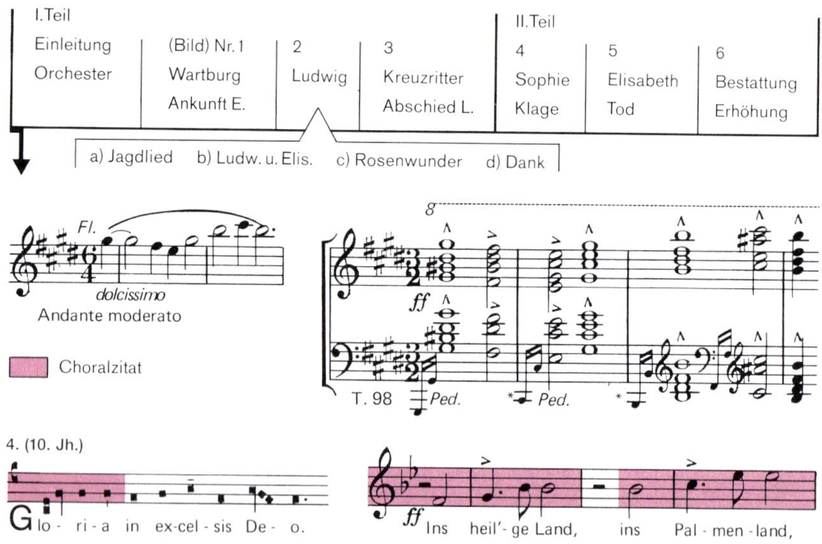

B **F. Liszt, Die Legende von der heiligen Elisabeth,** 1862
Anlage, Leitmotiv der Elisabeth und Kreuzritterchor

Die bürgerl. Musikkultur ließ im 19. Jh. eine Vielzahl von Gesangsvereinen und Oratorienchören entstehen, sodass auch die Oratorien-Neukomposition eine große Rolle spielte. HAYDNS **Oratorien** hatten eine Welle von Oratorien-Begeisterung über ganz Europa verbreitet, aber auch Maßstäbe gesetzt. Die Romantiker brachten neue Impulse in Ausdruck und Wirkung (BERLIOZ), zugleich auch historisierende Stilmomente, die in ihrer klassizist. Haltung dem bürgerl. Geiste nahe kamen (MENDELSSOHN). Die Bejahung sowohl geistl. wie weltl. Stoffe aus Bibel und Geschichte waren für die liturgisch meist ungebundenen Chorvereinigungen kein Problem, da der gesuchte Ton allg. sittl. Erhebung und religiöser Innigkeit jedenfalls getroffen wurde. War auch im säkularisierten Zeitalter die feste Geborgenheit im christl. Glauben zerborsten, so trat doch eine etwas allgemeinere Weltfrömmigkeit und Glaubenssehnsucht an die Stelle, die auch zu einer innigen privaten Glaubenshaltung führen konnte. Der Konzertsaal, in dem man Oratorien aufführte, wurde dann zur Kirche.

Deutschland führte in der ersten Jh.-Hälfte, aus der Tradition der Klassik, u. a. mit:
J. EYBLER, *Die vier letzten Dinge* (1810); M. STADLER, *Die Befreyung von Jerusalem* (1813); BEETHOVEN, *Christus am Ölberge* (1803); F. SCHNEIDER, *Das Weltgericht* (1819), 15 weitere Oratorien; L. SPOHR, *Das jüngste Gericht* (1812), *Die letzten Dinge* (1826), *Der Fall Babylons* (1842); C. LOEWE, *Die Zerstörung Jerusalems* (1829), *Gutenberg* (1836, weltl.).
Große Wirkung hat F. MENDELSSOHN BARTHOLDY mit seinen beiden Oratorien *Paulus* (1836) und *Elias* (1846), die mit dem *Christus* (Fragm.) ein Triptychon ergeben sollten. MENDELSSOHN erlebte früh die BACH-Tradition Berlins und seines Lehrers ZELTER.
In den Oratorien orientiert er sich auch an HÄNDEL und HAYDN. Das betrifft stilist. Einzelheiten wie die Rezitativ-Begleitung, die fugierten Partien, die Chöre, die Gesamtanlage in Großteile (Akte) und musikal. Nummernfolge mit Arien, Ensembles, Chören.

Im *Elias* singt die Hauptfigur vor der Ouvertüre noch ein einleitendes Rezitativ (Abb. A). – Die Rezitative sind textinspiriert lebendig; der Höhepunkt des I. Teils, die Herausforderung des Elias durch den Baalsruf, wird dramatisch durchkomponiert: eine große Pause steigert nach dem *ff*-Ruf die Spannung; Elias antwortet hoheitsvoll mit Oktavsprung nach oben und feierlich, liturgisch klingender Quarte *es-b*, mit Takt-, Tempo-, Tonartwechsel (4/4, Adagio, heroisches Es-Dur); Elias' Arie schließt attacca an (Quartmotiv; Nb. A).

MENDELSSOHNS Melodik ist von eigenem Schmelz: das Terzett der 3 Engel *Hebe deine Augen* beginnt mit einem Liedsatz, der in seiner schlichten Innigkeit eher an Lieder ohne Worte als an ein Oratorium erinnert. Die geistl. A-cappella-Vorstellung des 19. Jh. lässt die 3 Engel ohne Begleitung singen. In der motett. Fortführung des Terzetts dagegen tauchen Imitation, kp. Arbeit und historisierende Motivbildung auf. Der Satz bleibt aber auch hier u. a. durch klangvolle Terzparallelen und Harmonik von romant. Geist erfüllt (Nb. A).

ROBERT SCHUMANN schrieb 2 Oratorien, beide weltl. Märchen: *Das Paradies und die Peri* (1843), *Der Rose Pilgerfahrt* (1851).
Das Erlösungsmotiv, ursprünglich geistlich, im 19. Jh. aber auch in der Oper, tritt auch im Oratorium auf. LISZTS *Die Legende von der hl. Elisabeth* (1862) ist eine geistl. Parallelgeschichte zu WAGNERS *Tannhäuser,* dessen Elisabeth-Gestalt der LISZTSCHEN vorangeht.

LISZT komponiert sein Oratorium wie eine geistl. Oper in 2 Akten bzw. Teilen und 7 Bildern bzw. Nummern durch. Das einzelne Bild ist wieder in Abschnitte unterteilt (Schema B). Es entsteht eine Art sinfon. Dichtung, mit rein sinfon. Teilen, Accompagnato-Rezitativen, Ensembles und Chören, aber ohne Arien. Wie WAGNER in seinen Musikdramen arbeitet LISZT mit Leitmotiven. Die hl. Elisabeth charakterisiert er mit einer zarten Flötenmelodie, das alte *Quasi stella matutina* bzw. *Joseph lieber Joseph mein* (*dolcissimo*). Das gleiche Motiv kann aber auch in pompöser Aufmachung triumphal einherschreiten. Die Melodie des Kreuzritterchores stammt aus dem gregor. Gloria (10. Jh.; Nb. B).

LISZTS Oratorium *Christus* (1862–67, UA 1872) in lat. Sprache wechselt zwischen chorischen A-cappella-Sätzen und sinfon. Instrumentalteilen (frz. Einfluss).

Frankreich
kannte Oratorien mit lat. Texten zu liturg. Gebrauch wie LE SUEURS *Oratorio pour le couronnement,* das auszugsweise zur Krönung NAPOLEONS I. (1804), vollst. zu der KARLS X. (1825) erklang. Die frz. Oratorien heißen oft wie die mittelalterl. geistl. Dramen *Mystère* oder *Drame sacré.* Ab 1850 tritt Frankreich verstärkt mit Oratorien hervor: H. BERLIOZ, *L'enfance du Christ,* eine *Trilogie sacrée* (1854); C. GOUNOD, *Tobie* (1865), *La rédemption* (1882); C. SAINT-SAËNS, *Oratorio de Noël* (1858), *Le déluge* (1875); C. FRANCK, *Rédemption,* ein *Poème symphonique* (1872/74), *Les béatitudes* (1879); J. MASSENET, *Marie Magdeleine,* ein szen. *Drame sacré* (1873), *La terre promise* (1900).

Kantaten und Motetten
Neben den Oratorien spielt die geistl. und weltl. *Kantate,* gleicher Art, aber kürzer, für die Chorvereinigungen eine wichtige Rolle (z. B. BRAHMS, GOETHE-Text *Rinaldo,* 1868). Auch entstehen wieder viele Motetten.

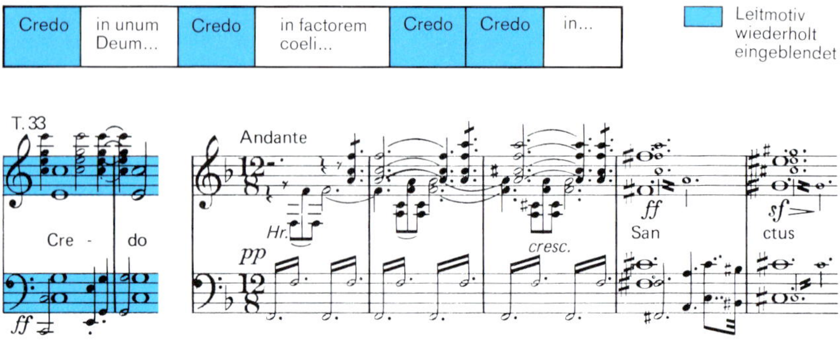

A F. Schubert, Messe As-Dur, D 678, 1822, Klang als Ausdrucksmittel

B A. Bruckner, Te Deum, 1881–84, Anlage und Einzelstrukturen

Ostinato · Unisono (»Choral«) · Mediantik · »barock«

Sinfonische Messe, Te Deum

Die **geistl. Musik** spielt im 19. Jh. nicht mehr die zentrale Rolle wie früher. Dies gilt erst recht für den engeren Bereich der liturg. **Kirchenmusik.** Die Säkularisation (1802/03) war Ausdruck der Emanzipation der bürgerl. Gesellschaft von der Kirche. Aufklärung und Revolution schlugen Lücken, die die romant. Universalreligion und Alliebe zwar überbrückten und überhöhten, die aber im realist. Leben des 19. Jh. nicht mehr erfüllt werden konnten. Das schließt private Frömmigkeit nicht aus.

Im musikal. Bereich entstehen historist. und pietist. Bewegungen, wie der Caecilianismus, dazu ein vom kompositor. Mittelmaß bestimmter kirchenmusikal. Alltag. Darüber hinaus aber gibt es überragende geistl. Werke der großen Komponisten.

Kath. Kirchenmusik

Zur Wiener und österr. Tradition der kath. KM, die durch ihre handwerkl. kp. Grundlage seit Fux (1725) etwas Ungebrochenes hat, gehören Abt Maximilian Stadler (1748–1833), Hoforganist und Kompositionslehrer Simon Sechter (1788–1867), der noch Bruckner unterrichtete. Im süddt. Raum wirken Kaspar Ett (1788–1847), Franz Lachner (1803–90) u. a.

Schuberts Messen erwuchsen aus der klass. Tradition (Vorbild Haydn). Er schrieb 4 kleine Messen (1814–16), darunter die Messe in G-Dur, D 167 (1815), und 2 Missae solemnes: As-Dur, D 678 (1822), und Es-Dur, D 950 (1828), in denen er den großen sinfon. Messenstil seiner Zeit mit neuem romant. Geist erfüllte.

Schubert setzt nicht mehr nur das melod. Motiv, sondern den *Klang* als Ausdrucksmittel ein. Dabei verhält sich dieser Klang zur Melodie wie universale Erfüllung und reines Sein zu individueller Erscheinung. Schuberts religiöses Empfinden zielt über den Text im Einzelnen hinaus auf eine umfassende Gottesgegenwart, was romant. Allliebe und Musik vollkommen entspricht. Dafür steht der mächtige Akkordklang des *Credo (Ich glaube)* und dessen unliturg., aber beharrl. Wiederholung im Ablauf des Credo selbst (Abb. A).

Wie unliturgisch Schubert empfand, zeigt die romant. Klangmalerei zu Beginn des *Sanctus.* Gleichsam aus der Ferne *(pp)* ertönen die Waldhörner, erinnern an Natur und die Schöpfung der Welt. Der Akkord steigert sich zum *ff* und zum überquellend erhöhten fis-Moll/Cis-Dur, mit dem das *»Sanctus«* weniger melodisch als rein klanglich hereinbricht (Nb. A).

Die großen Komponisten des 19. Jh. standen nicht mehr im Kirchendienst wie Bach oder noch Mozart in Salzburg. Ihre geistl. Kompositionen, ein Requiem, eine Festmesse, entstanden durch persönl. Entschluss oder durch bes. Auftrag. Dabei bestimmte nicht mehr so sehr die Liturgie die Komposition, sondern der Komponist durch die persönl. Gestaltung den Charakter der liturg. Feier. Die Musik konnte die Kirche in einen Konzertsaal verwandeln (Berlioz, Verdi).

Franz Liszt schrieb 2 Festmessen, die eine zur Domweihe von Gran (1856, *Graner Festmesse*), die andere zur Krönung Kaiser Franz Josephs I. zum König von Ungarn in Budapest (*Ungarische Krönungsmesse,* 1867). Die *Graner Festmesse* erstrahlt im großen sinfon. Stil, wie man es seit Beethoven für eine Missa solemnis gewöhnt war. Der Festgedanke liegt nicht nur in der Größe, sondern auch in dieser Tradition des Bewährten; so wie Dufay zur Domweihe von Florenz 1436 eine ehrwürdige isorhythm. Motette schrieb. Allerdings komponierte Liszt im Neudt. Stil seiner sinfon. Dichtungen. Das Orchester vollzieht programmat. Darstellungen mit Leitmotivtechnik. – In der *Missa choralis* (1865) und im *Requiem* (1868) beachtete Liszt die kirchenmusikal. Reformbewegungen seiner Zeit (gregor. Choral, Palestrina-Stil) und arbeitete auch die Männerchormesse (1848) in diesem Sinne um (1869).

Bruckners große Messen in d-Moll (1864, bearb. 1876, 1881/82) und f-Moll (1867/68, bearb. 1876, 1881, 1890–93) sind *sinfon.* Messen mit reicher motiv. Arbeit; auch das *Te Deum* (1881, bearb. 1884) ist für Chor und großes Sinfonieorchester komponiert. Bruckner verbindet die österr.-kath. KM-Tradition mit seinem sinfon. Ausdrucksstil und erfüllt seine Musik fern von Mode und Effekt mit geradezu myst. Inbrunst.

Das *Te Deum* beginnt mit einer heftigen ostinaten Streicherfigur, nur mit Grundintervallen (Oktave, Quarte, Quinte) in C, klar und einfach wie ein Glaubenssymbol. Der Chor greift diese Intervalle auf, im Unisono gleichsam gregorian., was altertüml. wirkt, aber ganz modern ist (Nb. B).

Im 2. Satz *Te ergo* verweilt Bruckner in entfernten Tonarten (Mediantik) wie in elys. Gefilden. Die konzertante Solovioline verstärkt den Eindruck einer engelhaft schwebenden Musik. Hier steht der Erlösungsgedanke in traditionell christl. Zusammenhang, erinnert musikalisch aber zugleich an Wagners Entrückungen. – Ganz barock hingegen wirkt das Thema der Schlussfuge (Doppelfuge, Nb. B).

Die erweiterten Struktur- und Besetzungsmöglichkeiten des 19. Jh. werden gleichsam hyperbarock zu einem gewaltigen Werk getürmt. Gerade die Betonung eines Traditionszusammenhanges, wie hier durch Ostinati, Choral und Fuge, zeigt – ähnlich wie die Vollendung des Kölner Doms im 19. Jh. – den bewussten oder unbewussten Verlust dieses Zusammenhanges. Der schöpfer. Lebensimpuls vertieft und erweitert das Verhältnis zum Glauben, zum Jenseits, zu Gott.

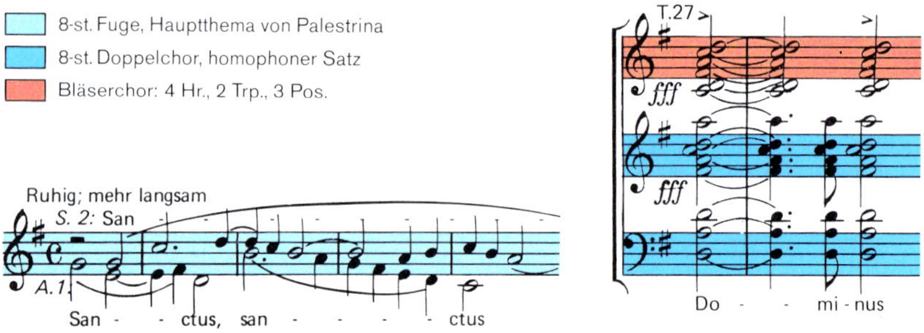

A **A. Bruckner, Messe e-Moll,** 1882, Sanctus, Polyphonie und Klangmasse

I. Selig sind, die da Leid tragen (Matth. 5,4)	Chor	F
II. Denn alles Fleisch, es ist wie Gras (Petr. 1,24)	Chor	b, B
III. Herr, lehre doch mich, dass es ein Ende (Ps. 39,5)	Bar., Chor	d, D
IV. Wie lieblich sind deine Wohnungen (Ps. 84,2)	Chor	Es
V. Ihr habt nun Traurigkeit (Joh. 16,22)	S., Chor	G
VI. Denn wir haben hie keine bleibende Stadt (Hebr. 13,14)	Bar., Chor	c, C
VII. Selig sind die Toten (Off. 14,13)	Chor	F

B **J. Brahms, Ein deutsches Requiem, op. 45,** 1861–68

»Klage« »Totenmarsch« s/ss/Đ Orgelpunkt

Historismen; Ein deutsches Requiem

Wahre Kirchenmusik

Im 19. Jh. entwickelt sich im tonangebenden Bildungsbürgertum die Idee einer KM, die vom *reinen Satz* geprägt ist. Man spürt noch den hohen Ton einer romant. Gefühlsreligion SCHLEIERMACHERS und zugleich WACKENRODERS heilige Musikandachten mit Verehrung der alten Meister (*Phantasien über die Kunst,* 1799). Auch E. T. A. HOFFMANN trug mit seinem Aufsatz über *Alte und neue Kirchenmusik* dazu bei (AmZ 1814).

Zum Ideal wurde der **A-cappella-Chorsatz,** den man sich historisch unrichtig, aber der eigenen Gefühlslage angemessen, ohne Instr. vorstellte. Instr. haben seit je etwas Weltliches an sich. Auch zielte man auf Stilreinheit, und da MOZARTS Messen wie MOZARTS *Figaro* klingen, wollte man Opernhaftes aus der Kirche verbannen.

Der Heidelberger Jurist und Musikliebhaber A. F. J. THIBAUT formulierte diese Richtung (*Über Reinheit der Tonkunst,* 1825). An seinen Gesangsabenden, an denen auch SCHUMANN teilnahm, begeisterte man sich für HÄNDEL und PALESTRINA. Historisch verband sich die romant. Sehnsucht nach der alten Zeit mit der nach der alten, *wahren* KM. Ein bewusst angestimmter religiöser Gefühlston neigt leicht zu Sentimentalität. So sang man die alten Sätze viel zu langsam, indem man zudem die großen Notenwerte der Mensuralnotation missverstand. Noch HEINE spricht in der *Harzreise* beim andachtsvollen Sonnenaufgang auf dem Brocken von *Palestrinas ewigem Choral,* der ihm das Himmelsgewölbe gleich einer Kathedrale erfülle.

Caecilianismus, Palestrina-Renaissance

Die Wiederbelebung PALESTRINAS geht von Italien aus, zuerst mit ABATE G. BAINI, Bassist in der *Cappella Sistina:* Biogr. *Palestrina* (Rom 1828). Werkeditionen kamen hinzu (PROSKE, *Musica divina;* GA von WITT, COMMER, HABERL). Aufführungen und Stilkopien folgten. In Regensburg gründete WITT 1868 den *Allg. Caecilienverein,* HABERL 1874 eine KM-Schule, beides mit dem Ziel, PALESTRINA und den *gregor. Choral* als Stilideal zu verbreiten. Der Einfluss war groß.

BRUCKNERS Messe in e-Moll (1866/82), zur Grundsteinlegung des Linzer Doms, verwendet 8-st. Doppelchor und nur Bläser wegen der Freiluftaufführung (1869). Er imitiert zugleich die venezian. Doppelchörigkeit des 16. Jh. Das Hauptthema der 8-st. Doppelfuge ist von PALESTRINA entlehnt. Polyphoner Satz wechselt mit homophonen Partien, in denen die Klangmasse des 19. Jh. gut zur Geltung kommt (Nb. A).

Ev. Kirchenmusik und Bach-Renaissance

Die ev. KM verehrte BACH als ihren erzluther. Kantor (SPITTA). Allerdings hatte BACH für das 19. Jh. eine viel weitergehende Wirkung. MENDELSSOHNS Wiederaufführung der *Matthäuspassion* 1829, 100 Jahre nach ihrer Entstehung, in der Berliner Singakademie, begeisterte historisierend und romantisch gefühlvoll als KM und dt. Vergangenheit allgemein. Bald stellten der Versuch eines allg. ev. Gesang- und Gebetbuches von BUNSEN (1833) und Publikationen älterer ev. KM durch WINTERFELD, WACKERNAGEL, ZAHN u. a. Material für den ev. Kirchenalltag zur Verfügung. Die BACH-Pflege lebte vornehmlich in den nichtkirchl., bürgerl. Gesang- und Chorvereinigungen.

Das 19. Jh. weitet die KM durch seine allg. Weltfrömmigkeit. SCHUMANN komponierte ein Requiem für den Konzertsaal. BRAHMS' *Dt. Requiem* wurde im Dom zu Bremen uraufgeführt (1868), ist aber unliturg.

BRAHMS stellte den Text selbst zusammen, und gab dem Werk eine zykl. Architektur (Schema B). Die Musik des II. Satzes, ein Trauermarsch mit eindrucksvollen Subdominantwirkungen und düsteren Farben, war ursprünglich als Scherzo einer Sinfonie bzw. des d-Moll-Klavierkonzertes gedacht. Ein Unikum in der Chorpolyphonie ist die große Fuge über einem Orgelpunkt D, Ausdruck für die Sicherheit der geretteten Seele in Gottes Hand (Nb. B). Den V. Satz komponierte BRAHMS nach (1868): eine geradezu überirdisch schöne Tröstung. Den weich aufsteigenden G-Dur-Akkorden und dem frei schwebenden Sopransolo entspricht im Mittelteil ein innig beseelter Chorsatz (Nb. B).

Italien liebt in der KM den gleichen Stil wie in der Oper. So sorgen die Opernkomponisten auch für die KM, z. B. DONIZETTI, ROSSINI, VERDI.

Kp. Tradition pflegt man mit Sorgfalt, bes. in Bologna (*Accademia Filarmonica*) und in der *Cappella Sistina* des Vatikans, die speziell ältere KM in unbegleiteter A-cappella-Manier und den unbegleiteten gregor. Choral sangen. Viele reisende Musiker aus dem Norden hörten dies hier beeindruckt zum ersten Mal (SPOHR, MENDELSSOHN, BERLIOZ).

Frankreich erlebte mit Revolution und Restauration starke Einbrüche in die geregelte KM. Die Messentradition erhielt sich aber (bes. CHERUBINI). Doch führt die frz. Romantik zu extrem farbigen und ausdrucksstarken Einzelwerken. So schreibt BERLIOZ seine *Grande Messe des Morts* mit einer Massenbesetzung von mehreren hundert Sängern, 5 Orchestern mit 8 Paar Pauken (Invalidendom 1837, als Requiem für Gen. DAMRÉMONT). Der Normalfall ist eine kultivierte reichhaltige KM mit Messen, Motetten, Kantaten, Oratorien, Orgelmusik von u. a. LE SUEUR (33 Messen), GOUNOD (*Méditation sur le 1er prélude de Bach* für V. u. Kl., 1853[?], mit Text *Ave Maria,* 1859), FRANCK (Requiem 1888), SAINT-SAËNS, DUBOIS.

A F. Schubert, Strophenbau und Melodietypen

B R. Schumann, Liederkreis op. 39, 1840, Nr. 5 Mondnacht

Volkslied

Das Lied spielt im 19. Jh. eine zentrale Rolle. Im Volkslied sah die Romantik das Urzuständliche, Charakteristische, auch Nationale. Der Textsammlung HERDERS (1778 f.) folgen die von ARNIM/BRENTANO, *Des Knaben Wunderhorn* (1806–08), dann Sammlungen mit Melodien von ERK/IRMER (1838–45), ZUCCALMAGLIO (1838–40), BÖHME (1893 f.). Volkslieder wurden bes. in den einfachen Schichten des Volkes gesungen und mündlich tradiert. Sie regten Komponisten an, wie umgekehrt manche Kunstlieder zu Volksliedern wurden (*absanken*), z. B. SCHUBERTS *Lindenbaum.* Damals wurde viel gesungen, im Hause und bei geselligen Gelegenheiten.

Kunstlied

Um 1800 gab es eine vielfältige Liedkultur:

- nach Form und Gehalt unterschied man *Ariette, Cavatine, Szene und Arie, Solokantate, Hymne, Ode, Lied im Volkston;*
- nach Besetzung gab es Sololieder, ferner Duette, Terzette, Quartette in Fülle (erst im 20. Jh. unmodern); dazu Chorlieder.

Als eigentl. Lied galt das einfache Strophenlied, daher oft der umfassendere Drucktitel *Lieder und Gesänge.* Man sang Lieder im Haus, mit Klavier oder Gitarre, unter Freunden und Bekannten, selten im Konzertsaal. Das erklärt mit ihren intimen Charakter. Auch interessierte man sich für die Texte und Dichter zu besserem Liedverständnis.

Lyrik und Musik

Lyrik ist Ausdruck des Innersten der Welt, unaussprechlich: im Gedicht liegt das Wesentliche *zwischen* den Zeilen. Diesen Gehalt aber drückt die Musik wortlos aus.

Für das Lied ist dabei nicht so sehr die Qualität des Gedichtes entscheidend, sondern Fantasie und Kraft des Musikers (SCHUBERTS Müller-Lieder).

Dem gefühlsmäßig empfundenen Gesamtcharakter, dem *Ton* des Liedes ordnen sich alle Einzelheiten wie Strophenbau, Wortausdeutung, Bilder, Kadenzen usw. als Teile des Ganzen unter. Das Gedicht besteht im Lied nicht mehr als Gedicht, sondern das Lied ist ganz Musik. Das Gedicht hat ihm Farbe und Gehalt gegeben. Man könnte auch umgekehrt einem lyr. Klavierstück ein passendes Gedicht unterlegen, wie das im 19. Jh. geschehen ist (extrem GOUNODS *Ave Maria* zu BACHS Präludium C-Dur).

Der klass. *allgemeine lyr. Charakter* (Strophenliedideal) gilt weiter, doch drängt die romant. *Teilnahme am Einzelnen* (GOETHE) zur Durchkomposition.

Franz Schubert

Die Voraussetzung für SCHUBERTS Lied ist die Klassik. Sie hatte den Menschen in seiner Gegenwart dargestellt (nicht mehr barock stilisiert). SCHUBERT findet in Wien die musikal. Mittel für seine Lieder, um sie im Sinne seines romant. Gefühls umzudeuten und zu erweitern. Der neue romant. Ton ist im GOETHE-Lied *Gretchen am Spinnrade* (1814) erstmals und sogleich vollendet verwirklicht (S. 124). SCHUBERT komponierte über 600 Lieder, darunter die Zyklen auf Texte von W. MÜLLER *Die schöne Müllerin* (D 795, 1823) und *Winterreise* (D 911, 1827). Als *Schwanengesang* druckte der Verleger postum 7 RELLSTAB- und 6 HEINE-Lieder (D 957, 1828). Formal gibt es bei SCHUBERT zeitlich unabhängig 3 Liedtypen:

- **einfaches Strophenlied;** Melodie und Begleitung je Strophe gleich: *Heidenröslein* (1815), *Das Wandern* (1823);
- **variiertes Strophenlied;** Melodie und Begleitung ändern sich in best. Strophen: *Die Forelle:* 2 Strophen gleich (Exposition), die 3. dramat. durchkomponiert (Betrug) und wie Anfang (Rundung); – *Der Lindenbaum:* 1. Strophe Dur, 2. Moll (Abschied), 3. neu (heftig), 4. wie Anfang (Resignation, Traum; Abb. A);
- **durchkomponiertes Lied;** dem Geschehen folgend stets neue Melodie und Begleitung (bis zur dramat. Szene); die musikal. Einheit entsteht durch den *Ton* des Ganzen, auch Wiederkehr von Motiven usw.; z. B. *Rastlose Liebe* (1815); *Doppelgänger* (S. 434 f.).

Das Wesentliche in SCHUBERTS Lied liegt in der **Melodie.** SCHUBERTS Melodien sind von klass. Schlichtheit, romant. Schmelz und treffendem Ausdruck zugleich.

So das Anspringende, Frische in der *Forellen*-Melodie (Quarte, Terz), das Milde, Heimliche im *Lindenbaum* (neigende Bewegung), das Schmerzlich-Charakteristische in *Gute Nacht* (Hochton *fremd,* Halbtöne *e-f;* Nb. A).

Die **Begleitung** stützt nicht mehr nur harmonisch und rhythmisch den Gesang (gb.- oder gitarrenartig wie bis zur Klassik), sondern wiederholt meist eine charakterist. Figur.

Das quirlige Motiv in der *Forelle* enthält sogar die Haupttöne der Melodie, die Akkorde in *Gute Nacht* vermitteln den Eindruck des Schreitens (Nb. A).

Robert Schumann

Im Liederjahr 1840 (Ehe mit CLARA) entstehen 138 Lieder, darunter die Zyklen *Liederkreise* (op. 24, HEINE; op. 39, EICHENDORFF), *Myrthen* (op. 25), *Frauenliebe und -leben* (op. 42, CHAMISSO), *Dichterliebe* (op. 48, HEINE).

Die Rolle des Klaviers steigert sich bei SCHUMANN, auch in langen Vor- und Nachspielen. Die Singstimme erscheint zuweilen ganz in den Satz verwoben. Die Lieder gleichen hoch poet. Charakterstücken romant. Farbe.

So senkt sich in der *Mondnacht* quasi das Licht zur Erde herab, und alles verschmilzt in einem einzigen, innigen Ton (Nb. B).

A J. Brahms, Sapphische Ode, op. 94,4, 1884

B H. Wolf, Italienisches Liederbuch, Nr. I, 10, 1892

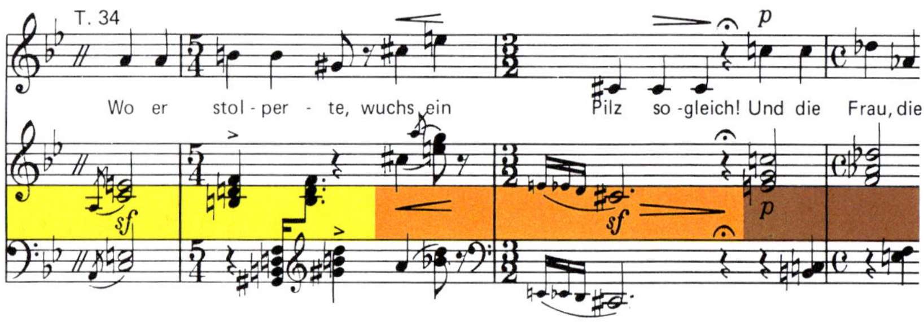

C M. Mussorgski, Kinderstube, 1868–72, Mit der Nanja

D J. Brahms, Deutsche Volkslieder für 4-st. Chor, 1864

Liedmelodik
Deklamationsmelodik

Stolpern
Pilz
Schnupfen
] Tonmalerei

Liedmelodik, Strophenlied, Bildsprache; Chorlied

Neben SCHUBERT und SCHUMANN schreiben in der 1. Hälfte des 19. Jh. viele Liedkomponisten für diese zunehmend beliebte Gattung. Zahlreiche Drucke sorgen für Verbreitung. Die Lieder sind im Allg. einfach gehalten, sodass Dilettanten sie singen und begleiten konnten. Aus Namen wie LACHNER, KREUTZER, MARSCHNER ragen MENDELSSOHN BARTHOLDY (Duette) und CARL LOEWE (1796–1869, Balladen) hervor.

In der 2. Hälfte des 19. Jh. entwickelt sich das Lied wie die übrige Musik in 2 Richtungen:

- eine konservative mit ROBERT FRANZ (1815–92), A. JENSEN, J. BRAHMS;
- eine moderne mit LISZT, WAGNER, WOLF, REGER, PFITZNER, STRAUSS.

J. BRAHMS kam schon früh aus seiner poet. Begeisterung zur Liedkomposition. Bereits 1853 veröffentlichte er *6 Gesänge* (op. 3), die er BETTINA VON ARNIM widmete. Ein reiches Liedschaffen durchzieht sein ganzes Werk, darunter Lieder wie *Liebestreu* (op. 3, 1; 1853; REINICK), *Wiegenlied* (op. 49, 4; 1868), *Vergebliches Ständchen* (op. 84, 4; 1881), *Feldeinsamkeit* (op. 86, 2; 1879, ALLMERS), *Der Tod, das ist die kühle Nacht* (op. 96, 1; 1884, HEINE), *Immer leiser wird mein Schlummer* (op. 105, 2; 1886, LINGG, Thema des Andante im Klavierkonzert B-Dur, op. 83, 1881). BRAHMS verteidigt das *Strophenlied* in der Schlichtheit des Volksliedes gegen die Neudt. Richtung nicht aus klassizistisch bürgerl. Gründen (im Sinne der *edlen Einfalt*), sondern wegen der geforderten hohen Melodiequalität: *»Das Lied segelt jetzt so falschen Kurs, daß man sein Ideal nicht fest genug einprägen kann und das ist das Volkslied«* (27. 1. 1860 an CLARA SCHUMANN).

In der *Sapphischen Ode* (op. 94, 4; 1884, SCHMIDT) erhebt sich antikisierend einfach aber ausdrucksvoll über schweren und doch schwebend bewegten Klängen der Begleitung eine Melodie voll Größe und Harmonie (dem Adagio des Violinkonzertes von 1878 verwandt, Nb. A).

An Liedzyklen entstehen *Romanzen aus L. Tiecks Magelone* (op. 33, 1862) *Vier ernste Gesänge* (op. 121, 1896, Bibeltexte).

BRAHMS schreibt und bearbeitet auch viele Volkslieder, für Solostimme, Vokalensemble, Chor. Großen Anklang fanden die *Liebeslieder,* Walzer auf östl. Volksliedtexte für Vokalensemble und Klavier zu 4 Hdn. (op. 52, 1869; op. 65, 1874).

Die Neudt. Richtung vertreten bes. WAGNER, *5 Gedichte für eine Frauenstimme* (1857/58 M. WESENDONK, S. 421), LISZT und

HUGO WOLF (1860–1903), Wien, ab 1898 geistig umnachtet. Seine Liedsammlungen sind psycholog. und musikal. überaus reich. *Mörike-Lieder* (53 Lieder, 1888), *Goethe-Lieder* (51, 1888–89), *Span. Liederbuch,* nach HEYSE, GEIBEL (44, 1889–90), *Italien. Liederbuch,* nach HEYSE (Teil I: 22 Lieder, 1890–91; Teil II: 24 Lieder, 1896).

WOLF geht von detaillierter Textinterpretation aus und schreibt eher kleine Szenen als Lieder (*Gedichte für eine Singstimme und Klavier*). Das Klavier ist so wichtig wie das WAGNERsche Orchester für die psycholog. Darstellung der Vorgänge. Die Singstimme deklamiert den Text mehr als ihn einer Melodie unterzuordnen: eine späte, subjektive und höchst subtile Kunst (Nb. B).

Das Lied fand im 19. Jh. in allen europ. Ländern seine spezif. Entwicklung, bes. in

Russland: Nach GLINKA und BORODIN komponiert neben TSCHAIKOWSKY vor allem M. MUSSORGSKI Lieder modern-realist. Zuschnitts und russ. Farbe. Außer vielen Einzelliedern entstanden die Zyklen *Kinderstube* (1868–72, eig. Texte), *Ohne Sonne* (1874), *Lieder und Tänze des Todes* (1874–77, beide GOLENISCHTSCHEW-KUTUSOW).

Die Lieder sind harmon. ungewöhnlich, kp. ungeschliffen, melod. und rhythm. überraschend, insgesamt urwüchsig und originell, auch voller drast. Bilder zur Textdarstellung (Nb. C).

Frankreich: Eine eigene Liedtradition mit der romant. *Romance* und der kunstliedartigen *Mélodie* wird von Komponisten geschaffen wie BERLIOZ, MEYERBEER, DAVID, MASSÉ; GOUNOD, BIZET, DÉLIBES, FRANCK, LALO, SAINT-SAËNS; dann bes. G. FAURÉ (1845–1924) und H. DUPARC (1848–1933).

Chorlied

Gemischte Chöre waren im 19. Jh. sehr verbreitet (bis heute). Zu den ersten Gründungen gehört die *Berliner Singakademie* durch C.F. FASCH 1791, ab 1800 unter ZELTER (S. 361), mit berühmten Konzerten (*Matthäuspassion,* s. S. 429). Neben Oratorien und Kantaten spielten Chorlieder eine große Rolle, u. a. SCHUBERT, MENDELSSOHN, SCHUMANN, FRANZ, HAUPTMANN, BRAHMS, BRUCH.

Die *Deutschen Volkslieder für 4-st. Chor, gesetzt von J. Brahms* (1864), gehen textlich auf histor. Vorbilder zurück (FR. SPEES *Trutznachtigall,* Köln 1649). Daher imitiert der Satz die alte Chorpolyphonie des 16./17. Jh., zugleich erklingt in seiner scheinbaren Schlichtheit der Gefühlston der späten Romantik (Nb. D).

Die Chorvereinigungen trafen sich nach engl. Vorbild auf großen Musikfesten zu Anregung und Wettbewerb, zuerst auf dem *Niederrhein. Musikfest* (jährl. ab 1817).

Männerchöre (*Liedertafeln, Liederkränze*) wurden sehr beliebt. Voran ging die *Berliner Liedertafel,* 1809 gegr. von ZELTER (S. 361) und begrenzt auf 25 Männer, nur Komponisten, Sänger und Dichter. L. BERGER gründete 1819 mit KLEIN, REICHARDT und RELLSTAB eine jüngere *Berliner Liedertafel.* Man bevorzugte das stroph. Chorlied im Volkston, 4-st., a cappella. H.G. NÄGELI (1773–1836), Schweiz, und F. SILCHER (1789–1860), Tübingen, sind bedeutende Anreger.

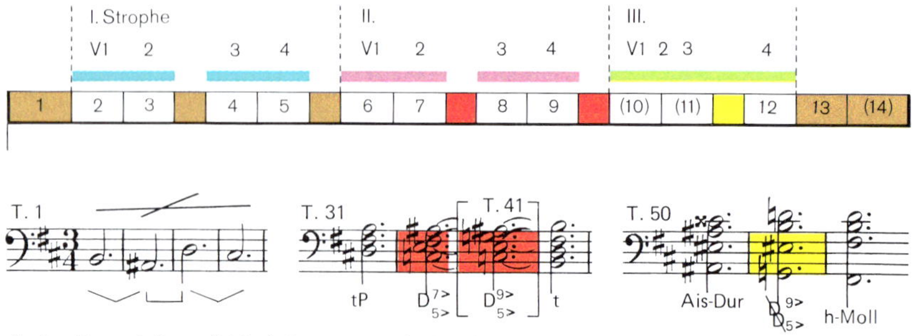

A **Der Doppelgänger (Heine), D 957,** 1828, Ostinatokomposition

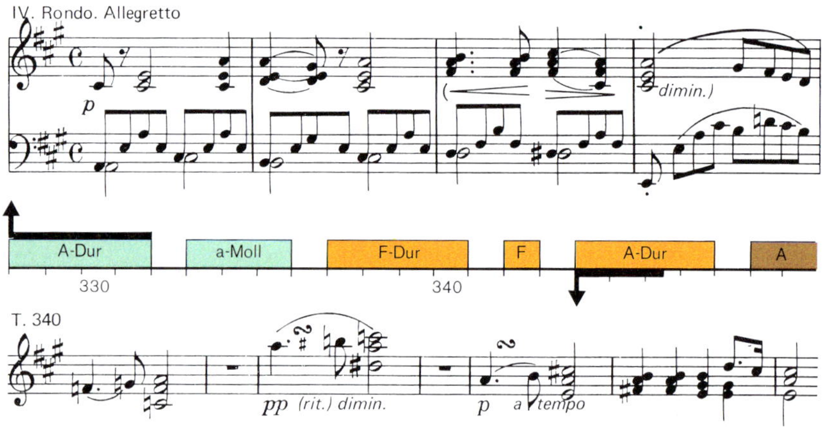

B **Sonate A-Dur, D 959,** 1828, Rondothema mit Schlussbehandlung (Harmonik, Pausen)

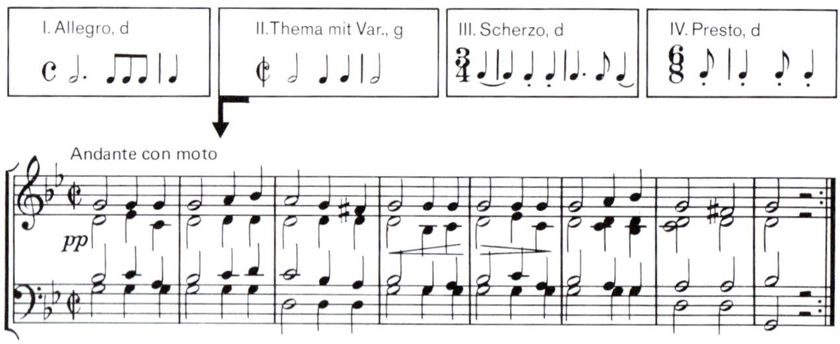

C **Streichquartett »Der Tod und das Mädchen«, D 810,** 1824, Anlage und Liedthema

Themenhälften · Klavier solo · Höhepunkt · Stretta
Versmelodik · durchkomponiert · Modulation · V Vers

Schubert: Liedstruktur, späte Sonate, Liedzitat

Franz Schubert, * 31. 1. 1797 in Liechtenthal bei Wien, † 19. 11. 1828 in Wien; 12. Kind des Lehrers Franz Sch. aus Mähren und seiner Frau Elisabeth Vietz aus Schlesien (†1812); frühe Förderung zu Hause und durch Chorleiter Holzer (Gesang, Klav., Org., V.); 1808–13 lebt er als Kapellknabe (Sopran) der Wiener Hofkapelle im Konvikt mit Unterricht durch Hoforganist Ruzicka (Orgel, Klav.) und Hofkapellmeister Salieri (Gb., Kp.); nach dem Stimmbruch unterrichtet Schubert 3 Jahre lang als angehender Lehrer in Liechtenthal, dann macht er sich selbstständig, um ungestört zu komponieren. Er lebt bei seinem Freund F. v. Schober. Wien verlässt er nur in den Sommern 1818 und 1824 als Klavierlehrer der Familie Esterházy auf deren Landsitz in Zelesz, Ungarn. Die Organistenstelle in der Hofkapelle lehnt Schubert ab, bewirbt sich aber als Kapellmeister der Hofkapelle und im Kärntnertor-Theater, beides erfolglos.

Schubert schrieb nicht für eine anonyme Hörerschaft, sondern für seinen Freundeskreis, der sich regelmäßig abends traf zu den *Schubertiaden* mit Lektüre, Musik, Stellen lebender Bilder, Tanz, Wein, Ausflügen. Dazu zählten die Maler Moritz von Schwind und L. Kupelwieser, der Dichter Franz Grillparzer, die Brüder Hüttenbrenner, L. Sonnleithner, F. Lachner, J. Mayrhofer, E. v. Bauernfeld u. a.

Ein Klavier stand Schubert selten zur Verfügung. Er komponierte rasch und ganz aus der Vorstellung, ohne längere Korrekturen, und hinterließ nach nur 31 Lebensjahren ein immenses Werk aller Gattungen (nicht nur Lieder). Das meiste blieb zu Lebzeiten ungedruckt. Erst die Schumann-Generation entdeckte Schubert als ihr Ideal.

Schuberts frühe Zeit bis etwa 1818 wird bestimmt vom Musizieren im Konvikt und im Elternhaus, stilistisch vom klass. Wiener Vorbild (Haydn, Mozart, Beethoven). Nur in den Liedern findet Schubert sehr bald seinen eigenen Ton (S. 431). Nach einer Übergangszeit bis etwa 1822 (Bühnenwerke) folgt die Reifezeit mit fieberhaften Schaffensperioden, mit Werken wie der *Unvollendeten* (S. 456 f.). Ein romant. Ton voll Tragik, Liebe und innigster Beseelung erfüllt diese Musik.

Als Lyriker empfindet Schubert traumhaft sicher, jenseitig, stimmungshaft, zutiefst romantisch. Seine Bemerkung, er fühle sich oft nicht von dieser Welt, deutet – ähnlich wie Chopins *espace imaginaire* – ein gebrochenes Verhältnis zur sog. Realität an (nämlich zu dem, was die jeweilige Umwelt gerade erfassen kann und dafür hält).

Das *Doppelgänger*-Motiv spiegelt diesen psych. Bruch des Romantikers. Die Melodik ist zerrissen, floskelhaft, sprachnah. Zusammenhang stiftet ein Ostinatobass (14x), der mit Halbtönen und verm. Quarte barock Kreuz, Leid und Schmerz ausdrückt (vgl. Agnus der Messe Es-Dur; auch Bach, Fuge cis-Moll). Im Höhepunkt verdichtet sich die seel. Spannung zu *einem* Akkord (verm. Dom. Fis-Dur, T. 32, 41; ähnlich, aber modulierend in T. 51). Stimmung und Gehalt des Gedichtes werden primär zu Klang und Rhythmus: eine sehr moderne Komposition (Abb. A).

Schuberts Phantasie arbeitet *musikalisch*, geleitet vom intuitiven Erspüren des Seins. So ist er letztlich *absoluter* Musiker, dem die Poesie seiner Liedgedichte nur als Schlüssel für Stimmungen und Empfindungen dient. Die Lieder sind so überwältigend, weil auch sie, wie Schuberts Instrumentalmusik, jenseits aller Wortlogik rein musikal. Wirklichkeiten von höchster Leuchtkraft schaffen. Daher hat Schubert von seinen Sängern Zurückhaltung verlangt in Ausdruck und Mimik, weil alles *komponiert* sei. Die kleinen lyr. Klavierstücke gleichen im Charakter Liedern. 5 Liedmelodien hat er zu Instrumentalmusik, zu wortlosem Klang umgeformt (nicht umgekehrt): *Forellenquintett* (S. 451), *Wandererfantasie* (S. 436, Abb. A), *Var. für Fl. u. Kl.* (D 802, 1824, über *Trockene Blumen*), *Streichquartett d-Moll* (Abb. C), *Fantasie für V. u. Kl.* (D 934, 1827, über *Sei mir gegrüßt*).

Im Andante des Quartetts erklingt die Liedmelodie (1817) verhalten und schlicht (Nb. C). Der Rhythmus des Todes (*hab keine Angst*) durchzieht variiert alle Sätze: Zyklusanlage symbolisiert den Urzusammenhang aller Erscheinungen und Ideen. Im unablässigen Pochen des Rhythmus schwingt etwas Überpersönliches, Schicksalhaftes mit (Abb. C).

Bei Schubert finden sich fortlaufende Rhythmen fast überall, als Ausdruck einer inneren Schwingung des Seins. Die Logik des musikal. Satzes ist rational noch weniger fassbar als ein kp. gearbeiteter oder dramat. Satz aus Barock oder Klassik. Jedes Detail ist erfüllt vom ganzheitl. Sein des Augenblicks, als ob Schubert in eine tiefere Schicht der Welt eingetaucht wäre. So entsteht in Wien neben dem Spätwerk Beethovens durch Schubert ein neuer Ausdruck der Zeit.

Das Finalrondo der A-Dur-Sonate (formal wie Beethovens op. 31,1) zeigt Schuberts Personalrhythmus im Thema: ein Gehen und Wandern, ausschwingend in der liedhaften Melodie (Nb. B). Am Ende aber verliert sich das Thema, stockt der Fluss: die Pausen wirken wie Abgründe, bodenlose Verlorenheiten (Takt 340 ff.).

Sie werden überspielt vom leicht überhitzten Virtuosenschluss, vom Willen zur Musik, zum allumfassenden Klang.

Werkverzeichnis von O. E. Deutsch, London 1951, Kassel 1978 (D 1–998), chronolg. **GA** von E. Mandyczewski, 40 Bde., Lpz. 1884–97 (Nd. Wiesbaden 1965); **NGA** der Internat. Schubert-Ges., Kassel 1964 ff.; Die Dok. s. Lebens (Deutsch), Kassel 1964.

Allegro con fuoco 4/4, C	Adagio (Var.) 4/4, cis	Presto (Scherzo) 3/4, As	Allegro (Fugato) 4/4, C

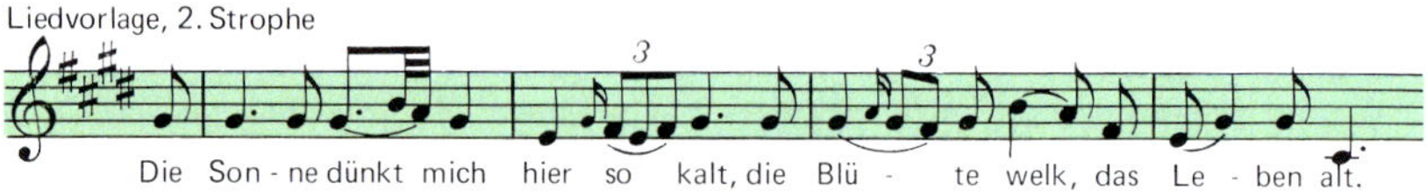

Thema

A **F. Schubert, Wandererfantasie, C-Dur, D 760,** 1822, Sonatensatzfolge, Themenverwandtschaft, orchestrales Tremolo

1. Allegro moderato 4/4, f	2. Allegretto 3/4, As	3. Andante (Var.) ₵, B	4. Allegro scherz. 3/8, f

B **F. Schubert, Impromptu op. 142, D 935,** 1827, Satzzyklus und Rosamunde-Thema

C **R. Schumann, Davidsbündlertänze, op. 6,** 1837, Florestan und Eusebius

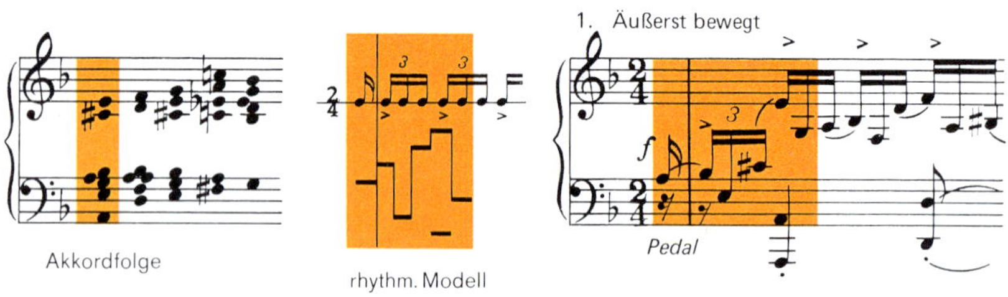

D **R. Schumann, Kreisleriana, op. 16,** 1838, Beginn

Akkordeinheit

Das **Klavier** gelangt im 19. Jh. zu größter Beliebtheit. Entsprechend vielseitig und reich ist die Literatur. Das Instr. eignet sich sehr für den Einzelspieler und seinen individuellen Gefühlsausdruck, wie ihn die Romantik sucht. Schon der Empfindsame Stil des 18. Jh. bevorzugte daher das Klavier. Die klass. Ausdrucksformen, wie Improvisation, Fantasie, Sonate, Rondo, bleiben weiter lebendig. Als neue typ. Gattung schafft sich die Frühromantik das *kleine lyrische Klavierstück,* ein Gegenstück zum Kunstlied.

Zielte die Klassik auf Ausgleich der Gegensätze, so führen die Gefühlsimpulse der Romantik gewollt zu Extremen, sowohl zu dramat. Erregung als auch zu lyr. Verweilen. Beides sprengt die klass. ausgewogenen Formen, die man übernimmt (s. o.).

Neben Salon- und Hausmusik, auch mit beliebter 4-händiger Literatur, entwickelt sich eine reiche Konzertpraxis und das neue Virtuosentum, u. a. bei:

JOHANN NEPOMUK HUMMEL (1778–1837, S. 367), sein Werk reicht von MOZARTS Stilideal bis zu frühromant. Virtuosität mit Passagenwerk und brillanter Eleganz.

JOHN FIELD (1782–1837), sprach sich in der träumer. Atmosphäre seiner *Nocturnes* (ab 1812) romantisch aus.

JAN VÁCLAV VOŘÍŠEK (1791–1825), Schüler von JAN TOMÁŠEK in Prag, fand in Wien mit seinen *12 Rhapsodien* (1814) und *6 Impromptus* (1822) großen Anklang (SCHUBERT-Vorbild).

CARL MARIA VON WEBER (1786–1826, S. 417), trat als Pianist mit Sonaten, Variationen, Rondos und Tänzen hervor. Dramat. Begabung und Orchestererfahrung führten ihn zu einem farbigen Klavierstil mit wirkungsvoller Steigerung der Technik (Oktaven, Arpeggien usw.; S. 469).

Franz Schubert (1797–1828, S. 435), komponierte alle für seine Zeit typ. Gattungen und Formen der Klaviermusik:

- Albumblätter, Divertissements, Fantasien, Fugen (früh), Klavierstücke, Moments musicaux, Impromptus, Rondos, Scherzi, Sonaten, Variationen (z. T. mit Introduktion);
- Tänze und Märsche: Deutsche, Ländler, Walzer, Ecossaisen, Galopp, Trauermärsche, Menuette, Polonaisen, Valses sentimentales.

Große Melodiebögen und lyr. Ton stehen neben einer Dramatik, die sich als innere Erregung unmittelbar ausspricht (keine szen. Dramatik). Dem reichen Empfinden SCHUBERTS entspricht sein kompositor. Können: *Fast lässest du die Größe deiner Meisterschaft vergessen ob dem Zauber deines Gemüthes* (LISZT). SCHUBERT verlangt anspruchsvollste Spieltechnik und Klangkultur. Der SCHUBERT-Flügel war leiser und brachte, auch durch Pedal, fantast. Wirkungen hervor.

Die *Wandererfantasie* D 760 (1822) besteht aus 4 Sätzen, wie eine Sonate, die motivisch verwandt sind und pausenlos ineinander übergehen (Abb. A.; LISZT bearbeitete sie für Klavier und Orch.; Vorbild für seine großen Phantasiesonaten). Themenverwandtschaft herrscht bereits im Kopfsatz (Monothematik): das 2. Thema wendet das stürm. Hauptmotiv *(ff)* ins Zart-Verhaltene *(pp),* ein 3. Thema (!) führt dies weitschwingend fort (Nb. A). – Der 2. Satz variiert ein schwermütiges Liedthema (*Der Wanderer* D 489, 1816), das dem Ganzen den Namen gab (Nb. A). Der virtuose Klaviersatz, für einen HUMMEL-Schüler komponiert, bringt orchestrale Ideen wie das Streichertremolo, das auf dem Klavier imitiert eine höchst romant. Stimmung erzeugt (Nb. A).

Zu SCHUBERTS wichtigsten Klavierwerken zählen die 15 *frühen* Sonaten und -fragmente (bis 1819), die 4 *mittleren* Sonaten von 1825/26 in C (D 840, *Reliquie*), a (D 845), D (D 850), G (D 894) und die 3 *späten* Sonaten vom Sept. 1828 in c, A und B (D 958–60); ferner 6 *Moments musicaux* D 780 (1823) und je 4 *Impromptus* D 899 und 935 (1827).

Das Andante-Thema aus D 935 stammt aus der Ballettmusik zu *Rosamunde* (D 797, auch im Streichquartett a, s. S. 453). SCHUMANN hielt das Ganze für eine verkappte Sonate: Kopfsatz, Scherzo, Andante, Finale (Charakter, Tonarten, Abb. B).

Felix Mendelssohn Bartholdy, * 3. 2. 1809 in Hamburg, † 4. 11. 1847 in Leipzig, Enkel des Philosophen MOSES M., Vater (wurde Protestant) ab 1811 Bankier in Berlin, Frühbegabung, Schüler ZELTERS; Reisen nach Paris (1816, 1825 u. a.), Weimar zu GOETHE (1821, 1830), England, Schottland (1829), Italien, Paris, London (1830–32); ab 1835 Kpm. in Lpz. (*Gewandhauskonzerte*).

Werke s. Oratorien, Lieder, Ouvertüren, Sinfonien, Konzerte, Kammermusik; für Klavier u. a. romant. Präludien und Fugen, die originellen *Variations sérieuses* op. 54 (1841), die 48 *Lieder ohne Worte* op. 19 (1829) bis op. 102 (1842–45) als hoch poetische, neue romant. Gattung.

Robert Schumann (1810–56, S. 443) verbindet poet. Fantasie mit neuem Klavierstil.

In den *Davidsbündlertänzen* personifiziert sich SCHUMANN im stürm. Florestan und im lyr. Eusebius. CLARA stiftet das Motto, kräftig punktiert, schwungvoll (Nb. C).

Die *Kreisleriana* handelt von E. T. A. HOFFMANNS exzentr. Kapellmeister Kreisler. Die Art, wie SCHUMANN einen Akkord durch ein Rhythmusmodell zu Arpeggien belebt, erinnert an BACH (Präludien, Chaconne). Die relativ einfache Akkordfolge wirbelt in einer rasenden Bewegung auf mit exzentr. Vorhalten und Synkopen, die weitab von jedem kühlen oder sentimentalen Historismus romant. Glut verschleudert (Nb. D).

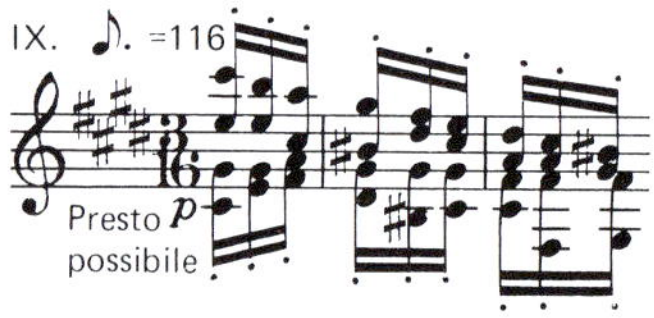

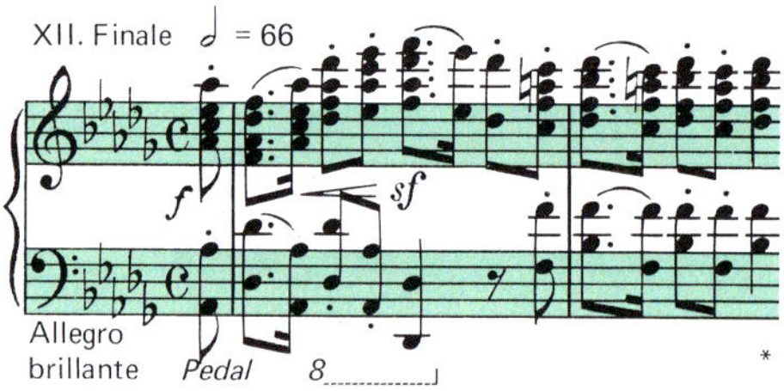

A **R. Schumann, Sinfonische Etüden, op. 13,** 1835, Klangschichten und Klangfolgen

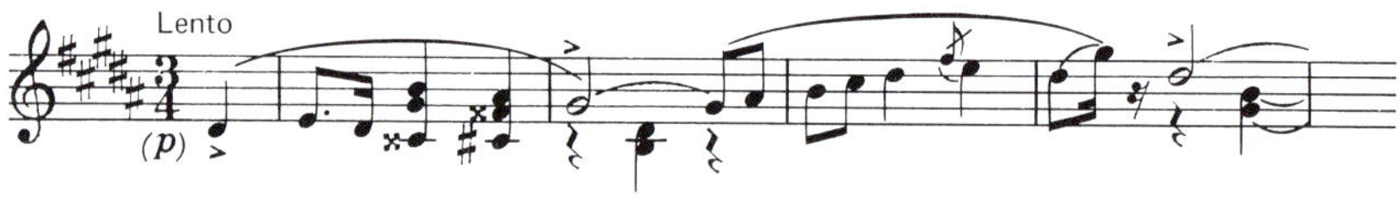

B **F. Chopin, Mazurka, op. 33,1,** 1837/38

C **F. Liszt, Ungarische Rhapsodie Nr. 2,** gedruckt ab 1851, Lento – Lassan – Friska

»Du stolzes England...« | Deutung | pathet. Gestik | Zymbal-Imitation

R. Schumann komponierte anfangs nur für Klavier (1829–1839): erfüllt von Leidenschaft und Poesie, zugleich in sächs. kp. Tradition geistreich gearbeitet, so u. a.
Abegg-Variationen op. 1, brillante Fantasie- oder Charaktervariationen über das Motiv a¹-b¹-e²-g²-g², Name der schönen META ABEGG in Heidelberg (1829–30). *Papillons* op. 2 (1829–32; S. 444, A). *Studien nach Capricen von Paganini* op. 3 (1832); SCHUMANN suchte die Virtuosität PAGANINIS aufs Klavier zu übertragen, auch in 6 *Paganini-Etüden* op. 10 (1833). *Davidsbündlertänze* op. 6 (1837; S. 436, C). *Tokkata* op. 7 (1829–32), BACH-Einfluss, Mittelteil fugiert (S. 140 f.). *Carnaval* op. 9 (1833–35; S. 112, C). Sonate fis-Moll op. 11 (1833–35). *Fantasiestücke* op. 12 (1837). *Sinfonische Etüden* op. 13 (1834–37/1852).

SCHUMANN erweitert die Ausdrucksmöglichkeiten auf dem Klavier »orchestral«. Var. II überlagert 4 Klangschichten: rhythmisch, dynamisch, motivisch verschieden (Klangfarbenidee ergänzt). Var. IX bringt rasche Akkorde in Spiccato-Manier. In Var. XII (Finale) ertönt ein engl. Lied im Tutti-Klang, dem engl. Pianisten BENNETT gewidmet. Metronomz. orig. (Abb. A).

Sonate f-Moll op. 14 (1835–36/1853). *Kinderszenen* op. 15 (1838). *Kreisleriana* op. 16 (1838, Fantasien; S. 436, Abb. D). *Fantasie* C-Dur op. 17 (1836–38), LISZT gewidmet, geplant als *Große Sonate für Beethoven* zur Einweihung des BEETHOVEN-Denkmals in Bonn, dann 3 Satztitel *Ruinen, Triumphbogen (Trophäen), Sternenkranz (Palmen),* dazu SCHLEGELS Motto (S. 403); *Arabeske* op. 18 (1839). *Novelletten* op. 21 (1838). Sonate g-Moll op. 22 (1833–38). *Nachtstücke* op. 23 (1839). Es folgt das Liederjahr 1840.
Späte Klavierwerke (Auswahl): *Album für die Jugend* op. 68 (1848). *Waldszenen* op. 82 (1848/49). *Gesänge der Frühe* op. 133 (1853). SCHUMANNS Beschäftigung mit BACH führte zu 6 Fugen über BACH op. 60 für Orgel oder Pedalflügel mit Fußklaviatur (1845), ferner 4 Fugen op. 72 (1845).
Frédéric Chopin (1810–49, S. 445), bestimmte wesentlich die hochromant. Generation mit. Zu den typ. poln. Werken zählen die Polonaisen und Mazurken.

Charakterist. Melodik, Tanzrhythmik und hoch chromat. Harmonik verbinden sich zu sprühender Lebendigkeit wie zu poet. Melancholie (Nb. B).

Franz Liszt (1811–86, S. 447) erlebte als Wunderkind und CZERNY-Schüler früh die Wiener Klaviertradition (BEETHOVEN), ab 1823 dann die europ. Weite in Paris, wo ihn bes. PAGANINI und BERLIOZ faszinierten. Wie SCHUMANN erstrebt er PAGANINIS Virtuosität auf dem Klavier (s. u.). Der *brillante* Klavierstil CZERNYS wird so zum *virtuosen* Stil LISZTS. Die Übertragung von BERLIOZ' *Symphonie fantastique* (1833) zeigt LISZTS neuartige Orchesterimitation auf dem Klavier. Etwa 400 Transkriptionen von Sinfonien, Opern, Liedern (SCHUBERT) u. a., ferner freie Fantasien wie die *Paraphrasen* über *Don Juan* oder *Rigoletto* gehören zum charakterist. Repertoire seiner Klavierabende. Die meisten seiner Werke hat er mehrfach bearbeitet, worin sich ein improvisator. Element, Konzerterfahrung und wandelnde Auffassungen spiegeln. Außermusikal. Gehalt, dramat. Gestik sind charakteristisch. Hauptwerke:
12 Etüden (1826), 2. Fassung (1838), 3. Fassung als *Etudes d'exécution transcendante* (1851). *Grande fantaisie de bravoure sur la Clochette de Paganini* (1832). *Apparitions* (1834). 6 Paganini-Studien (1840), nach SCHUMANNS op. 3 und 6, CLARA SCHUMANN gewidmet, endgültig als *Grandes Etudes d'après Paganini* (1851). *Années de pèlerinage, 1. Suisse* (1848–53, 9 Stücke, aus *Album d'un voyageur,* 1836), 2. *Venezia e Napoli* (1835–59, 7 Stücke, darin *Dante-Sonate*), 3. *Roma* (1867–77, 7 Stücke). *Harmonies poétiques et réligieuses,* nach LAMARTINE-Gedichten (1845–52, 10 Stücke). 3 *Etudes de Concert* (1848), in Paris als 3 *Caprices* mit den Titeln *Il lamento, La leggierezza, Un sospiro* veröffentlicht. *Consolations,* nach SAINTE-BEUVE-Gedichten (1849). *Ab irato,* Konzertetüde (1852), kürzer als *Morceau de salon* (1841). Sonate h-Moll (1852/53), R. SCHUMANN gewidmet. *Weinen, Klagen, Sorgen, Zagen,* nach BACHS Kantate BWV 12; *Präludien* (1859) und *Variationen* (1862). *Mephistowalzer* (1861). 2 *Legenden* (1862). 2 Konzertetüden (*Waldesrauschen, Gnomenreigen,* 1863). 2 *Elegien* (1874–77). – 19 *Ungarische Rhapsodien* (ab 1851).

Zigeunermusik wurde mit ungar. Musik gleichgesetzt: ein allg. Fehler des 19. Jh., den erst die Volksliedforschung BARTÓKS und KODÁLYS revidierte. Neben bäuerl. Liedern und Tänzen verwendeten die Zigeuner vor allem bürgerl.-städt. Melodien aus dem Balkan des 18./19. Jh., die sie auf ihre Art mit ungar. Kolorit spielten: mit Zigeunerskala, bestimmten Verzierungen, markanten Rhythmen und der typ. Besetzung von Geige (der führende Primas), Klarinette, Bass (Vc. oder Kb.) und Zimbal.

Das Zimbal (*Cimbalom,* Hackbrett, S. 34 f.) wird mit 2 Klöppeln angeschlagen, mit rauschendem Klang, Tremoli und rascher Figuration, was LISZT auf dem Klavier imitierte (Nb. C). Den zweiteiligen *Csárdás* (*Wirtshaus*-Tanz, um 1830 aus den älteren *Verbunkos*), langsam-schnell, griff LISZT häufig auf *(Lento/Lassan-Friska).* Das Anfangsthema der *II. Rhapsodie* notierte er sich in Rumänien (Nb. C).

Die Musik der ungar. Zigeuner beeinflusste die Kunstmusik von HAYDN, SCHUBERT bis zu BRAHMS *(all'ongarese).* Einfluss der span. Zigeuner (*Flamenco,* Gitarre) ist seltener.

A Anfangsteil b-Moll		B Mittelteil Des-Dur		A' Reprise (verändert) b-Moll			B' Coda B-Dur
A	A^{1}	B	B^{1}	A^{2}	A^{3}	A^{4}	B^{2}
8 T. 1	12 1	8	8	4 4 2 3	8 1	6 6	4 6 3
T. 1	10	23	31	39	52	61	73
Andante non troppo e con molta espressione							Più Adagio

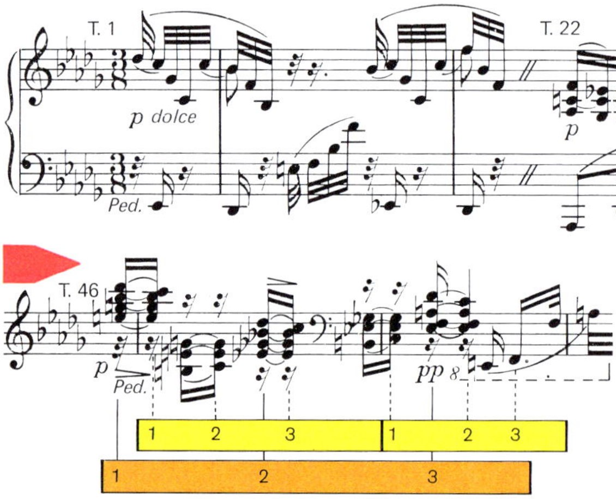

Auflösungszone
Kontrast
Taktschema, Metrum
Hemiolen, Schwerpunktverschiebung
Promenadenthema

A **J. Brahms, Intermezzo op. 117, Nr. 2,** 1892

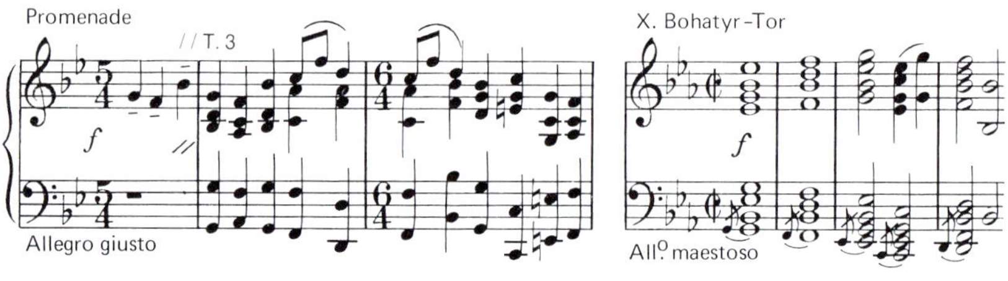

	I		II		III	IV		V	VI		VII	VIII	IX	X
	Gnom		alte Burg		Tuilerien	Bydlo		Küchlein	Samuel		Limoges	Catacombae	Baba-Jaga	Bohatyr-Tor, Kiew

B **M. Mussorgski, Bilder einer Ausstellung,** 1874

JOHANNES BRAHMS (S. 475) beginnt mit poet. Beseelung, die an die frühe Romantik erinnert (er nennt sich nach E. T. A. HOFFMANN »der junge *Kreisler*«). Zugleich verehrt er BEETHOVEN und die handwerkl. Strenge des Barock (BACH, HÄNDEL, SCARLATTI). So schreibt er zunächst große Sonaten in klass. Anlage, aber in romant. Geist, bes. deutlich in op. 1 mit den Variationen über ein ZUCCALMAGLIO-Volkslied (»*Verstohlen geht der Mond auf, blau, blau Blümelein*«) als Andante und mit dem romant. Intermezzo-Rückblick in op. 5.

3 Sonaten in C, fis, f, op. 1, 2, 5 (1852–53, 1852, 1853). *Scherzo* op. 4 (1851). *Händel-Var.* op. 24 (1861), *Paganini-Var.* op. 35 (1862–63), *Haydn-Var.* für 2 Klaviere op. 56 b (1873). 4 *Balladen* op. 10 (1854). 2 *Rhapsodien* op. 79 (1879). *Fantasien* op. 116, *Intermezzi* op. 117 (1892), *Klavierstücke* op. 118, 119 (1893).

Die *Händel-Variationen* orientieren sich historisch-barock mit Fuge usw., erfordern aber, wie die *Paganini-Variationen,* höchste Virtuosität. Romant. Ausdruck und klass. Ebenmaß verbinden sich in den späten Klavierstücken mit tiefer Melancholie.

Das *Intermezzo* op. 117 Nr. 2 erklingt in ausgewogen lyr. Gestalt (Liedform A-B-A′-B′). Dem verfließend romant. Zug mit reicher Harmonik stehen klass. Momente wie Symmetrie, kp. Motivarbeit, Geschlossenheit entgegen. In den Schluss der Formteile schiebt BRAHMS Partien ein, die scheinbar improvisator. die festen Strukturen auflösen: motivisch, rhythmisch, harmonisch wandernd (noch sequenzartig). Solche *Auflösungszonen* sind später bei SCHÖNBERG radikaler zu finden (op. 11, 1909). Der themat. Bezug bleibt erhalten. Der BRAHMSsche Personalrhythmus durchwirkt die ganze Stelle: die Bewegung beginnt synkopisch um ein Sechzehntel vorgezogen und verbindet dann 2 Takte zu einem (*Hemiole,* Abb. A).

Salonmusik und Klavierkultur

Das Klavierspiel des 19. Jh. vollzieht sich außer in den großen Konzertsälen vor allem in den adligen und bürgerl. Salons. Die Ansprüche reichen von höchstem Bildungsniveau und musikal. Kennerschaft bis zum Teekränzchen und trivialer Unterhaltungsmusik. Neben zahllosen Unbekannten:

FIELD, KALKBRENNER, HÜNTEN, MOSCHELES, BERTINI, MEYER, HERZ, THALBERG, HENSEL, DREYSCHOCK, LITOLFF, KIRCHNER, SCHULHOFF, GOTTSCHALK, ANTON RUBINSTEIN, EULENBURG, SINDING.

Natürlich gehören auch CHOPIN und LISZT hierher, ebenso wie die großen Frauen des 19. Jh., CLARA WIECK-SCHUMANN und FANNY HENSEL-MENDELSSOHN (Felix' Schwester).

Aus dem Kreise um LISZT stammen FELIX DRAESEKE (1835–1913), HANS V. BÜLOW (1830–94), HERMANN GOETZ (1840–76), ferner EUGEN D'ALBERT (1864–1932).

In **Frankreich** hat sich eine eigene Klavierkultur entwickelt, vor allem in Paris mit seinen Salons, Konzertsälen, Verlagen und Klavierfabriken (PLEYEL, GAVEAU). Die großen Komponisten zeichnen sich durch geistvolle Virtuosität aus, bes. FRANCK, SAINT-SAËNS und ALEXIS EMANUEL CHABRIER (1841–94). FRANCK verschmolz historist. Anspruch mit seiner hoch romant. Musiksprache (S. 404, Abb. C).

In **Spanien** bezog ISAAC ALBÉNIZ (1860–1909) span. Zigeunermusik mit in seinen virtuosen kolorist. Klavierstil ein.

In **Norwegen** trat EDVARD GRIEG (1843–1907) u. a. mit seinen 66 *Lyr. Klavierstücken* hervor.

In **Russland** komponierte PETER TSCHAIKOWSKY (1840–93) romant. Klavierstücke. Eigenwillig russ. Kolorit findet sich bei MODEST MUSSORGSKI (1839–81, S. 423), bes. in seinen *Bildern einer Ausstellung* (1874).

Dieser Zyklus von Klavierstücken entstand aus Anlass einer Ausstellung des befreundeten Architekten HARTMANN in Petersburg. Die *Promenade,* Gang des Besuchers von Bild zu Bild, taucht zwischen den Stücken rondoartig wieder auf. Zu ihrem russ. Charakter trägt das liedhafte Thema bei, der Taktwechsel von 5/4 und 6/4, der Wechsel von Solostimme und Vollklang und die eigenartige, z. T. russ. kirchentonal-modale Harmonik (T. 3: Nebendreiklänge g, F, d; Nb. B). Die *Promenade* wird variiert, dem Charakter des folgenden Bildes entsprechend, z. T. entfällt sie auch. Gegen Ende geht ihre Thematik in die Bilder ein, bes. in dem strahlend festl. *Bohatyr*-Tor (Nb. B). MUSSORGSKI schildert alles völlig unakademisch und originell. So erklingen bei den Katakomben unorthodoxe moderne Klänge (Unisoni, Chromatik, Dissonanzen; Nb. B). Sein orchestrales Denken übersteigt oft die Ausdrucksmöglichkeiten des Klaviers, wie im *cresc.* auf einem Ton (Catakombae T. 3). RAVEL hat später die *Bilder* kongenial instrumentiert (1922).

In **Böhmen** wirkten auch als Klavierkomponisten (nach TOMÁŠEK und VOŘÍŠEK) A. DVOŘÁK, B. SMETANA und Z. FIBICH (1850–1900, lyr. Stücke).

Orgel

Mit der Zuwendung zur älteren Musik gewann auch die Orgel im 19. Jh. neues Interesse. So entstanden SCHUMANNS Fugen op. 60, LISZTS *Präludium und Fuge über den Namen BACH* (1855/1870), die bedeutenden Orgelwerke CÉSAR FRANCKS und anderer frz. Komponisten. Die romant. Klangvorstellungen ließen dabei, ausgehend von ABBÉ VOGLER und dann v. a. in Frankreich, den unbarocken Orgeltyp des 19. Jh. entstehen (S. 59).

A **Etüden, op. 10,** 1829–32, und **op. 25,** 1832–36

Klanggewebe durch Pedal

Des		b	es			Des	A	cis		Des		es	Des	Des		
A		B	B^1			A^1	B^2	B^3		A^2		B^4		Coda		
1	8	4	4	4	4	8	4	4	4	4	4	4	4	8	4	4

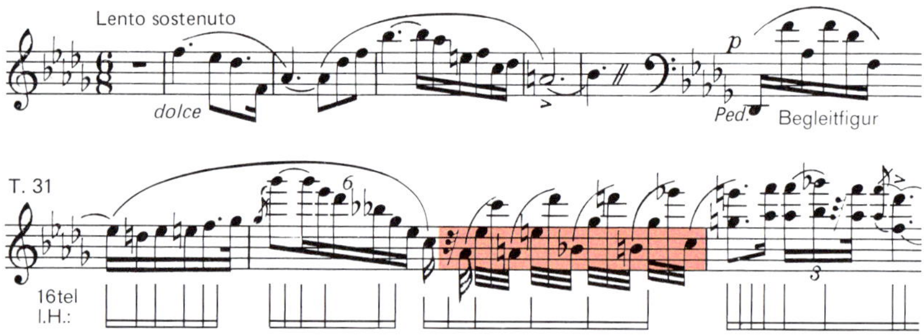

B **Nocturne Des-Dur, op. 27,2,** 1834/35, Anlage, Thema und Rubato

Steigerung
Höhepunkt
Kontrast
»leggierissimo«

I. Sonatensatz	II. Scherzo	III. Marche funèbre	IV. Finale
₵, b	3/4, es; Trio, Ges	4/4, b; Trio, Des	₵, b; »Presto«

C **Sonate b-Moll, op. 35,** 1839, heterogene Sätze

Chopin: Technik und Musik, rhapsodischer Stil, Sonate

FRYDERYK (FRÉDÉRIC) CHOPIN, *1. 3. 1810 in Zelazowa-Wola bei Warschau, †17. 10. 1849 in Paris, frz. Vater und poln. Mutter, Wunderkind, lernte Komposition bei J. ELSNER; 1829 erfolgreiche Konzertreise nach Wien; 1830 verlässt CHOPIN Warschau zu Konzerten und Studien. Die Revolution verhindert eine Rückkehr. Ab 1831 lebt CHOPIN in Paris unter anregenden Künstlern (BERLIOZ, LISZT, PAGANINI, u. a.). CHOPIN mied das große Publikum (in 18 Pariser Jahren nur 19 öfftl. Konzerte) und bevorzugte die intime Atmosphäre der Salons. Er war ein hochbezahlter Komponist und Lehrer.

Reisen führten ihn 1834/35 bis nach Dresden (Verlobte MARIA WODZIŃSKA), 1838–39 wegen seines Lungenleidens nach Mallorca mit der Dichterin GEORGE SAND (Kartäuserklause Valdemosa). Mit ihr lebte er 1839–47 in Paris und sommers auf deren Landsitz in Nohant. 1847 brachte eine rapide Verschlechterung seiner Gesundheit, 1848 CHOPINS letzte Reise (London, Schottland).

CHOPIN faszinierte durch seine musikal. Fantasie und Kultur. Er verband eine an PAGANINI erinnernde Virtuosität mit einem empfindsamen Farb- und Ausdrucksreichtum hoher Inspiration. Schon bei seinem ersten Konzert in Wien bewunderte man *»die ausgezeichnete Zartheit seines Anschlags, eine unbeschreibl. mechan. Fertigkeit, sein vollendetes, der tiefsten Empfindung abgelauschtes Nuancieren«* (AmZ 1828). SCHUMANN beschreibt CHOPINS Spiel (NZfM 1837):

»Denke man sich, eine Äolsharfe hätte alle Tonleitern und es würfe diese die Hand eines Künstlers in allerhand phantast. Verzierungen durcheinander, doch so, dass immer ein tieferer Grundton und eine weich fortsingende höhere Stimme hörbar – und man hat ungefähr ein Bild seines Spieles.«

Ausgehend von HUMMEL, FIELD entwickelt CHOPIN schon als 20-Jähriger seinen eigenen, anspruchsvolleren Stil. Seine Ideale sind BACH und MOZART (nicht LISZTS Dramatik). In BACH fand die lyrisch-romant. Natur CHOPINS eine geläuterte Abgeklärtheit.

Die **Etüden** op. 10 und 25 sind keine Übungsstücke CRAMERS und CZERNYS mehr, sondern zeigen CHOPINS geniale, stets poetisch-ausdrucksvolle Pianistik. Ihre bis dahin unerhörten techn. Schwierigkeiten liegen nicht zuletzt in der Länge und Gleichartigkeit der Bewegung (ca. 600 Sexten in Nr. 10).

Die *Etüden* beginnen in C-Dur wie die *Préludes,* was an BACHS *Wohltemperiertes Klavier* erinnert: nicht enge Akkorde (wie in BACHS 1. Präl.), sondern weiteste Lage mit Akzenten im 5. Finger (Nb. A); polyphon kombiniert Nr. 2 eine Linie in den Eckfingern und Akkorde in derselben Hand; Nr. 5 entwickelt eine nahezu impressionist. Farbe auf den schwarzen Tasten; ein Gemisch aus Klangfarbe und Polyphonie ist auch op. 25, Nr. 1 (Nb. A).

Der je einheitl. Charakter der Stücke wirkt barock. Auch lieben alle Romantiker wie CHOPIN die gleichmäßige Bewegung, meist in der l. H. (Begleitfigur Nb. B; Ostinatobässe in *Berceuse* und *Barcarole*). Die Melodie erhebt sich darüber wie eine Gesangsstimme über dem Orchester. CHOPINS Melodien sind beseelt, weittragend und von vollendeter Grazie. CHOPIN liebte die ital. Belcanto-Kultur (BELLINI).

Die **Nocturnes** sind Nacht- und Traumstücke voll Mondschein und Romantik. Die Melodie in op. 27,2 schwingt, bei lyr., fast klass. Gesamtanlage (Abb. B), synkopisch gedehnt und weich. Leicht und anmutig wirken die grazilen Brechungen in kleinere Notenwerte, variierend, wobei die Ornamentik von innen her belebt und fantasiereich erweitert wird. Auch im dichten *leggierissimo* notiert CHOPIN exakt. Hält die l. H. das Tempo, so spielt die r. H. ein *tempo rubato:* nicht notierbar, eine Frage des Stils u. Geschmacks (Nb. B).

CHOPINS lyr. Empfinden durchbricht stets die vordergründige Realität. »Rosen, Nelken, Schreibfedern und ein Stück Siegellack ... und befinde mich in diesem Augenblicke gar nicht bei mir, sondern wie gewöhnlich in einem ganz anderen, merkwürdigen Raume ... jene *espaces imaginaires«* (Nohant, 1845).

Gattungen verändern sich. Die Präludien BACHS werden in den 24 *Préludes* von CHOPIN zu romant. Charakterbildern von stärkstem Ausdruck. Die klass. *Sonate* wird bei CHOPIN zur Folge von 4 Solostücken. Der Trauermarsch der b-Moll-Sonate entstand lange zuvor, im Finale *»plaudern r. und l. H. unisono miteinander«* (Abb. C). CHOPIN schreibt auch 4 *Scherzi* außerhalb der Sonate.

Werke: 4 Rondeaus: c, op. 1 (1825); C, op. 73 für 2 Klav. (1828); Es, op. 16 (1832), *R. à la Mazur* op. 5 (1826). Variationen: *Don-Juan-Var.* op. 2 (1827) mit Orch., *Hérold-Var.* op. 12 (1833).

4 Scherzi: h, op. 20 (1831/32); b, op. 31 (1837); cis, op. 39 (1839); E, op. 54 (1842).

3 Sonaten: c, op. 4 (1828); b, op. 35 (1839); h, op. 58 (1844).

Je 12 Etüden op. 10 (1829–32), LISZT gew., op. 25 (1832–36), Gräfin D'AGOULT gew.

24 Préludes op. 28 (1831–39).

19 Nocturnes, 4 Impromptus, 4 Balladen; 58 Mazurken, 16 Polonaisen, 17 Walzer; Bolero op. 19 (1833); Fantasie-Impromptu cis, op. 66 (1835); Tarantelle op. 43 (1841); Berceuse op. 57 (1843–44); Barcarole op. 60 (1845/46); Polonaise-Fantasie As, op. 61 (1845/46); 17 poln. Lieder op. 74 (1829–47).

Werke mit Orchester s. S. 469.

Kammermusik: *Intr. u. Polonaise* für Vc. und Klavier, op. 3 (1829/30); Sonate g für Vc. und Klav., op. 65 (1845/46).

GA, hg. von I. Paderewski, 21 Bde. Warschau 1949–61, **Werkverz.** von K. Kobylańska, Krakau 1977 (dt. 1979).

Da er (Walt) aus dem Stübchen trat, bat er Gott, dass er es froh wiederfinden möge; es war ihm wie einem ruhmdurstigen Helden, der in seine erste Schlacht auszieht.

Endlich geriet er ... in den wahren brennenden Saal ... welch ein Nordscheinhimmel voll widereinander fahrender zickzackiger Gestalten.

Am meisten zog ihn und seine Bewunderung ein herumrutschender Riesenstiefel an ... der sich selber anhatte und trug (daher ab T.17 Kanon).

A **Papillons, op. 2,** 1829–32, und Schumanns Textauswahl aus Jean Paul, Flegeljahre

B **Der Nussbaum (Mosen) aus »Myrthen«, op. 25,** 1840

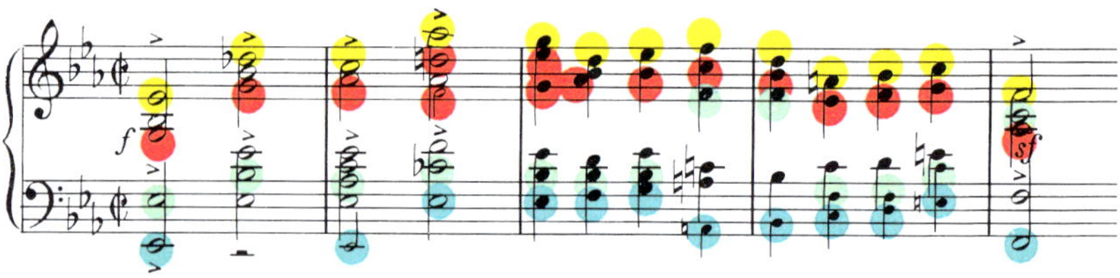

C **Klavierquintett Es-Dur, op. 44,** 1842

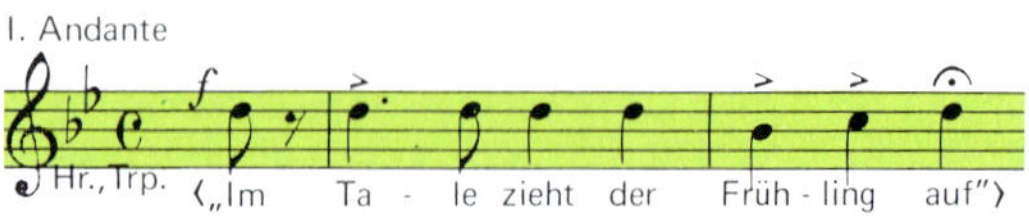

D **1. Sinfonie B-Dur, op. 38, »Der Frühling«,** 1841

V.1
V.2
Va.
Vc.
Streichquartett

Naturstimmung

Schumann: Musik und Poesie, Satzstrukturen

ROBERT SCHUMANN, *8. 6. 1810 in Zwickau, †29. 7. 1856 bei Bonn; Vater Autor und Verlagsbuchhändler, 1828 Abitur, Fußreise nach Bayreuth (JEAN PAUL, †1825) und München (HEINE); in Leipzig Jurastudium, Klavier bei F. WIECK; 1829 Jura in Heidelberg (THIBAUT); Ostern 1830 PAGANINI-Konzert in Frankfurt: daraufhin Jura aufgegeben, um Klaviervirtuose zu werden.

Leipzig 1830–44

SCHUMANN studiert weiter bei WIECK. 1831 zwingt ihn eine Sehnenzerrung, seine Virtuosenpläne aufzugeben. Verstärkt Kp.- und BACH-Studien (DORN).

Klavierperiode bis 1839. SCHUMANN, für den Kunst und Leben untrennbar sind, fordert vom Musiker *andere als bloß musikal. Erfahrungen.* Die Poesie spielt für ihn eine bes. Rolle, wobei ihm der Bruch mit der hohen *Goethe-Mozartschen Kunstepoche* epigonal bewusst ist. Auf ihn selbst üben *Bach und Jean Paul den größten Einfluss* aus. BACHS Kunstsinn und Polyphonie sind SCHUMANN eine Quelle der Inspiration: *»Das Tiefcombinatorische, Poetische und Humoristische der neueren Musik hat ihren Ursprung zumeist in Bach.«* Selbst BACHS Fugen deutet SCHUMANN wie alle Musik poetisch, als *»höchste Charakterstücke«,* genauso wie sich ihm SCHUBERTS Tänze mit Faschingsgestalten erfüllen, die er dichterisch benennt (NZfM).

Bei JEAN PAUL erscheinen Fantasie und Lebensfülle – ähnlich wie in der Musik von BERLIOZ *(»Dies irae* als *Burleske«)* – bereits in der Maske romant. Ironie, führen aber bei SCHUMANN zu einer Fülle musik. Einfälle.

Die *Papillons* entstanden nach der Lektüre der Flegeljahr-Schlussszene JEAN PAULS. Nr. 1: zarter Charakter Walts, Erwartung, Aufschwung und Zögern. Nr. 2: konträr dazu. Nr. 3: klotzige Oktaven für den Stiefel. Die orig. Textzuweisung ist nie penibel, sondern stets fantast., offen (Abb. A).

Musikkritik. 1834 gründet SCHUMANN die *Neue Zeitschrift für Musik (NZfM),* die er bis 1844 herausgibt. Um die Ansichten lebendig zur Sprache zu bringen, fingiert er die *Davidsbündler* gegen die Bürgerphilister mit dem stürmischen *Florestan* (BEETHOVEN, KREISLER) und dem besinnl. *Eusebius* (JEAN PAUL) für die eigene Doppelnatur, mit *Meister Raro* (F. WIECK), *Cilia* (CLARA), *Felix Meritis* (MENDELSSOHN) u. a. Ziel ist, *an die alte Zeit zu erinnern* (BACH), die jüngste *äußerliche Virtuosität* zu bekämpfen und *eine neue, poetische Zeit* herbeizuführen.

SCHUMANN heiratet 1840 CLARA WIECK (1819–96), nach Gerichtsurteil gegen Vater. CLARA unternahm als hoch geschätzte Pianistin Konzertreisen ab 1831, hatte mit ROBERT 8 Kinder, lebte nach 1856 in Berlin, ab 1863 in Lichtental bei Baden-Baden, ab 1878 in Frankfurt/Main; lebenslange Freundschaft mit J. BRAHMS.

Liederjahr 1840. Über 140 Lieder, *»als ob die Poesie mit Worten aus dem Klavier«* bräche.

Das Klavier schafft eingangs die Atmosphäre des Ganzen, die Singstimme fließt zart in das Gewebe ein: keine Melodie mit Klavierbegleitung, sondern ein lyr. Klavierstück mit Gesang (Nb. B).

Sinfoniejahr 1841. SCHUMANN hatte schon 1838 vermerkt: *»Das Klavier wird mir zu enge. Ich höre bei meinen jetzigen Kompositionen oft noch eine Menge Sachen, die ich kaum andeuten kann.«* Nun schreibt er die *Suite* op. 52, das Klavierkonzert op. 54, die Erstfass. der 4. Sinf., die 1. Sinf. Sie trägt urspr. die programmat. Satztitel *Frühlingsbeginn* (Kopfsatz), *Abend* (Larghetto), *Frohe Gespielen* (Scherzo), *Voller Frühling* (Finale).

Vorbild ist BEETHOVEN und dessen kp. Arbeit. Dagegen steht SCHUMANNS lyr. Naturthema, das den Schluss eines Gedichtes von A. BÖTTGER skandiert (Waldhorn, Nb. D).

Kammermusikjahr 1842. Erst nun wendet sich SCHUMANN der dichten Struktur der Kammermusik zu. Seine 3 Streichquartette op. 41 widmet er MENDELSSOHN. Es folgen Klavierquartett op. 47 und -quintett op. 44.

Die 4 Stimmen der Streicher sind in den vollgriffigen, bereits polyphon konzipierten Klaviersatz verwoben, der so schwungvoll beginnt (Nb. C).

Oratorienjahr 1843. Ein neues *Genre für den Konzertsaal* schafft SCHUMANN mit dem weltl. Oratorium *Das Paradies und die Peri,* op. 50, *»nicht für den Betsaal, sondern für heitere Menschen«.* 1844 folgen die *Faustszenen.* Eine Russlandreise mit CLARA führt zu SCHUMANNS völliger Erschöpfung (1844). BRENDEL übernimmt die NZfM. Im Oktober ziehen Schumanns nach Dresden.

Dresden 1844–50

SCHUMANN leitet die *Liedertafel* und gründet den *Verein für Chorgesang.* Hier lebt ein anregender Kreis von Dichtern, Malern und Musikern (WAGNER). Es entstehen u. a. die Oper *Genoveva* (1847–49, TIECK/HEBBEL), die *Manfred*-Musik (1848–49, BYRON).

Düsseldorf 1850–54

Als Musikdirektor (nach HILLER) dirigiert SCHUMANN das Sinfonieorchester und den Laien-Gesangsverein. Es entstehen die *Rheinische Sinfonie* (1850), Ouvertüren und *Der Rose Pilgerfahrt* (1851), Messe und Requiem (1852–53), das Violinkonzert (1853, für JOACHIM; gedr. 1937). BRAHMS besucht SCHUMANNS erstmals 1853 (S. 475). Nach Depressionen führt ein Sprung in den Rhein (Febr. 1854) zur Einweisung in die Heilanstalt in Endenich bei Bonn (1854–56).

GA, hg. von CLARA SCH. und J. BRAHMS, 31 Bde., Lpz. 1879–93; Ges. Schriften, hg. von M. KREISIG, Lpz. 1854, ^{5}1914; Tageb., hg. v. G. EISMANN, Bd. I/III, Lpz. 1971/82.

Andante	Cad.	All.	All. moderato		Cadenza				Vivace	Cadenza					Allegro		Cadenza		All.
Thema A	𝄐 Solo	Th. A Orch.	Th. A Solo	Var. 1–4	Vi – –	– – –	And. Vi – –	Presto – – – – –	Var. 5 – de, Fugato		Vi – –	Jagd – – – –	– – –	Vi ⊕	Th. B – – – –	Var. 1–6 – – – – – – –	Th. A – de – – de ⊕	Presto	Ani-mato
T. 1	15	16	41	51	144	150	151	167	183	393	410	418	444	446	466	484	590	591	601

A **Totentanz, Paraphrase über »Dies irae« für Klavier und Orchester,** 1849/53, veränderbare Gesamtform

Grundform
Erweiterung (ad lib.)
Variante (ossia)

I. Inferno (Hölle)					II. Purgatorio (Fegefeuer)						
Einl.	Expos. A, B, C	Francesca-Episode	Reprise A', B', C'		D	Rez.	E	Fugato	E'	Magnificat	
T. 1	22	280	395	646	1	55	68	129	244	314	453

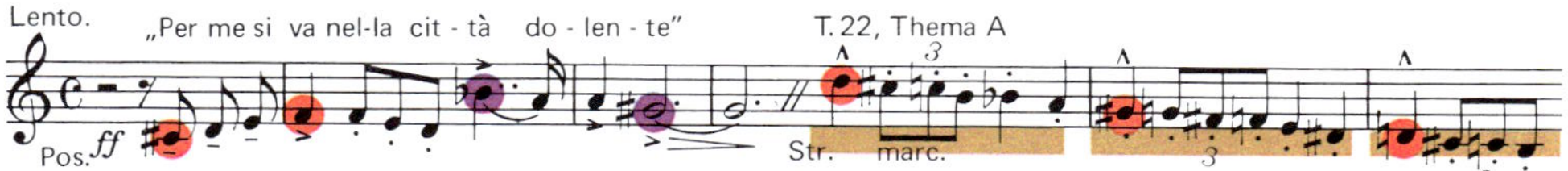

B **Dante-Sinfonie,** 1857, Anlage und Themenstrukturen

Tritonus/Terz
Sequenz

C **Präludium und Fuge über B A C H,** 1855/70, romant. Harmonisierung

Liszt: Virtuosität und Ausdruck, Programm, Historismus

FRANZ LISZT, * 22. 10. 1811 in Raiding (Ungarn), † 31. 7. 1886 in Bayreuth; ab 1817 Klavierunterricht beim Vater, ab 1822 bei CZERNY in Wien, dort auch Kp. bei SALIERI; 1822 spielte LISZT BEETHOVEN vor (er weihte 1845 das BEETHOVEN-Denkmal in Bonn ein).
Ab 1823 lebte er in **Paris,** trieb Kompositionsstudien bei PAER und REICHA, war bewegt von den polit. Ereignissen in Europa (Plan einer *Revolutions-Sinfonie* 1830) und beeindruckt von der frz. Romantik mit HUGO und BERLIOZ, aber auch von ROSSINI, BELLINI, CHOPIN, MEYERBEER (Übertragungen aufs Klavier). In diese breite musikal. Perspektive bricht die Faszination durch PAGANINI (Paris 1831) mit dem Ziel, den *brillanten* Stil zu überwinden und durch einen gesteigerten *virtuosen* Stil neue Ausdrucksmöglichkeiten zu erreichen. Es beginnt die Virtuosenkarriere. 1835 zieht er mit der Gräfin MARIE D'AGOULT nach Genf. Von ihren 3 Kindern heiratet später COSIMA den LISZT-Schüler v. BÜLOW, dann WAGNER (S. 421).
Ab 1838 folgen LISZTS ausgedehntere **Konzertreisen** durch ganz Europa. SCHUMANN hört ihn 1840 in Leipzig, wo er neben den Publikumserfolgen, wie Opernparaphrasen, seinem *Grand Galoppe chromatique* und SCHUBERTS *Erlkönig,* schwierigste neue Stücke fast vom Blatt spielt *(Carnaval).*

»Nun rührte der Dämon seine Kräfte ... In Sekundenfrist wechselt Zartes, Kühnes, Duftiges, Tolles: das Instrument glüht und sprüht unter seinem Meister ... man muß das hören und auch sehen, Liszt dürfte durchaus nicht hinter den Coulissen spielen: ein großes Stück Poesie ginge dadurch verloren ... Diese Kraft, ein Publicum sich zu unterjochen, es zu heben, tragen und fallen zu lassen, mag wohl bei keinem Künstler, Paganini ausgenommen, in so hohem Grade anzutreffen sein ... Es ist nicht mehr Klavierspiel dieser oder jener Art, sondern Aussprache eines kühnen Charakters überhaupt« (NZfM 1840).

Ein nationales Ereignis wird LISZTS Ungarntournee 1840. Es folgen Berlin (1841/42), Petersburg (1843). 1847 lernt er in Kiew die Fürstin CAROLYNE VON SAYN-WITTGENSTEIN kennen und gibt die Virtuosenkarriere auf.

Weimar 1848–61

Als Hofkapellmeister mit den Experimentiermöglichkeiten eines eigenen Orchesters für Konzert und Oper verwirklicht LISZT seine neuen Ideen der sinfon. Dichtung und Programmsinfonie, revidiert seine Werke und setzt sich zugleich für moderne Musik ein (UA von WAGNERS *Lohengrin* 1850; SCHUMANNS *Faust II;* BERLIOZ-Woche 1852 usw.). Weimar wird zum Zentrum der sog. *Neudeutschen Schule* um LISZT, mit einem großen Schülerkreis (DRAESEKE, RAFF, VON BÜLOW, CORNELIUS). 1859 gründet LISZT den *Allg. dt. Musikverein* (mit BRENDELS NZfM; S. 445).

Die Anregung zur Paraphrase über die mittelalterl. Totensequenz *Dies irae* (S. 190) erhielt LISZT beim Anblick von A. ORCAGNAS Fresko *Triumph des Todes* im Camposanto von Pisa. Das Hauptmotiv erscheint in den schweren Bässen in d-Moll mit blitzenden Klavierglissandi gleich Sensenschnitten des Todes darüber (T. 83), in lichten Höhen mit zarten Arpeggien in H-Dur (T. 151), in scherzoartiger Jagdmotivik (T. 418), in choralhaften oder diabol. Fugati, in hymn. Breite. Das Variationsprinzip garantiert die Präsenz des themat. Materials (der Tod »mitten im Leben«), dem sich die Fantasie in Erweiterungen und Varianten als formsprengenden, fast aleator. Elementen und als Zeichen geistiger Freiheit nur scheinbar entzieht, denn auch hier ist das Todesmotiv präsent (Abb. A).

LISZTS Konzerte, Sonaten u. a. runden sich oft durch ein Thema für *alle* Sätze oder durch *Wiederaufnahme* der Themen im Finale zyklisch (Vorbild: SCHUBERTS *Wandererfantasie*). *Improvisation* und *Arrangements* sind ebenso augenblicksbezogen wie äußerl. *Virtuosität,* wogegen *themat. Arbeit* in verdichteter variabler oder zykl. Komposition in histor. Kontinuität wurzelt. Das mittelalterl. Thema *Dies irae* steht bei LISZT für diese bewusst gesuchte Kontinuität, ebenso wie in seinem Leben der Abbruch der Virtuosenkarriere und in seinem Schaffen der Weg vom *virtuosen* zum *sinfon.* Stil.

LISZTS Griff zur Weltliteratur (DANTE, GOETHE) weist auf das erstrebte Niveau der eigenen musikal. Aussage. Die Themen sind oft von plakativer Gestik, beim *Höllentormotiv* Nb. B gemischt aus pathet. Rhythmus und Elementen barocker Musiksprache, wie Tritonus und verminderte Terz für Leid und Schmerz. Auch die Motivverarbeitung ist offen (Sequenztechnik). Die Gesamtanlage folgt mehrthemat. Sonatensatz mit *Francesca*-Episode anstelle der Durchführung (Teil I) und Reprisenform mit *Magnificat* (Teil II, Abb. B).

Rom 1861–86

LISZT geht 1861 nach Rom, wo CAROLYNE bereits seit 1860 vergeblich ihre Scheidung beantragt. 1865 nimmt LISZT die niederen Weihen eines Abbés. Er öffnet sich historist. Einflüssen, der Wiederbelebung PALESTRINAS und der Gregorianik *(Missa choralis).*

Wie schöpferisch er das Alte einschmilzt, zeigt die Verbindung von polyphonem Kp., motiv. BACH-Zitat und modernster chromat. Alterationsharmonik (Nb. C).

Von Rom aus folgen Reisen nach Budapest (*Ungar. Krönungsmesse* 1867, Präs. der neuen Musikakademie 1875), Weimar (Hofrat, Lehrtätigkeit) und Bayreuth (WAGNER).
GA, hg. v. BUSONI u. a., 34 Bde., Leipzig 1907–36; **NGA,** Budapest und Kassel 1970 ff.; **Werkverz.** v. F. RAABE, 1931/68.

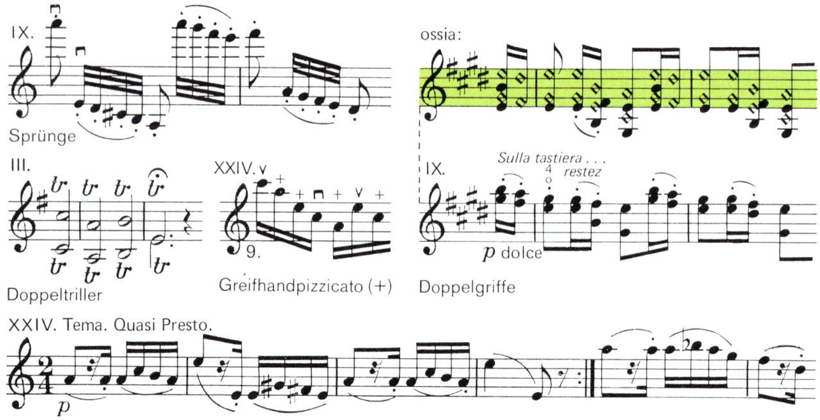

A **N. Paganini, 24 Capricen op. 1,** 1818

künstliches Flageolett

T. 1 (ca. 50 Takte)	53 (ca. 40)	91 (ca. 30)	123	132 (ca. 40)	175 (22)
Fugenteil A e (Hauptsatz)	Episode, Kp. 1 G (Seitensatz)	Fugenteil B e (Mitte)	Ep.	Fugenteil A	Stretta e (Coda)
			H (Reprise) e		

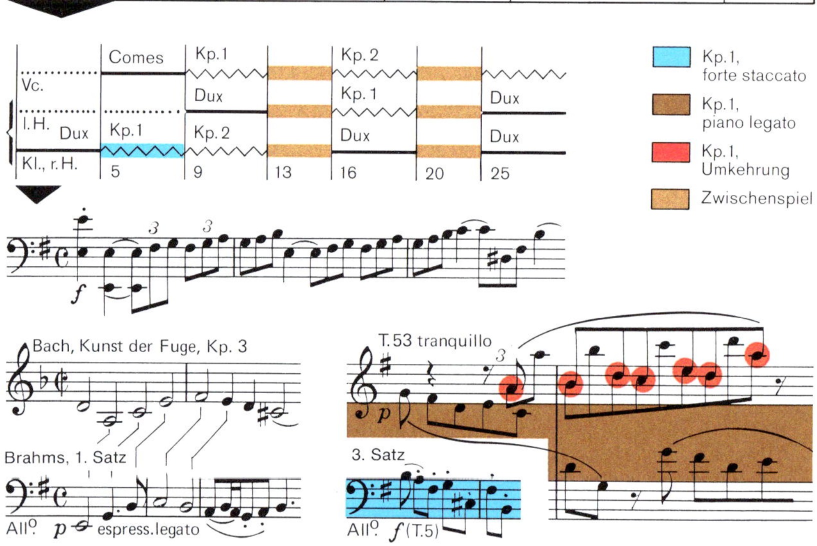

B **J. Brahms, Cellosonate e-Moll, op. 38,** 1862/65, Hauptthema 1. Satz und Fuge 3. Satz

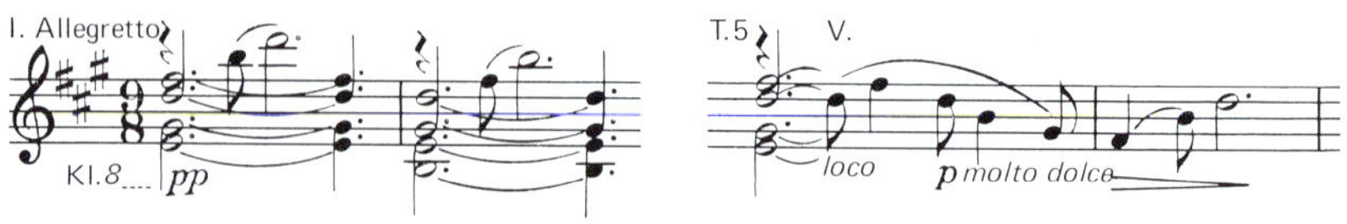

C **C. Franck, Sonate A-Dur für Violine (oder Cello) und Klavier,** 1886, 1. Thema

Violintechnik, Historismus, französische Melodik

Kammermusik ist bestimmt durch Charakter und Besetzung: *Solo* (oft mit Klavier) oder solist. Ensemble, instrumental, aber auch vokal (dagegen Orch., Chor, Oper, KM).

Streicher

Italien. Die Technik der Streicher nahm im 19. Jh. stark zu, bes. durch PAGANINI für die Violine. Alle Übrigen versuchten, seine Virtuosität nachzuahmen.

NICCOLÒ PAGANINI (1782–1840), Genua, Wunderkind (Konzerte ab 1794); Lehrer G. COSTA (Domkapellmeister in Genua), ROLLA, PAER (Opernkomp. in Parma und Bologna); 1805–10 Lucca, Kapellmeister der Fürstin ELISA BACIOCCHI, Schwester NAPOLEONS; danach frei; 1828 erste Reise nach Wien u. a., häufig Paris, London.

PAGANINI galt als Inkarnation des romant. Künstlers mit einer fantast., fast dämon. Ausstrahlung und einer faszinierenden Technik (nahm die allg. Technik-Begeisterung des 19. Jh. voraus). PAGANINI besaß eine sehr bewegl., weitgriffige l. H. Er bringt u. a.:

- extrem weite Lagenwechsel (Nb. A, IX);
- Springbogen (*Ricochet;* IX);
- Doppeltriller (III);
- Bogenspiel und Pizzicato (mit der Greifhand) zugleich (XXIV);
- Doppelgriffe: Terzen, Sexten, Oktaven (IX), auch als Läufe;
- künstl. Flageolett und Doppelflageolett über das ganze Griffbrett (IX);
- Ossia-Varianten;
- Skordatur nach Bedarf.

Das Thema der 24. Caprice wurde oft variiert (LISZT, BRAHMS, LUTOSŁAWSKI; Nb. A).

Werke: 24 Capricci op. 1 (EZ bis 1810, gedr. 1820); je 6 Sonaten *per violino e chitarra* op. 2/3 (1820); Konzerte (S. 473) u. a.

PAGANINIS Fantasie, Ausdruckskraft und scheinbare Schrankenlosigkeit wirkten anregend für Komponisten und Interpreten (SCHUMANN, LISZT, CHOPIN usw.).

Neben ihm verblassten andere ital. Geiger wie E. C. SIVORI, P. ROVELLI, T. und M. MILANOLLO, T. TUA, E. POLO.

Frankreich führt seine hohe Geiger-Tradition der Jahrhundertwende weiter mit BAILLOT und dessen Schülern: F. A. HABENECK (1781–1849), J.-F. MAZAS (1782–1849); eine Tradition bilden D. ALARD (1815–88), P. DE SARASATE (1844–1908), H. LÉONARD (1819–1900), H. MARTEAU (1874–1934), M.-P.-J. MARSICK (1848–1924), C. FLESCH, J. THIBAUD. Ferner traten hervor CH.-A. DE BÉRIOT (1802–70; Violinschule 1858), sein Schüler, der Belgier H. VIEUXTEMPS (1820–81), dessen Schüler, der Belgier E. YSAŸE (1858–1931); ferner die Geiger RODOLPHE KREUTZER (1766–1831, ihm ist BEETHOVENS Sonate op. 47 gew.), L. J. MASSART (1811–92), H. WIENIAWSKI (1835–80) bis zu F. KREISLER (1875–1962).

Zur großen frz. Violinmusik gehört die Sonate A-Dur von C. FRANCK (auch übertragen für Vc. oder Fl.). Die weichen Septnonakkorde des Anfangs erinnern an WAGNER, wie vieles in der Linienführung und Harmonik. FRANCK komponierte eine einfallsreiche, gefühlsstarke Musik, die überall dichten Zusammenhang zeigt. So entfaltet sich aus dem charakterist. Nonenakkord träumerisch-intuitiv das 1. Thema (Nb. C).

In **Deutschland** wirkt als führender Geiger L. SPOHR (1784–1859), Kapellmeister in Wien und ab 1822 in Kassel, Violinschule 1831, eine Fülle von Werken, bes. Duette, Konzerte (S. 472 f.). Sein Schüler F. DAVID (1810–73) war Konzertmeister am Leipziger Gewandhausorchester; MENDELSSOHN widmete ihm sein Violinkonzert. Noch heute werden von DAVID herausgegebene Werke gespielt. Weitere Geiger: F. W. PIXIS (1785–1842; Prag), M. MILDNER (1812–65; Prag), O. ŠEVČÍK (1852–1934; mit wichtigen Etüden); in Wien wirkten A. und P. WRANITZKY, I. SCHUPPANZIGH (1776–1830; mit BEETHOVEN befreundet), F. CLEMENT, J. MAYSEDER, J. BÖHM und GEORG und JOSEPH HELLMESBERGER; in Berlin JOSEPH JOACHIM (1831–1907), mit BRAHMS befreundet.

Aus der zahlreichen Literatur für Streicher ragen hervor: SCHUBERTS Violinsonaten *(Sonatinen)* in D, a und g (D 384, 385, 408), das Duo in A (D 574) und die große Fantasie in C (D 934). Für den Arpeggione (S. 45) schrieb SCHUBERT eine Sonate mit Kl. in a (D 821, 1824, *Arpeggione,* heute Vc. oder Va.).

In der 2. Hälfte des 19. Jh. tritt vor allem BRAHMS mit Werken für Streicher und Klavier hervor: 3 Sonaten für V. und Kl. in G, op. 78 (1878–79, Motiv aus *Regenlied,* op. 59), A, op. 100 (1886), und d, op. 108 (1886); 2 Klarinettensonaten, op. 120 (1894), auch für Va.; 2 Sonaten für Vc. und Kl. in e, op. 38 (1862/65), und F, op. 99 (1886).

Die Sonate in e zeigt, wie BRAHMS seine Auseinandersetzung mit der Geschichte und bes. mit BACH schöpferisch wirksam werden lässt. Das 1., romantisch bewegte Thema geht auf den Kp. 3 aus BACHS *Kunst der Fuge* zurück (Nb. B). Als Finale erklingt eine 3-st. Fuge. Ihr Thema entnahm BRAHMS ebenfalls, leicht variiert, BACHS *Kunst der Fuge* (Spiegelfuge Kp. 13). Die 3 Stimmen der Fuge sind auf die r. H. und l. H. des Klaviers und auf das Vc. verteilt (Abb. B, Aufbau der Exposition). In die Fuge schiebt BRAHMS eine lyr. Episode ein, die den Kp. 1 auf spieler. Weise umkehrt und variiert und damit ganz unbarock und romantisch in eine völlig gegensätzl. Ausdruckssphäre überträgt (Nb. B, T. 53).

Reiche Literatur für Streicher schrieben DVOŘÁK, FAURÉ, GRIEG, LALO, SMETANA, TSCHAIKOWSKY, WIENIAWSKI u. a.

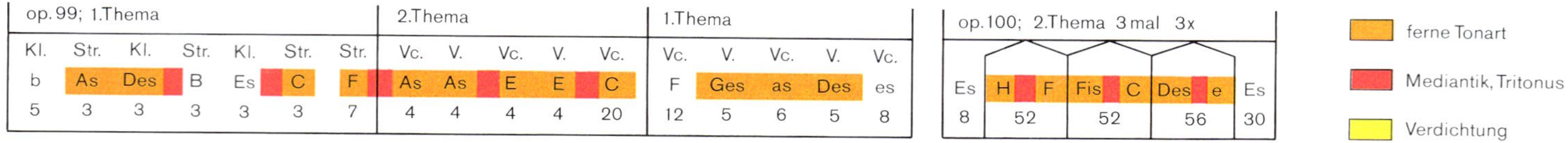

A **F. Schubert, Klaviertrio B-dur, op. 99,** 1828(?), 1. Thema und Durchführungstechnik in op. 99 und 100 (Schema)

B **J. Brahms, Klaviertrio H-dur, op. 8,** 1854/89, Themenbezug

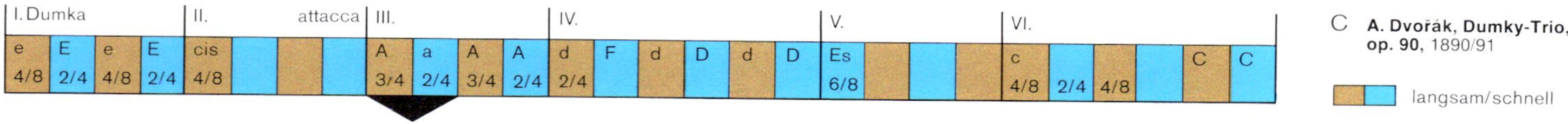

C **A. Dvořák, Dumky-Trio, op. 90,** 1890/91

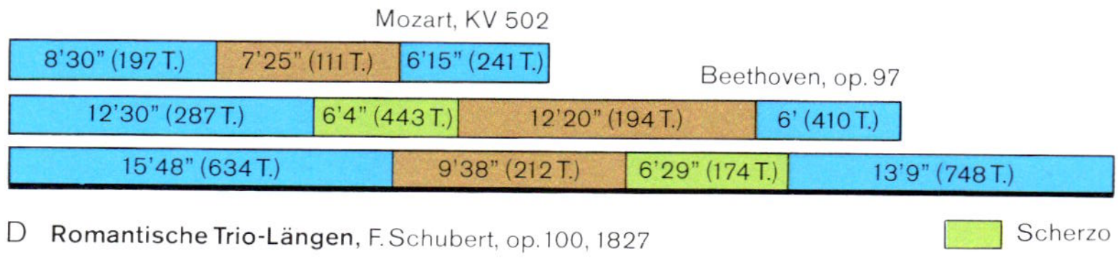

D **Romantische Trio-Längen,** F. Schubert, op. 100, 1827

Die **Kammermusik** ist zwar nicht so spektakulär wie die *große* Musik (Oper und Sinfonik), doch hat sie ihren festen Platz im Alltag des Bürgertums, in Hauskonzerten und öffentlichen Darbietungen. Sie zielt auf eine musikal. Kultur, die durch belebte Tradition und Sinn für hohe Qualität etwas rein Menschliches zum Klingen bringt. Im Bildungsbürgertum wirkt »ein gut konservativer Geist, ein gesunder Sinn für die Erhaltung und Weitergabe überkommener Kulturgüter und das Bestreben, das tägl. Leben durch Pflege idealischer Gesinnung so wertvoll wie möglich zu gestalten« (SCHERING).

Kammermusik stellt hohe Ansprüche an Spieler und Hörer. Sie bedürfen eines lyrisch-poet. Sinnes, müssen in der Lage sein, *absolute* Musik lieben zu können, subtile Strukturen (Voraussetzung für den hohen Stil der KaM) bewusst oder unbewusst aufzunehmen, Verinnerlichung zu erfahren.

BEETHOVEN setzte gleich zu Beginn des 19. Jh. Maßstäbe auch für die Kammermusik. Das *Grand Trio* mit Virtuosität und musikal. Anspruch, wie es in Paris gepflegt wurde und BEETHOVEN realisierte, reizte viele Komponisten, sich in dieser Gattung auszudrücken.

Allgemein übernimmt die **Kammermusik mit Klavier** die Stellung, die das intimere und homogenere Streichquartett für die Klassik hatte. Das 19. Jh. bevorzugt die farbenreichen Kontraste, die virtuosen, konzertanten Möglichkeiten und die charakterist. Individualität von Klavier und Streichern, um sie in einem erweiterten Ausdrucks- und Formenreichtum zu neuen Horizonten zu führen.

SCHUBERTS *Forellenquintett* in A-Dur, D 667 (1819) für V., Va., Vc., Kb. und Klavier, benannt nach dem Liedthema *Die Forelle* (S. 430, Abb. A), im Andante mit Variationen, hat noch etwas von der Leichtigkeit Wiener Divertimenti. Die beiden Klaviertrios in B, op. 99, D 898 (1828), und Es, op. 100, D 929 (1827), hingegen tragen alle Züge reifer Spätwerke.

Ein weitschwingendes Thema eröffnet das B-Dur-Trio: ansteigender Dreiklang, Rhythmus-Wiederholung und Verdichtung; Streicher unisono über dem vollgriffigen Klavier mit bewegter Klangfülle (r. H.) und rhythm. Impulsen (l. H., Nb. A). Hier drückt sich ein neues Zeitgefühl aus: lyrisch, innig und großzügig zugleich. Die Durchführungen sowohl in op. 99 wie in op. 100 spiegeln mit ihren ständigen Klangwechseln und weitschweifenden Harmonien die romant. Sehnsucht nach Ferne und Traum. Die Themen werden nicht mehr *dramatisch gegeneinander* ausgespielt wie in der Klassik, sondern *charakteristisch nebeneinander* gestellt, dabei stets neu beleuchtet (op. 100: 3-mal, Abb. A).

Es gibt eine Fülle von Kammermusik für Streicher mit Klavier, weil offensichtlich ein großer Bedarf bestand und diese Musik fast modisch wurde. Alle Klavierkomponisten beteiligen sich daran (PLEYEL, MOSCHELES usw.). MENDELSSOHN schreibt früh für Streicher mit Klavier und veröffentlicht als op. 1–3 Klavierquartette (1822–25); seine beiden Klaviertrios in d, op. 49 (1839), und in c, op. 66 (1845), zählen zum Schönsten der Gattung. CHOPINS Klaviertrio in g, op. 8, entstand in der Nähe der frühen Klavierkonzerte (1828/29). SCHUMANN schreibt das Klavierquintett in Es, op. 44 (1842, S. 442), das -quartett in Es, op. 47 (1842), die -trios in a, op. 88 (1842, *Fantasiestücke*), in d/F, op. 63/80 (1847), in g, op. 110 (1851).

In der 2. Jh.-Hälfte erhält die Kammermusik mit Klavier eine neue Dimension durch J. BRAHMS. Das Klaviertrio in H, op. 8 (1854), zählte zu den meistgespielten Stücken des Jh. Er bearbeitete es im Alter (1889) und merzte Längen und Satzmängel aus, ohne den jugendl. Schwung und die zarte Ungebrochenheit frühen Ausdrucks zu verderben.

Das 1. Thema schwingt in Halben *(alla breve)* über die Taktgrenzen hinweg, ohne seine liedhafte Geschlossenheit zu verleugnen (Nb. B). Wie stark das Trio als Satzzyklus und Ganzes konzipiert ist, zeigt u. a. der themat. Bezug zwischen Kopfsatz und Adagio. Das Thema dieses 3. Satzes greift in Umkehrung die Bewegung des 1. Themas wieder auf. Die Klänge erscheinen choralartig schwebend, entrückt, verklärt (weite Lage, Nb. B).

Weitere Klaviertrios von BRAHMS: in C, op. 87 (1882), und in c, op. 101 (1886); Klavierquartette in g, in A, op. 25/26 (1861), in c, op. 60 (1873–74); Klavierquintett in f, op. 34 (1862/64), urspr. als Streichquintett, auch als Sonate für 2 Klav. op. 34 (1864).

Im **Osten** führen die Komponisten häufig folklorist. Elemente, wie Lieder und Tänze, auch in die Kammermusik ein. TSCHAIKOWSKYS pathet. Klaviertrio in a, op. 50 (1882), Requiem für N. G. RUBINSTEIN, endet mit Var. über ein russ. Lied (mit *Mazurka*).

DVOŘÁKS Klaviertrio op. 90 (1890–91) beruht auf einer Folge von 6 stilisierten *Dumky*, slaw. Liedern und Tänzen. Eine *Dumka* besteht aus dem Wechsel von langsamen und schnellen Partien. Die langsamen Partien sind erzählend, schwermütig, lyrisch, verträumt (meist Moll), die schnellen schlagen plötzlich um in Tanzbewegung (meist Dur).

In der 3. Dumka steht der langsame Teil in Dur: wie ein zartes, schwärmer. Bild von den Streichern schwebend mit Dämpfer intoniert, ehe im Klavier die Melodie aufklingt (*Andante*, Nb. C). Kurze Motive und schleifende Chromatik sind typisch für die schnellen Teile (*Vivace*, Nb. C).

DVOŘÁK schrieb 4 Klaviertrios, 3 -quartette, bes. Es, op. 87 (1889), und 2 -quintette, bes. A, op. 81 (1887).

Ähnlich reich sind die Beiträge der frz. Komponisten, wie C. FRANCK, C. SAINT-SAËNS.

I. Allegro vivace	II. All. mod. alla Polka	III. Largo sostenuto	IV. Vivace
Jugend, Kunst, Sehnsucht	unbeschwerte Jugendzeit	Seligkeit der ersten Liebe	Erfolge, plötzl. Taubheit

A B. Smetana, »Aus meinem Leben«, Streichquartett e-Moll, 1876 — Programm

I. Allegro ma non troppo	II. Adagio	III. Scherzo Presto	Trio Andante	IV. Allegretto
C, 4/4	E, 12/8	C, 3/4	Des, ¢	C, ¢

B F. Schubert, Streichquintett C-Dur, D 956, 1828

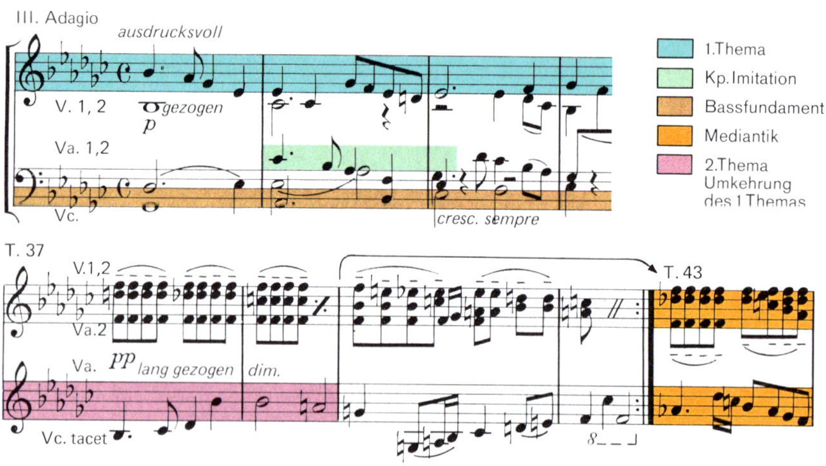

C A. Bruckner, Streichquintett F-Dur, 1879, 2. Satz

Programm, Melodik, Kontrapunkt und Klangfülle

Streichquartett

Das Streichquartett ist mit seinem 4-st. Satz von polyphoner Strenge und Ausgewogenheit, voll innerer Harmonie und sensiblem Miteinander, vom Wesen her klassisch bestimmt. Daher schreiben im 19. Jh. eher die Klassizisten wie SCHUMANN, BRAHMS Streichquartette, die Modernisten um LISZT und WAGNER nicht (außer WOLF). Die homogene Farbe ermöglicht wenig Effekte, verlangt vielmehr Ideen absoluter Musik. Die Gattung stellt an Komponisten, Spieler und Hörer hohe Ansprüche.

Von F. SCHUBERT sind 15 Streichquartette erhalten. Die ersten 12 (1810–16) folgen der klass. Wiener Tradition (Eigengebrauch). In der Umbruchsphase seines Schaffens entsteht noch vor der *Unvollendeten Sinfonie* der Quartettsatz c-Moll D 703 (1820) von gleicher Tiefe und Bewegtheit als Fragment eines Streichquartetts. Hier erklingt ein neuer, eigener Ton in den unruhigen Tremoli, der bedrängten Melodik, der dichten Satzstruktur. Ein trag. Bewusstsein spricht sich in einer eigenen romant. Musiksprache aus. Später folgen die letzten 3 Quartette:

- a-Moll, D 804 (1824), *Rosamunde*-Thema im Andante (Var.; vgl. S. 436, B);
- d-Moll, D 810 (1824), Thema *Der Tod und das Mädchen* im Andante (S. 434, C);
- G-Dur, D 887 (1826), ausgedehntes Werk und Gipfel seiner Quartette.

F. MENDELSSOHN BARTHOLDY schrieb 7 Streichquartette, die gattungsmäßig seinem klassizist. kp. Denken entgegenkamen und von romant. Fantasie erfüllt sind. Er geht vom späten BEETHOVEN aus:

- Es, op. 12 (1829), a, op. 13 (1827);
- D, e, Es, op. 44, 1–3 (1837–38);
- f, op. 80 (1847); op. 81: 2 Sätze (1847), *Capriccio* (1843), *Fuge* (1827); dazu ein frühes in Es (1823) und das Doppelquartett *(Streichoktett)* Es, op. 20 (1825).

R. SCHUMANN komponierte nur 3 Streichquartette in a, F, A, op. 41 (1842), MENDELSSOHN gewidmet, mit dichter themat. Arbeit (BEETHOVEN), reichen Einfällen und SCHUMANNS punktierten Rhythmen.

Aus der 2. Hälfte des 19. Jh. ragen die Streichquartette von J. BRAHMS hervor. 20 bis 30 Jahre trennen sie, ähnlich wie die Sinfonien, von der 1. Jh.-Hälfte. Auch knüpft BRAHMS wie bei den Sinf. an BEETHOVEN an, wobei die Strenge der Gattung und das Niveau BEETHOVENS ihm einen eigenen Klärungsprozess abfordern. Nach langen Vorstudien (über 20 Jahre) komponiert er seine 3 Quartette in c (tragisch bewegt) und a (ein lyrisches Gegenstück), op. 51, 1–2 (1873), und in B (mit vielgestaltigem Var.-Finale), op. 67 (1875).

H. WOLF schrieb ein Streichquartett in d (1878–84), ein *Intermezzo* in Es (1882–86) und bearbeitete die *Ital. Serenade* für Streichquartett (1887).

In **Frankreich** entstanden viele Streichquartette von SAINT-SAËNS, FRANCK, FAURÉ u. a.

In **Italien** gibt es wenig Streichquartette, jedoch VERDIS bedeutendes Einzelquartett in e-Moll (1873, *Aida*-Nähe).

Aus dem **Osten** stammt eine Reihe von Streichquartetten innigsten Gehaltes und nationalen Kolorits:

P. TSCHAIKOWSKY, 3 Quartette in D, op. 11 (1871), mit dem Vogellied-Thema im Andante; F, op. 22 (1874); es, op. 30 (1876).

A. BORODIN, 2 Quartette: A, D (1874–81).

A. DVOŘÁK schrieb 15 Streichquartette.

F. SMETANA, 2 Quartette in e (1876) und d (1882–83). Hinter den übl. 4 Sätzen des ersten steht, in der KaM selten, ein Programm (nur brieflich Freunden mitgeteilt): *Aus meinem Leben.* 1. Satz: *Kunstliebe in der Jugend und die ungestillte Sehnsucht nach dem Unaussprechlichen;* 2. Satz: *die fröhliche Jugendzeit* (Nb. A); 3. Satz: die *Seligkeit der ersten Liebe;* 4. Satz: *Nationalmusik, Erfolge,* dann die *Katastrophe:* SMETANA hört plötzlich ein schrilles e^4 im Ohr (Nb. A), Resignation und Hoffnung wechseln, ehe *Taubheit* sich ausbreitet.

Streichquintett, -sextett

Das Streichquintett ist nicht einfach ein erweitertes Streichquartett. Durch die 5. Stimme (2. Va. oder 2. Vc.) wird gerade das streng Normative des Quartetts gebrochen, und es eröffnen sich der musikal. Fantasie neue Räume. Das Streichquintett ist eine eigene Gattung, ebenso das Streichsextett.

SCHUBERTS Streichquintett in C-Dur, D 956 (1828), mit 2 Vc. ist ein ausgereiftes Spätwerk von transzendierender Innigkeit.

Es hat 5 Sätze (Abb. B). Gleichmäßige Rhythmen verleihen oft schwebenden Charakter (Nb. B: Va., V. 1 u. 2). Das 2. Thema erklingt hier im Duett der beiden Vc. in tenoraler Höhe über der Va.: ein Beispiel für die reiche Klangfarbenpalette, der der melod. und harmon. Reichtum entspricht (T. 63 f.: As-Dur/G-Dur).

BRUCKNERS Streichquintett in F-Dur mit 2 Va. zeigt orchestrale Züge und große Dimensionen. Es ist durchdrungen von fast myst. Intensität und Klangpracht.

Das Adagio-Thema über dem klanggesättigten Bassfundament strahlt Ruhe und Weite aus. Imitation und Umkehrung stiften Zusammenhang, Mediantik kontrastierende Ferne (Nb. C).

BRAHMS schrieb 2 Streichsextette für je 2 V., Va., Vc. in B-Dur, op. 18 (1860), und G-Dur, op. 36 (1864–65), ferner 2 späte Streichquintette mit 2. Va. in F-Dur, op. 88 (1882), und G- Dur, op. 111 (1890), das letztere von einer lichterfüllten Heiterkeit.

Von A. DVOŘÁK stammen 3 Streichquintette: a op. 1 (1861), Es op. 97 (1893) mit 2. Va., G op. 77 (1875) mit Kb.; ferner Streichsextett in A op. 48 (1878).

	V.	Va.	Vc.	Kb.	Fl.	Ob.	Klar.	Fg.	Hr.	Kl.
Mendelssohn Sonate, 1824							●			●
Weber Trio g, op. 63, 1819			●		●					●
Quintett g, op. 34, 1815	●●	●	●				●			
Spohr Septett a, op. 147, 1853	●		●		●		●	●	●	●
Nonett F, op. 31, 1815	●	●	●	●			●	●	●	
Brahms Trio Es, op. 40, 1865	●								●	●
Trio a, op. 114, 1891			●				●			●
Quintett h, op. 115, 1891	●●	●	●				●			
Saint-Saëns Caprice 1887					●	●	●			●

A **Besetzungsbeispiele**

Streicher · Bläser · Klavier

I. Adagio-Allegro F, 4/4	II. Adagio B, 6/8	III. Allegro Vivace F, 3/4	IV. Andante (Var.) C, 2/4	V. Menuetto Allegretto F, 3/4; Trio B	VI. Andante molto-All. f, 4/4; F, ¢

B **F. Schubert, Oktett F-Dur, D 803,** 1824

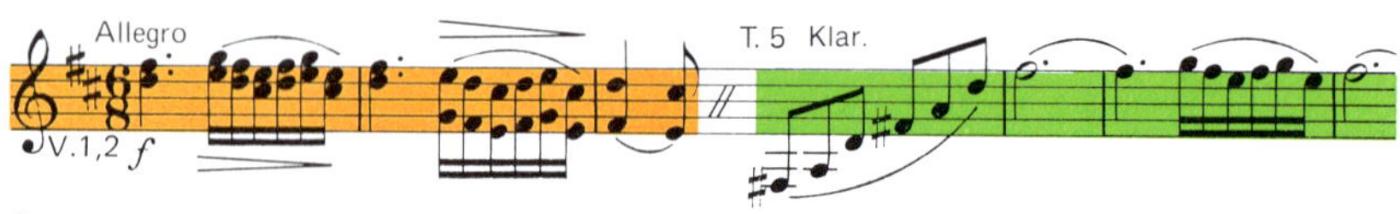

C **J. Brahms, Klarinettenquintett h-Moll, op. 115,** 1891

Besetzungen, charakteristische Gestaltung

Die **Kammermusik mit Bläsern** zeigt sich im 19. Jh. sehr vielgestaltig. Die alte Tafelmusik entfällt. Die Harmoniemusik (S. 379) existiert noch weiter, jedoch selten orig. (MENDELSSOHN, *Ouvertüre* op. 24, 1829–32), sondern fast ganz mit Bearbeitungen aus Oper u. a., die in Kur-, Promenaden- und Gartenkonzerten, aber auch als KaM zu hören waren.

Die Blechbläser haben in den aufblühenden Blasorchestern *(Brassbands)* ihren Platz oder im Sinfonieorchester, nicht in der intimen KaM (Ausnahme: Horn). Die techn. Weiterentwicklung der Blasinstrumente (Klappen, Ventile usw.) ermöglichte diesen volle Chromatik, saubere Intonation und größere Wendigkeit.

So gibt es auch für Bläser, wie für die Streicher und das Klavier, eine *konzertante Kammermusik,* im Saal oder im Hause von Berufsmusikern gespielt. Dagegen (und neben der *Salonmusik*) entwickelt sich eine *echte Hausmusik* (SCHUMANN; auch W. H. RIEHL, Lieder, 1856), in der neben Klavier und Gitarre die Flöte sehr beliebt war.

Der Anspruch der Komponisten wächst, die nicht mehr unmittelbar im Dienst einer Gesellschaft stehen, sondern nach eigenem Ausdruck suchen, sowohl des persönlichen Gefühls wie damit auch des allg. Zeitgeistes. Für die Kammermusik mit Bläsern bedeutet dies ein neues gehaltl. und strukturelles Niveau statt des im 18. Jh. allg. übl. Divertimentocharakters. Schon BEETHOVEN arbeitete seine frühe Tafelmusik für Bläseroktett (Bonn 1792) um in ein *»seriöses«* Streichquintett (S. 379). Er wechselt also noch die Gattung. Das geschieht später nicht mehr: die Bläserkammermusik wird genauso *»seriös«*.

Die Romantik liebt die reiche Farbpalette der Bläser, bes. Klar. *(Hirtenschalmei),* Fagott (dito) und Horn (Wald, Natur; S. 405).

Besetzungen

- **Duo** (seltener *Duett* wie bei Sängern): für *gleiche* Instr., wie 2 Fl., 2 Hr. (ROSSINI), oder *ungleiche,* wie Klar., Fg. (BEETHOVEN); oft für 1 Blasinstr. und Klavier als Sonaten, Variationen u. a., bes. für Fl. (SCHUBERT), Klar. (MENDELSSOHN, Abb. A), Hr. (BEETHOVEN).
- **Trio:** für *gleiche* Instr., wie 3 Hr. (REICHA), oder *ungleiche,* wie 2 Ob., Engl.-Hr. oder Fl., V., Va. (BEETHOVEN op. 87 bzw. 25 *»Serenade«*); oft mit Klavier (WEBER, BRAHMS, Abb. A).
- **Quartett:** Bläserquartett mit Fl. (Ob.), Klar., Hr., Fg. (S. 378), im 19. Jh. mehr Fl. als Ob. (REICHA, SPOHR); selten 4 *gleiche* Instr., wie 4 Fl. (REICHA), häufig Klavier mit Fl., Vc., Fg. (REICHA), oder Fl., Ob., Klar. (Abb. A und S. 378 f.).
- **Quintett:** Bläserquintett als neue Gattung mit Fl. *und* Ob., Klar., Hr., Fg. oder Bläserquartett mit Klavier, dabei selten mit Ob. (HERZOGENBERG), meist mit Fl. (SPOHR u. a.); auch 1 Blasinstr. mit Streichquartett, z. B. *Klarinettenquintett* (Abb. A).
- **Sextett, Septett, Oktett, Nonett:** ohne Besetzungstypen, man erweitert die Bassregion (Kb., Kfg.), verdoppelt Instr. und mischt Streicher (Streichquartett, -quintett), Bläser (Klar., Hr., Fg., auch Fl., Ob.) und Klavier. – Vom fleißigen REICHA gibt es auch ein *Dezett* (5 Streicher, 5 Bläser).

Werke für größere Ensembles entstehen meist gezielt, z. B. STRAUSS, *Suite für 13 Bläser* für die Dresdener Hofkapelle (s. u.).

Der Serenadencharakter bei Bläsern verliert sich auch mit Klavier, wie in BEETHOVENS Quintett op. 16 (S. 379) und Hornsonate F, op. 17 (1800). Heiter ist auch ROSSINIS frühe Bläser-KaM: *Duette* für 2 Hr. (um 1806), Var. für Fl., Klar., Hr., Fg. (1812).

Viel KaM für Bläser schrieben A. REICHA, G. ONSLOW, der experimentierfreudige SPOHR (Abb. A), dazu sein Oktett in E, op. 32 (1814), für Klar., 2 Hr., V., 2 Va., Vc., Kb., und sein Quintett in c, op. 52 (1820), für Fl., Klar., Hr., Fg. (also *Bläserquartett*) und Klavier. Farbig und virtuos komponiert C. M. VON WEBER: Trio und Klarinettenquintett (Abb. A), *Grand duo concertant* für Klar. und Klavier op. 48 (1816). Anspruchsvoll sind F. SCHUBERTS Var. für Fl. und Klavier über *Trockene Blumen* in e, D 802 (1824).

SCHUBERTS *Oktett* dagegen ist serenadenhaft mit vielen Sätzen und heiteren Themen: stilisiert marschmäßig oder liedartig voll Wiener Schmelz (Nb. B). Nur vor dem Finale bricht düstere Spannung herein, mit Streichertremolo, fernen Bläserklängen, verm. Akkorden (Klang statt Melos), ehe klares F-Dur erstrahlt (Nb. B).

MENDELSSOHNS früher Sonate (Abb. A) folgen 2 *Konzertstücke* für Klar., Bassetthorn und Klavier, op. 113, 114 (1832–33). Eigenwillig sind SCHUMANNS späte Bläserstücke mit Klavier: für Hr. As, op. 70, *Fantasiestücke* für Klar., op. 73, 3 *Romanzen* für Ob., op. 94 (alle 1849), *Märchenerzählungen* für Klar., Va. und Klavier, op. 132 (1853).

In der 2. Hälfte des 19. Jh. entsteht umfangreiche Kammermusik für Bläser, u. a. von A. RUBINSTEIN (Oktett D, op. 9, Quintett F, op. 55, beide mit Klavier), TSCHAIKOWSKY, RIMSKI-KORSAKOW (Quintett B, 1876), SAINT-SAËNS (Septett op. 65, 1881), GOUNOD (*Petite symphonie* für 10 Bläser, 1888), D'INDY (Trio in B, op. 79, 1887).

J. BRAHMS findet typ. Instr.-Motive: Terz-, Sextketten, Arpeggio und Verweilen, abgeklärt und doch bewegt mit fantast. Formeinbrüchen (Nb. C); Werke s. Abb. A, dazu 2 Klarinettensonaten in f, Es, op. 120, 1–2 (1894, auch für Va.), für den Meininger Klarinettisten R. MÜHLFELD.

STRAUSS: *Suite für 13 Bläser* in B, op. 4 (1884), *Serenade* in Es, op. 7 (1881); spät 2 *Sonaten* für 16 Bläser (1943–45).

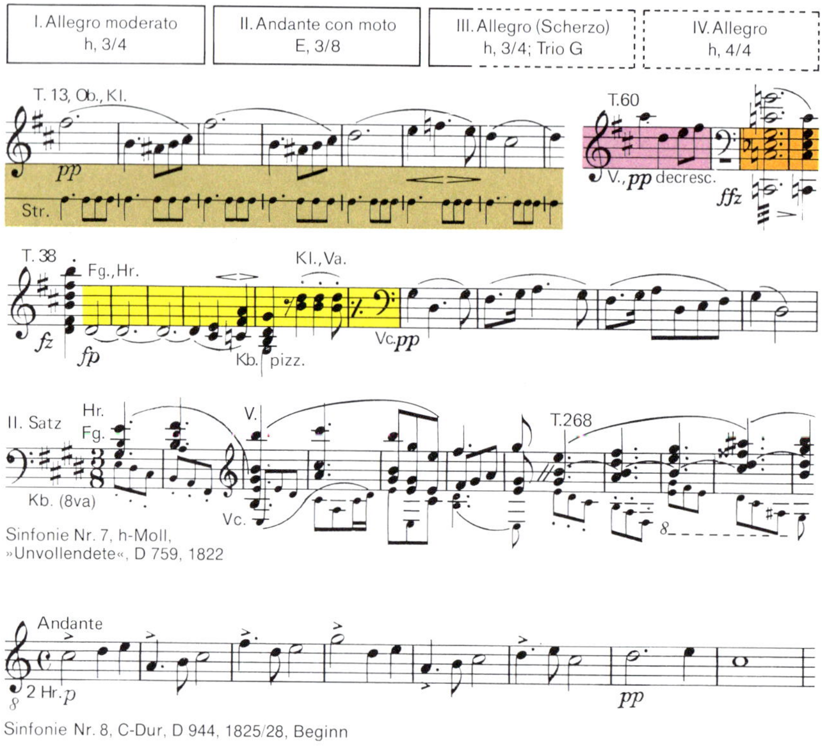

A **F. Schubert,** Sinfonien der Reifezeit

B **F. Mendelssohn Bartholdy, Sinfonie Nr. 4, A-Dur, »Italienische«, op. 90,** 1832–33

Rhythmus
Überleitung
Verklingen
Ausbruch
Tremolo (Holz, Hr.)
Zelter-»Zitat«

Die **Sinfonie** als Gattung absoluter Musik (Vorbild BEETHOVEN) geriet in Konflikt zwischen neuem romant. Ausdruck und alter klass. Form. So gibt es um 1850 ein Ende der Gattung, jedoch etwa 20 Jahre später einen Neuanfang (BRUCKNER, BRAHMS). Andererseits führen *Programmsinfonie* und *sinfonische Dichtung* (BERLIOZ, LISZT) die BEETHOVENsche Orchestersprache in romant. Richtung weiter (S. 462).

C. M. von Weber komponierte 2 Sinfonien in C-Dur (1807).

L. Spohr schrieb 10 Sinfonien, wobei er von seinem Ideal MOZART ausging, sich dann aber den frühromant. Strömungen öffnete. Nicht nur der Ton seiner Sinfonien ändert sich, es führen auch außermusikal. Anregungen zu ungewöhnl. Ausdrucksformen.

1. Sinfonie Es, op. 20 (1811); 2. d, op. 49 (1820); 3. c, op. 78 (1828); 4. F, op. 86 (1832), *Die Weihe der Töne;* 5. c, op. 102 (1837); 6. G, op. 116 (1839), *Histor. Symphonie im Styl und Geschmack vier versch. Zeitabschnitte* in 4 Teilen: Zeit BACH-HÄNDEL, HAYDN-MOZART, BEETHOVEN und Gegenwart; 7. C, op. 121, für 2 Orchester (1841), *Ird. und Göttl. im Menschenleben;* 8. G, op. 137 (1847); 9. h, op. 143 (1849–50), *Die Jahreszeiten;* 10. Es (1857).

F. Schubert schrieb 8 Sinf. (dazu Fragmente). Die ersten 6 orientieren sich am klass. Ideal HAYDNS und MOZARTS, die letzten beiden in h-Moll und C-Dur eröffnen neue Perspektiven und sind zum Inbegriff der frühromant. Sinfonie geworden. Beide erklangen nicht zu SCHUBERTS Lebzeiten.

1. D, D 82 (1813); 2. B, D 125 (1814–15); 3. D, D 200 (1815); 4. c, D 417 (1816), *Tragische;* 5. B, D 485 (1816); 6. C, D 589 (1817–18); 7. h, D 759 (1822), *Unvollendete;* 8. C, D 944 (1825/28), *Große C-Dur-S.,* (= *?)Gasteiner-S.,* D 849 (1825), verschollen.

Die *Unvollendete* entstand in der Umbruchszeit SCHUBERTS und spiegelt womöglich das Bewusstsein einer Krise (Krankheit). Etwa gleichzeitig notiert SCHUBERT einen Traum voll Liebe, Tod, Sehnsucht und Erlösung. Wenn auch eine Verbindung zweifelhaft bleibt, so führt der Traum in ähnlich ferne Bereiche wie die Musik der *Unvollendeten.*

Der ostinate Rhythmus steht für etwas Unabdingbares, Tiefes (BEETHOVENS Schicksalsmotiv verwandt, S. 386). Darüber erhebt sich das Hauptthema in seiner schwankenden Gestalt zwischen Schweben, Vorwärtsdrängen und klagendem Schluss (Halbton e-f, Nb. A). Traumhafte, fiebrige Motivik findet sich auch in der Durchführung (S. 404, Abb. B). Nicht kp. Motive wie in der Klassik, sondern ein einzelner Bläserton (Fg., Hr.) leitet über ins G-Dur des Seitenthemas (Vc., ostinato in Klar., Va.). Die Bewegung verebbt in einer Pause. Anders als HAYDNS »G. P.« (Spannungsmoment, Blätterstelle) wirkt diese Pause bei SCHUBERT wie ein unauslotbares Loch. In sie bricht der *ff*-Klang in c-Moll umso tragischer herein, unvermittelt, unkonventionell. Traumweite prägt den 2. Satz in beseligendem E-Dur mit Naturhornmotivik über barocken Schreitbässen, mit schwebender Polyphonie voller Fernwirkung der Bläser, mit farbigen Harmoniewechseln (Takt 268 ff.).

Beide Sätze gleichen sich im Tempo an (schnell, aber *moderato,* langsam, aber *con moto*), sodass eine Einheit entsteht: 2 romant. Orchester-Sätze, keine klass. Sinf. (Klavierfass. zum Scherzo, Skizzen zum Finale vorh.). Ms. erst 1865 entdeckt.

SCHUBERTS *Große C-Dur-Sinfonie* entdeckte SCHUMANN 1839 in Wien (*»himmlische Längen«,* UA Leipzig 1839 durch MENDELSSOHN).

Ihr langsames Einleitungsthema, von den Hörnern romant. intoniert, verbindet Größe und Kraft (Rhythmus, Anlage) mit romant. schwebender Weite: Wechsel C-Dur/a-Moll, 2-Takt-Periode mit *Zusatztakt,* gedehnter *pp*-Schluss (Nb. A).

F. Mendelssohn Bartholdy begann mit 12 frühen Streichersinfonien (1821–23), dann folgen die 5 großen Sinfonien:

1. Sinfonie c, op. 11 (1824); 2. *Lobgesang,* op. 52 (1839–40), Kantatenfinale; 3. a, op. 56 (1829–32/42, UA 1842), *Schottische;* 4. A, op. 90 (1832–33), *Italienische;* 5. d, op. 107 (1829–30/32), *Reformations-S.,* mit dem *Lutherischen* oder *Dresdener Amen* im 1. Satz und dem Choral *Ein feste Burg* im Finale.

Die *Schottische Sinfonie* verarbeitet Reiseeindrücke von 1829, die *Italienische* von 1830, beides in Melodik, Gestik, Stimmung, nicht programmatisch.

In das vibrierende Tremolo der Holzbläser und Hörner spielen die Streicher ihr fortstürmendes Hauptthema: Bild südl., ital. Lebensfülle (Nb. B). Ähnlich charakteristisch sind Scherzo und Finale (*Siciliano*-Presto). – Der langsame Satz entstand in Gedenken an ZELTERS Tod: er paraphrasiert ZELTERS Melodie vom *König in Thule* (S. 360, Abb. C), barock begleitet von einem Laufbass in Achteln und einem kp. Flötenduett (Nb. B).

R. Schumann, 4 Sinf. (und 2 Fragm.):

1. B, op. 38 (1841), *Frühlingss.* (S. 444);
2. C, op. 61 (1845–46);
3. Es, op. 97 (1850), *Rheinische;*
4. d, op. 120 (1841, neu instr. 1851).

Die 4 Sätze der d-Moll-Sinfonie verschmelzen attacca zu einer *sinfon. Fantasie.* Wiederaufgreifen der Themen, Solovioline in der *Romanze,* Ideenfülle und leidenschaftl. Ausdruck verstärken den romant. Charakter. Später ersetzt SCHUMANN die duftige frühe Instrumentation durch eine zeitgemäße massigere (Bläser).

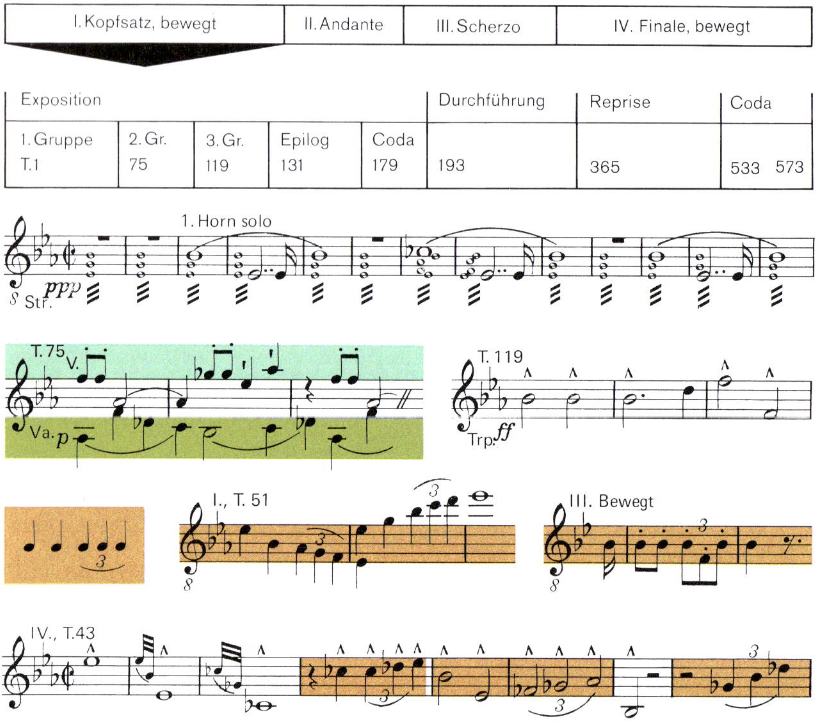

A **A. Bruckner, 4. Sinfonie, Es-Dur,** 1874

B **A. Bruckner, 9. Sinfonie, d-Moll,** 1887–96, Hauptthema

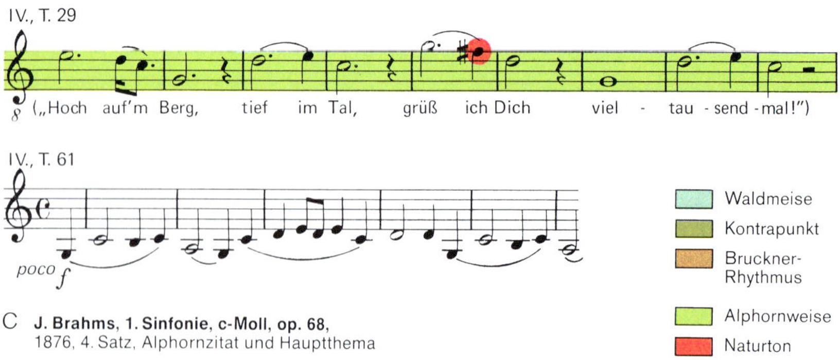

C **J. Brahms, 1. Sinfonie, c-Moll, op. 68,**
1876, 4. Satz, Alphornzitat und Hauptthema

Formerweiterung, Naturlaut

In der 2. Jh.-Hälfte erfährt die **Sinfonie** neue Impulse, bes. durch BRUCKNER und BRAHMS.

Anton Bruckner, *4. 9. 1824 in Ansfelden (Österr.), †11. 10. 1896 in Wien; ab 1837 Sängerknabe im Stift St. Florian, ab 1845 Lehrer und Organist in St. Florian, Gb.- und Kp.-Studien (nach MARPURG), ab 1855 Domorganist in Linz und Kompos.-Studien bei S. SECHTER in Wien bis 1861; WAGNER-Begeisterung; ab 1868 Nachfolger SECHTERS (Gb., Kp., Org.) und Hoforganist.

BRUCKNER schrieb 9 Sinfonien, vorweg 2: in f (1863) und d (1863–64, die *Nullte*):

1. c (1865–66, UA Linz 1868, rev. 1877/84/ 89–91);
2. c (1871–72, UA Wien 1873, rev. 1875–77/ 91);
3. d (1873, rev. 1876–77, UA Wien 1877, rev. 1888–89/90);
4. Es (1874, *Romantische,* rev. 1877–78/ 78–80, UA Wien 1881, rev. 1887–88, MA.-Programm: Burg, Ritter usw.);
5. B (1875–76, *Katholische,* rev. 1876–78, UA Graz 1894);
6. A (1879–81, rev. u. UA Wien 1899);
7. E (1881–83, UA Leipzig 1884, NIKISCH);
8. c (1884–87, rev. 1889–90, UA Wien 1892);
9. d (1887–96), 3 Sätze vollendet, Finale skizziert, nach BRUCKNERS Willen *Te Deum* als Finale: Kantatenschluss wie 9. BEETHOVENS (UA Wien 1903).

Die Fassungen. BRUCKNER hat seine Sinfonien auf Anraten seiner Schüler und Freunde mehrfach umgearbeitet, z. T. griffen diese auch selbst ein. Erst ab etwa 1930 erarbeitete die Internat. BRUCKNER-Gesellschaft Wien (HAAS) zuverlässige Texte (FURTWÄNGLER-Auff.). Die nur im Autograph vorliegenden **Erstfassungen** zeigen BRUCKNERS von der Orgel her bestimmtes Klangdenken, die überarbeiteten und zum Druck freigegebenen **Endfassungen** *(Erstdrucke)* sind verändert in Richtung auf moderne Orchestertechnik und Klangfarbenmischung im Sinne WAGNERS und LISZTS. BRUCKNERS Registerdenken in Gruppen, wie Holz, Blech, Streicher, wird verwischt; seine barocke Terrassendynamik (Orgel) weicht fließenden Übergängen (*cresc., dim.*); neu sind Temposchwankungen.

Stil und Ausdruck. Grundlagen des Werkes bilden Studium, Tradition, Handwerk, Kp., auch die Satztradition der kath. Kirchenmusik in Österreich; das Orgelspiel und die Orgelimprovisation, barock aufgetürmte Klangmassen (Bläser 3fach, Basstuben, zuletzt 8 Hr.); meditatives Eingehen in Klänge objektiverer Art, Urklänge; Hörbarmachen des eigenen inneren Rhythmus (BRUCKNER-Rhythmus), Ostinati, etwas Über- oder Unterpersönliches, das schwingt in Übereinstimmung mit der Natur; Naturmotive (Vogelrufe) und Urintervalle (Oktave, Quinte, Quarte). – Ein Ausdruckswille, der auf Subjektivität zielt, gerät in Konflikt mit dieser absolutmusikal. Haltung. Daher BRUCKNERS Situation zwischen den Parteien des sog. Fortschritts (WAGNER, LISZT) und dem sog. romant. Klassizismus (BRAHMS). BRUCKNER erscheint wie ein barocker Mensch im romant. Zeitalter. – Ausdruck und Bedeutung steigern sich über ein Werk hin bis zum Finale, das stets summenhaften Charakter für das ganze Werk hat.

Sinfonische Gestalt. BRUCKNER schreibt noch Sonatensatzformen mit Exposition, Durchführung usw., erweitert aber alle Formteile stark.

Statt 2 Themen erscheinen in der Exposition meist 3 Themengruppen (Abb. A).

BRUCKNERS Natur- und Urmotivik lässt sich an den Themen der 4. Sinfonie gut erkennen. Aus dem Tremolo-Nebel der Streicher klingt das Solohorn mit seiner Wald- und Naturfarbe auf, in Ganzenoten und Quinten. Das subdom. *ces* steigert die romant. Fernwirkung und Spannung. Das 2. Thema (T. 75 ff.) imitiert das *»Zizibe«* der Waldmeise über kp. Linie (eine Art Doppelthema). Das 3. Thema verwendet einfachste Naturtöne der Trp. (T. 119 ff., Dreiklang, Oktave).

In diese eher stat. Thematik dringt Leben ein durch ostinate Rhythmen, bes. den BRUCKNER-Rhythmus aus einer drängenden Folge von 2 Achteln und Achteltriole, der überall bei BRUCKNER zu finden ist (Nb. A). T. 51 ff. zeigt eine kp. Gegenbewegung, die nur durch diesen Rhythmus ihren Sinn erhält, als melod. Floskel aber banal wäre. Auch das Thema des Scherzo ist geprägt von diesem Rhythmus und von Urmotiven (Quarte), ebenso das gewichtige Thema des Finale (Nb. A). – Das gleiche gilt für das Hauptthema der 9. Sinfonie, das aus der Oktavfolge ersteht wie die Welt aus dem Urchaos (Nb. B).

Johannes Brahms komponierte 4 Sinfonien, die nicht an SCHUMANN und MENDELSSOHN anschließen, sondern sich an BEETHOVEN neu orientieren, formal wie im Sinne bedeutungsvoller, jedoch absoluter Musik.

1. c, op. 68 (1876), Skizzen bis 1862;
2. D, op. 73 (1877);
3. F, op. 90 (1883);
4. e, op. 98 (1884–85), s. S. 474 f.

BRAHMS geht in seiner 1. Sinfonie von der trag. c-Moll-Sphäre über in ein triumphales C-Dur-Finale (wie BEETHOVENS 5.). Das Finalthema erinnert als Widmung an BEETHOVEN, an das Freudenthema aus dessen 9. Sinfonie (Nb. C; BÜLOW nannte BRAHMS' 1. Sinfonie *Beethovens 10.*). Vorher aber erklingt in der Posaune ein Schweizer Alphornthema mit 7. Naturton *fis* trotz C-Dur, ein versteckter Gruß an CLARA SCHUMANN. – Die 2. Sinf., EZ Kärnten, Sommer 1877, strahlt innigste Gelöstheit aus.

A **A. Dvořák, 9. Sinfonie e-Moll, op. 95, »Aus der Neuen Welt«,** 1893

B **P. Tschaikowsky, 6. Sinfonie h-Moll, op. 74,** 1893

Frankreich. Neben den programmat. Ideen der frz. Romantik gibt es auch historisierende Tendenzen u. Fortführung der klass. Sinf.

César Franck (1822–90), aus Lüttich, Studium in Paris (Reicha u. a.), Organist in Paris, ab 1872 Prof. am Conservatoire, frühe Sinf. G-Dur, op. 13 (1840); Sinf. d-Moll (1886–88), 3 Sätze, dramat.

Camille Saint-Saëns (1835–1921), Paris, Schüler Halévys u. a., Pianist; (S. 464, 471, 473); Sinf.: F, D (1856/59); Es, op. 2 (1853); a, op. 55 (1859); c, op. 78 (1886), mit Orgel, Liszt gewidmet.

Sinf. von Edouard Lalo (1823–92), Charles-Marie Widor (1844–1937), d'Indy, Chausson, Fauré u. a. (s. S. 465).

Böhmen. Während sich Smetana der sinfon. Dichtung zuwandte, fand Dvořák nach Begeisterung für Liszt und Wagner über Brahms zu einer Sinfonik absolutmusikal. Gehaltes, nationalen Kolorits.

Antonín Dvořák (1841–1904), aus Mühlhausen/Moldau, 1857–59 Orgelstudium in Prag, 1862–71 Va. am Interimstheater, 1874–77 Organist in Prag, 1892–95 New York, ab 1901 Prag. 9 Sinf.:

1. c, op. 3 (1863; *Zlonitzer Glocken*);
2. B, op. 4 (1865/87); 3. Es, op. 10 (1873);
4. d, op. 13 (1874); 5. F, op. 76 (1875);
6. D, op. 60 (1880); 7. d, op. 70 (1884/85);
8. G, op. 88 (1889);
9. e, op. 95 (1893), *Aus der Neuen Welt.*

Die 9. Sinfonie entstand in New York, ist ein Urbild böhm. Musik, nimmt aber amerikan. Einflüsse auf; allerdings verwendet Dvořák keine *indian.* oder *amerikan. Melodien,* sondern schreibt *»im Geiste dieser amerikan. Volkslieder«* (Dvořák).

So sind die Synkopen im 1. Thema des Kopfsatzes ganz böhmisch, ähneln aber zugleich den Synkopen der Spirituals. Dicht ist die Verwandtschaft des 3. Themas mit dem Spiritual *Swing low:* Synkope mit typ. Nebenton, Dreiklangsmotiv (Nb. A, T. 2 f.). – Das 2. Thema erklingt über einem Orgelpunkt im Horn (dudelsackartig) und endet fremdländisch mit der erniedrigten 7. Stufe (Mollsepte). Dem langsamen Satz, urspr. allg. als *Morgenstimmung* konzipiert, liegen Gedanken an die Szene *Begräbnis im Walde* aus Longfellows Indianerroman *Hiawatha* zugrunde (dem Scherzo das Indianerfest, s. Abb. A; es klingt trotzdem böhmisch): den feierl., fremdartig verbundenen Bläserklängen (Mediantik) folgt über zartester Streicherbegleitung eine pentaton. Melodie im Englischhorn, die ohne Halbtöne ganz naturwüchsig klingt (Nb. A). Der Satz ist lyrisch liedförmig gebaut, mit einem fiebrig vibrierenden Mittelteil in cis-Moll (Abb. A und Nb. A, T. 46). Ungewöhnlich ist auch der Rückblick auf den 1. Satz: Erinnerung und romant. Zyklus-Element (T. 90 ff.).

Russland ist mit Sinfonien reich vertreten:

A. Borodin (1833–87) schrieb 3 Sinfonien: Es (1862–67); h (1869–76); a (Skizze, 1882/86–87).

Nikolai Rimski-Korsakow (1844–1908) komponierte 3 Sinf.: e (1865/84); *Antar* op. 9 (1868/75/97); C (1873/86), dazu die *Sinfonietta* a, op. 31 (1879/84).

Peter Iljitsch Tschaikowsky, * 1840 Wotkinsk, † 1893 in St. Petersburg, Jurist, ab 1863 Kompositionsschüler A. Rubinsteins, 1866–78 Theorielehrer am Konservatorium in Moskau, Reisen durch die Schweiz und Italien, Freundschaft mit Frau von Meck (Briefwechsel).

Tschaikowsky bildet einen Gegenpol zum *Mächtigen Häuflein* in Petersburg. Obwohl seine Musik einen urwüchsigen russ. Charakter trägt, nimmt sie westl. Einflüsse auf (Kompositionstechnik, Ausdruck) und weitet sich so zu einer europ. Musiksprache. Tschaikowsky gilt primär als Sinfoniker, doch faszinieren auch die übrigen Werke.

Opern: *Undina* (1869, zerstört), *Der Leibwächter* (Petersburg 1874), *Der Schmied Wakula* (Petersburg 1876, Neufassung als *Die Pantöffelchen,* Moskau 1887), *Eugen Onegin* (Moskau 1879, Puschkin), *Die Jungfrau von Orléans* (Petersburg 1881, Neuf. 1882), *Mazeppa* (Moskau 1884), *Die Zauberin* (Petersburg 1887), *Jolanta* (Petersburg 1892). Ballette (s. S. 466 f.). Sinfonische Dichtungen und Ouvertüren: *Das Gewitter* (1864, nach Ostrowski); *Fatum* (1868); *Romeo und Julia* (1869/70/80, Programmouvertüre); *Der Sturm* (1873, Fantasie nach Shakespeare); *Francesca da Rimini* (1876, Sinfon. Fantasie nach Dante); *Ital. Capriccio* (1880); *Manfred-Sinfonie* (1885, nach Byron); *Hamlet* (1888, Ouvertüre); *Der Woiwode* (1890–91, sinf. Ballade nach Puschkin).

6 Sinfonien: 1. g, op. 13 (1866, rev. 1874), *Winterträume*; 2. c, op. 17 (1872, rev. 1879–80), *Kleinrussische*; 3. D, op. 29 (1875); 4. f, op. 36 (1877–78); 5. e, op. 64 (1888); 6. h, op. 74 (1893), *Pathétique.*

Die 1. Sinfonie trägt programmat. Satzüberschriften: 1. Satz Allegro, *Träumerei auf winterlicher Fahrt,* 2. Satz Adagio, *Rauhes Land, Nebelland* usw. Die 4. Sinfonie ist eine *»Nachbildung der 5. Beethovens«* (Tsch.). Die letzten beiden Sinfonien verbinden russ. Nationalkolorit mit Beethovenscher Bedeutungsschwere. Die *Pathétique* wurde Tschaikowskys Requiem (er starb 9 Tage nach der UA).

Im Kopfsatz zitiert Tschaikowsky einen Choral aus der russ. Totenmesse. Im langsamen 2. Satz erklingt im Vc. eine Walzermelodie im russ. 5/4-Takt. Die Sinfonie schließt mit einem Adagio (Abb. B).

Weitere Sinfoniker sind S. Tanejew, S. Ljapunow, A. Arenski, A. Gretschaninow, W. Kalinnikow, A. K. Glasunow (9 Sinf. 1881–1910; Serenaden, Suiten).

V. Satz. Larghetto	Allegro	All. assai	Allegro	Lontano		Ronde du Sabbat
Hexensabbat und eigenes Begräbnis T. 1, C, Einleitung	Sie kommt I. f. verzerrt 21	Begrüßungsgeschrei 29	höllische Orgie 40	Sterbegeläute 102	Dies-irae-Parodie 127	Hexenrundtanz (Rondo) A B A C A + Dies irae Coda 241 269 289 305 407 480

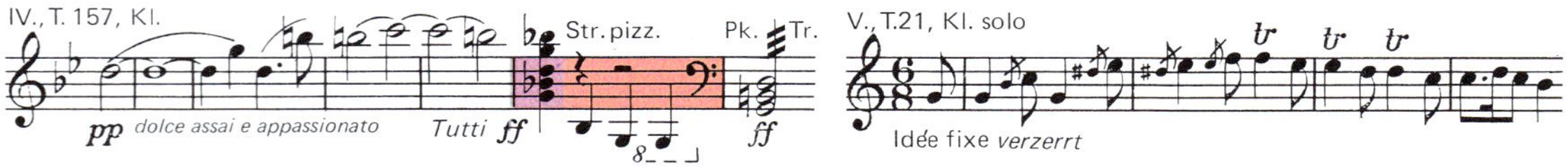

A H. Berlioz, **Symphonie fantastique, op. 14,** 1830, Wandlungen der Idée fixe und IV. und V. Satz (Hexensabbat, s. S. 152)

I. Harold in den Bergen, Schwermut, Glück

II. Pilgerzug, Abendlied

III. Ständchen eines Abruzzenbauers

IV. Räubergelage, Erinnerungen

B **H. Berlioz, Harold in Italien, Sinfonie mit Solo-Va., op. 16,** 1834

Prolog	1. Liebe	2. Lebensstürme	3. Landidylle	4. Kampf	5. Sieg und Epilog
Andante maestoso T. 1, C, 4/4	L'istesso tempo 47	Allegro tempestoso 109, C, 12/8	Allegretto pastorale 200, A, 6/8	Allegro marziale 344, C, ¢	Andante maestoso 405, C, 12/8

I. Faust, 4 Th.	II. Gretchen	III. Mephisto	Chorus mysticus

C **F. Liszt, Les Préludes, sinfonische Dichtung,** 1848/54, und **Faust-Sinfonie in 3 Charakterbildern,** 1854/57

Guillotine — Kopf fällt — Sonatensatz — Liedform

Programm und musikalische Gestalt

Die **Programmmusik** erfährt im 19. Jh. eine bes. Aktualisierung. Das Außermusikalische, vor allem das Poetische, kommt dem literarisch gebildeten Zeitalter entgegen. Bereits in der Frühromantik weisen E. T. A. HOFFMANNS Fantastik, WEBERS plast. Kolorit, SCHUBERTS Erlebnis der (GOETHE-)Lyrik über die Musik hinaus oder weiten sie als Gefäß. Die um 1830 einsetzende frz. Romantik verlangt noch deutlicher ganzheitl. Erleben und dazu sinnl. Emphase von der Musik. Es entstehen die **Programmsinfonie** (BERLIOZ) und die **sinfonische Dichtung** (LISZT). Die musikal. Qualität eines Werkes hängt natürlich nicht vom Programm oder außermusikal. Gehalt ab (nicht einmal bei Oper oder Lied), sondern allein von der Musik, ihrem seel. Gehalt und ihrer künstler. Gestalt (vgl. S. 403).

HECTOR BERLIOZ, * 11. 12. 1803 in La Côte-Saint-André (Isère), † 8. 3. 1869 in Paris, Arztsohn, nach Medizinstudium ab 1824 Schüler von LE SUEUR und REICHA in Paris, 1830 Rompreis für die Kantate *Sardanapale*; keine Prof. am Conservatoire, sondern Bibliothekar (ab 1839), Schriftsteller und Kritiker; Reisen durch Deutschland (1842–43), Österreich, Russland (1845–47) für eigene Werke; Lehrbuch *Grand Traité d'instrumentation* (1843).

BERLIOZ prägte mit seiner ausdrucksstarken Orchestersprache die musikal. Romantik in Frankreich. Dabei sprengte seine musikal. Fantasie, angeregt oder verstärkt durch das Programm, die klass. Sinfonik.

Der *Symphonie fantastique*, op. 14 (1830), *Aus dem Leben eines Künstlers*, liegt ein eigenes Erlebnis zugrunde: seine Liebe zu der engl. Schauspielerin HARRIET SMITHSON, Julia und Ophelia einer SHAKESPEARE-Truppe, 1827 in Paris (ab 1833 vorübergehend BERLIOZ' Frau). *»Die Geliebte selbst wird für ihn* (den Künstler) *zur Melodie, gleichsam zu einer idée fixe, die er überall wiederfindet, überall hört«* (Vorwort). So taucht die *idée fixe* als Erinnerungsmotiv immer wieder auf. Sie ist von leidenschaftlich bewegter, rhythmisch und melodisch asymmetrischer, romantisch schöner Gestalt und stammt, nebenbei gesagt, aus einer frühen Kantate (S. 152 f.).

BERLIOZ schildert quasi realistisch, so im 3. Satz, der *Szene auf dem Lande*, ein Gewitter mit 4 Pauken; bei der geträumten Hinrichtung im 4. Satz erscheint die *idée fixe* letztmals *süß und leidenschaftlich*, ehe in einem *ff*-Streich das Beil fällt und der Kopf zu Boden poltert (Pizzicati abwärts, Nb. A). Dann ertönt der nach der Hinrichtung übl. Paukenwirbel. Im Finalrondo (5. Satz) taucht die Geliebte als Hexe *verzerrt* auf (Nb. A). Das *Dies-irae*-Zitat aus der Totenmesse verstärkt die schaurig-blasphem. Sphäre des Hexensabbat.

In der 2. Fassung (UA 1832) verändert BERLIOZ das Programm geringfügig (Morphium vom 1. Satz statt Traum vom 4. Satz an) und bringt als Fortsetzung das Monodram *Lélio oder die Rückkehr ins Leben.*

Bezeichnend ist die Haltung des Musikers BERLIOZ zur Stellung der (absoluten) Musik *über* dem (außermusikal.) Programm. Man darf Letzteres auch weglassen, denn *»die Symphonie könne (so hoffe der Autor) für sich ein musikal. Interesse unabhängig von allen dramat. Intentionen bieten«* (Vorwort).

Weitere Programmsinfonien von BERLIOZ sind: *Huit scènes de Faust*, op. 1 (1828–29); *Harold en Italie*, mit Va.-Solopart für PAGANINI, wobei sich Programm mit absolutmusikal. Form vermischt (1834; Abb. B).; *Roméo et Juliette*, mit Soli und Chören (1839); *Grande Symphonie funèbre et triomphale*, für großes Orch. und Chor zur Einweihung der Siegessäule (1840). Ferner schrieb BERLIOZ 3 Opern (S. 415), 2 Oratorien (S. 425), 8 Ouvertüren, Kantaten, Te Deum, Messen, Requiem, Chöre, Lieder u. a.

LISZT (S. 447) entwickelte als experimentierfreudiger Kpm. in Weimar aus der Ouvertüre eine neue, einsätzige Gattung: die *sinfon. Dichtung*. Die Thematik umfasst lit. Vorlagen (Schauspiele, Gedichte), Bilder, eigene Erlebnisse. Es sind Tongemälde unterschiedlich deutl. Programmatik, von allg. Charakterdarstellung eines Titels bis zu genauen Schilderungen. So ist auch kaum nachweisbar, inwieweit der Text oder Gehalt die musikal. Gestalt im Einzelnen beeinflusst hat, jedoch sind alle *sinfon. Dichtungen* formal frei und fantasieartig angelegt. Teilweise wurden die Texte auch nachträglich beigegeben wie bei den Préludes.

LAMARTINES Gedicht *Les Préludes* schildert die Episoden des Lebens als Vorspiele zum Tod. LISZT stellte das Gedicht seiner Ouvertüre zu *Les quatre Eléments* (Männerchorwerk über AUTRAN-Gedichte) von 1848 voran, arbeitete die Ouvertüre dann zu einer *sinfon. Dichtung* um. Die Textsujets lassen sich nun der Musik zuweisen: der feierl. Anfang (T. 1), Zartheit und Schwung der ersten Liebe (T. 47), Lyrik der Landidylle (T. 70; Nb. C).

LISZT schrieb 13 sinfon. Dichtungen: *Les Préludes* (1848, UA 1854); *Was man auf den Bergen hört* (1848–50), n. V. HUGO; *Tasso* (1849); *Heldenklage* (1849–50), aus einer Revolutionssinf. von 1830; *Prometheus* (1850), Ouvertüre zu HERDERS Pr.; *Mazeppa* (1851), n. V. HUGO; *Festklänge* (1853); *Orpheus* (1853–54); *Hungaria* (1854); *Hunnenschlacht* (1857), KAULBACHS Gemälde; *Die Ideale* (1857), n. SCHILLER; *Hamlet* (1858); *Von der Wiege bis zum Grabe* (1881–82).

Außerdem entstanden 2 Programmsinfonien mit mehreren Sätzen: *Faust-Sinfonie in 3 Charakterbildern* (1854–57) und einem Schlusschor (Abb. C), *Dante-Sinfonie* (1855–56, UA 1857; S. 446, Abb. B).

1. Préludes	2. Ballade	3. Adagio	4. Finale
Meer und Schiff des Sindbad	Erzählung des Prinzen Kalender	Der junge Prinz und die junge Prinzessin	Fest in Bagdad, Meer, Schiffbruch

A **N. A. Rimski-Korsakow, Scheherazade, sinfonische Suite, op. 35,** 1888

Mitternacht	Tod als Fiedler	Hahnenschrei
12 Glockenschläge Klangrealistik	Totentanz »Violinkonzert«	Oboensolo Tonmalerei

B **C. Saint-Saëns, Danse macabre, op. 40,** 1875

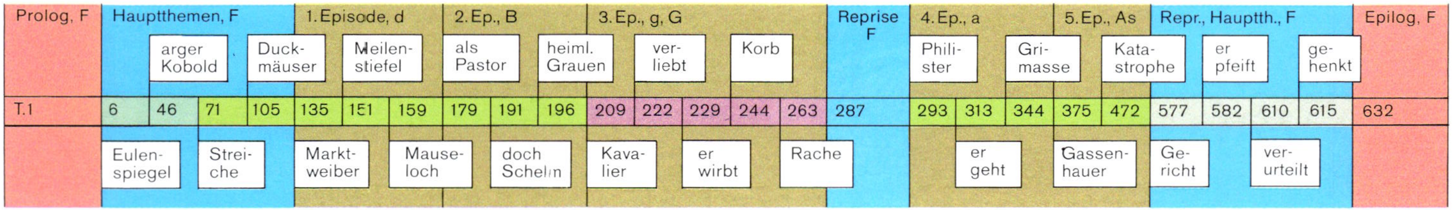

C **R. Strauss, Till Eulenspiegels lustige Streiche, op. 28,** 1895

Verhältnis Form – Inhalt

In **Frankreich** folgen Komponisten wie
FÉLICIEN C. DAVID (1810–76): exot. Sinfonie-Ode *Le désert* (1844, nach Orientreise); *Christophe Colomb* (1847).
CÉSAR FRANCK (1822–90); Tondichtungen: *Ce qu'on entend sur la montagne* (~ 1845–47, V. HUGO; vor LISZT); *Les éolides* (1875–76); *Le chasseur maudit* (1882, BÜRGER); *Les Djinns* (1884, HUGO, mit Soloklavier); *Psyché* (1887–88, mit Chor).
CAMILLE SAINT-SAËNS (1835–1921): *Le Rouet d'Omphale* op. 31 (1872); *Phaëton* op. 39 (1873); *La danse macabre* op. 40 (1874, *Totentanz,* mit Solovioline); *La jeunesse d'Hercule* op. 50 (1877).
Der *Totentanz* (Gedicht von CAZALIS) spielt mit virtuoser Klangrealistik, wie Glockenschlägen zu Mitternacht, dem Tod als Fiedler, wie er auf vielen Totentanzbildern den Zug der Skelette (Xylophon) anführt (Walzer), dem Hahnenschrei (Oboe), der den Spuk beendet (Abb. B).
GABRIEL FAURÉ (1845–1924), aus Pamiers (Ariège), Schüler SAINT-SAËNS', 1866–70 Organist in Rennes, ab 1871 in Paris, 1877 Kpm. (Ste-Madeleine), 1896 Prof. für Kompos. (RAVEL, BOULANGER); *Les Djinns* op. 12 (1875, V. HUGO, mit Chor).
VINCENT D'INDY (1851–1931), FRANCK-Schüler, mit BORDES und GUILMANT Gründer der *Schola cantorum;* 3 Wallenstein-Ouvertüren op. 12 (1873–81); *La forêt enchantée,* op. 8 (1878, nach UHLAND); *Tableaux de voyage* op. 36 (1888–92); *Jour d'été à la montagne* op. 61 (1905, Tript.).
ERNEST CHAUSSON (1855–99): *Viviane* op. 5 (1882/87); *Soir de fête* op. 32 (1897–98); *Poème* op. 25 (1896, mit Solovioline).
PAUL DUKAS (1865–1935): *L'Apprenti sorcier (Der Zauberlehrling,* 1897, GOETHE).

Russland. BALAKIREW: *Russia* (1864/84).
BORODIN: *Eine Steppenskizze* (1880).
MUSSORGSKI: *Johannisnacht auf dem Kahlen Berge* (1867, nach GOGOL, bearb. von RIMSKI-KORSAKOW als *Eine Nacht ...*).
TSCHAIKOWSKY s. S. 461.
RIMSKI-KORSAKOW: *Sadko* (1867/69/92); *Capriccio espagnol* (1887); *Scheherazade* (1888) mit 4 Teilen und charakterist. Themen: der Sultan in kräftigen Oktaven, rauh, ungelenk; Scheherazade in zartester Bewegung (Abb. A).
Sinfon. Dichtungen von LJADOW, LJAPUNOW, KALINNIKOW, GLASUNOW (*Stenka Rasin,* 1885; *Kreml,* 1890), SKRJABIN u. a.

Böhmen. BEDŘICH SMETANA (1824–84) aus Leitomischl (Böhmen), ab 1843 in Prag, LISZT-Anhänger, 1848 Konservatorium gegr., 1856–61 Exil in Schweden, Dirigent ab 1861 des Gesangvereins *Hlahol* (viele Nachgründungen), ab 1862 Interimstheater, Musikkritiker, 1874 Ertaubung (S. 452); 8 Opern, Oratorien, KaM usw. – Sinfon. Dichtungen: *Richard III.* (1857–58); *Wallensteins Lager* (1858–59), *Hakon Jarl* (1860–61); Zyklus *Mein Vaterland* (um 1872–79): 1. *Vyšehrad* (Burg in Prag), 2. *Die Moldau* (S. 142), 3. *Šárka* (Amazonenfels), 4. *Aus Böhmens Hain und Flur,* 5. *Tábor* (Zitadelle der Hussiten), 6. *Blaník* (Heldenberg der Hussiten).
A. DVOŘÁK: Zyklus *Der Wassermann, Die Mittagshexe, Das goldene Spinnrad, Die Waldtaube* op. 107–110 (1896, nach ERBEN); *Heldenlied* op. 111 (1897).

Skandinavien: JEAN SIBELIUS (1865–1957): 7 Sinfonien, 11 sinfonische Dichtungen, u. a. *Kullervo* (1892), *En Saga* (1892), *Finlandia* (1899).
CARL NIELSEN (1865–1931): 6 Sinfonien, 2 sinfon. Dichtungen: *Sagen-Traum* (1907–08), *Pan og Syrinx* (1917–18).

Österreich, Deutschland
Aus der LISZT-Schule oder von ihr beeinflusst kommen KLUGHARDT, SCHARWENKA, HUBER, KLOSE, HAUSEGGER u. a., auch HUGO WOLF mit seiner sinfon. Dichtung *Penthesilea* (1883–85, KLEIST) und seiner *Ital. Serenade* (postum), ferner R. STRAUSS mit 9 sinfon. Dichtungen (*Tondichtungen,* S. 479), darunter *Till Eulenspiegels lustige Streiche. Nach alter Schelmenweise in Rondeauform,* op. 28 (1894–95).
Prolog und Epilog im Erzählton bilden den Rahmen, Eulenspiegel erhält 2 Themen: Hornthema mit 3-mal wiederholtem, purzelbaumartig umrhythmisiertem Motiv, und D-Klarinetten-Thema fratzenhafter Gestik (Nb. C). Das Programm (Abb. C.):
»Es war einmal ein Schalksnarr/namens Till Eulenspiegel/Das war ein arger Kobold/Auf zu neuen Streichen!/Wartet nur, Ihr Duckmäuser!/–Hopp! Zu Pferde mitten durch die Marktweiber/Mit Siebenmeilenstiefeln kneift er aus/In einem Mauseloch versteckt–Als Pastor verkleidet trieft er von Salbung und Moral/Doch aus der großen Zehe guckt der Schelm hervor/Faßt ihn ob des Spottes mit der Religion doch ein heimliches Grauen an vor dem Ende/–Till als Kavalier, zarte Höflichkeiten mit schönen Mädchen tauschend/Sie hat's ihm wirklich angetan/Er wirbt um sie/Ein feiner Korb ist auch ein Korb!/Schwört Rache zu nehmen an der ganzen Menschheit/–Philistermotiv/Nachdem er den Philistern ein paar ungeheuerl. Thesen aufgestellt, überläßt er die Verblüfften ihrem Schicksal/Grimasse von weitem/Tills Gassenhauer/Das Gericht/Er pfeift gleichgültig vor sich hin (Urteil: »Der Tod«, Blech, Nb. C) *Hinauf auf die Leiter! Da baumelt er, die Luft geht ihm aus, eine letzte Zuckung. Tills Sterbliches hat geendet.«*
Die *Rondeauform:* zu Tills Hauptthemen in F-Dur, die rondoartig wiederkehren, kontrastieren 5 Episoden in wechselnden Tonarten (Tp, S, Sp, Dp, tP).

T. 1	62	138	194	230	394	458	514	620	663	682
Einleit.	Hauptth.	Seitenth.	Nebenth.	Durchführung	Reprise	Seitenth.	Nebenth.	Coda	Hauptth.	Einleit.
Elfen-tanz	Hochzeit Oberon	p, Dom. H-Dur	Rüpel-tanz H	Hauptth. u. a. Mittelteil	Elfen-tanz	p, Tonika E-Dur	Rüpel-tanz, E	Elfen-tanz	pp, Ver-klingen	Bläser-akkorde

Elfentreiben

Ruhe

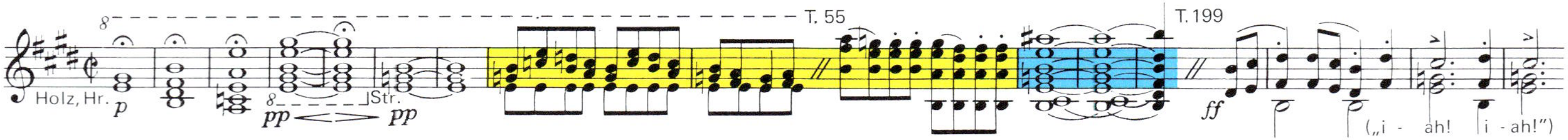

A **F. Mendelssohn, Ein Sommernachtstraum, Ouvertüre op. 21,** 1826

I, 1. Morgen	2. Aases Tod	3. Anitras Tanz	4. In der Halle d. Bergkönigs
II, 1. Brautraub	2. Arab. Tanz	3. Peer Gynts Heimkehr	4. Solvejgs Lied

B **E. Grieg, Peer-Gynt-Suiten I, op. 46,** 1888, und **II, op. 55,** 1891

Ballettmusik Konzert-Suite Libretto

I. Akt	1. Szene: Hl. Abend				2. Sz.	II. Akt 3. Sz.: Im Königreich der Süßigkeiten. Divertissement								Moral
Ouverture miniature	Marsch Kinder	Pas de 4 Puppen	Opatanz G. Nacht	Kampf Traum	Pas de 2 Schneeball	Schokolade Span. Tanz	Kaffee Arab. Tanz	Tee Chines. T.	Kosaken Trepak	Mirlitons Andantino	Blumen-walzer	Pas de 2 + Soli	Finale Valse	Bienen-walzer
I. Ouv.	II. Ma.				Feentanz		Trepak,	Arab.,	Chines.,	Mirlitons	III. Bl.			

C **P. Tschaikowsky, Der Nussknacker, Ballettmusik, op. 71,** 1892, und **Konzertsuite, op. 71a,** 1892

Mendelssohn, Grieg, Tschaikowsky

Ouvertüre
Als Gattung mit außermusikal. Gehalt entspricht die Ouvertüre den romant. Vorstellungen von Musik, und so nimmt sie als *Programmouvertüre* im 19. Jh. einen großen Aufschwung. Ein Problem wird der Kontrast von Form und Inhalt, denn die Ouvertüre ist formal traditionell ein Sonatensatz o. ä., das Programm aber drängt zu freier Gestaltung (Programmmusik).
Kombination von Programm und absolutmusikal. Formen sind im Laufe des 19. Jh. keine Seltenheit, sondern eher die Regel (vgl. *Leonoren-Ouvertüren,* S. 388 f.).
Seit je löst man die Ouvertüren gern aus ihrem Bühnenzusammenhang und führt sie im Konzert auf (S. 137). Hier 2 Beispiele BEETHOVENS zu Beginn des 19. Jh.:
- *Coriolan*-Ouvertüre, op. 62 (1807), geschrieben zu COLLINS Schauspiel, aber zuerst aufgeführt im Konzertsaal, wo sie, wie die *Leonoren-Ouv.*, heimisch wurde;
- *Egmont*-Ouvertüre, op. 84 (1809–10), Teil der Schauspielmusik zu GOETHES *Egmont,* mit Liedern, Zwischenaktmusiken, Melodram, Siegessinfonie.

Als relativ kurze, farbige und charakterist. Stücke erklingen die Ouvertüren bei Sonderanlässen, wie Haus- oder Denkmaleinweihungen, und im Konzert. Es liegt nahe, sie direkt für diese Anlässe oder fürs Konzert zu komponieren *(Konzertouv.).* Dabei erweitert man den Stoffkreis über Oper und Schauspiel hinaus auf allg. Themen, wie Naturbilder, Reisebilder, Stimmungen, Ideen. LISZT vergrößert dann das Ganze zu seinen einsätzigen *sinfon. Dichtungen,* die z. T. noch Ouvertüren heißen (S. 463).

Eine der genialen romant. Konzertouvertüren ist die Ouvertüre zu SHAKESPEARES *Sommernachtstraum* des 17-jährigen MENDELSSOHN BARTHOLDY. Zauberische Bläserakkorde erklingen als Rahmen, es folgt der Elfentanz, innegehalten im mystisch wirkenden, diss. Akkord T. 56 ff. (s^6+D^7, Nb. A). Es entsteht eine Sonatensatzform mit kontrastierenden Themen, dazu Rüpeltanz und Eselsgeschrei (T. 199, Nb. A), die in der Reprise wie das Seitenthema von H-Dur in die Tonika E-Dur transponiert werden (Abb. A).

MENDELSSOHN hat die Ouvertüre später um eine 5-teilige Bühnenmusik ergänzt (op. 61, 1842), mit Scherzo, Intermezzo, Notturno, Hochzeitsmarsch (oft 4-hdg.!) und Rüpeltanz. Er schrieb ferner u. a.: *Die Hebriden* op. 26 (1830, *Fingalshöhle*), *Meeresstille und glückliche Fahrt* op. 27 (1828–33, GOETHE).
Ouvertürenbeispiele: SCHUBERT: 8 Ouvertüren, davon 2 *im ital. Stil,* D/C, D 590/91 (1817); SCHUMANN: *Manfred,* op. 115 (1848–49, BYRON); WAGNER: *Faust* (1840/55); BERLIOZ: *Waverley* op. 2 (1828, SCOTT), *Le roi Lear* op. 4 (1831), *Le carnaval romain* op. 9 (1844, CELLINI); LISZT: *Orpheus, Prometheus, Mazeppa* (s. S. 463); TSCHAIKOWSKY: *Romeo und Julia* u. a. (S. 461). Ohne poet. Programm: BRAHMS, *Akadem. Festouvertüre,* c, op. 80 (1880), *Tragische Ouvertüre,* d, op. 81 (1881).

Orchestersuite
nimmt in der 2. Hälfte des 19. Jh. mit wachsendem Historismus, Klassizismus und Nationalinteresse einen neuen Aufschwung. Dabei prägen sie aus:
- barocke Züge, wie SAINT-SAËNS' *Suite* op. 49 (1877) mit *Prélude, Sarabande, Gavotte, Romance* und *Final*;
- folklorist. Züge, wie SAINT-SAËNS' *Suite algérienne* op. 60 (1880) mit *Prélude, Rhapsodie mauresque, Rêverie du soir, Marche militaire française.*

Oft liegt Außermusikalisches zugrunde, wie Erzählungen, Sagen oder Schauspiele, z. B.:
EDVARD GRIEG (1843–1907), *Peer Gynt Suite,* aus der Schauspielmusik zu IBSENS *Peer Gynt* von 1874–75 später zusammengestellt (Abb. B); *Solvejgs Lied* aus KJERULFS Volksliederslg., auch als Klavierlied GRIEGS op. 52,4 (Nb. B), erhält seine nord. und GRIEGsche Charakteristik durch typ. melod. Wendungen und Tonalitätsschichtungen: Orgelpunkt a-Moll, darüber Dominante E-Dur (T. 1, 4. Viertel) und Subdom. d-Moll (Melodie, T. 1, 3. und 4. Viertel).
GRIEGS Suite im alten Stil *Aus Holbergs Zeit* op. 40 (1884 für Klavier, 1885 für Orch.) mit *Prélude, Sarabande, Gavotte, Air* und *Rigaudon* verbindet Barockes und Folklore.
Auf Schauspielmusik geht auch FAURÉS Suite *Pelléas et Mélisande* (1898, MAETERLINCK) zurück, RIMSKI-KORSAKOWS *Scheherazade* dagegen auf ein Programm (S. 464, Abb. A).

Ballettmusik
Das 19. Jh. erweiterte das Ballett von 3 auf 4 bis 5 Akte. Die Musik, bis zu 20 Nummern, besteht aus Tänzen (Walzer, Polka usw.), spezif. Tanzbegleitungen (Pas de deux, de trois usw.), später freiem Ausdruck (Programmgehalt). Berühmte Ballette waren *La Sylphide* (Paris 1832) auf Musik von J. SCHNEITZHOEFFER, mit MARIA TAGLIONI als *danseuse aérienne* (Spitzentanz); *Giselle* (Paris 1841) auf Musik von A. ADAM, mit CARLOTTA GRISI, die den Ausdruckstanz einer *danseuse terre à terre* wie FANNY ELSSLER mit hereinnahm. Später folgten DELIBES' *Coppélia* (1870) und *Sylvia* (1876).
Eine reiche Ballett-Tradition entwickelte Russland, bes. mit dem frz. Choreografen M. PETIPA und TSCHAIKOWSKYS Märchenballetten *Schwanensee* (Moskau 1877, BEGICHEV/HELTSER), *Dornröschen* (Petersburg 1890, PETIPA/VSEVOLOZHSKY nach PERRAULT) und *Nussknacker* (Petersburg 1892, PETIPA nach E. T. A. HOFFMANN).

Abb. C zeigt u. a. die Stücke, die TSCHAIKOWSKY zur Konzertsuite auswählte.

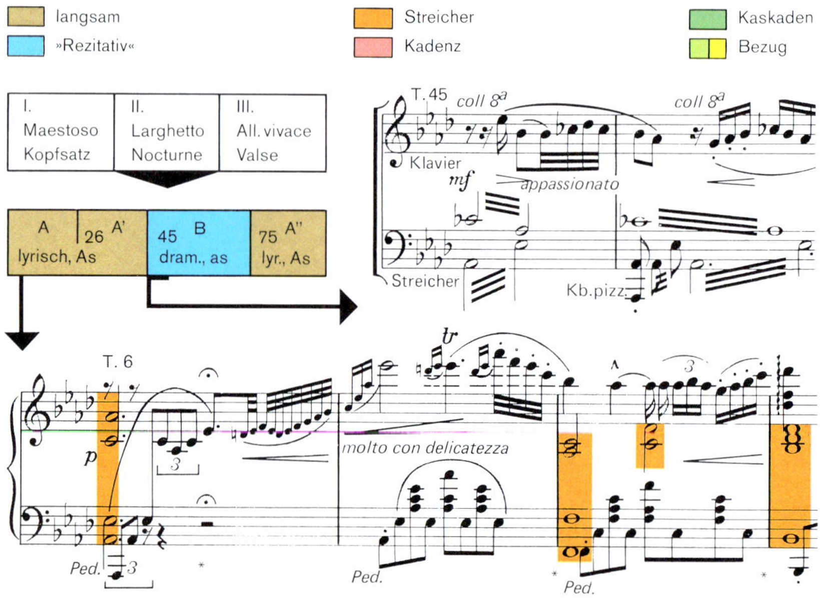

A F. Chopin, Klavierkonzert Nr. 2, f-Moll, op. 21, 1829

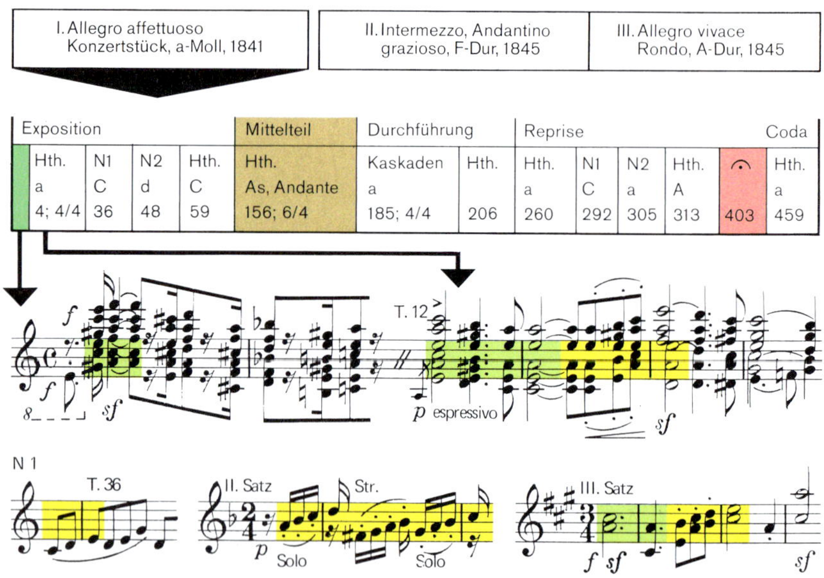

B R. Schumann, Klavierkonzert a-Moll, op. 54, 1841/45, Gesamtanlage und Motivbezug

Im 19. Jh. führt das **Klavierkonzert** vor den Übrigen; MOZARTS und BEETHOVENS Konzerte setzen Maßstäbe.
DANIEL STEIBELT (1765–1823) ist für sein Tremolo und seine farbig malenden Klänge bekannt. Sein 3. Klavierkonzert heißt, wie eine Programmsinfonie, *L'orage* (Gewitter), sein 6. *Le Voyage sur le Mont St-Bernard* (vor 1816, nach CHERUBINIS Oper).
J. B. CRAMER (1771–1858) schrieb virtuose Konzerte im sog. *brillanten Stil.*
C. M VON WEBER (1786–1826), selbst Klaviervirtuose, komponierte 2 Klavierkonzerte in C, op. 11 (1810), und in Es, op. 32 (1812). Dem Konzertstück in f, op. 79 (1821, UA Berlin, eine Woche nach dem *Freischütz*) liegt ein romant. Programm zugrunde: mittelalterl. Burg und Burgfrau, Kreuzzug-Klage und Jubel bei Rückkehr. Formal einsätzig, aber mehrteilig (Einfluss auf LISZT).
J. N. HUMMEL (1778–1837), MOZART-Schüler, komponiert mit Grazie, romant. Farbe und Brillanz, bes. im Konzert in a, op. 85 (um 1816), das bereits viel vom Flair CHOPINS hat, wenn auch nicht dessen melod. Qualität und harmon. Einfallsreichtum (wohl aber ähnl. Figuration).
Ferner: FRANZ LESSEL (1780–1838), Potpourri mit poln. Tänzen (1813); JOHN FIELD (1782–1837), langsame Sätze *aus Rosenduft und Lilienschnee gewoben* (SCHUMANN zum 7. Konzert, 1835); F. W. KALKBRENNER (1785–1849), eine *»marzipane Erscheinung«* (HEINE); I. MOSCHELES (1794–1870); H. HERZ (1803–88); S. THALBERG (1812–71).

F. Mendelssohn Bartholdy (1809–47), der als junger Pianist Aufsehen erregte (der 14-Jährige spielte GOETHE u. a. BEETHOVENS 5. Sinfonie auf dem Klavier vor), schrieb
- Konzerte für 2 Klaviere in E (1823 für Schwester FANNY) und As (1824);
- Klavierkonzert Nr. 1, g, op. 25 (1831), Klavierkonzert Nr. 2, d, op. 40 (1837);
- Capriccio brillant, h, op. 22 (1825–26?); Rondo brillant, Es, op. 29 (1834); Serenade und Allegro, op. 43 (1838).

MENDELSSOHNS virtuose Pianistik ist von einer nervigen Unruhe erfüllt und zugleich geprägt von geistreicher, weitherziger Noblesse. Allein der lautenhaft zarte Beginn des *Capriccio* bezeugt Genie.
F. Chopin (1810–49) komponierte seine Werke für Klavier und Orchester bereits früh. Der Orchestersatz tritt dabei hinter dem Klavier zurück, was dessen Solograd spiegelt (nicht orchestrales Unvermögen). Nach EZ:
- Variationen über *Là ci darem la mano* aus MOZARTS *Don Giovanni,* B, op. 2 (1827);
- Fantasie (poln. Lieder) A, op. 13 (1828);
- Rondo *Krakowiak,* F, op. 14 (1828);
- 2 Konzerte: f, op. 21 (1829–30, sog. Nr. 2); e, op. 11 (1830, sog. Nr. 1);
- *Grande polonaise brillante,* Es, op. 22 (1830–31), mit *Andante spianato* (1834).

SCHUMANN begrüßte CHOPINS Don-Juan-Variationen enthusiastisch (*Hut ab, ihr Herren, ein Genie*) und bewunderte Eigenstand, Fantasie und Höhe dieses frühen *»Werkes 2«* (AmZ 1831). Die Konzerte schrieb CHOPIN inspiriert durch seine Liebe zur Sängerin KONSTANZE GLADKOWSKA, *»mein Ideal, dem ich, ohne mit ihm zu sprechen, bereits ein halbes Jahr diene, von dem ich träume, zu dessen Andenken ich das Adagio zu meinem neuen Konzerte komponiert habe«* (1829).

Über dem romant. Klangteppich der Streicher und der vollgriffigen l. H. (vgl. eine entspr. MOZART-Figuration) erhebt sich eine weit schwingende Melodie, wobei die grazile Ornamentik in Belcanto-Manier delikat und mit ausdrucksstarkem, aber stilvollem Rubato in den großen Atem der Linie eingeschmolzen wird. Dreimal wiederholt CHOPIN sein Thema mit verströmenden Varianten wie neue Liedstrophen (A, A′, A″); vor der letzten erscheint ein dramat. Rezitativ in Moll, mit blitzenden Oktaven im Klavier über einem dunkel erregten Streichertremolo (Nb. A).

Vom ähnl. Adagio des e-Moll-Konzerts schreibt CHOPIN: *»Es ist wie ein Hinträumen in einer schönen mondbeglänzten Frühlingsnacht ... Darum ist denn auch die Begleitung mit Sordinen«* (Brief an TYTUS W., 1830). Die virtuosen Ecksätze der Konzerte blühen in Fantasie, Gefühl, Ideen und tänzer. Kraft. Die Höhe der Empfindung erinnert an BEETHOVEN (*wie Hummel den Stil Mozarts verbreitete, so führte Chopin Beethovenschen Geist in den Konzertsaal,* SCHUMANN 1835).

R. Schumann bekannte nach 3 Konzertversuchen (Fragm. in f, F, d 1829/30/39): *»Ich kann kein Konzert schreiben für Virtuosen, ich muß auf etwas anderes sinnen«* (an CLARA). 1841 entstand eine einsätzige Fantasie für Klavier und Orchester in a, die er auf Verlegerwunsch 1845 um 2 weitere Sätze zum Konzert ergänzte.

Das Konzert beginnt mit einer vollgriffigen Akkordkaskade, als ob ein Bühnenvorhang schwungvoll geöffnet würde. Das Hauptthema wendet die Akkordidee ins Lyrische und moduliert sogleich romantisch schweifend nach Dur (Nb. B) und zurück. Ein erster Nebengedanke greift die Achtelbewegung wieder auf, überall herrscht dichter Zusammenhang. Zum ursprüngl. Fantasiesatz passt der ungewöhnl. langsame Mittelteil in As-Dur mit Klarinettensolo. Konzertant ist die leidenschaftl. auskomponierte Kadenz (Abb. B). Der II. Satz (mit Vc.-Melodie) und das Finale greifen Motive des Kopfthemas wieder auf.

Von SCHUMANN stammen noch die einsätzigen Konzertstücke *Introduction und Allegro appassionato,* G, op. 92 (1849), von CLARA oft gespielt, und *Introduktion und Allegro,* d-D, op. 134 (1853), J. BRAHMS gewidmet.

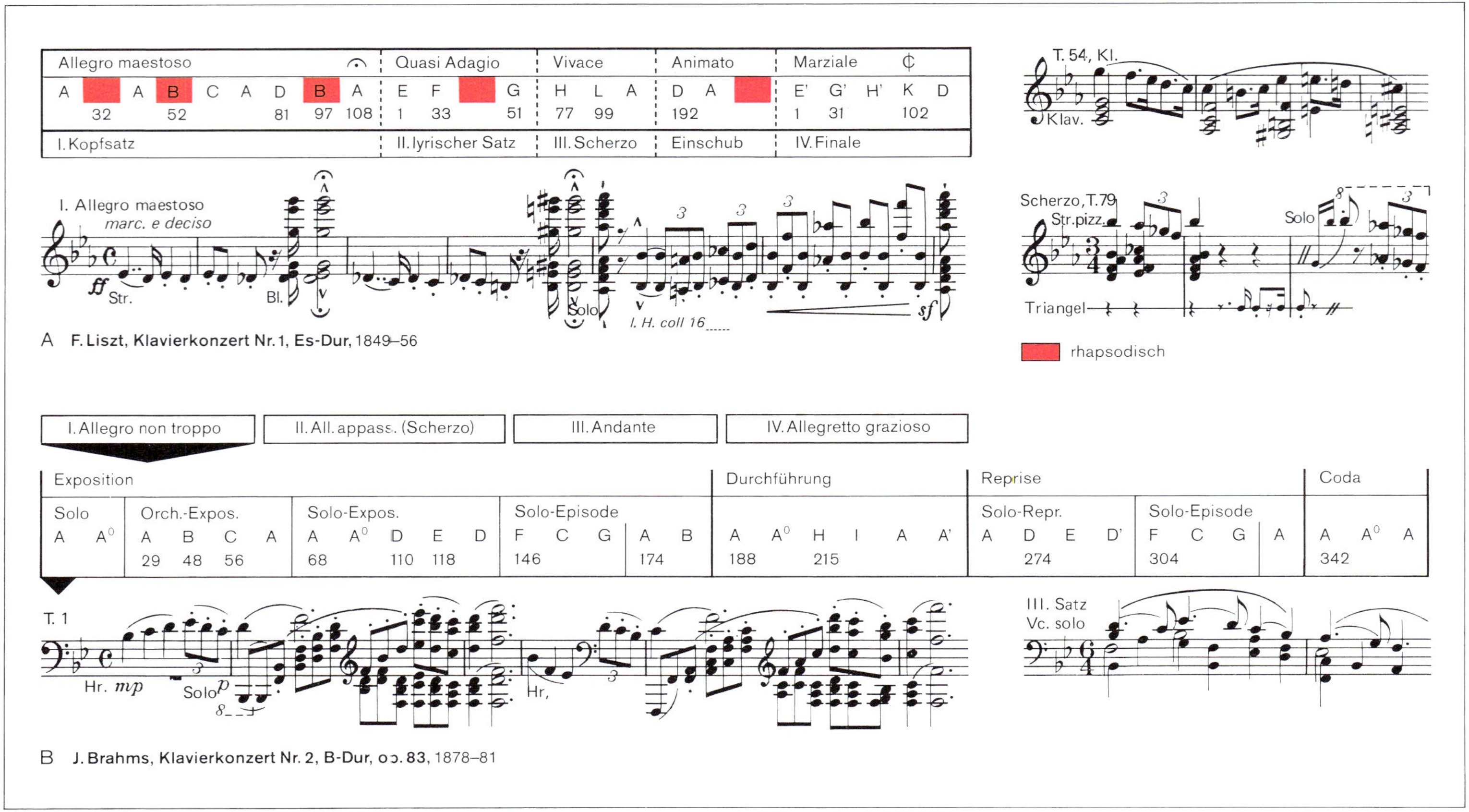

Klangfülle und symphonische Züge

In der 2. Jh.-Hälfte trennen sich die beiden Richtungen der formal freieren, zuweilen programmat. Konzerte einerseits (LISZT) und der formal strengeren, ebenso reichen und neuartigen andererseits (BRAHMS).

F. Liszt erfüllte seine Klavierkonzerte mit extremer Fantastik, mit neuartigem Klangreichtum sowohl auf dem Klavier wie im Orchester, mit pathet. Gestik, mit eigenem Erleben und poet. Ausdruck. Die Übertragungen von Opern und Sinfonien, bes. BERLIOZ, wirken nach.

Entstehungsfolge:

- *Malédiction* für Klavier und Streicher (~1830/~40), zurückgehend auf das Konzert in a von 2 frühen Konzerten (~1825).
- *Grande fantaisie symphonique* (1834), über 2 Motive aus BERLIOZ' *Lélio*.
- *Concerto symphonique* (1834–35), ein *Psaume instrumental De profundis*, programm. Hilferuf und Erlösung, einsätzig.
- *Rondeau fantastique* (1836), über span. Themen (nach GARCÍA).
- *Puritaner*-Variation und -Reminiscence (1837/39), nach BELLINIS Oper *I Puritani*.
- Paraphrase über *God save the Queen* und *Rule Britannia* (1841).
- Klavierkonzert in A (1839/49–61), sog. Nr. 2, UA Weimar 1857.
- Fantasie über Motive aus BEETHOVENS *Ruinen von Athen* (1848–52).
- Klavierkonzert in Es (1849), sog. Nr. 1, UA 1855 mit LISZT unter BERLIOZ.
- *Totentanz* (1849/53/59), UA 1865 mit BÜLOW unter LISZT (S. 446, Abb. A).
- *Fantasie über ungar. Volksmelodien* (1852?) = *Ungar. Rhapsodie* Nr. 14 als Konzert (so auch Nr. 13; Nr. 1–6 nur für Orch. bearbeitet).
- *Konzert im ungar. Stil* (1885), Fragment.

Für LISZT sind die zahlreichen Überarbeitungen typisch. Die Erfahrungen im Konzertsaal spielen hier ebenso eine Rolle wie der rhapsod. Charakter der Konzerte. Frühes Vorbild für Einsätzigkeit und (geheimes) Programm ist WEBERS Konzertstück op. 79, das LISZT oft gespielt hat (S. 469).

Auch das Es-Dur-Konzert ist einsätzig, d. h. ohne Pause folgen lebhafte und lyr. Teile wie Sätze einer Sinfonie (Abb. A). Die Themen und Teile A-K kehren dabei z. T. variiert wieder. Kadenzartige Partien des Klaviers stehen wie üblich vor Schluss der »Sätze«, hier auch gleich zu Beginn: fantastisch, quasi improvisiert.

Das Konzert beginnt mit einem heroischen Tutti-Motiv (*»Ihr, ihr könnt alle nichts!«*, LISZT), mit kühner Rückung von Es nach E, und ausgreifenden Oktavsprüngen in beiden Händen (Nb. A). Den lyr. Nebengedanken (B) bringen auch Soloinstr. des Orch., vom Klavier begleitet; so auch in der romant. Modulation von c nach A (T. 54 ff.). Das Scherzo arbeitet effektvoll mit Pizz. und Triangel (*Triangelkonzert*, HANSLICK; T. 79). Im marschartigen Finale kehren frühere Themen wieder (Zyklus).

LISZT bearbeitete auch SCHUBERTS *Wandererfantasie* und WEBERS *Polacca brillante* op. 72 für Klavier und Orchester.

Einer der Vorläufer LISZTS im Blick auf sinfon. Orchesterbehandlung und Anlage war HENRY LITOLFF (1818–91), dem das Es-Dur-Konzert gewidmet ist. Er schrieb mehrere *Concerti symphoniques* mit Scherzo (auch *Intermède)*, also 4-sätzig.

J. Brahms komponierte nur 2 Klavierkonzerte, die in ihrem sinfon. Charakter und ihrer ausdrucksstarken Virtuosität zu den großen Werken des 19. Jh. gehören.

Klavierkonzert Nr. 1, d, op. 15 (1856–57, UA Hannover 1859). BRAHMS schrieb unter dem Eindruck von BEETHOVENS 9. Sinfonie, die er 1853 in Düsseldorf erstmals hörte, eine Sonate in d Moll für 2 Klaviere (mit Scherzo), deren Kopfsatz er zunächst für Orchester (*meine verunglückte Symphonie)*, dann zum Klavierkonzert umarbeitete. Das Scherzo der Sonate ging als Trauermarsch *Denn alles Fleisch* ins *Deutsche Requiem* ein. Leidenschaft und Schönheit der Themen mögen beeinflusst sein von BRAHMS' Liebe zu CLARA SCHUMANN, deren *»sanftes Portrait«* er im Adagio malt (an CLARA, 1857).

Das Klavierkonzert Nr. 2, B, op. 83 (Preßbaum b. Wien 1881) hat ein Scherzo in d-Moll, also 4 Sätze, und ist auch strukturell eher eine *Symphonie mit obligatem Klavier* (HANSLICK). Das Werk strahlt eine von der Erhabenheit der Natur inspirierte Größe aus.

Das Waldhorn eröffnet mit dem breit angelegten Hauptthema, vom Klavier in aufsteigender Akkordfülle imitiert, bei klass. symmetr. Anlage des Themas, nicht in 2 mal 2, sondern in romantisch erweiterten 2 mal 3 Takten (Nb. B). – Das Thema des Andantes, vom Solocello vorgetragen, wird später zum Lied *Immer leiser wird mein Schlummer* (Nb. B; s. S. 433).

Im abgeklärten Fis-Dur-Teil des Andantes klingt das Lied *Todessehnen* auf (op. 86,6, 1881). Aller Gehalt ist hier reiner Klang, absolute Musik geworden, transzendierend in eine höhere, unbegreifl. Allgegenwart, in der sich Geschick und Entgrenzung des Individuums zu erfüllen scheinen.

Weitere Klavierkonzerte aus dem 19. Jh.:
C. FRANCK, *Variations symphoniques* (1885).
C. SAINT-SAËNS, 5 Konzerte: D, op. 17 (1858), g, op. 22 (1868), Es, op. 29 (1869), c, op. 44 (1875), F, op. 103 (1896); *Le carnaval des animaux* für 2 Klaviere und Orch. (1886); *Afrika-Fantasie*, op. 89 (1891).
E. GRIEG, Konzert a, op. 16 (1868).
P. TSCHAIKOWSKY, 3 Konzerte: b, op. 23 (1874–75), G, op. 44 (1879–80), Es, op. 75 (1893); Fantasie op. 56 (1884).
A. DVOŘÁK, Konzert g, op. 33 (1876).
R. STRAUSS, Burleske (1885–86).

A N. Paganini, Violinkonzert Es-Dur (Skordatur D-Dur), op. 6, 1817–18

Allegro molto a, 4/4; Solo-Rez.	Adagio F, 3/4; As; F	Andante a, 4/4; Solo-Rez.	Allegro moderato a, As – h; a; Kadenz
Rezitativ	(Arioso)		(Arie)

B L. Spohr, Violinkonzert in Form einer Gesangsszene, a-Moll, op. 47, 1816

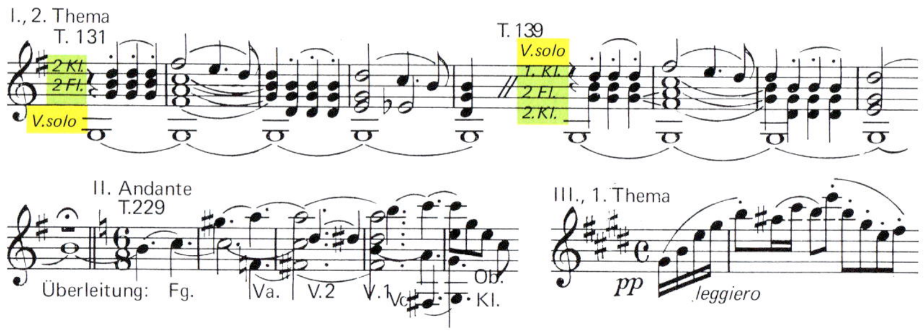

C F. Mendelssohn, Violinkonzert e-Moll, op. 64, 1844, Klangfarben

Holz/V.solo

R	A	B	R	C	R	A	B	R	Coda: C, A
1	127	191	285	363	442	544	614	700	743
A	fis	E	A	d	A	A	A	As…	A

D A. Dvořák, Violinkonzert a-Moll, op. 53, 1882

Furiant Allegro

Dumky Andante

Im 19. Jh. wurden viele heute vergessene **Violinkonzerte** von Geigern für den eigenen Vortrag geschrieben. Die großen Komponisten, meist keine Geiger, ließen sich von Geigern beraten in Blick auf Technik und Spielbarkeit. Die Anforderungen an die Geige stiegen im 19. Jh. stark. Die Konzerte von BEETHOVEN (1806) und BRAHMS (1878) galten als unspielbar. Am Anfang des Jh. steht:

NICCOLÒ PAGANINI (1782–1840). Musikal. Inspiration und techn. Können ließen ihn während der Konzerte mehr improvisieren, als in den Noten steht: kadenzartige Ausbrüche an vielen Stellen und originelle Verzierungen und Zutaten, wie man es von Sängern des ital. Belcanto gewohnt war. Seine Konzerte zeigen auch sonst ital. Operngestik in ihrer Melodik, ihrem Flair und in der Art, wie die Sologeige auftritt: nach pompösen Orchestervorbereitungen wie eine Primadonna oder Primaballerina in die Stille hinein. Im übrigen begleitet das Orchester die Geige wie eine »Riesengitarre« (vgl. S. 449). Konzerte:

- Nr. 1, Es, op. 6 (1817–18, gedr. 1851), mit Skordatur: V. *spielt* D-Dur, *stimmt* Halbton höher. Das 2. Thema hat sänger. Schmelz. Das Thema des Finales ist spritzig, temperamentvoll (Nb. A).
- Nr. 2, h, op. 7 (1826), mit Rondofinale *La campanella (Das Glöckchen).*
- Nr. 3, E (1826; UA 1971, SZERYNG).
- Allegro *Moto perpetuo,* op. 11 (n. 1830).
- Var.: *Le streghe* op. 8 (1813, SÜSSMAYR); *God save the King,* op. 9 (1829); *Non più mesta,* op. 12 (1819; ROSSINI, *Cenerentola*); *I palpiti,* op. 13 (~1819; ROSSINI, *Tancredi*).

Unter den dt. Geigern, wie KROMMER, MAYSEDER, ROMBERG, KALLIWODA, HOFFMANN, SCHNEIDER, PIXIS, DAVID, führt

LOUIS (LUDEWIG) SPOHR (1784–1859), mit 15 Konzerten, davon das 8. für eine Italienreise, das Land der Oper, einsätzig mit *Rezitativ, Arioso* und *Arie.* Das solist. Rez. ist in Belcantomanier zu verzieren, bis zum Tutti-Einsatz (Nb. B).

MENDELSSOHN BARTHOLDY, geigerisch vom Dresdener Konzertmeister DAVID beraten, schuf mit seinem Konzert in e, op. 64 (1844), ein fantast., z. T. die Atmosphäre des Sommernachtstraums widerspiegelndes Konzert mit charakterist. Melodik und reichen Klangfarben.

Das sangl. 2. Thema des Kopfsatzes erklingt zuerst in den Holzbläsern über dem sonoren G der Violine, dann erst im Solo (Nb. C). Die *auskomponierte* Kadenz steht *vor* der Reprise. Romantisch ist die Überleitung vom I. zum II. Satz: eine Modulation von e nach F in wachsender Ton- und Farbgebung (Nb. C). Ein kapriziöses Rondo beschließt das Konzert (Nb. C).

SCHUMANNS Fantasie in C, op. 131, und sein Konzert in d, op. postum, sind späte Werke (1853).

MAX BRUCH (1838–1920) schrieb 3 Konzerte, darunter das in g, op. 26 (1868), ferner die *Schottische Fantasie,* op. 46 (1880).

BRAHMS' Violinkonzert in D, op. 77 (1878, S. 474, Abb. B), charakterisiert die musikal. Spätromantik ebenso wie sein Doppelkonzert für V. und Vc. in a, op. 102 (1887, Thun).

In **Frankreich** gibt es eine vielseitige und virtuose Konzertentfaltung mit BAILLOT, HABENECK, BERLIOZ (Romanze), BÉRIOT, DANCLA, H. VIEUXTEMPS (1820–1881; 7 Konzerte), GODARD, E. LALO (1823–92; *Symphonie espagnole,* 1874), C. SAINT-SAËNS (3 Konzerte; *Rondo capriccioso* op. 28; *Danse macabre,* S. 464, Abb. B), E. YSAŸE, ERNEST CHAUSSON (1855–99, *Poème*), G. PIERNÉ u. a.

Im Osten: HENRYK WIENIAWSKY (1835–80), poln. Geiger; 2 Konzerte: fis, op. 14, und d, op. 22 (1862); ferner die *Légende* op. 17.

P. TSCHAIKOWSKY ließ seiner *Sérénade mélancolique,* op. 26 (1875), sein glänzendes Konzert in D, op. 35 (1878), folgen.

A. DVOŘÁKS Konzert in a, op. 53, für J. JOACHIM, ist erfüllt von Nationalkolorit und geiger. Tradition Böhmens. Die klangintensiven Terzen und die rhythmisch lebendigen Triolen und Sextolen geben dem Hauptthema des Kopfsatzes etwas Markant-Dramatisches, während das tänzer. Finalrondo mit seinen schnellen und langsamen Dumky-Themen folklorist. Farben zeigt (Abb. D). Berühmt wurde auch seine *Romanze* in F, op. 11 (1877).

Weitere Konzerte stammen von GLASUNOW, ARENSKI, STOJOWSKI, GADE, SIBELIUS.

Violoncello

Die Konzerte für Vc. sind nicht so zahlreich. Auch hier gehen die meisten Konzerte auf Cellisten zurück wie DOTZAUER, KUMMER, GOLTERMANN, GRÜTZMACHER, D. POPPER (4 Konzerte), JULIUS KLENGEL (a, op. 4, 1882; d, a, h). R. SCHUMANN komponierte sein Konzert in a, op. 129, erst 1850.

Weitere Konzerte von AUBER (4), DAVIDOW, VIEUXTEMPS (a, op. 46, 1877), LALO, WIDOR; TSCHAIKOWSKY: *Rokoko-Var.* op. 33 (1876); DVOŘÁK: Konzert in h, op. 104 (1894–95).

Die **Bläserkonzerte** treten im 19. Jh. in den Hintergrund. Beliebt waren Konzerte für

Klarinette: WEBER, *Concertino* op. 26 (1811), 2 Konzerte, in f, op. 73, und Es, op. 74 (1811), mit Freischützromantik und großer Virtuosität (für BÄRMANN); ferner SPOHR, STRAUSS.

Flöte: LOBE, DOTZAUER, REISSIGER, POPP, MOLIQUE.

Oboe: LINDPAINTNER, VOGT, BARTH, KALLIWODA.

Fagott: WEBER, Konzert in F, op. 75 (1811); VENTURINI.

Horn: WEBER, EISNER, KIEL, R. STRAUSS.

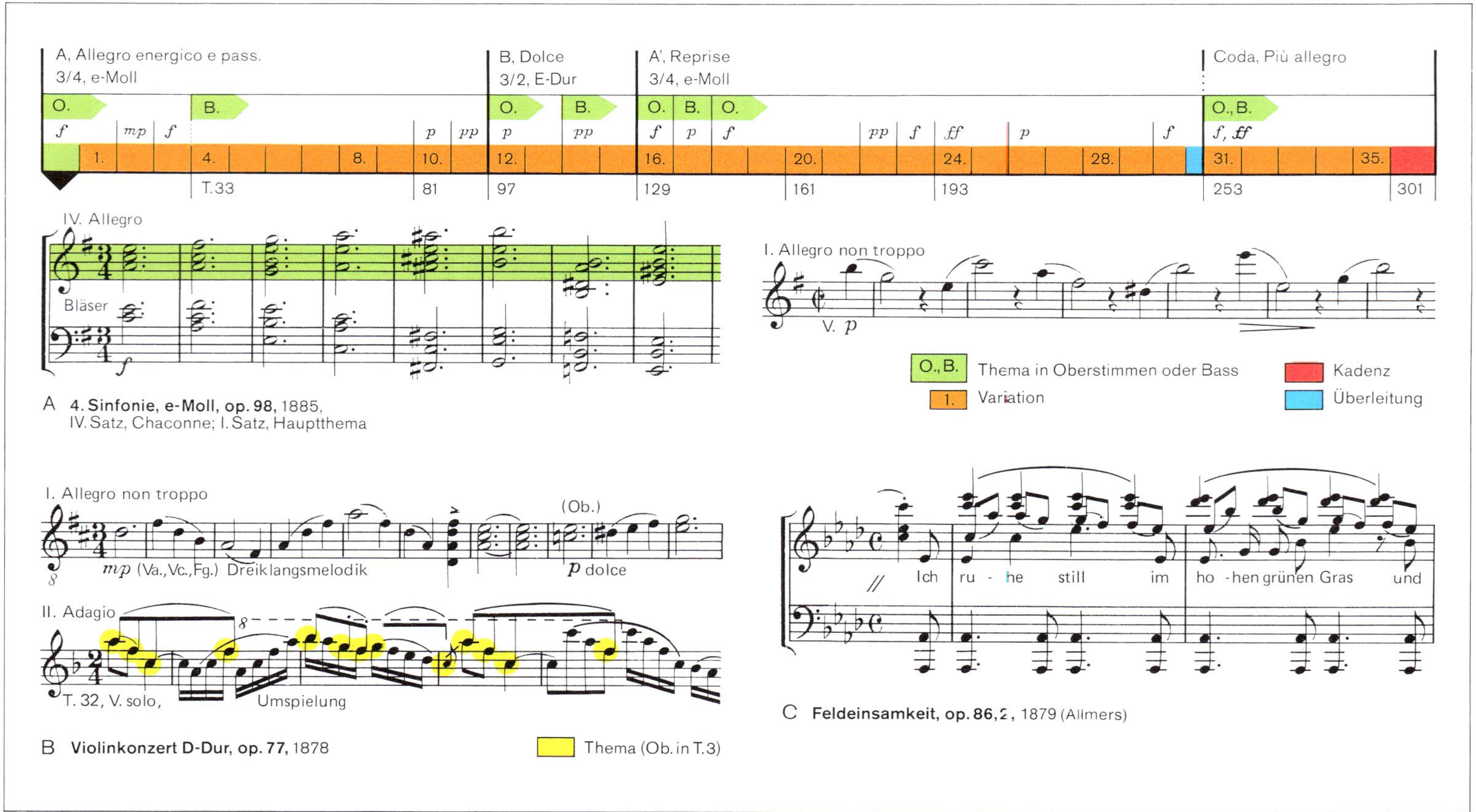

A 4. Sinfonie, e-Moll, op. 98, 1885, IV. Satz, Chaconne; I. Satz, Hauptthema

B Violinkonzert D-Dur, op. 77, 1878

C Feldeinsamkeit, op. 86,2, 1879 (Allmers)

Brahms: Historismus, Variationstechnik, Liedmelodik

Johannes Brahms, * 7. 5. 1833 in Hamburg, † 3. 4. 1897 in Wien, Vater Stadtmusiker (Hr., V., Kb.), Tanzmusikspiel, Komposition bei E. MARXSEN; 1853 Konzertreise mit dem ungar. Geiger E. REMÉNYI, in Hannover Freundschaft mit dem Geiger J. JOACHIM (1831–1907); in Weimar zu LISZT, in dessen Kreis er sich nicht wohl fühlt; in Düsseldorf zu SCHUMANNS, die ihn begeistert aufnehmen; SCHUMANN bewunderte die mitgebrachten Sonaten, Lieder, Quartette, die Improvisation und das

> *»ganz genialische Spiel, das aus dem Clavier ein Orchester von wehklagenden und laut jubelnden Stimmen machte«* (Aufsatz *Neue Bahnen,* NZfM, Okt. 1853).

BRAHMS verehrte ROBERT SCHUMANN tief, zu CLARA entwickelte er eine leidenschaftl. Liebe, die sich nach ROBERTS Tod (1856) in eine lebenslange Freundschaft wandelte. – Ab 1856 wieder in Hamburg und in den Herbstmonaten 1857–59 als Chordirigent und Klavierlehrer am Detmolder Hof; 1858 kurze Verlobung mit AGATHE SIEBOLD in Göttingen; 1859 gründet er einen Frauenchor in Hamburg (Lieder, Chöre).

1860 lässt er sich von JOACHIM, GRIMM und SCHOLZ zur Unterzeichnung eines Manifestes gegen die *Neudeutschen* drängen. Er wird zum Haupt der Konservativen im Streit der Parteien um WAGNER und BRAHMS, aus dem er sich selbst zeitlebens heraushält. Er mochte WAGNER nicht, schätzte ihn aber; WAGNER achtete ihn nicht *(hölzener Johannes).*

1862 erhält die erhoffte Leitung der Hamburger Philharm. Konzerte sein Sänger-Freund J. STOCKHAUSEN. 1863 geht BRAHMS daher endgültig nach Wien.

Wien 1863–75

Im Winter 1863/64 ist BRAHMS Chormeister der *Wiener Singakademie,* 1872–75 künstler. Leiter der Ges. der Musikfreunde Wien (Sekretäre: POHL, † 1887, MANDYCZEWSKI, † 1929). Zu seinen Freunden zählt der Kritiker E. HANSLICK. Die Winter dienen künftig Konzertreisen als Pianist und Dirigent, die Sommermonate der Komposition in Stille und Naturschönheit: Lichtental bei Baden-Baden (ab 1864, mit CLARA, die dort ein Haus besaß), Tutzing (1873), Pörtschach am Wörthersee (ab 1877), Mürzzuschlag (1884/85), Hofstetten am Thunersee (1886–88), Bad Ischl (ab 1889); dazu 8 Italienreisen (ab 1878) mit BILLROTH u. a.

In den 60er Jahren tritt BRAHMS mit Kammermusik hervor (S. 450 ff.), doch erst der große Erfolg des *Deutschen Requiems* 1868 im Dom zu Bremen macht ihn allg. bekannt (übrigens auch die *Ungarischen Tänze,* 1854–68, gedr. 1869, und die *Liebeslieder-Walzer,* 1869). Von den großen Formen meidet er die Oper *(lieber heiraten, als eine Oper schreiben),* während er zur Sinf. lange Jahre hinstrebt (über KaM, Seren., Var.).

Wien 1875–90

Mit der UA der 1. Sinfonie (1876 in Karlsruhe unter O. DESSOFF) setzt BRAHMS einen entschiedenen Akzent in die Entwicklung der Gattung. BRAHMS übertrug in seiner Kompositionstechnik der *entwickelnden Variation* (SCHÖNBERG) die themat.-motiv. Arbeit der klass. Sonatendurchführung auf den ganzen Satz, sodass ein kp. Gewebe in farbenreicher Harmonik entsteht (WAGNER und LISZT verfuhren ganz ähnlich, jedoch ist deren *modulierendes Sequenzieren* großflächiger, eingängiger und effektvoller).

BRAHMS überträgt in die Sinfonik nicht nur die dichte Struktur seiner KaM, sondern auch deren empfindsamen und hohen eth. Gehalt. Bewusst knüpft er damit an BEETHOVEN an (nicht an die romant. Sinfonie).

Jenseits von Effekthascherei und Modernität sucht BRAHMS eine musikal. Qualität, die unbewusst oder bewusst tradierte Geschichte voraussetzt *(Historismus, Klassizismus),* um sich dann ihrerseits als tragfähig für die weitere Entwicklung zu erweisen (SCHÖNBERG und die Moderne). BRAHMS verehrt die hohe Geistigkeit und das handwerkl. Können der alten Meister. Er sucht die Reinheit der Gattungen, gestaltet alte Formen vital neu.

> Das Finale der 4. Sinfonie ist als Chaconne gebaut über dem Bassthema des Schlusschors *Meine Tage in dem Leiden* aus BACHS Kantate *Nach Dir, Herr, verlanget mich* (BWV 150). Es erklingt gleich anfangs als Hauptthema in der Oberstimme, zugleich in farbigster Harmonik (Nb. A). Die Variationen gliedern sich mit sarabandenartigem Mittelteil in Dur, Reprise (Sonateneinfluss) und Stretta-Coda (Abb. A). Der 1. Satz beginnt in leidenschaftl. Spätzeitgestik und klass. Ausgewogenheit.

Aufschwung, Beseelung und Melancholie prägen viele Lieder. Orgelpunktartige Bässe und hohe Akkorde schaffen in Nb. C einen weiten Klangraum (gleichsam zwischen Himmel und Erde), darin die Stimme wie der Mensch in der Natur; die Melodie ist wie stets voll Harmonik und Poesie.

> Der Beginn des Violinkonzertes scheint die Naturschönheit und -größe seines Entstehungsortes zu spiegeln: *»Der Wörthersee ist ein jungfräul. Boden, da fliegen die Melodien, daß man sich hüten muß, keine zu treten«* (Sommer 1877 an HANSLICK). – Der Mittelsatz erinnert an die *Sapphische Ode* (S. 432, Abb. A), zuerst von der Oboe intoniert (*griech.* Aulos), dann von der Soloviolinе weitschwingend umspielt (Nb. B).

In den späten Werken, den Klavierstücken und den *Vier ernsten Gesängen,* op. 121 (1896, nach CLARAS Tod), verdichtet BRAHMS nochmals den poet. Gehalt und geht an die Grenze tonaler und motiv. Zusammenhänge. Er glaubte, *das Ende der Musik* sei nahe.

GA v. MANDYCZEWSKI, 26 Bde., 1926–28, ND 1964; Werkverz. v. MCCORKLE, 1984.

I. Teil, Jugend, nach Jean Paul			II. Teil, Commedia umana	
1. Frühling	2. Blumen-Kapitel	3. Mit vollen Segeln	4. Gestrandet, Totenmarsch	5. Dall' inferno al paradiso
I. Kopfsatz		II. Scherzo	III. langs. Satz	IV. Finale

A **G. Mahler, 1. Sinfonie, D-Dur,** 1889, Anlage und Themenstruktur

B **G. Mahler, Das Lied von der Erde, Sinfonie für Tenor, Alt und Orchester,** 1908/11

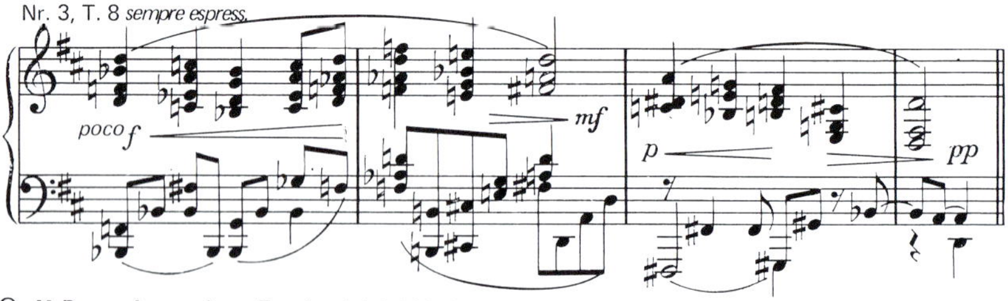

C **M. Reger, Aus meinem Tagebuch I, 3,** 1904/12

mit/ohne Programm (1892/99) Flageolett Quarte KaM-Struktur

Im späten 19. Jh. reift Kulturkritik (NIETZSCHE) am Industriezeitalter, seiner inneren Orientierungslosigkeit u. a. Der **Stilpluralismus** des 20. Jh. beginnt bereits um die Jahrhundertwende: dem *Naturalismus* setzt der *Symbolismus* psycholog. Tiefendimensionen entgegen (Generation FREUDS), die der sensible *Impressionismus* mehr besitzt als er zugeben will; dem leicht akadem. *Historismus* antwortet der *Jugendstil,* dessen Name schon seine flüchtige Vergänglichkeit andeutet. Die Musik spiegelt all dies: sie wird stilistisch vielgestaltiger und freier. Ungehemmt vermag sich auch Banales mit tiefstem Seelenausdruck zu mischen, wie in MAHLERS 1. Sinf. und im *Don Juan* von STRAUSS, die mit *élan vital* (BERGSON) 1889 *die musikal. Moderne* ankündigen (S. 487).

Gustav Mahler, * 7. 7. 1860 in Kalischt (Böhmen), † 18. 5. 1911 in Wien, Studium in Wien, u. a. bei BRUCKNER; Kpm. in Bad Hall 1880, Laibach 1881, Olmütz 1882, Wien, Kassel 1883, Prag 1885, Leipzig 1886, Operndirektor in Budapest 1888, Hamburg 1891, Wien 1897 (Hofoper), ab 1907 New York (Met.); heiratete 1902 ALMA SCHINDLER (1879–1964, spätere Frau GROPIUS, dann WERFEL).

MAHLERS romantisch-resignative Lebensanschauung prägt seine Musik mit hohem ideellen Anspruch, psychologisch vielschichtiger Struktur und farbenreicher Instrumentation. In langen Arbeitsprozessen verändert er die Werke immer wieder.

Frühe Periode 1883–1900. Alle Lieder in Klavier- *und* Orchesterfass.: 4 *Lieder eines fahrenden Gesellen* (1883–85, nach *»Des Knaben Wunderhorn«*); 12 *Lieder aus »Des Knaben Wunderhorn«* (1892–95).

1. Sinfonie D-Dur (1884–88), UA als *sinf. Dichtung in 2 Teilen* (1889), 1892 mit urspr. Programm: *Der Titan* (JEAN PAUL).

I. Teil. *Aus den Tagen der Jugend.* 1. *Frühling und kein Ende.* Die Einleitung schildert das Erwachen der Natur am frühesten Morgen. 2. *Blumenkapitel* (Andante). 3. *Mit vollen Segeln* (Scherzo). II. Teil. *Commedia umana.* 4. *Gestrandet. Ein Totenmarsch in Callots Manier* (Parodie »Des Jägers Leichenbegängnis«). 5. *Dall'inferno al paradiso* (Allegro furioso).

Das Programm bietet dem Hörer *Wegtafeln* für die Fantasie, aber die Musik ist selbstständig *(ein Musiker muss sich da aussprechen, nicht ein Literat, Philosoph, Maler).* In Berlin 1896 lässt MAHLER das Programm, in der Druckfass. 1899 zudem Zweiteilung und 2. Satz weg, sodass scheinbar eine trad. 4-sätzige Sinf. vorliegt (Abb. A).

Beginn: Morgen (s. o.). Das Flageolett der Streicher schwebt im Raum wie eine hohe Erwartung, eine Stille voll Klang: in sie hinein ertönt die fallende Quarte *wie ein Naturlaut* (Holz). Die folgenden Quarten klingen wie die Geburt eines Themas. Dann ertönen die *schönen Trompeten, die von der Kaserne von Leitmeritz herblasen,* zunächst zart und weich in den Klarinetten, dann in den Trp. *ppp in sehr weiter Entfernung aufgestellt.* Auch der morgendl. Kuckuck ertönt als Quarte, wie später das Fink-Motiv. Ein weiches Hornthema ist ebenfalls erfüllt von Natur- und Waldstimmung. Das Hauptthema des Kopfsatzes endlich greift das Gesellenlied mit seinem poet. Gehalt wieder auf (Nb. A). MAHLERS bevorzugte Quarte taucht in allen Sätzen auf: im II., in den Pkn. des III., im choralartigen Hauptthema im IV. (vgl. T. 7).

2. Sinfonie c-Moll (1893–96, UA 1902), 5 Sätze, darin 3. Scherzo mit *Des Antonius von Padua Fischpredigt* (Wunderhornlied), 4. Altsolo *Urlicht* (Wunderhornlied), 5. Sopran, Alt, Chor *Aufersteh'n* (KLOPSTOCK), eine sinfon. Kantate.

3. Sinfonie d-Moll (1895, UA 1896), 1. Abteilung *Pan erwacht,* 2. Abt. 2. Satz *Was mir die Blumen auf der Wiese erzählen,* 3. Satz *Tiere* (Scherzo), 4. *Mensch* (Altsolo *O Mensch gib acht,* NIETZSCHE), 5. *Engel* (Frauen- und Knabenchor *Es sungen 3 Engel,* Wunderhornlied), 6. *Liebe* (Sehr langsam).

4. Sinfonie G-Dur (1899–1901, UA 1901), 4 Sätze, im Finale Sopransolo *Wir genießen die himml. Freuden* (Wunderhorn).

Mittlere Periode 1901–07. *Kindertotenlieder* (1901–1904, RÜCKERT), 5 Lieder.

5. Sinfonie cis (1901–02, UA 1904), 5 Sätze.

6. Sinfonie a (1903–07, UA 1906), *Tragische.*

7. Sinfonie e (1905, UA 1908), 5 Sätze.

8. Sinfonie Es (1906–07, UA 1910), *Sinf. der Tausend* (Orch., 8 Soli, 3 Chöre); 1. Teil: Hymnus *Veni, creator spiritus,* 2. Teil: *Faust II,* Schluss.

Späte Periode 1908–11. *Das Lied von der Erde.* Sinfonie für Tenor, Alt (Bariton) und Orch. (1907–08, UA 1911), chines. Gedichte (dt. H. BETHGE), 6 Lieder, Nb. B:

Das stürm. *Trinklied vom Jammer der Erde* verkündet sein Motto in klass. Gestalt; *Schönheit* erklingt in graziler Polyphonie.

9. Sinfonie D (1909–10, UA 1912), 4 Sätze.

10. Sinfonie Fis, unvoll. (1910, UA 1924), 1. Satz *Adagio,* Skizzen zu 4 weiteren Sätzen *Scherzo, Purgatorio, Scherzo, Finale.*

Max Reger (1873–1916) aus Brand/Kemnath, RIEMANN-Schüler, ab 1907 Prof. für Orgel und Kompos. in Leipzig, 1911–14 Hofkapellmeister in Meiningen.

REGER verschmilzt polyphone Kontrapunktik mit akkordisch-dichtem Satz, starke Chromatik und Enharmonik mit traditioneller Gestik und Rhythmik (Nb. C).

REGER geht mit Werken wie dem *100. Psalm* op. 106 (1908–09) an die Grenze der Tonalität, kehrt dann aber zum Klassizismus zurück, so in den *Mozart-Var.* op. 132 (1914) und den *Geistl. Gesängen* op. 138 (1914).

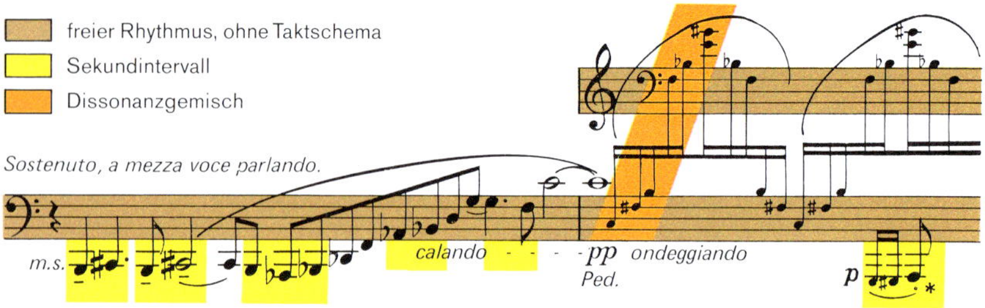

A **F. Busoni, Sonatina seconda,** 1912, Beginn

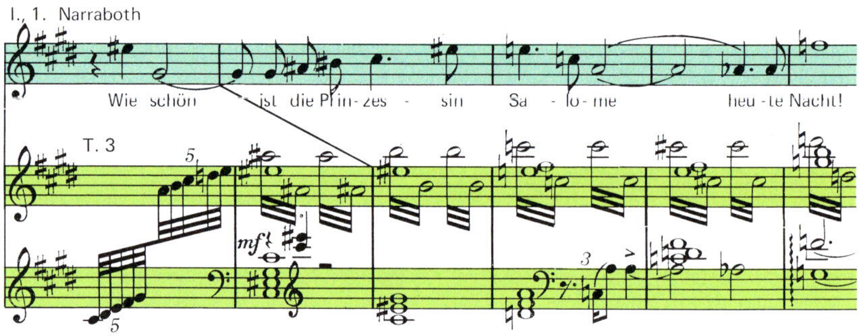

B **R. Strauss, Salome,** 1905, Beginn

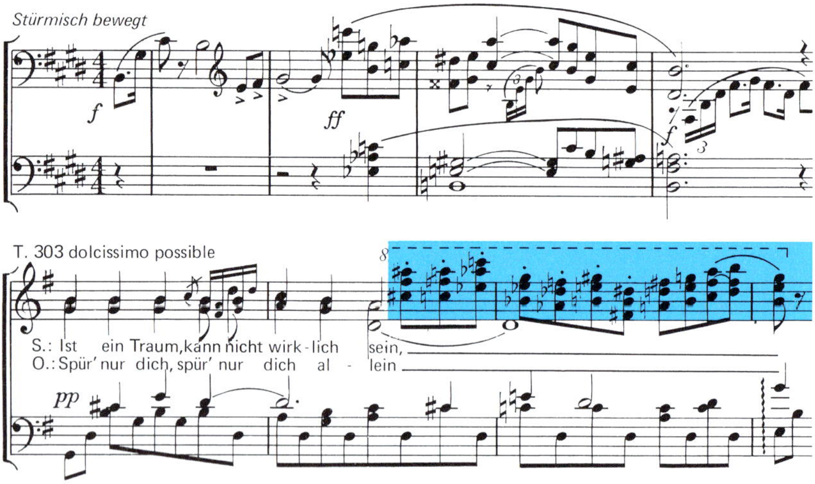

C **R. Strauss, Rosenkavalier,** 1911, Beginn und Schlussduett Sophie, Oktavian

Expressiv-Melodik

schweifende Tonalität

»Silberklänge« (Harfen, Celesta)

Richard Strauss, * 11. 6. 1864 in München, † 8. 9. 1949 in Garmisch, Vater Hornist, Studium in München, 1885 Hofmusikdirektor in Meiningen (Nachfolge BÜLOWS), 1886 Kpm. in München, ab 1898 in Berlin (1908 GMD), 1917–20 Kompos.-Lehrer am Berl. Kons., 1919–24 Leitung der Wiener Staatsoper (mit F. SCHALK), lebte danach meist in Garmisch, 1933–35 Präs. der Reichsmusikkammer.

Sinfonische Dichtungen: STRAUSS verband hier poet. Inspiration mit absolutmusikal. Struktur:

»Ein poet. Programm kann wohl zu neuen Formbildungen anregen, wo aber die Musik nicht logisch aus sich selbst sich entwickelt – wo also das Programm Ersatzfunktionen erfüllen soll –, wird sie Literaturmusik« (STRAUSS).

Aus Italien op. 16 (1886), sinfon. Fantasie; *Don Juan* op. 20 (1887–89, LENAU); *Macbeth* op. 23 (1886–91); *Tod und Verklärung* op. 24 (1888–89); *Kampf und Sieg* (1892); *Till Eulenspiegel* op. 28 (1894–95; S. 464 f.); *Also sprach Zarathustra* op. 30 (1896, NIETZSCHE); *Don Quixote* op. 35 (1897, CERVANTES), konzertante Var. mit Solocello; *Ein Heldenleben* op. 40 (1899, autobiogr.).

Programmsinfonien: *Sinfonia domestica* op. 53 (1903, autobiogr.); *Eine Alpensinfonie* op. 64 (1915). – STRAUSS vergrößert das Orchester extrem. Auch gab er die Instr.-Lehre von BERLIOZ neu heraus (Leipzig 1904). Eine klassizist. Gegenreaktion ist die KaM-Besetzung der Oper *Ariadne* (1912).

Opern: STRAUSS beginnt in Wagnernachfolge mit Leitmotivtechnik und bühnenwirksamer Charakteristik von Personen und Handlung, kennt aber auch das *»kontemplative Ensemble«,* das in einer Art Versunkenheit weniger durch Worte als durch reine Musik das Drama weiterträgt.

- *Guntram* (Weimar 1894), Text STRAUSS.
- *Feuersnot* (Dresden 1901), WOLZOGEN.
- *Salome* op. 54 (Dresden 1905), nach O. WILDE; eine glühende Musik voll Leidenschaft, Farbe und avantgardist. Kühnheit: so das charakterist. Motiv des Narraboth mit seinen ausdrucksstarken Intervallen über dem ekstat. Orchestertremolo in chromat. Steigerung (Nb. B).
- *Elektra* op. 58 (Dresden 1909), Tragödie von HUGO VON HOFMANNSTHAL (1874–1929), der von nun an STRAUSS' idealer Librettist wird.

In *Elektra* steigert STRAUSS noch den expressionist. Ausdruck extrem. Er durchbricht die Grenze der Tonalität aber nicht (wie SCHÖNBERG 1908), sondern wendet sich zurück zu einer klassizist. Haltung. Sie betrifft Tonalität, Melodik, Form usw., aber auch die Ästhetik (MOZART-Ideal) und das ungebrochene Verhältnis zum Publikum. So lichtet sich auch der Stoff; es folgen:

- *Der Rosenkavalier* op. 59 (Dresden 1911), eine *Wiener Komödie für Musik* von HOFMANNSTHAL, mit brillanter Zeichnung von Charakteren und Milieu sowie Operetteneinfluss in den Walzern. Der Beginn zeigt sich *stürmisch bewegt,* aber vollkommen harmonisch mit Sextvorhalt (*cis*) und Aufstieg zur Terz (*gis*). Im Schlussduett verschmelzen Sophie und Oktavian in Liebe und G-Dur-Terzenseligkeit, in die die charakterist. Harfen-Celesta-Klänge wie Silbertropfen fallen (Nb. C).
- *Ariadne auf Naxos* op. 60 (Stuttgart 1912, rev. 1916), Kammeroper nach MOLIÈRES *Bürger als Edelmann* von HOFMANNSTHAL.
- *Die Frau ohne Schatten* op. 65 (Wien 1919), HOFMANNSTHAL.
- *Intermezzo* (Dresden 1924), Text STRAUSS.
- *Die ägyptische Helena* (Dresden 1928, Neufass. Salzburg 1933), HOFMANNSTHAL.
- *Arabella* (Dresden 1933) HOFMANNSTHAL.
- *Die schweigsame Frau* (Dresden 1935), nach JONSON von S. ZWEIG.
- *Friedenstag* (München 1938), J. GREGOR.
- *Daphne* (Dresden 1938), J. GREGOR.
- *Die Liebe der Danae* (Dresden 1940), heitere Mythologie, J. GREGOR.
- *Capriccio* op. 85 (München 1942), Text C. KRAUSS und STRAUSS.

Werkverz. von MÜLLER V. ASOW (1959–74).

Ferruccio Busoni, * 1. 4. 1866 in Empoli bei Florenz, † 27. 7. 1924 in Berlin, Pianist und Komponist, lehrte ab 1894 in Berlin, ab 1907/08 Wien, ab 1913 Bologna, ab 1915 Zürich, ab 1920 Berlin.

BUSONIS außerordentlich geistvolle Kompositionen umfassen alle Gattungen. Ihre stilist. Vielfalt zeigt die schöpfer. Auseinandersetzung mit der *Geschichte* und mit der *Moderne um 1900,* die er wesentlich mitprägte. BUSONI beginnt in spätromant. LISZT-Nähe (Konzertstücke, Ballette, Tondichtungen) und gelangt dann an die Grenze der Tonalität, die er – angeregt von SCHÖNBERGS op. 11 – in der *Sonatina seconda* überschreitet.

Die Sekunde erweist sich als ausdrucksstarkes, konstitutives Element. Der freie rhythm. Fluss durchbricht alle metr. Fesseln (keine Taktstriche). Das Arpeggio erklingt als subtiles Dissonanzengemisch von irisierender Klangfarbe (Nb. A).

Später findet BUSONI zu klassizist. Strukturen zurück (S. 486). Seine BACH-Verehrung dokumentiert sich in einer reich kommentierten *Ausgabe.* Anregend wirkten seine Schriften, bes. der *Entwurf einer neuen Ästhetik der Tonkunst* (Triest 1907) mit Form- und Materialerweiterungsvorschlägen.

Werke: u. a. Klavierkonzert mit Männerchor op. 39 (1904, OEHLENSCHLÄGER); *Indian. Fantasie* für Kl. u. Orch. op. 44 (1915); *Fantasia contrappuntistica* (1910); Opern: *Die Brautwahl* (1912, HOFFMANN), *Turandot* (1916), *Arlecchino* (1918), *Dr. Faust* (postum 1925).

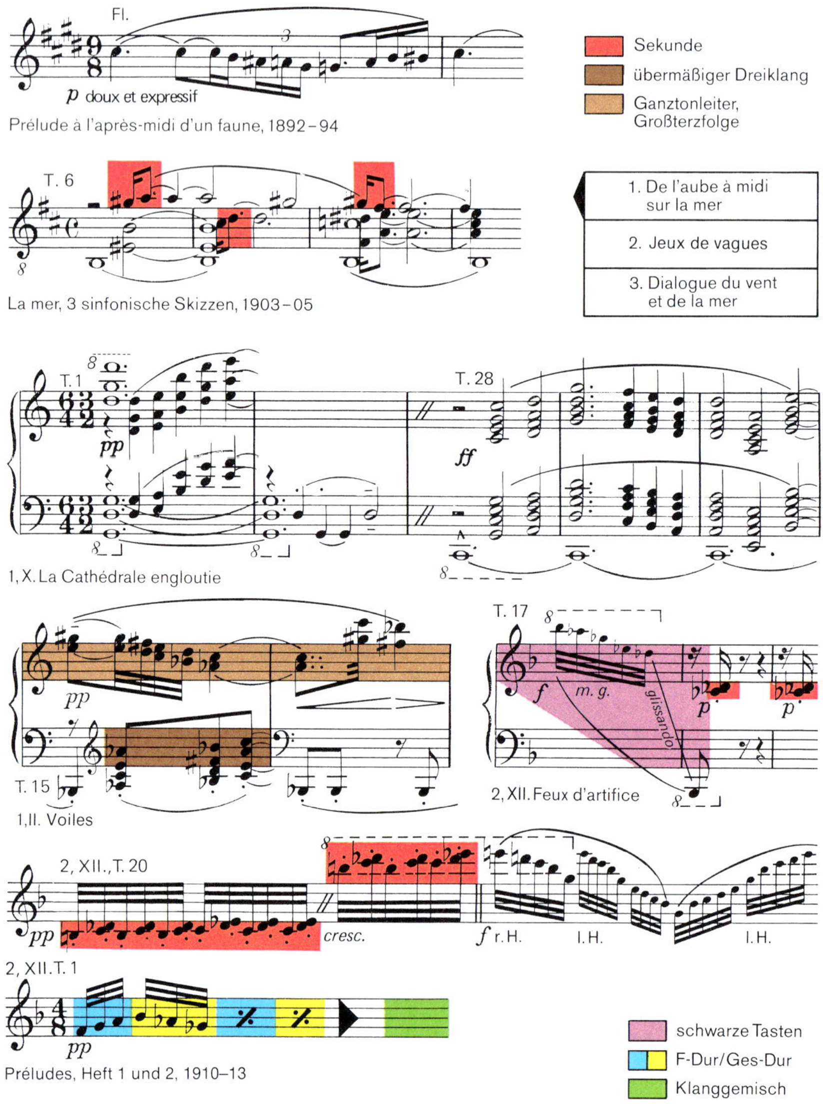

A C. Debussy, Impressionistische Klangstrukturen

B **M. Ravel, Daphnis et Chloé, sinfonische Fragmente in 2 Suiten,** 1911/13

Der **Impressionismus,** benannt nach dem Bild *Impression, soleil levant* von MONET (Ausstellung Paris 1874, mit CÉZANNE, DEGAS, RENOIR u. a.) setzt gegen die Atelierkunst die Freiluftmalerei mit dem Spiel von Licht und Schatten, den Farbwerten statt Linienzeichnung, dem *Eindruck* von Stimmung und Atmosphäre. Entsprechend warf man DEBUSSY 1887 gefühlsbetonte *Farbe* (statt Klarheit der Linie und Form) als *vagen Impressionismus* vor. Fast romantisch erklärt DEBUSSY:

»Die Musiker sind dazu ausersehen, den ganzen Zauber einer Nacht oder eines Tages, der Erde oder des Himmels einzufangen. Sie allein können ihre Atmosphäre oder ihren ewigen Pulsschlag erwecken.«

Die Musik verwandelt stets äußere Eindrücke in inneren Ausdruck (BEETHOVEN: *»mehr Ausdruck der Empfindung als Mahlerey«).* DEBUSSY selbst hat sich daher weniger als Impressionist denn als Musiker oder eher schon als *Symbolist* empfunden, wie seine lit. Freunde BAUDELAIRE, VERLAINE, MALLARMÉ, die gegen den rationalen Naturalismus das Irrationale, Atmosphärische, Fantastische setzten. Auch die Musik kennt Symbole (*Figuren, Leitmotive*), doch kann sie das Atmosphärisch-Hintergründige *unmittelbar* und ohne sie zum Klingen bringen.

Gab es Bevorzugung von Stimmungs- und Farbwerten auch schon vorher (Frühromantik, LISZT, MUSSORGSKI), so vertreten den musikal. *Impressionismus* vor allem DEBUSSY, RAVEL, DELIUS, SCOTT, SKRJABIN, DE FALLA, RESPIGHI, jeder in bes. Schattierung.

Claude Debussy, * 22. 8. 1862 in St-Germain-en-Laye, † 25. 3. 1918 in Paris, 1873–84 Klavier- und Kompos.-Studium in Paris (GUIRAUD, FRANCK), 1881–82 Russland, 1884 Rompreis für die Kantate *L'enfant prodigue,* 1884–87 Rom, ab 1887 Paris; 1888/89 Bayreuth-Besuche.

DEBUSSY geht aus von der frz. Musik seiner Zeit, beeinflusst von CHOPIN und WAGNER, rückt dann aber vom weltanschaul. Ideenkunstwerk der dt. Romantik ab und sucht eine neue Unmittelbarkeit der Aussage. Anregungen findet er bei MUSSORGSKI, im fernöstl. Gamelanorch. (Weltausstellung Paris 1889), im Freundeskreis von impression. Malern und symbolist. Dichtern (s. o.) und zuletzt in der frz. MG. (RAMEAU, COUPERIN).

Frühwerk bis 1890. *Ariettes oubliées* (1888); 2 Arabesken (1888); BAUDELAIRE-Lieder (1887–89); *Suite bergamasque* (1890, rev. 1905).

Mittlere Phase 1890–1912. Impressionist. Wirkungen durch Kirchentonarten, Akkordparallelen (Akkord als Klangfarbe statt tonale Funktion), Pentatonik, Ganztonleiter, Dissonanz als Farbe. *Pelléas et Mélisande* (1892–1902, UA Paris 1902), Drame lyrique von MAETERLINCK, Hauptwerk der Epoche; *Prélude à l'après-midi d'un faune* (1892–94):

Die Flöte assoziiert arkad. Hirtenidylle. Wie auf der Panflöte folgen die Töne einer Leiter, doch nicht antik-diaton., sondern hochchromatisch. Auch der Rhythmus verliert seine klass. Quadratur (Nb. A).

Streichquartett g-Moll (1893); *Pour le piano* (1896); *Chansons de Bilitis* (1897); *Estampes* (1903); *La mer* (1903–05), für Orch.:

Aus zartschwebenden Klängen über tiefem h (Meeresruhe) entsteht aus dem Sekundmotiv ein Thema, als ob im Morgendämmern Konturen auftauchen (Nb. A).

Ab etwa 1903 wieder schärfere Kontraste: *Images* I/II (1905/07); *Children's Corner* (1906–08); *Images pour Orch.* (1906–12); *Préludes,* 2 Hefte (1910–13):

In 1, X steigen über Schwebeklängen (wie Wasser) alte Quart-Quint-Folgen pentaton. auf, dann volle Glockendreiklänge mit modalen Nebenstufen (Nb. A). – In 1, II erklingen überm. Dreiklänge, unaufgelöst, darüber lichte Ganzton- und Großterzfolgen wie Segel über Wasser. – In 2, XII mischen sich F- und Fis-Dur wie Farben im Pointillismus (T. 1); ähnlich Sekundfolgen (T. 20), Tonleiterkaskaden und das erste Gliss. über schwarze Tasten (T. 17) als *Klangbänder,* dann Einzelstaccati als *Klangspritzer* wie Seh- und Höreindrücke beim Feuerwerk (Nb. A).

Spätwerk ab 1912, mit klassizist. Tendenzen und deutlicheren Linien. *Le martyre de Saint-Sébastien* (1911), D'ANNUNZIO, für Chor und Orch.; *Jeux* (1911), Ballett; MALLARMÉ-Lieder (1913); *Six épigraphes antiques* (1914) und *En blanc et noir* (1915) für 2 Klaviere; 3 Sonaten für Vc., Kl. (1915), Fl., Hf., Va. (1915) und V., Kl. (1916–17).

Werkverz. von F. Lesure, Genf 1977.

Maurice Ravel, * 7. 3. 1875 in Ciboure (Pyrenäen), † 28. 12. 1937 in Paris, bask. Mutter, Studium ab 1889 in Paris: Klavier (BÉRIOT) und Kompos. (FAURÉ); ab 1933 krank (Apraxie).

RAVEL gewann dem Impressionismus durch extreme Fantastik und Raffinesse neue Seiten: *Jeux d'eau* (1901); Streichquartett F-Dur (1902–03); Sonatine (1903–05); *Miroirs* (1904–05); *Gaspard de la nuit* (1908); *Rapsodie espagnole* (1907–08); *L'heure espagnole* (1911), Komödie von FRANC-NOHAIN; *Valses nobles et sentimentales* (1911, Orch. 1912); Ballett *Daphnis et Chloé* (1909–12), daraus 2 Suiten:

Ein *»musikal. Frescogemälde«* Griechenlands des 18. Jh. (nicht antik) mit Leitmotiven differenziertester Struktur (Nb. B).

Der ästhet. Klassizismus wird stärker, impulsiv das Klaviertrio (1914), voll alter frz. Musik die Suite *Le tombeau de Couperin* (1917, Orch. 1919), für 7 gefallene Freunde. Es folgen: *La valse* (1920), für DIAGHILEW; *Tzigane* (1924); die Oper *L'enfant et les sortilèges* (1925), COLETTE.

1.	2.	3.	4.	5.	6.	7.	8.	…	17.	18.	Coda
A	A	B	B	A	A	B	B	…	A	B	
Fl.	Kl.	Fg.	Kl. Pikk.	Ob. d'Am.	Fl., Trp.	Ten.-Sax.	Sopr.-Sax.	…	Tutti		

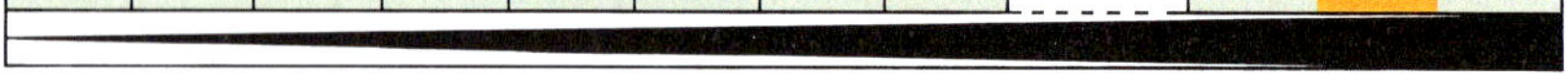

C-Dur

E-Dur

Instrumentenzuwachs, crescendo

Boléro, 1928

Klavierkonzert für die linke Hand, D-Dur, 1929–31, Jazzeinfluss

A **M. Ravel, spanisches Kolorit (Boléro) und Klassizismus (Konzert)**

B **S. Rachmaninow, Klavierkonzert Nr. 2, c-Moll, op. 18,** 1901

Schwalbe

Nachtigalleneinspielung (Schallplatte)

1. Die Pinien der Villa Borghese, spielende Kinder, Schwalben
2. Pinien bei einer Katakombe, feierlicher Gesang
3. Die Pinien auf dem Gianicolo, Vollmond, Nachtigallengesang
4. Die Pinien der Via Appia, Morgennebel, römisches Heer

C **O. Respighi, I pini di Roma, sinfonische Dichtung,** 1924

RAVELS bekanntestes Werk ist der *Boléro:*

Ein rhythm. Ostinato und 2 ostinate Melodien *»im Stil Padillas, des sehr banalen Autors von Valencia«* (Nb. A) steigern sich mit immer mehr Instr. in ein rauschhaftes *ff.* Die rituelle Wirkung erzielt RAVEL durch Verzicht: keine motivische Arbeit, keine raffinierte Form, keine Modulationen, erst zuletzt plötzl. E-Dur (Abb. A).

Das Klavierkonzert G-Dur (1929–30) ist *»fröhlich und brillant ... im Geiste Mozarts und Saint-Saëns'«*. Das Konzert D-Dur für die l. H. ist gew. dem österr. Pianisten P. WITTGENSTEIN, der im Krieg die r. H. verlor.

Das einsätzige Werk im *imposanten Stil* entwickelt neue pianist. und sinfon. Ideen und zeigt viele Jazzeffekte (Nb. A).

Komp.: GUSTAVE CHARPENTIER (1860–1956); G. PIERNÉ (1863–1937); ALBÉRIC MAGNARD (1865–1914); vgl. S. 465.

ERIK SATIE (1866–1925), ideenreicher Montmartre-Pianist, Freund DEBUSSYS, ab 1898 in Arcueil, Paris *(L'Ecole d'Arcueil);* früher Neoklassizismus: *»Ballet réaliste« Parade* (1917), mit COCTEAU, MASSINE, PICASSO, ein *kubist.* Manifest; *Socrate* (1919), *Drame symphonique* im Stil *néogrec*; *Musique d'ameublement* (1920), mit MILHAUD, erste Musik *zum Weghören*; für Klavier: *3 Gymnopédies* (1888), *3 morceaux en forme de poire* (1890), *Préludes flasques, pour un chien* (1912), *Sonatine bureaucratique* (1917).

Ferner: C. KOECHLIN, FLORENT SCHMITT, L. VIERNE, H. MARTEAU, M. DELAGE.

Spanien. ISAAC ALBÉNIZ (1860–1909), Klaviermusik; E. G. CAMPINA (1867–1916).

MANUEL DE FALLA (1876–1946), Schüler PEDRELLS, impression. Farben und andalus. Folklore: *Nächte in span. Gärten,* sinfon. Impression für Klavier und Orch. (1911–15); Ballette *Liebeszauber* (1915) und *Der Dreispitz* (1919).

Italien. UMBERTO GIORDANO (1867–1948). – ERMANNO WOLF-FERRARI (1876–1948), Opern im ital. Buffostil: *Die vier Grobiane* (1906), *Susannas Geheimnis* (1909).

OTTORINO RESPIGHI (1879–1936), Trypt. *Le fontane di Roma* (1916), *I pini di Roma* (1924), *Feste romane* (1928); Vogelrufe, neu die *orig.* Nachtigall-Aufn. (Abb. C).

GIAN FRANCESCO MALIPIERO (1882–1973), reiches impress., dann klassizist. Werk; ebenso ALFREDO CASELLA (1883–1947), *Scarlattiana* (1926), *Paganiniana* (1942).

Deutschland/Österreich. S. v. HAUSEGGER, KLUGHARDT, F. X. SCHARWENKA, KLOSE.

HANS PFITZNER (1869–1949), Opern in WAGNER-Nachfolge: *Der arme Heinrich* (1895), *Das Christelflein* (1906, UA Dresden 1917), *Palestrina* (1917); Sinfonik, Konzerte u. a.; konserv. Musikästhetik.

FRANZ SCHREKER (1878–1934), JOSEPH HAAS (1879–1960), JOSEPH MATTHIAS HAUER (1883–1959), EGON WELLESZ (1885–1974), RUDI STEPHAN (1887–1915, gefallen), Oper: *Die ersten Menschen* (1914, UA Ffm. 1920).

England. CHARLES VILLIERS STANFORD (1852–1924), 7 Sinfonien, Irische Rhapsodien. – ALEXANDER CAMPBELL MACKENZIE (1847–1935), Ouvertüren, *Schott.* und *Kanad. Rhapsodien.* – CHARLES HUBER PERRY (1848–1918). – EDWARD ELGAR (1857–1934), spätromant., mit eigenem Stil: *Enigma-Var.* (1899). – FREDERICK DELIUS (1862–1934), impression. Farben, engl. Rhapsodie *Brigg Fair* (1907), *Summernight on the River* (1912). – GRANVILLE BANTOCK (1868–1946), *Hebriden*-Sinfonie (1915). – RALPH VAUGHAN WILLIAMS (1872–1958), 9 Sinf., z. T. programmat.: 1. *Sea Symphony* (1910), Text W. WHITMAN, 2. *London Symphony* (1913), 3. *Pastorale* (1922). – Impression. Tendenzen auch bei G. HOLST (*The planets,* 1914–17), A. E. T. BAX, F. BRIDGE, J. N. IRELAND, bes. CYRIL SCOTT (1879–1970), 3 Sinf., Ouv. zu MAETERLINCKS *Aglavaine et Sélysette* und *Pelléas et Mélisande* (1912).

Russland. SERGEJ I. TANEJEW (1856–1915); ANTON ARENSKI (1861–1906); ALEXANDR GRETSCHANINOW (1864–1956); WASSILI KALINNIKOW (1866–1901); ALEXANDR GLASUNOW (1865–1936), 9 Sinf. (1881–1909), Violinkonzert a (1904); vgl. S. 465.

ALEXANDR SKRJABIN (1872–1915), Moskau, Klaviervirtuose, Sinnesrausch, myst. Geist (S. 90); Klav.: 83 *Préludes,* darunter 24, op. 11 (1888–96), 10 Sonaten, ab 5. (1907) atonal, 7. als *Weiße Messe* (S. 404, Abb. D), 9. als *Schwarze Messe* (1913); für Orch.: *Le poème de l'extase* (1905–07), *Prométhée* (1909–10) mit Chorvokalise, Farbklavier.

SERGEI RACHMANINOW (1873–1943), Moskau, 1906–09 Dresden, ab 1917 Paris, ab 1935 USA; Klaviervirtuose; *Aleko* (1893), PUSCHKIN; *Francesca da Rimini* (1905), DANTE; *Die Toteninsel* (1909), BÖCKLIN; Klavierkonzerte fis (1891), c (1901), d (1909), g (1926); *Paganini-Rhapsodie* (1934); geistl. Musik *Chrysostomus-Liturgie* (1910), *Osternacht* (1915) für Chor a cappella.

Berühmt wurden das Klav.-Prélude cis, op. 3, 2 (1892) und das 2. Klavierkonzert mit vollgriffiger, romant. Gestik (Nb. B).

REINHOLD GLIÈRE (1874–1956), Moskau.

Polen. KAROL SZYMANOWSKI (1882–1937); Sinfonien: I./II. (1907/10) romantisch, III. (1916) mit Solo und Chor, Text RUMI.

Ungarn. ÖDÖN MIHALOVICH (1842–1929), ERNST VON DOHNÁNYI (1877–1960).

Norden. JEAN SIBELIUS (1865–1957), 7 Sinfonien (1899–1924), sinfon. Dichtungen. – CARL NIELSEN (1865–1931), 6 Sinf. (1892–1925), sinfon. Dichtungen.

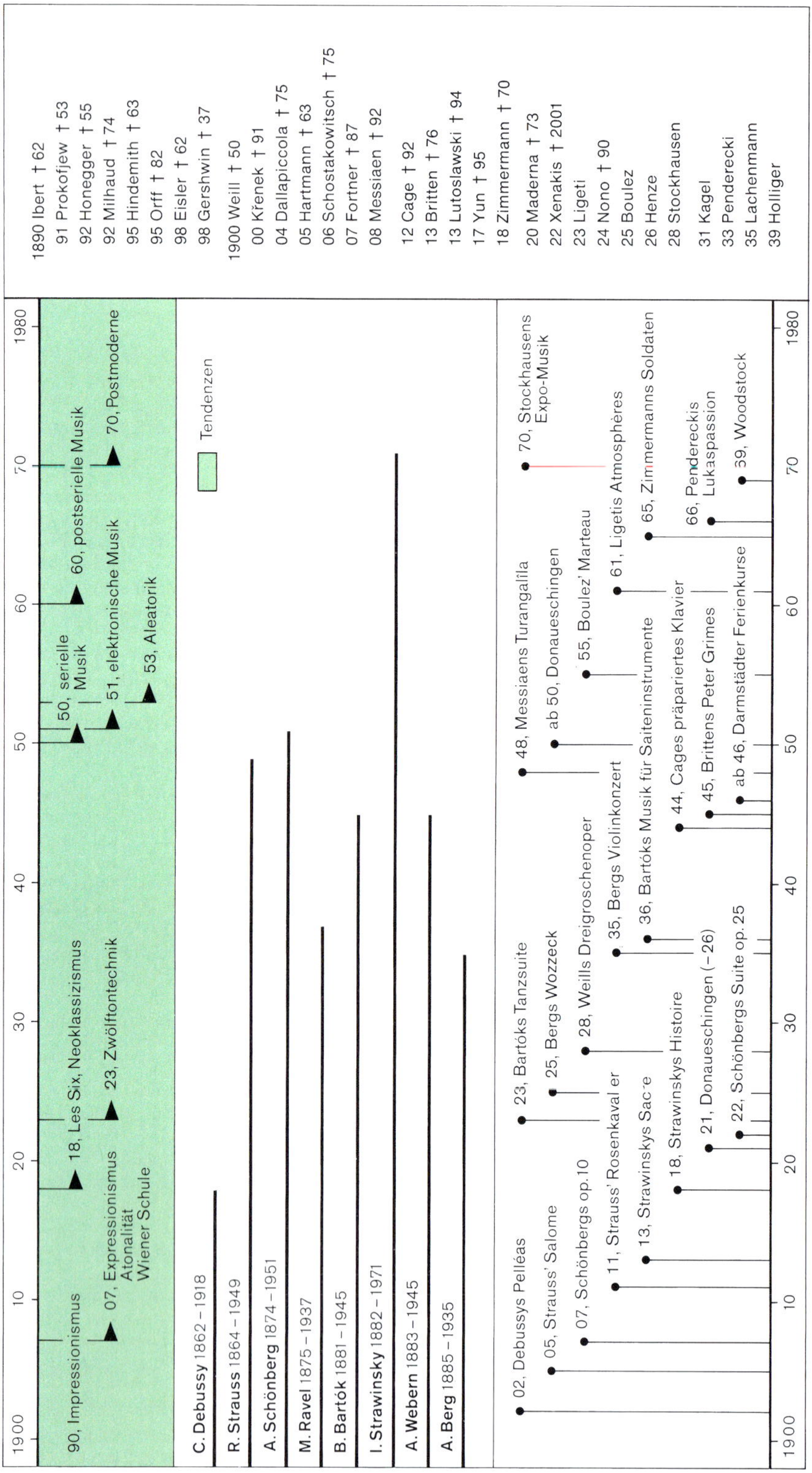

Richtungen, Komponisten, wichtige Ereignisse

Das 20. Jh. ist das Jh. der *Neuen Musik* (*Musica nova, Musica viva,* zeitgenöss. Musik, Moderne, Avantgarde). Neue Musik gab es auch zu anderen Zeiten (S. 199):

- die *Ars nova* um 1320 (Mittelalter),
- die *Ars nova* um 1430 (Renaissance),
- die *Musica nuova* um 1600 (Barock),
- die neue Musik um 1750 (Klassik),
- die neue Richtung um 1820 (Romantik).

Jedoch war der Bruch mit der Geschichte wohl nie so stark, und zwar durch die Aufgabe der Tonalität (SCHÖNBERG) bis zur Aufgabe des gesamten traditionellen Musik- und Werkbegriffs (CAGE). Gleichzeitig aber blieb vieles von diesem Bruch so gut wie unberührt (U-Musik, Neoklassizismus, Opern- und Konzertpraxis).

Das 20. Jh. praktiziert einen musikal. **Stilpluralismus** wie keine Zeit vorher. Dazu tragen bei die reiche Präsenz der eigenen Vergangenheit, die erweiterte Kenntnis der Musik anderer Völker und die Verfügbarkeit von Musik auf Schallplatte und Tonband (in ihrer Wirkung der Buchdruckerkunst vergleichbare Erfindungen). Die Musik spiegelt auch im Pluralismus den *Zeitgeist* der Epoche, falls davon in Anbetracht seiner Vielgestaltigkeit überhaupt noch die Rede sein kann.

Allgemeines

Gab es für frühere Zeiten noch Begriffe, die mit einiger Gültigkeit Charakter und Tendenz bezeichneten (z. B. Humanismus und Renaissance), so entzieht sich das 20. Jh. solcher generellen Klassifizierung. Verkehrstechnik und Medien ließen die Welt kleiner werden; größer wurden die Katastrophen von Gewaltherrschaft und Krieg, die Gefahr einer totalen Vernichtung, die Gegensätze von Arm und Reich, Nord und Süd, Ost und West. Trotz des wachsenden geist- und gefühltötenden Materialismus scheint es neuerdings auch in der modernen Naturwissenschaft (Kernphysik) neue Erkenntnisse über Geist und Materie zu geben, die wieder Raum schaffen könnten für eine ganzheitl. Sicht- und Erlebnisweise des Seins, welche Voraussetzung für jede Kultur, Kunst und Musik ist.

Die zeitgenöss. Musik hat Teil am Wesen ihrer Epoche. Sie kann nicht besser klingen, als diese ist – wenn sie wahr sein will. Es sei denn, sie spiegelt Geschichte oder entwirft Utopien. *Stilpluralismus* und *Dissonanz,* Charakteristika der Neuen Musik, bezeugen den Mangel eines einheitl. Weltbildes und den Verlust der Harmonie von Mensch und Natur, zugleich der inneren Harmonie des Menschen selbst. Ein neues, umfassenderes (ideal: *integrales*) Bewusstsein von Mensch, Welt und Universum als einem *harmonischen Ganzen* und dessen Ausdruck in Musik lässt sich heute nur ahnen.

Möglicherweise sieht eine spätere Zeit die Musik des 20. Jh. nicht nur als eigene Epoche, nicht nur als Ende der etwa 300-jährigen *tonalen* Musik (ca. 1600–1900), sondern als Krise einer größeren Einheit: Krise der Neuzeit (seit dem MA.), Krise eines Jahrtausends oder mehr.

Verläufe und Tendenzen

Zur Jahrhundertwende mit Spätzeitcharakter und Aufbruchsahnung einer musikal. *Moderne* (S. 487) gehört der

Impressionismus. Die vorzugsweise frz. Richtung hat gefühlsstark und subtil neue Horizonte eröffnet, voll Wohlklang und mit breiter Wirkung (S. 481).

Expressionismus. Die vorzugsweise dt. Richtung beruft sich auf den Ausdruck des Innern und überschreitet ästhet. Grenzen (S. 491). – Impressionismus und Expressionismus sind als Künste subtilsten Seelenausdrucks Erscheinungen und Folgen einer hyperromant. Haltung.

Futurismus. BALILLA PRATELLA (1880–1955) verlangte in seinen *futurist. Manifesten* (1912) enthusiastisch, die Geräusche der Technik und Industrie in die Musik mit einzubeziehen. Auch LUIGI RUSSOLO (1885–1947) mit seiner *L'arte dei rumori* (1916) stellte Versuche mit Geräusch-Musik an *(Bruitismus),* wobei jedoch der Mangel an musikal. Gestalt nicht weit führte.

Neoklassizismus. In Reaktion auf die Spätromantik wendet man sich zurück zur klass. Ästhetik, zu alten Gattungen und Formen, die man neu belebt (S. 499).

Musik nach 1950

Nach Stillstand in den 30er/40er Jahren erfolgt nach dem 2. Weltkrieg um 1950 ein starker Aufbruch zu Neuem, einschließlich der ungewohnten Erweiterung des Musikbegriffs (*Indetermination, Fernost*). Auch erhalten U-Musik mit Jazz, Pop- und Rockmusik usw. durch Elektronik und Medien ungeahnte Verbreitung.

Serielle Musik. Die Übertragung der Reihentechnik auf alle Parameter (S. 519).

Elektron. Musik. Neue techn. Möglichkeiten erlauben eine neue Musik, *Live-Elektronik* auch wieder spontane Kreativität (S. 521).

Aleatorik. Der Zufall bringt in die Rationalität wieder vielfältige Fantastik (S. 514 f.).

Postserielle Musik. Sie verfeinert nochmals Strukturen und Erscheinungen bis ins Extrem *(Klangkomposition),* und wirkt neuartig im *experimentellen Musiktheater* (S. 525).

Neue Einfachheit. Sie bringt wieder einen subjektiven, unmittelbaren Ausdruck des Gefühls (bei komplizierten Partituren), während die *Minimal Music* amerikan. Herkunft eine ins Meditative zielende Einfachheit praktiziert *(Postmoderne).*

Die Öffnung der Grenzen und die Präsenz der verschiedensten Musiken der Länder und Völker brachte im 20. Jh. durch Medien und Reisen starke Anregungen.

3 Klavierstücke op. 11, Nr. 1, Auflösungszone

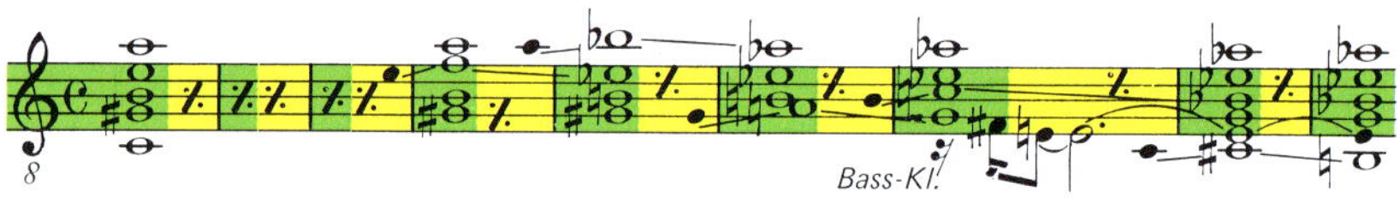

5 Orchesterstücke op. 16, Nr. 3, »Farben«, Beginn

2 Fl., Kl., Fg., Va., Kb.
EHr., Trp., Fg., Hr., Va., Kb.

A **A. Schönberg, Atonalität und Klangfarbenmelodie**

B **I. Strawinsky, Le Sacre du Printemps,** 1913, Introduction

C **F. Busoni, 5 kurze Stücke zur Pflege des polyphonen Spiels,** 1923, Nr. 1

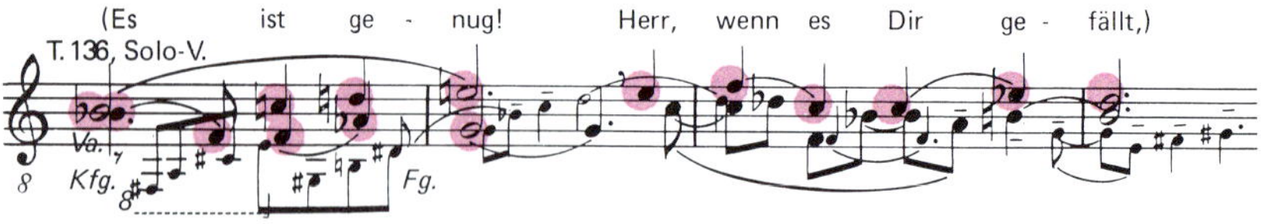

D **A. Berg, Violinkonzert,** 1935, »Requiem für Manon«, Choralzitat im Schlusssatz

Bach-Choral (Kantate Nr. 60)

Atonalität, Klangfarbe, Folklorismus, Historismus

Uneinheitlich wie die Musik des 20. Jh. sind auch die Auffassungen darüber, was Musik ist oder sein soll. Im Neben- und Nacheinander der Meinungen fällt die Individualisierung auf, mit der Folge des Verständigungsproblems und der Isolation.

Die Auffassungen vom **Wesen** der Musik reichen vom reinen Spiel mit Formen bis zur Musik als Inhalts- und Ideenkunst versch. Auslegung (HARTMANN, NOHL, DAHLHAUS):

- Der alte *kosmische* Aspekt spricht aus Musik als *Teil des schwingenden Weltalls* (BUSONI) und wurde jüngst bestärkt, z. T. unter fernöstl. Einfluss (STOCKHAUSEN).
- Die HEGELsche *Weltspiegelungstheorie* in der Kunst und Musik erweitert sich zeitgemäß (Massenges., Elektronik).
- Die moderne *Musikpsychologie* fördert neue Anschauungen, z. B. die Musik als *Dynamik von Willensregungen* (KURTH).
- Der Ausdruck von *Gefühl* in der Musik wird nach wie vor als elementar empfunden und wirkt in wechselnde Richtungen.

Inhaltserweiterung. Zustände und Geschehnisse der Zeit erweitern ständig den Inhalt von Musik. So versuchte der Futurismus den Industrielärm direkt in Musik umzusetzen (S. 485). Indirekt gehen moderne Mechanik und Motorik in viele Musikwerke ein, z. B. HONEGGERS *Pacific 231* (S. 498). Ganz anderen Inhalt zeigt PENDERECKIS *Threnos. Den Überlebenden von Hiroshima* (S. 524).

Neue Ästhetik. Die alten ästhet. Gestaltungsprinzipien der Musik als einer der *schönen Künste* werden z. T. radikal geleugnet. Musik muss nicht mehr unbedingt *schön* und harmonisch sein, sondern vor allem *wahr,* also auch hässlich. Ziel ist nicht die Erbauung, sondern die Erschütterung des Menschen. Die Stellung zum Begriff der *Musik* und des *musikal. Kunstwerks* ändert sich:

- Die **Moderne** bindet sich nicht mehr an objekt., überzeitl. Regeln, sondern spiegelt seit etwa 1890 bewusst das je *Zeitgemäße.* DAHLHAUS verwendet den Begriff der *musikal. Moderne* für die Zeit 1890–1914, analog zur Kunst und Literatur.
- Die **Avantgarde** begreift sich als fortschrittl. Bewegung, die gegen jede Art der Erstarrung im Musikbereich angeht und zu gewagten Neuerungen aufbricht, z. B. mit der Atonalität, der elektron. Musik, dem experimentellen Musiktheater.
- Die **Indetermination** (CAGE) gibt den alten Werkcharakter auf zu Gunsten unberechenbarer Spontaneität. Die *Aleatorik* erweitert das Werk um Zufall und Gleichzeitigkeit, ähnlich das sog. *work in progress,* dessen jeweils letzte Gestalt gilt.

Hören. Die Neue Musik isolierte sich auch durch ihre hohen *Anforderungen,* Kontrast zur *Bequemlichkeit* als Weltanschauung der Konsumgesellschaft, die sich mit dem *schönen Schein* zufrieden gibt. Es wurde nie so viel Musik *gehört* wie im 20. Jh. (Technik).

ADORNO unterschied *kategorisch* Expertenhören, gutes Zuhören, Bildungshören, emotionales Hören, Ressentimenthören (BACH-Liebhaber), Unterhaltungshören, gleichgültiges Hören.

Das *angemessene* Hören verlangt seel. Aufgeschlossenheit, erarbeitet oder spontan.

Neuer Ausdruck. Erweiterung der Musikauffassung und entsprechend neue Gestaltqualitäten (bis zum Fluch, *neu* sein zu müssen, um zu gelten) sind charakteristisch für die Neue Musik. Schockierend war SCHÖNBERGS (Fort-)Schritt in die Atonalität:

Das Klavierstück op. 11,1 zeigt in gewissen *Auflösungszonen* neues musikal. Denken: keine Schablone mehr, keine gegebene Figur, keine Grundsubstanz mit Ornament: hier ist alles wesentlich. Alle Parameter sind betroffen: statt alter Melodik eine Art Geflimmer, kaum fassbare Rhythmik statt Akzentstufentakt, spontanes Formgestalten statt vordisponierter Periodik, extreme Lagen, neue Farbe durch Klavier-Flageolett, keine funktionale oder Polyharmonik, sondern Atonalität ohne Zentrum, extreme Dynamik (Nb. A).

SCHÖNBERGS *Klangfarbenmelodie* ersetzt Tonhöhenfolge durch Farbwertfolge: im selben Akkord wechseln bruchlos die Instrumente und damit die Farbe (*Akkordfärbungen,* Nb. A).

Folklorismus. Das Interesse an den Liedern und Tänzen der Völker wächst im 20. Jh.

- als Reaktion auf eine hohe Musikkultur, auf der Suche nach dem Ursprünglichen;
- als Sammlung und Erhaltung spezif. musikal. Materials, das sonst verloren ginge.

WILLIAMS, BARTÓK, JANÁČEK haben Grundlagen geschaffen, zahlreiche Institute und Forscher arbeiten auf breiter Basis weiter.

Das Wild-Ungebändigte russ. Folklore in STRAWINSKYS *Sacre* erwies sich als kraftvolles Element gegen den Ästhetizismus der Spätromantik (Skandal Paris 1913). Das Solofagott beginnt scheinbar improvisator. in wechselnder Rhythmik und Artikulation einer Floskel, modal, russisch (Nb. B).

Geschichte und Gegenwart

Man versucht im 20. Jh. erstmals, die MG. mit den Augen der jeweiligen Zeit zu sehen, samt der dahinter stehenden Musikauffassung. Hierbei helfen neue Quellenausgaben, Schriften, Stilkunde, Restauration und Rekonstruktion alter Instrumente. Dieses neue histor. Bewusstsein prägte viele neue Werke.

BUSONIS *Stücke* zeigen BACHsche Gestik, polyharmon. Schichtung, dann kp. Mehrstimmigkeit, Imitation (T. 13, Nb. C): erneuerte Tradition im Neoklassizismus.

BERG zitiert in seinem *Violinkonzert* als Requiem für MANON GROPIUS (S. 493) einen *Bach-Choral* als Ausdruck von Glaube und Hoffnung: histor. Selbstverständnis mit großer Innigkeit (Nb. D).

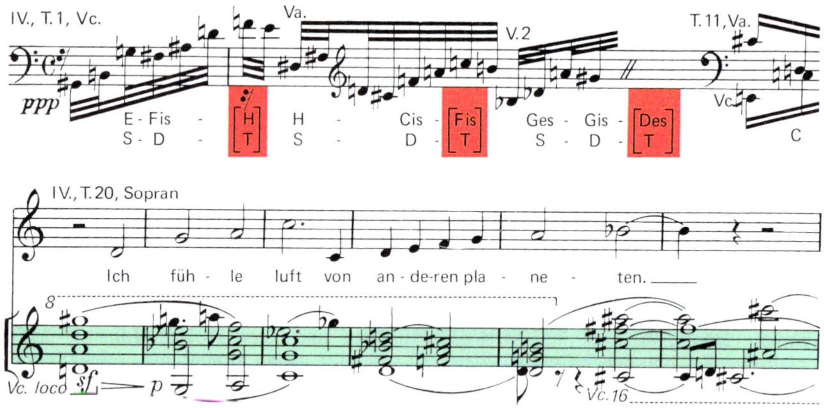

A **2. Streichquartett, op. 10,** 1907–08, 4. Satz »Entrückung« (George)

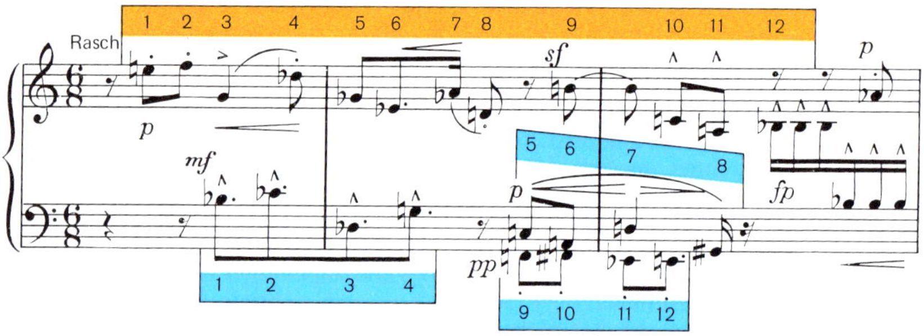

B **Suite für Klavier, op. 25,** 1921–23, Präludium, Zwölftontechnik

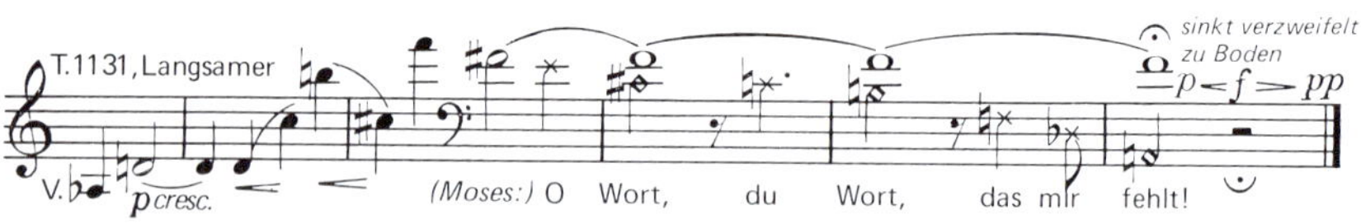

C **Moses und Aron,** 1932, II. Akt, Schluss

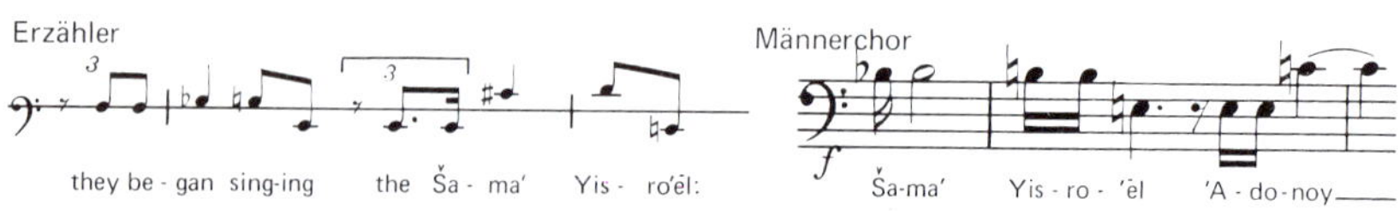

D **Ein Überlebender aus Warschau, op. 46,** 1947, Beginn des Schma Israel

Tonalität: schwebend/frei (»atonal«) Reihe: Grundgestalt / 7. Transposition

Schönberg: Atonalität, Zwölftontechnik, Spätwerk

ARNOLD SCHÖNBERG, * 13. 9. 1874 in Wien, † 13. 7. 1951 in Los Angeles, kompos. Anregung durch ZEMLINSKY, ab 1901 Berlin, ab 1903 Wien, Schüler (BERG, WEBERN), 1911–15 Berlin (Kons.); Militärdienst; 1918 Wien, *Verein für musikal. Privataufführungen* gegr., Lehrer (EISLER, STEIN, APOSTEL u. a.), 1925 Prof. für Kompos. Berlin (BUSONI-Nachfolge), 1933 Emigration in die USA, 1936–44 Univ. of California. SCHÖNBERG sah den Zweck der Kunst und Musik im Ausdruck der Persönlichkeit, dann der Menschheit:

»denn die Kunst ist der Notschrei jener, die an sich das Schicksal der Menschheit erleben ... innen, in ihnen ist die Bewegung der Welt; nach außen dringt nur der Widerhall: das Kunstwerk« (1910).

So entsteht **Expressionismus** mit seinen Extremen, Kontrasten und seiner oft an Wahnsinn grenzenden Leidenschaft. Das Extrem gehört seither zum Wesen der Neuen Musik überhaupt, jede klass. Ausgewogenheit meidend: *»der Mittelweg ist der einzige, der nicht nach Rom führt«* (Chorsatiren, 1925). SCHÖNBERGS Kunst steht damit gegen eine bürgerl. Gesellschaft mit ihrer saturierten Oberflächlichkeit und doppelten Moral, gegen Anpassung und gefälligen Schein, für herausfordernde Wahrheit, wache Sensibilität, unbequeme Konsequenz.

Tonale Schaffensperiode 1899–1907. SCHÖNBERG beginnt im Stil der Spätromantik. Von WAGNER übernimmt er die ausdrucksstarke Chromatik und die Sequenztechnik, von BRAHMS die kp. Vielfalt und die *entwickelnde Variation* (S. 475). Werke: frühe Lieder (op. 1,2,3,6,8); Streichsextett *Verklärte Nacht,* op. 4 (1899), DEHMEL, 1-sätzig; *Gurre-Lieder* (1900–11), JACOBSEN, für Soli, Chor und Orch.; *Pelleas und Melisande,* op. 5 (1903), MAETERLINCK, sinfon. Dichtung für Orch.; *Kammersinf. für 15 Soloinstr.* E-Dur, op. 9 (1906); 2. Streichquartett fis-Moll, op. 10 (1907–08), mit Sopran: 3. Satz *Litanei,* 4. Satz *Entrückung* (GEORGE), im Scherzo Liedzitat *O du lieber Augustin, alles ist hin* (Tonalität).

Das Finale beginnt in *schwebender Tonalität:* S-D-Folge wie *vagierende* Akkorde (die Tonika wechselt ständig) ohne Auflösung, mit verschleiernden Nebentönen; dann freie Klangkombination (T. 11); der Text drückt das Neue aus: die *freie Atonalität;* erhalten bleiben Rhythmus (fast klass.), Gestik und Linie, Phrasierung usw. (Nb. A).

Atonale Schaffensperiode 1908–21. Der Sprung in die *Atonalität* geschah aus Zwang zum Ausdruck. Zugleich erfolgt die *Emanzipation der Dissonanz:*

»Es hängt von der wachsenden Fähigkeit des analysierenden Ohres ab, sich auch mit den fernerliegenden Obertönen vertraut zu machen« (Harmonielehre, 1911).

Die 3 *Klavierstücke* op. 11 (1909) sind erstmals ganz atonal, z. T. sogar völlig neu (Auflösungszonen, S. 486, Abb. A). Die 15 *George-Lieder* op. 15: *Buch der hängenden Gärten* (1908–09), der erste Liederzyklus der Neuen Musik, durchkomponiert, voll poetisch inspirierter Bilder, durchbrechen *»als neues Ausdrucks- und Formideal ... alle Schranken einer vergangenen Ästhetik«* (SCHÖNBERG zur UA 1910).

Die 5 *Orchesterstücke* op. 16 (1909) sind Stimmungsbilder und formal frei wie *Prosa der Musik* (WEBERN), das 3. mit der neuen **Klangfarbenmelodie** (S. 486, Abb. A). Das Monodram *Erwartung* op. 17 (1909, M. PAPPENHEIM), schildert hochexpressiv die Suche einer Frau nach ihrem toten Geliebten. *Pierrot lunaire* op. 21 (1912), A. GIRAUD, dt. von O. E. HARTLEBEN, umfasst 21 Melodramen für eine Sprechstimme und Klav., Fl./ Pikk., Klar./Basskl., V./Va., Vc., z. T. mit strengen Strukturen (Kanons), Gesang wird zu Sprache und Schrei, rauschhaft in wenigen Tagen komponiert, großer Erfolg. – Zwischen 1908 und 1910 malte SCHÖNBERG fast 70 Bilder, meist Portraits und Visionen (Ausstellung 1910, auch im *Blauen Reiter*), Briefwechsel mit KANDINSKY.

Zwölftönige Schaffensperiode 1921–51. Die Entwicklung der Zwölftontechnik (S. 102 f.) entsprang einem starken Ordnungsdrang SCHÖNBERGS und seiner Zeit. Sie ermöglicht als Strukturhilfe wieder größere Instrumentalwerke (ohne Text).

Nach Reihen mit weniger oder mehr als 12 Tönen (Klavierstücke op. 23, Serenade op. 24) zeigt die *Klaviersuite* op. 25 die reife neue Satztechnik. Ausdruck und Charakter sind frei (Nb. B).

Es folgen als größere Formen die *Var. für Orch.* op. 31 (1926–28), die Oper *Moses und Aaron* (1930–32), Text: SCHÖNBERG.

Der 3. Akt blieb unvertont. Moses, der Mann der Idee, überwindet Aaron, den Bildner und Sänger, doch ihm selbst erstirbt die Ausdrucksmöglichkeit. Das Ende des Fragments zeigt Moses' fallende Geste und versinkenden Klang (Nb. C, Kreuze: gesprochen).

Etwa die Hälfte der Werke SCHÖNBERGS sind tonal, so die *Suite* für Streichorch. (1934). Zwölftönig sind u. a.: Violinkonzert op. 36 (1934–36), Klavierkonzert op. 42 (1942), Streichtrio op. 45 (1946), die Kantate *Ein Überlebender aus Warschau* op. 46 (1947),

für Sprecher, Männerchor und Orch., eine Bekenntnismusik nach Augenzeugenberichten von erschütternder Realistik in Text und Musik. Vor dem Tod in der Gaskammer singen die Juden ihr gläubiges *Schma Israel* (Nb. D).

Große Wirkung erreichte SCHÖNBERG nach seinem Tode, als eine jüngere Generation ihn erst eigentlich entdeckte.

GA v. DAHLHAUS u. a. (1966 ff.); s. Lit.

Präludium	»Langsam, Wozzeck!«	T.1
Pavane	Mühlrad	30
Kadenz	»Ein guter Mensch«	59
Gigue	Wind	65
Kadenz	»Ein guter Mensch«	109
Gavotte	Moralpredigt	115
Air	»Wir arme Leut«	136
Präl. (Repr.)	»hübsch langsam!«	153

Suite
Violoncello mit Dämpfer, am Steg
Zwölftonreihe: Krebs
Spiegelkrebs

A **A. Berg**, Wozzeck, op. 7, 1917–23, I, 1 Suite; III, 1 Thema mit Variationen

Drei kleine Stücke für Cello und Klavier, op. 11, 1914, Nr. III

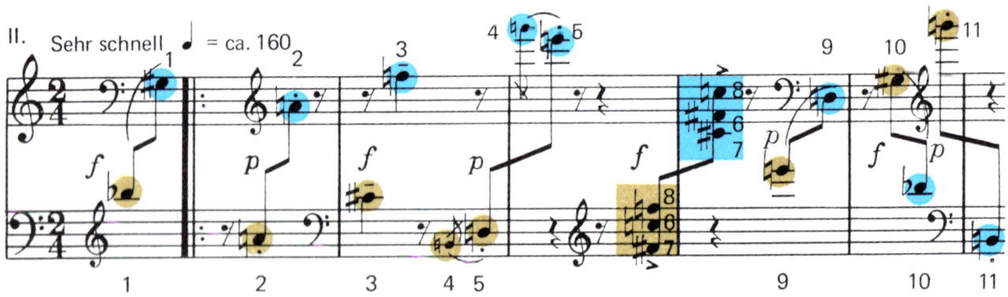

Variationen für Klavier, op. 27, 1936, II. Satz, Beginn

B **A. Webern, Atonalität und reihengebundene Strukturen**

ALBAN BERG, * 9. 2. 1885 in Wien, † 24. 12. 1935 in Wien, 1904–10 Schüler SCHÖNBERGS; lehrte privat Kompos.

BERG war beseelt von einer *überströmenden Wärme des Fühlens* (SCHÖNBERG). Kunstreiche Struktur und feine kompositor. Nuancen verbindet er als *Meister des kleinsten Übergangs* (BERG-Schüler ADORNO) mit charakterist. Klangsinnlichkeit. Der menschl. Atem seiner Melodik, die Natürlichkeit seiner Phrasierung, die organ. Kraft seiner Rhythmen, die oft weiche Fülle seiner atonalen Harmonik machten BERGS Musik leichter zugänglich.

Tonale Periode. Etwa 140 spätromant. Jugendlieder, daraus *7 Frühe Lieder* (1907–08), dazu 2 *Storm-Lieder* (1907/25).

Freie atonale Periode. Klaviersonate op. 1 (1907–08), 4 Lieder op. 2 (1908–09, HEBBEL, MOMBERT); Streichquartett op. 3 (1909–10), Studienabschluss; – 5 Orch.-Lieder op. 4 (1912, ALTENBERG); 4 Stücke für Klar. u. Kl. op. 5 (1913), 3 Orchesterstücke op. 6 (1914); *Wozzeck* op. 7 (1917–21, UA Berlin 1925); Kammerkonzert für Kl., V. u. 13 Bläser (1923–25).

Wozzeck, Liebesdrama und soziale Anklage, wurde zur erfolgreichsten Oper der Neuen Musik. BERG hat BÜCHNERS Text zu 3 Akten von je 5 Szenen verdichtet mit dem Ziel, das dramat. Geschehen nicht wie üblich durchzukomponieren, sondern in musikalisch eigenständige (alte) Formen zu fassen. So zeigt der I. Akt Wozzecks Beziehung zur Umwelt in *5 Charakterstücken* (Suite, Rhapsodie, Militärmusik, Passacaglia, Rondo), der II. Akt die Zuspitzung des Geschehens als *Sinfonie in 5 Sätzen,* der III. Akt die Katastrophe in *5 Inventionen.*

Die Suite (I, 1) entspricht der lockeren Gesprächsfolge beim Rasieren, mit Leitmotiven für Wozzecks Unterwürfigkeit, Armut usw. – Maries Bibellesung (III, 1), teils gesprochen, teils gesungen, ist erfüllt von rasch wechselnden Affekten (*appass.*). Das Antimärchen erklingt in trügerisch weichem f-Moll, ehe mit Maries Aufschrei die atonale Realität hereinbricht (Nb. A).

Letzte Schaffensperiode. BERG nimmt nun auch 12-tönige Elemente auf. *Lyrische Suite* für Streichquartett (1925–26, S. 102); Oper *Lulu* (1928–35) nach WEDEKINDS *Erdgeist* und *Büchse der Pandora,* 3. Akt nur Particell (ergänzt von F. CERHA, UA 1979); *Der Wein,* Konzertarie für S. u. Orch. (1929, BAUDELAIRE/GEORGE).

Das Violinkonzert (1935, S. 102) gedenkt der 18-jährig (1935) an Kinderlähmung gest. MANON, Tochter ALMA MAHLERS und W. GROPIUS'. 1. Satz, *Andante; Allegretto,* mit Kärntner Volksweise (MANONS Jugend). 2. Satz, *Allegro* mit Solokadenz und Höhepunkt (MANONS Krankheit); *Adagio,* mit BACHS Choral *Es ist genug* (MANONS Tod; S. 486). Es wurde BERGS eigenes Requiem.

ANTON (VON) WEBERN, * 3. 12. 1883 in Wien, † 15. 9. 1945 in Mittersill (Salzburg), 1902–06 Musikwiss. in Wien bei G. ADLER, 1906 Promotion über H. ISAAK, 1904–08 Schüler SCHÖNBERGS, dann Theaterkpm. in Wien, Teplitz, Danzig, Stettin, Prag; ab 1918 in Wien als Dirigent, bis 1922 in SCHÖNBERGS *Verein für musikal. Privatauff.,* 1922–34 Arbeiter-Sinfoniekonzerte, ab 1923 Arbeiter-Singverein, ab 1930 Fachberater für Neue Musik im Österr. Rundfunk, ab 1934 polit. isoliert von jeder Öffentlichkeit.

WEBERNS Musik tendiert zu aphorist. Kürze, bes. in der Zeit der freien Atonalität. Exemplarisch sind op. 9 und op. 11.

Nb. B zeigt op. 11, Nr. 3 *vollständig* (3 Systeme in 1): eine Miniatur von hoher musikal. Intensität und Dichte.

Die Tendenz zur Kürze richtet sich auch gegen das Werk als solches. Kein Schmuck, kein Umweg, keine Wiederholung, keine Grundsubstanz und Zutat: alles ist wesentlich, bestimmt vom persönl. Charakter, vom Zeitgeist und vom geschichtl. Stand des *musikal. Materials,* wobei das letztere aus dem allg. akust. Material eine Auswahl darstellt nach Tonsystem und musikgesch. Stand, der in ihm ist wie *sedimentierter Geist* (ADORNO).

Ab op. 20 übernahm WEBERN SCHÖNBERGS Reihentechnik. Seine Reihen sind jedoch nicht mehr nur Material für Themen und Motive, sondern haben selbst Motivcharakter (s. S. 102) und bestimmen das Werk.

Das *Scherzo* aus op. 27 zerstäubt die Struktur zu punktuellen Kontrasten von spukhafter Fantastik (Nb. B). Reihenartig geregelte Dynamik und Lagenwechsel zielen in Richtung *serielle* Musik.

WEBERNS Musik ist von Helle und Klarheit erfüllt, die nicht nur auf rationaler Arbeit, sondern bes. auf musikal. Intuition beruhen. Seine stete Suche nach Zusammenhang zeigt fast myst. Schau und Bindungskraft.

Wichtigste Werke. Tonal: *Passacaglia* op. 1 (1908) für Orch.; *Entflieht auf leichten Kähnen* op. 2 (1908, GEORGE) Chor a cappella.

Freie atonale Periode: 5 Lieder op. 3 (1907–08) GEORGE; 6 Stücke für Orch. op. 6 (1909–10); 6 *Bagatellen für Streichquartett* op. 9 (1913); 5 Stücke für Orch. op. 10 (1911–13); op. 11 (Nb. B); Lieder op. 12–16 (1915–24).

Zwölftönig: Lieder op. 17–19 (1924–26); Streichtrio op. 20 (1927); Sinf. op. 21 (1928); Konzert op. 24 (1934, S. 104); *Das Augenlicht* op. 26 (1935, H. JONE), Kantate für Chor u. Orch.; Var. für Kl. op. 27 (1936); Streichquartett op. 28 (1937–38); 1. Kantate für S., Chor u. Orch. op. 29 (1938–39, JONE); Var. für Orch. op. 30 (1940); 2. Kantate für S., B., Chor u. Orch. op. 31 (1941–43, JONE). Bearbeitung des 6-st. Ricercars aus BACHS *Mus. Opfer* (1935); *Der Weg zur Neuen Musik* (Vorträge 1932/33), hg. v. W. REICH.

Bd. III, Nr. 86, zwei Fünftonreihen in Dur

Bd. V, Nr. 131, Quarten

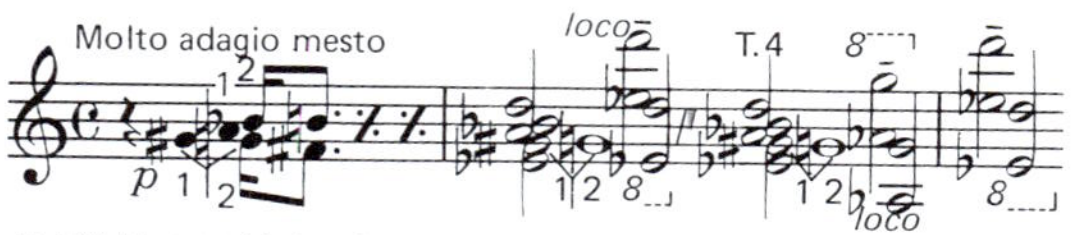

Bd. VI, Nr. 144, kleine Sekunden und große Septimen

Bd. IV, Nr. 113, Bulgarischer Rhythmus

A **Mikrokosmos für Klavier,** 1926–39

I. Introduzione	II. Spiel der Paare	III. Elegia	IV. Intermezzo	V. Finale
And., Allegro Sonatensatz	All. scherzando Liedform A B A	Andante Liedform	Allegro (Scherzo) Liedform	Pes., Presto Sonatensatz

typische Intervalle:

2 Fg. in Sexten	2 Ob. in kl. Terzen	2 Kl. in kl. Septen	2 Fl. in Quinten	2 Trp. in gr. Sekunden

B **Konzert für Orchester,** 1943, Satz- und Paarfolge

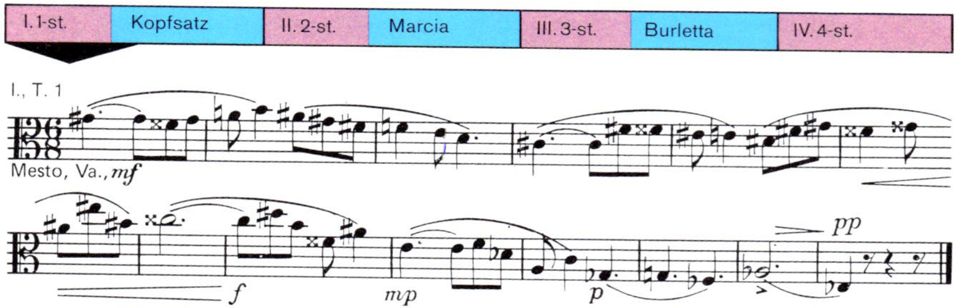

C **Streichquartett Nr. 6,** 1939

Mesto (traurig)   Hauptsätze (rasch)

Bartók: Neue Elemente und Spätwerkcharakter

Béla Bartók, * 25. 3. 1881 in Nagyszentmiklós (Südungarn), † 26. 9. 1945 in New York, 1899–1903 Studium in Budapest bei Thomán (Liszt-Schüler, Klavier) und Koessler (Kompos.), 1907–34 Prof. für Klavier in Budapest, Reisen zur Volksmusikslg., oft mit Z. Kodály, u. a. nach Rumänien (1908), Bulgarien, Ukraine, Norwegen (1912), Algerien (*Biskra*, 1913), Türkei (1936); 1909 Ehe mit Martha Ziegler, 1923 Ehe mit Ditta Pásztory; 1934–40 Mitgl. der Ungar. Akademie der Wiss. (Volkslied-Edition); Konzertreisen, 1940 Emigration in die USA (New York).

Bartók ging aus von Brahms, Dohnányi, Strauss (*Kossuth*, 1903–04), Debussy.

Volksmusik. Liszt und das 19. Jh. hatten noch die neuere Volksmusik in den ungar. Städten für original gehalten (S. 439), Bartók und Kodály erkannten eine vom westl. Einfluss unberührte Volksmusik (Lieder, Tänze) bei den Bauern, sammelten sie auf Reisen handschriftl., später mit dem Phonographen. Die ersten 20 ungar. Bauernlieder gaben sie 1906 heraus. Dann dehnten sie ihre Forschungen aus, bes. auf Osteuropa, und machten die Rettung des Bestandes zur Lebensaufgabe. 1934 waren allein 1026 Phonowalzen aufzuarbeiten (erst nach Bartóks Tod vollendet).

Für **Bartók** gingen von der Volksmusik zugleich stärkste Impulse aus auf Ausdruck und Wesen seiner eigenen Musik, auf die Überwindung des Dur-Moll-Systems, auf neue Rhythmen, Melodien, Klangfarben. Es gibt bei ihm 3 Stufen der Arbeit mit Volksmusik:

- direkte Übernahme (mit Begl. usw.);
- motiv. Arbeit mit dem Material;
- Neuschaffen nach ihrer Art (Nb. C, Va.).

Das *Allegro barbaro* (1911) ist mit seinen hämmernden Rhythmen (Klavier als Schlaginstr.) und scharfen Konturen noch vor Strawinsky ein bis dahin unerhörter vitaler Ausbruch eines neuen Stils und einer neuen Ästhetik, voll Eigenstand und Kraft. In der einaktigen Oper *Herzog Blaubarts Burg* (1911) findet Bartók aus einer tiefen Lebenskrise zu einem hochexpressiven Ausdruck voll neuer Farben und Formen. Bartók zog sich dann zurück und widmete sich einige Jahre primär dem Studium der Volksmusik.

Erst 1923 brachte die *Tanzsuite für Orchester* einen glänzenden Erfolg. 1924 erscheint sein Buch *Das ungar. Volkslied.* 1926 setzt eine neue Schaffensphase ein, in der er die Volksmusikerfahrung mit der von ihm hochverehrten westl. Kunstmusiktradition, bes. Bach (Polyphonie und Kp.), Beethoven (motiv. Arbeit), Debussy (Akkordfarben), und dem Klassizismus seiner Zeit (Formen wie Sonate, Konzert) zu einem eigenen, virtuosen, kraftvoll-brillanten Stil verband.

Die 30er Jahre brachten dann eine Reihe reifer Werke voll Klangsinnlichkeit und harmon. Proportion (S. 488), dazu als Lehrwerk den *Mikrokosmos*, der progressiv in Klavierspiel und Neue Musik einführt, z. B. Abb. A:

- **Bitonalität:** C-Dur und Fis-Dur übereinander, *pentatonisch* exponiert, dann in melodiösem Zwiegesang geschichtet;
- **Quarten:** befreiend und erfrischend in neutraler Folge; alle Takte werden ostinat und tanzartig wiederholt;
- **Dissonanzen:** unaufgelöst in enger und weiter Lage mit scharfem und weichem Charakter (Halbenoten);
- **Rhythmen:** Kombination von Vierer- (2 mal 2) und Dreiergruppen zu 7 Achteln nach bulgar. Art, darüber eine Melodie.

Das letzte Werk vor Bartóks Emigration ist das 6. Streichquartett, voll Erschütterung über Europa im Jahre 1939. Die Va. beginnt mit einem Trauergesang *(Mesto)*, trotz Chromatik volksliedhaft schlicht.

Ihm folgt unisono ein Beethovenscher Aufschwung (op. 130/133), mit emphat. Pausen. Ungarisch klingen *Marcia* und *Burletta* (Bärentanz, Jazz-Einfluss), doch wächst das wiederholte *Mesto* (2- bis 4-st.) bis zum breiten Finale an (Abb. C).

Bartóks Spätwerk erreicht dann eine Stufe der Abklärung, die an klass. Vorbilder erinnert. So verbindet das *Konzert für Orch.* barocke *Concerto*-Prinzipien mit reicher Melodik, Harmonik (auch tonal), Klarheit.

Typ. Intervalle charakterisieren im II. Satz die Instr.-Paare: weiche Sexten für die Fagotte, helle Terzen für die Oboen, scharfe Sekunden für die Tromp. (Abb. B).

Bartók erlebte noch den mit dieser UA 1944 beginnenden Welterfolg seiner Werke. Er wurde der meistgespielte Komp. des 20. Jh.

Werke. *Rhapsodie* für Klavier op. 1 (1904), mit Orch. (1905); V.-Konzert Nr. 1 (1908); 14 *Bagatellen* op. 6 (1908); Streichquartett Nr. 1, op. 7 (1908); Oper *Herzog Blaubarts Burg*, op. 11 (1911, B. Balász); *Allegro barbaro* (1911). – *Der holzgeschnitzte Prinz*, op. 13 (1914–16), Tanzspiel von B. Balász; Suite für Klavier op. 14 (1916); Streichquartett Nr. 2, op. 17 (1915–17); *Der wunderbare Mandarin*, op. 19 (1918–19), Pantomime von M. Lengyel. – 2 Sonaten für V. und Kl. (1921/22); *Tanzsuite* für Orch. (1923); – Sonate für Klavier (1926); Klavierkonzert Nr. 1 (1926); Streichquartett Nr. 3 (1927); 2 *Rhapsodien* für V. u. Kl. (1928), auch mit Orch.; Streichquartett Nr. 4 (1928), 5-sätzig; *Cantata profana* (1930); Klavierkonzert Nr. 2 (1930–31); 44 Duos für 2 V. (1931). – Streichquartett Nr. 5 (1934), 5-sätzig; *Musik für Saiteninstr., Schlagzeug u. Celesta* (1936); *Mikrokosmos* (1926–39); Sonate für 2 Kl. u. Schlagzeug (1937), mit Orch. (1940); Violinkonzert Nr. 2 (1937–38); *Divertimento für Streichorch.* (1939); Streichquartett Nr. 6 (1939). – *Konzert für Orch.* (1943); Solosonate für V. (1944); Klavierkonzert Nr. 3 (1945); Va.-Konzert (1945), Instr. T. Serly.

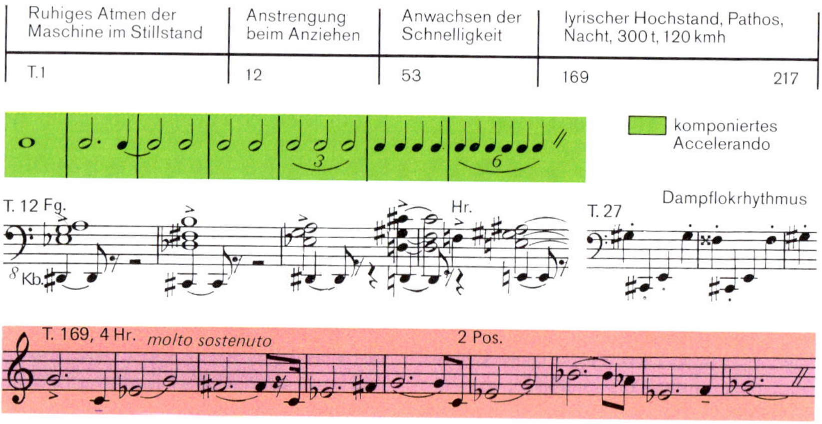

A A. Honegger, Pacific 231, Mouvement symphonique Nr. 1, 1923

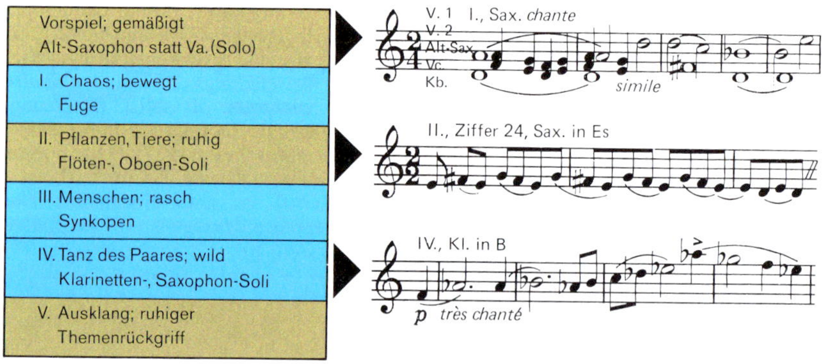

B D. Milhaud, La création du monde, Ballettmusik, op. 81a, 1923

C S. Prokofjew, Peter und der Wolf, op. 67, 1936, Charakteristik durch Motiv und Klangfarbe

Programm, Jazzeinfluss, Fassbarkeit

BÉLA BARTÓK, * 25. 3. 1881 in Nagyszentmiklós (Südungarn), † 26. 9. 1945 in New York, 1899–1903 Studium in Budapest bei THOMÁN (LISZT-Schüler, Klavier) und KOESSLER (Kompos.), 1907–34 Prof. für Klavier in Budapest, Reisen zur Volksmusikslg., oft mit Z. KODÁLY, u. a. nach Rumänien (1908), Bulgarien, Ukraine, Norwegen (1912), Algerien (*Biskra*, 1913), Türkei (1936); 1909 Ehe mit MARTHA ZIEGLER, 1923 Ehe mit DITTA PÁSZTORY; 1934–40 Mitgl. der Ungar. Akademie der Wiss. (Volkslied-Edition); Konzertreisen, 1940 Emigration in die USA (New York).

BARTÓK ging aus von BRAHMS, DOHNÁNYI, STRAUSS (*Kossuth*, 1903–04), DEBUSSY.

Volksmusik. LISZT und das 19. Jh. hatten noch die neuere Volksmusik in den ungar. Städten für original gehalten (S. 439), BARTÓK und KODÁLY erkannten eine vom westl. Einfluss unberührte Volksmusik (Lieder, Tänze) bei den Bauern, sammelten sie auf Reisen handschriftl., später mit dem Phonographen. Die ersten 20 ungar. Bauernlieder gaben sie 1906 heraus. Dann dehnten sie ihre Forschungen aus, bes. auf Osteuropa, und machten die Rettung des Bestandes zur Lebensaufgabe. 1934 waren allein 1026 Phonowalzen aufzuarbeiten (erst nach BARTÓKS Tod vollendet).

Für **Bartók** gingen von der Volksmusik zugleich stärkste Impulse aus auf Ausdruck und Wesen seiner eigenen Musik, auf die Überwindung des Dur-Moll-Systems, auf neue Rhythmen, Melodien, Klangfarben. Es gibt bei ihm 3 Stufen der Arbeit mit Volksmusik:

- direkte Übernahme (mit Begl. usw.);
- motiv. Arbeit mit dem Material;
- Neuschaffen nach ihrer Art (Nb. C, Va.).

Das *Allegro barbaro* (1911) ist mit seinen hämmernden Rhythmen (Klavier als Schlaginstr.) und scharfen Konturen noch vor STRAWINSKY ein bis dahin unerhörter vitaler Ausbruch eines neuen Stils und einer neuen Ästhetik, voll Eigenstand und Kraft. In der einaktigen Oper *Herzog Blaubarts Burg* (1911) findet BARTÓK aus einer tiefen Lebenskrise zu einem hochexpressiven Ausdruck voll neuer Farben und Formen. BARTÓK zog sich dann zurück und widmete sich einige Jahre primär dem Studium der Volksmusik.

Erst 1923 brachte die *Tanzsuite für Orchester* einen glänzenden Erfolg. 1924 erscheint sein Buch *Das ungar. Volkslied*. 1926 setzt eine neue Schaffensphase ein, in der er die Volksmusikerfahrung mit der von ihm hochverehrten westl. Kunstmusiktradition, bes. BACH (Polyphonie und Kp.), BEETHOVEN (motiv. Arbeit), DEBUSSY (Akkordfarben), und dem Klassizismus seiner Zeit (Formen wie Sonate, Konzert) zu einem eigenen, virtuosen, kraftvoll-brillanten Stil verband.

Die 30er Jahre brachten dann eine Reihe reifer Werke voll Klangsinnlichkeit und harmon. Proportion (S. 488), dazu als Lehrwerk den *Mikrokosmos*, der progressiv in Klavierspiel und Neue Musik einführt, z. B. Abb. A:

- **Bitonalität:** C-Dur und Fis-Dur übereinander, *pentatonisch* exponiert, dann in melodiösem Zwiegesang geschichtet;
- **Quarten:** befreiend und erfrischend in neutraler Folge; alle Takte werden ostinat und tanzartig wiederholt;
- **Dissonanzen:** unaufgelöst in enger und weiter Lage mit scharfem und weichem Charakter (Halbenoten);
- **Rhythmen:** Kombination von Vierer- (2 mal 2) und Dreiergruppen zu 7 Achteln nach bulgar. Art, darüber eine Melodie.

Das letzte Werk vor BARTÓKS Emigration ist das 6. Streichquartett, voll Erschütterung über Europa im Jahre 1939. Die Va. beginnt mit einem Trauergesang *(Mesto)*, trotz Chromatik volksliedhaft schlicht.

Ihm folgt unisono ein BEETHOVENSCHER Aufschwung (op. 130/133), mit emphat. Pausen. Ungarisch klingen *Marcia* und *Burletta* (Bärentanz, Jazz-Einfluss), doch wächst das wiederholte *Mesto* (2- bis 4-st.) bis zum breiten Finale an (Abb. C).

BARTÓKS Spätwerk erreicht dann eine Stufe der Abklärung, die an klass. Vorbilder erinnert. So verbindet das *Konzert für Orch.* barocke *Concerto*-Prinzipien mit reicher Melodik, Harmonik (auch tonal), Klarheit.

Typ. Intervalle charakterisieren im II. Satz die Instr.-Paare: weiche Sexten für die Fagotte, helle Terzen für die Oboen, scharfe Sekunden für die Tromp. (Abb. B).

BARTÓK erlebte noch den mit dieser UA 1944 beginnenden Welterfolg seiner Werke. Er wurde der meistgespielte Komp. des 20. Jh.

Werke. *Rhapsodie* für Klavier op. 1 (1904), mit Orch. (1905); V.-Konzert Nr. 1 (1908); 14 *Bagatellen* op. 6 (1908); Streichquartett Nr. 1, op. 7 (1908); Oper *Herzog Blaubarts Burg*, op. 11 (1911, B. BALÁSZ); *Allegro barbaro* (1911). – *Der holzgeschnitzte Prinz*, op. 13 (1914–16), Tanzspiel von B. BALÁSZ; Suite für Klavier op. 14 (1916); Streichquartett Nr. 2, op. 17 (1915–17); *Der wunderbare Mandarin*, op. 19 (1918–19), Pantomime von M. LENGYEL. – 2 Sonaten für V. und Kl. (1921/22); *Tanzsuite* für Orch. (1923); – Sonate für Klavier (1926); Klavierkonzert Nr. 1 (1926); Streichquartett Nr. 3 (1927); 2 *Rhapsodien* für V. u. Kl. (1928), auch mit Orch.; Streichquartett Nr. 4 (1928), 5-sätzig; *Cantata profana* (1930); Klavierkonzert Nr. 2 (1930–31); 44 Duos für 2 V. (1931). – Streichquartett Nr. 5 (1934), 5-sätzig; *Musik für Saiteninstr., Schlagzeug u. Celesta* (1936); *Mikrokosmos* (1926–39); Sonate für 2 Kl. u. Schlagzeug (1937), mit Orch. (1940); Violinkonzert Nr. 2 (1937–38); *Divertimento für Streichorch.* (1939); Streichquartett Nr. 6 (1939). – *Konzert für Orch.* (1943); Solosonate für V. (1944); Klavierkonzert Nr. 3 (1945); Va.-Konzert (1945), Instr. T. SERLY.

A **Petruschka, Burleske in 4 Szenen, 1911/21,** Danse russe

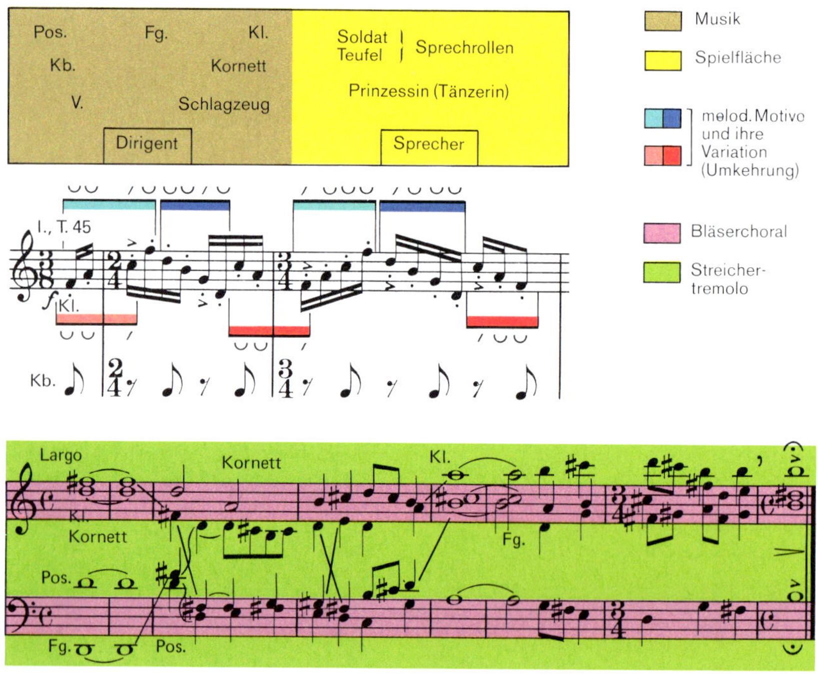

B **Histoire du Soldat,** 1918, Besetzung, Motivarbeit und kleiner Choral

C **Requiem Canticles,** 1966, II. Satz »Exaudi orationem meam«

Strawinsky: Nationalkolorit, Motivarbeit, Serialismus

Igor Strawinsky, * 5. 6. 1882 in Oranienbaum bei St. Petersburg, † 6. 4. 1971 in New York, Vater Bassist an der Oper St. Petersburg, 1900–05 Jurastudium, 1902–08 Privatschüler Rimski-Korsakows, 1910–20 zumeist in der Schweiz (Clarens, Morges, Genf), 1920–39 in Frankreich (Paris, Nizza, Biarritz), ab 1939 Hollywood, 1969 N. Y.; Erinnerungen, 2 Bde. (1935/36); 1939/40 Vorlesungen an der Harvard Univ., gedr. als *Poétique musicale* (1942): neoklass. Ästhetik.

Russ. Periode bis 1920. Strawinsky wuchs in russ. Tradition auf: russ.-orthodoxe *Kirchenmusik*, russ. *Folklore*. Für S. Diaghilew, dessen *Russ. Ballett* oft in Paris auftrat, schrieb er seine 3 frühen Ballette:

- *Feuervogel* (UA Paris 1910) nach M. Fokin, daraus 3 Suiten (1911/19/45);
- *Petruschka* (Paris 1911) von A. Benois u. I. S., daraus 3 Sätze für Klavier (1921, Nb. A); eine Gliederpuppe auf dem Jahrmarkt (*russ. Tanz*), verliebt, eifersüchtig, sterbend. Der *russ. Tanz* zeigt: Mixturen, modal nebeneinander, in wachsender Breite und Schärfe (Septimen), kurze antiromant. Melodiefloskeln, harte Rhythmen (Nb. A).
- *Le sacre du printemps* (Paris 1913), *Bilder aus dem heidn. Russland* von I. S. und N. Roerich; I. *Anbetung der Erde* (S. 486), II. *Das Opfer*. Barbar. Ritual, Rauheit der Musik und bis zum Exzess getriebene Rhythmik (Finale *Danse sacrale*) schockierten das elegante Paris (Skandal). Strawinsky als *junger Wilder* (Debussy).

Es folgen *Die Nachtigall* (1914), lyr. Märchenoper nach Andersen; sinfon. Dichtung *Gesang der Nachtigall* (1917); *Renard* (1916), Burleske des Dichterfreundes Ch. F. Ramuz; *Les Noces* (1914/23), russ. Tanzszenen von Ramuz; *Die Geschichte vom Soldaten*, von Ramuz (Lausanne 1918), mit Vorleser, Schauspieler und Tänzer, russ. Märchenstoffkolportage mit westl. Tänzen wie Walzer, Tango, Ragtime, alles durch Collage und Ironie brillant verfremdet. Kriegsnot und neue Ästhetik schufen ein Antigesamtkunstwerk mit klarer Trennung von Darstellung und Musik, mit kleinem, kuriosem »Orch.« (solist.) voll Jazz-Einfluss.

Die Musik zeigt die typ. Mechanik der Struktur: Auf und Ab der Stacc.-Dreiklänge in F- und G-Dur, wobei durch spieler. Verschieben und Umrhythmisieren (wechselnde Stellung im Takt, Auftakt, Volltakt) ständig Motivvarianten entstehen; dazu Taktwechsel im Marsch (2/4, 3/4) und Synkopen des Kb. Das klingt überraschend, virtuos, kühl, unverbindlich und doch versessen, witzig, schwungvoll. Ironie bringen der *kleine* und der *große Choral*: barocke Bläser in romant. Streicherklang, polyphon, getragen wie ein Bach-Choral, jedoch »stimmt« keine Note (Nb. B).

Neoklassizist. Periode 1920–50. Elemente sind schon vorher da *(Histoire)*, so wie es russ. auch später gibt. Doch ist der Rückgriff auf Barockmusik ein Bekenntnis zur Geschichte: *Pulcinella*, Ballett mit Gesang, Musik nach Pseudo-Pergolesi (UA Paris 1920), Bühnenbild P. Picasso, entstanden auf Diaghilews Rat (S. 499). Strawinsky übernahm die barocken Noten (sie stammen nicht alle von Pergolesi) und machte sie sich durch Zugabe, Variation, Klangfarbe und Rhythmus doch ganz zu eigen.

Die Opera buffa *Mavra* (1922) nach Puschkin steckt voll stilist. Anregungen von Gluck, Mozart, Verdi, Gounod u. a. Die Wandlung zum Neoklassizismus begründete Strawinsky mit einer Anti-Ausdrucks-Ästhetik und durch sein fast klass. Schönheitsideal von absolutmusikal. Form und Gestalt. Komponieren ist Ordnung schaffen, und *»je mehr die Kunst kontrolliert, begrenzt und gearbeitet ist, um so freier ist sie«* (Poetik). Dahinter steht immer wieder die befreiende Abwehr gegen *Schwall und Getöse* von Wagners Gesamtkunstwerk und der ganzen Romantik. Strawinsky, primär der motor. und asymmetr. *Rhythmiker*, bleibt *tonal* (kirchentonal, polytonal usw.) und bringt statt des romant. *Mischklangs* einen kühlen *Spaltklang* in durchsichtiger, oft solist. Besetzung und Linienführung. Es folgt ein immenses Werk, u. a. *Oedipus rex* (1927), Opernoratorium nach Sophokles von J. Cocteau, lat. Text (Daniélou) zu antik-blockhafter Darstellung; *Apollon Musagète* (1928), Ballett für G. Balanchine; *Psalmensinfonie* (1930); *Perséphone* (1934), Melodram von A. Gide; *Jeu de Cartes* (1937); Concerto in Es, *Dumbarton Oaks* (1937–38), für Kammerorch.; Symphony in C (1938/40); *Ebony Concerto* für Klar. u. Jazzband (1945); *Orpheus* (1948), Ballett; Messe (1944/48); *The Rake's Progress* (Venedig 1951), Oper von W. H. Auden u. C. Kallmann.

Spätwerk 1950–71. Im Alter wandte sich Strawinsky noch der Reihentechnik seines Antipoden Schönberg und der Serialität zu. Isorhythm. Strukturen Machauts interessierten ihn schon vorher *(Messe)*, das 1. serielle Werk ist jedoch die *Cantata* (1952). Es folgen u. a. *Canticum sacrum* (1955), *Agon* (1957), *Threni* (1958), *Movements* für Klav. u. Orch. (1958–59), *A Sermon, a Narrative and a Prayer* (1960–61), *The Flood* (1962), *Requiem Canticles* (1966). Das Spätwerk ist von einer durchgeistigten Sparsamkeit und Dichte, fast Kargheit des Materials.

Punktuell, isoliert, zart klingen die Harfentöne mit Flöte (1. Reihenhälfte) und der kontrastierende lange Akkord (2. Hälfte), ehe der Chor einsetzt. Die Noten zeichnen ein *Kreuzbild* (Nb. C).

Strawinskys charakterist. Gesamtwerk ist von räuml. kosmopolit. Weite, zeitl. histor. Stilfülle und menschl. universeller Präsenz.

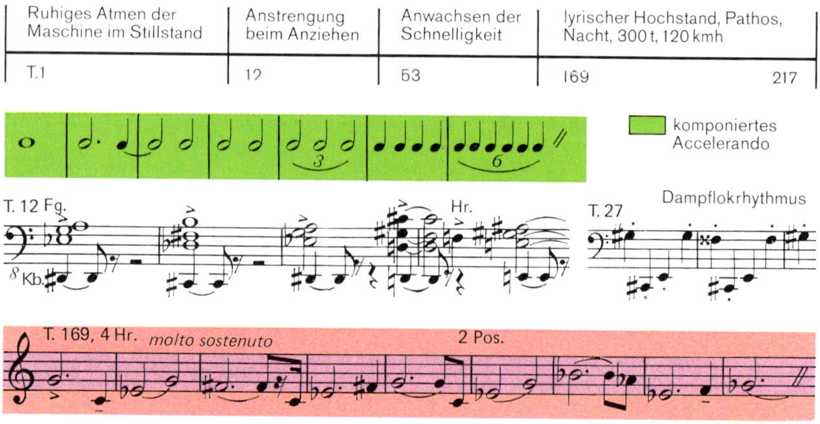

A A. Honegger, Pacific 231, Mouvement symphonique Nr. 1, 1923

choralartig
dichte Begleitung

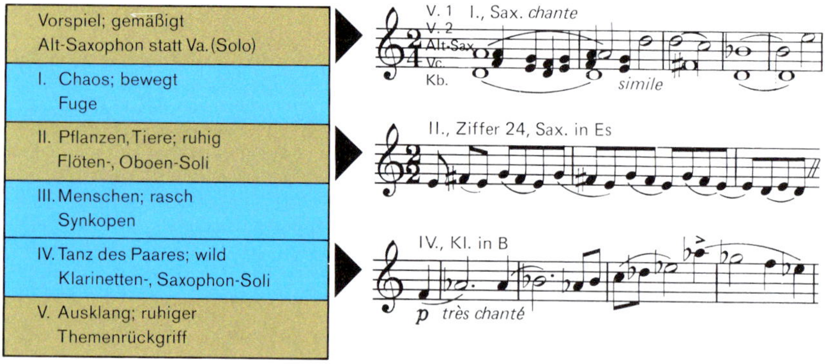

B D. Milhaud, La création du monde, Ballettmusik, op. 81a, 1923

langsam
schnell

C S. Prokofjew, Peter und der Wolf, op. 67, 1936, Charakteristik durch Motiv und Klangfarbe

neue Farbe: As

Programm, Jazzeinfluss, Fassbarkeit

Der **Neoklassizismus,** eine Art *neue Klassik,* entsteht um 1920 als Reaktion auf die (Spät-) Romantik einschließlich Impressionismus und Expressionismus: auf die Metaphysik einer Kunstauffassung mit subjektivem Ausdruck und tieferer Bedeutung, auf die Esoterik einer hoch entwickelten Spätzeit.

»Schluß mit den Wolken, den Wellen, den Aquarien, den Undinen und den nächtl. Düften. Wir brauchen eine Musik, die auf der Erde steht, eine Alltagsmusik« – »eine vom Individuum abgelöste, objektive Kunst, die den Hörer bei klarem Bewußtsein läßt« – »vollendet, rein, ohne überflüssiges Ornament« (COCTEAU 1918).

Anregend wirkt SATIES *musique dépouillée* (entbeinte M.), entschlackt, witzig, geistreich (S. 483). Von Amerika kommen *Music Hall* und *Jazz,* mit zündender Leichtigkeit und urwüchsiger Verve. Tanz, Chanson, Clownerie und Schaubude färben modisch alle Bereiche. Faszinierend ist auch die Technik.

HONEGGERS Enthusiasmus für die schwere Dampflokomotive *Pacific 231* äußert sich sinfonisch: vom langsamen Stampfen der anfahrenden Lok bis zur Höchstgeschwindigkeit, zu der choralartig ein triumphales Thema erklingt (Abb. A).

MILHAUDS *Création du monde,* angeregt von der neuen Welt (Süd-)Amerika, feiert den Anfang der Welt mit Jazz-Einfluss: Saxophon- und Klarinettensoli, jazzartig *gesungen* (I., IV.), synkop. Motivwiederholungen (II.), Jazz-Melodik (Nb. B).

Rückgriff auf das 18. Jh. Die antiromant. Haltung bricht mit der unmittelbaren Vergangenheit, fühlt sich aber mit den Musikanschauungen *vor* der Romantik, bes. denen des 18. Jh., verwandt. Man greift Spielweisen, Formen und Gattungen des Barock und der Frühklassik wieder auf, wie *Suite, Concerto, Sinfonia, Sonate,* aber als reine Klangstücke, ohne metaphys. Gehalt und ohne jede Norm (Besetzung, Gattung).

Zu den ersten direkten Rückgriffen gehören 3 von DIAGHILEW angeregte Ballette: TOMMASINIS *Le donne di buon umore* (1917, nach SCARLATTI-Sonaten), RESPIGHIS *La Boutique Fantasque* (1919, nach ROSSINI), STRAWINSKYS *Pulcinella* (1920, nach PERGOLESI). Erste neoklass. Originale sind RAVELS Suite *Tombeau de Couperin* (1917), PROKOFJEWS *Klass. Sinfonie* (1917), SATIE (s. u.), Suiten SCHÖNBERGS und HINDEMITHS (1921–22), STRAWINSKYS *Oktett* für Bläser (1922–23).

Rückgriff auf die Antike. Wie schon früher wandte man sich auf der Suche nach neuer Einfachheit der Antike zu, zunächst über das 18. Jh. (RAVEL, *Daphnis et Chloé,* 1912), dann direkt (SATIE, *Socrate,* 1919) u. a.

Stilfülle. Als Material dient bald die gesamte MG. mit ihren Stilen (samt 19. Jh., das man wie alles *verfremdet*), dazu die außereurop. Musik und der Jazz.

Formalismus und Strukturalismus. War die vorromant. Musik des 18. Jh. auch als weltl. Musik eingebettet in Weltharmonie und Glaube, so fehlt der nachromant. Musik des Neoklassizismus dieser Hintergrund, und sie erscheint in ihrer Klarheit und Helle innerlich eher unverbindlich, kühl. Geistreiches Interesse an Struktur und Form überdecken den Mangel. Wie in der Literatur (russ. *Formalismus*) sucht man durch Verfremdung und Parodie stumpf gewordene Schaffens- und Hörgewohnheiten zu brechen.

Der Neoklassizismus ist tonal. In den 30er Jahren verstärken sich gewisse Ordnungstendenzen in Struktur und Gattung. Um 1950–60 endet die Bewegung.

Frankreich. Les Six, nach H. COLLETS Zeitungsartikel *Les Cinq Russes, les Six Français et M. Erik Satie* (1920), mit LOUIS DUREY (1888–1979), GERMAINE TAILLEFERRE (1892 bis 1983), GEORGES AURIC (1899–1983), FRANCIS POULENC (1899–1963), HONEGGER, MILHAUD; witzige *Music-Hall*-Ästhetik, Zeitung *Le Coq* mit SATIE, COCTEAU, RADIGUET.

ARTHUR HONEGGER (1892–1955), Paris, szen. Oratorien *König David* (1921), *Johanna auf dem Scheiterhaufen* (1938), CLAUDEL; *Judith* (1925); Oper *Antigone* (1922), COCTEAU; Melodramen *Amphion, Sémiramis* (1931/34), VALÉRY; 5 Sinf.; *Pacific 231, Rugby* (1928); Funk-, Filmmusik.

DARIUS MILHAUD (1892–1974), sehr melodisch, polytonal, Jazz-Einfluss; Opern *Les malheurs d'Orphée* (1926); 3-Minuten-Opern (1927); *David* (1954); Ballette *Le boeuf sur le toît* (1920), COCTEAU; *La création du monde* (Nb. B); 18 Sinf. (1–6 für Kammerbes.), Konzerte usw.

Ferner MARCEL DELANNOY (1898–1962); die Schweizer OTHMAR SCHOECK (1886–1957) und FRANK MARTIN (1890–1974).

Ecole d'Arcueil mit HENRY CLIQUET-PLEYEL (1894–1963), R. DÉSORMIÈRE (1898–1963), H. SAUGUET (1901–89), M. JACOB (1906–77).

La Jeune France mit ANDRÉ JOLIVET (1905–74), YVES BAUDRIER (1906-88), DANIEL-LESUR (* 1908), MESSIAEN (S. 513).

Russland. Mit der Oktoberrevolution 1917 wandelte sich auch die Musik in Russland. Der Formalismus der 20er Jahre wird verdrängt vom sog. *sozialist. Realismus,* der nach der marxist.-leninist. Widerspiegelungstheorie von Wirklichkeit in der Kunst und Musik den Ausdruck des *Gefühls* mit den Mitteln des *Neoklassizismus* erstrebt. Die Musik zielt auf breiten Anklang *(Populismus).*

PROKOFJEW arbeitet in *Peter und der Wolf* mit ausdrucksstarken Charaktermotiven: die aufschwingende Streichermelodie mit farbigen Harmoniewechseln für Peter, die samtene Geschmeidigkeit des Klarinettenthemas für die Katze, die bedrohl. Schwere der Hörner für den Wolf (Nb. C).

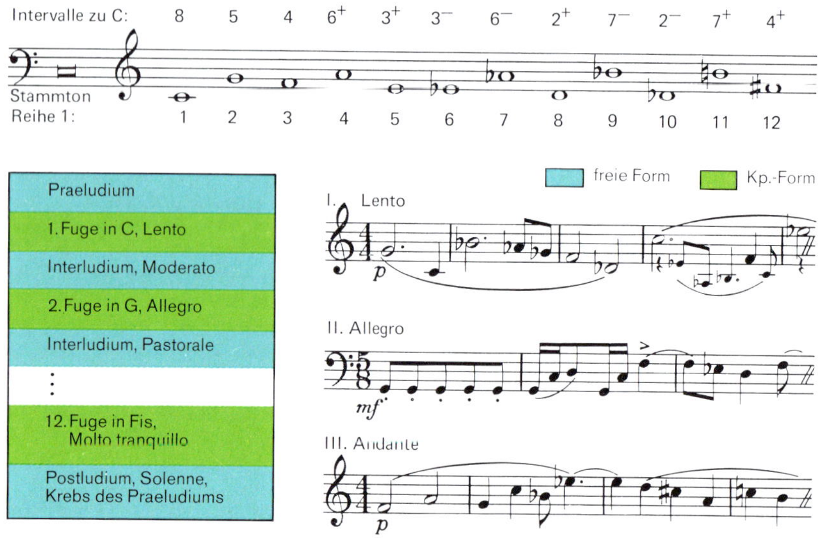

A **Ludus tonalis,** 1942, Fugenfolge nach Reihe 1 (1938)

B **Das Marienleben (Rilke), op. 27,** 1923/48, Vor der Passion (10. Lied), Beginn

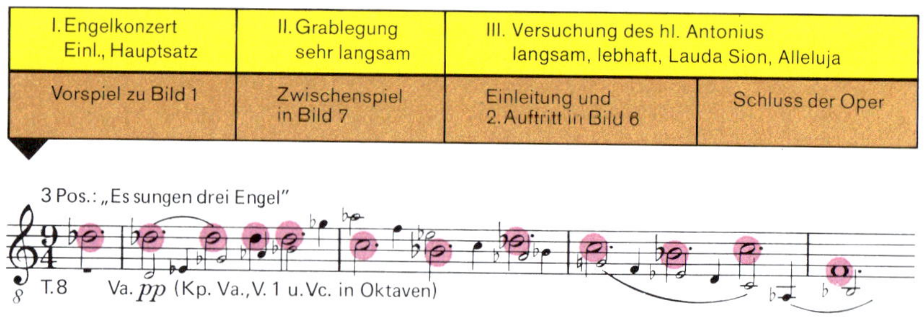

C **Sinfonie »Mathis der Maler«,** 1934, Aufbau und Liedzitat

Aufbau der Sinfonie — Verwendung in der Oper, 1935 — Cantus firmus

Hindemith: Bach-Vorbild, Expressivität, Kontrapunktik

Sergei Prokofjew (1891–1953), Schüler von Glière, Ljadow, Rimski-Korsakow (1904–09), auch Pianist, ab 1918 Ausland (USA, Paris), ab 1933 Moskau; neoklass. Stil, russ. Farben, lyr. Kraft. Opern *Der Spieler* (1916/29), Dostojewski, *Die Liebe zu den 3 Orangen* (1921), Gozzi; *Der feurige Engel* (1928). Ballette für Diaghilew: *L'enfant prodigue* (1929), *Romeo und Julia* (1936), daraus 3 Suiten, *Aschenbrödel* (1945); *Peter und der Wolf* (S. 499); *Klass. Sinfonie* D-Dur, op. 25 (1917), 6 weitere S.; Konzerte, KaM u. a.

Dmitri Schostakowitsch (1906–75), Wunderkind (Klavier, Kompos.), Studium in Petersburg und Moskau; 15 Sinfonien: 1. f op. 10 (1926); 2. C (1927), mit Chor, zur *Feier der Revolution;* 5. d (1937), *Sozialismus. Das Werden der Persönlichkeit;* 7. C (1942), *Leningrader;* Opern, Konzerte, 15 Streichquartette, Sonaten, 24 Präl.

Alexandr Tscherepnin (1899–1977), Wladimir Vogel (1896–1984, Zürich), Aram Chatschaturjan (1903–78), Dmitri Kabalewski (1904–87).

Böhmen. Josef Suk (1874–1935), Jan Kubelík (1880–1940), Sohn Rafael K. (1914–96), Alois Hába (1893–1973).

Bohuslav Martinů (1890–1959), Polička, Schüler Suks und Roussels in Paris, 1940–53 USA; KaM, Konzerte, Jazz-Suite 1922, 6 Sinf., Ballette, Opern: *Juliette* (1938); *Die Heirat* (1953), Fernsehoper; *Ariadne* (1961); *Griech. Passion* (1961).

Polen. Karol Szymanowski (1882–1937), Łucjan Kamieński (1885–1964), Kazimierz Sikorski (1895–1986), Grazyna Bacewicz (1909–69).

Rumänien. George Enescu (1881–1955).

Ungarn. Zoltán Kodály (1882–1967), 1900–06 Musikstudium in Budapest und Dr. phil. *(Strophenbau im ungar. Volkslied),* seit 1907 Prof. in Budapest; Volksliedforschung, Reisen, Slg. und Edition, z. T. mit Bartók; Pädagogik im Schul- und Chorwesen (Solmisation); Werke: *Psalmus Hungaricus* (1923), für Buda und Pest; Singspiel *Háry János* (1926), Orchestersuite daraus (1927); Singspiel *Székler Spinnstube* (1932); *Tänze aus Galánta* (1933), für Orch.; Ballade *Kádár Kata* (1943); Singspiel *Czinka Panna* (1948); Sinfonie C-Dur (1961). Geistl. Musik, Lieder.

István Szelényi (1904–72), Mátyás Seiber (1905–60), Ferenc Farkas (1905–2000), Sandor Veress (1902–92).

England. Arthur Bliss (1891–1975), London, Schüler von Stanford und Holst, neoklass. Phase, dann engl. spätromant. Musik; umfangreiches Werk, auch Filmmusik.

Alan Bush (1900–95), William Walton (1902–83), Michael Tippett (1905–98), Schüler von Boult, Sargent; Oratorium *A Child of Our Time* (1944); Opern *The Midsummer Marriage* (1946–55), *Knot Garden* (1970).

Italien. F. Busoni (S. 479); A. Casella (S. 483); Giorgio Federico Ghedini (1892–1965); Mario Castelnuovo-Tedesco (1895–1968); Frühwerk von L. Dallapiccola (S. 512 f.), Goffredo Petrassi (1904–2003), Giacinto Scelsi (1905–88).

Deutschland/Österreich. Der Bürgerschreck und provokative Kopf, bes. bei den *Kammermusikaufführungen zur Förderung Zeitgenöss. Tonkunst* in Donaueschingen 1921–26 und Baden-Baden 1927–29, ist:

Paul Hindemith (1895–1963), Violinstudium in Frankfurt, 1915–23 Frankfurter Oper, 1921–29 Bratscher im *Amar-Quartett,* ab 1927 Prof. für Kompos., Berlin, 1938 Schweiz, 1940–53 Yale Univ. (USA), 1951–57 Univ. Zürich, ab 1953 in Blonay.

Hindemith verbindet alte Formen *(Neobarock)* und modernes Lebensgefühl (Jazz), so in der *Suite »1922«* für Klavier (1922) mit Ragtime, auch in der konzertanten *Kammermusik Nr. 1–7* (1921–27) für Donaueschingen. Seine temperamentvolle Fantasie und seine instrumentale wie kompositor. Virtuosität suchen in den 30er Jahren strengere Form, kp. Polyphonie und durchgeistigtere Struktur:

Seine *Reihe 1* ordnet zunehmend dissonante Intervalle zum Stammton c: Oktave bis überm. Quarte (Nb. A).

Bach-Verehrung spiegelt sich im *Ludus tonalis* aus 12 Fugen, geordnet nach der *Reihe 1,* mit 11 Interludien, je 1 Prä- und Postludium; charaktervolle Themen.

Expressivität des Frühwerks verbindet die Spätfassung des Liederzyklus *Das Marienleben* mit reifer Gestik und Linie (Nb. B).

Der *Melancholie des Vermögens* (Bach-Aufsatz 1950), die im 20. Jh. allg. aus der Technik mit ihrer sinnentleerenden Tendenz zum Selbstzweck erwächst, setzt Hindemith eine nahezu myst. Innigkeit in Sinfonie und Oper *Mathis der Maler* entgegen.

Zu Grunde liegt der 3-teilige *Isenheimer Altar* (Colmar) des Malers Matthias Grünewald aus der als parallel empfundenen Umbruchszeit zwischen Mittelalter und Neuzeit. Im *Engelskonzert* erklingt eine altdt. Volksweise als c. f. im alten kp. Satz, im alten *tempus perfectum* (3 mal 3) und in alten Oktavparallelen (Nb. C).

Weitere Werke: Oper *Cardillac* (1926), nach Hoffmann; *Hin und Zurück* (1927); Kepler-Oper *Harmonie der Welt* (1957). Sinf., Konzerte, KaM (6 Streichquartette), Chöre, Lieder, auch Schulwerke wie *Wir bauen eine Stadt* (1930) und *Plöner Musiktag* (1932); Buch: *Unterweisung im Tonsatz* (1937/38).

Weitere Komponisten (* 1890–99): Philipp Jarnach (1892–1982), Paul Dessau (1894–1979), J. Nepomuk David (1895–1977), Carl Orff (S. 503), Hanns Eisler (1898–1962).

Opfer der Nazi-Gewalt: Erwin Schulhoff (1894–1942), Viktor Ullmann (1898–1944), Pavel Haas (1899–1944), Hans Kràsa (1899–1944), Gideon Klein (1919–45).

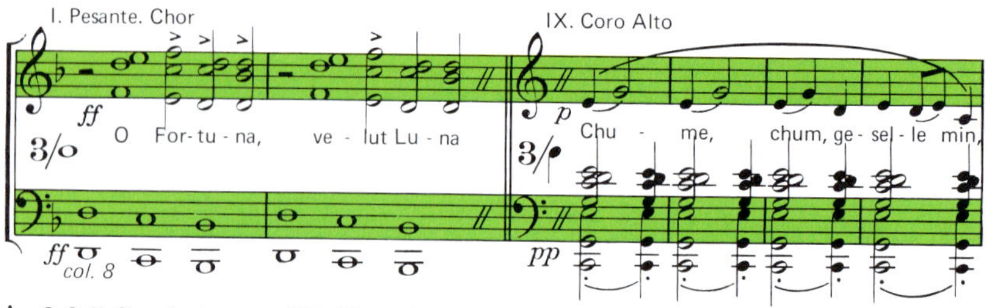

A C. Orff, Carmina burana, 1935–36, szenische Kantate

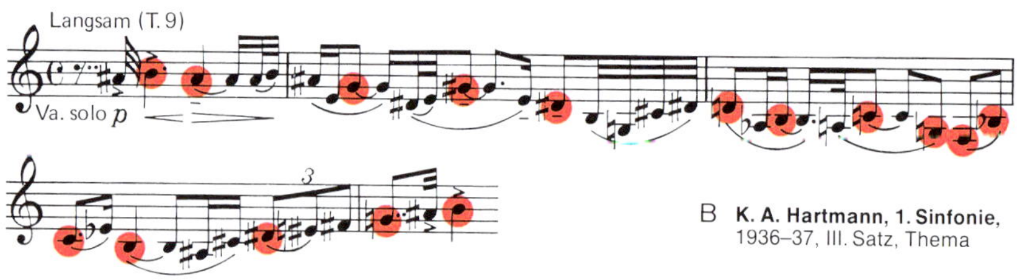

B **K. A. Hartmann, 1. Sinfonie,** 1936–37, III. Satz, Thema

C **K. Weill, Die Dreigroschenoper (Brecht),** 1928, Nr. 2 Moritat von Mackie Messer

D **G. Gershwin, Rhapsody in Blue,** 1924, Beginn, Klarinettensolo

antikisierendes Klangbild · Haupttöne · Idee Gershwin/Instrumentation Grofé

Ausdruck, Musiktheater, sinfonischer Jazz

Carl Orff (1895–1982), München, gründete 1924 mit DOROTHEE GÜNTHER eine Gymnastikschule, 1950–60 Prof. für Komp. in München, dann *Orff-Institut* Salzburg. ORFF gibt den subtilen Ausdruck und das diffizile Orch. des 19. Jh. auf zugunsten *elementar* menschl. Regungen in Spiel, Gesang, Sprache. Daher sein *Schulwerk* (1930–35) mit einfachen Instr. wie Tamburin, Glockenspiele u. a. (Vorbild: *Gamelan*), auch der Rückgriff auf antike und mittelalterl. Stoffe und deren charakterist. Rhythmik, Klangfarbe (Klaviere, Gongs) und Stilisierung.

Die szen. Kantate *Carmina burana* vertont Vagantenlyrik aus dem 13./14. Jh. (S. 197) mit profunden, glockenartigen Schreitbässen und rhythm. Ostinati (wie Modalrhythmen). Die Chöre singen in oktavierten Hohlklängen (I) und in mittelalterlich nachempfundener Melodik (IX, Nb. A).

Musiktheater: *Der Mond* (1939), *Die Kluge* (1943), *Die Bernauerin* (1947); *Antigonae* (1949), *Oedipus* (1959).

Ernst Křenek (1900–91), Wien, New York, Schüler SCHREKERS, BUSONIS, ab 1937 USA; *Orpheus und Euridike* (1926); Welterfolg *Jonny spielt auf* (1927), Jazz-Einfluss; Sinfonien, Konzerte, zahlreiche Schriften.

Kurt Weill (1900–50), Dessau, Studium in Berlin (BUSONI), 1926 Heirat mit der Schauspielerin LOTTE LENYA, Musiktheater mit Y. GOLL, G. KAISER und BERT BRECHT (1927–30), ab 1935 USA; Werke u. a.: 2 Sinfonien (1921/33), Divertimento (1922), V.-Konzert (1925); Songspiel *Mahagonny* (1927), BRECHT, erweitert zur Oper *Aufstieg und Fall der Stadt Mahagonny* (1930); *Die Dreigroschenoper* (1928), BRECHT nach J. GAYS *Beggar's Opera* (1728).

Zur sozialen Anklage der *Dreigroschenoper* und ihrer Gauner- und Gassenwelt passt die scheinbar kunstlose Musik mit Chansons, Jazz- und Tanzcharakter, so Mackie Messers Moritat (Nb. C). Schuloper *Der Jasager* (1930), BRECHT; Ballett mit Ges. *Die 7 Todsünden* (1933).

Karl Amadeus Hartmann (1905–63), München, Studium privat bei SCHERCHEN, WEBERN (1941/42); Opern *Wachsfigurenkabinett* (1929/30), *Des Simplicius Simplicissimus Jugend* (1935), GRIMMELSHAUSEN, auf Anregung von SCHERCHEN; Tanzsuite, Burleske, Konzerte, 8 Sinf.; eigener expressionist. Stil mit kp. Vielfalt, rhythm. Kraft und wechselnden Farben.

1. Sinfonie *Versuch eines Requiems* (UA 1948), mit Alt-Solo, Gedichte von W. WHITMAN; Sätze: I. Introduktion: Elend, II. Frühling, III. Thema mit 4 Variationen, IV. Tränen, V. Epilog: Bitte. Die typ. melod. Linie, barock gekräuselt, verwandelt allen Zierat in Ausdruck und fließt als breiter Strom dahin (Nb. B).

Wolfgang Fortner (1907–87), Leipzig, GRABNER-Schüler, 1954–57 Prof. in Detmold, 1957–73 in Freiburg; Orgelkonzert (1932); HÖLDERLIN-Lieder (1933); Ballett *Die weiße Rose* (1950), WILDE; Opern *Bluthochzeit* (1957), LORCA; *In seinem Garten liebt Don Perlimplín Belisa* (1962), LORCA; *Elisabeth Tudor* (1972).

Weitere Komponisten (* 1900–09): HERMANN REUTTER (1900–85), WILLY BURKHARD (1900–55), WERNER EGK (1901–83), HANNS JELINEK (1901–69), ERNST PEPPING (1901–81), WILHELM MALER (1902–76), BORIS BLACHER (1903–75), BERTHOLD GOLDSCHMIDT (1903–96), RUDOLF WAGNER-RÉGENY (1903–69), GÜNTER BIALAS (1907–95), KARL HÖLLER (1907–87), HUGO DISTLER (1908–42), HARALD GENZMER (* 1909).

USA. Charles Ives (1874–1954), Danbury (Conn.), 1894–98 Kompos.- und Orgelstudium an der Yale-Univ., dann Versicherungskaufmann, komponierte nur bis 1921, oft in ironisch naiver Manier, poly- und atonal, geistreich und anregend; Sinfonien, Kammermusik, Lieder usw.; *Central Park in the Dark* (1898–1907, UA 1954); *Three Places in New England* (1903–14, UA 1930); *The Unanswered Question* (1908, UA 1941).

Edgar(d) Varèse (1883–1965), Paris, Schüler von ROUSSEL, D'INDY, WIDOR, 1907–14 Berlin, ab 1915 New York, vernichtete alle traditionellen Partituren und suchte radikal neue Klangmöglichkeiten (elektron.) und Klangstrukturen: *Hyperprism* (1922) für Bläser und Schlagzeug, mit Klangflächen statt Melodien; ähnlich *Intégrales* (1925); *Ionisation* (1931) für 37 Schlaginstr. mit 13 Spielern; *Déserts* (1954) mit Tonband.

George Gershwin (1898–1937), Brooklyn, N. Y., über 20 Bühnenwerke für den Broadway, darunter *Lady Be Good* (1924), *Oh Kay* (1926), *Funny Face* (1927), *Girl Crazy* (1930); Oper *Porgy and Bess* (Boston 1935), Text HEYWARD; Bigbandleader PAUL WHITEMAN regte ihn zu *sinfon. Jazz* an, so *Rhapsody in Blue* (1924) für Klavier und Orch., Klavierkonzert in F (1925), sinfon. Orchesterfantasie *Ein Amerikaner in Paris* (1928), hierzu der Film (1951).

Das aufreizende Klarinettenglissando zu Beginn der *Rhapsody in Blue* wurde durch WHITEMANS Klarinettisten GORMAN inspiriert; die Instrumentation besorgte WHITEMANS Arrangeur FERDE GROFÉ; zündende Melodik und eine scheinbar improvisator. Freiheit belebt das Ganze (Nb. D).

Aaron Copland (1900–90), Brooklyn, N. Y., mit Jazz-Einfluss in den 20er Jahren, später auch folkloristisch und experimentell; *Dance Symphony* (1925); Klavierkonzert (1926), 2. Satz: *Essay in Jazz; El Salón México* (1936); *Canticle of Freedom* (1955/67).

G. ANTHEIL (1900–59), E. CARTER (* 1908).

Argentinien. ALBERTO GINASTERA (1916–83).

Brasilien. HEITOR VILLA-LOBOS (1887–1959).

Japan. YORITSUNE MATSUDEÏRA (* 1907).

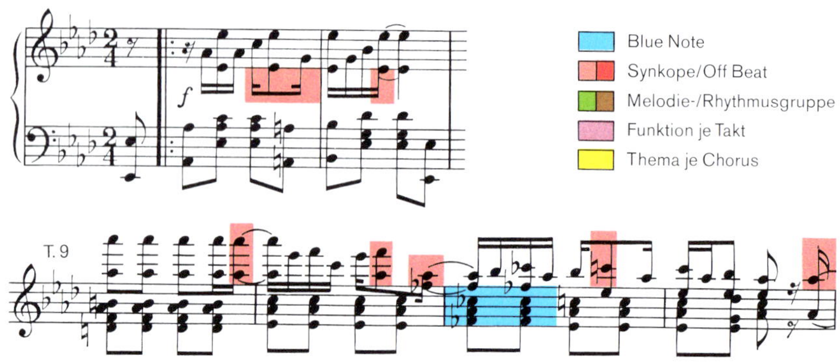

A Scott Joplin, Maple Leaf Rag, 1899, Ragtime-Stil

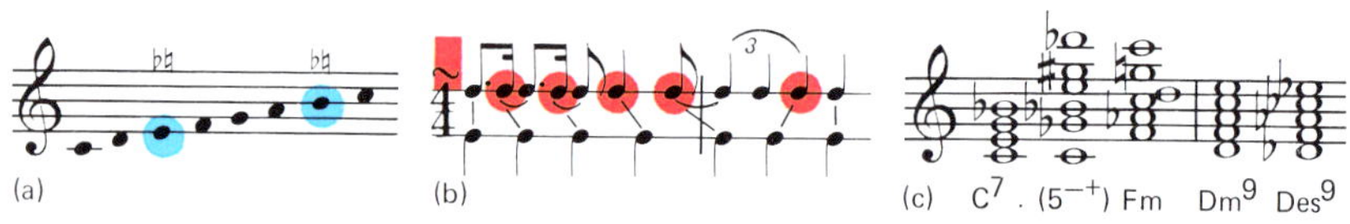

B Blues-Tonleiter (a), Off Beat (b), typische Alterationen (c)

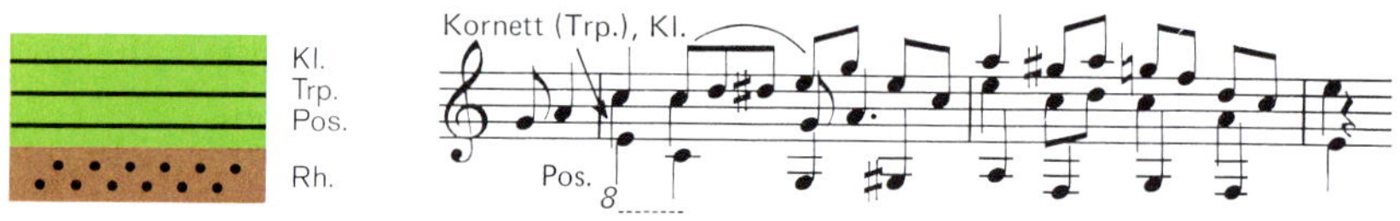

C King Oliver, Dippermouth Blues, 1923, New-Orleans-Polyphonie

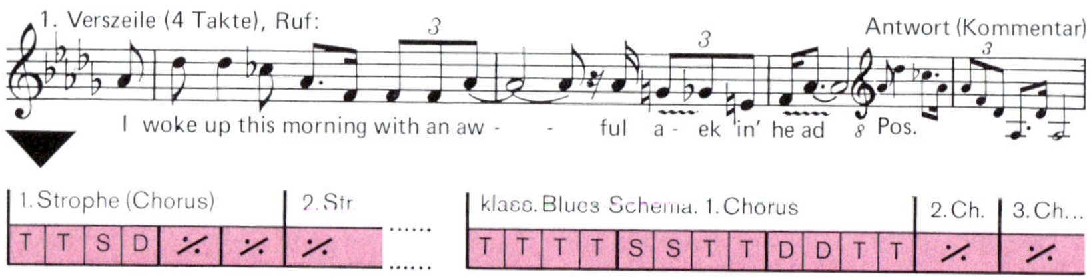

D »Empty Bed Blues«, Bessie Smith, 1928, und klassisches Blues-Schema

E Louis Armstrong, Muskrat Ramble, 1926, Chorusaufbau

Ragtime, Blues, Chorus-Aufbau

Entstehung – New Orleans. Den Jazz schufen sich die Schwarzen in New Orleans, Louisiana, indem sie Elemente der sie umgebenden Musik vermischten: aus der eigenen afroamerikan. Tradition, den Spirituals (S. 507) und der Musik der Weißen, d. h. der (europ.) Tanz- und Militärkapellen.

Nach Vorbild der weißen *Brassbands* (Blasorch.) gab es im 19. Jh. schwarze *Marching Bands*, die bei Begräbnissen, Hochzeiten, Festen aufspielten: Märsche, Tänze, Lieder, Choräle, Spirituals, Blues usw. Die Marching Bands verkleinerten sich um 1890 zu den ersten *Jazzbands* in den Kneipen von New Orleans mit der typ. (Solo-)Besetzung Kornett (oder Trp.), Klar., Pos., Basstuba (oder Kb.), Banjo (Git. oder Piano). Sie übernahmen auch die funktionale Harmonik und den Marschrhythmus (2/4).

Ragtime heißt der Klavierstil, der sich ab etwa 1870 von St. Louis ausbreitete. Er verband europ. Salon- und Tanzmusik (Märsche, Polkas usw.) mit Banjo-Spielart.

Die l. H. hält den 2/4-Takt durch als gleichmäßigen Beat, oft bereits mit Achtelsynkopen (Bass-Oktave auf 4 statt 3, auftaktig), die r. H. spielt darüber die typ. *synkopierte* Melodie als Off-Beat, daher *ragged time*, zerrissene Zeit (Nb. A).

Der Ragtime wird sehr virtuos um 1900–10 (komp.); schwarze Pianisten waren SCOTT JOPLIN, JAMES SCOTT, weißer JOSEPH LAMB.

Charakteristika des Jazz. Die Musizier- und Ausdrucksweise der Afroamerikaner, die auf alte Praktiken ihrer afrikan. Heimatländer zurückgeht, macht das Wesen des Jazz aus:

- *Hot-Intonation:* die emotionsgeladene, der Umgangssprache der Schwarzen verwandte, *unsaubere* Tongebung *(dirty tones)* beim Singen und Spielen mit Schleifen, Vibrato, Beben, Drücken, Brummen, Seufzern, Pausen und Geräusch (Nb. B). Die Blasinstr. ahmen den Gesang nach *(singing horns)*.
- *Blue notes:* Terz und Septe wechseln zwischen groß und klein wie eine Farbe, nicht wie Dur und Moll, bes. im Blues (Nb. B).
- *Offbeat:* alle *Abweichungen* von der regelmäßigen Schlagzeit *(Beat);* das reicht von der notierbaren Synkope bis zu feinster Verzögerung und Beschleunigung. Der Offbeat bringt den typ. *drive* (»Intensität«) und *swing* (»Schwung«).
- *Alteration:* reichere Farben der funktionalen Harmonik, spätromant., impressionist. Einfluss, bis zu gleichzeitiger Hoch- und Tiefalteration der Quinte usw. (Nb. B).
- *Call-and-Response-Prinzip:* responsorialer Wechsel nach afrikan. Vorbild zwischen Vorsänger mit *Ruf (call, statement)* und Chor mit *Antwort (response, Refrain,* S. 506, Abb. C), oft überlappend (bis mehrtextig); im Blues Gesang (Trp.) mit *Ruf,* Klav. (Pos.) mit *Antwort* (Nb. D).
- *Improvisation:* erst die Perfektion der Aufn. bringt Arrangement und Kompos.
- *Polyphonie:* die Melodieinstr. variieren, verzieren und umspielen die Melodie aus dem Stegreif, je nach Lage, Art und Temperament, sodass eine Heterophonie und Scheinpolyphonie entsteht: die wendige Klar. in der Höhe, die glänzende Trp. in der Mitte, die kräftige Pos. in der Tiefe; die Rhythmusgruppe bildet das harmon. und metr. Fundament (Abb. C). Die späteren Arrangements und Kompos. bringen kp. perfekte Polyphonie.

Der Blues (*blue devils*), Melancholie, Ausdruck der (Sklaven-)Not und Quelle des Jazz vom frühen *ländlichen* über den *klass. städtischen* Blues bis heute (S. 510, Abb. E).

Die berühmte Bluessängerin BESSIE SMITH klagt im *Empty-Bed-Blues* über Kopfschmerz und Verlassenheit. Die 1. Verszeile umfasst den *Ruf,* rhythmisch und melodisch bes. bei *aek in'head* verschliffen, und die *Antwort* der Pos. Im Blues bilden 3 solcher Verszeilen (à 4 Takte) 1 Strophe oder 1 *Chorus* (mit 12 Takten). Die Harmoniefolge des Chorus liegt im klass. Blues fest (Schema Abb. D). BESSIE SMITH hat sie für ihre 1. Strophe leicht variiert (Abb. D). Es können beliebig viele Strophen oder Chorusse gleicher Bauart folgen.

Der moderne Blues, oft rein instrumental, hält sich weder an den klass. Aufbau noch an das alte langsame Tempo.

Dixieland (1900–20) ist die frühe Nachahmung des New-Orleans-Jazz durch weiße Musiker (*Dixieland:* im 19. Jh. die Südstaaten der USA). Berühmte Bands: *Reliance Brass Band* (1892/93) und *Ragtime-Band* (1898) unter JACK »PAPA« LAINE; *Original Dixieland Jazz Band* (1914), die den Jazz weit verbreitete (1. Platte, 1917).

Chicago (1920–30). 1917 schloss das Vergnügungsviertel Storyville in New Orleans. Viele Musiker gingen nach Chicago. Schwarze und Weiße spielten zusammen. Der Chicago-Stil hat Hot-Intonation usw., dazu neu *Hot-Solos* von virtuosen Stars wie KING OLIVER, L. ARMSTRONG, JELLY ROLL MORTON u. a. Die Instr. werden z. T. ersetzt: Git. und Piano statt Banjo, Kb. statt Tuba, oft Saxophon statt Pos. Berühmte Bands: *King Oliver's Creole Jazz Band,* mit L. ARMSTRONG (1923); *L. Armstrong and his Hot Five* (1925) und *Hot Seven* (1927); *Jelly Roll Morton's Red Hot Peppers* (1926)

ARMSTRONGS *Muskrat Ramble* (*Bisamratte,* Aufnahme Chicago 26. 2. 1926) verwendet 2 versch. Chorusse (1,2), die als reine Harmoniefolge vereinbart wurden. Das ganze Stück besteht aus 7 Chorussen (3-mal Chorus 1, 4-mal Chorus 2). Je 2 Kollektiv-Improvisationen umrahmen 3 Solo-Improv. (Solo mit Begl.), Star ARMSTRONG in der Mitte (Abb. E).

Der Chicago-Jazz begeisterte auch Europa und beeinflusste die Musik der 20er Jahre.

A **B. Goodman, Sing Sing Sing,** 1938, Swing, Riffs 1–4

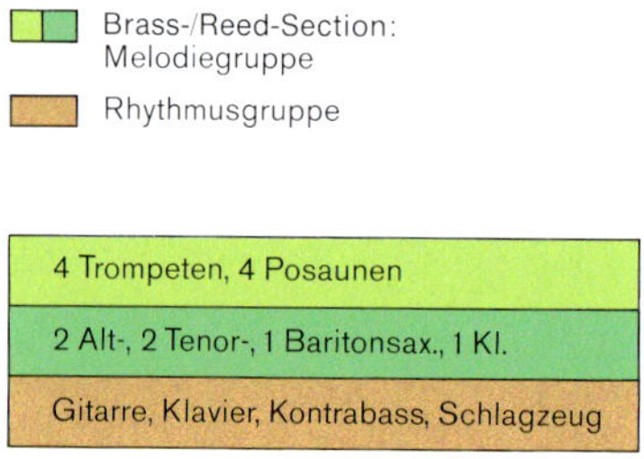

B **Bigband,** Standardbesetzung

C **Negrospiritual** mit Harmoniefolge und Zweitstimme

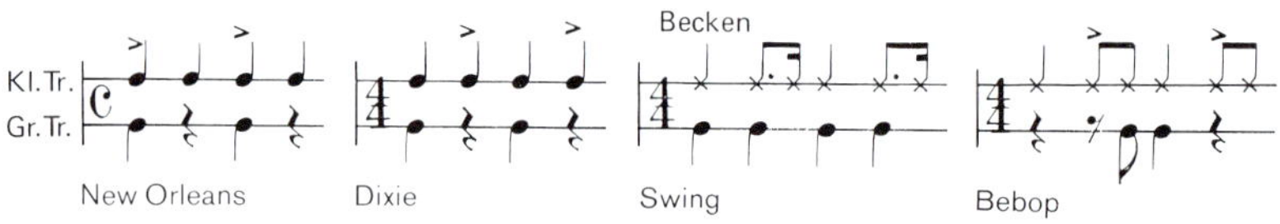

D **Grundrhythmen** (nach Berendt)

E **Charlie Parker, My Melancholy Baby,** 1950, typische Bebop-Paraphrase

F **O. Coleman, Free Jazz,** 1960, kammermusikalische Interaktionen

Imitation

Riff, Spiritual, Rhythmik, Melodik

Swing (1930–40). Die Plattenaufnahmen der 20er Jahre bringen außer Perfektion den Kommerz. Zum Zentrum der Swing-Ära wird New York mit dem Jazz am Broadway und dem *sinfon. Jazz* (S. 502, Abb. D). Die kleine Band der Solisten wächst an zur **Big Band** mit Show-Charakter (Uniform, Show-Pulte, Erkennungsmelodie).

Die alte Melodiegruppe wird mehrfach besetzt: das Blech 4fach (*Brass Section*), die Saxophone als chorische Familie mit Klarinette (*Reed Section*), beide Gruppen mit Stimmführer (*lead*, für Soli) und Begleitung (*front line, side-men*). Die Rhythmusgruppe hat mehr Schlagzeug (Abb. B).

An die Stelle der Improvisation tritt das *Arrangement* (bis zur vollst. Komposition). Es rechnet mit virtuosen, improvisierten *Solo-Einlagen.* Der Satz beruht nicht mehr auf Chorusfolgen, sondern auf *Riffs.*

Die *Riffs,* kurze rhythm. und melod. Wendungen, werden ostinat wiederholt und dann durch neue ersetzt (Nb. A).

Der Swing überlagert einen gleichmäßigen 4/4-Schlag (*Beat*) mit den typ. Becken-Synkopen und kleinen Verschiebungen (*Offbeat,* Nb. D). Der 4/4-Takt macht nun die Übernahme vieler europ. Melodien möglich, die meist im 4/4-Takt stehen (BACH, MOZART *verjazzt,* S. 510, Abb. C). Berühmte Big-Band-Leader sind die schwarzen FLETCHER HENDERSON (1923–27), DUKE ELLINGTON (1926–74), COUNT BASIE (1935–84), die weißen BENNY GOODMAN (1934 ff., Klar.), WOODY HERMAN (1936 ff.), STAN KENTON (1941–79).

GOODMANS *Sing Sing Sing* erklang im 1. Jazzkonzert in der Carnegie Hall in New York (16. 1. 1938, Nb. A).

Der Tanzrhythmus des Swing ließ Jazz und Tanzmusik verschmelzen (GLENN MILLER). Das Ganze wurde zum Objekt der Kulturindustrie. Das führte 1939/40 zur erneuten Belebung der eigentl. Jazz-Elemente im

– *New-Orleans-* und *Dixieland-Revival,* bes. unter den Amateuren (bis heute), und zur
– Fortentwicklung des Swing zum *Modern Jazz* mit Bebop, Cool Jazz usw.

Der Swing beherrschte die U-Musik, das Musical und den Film.

Negrospiritual. Die Schwarzen der Südstaaten sangen ihre *geistl. Lieder* zum Gottesdienst mit alten afrikan. Bräuchen wie ostinates Händeklatschen und Fußstampfen, Reigentänzen vor der Kirche und aktiver Teilnahme an der Liturgie. Call und Response belebten den Priester-Vortrag der bibl. Geschichte und des Evangeliums (*Gospel Songs*).

Israels Knechtschaft in Ägypten wird zum Ausdruck der eigenen Versklavung. Auf den Call des Priesters antwortet die Gemeinde *»Let my people go«* (Nb. C).

Man sang mit oder ohne Instr. und mit allen Ausdrucksarten der Schwarzen (*Hot-Intonation* usw.). Die Spirituals gehören zu den unmittelbaren Quellen des Jazz. Noch in den 20er Jahren gab es solche spontanen Gesänge in den Gottesdiensten der Schwarzen. Dann folgten die hochkarätigen Konzert- und Schallplattenarrangements für Solo, Chor und Orch. (H. T. BURLEIGH, L. ARMSTRONG, L. PRICE).

Die Bearbeitung des Spiritual *When Israel* zeigt typ. Akkorde (g-Moll mit großer Sexte, Es-Dur mit kleiner Septe), dazu eine chromat. bewegte Zweitstimme in Achteln als Improvisationsmodell (Nb. C).

Berühmte Spirituals sind *Nowbody knows the trouble I've seen, Swing low* (S. 460, Nb. A), *I got a shoes, Jonah in the Whale.*

Bebop (1940–50). Aus den Big Bands fanden sich kleinere Solisten-Ensembles (*Combos*) in sog. *Jam-Sessions* zu experimenteller Jazz-Improvisation. Dabei entstand in *Minton's Playhouse* in Harlem (PARKER) um 1940 ein neuer Stil, der *Bebop,* der in seinen rasenden Tempi und Melodiefetzen die Zerrissenheit jener Zeit spiegelt. Einfluss der modernen E-Musik und Großstadtintellektualität.

Die Melodik bevorzugt rasche, durch Pausen zerrissene chromat. 16tel Passagen und die verm. Quinte (*flatted fifth*) in erweiterter, fast atonaler Harmonik (Nb. E).

Typisch ist das klingend gehaltene Becken mit synkopiertem Swing-Rhythmus und freien Trommelakzenten (Nb. D), dazu *südamerikan.* und *afro-kuban.* Rhythmen; neue Farbe: *Vibraphon.*

Hauptvertreter sind CHARLIE PARKER (Altsax.), DIZZY GILLESPIE (Trp.), THELONIUS MONK (Piano). Der Bebop verwendet Big Band mit Soli; er entwickelt sich nach 1950 zum *Hardbop.*

Cool Jazz (1950–60). Der Exzentrik des Bebop setzt um 1950 der *Cool Jazz* eine differenzierte Kammermusik entgegen. Legatospiel, lineares Ineinander ohne harte Akzente, kp. Gewebe, Imitation öffnen sich europ. E-Musiktradition samt Atonalität.

Musiker: LESTER YOUNG, GERRY MULLIGAN und sein Quartett, LENNIE TRISTANO, MILES DAVIS. Das farbige *Modern Jazz Quartett* mit JOHN LEWIS, Piano (dazu Vibr., Kb., Schlagzeug) imitierte u. a. BACHS Polyphonie.

Free Jazz (1960–70). Mit O. COLEMANS programmat. Titel (Nb. F) begann ein letzter Schritt des Jazz in Richtung moderne Musik (Postserialität), frei von Jazz-Traditionen wie Beat, Chorus, tonaler Harmonik.

Es verfeinert sich die polyphone Struktur mit kürzesten Imitationen und raschen Reaktionen im Zusammenspiel (Nb. F).

Über den Rhythm & Blues verbindet sich der Free Jazz Mitte der 60er Jahre wieder mit dem Blues. Weitere Musiker: JOHN COLTRANE, CECIL TAYLOR.

Electric Jazz (1970–80). Ab etwa 1970 nutzt man zunehmend die Elektronik unter Einfluss des Rock, doch entstand bereits um 1975 die sog. *Mainstream*-Bewegung (eine Art *Neue Einfachheit*). Stilpluralismus bleibt erhalten.

Instrument		Anzahl der Musiker								
		6	12	19	24	30	36	42	50	60
Pikkolo in Des						1	1	1	1	1
große Flöte in Des						1	1	1	1	1
Klarinette in Es		1	1	1	1	1	1	1	1	1
Klarinette in B		1	3	4	5	5	6	6	8	9
Flügelhorn/Trompete in B	●	1	2	2	3	4	4	5	7	8
Althorn in Es	●	1	1	1	1	2	2	2	3	3
Bariton ✱ in B	●		1	1	1	2	2	2	2	3
Waldhorn in Es				2	2	2	4	4	4	4
Piston in Es								1	1	1
Trompete in Es		1	3	3	4	4	4	6	8	8
Basstrompete in B							1	1	1	1
Posaune in B	●				2	2	2	2	2	3
Bassposaune in F	●					1	1	2	2	3
Basstuba in F	●	1	1	1	1	1	2	2	2	4
Basstuba in B	●			1	1	1	2	2	3	4
kleine Trommel				1	1	1	1	1	1	2
große Trommel				1	1	1	1	1	1	1
Becken				1	1	1	1	2	2	2
Lyra-Glockenspiel										1

A **Blaskapellen,** Besetzungen

✱ oder Euphonium oder Tenorhorn

● Posaunenchor

Holzbläser

Blech: Trp./Hr.

Streicher

Schlag-instrumente

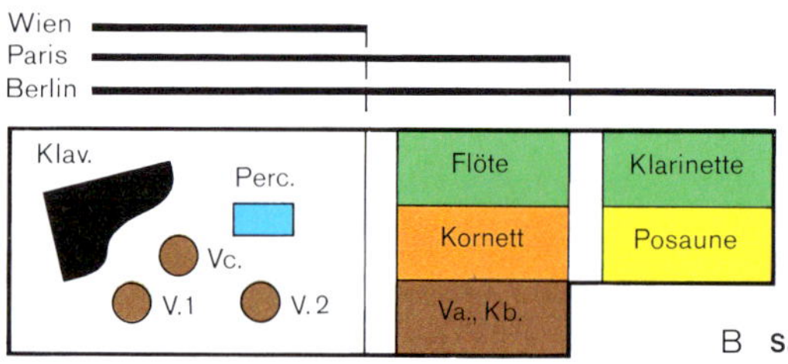

B **Salonorchester,** Standardbesetzungen

A. Karas, Zither-Ballade aus »Der dritte Mann«, 1949 (Harry-Lime-Thema)

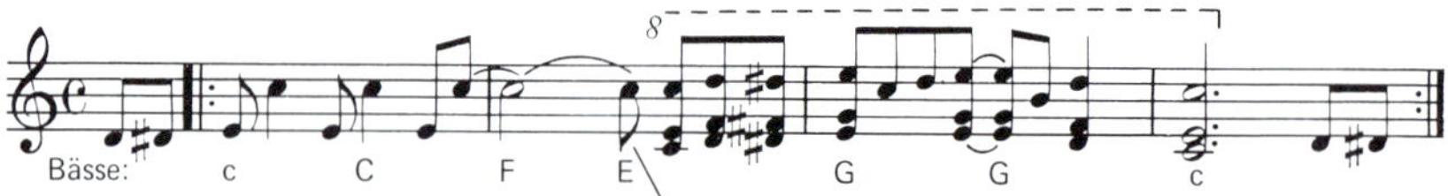

S. Joplin, Entertainer, »Der Clou«, 1974

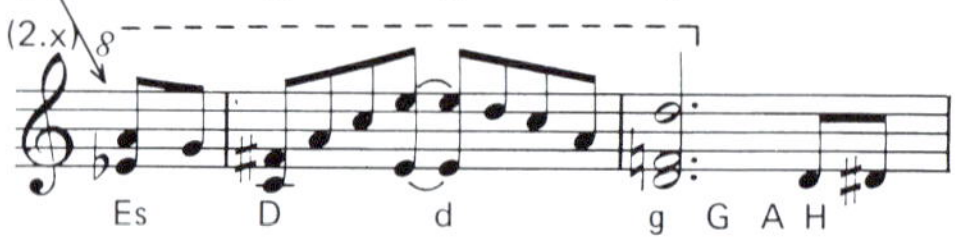

C **Filmmusik,** Originalkomposition und Übernahme

Der Begriff **Unterhaltungsmusik** (*light music*) entstand gegen Ende des 19. Jh. und ist verknüpft mit der Produktion von *leichter Musik* als *Ware* in der modernen Massengesellschaft, *käuflich* auf Schallplatten und *verbreitet* durch den Rundfunk. Das unterscheidet die U-Musik wesentlich von unterhaltender Musik früher. Ein heiteres Quodlibet wurde gesungen, ein Divertimento gespielt: stets entstanden menschl. Beziehungen und Aktivität. Außer im Tanz zielt fast alle moderne U-Musik auf Zerstreuung und Passivität des Hörers. – Die pragmat. Einteilung in *U-* und *E-Musik* (ernste M.) hat sich bei aller Problematik und Überschneidung in der Praxis eingebürgert.

Blasorchester

bilden einen festen Bestandteil im militär. wie im zivilen Bereich. Ihre Besetzung ging aus von der alten *Harmoniemusik* des 18. Jh. mit *Holz* (Ob., Klar., Fg.) und *Blech* (Trp., Hr., Pos.), zu der gegen Ende des 18. Jh. die *Janitscharenmusik* mit gr. Trommel, Becken, Triangel bzw. Glockenspiel und die kl. Trommel als Schlagzeug und im 19. Jh. weitere Instrumente hinzukamen. Eine *Blechmusik,* engl. *Brassband,* besteht nur aus Blechbläsern (Abb. A: rot/gelb). Die Zivilkapellen der städt. und dörfl. Korporationen und Vereine gleichen den Militärkapellen.

Man unterscheidet dt. Besetzung mit *Klarinetten* und frz. Besetzung mit *Saxophonen* (England, USA, Russland, Deutschland). Je nach Zahl der vorhandenen Musiker gibt es Besetzungsempfehlungen (Abb. A).

Eine Besonderheit bildet der sog. **Spielmannszug,** nur mit Trommeln und Pfeifen, wie bei der alten Infanterie. Er agierte als *kleines Spiel* im Wechsel mit dem *großen Spiel* des ganzen Musikkorps (histor. Spielmannszüge noch in der *Basler Fasnacht*).

Der **Posaunenchor** der alten Kirchenmusik besteht aus 6–7 Solobläsern und findet neuerdings wieder Interesse in Barockaufführungen und Neukomposition (Abb. A).

Das Repertoire der Blaskapellen reicht von Märschen, Tänzen, Liedern, Chorälen, Bearbeitungen aller Art bis zu *sinfon.* Musik *mit Streichern,* was bes. im 19. Jh. (vor Schallplatte und Rundfunk) allg. üblich war.

Salonorchester

aus dem 19. Jh. sind bis heute in Kaffeehäusern und Kurorten zu finden, zur Zeit des Stummfilms auch in Kinos.

Zugrunde liegt das *Klaviertrio* mit V., Vc. und Klavier (oder Harmonium), dazu kamen ein 2. *Stehgeiger,* Va., Schlagzeug, Bläser, je nach Art der Besetzung: *Wiener, Pariser* und *Berliner* (Abb. B).

Arrangiert wurde praktisch alles, und zwar für *Trio,* wobei die Zusatzinstr. unisono oder in Oktaven mitspielten. Solo-Improvisationen waren üblich.

Filmmusik

Musik zu Bühnenstücken, Hörspielen und Filmen ist naturgemäß *Programmmusik,* richtet sich also nach dem jeweiligen Geschehen, und findet nur selten zu autonom musikal. Form. In der Zeit des **Stummfilms** etwa 1900–30 war es üblich, auf dem Klavier (oder Harmonium) eine ununterbrochene *Begleitmusik* zu *improvisieren,* samt Geräuschen. Größere Lichtspieltheater besaßen eine *Kinoorgel* mit Glocken, Gong, Telefonklingel, Vogelgezwitscher usw. Dort spielten auch Salonorchester (s. o.). Für *Arrangements* gab es *Kinotheken,* Sammlungen von Stücken zu best. Szenentypen wie Liebe, Abschied usw. Der Stummfilm kannte auch schon Originalkompos., z. T. von berühmten Komp. (SAINT-SAËNS).

Der **Tonfilm,** der den Stummfilm um 1930 rasch und gründlich verdrängte, kennt keine akzessor. Improvisationen und Arrangements mehr, sondern arbeitet mit je eigener Komposition, meist großen Orchestern, aber auch Kammermusik und Elektronik. Dialoge und Geräusche entlasten die Musik im Tonfilm (*Background,* Pause). Die Musik kann über das Bild hinaus Gedanken und Gefühle wachrufen, durch Erinnerungsmotive, Gefahrencrescendo u. a.; sie kann auch ironisch-parodistisch wirken.

Die originale Zithermusik ruft Wiener Atmosphäre mit Kaffeehaus und Prater hervor. Sie wird zu *Harry Limes* Leitmotiv im Film *Der 3. Mann.* – In *Der Clou* dient der alte Ragtime SCOTT JOPLINS zur Milieu-Schilderung der Zuhälterkneipen (Nb. C).

Filmmusik schrieben viele Komp., so D. MILHAUD (20 Filme), A. HONEGGER (über 30); spezielle Filmkomp.: F. GROTHE (*Haus in Montevideo*), M. JARY.

Schlager

nennt man ab Mitte des 19. Jh. beliebte Melodien aus Oper und Operette, dann auch Neuanfertigungen. Durch die Medien der Konsumgesellschaft, bes. die Schallplatte und den Rundfunk, wurde der Schlager zur musikal. Ware mit hohen Umsätzen.

An der rational und professionell organisierten Schlagerproduktion arbeiten mit: Texter, Komponist, Arrangeur, Sänger, Spieler, Aufnahmeteam, Designer, Marktstrategen usw. bis zum Diskjockey und Showmaster. – Der Schlager appelliert an einfachste Hörgewohnheiten und Gefühle. Selten originell, liegt er immer im Modetrend, den er z. T. auch selbst steuert.

Textl. *Topoi* wie Einsamkeit, Liebe usw. entsprechen musikal. *Einfachheiten* wie diaton. Melodik mit typ. Intervallen, schlichte Rhythmik, tonale Harmonik, Strophenbau mit Refrain, bekannte Klänge (*Sounds*) wie der Musettewalzer für Paris, die Hawaii-Gitarre für Südsee usw. Pseudogefühl suggeriert Pseudo-Lebenshilfe.

Chanson Marsch	12
Musik zu Bühnenwerken	24
Ouvertüre [<15' Ballett [>15'	48 60
qualitätvolle Unterhaltung	96
Solo, Duo, 10'–20'	180
Str.-Quartett, 20'–30'	480
Chorwerk über 45'	1200
Sinfonie bis 45'	1600
Oratorium über 60'	2400

A **Punktwertung der GEMA** — U-Musik (gelb), E-Musik (rosa)

B **Folkloristische Tänze**

C **Melodievariation** (Drive, Off-Beat)

D **Musical, L. Bernstein, West Side Story,** 1957, America

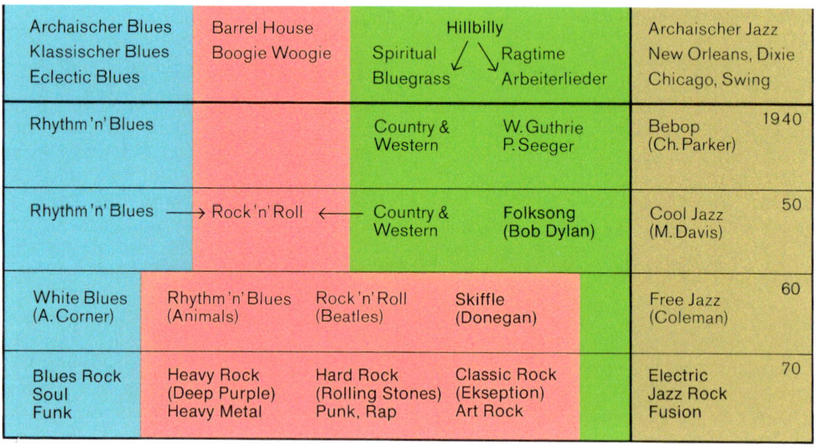

E **Entwicklung der Rockmusik** — Blues, Rock, Lied, Jazz

Verwertungsgesellschaften. Zur Wahrung des Urheberrechts in der Musik gibt es in allen Ländern nationale Verwertungsgesellschaften, in der BRD die *Gesellschaft für musikalische Aufführungsrechte* (**GEMA,** seit 1915), für Oper und Konzert, Druck und sog. mechan. Rechte bei Tonträgern (Schallplatte, Kassette, CD, DVD). Urheberrechtsschutz für Musik entstand in Deutschland erstmals 1870, endgültig 1901. Die *Musikverbraucher* zahlen Gebühren an die GEMA, die nach Punkten an die *Produzenten* (Komp., Texter) verteilt. Das meiste Geld bringt die U-Musik.

Die Punktzahl richtet sich nach *Gattung* und *Länge.* Ein Chanson zählt weniger als ein großes Oratorium. Die Zahl der Aufführungen, Sendungen, Platten usw. bringt im Allg. dem Chanson mehr Punkte als dem Oratorium. Über Qualität sagt die Tabelle nichts (Abb. A, Auswahl).

Rundfunk. Für Verbreitung und Förderung von Musik spielen Rundfunk und Fernsehen eine zentrale Rolle. Die Hälfte bis 2 Drittel der Gesamtsendezeit eines Senders gehört der Musik, davon wiederum 50–80% U-Musik. Die U-Musik bildet eine Abteilung in der Hauptabt. *Unterhaltung* oder *Musik.*

Schallplatte. Die ersten Tonaufnahmen entstanden mit der Walze des *Edison-Phonographen* (1877). Es folgte die sich rasch durchsetzende *Schallplatte* E. BERLINERS (1887). Um 1900 gab es bereits U- und E-Musik (die klass. Werke) auf 30-cm-Platten aus Schellack mit 78 U/min (je Plattenseite ca. 3 min). Entscheidende Verbesserung in Länge und Qualität brachten ab 1951 die Kunststoffplatte mit 33 1/3 U/min und ab 1958 *Stereo* und *High Fidelity.* Die Einspielung auch längerer Musikwerke, Opern und Gesamtaufnahmen stieg explosionsartig an. Plattenumsatz in Deutschland 1906: 1,5 Mio., 1930: 30 Mio., 1977: 136,4 Mio., das meiste U-Musik.

Funktionale Musik heißt die stimulierende Musik am modernen Arbeitsplatz, in Kaufhäusern usw. Größter Produzent ist die MUZAK mit Orch., Studios (über 200 Mio. Hörer).

Trivialmusik steht in Nachfolge der Salonmusik, ohne Niveau, aber gut vermarktet.

Tanzmusik. Im 20. Jh. tanzt man als Gesellschaftstanz nur noch die *Quadrille,* sonst Paartänze, z. T. mit starken Bewegungen (*Rock 'n' Roll*). Reich sind die Tänze der Nationen wie der span. *Fandango* und der *Cake-Walk* der amerikan. Schwarzen (Abb. B), auch viele lateinamerikan. Tänze (S. 154).

Wie der Jazz liebt auch die Tanzmusik den rhythm. *Drive,* den aus dem *Offbeat* resultierenden *Swing* und die Variation bekannter Melodien durch Umspielung, Synkopen u. a. (*verjazzen,* Nb. C).

Musical (*musical comedy, m. play*) amerikan. Unterhaltungstheater, bes. am *Broadway,* N. Y., mit gesprochenem Dialog, Songs, Ensembles, Chören, Tänzen und dekorativen Show-Effekten (Vorbild: *Pariser Revue*).

Die **europ. Linie** zeigt Operettencharakter mit romant. (Liebes-)Geschehen, weit schwingender Melodik und Rhythmik, ballettnahen Tänzen. Hierher gehören V. HERBERT; R. FRIML; S. ROMBERG; J. KERN, *Show Boat* (1927); R. RODGERS, *On Your Toes* (1936), *Oklahoma* (1943); F. LOEWE, *My Fair Lady* (1956), nach SHAWS *Pygmalion,* Rekord: 2717 Broadway-Auff.

Die **amerikan. Linie** parodiert die Operette und bringt neue Elemente wie Kriegs-, Rassen- und Sozialthematik, Jazz-Einfluss, Rock. Beisp.: G. M. COHAN, *Little Johnny Jones* (1904); G. GERSHWIN, *Strike Up the Band* (1930); C. PORTER, *Kiss Me Kate* (1948).

L. BERNSTEINS *West Side Story* (1957), eine Liebestragödie im Bandenkrieg Jugendlicher. Der *America-Song* arbeitet wirkungsvoll, fast plakativ mit Signal-Quarte, Dreiklang, Wiederholung, Rückung (Nb. D).

Eine neue Richtung bringt das **Rock-Musical:** G. MCDERMOT, *Hair* (1968); A. LLOYD WEBBER, *Jesus Christ Superstar* (1971), *Evita* (1978), *Cats* (1981), *Phantom of the Opera* (1986), *Aspects of Love* (1989).

Das Musical fand Nachahmung in England (L. BART), Frankreich (M. MONNOT, *Irma la Douce,* 1956), Deutschland (L. OLIAS, *Prärie-Saloon,* 1958) u. a.

Pop- und Rockmusik

Popmusik bezeichnet seit etwa 1960 eine Mischung aus White Blues, Rock und Lied (Abb. E), oft mit polit. und sozialem Engagement (*Protestsong, Arbeitersong*); wie *Pop-Art* auf Massenwirkung angelegt.

Rockmusik ging aus dem *Rock 'n' Roll,* dem *Boogie Woogie* und dem schwarzen *Rhythm and Blues* hervor. BILL HALEY und ELVIS PRESLEY übten mit antiautoritärer emotionaler Brisanz und harten Rhythmen Signalwirkung aus. Impulse gaben die Studentenunruhen von 1968, die Protestbewegungen der 70/80er Jahre (Anti-Ratio, Anti-Leistung usw.), die Drogenwellen der Subkultur u. a.

Die BEATLES, mit bes. Haarschnitt (*Pilzköpfe*) verbanden Beat mit melod.-harmon. Schönheit und farbiger Instr., so in *Let it be,* mit federnden Offbeats (Nb. E).

Die Massenfestivals von 1968/69 (*Woodstock*) zeigten Höhepunkte der Bewegung und zugleich ihre Kommerzialisierung an. Die Elektronik mit Synthesizern, Verstärkern usw. nahm zu. Es gab aber auch Austausch mit den Traditionen des Blues und des Jazz (Abb. E), dazu Anregungen aus Lateinamerika (SANTANA), Asien (R. SHANKAR) und der Klassik (EKSEPTION). Stilbildend: JIMI HENDRIX (Elektro-Pop), *The Doors* (JIM MORRISON), *Pink Floyd* (Psychedelic Rock), *Genesis* (P. GABRIEL, PH. COLLINS), BOB MARLEY (Reggae), JOHN MCLAUGHLIN (Jazz-Rock); bes. wichtig: der richtige »*Groove*« (*Feeling*).

A **L. Dallapiccola, Il prigioniero,** 1944 – 48, II. Szene, Beginn

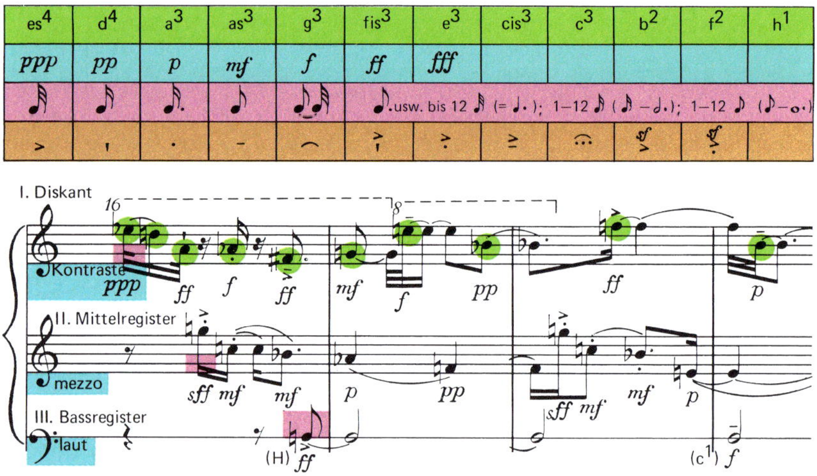

Mode de valeurs et d'intensités, Klavieretüde 1949, Parameterdisposition und Beginn

Gesang der Feldlerche, gehört und notiert am 15.4.1957

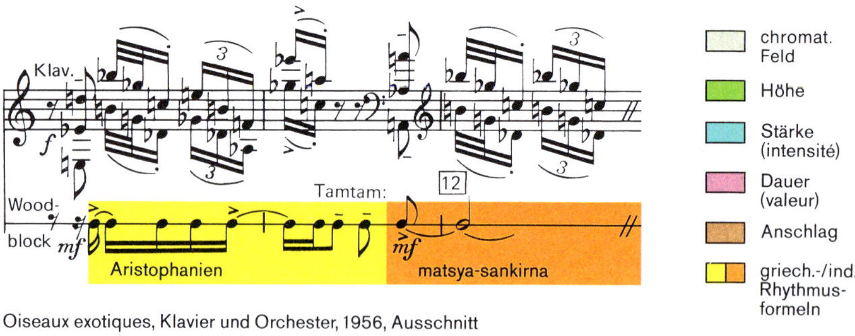

Oiseaux exotiques, Klavier und Orchester, 1956, Ausschnitt

B **O. Messiaen, modale Kompositionsweisen und »style oiseau«**

Die **Musik nach 1950** verlangt eine andere Betrachtungs- und Darstellungsweise als frühere. Ihre Protagonisten leben und schaffen heute noch, ihre Vergangenheit ist auch in ihren heutigen Werken gegenwärtig. Dazu kommen die Weltöffnung der Musik (erst die 80er Jahre zeigen wieder mehr Nationalfarben), der Pluralismus der Stile, die gleichzeitigen Richtungen, Schulen und individuellen Entscheidungen: das legt nahe, Zeit und Raum nach 1950 als Einheit zu betrachten.
Andererseits gibt es die Generationsfolge und zeitgebundene Tendenzen (S. 484 f.).
Um 1950 empfand man allg. eine Zäsur:
- politisch und moralisch als Neubeginn nach Weltkrieg und Naziregime;
- ästhetisch als Erweiterung des Musik- und Kunstwerkbegriffs, auch des Hörens.
- stilistisch als Ende des Neoklassizismus und Beginn des seriellen Denkens;
- technisch als Aufbruch in die elektron. Musik und in eine neue Klangwelt.

Nach dem 2. Weltkrieg gab es in Europa einen starken Nachholbedarf. Viele Emigranten kehrten zurück. Vorbilder wurden BARTÓK, STRAWINSKY, HINDEMITH (die meistaufgeführten zeitgenöss. Komponisten). FORTNER, HARTMANN, DALLAPICCOLA, MESSIAEN prägten ihren Personalstil aus und waren gesuchte Lehrer. Sie vertraten eine gemäßigte Moderne, die am Begriff des Kunstwerks, der Gattungen, des Konzertbetriebes im Ganzen festhielt. Dagegen suchte eine *Avantgarde* völlig Neues.
Aus den Programmen des allg. Konzertlebens fiel die Neue Musik weitgehend heraus. Der kleine Kreis ihrer Anhänger blieb oft kultartig unter sich auf den Festivals der *Internat. Ges. für Neue Musik* (IGNM, seit 1922), den *Darmstädter Ferienkursen* (seit 1946), *Donaueschingen* (wieder seit 1950), *Domaine musical* Paris (1954–73), *Warschauer Herbst* (1956 ff.), *Royan* (1967 ff.), *Rencontres internat.* Metz (1972 ff.) u. a.
Zur älteren Generation (S. 498 ff.) zählen:

Luigi Dallapiccola (1904–75), Pisino, Istrien, 1934–67 Prof. für Klavier in Florenz; klangvoll-melod. Stil auf der Basis der Zwölftontechnik SCHÖNBERGS; DALLAPICCOLA kämpft gegen jedes Unrecht und für eine freie humane Welt.

Ein Hauptwerk ist die Oper *Il prigioniero, Der Gefangene.* Die Szene II beginnt in der erdrückenden Zelleneinsamkeit. Im Orch. erhebt sich eine Melodie (12-Ton-Reihe) in klagenden Halbtonschritten barock über einem Orgelpunkt D, imitierend folgt das Solo des Gefangenen: vokale Geste großer Verlorenheit (8-Ton-Feld, Nb. A).

Werke: 6 *Michelangelo-Chöre* (1933–36); *Canti di prigionia* dreier zum Tode Verurteilter: Maria Stuart, Boethius, Savonarola (1938–41); Oper *Volo di notte* (1940), SAINT-EXUPÉRY; *Liriche greche* (1942–45); *Canti di liberazione* (1951–55); *Quaderno musicale di Annalibera* (1952), mit Dichte und Schönheit eines Spätwerks; *Requiescant* (1958); Oper *Ulisse* (1959–68), nach HOMER.

Olivier Messiaen (1908–92), Avignon, 1919–30 Studium in Paris bei DUPRÉ (Orgel) und DUKAS (Komp.), seit 1931 Organist an *St-Trinité* in Paris, ab 1942 Prof. am Conservatoire (Schüler: BOULEZ, STOCKHAUSEN, XENAKIS); kompon. u. a. mit *Modi*: 6- bis 10-stufige Tonleitern bestimmter Bauart, dazu *umkehrbare* und *nicht umkehrbare* (weil symmetr.) Rhythmen. Aus der frz. Tradition DEBUSSYS und RAVELS erwächst MESSIAENS kraftvoll-farbiges Werk, erfüllt von myst. Tiefe und gläubigem Katholizismus.
Werke u. a.: *L'ascension* (1933), für Orch.; *La nativité du Seigneur* (1936), 9 Meditationen für Orgel; *Quatuor pour la fin du temps* (1941); *Vingt regards sur l'Enfant Jésus* (1944), für Klavier; *Turangalîla-Sinfonie* (1946–48), Sanskrit: Kraft, ein *Liebesgesang* mit Soloklavier und *Onde Martenot; Quatre études de rythme* (1949–50), für Klavier: *Ile de Feu I, II, Mode de valeurs et d'intensités, Neumes rythmiques.*

Die modale Denkweise überträgt MESSIAEN hier erstmals auf alle Tonparameter; zunächst die Vordisposition des Materials: **Tonhöhe:** 12-stufig, für Diskant, Mitte und Bass (3 Notensysteme) je ein *mode* (*division,* Abb. B: nur Diskant). **Tondauer:** 12-wertige Reihen, je Lage mit anderem Ausgangswert: Diskant 32stel (1- bis 12-mal), Mittellage 16tel, Bass Achtel. **Tonstärke:** nur 7 Werte (keine 12), je Lage: Kontraste, mezzo, laut. **Tonfarbe** (Anschlagsarten): 12 Angaben, kaum realisierbar.

MESSIAENS *Modi* sind keine *Reihen.* Als Material dienen ihm Funde (*objèts trouvés*) aus Geschichte (S. 488), fremden Kulturen (ind. Rhythmen) oder *Natur:*

MESSIAEN notiert Vogelgesang ornithologisch exakt (Nb. B). Anders als die *musique concrète* (S. 515) benutzt er das Material nicht direkt, sondern verarbeitet es *modal* (tiefer, langsamer usw.) zum *style oiseau* (Vogelstimmenstil).

In *Oiseaux exotiques* erklingen Vogelrufe aus Indien, China usw. wie die *Einsiedlerdrossel* (im Klavier) über griech. und ind. Rhythmen (im Schlagwerk): naturnah und durchgeistigt (Nb. B).

Es folgen *Messe de la Pentecôte* (1950), für Orgel; *Livre d'orgue* (1951); *Le merle noir* (1952), für Fl. und Kl.; *Réveil des oiseaux* (1953), *Oiseaux ex.* (Nb. B); *Chronochromie* (1960), für Orch. (»Zeitfarbe«); *Sept haïkaï. Esquisses japonaises* (1962), für Kl., Xylophon, Marimba und kleines Orch.; *Couleurs* (S. 488); Oratorium *La transfiguration de Notre-Seigneur Jésus-Christ* (1965–69); Oper *Saint François d'Assise* (1975–83). – *Technique de mon langage musical,* 2 Bde., 1944.

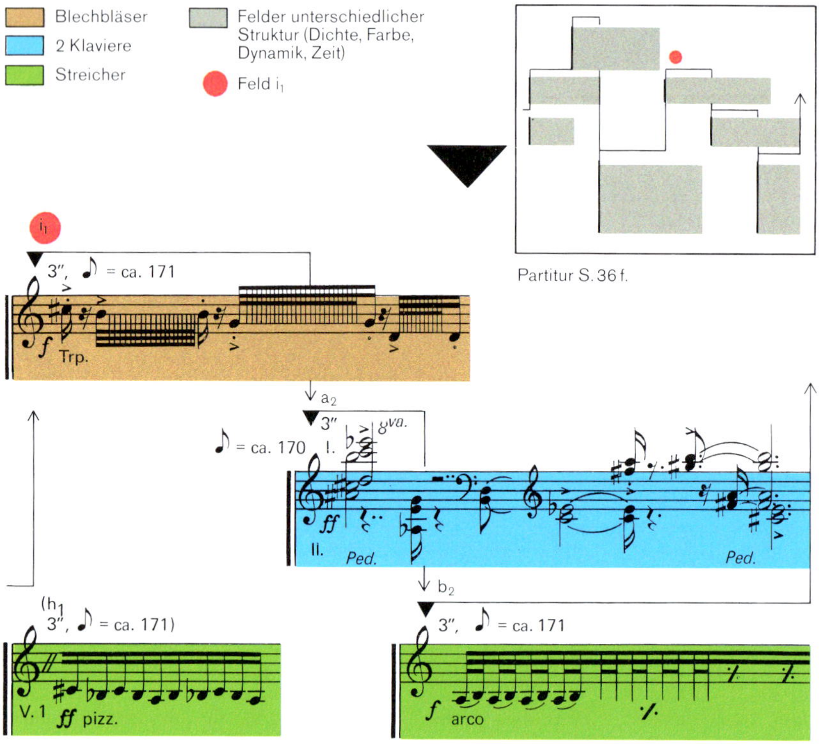

A **W. Lutosławski, Jeux vénitiens,** 1961, Feldstruktur

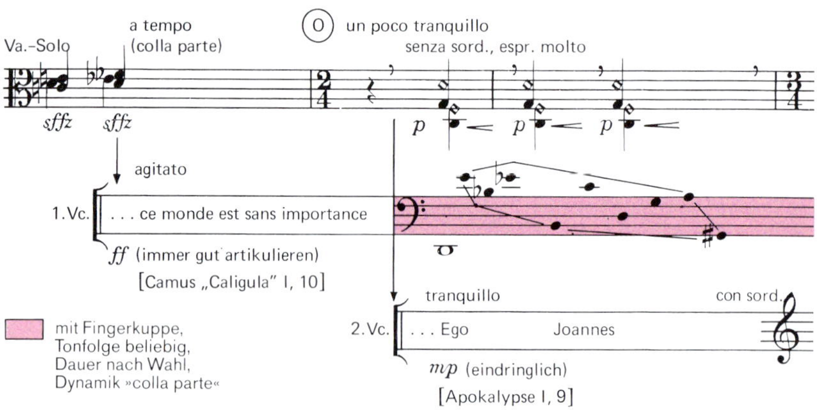

B **B. A. Zimmermann, Antiphonen für Viola und kleines Orchester,** 1961, Ausschnitt

Lutosławski, Zimmermann

Musique concrète. Von PIERRE SCHAEFFER 1948/49 so benannte Lautsprecher-Musik mit *konkretem* Klangmaterial wie Geräuschen, Lärm, Instrumentalklängen, Vogelstimmen, die mit Tonband aufgenommen und im Studio der ORTF durch Auswahl, Veränderung und Collage zu Stücken verarbeitet wurden (dagegen *elektron. Musik,* S. 521). Nach ihrem 1. Konzert Paris 1950 gründeten P. SCHAEFFER und P. HENRY die *Groupe de m. c.,* in der 1952 MESSIAEN (*Timbres-durées*), BOULEZ (*Etüden* I, II), später HAUBENSTOCK-RAMATI, MALEC, XENAKIS u. a. arbeiteten. Nach BOULEZ' Kritik der Einfallslosigkeit u. Simplizität 1958 erweiterte SCHAEFFER mit der *Groupe de Recherche Mus. de l'ORTF* in Richtung elektron. Musik.

Zufall

Der Hauptvertreter der sog. *experimentellen Musik,* musikal. Aktionen, die sich oft mit Gestik, Tanz, Malerei und andern Künsten überschneiden und *»deren Ergebnis nicht voraussehbar ist«* (1959), ist

John Cage (1912–92), Los Angeles, Schüler COWELLS und SCHÖNBERGS; Zusammenarbeit mit dem Choreographen M. CUNNINGHAM ab 1942 und dem Pianisten DAVID TUDOR (Europa 1954); eine Fülle von anregenden Werken und Schriften. Für CAGES extreme Avantgarde-Position ist charakteristisch:

- bewusste *Traditionslosigkeit,* um zu neuen ästhet. Erfahrungen zu gelangen, so statt Tonsystem Spiel mit Geräuschen;
- keine best. formale Vorgabe (*offene Form*), stattdessen spontane Aktionen, fantasiereich, oft mit anregenden Graphiken (S. 488); gegen das *geschlossene Kunstwerk* (Opus-Musik); stattdessen *Indetermination* und *Zufall*: die allgemeinste Form der *Aleatorik* (S. 519, 523);
- kein persönl. Ausdruck, sondern *Entsubjektivierung,* angeregt durch fernöstl. Philosophie seit 1945, objektiver Klang, mit Fantasie (Schüler RILEY, REICH, *Minimal Music,* S. 525).

CAGE erfand das »präparierte Klavier« (*Bacchanale,* 1938): mit Papier, Holz, Metall u. a. zwischen den Saiten zur Klangverfremdung. Extrem dann das Anti-Opus *4′ 33″* (*tacet* in 3 Sätzen, 1952), mit gewollt betroffener bis empörter Publikumsreaktion. 1958 in Darmstadt bietet CAGE, vorher belächelt, mit seiner Zufallsmusik eine Alternative zur verfestigten Serialität in Europa.

CAGES Klavierkonzert (1958) wurde zum Schlüsselerlebnis für WITOLD LUTOSŁAWSKI (1913–94), Warschau, der bereits ein reiches tonales und 12-töniges Werk geschaffen hatte, z. B. die virtuosen Paganini-Var. für 2 Klav. (1941). In den *Jeux vénitiens* verwendet er erstmals den Zufall, allerdings anders als CAGE mit best. kompositor. Ziel: um nuancenreiche, nicht notierbare Feldstrukturen zu verwirklichen durch *begrenzte Aleatorik.*

Die Partitur zeigt Kästen mit unterschiedl. Strukturen in traditioneller Notation ohne Taktstrich, mit rhythm. Freiheit in *ungefährer* Zeitdauer für die versch. Instr. (Farben). *Ungefähre* Überlappungen durch *ca.*-Angaben erbringen ein irisierendes Klangflächenspiel voll Poesie (Abb. A).

Werke: *Sinf. 3 u. 4* (1983, 1992); *Chain I–III* (1983, 1984, 1986); *Klav.-Konz.* (1988).

Zitat, Collage

Das *Zitat* ist eine alte Technik, Bezüge herzustellen und Sinngehalte von außen ins Werk zu holen (BERGS BACH-Zitat S. 486). Die *Collage,* die Verbindung versch. Materialien und Techniken zu neuer künstler. Gestalt, realisiert sich musikal. durch *Zitat, Objèt trouvé, Musique concrète* u. a. Zitat und Collage weiten die psych. Binnendimensionen: unterschiedl. Zeiten und Räume werden präsent.

Bes. Bedeutung haben Zitat und Collage bei **Bernd Alois Zimmermann** (1918–70), Köln; ihn beschäftigte die Zeit als gelebte Realität, als philosoph. Problem und als künstler. Aufgabe. Vergangenheit, Gegenwart, Zukunft bilden in der kosm. Zeit eine Folge, im Geiste jedoch nicht: *»Die Zeit biegt sich wie eine Kugelgestalt zusammen.«* ZIMMERMANNS neue *»pluralistische Kompositionstechnik«* (1968) entspricht der Vielschichtigkeit unserer (musikal.) Wirklichkeit.

In den *Antiphonen* überlagern sich versch. *Spielweisen* (Va.), *Klangstrukturen* (Vc.-Aleatorik), *Geheimes* (Ton *D* für *Deus, Doris*), *Sprachzitate* so versch. Zeiten und Räume wie CAMUS und *Bibel,* laut gesprochen vom 1. und 2. Cellisten. Die Sinn- und Zeitschichten unterstützen sich expressiv zu einer Szene (Abb. B).

ZIMMERMANNS Hauptwerk, die Oper *Die Soldaten* (1958–64) nach Lenz, verbindet Musik, oft geschichtet, mit multimedialer Darstellung auf der Bühne (Projektionen usw.). Äußerste Transparenz erreichen die späten Orchesterskizzen *Stille und Umkehr* (1970).

Komponisten (* 1910–19):

* **1910:** SAMUEL BARBER († 1981), ROLF LIEBERMANN († 1999), JEAN MARTINON († 1976), MARIO PERAGALLO, P. SCHAEFFER († 1995), WILLIAM SCHUMAN († 1992), HEINRICH SUTERMEISTER († 1995). – * **1911:** GIANCARLO MENOTTI. – * **1912:** J. CAGE († 1992), JEAN FRANÇAIX († 1997), IGOR MARKEVITCH († 1983). – * **1913:** BENJAMIN BRITTEN († 1976), RENÉ LEIBOWITZ († 1972), W. LUTOSŁAWSKI († 1994). – * **1915:** HUMPHREY SEARLE († 1982). – * **1916:** MILTON BABBITT, HENRI DUTILLEUX, HELMUT EDER, ALBERTO GINASTERA († 1983), SIEGFRIED REDA († 1968), KARL SCHISKE († 1969). – * **1917:** ISANG YUN († 1995). – * **1918:** JÜRG BAUR, LEONARD BERNSTEIN († 1990), GOTTFRIED VON EINEM († 1996). – * **1919:** SVEN-ERIK BÄCK, ROMAN HAUBENSTOCK-RAMATI († 1994), ROBERT SUTER.

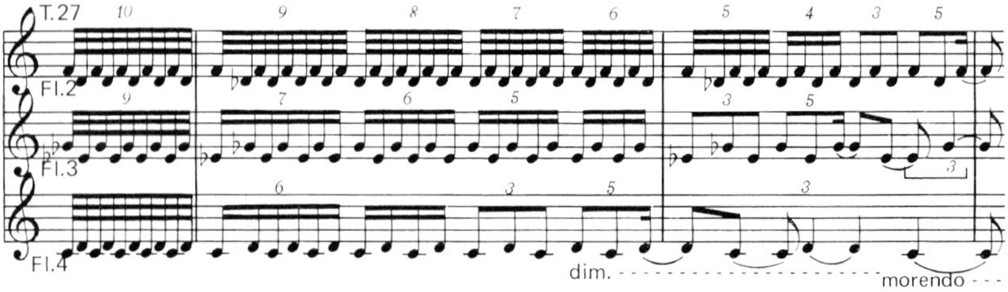

Atmosphères, 1961, Ausschnitt, Klangfarbenflächen

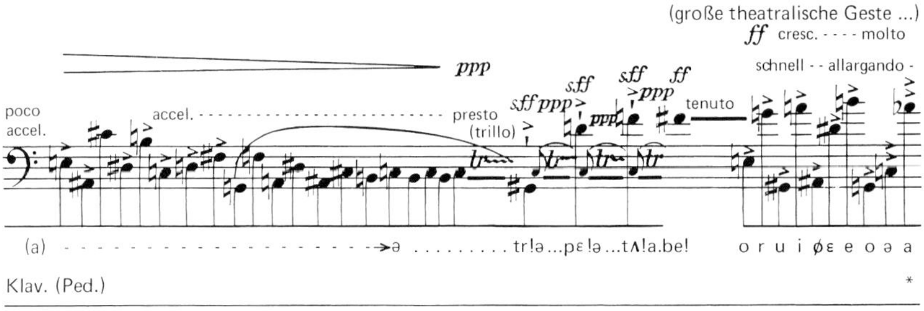

Aventures, 1962, »Mimodrama«, Szene 11

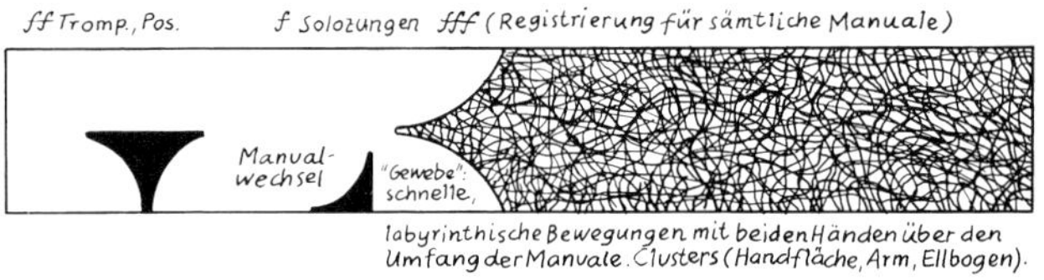

Volumina für Orgel, 1961/62, grafische Notation (Text gekürzt)

A G. Ligeti, Klangkomplexe und Phonetik

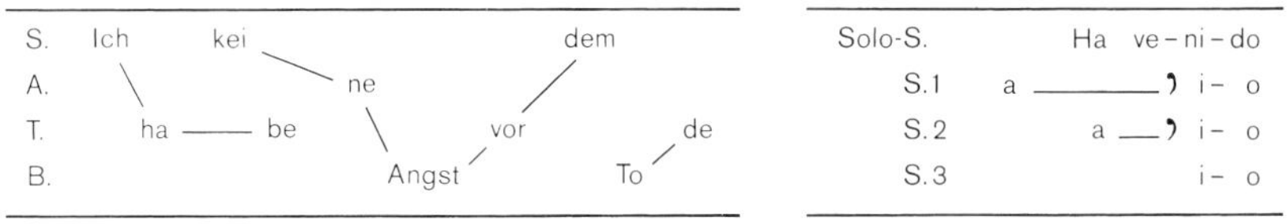

B L. Nono, **Il canto sospeso**, 1956, und **Ha venido**, 1960, Textbehandlung

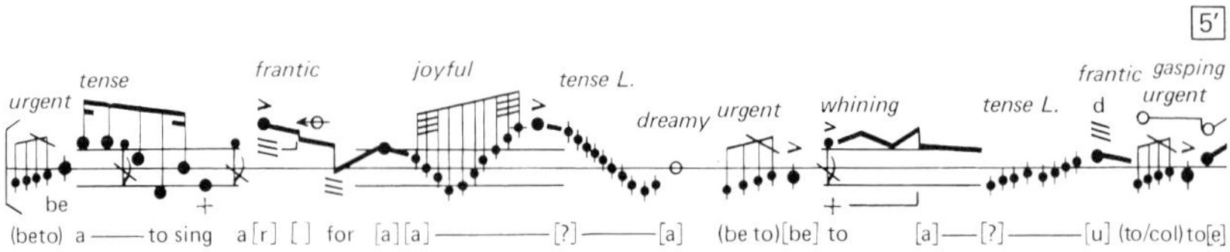

C L. Berio, **Sequenza III für Frauenstimme**, 1965, Ausschnitt Blatt 2

Das serielle Denken und die Erfahrungen mit Klangaufbau in den elektron. Studios riefen *allg.* Versuche mit Klang- oder Klangfarbenkompositionen hervor: man wollte die Struktur der Klänge und die Gestalt des Werkes *neu* bestimmen. Auch die *Phonetik* der 50er Jahre spielt hier herein. PENDERECKI (S. 524) und LIGETI schrieben zentrale Beispiele.

György Ligeti, * 1923 in Ungarn, arbeitete 1957–59 im elektron. Studio Köln. In *Atmosphères* (1961) sind die Klangfarben die *»primär formbildenden musikal. Elemente«.* LIGETI überlagert bes. Sekunden, zerstört damit die Intervalle, eliminiert die Harmonik und hebt die gewohnte Rhythmik auf. So *komponiert* er den Klang in seiner Dichte, Struktur und Farbe, mit fließenden Übergängen von hell-dunkel, dicht-locker (Nb. A).

Im Gesamten entsteht ein atmendes Wogen ohne Linearmelodik. An der bewegten Binnenstruktur der Klänge sind viele eng geführte Stimmen beteiligt: maximal geteilte Streicher und Bläser *(Mikropolyphonie).*

Einen Schritt weiter geht LIGETI noch in *Volumina* mit stationären und verschiedenartigen **Clustern**, z. T. mit Binnenleben durch Hand- und Armbewegung. Das lässt sich nicht mehr *notieren,* sondern nur noch grafisch und verbal andeuten (Abb. A).

Cluster entwickelte H. COWELL ab 1916 (*tonecluster,* Ton-Trauben). Der Klang als kompositor. Prinzip, d. h. die reine Klang-(farben)-komposition führt nicht weiter, bringt zu rasch Wiederholungen. LIGETI kehrte zur intervall. Komposition zurück, über *Requiem* (1963–65), *Lux aeterna* (1966) für Chor a cappella, zu *Lontano* (1967) und *San Francisco Polyphonie* für Orch. (1974); Kl.-Konzert (1988); V.-Konzert (1992); Hornkonzert (2001).

Engagierte Musik

Im Bewusstsein der nicht abreißenden Gräuel, Missstände und des Unrechts aller Art haben viele Musiker sich mit ihrer Kunst sozial und politisch engagiert für eine humanere Welt. Die Möglichkeit dazu bieten *Texte,* deren eindeutige Aussage die Musik mit ihrer bewegenden Kraft unterstützt.

Luigi Nono (1924–90), Venedig, wirkte hier beispielhaft. Er verbreitete nicht durch volksnahe Musik wie im sozialist. Realismus, sondern durch die Mittel der Neuen Musik humane und polit. (klassenkämpfer.) Ideen.

Erschütternde Dokumente sind die Abschiedsbriefe europ., zum Tode verurteilter Widerstandskämpfer. In NONOS Vertonung erklingen die Worte syllabisch auf die Chorstimmen verteilt, gleichsam überpersönlich aufgehoben in einer bekennenden, mitleidenden Gemeinschaft: *»ein Schweben von Laut zu Laut, Silbe zu Silbe: eine Linie … manchmal verdickt zu Klängen«,* daher *Il canto sospeso,* der »schwebende Gesang« (Abb. B).

Diesen neuen, seriell gedachten Chorstil wendet NONO auch im Frühlingslied *Ha venido* an, hier sogar mit reinen Vokalfärbungen durch Chorvokalise der Soprane 1–3 zum Solo-Sopran (Abb. B).

Beispiele für soziales und polit. Engagement NONOS sind *Intolleranza* (1960/61), *Sul ponte di Hiroshima* (1962), das Arbeiterstück *La fabbrica illuminata* (1964) für Mezzosopran und Tonband. Später tendierte NONO mehr zu subtil lyr. Zurückgezogenheit, so im Streichquartett *Fragmente – Stille, An Diotima,* nach HÖLDERLIN (1979/80); *Prometeo* (1984); *No hay caminos* (1987).

Weitere Beispiele für engagierte Musik, hier für viele stehend, sind H. W. HENZES polit. und K. HUBERS humaner Einsatz (*Erniedrigt, geknechtet …,* 1975–82).

Sprache

ist *Klang* (Phonetik) und *Bedeutung* (Semantik) zugleich. Serielles Denken und Materialaspekt führen nach 1950 zu Klangkompositionen mit Sprache.

STOCKHAUSEN verwendet (als erster) im *Gesang der Jünglinge im Feuerofen* (1956) alle Grade vom unverständl. Sprachklang und -gesang bis zu einzelnen Wortbrocken. In elektron. Verfremdung zerschmelzen Schmerzensschrei und Gotteslob zu einem faszinierend neuen Klangereignis.

LIGETIS *Aventures* (1962) und *Nouvelles Aventures* (1962–65) gehen spielerisch, ironisch und äußerst virtuos mit reiner Phonetik um, ohne Sprachsemantik, mit Gestik, Mimik, Affekten (Nb. A).

Luciano Berio (1925–2003), der das Mailänder *Studio di Fonologia Musicale* der RAI vom Beginn 1953 bis 1959 leitete, schuf fantasievoll-experimentelle Werke, die Klangelemente der instrumentalen und phonet. Ebene verbinden und zu neuen Klängen und Gestalten vorzudringen suchen; so elektronisch im Sprachgemisch des *Tema – Omaggio a Joyce* (1958), in den *Quaderni, Chemins,* in den Solo-Sequenzen (auch Versionen mit Orch.).

Die seiner Frau, der Sängerin CATHY BERBERIAN († 1982), gewidmete *Sequenza III* (1965) für eine Frauenstimme verlangt eine Palette neuer Klangmöglichkeiten, stets gestisch, in raschen Wechseln, voll Ausdruck, z. B. *gasping,* keuchend. Der Text (M. KUTTER) lautet: »gib mir/einige Worte/ für ein Weib/zu singen/von einer Welt/ die uns erlaubt/ein Haus zu bauen/ohne Kummer/ehe es Nacht wird« (Nb. C).

BERIO sucht »Umwandlung der Natur in Kultur und eine Gestaltung der Kultur, als sei sie Natur« (1968). Zitat und Collagen bereichern Perspektiven und schönen Klang: In der *Sinfonia* (1968, 5. Satz 1969) für 8 Sänger und Orch. erklingt im 3. Satz die Fischpredigt aus MAHLERS 2. Sinfonie.

Sprachkomposition tendiert zur szen. Musik wie bei KAGEL, SCHNEBEL u. a. (S. 523).

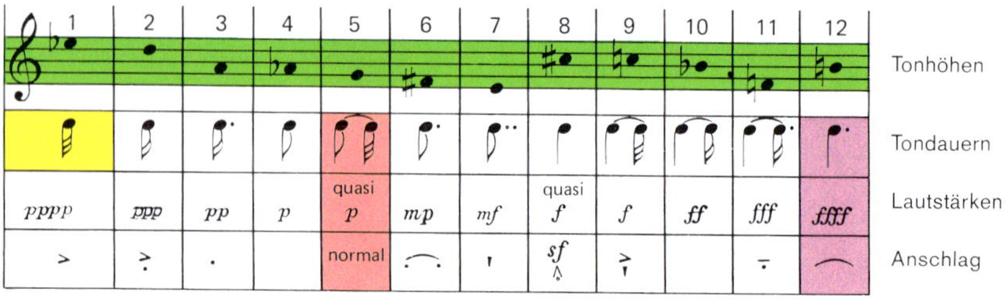

4 Elementreihen

↓G → Klavier I (Höhen) ← K

1	2	3	4	5	6	7	8	9	10	11	12
2	8	4	5	6	11	1	9	12	3	7	10
3	4	1	2	8	9	10	5	6	7	12	11
4	5	2	8	9	12	3	6	11	1	10	7

↓U → Klavier II (Höhen) ← KU

1	7	3	10	12	9	2	11	6	4	8	5
7	11	10	12	9	8	1	6	5	3	2	4
3	10	1	7	11	6	4	12	9	2	5	8
10	12	7	11	6	5	3	9	8	1	4	2

Transpositionsquadrate

A **Structures** für 2 Klaviere, 1952, serielle Musik;
Reihen, Transpositionsquadrate, Beginn

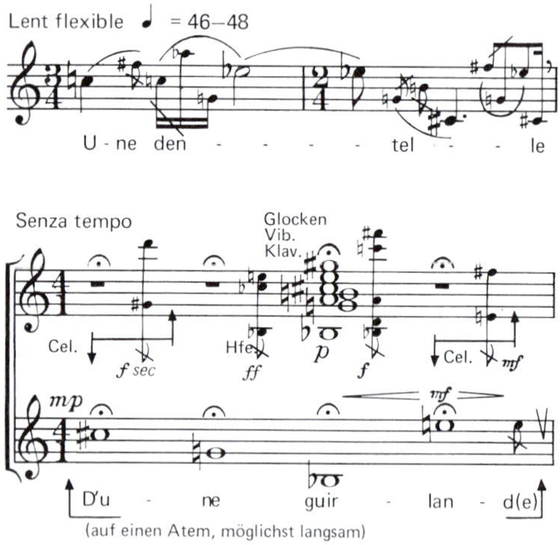

B **Pli selon pli, Portrait de Mallarmé,** 1957–62

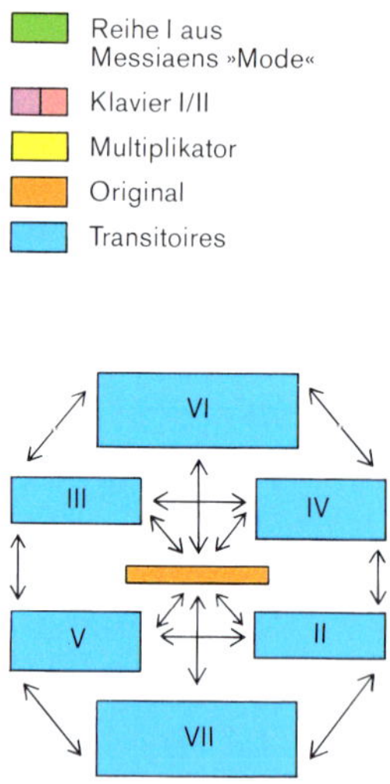

C **... explosante-fixe ...,**
1971 ff., variable Gestalt

Serielle Musik. Um 1950 drängte die Avantgarde auf totale Bestimmbarkeit der Einzeltöne (*punktuelle Musik*), ohne trad. motiv.-themat. Arbeit, dazu auf *»Gleichberechtigung aller Elemente einer Komposition«* (STOCKHAUSEN). Vorbild war WEBERNS Reihendenken (vgl. S. 104, A).

KAREL GOEYVAERTS *Sonate für 2 Klaviere,* Kompos. *Nr. 1* (1950–51), angeregt durch Interesse an Mathematik, Statistik, Gruppen, Symmetrie, Raum, Reihen, dann STOCKHAUSENS, durch GOEYVAERTS initiierte, frühe punktuelle Stücke wie *Kreuzspiel, Punkte* und *Kontra-Punkte* (1951–53), dann BOULEZ' *Structures I* (1952) für 2 Klaviere dürften nach MESSIAENS Vorstufe *Mode* (S. 512, Abb. B) die erste serielle Musik darstellen.

Vorordnung des Materials. Analog zur alten Tonhöhenreihe mit 12 chromat. Tönen baute man Reihen mit 12 (oder weniger) Stufen auch für die übrigen Parameter Dauer, Stärke, Farbe bzw. Anschlag (4 Elementreihen).

In *Structures* übernahm BOULEZ MESSIAENS Tonhöhenreihe I (S. 512). Die Dauernreihe geht vom 32stel aus: 1 mal 32stel, 2 mal 32stel (= 16tel) usw. Die Lautstärken reichen vom *pppp* zum *ffff*. Die Anschlagsreihe zeigt 2 freie Felder (Abb. A).

Die Tonhöhe schreibt BOULEZ nun mit *Zahlen,* also Grundreihe *G* 1–12 waagrecht (grünes Feld links), dazu *G* 1–12 senkrecht. Von jeder senkrechten Zahl geht nun waagrecht eine Transposition der Grundreihe aus, also 2. Zeile im linken Quadrat von 2 (= *d*) aus: *d* (= 2), *cis* (= 8), *as* (= 4) usw. Das rechte Quadrat entsteht auf gleiche Weise mit der Umkehrung *U,* also 1. Ton *G* wie *U: es* (= 1); 2. Ton *U* Halbton aufwärts nach *e* (= 7); 3. Ton *U* Quarte aufwärts nach *a* (= 3) usw.

Quadrat I (links) liefert die Tonhöhen für Klavier I, Quadrat II für Klavier II (Nb. A, grüne Felder). Dauer, Stärke und Anschlag beginnen für Klavier I in Position 12 der Elementreihen (violett), für Klavier II in Position 5 (rot). Diese Art Bestimmungsauswahl ist spielerisch, fantasievoll und unbegrenzt.

Grenzen aber sind musikal. rasch erreicht: weder kann man die Strukturen durchhören (das Kurzgedächtnis endet nach 7–8 zusammenhanglosen Werten), noch kann man die hyperexakten Angaben exakt singen oder spielen. Das führte mit zur *elektron. Musik,* die den Interpreten ausschloss, bzw. zur *Aleatorik,* die den Zufall mit einplante. Überdies verlangte der Drang nach Ausdruck bald nach anderen Lösungen. BOULEZ bezeichnete seine serielle Phase später als *Krise* und *Tunnel*; auch kritisierte er den *Fetischismus der Zahl.* Sehr bald baute BOULEZ erneut irrationale Räume der Fantasie und des Gefühls ein, suchte die *Dialektik zwischen Freiheit und Ordnung.*

So entstand ein Hauptwerk der 50er Jahre, *Le marteau sans maître* (1952–54), auf dem *strengen Prinzip als Basis, aber mit Wahlfreiheiten* (BOULEZ). Die surrealist. Gedichte RENÉ CHARS erklingen in 4 Sätzen (Altstimme), umgeben von 5 rein instr. Stücken. Surrealität und kleines Ensemble knüpfen bewusst an SCHÖNBERGS *Pierrot lunaire* an. Die fantastisch-visionäre Musik aber mit den Instr. Altflöte, Xylomarimba, Vibraphon, Schlagzeug, Git., Va. eröffnet eine neue Klangwelt.

Aleatorik (*alea,* lat. Würfel, Zufall) bezeichnet zunächst in der Elektronik *Vorgänge, deren Verlauf im Groben festliegt, im Einzelnen aber vom Zufall abhängt* (MEYER-EPPLER/EIMERT, 1955), dann als Folge der seriellen Musik eine musikal. Form, die mit Wahlfreiheiten des Interpreten auf versch. Ebenen und in gewissen Grenzen rechnet (BOULEZ, Aufsatz *Alea,* 1957). Anders als bei CAGE zerstört der Zufall nicht das *Werk,* sondern erweitert es.

Nach MALLARMÉS *Livre*-Plan ohne linearen Ablauf der Geschehnisse schrieb BOULEZ seine *3. Klaviersonate* (1957 ff.) mit 5 *Formanten* (Sätze; 2 fertig), die extern wie intern vielerlei Anordnungen erlauben.

Pli selon pli (1957–62) für S. und Orch., mit den Sätzen *Don, Improvisation sur Mallarmé I–III, Tombeau,* ist seriell komponiert mit aleator. Freiheiten in der Detailstruktur. Die ausdrucksstarke *Melismatik* vollzieht sich flexibel, *Syllabik* sogar ohne Tempo (Metrik), je nach Atem des Sängers, wonach sich die Instr. richten (s. Ortungspfeile Nb. B).

Rationalität *und* Freiheit bleiben bei BOULEZ erhalten, so in *Eclat, Eclat/Multiples* (1965–71), einer Art *work in progress,* in *Rituel in memoriam Maderna* (1975), in *»Répons* für 6 Solisten, Kammerensemble, Computerklänge und Live-Elektronik« (1981 ff.).

In ... *explosante-fixe* ... sind Original und *Transitoires* (Varianten) nicht linear gereiht (Einbahnstraße), sondern wie ein Stadtplan geordnet und in freier Wahl der Pfeilrichtungen zu durchlaufen: eine variable Großform, in der die Teile aufeinander abgestimmt gleichsam zeitlos aufgehoben sind (*mobile Form,* Abb. C).

Pierre Boulez, * 1925 in Montbrison/Loire, Studium in Paris (MESSIAEN, LEIBOWITZ), 1946–56 Musikleiter des *Théâtre Marigny* (BARRAULT/RENAUD), ab 1958 in Baden-Baden; Dirigent: Paris 1963 *Wozzeck,* Bayreuth 1966 *Parsifal,* 1976 *Ring;* 1971 BBC, 1971–77 N. Y.-Philharm.; ab 1975 Leiter des *Institut de Recherche et de Coordination Acoustique-Musique* (IRCAM) Paris.

BOULEZ suchte Reformen des bürgerl. Opern- und Konzertbetriebs (Konzertreihe *Domaine musical,* 1954–73 Paris): Abbau von Riten und waches Denken und Empfinden. BOULEZ verbindet die Tradition DEBUSSYS, WEBERNS und MESSIAENS in Zeit prägender Weise.

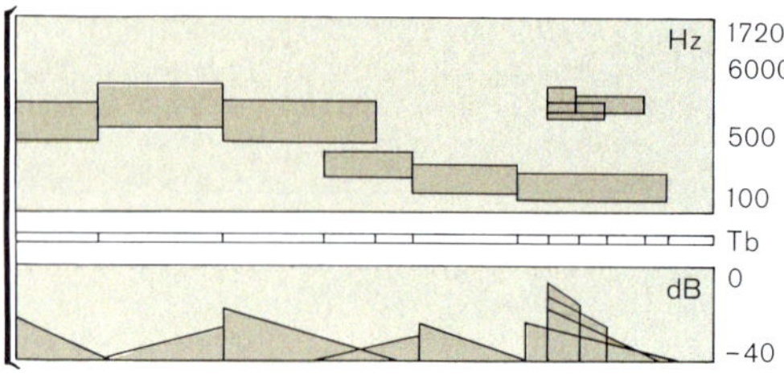

A **Elektronische Studie II**, 1954, Partitur S. 8

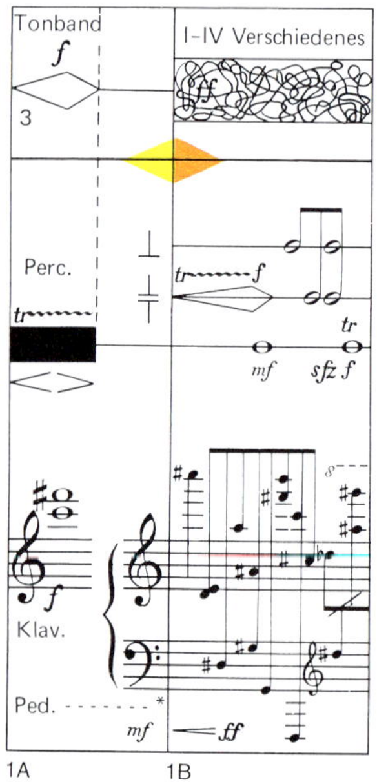

Diagramm

Tb Tonband 76,2 cm = 1''

Momente
1A
1B
1C

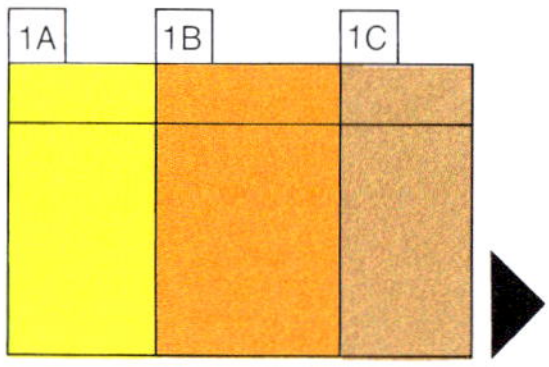

B **Kontakte für elektron. Klänge, Klavier und Schlagzeug**, 1959/60

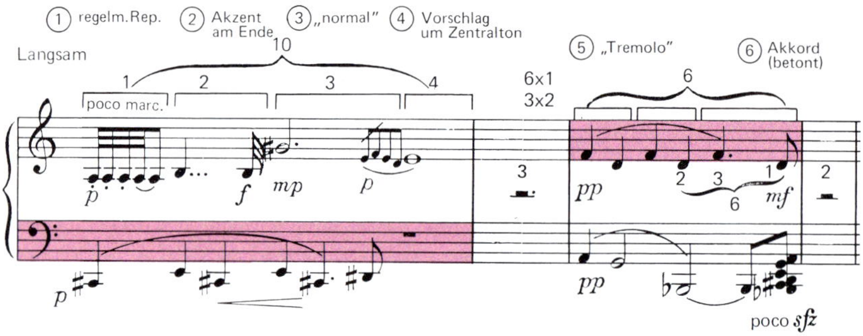

C **Mantra für 2 Pianisten**, 1970, Prozessformel, 1. Hälfte

Spiegelung

Himmelsrichtungen, Jahreszeiten

UNBEGRENZT

Spiele einen Ton
mit der Gewissheit,
dass du beliebig viel Zeit und Raum hast.

(für Ensemble)

D **Aus den sieben Tagen**, 1968, Teilstück
Beispiel für »intuitive Musik«

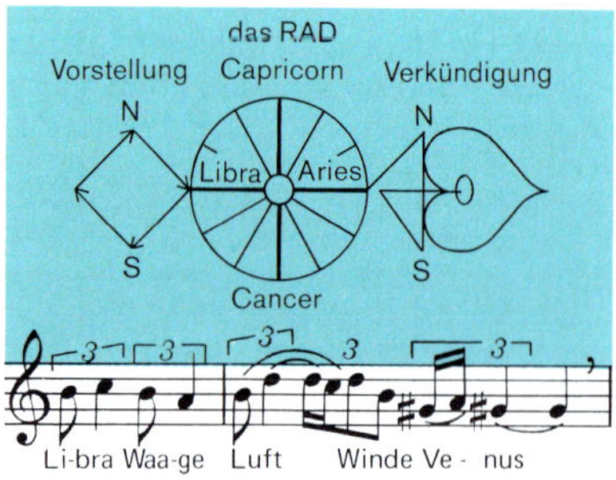

E **Sirius**, 1977, elektron. Musik und 4 Soli

Elektronische Musik kam mit der Erfindung des Magnettonbandes um 1950 als neue Musikart zur Vokal- und Instrumentalmusik hinzu. Man versteht darunter nicht eine elektronisch verstärkte mechan. Musik, sondern elektron. erstellte Klänge, Kompositionen.

Das 1. *Studio für elektron. Musik* wurde 1951 am NWDR Köln eingerichtet (Leitung H. EIMERT, ab 1963 STOCKHAUSEN). Es folgten 1953 Mailand (BERIO, MADERNA), 1958 Brüssel/1970 Lüttich (POUSSEUR), 1964 Utrecht (KOENIG) u. a., 1971 Freiburg (HALLER), 1975 IRCAM Paris (BOULEZ); in den USA führen die Princeton Univ. (N. J.) und das *Electronic Music Center* der Columbia Univ (N. Y.), bes. durch M. BABBITT mit Serien ab 1952 und Synthesizer ab 1961.

1. Phase ab 1951: reine Elektronik mit ersten öffentl. Konzerten 1953/54 (nur Lautsprecher, STOCKHAUSENS *Studien I, II*). Die Arbeit des Komponisten besteht aus der **Herstellung** des Materials (Sinustöne samt Schichtungen, Impulse, Rauschen und Filtern usw., mit Generatoren u. a.), seiner **Verwandlung** (Verzerren, Verhallen) und **Synchronisation** (Zusammenbau). Endergebnis ist das *Tonband.* Kein Interpret ist mehr nötig, auch keine Partitur (Abb. A; Hörpart.):

- Tonhöhen: 81 *Sinustöne* von 100–17 200 Hz (log. 1,0665); die Rechtecke im oberen Feld bedeuten *Tongemische* aus Sinustönen (Tonfarbe, s. u.); die Unterlinie bedeutet: tiefster Sinuston.
- Tondauer: Länge der Rechtecke, bezogen auf Tonbandlängen.
- Tonstärke: je Tongemisch eine Figur unten; Schräge bedeutet *cresc./decresc.*
- Tonfarbe: hängt ab von den *Formanten* im Obertonbereich (vgl. S. 16, Abb. A, S. 22, Abb. E), hier die Höhe der Rechtecke als Summe der überlagerten Sinustöne, auch Rechtecke übereinander.

Angeregt von GOEYVAERTS übertrug STOCKHAUSEN das serielle Denken auf die Sinustöne. Dabei tauchten im Farbbereich erstmals unvorhersehbare, *aleator.* Ergebnisse auf.

2. Phase ab 1956: Elektronik gemischt mit Schallaufnahmen (wie *musique concrète*), bes. Sprache; STOCKHAUSEN verfremdet sie (S. 477) und verteilt die neuen Klänge im Raum *(stereo).*

3. Phase ab 1959/61: wieder mit Interpreten auf dem Podium, vorbereitetem Tonband.

STOCKHAUSENS *Kontakte* stellen Verbindungen her zwischen Band und Spielern (Schlagzeug und Klavier); Abb. B.

Noch lebendiger wird die 3. Phase nach Erfindung des Synthesizers u. a. mit direktem elektron. Spiel auf der Bühne (**Live-Elektronik**) mit Rückkopplung, Vermischen usw.

In Abb. C vermischen die Pianisten Klavier- und Woodblockklang durch *Ringmodulatoren* direkt mit einem Sinuston. – Ein 4-gliedriges *Mantra* aus 13 Tönen mit Spielideen (Nb. C nur 1. Hälfte, Einzeichnungen orig.) bringt, wie ind. Ragas, ständig variiert wiederholt eine Komposition hervor (*Prozessform, -formel*).

Computermusik. Das aleator. Ungefähr im Klangfarbenbereich führt zu statist. Bestimmung der Klänge, wobei der elektron. Rechner helfen kann. Entsprechend programmiert berechnet der Computer auch ganze Stücke (BABBITT, HILLER, KOENIG) und Wahrscheinlichkeiten für *Tonwolken* und *Galaxien* in der *stochastischen* Musik (XENAKIS).

Raum-Komposition. Bewusstes Parametergestalten und Reihendenken umfasst auch die zeitabhängige Ausdehnung des Tones im Raum: seinen Ursprungsort, seine Bewegung, sein Volumen. In STOCKHAUSENS *Gruppen* für 3 Orch. im Halbkreis mit 3 Dirigenten (UA Köln 1958 mit MADERNA, BOULEZ, STOCKHAUSEN) kontrapunktieren sich erstmals nicht Einzeltöne, sondern Gruppen, Strukturen, Volumina, Bewegungen. Extrem: *Expo '70* (Musik im Kugelraum).

Momentform. Die Zeit verläuft nicht mehr taktmetrisch linear, sondern gleichsam räumlich, mehrdimensional, je nach Struktur, Dynamik, Bewegung, Dichte, Länge einzelner, selbstständiger Abschnitte, sog. *Momente.* Diese gruppieren sich locker ohne Zielstreben: in jedem Moment bleiben Anfang und Ende des Ganzen wie Augenblick und Ewigkeit erlebbar (*Jetztform, unendl. Form*).

Die Momente A–C aus der Momentgruppe 1 zeigen oben Tonband mit 4 Kanälen I–IV, darunter Schlagzeug und Klavier, A *lockere,* B *dichte* Struktur (Abb. B).

Intuitive Musik. Beeinflusst von CAGE, Fernost, Popmusik u. a. entstand zur Zeit der 68er Unruhen eine sehr einfache, meditative Musik, offen für irrationale Intuition.

Die Weitung von Zeit und Raum entflieht westl. Industrie-Hektik ebenso wie die kollektive Spielanweisung *für Ensemble* sich vom romant. Genie-Streben absetzt (Abb. D).

Karlheinz Stockhausen, * 1928 bei Köln, Studium Köln 1947–51, Paris 1952–53 (MESSIAEN, SCHAEFFER), ab 1953 tätig im elektron. Studio Köln, viele neue Ideen, auch neue Konzertformen wie *Musik für ein Haus* (1968), in allen Räumen Verschiedenes für ein wanderndes Publikum wie im Museum *(Wandelkonzert);* bis 1965/66 Rationalisierung (seriell, elektron.), danach Öffnung für irrationale Bereiche und kosm. Aspekte wie in *Sternklang, Trans* (1971), *Inori* (1974).

In *Sirius* arbeitet er mit Sternkreismelodien, 4 Solisten für die 4 Himmelsrichtungen, dem Rad als Zeichen für das Universum, und dem Liebeszeichen (Abb. E).

Seit 1977 komponiert STOCKHAUSEN das Gesamtwerk *Licht*, Musiktheater in 7 Tagen. »Licht ist das Ziel, das man nach dem Tode erreichen muß, die Substanz selbst des universalen göttl. Seins« (in *Le Monde,* 1984): *Do* (UA: 81); *Sa* (84); *Mo* (89); *Di* (93); *Fr* (96).

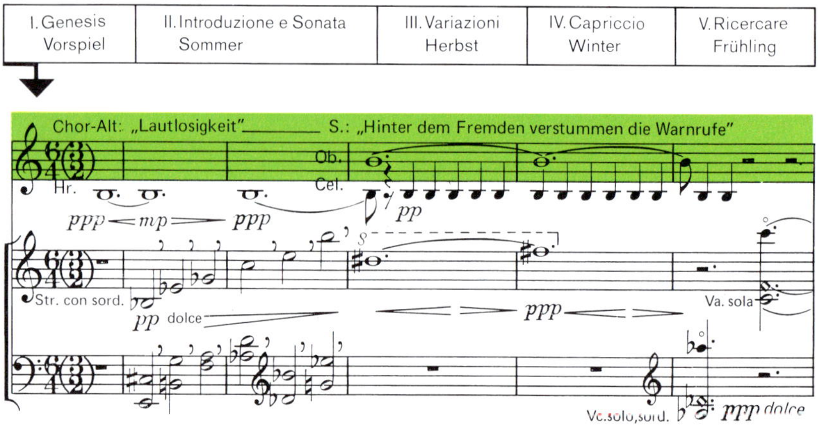

A **H. W. Henze, 4. Sinfonie,** 1963 (urspr. König Hirsch, II, 6, 1955), Anlage und Beginn

ursprünglich Vokalpartien

gr. Orchester

B **H. W. Henze, Fünf neapolitanische Lieder,** 1956, neapol. Kolorit

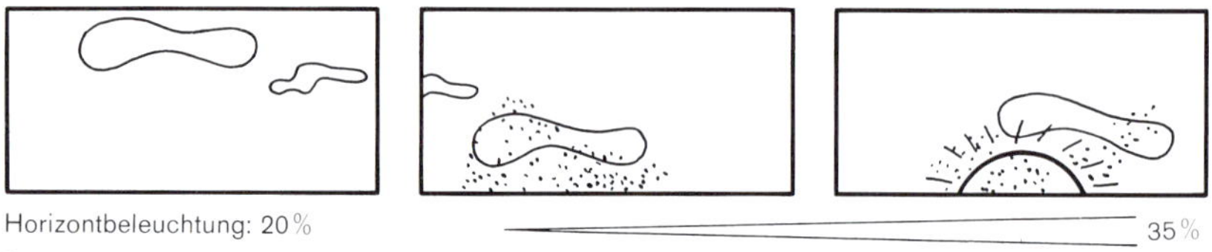

Die Himmelsmechanik, Komposition mit Bühnenbildern, 1965

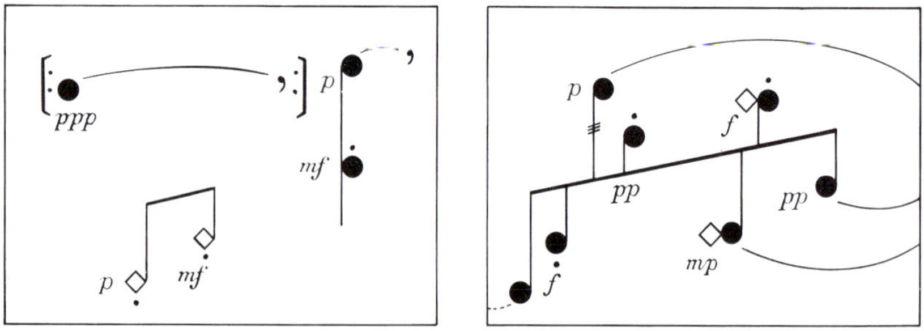

Diaphonie für Chor und Orchester, 1964

C **M. Kagel, Musikalisches Theater**

Oper. Trotz Ende des Neoklassizismus um 1950 (STRAUSS, STRAWINSKYS *Rake's Progress*) und *ohne* die Avantgarde blieb die Oper als Institution und Gattung bis heute lebendig. Zu den führenden Komponisten gehören BRITTEN und HENZE.

Benjamin Britten (1913–76), aus Suffolk, lernte bei BRIDGE und IRELAND, schuf tonale, melod. Werke und verlieh der Tradition eine eigene Farbe: *Sinfonietta* op. 1 (1932); *The Young Person's Guide to the Orchestra* (1946), Thema von PURCELL; *Spring Symphony* (1949); *War Requiem* (1961). – Oper: *Peter Grimes* (1945), CRABBE/SLATER, daraus *4 Seebilder und Passacaglia* für Orch.; Kammeropern *The Rape of Lucretia* (1946); *Albert Herring* (1947); *The Turn of the Screw* (1954); *A Midsummer Night's Dream* (1960); Fernsehopern *Owen Wingrave* (1971); *Death in Venice* (1973).

Hans Werner Henze (* 1926), Gütersloh, Schüler FORTNERS, seit 1953 in Italien; lyrische Musik voller Ausdruck und Leben.

HENZE integriert die eigene Tradition und fremde Anregung. Die *Neapolitan. Lieder*, charakterist. in Geste und Rhythmus, zeigen Spannung in Linie u. Akkord (Nb. B).

HENZE, der sich aus der Tagesmode absetzte (Absage an Darmstadt 1953), ohne mit der Avantgarde zu brechen, schuf u. a. eine Reihe großer Bühnenwerke.

Boulevard Solitude (1952), PRÉVOST/WEIL; *Ein Landarzt* (1951), Funkoper nach KAFKA.

König Hirsch (1955), GOZZI/CRAMER, gekürzt (1963); das Finale II. Akt wurde zur 4. Sinf.: Instr. übernehmen die Vokalpartien, der Textgehalt (ein Jahr im Wald) bleibt immanent (Abb. A).

Ballette *Maratona di danza* (1957), VISCONTI; *Undine* (1958); Literaturoper *Der Prinz von Homburg* (1960), KLEIST/BACHMANN; *Elegie für junge Liebende* (1961), AUDEN/KALLMAN; *Der junge Lord* (1965), HAUFF/BACHMANN; *La Cubana* (1975), BARNET/ENZENSBERGER; *Il pollicino* (Montepulciano 1980); 7. Sinf. (1983–84); 8. Sinf. (1992–93); Konzerte, KaM u. a. Schrift: *Musik und Politik* (1976).

Weitere Opernbeispiele: MENOTTI, *Der Consul* (1950); EGK, *Der Revisor* (1957); KLEBE, *Die Räuber* (1957); s. a. FORTNER, LIGETI.

Experimentelles Musiktheater entsteht nach 1960, wobei alle Möglichkeiten von Musik und Gestik sowie Grenzüberschreitungen zu andern Künsten ausgenützt werden. Anregend wirkte CAGES *Music Walk* (1958) mit dargestellter Musizierweise und das *absurde Theater*, das mit zur Fluxus-Bewegung beitrug (absurde Aktionen mit absurder Musik, G. MACUINAS, D. HIGGINS, B. PATTERSON). LIGETIS *Aventures* (S. 516) sind *szen. Kompositionen* oder *theatral. Musik*. Auch DIETER SCHNEBEL nützt ungewohnte Klänge der Stimme (Husten, Brummen usw.), z. B. in *Glossolalie* (1961), *Maulwerke* (1968–74), *Sinfonie X* (1987–92).

Mauricio Kagel (* 1931) produziert *musikal. Theater* aus Fantasie anregenden Bildvorlagen oder Pseudo-Noten (Abb. C).

Seine inszenierten Instrumentalmusiken, wie das parodist. *2-Mann-Orchester* (1971–73), sind *instrumentales Theater*. In seinen größeren Bühnenwerken wie *Staatstheater* (1971) und *Liederoper Aus Deutschland* (1981) arbeitet KAGEL mit Collage, Parodie und multimedialen Mitteln (*St. Bach-Passion*, 1985).

Das *experimentelle Musiktheater* geriet im normalen Theaterbetrieb, gegen den es sich richtete, in Isolation. Nach 1970 erneut Opern mit breiter Wirkung: BERIOS *Opera* (1970), *Un re in ascolto* (1984), LIGETIS *Le grand macabre* (1978), BUSSOTTIS *Le Racine* (1981), RIHMS *Jakob Lenz* (1979), *Oedipus* (1987), *Die Eroberung von Mexiko* (1991).

Komponisten (* 1920–39):
* **1920:** BRUNO MADERNA († 1973), ARMIN SCHIBLER († 1986). – * **1921:** HANS ULRICH ENGELMANN, ANESTIS LOGOTHETIS († 1994). – ***1922:** LUKAS FOSS, KAZIMIERZ SEROCKI († 1981), JACQUES WILDBERGER, IANNIS XENAKIS († 2001). – * **1923:** KAREL GOEYVAERTS († 1993), ERHARD KARKOSCHKA, MAURICE LE ROUX, GYÖRGY LIGETI. – * **1924:** KLAUS HUBER, MILKO KELEMEN, LUIGI NONO († 1990). – * **1925:** LUCIANO BERIO († 2003), PIERRE BOULEZ, ALDO CLEMENTI, GISELHER KLEBE, MIKIS THEODORAKIS. – * **1926:** EARLE BROWN († 2002), FRIEDRICH CERHA, MORTON FELDMAN († 1987), GOTTFRIED MICHAEL KOENIG, GYÖRGY KURTÁG. – * **1927:** FRANCO DONATONI († 2000), RENATO DE GRANDIS, PIERRE HENRY, WILHELM KILLMAYER, STEPHAN NICULESCU. – * **1928:** TADEUSZ BAIRD († 1981), TIBERIU OLAH, KARLHEINZ STOCKHAUSEN. – * **1929:** AUGUSTYN BLOCH, GEORGE CRUMB, E. DENISSOW († 1996), LUC FERRARI, TOSHIRO MAYUZUMI († 1997), NIKOS MAMANGAKIS, HENRI POUSSEUR, BOGUSLAW SCHÄFFER. – * **1930:** PAUL-HEINZ DITTRICH, CRISTÓBAL HALFFTER, LUIS DE PABLO, DIETER SCHNEBEL, TORU TAKEMITSU († 1996). – * **1931:** SYLVANO BUSSOTTI, SOFIA GUBAIDULINA, RUDOLF KELTERBORN, MYRIAM MARBÉ († 1997). – * **1932:** NICCOLÒ CASTIGLIONI († 1996), ALEXANDER GOEHR, MAREK KOPELENT, GIACOMO MANZONI, RODION SCHTSCHEDRIN. – * **1933:** HENRYK GÓRECKI. – * **1934:** HARRISON BIRTWISTLE, PETER MAXWELL DAVIES, ZSOLT DURKÓ, VINKO GLOBOKAR, SIEGFRIED MATTHUS, ALFRED SCHNITTKE († 1998), CHRISTIAN WOLFF. – * **1935:** ARVO PÄRT, TERRY RILEY, JÜRG WYTTENBACH, LA MONTE YOUNG. – * **1936:** GILBERT AMY, RICHARD RODNEY BENNETT, CORNELIUS CARDEW († 1982), LADISLAV KUPKOVIČ, STEVE REICH, ARIBERT REIMANN, HANS ZENDER. – * **1937:** DAVID BEDFORD, PHILIP GLASS, BO NILSSON. – * **1938:** HANS-JOACHIM HESPOS, FREDERIC RZEWSKI, DIMITRI TERZAKIS. – * **1939:** LOUIS ANDRIESSEN, HEINZ HOLLIGER, NICOLAUS A. HUBER.

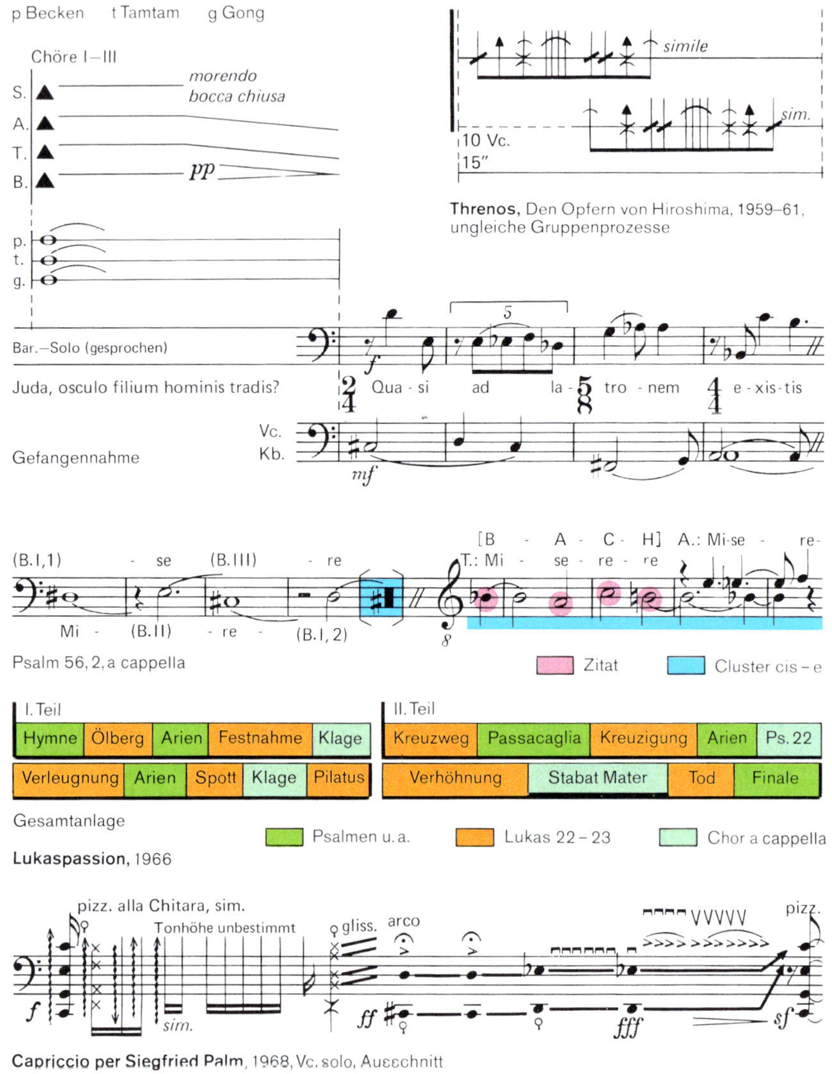

A **K. Penderecki, Experiment und Tradition**

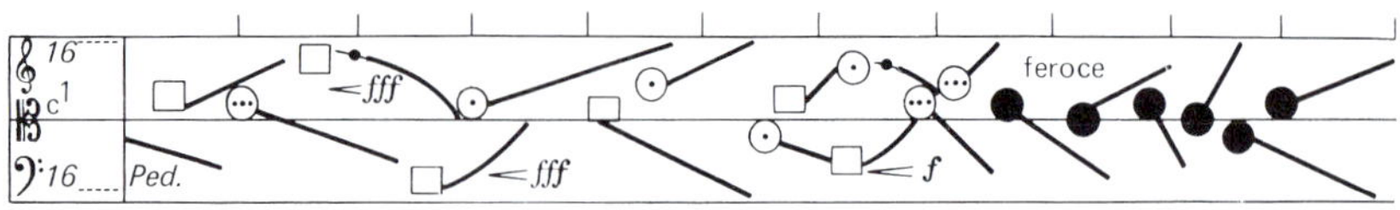

B **H. Lachenmann, Guero,** 1969, Klavier als Schraper, Aktionsplan, Ausschnitt

Postserielle Musik bringt in den 60er Jahren das experimentelle Musiktheater (S. 523), die Klangkomposition (S. 517) und eine große Vielseitigkeit in Form und Ausdruck.

Krzysztof Penderecki, * 1933 in Krakau, erregte mit Klangkompos. Aufsehen: *Strophen* (Warschauer Herbst 1959); *Anaklasis* (Donaueschingen 1960, S. 488, B);

Threnos. Den Opfern von Hiroshima (1959–61), für 52 Streicher; urspr. Titel *8'37"*, wie Dauer des Angriffs auf H. am 6. 8. 1945. Schrille, irisierende Klangflächen entstehen durch hohe Streicher, clusterartige Vierteltonschichtungen, Überlagerung ungleicher, *begrenzt aleator.* Spielweisen von Gruppen, notiert in Kästchen mit Zeitangabe (Abb. A).

Danach schreibt PENDERECKI große Chorwerke mit der neuen Klangtechnik: *Stabat Mater* (1962) für 3 Chöre (12-st.), *Lukaspassion* (UA 1966 im Dom zu Münster), *Dies irae. Oratorium zum Gedenken an die Ermordeten in Auschwitz* (1967).

Die *Lukaspassion* folgt barockem Vorbild: 2 Teile, bibl. Erzählung (Lukasev.), Arien, Chöre (Psalmtexte u. a.), das vollst. *Stabat Mater* von 1962, alles dramatisch verwoben (Abb. A). – Die Gefangennahme zeigt entsetzt verstummende Glissandi und *boccachiusa*-Klänge der Chöre über Becken (*piatto*), Tamtam und Gong; die Baritonarie folgt direkt, mit expressiven Intervallen, Taktwechseln und gb.-artiger Begleitung. – Im Psalm 56,2 entsteht ein *Chor-Cluster,* orgelpunktartig tief (Bässe), worüber der Tenor das *Miserere* als BACH-Zitat singt (Nb. A).

Es folgen u. a. *Capr.* für Vc. mit C-Dur-Einsprengsel und freien Klangspielen (Nb. A); Opern *Die Teufel von Loudon* (1969), *Paradise lost* (1978); *Polnisches Requiem* (1980–84).

Ein Beispiel für postserielle Musik bietet *Guero* von HELMUT LACHENMANN (* 1935).

Klavierspiel nach Guiro-Art, mit Glissandi usw. gemäß Aktionsplan: *Verfremdung* des Klaviers und Ästhetik des sinnlichen *Spiels* (Abb. B).

Minimal Music kam Mitte der 60er Jahre in den USA auf, parallel zu der mit wenigen Elementen arbeitenden *Minimal Art* (WOLLHEIM 1965), angeregt u. a. von *Fluxus,* Rock, ind. Ragas (YOUNG, RILEY lernten 1970 bei PANDIT PRAN NATH). Charakterist. sind eine stark meditative Musizierhaltung und eine Art Klangkontinuum.

Die Musik ist einfach, leicht zu erfassen: kein Kunstwerkcharakter, sondern *Klangprozesse,* geplant oder spontan, sehr lang; wenige rhythm.-melod. Formeln in ostinaten Wiederholungen mit geringen Var. und weichen Phasenverschiebungen.

Hauptvertreter: LA MONTE YOUNG (* 1935), *The Tortoise, His Dreams and Journeys. A continuing performwork* (seit 1964), für Streicher, Brummtöne, Elektronik, Lichtprojektoren. – TERRY RILEY (* 1935), *A Rainbow in Curved Air* (1969), Ballett *Genesis '70* (1970). – STEVE REICH (* 1936), *Piano Phase* (1966), *Phase Patterns* (1970) für 4 elektron. Orgeln. – PHILIP GLASS (* 1937), Oper *Echnaton* (1983/84).

Postmoderne. In den 70er Jahren verlieren Material, Technik und Ratio an Reiz. Fortschritts- und Wachstumsglaube werden erschüttert (68er Unruhen), auch der Drang zu absoluter Neuheit. Die Avantgarde-Haltung geriet in eine Krise: man sucht wieder die Gemeinschaft und den Hörer (statt der Esoterik der 50er/60er Jahre). Dabei bejaht man subjektive Gefühle, oft nicht frei von Narzissmus.

Inklusives Komponieren umschließt Fantasie, Arbeitsökonomie, Heterogenes, *Offenheit für Einflüsse von außen, die nicht wegrationalisiert werden* (RIHM, 1978).

Um 1970 kam das Schlagwort von der *Neuen Einfachheit* auf, doch viele jüngere Partituren sind weder »neu« noch »einfach«, sondern mit alten Techniken vertraut, voll Geschichtsbewusstsein und sehr komplex, oft mit körperhafter Melodik und Rhythmik, viel Farben und Harmonie, voll subjektiven Ausdrucks.

Der Emanzipation der Dissonanz um 1910 entspricht eine solche der Konsonanz um 1970, s. das C-Dur im *Capriccio* (Nb. A).

Man bevorzugt wieder alte Gattungen, also Sinfonien, Streichquartette, Opern, auch Mischungen. Zum Vorbild wird die Romantik (nicht die Klassik), vom späten BEETHOVEN bis zu MAHLER, auch BERG. Die Fülle der Personalstile ist durch einen produktiven Stilpluralismus noch gewachsen: Qualität entsteht auch heute nicht durch Programme oder Schulen, sondern durch den Einzelnen.

Komponisten (* 1940 ff.):
* **1940:** TILO MEDEK. – * **1941:** FRIEDRICH GOLDMANN, EMANUEL NUNES. – * **1942:** FRIEDRICH SCHENKER. – * **1943:** BRIAN FERNEYHOUGH, UDO ZIMMERMANN. – * **1944:** PETER EÖTVÖS, YORK HÖLLER, MATTHIAS SPAHLINGER. – * **1945:** CLARENCE BARLOW, LUCA LOMBARDI, YOUNGHI PAGH-PAAN, ROBERT WITTINGER. – * **1946:** GÉRARD GRISEY. – * **1947:** PETER M. HAMEL, TRISTAN MURAIL, SALVATORE SCIARRINO. – * **1948:** PETER RUZICKA. – * **1949:** MICHAEL LEVINAS, MANFRED TROJAHN, WALTER ZIMMERMANN. – * **1950:** ELENA FIRSOWA. – * **1951:** LORENZO FERRERO. – * **1952:** WOLFGANG RIHM. – * **1953:** HANS-JÜRGEN VON BOSE, VIOLETA DINESCU, ADRIANA HÖLSZKY, WOLFGANG SCHWEINITZ. – * **1956:** MANUEL HIDALGO, MICHAEL REUDENBACH. – * **1957:** DETLEV MÜLLER-SIEMENS. – * **1960:** GEORGE BENJAMIN. – * **1962:** CLAUS-STEFFEN MAHNKOPF. – * **1963:** ISABEL MUNDREY. – * **1964:** MARC ANDRÉ, GABRIELA ORTIZ-TORRES. – * **1967:** REBECCA SAUNDERS. – * **1968:** OLGA NEUWIRTH. – * **1970:** OSCAR STRASNOY. – * **1971:** MATTHIAS PINTSCHER. – * **1973:** JÖRG WIDMANN.

Literatur- und Quellenverzeichnis

Das **Literaturverzeichnis** nennt die Quellen von direkten Zitaten oder bes. Hinweisen im Text (also u. U. sehr entlegene Titel) und zentrale Literatur zur weiteren Information (also meist allgemein verbreitete Literatur).
Die Literaturangaben zu den Epochen, Personen und Sachgebieten sind aus Platzgründen sehr begrenzt, doch findet man bes. in den Handbüchern, Lexika und Biografien leicht weitere, oft sehr umfangreiche Angaben.

Beispielsammlungen und Ausgaben älterer Musik

Das Chorwerk **(Chw.),** hg. von F. Blume, 1929–38. Wolfenbüttel 1953 ff.

Corpus Mensurabilis Musicae **(CMM),** hg. vom American Institute of Musicology. Rom 1947 ff.

A. della Corte: Scelta di musiche per lo studio della storia. Mailand [4]1962

Davison, A. T./Apel, W.: Historical Anthology of Music, 2 Bde. Cambridge, Mass. [2]1959

Denkmäler Deutscher Tonkunst (**DDT**). 1892–1931

Denkmäler der Tonkunst in Bayern (**DTB** = 2. Folge der DDT). 1900–31

Denkmäler der Tonkunst in Österreich **(DTÖ)**, 1894 ff.

Das Erbe deutscher Musik **(ED)**. Reihe I: Reichsdenkmale 1935–42, 1954 ff. Reihe II: Landschaftsdenkmale 1935–42

Das Musikwerk (**MW**). Eine Beispielsammlung zur Musikgeschichte, hg. von K. G. Fellerer, 47 Bde. Köln 1951–75

Publikationen älterer Musik **(PäM)**, hg. von der Dt. Musikgesellschaft unter Th. Kroyer, 1926–40

Publikationen älterer praktischer und theoretischer Musikwerke **(PGfM)**, hg. von der Gesellschaft für Musikforschung unter R. Eitner, 1873–1905

Schering, A.: Geschichte der Musik in Beispielen. Leipzig 1931, ND 1957

Allgemeine Darstellungen und Nachschlagewerke

Apel, W.: Harvard Dictionary of Music. Cambridge, Mass. [3]1970

Blume, F.: Die ev. Kirchenmusik. BückenHdb. Potsdam 1931. Neubearbeitet Kassel [2]1965

Brockhaus-Riemann-Musiklexikon, hg. von C. Dahlhaus und H. H. Eggebrecht, 2 Bde. Wiesbaden und Mainz 1978/79; 4 Bde. und 1 Ergänzungsbd. [3]1998; erw. Tb.-Ausg. 1989, [3]1995

Geschichte der kath. Kirchenmusik, hg. von K. G. Fellerer, 2 Bde. Kassel 1972/76

Handbuch der musikalischen Gattungen, hg. von S. Mauser. Laaber 1993 ff.

Handbuch der Musikgeschichte, hg. von G. Adler (**AdlerHdb**). Berlin [2]1930, ND München 1975

Handbuch der Musikwissenschaft, hg. von E. Bücken (**BückenHdb**). 10 Bde. Potsdam 1927–34

Handschin, J.: Musikgeschichte im Überblick. Luzern 1948, [2]1964

Handwörterbuch der musikalischen Terminologie, hg. von H. H. Eggebrecht. Wiesbaden 1972 ff.

Hughes, D. G.: A History of European Music. New York usw. 1974

Kleine Handbücher der Musikgeschichte nach Gattungen, hg. von H. Kretzschmar. Leipzig 1905 ff.

Musikgeschichte in Bildern, hg. von H. Besseler und M. Schneider. Leipzig 1962 ff.

Die Musik in Geschichte und Gegenwart **(MGG),** Allgemeine Enzyklopädie der Musik, hg. von F. Blume, 16 Bde. Kassel usw. 1949–79; 2. völlig neu bearb. Ausg. (20 Bde. in 2 Tln.), hg. von L. Finscher. Kassel u. Stgt. 1994 ff.

Das Musikwerk: Eine Beispielslg. zur MG **(Mw),** hg. von K. G. Fellerer, 47 Bde. Köln 1951–75

Neues Handbuch der Musikwissenschaft, hg. von Carl Dahlhaus, fortgeführt von H. Danuser, 13. Bde. Wiesbaden und Laaber 1980–95

The New Grove. Dictionary of Music & Musicians **(Grove),** hg. von Stanley Sadiie, 20 Bde. London 1980, [3]2001 (auch im Internet)

The New Oxford History of Music (**NOHM**). 11 Bde. London 1954–90

Riemann Musik Lexikon, 12. Aufl. hg. von W. Gurlitt (Personenteil, Mainz 1959/61), H. H. Eggebrecht (Sachteil, 1967), C. Dahlhaus (Ergänzungsbde. 1972/75)

Robertson/Stevens: Geschichte der Musik, hg. in 3 Bden. von A. Robertson und D. Stevens. Engl. 1960, dt. München 1964–68

Schweizer, K./Werner-Jensen, A.: Reclams Konzertführer. Orchestermusik. 16., völlig neu bearbeitete Aufl. Stuttgart 1998; 17., aktualisierte Aufl. 2001

Wörner, K. H.: Geschichte der Musik. Göttingen [5]1972; erw. von L. Meierott [8]1993

Zeitschriften

Acta musicologica **(AMI)** 1931 ff. (Zeitschr. der Intern. Ges. für Mw., vorher: Mitteilungen der IGMW 1928–30)

Archiv für Musikforschung **(AfMf)**, 1936–43

Archiv für Musikwissenschaft (**AfMw**), 1918–36, 1952 ff.
Jahrbuch der Musikbibliothek Peters (**JbP**), 1894–1940
Journal of the American Musicological Society (**JAMS**), 1948 ff.
Melos. Zeitschrift für Neue Musik, 1920 ff., ab 1975 zus. mit NZfM, ab 1981 als Vierteljahresschrift für Zeitgenössische Musik
Monatshefte für Musikgeschichte (**MfM**), 1896–1904
Musica, 1947 ff.
Musica Disciplina (**MD**), 1947 ff.
Music and Letters (**M&L**), 1920 ff.
The Musical Ouarterly (**MQ**), 1915 ff.
Die Musikforschung, 1948 ff.
Musiktexte. Zeitschrift für Neue Musik, 1983 ff.
Neue Zeitschrift für Musik (**NZfM**), 1834 ff. (gegr. von R. Schumann, ab 1975 zus. mit Melos)
Österreichische Musikzeitschrift (**ÖMZ**), 1946 ff.
La Revue Musicale (**RM**), 1920 ff.
Rivista musicale italiana (**RMI**), 1894 ff.
Sammelbände der Intern. Musikgesellschaft (**SIMG**), 1899–1914
Vierteljahresschrift für Musikwissenschaft (**VfMw**), 1885–94
Zeitschrift der Intern. Musikgesellschaft (**ZIMG**), 1899–1914
Zeitschrift für Musikwissenschaft (**ZfMw**), 1918–35

Akustik

Büscher, G.: Kleines ABC der Elektroakustik. München ^{5}1967
Dorn: Physik. Mittelstufe. Ausgabe A. Hannover ^{18}1970
Franke, H.: Lexikon der Physik, hg. von H. Franke. 3 Bde. Stuttgart ^{3}1969 (dtv-Lexikon der Physik. 10 Bde. München 1970)
German, W./Graewe, H./Neunhöffer, M./Weiss, H.: Der neue Grimsehl. Physik II. Stuttgart 1966
Lottermoser, W.: Akustische Grundbegriffe. MGG Bd. 1. Kassel und Basel 1949–51
Meyer, E./Neumann, E. G.: Physikalische und Technische Akustik. Braunschweig ^{2}1974
Rieländer, M. M.: Reallexikon der Akustik. Frankfurt a. M. 1982
Trendelenburg, F.: Einführung in die Akustik. Berlin 1939

Gehörphysiologie/Stimmphysiologie

Lehmann, L.: Meine Gesangskunst. Berlin 1909
Rein, H./Schneider, M.: Einführung in die Physiologie des Menschen. Berlin ^{15}1964
Vogel, G./Angermann, H.: dtv-Atlas zur Biologie. München 1968
Wellek, A.: Gehörphysiologie. MGG Bd. 4. Kassel und Basel 1955
Winckel, F.: Stimmorgane. MGG Bd. 12. Kassel u. a. 1965

Hörpsychologie

Handschin, J.: Der Toncharakter. Eine Einführung in die Tonpsychologie. Zürich 1948
Helmholtz, H. v.: Die Lehre von den Tonempfindungen als physiologische Grundlage für die Theorie der Musik. Braunschweig 1863
Hesse, H.-P.: Die Wahrnehmung von Tonhöhe und Klangfarbe als Problem der Hörtheorie. Diss. phil. Hamburg 1970
Kurth, E.: Musikpsychologie. Berlin 1931, ND Hildesheim 1969
Motte-Haber, H. de la: Handbuch der Musikpsychologie. Laaber 1985
Reinecke, H.-P.: Experimentelle Beiträge zur Psychologie des musikalischen Hörens. Hamburg 1964
Révész, G.: Einführung in die Musikpsychologie. Bern und München ^{2}1972
Stumpf, C.: Tonpsychologie. Bd. I/II. Leipzig 1883/1890
Wellek, A.: Die Mehrseitigkeit der Tonhöhe als Schlüssel zur Systematik der musikalischen Erscheinungen. Zeitschrift für Psychologie 134, 1935
ders.: Musikpsychologie und Musikästhetik. Frankfurt 1963

Instrumentenkunde

Adelung, W.: Einführung in den Orgelbau. Wiesbaden ^{3}1974
Bachmann, W.: Die Anfänge des Streichinstrumentenspiels. Leipzig 1964
Bahnert/Herzberg/Schramm: Metallblasinstrumente. Leipzig 1958
Baines, A.: Musikinstrumente. Die Geschichte ihrer Entwicklung und ihrer Formen, hg. von A. B. München 1962
Bartolozzi, B.: Neue Klänge für Holzblasinstrumente. Mainz 1971

Behn, F.: Musikleben im Altertum und frühen Mittelalter. Stuttgart 1954
Bierl, R.: Elementare technische Akustik der elektronischen Musikinstrumente. Schriftenreihe Das Musikinstrument, Heft 4. Frankfurt a. M. 1965
Brandlmeier, J.: Zupfinstrumentenbau. MGG Bd. 14. Kassel usw. 1968
Buchner, A.: Musikinstrumente im Wandel der Zeiten. Prag ²1956
Fett, A.: Harmonika. MGG Bd. 5. Kassel usw. 1956
Galpin, F. W.: The Water Organ of the Ancients and the Organ of Today. English Music (1604–1904). London 1906
Goebel, J.: Theorie und Praxis des Orgelpfeifenklanges. Schriftenreihe Das Musikinstrument, Heft 9. Frankfurt a. M. 1967
Hornbostel, E. M./Sachs, C.: Systematik der Musikinstrumente. Zeitschrift für Ethnologie XLVI, 1914
Junghanns, H.: Der Piano- und Flügelbau. Fachbuchreihe Das Musikinstrument, Bd. 4. Frankfurt a. M. ³1960
Keune, E.: Kleine Trommel. Schlaginstrumente: Ein Schulwerk, Teil 1. Kassel usw. 1975
Kolneder, W.: Das Buch der Violine. Zürich 1972
Kotónski, W.: Schlaginstrumente im modernen Orchester. Mainz 1968
Kunitz, H.: Die Instrumentation. Ein Hand- und Lehrbuch. Teil 1–12. Leipzig 1957–61
Lexikon Musikinstrumente, hg. von W. Ruf. Mannheim 1991
Mahillon, V.-Ch.: Catalogue descriptif et analytique du Musée instrumental (historique et technique) du Conservatoire Royal de Musique de Bruxelles. Bd. 1–4. Gent 1880–1912
Pape, W.: Instrumentenhandbuch. Streich-, Zupf-, Blas- und Schlaginstrumente in Tabellenform. Köln 1971
Peinkofer, K./Tannigel, F.: Handbuch des Schlagzeugs. Praxis und Technik. Mainz 1969
Praetorius, M.: Syntagma Musicum II. De Organographia. Wolfenbüttel 1619. ND. hg. von W. Gurlitt. Documenta musicologica XIV. Kassel usw. 1958
Reclams Musikinstrumentenführer. Die Instrumente und ihre Akustik, hg. von E. Briner. 2. verb. Auflage Stuttgart 1992
Richter, W.: Die Griffweise der Flöte. Kassel usw. 1967
Sachs, C.: Geist und Werden der Musikinstrumente. Berlin 1928. ND. Hilversum 1965
ders.: Reallexikon der Musikinstrumente. Berlin 1913. Erweiterter ND. New York 1964
ders.: The History of Musical Instruments. London 1968
ders.: Handbuch der Musikinstrumentenkunde. Leipzig ²1930 ND. Hildesheim/Wiesbaden 1967
Stauder, W.: Alte Musikinstrumente in ihrer vieltausendjährigen Entwicklung und Geschichte. Braunschweig 1973
Valentin, E.: Handbuch der Musikinstrumentenkunde. Regensburg ⁶1974

Allgemeine Musiklehre

Abraham, L. U.: Harmonielehre. Bd. I/II. Köln 1965/1969
Grabner, H.: Allgemeine Musiklehre. 10. Auflage mit einem Nachtrag von D. de la Motte. Kassel usw. 1970
ders.: Handbuch der funktionellen Harmonielehre. Regensburg ⁷1974
Haas, R.: Aufführungspraxis der Musik. BückenHdb. Berlin 1934
Fux, J. J.: Gradus ad Parnassum, Wien 1725 (lat.). ND. Kassel usw./Graz 1967
Jeppesen, K.: Kontrapunkt. Lehrbuch der klass. Vokalpolyphonie. Dt. Leipzig 1935. Wiesbaden ⁴1965
Kühn, C.: Form in der Musik. Kassel 1987, ³ 1992
Kurth, E.: Grundlagen des linearen Kontrapunkts. Bern 1917
Leichtentritt, H.: Musikalische Formenlehre. Leipzig ³1927
Lemacher, H./Schroeder, H.: Formenlehre der Musik. Köln ³1972
Maler, W.: Beitrag zur durmolltonalen Harmonielehre. Bd. I/II. München-Leipzig ⁷1971/²1960
Marx, A. B.: Die Lehre von der musikalischen Komposition. Bd. I–IV. Leipzig 1837–47
Mattheson, J.: Große Generalbassschule, hg. von W. Fortner. Mainz 1956 (nach der 2. Ausg. von 1731)
Motte, D. de la: Harmonielehre. Kassel usw./München 1976
ders.: Musikalische Analyse. 2 Bände in Schuber. Kassel usw. ¹1968, ²1972
Ratz, E.: Einführung in die Musikalische Formenlehre. Wien ³1973
Stockmeier, W.: Musikalische Formprinzipien. Formenlehre. Köln ²1973

Gattungen und Formen

Antiphonale Ss. Romanae Ecclesiae pro diurnis horis. Tournai 1924
Apel, W.: Die Notation der polyphonen Musik. 900–1600. Engl. 1942. dt. Leipzig 1962
Dürr, A.: Die Kantaten von Johann Sebastian Bach. 2 Bde. Kassel und München 1971, ²1975
Eggebrecht, H. H.: Studien zur musikalischen Terminologie. Wiesbaden ²1968

Einstein, A.: The Italian Madrigal. 3 Bde. Princeton, NY. 1949
Gattungen der Musik in Einzeldarstellungen. hg. von W. Arlt u. a. Erste Folge. Bern und München 1973
Graduale Ss. Romanae Ecclesiae de tempore et de sanctis. Tournai 1961
Husmann, H.: Die mittelalterliche Mehrstimmigkeit. Das Musikwerk 3. Köln 1955
Jöde, F.: Der Kanon. Wolfenbüttel 1926
Lasso, Orlando di: Sämtliche Werke. Zweite, nach den Quellen revidierte Auflage der Ausgabe von F. X. Haberl und A. Sandberger (1894–1927), hg. von H. Leuchtmann. Wiesbaden 1968 ff.; ferner: Sämtliche Werke. Neue Reihe, hg. von der Académie Royale de Belgique und der Bayerischen Akademie der Wissenschaften. Kassel usw. 1956 ff.
Marrocco, W. T.: Italian Secular Music, hg. von W. T. Marrocco. Polyphonic Music of the Fourteenth Century. Bd. VI. Monaco 1967
Ortiz, D.: Tratado de glosas ... Rom 1553, hg. von M. Schneider. Kassel usw. [3]1967
Salinas, F.: De Musica ... Salamanca 1577, hg. von M. S. Kastner. Documenta musicologica I, 13. Kassel usw. 1958
Schütz, H.: Neue Ausgabe sämtlicher Werke, hg. von der Internationalen H. Schütz-Gesellschaft. Kassel usw. 1955 ff.
Schweitzer, A.: J. S. Bach (1908/1936). Wiesbaden 1960
Tack, F.: Der Gregorianische Choral. Das Musikwerk 18. Köln 1960
Wolff, H. Chr.: Die Oper I. Anfänge bis 17. Jh. Das Musikwerk 38. Köln 1971
Wolters, G.: Ars musica. Ein Musikwerk für Höhere Schulen. Bd. IV Chorbuch für gemischte Stimmen. In Zusammenarbeit mit R. Krokisius hg. von G. Wolters. Wolfenbüttel/Zürich 1965

Antike Hochkulturen, Spätantike und Frühes Mittelalter

Abert, H.: Die Lehre vom Ethos in der griechischen Musik. Leipzig 1899. ND Tutzing und Wiesbaden [2]1968
Bake, A.: Indische Musik. MGG Bd. 6. Kassel und Basel 1957
Danckert, W.: Tonreich und Symbolzahl in Hochkulturen und in der primitiven Welt. Bonn 1966
Fleischhauer, G.: Etrurien und Rom. Musikgeschichte in Bildern, hg. von H. Besseler und M. Schneider. Bd. II, Musik des Altertums, Lieferung 5. Leipzig o. J.
Georgiades, Th.: Musik und Rhythmus bei den Griechen. Hamburg 1958
Hickmann, H.: Harfe. MGG Bd. 5. Kassel und Basel 1956
ders.: Leier. MGG Bd. 8. Kassel usw. 1960
ders.: Ägypten. Musikgeschichte in Bildern, hg. von H. Besseler und M. Schneider. Bd. II, Musik des Altertums, Lieferung 1. Leipzig 1961
Hirmer, M./Lange, K.: Ägypten. München [4]1967
Koller, H.: Musik und Dichtung im alten Griechenland. München 1963
Musik des Altertums, Die, hg. von A. Riethmüller und F. Zaminer. Laaber 1989 (Neues Hdb. der Mw. 1)
Picken, L.: Chinese Music. Grove's Dictionary of Music and Musicians. London [5]1966
Pöhlmann, E.: Denkmäler altgriechischer Musik. Erlanger Beiträge zur Sprach- und Kunstwissenschaft Bd. 31. Nürnberg 1970
Stäblein, B.: Frühchristliche Musik. MGG Bd. 4. Kassel und Basel 1955
Wegner, M.: Griechenland. Musikgeschichte in Bildern, hg. von H. Besseler und M. Schneider. Bd. II, Musik des Altertums, Lieferung 4. Leipzig [2]1970
Wellesz, E.: Musik der Byzantinischen Kirche. Das Musikwerk 13. Köln 1959

Mittelalter

Abert, H.: Die Musikanschauung des Mittelalters. Halle 1905
Apel, W.: Die Notation der polyphonen Musik. 900–1600. Engl. 1942, dt. Leipzig 1962
Apfel, E.: Grundlagen einer Geschichte der Satztechnik vom 13. bis zum 16. Jh. Zwei Teile. Saarbrücken 1974
Aubry, P.: Cent motets du XIIIe siècle. (Faks. und Übertr. Codex Bamberg). 3 Bde. Paris 1908
Besseler, H.: Die Musik des Mittelalters und der Renaissance. BückenHdb. Potsdam 1931
Besseler, H./Gülke, P.: Schriftbild der mehrst. Musik. Musikgeschichte in Bildern III, 5. Leipzig 1973
Bukofzer, M. F.: Studies in Medieval and Renaissance Music. New York 1950
Corpus Scriptorum de Musica, hg. vom American Institute of Musicology. Rom 1950 ff.
Coussemaker, E. de: Seriptorum de musica medii aevi nova series, hg. von E. de Coussemaker **(CS).** 4 Bde. Paris 1864–76. ND Hildesheim 1963
Fischer, K. v.: Studien zur Musik des ital. Trecento und frühen Quattrocento. Bern 1956
Fromm, H.: Der deutsche Minnesang. Darmstadt 1963
Gennrich, F.: Grundriß einer Formenlehre des mittelalterl. Liedes. Halle 1932

ders.: Troubadours, Trouvères, Minne- und Meistergesang. MW 2. Köln 1960
Georgiades, T.: Musik und Sprache. Das Werden der abendländischen Musik. Berlin, Göttingen, Heidelberg 1954
Gerbert, M.: Scriptores ecclesiastici de musica sacra potissimum (**GS**). St. Blasien 1784. ND Hildesheim 1963
Haas, R.: Aufführungspraxis der Musik. BückenHdb. Potsdam 1934
Hammerstein, R.: Die Musik der Engel. Untersuchungen zur Musikanschauung des MA. Bern und München 1962
ders.: Diabolus in Musica. Studien zur Ikonographie der Musik im MA. Bern und München 1974
Husmann, H.: Das Prinzip der Silbenzählung im Lied des zentralen Mittelalters. Musikforschung VI, 1953
ders.: Die mittelalterl. Mehrstimmigkeit. Das Musikwerk 9. Köln 1955
Johannes Affligemensis (Cotto): De Musica cum Tonario, hg. von J. Smits van Waesberghe. CSM 1, Rom 1950
Koehler, L.: Pythagoreisch-platonische Proportionen der Ars nova und der Ars subtilior. 2 Bde. Kassel 1990 (Göttinger musikwiss. Arbeiten XII)
Kühn, H.: Die Harmonik der Ars nova. Zur Theorie der isorhythmischen Motette. München 1973 (Berliner Musikwiss. Arbeiten 5)
Landini, F.: The Works of Francesco Landini. Polyphonic Music of the Fourteenth Century, hg. von L. Schrade. Bd. IV. Monaco 1958
Ludwig, F.: Die geistl. nichtliturg., weltl. einst. und die mehrst. Musik des Mittelalters bis zum Anfang des 15. Jh. AdlerHdb. Bd. 1. Berlin ²1930. ND München 1973
ders.: Repertorium organorum et motetorum vetustissimi stili. Bd. I, 1 (1910). Hildesheim ²1964
Machaut, G. de: The Works of Guillaume de Machaut. Polyphonic Music of the Fourteenth Century. Bd. II, III, hg. von L. Schrade. Monaco 1956
Marrocco, W. T.: Italian Secular Music, hg. von W. T. Marrocco. Polyphonic Music of the Fourteenth Century. Bd. VI. Monaco 1967
Michels, U.: Die Musiktraktate des Johannes de Muris. Beihefte zum AfMw Bd. VIII. Wiesbaden 1970
Musik des Mittelalters, Die, hg. von H. Möller und R. Stephan. Laaber 1991 (Neues Hdb. der Mw. 2)
Nagel, B.: Der deutsche Meistersang. Darmstadt 1967
Reckow, F.: Der Musiktraktat des Anonymus 4. Beihefte zum AfMw Bd. IV. Wiesbaden 1967
Reese, G.: Music in the Middle Ages. New York 1940
Riemann, H.: Geschichte der Musiktheorie im 9.–14. Jh. Leipzig ²1921
Rokseth, Y.: Polyphonie du moyen âge. (Faks. Codex Montpellier). Paris 1935/36
Sachs, K.-J.: Der Contrapunctus im 14. und 15. Jh. Beihefte zum AfMw Bd. XIII. Wiesbaden 1974
Schmidt-Görg, J.: Die Messe. Das Musikwerk 30. Köln 1967
Schneider, M.: Geschichte der Mehrstimmigkeit. 2 Bde. Berlin 1934/35
Smits van Waesberghe, J.: Muziekgeschiedenis der Middeleeuwen. 2 Bde. Tilburg 1939–42
ders.: Musikerziehung. Lehre und Theorie der Musik im Mittelalter. Musikgeschichte in Bildern Bd. III, 3. Leipzig 1969
Stäblein, B.: Saint-Martial. MGG Bd. 11. Kassel usw. 1963
ders.: Schriftbild der einstimmigen Musik. Musikgeschichte in Bildern Bd. III, 4. Leipzig 1975
Tack, F.: Der Gregorianische Choral. Das Musikwerk 18. Köln 1960
Ursprung, O.: Die katholische Kirchenmusik. BückenHdb. Potsdam 1931
Vitry, Ph. de: The Works of Philippe de Vitry, hg. von L. Schrade. Polyphonic Music of the Fourteenth Century, Bd. V. Monaco 1956
Wagner, P.: Einführung in die Gregorianischen Melodien. 3 Bde. Leipzig 1895–1921
Werf, H. van der: The Chansons of the Troubadours and Trouvères. A Study of the Melodies and their Relation to the Poems. Utrecht 1972
Wolf, J.: Handbuch der Notationskunde. Leipzig 1913

Renaissance

Apel, W.: Geschichte der Orgel- und Klaviermusik bis 1700. Kassel usw. 1967
Besseler, H.: Bourdon und Fauxbourdon. Studien zum Ursprung der niederländischen Musik. Leipzig 1950
Binchois, G.: Chansons, hg. von W. Rehm. Musikalische Denkmäler II. Mainz 1957
Boetticher, W.: Orlando di Lasso und seine Zeit. Kassel und Basel 1958
Borren, Ch. van den: Geschiedenis von de Muziek in de Nederlanden. I. Antwerpen 1948
Byrd, W.: Complete Works, hg. von E. H. Fellows. 20 Bde. London 1923–52

Coclico, A. P.: Compendium musices. Nürnberg 1552. ND Kassel 1954 (Documenta musicologica I, 9)
Dowland, J.: Ayres for Four Voices, transcr. by E. H. Fellows, hg. von T. Dart und N. Fortune. Musica Britannica VI. London 1953, [2]1963
Dufay, G.: Opera omnia, hg. von G. de Van und H. Besseler. CMM 1. Rom 1947 ff.
Engel, H.: Das mehrst. Lied des 16. Jh. in Italien, Frankreich, England und Spanien. Das Musikwerk 3. Köln 1952
Fellows, E. H.: The English Madrigal. 1588–1632. London 1920
Ferand, E. T.: Die Improvisation. Das Musikwerk 12. Köln 1956
Fischer, K. v.: Die Variation. Das Musikwerk 11. Köln 1956
Fitzwilliam Virginal Book, The, hg. von J. A. Fuller-Maitland und W. Barcley-Squire. 2 Bde. Leipzig 1894–99. ND New York 1963 (dt. Wiesbaden 1963)
Frotscher, G.: Geschichte des Orgelspiels und der Orgelkomposition. Berlin [2]1959
Gabrieli, G.: Collected Works II, Motetta Sacrae Symphoniae (1597), hg. von D. Arnold. CMM 12. Rom 1959
Huizinga, J.: The Problem of the Renaissance. London 1960
Jeppesen, K.: Der Palestrinastil und die Dissonanz. Leipzig 1925
Josquin Desprez: Werke, hg. von A. Smijers, M. Antonowycz, W. Elders. Amsterdam 1922–69
Lasso, O. di: Sämtliche Werke (s. u. »Gattungen und Formen«)
Lenaerts, R. B.: Die Kunst der Niederländer. Das Musikwerk 22. Köln 1962
Moser, H. J.: Kleine dt. Musikgeschichte. Stuttgart 1940
ders.: Paul Hofhaimer, ein Lied- und Orgelmeister des dt. Humanismus. Stuttgart 1929
Musik des 15. und 16. Jahrhunderts, Die, hg. von L. Finscher. 2 Bde. Laaber 1989 (Neues Hdb. der Mw. 3)
Ockeghem, J.: Collected Works, hg. von D. Plamenac. Bd. I. Messen 1–8. American Musicological Society. Studies and Documents 3. New York [2]1959
Palestrina, G. P.: Le Opere complete. GA begonnen von R. Casimiri. 26 Bde. Rom 1939–59. (Le Messe di Mantova II, hg. von K. Jeppesen. Bd. XIX. Rom 1954)
Petsch, C.: Das Lochamer Liederbuch. München 1967
Stephan, W.: Die Burgundisch-Niederländische Motette zur Zeit Ockeghems. ND Kassel 1973
Ungerer, H. H.: Die Beziehungen zwischen Musik und Rhetorik im 16.–18. Jh. Würzburg 1941
Winter, P.: Der mehrchörige Stil. Frankfurt 1964
Wolff, H. Chr.: Musik der alten Niederländer. Leipzig 1956
ders.: Originale Gesangsimprovisationen des 16. bis 18. Jh. Das Musikwerk 41. Köln 1972
Wolters, G.: Ars musica (s. u. »Gattungen und Formen«)
Zarlino, G.: Istitutioni harmoniche. Venedig 1558, ND New York 1965

Barock

Abert, A. A.: Claudio Monteverdi und das musikal. Drama. Lippstadt 1954
Ambros, A. W.: Geschichte der Musik. Breslau 1862 ff., Lpz. [3]1887–1911, ND Hildesheim 1968
Analysen. Beiträge zu einer Problemgeschichte des Komponierens. Festschrift für H. H. Eggebrecht. Wiesbaden 1985
Apel, W.: Geschichte der Orgel- und Klaviermusik bis 1700. Kassel 1967
Bach, C. Ph. E.: Versuch über die wahre Art, das Clavier zu spielen. 2 Teile. Berlin 1753/62, ND Leipzig 1957
Bach-Dokumente, hg. vom Bach-Archiv Leipzig. 3 Bde. Leipzig 1963–73
Bernhard, C.: Tractatus compositionis augmentatus. Ausfuhrl. Bericht vom Gebrauche der Con- und Dissonantien. Von der Singe-Kunst oder Manier, hg. von J. M. Müller-Blattau, in: Die Kompositionslehre H. Schützens in der Fassung seines Schülers C. B. Leipzig 1926, Kassel [2]1963
Blume, F.: Die evangel. Kirchenmusik. Hdb. der Mw. Potsdam 1931, neu als: Geschichte der evangel. Kirchenmusik, zus. mit L. Finscher, G. Feder u. a. Kassel 1965
Bukofzer, M. F.: Music in the Baroque Era. New York 1947
Burmeister, J.: Musica poetica. Rostock 1606, ND Kassel 1955 (Doc. musicolog. I, 10)
Chrysander, F.: Georg Friedrich Händel, 3 Bde. (bis 1740, unvoll.). Leipzig 1858/60/67, ND Hildesheim 1966
Clercx, S.: Le Baroque et la Musique. Essai d'esthétique musicale. Brüssel 1948
Davison, A. T./Apel, W.: Historical Anthology of Music. I, Cambridge 1946, [5]1959; II, Cambridge 1950, [3]1959
Dürr, A.: Die Kantaten von J. S. Bach. Kassel u. München 1971, überarb. [6]1995
Eggebrecht, H. H.: Heinrich Schütz. Musicus poeticus. Göttingen 1959; neu hg. 1984
ders.: Musik im Abendland. München 1991, [2]1998
Einstein, A.: The Italian Madrigal. 3 Bde. Princeton 1949
Engel, H.: Das Concerto grosso. Das Musikwerk 23. Köln 1962

ders.: Das Instrumentalkonzert. Führer durch den Konzertsaal. Die Orchestermusik III. Leipzig 1932, erw. 2 Bde. Wiesbaden 1971/74
ders.: Das Solokonzert. Das Musikwerk 25. Köln 1964
Ferrand, E. T.: Die Improvisation. Das Musikwerk 12. Köln 1956
Forkel, J. N.: Über Johann Sebastian Bachs Leben, Kunst und Kunstwerke. Lpz. 1802, ND Frankfurt 1950
Frotscher, G.: Geschichte des Orgelspiels und der Orgelkomposition. 2 Bde. Berlin 1935/36, ^{5}1966
Fux, J. J.: Gradus ad Parnassum, sive Manuductio ad compositionem musicae regularem, methode nova. Wien 1725 (dt. von Mizler, Lpz. 1742), ND New York 1967 (Monuments of Music and Music Literature in Facsimile II, 24)
Gattungen der Musik in Einzeldarst., hg. von W. Arlt. Bern u. München 1973
Georgiades, T. G.: Musik und Sprache. Berlin u. a. 1954, ^{2}1974
Georgii, W.: Klaviermusik. Geschichte der Musik für Klavier zu 2 u. 4 Händen von den Anfängen bis zur Gegenwart. Berlin u. Zürich 1941, ^{6}1984
ders.: 400 Jahre europ. Klaviermusik. Das Musikwerk 1. Köln 1950
Gerber, R.: Der Operntypus Johann Adolf Hasses und seine textl. Grundlagen. Leipzig 1925
Haas, R.: Aufführungspraxis. Potsdam 1931 (Hdb. der Mw.)
ders.: Die Musik des Barock. Potsdam 1929 (Hdb. der Mw.)
Handschin, J.: Musikgeschichte im Überblick. Luzern 1948; Wilhelmshaven ^{5}1990
Hawkins, J.: A General History of the Science and Practice of Music. 5 Bde. London 1776, ND New York 1963, Graz 1969
Heinemann, M.: Heinrich Schütz und seine Zeit. Laaber 1993
Heinichen, J. D.: Der Generalbaß in der Composition. Dresden 1728, ND Hildesheim 1969, ^{2}1994
Keller, H.: Die Klavierwerke Bachs. Leipzig 1950
ders.: Die Orgelwerke Bachs. Leipzig 1948
Kirkpatrick, R.: Domenico Scarlatti. Princeton (N. Y.) 1953, dt. und erw. von H. Leuchtmann, 2 Bde. München 1972
Kolneder, W.: Das Buch der Violine. Zürich 1972, ^{5}1993
Kretzschmar, H.: Führer durch den Konzertsaal. I: Sinfonie und Suite. Lpz. 1887 (^{7}1932). II,1: Kirchl. Werke. Lpz. 1988 (^{5}1921). II, 2: Oratorien und weltl. Chorwerke. Lpz. 1890 (^{5}1939)
ders.: Geschichte der Oper. Kleine Hdb. der Mg. nach Gattungen VII. Leipzig 1919, ND Hildesheim 1970
ders.: Geschichte des neuen dt. Liedes. Kleine Hdb. der Mg. nach Gattungen IV. Lpz. 1911, ND Hildesheim 1966
Kurth, E.: Grundlagen des linearen Kontrapunkts. Einführung in Stil und Technik von Bachs melod. Polyphonie. Bern 1917, ND Hildesheim 1977, ^{2}1996
Leopold, S.: Claudio Monteverdi und seine Zeit. Laaber 1982, überarb. ^{2}1993
Mattheson, J.: Der vollkommene Capellmeister. Hamburg 1739, ND Kassel 1954, ^{2}1969 (Documenta musicologica I,5)
ders.: Grundlage einer Ehrenpforte. Hamburg 1740, ND Kassel 1969
Moser, H. J.: Das dt. Sololied und die Ballade. Das Musikwerk 14/15. Köln 1957
Mozart, L.: Versuch einer gründl. Violinschule. Augsburg 1756, ND (^{3}1787) Lpz. 1956, 1968
Osthoff, W.: Monteverdistudien. Das dramat. Spätwerk Monteverdis. Tutzing 1960
Praetorius, M.: Syntagma musicum. Bd. I: Musicae artis Analecta. Wittenberg 1614/15. Bd. II: De Organographia. Wolfenbüttel 1618, erw. ^{2}1619. Bd. III: Termini musici. Wolfenbüttel 1619, ND I: Kassel 1959 (Doc. mus. I,21). II/III: Kassel 1958 (Doc. mus. I,14/15)
Quantz, J. J.: Versuch einer Anweisung die Flöte traversière zu spielen. Berlin 1752, ND Kassel 1997
Rameau, J.-P.: Traité de l'harmonie reduite à ses principes naturels. Paris 1722, ND New York 1965, Dallas 1967 (GA Bd. I)
Redlich, H. F.: Claudio Monteverdi. Olten 1949
Riemann, H.: Hdb. der Musikgeschichte 2,2. Das Generalbaßzeitalter. Lpz. 1912
Rousseau, J. J.: Dictionnaire de musique. (Genf 1767), Paris 1768, ND Hildesheim 1969
Schering, A.: Geschichte des Instrumentalkonzertes bis auf die Gegenwart. Kleine Hdb. der Mg. nach Gattungen I. Lpz. 1905, ^{2}1927, ND Hildesheim 1965
ders.: Geschichte des Oratoriums. Kleine Hdb. der Mg. nach Gattungen III. Lpz. 1911, ND Hildesheim 1966
Schmalzriedt, S.: Heinrich Schütz und andere zeitgenöss. Musiker in der Lehre Giovanni Gabrielis. Studien zu ihren Madrigalen. Stuttgart 1972
Schweitzer, A.: J. S. Bach, le musicien poète. Paris und Leipzig 1905, erw. dt. Leipzig 1908, Wiesbaden ^{9}1976
Serauky, W.: G. Fr. Händel III–IV (ab 1738, Chrysander ergänzend). Kassel 1956/58
Skei, A. B.: Heinrich Schütz. A Guide to Research. New York 1981

Spitta, P.: J. S. Bach. 2 Bde. Leipzig 1873/80, Wiesbaden u. Darmstadt [6]1964
Tarr, E.: Die Trompete. Unsere Musikinstrumente. Bd. 5. Bern 1977; Mainz überarb. [3]1994
Walther, J. G.: Musikal. Lexikon oder musikal. Bibliothek. Leipzig 1732, ND Kassel 1953 (Doc. mus. I,3)
ders.: Praecepta von der Musicalischen Composition. I: Mus. Elementarlehre, II: Musica poetica. Ms. Weimar 1708, hg. von P. Benary. Leipzig 1955
Wolff, C.: Johann Sebastian Bach. Frankfurt a. M. 2000 (orig. New York/London 2000)
Wolff, H. C.: Oper. Szene und Darstellung von 1600 bis 1900. Musikgeschichte in Bildern IV,1. Leipzig 1968
ders.: Die Oper. Bd. I: Anfänge bis 17. Jh. Das Musikwerk 38. Köln 1971
Wölfflin, H.: Renaissance und Barock. München 1988

Klassik

Abert, H.: W. A. Mozart. 2 Bde. Leipzig 1919/21
Avison, C.: An Essay on Musical Expression. London 1752, ND New York 1967
Bach, C. P. E.: Versuch über die wahre Art, das Clavier zu spielen. 2 Teile. Berlin 1753/62, ND Leipzig 1957
Batteux, C.: Les Beaux Arts réduits à même principe. Paris 1773, ND Genf 1969
Baumgarten, A. G.: Aesthetica. 2 Bde. Frankfurt/O. 1750/58, ND Hildesheim 1970
Blume, F.: Die ev. Kirchenmusik. Hdb. der Mw. Potsdam 1931 (s. Barock-Lit.)
ders.: Artikel ›Klassik‹. MGG 7, Sp. 1027 ff. Kassel 1958; auch in: Epochen der Mg. in Einzeldarstellungen. Kassel u. München [4]1980
Bücken, E.: Musik des Rokoko und der Klassik. Hdb. der Mw. Potsdam 1927
Burney, C.: A General History of Music from the Earliest Ages to the Present Period. 4 Bde. London 1776–89, ND Baden-Baden 1958
ders.: Tagebuch einer musikal. Reise. Hamburg 1772/73, ND Kassel 1959 (Doc. mus. I,19), auch Lpz. 1968
Dahlhaus, C. (Hg.): Die Musik des 18. Jh. Neues Hdb. der Mw. Bd. 5. Laaber 1985
ders.: Musikästhetik. Köln 1967 (Musik-Tb. Theoretica 8), [4]1986
Davison/Apel: Historical Anthology of Music (s. Barock-Lit.)
Dumesnil, R.: L'Opéra et l'Opéra comique. Paris 1947
Engel, H.: Die Entwicklung des dt. Klavierkonzertes von Mozart bis Liszt. Leipzig 1927, ND Hildesheim 1970
Finscher, L.: Studien zur Geschichte des Streichquartetts. Bd. 1. Kassel 1974
Forkel, J. N.: Allg. Geschichte der Musik. 2 Bde. Leipzig 1788/1801
Friedlaender, M.: Das dt. Lied im 18. Jh. 2 Bde. Stuttgart 1902, ND Hildesheim 1962
Galeazzi, F.: Elementi teorico-pratici di musica. Turin 1796. Auswahl in: S. Schmalzriedt, Charakter und Drama. AfMw 1985
Gebser, J.: Ursprung und Gegenwart. 3 Bde. Stuttgart 1949/53/66, Schaffhausen [2]1978
Geiringer, K.: Haydn. London 1946, dt.: Joseph H. Mainz 1959, Tb. München [3]1989
Georgiades, T. G.: Musik und Sprache. Berlin 1954, [2]1974
Grout, D. J.: A Short History of Opera. 2 Bde. London 1947, [2]1965
Haas, R.: Aufführungspraxis. Hdb. der Mw. Potsdam 1931
Hawkins, J.: A General History of Science and Practice of Music. 5 Bde. London 1776, ND New York 1963, Graz 1969
Hegel, G. W. F.: Vorlesungen über Ästhetik. 1820/1835
Herder, J. G.: Über den Ursprung der Sprache. 1772
ders.: Ideen zur Philosophie der Geschichte der Menschheit. 4 Bde. 1784–91
ders.: Slg. von Volksliedern. 1778 f., [2]1807 als ›Stimmen der Völker in Liedern‹
Hoffmann, E. T. A.: Schriften zur Musik, hg. von F. Schnapp. München 1963
Jahn, O.: W. A. Mozart. 4 Bde. Lpz. 1856–59, ND Hildesheim 1976
Kirnberger, J. P.: Die Kunst des reinen Satzes in der Musik. 2 Bde. Berlin 1771/79; Berlin u. Königsberg 1776–79, ND Hildesheim 1968
Kloiber, R.: Hdb. der Oper. 2 Bde. Regensburg 1971. Überarb. v. W. Konold München u. Kassel 1985, Tb. [2]1993
Koch, H. C.: Musikal. Lexikon. 2 Bde. Frankfurt 1802, ND Hildesheim 1964
ders.: Versuch einer Anleitung zur Composition. 3 Bde. Lpz. u. Rudolstadt 1782–93, ND Hildesheim 1969
Kretzschmar, H.: Führer durch den Konzertsaal (s. Barock-Lit.)
ders.: Geschichte der Oper. Kleine Hdb. der Mg. nach Gattungen VII. Lpz. 1919, ND Hildesheim 1970
ders.: Geschichte des neuen dt. Liedes. Kleine Hdb. der Mg. nach Gattungen IV. Lpz. 1911, ND Hildesheim 1966
Landon, H. C. R.: The Symphonies of J. Haydn. London 1955 (Suppl. 1961)

Marpurg, F. W.: Des critischen Musicus an der Spree erster Band. Wochenzeitschrift. Berlin 1749–50, ND Hildesheim 1970
ders.: Krit. Briefe über die Tonkunst. 3 Bde. Berlin 1760–64, ND Hildesheim 1971
Mattei, S.: La filosofia della musica, vgl. Sulzer, Allg. Theorie (s. Osthoff)
Mattheson, J.: Der vollkommene Capellmeister (s. Barock–Lit.)
ders.: Grundlage einer Ehrenpforte. Hamburg 1740, ND Kassel 1969
Moser, H. J.: Das dt. Lied seit Mozart. 2 Bde. Berlin u. Zürich 1937, Tutzing ²1966
Mozart, L.: Versuch einer gründl. Violinschule. Augsb. 1756, ND (³1787) Lpz. 1956 u. 1968
Mozart, W. A.: Briefe und Aufzeichnungen. (GA). 4 Bde., hg. von A. Bauer und O. E. Deutsch. Kommentar und Register, 3 Bde., von J. H. Eibl. Kassel 1962–75
ders.: Die Dokumente seines Lebens, hg. von O. E. Deutsch. Kassel 1961
Orel, A.: Die kathol. Kirchenmusik seit 1750, in: Hdb. der Mg., hg. von G. Adler. Frankfurt 1924, Berlin ²1930, ND München 1975
Osthoff, W.: Die Opera buffa, in: Gattungen der Musik in Einzeldarstellungen. Gedenkschrift L. Schrade, hg. von W. Arlt u. a. Bern 1973
Ottaway, H.: Aufklärung und Revolution, in: Geschichte der Musik, hg. von A. Robertson und D. Stevens. Bd. III. Klassik u. Romantik. München 1968
Quantz, J. J.: Versuch einer Anweisung die Flöte traversière zu spielen (s. Barock-Lit.)
Reicha, A.: Traité de haute composition musicale. 2 Bde. Paris 1824–26, dt. als: Vollständiges Lehrbuch der musikal. Komposition. 4 Bde. Wien 1834
Rousseau, J. J.: Dictionnaire de musique. (Genf 1767), Paris 1768, ND Hildesheim 1969
Rummenhöller, P.: Die musikalische Vorklassik. Kassel u. München 1983
Scheibe, J. A.: Der Critische Musicus. Wochenzeitschrift. Hamburg 1738–40, Lpz. ²1745, ND Hildesheim 1970
ders.: Theorie der Melodie und Harmonie. Über die musical. Composition. Lpz. 1773
Schering, A.: Geschichte des Instrumentalkonzerts bis auf die Gegenwart. Kleine Hdb. der Mg. nach Gattungen I. Lpz. 1905, ²1927, ND Hildesheim 1965
ders.: Geschichte des Oratoriums. Kleine Hdb. der Mg. nach Gattungen III. Lpz. 1911, ND Hildesheim 1966
Schubart, C. D. F.: Deutsche Chronik. Zeitschrift. Augsburg 1774–76
ders.: Ideen zu einer Ästhetik der Tonkunst, hg. von L. Schubart. Wien 1806, ND Hildesheim 1969
Sedlmayr, H.: Verlust der Mitte. Salzburg 1948
Sulzer, J. G.: Allg. Theorie der Schönen Künste. 2 Bde. Lpz. 1771/74, erweitert auf 4 Bde. Lpz. 1792–94, ND Hildesheim 1967–70
Wolff, H. C.: Oper. Szene und Darstellung von 1600 bis 1900. Musikgeschichte in Bildern IV,1. Lpz. 1968
ders.: Die Oper. Bd. II: 18. Jh. Das Musikwerk 39. Köln 1971
Wyzewa, T. de/Saint-Foix, G. de: W.-A. Mozart. Sa vie musicale et son œuvre. 5 Bde. Paris 1912–46

19. Jh.

Athenäum. Eine Zeitschrift, hg. von A. W. Schlegel und F. Schlegel. 3 Bde. 1798–1800, ND Darmstadt 1977
Becking, G.: Der musikal. Rhythmus als Erkenntnisquelle. Augsburg 1928
Bekker, P.: Die Symphonie von Beethoven bis Mahler. Berlin 1918
ders.: G. Mahlers Symphonien. Berlin 1921, ND Tutzing 1969
Berlioz, H.: Gesammelte Schriften in dt. Übers., hg. von R. Pohl. Leipzig 1864; NGA der Schriften, 10 Bde., Leipzig 1903 ff.
ders.: Traité d'instrumentation. Paris 1844, dt. als Die Kunst der Instrumentierung, hg. von J. A. Leibrock. Leipzig 1843 (!)
Blume, F.: Die evangel. Kirchenmusik (s. Barock-Lit.)
ders.: Artikel ›Romantik‹. MGG 9. Kassel 1963, auch in: Epochen der Mg.
Brendel, A.: Musical Thoughts and Afterthoughts. London 1976, dt.: Nachdenken über Musik. München 1977, ⁹1997
Bücken, E.: Die Musik des 19. Jh. bis zur Moderne. Hdb. der Mw. Potsdam 1929
Burger, E.: Robert Schumann. Mainz 1999
Busoni, F.: Entwurf einer neuen Ästhetik der Tonkunst. Triest 1907, erweitert Lpz. ²1916, ND Wiesbaden 1954
ders.: Von der Einheit der Musik. Gesammelte Aufsätze. Berlin 1923, erweitert: Wesen und Einheit der Musik. Berlin 1956
Chopin, F.: Briefe, hg. von K. Kobylańska, dt. Berlin 1983, Frankfurt 1984
Dahlhaus, C. (Hg.): Die Musik des 19. Jh. Neues Hdb. der Mw. 6. Wiesbaden u. Laaber 1980, ²1988

ders.: Wagners Konzeption des musikal. Dramas. Regensburg 1971, Tb. München 1990
Danuser, H.: Gustav Mahler und seine Zeit. Laaber 1991, ^{2}1996
Debussy, C.: Lettres 1884–1918. Réunies et présentées par F. Lesure. Paris 1980
ders.: Monsieur Croche et autres écrits, hg. von F. Lesure. Paris 1971, dt. Stuttgart 1974
Dömling, W.: Franz Liszt und seine Zeit. Laaber 1985, überarb. ^{2}1998
ders.: Hector Berlioz und seine Zeit. Laaber 1986
Edler, A.: Robert Schumann und seine Zeit. Laaber 1982
Einstein, A.: Music in the Romantic Era. New York 1947, ^{2}1949, dt. München 1950
Engel, H.: Die Entwicklung des dt. Klavierkonzerts von Mozart bis Liszt. Lpz. 1927
Georgiades, T. G.: Musik und Sprache. Berlin u. a. 1954, ^{2}1974
ders.: Schubert. Musik und Lyrik. Göttingen 1967, ^{3}1992
Georgii, W.: Geschichte der Klaviermusik. Berlin u. Zürich 1941, ^{5}1965
Gülke, P.: Franz Schubert und seine Zeit. Laaber 1991, ^{2}1996
Halm, A.: Die Symphonien Anton Bruckners. München 1913, ^{2}1923, ND Hildesheim 1975
Handschin, J.: Der Toncharakter. Zürich 1948, ND Wiesbaden ^{2}1995
Hanslick, E.: Vom Musikalisch-Schönen. Ein Beitrag zur Revision der Ästhetik der Tonkunst. Leipzig 1854, ND Wiesbaden 1991
Hegel, G. W. F.: Vorlesungen über Ästhetik. Berlin 1820/35
Hoffmann, E. T. A.: Schriften zur Musik, hg. von F. Schnapp. München 1963
Huch, R.: Die Romantik. 2 Bde. 1899/1902. Tübingen 1951, ^{5}1979
Kaiser, J.: Erlebte Musik von Bach bis Strawinsky. Hamburg 1977
Kalbeck, M.: Johannes Brahms. 4 Bde. (in 8). Berlin 1904–14
Kiesewetter, R. G.: Geschichte der europ.-abendländ. oder unserer heutigen Musik. Lpz. 1834
Kleßmann, E.: Die dt. Romantik. Köln 1979
Kloiber, R.: Hdb. des Instrumentalkonzerts. 2 Bde. Wiesbaden 1972/73, ^{3}1983/87
ders.: Hdb. der klass. und romant. Symphonie. Wiesbaden 1964, ^{3}1981
ders.: Hdb. der symphon. Dichtung. Wiesbaden 1980
Konold, W.: Felix Mendelssohn Bartholdy und seine Zeit. Laaber 1984, ^{2}1996
Korte, W. F.: Bruckner und Brahms. Die spätromant. Lösung der autonomen Konzeption. Tutzing 1963
Kracauer, S.: Jacques Offenbach und das Paris seiner Zeit. Amsterdam 1937; neu Frankfurt/Main 1994
Kretzschmar, H.: Führer durch den Konzertsaal (s. Barock-Lit.)
ders.: Geschichte des neuen dt. Liedes. Kleine Hdb. der Mg. nach Gattungen IV. Lpz. 1911, ND Hildesheim 1966
Kropfinger, K.: Wagner und Beethoven. Studien zur Mg. des 19. Jh. Bd. 29. Regensburg 1975
Krummacher, F.: Mendelssohn, der Komponist. Studien der Kompositionsart am Beispiel der Kammermusik für Streicher. München 1978
Kurth, E.: Bruckner. Berlin 1925, ND Hildesheim 1971
ders.: Grundlagen des linearen Kontrapunkts. Bern 1917, ND Hildesheim 1977
ders.: Musikpsychologie. Berlin 1930, ND Hildesheim 1969
ders.: Romant. Harmonik und ihre Krise in Wagners Tristan. Bern u. Leipzig 1920, ND Hildesheim 1968, ^{2}1996
Mersmann, H.: Die moderne Musik seit der Romantik. Hdb. der Mw. Potsdam 1927
Mila, M.: Il melodramma di Verdi. Bari 1933, ^{2}1958
Mitchell, D.: G. Mahler. The Early Years./The Wunderhorn Years. London 1958/75
Novalis (von Hardenberg): Vorarbeiten zu verschiedenen Fragmentsammlungen, 1798. Werkausgabe München 1978, Bd. 2
Rosen, Ch.: Musik der Romantik. Dt. Salzburg/Wien 2000
Schering, A.: Geschichte des Instrumentalkonzerts (s. Barock-Lit.)
ders.: Geschichte des Oratoriums (s. Barock-Lit.)
Schmidt, C. M.: Johannes Brahms und seine Zeit. Laaber 1983, überarb. ^{2}1998
Schopenhauer, A.: Die Welt als Wille und Vorstellung. 1819
Schumann, R.: Gesammelte Schriften über Musik und Musiker, hg. von M. Kreisig. Lpz. 1914
Strauss, R.: Briefwechsel mit Hugo von Hofmannsthal. Wien 1926, Zürich ^{4}1970
Studien zur Musikgeschichte des 19. Jh. (Thyssen Stiftung). Regensburg 1965 ff.
Thayer, A. W.: Ludwig van Beethovens Leben, hg. von H. Deiters und H. Riemann. 5 Bde. Berlin u. Lpz. 1866–1908 u. ö.
Thibaut, A. F. J.: Über Reinheit der Tonkunst. Heidelberg 1825, ND Darmstadt 1967
Tomaszewski, M.: Frédéric Chopin und seine Zeit. Laaber 1999
Wackenroder, W. H.: Herzensergießungen eines kunstliebenden Klosterbruders. Berlin 1797 (mit Beiträgen von L. Tieck)
Wagner, R.: Mein Leben. Vollständige Ausg., hg. von M. Gregor-Dellin. München 1963
Wiora, W. (Hg.): Die Ausbreitung des Historismus über die Musik. Studien zur Mg. des 19. Jh. Bd. 14. Regensburg 1969

20. Jh.
Adorno, T. W.: Ästhetische Theorie. Frankfurt 1972
ders.: Berg. Der Meister des kleinsten Übergangs. Wien 1968
ders.: Philosophie der Neuen Musik. Tübingen 1949
Amerikanische Musik seit C. Ives, hg. von H. Danuser u. a. Laaber 1987
Austin, W. W.: Music in the Twentieth Century. London 1966, [3]1977
Bahnert, H./Herzberg, Th./Schramm, H.: Metallblasinstrumente. Lpz. 1958, Wilhelmshaven [4]1998
Behrendt, J. E.: Das Jazzbuch. Frankfurt 1953, erw. 1968 u. 1974 ff.
Boulez, P.: Alea, in: Darmstädter Beiträge I. Mainz 1958
ders.: Anhaltspunkte. Essays. Stuttgart und Zürich 1975
ders.: Musikdenken heute 1. Darmstädter Beiträge V. Mainz 1963
ders.: Musikdenken heute 2. Darmstädter Beiträge VI. Mainz 1985
Brinkmann, R.: Arnold Schönberg. 3 Klavierstücke op. 11. Wiesbaden 1969
Budde, E.: Anton Weberns Lieder op. 3. Wiesbaden 1971
Busoni, F.: Entwurf einer neuen Ästhetik der Tonkunst (s. Lit. des 19. Jh.)
Cage, J.: Silence. Middletown, Conn. 1961
Cocteau, J.: Le Coq et L'Arlequin (1918). Préface de G. Auric. Paris 1979
Collaer, P.: La musique moderne 1905–50. Paris 1953, dt. Stuttgart 1963
Dahlhaus, C.: Die Musik des 19. Jh. Neues Hdb. der Mw. 6. Wiesbaden 1980, Laaber [2]1988
ders.: Schönberg und andere. Gesammelte Aufsätze zur Neuen Musik. Mainz 1978
ders.: Systematische Mw., hg. von C. D. und H. de la Motte-Haber. Neues Hdb. der Mw. 10. Laaber 1982
Danuser, H.: Die Musik des 20. Jh. Neues Hdb. der Mw. 7. Laaber 1984, [2]1992
Dauer, A. M.: Der Jazz. Seine Ursprünge u. s. Entwicklung. Eisenach u. Kassel 1958, [3]1977
Dibelius, U.: Moderne Musik I, 1945–1965. München 1966; II, 1965–1985. München 1988; Tb. unter dem Titel Moderne Musik nach 1945. Erw. NA München 1998
ders.: György Ligeti. Mainz 1994
Die Reihe. Information über serielle Musik, hg. von H. Eimert. Hefte 1–8. Wien 1955–62
Gebser, J.: Ursprung und Gegenwart. 3 Bde. Stuttgart 1949/53/66, [2]1973
Gervink, M.: Arnold Schönberg und seine Zeit. Laaber 2000
Gieseler, W.: Komposition im 20. Jh. Details – Zusammenhänge. Celle 1975, [2]1993
ders./Lombardi, L./Weyer, R.-D.: Instrumentation in der Musik des 20. Jh. Celle 1985
Häusler, J.: Musik im 20. Jh. Bremen 1969
Henze, H. W.: Essais. Mainz 1964
ders.: Musik und Politik. Schriften und Gespräche. München 1976
Hindemith, P.: J. S. Bach. Ein verpflichtendes Erbe. Mainz 1950
ders.: Unterweisung im Tonsatz. 2 Bde. Mainz 1937/39
Jameux, D.: Pierre Boulez. Paris 1984
Kandinsky, W./Marc, F.: Der Blaue Reiter. München 1912, ND München 1965
Komponisten der Gegenwart in Forts. Hg. v. H.-W. Heister u. W.-W. Sparrer. München 1992 ff.
Kostelanetz, R.: John Cage. New York 1968, dt. Köln 1973
Laufenberg, F.: CD-ROM Laufenberg. Düsseldorf 1995
Meyer-Eppler, W.: Statist. und psycholog. Klangprobleme. Wien 1955 (die Reihe I)
Motte-Haber, H. de la (Hg.): Geschichte der Musik im 20. Jh.: 1975–2000 (Hdb. d. Musik im 20. Jh., Bd. 4). Laaber 2000
Nono, L.: Texte. Studien zu seiner Musik, hg. von J. Stenzl. Zürich 1975
Oesch, H.: Außereuropäische Musik. 2 Bde. Neues Hdb. der Mw. 8 u. 9. Laaber 1984/87
Redlich, H. F.: Alban Berg. Versuch einer Würdigung. Wien 1957
Rihm, W.: Der geschockte Komponist, in: Ferienkurse '78. Mainz 1978
ders.: Ausgesprochen. Schriften und Gespräche, hg. von U. Mosch, 2 Bde. Winterthur 1997
Rockmusik, hg. von T. Kneif und H.-C. Schmidt. Opus musicum. Köln 1978
Rufer, J. L.: Die Komposition mit 12 Tönen. Berlin 1952, Kassel [2]1966
Schnebel, D.: Denkbare Musik. Schriften 1952–72, hg. von H. R. Zeller. Köln 1972
Schönberg, A.: Harmonielehre. Wien 1911
ders.: Style and Idea. New York 1950, dt.: Stil und Gedanke. Gesammelte Aufsätze zur Musik, in: Ges. Schriften 1, hg. von I. Voitêch. Frankfurt 1967; als Tb. Frankfurt 1992
Schweizer, K.: Orchestermusik des 20. Jh. seit Schönberg. Stuttgart 1976, auch in: Reclams Konzertführer. Orchestermusik. Stuttgart vollst. überarb. [16]1998
Sowjetische Musik im Lichte der Perestroika, hg. von H. Danuser u. a. Laaber 1990
Stockhausen, K.: Texte. 10 Bde. Köln 1963/64/71/78/84/89/98
Strawinsky, I.: Chroniques de ma vie. Paris 1935, dt. Zürich/Berlin 1937
ders.: Poétique musicale. Paris u. New York 1942, dt. Mainz 1949
Beide Bde. zus. in: Schriften und Gespräche. Bd. 1: Erinnerungen. Mainz 1984
Stuckenschmidt, H. H.: Schöpfer der Neuen Musik. Frankfurt 1958

ders.: Die Musik eines halben Jh., 1925–1975. München 1976
Stürzbecher, U.: Werkstattgespräche mit Komponisten. Köln 1971
Tilch, K. D.: Rock Archive 1955–1999. Die ultimative Rock- und Pop-Discography (CD-ROM). Kirchbrak
Vogt, H.: Neue Musik seit 1945. Stuttgart 1972
Webern, A.: Der Weg zur Neuen Musik, hg. von W. Reich. Wien 1960
Zimmermann, B. A.: Intervall und Zeit. Aufsätze und Schriften zum Werk, hg. von C. Bitter. Mainz 1974

Quellenverzeichnis

Sämtliche **Abbildungen** wurden für diesen dtv-Atlas neu gezeichnet; die folgende Liste schlüsselt sie nach Vorlagen und Quellen auf:

16 A nach Lottermoser;
18 A, B nach Rein/Schneider;
20 B nach Revesz;
22 E nach Meyer,
F nach Lottermoser;
58 A, B, D nach Fett;
160 A 1 nach einem sumer. Siegel (nach Hickmann 1960),
A 2 nach einer Rekonstruktion (nach Behn 1954),
B nach einem assyr. Relief (nach Behn),
C 1, 2 nach Hickmann (1956),
C 3 nach einer Vasenzeichnung aus Bismaja, 3. Jts. v. Chr. (nach Behn),
D nach einem babylon. Relief (nach Behn),
E nach einem Gudea-Relief, 3. Jts. v. Chr., linke Figur vervollständigt (nach Buchner);
162 A nach einer phönik. Schale aus Zypern (nach Behn),
B nach Idelsohn (1914–32),
C nach Grabmalerei in Beni Hassan, um 1900 v. Chr. (nach Buchner);
164 A nach Relief aus Grab von Sappârah, Altes Reich (nach Hickmann 1961),
B Schulterharfe nach Grabmalerei z. Zt. Thutmosis III. (nach Behn, vgl. Hickmann 1961),
Bogenharfe 1 nach Abguss (nach Behn),
Bogenharfe 2 nach einer Wandmalerei, Grab Nr. 38 in Theben (nach Hirmer),
Langflöte nach einem Relief, Grab Nr. 192 in Theben (nach Hirmer),
Doppelschalmei nach Wandmalerei aus theban. Grab, 18. Dyn. (nach Hirmer);
166 B, C nach Bake (1957);
168 B, C nach Picken (1966), D Musikantinnen nach Buchner (1956);
172 D nach attischer, rotfiguriger Amphora, um 480 v. Chr.,
E nach attischem, rotfigurigem Skyphos, um 480 v. Chr.,
H nach attischer, rotfiguriger Schale, um 520 v. Chr.,
F, G, J nach Behn;
174 B, C nach Pöhlmann (1970);
178 D Rekonstruktion nach einer Terrakotta (ca. 7 × 18 cm) aus Karthago, 2. Jh. v. Chr. (Michels/Vogel);
180 A, C, D nach Stäblein (1955), B nach Handschin (1948);
226 A, B nach Stauder,
C König David nach Münchener Psalter, Ende 10. Jh.,
D König David nach Miniatur aus Südfrankreich, 11. Jh. (Paris, Bibl. Nat., lat. 1118, fol. 104),
E, G nach Buchmalerei aus den Cantigas de S. María, Spanien, 12. Jh.,
F nach einer Plastik, Kathedrale von Santiago de Compostela, 12. Jh.,
H nach Relief am Straßburger Münster, frühes 14. Jh. (Bogen ergänzt),
K nach Junghanns,
L nach einer Portalplastik, Kathedrale von Santiago de Compostela, Ende 12. Jh., Drehtangenten nach Zeichnung aus dem 13. Jh. (nach Stauder);
246 C Reproduktion des Originals bei Besseler (1931), MGG 8 (1960) u. a;
268 vgl. MGG 7, Sp. 842;
270 B nach Praetorius II,
D nach MW 24, S. 11;
274 A, 280 A und 344 A nach Wolff (1968), S. 21 f., 89 und 115;
378 B nach Apel (1969), S. 173;
394 C nach Brockhaus-Riemann, S. 105,
D nach MGG 5, Tafel 28.

Alle **Notenbeispiele** wurden nach Angaben des Autors neu gesetzt. Aus Platzgründen bringen sie meist nur kurze Werkausschnitte. Mit Bedacht wurden daher wo möglich solche Beispiele gewählt, die in leicht zugänglichen Ausgaben und Beispielsammlungen vollständig eingesehen werden können. Die folgende Liste schlüsselt die Beispiele entsprechend auf. Fehlt hier ein Hinweis, so muss die jeweilige im Literatur- und Quellenverzeichnis angegebene Gesamtausgabe herangezogen werden.
Quellenangaben der Notenbeispiele aus neuerer Zeit sind zunehmend überflüssig, weil die Noten (z. B. Beethovens Klaviersonaten) überall in Einzel- und Gesamtausgaben leicht zugänglich sind. Die Namen bei den Quellenangaben finden sich im Literaturverzeichnis aufgeschlüsselt; die häufigsten bedeuten:
– Davison = Davison, A. T./Apel, W.: Historical Anthology (s. o.)
– MGG = Die Musik in Geschichte und Gegenwart (s. o.)
– MW = Das Musikwerk, hg. von K. G. Fellerer, 47 Bde. Köln 1951–75
– Schering = Schering, A.: Geschichte der Musik in Beispielen. Leipzig 1931, ND 1957
Die Ziffern ohne Zusatz bezeichnen Band und Notenbeispiel.

82 D: Haas; 102 A: Dahlhaus; 112 A: Schering; 114 A, C: Graduale, B, C: Tack; 118 B: Jöde, E: Apel (1962); 124 B, C: Wolters; 126 A: Marrocco (1967), B: Einstein, C: Wolters; 128 B: Graduale; 130 A: Husmann (1955), B. C: Wolters; 144 A: Wolff (1971); 174 B, C: Pöhlmann; 180 A, C, D: Stäblein (1955); 182 B, D, E: Wellesz (1959); 184 B: Graduale; 186 A: Graduale *Justus ut palma* nach Hss. des 11. Jh. und Graduale, vgl. Handschin, B: Graduale *Adiuvabit eam Deus* nach Hs. Benevent, Kapitelbibl., Cod. VI–34, fol. 50, um 1100, C: *Alleluia Posuisti* nach Cod. Montpellier, H 159 (11. Jh.); 188 A: Joh. Affligemensis (Cotto); 190 A: Graduale und Tack, C: Graduale; 192 A: Ludwig (1973), B: Gennrich (1960), D: Gennrich (1956); 196 B: Gennrich (1960), Ludwig (1973), Husmann (1953); 198 A, B, C: nach Gerbert I, Fa: nach Joh. Affligemensis (Cotto), Fb: nach Hs. Mailand, Bibl. Ambros. M 17 sup., fol. 56 ff.; 200 A: Stäblein (1963), B Übertragung nach Ms. Paris, Bibl. Nat., lat. 3549, fol. 151 v, 152 (Neumen, 12. Jh., Faks. bei Apel, 1962), C: Faks. in MGG Bd. 11, Tafel 71 (»Magister Albertus Parisiensis«); 202 A: Husmann (1955); 204 A, B: Husmann (1955); 206 B Husmann (1955), B. C: Ludwig (1973); 208 A: vgl. Davison/Apel I, B: Ludwig (1973), C: Faks. bei Aubry; 210 I: Faks. bei Apel (1962); 216 A: Schering; 218 Nb Besseler (1931); 220 A, B: Marrocco (1967); 224 A: Apel (1962), B: Schering, C: Besseler (1931); 226 Aufschlüsselung s. o.; 232 G: nach Apel (1970); 234 A: Schmidt-Görg, D: Schering; 236 B: DTÖ VII und Besseler (1931); 238 A: DTÖ XVII, 1 und GA; 240 B: Schmidt-Görg, C: Lenaerts; 244 A: Lenaerts, B: Nb dazu bei Schmidt-Görg, 246 A: Wolters, B: Schering, C: Reproduktion des Originals bei Besseler (1931), MGG Bd. 8 u. a.; 252 A: Besseler (1931), B: Engel, C: Schering; 254 A: Wolff (1972), Lenaerts, B, C: Schering; 256 A, D: Schering, C: DTÖ XIV, 1, C, E: Wolters; 258 A: Engel; 260 A: Apel (1967), B: Apel (1962), C: Faks. der Tabulatur bei Apel (1962), Übertragung vgl. auch Schering, D: Schering; 262 A: Schering, B, C: Fischer (1956), D: Fiszwilliam Virginal Book I; 264 A: Ferand, C: Schering; 272 A: Davison 184; 276 B Schering 201, MW 38, 8; 278 B: Haas (1929) S. 136, C: Davison 222, D: Haas (1929) S. 201; 280 B: Haas (1929) S. 210, C: Haas (1931) S. 187, D: Davison 287; 282 A: MW 38, 20, B: MW 5, 4; 284 A: Davison 255, B: MW 39, 5, C: Schering 281; 286 A, B: MW 38, 7, 16, C: 39, 2, D: GA Chrysander; 288 A–D: MW 37, 1, 2, 7, 11; 290 B: MW 37,12; 292 A: Schering 168, B: GA Bd. 15,1; 294 C: MW 30, 28; 296 B: Blume (1965), S. 23; 300 A, B: Schering 187, 193 a (auch MW 14,6), C, D: MW 16, 11, 15; 338 A–D: MW 39, 14, 12, 21, 15; 340 B, C: Osthoff (1973), S. 707, 694 f.; 344 B: Davison 291, C, D: MW 39, 18, 22; 354 B: Orel S. 776; 360 A, C: MW 14, 21, 30; 362 A: MW 15, 12, B, C: MW 1, S. 31, 63, D: MW 43, 26; 364 A: MW 1, S. 69, B: Davison 303; 380 A, B: MW 29, 35 f., C: nach MW 29, 4 und 6; 406 B: auch MW 40, 10; 412 A, B: auch MW 40, 2,3; 500 A: Hindemith S. 50 ff.; 504 C, D: nach Dauer; 506 A: nach Behrendt; 508 A: nach Bahnert; 510 E: nach ›Rockmusik‹; 518 A: nach Gieseler.

Personen- und Sachregister

Halbfett gedruckte Zahlen beziehen sich auf **zentrale Stellen.**
Zahlen mit geraden Endziffern (0, 2, 4, 6, 8) bezeichnen im Allgemeinen Bildseiten. Daran lässt sich leicht erkennen, ob – insbesondere bei Instrumenten – eine **Abbildung** vorliegt oder nur eine Textbeschreibung.
Vortragsangaben (z. B. *cantabile*), **Abkürzungen** (z. B. *pp*) und andere **Zeichen** in der Notenschrift finden sich auf S. 70–81; siehe aber auch das Symbol- und Abkürzungsverzeichnis S. 9 f.